本书由上海文化发展基金会图书出版专项基金资助出版

【晚清以来人物年谱长编系列】

柳和城 ◎ 编著

叶景葵年谱长编 下卷

上海交通大学 出版社
SHANGHAI JIAO TONG UNIVERSITY PRESS

1927 年(民国十六年　丁卯)　54 岁

3 月　上海工人举行第三次武装起义,北伐军进驻上海。上海银行公会等十九个工商团体组织上海商业联合会,成立宣言称"及此时机,与蒋总司令释嫌修好,以图建设"。上海银行、钱业两公会向抵沪国民革命军东路军垫借 300 万元。

4 月　国民党"清党"反共。南京国民政府成立。

5 月　国民政府发行江海关二五附税库券 3 000 万元。10 月又继发 4 000 万元。

是年　大宛农工银行(1918 年成立)改组为中国农工银行。

1 月 1 日　签署浙兴总办通函,通告总行营业部襄理孙人镜升任营业部副经理;金币部职员萧玉麟升任金币部襄理兼本部电汇股主任;金币部股员兼总务部文牍股副主任罗郁铭升任金币部襄理兼总务部文牍股副主任。(副本,上档 Q268 - 1 - 60)

1 月 15 日　主持浙兴第 179 次行务会议。讨论事项有:①曹吉如报告总行放款事。内有"叶揆初上年十二月三十日押放洋五万元六个月,月息九厘半。正六公债十万元"。(余从略)②沈棉庭报告京行放款事(略)(《行务会议记录》第 7 册,上档 Q268 - 1 - 179)

同日　赴福州路一枝香西餐馆出席商务印书馆董事会会议。讨论事项:①慰问西安分馆同人事。此次西安战事八月,商业完全停顿。董事长张元济问,总馆派往该地分馆同人之家属,曾否加以慰问? 李拔可答云,按向例奖守护同人薪水 一二月,此次西安拟从优。②王显华辞职,众推夏鹏继任经理。③为鲍咸昌在公司三十年之贡献,议定酬赠银币五千元,并拟建一碑,以垂久远。(《商务印书馆董事会记录簿》)

1 月 22 日　主持浙兴第 180 次行务会议。沈棉庭报告总行、京行放款事。众无异议。沈又云:"各行往透照往例多于阴历年暮订定。现在时局未定,此项信用透支应以收缩为宜。故已电嘱各行稍缓订定,俟重员会议讨论后再行报告。"(《行务会议记录》第 7 册,上档 Q268 - 1 - 179)

1 月　校《石湖居士诗集》并撰校记。云:"此书为母舅徐善伯先生旧藏,辛亥秋,举以赐余,时时浏览。今春在杭州又购得婺源黄氏刊本二十卷,亦刊于康熙戊辰。黄本校勘甚疏,讹缺处触手皆是。因以此本详校一过,但间有黄本胜于此本,或可两存者,亦校对于此本之上。此本系后印,有修板之处,且板心下方'爱汝堂'三字,业已剜去。因其为外家故物,故重视之。丙寅冬十二月校毕谨识。揆初。"(《书跋》,第130页)

《石湖居士诗集》三十四卷,(宋)吴郡范成大(致能)撰,清康熙二十七年吴郡顾氏依园刊本,四册,叶景葵校。(《叶目》)

1月 校《范石湖诗集》并撰校记。云:"此本与顾依园刻本同,刊于康熙戊辰,亦出自抄本,校勘不如顾本之精,讹字触处皆是。自注断缺尤夥,且缺诗数首,今依顾本详校一过,亦有顾本不如此本之处,或义可两存者,并择要校于旧藏顾本之眉端,使两本皆便于浏览云尔。丙寅冬十有二月,揆初识。"(同上引书,第131页)

《范石湖诗集》二十卷,(宋)吴郡范成大(致能)撰,清康熙二十七年婺江黄氏藜照楼刊本,八册,叶景葵校。(《叶目》)

2月1日 除夕。夜于浙兴行内与项兰生、陈叔通谈总行决算事。约定次日晚于吴江路先生寓所聚餐,续议。(《项兰生自订年谱》[二],《上海档案史料研究》,第10辑,第321页)

2月2日 年初一。晚在寓所宴请浙兴董事等人。项兰生记云:"谈次,吾谓行中经营公债事,外间诽论甚多,又谓对于经放各种账目,亦未予注意,闻北方股东此次南来颇多评论,须注意。揆初认为,如有问题,彼可以片言折服之。吾举九六公债押款太多,董事会曾有议案议录,此项公债无息可取,万不得已,只能于可能范围内酌量应付,明白予以限度,今按目录中查阅,为数甚巨,其中京汇丰邓某即有钜额押款,且保人为黄溯初,黄无钱何以负担得起?"次日,项又致函浙兴董事会,建议放款责任必须加以监督,宜特增稽核职权。(同上引书)

2月9日 主持浙兴第181次行务会议。讨论事项有:①曹吉如报告总行放款事(略)。②议公债押款折扣事,曹吉如报告事出(略)。③沈棉庭报告各分行放款事(略)。④议买卖外国公债事,徐新六云:"现在善后公债据伦敦电市价为五十二镑,拟卖出一部分,补进中法银行法国公债,照现市成本不加而产额较增。是否可行? 请公决。"议决照办。(《行务会议记录》第7册,上档Q268-1-169)

2月12日 主持浙兴重员会议。出席者蒋抑卮、徐寄庼、陈叔通、陈理卿、曹吉如、马久甫、萧玉麟、罗郁铭、沈棉庭、陈元嵩、张笃生、潘履园、朱振之、竹尧生、刘策安。总经理徐新六因公北上未列席。会议讨论事项有:①存款利率案(略)。②缩短存款年限及明定限库案(略)。③停收奉、哈定期存款案(略)。④收缩信用放款案。先生云:"时局多故,百业不振,所有定期放款、往来透支、同业拆票各户,不得不酌量收缩。兹拟具下列办法请讨论。"（略）⑤停放股票押款案。先生云："我行对于股票押款向主慎重，近岁战争扩大，几及全国，捐税繁苛，交通梗阻，工潮叠起，金融呆滞，各大公司处境甚艰。以前认为稳妥者已不可靠，来轸方遒，殊觉可虑。为预□风险计，对于股票押款似应暂时停做。请讨论。"潘履园主张股票押款以不做为原则，如有必要通融者，须由经理将股票种类、放款数额及其他关系情形详告总行，非经总行行务会议准不得受押，但期限至长六个月。众无异议。⑥押品种类及折扣案。议决：（甲）公债类　五年、金融、十一年、十四年，上列公债均照市价七折；七长、整六、整七、英金善后公债、中法实业银行美金债券，上列公债均照市价六折至七折；九六公债停押。（乙）单据　以本行之存放单据为限，折扣随时酌定。（丙）货物类　生金银、金银饰，以上照市价八折至九折；米麦豆谷、面粉、棉花、棉纱、蚕茧、煤，以上照市价七折至八折；豆饼、菜籽菜饼、芝麻、桐油、花生米、人造靛青、大麦子、紫铜、生铁，以上照市价七折；盐、白布、素绸缎，以上照市价六折至七折；茶叶、烟叶、纸、蛋白蛋黄，以上照市价五折至六折；皮毛照市五折。⑦英金善后公债处理案。先生云："各行购入善后公债总数已达三十五万余镑，为本行重要资产。如何处理宜有具体计划，免致分歧。兹将各项问题列左，请分别讨论。1.总额；2.分认；3.北价；4.盈亏；5.管理。"（讨论略）⑧银根支配案（略）。⑨各行营业时间及行员食宿费案（略）。⑩修正行员给假规程、薪水规程、旅费规程案（略）。（《浙兴重员会议记录簿》，上档 Q268-1-60）

2月13日　主持浙兴第20届股东常会。先生报告1926年份上下两届账略及红利分配表；监察人报告各数无误。上年主要经济指标如下：

资本总额 250 万元，公积金 1 436 652 元，定期存款 18 816 548 元，往来存款 13 102 611 元，储蓄存款 2 924 012 元，本票 1 258 003 元，发行兑换券 3 748 709 元，领用兑换券 376.5 万元；定期放款 1 773 682 元，定期抵押放款 13 805 547 元，往来透支 950 603 元，往来抵押透支 1 704 986 元，押汇 2 115 918 元，存放同业 7 598 928 元，有价证券 7 608 383 元，营业营房地产 1 228 134 元，发行兑换券准备金 3 748 709 元，领用兑换券准备金 376.5 万元，期票 2 263 522 元，现金 4 021 514 元；本届总纯益 305 666 元。（《兴业邮乘》，第 22 期）

先生作股东会报告，陈述各地市面及本行营业。云：

市面情形

上海　本年上半季东南数省偏安一隅，各业当称平顺。迨至秋冬，卷入战争漩涡，运输艰阻，商货停顿。又以内地恐慌，存款纷集沪埠，金融业苦于无法运用，不免抱耗利息。银折仅于乙丑年关及茧用发动时，高至五钱，余在二分至三钱之间。洋厘则因宁杭币厂忽铸忽停，广汕各路又时来运现，出口涨落不一。最高为七钱四分六厘,最低为七钱一分二厘。年终禁现出口,厘价始立定于七钱三分左右。至金价本年涨风最盛,蒙其害者首推洋货疋头商,因金价步涨,成本加重,亏折甚巨。受其利者为丝茶商,因套进外汇关系,颇有盈余。茶叶更由俄国需要日增,今年出口最旺,获利特优。米、面、糖、煤,求过于供,市价腾贵,亦称发达。惟花纱趋跌,无利可图。

杭州　本年春茧产额只有六七成,丝货因上等者用厂丝,新式者用人造丝,以致土丝销场极滞。茶叶歉收殊甚,由于春雨太少之故。木材初亦因雨少,不能下水,来源缺乏。迨至梅雨大作,又被江激冲去,损失不小。入秋以后,军事接踵而起,市面恐慌,各业停顿,惟绸货可以远销,营业尚佳。金融界稳健支持,亦得无事。

汉口　本年时局变迁太甚,金融市场大受恐慌。春间因官钱局钱票过多,不能兑现,官厅无法维持,竟成废纸,以钱码为交易者损失最大。入秋后,党军抵鄂,银根奇紧,中行挤兑,银拆开至六钱,尚无处可拆。洋厘亦涨至七钱三分余。加以工潮汹涌,各业均有公会,增加薪水,减少工作,时有所闻。而生活程度复随之增高。业主因开支加钜,出货减少,无不感受痛苦。阴(历)十月半比期,倒闭大商店及钱庄数家,其余银钱业亦仅能支持,纱厂因工资增加,成本过重颇难获利。茶叶货少价高,洋商采办不多。桐油则因交通阻断,来源稀少,洋行难出大价,无货可买,疋头销路不广,仍无起色。惟粮食生意在此各业清淡中,较为活动。

天津　本年上半季因战事关系,交通梗阻,百业停顿。直鲁联军入津,发行流通券,商民不敢收受,闭市二十余日。直隶省银行钞票及本市官钱局铜元票,均不通行。中国、交通、中南等银行钞票,亦兑现不少。入秋以后,交通渐次恢复,惟车辆不多,运费太钜。张家口积存皮货数达式千万元,来津出口者不过十分之二三。纱厂因纱花日跌,合之成本尚须亏耗。进出口货均不畅旺,惟核桃一项出口甚多,因美国歉收,全赖中国供给之故。面粉业因涨价关系,无不获利。绸缎业生意平平。金融界尚称稳妥。

北京　京师本无商业可言,所赖以点缀市面者只有普通商店。本年春间,联军入城,发行军用券,商店不敢收受,多藉口修理门面,停止营业。入秋后,张家口、石家庄两处,货物登场,本可活动,讵当局禁止运现,来源中断,金融界及收货商均大起恐慌,京津汇水每万元竟达壹百五十元之钜。虽禁期未久,而各业受创已深矣。

奉天　奉省市面最有关系者,为奉票问题。本年二三月间,票价日跌,官银号及中、交两行合设汇兑所,以平汇价,未有效果。五月间,当局发行东三省整理金融公债现洋五千万元,每元折合奉票式元四角。又令官银号及中、交两行收回贷款,并与稽核所商定,盐税现洋每元照收奉票叁元。无如时局不定,人心虚浮,仍难见效,票价竟跌至六元余。复经当局规定官价,并枪毙买空卖空者数人,八月间曾提高至叁元以内,旋仍跌落,年末又到五元。金融既如此紊乱,卯利又复甚大,各业均感困苦。幸上年丰收,粮食当不缺乏。今年新货登场,经有力者大举收买,价格提高,各粮商资本不充,均难下手。

哈尔滨　本年北满农产收成尚佳,钱粮业大批购进,日商亦收买至五六千车。粮价抬高,大都获利。油坊、火磨因豆麦价涨,成本过重,均未能放手大做,获利较微。杂货商门市生意极为热闹,外路销场亦旺,惟定东洋货未结价者,因金票步涨,不免受损。近日呼海铁路通车,哈埠来往货物较繁,人口加多,房产价值亦较去年增高,市面已渐有起色。

营业状况

存款　本年底定期、储蓄两种存款,比较上年底增加更钜。定期计增四百三十二万元,储蓄计增一百四十万元。其中仍以上海、天津两行增加数目较多。往来存款计减六十六万元。但除同业存款提去不计外,实际仍增十七万元。其原因由于年来时局多故,稍有余资者不敢经营事业,大都存入银行,坐收利息。又因上海、天津两处为通商大埠,比较内地似觉安全,故存款增加以上海、天津两行为独多。

放款　本年战事扩大,东南数省已卷入漩涡。本行对于信用放款更加收缩。本年底比较上年底,定期放款减少九十万元,往来透支仅增十万元。而押款方面亦因合格者少,难以推广。定期抵押放款减少七十一万元。往来抵押透支仅增二十六万元。押品仍以花、纱、布为大宗。本年夏间,鉴于放款困难,不能不另谋消纳之方,乃在天津行开办国外汇兑,做出贴现及押汇不少。故本年底贴现增加三十二万元,押汇增加一百零八万元。但因选择户头之故,利息不免较薄。

证券　本年存款增加甚钜,放款不能发展,所余资金颇多,仍不得不购置有价证券,以资生息。除原存各项证券外,本年新购者为英金善后公债及整理案内公债。故较去年底数目增加四百五十五万元。

发行　本年时局日非,本行为慎重计,对于钞票不敢多发。但需要仍广,无以应付,亦觉为难。故一面增加领用他银行钞票,以补不足。计本年底较上年底发行兑换券减六万元,领用兑换券增十一万元。合并报告。

(抄件,上档 Q268-1-652)

会议选举叶景葵、蒋抑卮、沈新三、徐寄庼、陈叔通(以上办事董事)、刘澂如、沈籁清、沈棉庭、周湘舲、张澹如、徐新六为新一届董事;陈理卿、胡藻青、项兰生为监察人。(《浙兴股东常会记录》,上档 Q268-1-60)

2月14日 主持浙兴第 182 次行务会议。讨论事项有:①孙人镜报告总行透支各户事(略)。②曹吉如报告外埠同业各户透额事(略)。(《行务会议记录》第 7 册,上档 Q268-1-169)

2月19日 上海发生总罢工,商务印书馆职工全部参加。是日,先生赴商务出席商务董事会会议,讨论总罢工事。鲍咸昌云:"此为大势所驱,只可任其自然。"董事长张元济最后总结谓:"此次罢工完全为对外之事,鄙意惟有忍耐、和平,认清同人之意而为要。"(《商务印书馆董事会记录簿》)

2月23日 覆校《刘宾客集》,并撰校记。云:"此本经龚氏朱校,校语内有'丕烈案'云云,当系传录荛翁钞校本。今复以董氏影印崇兰馆藏宋本,用蓝笔详校一过,知钞本讹缺处颇多。然宋本亦有讹缺,将异同之字,悉著眉端,未敢臆为去取,以待考定。丁卯正月廿二日,揆初校毕记。"(《书跋》,第 120 页)

《刘宾客集》三十卷《外集》十卷,(唐)中山刘禹锡(梦得)撰,清味书室钞本,十册,(清)龚文昭录黄丕烈校,叶景葵覆校。(《叶目》)

2月26日 主持浙兴第 183 次行务会议。讨论事项有:① 沈棉庭报告汉行、京行放款事(略)。②曹吉如报告总行放款事(略)。③议橡皮股票收押种类限度及折扣事。沈棉庭报告事由(略)。④议购买美金债券事。徐新六云:"放款途窄,消纳方法不能不妥为预筹。整理案公债、善后公债、中法实业银行债券等虽可酌做,然亦不能偏重。兹拟酌购美国发行各种社债或各国在美国发行之公债,惟利息颇低。现拟就其中稍高者约以七厘为衡,垫头款项由我行自出,余向美国纽约国民城市银行订定透支。业经往返函商,已允二五垫头,六厘利息,额度暂定壹百万美金,将来仍可商加,期限半年。惟允续加四次,是最长得以两年为期,期内我行随时可以付还,彼不索价,庶于市价方面亦可从容观望。此现在商榷就绪之情形也。惟保管费一项,我方请其免计,尚未允洽,大约总可从轻。照此计算,假定购进有七厘利息之公债,计美金壹百万元,垫头廿五万得利息一万七千五百元。其余七十五万元利息,除以债息抵出外,尚余一厘,计得七千五百元,共合周息一分可得。此于无法营运之中求出路也。如何? 请讨论。"曹吉如云:"此事归入经营外币证券委员会内办理。"蒋抑卮、徐寄庼认为,随时就该会银根计算有余款时,即酌购。徐新六云:"原系随时酌办,并非一次购足若干。"议决:照议酌订,以后由委员会酌办。(《行务会议记录》第 7 册,上档 Q268-1-169)

3月3日 核定浙兴总办派遣原杭行经理张善礼速回杭州,处理工潮事宜。(1927 年 3 月 5 日张善礼致陈叔通函,上档 Q268-1-111)

3月5日　主持浙兴第184次行务会议。讨论事项有：①曹吉如报告总行放款事（略）。②沈棉庭报告京、津行放款事（略）。③徐新六报告结束久兴纱厂放款事（略）。（《行务会议记录》第7册，上档Q268-1-169）

同日　浙兴杭行经理张善礼致陈叔通函①，报告北伐军进驻杭州后局势等事。云："杭垣秩序尚佳，惟开到之军队均自由入人家居住，空屋不必论，即有人看守及有家眷住内者亦然。惟举动尚文明，物件概不携动，仅实行卧住二字而已。向说则谓实无住处，暂借一住。其关锁者则并不打门而入。街上军人行动亦甚多，却未闻有何事情发生。统计前后到杭之党军军队开拔结养等费，急于星火，全恃借贷敷衍。前日商借银钱业之壹百万，前吃后空，转瞬即完。正未知以后如何过日子。最为危虑，工会正蓬勃产生，商家仍无团结，倘使有人出而倡议作团结之运动，事未成而已作彼方集矢之的。各厂仅抱消极对付主义，暂避风头，总算尚在照常工作，未有罢工等事。至于银行行友之组会，尚系行友自动，并非出于总工会指纵。各行虽均有此举动，探察情事，绝非取猛刺主义者。且亦知一入总工会，将不能自主，力求慎重，亦尚未有向经副理表示如何意思。故彼此只可不知有是事。探得此间党部，主张比较的稳健者占多数，逆料不致如汉皋之出人意外也。今日杭嘉客车始通行，每日开一次。剑尘②已任烟酒公卖局长，谋事人数较事多十倍以上。季侃屋已被军队发封，无可说，皆告兰公③。"（原件，上档Q268-1-111）

3月8日　张善礼致陈叔通函，报告杭城时局与各业认助捐款事。云："萧信早递去，无消息。马信昨送去，霭士④昨夜可到杭（顷探悉尚在绍，明日可到），尚未晤。公洽⑤已到。丝绸业已组织商民协会，由厂主与夥友组合，预备与工会对抗者。谋先、谅友均任重职。此会之成立，由于随军政治部之指道（导）。该部谓，此番工潮起来，厂家多少总要牺牲一些，不过厂家方面总要有一个群众组合之机关，以资抵抗，试将来我们可以出来仲裁。又谓，杭垣丝绸业为工商之重心，我们将来非但不忍摧残，并将加以保护，云云。持义着实不错。盖何、白⑥均以党人行动有过火处，力主稳慎也。银行只有行员议组银行行友公会之发动，不主张加入工会，

---

① 张善礼赴杭后接连向总办报告各事，收件人并非先生，而均为陈叔通及蒋抑卮，但因事关时局与行内工潮等，先生不可能不关注，故择要录之，以存史实。下同。——编著者

② 剑尘，似指夏敬观（剑臣）。——编著者

③ 指项兰生，时在杭州。——编著者

④ 霭士，指陈其采（1880—1954），字霭士，浙江吴兴人。1927年后历任浙江省政府委员兼财政厅长、国民政府主计处主计长，并兼职于中央、中国银行等职。——编著者

⑤ 公洽，指陈仪（1883—1950），字公洽，浙江山阴人。1926年时任浙江省省长，后投奔国民革命军，1927年后任国民政府军委委员、军政部兵工署长等职。——编著者

⑥ 指何应钦、白崇禧。——编著者

宗旨尚仁正，且日来未见有若何举动，看去无大危险。望告济生、馥荪。""总商会自二月十七日起至现在止，凡供应党军陆续到省粮秣等等，并周荫人一部分军队安然退出杭垣，致送壹万零四百元。总共支洋十壹万乙千五百元，内中有六万元可向财政委员会收回外，净少五万乙千五百元，均由商会转向各处挪借。前日开会商决，此款由各业捐助一笔特捐归还。当有绸业首先认捐壹万元，钱业亦认捐壹万元。大家要求各银行亦认壹万，而银行方面以家数太少，决不能捐如此钜数。次日各银行在中行集议，均以规定总数甚难，只可各家各自量力捐助。我行首捐五百元，实业亦捐五百元，中行壹千元。商会尚以为少，不知以后再加若干。我行与实业于认定后即走出，盖恐尚多啰嗦也。"（原件，同上引档）

3月10日 张善礼致陈叔通函，报告杭城工潮情形。云："初五（3月8日）吉士返沪托带上一缄，计已尘阅。何总指挥昨午出发赴吴兴，而工潮突现可怖之状。庆成前日条件已讲好，昨忽称不满意而重闹，徐逸民知无办法，今早已走避，现正有多数人围住该厂，搜索逸民。纬成今日亦发生驱捆职员之事，现正商量办法，恐不易就绪。虎林闻捆一线工送公安局，指为反革命。谅友向该局去保，保不出。公安局能力薄弱，在此风势正盛之时亦无办法，且看明日厂家与党部接洽后再看如何。电话、电灯两厂最下做，工人已每人每月加七元，余者条件尚未议妥，工作照常。光华亦正在推出条件商量中。银行界尚无事。前两日有人谓，军队出发后工潮必将有作，果然。"（原件，同上引档）

3月13日 张善礼致陈叔通函，报告杭城动乱及银行界组织工会等事。云："初五日一函，着陪吉士回沪之行役带呈（此役已回杭，昨日到），知已达览。初七又具一函，由邮递上。因宁、绍邮局罢工，中途停滞，顷见沪报已到，料来邮信已可通，此函亦可达览矣。该函报告军队开拨以后，工潮即突然爆发，庆成已罢工，纬成、虎林亦已见发动等情，谅洽。省党部对于此事，虽经各工厂请求主持，尚无办法。讵初八夜有无识之徒，从预祭孙中山先生之会场上拥集数百人，将城厢内外北至湖墅拱埠、南至闸口所有大小米店完全打毁，无一幸免，连上米之地方栈房、储丰栈房均波及。我行北栈幸邻居善为设辞，未受摧残，员役均走避，今已照常管理，亦云幸矣！今早柴店亦被捣不少，盖以柴米价贵为由，藉显其暴横之手段。光华火柴公司亦大闹特闹。此外工会亦无一不在奋发逞暴之中。银行行员公会今日又集会，未知有何提议。但探寻内容，急进派尚少数，所以尚未议决加入总工会。至各行栈司、茶役已由地方行内之人正在指挥组织工会，日内即可成立。大凡各处会场多不能好好儿讨论办法，倘有人欲说明事理、剖析利害，请大众考量，则剧烈派必乱之以狂呼，或以'资本家走狗'詈之，且狂呼打之不止矣！看去实无办法。"同日，张另一函又云："顷已有函付邮，谅达。此刻得悉银行行员公会已议决加入总工会矣。有

何说？人人如饮狂药，无术解救。奈何！"（原件，同上引档）

3 月 14 日　张善礼复陈叔通、蒋抑卮函，续报杭城时局。云："顷奉七日两公惠示，祗悉一一。此次军队借住民房，均能爱护物件，不加毁损，与前者大不相同，自可无虑。惟商请让出，因与军队绝不相熟，无从设法（各委员会中熟人亦均与军队生疏，故隔膜殊甚）。霭士已到，尚做筹款事，款无可筹，惟有将向来认办之糖捐、火油捐等另行投标及向盐商预借税款而已（已向绍商借到五十万）。至各县地方抵补金、统税局捐款则收数毫无，殊无办法。各乡养蚕照现在情形论，杭属完全能养，惟数量必大减少。嘉禾则尚难望，所最难者工潮正在鼎沸，各厂能否营业，毫无把握。倘至不能营业，虽有茧亦无人收！工自困而农与商亦随之毙矣！苦于讲不明，且不能讲。周观环境，烈甚！烈甚！昨两函所述梗概可知矣！"（原件，同上引档）

3 月 17 日　张善礼致陈叔通函，提议本行先发"慰藉金"。云："昨日由号函内附奉一缄，计阅。经过患难之慰藉金，初拟在沪时提议后即发。嗣以浙江已入党治范围，必即有立会要求加薪等事发生，索性等到尔时总解决。现在看去将来之要求，必十二分难堪（因此间近日各方之宣传空气已见朕兆），情势亦可想而知。而此项慰藉金在他行虽未必一定提出要求，我行则以有汉例可援必提出。既援例只可答应。与其终于答应，还不如为自动的赠给，或可减少沸度亦未可知。礼意拟日内具函陈请，乞先与揆、抑、寄、振诸公一谈为祷。"（原件，同上引档）

3 月 18 日　主持浙兴第 185 次行务会议。讨论事项有：①曹吉如报告总行放款事（略）。②沈棉庭报告京、汉行放款事（略）。③议总行储蓄存款改定存息事。马久甫报告事由（略）。④议奉行收缩各项准备事①。徐新六报告事由（略）。（同上引档）

3 月 19 日　出席商务印书馆董事会会议，讨论事项：①国光影片公司收束案。议决：国光公司可即收束，不必再留机关。②高凤池辞监理案。众议决挽留，名义维持。（《商务印书馆董事会记录簿》）

3 月 29 日　签署浙兴总办通函，通报处理延迟邮件事。云："此间邮局前因欢迎国民革命军全体停工，始于廿六日开始复工。积压邮件为数既多，且以时值戒严，邮局办公时间又较减缩，固只能分批零星投送。而查其来件，似系迟到先理，致各行所寄号函及报单，中间颇有脱漏。敝处亦只能不分先后，随到随办。对于收解各款，其无补期之必要者，均按印期照理，以省手续。至被搁函件，如日久不到再函告。先请台洽。"（副本，上档 Q268－1－117）

---

①　因东三省币制混乱，浙兴于是年冬正式收缩奉天分行。1928 年冬又收哈尔滨分行。见徐寄庼《最近上海金融史》上册，第 81 页。——编著者

3月30日　浙兴杭行同人27人致函总办,要求挽留因工潮事请辞杭行经理职务的张善礼。函云:"近日风闻敝处张经理有向尊处辞职之说,同人等同深款惧。窃念张经理在职多年,于本地一切情形深所洞悉,故能措置裕如。且近年来营业逐渐发达,成绩昭然,同人等竭诚企佩。值此时事多艰,行务紧要,正赖雍容坐镇,应付一切,果属骤萌退志,上无以副尊处依畀之重,下无以慰同人仰望之殷。群情疑沮,不知所响,用特不揣冒昧,迫切上书,合词陈请尊处鉴核。如果张经理确有辞职情事,敬恳一致挽留,并请转知张经理,早日回杭,照常视事,无任祷幸。"(原件,上档 Q268‒1‒111)

同日　蒋介石以国民革命军总司令部名义,公布组织江苏兼上海财政委员会及其成员15人名单。其中来自上海金融界者为陈光甫(上海商业储蓄银行)、钱永铭(四行准备库)、吴震修(中国银行)、汤钜(交通银行)与秦润卿五人[①]。陈光甫被任命为主任委员。(1927年3月31日、4月1日《申报》)该委员会成立后,即于4月4日与上海银行公会、钱业公会签订第一笔300万元垫款合同。

3月　撰《倪文贞书画·跋》。云:"文贞公生于万历癸巳闰十一月十六日,四十初度,乃崇祯五年壬申,非癸酉也。本传称其疏救黄忠端,愿以己官让之,不报,因四乞归省,以忠端传证之,尚是辛未以前事。迨壬申正月,忠端濒行,又疏劾温体仁、周延儒,上怒,削忠端籍为民。于是公之宦情益澹。忠端归后,公贻书云:'自兄去,弟弥凉飒,山中七日,世上千年,益知城市山林有仙凡之别。智必取迟,勇必取早,弟将有乞归之疏。'即诗意也。惟庄烈响用仍殷,屡乞未许,及为体仁中伤,予告归里,公已四十四岁。侍母七年,至崇祯十五年壬午,公五十岁。是年与张天如书云:'弟臃肿日衰,只八十一岁老亲萦回胸中,无复抵掌掀髯之气。'又与吴磊斋书云:'投林以来,小人有母,舍侧横一小桥比于虎溪,每送客尝过此。'公之壹志娱亲,敝屣荣利,百世之下,犹令人起敬!是秋九月廷臣交荐,起为兵部右侍郎。本传及《墓志》均云:'公以母老辞不就。'本传又云:'明年入都陛见。'《墓志》又云:'有旨敦促,公乃经趋淮上,冒险出济北,旬日达京师。'本集载《恭承召对疏》,系癸未二月十九日具题。据此知起程日期在癸未正二月之交,壬子冬间正闻命力辞之际。此画作于仲冬,当有眷恋白云,不忍绝裾之意。并录十年前旧诗以明志,故题曰四十初度有作。越岘先生跋云:'书画为前后十年所成,似非确论矣。'越岘跋作于同治丙寅,又六十年丙寅正月此卷为景葵收得,谨书所见以质后来。丁卯二月,乡后学叶景葵敬跋。"(《书跋》,第102—103页)

---

①　1927年4月18日南京国民政府成立,江苏兼上海财政委员会亦宣告成立,通过该委员会组织法等条例。蒋介石又先后委派包括浙江兴业银行徐新六在内多人为该委员会成员。徐新六并未莅会。——编著者

4月13日 主持浙兴第 186 次行务会议。讨论事项有:①曹吉如报告宁波蒋生庄代兑钞票事(略)。②曹吉如报告总行放款事(略)。③沈棉庭报告各分行放款事(略)。(《行务会议记录》第 7 册,上档 Q268-1-169)

4月18日 上海银行公会针对上日武汉国民政府禁止现金出口令,并封存各银行现金 400 万元等措施,致全体会员银行紧急通知。云:"年来战事频仍,所有本会汉口各分行,鉴于时局杌陧,早经逐步收缩。兹据汉讯,武汉当局果以命宣布一切交易专用中央银行钞票,不用现金,其他各银行钞票强制一律不准兑现,此种捣乱举动,显系有意破坏市面。汉口人民既无力抵抗,本会各行公同议决,自即日起与汉口各行暂行停止往来,其他各埠一律照常,特此通告。"(《银行周报》,第 11 卷第 15 号)4月20日,上海银行业联合会又发表宣言:"武汉当局近以命令宣布,自四月十八日起,一切交易专用中央钞票,禁用现金……除银行公会会员各行已公同议决自即日起与汉口各行暂停往来,其他各埠一律照常营业外,本会特再郑重声明,一致维持市面,保障营业自由。"(1927 年 4 月 21 日《申报》)

4月中旬 武汉国民政府财政部长宋子文在沪延聘金融、商业各界头面人物出任财政部驻沪办事处所设公债、预算、银行三个专门委员会成员。浙江兴业银行办事董事徐寄庼被聘为银行币制委员会成员之一。(《银行周报》,第 11 卷第 14 号)

4月20日 主持浙兴第 187 次行务会议。讨论事项有:①议汉行存单原约在各分行或总行支息者应如何办理事。徐新六报告事由(略)。②议汉行行员薪水汇款事。徐新六报告事由(略)。③议京行库存事。蒋抑卮报告云:"时局变迁极速,京行尤宜小心应如何预为防卫?"先生云:"此事只可拟定一限度,函商经理,使其会意,并自行酌办。"经讨论议决:京行每日库存拟以十万元为度,其存放同业款项之最小额度,请其酌量自定。先以此意函商京行经理酌办。④议阜丰、统益两户定放事。曹吉如报告事由(略)。⑤沈棉庭报告总行、津行放款事(略)。(《行务会议记录》第 7 册,上档 Q268-1-169)

4月23日 出席商务印书馆董事会会议。讨论事项:①通过上年股息分派案,股息一分二厘。②传阅股东董景安等 23 人要求取消股息公积的来函。议决来函在股东会上提出,但本会认为仍维持上届股东会议决案。(《商务印书馆董事会记录簿》)

4月26日 签署浙兴总办通函,重申收缩股票押款。云:"查股票押款,前经重员会议议决停做在案。时局不靖,公司处境益艰,原有押进股票自应积极收缩,以后尊处股票押款到期,概请预先加紧催还,勿予续转。如果无力清债,亦须订立切实分期取赎办法,俾可逐渐减少。是所至盼。"(副本,上档 Q268-1-117)

4月27日 江苏兼上海财政委员会与上海银、钱两业公会签订第二次续垫借款 300 万元合同。银行公会各会员行承担 200 万元,钱业公会各会员庄承担 100 万元;月息七厘,仍以江海关二五附税作抵,并由银钱业派员监督,但规定全部垫款应自"合同成立之日一次缴清"。(《一九二七年的上海商业联合会》,第 59 页)

4 月 28 日 主持浙兴第 188 次行务会议。讨论事项有:①沈棉庭报告京、汉、杭行放款事(略)。②曹吉如报告总行放款事(略)。③曹吉如报告新公司商请本行信保事(略)。(《行务会议记录》第 7 册,上档 Q268 - 1 - 169)

4 月 29 日 出席商务印书馆董事会特别会议,继续讨论上次会议议题。议决仍照第 324 次会议议决案办理,并拟定董事会对董景安等取消股息公积提议之意见书。(《商务印书馆董事会记录簿》)

同日 国民党政治会议致电苏沪财委会,裁定发行江海关附税国库券 3 000 万元条例。同日,苏沪财委会第八次会议议决复电"遵办"。(《中华民国史档案史料汇编》,第五辑第一编,财政金融[一],第 13 页)次日,根据该条例,该项库券由苏沪财委会"呈奉国民政府命令,核准发行"。月息七厘,按券面十足发行(后改为遵照按票面九八付款)。(同上引书)

4 月 主持修订《浙江兴业银行章程》。(印本,上档 Q268 - 1 - 623)

3 月至 4 月 苏沪财政委员会向上海银行业"借款"两次,各 300 万元,共 600 万元。浙兴第一次被分摊 10 万元。该次各行分摊数为[①]:

已定者

中国 20 万元　交通 30 万元　兴业 10 万元　东莱 10 万元　上海 10 万元

大陆 10 万元　中南 10 万元　金城 10 万元　中孚 5 万元　永亨 1 万元　中华 1 万元

未到者

汇业　原 5 万元　聚兴诚 2 万元　广东 1 万元　懋业 1 万元

通商 2 万元　浙实 2 万元　东亚 1 万元　工商 1 万元　和丰 1 万元

未定者

盐业 10 万元　中实 4 万元　四明 6 万元　农商 2 万元　新华 1 万元

(抄件,上档 Q268 - 1 - 28)

3 月至 4 月 苏沪财政委员会向上海银钱业分摊盐余公债"认购"数共 504 万元,浙兴被分摊 16.8 万元。上海银行公会录存各行分摊数为:

中孚 1.68 万元　　和丰 1.68 万元　　中实 6.72 万元　　汇业 6.72 万元

---

① 原件为码子数字。——编著者

新华 1.68 万元	兴业 16.8 万元	工商 0.84 万元	懋业 1.68 万元
农商 3.36 万元	永亨 1.68 万元	金城 16.8 万元	盐业 16.8 万元
东莱 16.8 万元	中南 16.8 万元	交通 50.4 万元	东亚 1.68 万元
四明 10.8 万元	广东 1.68 万元	中国 98.28 万元	大陆 16.8 万元
上海 16.8 万元	中汇 6.72 万元	通商 50.08 万元	聚兴诚 3.36 万元
浙实 10.08 万元	钱业 168 万元（抄件，上档 S173－1－29）		

5 月 1 日　赴上海总商会参加商务印书馆民国十五年度股东年会。李拔可报告营业概况；高凤池报告北京、广州受时局影响，股东未能莅会、委托在沪友人代表情况。部分股东对上述两报告提出异议，要求调查，遂引起争吵。会上有股东发言，对公司上年购入古书 16 万元一事，提出质疑。张元济应答："李君所说某报亦曾经看过。此事关系鄙人名誉，不能不略为声明。此书系蒋孟苹君所藏，提议购买者即是鄙人。鄙人初进公司办编译所时，即开办图书馆，历年收买旧书已有多批，如会稽徐氏、长洲蒋氏、太仓顾氏、丰顺丁氏、江阴缪氏等家藏书，嗣后尚续有收买。至公司营业，非仅编译新书，所出之旧书如《学津讨原》《学海类编》《续古逸丛书》《百衲通鉴》《元曲选》《宋人小说》等等，有营业甚佳者，有营业亦不甚畅者，凡此皆非编译所人员所能编著。本馆近年出版旧书卷帙最多者为《四部丛刊》，想各股东均所知悉，此书发行两次预约，共销二千四百余部，收入有一百余万元。此书均系以旧书影印，除本馆图书馆所收藏外，余均向海内各藏书家商借而来，极为困难，所费亦甚多。鄙人刻尚拟编纂《四部丛刊续编》，所需旧书尤多。适有蒋氏书可以收购，其中从前亦曾有向借印入《四部丛刊》者，其书抵押与兴业银行为十九万两，再四磋商，始以十六万两收购。至值与不值，可请各股东推举识者审阅。且此事固系鄙人提议，曾经总务处会议议决，经多人签字。""至言不通过董事会，则此为一种进货。商务印书馆买机器、进纸张，价值再较此为大，亦不必通过董事会。今书为公司所买，并非我张菊生携归家中，如今书尚存银行库中。至谓一人嗜好云云，因为当时我主张收买最力，或影射及我。读书人喜欢古书，亦无足异。然此事决不使公司于营业上有损，且因是而使营业上有益，则我亦无负于各股东也。"会议选举新一届董事及监察人，当选董事张元济、吴麟书、高凤池、夏鹏、丁榕、鲍咸昌、李拔可、叶景葵、杨端六、王云五、盛同孙、高梦旦、庄俞等 13 人；当选监察人周辛伯、陈少周、秦印绅等 3 人。（《商务印书馆股东会记录簿》；1927 年 5 月 2 日《晶报》）

同日　南京国民政府决定发行江海关二五附税国库券 3 000 万元，消息传出，在北京的张作霖通过交通银行董事长卢学溥，警告上海金融业，认为南军将发行二五税库券数千万，此事重大，如果实行，将来北方难以承认，或须援例办理，最好打消此事。是日，卢密电上海胡孟嘉、张公权、陈光甫、李馥荪、叶扶霄、吴蕴斋等大银行家,云:"明知南北相持,我辈同感应付之苦。惟政变难测,损失固应预防,而金融界之在北方有业者,此类尤不宜露面,否则影响所至,祸变难测。尤应注意者,整理旧债及各种内债,此时万不可即要求有所表示,否则南方多一种保障,北方必生一种变化。利未见而害先至,总宜镇静处之。"(《一九二七年的上海商业联合会》,第71页)上海金融业巨子们未予理睬。大家在南北竞相拉拢之间,无疑选择了南京国民政府。

5月7日 上海银行、钱业两会召集各行庄协议苏沪财委会向银钱业"承销"江海关二五附税国库券额度,同意承销总额度250万元,非财委会要求之500万元。会后,宋汉章、秦润卿复函苏沪财委会,云:"敝会召集银钱两业在会各行庄开联席会议,商量承销,惟据到会各行庄声称,连年战事频仍,金融枯竭,市面已深感周转不灵之痛苦。今既奉命承销,不敢勉力分认,当即公决,承销票额二百五十万元,即在应还前两次垫款六百万元内扣除。"该函要求财委会"尊重合同,准将二五附税收入按月分派归还,以维信用而恤商艰。"[①](上海钱业公会档案,上档S173-1-44)

5月9日 主持浙兴董事会会议。议决行员加薪办法及提议修改《盈余分配草案》。《草案》云:

总结所得利益,除各项开支及削账摊提各费,并提特别公积外,如有盈余,即为纯利,作二十份,分配如左:

(甲)以一份为法定公积,以二份为填补损失公积,以一份为调剂红利公积,以一份为酬恤职员公积。

(乙)除甲项支配外,应将所余十五份,提股东股利六厘,并酌提下届滚存。其余净数匀作一百分,以百分之四十为股东红利,以百分之七为董事、监察人花红,以百分之五十三为全体职员花红。(1927年5月31日浙兴总办与哈行行员合同,上档Q268-1-70)

同日 签署浙兴总办通函,通报汉行行员薪水汇付办法。云:"汉口停止兑现后,上海及各处先后与汉口各行停止往来。此事与汉行行员薪水汇家应用者亦有关碍。兹经商定办法:凡汉行行员薪水汇家应用者,以十五年份原支薪额全数为限,准予通融兑付。此项汇款同时须由汉行备函,叙明汇款行员旧支薪额若干,汇款若干,与兑付行接洽。除函知汉行外,特此奉洽,即希照办。"(副本,上档Q268-1-117)

---

① 经过双方几轮交涉,银钱两会最后仍同意承销国库券500万元。——编著者

5 月 11 日　主持浙兴第 189 次行务会议。讨论事项有:①曹吉如报告总行放款事(略)。②沈棉庭报告各分行放款事(略)。③补录变通汉行行员薪水汇款事。"前经议决,以各员所得旧额薪水半数为限,准予照兑。嗣以史经理来函嫌数目太狭,拟照现支薪额全数概予照汇。当以现支薪额尚属悬案,未能照办,爰变通为旧支薪额全数准予照汇。特此补记。"④议定优待行员役办法内生活费一项应否认为薪水事。"生活费作为薪水与否颇有关系。金以为作为薪事计算,则甲乙等职在办法内规定除外,他日生活费逐年增加,于计算花红上甲乙等职未免偏枯。然反之如不作为薪水,将来甲乙等职加薪时虽无生活费名目,而实际上有一部分含有生活费性质,因其统作薪水看待于计算花红上,反致意外便宜。故两者均有未洽。而权衡利弊,究以不作为薪水较为相宜。因不特计算花红发生问题,即在年资薪水上行力负担亦嫌过重,至虑甲乙等职反占便宜一层,不如于议加甲乙等职薪水时,亦提出生活费名目,与其他行员同一不作为薪水,则彼此公平矣。"会议议决:生活费应付开支账津贴科目,注明行员役生活费,不记入薪额内。(《行务会议记录》第 7 册,上档 Q268 - 1 - 169)

同日　签署浙兴总办通函,公布董事会提议《修改盈余分配草案》。(副本,上档 Q268 - 1 - 60)

5 月 14 日　出席商务印书馆董事会会议。讨论事项:(一)李拔可因病提出辞经理职。张元济云:"拔翁辞职确曾屡次说过,但顷议翰翁辞职事,以现在公司情形,全赖大家维持,最好不更动名义,亦只好请拔翁仍勉为担任。疾病人所难免,有病自不得不休息,尽可请假,不必因病即行脱离公司。"到会董事、监察人表示一致挽留。(二)江苏暨上海财政委员会向商务募"二五附税"国库券 20 万元事。张元济认为仍应有总务处酌量应付。讨论良久,议决由总务处设法商减,相机办理。(三)修改董事会章程。议决:公推高梦旦、盛同孙二人为修改董事会章程起草委员。(《商务印书馆董事会记录簿》)

5 月 16 日　浙兴杭行倪福保、罗敬宜致先生与董事会诸公函,请求处分。云:"奉四月二十七日尊处赐函敬悉。中交两行行员退出工会事,业经遵示婉告同人,所有敝处对于此点情形,此次陈理卿、沈棉庭先生莅杭,福等业经面陈,请为转达,当蒙俯鉴。此次杭州自工潮发生,引起纠纷,虽为潮流所使然,但福等不能尽力消弭,措置安全,迨陈理卿、沈棉庭先生莅行,宣示尊处意旨,福等又不能完全解决,引起外界干涉,不独有负职责,抑且应付乖方,致增咎戾。虽以前经过迭蒙尊处曲加鉴谅,但事后抚衷自问,究属难安。惟有自请予以严加议处,藉资整饬。"(原件,上档 Q268 - 1 - 111)

5 月 18 日　主持浙兴第 190 次行务会议。曹吉如报告总行放款事,云:"以上报告各户茧款现经做定,均不保兵险。豫丰另户因该厂存纱时无法装运,故请转期。现闻该厂已竭力设法转出,合并报告。"众无异议。(《行务会议记录》第 7 册,上档 Q268-1-169)

5 月 23 日 江苏兼上海财政委员会第 18 次会议①,讨论蒋介石马电(21 日)要求 24 日前另解 500 万元问题。议决由江苏财政厅和浙江财政厅共筹 350 万元,当月底前先交 150 万元;另向上海各发行钞票之银行接洽借款,确定交通银行 200 万元,中南银行 100 万元,浙江兴业银行 100 万元,中国通商银行、中国实业银行各 50 万元,广东银行 30 万元。(《中华民国史档案资料汇编》第 5 辑第 1 编,财政经济[一],第 77—78 页)

尚其亮《浙江兴业银行兴衰史》云:"1927 年蒋介石发动'四·一二'事变,江浙资本集团曾拿出钱来支持他。蒋上台后又向他们伸手要钱,办法是发行'江海关二五附加税国库券'3 000 万元(后又续发 4 000 万元),强行摊派给银行、钱庄两业认购。'浙兴'被派到认购数 100 万元(后减为 40 万元)。'浙兴'对蒋介石这种强制勒索作风十分不满,叶揆初坚不同意此认购数,只勉强认购 25 万元,国民党政府当然通不过,关系弄得很紧张。经人劝说,叶揆初不得已,加了 5 万元,凑足 30 万元交了上去。哪知这一下触怒了蒋介石,他拍案大骂:'它不帮我,我叫它关门!'并令将 30 万元退还。因为'浙兴'在各商业银行中地位一向较高,蒋怕别的银行效尤,故对它散布流言大施压力。上海商业储蓄银行总经理陈光甫这时又来当说客,劝'浙兴'让步,叶揆初感到'孤军对抗,颇非所宜',终于不得不认购 40 万元了事。而在这次摊派中,与'浙兴'叶揆初关系密切的中兴煤矿,因拒绝认购 100 万元而被蒋介石下令没收,经设法满足其要求后才得归还。长兴煤矿也于这时被国民党借故占有,到 1932 年才得赎回。'棉纱大王'荣宗敬因营业不振,拒购库券,蒋介石竟密令无锡县政府查封其财产,通缉荣氏,后经吴稚晖等疏通,认购了 50 万元才算了结。"(《浙江文史资料选辑》,第 46 辑)

5 月 28 日 主持浙兴第 191 次行务会议。讨论事项有:①曹吉如报告总行放款事(略)。②沈棉庭报告津行放款事(略)。③议本年上届决算事。沈棉庭报告事由(略)。④议有价证券折价事。沈棉庭报告事由(略)。(《行务会议记录》第 7 册,上档 Q268-1-169)

5 月 31 日 签署浙兴总办与津行行员订定盈余分配合约。云:"兹因浙江兴业银行十六年五月九日董事会议决行员加薪办法及提议修改盈余分配办法草案,

---

① 江苏兼上海财政委员会于 1927 年 8 月撤销。——编著者

同人等认为此项办法实行以后,关于劳资两方事项,对内自不发生任何问题,对外亦不加入任何团体,深得劳资合作之义。总办事处应尊重此项提案,要求股东会通过,俾促成劳资合作美满之效果。为此双方郑重声明,立约为据。此订。"附录董事会提议《修改盈余分配草案》,(副本,上档 Q268-1-71)

同日 签署浙兴总办与哈行行员订定盈余分配合约。内容同上。(副本,上档 Q268-1-79)

同日 签署浙兴总办通函,通报人事任命事项。云:"董事会议决:汉行副经理朱振之调任总行副经理。奉行现经收歇,经理陈慕周升任汉行副经理。杭行添设副经理席,以现任襄理罗瑞生升任。朱振之俟陈慕周赴汉接任后,并候时局稍定再行来沪就职。"(副本,上档 Q268-1-60)

6 月 13 日 赴联华总会出席商务印书馆董事会特别会议。讨论事项:①因陈叔通本届不担任董事,股票改由张元济、高凤池、鲍咸昌、吴麟书会同盖章。②工会提出要求增加工资等条件。议决将公司困难情形向工会统一委员会及同人代表剀切说明,请其谅解。(《商务印书馆董事会记录簿》)

6 月 15 日 主持浙兴第 192 次行务会议。讨论事项有:①曹吉如报告总行放款事(略)。②议发行准备金项下酌提一成运用以顾成本事。先生报告云:"中央银行正在计划中间,有发行统一之议,商业银行发行权将来不无动摇,自应预备布置,而尤以收回成本为首当注意。我行发行准备比较充分,现拟从现金准备项下酌提一成,购买美金债票,以期将收入利息为收回成本之补助。即以购得之债票仍归入准备项下,作为保证准备。此项债票比较稳固,且在市上变卖亦易,惟利息较薄耳。合报告备案。"(《行务会议记录》第 7 册,上档 Q268-1-169)

6 月 18 日 出席商务印书馆董事会会议。讨论事项:①按 5 月 13 日会议决定,各董事将规定数之股票交监察人周辛伯、秦印绅点收封存。②盛同孙、王云五报告与同人代表磋商情形。(《商务印书馆董事会记录簿》)

6 月 24 日 赴一品香餐馆与夏敬观等支持中国公学丁卯年上海第一次董事会。会议推定旧董事蔡元培、叶景葵、夏敬观及新董事熊克武、杨铨、刘秉义、何鲁等七人为常务董事,何鲁为校长。临时经费由熊克武负责先筹垫二千元,已抵押图书由叶景葵交涉。中国公学名称照旧。(1927 年 6 月 26 日《申报》)

6 月 25 日 浙江兴业银行收到北京经募车债银行团来函,通报迄今为止车债还款及本息等情形。云:"查本团自民国十年开办以来,匆匆已达七载。不幸中途各铁路局未能履行合同,延不付款,发生重大困难。叠经交涉,各洋商坚以购车合同本国曾经签字,要求照付车价。迫不得已迭开大会讨论,咸以顾全对外信用为重。一面将所欠各洋商车价转于北京华比银行,订展期分还合同;一面改与四路局订立借款合同;一面与交通部交涉,取消购车公债及原订合同,牺牲一切利益,以期次第结果。所有收付账目,曾于民国十二年六月二十日开具详细清册印刷,成本说明废除从前虚收存款、虚立准备金名目各情形,分送在团各银行在案。当已均邀台核。自此以后迄今又达四年。当时京汉、京绥、津浦三路虽已订定合同,按月交款,终因时局不靖,未能按月按数收到。沪杭甬一路虽未订立合同,亦曾间有交款。是以(民国)十二年共收款三十万元,十三年共收三十四万余元,十四年共收三十四万元,十五年共收九万五千元,均经随时偿付华比银行。迄至现在,尚欠该行十五万余元。平时路局交款或为数无多,或时期先后,均幸承北京中国、金城、大陆三银行特别垫给,尚能勉强应付华比。不料自去年以降,各路局财政更加艰窘,催款之难殊非笔墨所能道,是以仅有九万余元,京浦、京汉、京绥三路一年之久分文未交,展转请托,函电交驰,终无效果。沪杭甬一路本年三月间,任前局长来京,带来还本团款十万元事为交部先知,坚嘱解部作为经费。经本团向任局长暨交通部一再索还,无如正适部中财政困难,坚不允可。本团迭次严重交涉,始得交现五万元,其余五万元不得已由本团名义委托中国、金城两行借给交通部发薪之用,限期三个月归还,立有借款合同在案。其时华比到期之款不容再缓,又幸承中国、金城两银行再予随时继续特别垫给,始得勉付华比。凡此种种,交涉则舌敝唇焦,计画则一筹莫展,其中困难情形有非意料所及者。兹以账目重要,用特将在团各行自最初付款之日起至本年六月三十日止,所有车债本息实数分户开具详细表册,并另加说明一纸,随函奉请台核。如有错误,务请即日见示,以昭正确。至还款办法,应候第一步还清华比现在结欠华银十五万余元。第二步还清中国、金城两行继续特别垫款(现欠本息银约拾壹万余元)之后,各路再有交款,即当随时按股分摊归还。惟应声明者,现在时局仍未平静,各路经济殊无起色,乃后收款之迟速多寡都难逆料。仍希在团各银行随时遇有机会特予协助,不胜感盼之至。再另附上退还关税余款清单一份,并乞洽收见复为荷。"附车债本息表一份,说明书一份,退还关税余款清单一份(略)。(原件,上档 Q268-1-358)

6月28日 主持浙兴第193次行务会议。讨论事项有:①曹吉如报告总行放款事(略)。②沈棉庭报告京汉两行放款事(略)。③议本行对外文件签收答事。曹吉如报告事由(略)。④徐新六报告接洽地皮房产事(略),(《行务会议记录》第7册,上档 Q268-1-169)

7月6日 主持浙兴第194次行务会议。曹吉如报告总行放款事。内有"叶揆初六月三十日转期洋五万元,转六个月,月息九厘半。十四年公债式万元,七长公债十万元,英界道契斜桥路地三亩七分五厘"。曹吉如报告后云:"原放通易信托公司及苏记两户,均于七月底到期。如来商请转期,应否照允?苏记户抵押品通易信托公司股票折扣为照票面五五折,似亦不小。请公决。"先生与蒋抑卮、徐寄庼均云:可以允其转期,惟苏记内有黄溯初附做,转期时应分立黄溯初及苏记两户。(同上引档)

7月12日 主持浙兴第195次行务会议。讨论事项有:①沈棉庭报告汉口一厂事,云:"一厂押品花纱原系九折作价,嗣因陆续垫发工资等项,以致超过五折。然犹于价格上略为做小,以期稍稍维持。无如积累既久,渐渐至于十足作押尚属不敷。现则透过十万左右,此后第一要着总须停止再垫。应请讨论。"徐新六云:"一厂事,正拟与(于)本星期约安利沙逊及其他有关系人宴饮,商议办法,日前先嘱汉行向彼切实声明,停止再垫。"议决:先函汉行,向一厂声明停止垫款。②沈棉庭报告橡皮股票受押事。议决照票四折至五折为限。③曹吉如报告总行放款事(略)。④曹吉如报告检查同业存款事(略)。(同上引档)

7月14日 浙兴杭行经理张善礼致先生函,报告与杭州银行公会谈判前准备情形。云:"昨晚十时半抵杭,安善弗念。今早与各行员约定,明日下午四时后开谈判。嗣即至中、交、地、实四家抄取与行员妥协之办法作参考,另录附阅。遍观四家所加之数,实在均较我行所加每人每月五元之生活费相差太钜。惟既有此四家之比较,我行独低若干,势必办不下也。走谒荀伯先生,探悉临时劳资仲裁会已议决取销,但未公布。据云,政治会议议决之事并非件件公布,常有已经决议数星期之案,因一二人之言又复搁起不行。询渠将来究竟仍须设立仲裁机关与否,渠谓仍须定出仲裁办法,惟不崇设机关,临时由党部及政府各机关出数人列席仲裁。每经一次仲裁,推一次仲裁员,不常定此一二人也(防两方预与仲裁委员接洽,生偏袒之弊)。弟思此议案不能必其即日公布,即公布而下文仍有仲裁办法,未必即能推翻前案。况既欲与行员妥协后消释前此种种纠纷,为弥缝情感及从此安静,计不可做到情而不情(在沪时所说趁势拖延,细想终是不好),还不如在明天一席话上,看其可以办了,即放宽一步办了为是。明日为十五日,其仲裁所定限期尚有三日,一天谈不了,准备再作一度之谈,总想得结果也。"(原件,上档 Q268-1-111)

此前,张抄示《杭州银行工会要求改良待遇条件》,内容如下:

第一条 行员无论何时,如无特别过失,不得辞退。但经该行员同意时,银行应照最近月薪给以六个月之退俸,得由该行员自行退职。倘按照各行惩戒规则至必须辞退程度时,须将理由关知本工会,经本工会审查决定后,方可实行。

第二条 各行迁调行员,须得本人之同意。如有家室者应另给旅费。

第三条 各行添雇行员,须就本工会会员失业者尽先选用。如无材技相合者,得自由雇佣,或向联行调用之。

第四条 营业时间每日以七小时为限(上午九时至下午四时)。自立夏至中秋减少一小时(上午九时至十二时,下午一时至四时)。

第五条　星期日及其他例假日,如孙总理逝世纪念日、国庆日、劳动节、本行开幕纪念日、本工会成立纪念日、旧历四节以及原有假日,均须全天休业。

第六条　行员应每年给假四十日(路程例假、病假在外)。婚丧大故一个月。病假不计日期,但须得医生诊断书之证明,六个月后停薪不停职。请假未满限度者,应按日加薪。外埠请假回籍者,舟车费照中等费用实际支给。每年以一次往返为限。

第七条　行员因办理工会事务而外出时,作公出论。

第八条　行员一律服中山装,每人由行中发给改装津贴五十元,以一次为限。

第九条　行员在行遇有疾病时,行中须供给医药费,以三个月为限(由医生证明确系花柳病者不在此例)。

第十条　膳费照兴业银行例,每人月给十四元。如行员不住宿行内者,每月应给宿舍费十五元。

第十一条　行员因行务致伤肢体,或撄痼疾,不能改任他项职务时,得给予终身恤金。照最近月薪数目按月支给,并适用本条件第十五条及加薪条件第三条前半段之规定。凡行员积劳病过,应给以一时恤金,其数目以该员在职年俸及服务年限为标准。满一年以上者,给予退职时年俸十分之五。每增一年,递加退职时俸给十分之二,但至少须式百元。因公死于非命者,除适用积劳病故之规定外,另给一千元。

第十二条　凡行员在行服务满六年,而年逾六十衰老不能任事者,应给予养老金。其数目照退职时月俸按月支给之。

（抄件,同上引档）

7月15日　张善礼致先生函,报告杭州劳资仲裁会调解劳资纠纷条件,以及当日与行员谈判情形。云:"仲裁会解决银行劳资纠纷之条件,已于昨日披露。该条件系该会自动所调查。杭地各银行向来习惯参以己意折衷订定,使劳资双方遵守,不容变动者不在双方妥协范围之内。所以双方妥协者,仅有加薪及膳宿津贴等费数项。至废除保人制度、下级行员有弹劾上级行员权,及其他由行员工会所提出之要求,均遭摈除。观察大体尚未绝对难行。至将来是否一一悉须照办,必至各条所定事实发生时,政府是否责令各行切实履行为断。现在事未到形,大可存而不论。惟内中事假通年四十日即须照行,与我行定章相差十日,只可迁就也。"与行员加薪问题谈判虽有一定争论,尚属平和。最后同意张善礼意见,不按总处前颁增加生活费办法,而照地方银行例,拟订如下增资标准:

原薪 11 元至 30 元　　加 14 元

原薪 31 元至 40 元　　加 13 元

原薪 41 元至 50 元　　加 12 元

原薪 51 元至 60 元　　加 11 元

原薪 61 元至 70 元　　加 10 元

"定案均照仲裁条例于五月一日起支给，其五月至七月三个月所支之生活费仍须扣还。大众均允诺。"张函附来 7 月 14 日杭州某报《银行劳资纠纷解决，条件经仲裁了结》剪报一份。（原件，上档 Q268-1-111）

7 月 16 日　赴九江路商务办事处出席商务印书馆董事会会议。讨论事项：(一)香港砵典乍街购置房屋并建设四层楼房事。(二)本年 3 月 19 日董事会议决在杨树浦汇山路设立印刷厂，用中国图书公司和记名义，作为公司分厂。(三)讨论高梦旦、盛同孙提出公司章程修改稿。(四)高凤池辞职事。与会董事仍大多主张请张元济、高凤池二君任办事董事或高等顾问。张元济云，欲鄙人再回公司办事，恐无此事。此关涉鄙人本身之事，鄙人退席回避。上述议案未决。（《商务印书馆董事会记录簿》）

7 月中旬　中兴煤矿公司呈蒋介石文，被迫接受北伐军总司令部"补助军需"之要求，同意"认购"二五库券 100 万元。呈文回顾中兴公司创业及其沿革后，表示"兹幸大军北伐，本矿得蒙荫庇，特多方设法筹款，认购库券壹百万元，补助军需，以表区区向义之忱。"（《中兴煤矿公司之呼吁声》，第 2 页）

7 月 21 日　蒋介石对中兴允诺认购二五库券呈文批令云："呈悉。据称该公司历受军阀骚扰诛求，濒于破产。自愿认购库券壹百万元，补助军需，请求保护等情。具呈深明大义，殊堪嘉评。应准分电前敌各军，予以保护。并分函财、交两部，查照办理，以继实业。"（同上引书）

7 月 27 日　浙兴申行会计股主任沈元鼎致先生函，因身体原因提出辞职。云："日前侍谈，面陈心曲，已荷谅詧。侄以身体孱弱，久怀退志，交通（银行）谂知此情，遂来邀约。侄与世伯大人及振采世伯，均属世交诸父执，期望后起之意极厚。惟介居兴业、交通之间，就交通，无以对世伯；留兴业，无以对交通。反复思维，一筹莫展，此皆侄德薄能鲜有以致之，惟有引咎自责，双方辞谢。兹特致交通一函印底附呈，印底字迹不明，另纸誊清，即祈赐詧。侄年力方强，诸父执知遇之厚，会当图报于异日。区区愚悫之忱，尚求曲予原谅。列位董事先生暨各经理前，并求达悃忱，不胜惶愧，感谢之至。"（原件，上档 Q268-1-80）

8 月 6 日　史致容致浙兴董事会诸公函，报告汉地实情，陈述对总处节省开支、裁撤人员等事看法。云："一日晚接奉尊电已悉，其中情由已于三日具函详告。

此函托安利大班寄上,应可今日到达尊鉴矣。昨晨接展惠翰,至昨晚又接尊电,先后均悉。恐念,顷特奉一电云'两电悉,已函复,余再函详。容'等语,想亦詧阅矣。至云节省开支、裁撤人员等事,弟一年来备尝艰辛,痛苦万分。实缘思前虑后,不敢轻离,为顾全大局。一看账面难望佳象,二盼政局或有希望,所以远离不便,以免徒劳往返,以致迟迟未行。承嘱一节,系弟应分之事,何待诸公之远嘱? 实因尊处常常只听信而动议,而弟系观景行之。且汉事与尊处大不相同,似未便闻风就动。急则生变,往往事出轨外,反而不便。只如此次中、交裁员,迄今尚在纠纷未了,实因行员工会呈报党部,似须劳资兼顾,以致不能解决。近则弟暗中使职员工会不能与其优胜,将来一时难得速了。其余各行未始不想照办,恐多纠葛,不如宽以时日为宜。因于前月廿四日曾经召集会议,呈请执行委员会工人部、财政部、劳工部等,一则欲想银行行员另立一部分,不属总工会,省却许多周折;二则或可修改条件。不意议后中、交先行裁员,反被行员诉与中央工人部等处,以致公会呈请书至今尚未批复,反而农工厅二日来函致各行。因此,各工会均须待十月一日起至十一月底止,为各工会修改条件之期,各业不准效尤裁员等语。兹将来文抄呈,并将前月公会呈请中央等处底稿一件附上,均祈詧阅是荷。乃如此情形,尊嘱未便遵办。尚乞鉴原。将来条件修正后根本有办法,其余自迎刃而解之。总之,一年来之困苦,弟等亲历其境,尤甚于尊处,无不刻刻在心。弟意待以时日,况弟善后诸务会商甚多,节后急拟来沪,一切均可面达详细。诸事未便尽详。至新调副经理陈慕周先行裁省,以为之倡,薪酬年底为止已接洽。惟前副理朱振之兄虽经调沪,弟约其仍须回汉,待其回沪转来方可离职。仍嘱其返回汉,是为至盼! 如不能即来,先请电示,弟亦不等其矣。""下月公会轮筹值日,恐稻坪、友生两人忙不及,所以嘱振之即来为要。"(原件。同上引档)

8 月　离沪赴京[①],约 9 月中旬返沪。(见 1927 年 9 月 21 日史致容致先生函,同上引档)

9 月 2 日　在北京。晚,赴邵章(伯綗)宴请。许宝蘅记云:"六时,赴邵伯綗约,由叶揆初、金锡侯、陶昌善、周养庵同座。"(《许宝蘅日记》,第 1202 页)

9 月 3 日　赵尔巽在京去世。时先生在京,撰送《挽赵尚书联》。云:

　　生我者父母,知我者鲍叔;

　　下则为河岳,上则为日星。

（《杂著》,第 405 页）

9 月 21 日　史致容致先生函,报告处置汉口第一纱厂借款事困难情形,请求

---

① 离沪日期不详。因 8 月 10 日、8 月 23 日浙兴行务会议先生均未参加,9 月初有在京活动记录。——编著者

总处派董事来汉面商办法。云："连日总处与敝处为一厂事往返电商，因事忙，尚未具函奉复。……昨奉尊电，嘱弟速赴沪，藉谂台从已东旋为慰。一厂垫款愈陷愈深，正极焦灼，并非明知故犯，实为欲罢不能，所致而对于押款、押透两项总额随时留意，竭力缩小。自阴历旧年十二月底至今，实减少银六拾四万两。因该厂将来之希望既无把握，极拟停止垫款，免被拖累。总处嘱勿再垫，实与敝处宗旨相同，自应遵办。惟停垫之后，该厂即须停工，虽停工与否应由厂方自办，我行无须代谋，但事实上与我行有利害切肤关系，有不能不预为顾虑者。盖停工之后势必引起种种纠纷，倘毛、李无术应付，必致畏避。厂中负责无人，工人发生自由行动，钜数押品我行无从管理，机器亦虞损坏。否则毛、李欲卸自己责任，将谓厂方向由兴业维持，今兴业既不垫款，祇得停工。为诿过于人之地步，恐工人思想简单，工会又不辨理由，我行将因牵怒而受牵累。即使因纠纷所受损失日后可向厂方结算，而敝处之牵累恐难避免。此间近时标语，谓'店主开除工友及厂家停工，即是反动派向工人进攻'。工会虽在改组，政府仍贯彻其农工政策，初不因改组而易其主张。如果工人因停工而有暴动情事，如日前裕华暗杀三人案，及日内裕华、震寰毁坏锭子事，深为可危！是不仅我行将被牵累，即个人亦有危险。情势如斯，并非故甚其词，实有不能不慎重顾虑之处。故对于停止垫款，敝处与总处主张相同，而办法则略有不同者即在此也。敝处拟筹定善后办法，即行停止垫款，俾可避免一切。至善后办法虽极困难，但非绝对无办法。应如何设法预为布置，必须从长计议。此间情形时有变迁，即弟到沪面商，亦终难免隔阂，故属电总处请董事来汉，就地面商，庶可见机而行。遇有敝处未便擅主之事，亦可当机立断，以免迁延。来电未蒙提及，深为焦急。停止垫款之困难既如上述，在未筹妥办法以前，该厂应需工资、货款等急用，不得不暂维现状，曾于删电奉告，非敢擅主，实迫于无可如何，尚乞见宥。弟本想早日东旋，面罄一切，乃为一厂事所稽，兼以初八日起患感冒，延晋叔兄调治，寒热退后两足乏力，肝旺气郁，尚未全愈，深畏劳顿，须从缓行。且一厂事未解决，垫则伊于胡底，不垫则变端立生，进退维谷，非从速解决不可，未能不顾而行。但事机迫切，不容再延，不得已备陈此间困难情形，电恳我公速请董事来汉面商办法，谅蒙俯谅苦衷，准如所请，以慰朝夕盼望之殷。弟俟董事莅汉，一厂事有解决办法，即可与其同道回沪，面谈种切，是所至盼。顷接此间安利来函，谓该沪行来电，尊处对于一厂垫款仍拟继续维持等语。惟敝处未接尊处电示，抑尚在途乎？至一厂每日出纱数目已嘱其逐日具报，告我核查。阴历廿五日报告，南北两厂共出纱八万四千余磅。每件为四百卅磅，计有壹百九十余件。从前最多时日出二百十件，已相差无几。是否确实，已嘱君涛调查。至开明停工，因该厂系旧式白铁屋顶，暑天不能工作，向须停工，但给每人生活费八元，从前楚兴楚安时代亦须停工。申新厂因乏花停工，亦给生活费,成年工人每月七元,童工每月四元弍角。近则两厂工人正在要求开工,与一厂情形不同也。并以附闻。"(原件,上档 Q268-1-80)

9月28日 主持浙兴第 198 次行务会议。讨论事项有:①曹吉如报告总行放款事。内有"恒丰纺织新局九月三十日到期元壹百万两,一年期欠息照市加叁两,花纱布正九折作抵"。(余略)②曹吉如报告总行透支各户事(略)。③沈棉庭报告京行放款事(略)。(《行务会议记录》第 7 册,上档 Q268-1-169)

约10月中旬 离沪赴青岛考察。10 月 27 日,由青岛登轮返沪。船上遇郑孝胥。郑几年来在天津张园为清废帝溥仪进讲,10 月 24 日从天津坐胶济铁路火车抵达青岛。10 月 28 日,先生与郑同抵上海。(《郑孝胥日记》,第 2162 页)

11月7日 汉口第一纱厂毛树棠致浙兴函,宣告停工,云"敝公司因经济困难,迫于夏历九月初八日停工"。(抄件,上档 Q268-1-380)

同日 上海银行公会致国民政府财政部电,要求撤销新设立之金融监理局。11 月 1 日,国民政府在上海设立财政部金融监理局,财政部长孙科下令裁撤各级监理官与稽征特派员,统归金融监理局管辖。同时公布《金融监理局组织条例》,引发上海金融界大哗。银行公会电云:"查《金融监理局组织条例》第一条规定,该局职权系属监理全国关于金融行政上一切事宜。敝会忝属金融团体,虽事前未获稍参末议,然既同隶该局管辖范围之内,对于大部设官置局之命意自不得不详加讨论,期符官民合作之本旨。迩来颇有谓政府将迫以该局为强制金融界之一种武器,并有谓出于一二筹画财政人员,藉此以肆其技能者,循绎条例,不无可疑。溯自鼎革以来,连年兵灾,商辍于市,工辍于肆,金融机关虽勉力支持,然已躯壳仅存,不堪一再摧折。我部长次长有鉴及此,月前在沪曾经一再宣告,此后凡百措施关于国民经济地方金融,必先博征舆论,采取众见,务期适合国情,无违民意,金融同业咸相庆幸。不谓未隔两月即有此与经济金融有重大关系之机关突然宣告成立,消息传来,群情惶惑……敝会心所谓危,不敢缄默,用敢据实电陈,仰恳大部将金融监理局暂行停止进行,一面召集各项金融团体从长研究,以符政府历次宣言与民合作之原旨,藉安金融而定人心,惶悚待命之至。"[1](副本,上档 S173-1-10)

11月8日 主持浙兴第 201 次行务会议。议汉行用款数额事。曹吉如报告

---

[1] 财政部并未采纳上海银行公会建议,相反于 11 月底及 12 月初又相继颁布《金融监理局检查章程》与《金融监理局补行注册章程》,规定凡已开业之银行、交易所、信托公司、保险公司、储蓄银行、储蓄会等,不论已否注册,须在一个月内补行注册,换取执照,从而试图加强对银行业的"监管"。1927 年 12 月 10 日,上海银行公会决议:金融监理局限期注册令文,"搁置不理"。不久又上文财政部,要求暂停对银行实行重新注册。1928 年 1 月,宋子文取代孙科出任财政部长,随即撤销金融监理局。"注册"风波一定程度上是国民党内部各种势力矛盾冲突的反映。——编著者

云："汉行用款拟请定一数额，以便筹划准备。"沈棉庭云："汉行存款现尚有二百万之谱，其中虽有改存总行，不须现款支出，然而仍须视为用款计算。"徐寄庼云："再加汉钞三十余万。"最后议决：汉行在总行用款额暂定为现洋一百万元。（《行务会议录记录》第 8 册，上档 Q268 - 1 - 170）

12 月 3 日　主持浙兴第 202 次行务会议。讨论事项有：①议押款及透支项下橡皮股票拟予处分事。沈棉庭报告事由（略）。②议委员会公债结价事。沈棉庭报告云："委员会户下公债现在须担两重风险，即一票价，二先令。似以先令如数倍于金币部，应存应空由该部相机办理。如此，则委员会但须坐守票价行市较为稳妥，而计算划策亦较统一。是否请公决。"先生云："委员会与金币部营运目的略有不同。委员会目的一时盈亏非所甚重，金币部则重在进出活泼，注意近利，故亦无钜数运用。若就现在先令结价，金币部恐所不胜，即在委员会亦不肯牺牲。"徐新六云："委员会当初原意上诚如沈君所云，后因数巨掉（调）期困难，至少有此项现象。现在可俟时机至先令不吃亏时逐渐结落。以后委员会可按随时抛结回复原旨。"议决：俟先令不吃亏时逐渐结价。③曹吉如报告总行放款事（略）。④议款项运用事。曹吉如报告事由。先生云："总以利息是否上算为准。惟房地产押款限期较长，利息亦难优厚。如求手续简单、进出活泼，而利息又为较优，在目下情形七长公债较为上算，逐渐限购，于营运上较为合宜。"蒋抑卮云："揆公所言鄙意亦赞成，可待营业方针议定后再酌办。"（同上引档）

12 月 17 日　张善礼致先生函，报告杭行辞退人员应注意之事。云："（上缺）党部执行仲裁协议条件，党部仍当作一件事，居然令知银钱业商民协会集议实行云云。查该条件内有关于辞退行员必得工会承诺及给予若干年薪水之规定。故暂按不动。现在总处既主张裁，则谓于来函中说明东栈已撤，庶务上本有两人尽足，办公营业口减，不得不裁减冗员，节省开支云云。惟杭行于前年年底裁去东栈职员朱、许两人时，曾送给三个月薪寿（酬），如辞退似应照例行之。"（原件，上档 Q268 - 1 - 111）

12 月 24 日　签署浙兴总办通函，商改江苏银行手续费事。云："顷接江苏银行来函，要求按照原定通汇契约，'除该行蚌埠、徐州两汇兑处均因时局关系暂行裁撤外，其余各埠分行均拟继续委托代理收解事宜，俾资便利'等语。敝处以尊处对于苏省境内汇款似亦不少，为我行自身便利计，亦愿与该行联络。惟查原约所订手续费，间如京津等处今昔情形不同，自非酌改不可。惟我行对于此项手续费一经更改，恐该行亦必须有相当之增加。敝处之意，拟对于数在贰百元以内之汇款，只酌收相当手续费；如需超过此数则核实计算汇水。请尊处酌量情形，以如何计算为宜即示复，以便与该行重新商定为荷。"（副本，上档 Q268 - 1 - 117）

12月29日 主持浙兴第203次行务会议。讨论事项有:①曹吉如报告总行放款事。内有"恒丰纺织新局合同元五拾万两,各种花纱按九折作押,一切照原订合同办理"。(余略)②曹吉如报告江苏银行请订通汇契约事。议决照办。③会计部长沈棉庭报告各分行放款事(略)。④议总行各种放款用应加考量各户事。沈棉庭报告事由(略)。⑤徐新六报告永胜公司转期事。议决:准转期半年,规元按原期计算,登记事请其尽于展期后三个月内设法办妥。(《行务会议记录》第8册,上档Q268-1-170)

12月30日 下午赴香港路4号银行俱乐部,出席商务印书馆董事会会议。商办同人消费合作社事。议决:俟同人现在所要求加薪等问题解决后再行催办。(《商务印书馆董事会记录簿》)

12月 购得冯武(简缘)钞校本《贾长江集》,以江南图书馆明翻宋本对校,并撰校记云:"简缘先生定为善本,洵不诬也。"1928年1月7日(腊月既望),"又以《文苑英华》对校,即将异文详录,并注明卷数,庶与前校易于区别"。1月10日(腊月十八日)、2月8日(戊辰正月十七日)先后再校又记。(《〈贾长江集〉跋》,《书跋》,第121—124页)

《贾浪仙长江集》十卷,(唐)贾岛(浪仙)撰,旧钞本,一册,民国王培礼校,叶景葵校。(《叶目》)

12月 撰《〈南华真经〉跋》。云:"顾抱冲藏宋本《庄子》,曾经明初人校读。抱冲过录于世德堂本,此为袁绶阶借临之本,旧藏海宁陈氏向山阁。丁卯冬季,余于湘乡王氏购得之。""原校分三十三篇,为二百五十五章,悉依陈碧虚《南华真经章句音义》,即陈氏《自叙》所谓'随指命题,号为章句者也'。所引诸家异文,有称张本者,即张君房校郭象注中太一宫本也;有称文本者,即文如海《正义》本也;有称成本者,即成玄英疏本也;有称李本者,即李氏书库本也;有称江南本者,即江南古藏本也;有称刘本者,即散人刘得一本也。以上皆为碧虚所见之本,详见《南华真经章句余事》。惟又有称元嘉本者,有称别本者,有称一作者,有称本或作者,均为碧虚所未详,不知何据?原校征引赅博,抉择谨严,句读精审,非寻常批抹者可比。""卷首抱冲题云:'宋本每行十五字,注三十字,不附陆氏《音义》',仅言每行几字,而未言每叶几行,或为每半叶八行,与世德堂本同,故抱冲略而不言欤?惜无佐证,未敢臆断。"(《书跋》,第83页)

《南华真经》十卷,(晋)平陵张湛(处度)注,明嘉靖中吴郡顾春刊本(《世德堂六子》),六册,(清)袁廷梼临顾之逵校。(《叶目》)

是年 浙江兴业银行设立"经营国外证券委员会",徐新六任主任委员。徐调动1 200多万元资金,委托美国银行、银公司代购北洋政府发行的国外债券。"这些债券以外币为单位,用关税、盐税担保,本息由外国银行结算,安全系数较大。此外,浙兴还大量购进了外国企业股票。到 1930 年止,浙兴这两类证券投资共达1 493.5万元,占全行资产的 14％。投资国外证券的目的,是为了避开国内战乱对金融的冲击。叶景葵说:'此于无法营运中求出路也。'"(参见陈正卿《叶景葵、徐新六与浙江兴业银行》,《近代中国工商人物志》,第 2 册,第 132—133 页)

是年 郑州大昌树艺公司在极其艰难中又度过五年。先生拟将公司结束,而白辅唐意志坚定,不为环境所动。先生后记云:1922 年大昌遭土匪骚扰后,"如是者又五年。此五年中,收入更少,往往所收不足供捐输之用。统计余前后垫款,及以收入留作经费者已逾一万元以上。逆料前途,必更恶化。万一白君为土匪绑去,则更无办法。乃婉劝白君将公司结束,为'堕甑不顾'之计。""白君愀然语人曰:'此中一沟一树,皆我手布置;一旦弃去,殊觉不忍。地利以久而始见,今日虽纠纷,安知日后无转机? 且揆翁前后垫款,皆我一人支出。但见领取,而不见缴还,何以明责任?'余知其志不可夺,乃慰藉之。"(《记郑州大昌树艺公司》,《杂著》,第 249—250 页)

1928 年(民国十七年　戊辰)　55 岁

1 月　南京政府召开国民经济会议,划定中央、省、地方收入界限。

3 月　中国银行公布纸币发行准备办法,并制定发行准备检查委员会规定,每周检查一次,于每月一日在报上发表。

4 月　国民革命军战地政委会派员组织"整顿中兴煤矿委员会",接管山东峄县中兴煤矿。

5 月　北伐军攻占济南。日军制造济南惨案。

10 月　国民政府公布中央银行条约,明定"中央银行为国家银行,在国内为最高之金融机关,由国家集资经营之","业务方针为统一币制,统一金库,调剂金融,以达到'银行之银行'之目的。"

11 月　中央银行在上海正式成立,全属官股。中国、交通二银行分别召开股东会,修改章程,并将总行由北平迁至上海。

12 月　张学良通电东北易帜,服从南京国民政府。

1 月 7 日　主持浙兴第 204 次行务会议。曹吉如报告总行放款事,内有远东公司煤务部、时事新报馆、振华纱厂、恒丰纺织新局放款,东方汇理银行拆票、汇丰银行拆票、大通银行拆票等。"众无异议"。(《行务会议记录》第 8 册,上档 Q268 - 1 - 170)

同日　撰《劫灰录·跋》。云:"此钞本为双照楼吴氏故物,分上下二卷,只有何腾蛟、堵荫锡、瞿式耜、陈子壮、张家玉五人传,较旧本《劫灰录》少七人。且旧本《劫灰录》每卷原题《殉国谱臣事考》,此改'殉国'为'亡国'。又有'我朝大兵'字样,或系从叶氏所谓今本《劫灰录》传抄而未全者。惟又有《张李二寇传》,均题曰《节略》,是否节抄《见闻随笔》,未敢臆断。又有《日本乞师伪太子王子明事》《开读传信》《朱文学》《五人传》《祭五人文》等篇,以《四库提要》证之,皆为《见闻随笔》所无,而《开读传信》以下四篇,遇有太祖高皇帝及二祖十宗朝廷诏旨等字,均空格或提行,实系传录明人写本。然则此书当为国朝人杂钞而成,与珠江旧史原著,名同而实异也。丁卯腊月既望,景葵记。"(《书跋》,第 26 页)

《劫灰录》二卷,(清)阙名撰,旧钞本,二册。(《叶目》)

1 月 9 日　赴香港路 4 号银行俱乐部出席商务印书馆董事会特别会议。讨论公司与工会代表接洽，婉却工会、职工会要求加薪情形。讨论良久，认为现在勉强维持已属不易，实无法再增担负，仍由总务处于工会代表再来接洽时再行婉告。与会董事传阅张元济与高凤池辞"指导"函。（《商务印书馆董事会记录簿》）

1 月 20 日　浙兴津行致总行电。云："潘（履园）经理廿四日搭大连丸由连赴沪。"（原电，上档 Q268-1-587）

1 月 21 日　主持浙兴第 205 次行务会议。曹吉如报告总行放款事，内有恒丰纺织新局、模范丝厂、鼎裕丝厂、厚生丝厂、天章丝厂、大生丝厂放款及麦加利银行拆票等。"众无异议"。（《行务会议记录》第 8 册，上档 Q268-1-170）

1 月 27 日　校毕邃雅堂旧藏《脉经》并撰跋。跋云：

此书为吴兴姚氏邃雅堂故物，并钤有姚晏名印。晏字圣常号婴斋，为文僖公喆嗣彦侍方伯世父。卷内朱校，当是圣常先生手笔。余家旧藏文僖公尺牍一通，与此对勘，笔迹如出一手。盖圣常先生临习父书，得其神妙也。姚校所据为元刻本，今取涵芬楼影印天历建安广勤书堂本，覆校一过，姚校无不吻合，间有漏校之处，谨以蓝笔补校。

校毕，又以金山钱氏守山阁本覆校，钱校称此本为袁本称《医统正脉》本，为吴本所称原本，当亦为明刻本，似未见元刻本。但钱氏别据《素问灵枢》《伤寒论》《金匮要略》《甲乙经》《千金方》各善本，凡所补正之处，极为精密，今一一以蓝笔过录，上加"钱云"二字以别之。（元刻本亦有讹缺处。）

钱氏原跋列举书中异文，胜于今本《灵枢素问》《伤寒论》《金匮要略》者数条，为此书增重不少。锡之先生熟精医理，又能细心校雠，洵为叔和功臣，亦附抄原跋于后。

《铁琴铜剑楼书目》载有影抄广勤书堂本《脉经》，有嘉定何大任重刻后序。何大任刻本，即研经室影抄进呈者也。兹据《皕宋楼藏书志》补抄何氏后序附焉。丁卯腊月廿五日，景葵校毕记。（《书跋》，第 113—114 页）

《脉经》十卷，（晋）高平王叔和撰，明天启六年鹿城沈际飞据万历袁表本重刊，四册，（清）姚晏校。（《叶目》）

1 月 29 日　主持浙兴重员会议。出席者蒋抑卮、徐寄庼、陈叔通、徐新六、曹吉如、孙人镜、萧钰麟、罗郁铭、沈棉庭、陈元嵩、史致容、潘履园、张笃生、刘策安、朱振之、竹尧生。讨论事项有：①各种存款利率案（略）。②押品种类及折扣案（略）。③银根支配案（略）。④各行加薪员额案。先生报告云："上年所定优待行员役案内，年终考绩加薪员额计算方法，每行员五人加薪一人，不满五人者不计。当时原以另有生活费之普遍规定，故对于考绩加薪示限制，且以照此办法年轮加，各行员薪数额亦得渐趋均衡。金以照上年通案办法,日久恐生困难,惟照目前情形能维持此项办法,又不能渐趋均衡,故金以照案办理为然。惟各行所提出之加薪名单,于人数问题尚有困难。"又云:"消除困难之变通办法,只有就原额'不满五人者不计'句上量加修正,拟改为'不满五人者,如在三人以上,得作五人;不满三人者不计'。众意如何?"众以为然。议决:1927年5月11日所发通函优待行员役案内年终考绩加薪,改为"每行员五人得加一人,每十人得加二人,余类推。不满五人者,如在三人以上时得以五人论,不满三人者不计。"当于开董事会时提出修改。

(《浙兴重员会议记录簿》,上档 Q268-1-61)

2月2日 主持浙兴第206次行务会议。讨论事项有:①曹吉如报告总行放款事(略)。②孙人镜报告总行现订抵押透支及信用透支各户事。内有先生与张元济名下透额转期账目,抄录如下:"叶揆记 转期透额式万式千元一年,月息九厘半。中兴煤矿公司股票式千元,商务印书馆股票叁千八百元,浙江实业银行股票壹万式千元,纬成公司股票五千〇四拾元,志摩橡胶股(票)叁千股。""张元济 转期透额洋叁万元一年,月息九厘半。金融公债壹千七百元,商务印书馆股票叁万六千六百元。"③沈棉庭报告津行拟订透支各户事。包括裕元纱厂、福星面粉公司、嘉瑞面粉公司、民丰面粉公司、利济公司、柳江煤矿公司、北票煤矿公司、中兴煤矿公司等户。④徐新六报告新通公司放款事(略)。(《行务会议记录》第8册,上档 Q268-1-170)

2月7日 赴银行俱乐部出席商务印书馆董事会会议。讨论事项:①盛同孙、鲍庆林辞职事。议决:一致挽留。②工会、职工会要求加薪事。议决:仍由总务处婉为拒却。(《商务印书馆董事会记录簿》)

2月8日 主持浙兴第207次行务会议。讨论事项有:①总行襄理萧钰麟、罗郁铭报告金币部交易及押汇各户事(略)。②曹吉如报告周美全地皮房产押款事(略)。③沈棉庭报告杭行透支各户事(略)。④沈棉庭报告京行透支各户事(略)。(同上引档)

2月16日 主持浙兴第208次行务会议。讨论事项有:①曹吉如报告事总行放款事(略)。②朱振之报告储蓄部余款营运事(略)。③沈棉庭报告总行橡皮股票押款及透支各户应追加押品事(略)。(同上引档)

2月中旬 覆校《笠泽丛书》,并撰校记。云:"卷中朱校暨墨笔注释皆越缦先生手迹。先生以此本写手多讹谬,故校至乙卷《复友生论文书》,未终篇即阁笔。余重乡贤之遗迹,得而藏之。暇检黄荛翁校明抄本《甫里先生集》,嘉靖徐焴本《唐文粹》,隆庆闽刻本《文苑英华》,逐篇补校,藉以正王岐之误。惟笔墨荒率,且不免前后参差,以视先生之校例谨严,下笔精整,殊有愧焉。戊辰正月抄(钞),景葵识。"

《书跋》，第 124—125 页）

《笠泽丛书》四卷，《补遗》一卷，《续补遗》一卷，（唐）苏州陆龟蒙（鲁望）撰，清光绪中归安姚氏大叠山房据陆钟辉本重刊，二册，（清）李慈铭校，叶景葵覆校。（《叶目》）

2 月 26 日　主持浙江兴业银行第 21 届股东常会，报告 1927 年份上下两届账略及红利分配表。上年主要经济指标如下：

资本总额 250 万元，公积金 1 528 847 元，定期存款 19 111 603 元，往来存款 12 544 605 元，储蓄存款 3 351 826 元，透支国外同业 4 371 570 元，发行兑换券 3 572 868 元，领用兑换券 386.5 万元；定期放款 1 141 959 元，定期抵押放款 12 190 924 元，往来透支 905 243 元，往来抵押透支 11 826 826 元，押汇 610 631 元，存放同业 8 051 779 元，有价证券 6 946 325 元，营业用房地产 2 028 387 元，发行兑换券准备金 3 572 868 元，领用兑换券准备金 386.5 万元，期票 1 577 328 元，现金 2 823 270 元；本届总纯益 304 777 元。（《兴业邮乘》，第 23 期）

次由监察人报告如数复核无误。全场股东一致起立通过。先生又报告上年办理行员役加薪事宜，并董事会拟修改本行分红办法，办理尚未完竣情形，及以后仍当相机酌办，届时再当取决于股东会，现请股东会准予前案各节。全场股东均无讨论。次照章程改选监察人陈理卿、严鸥客、胡经六。（《浙江兴业银行股东会记录》，上档 Q268‑1‑61）

3 月 7 日　主持浙兴第 209 次行务会议、讨论事项有：①曹吉如报告汉行拟揽做德号棉花押款事。议决：商由吴麟书君作保，可以酌做押汇事，可酌减为十万信用，汇票减为三万，其押汇提单须交我行代寄。②议吴麟记信透事（略）。③曹吉如报告与穆藕初君接洽事。云："穆君告拟往郑，业与面洽，向其说明我行意旨，请其现将期票款十七万元先行汇沪。合同原放之款，并表示拟收回半数。彼意似拟商转期，然未明白谈及，故亦未与言。至期票款则云通汇困难，言下似可有一部分汇来。合报告。"众无异议。④曹吉如又报告日华厂等用款及总行放款事（略）。（《行务会议记录》第 8 册，上档 Q268‑1‑170）

3 月 24 日　下午赴银行俱乐部出席商务印书馆董事会会议。讨论工会要求加薪之解决办法。决定兰溪支馆改为分馆等事。（《商务印书馆董事会记录簿》）

3 月末至 4 月　先生为山东峄县中兴煤矿公司委托银行团募集公债事离沪赴天津，后又至北京。《现代中国实业志》云："（中兴公司）自民国十三年以后，由战争影响，境况渐非，然尚能勉强支持。民国十六年七月，战事骤起，该矿沦为阵区，工务完全停顿。当国民军进占徐州，政府发行二五库券，公司认募库券九十余万元。继蒋介石氏令国民军退出徐州，直鲁军供应浩繁，为数已属不赀。至民国十七年四

月,国民军抵鲁,战地委员会与中兴公司议定,由公司投效军饷一百万元,逆产充公,商股照旧维持。"(原书,第221页)[1]

4月4日　自北京致南京交通部张竞立函[2]。同日浙兴京行致总行函云:"附上揆公致南京交通部张竞立先生函一件,请交邮寄递为荷。"(原件,上档Q268-1-587)

4月17日　南京政府组织中兴煤矿整理委员会,进驻该矿。报道云:"[徐州]战地政委会委定俞飞鹏、陈家栋、唐支夏、夏炎烨、程淦岑五人,组织整理中兴煤矿委员会……五委员十七日赴临城开始进行。条例内容要点:(一)委员会目的在保障中兴公司利益及国家税;(二)委员会负指导公司董事会之责;(三)委员会一切议案,须呈请战地委会核准。"(1928年4月19日《申报》)

4月19日　南京政府派出易培基赴中兴煤矿调查,"再订整理办法,已由国府备案。"(1928年4月21日《申报》)

4月下旬　赴天津。曾访卞白眉。4月24日卞记云:"叶揆公来拜谈。"(《卞白眉日记》卷二,第18页)

4月24日　南京政府派出保安队军车一列进驻枣庄中兴煤矿。(1928年4月25日《申报》)

4月25日　卞白眉招饮。是日卞记云:"在大华约叶揆公小聚。"(《卞白眉日记》卷二,第18页)

5月2日　主持浙兴第212次行务会议。讨论事项有:①曹吉如报告总行放款事并茧款事。内有远东公司煤务部、夏剑丞、通商信托公司、梁任公、德威洋行、恒丰纱厂、湖州模范丝厂、锦云丝织厂等户。②沈棉庭报告杭行、津行、京行放款事。其中杭行——纬成公司、天章丝织厂、升大丝行、协大丝行等;津行——袁震和丝庄、宝多洋行等;京行——和兴典当行、万年当、万聚当、万成当、万庆当等。③徐新六报告暨南学校欠款事(略)。④议以本行名义为他公司或个人担保事。徐寄廎云:"现拟遇有来商者,以拒绝为原则。如不得已时亦须变通办法,嘱请求人以现款照所请担保之数交入本行,由本行出给单据,注明为某事之保证金,交请求人即以此单交付对方作为保证。如此则我行不居保证之名,省却将来不意之纠纷。"众无异议。(《行务会议记录》第8册,上档Q268-1-170)

---

[1] 此次赴京可能与中兴煤矿公司被国民革命军接管有关。3月31日浙兴第210次行务会议、4月17日浙兴第211次行务会议,先生均未出席,证明先生时不在上海。然而,现存史料不足,此段经历,暂付阙如。——编著者

[2] 原信未见。可能即为中兴煤矿之事。参见本年5月1日条。——编著者

5月4日 赴银行俱乐部出席商务印书馆董事会议。(《商务印书馆董事会记录簿》)

5月7日 核定浙江兴业银行与大陆、盐业、金城、中南五银行联名呈南京国民政府农矿部文、致整理中兴煤矿委员会文,"请对于中兴煤矿《公司债章程》《契约》切实执行"。呈文首先叙述民国十五年中兴公司委托浙兴等银行经理发行债券及相应《章程》《契约》主要内容①,继云:"敝行等与中兴公司订约后,业已照约执行在案。嗣以交通阻滞,运煤停顿。今奉国民政府底定山东,峄煤运销不日可期实现。敝行等债权所在,亟应依约继续执行。顷阅报载整理中兴煤矿委员会,贵会招投峄煤广告内开'现将该矿存煤三十万吨招商承销'等语。敝行等为此陈明大部、贵会,郑重声明:所有该矿现存煤斤,系担保债券之抵押品,在敝行等依约保管之内。此时整理委员会、贵会招商承销,自应同时查照中兴公司之《公司债章程》暨该公司与敝行等所订之《契约》,按照执行,俾公司债对于社会之信用不致因此而破。则将来实业前途所关系于此者,亦属甚巨。此项中兴债券系为民众所有,敝行等职在经理,谨为债权人代表,沥陈下情,仰恳大部转知整顿中兴煤矿委员会,贵会查照上次《公司债章程》《契约》,切实执行,实为德便。谨将该项《章程》《契约》抄呈。"(《中兴煤矿公司之呼吁声》,第8—9页)

5月11日 赴银行俱乐部出席商务印书馆董事会议。(《商务印书馆董事会记录簿》)

5月13日 赴上海总商会议事厅参加商务印书馆民国十六年度股东常会。董事会报告称,上年受时局影响,营业减少甚巨,盈余微薄。会议通过股息分派议案。高凤池、鲍咸昌、丁榕、王云五、李拔可、张元济、夏鹏、郭秉文、盛同孙、杨端六、高梦旦、叶景葵、吴麟书等13人当选新一届董事;陈少舟、黄汉梁、秦印绅等3人当选监察人。(1928年5月14日《申报》)

5月15日 整理中兴煤矿公司委员会复浙江兴业银行等五银行函。云:"查本会成立伊始,对该公司债款一时未及清理,俟将来清理后提交会议,得有具体办法,再行正式通告。"(《中兴煤矿公司之呼吁声》,第9页)

5月18日 下午赴银行俱乐部出席商务印书馆董事会会议。讨论事项:①香港分馆房屋事。②吴麟书来函辞董事。议决挽留。董事长张元济又告鲍咸昌、李拔可亦有辞职之意,高梦旦、盛同孙、杨端六亦均相继提出辞职,应要求诸公一律取消,共同维持。全体董事一致赞成。(《商务印书馆董事会记录簿》)

---

① 参见本谱1926年"是年"条。——编著者

5月25日　蒋抑卮主持浙兴第213次行务会议。先生有事晚到。讨论事项有：①曹吉如报告茧款总数及其他放款事。其中包括嘉兴厚生丝厂、湖州模范丝厂、锦云丝织厂、庆成绸庄、纶祥丝厂、上海道一银行、锡山丝厂与阜新面粉公司等。②沈棉庭报告本届决算拟定证券利息事(略)。③沈棉庭报告京、津两行放款事(略)。④徐寄庼提议九六公债、通易公债期限拟减少事(略)。(《行务会议记录》第9册，上档 Q268-1-170)

同日　整理中兴煤矿公司委员会主任俞飞鹏致中兴代表电，"知照助饷百万元，已由整委会通过并调阅股册"。次日，中兴代表复电，云："饷款难酬，请代设法腾挪。"5月27日，俞飞鹏又致电农矿部次长钱永铭，"请转催中兴缴款"。6月19日，俞再次致中兴代表电，"催促缴款、开工并送股东名册"。(《中兴煤矿公司之呼吁声》，第13—14页)

5月31日　为汉口第一纱厂债权事草拟浙兴致沙逊洋行大班函稿。云：

径密启者，此次台端与敝行徐总经理前往汉口，调查第一纱厂状况，后已对该厂提出限期六月卅日复业之要求。届期该厂如不照办，债券方面势必出于没收处分之一途。惟此举实行时颇有种种困难，台端前已顾虑及之。兹拟作退一步办法：

1.由债权人接管该厂，全权办理迅即开工。2.开工之时由债权人筹垫六十万元，列入第一债权之前，尽先归还。3.经理期间所得盈余，悉数归还债权人各项欠款，俟还清后将原厂交还。设有亏损，仍由一厂担任。4.试办一年，如有成效可再继续。万一试办不宜，再实行没收处分。上列各项条件，如荷赞同，请即示复，以便由敝汉行史经理与一厂当局接洽。但在接洽未妥以前，务请暂守秘密为荷。此致

沙逊洋行大班　　先生

此函似未用，后由徐新六保留此函意见，另拟函稿。云："一厂善后办法，在债权人方面所最希望者，为一厂股东筹款开工。然自与宋君仪章谈话以后，始知旅沪股东心目中之办法，与此旨大相悬殊。设六月三十日到期后，竟无办法，我债权人自当根据押据，没收变卖。如无人购买，亦祇有由我自组公司，出面承购。但楚人素有多诈之名，多方设法，以与我明白或暗中为难在所不免。为减少困难起见，拟作退一步办法，暂缓没收，由一厂与债权人另订副约(原押据仍旧有效)，由债权人将厂接管，或租与第三者办理，或径由债权人代办，以一年为期，期满或约展期，或再按照原押据执行没收变卖之手续，由债权人酌定之。兹假定为债权人代办，则新花上市之时，应即开工。厂务由债权人委安利洋行经理，而由债权人三家共同组织一委员会以代替董事会，核定方针而监督其进行。至开工之期以及做本，应由债权人三

家各垫二十万元,共得六十万元,按期起息,列入第一债权之前,尽先归还。在代办期间所得盈余,悉数归还债权人各项欠款。俟还清后将原厂交还。设有亏损,仍由一厂担任。交还原厂时一厂应以红股若干万两填给债权人,作为代办之酬劳。就法律方面之观察,已请高易公馆之丁榕律师代为研究,其意见书并附于后。"(原信稿,上档 Q268 - 1 - 393)

6 月 12 日　晨由斜桥路(今吴江路)寓所赴银行途中,在静安寺路(今南京西路)遭匪徒劫持。留盗窟九日。6 月 14 日浙兴总办致各分支行通函云:"董事长叶揆初先生本月十二日上午九时,顷自公馆乘包车来行,行之静安寺路盛公馆前,被匪绑架以去。闻人尚平安,现在正设法营救中。特以奉洽。"(副本,上档 Q268 - 1 - 61)

同日　朱夫人闻讯先生被绑票,当即出面营救。陈叔通记云:朱夫人"尤饶胆略,一日盗挟揆初去,夫人诇知踪迹,夜分驰往,营救得脱"。(《叶夫人家传》,《杂著》,第 425 页)

6 月 20 日　全国财经会议在沪召开。宋子文、张寿镛主持。浙江兴业银行徐新六出席会议。(1928 年 6 日 21 日《申报》)

6 月 21 日　"自匪窟归,杜门养疴"。(《〈刘宾客集〉跋》,《书跋》,第 120 页)先生后回忆盗窟九日生活,靠打坐调息维持。云:原先学会米勒氏五分钟体操,"每晨练习,遵医生言,永无间断。惟被匪绑去之九日,势不能练习体操。在匪窟之第四五日,五中烦躁,睡眠不安,头痛身疼,便秘作呕。我想如果生病,无医无药,危险之至。乃挣扎起来,习打坐调息。匪徒疑我静听外间声息,强按使卧。我不得已,只好待其鸦片吃饱,鼾声如雷,起来打坐调息。果然头脑清醒,精神回复,至第六、第七、第八日,皆靠此维持。故回家以后,虽小病数日,极易复元,皆打坐调息之效。"(《寿诞答辞》,《杂著》,第 258—259 页)

6 月 29 日　再校抄本《刘宾客集》,并撰校记。云:"戊辰端午前一日,自匪窟归,杜门养疴,翻阅沈钦韩先生手校嘉靖徐焴本《文粹》,并参阅许榆园校刊本,因检所选刘宾客各篇,有异文较长于抄本,或义可两存者,分别注于眉端,足以证明抄本之佳处不少,并知宋本之误处亦不少云。是月廿九日,揆初记。"(《书跋》,第 120 页)

同日　蒋介石在汉口致俞飞鹏艳电,下令充公中兴煤矿公司。令云:"中兴之款如卅日前不付清,是军阀、奸商朋比抵抗。着即用总司令部名义公布,将该矿完全充公,由兄组织委员会整理接办。"次日,俞致中兴代表电,"知照奉令接收"。(《中兴煤矿公司之呼吁声》,第 17 页)《现代中国实业志》记云:"六月三十日总司令部因公司担任之军费百万,延期不缴,遂令全部充公,并派中兴整理委员到矿接收,标卖存煤。惟该公司前曾委托银行团募集公债二百万元,系以存煤作抵,关系银行,因债权无着,并牵涉社债信用,遂向各方力争。延至是年九月,公司将一百万元缴出,始由总司令部明令发还,仍归商办。至民国十八年八月,始招集债款五百万元……"(该书第221页)

7月5日 蒋介石发布《令中兴公司交出全部矿产文》。云:"查中兴煤矿公司,北方军阀所占逆股颇钜。其余奸商所占股份,平日多藉军阀为抗符,故此次竟敢朋比为奸,背约要胁,希图阻扰军饷,实属咎由自取。应将该矿所有财产一律充公,并着该主任组织委员会,克日接收整理,以示惩儆,而维矿务。"(《中兴煤矿公司之呼吁声》,第18页)

7月14日 赴银行俱乐部出席商务印书馆董事会会议。讨论事项:①本届同人分配案。因本届仅为上年之18%,工会、职工会要求设法补救,议定由总务处拟就有关办法。②高凤池来函辞董事职。议决一致挽留。(《商务印书馆董事会记录簿》)

7月20日 中兴煤矿公司为矿产没收致各债权银行及存款各户函。云:"查敝公司年来处境困难,对于发行债券及因契约应负担之债务暨应付给之存款,靡不尊重信用,遵约履行。现因当局误会,少经布告,将敝矿财产完全充公。兹照抄呈文及布告,送请察阅。一面定期召集股东临时会议,讨论应付办法。若竟请求救济无效,实属意外不可抗拒之事。敝公司为股份有限公司,此事发生实与债权人有利害关系,合将敝公司现状据实奉告,敬乞察照为荷。"(《中兴煤矿公司之呼吁声》,第22页)

7月22日 核定浙江兴业银行等债权行"为放与中兴款项应如何承受偿还请明令宣示"事,呈蒋总司令、国民政府农矿部、工商部文。云:"具呈人浙江兴业银行、交通银行、中孚银行、中华汇业银行、中南银行、金城银行、四行储蓄会、道生银行、西门子电机厂,为中兴煤矿公司财产业经一律充公,商行等所放抵押及透支款项,应如何承受偿还,恳请明令宣示,以维金融事。窃查中兴煤矿公司成立已逾三十余年,纯为华商营业,在实业界颇能独树一帜。年来虽迭受战事影响,军阀蹂躏,损失不赀,时虞匮乏;然商行等以其组织完备,信用素著,俟时局平靖后必能发展,不惜时予借款援助,俾便保全矿产,以副国家保育工商、维护实业之至意。讵料革命成功,该矿以未尽报效军饷之责,竟被没收充公!化商业财产为国家公有,自属军事行动之处置,非国民所敢置喙。惟债权人与债务人往来,其有特定担保物,因国家法律容许有物权之存在,不论物品其主与否,仍由追及之效力。其虽无特定物供担保者,依照法定债务人之一切财产实为一般债权之总担保,且无偿之利得,似难与有偿之信贷同日而语。商行等借给中兴煤矿之款,结至本年六月三十日止,抵押借款计欠银捌拾叁万陆千元,透支借款计欠银捌拾柒万零捌百捌拾壹元叁角壹分。两共欠银壹百柒拾万零捌百捌拾壹元叁角壹分。其细账分别两单呈请鉴核。现该矿全部产业业经宣布充公,则其所负债务亦一并归公家继承,当无疑义。对于商行等有担保物权之财产,如何划归商行等依法自行处分?其供债权总担保之该矿财产,应如何尽先偿还支出现金之有偿债权人?该矿整理委员会任事已阅数月,已有详密真确之报告,足资根据。谨乞迅资明白,宣示祗遵,以维金融,而定人心,当惟商行等之私幸而已。"(同上引书,第 27—28 页)

同日 核定浙江兴业银行签署与中国银行、交通银行等 13 家银行联名呈蒋总司令、国民政府农商部、工商部文,"为押受中兴股票甚多,请饬整委会继承义务"(略)。(同上引书,第 29 页)

8 月中旬 为汉口第一纱厂债权债务纠纷案,偕蒋抑卮同往汉口,入住汉口海明饭店。

汉口第一纱厂创办于民国四年(1915 年),机器设备由英国在华商行安利英洋行提供。起先数年经营情况尚好,1925 年起因资本不足、战争影响等因素,导致连年亏损,债台高筑。至 1928 年春,全厂停工,9 000 多工人生计无着,劳资双方冲突不断。浙江兴业银行曾与安利英洋行、沙逊洋行共同借款 233 万两予该厂,成为该厂第一债权人。此外,该厂又欠浙江兴业银行花纱押款 60 余万两,以及到期利息、代垫保险费、工资等共 70 余万两,均未偿还。而一厂老董事会(董事长毛树棠)与新董事会(董事长周星棠)各行其事,互相推诿。原按借款合同规定,即应没收标卖。洋商方面代表安利英经理马克已明确提出没收计划,连标卖广告都已草拟完成。事关浙兴大局,加上武汉国民政府与南京国民政府各行其道,矛盾重重,局势扑朔迷离。为此,先生亲赴汉口处理此项债权债务纠纷。(参见 1928 年 10 月 9 日致李宗仁函)

8 月 13 日 抵达汉口。致徐新六电。(1928 年 8 月 14 日致徐新六等函,上档 Q268‐1‐393)

8 月 14 日 致徐新六等函,通报到汉后与各方面接洽情形。云:

诸公同鉴:到汉碌碌,尚未作书。昨发一电,云似易解决等语,乃综合到汉后各方接洽情形而言。马克晤两次,又令汪原润接洽两次。毛、蔡、周已均晤及,对于安利经理及我行第二债权已无异议。惟新旧董事探闻一厂有办法,已纷纷出款,希得位置。故毛、蔡、周尚须与若辈周旋(三人程度均太低),大约大波折可保其没有,小波折则恐不能免也。

六十万元以花纱余款为第二层担保,乃周星棠想出转圜之法,恐系马克所画策。昨电已转告马克矣。(即一厂对我行第二债权无异议,可照允云云。)

昨电文义略有误解。兹将马克致安利原信译稿寄上,便可接洽矣。顷马克亦将安利复电大意函告我矣。

李宗仁未回。谢敬师赴庐山。甘介侯亦未回。晤翁敬棠,甚明白,对于厂事完全了解。石瑛亦在庐山。陈茨青赴宁,有唐有壬可以介绍。石瑛大约明后日可晤面。石瑛闻为部下各科长所包围,人极好而不能办事云。

天气不甚热。五中会①此间空气不甚佳。即问近好。

葵顿首　十四日

海明饭店已包定一个月,与刘开甫同楼。渠亦包了一个月。

再,毛、蔡、周三人内容,似有一种困难,即陈青峰之三十万或可加之四十万(据辅卿言,即五十万亦可商量),凭毛、蔡一言,即可付款(陈青峰并不力争第一债权,在上海之种种延误,全由周星棠之浮躁所致。辅卿言之甚详),毫无问题。惟汉口之二三十万,实际上只有川帮十万,刘鹄臣五万已靠得住(刘鹄臣本出一万五,经辅卿至苏力始允五万。有无条件,尚不可知),而川帮必有挟而求。而毛、蔡毫无勇气,万一因牵就金钱之故,为出钱者要求条件所限制,则事又耽阁。故昨日又密告毛、蔡,谓汉口之二三十万,如出钱者有妨碍大局之条件,万勿勉强接受。如果汉方筹款为难,我可熟商安利,只须先缴六十万之半数以上,先行开工,请君等放胆问安利承受各条件(并云将来如短少,小数我个人亦可设法帮忙。因抑之确有此意而未决,故弟先说大话,再作计较),并承受六十万之担负,早日解决,早日开工云云。毛、蔡、周均欣然。鄙人此意已嘱汪原润告马克。马克必函致安利,恐安利或不明是何作用,请兄详细解释之。总之,此事非一口咬住毛、蔡、周赶紧解决,必又夜长梦多。而毛、蔡、周均系扶不起的阿斗,故非打吗啡针不可。极而言之,六十万即不足数,于我大局并无妨碍。故极盼安利谅解此意也。即颂新兄文祉。弟葵又顿首。十四日续书。

(手迹,上档 Q268-1-393)

8月16日　通过浙兴汉行致总行电,通报一厂董事来告情形。云:"刘告毛、蔡、周云,安利决任尤为厂长,应将营业、采办等人才开单交马克,因安利靠彼斡旋之功,故有权支配。毛等深恐厂务归刘操纵,新旧债权均危险,故不敢进行。葵告毛等,任尤非事实,爰纳用人极慎重,俟正式接收后,必有双方满意之经理。又告马克,俟单到,虚与委蛇,在续订合同未签以前,勿使刘失望。"(引自同日浙兴汉行致总行函,原件,同上引档)

8月中旬　在汉口为一厂事频繁访客、会晤各方人士②。

---

① 指当时正在南京召开的国民党二届五中全会。——编著者
② 先生在汉活动甚多,有一些未详具体日期,用△标注。——编著者

　　△ 晤安利英洋行经理马克。晤汉口第一纱厂新旧董事毛树棠、蔡辅卿、周星棠等。（见 1928 年 8 月 14 日致徐新六函）

　　△ 访李宗仁[①]、谢敬师、甘介侯[②]，均未晤。（同上引档）

8 月 25 日　自汉口致浙兴总行电。云："晤介侯。商允限期令厂董缴款。一面限期先令安利修机。详令函。"（原电，同上引档）

同日　致总行函，通报一厂事交涉各事。全文如下：

　　前日上一书，力言六十万靠不住之意。两日来彼方仍奄奄无生气。昨晤甘介侯，甚明白，渠对于债权人在合同内规定之权利，极为尊崇；对于以合作方法和平解决种种条件及安利经理一层，亦甚赞同。第一层不可深信，恐其已知我有和平解决办法，乐得说好听话也。第二层即可信。我与之声明，时机不可再生，请一面限期令厂董如约缴齐六十万之款，一面限期先令安利暂行管理该厂，实行修机。渠已允许，俟星期二与英领会商后解决。我之所以提出二条件者，其深意在先修机。如果安利先行派人来厂修机，而其原动力出自交涉员，是不啻政府对于债权人代表（安利）经理一层，与以第一步之保障。我的看法六十万决凑不齐，或竟画饼，其结果仍须债权人垫款。倘机先修好，且有一碧眼人管厂，彼时或即开工，或一手拿住厂而后与厂方订合同，伸缩较为自由。否则六十万不齐，彼不肯订合同。彼时如我出钱而欲彼订合同，恐尚不肯死心蹋地，又生出许多臭主意，徒费时日。故出此不甚规则之跨海手段。总以现在而论，政府、社会、股东、工人，对于债权人经理（安利）一节，毫无阻力。厂中机匠二十四人，听见安利来做，若大旱之望雨。此外厂警十二人、茶役八人、司事十人，更不成问题。若待局面变动，吕超伯回来，李鼎安放出，甘、石两君调动以后，便无此机会矣！其余董事如刘季五、郑燮卿等，并无多大力量。渠等专会等候债方与厂方商酌条件之时，做小鞋子与你穿。若我方注重实行，彼辈无所施其伎。况有毛树棠并无交卸之董事长，可以办点交手续乎！（一厂办事处有书记、翻译数人，对于此次办法，极表同情，无反对者。）此时以地纯洁，只求交卸，不求权利，对于安利、兴业心悦诚服者，只一毛树棠，惜乎鸦片大癮，而性情更加鼻涕也！

　　以上各节，今日与马克谈过。渠太拘谨，费尽九牛二虎之力，方说明白。渠本日写信与爱纳，请其复示。务望振兄访爱纳，将弟之用意说明，放大胆子，

[①] 李宗仁（1891—1969），字德邻，广西桂林人。时任国民党武汉分会主席、国民革命军第四集团军总司令等职。——编著者

[②] 甘介侯（1897—？），江苏宝山人。美国哈佛大学哲学博士出身。时任武汉政府外交秘书、江海关监督兼外交部特派湖北交涉员等职。——编著者

承受此条件。如印度技师不能即来,只须派一略谙修理之外国人,或带几个中国人前来,归马克调度。厂方所留机匠顷汤姓来与我言,水池有污泥,开工后即不能修。(污泥不去,恐将来用水有阻碍。)如此时淘挖,有一个月功夫即可办好。或即以此工程为修理之一种。倘能即来好技师,将全厂机件整理一新,尤为上策也。我等将此事办好,即拟挟毛树棠而东下,彼时蔡、周想必追踪而来。我们自始放款以至今日,皆承认厂方为法团,错了,错了!实则沙团而已!故欲洪武正韵,由双方以正式手续循序而进,恐尚须一二年也。

葵　八月廿五日

闻李锦章之前任马厂长(为本地工人所排)甚得众心。刘季五之本意欲以尤为经理,而以马为厂长。不知确否?如此人果好,安利何妨用为经理。特陈,以备采择。葵。

(手迹,同上引档)

8月下旬　在汉口继续为一厂事与各方交涉、会商。

△ 李宗仁来访。(1928年10月9日致李宗仁函,同上引档)

△ 与马克商谈由安利英洋行接收一厂等事宜,草成相关合同数件。(1928年9月1日浙兴汉行致徐新六函,原件,同上引档)

8月28日　陈霆锐律师代表浙江兴业银行等发行中兴煤矿债券银行,声明抵押物权。声明云:"兹据当事人发行中兴煤矿公司债券银行声称,'中兴煤矿公司前委托敝行发行公司债,以该公司存煤为担保。债券本利未付甚钜,而中兴煤矿公司业经总司令部整理中兴煤矿委员会接收办理。兹查悉整委会现在申地标卖上项担保存煤,自应依照该项公司债《章程》第九条第二项,于起运时每运一吨担保煤,拨存银行还本基金六元。余函致整委会请求依照办理外,委托贵律师代表登报布告,声明抵押物权'等语前来,合行代表声明如右。"(同日《申报》)

8月29日　中兴煤矿公司为声明存煤抵押,发表《中兴公司全体股东启》。云:"简峄县中兴煤矿公司没收一案,已由公司开股东会推举代表七人向政府请求发还。既赴三民主义政府之下,想必能顾全民众利益,准以所请。至公司存煤,早已向银团押借钜款,业由银团具呈声明。倘各界不明真相,对于公司尚未收回时期缔造各种契约,难免此后不发生法律问题,致受损害。股东等未免于纠葛起见,用特声明如右。自上海北苏州路中兴公司驻沪办事处发。"(同日《申报》)

8月30日　中兴煤矿充公案在各方努力向当局说明情况之下,得以"暂缓执行"。《申报》是日刊登题为《中兴煤矿股东请愿,银团亦向政府说明事实》报道,云:"中兴煤矿称,公司自被总司令部没收后,该公司股东及实业界颇为恐慌。现悉股东方面,已推定代表六人,向京沪请愿。闻蒋总司令已允致俞飞鹏,暂缓执行。又银团方面,以与该公司有债权关系,且亦非逆产可比,不能任意没收,亦经向国府及

总部说明,请求发还云。"(同日《申报》)

9 月 1 日 嘱汉行寄上海浙兴总行徐新六以下文件:安利总经理合同大纲英文抄底一份;一厂债务整理合同英文抄底一份;毛树棠与马克谈话摘要英文抄底一份。(上档 Q268－1－393)

9 月 3 日 偕蒋抑卮搭隆九轮由汉口返沪。(同上引档)

9 月 10 日 浙兴汉行经理史致容致先生函,报告会晤毛树棠与马克等情形。云:"一厂事自公去后迄无所闻,惟知刘季五实无集款能力。昨往访毛树棠等,询问此事,据说确为事实。弟告以股款既难纠集,长此迁延,伊于胡底? 毛答谓拟访马克,如何谈论,再行相告。昨晚毛来弟处,谓曾晤马克,对于难以集款一层,渠仍认为一厂自身之事。惟马克限本月十五号先行修机,派西人监工,否则另有办法。渠答谓,西人多有不便,未能负责,若易华人,自无问题云云。今日弟约马克晤谈,渠因定今晚搭公和轮赴沪,以事冗未能约时相晤,允以抽间来行晤谈。下午马克来行,告以毛君所谈各节,马克答谓,西人监工无所问题,且领事署等处均已接洽。弟告以一厂既不能在汉集款,不如约毛树棠等同道赴沪,可与沪股东及安利、我行等接洽,而周星棠方在沪,亦可接洽一切。庶可将办法商定,否则迁延已久,解决无日。马克答谓,毛等如肯同去,固属甚好,但恐未必肯去,且已不及与其同行。弟谓,如毛等不同去,可俟渠抵沪时电招其赴沪。马克谓,渠到沪,无数日耽搁,恐难久待云。今马克准于今晚动身到沪,当可晤谈。此事究应如何解决,及对于招毛至沪商酌一层,尊意如何? 均乞酌夺办理,并乞示复为荷。"(原件,同上引档)

9 月 15 日 复史致容函[①],告以当前处置一厂事方针。云:"到沪后曾寄一函,想荷詧及。顷奉九月十日惠示,诵悉种切。一厂事,周星棠抵沪后并未与债权人接洽。昨日忽来傅松年、宋仪章、彭少田,与安利开谈,星棠并未露面。所谈者均离题太远,糊涂万分,较之树棠、辅卿程度更低。安利已表示,至九月十五日以后不再与厂方谈判,一面派工程师修理机器,由第一债权人协商进行。此后我行地位只有与安利和衷共济,不可再作为一厂与安利中间人,再作斡旋。即我兄个人,亦应取冷淡态度,如有厂方董事、股东及不负责任之人前来谈判或施以恐吓之论调,我兄不可与之吐露真象,总以诸事概由沪方主政为词。至要! 至要! 所有各方面情形仍盼随时密示为荷。"(信稿,上档 Q268－1－394)

9 月 19 日 主持浙兴第 217 次行务会议。讨论事项有:①曹吉如报告押款各户事。"恒丰纺织新局九月十一日新放元叁万两,一个月为期,一天照市加叁两。"

---

① 信稿由他人起草,但先生亲笔作了很大删改,并批注云:"速缮。"——编著者

"中兴煤矿公司九月十二日新放洋十万元(十二月十一期本票一纸),三个月,月息一分。以该公司存煤三十万吨,除归还公司债本息外,余数作抵大陆煤号与该公司所定契约。大陆扣足煤价五十万元外,尽先归还,并由该公司董事黎绍基等九人连名具函担保。"②曹吉如报告恒丰纺织新局转期及额外放款事。云:"恒丰押款九月底到期,届时当照案办理。其额外放款数额,旧为一百万元,应否酌减抑照办?"蒋抑卮云:关于该局放款,订约后如再有需要,尽先商用一节,当与商办,以书面约定。③沈棉庭报告汉行朱宾生押透事(略)。(《行务会议记录》第9册,上档Q268-1-170)

同日 中国银行汉口分行唐林复先生与徐新六函,告以一厂有一派股东反对安利接收。云:"纱厂开工,关系此间工商前途者甚钜,人人皆乐观其成。已隐约为两厅言之,都能谅解。惟开(闻)股东方面有一派,以反对刘淳武为名,具呈建(设)厅请求不得允许外人经营,以保国权。建厅亦照例批答。此派用意未谂何在,或预为将来说话地步,则与开工一层不无窒碍。林一面当为详探内容报告,一面仍恳两公注意及之也。此间俟开幕后,即当来沪一行。行务所关一切,均待鼎助也。"(原件,上档Q268-1-393)

9月21日 史致容复先生函,报告一厂毛树棠对处理纠纷之态度及该厂机器修理进度。云:"叠奉八月十五日①惠函祇悉。一厂事知周星棠抵沪后并未露面,而由傅松年、宋仪章、彭少田等与安利谈判,自更不能就绪。弟曾嘱毛树棠赴申,渠不肯前去。修理机器工程师已于本星期一抵汉,而毛尼之,不允过江。弟召汤窑圃前来,告以无论何方开办,而修理机器为必要之事,嘱其与毛接洽,允工程师前去察看,并嘱向工人宣传善意,好好照料。日前已由汤伴工程师察看一过,谓须三礼拜方可修理完竣,但仍拟作为一厂所修理。十八日,安利函致一厂,提出意见,谓银(行)主顾筹垫洋六十万元,惟债务人应接受总经理及整理债务合同,经合法代表签字并附修改条件二条:(一)六十万元垫款者,应分给厂中赢利百分之十五,至借款还清时止。(二)第一债权利息不能减除,当仍为一分二厘二毫三,限九月廿二日以前答复,予以承认,否则立即拍卖该厂,并谓此项意见并已转达周星棠等语。抄奉九月十六日一厂为阻止工程师修机事致安利中文函一件。又十七日安利复函译文一件,十八日安利致一厂函译文一件,均祈詧洽。日昨闻毛树棠在私宅中邀各董事开秘密会议。知有变卦,乃邀毛晤谈。初未前来,后再相邀,始来敝寓。询以安利限期已迫,拟如何处理?渠答谓,接沪股东来电,谓已由傅松年等邀袁履登与安利商谈。因询安

---

① 似为"九月十五日"之误。——编著者

利债务如何处理,渠则答谓俟周星棠到汉,或有归还办法。致弟无可再谈。昨唐有壬君来行,弟以回寓未晤。嗣稻兄在银行公会晤唐君。据唐君云,一厂股东要求建设厅不准外人开办。该厅之意最好用改头换面方法,由华人出面,免多阻碍。弟曾询之各方,则谓并无其事。弟以为华人出面,我行则未便过问。安利既有函致一厂,在廿二日限期以前当有答复。且闻马克后日可到。俟马克到后如何办法,再行奉告。弟前一星期因受感冒,致未到行,前日始勉强视事……"(原件,同上引档)

9 月 25 日　史致容复先生函。云:"昨奉二十日惠书[①]祗悉。安利于九月十八日致毛树棠最后觉书,与该行致周星棠函大致相同。弟曾将安利致毛树棠函译文抄奉,谅荷詧洽。马克于前日抵汉,昨来弟处晤谈至一小时,谓一厂对于安利最后觉书仍无答复,并闻有自行开工之说,祗得决意标卖。对于中国官厅方面嘱弟先为探听,并为疏通云云。弟昨往晤甘交涉使,询以一厂事。据云毛树棠来说,建设厅方面以外商开办为不便,已由交涉使约英领事及安利于今日会商。弟谓,既系由毛来说,建设厅似无公文。甘交涉使答谓,此系一面之词,自无足为凭。弟谓,既无公文,对于外商不能开办一语,似未便出口。一厂谈判,自春间以迄于今,迁延日久,不但外商待无可待。不得已拟按照合同出于标卖;即如华商债权,亦不能任其一再迁延。一厂自身既无办法,安利愿筹款为之开办,一厂复置之不答。安利出于无奈,祗有标卖一法。且承买者仍归华人。殊无妨于中国之实业,惟原股东恐无承买者。如为外帮所得,则原有股东之资本届时尽属乌有。为毛树棠等及原股东计,亦殊非计之得此。应由交涉使向毛树棠切实开导,而责其须自为计,从速解决也。至安利方面,其标卖既为合同所订定,中国官厅自亦不能有异言。倘一厂有转圜办法,或者再向该行商请稍为从缓,惟须一厂有切实答复,方可与安利商之。交涉使亦以为然。至建设厅方面,前承该厅长托唐有壬君传语,最好有华人出面开办。今日弟往晤唐君,托其将详细情形转达该厅长,大致与交涉使所谈略同。但未识今日交涉使与英领事及安利如何商谈也。容后再告。闻一厂董事亦在今日开会,不知确否。再以奉洽。"(原件,同上引档)

同日　南京政府农矿部"收回"没收中兴煤矿公司成命,"逆股充公,商股发还"。报道云:"上海银行公会前曾电请国民政府司法部,将没收中兴煤矿暨标卖存煤之举收回成命。兹于本月二十一日已得批示,谓中兴煤矿公司既经俞主任飞鹏奉命令组织委员会,实行接受……兹闻该公会奉到农商部二十五日快邮,代电内开'上海银行公会鉴:冬代电悉。查此案准国民革命军总司令部函开,查枣庄中兴煤

---

① 先生此函未见。——编著者

矿公司,前因认缴军饷一百万元,背约要挟,抗款误饷,经敝部将其宣布充公,并着俞飞鹏组织委员,接受整理各在案。现据该公司股东代表黎绍基等,将前款措缴委员会核收,姑仍照该会原定办法,逆股充公,商股维持,将矿发还公司自办。委员会撤销,以示体恤。至审查逆股事务,应由何项机关办理,以及充公逆股应如何措置,已另文呈请国民政府核夺饬遵……'"(1928 年 9 月 26 日《申报》)

9 月 26 日 致史致容函(今佚)。(1928 年 10 月 1 日史致容复先生函,原件,同上引档)

9 月 被浙江省府聘为浙江水灾筹赈委员会筹赈委员①。(1928 年 9 月 28 日《时报》)

9 月 中兴煤矿在沪组织维持委员会,汪子健任会长。(《中兴煤矿公司史钞》)

10 月 1 日 史致容致先生与徐新六、蒋抑卮函,报告一厂新董事会举动。云:"自彭少田于日前抵汉后,曾同沪股东代表出席董事会,报告在沪接洽情形。前日周星棠回汉,复开董事会,新旧董事均列席,报告开办费六十万元由陈庆丰认垫,自行开工。并由沪董股东曾托秦润卿转与安利相商,拟按盈余百分之五十归还安利借款,百分之廿五归还我行及武汉普通借款,百分之廿五归还此次垫款之股东。照此办法,安利未言照允。昨闻议决不俟安利允可,即自行开工,责任周星棠为新董事长,办理厂务;陈庆丰为驻沪董事,办理垫款。而以旧董事长毛树棠清理旧债。至营运资本,闻由秦润卿担任云云。此事周星棠在场,并不发言,闻在沪亦未出面。究竟是否担任,亦难可测。惟毛树棠有大不赞成之说。弟曾告交涉使一厂事,安利拟没收押品,系根据合同而行。如一厂不得安利同意而欲自行开工,将来必多交涉。又托唐有壬君转告建设厅石厅长,一厂事无论如何必须得安利同意,否则交涉必多。务须严为责成毛树棠从速妥与安利接洽。该两处应已责成一厂,不知如何

---

① 据 1928 年 9 月 28 日《时报》所载《浙江水灾筹赈聘定筹振委员》云:"浙江水灾筹赈委员会规程,经二十六日省府会议通过,当由各委员推出筹赈委员六十四人,交省府秘书处正式函聘,定期开成立大会。兹录函聘各员名单如下:蒋介石、张静江、王竹斋、王湘泉、金润泉、祝星五、程紫缙、宓廷芳、殷叔祥、周枕周、王允中、徐清甫、陆佑之、魏颂唐、何朝宗、李孟博、周佩箴、曹吉甫、陈莱卿、钱文选、高懿丞、卢鸿沧、潘亦文、虞洽卿、张啸林、王晓籁、方椒伯、秦润卿、鄢志豪、黄金荣、宋汉章、黄楚九、陈布雷、史量才、穆藕初、李馥苏、王一亭、袁履登、李云书、钱新之、张咏霓、杜月笙、蒋抑卮、叶揆初、庞莱臣、张澹如、项松茂、孙梅堂、沈联芳、杨鉴侯、沈田莘、黄慎臣、徐寄顾、周湘龄、王绶珊、周秉文、刘澄如、刘和庵、刘梯青。此次浙省各县狂风暴雨,为十余年来所未有,全省几成泽国,省政府前后接杭县、平湖、镇海、奉化、萧山、宁海、富阳、金华、长兴、余杭、武康、安吉、德清、诸暨、临海、南田、象山、仙居、武义、东阳、鄞县、嘉兴、海盐、缙云、海宁、吴兴等县县长电呈灾情,省府除派专员分批出发会同各该县县长详细履勘外,一面组织灾筹赈委员会,筹款赈灾。"——编著者

答复。今一厂既有此等举动，弟拟前往安利晤谈，适马克来行，告以一厂计画。马克谓，安利已有函致省政府，系由交涉使转去，此事且俟省政府复后再筹对付办法，云云。尚有马克交来致政府函底，待抄出后再寄奉。"（原件，上档 Q268 - 1 - 393）

10 月 2 日　史致容致先生与徐新六、蒋抑卮函，报告一厂董事会情形。云："顷闻周星棠在一厂董事会席上，对于推渠为董事长虽未发言，但谓花纱进出及购买物料，如有营私舞弊者，以法律从事。是不啻加以默认。又闻一厂昨接上海宋仪章等来电，开工垫款六十万元业已筹妥，促即自行开工。对于安利债务，则拟延律师交涉，至多将逾期押款分期筹还为止。此次情形，一厂势必自办，安利没收恐难成事实。马克仍拟俟得省政府复函后再定对付办法。倘安利不能实行没收及不能得总经理之权，则我行第二债权必受其影响而费交涉。未识尚有补救办法否？望尊处向法律家请教之。再，一厂开工垫款由陈庆丰等认垫，营运资本由秦润卿担任，未识尊处有所闻否？尚祈就近探明。一厂新经理闻为穆树梁，系穆藕初本家。兹将今日《新民报》所载一厂开工新闻一则，照抄附上，即希詧洽。"附当日汉口《新民报》刊载《第一纱厂两星期内开工》新闻抄件如下：

> 武昌第一纱厂因从政治分会及各方敦促，从事准备复工，已经三阅月。兹由董事会分向沪、汉股东一再磋商结果，昨一日已筹足现金六十万元，为复工流动基金。现定两星期内由南厂开工，次将北厂开工，计共容纳工人九千余名，每日出纱二百余包，每日职工、煤炭一切消耗约计银七千余两。沪方股东方面派穆树梁偕同周星棠来汉代为经理一切。至前欠安利英行之款，决定分期偿还，对于所提苛求条件，暂均置之不理云。　　（原件，同上引档）

10 月 5 日　史致容致徐新六与先生等函，报告毛树棠对于一厂新主张之表态。云："昨晚毛树棠以私人资格来敝寓，谓昨日下午渠曾以私人资格访马克，声明一厂新近主张渠颇不满意，马克亦无如何答复，故向弟亦同样声明云云。弟因谓，此次一厂之主张，殊属草率，无论如何断不能置债权于不顾。复询倘一厂自行开工，对安利应如何办理？毛答谓，他们预备一面开工，一面在上海延律师与安利交涉。又问，周星棠如何态度？毛答谓，就渠看来尚存观望，如上海垫款能照数汇来，再定就否。弟复告毛君，一厂如欲改经理为监督，或要求减少经理费，或者尚可向安利商量，倘置之不顾，即使外人对待中国债权，亦无此办法，在交涉未清以前，股东等垫款似大有未便。上述各节，今日并已转告马克矣。此事看现在趋势，不但安利如欲没收颇有为难，即欲取得经理权亦恐难以办到，势成骑虎，又未便骤然让步。应如何另筹善后之策，尚乞从长计议，与安、沙预定办法。此乃弟就所见密陈，务请注意为要。斐赉律师代表沙逊登中西报通告，在汉业已照登。弟意上海中西各报应亦可照此登载，俾使一厂上海股东及垫款人亦知所觉悟。不知沪安利以为何如？

请向商办为荷。"(原件,同上引档)

10月6日 与蒋抑卮、徐新六联名复史致容函。云:"顷奉十月二日台函,得悉一是。一厂事秦润卿君前曾来行探询,已将该厂向安利及我行借款经过情形详告,彼甚谅解,恐未必贸然投资。至陈庆丰方面,是否确有垫付之意,不得而知。穆树梁任新经理一节,据穆藕初君云,事前彼并未知,且树梁系业花衣,于纱厂经营资格皆浅。现在安利正与该厂相持未决,我行应与安利取同一态度。第一债权当无办法,第二债权目前自难出头,惟有静以待之而已。"(信稿,同上引档)

同日 南京政府农商部及处理逆产会决定派员至中兴煤矿,"先由部举行股本登记,一面依据逆产条目,请查逆股数目,再行提出委员会讨论"。(1928年10月7日《申报》)

10月9日 为汉口第一纱厂债权债务纠纷案请求维护事,致李宗仁函。全文如下:

> 德邻总司令大鉴:前月辱承枉临,饱聆教益,殊慰平生。祇以大旆即日晋京,未克诣辕答访为歉。

> 汉口第一纱厂,敝行曾与安利英行、沙逊洋行共同借款二百三十三万两,占该厂第一债权,推沙逊洋行为债权代表(敝行另有花纱押款六十余万两,为第二债权)。自该厂停工后,到期利息及代垫保险、工资等又加欠七十余万两,均无力偿付。依据合同即应没收标卖。敝行以标卖之后原股东完全无着,情愿居间与安利、沙逊磋商,由该厂股东再筹洋六十万元,交与第一债权人,并由第一债权人另筹低利之活动资金,负责开工。安利、沙逊极受商量所允交换之条件,如:一、过期利息及代垫各费加入押款;二、减轻押款利息;三、自重行开厂之日起展期押款五年;四、组织管理委员会,委员七人,以四属债权人,三属股东。而债权方面四人之中,拟另聘与债权人无关之著名中国实业家二人;其余二人,安利、沙逊占其一,敝行占其一。如此迁就办法,因债权人一方为自己之血本着想,一方为大多数之股东着想,一方又为中国实业前途着想也。景葵并为此事亲赴汉口,疏通两造,唇焦舌敝,出于至诚。乃一厂董事人各一心,纠纷庞杂,甲董应允之件,为乙董所取消;今日议决之案,至明日而翻悔。而武汉各地因秩序平静、年成丰收之故,新棉上市在即,纱市颇为乐观。债权人方面因厂董筑室道谋,开工无望,又提议可由债权人筹垫六十万元及其他必需之活动资金,要求厂董承认,延至今日尚无切实答复。日前忽有厂董彭少田者,扬言已在沪、汉集得款项,不问债务人之同意,主张自由开工。并扬言旧欠款项应由旧董事负责清理,一若所欠三百数十万两之押款,可以置之高阁,于己无关也者。债权人闻此消息,异常惶骇!为保护血本计,厂方既如此不论情理,

除却没收变卖外,别无办法。然敝行仍不辞奔走呼号,对于厂方为最后之忠告:诚以标卖之后,原股东四百余万元资本,将一律付之东流也。兹已由驻汉安利英行经理马克君,代表第一债权人呈递节略,详述当时放款经过及历次谈判不得已之苦衷。此节略将由甘交涉员转呈省政府诸公誉阅。

记得此案大概及敝行调处情形,当钧座贲临时,景葵曾约略提及。而景葵在汉时进谒甘交涉员暨建设厅长,又遍访厂方各关系人,详陈颠末,颇蒙谅解。乃以厂董意见参差之故,漠视债权人之善意,坐失丰年之机会,暗损股东之脂膏,荏苒迁延,行将决裂,并令中间人出言无效,徒费斡旋。此可为长太息者也!省政府诸公洞悉民隐,对于此案闻已作详细之考虑,或可令债权人仰藉保护之力,迅速解决。夙仰总司令惠工保商,至公无私,用特专函详陈清听。景葵请总司令及省政府诸公特别注意者,安利、沙逊之放款因厂方积欠机价而起;敝行之放款,因欲维持实业,谋永久之□□①。若任捣乱之厂董肆意破坏,债权人之款项濒于危险。此后孰敢再投钜资以救武汉之实业?一也。该厂资本、公积不过二百八十万两,而现在所负之债已约在三百七十万两以上。倘无充足之活动资本、熟练之技术、严密之管理员,五年至十年之经理期间,必致难以获利。若计画稍有错误,旧弊不能刷除,则不特股东之资本全无,即债权亦十分危险。二也。纱厂为丛弊之薮,而第一纱厂之积弊尤多。现在债权人之所注意者,低利之活款也,贤能之厂长也,精密之管理法也,熟悉而又可靠之营业员也。而厂董及局外人之所注意者,某某应为委员也,厂长应由某方推荐也,某某应有买花专利也,某某应有销纱之权也。本年以来,所以屡议而屡不成,其症结全在乎此。彭少田等所以怀挟私心,妄思自由开工者,其症结亦在乎此。三也。此事若非省政府诸公秉公裁制,必无解决之望。尚恳总司令俯察实情,电致省政府诸公,挽救垂亡之实业,保护钜数之债权,纠正厂董之私见,召集双方心平讨论,务使开工有望,俾九千工人之生计不致无着,三百七十万两之债权不致无着,二百八十万两之股本不致无着,临颖无任,企竦待命之至。敬颂

麾安!　　　　　　　　　　　　　　　叶景葵谨上言　十七年十月九日
附呈驻汉代表马克君中英文节略一册,请誊阅。

(信稿,上档 Q268-1-393-29)

10 月 11 日　徐新六代表总行复史致容函,告以一厂事处置原则。云:"一厂

---

① 原档破损,字难辨。——编著者

开工以后,须有人充分供给花纱押款。汉口所传秦润卿君垫款之说,据闻秦并未与闻此事。是沪方股东纵能筹足六十万元,亦无济于事。斐赉律师代表沙逊通告已于十月九日起照登中西报纸。各方见此情形,决无轻易投资之理。若辈所造空气不能全信。至于债权方面,将来如何转圜,正在计议中,拟仍由安利出面主持。外间询及我行意见,概不表示,免发生枝节也。"(信稿,同上引档)

同日 史致容复先生函,报告与毛树棠、马克、甘介侯联系情形。云:"叠奉三、五、六日惠书祗悉。附下致唐有壬兄函已饬送。一厂事近日消息至为沉寂,大约汉、沪两方股东垫款,沪方须俟汉方汇集再行汇款;汉方则俟沪方汇到再行汇收,彼此互存观望,究不知其如何。尊函谓秦润卿决不干预,而日前奉总行来电,亦谓秦不与闻,则此事明是出于一厂股东之宣传,虚张声势。按之实际,仍无把握。周星棠装聋作哑,欲为现成董事长,而置以前债务于不顾,实为可恶!天下当无如此便宜之事。近毛树棠对周此举,亦颇不赞成。近闻汉方营运垫款后台老板为四明、上海两家。且闻四明认垫股款二万,上海如何则未之知。均系周星棠接洽,至如何接洽则未知其详实。有闻再行奉告。日昨晤殷惠昶,渠谓一厂事安利条件似属太狠。弟曾细为剖解,并谓前局纠葛未清,而后局即贸然接手,按之中国商情,宁有是理,遑论外交?而殷则谓,准于九月初六日开工应如何交涉,且俟开工再说。弟答谓,一厂如能如期开工,此乃最好之事。因亦不便再与多谈。前日弟与马克深谈许久,据渠云,日前由沙逊出面致函省政府,此事迁延已久,究应如何解决,并要求在未解决以前,无论何人不能准其开工等语。弟亦将此意告唐有壬,托其转达建设厅及省政府。但未识能否办到。安利对于一厂,俟省政府复到再定办法,倘在十五以前尚未接有复函,所有实行拍卖一层,拟由英领事转圜暂缓。如果十五日不能办到,没收但恐虎头蛇尾,反致彼方漠视,将来办理交涉当更棘手。弟颇以此为虑也。昨至交涉使署贺节,座中晤马克,对于一厂事未曾谈及,容明日听马克信再晤甘介侯,如何情形,当再奉告。""顷弟派汪原润至马克处,据说毛树棠昨已去函,谓上海股东及垫款人被沙逊登中西报声明,致各方投资无形停顿。汉方本以沪方为先声,因此一来亦成瓦解。彭少田对于沙逊此举大为愤恨,而周星棠亦大不以然。盖现在一厂之事,完全集于周之一身。而周所聘请两穆一钟,势必因此不来。又闻其所聘总经理吴君,亦非俟一厂对于安利有解决办法不肯来汉。日昨彭少田曾向毛索押款合同底稿,以备研究,不知又有如何用意。现据毛意,拟将新董事推翻,仍由旧董事与安利磋商条件。马克已允为之帮忙。但恐推翻二字谈何容易!省政府复函仍未到,马克已要求甘交涉使约省政府及英领事定期会商办法,余俟会商后再告。"(原件,同上引档)

10月15日 史致容复先生与徐新六函,报告一厂董事会上争论等事。云:"接奉揆公及振兄惠函均悉。揆公函附下上李总司令书印底一纸已收。承示各节敬洽。昨日毛树棠过弟处,谓接上海股东来电,嘱渠及周星棠赴沪签字,当开董事会磋商。渠谓沪股东嘱渠赴沪,未识所为何事,沪方借款既非渠接洽,若以三十万垫款业已筹妥,自应由原经手人签字;如为垫款虽已筹妥,必须先定条件方能缴款,倘欲以厂基、机器作为担保,则既已押与沙逊,论之商情,断无重叠抵押之理,渠实不能签字,殊无赴沪之必要。经周邀之再三,渠答谓如周能同去当勉为一行。周谓以事冗,拟请彭少田为代表。渠谓如周不去,渠亦不行。未果而散。渠以自己向周疏通恐属无效,经托刘秉义与周说项,谓上海股东垫款之事成功与否虽不得而知,但闻安利另有办法,不如舍此就彼,较为妥善,当并可免去许多交涉,嘱周同为赴沪一行。周满口答允。不意前晚开董事会,谓沪股东又来电,催毛、周速去。周对刘秉义接洽一节绝不谈起,且促其即行。渠谓如果必须嘱其赴沪,须有新旧董事签字予以代表之全权,方可前去。周已答应照办。又谓,上海垫款如有着落,然则汉方如何?周谓,当于日内缴款。渠拟俟周将此两事办妥再定行止。并谓如果赴沪,仍拟与安利及我行磋商转圜办法等语。究竟周于汉方垫款能否照缴,及新旧董事能否签字付毛以全权代表,毛允续来相告,俟得其音信再行奉闻。据马克与弟云,上海拟组织大中公司,中西合办,系中国、浙江实业、上海及我行与安、沙合组,而以振飞兄及爱诺为主体,以和衷办法为主旨。并闻马克已嘱马承康将各事告知毛树棠。毛极赞成。此事似确,究竟如何办法,尚乞见示,以资接洽。刻接撰公处密来电,嘱面交谢敬老,遵当转致,并将近情详陈。顷探知敬老在浔,一转谅明后日可到。容俟其到汉时再行往谒请之洽。"（原件,同上引档）

10 月 16 日　史致容致先生与徐新六函,续报毛树棠来告情形。云:"昨寄一函,谅荷台詧。昨晚毛树棠来弟处,谓新旧董事签字予以代表之全权,业已办妥,到沪后倘上海股东垫款无所条件,只得答允;如有交换条件,则渠即改向安利磋商办法。并谓已与马克接洽,彼或同行,蔡辅卿亦拟同来云云。俟毛、蔡动身后当再奉告。此事安利条件如能迁就,自以和平解决为是。如毛、蔡抵沪而马克果来,尚祈尊处与安利妥为酌量帮忙为荷。再李总司令已于昨日傍晚抵汉,谢敬老尚未来,或在九江勾留也。并以奉洽。"（原件,同上引档）

10 月 18 日　史致容致先生与徐新六函,报告李宗仁对一厂事表态。云:"昨悉谢敬老于前晚抵汉。今晨弟前去往谒,已将尊处密电转致,并将一厂近情详陈。据说昨晚李总司令宴客,省政府主席张怀九及翁秘书与渠均列席。一厂事曾谈及。总司令以该厂董事皆图私利,延不开工,置工人生计及大局于不顾,嘱省政府知照该厂董事,赶筹开工办法,否则嘱该董事等前来见面等语。"（原件,同上引档）

10 月 20 日　史致容致先生与徐新六函,报告毛树棠行期。云:"毛树棠因今日不及行,准于明后日启程赴沪,且必邀蔡辅卿同行。彭少田是否同去,则未之知。

马克行否未定。毛、蔡到沪,拟先与陈庆丰接洽,如不合,谅即与我方磋商就大中借款。毛、蔡此行或能将一厂事解决,安利条件如能从宽,务希尊处酌为帮忙,以免延久不决也。"(原件,同上引档)

10月22日 史致容致先生与徐新六函,再告毛树棠等人行踪。云:"昨毛树棠过弟处,拟今晚偕蔡辅卿赴沪。马克暂不前往。据毛说,彭少田已于前日动身。毛、蔡到沪后,拟先与沪股东接洽,如垫款无条件,则渠无须签字,由彭少田主政办理。倘有条件而与大借款合同相抵触,渠决不签字,拟就大中方面接洽借款办法。一面即当邀马克赴沪会商,同商办曾与马克先行接头等语。弟意毛、蔡此行,对沪方股东垫款或未必能妥协,倘舍彼而就我,尚乞查照前函嘱安利酌量情形放松条件,藉可就范,应请尊酌。毛又谓,如一厂事解决,渠对我行押款,拟将押品作价抵偿。弟答谓,届时再作商量。如毛与尊处谈及,可先问拟如何作价,并谓此事虽可由董事会作主,但亦须函商汉行再定办法,但当竭力帮忙。请暂以虚与委蛇敷衍之,俟将来再行确实解决也。谅尊意亦以为然。"(原件,同上引档)

10月25日 主持浙兴第218次行务会议。讨论事项有:①曹吉如报告总行放款事(略)。②沈棉庭报告津行新放定期押款事。"据津报告,新放中原煤矿公司洋壹万叁千元,月息一分○五,系十七年九月廿二日起,期三个月为限,以傲储公司栈单,计煤矿用锅炉两架、铁管一八六条、小铁管八八条、铁条三二四条、铁榫四个、零件廿二箱,共计六百廿六件为抵押品。保人王拚沙。"讨论咸云该公司停办已久,押品又处分不易,并非议案所认许,应知照津行,到期收回勿转,并告以该公司现状。(《行务会议记录》第9册,上档 Q268-1-170)

同日 史致容致先生与徐新六函,报告交涉使甘介侯约谈情形。云:"叠寄数函,谅先后已邀台訾。毛、蔡两君到沪后曾否与尊处晤谈?谅有函示。昨日傍晚,甘交涉使由武昌渡江回汉,邀弟晤谈,谓一厂事由安利经理,省政府、省党部及建设厅、财政厅等,均以有关国体,难以通过。照此情形,实有为难。渠意一厂押款我行,既亦有关系,不妨由我行出面经理,而安利暗握实权,较为妥当。弟答以此事推厥原因,尚系一厂董事欲自私自利,以杜绝外人经理为名请求省政府,有意破坏。安利虽属洋商,因押款关系不过暂时为之经理。厂中除工程师及会计师难保不用西人外,其余仍属雇用华人。此事李总司令均已知情,或省政府等未知其详。今毛、蔡既为此事去沪,临行时弟曾告彼,上海尚有大中公司或可借款。如一厂能自身解决更好,否则可向大中磋商,或有办法。一面弟已函知敝总行,请其竭力帮忙云云以答之。今日已嘱汪原润将以上各节转告马克,尚祈台洽。未识沪安利近日主见如何?乞随时示之。"先生在信端批示,云:"已复。无论归大中办,或第一债权人自办,必做到'保护国权,兼顾债权'八字。请转达。"(原件,上档 Q268-1-393)

11 月 3 日　史致容复先生函，报告一厂筹款情形。云"接奉惠书祇悉。毛、蔡赴沪，知已荷台洽。未识曾否来行接洽？已有函询，谅荷台詧。承示各节，昨已将原函转示有壬兄。甘介侯兄处约今日下午四时晤谈，亦当转达，一厂事自毛、蔡赴沪后毫无消息。昨闻毛树棠有电致周星棠，谓'沪股东垫款三十八万元已有成数，如汉方凑集二十二万元，已足六十万元之数。惟沪方股东垫款条件较安利更为苛刻。如何嘱其电复，或偕傅松年、谢某等来汉酌'等语。但不知周星棠如何答复。此事上海垫款条件既苛，毛、蔡等似应与尊处及安利相商，但不知果已来否？仍乞示知。并将毛、蔡在沪行动探示为荷。"（原件，同上引档）

11 月 6 日　先生复史致容函，告以毛树棠等到沪后接洽情形。云："顷奉三日台函，诵悉种切。一厂事前于三日复上一函，谅荷台洽。毛树棠抵沪后曾与我行面商两次，并会同安利谈判一次，意见业已接近。继由邹钦毅兄从中接洽多次，大体均已就绪，祇余一二枝节问题正在续议。树棠优柔寡断，但此次已破釜沉舟，别无他路，安利方面一再来示让步，我行尤竭力撮合，想不难解决矣。请释念。仍盼严守秘密为荷。弟八日北上[1]，往返约三星期。再闻。"（信稿，同上引档）

11 月 8 日　浙兴津行寄到中兴煤矿公司股东会委托书一纸，先生批注云："揆收。"（原件，上档 Q268-1-587）

11 月 15 日　史致容致先生与徐新六函，报告会晤毛树棠情形。云："昨下午闻一厂在毛树棠公馆开会，人数无多。昨晚十二时，毛树棠来弟寓处。据说渠在沪与傅松年早已决裂，所有大中接洽条件本可签字，因安利前允减让利息至一分，不肯自前年起减让计算，而彭少田又欲捣乱，复发生李玉山借款之事，故赶即回汉，再图解决，并非他故。到汉，与周星棠研究，以为大中条件在沪本可签字，以安利不允让息，一人不敢肩此重任，故即回汉。周答以如安利能允让息，尽可嘱毛签字，渠当共同负责。并谓此事李总司令曾严催开工，否则由政府主持。若再迁延，反为不妙。故毛向马克将利息商减至一分，并要求自前年起计算，且不计复息。已由马克照允，业将草合同照签。惟以李玉山代表李鹄成尚在汉，且恐有人反对，故暂不发表。又谓在沪商酌条件，安利尚有让步，而我行似反较紧云云。此事能办到如此，皆李总司令之力，否则周不着急，解决未必如此之速。现想不至再有变动，至正式合同签字，毛拟在汉签，而安利拟在沪签，弟亦以为沪签为宜。未识尊意如何？尚请与安利酌夺示知。闻李玉山之款愿垫三十八万，尚欠二十二万，拟嘱黄帮凑足，而黄帮不愿投资仓库押款。据李鹄成云可垫二百万元。弟以李玉山与日人接近，

---

[1] 似为中兴煤矿公司充公案拟赴该公司参加董事会议，因沪事紧张，并未成行。后派遣津行经理潘履园为代表出席。参见 11 月 20 日、22 日及 12 月 10 日各条。——编著者

恐系日资,曾分别告知谢敬老及唐有壬兄,请转达当局。倘一厂必欲就李借款,李总司令亦必加以阻止也。至据毛树棠云,安利较我行为肯让步,盖安利常欲自做好人,而使我行做难人,故外界不明真相,遂有安利欲没收该厂出于我行指使之语。即如此间马克态度,亦正与沪方相同。今幸一天□□①将一切手续行将解决。此等小事自可不必计及也。上午发奉处密电一件,文曰:'昨晤毛。谓大中草合同已签字,暂不发表。详情已有马克电沪。往询便知。容。'谅荷译洽。揆公北行有否定期? 便祈示知为盼。"(原件,上档 Q268-1-393)

11 月 17 日　史致容致先生与徐新六函,报告李宗仁要求减让一厂利息及大中公司合同签字地点。云:"昨丁文江兄来访,未晤。嗣晤白抟九君,据说李总司令之意以利息须减让。弟当答以利息已允减让,现一厂正与安利磋商。但弟所言之利息,系指大借款而言,并非指我行借款而言。下午回访丁文江兄。据云一厂事,渠来汉时揆公曾托其帮忙,故颇为关切。并谓当局之意,谓我行六拾万两借款之利息必须减让。其言正与抟九兄相同。惟渠所言乃指明系对我行押款利息而言。弟因告以利息未始不可酌量商减,但须请示总行。惟须一厂前来要求方可商酌,今一厂并未前来相商,我行自无从减让。推测情形,李总司令减息之语,定出一厂之所陈请。日前晤星棠,谓大中借款条件尚有不答允之处,拟请李总司令裁夺等语。查大中合同既经签字,应别无问题,所谓裁夺之处,想亦系指利息而言也。昨晤马克并讨论合同签字地点,以为在沪签字可以免去一切枝节,而同人于事亦可当时接洽。望与沪安利商酌后速电马克,催一厂代表赴沪签订。"(原件,上档 Q268-1-393)

同日　中国银行召开第 11 届股东总会,选举董监事。浙江兴业银行常务董事徐寄庼当选商股董事之一②。同时当选者为中国银行副总裁张公权,浙江实业银行董事长李馥荪,上海商业储蓄银行总经理陈光甫,金城银行总经理周作民,上海纱布交易所大股东吴麟书,颜料业领袖周宗良,前任中行上海分行经理宋汉章,现任上海分行经理贝祖诒,天津分行经理卞寿孙,前任中行总裁冯耿光,现任工商部长孔祥熙(以上为商股董事);证券交易所大股东张文焕、顾鼎贞,菲律宾中兴银行协理薛敏老,交通银行董事长卢学溥(以上为商股监察人)。(《中国银行行史资料》上编[一],第 207—208 页)

---

① 原件字不清。——编著者
② 1928 年 12 月,财政部指派交通银行官股董事 3 名,徐寄庼为其中之一,另外二人是顾文仁、唐寿民。
　　——编著者

11 月 18 日 中兴煤矿有限公司第 17 次股东会于上海总商会召开①。钱新之任主席。张叔诚报告有关事项：①发还矿产情形案；②疏通运输案。提议事件：①发行整理债券案；②恢复工作案。会议选举张仲平、叶揆初、钱新之、罗义生、黎重光、朱桂辛、周作民、叶琢堂、王孟群、张叔诚、庄云九、胡圣余、苏汰余等十三人本届董事。（《中兴煤矿公司史钞》钞本）

11 月 19 日 史致容致先生与徐新六函，报告一厂开工消息。云："十七日寄奉一函，谅荷台督。闻李玉山代表李鹄成因不知大中草合同业已签字，尚拟借款，前晚周星棠毛树棠宴客未曾言及，始知失望，已定今日回沪。敝意一厂事虽已就范，但仍应从速签订正式合同，且合同以在沪签字为宜。业经函告，谅荷台洽照办裁。奉昨日《中山日报》、今日《中山日报》及《新闻报》所载关于一厂借款及复工消息三则，统希督收为荷。"（原件，上档 Q268-1-393）

11 月 20 日 与徐新六联名复史致容函②，告以本行与毛树棠谈判中让步情况。云："此次安利与一厂签订合同，几经波折，始获就绪，弟等奔走说项，竭力撮合，自谓对于该厂已煞费苦心。乃风闻反对重重，犹复以安利尚松我行反紧为词，甚且谓树棠亦有误会，可为太息！树棠在沪时，谓该厂有零星债务拾万元，阳历年底必须偿还，安利初允将该款包括于合同所载其余债权四拾万两项下，而不允先付，经我行斡旋方允。俟开工后察看情形，如借款利息可以付清时，再为通融。毛仍坚请先付，安利坚执不允，我行恐谈判决裂，曾允其俟合同签字开工后，如果树棠至年底实有为难，可在我行押用银叁万两。是足征我行牺牲自己，惠顾树棠无微不至。倘树棠受人挑拨反与我行刁难，则不免以怨报德，令人寒心矣。至于减让利率，未始不可商量。敝意减让程度以安利第一债权为比例。譬如第一债权利息打八二折，第二债权至多亦打八二折（即月息九厘）。万不得已，则与第一债权一律改为周息一分，再将上年停工以后未付利息改照新利率计算。此系最后让步。我行损失已钜，碍难再让。所有第二债权本不结算各事，即请兄与毛谈判，如何情形，随时见告为盼。六十万元新借款与我行同列第二债权，亦我行牺牲自己之一端，不可不知。"（信稿，同上引档）

同日 史致容致先生与徐新六函，报告毛树棠等来沪签字计划。云："昨寄一函，谅荷台督。一厂委员已举定周星棠、毛树棠、蔡辅卿、陈星帆四人。昨毛树棠与马克接洽后至弟处，谓马克已接沪电，嘱一厂委员赴沪签字，毛则拟在汉签，弟因劝以合同在沪签字可以斟酌一切，且免许多枝节。今委员既已举出，而陈星帆且在

---

① 本次中兴煤矿公司董事会先生似未出席。——编著者
② 信稿上有许多先生亲笔修改与增补文字。——编著者

沪,如不能三人同去,或再去二人,亦可办理。毛允与周星棠商洽后再定日期。谅迟早必可赴沪,用特先行奉告。所有大中应办一切手续谅在预备。尚祈随时函知为盼。"(原件,同上引档)

同日 浙兴津行致总行电,报告该行经理潘履园11月22日赴沪。(原电,上档 Q268-1-587)

11月22日 致浙兴津行电。云:"屠兆莲兄:函悉。望请假来沪面商。葵。"(电稿,同上引档)

11月26日 主持浙兴第219次行务会议。讨论事项有:①沈棉庭报告本年下届决算有价证券折价事(略)。②沈棉庭报告应催办各户事(略)。③曹吉如报告总行放款事。内包括财政部、蒋抑卮、锦兴公司、锦云丝织厂、周湘舲、阜丰面粉公司、上海通一银行、厚生丝厂、远东公司煤务部、哈尔滨美商实业公司、天章丝厂、上海中学、中兴煤矿公司等户。报告毕,均无异议。(《行务会议记录》第9册,上档Q268-1-170)

11月 汉口第一纱厂与大中实业公司、沙逊洋行、浙江兴业银行签订债权债务清理合同。全文如下:

立合同 汉口第一纺织有限公司(下称纱厂)、大中实业公司(下称经理)、沙逊洋行(下称债权人)、浙江兴业银行(下称银行)公同订立条件如左:

一、纱厂任大中公司为总经理。三年为期。自即日起至纱厂对于债权人、银行以及经理之债务完全清偿之时为止。总经理有管理纱厂之全权,并得在汉指派代理人。

二、纱厂产业完全归经理掌管。其经营方针亦由经理决定施行之。凡买花、购料、出卖纱布或他种财产等事,经理均有全权。或以自己名义出面,或以纱厂名义出面,亦由经理作主。经理为求厂务进步起见,并得任用必需人员,如外籍工程师、会计员,华籍厂长、职员以及工人等。是无论新旧员工,经理均得辞退之。

三、经理应组织厂务管理委员会于上海。委员共七人。由纱厂股东举两人。该会之职权系处于顾问地位,襄助经理决定该厂经营方针。委员会有过半数委员出席,即足法定人数。足法定人数之议决案,即生效力。

四、经理至少须筹给纱厂洋六拾万元。该款须完全用作营业资金,不得用以偿还现有之任何债务或其利息。该款洋六拾万元及纱厂对于银行之债务银两,同列于厂机抵押第二债权。

五、除第四条规定之外,纱厂未经经理许可,不得另定借款。

六、总经理及管理委员会之一切费用,纱厂须按月照付。即归入普通营业费用项下。

七、经理应每半年结账一次，盈余分配如后：

（一）付债权人利息；（二）付银行及经理利息；（三）付无抵押债主利息。

余数用于下列各端，由经理处置之。

甲、第八条所规定之经理酬劳金，及同日与经理所订关于六拾万元垫款合同所规定之款。

乙、按照比例摊还现有债务之本金。现有债务未清偿前，股东不得分配股利或盈余。无抵押各债主既经承认本合同之规定，当本合同有效期间对于到期款项，不能另行追偿。

八、经理应得毛利百分之十之酬劳金，每半年付给一次。但无论盈余若干，每年不得少于规元式万五千两。计算毛利时，凡折旧、利息等项均不得列入。

九、纱厂账簿须由外国会计师稽查。遇账务发生问题之时，纱厂与经理均应听从该会计师之意见。

十、倘三年之后纱厂之债务已如数偿清，纱厂得中止此总经理合同。但须于六个月前以书面通知，并须付给经理一种红利。其数等于经理期间每年所得之平均酬劳金。

十一、无论何时，倘经理认为经营难以获利，本合同有中止之可能。但须于六个月前以书面通知纱厂。一切损失由纱厂担负。

十二、债权人之抵押品及抵押合同之任何一条，并不因本合同之成立而受丝毫损害，或变更纱厂与银行及经理所订之第二债权，亦不因此而蒙影响。

十三、本合同即有中文译本，亦以英文原本为准。内中条款当依英国法律解释之。

立合同人①　　　　　　　　　　　　　　　（底稿，上档 Q268-1-393）

11月　再校冯简缘校本《贾长江集》，并撰校记。云："冯武字窦伯，号简缘，为冯已苍(舒)季弟彦渊(知十)之子，为毛潜在馆甥，读书汲古阁历十余年。祕册异本，多所窥览。著有《书法正传》二卷，《遥掷藁》十卷，见《海虞诗话》。戊辰十月记。"（《书跋》，第121页）

12月7日　签署浙兴总行致各分支行通函。云：汉行副经理王稻坪调任总行副经理兼任赴外稽核事；哈行经理刘策安调任汉行副经理。（副本，上档 Q268-1-

————————————

① 原为中文底稿，非正式签字合同。立合同人栏目阙如。——编著者

61)

12 月 10 日　浙兴平行(原北京分行)致总行函,附到工商部有关中兴煤矿充公一事第 1505 号公文。先生面交金城银行吴蕴斋收归专案。(原函及其先生批注,上档 Q268 - 1 - 587)

同日　浙兴津行致总行函。云:"承示中兴煤矿股东会已于十一月十八日开过,并附还该公司股东会委托书一纸均收洽。"(原件。同上引档)

12 月 19 日　浙兴上海西区支行开办。地点上海静安寺路东首。(浙兴机构成立记录卡,上档 Q268 - 1 - 24)

12 月 24 日　签署浙兴总行通函,任命陈聘丞为津行经理。定 1929 年 1 月 1 日起就职。(副本,上档 Q268 - 1 - 61)

是年　项兰生辞浙兴监察人,移居杭州,完全退休。(《项兰生自订年谱》[一],《上海档案史料研究》,第 9 辑,第 180 页)

是年　郑州大昌树艺公司再遭盗劫。先生电嘱白辅唐离开郑州,回辽宁家乡"候信"。先生后记此事云:"又因循年余,至(民国)十七年,公司为盗所劫,将白君衣被什物,囊括一空。余乃电嘱由郑至徐,讬徐州友人给以川资,回前卫候信。白君行时,携一小包裹,内仅棉袄一袭。至徐州,上车拥挤,在人丛中又将棉袄失去,于是只身回家。""白君离郑时将公司交与老佃户三人分守。到家后,又时时函问公司情形。佃户不会写字,音信全无。余以久未探听消息,遇白君来函,则含糊慰之:盖以为绝对无办法矣。"(《记郑州大昌树艺公司》,《杂著》,第 250 页)

约是年　撰《游汉阳赠卢鸿沧》七律二首:

　　廿年尘事吾能记,春水船头识俊颜。

　　饶有精诚衔海石,誓将心迹讬云山。

　　琴川樽酒黄冠侣,草阁弦歌绛帐班。

　　祝子加餐能强饮,为开广厦万千间。

　　浮云芳草几沧桑,寂寞斋盐味正长。

　　椎髻梁鸿甘市隐,引吭雏凤出朝阳。

　　眼中北斗惟欧冶,脚底洪炉即寿觞。

　　老友掀髯吾拍手,共看百炼作光芒。

（《杂著》,第 368 页）

1929 年(民国十八年　己巳)　56 岁

1月　国民政府颁行《银行注册章程》。4月又颁行《银行注册章程细则》。

2月　上海市银行开业。

3月　蒋桂矛盾加剧,随之爆发战争。

10月　蒋、冯爆发中原大战。当为第二次蒋冯战争,非中原大战。

11月　国民政府在上海设立中国国货银行,定股本国币 2 000 万元,由政府控股。

是年　钱新之出任中兴煤矿总经理。

1月9日　在天津访卞白眉。是日卞记云:"叶揆公来拜谈。"(《卞白眉日记》卷二,第 52 页)

1月　父叶济在沪病逝,享年 73 岁。(顾廷龙《叶公揆初行状》,《杂著》,第 422 页)

1月　浙江兴业银行哈尔滨分行结束。(1929 年 1 月 19 日浙兴总行通函,上档 Q268－1－61)

2月15日　蒋抑卮主持浙兴重员会议。先生因丁外艰缺席。会议讨论事项:①各种存款利率案;②押品种类及折扣案;③总分行统一汇兑户委托及代理收解款项拟设法调剂汇水案;④总分行往来额度案;⑤开支预算案。(《浙兴重员会议记录》,上档 Q268－1－61)

2月17日　浙兴第 22 次股东常会在沪召开。先生因丁外艰未出席,由蒋抑卮代为主持,报告 1928 年度上下两届决算。计上届每股股利 4 元,下届 5.5 元,连同股份准备息 9 角 6 分,共计全年股息为每股 10 元 4 角 6 分。会议通过本行分红办法及纯利分配办法。(1929 年 2 月 19 日浙兴总行通函,副本,同上引档)

上年主要经济指标如下:

资本总额 250 万元,股份准备 40 万元,公积金 1 643 238 元,定期存款 21 757 138 元,往来存款 10 454 394 元,储蓄存款 3 307 506 元,国外同业往来 4 278 744 元,发行兑换券 4 307 850 元,领用兑换券 365 万元;定期放款 1 347 555 元,定期抵押放款 14 812 640 元,往来透支 694 073 元,往来抵押透支 11 156 788 元,存放同业 7 265 113 元,有价证券 6 258 016 元,营业用房地产 200 万元,发行兑换券准备金 4 307 850 元,领用兑换券准备金 365 万元,期票 1 398 692 元,现金 2 833 345 元;本届总纯利 263 258 元。(《兴业邮乘》,第 24 期)

"会议改定盈余分配议案,因到会股份未达特定额,议决先照案办理,交下次股东会追认。"会议再次选举陈理卿、严鸥客、胡经六为监察人。(同上引刊,第 13 期)

2 月 21 日 主持浙兴董事会,议决批准史致容辞去汉行经理职务,"照行章送退俸金;同时议决汉行经理请办事董事蒋抑卮先生驻汉暂行兼领。又议决改任特聘员史稻村君为汉行副经理。"(1929 年 2 月 22 日浙兴总行通函,副本,上档 Q268 - 1 - 101)

2 月下旬 为汉口第一纱厂复工事致国民革命军第四集团军总司令李宗仁函(今佚)。(见 1929 年 3 月 6 日李宗仁复函)

2 月底 徐新六受董事会委派赴汉口了解汉口第一纱厂停工事件及其影响。3 月 1 日抵达汉口。(1929 年 3 月 9 日徐新六致先生等函,上档 Q268 - 1 - 393)上年秋冬,第一纱厂停工事件经债权人、当地政府与厂方磋商后达成协议开工生产。一厂成立维持委员会负责生产,省政府允诺该厂烟囱冒烟后投入投资款项。但由于维持会内部派系林立,互相倾轧,至本年 2 月阴历年末矛盾加剧,再一次发生停工事件。浙兴作为主要债权人之一,不能坐视该厂再起风波,故派出总经理徐新六赴汉,会同各方处理此事。时汉行代理经理蒋抑卮尚未抵汉。

2 月 向浙江省赈灾委员会驻沪办事处捐洋 200 元。(1929 年 2 月 24 日《申报》)

3 月 2 日 赴香港路银行俱乐部出席商务印书馆董事会会议。张元济主持。讨论事项有:①高凤池来函再辞夫马费事。②为总经理、经理加薪事。(《商务印书馆董事会记录簿》)

3 月 6 日 李宗仁复先生函。云:"接展大函,藉悉种切。第一纱厂工人要求开工,亟待解决。值从者读礼居庐,未能赴汉,委托徐君新六代表一节,兹已电达鄂建设厅石厅长,接洽协助矣。知注特复。"(原件,上档 Q268 - 1 - 399 - 4)

3 月 9 日 徐新六自汉口致先生等函,报告抵汉后了解一厂内部各事及与市政府交涉情形。云:"三月一日下午到汉,至今已第九日。连日无暇,且以接洽无甚端倪,故迟迟未作函也。维持委员会前请验资,而建设厅不验。李鼎安于年初至沪,据云揽得股款六万而归,然非烟囱冒烟不能交款,亦不过镜花水月。债权人方面则迄未向安利正式接洽。乃呈请政治分会、省政府,请将先尽开工条件之第三条,即对于债权人切实磋商一节剔除,准其先行开工,即开工、理债分别办理之说也,亦未蒙允可。且维持会原系彭少田、李鼎安与李贡廷、荐廷昆仲相勾结而成。

李鼎安股份不多,彭独占八百余权,为当时出面九百五十六权之绝对大多数。是诸李非彭亦不能成维持会。然阴历年前彭、李已渐相贰,而新年后尤甚。大约彭之董事长已得,以后利害未必完全相同。又鉴于环境不佳,维持会未必能成事。况加之以安利之游说之利诱,厂内开销安利中止垫付。阴历过年彭四出张罗,得洋四千元而始渡难关。以是种种,彭乃欲叛维持会而另辟途径矣。维持会之形势既若是其险恶,然至今尚未扑灭。仍能为患者,则以李鼎安之徒,险诈小人,无人不知。处今之世,孰不欲明哲保身? 自无人挺身而出声诉数维持会之非。且李等与军人方面颇有勾结。武汉军人之有势力者,推胡宗铎、陶钧两军长,口碑以陶为尤逊于胡。然对一厂事,陶犹能作持平之论,胡则袒维持会。据闻李辈(背后尚有陈椿堂、陈党李绍先之类)系接纳胡之军需陈华屏且及胡之妾,或云尚有干股之条件,则不得而详。总之,以恶人而勾结武力,自可横行矣! 所幸石蘅青对于此案甚为明白,主持甚力。李鼎安于开明公司案内曾伪造合同以倾陷石,故石对之意甚恶,此亦主因之一。(然闻李亦以开明案亟谋出头,因而致力于维持会。则此两事因互为因果矣。)省政府中如财政厅张难先(六已见过)者公平廉洁,与石志同道合,能为石张目。然以惮武力,故仅能对维持会作消极之抵制,而于大中未能有积极之援助也。石对六表示意见,以为维持会固不能成为事实,大中经过'丧权辱国'之长期宣传亦难复活,非另设法不可。渠意略效水电整理办法,由政府指派一委员会,假定股东、债权各二人,局外三人,共七人集资开工。虽有政府越俎之嫌,然债权人可以事先接洽,支配终占先着。其言未尝无理,然六终以政府干涉太多,赵孟能操贵贱,究非妥策。如必不得已,亦祇可饮鸩止渴。及与彭少田会谈数次,可另有一法,即取销维持会,亦不重提大中,而由一厂向原债权人直接借款六十万开工,如可办到,及较大中为直捷干净。商之于石,亦得同意。现在须讲求实现之办法。第一,彭与维持会原系一事,如何由彭切实表现其脱离;第二,维持会办法曾由股东会通过,应仍经股东会取销之。第一层,业由彭于昨日面谒石声明,并将由彭上呈请将维持会取销另筹办法。第二层,则股东会必须预为布置。而彭既与毛、周(星棠)、刘(季五)以及沪黄(州)各帮分道而驰,不得其协助,为势太孤,势难取胜。是不得不联络此数人。在石意亦非有此辈加入,单独对彭难以相信。然此辈来或将挟资(刘季五对六已表示此意),即不排彭,彭亦难为盟主。彭自身无实力,又不愿他人占优胜地位。最好全由债权人出资,彼可不失其厂方领袖之位置。故将来恐有彭与其他大股东利害冲突之处。在我自当设法将其团住一起,否则或不得已而有取舍。取舍之间能否不惹出他种枝节,此则目前所应腐心研究解决之术也。安诺上次来汉,聘请律师向法庭请求假扣押之紧急处分,未曾得准,乃改为支付命令,限半月期将到期过期之本息付清。今日可以通知一厂,此于解决办法可以促进军人,对于司法尚不十分干涉,故可由此结果也。六既已来汉,必图得一解决之法。惟不知何日可以就绪。现在对外扬言仅数日以至一星期终行,亦所以敦促厂方之进行也。"(原件,上档 Q268-1-393)

3月12日 徐新六致先生等函,报告一厂事进展等。云:"李、彭之分日著。日前一厂工人呈控李等三人于建设厅,斥其假借维持之名,把持厂务,自便私图,闻亦彭所唆使也。彭拟联合毛、蔡、周、刘等以为己助,连日奔走。六亦为之暗中游说。现定于十五日由马克出面宴请诸人,讨论办法,且看届时有无结果。建厅方面甚为明白,然以有所忌惮,不敢放手。今时局紧张,要人无暇顾及此类事,或亦促进解决一机会乎!许州蛋厂前同晋老与安利、礼和会商,拟派重要职员除外籍技师二人,经理为王某(鄂人,曾在和记公司办蛋事,安利所举),副经理为白辅堂(近日已到,寓行内),会计亦可由我行举荐。"(原件,同上引档)

3月21日 徐新六致先生等函,报告一厂交涉进展及新组织人事安排等事。云:

奉通师①函谨悉。楚人未易与言,诚哉斯言。日前又奉电示。孙松年所谈李玉山计画,昨日安利亦得其总行来函,则李方面亦已派人与安利接洽,条件相同。惟要求我行出四十万者,改为要求安利出四十万耳。此系若辈惯伎,姑妄听之,不能加以考虑也。惟李鼎安知之又可作为新得之援军,为宣传之资本耳。毛树棠、彭少田二人均云,孙松年之言不可信也。前函奉告之马克十五日宴客事幸有结果。是日到者除彭少田外,尚有毛树棠、蔡辅卿、周星棠、刘季五、宋仪章、朱余梁(监察人,同德钱庄经理)、吕超伯诸人,均允与彭合作,取销维持会,由股东与债权人协同集资开工。并议有办法,作为彭少田提议而由上列七人签名赞成。其办法如左(照录原文):

第一纺织公司股东与债权方面协议本厂复工办法大纲如左:(一)股东拟集资六十万元筹备开工,惟为迅速复工起见,由债权者暂先如数垫出,于股东陆续所投资金内拨还。(二)经理、副经理由债权者与投资之股东协商聘请。(三)聘债权者代表一人为厂方顾问。(四)仓库押款常年八厘行息,由债权方面充分接济。(五)每年营业所得纯益,应提百分之十五为此项关于复工投资人之酬劳金。(六)其他详细条件候右列各项议定再行协商。

当时渠等要求马克与六签字允可,六等不允,仅口头答允作为讨论之基础。其后,即决定次日由彭以董事长名义呈请建设厅,以维持会维持无法,准

① 指陈叔通。——编著者

开股东大会,另筹办法。此呈于十六日送去。十七、十八、十九此三日中,乃有万泽生(董事,陈星帆之代表人。陈亦上海潮帮股东,其重要亚于陈青□)向吕超伯接洽,作为出面调停。十八、十九,吕并与李直接谈判。六至十九下午始与闻其事。吕向万提出先决条件三条:(一)孙卓清(即维持会之发起代表,实则彼等之走狗也)以后不得出席董事会(盖孙曾出席董会自由发言,吕曾大碰其钉子者);(二)维持会人不得要求位置;(三)维持会已用之款董会不得承认,万皆认可(得李同意后)。惟吕声称万极反对彭,则吕之第二条或并含有对彭之意也。对于维持会本身,李提议总须顾全其面子,如新定股东债权合作办法产生一组织,名为股东维持委员会,则维持会即可似取销非取销,影射过去而不失面子矣。六以此种办法移花接木或另有阴谋,不可不防。因发表意见谓,面子问题自可商量,惟办法须干净,不可拖泥带水,最好由维持会自行呈请建设厅准其解散,否则惟有召集股东大会(据云李鼎安甚畏股东大会之召集,盖上次系以不正当手段将维持会合同在股东会通过。若无外界之压迫,股东会上李必不能得多数也)。众亦无异议,且赞成六办法,须干净之语。吕与李、万因又接洽,决议由董会致函维持会,谓维持会开工无期而势难久待,今由股东与债权人协议开工,是维持会发起之两大目的:(一)打倒大中;(二)开工,均已达到,可以解散。股东之集款者可加入新团体内云云。维持会得函后复函同意。董会即具呈建设厅,将往来二函叙入,请将维持会结束,另由股东径与债权人协定办法云云。其时厂方在座者除吕外,为彭、毛、蔡三人,对此项办法表示赞成,六亦赞同,并由彭等允将呈稿先送六阅后再行缮送。此所谓和平解决维持会办法之经过也。维持会方面股东之将加入新团体者,除吕云有三十万,彭云祇九万。此中或有一阴谋,不可不虑。盖维持会人如挟款三十万而来,即占六十万之半数,仍可操纵厂务,是维持会名虽去而实存,总须设法以消弭此患也。六昨晚托人探听石之意旨,今日回信,则云今日可提出省政府之政务会议,由政府明令取销维持会,并由建厅批准十六日彭之呈文,召集股东大会。大约今晚即可知会议之结果。果能照此办理,最为干净,免除后患。俟得讯后再行奉告。如维持会明令取销,当以电报奉闻。至股东债权合作办法尚未谈判,恐不少困难之点。即如委员会一层已屡露要求勿设之意。六意如不得已亦可舍弃,而以握得实权为之交换。六拟经理由安利提人聘充,会计由我行派人,而厂务顾问则畀以实行监督会计业务之权。惟将来究竟能办到如何地步,未能逆料也。(原件,同上引档)

同日　徐新六致总行电,报告湖北省政府政务会议结果。云:"省政府据彭呈,维持会久不开工,议准开股东会另筹办法。今与厂方讨论合作开工办法。"(原电,

同上引档）

3月29日 徐新六致先生等函,报告一厂股东会风波及其交涉等事。云:

一厂事自十五号马克请客为一转机。盖周星棠、毛树棠、蔡辅卿、刘季五、吕伯超、宋仪章、朱余梁七人,与彭少田共草一对债权人提议大纲（已详前函）实行合作。而彭于翌日遂以董事长名义呈建设厅,称维持会一再延期,维持无法,由股东与债权磋商办法,请准再开股东大会正式表决。当经二十号由厅提经省政府会议议决,准再开股东大会,另筹办法。曾于发表后拍电奉告,并及已与股东方面讨论合作方法云云。计曾正式讨论二次,债权方面为马克与六二人,股东方面为代表周、毛、蔡、彭四人。双方意见颇为接近。经第二次晤谈（廿三号）后,解决之事已属十之八九。廿四号晚,一厂董会开会,忽有维持会代表三人莅场,要求收厂开工,董会亦遂通过,并即定次日上午十钟签字收厂。盖董会出席者为李鼎安等三人,本维持会分子,吕亦暗通关节,其余则首鼠两端、畏事及己不敢持异议也。廿五号,彭坚持必须维持会主席陆德泽亲到签字始可交厂,而陆终亦未到,仅由维持会函董会,责令彭将十六号原呈自行取销,始可收厂云云。是日下午,周星棠忽来,谓陆嘱其介绍与六相见。六初拒勿见,周力劝,谓陆意在调停,毫无恶意。乃于昨日下午与之相晤于周宅。周、毛、吕均在座。陆种种游说,不外劝我行与维持会合作而排斥安利。如此而言,调停安有希望?陆告周谓,军人（胡、陶）仍主张维持会接办,不以省政府议案为然。此廿五号事也。六于廿五号晚即分谒石与张,知本均谓断非事实。石且于廿七号省政府议席问胡、陶,胡、陶矢口勿认。内幕如何则难知矣!大概胡、陶自身未必包庇,而其左右如参谋、军需则不敢说。断其无此种情事,六亦曾屡思疏通此辈,然维持会之所以勾结之者,不外乎钱,六亦出此途。彼之欲望如何,恐不在小,倘不能允,反多痕迹。是以踌躇再四,迄未尝试。今仍拟秘密集合股权,大约可得过半数,集合后推举代表与债权人签订草约,呈厅立案,再开股东大会。石、张必为后援,胡、陶当相机疏通也。六返沪之期益无把握。抑公何时可来?六意能即来与六在汉相见,最所盼祷。否则俟六返沪再来。总之须相见接洽一切也。晋老近屡咯血,遍身乏力,大约节令之故。不知稻村何时可来?为晋老计,总宜休养。稻坪日内即行,方觅舟也。一厂事果解决,会计由我行荐派,会计一部归我行代为组织,责任颇重,人选问题似宜预为留意。晋老意属兆莲。余俟复陈。（原件,同上引档）

4月初 主持浙兴董事会会议,议决派遣办事董事蒋抑卮兼理汉行经理之职,即日赴汉。自4月14日至7月2日计106天,蒋"除每日公务号信之外,复亲笔致函景葵五十六通,详叙号信所不能包括之公务及进行业务之计画,或应守秘密之事件。七月初东返，九月初回汉，又于七十九日内（九月十九日起十二月八日止）亲笔来函四十九通。十八年底东返请辞兼职，景葵以汉行事务尚待整顿，复请先生回汉。十九年三月又到汉，于四十二天之中，又亲笔来函二十六通。统计在任一年，亲笔重要报告达一百三十一通之多。"（1940 年 12 月 29 日在蒋抑卮追悼会上演辞，《兴业邮乘》，第 108 期）

4 月 6 日　赴香港路银行俱乐部出席商务印书馆董事会会议，审议民国十七年酬恤金、同人疾病扶助金等项账目。（《商务印书馆董事会记录簿》）

4 月 8 日　上午得徐新六二电，一商觅谒见武汉卫戍司令鲁涤平介绍信；二嘱转劝安利应允仓库押款八厘计息。先生即赴安利英洋行磋商。午后亲拟复电电稿。云：

> 新兄：安利云不能允八厘，如兄意必须八厘，请我行垫半数。弟坚拒，并劝其通融，而要求银紧酌加。仍不允。弟谓如此则兄可归。渠又不赞成。安利似虑让步之后又有枝节。且因旧阀散，故转硬，欲收回权利若干为交换。乞与马克商应付。鲁介绍函即寄。葵。　　　　　（电稿，上档 Q268－1－399）

4 月 10 日　主持浙兴第 222 次行务会议。讨论事项有：①曹吉如报告总行透支押款事。内包括裕经纱厂、久源斋、华东公司、朱慎昌蛋行、万生丰川丝行、复旦绸厂、九江裕生火柴公司、恒升公丝栈、丰聚号、浙省水赈会、豫陕甘赈灾借款、财政部等户。②曹吉如报告恒丰纺织新局向华昌出担保函事（略）。③曹吉如报告华丰搪瓷厂借约事（略）。④曹吉如报告拟预备茧款事（略）。⑤沈棉庭报告津行放款事。包括庆生棉纱庄、谦盛祥绸庄、大纶绸庄、福新公司津庄、天宝金店等户。（《行务会议记录》第 9 册，上档 Q268－1－171）

同日　徐新六致先生等函，报告一厂事进展。云："日前得沪电，知抑公已与稻村兄同乘隆和来汉，欣慰莫名。一厂交涉，自维持会要求交厂并以胡、陶反对相恫吓以后，毛、周诸人骤然畏缩，势将停顿。幸将收厂风潮安然渡过，集合股权今已有二千六百权，过半数矣！可望得三千权。自黄帮加入（约有千权，刘季五之力）之后，彭君胆气渐壮，重行谈判。爱伯兄持回之稿，即马克与六所商定将以示彭之定稿也。谈判数次，意见尚称接近，仅仓库押款八厘计息一层，在势万难反汗，而安乐①复电坚索九厘，马克计穷力绌。六因径电安乐，持之甚坚。又以安乐续来一电，据称曾商得撄公同意。六因又电请撄公游说安乐。及奉复电，敬悉种切。安乐嗣亦来电二通。初则要求我行担任半数，次则仅要求我行名下之大押款，亦作周息

---

① 又译依爱诺，安利英洋行在华总部经理。下同。——编著者

一分计息,即将周息 10.793 375 中之七毫九三三七五贴让安利是也。以六年摊还计之,约合银三万三千两弱。六以坚持不允,有类不顾大局,惟心实不甘。俟回沪后与安乐面谈。马克颇以为然。八厘一节总算告一段落。我行第二债权一笔纷争,本结对于安利之特别退让,六已提出须由一厂贴补矣。合同条件可无问题,而政变之后省政府至今无人。石蘅青高蹈之意颇坚,官厅方面不但目前无法进行,将来尤无把握。刘君文岛随蒋来汉,已任为市长,六已作有节略。今日交彼,并托其与蒋一谈。七号已与刘大略言之。渠允为竭力帮忙。惟其时尚盼石留任,以为如可不上达蒋听,为计之上(俞飞鹏亦在此。懋业奉蒋命查账,暂停营业。即由俞与中央之王逸轩前往。更回想中兴往事,不寒而栗,不得不慎也)。故刘处节略迟迟未上,今不必去,不得不另行设法。因准放,今日以节略交刘也。周星棠仍畏维持会,坚欲与陆德泽(维持会主席)一谈,只得听之。有何要求尚不知。惟陆与刘季五嫌隙甚深。陆谋充委员,而刘则已谓果然,则彼将袖手不问一厂事。然彼自有股与黄帮合计在一千权以上,不能舍刘以就陆也。""适闻李书城有建设厅之说,果确,于我有利。六在沪时曾与之谈过一厂事。乞揆公就近探询汪翊唐君,见示为盼。"(原件,上档 Q268-1-399)

4月14日 蒋抑卮自汉口致先生函,谈聘任唐有壬为浙兴汉行经理事。云:"湖北省银行老宋①意主收缩,有壬决辞职,其本愿仍回中行。新六兄以为有机可乘,欲为我汉行延揽,弟极同意。有壬心气和平,办事稳练,其品性颇与我行相合,汉地各方面均能接近,至其学识丰富,尤为难得。我汉行人才偏于守旧,偏于自保,于银行近来大势,不免隔膜,若得有壬为之指挥,初虽格不相入,日后必能水乳。遂与新六商,决电请我公核夺,今日得复,已荷同意。适有壬来,新六告以'揆公对于我兄凤所器重,此次来汉,属我劝驾;抑公来时,亦带有揆公使命;顷省行已有结束风声,而我兄辞意已决,不揣冒昧,敢请我兄屈就敝汉行经理之职。'有壬对曰:'此次受刺激太深,如脱离省行后,即就贵汉行,精神不无痛苦。且公权为我知己,我之出处不能不就商于副总裁。'以弟之见,有壬既须取决于公权,未知其真意所在;但有壬为中行所培养,取决公权或系事实上所必要,我公能与公权先接洽否? 请斟酌。为我行计,此人以揽到为要。中行人才拥挤,未必有相当位置与有壬,不过仍是调查一部分工作而已。史晋翁闲谈,颇赞有壬'少年老成,此次省银行改组,应任有壬以中央银行行长。'可知晋翁对于有壬,亦心许也。"(原件,《蒋抑卮先生

---

① 老宋,指宋汉章。——编著者

手札》①）

4月15日　致徐新六电，抄告俞寿丞介绍电。云："业。新六兄：顷俞寿丞致鲁②电，'浙江兴业银行总经理徐新六兄，因维持实业事进谒，乞接见照拂，另函详'云云。乞洽。葵。"（手迹，上档Q268-1-399）

4月16日　蒋抑卮致先生函，报告南京政府向银行界借款事。云："财长③到汉后，着手筹借政费，已与淮商借定三百廿万元，内七十四万元由淮商自借，其余二百四十六万元向银行承借，由淮商分六个月拨还。又与精盐商会借定六十万元，内廿万元由精盐商自借，其余四十万元向银行承借，由精盐商分三个月拨还。如是共须由银行界承借二百八十六万元。财长已召集银行界将草合同提出，昨日银行公会集议，大致谓'从前财政金融两公债案条例已布，尚未实行，非将此两案有确实办法，于原许之担保利益无所变动时，方可议借新债。且桂系所借之款，新旧合计约有一百三十余万元，其所指定拨还之款，均系国税，必须照旧拨还。'财长云：'从前有命令不得以国税抵借，现在借本自应归还，但国税不能作抵。'容再续报。"（原件，《蒋札》）

同日　蒋抑卮又致先生函，报告财政借款事。云："顷得密息，财政部拟将金融公债收回，与桂系所借之一百卅余万，概行调换裁兵公债。至于财政公债，及官钱局票两案，另行办理。各银行旧欠除中、交外，不到一千万元（即所谓以财政公债整理者），现在中行要求将湘省之款，一并整理（湘欠五百八十万，鄂欠四百六十万），财长拒绝。惟中行对于此事，关系甚大，势在必争。交通与湘无涉，鄂欠约二百余万，中行为自身计，必要求中交联合，而将条件退让也。"（原件，同上引书）

4月17日　蒋抑卮致先生函，告以史致容将回里静养，并对徐新六拟调沈棉庭到汉任一厂会计主任提出异议。云："总行稽核部一席，现在仍非棉庭不可。盖其所稽核者，非仅账簿上形式，实能将内容十分注意，有主张，有办法，决非益能所可与比。如为汉经理，则用违其长，汉口地点恐亦非其所愿，两无裨益。此事请公详细考核为妥。"又通报南京政府当局借款事进展，云："老宋拟将在沪所发公债，除二五、债二五外，如卷烟约千万、续卷烟二千四百万、善后四千万、裁兵五千万、振（赈）灾一千万、短期金融二千万（长期金融除外），合为一种，另发新债票一万五千万（以关税作保）换回，拟于三个月内成功此举。此事若成，则上项公债行市必一。

---

① 蒋抑卮1929年4月至1930年在汉口期间致先生各函均收于《蒋抑卮先生手札》稿本。先生为纪念老友，曾于《兴业邮乘》复第6期开始，以《及之录》总标题选录了一部分信函印出。本谱为统一出处，凡选用者均标注《蒋抑卮先生手札》（简称《蒋札》），特此说明。——编著者

② 武汉卫戍司令鲁涤平。——编著者

③ 指宋子文。——编著者

现在卷烟市价六十四五元,与善后相差十元,此事宜注意。老宋约月内回沪,闻须向广东一行,将中央银行收回。俟广东归,即着手新公债一万五千[万]元。至我行公债政策,从前拟俟各公债列成本以上,陆续出脱。现既有此风闻,则七长、正六、二五、续二五四种,市价不致有意外变动,所可注意者惟善后,六月抽签后(距今尚有两月),我行终以售脱为妥。"又通报中央银行钞票兑现等事。云:"汉中央银行所发钞票,拟有限制的兑现(以五十元、壹百元为限),惟其做申汇,则可直出,不取汇水,且无限制。如用此政策,则汉口汇沪之款,势必集中于中央(九江中央已照此办理)。中、交申钞如仍照从前办法,则必为中央钞所驱除。我行申钞不多,本可平汇,尚无问题也。此节请告吉如兄,征求其意见复汉。一厂合同,今晚八点钟签字。"(原件,同上引书)

4月18日　蒋抑卮致先生函,通报一厂事及政府借款分配情形。云:"一厂合同昨夜签字完毕,已十二点钟。……中文合同由新六起稿,句斟字酌,文理秩如,其优美不下于桐城派也。""合同已签字,以后困难即在用人,至于厂方所需干薪数目,恐亦非小。……我行应派会计主人(任),究以何人为妥,徐新六回沪,与公面洽再定。现在请公暂起腹稿,除叔通、寄廎两兄外,勿令人知。"告以政府"整理旧欠"及"新借款"开始情形。云:"汉口整理旧欠,老宋已与银行主席团(王子鸿、王新霞、沈季宣)明白表示,计分类如下:各银行及商会钱铺约八百六十万元;中、交两行约一千一百五十万元……以上二千零十万元,系国民军未到汉以前之各种借款,内五百万元属于地方性质,一千五百十万元属于中央性质,均归中央担任;台票七百万元。以上属于地方性质之款,为各银行之五百万元,台票七百万元,共约一千二百万元,以官钱局产业作担保,发行一种整理湖北金融公债,利息约四厘,以官钱局产业项下收入之利息,作为付息基金。以变卖官钱局产业之收入,作为还本基金。将来处理官钱局产业事宜,由部特派员充任之。其属于中央性质之一千五百十万元,由中央以长期金融债还之(即二十五年二厘半息)。""国民军到后之债如下:各银行新债二百万元……湖北金融公债六百万元……桂系借款一百四十万元……以上九百四十万元,拟以裁兵公债偿还之。""新借款二百八十六万元,老宋已拟定如下:中国四十万,交通、上海各三十万……,金城、盐业、中南各廿五万,大陆、四明、聚兴诚、浙实、我行(浙实及我行原定各十五万,后因上海、大陆各减五万,故我两家各增五万)各廿万,中国实业十一万。以上共为二百八十六万,由中央财政部出面,向上海各总行借,指定以鄂省盐税作抵也。"又就中、交两行与浙兴旧欠所承担利息比较分析云:"此次整理旧欠,中、交两行居十分之六,而所摊新借款不过四分之一。不平已极!且中、交旧欠,其成本大半为汉钞,而其自己收回之汉钞,成本每元不过现金二角半,其由中央发还之公债利息,或为二厘半,或为四厘。较之我行旧欠十足现金,

而所取得公债之利息,平均不过五厘七毫三,真小巫见大巫矣。"(原件,同上引书)

4月19日 蒋抑卮致先生函,告以政府新借款已来催。云:"我行二十万,与浙实、四明同等,同一无法减少。""新借款所以痛痛快快答应者,正为整理旧欠起见。今日公会与商会会同呈文财部要求整理,由唐寿民将批拟好,分为三项整理:甲、属于中央者;乙、属于地方者;丙、属于新债及桂系所借者。……今夜即发出,明日即可批定。老宋约三五日内即归南京,俟到京后,审查一过,即刻照办。""懋业(银行)事老蒋已改由财部办理,故明日即可复业。此次收购懋业汉钞者,又多一获利之机会。""昨日新六已与鲁涤平见面,一口答应保护,且谓目前如要保护,即刻照办。鲁之卫戍司令部已移驻武昌矣。"又告以对一厂委员徐某第一印象。云:"一厂委员会,尚未组织好,徐文耀已允为担任,惟夫马费个人不收,将来归福中公司收账也。此人颇近教书先生,气味亦好,说话有条理,惟外场对付手段何如,初见一面,尚不能断定也。"(原件,同上引书)

4月23日 蒋抑卮复先生函。云:"一厂自合同签字后,吕超伯从中捣乱,委员会尚未产出。现拟由股东协会与该董事会开联席会议,选出委员二人,我方委员四人……"徐新六因积极参与调停,被推为委员之一,并"将为代经理十天半个月。""此次新六委曲求全,煞费苦心,为期两个月,废寝忘餐,昼夜奔忙,恐欧战讲和亦不如是之劳瘁也。"又告以汉行积弊与整顿方向。云:"汉行消极太甚(此次武汉备战,存款来存极多,因人不相识,大半拒绝,新六劝收,亦不听),柜台清淡异常,收付极少。每日传票连转账,不过四五十张。查汉行欠申特户银约四十余万两,月息七厘半(长年即九厘),汉行负担固重,而总行所得之息,较放他项押款亦不上算,彼此均无利益。弟主张凡半年、一年存款,须积极揽收……以还申行特户,俾负担可轻。而营运之款,积极吸收往存……利息略为放大,以申钞三厘、现洋四厘为度。现在上海商业银行为汉口第一。其营业之冲繁,门外车系毂,柜上肩相摩,可以为之写照。同事六十余人,经襄理五六人,四点钟营业停止后,其内部办事,往往至六七点钟方散。较之我行,营业时间同事袖手而坐,一过四点钟,即起身而散,其劳逸真无可算计矣!"(原件,同上引书)

4月24日 就当日公债行市腾涨致汉口蒋抑卮电。云:"门市透支,择尤开做。"蒋当日复电,又复函云:"现正选择人家,陆续向总行请求通过后,再行开做。第一步选择者,向史晋翁及稻村、刘策安、罗友生相熟之家知其底细者,开单呈报。"(原件,同上引书)

4月26日 致天津分行副经理朱益能电,拟调其赴汉口担任驻第一纱厂会计之职。云:"第一纱厂由债权垫款开工,我行关系甚钜。新合同规定营业归安利,会计全部归我行全权组织,位崇责重,非兼通中西不可。现议定益能兼领,已提交委

员会。仍留津副原缺。眷勿移，望速由平汉路赴汉，与振兄接洽。葵。"（手迹，上档 Q268-1-399）

　　同日　蒋抑卮致先生函，通报一厂会计人选等事。云："会计决拟益能，明日须提出。""以后一厂收付，已与马克商妥，完全由我一家经管。会计主任须每日列席厂务会议，职权甚重，故益能最相宜。以其明白账理（工厂账极复杂，非有知识者不能办）、通晓英文，可以胜任。主任以下之重要职员，即为收支员，须稳重可靠，又熟悉汉口票据情形者。现与新六相商，以屠兆莲兄为最宜。"另就汉行会计人员调整、一厂筹款购买棉花等事报告情况。（原件，《蒋札》）

　　4月27日　朱益能复电先生请辞。云："一厂事责任重大，纱厂会计尤非所谙，力难胜任。且内子不久生濡。务乞鉴谅，另派他员为感。"（原电，上档 Q268-1-399）

　　同日　再亲拟致朱益能电①，督促即赴汉任职。云："益弟：厂事关系我行甚钜，会计组织兼受安利委托，无他人可派。不得谦辞，即速照行。新六驻汉两月余，苦心经营，方得成功，现留汉专候。务顾大局，万勿迟误。候复。葵。"（手迹，同上引档）

　　同日　致蒋抑卮电。云："汉。已电益能由平汉路来，与振兄接洽。请即提出仍留津副原缺。葵。"（手迹，同上引档）

　　同日　蒋抑卮致先生函，通报当局处置逆产事。云："汉口逆产办法，现拟由老蒋批令省政府（仍由唐寿民与沈季宣主稿），限于三个月内照《逆产条例》审查，如审查结果须没收者，此项没收之产而事前又的确抵押于银钱业者，当由省政府负责取赎。此案关系四行颇巨，如果照老蒋批令办理，则四行关于逆产抵押之债权，可以有着矣！"另告一厂委员会今日下午成立及徐新六明日启程返沪。（原件，《蒋札》）

　　4月29日　主持浙兴第223次行务会议。曹吉如报告总行放款事。内有汪良杰、蒋抑卮、蒋士杰、上海通一银行、牛惠生、远东公司煤务部、秀纶丝厂、财政部、通商信托公司证券部、项兰生、嘉兴厚生丝厂、湖州模范丝厂、上海锦云绸厂、恒丰纱厂、上海纶祥丝厂、云余茧公司、上海丝厂等户。（《行务会议记录》第9册，上档 Q268-1-171）

　　同日　赴香港路银行俱乐部出席商务印书馆董事会会议。会议审核并通过民

① 同日，浙兴办事董事陈叔通与徐新六联名亦致电朱益能，催其速赴汉口。云："厂会计揆公已电汉提出，万难变更。厂另有薪红，行照旧支。为私计甚得。分娩事可预托医院，临时或请假，决无困难。万勿再辞。"——编著者

国十七年度结算账,以及股息分派方案,每股一分二厘。(《商务印书馆董事会记录簿》)

同日　亲拟致蒋抑卮电稿。云:"益以妇将产为由来电谦辞,已复不准。望尊处再电催。葵。"(手迹,上档 Q268-1-399)

同日　朱益能复先生函,同意赴汉就任。云:"揆公钧鉴:遵即前往试办。二日行。益能。"(原电,同上引档)

同日　蒋抑卮致先生函。云:"有壬事成为梦幻,良足致惜。文耀内性极似张笃生,法律、经济两种知识亦应有尽有,且循规守矩,近似兴业派者。其短处在于拘滞,亦与兴业派同。闻其与福中关系太深,恐亦成梦幻耳。""益能连去两电促行,尚无复电。一厂旧式簿记,极无系统,现际开工之始,头绪纷繁,非益能速来,无从下手。望公催之。""聘丞兄到沪有何建议? 请随时示知。沪中行分设四办事处,其表面为便于兑钞,其里面恐为吸收存款。以后银行竞争日甚一日,非用科学方法经营,不足以立脚。"(原件,《蒋札》)

5月1日　蒋抑卮致先生与徐新六函,通报汉行清理贷款、地产押款情况,又对公债行市变化提出处置建议。云:"昨日谣传甚大,故今电告尊处:'营业部各公债到本,均应径售。'(昨日上海市价各公债各落一元余。)我行公债如在现时市价左右售完,以善后之盈余抵充他项之不足外,尚可盈余二三万元。如果时局急变,各公债落至七十左右时,再行补回,下半年即有大盈余(时局变动后,以弟料之,不过一二月后即定),金镑善后如在六十八九镑,亦可售去一部分也。弟之公债,如与我行所有者同时售出,为数太多,市价必变动非常,故弟决意暂缓,好在押款均已做齐,硬挺亦无大害。惟我行所有公债为数已大,盈余有限,不如先行售完,暂为结束,俟时局将定或公债大落时(各公债大半六月底时付息还本,最多落至三十元),再行补进,较为合算。"(原件,同上引书)

5月2日　蒋抑卮致先生与徐新六函,通报汉口某地产押款及市政府借款商谈情形,又告以时局消息。云:"前日谣言极多,今日又言老冯①已放弃山东、河南(郑州有人来,言冯军全退却),退入潼关,有两年内不闻政事之说。惟此间西文报谓北平唐军②集中石家庄(有云唐先锋已到郑州者),山西阎军③于晋豫交界处戒严。如果老冯让步,则战事可免。今日上海公债行市稍好,或上海亦有此种平和风声矣。然弟意我行公债,如统北后,均可到本,仍宜陆续售出也。""今日英文《楚

---

① 老冯,指冯玉祥。——编著者
② 唐军,指唐生智军队。——编著者
③ 阎军,指阎锡山军队。——编著者

报》，有冯、唐勾结消息，已为蒋、阎所知云云。方振武有重兵在德州，此亦今日汉上华字报所载也。"（原件，同上引书）

5月3日、4日 分别致蒋抑卮二函（今佚），商本行公债售、留计划。（1929年5月8日蒋抑卮致先生与徐新六函，同上引书）

5月4日 蒋抑卮致先生与徐新六函，就一厂与汉行领导层提出看法及建议。云："一厂重要执行机关，为顾问、经理、副经理、会计主任、仓库主任五人。此五人能合作，办事就顺手，否则不免冲突。以弟料之，经副理二人，将来必以刘季五为后台老板，必须益能兄与安利顾问主持其大者要者，方不至有乱子。弟对行内之事，按步就班，尚可为力。至于一厂交涉，实非弟之所长，且湖北人谲张为幻，尤不为对付。此外武汉三镇官署，非武夫，即政客，弟之性质尤不能与之接近。故弟到汉以后，默察武汉环境，将来为我汉行经理者，必须对外有应肆才，对内有整理性，再加以懂英文，晓商情，斯为上选……以后汉行人才，专物色经理可矣！如经理得上选之人，而时局又能安定五年十年，我汉行事业仍可与上海并驾齐驱……现在弟对于刘、史、罗三人，拟渐渐劝以从积极方面行走，使其有所鼓动，可不至如从前之闭关政策耳！"另就减轻汉行负担等事请总处协调特户利率。（原件，同上引书）

5月6日 蒋抑卮致先生与徐新六函，通报与马克、朱益能商定一厂会计组织事宜。云："益能兄带来天津宝成纱厂表册式样多种，其最精要者，为每日成本账及用花成绩表。昨日弟与渠同去见马克，讨论组织法及权限事。马克谓，将来事权握于顾问（变相之总经理）及宋经理，其他各副经理、厂长并无实权，不致有大弊窦。至于组织法，约今日与顾问面洽。会计表册用英文处甚多，且有需打字者。益能兄谓，记账人员非有一二人懂英文不可……"又请调浙兴总行、津行懂洋文账务人员到汉。又告"汉口旧欠整理事"，银行公会与商会已推定代表赴南京交涉。"银（行）公会对于旧欠利息，拟以月息一分作标准。如旧契约在一分以上者，概行改为一分……；在一分以下者，仍照旧契约计算，作为最后让步。如照此标准，则我行旧欠四十余万元（桂系所借不在内），约可收利息七八万元。"又就茶叶押款、本行公债方针问题交换意见。（原件，同上引书）

5月8日 蒋抑卮复先生与徐新六函，再述公债出售事。云："本行公债计画，以七长、正六、善后为进出品，而留续二五、续卷烟，利息较好，尊论极是。以弟所料，冯事稍定，六月份期货行市必可提高。如七长、正六、善后三项均到成本，尽可陆续售去。"又告一厂经理宋立峰已到厂，与朱益能商定"赶于股东会前开工。""承密示中央（银行）存放为数不少。照现时局或不至有剧变，我行当筹利用之法。昨日函详汉中央对我行存放，较浙实、上海、交通相差太远，请吉如兄转托淼生兄，亦希望汉中央对我汉行能多存若干，我汉行即可设法利用也。"（原件，同上

引书）

5月9日　致蒋抑卮函，云："现在谣传孔多，来往函件往往检查搁压，因之迟误。"（引自 1929 年 5 月 13 日蒋抑卮致先生等函）

同日　赴银行俱乐部出席商务印书馆董事会会议。讨论修正本届股息为每股一分。（《商务印书馆董事会记录簿》）

5月10日　蒋抑卮致先生与徐新六函，通报昨日一厂委员会会议决议开工等事。又告各行申钞调沪进展及时局情形，云："昨夜得悉汉中央国库款，奉总行电如数调沪（计共七百万，内税收三百数十万，各行及淮商借款三百数十万）。除已有会计许印若带沪一百万外（他行申钞），日内尚须带沪二百万（亦系他行申钞）。该分行欲留汉三四百万，照现在情势恐做不到。各行借款二百八十六万元尚未动……如总行仍来电催调，则该分行必须动用，汉地申钞行市必高（该分行调款之法，因做汇票要出汇费，必提取钞票带沪为便宜）。我行已在准备（葆甫兄十三襄阳丸行，带归廿五万，或三十万，请派汽车接），拟今日购进十万八万。""昨今两日，谣言孔多。如冯阎已开衅，唐军已到郑州（郑州商会被冯军索去八十万），蒋军已集中武胜关，广西军已占领广州，西文报纸纷纷登载，人心颇恐慌。"（原件，《蒋札》）

5月11日　赴银行俱乐部出席商务印书馆董事会临时会议，讨论工会、职工会要求增加花红一成事。（《商务印书馆董事会记录簿》）

5月12日　赴爱而近路纱业公所参加商务印书馆民国十七年度股东常会。公推丁榕为主席，由董事李拔可报告十七年份营业概况，监察人秦印绅报告结算账略。次议分派盈余，经议决通过。选举新一届董事夏鹏、鲍咸昌、高凤池、李拔可、吴麟书、王云五、高梦旦、张元济、叶景葵、盛同孙、杨端六、丁榕、俞寿丞等 13 人，监察人黄汉梁、秦印绅、陈少舟等 3 人。（《商务印书馆股东会记录簿》）

5月13日　蒋抑卮致先生电。云："厂方人选全要撤换，股会必捣乱。务请振兄由沪宁车速来。"（同日蒋抑卮致先生与徐新六函，《蒋札》）

同日　蒋抑卮致先生与徐新六函，通报昨晚一厂董事会"言论极纷杂"，各董事拉帮结派，各行其是，"如此现象，将何以善其后？非振兄来汉，用高压手段。此辈狼心狗肺，绝不肯罢休。"又云："中央银行今日又运申钞一百万元来沪。昨今两日，因中央向各行提用存放之款（我行于十一日提去五万），申钞洋厘飞涨。如以汇水，几与上海现洋相等。我行事前预备，非但不吃亏，今日反售出他行申钞三万元，略可沾光。"又告长沙解款办法等事。（原件，同上引书）

5月14日　致蒋抑卮密电，告以对付"厂方捣乱"原则。云：

抑兄亲译。处密。厂方捣乱，如不涉合同范围，我方宜镇静，振致刘市长电可利用。如仅反刘①,看刘奋斗能力如何,我方不可有袒刘嫌疑。故能流会最好,如不流亦听之。如要求换副理及厂委员,再设法对付。刘不归,振暂不必去。十六开工务必办到。爱诺极同意。葵。(**手迹**,上档 Q268-1-399)

同日 签署浙江兴业银行为汉口第一纱厂债权事呈南京政府工商部②文。全文如下:

  具呈人浙江兴业银行 总行上海北京路七十八号

  呈为维持实业,合放钜款,关系商工要政,谨陈原委,请求主持保护事。窃汉口第一纺织公司于民国十四年间,以债务紧急、营业竭蹶,向敝行暨上海新沙逊洋行、安利洋行、浙江实业银行各家,将全厂财产机器押借银二百卅三万两,还本付息计有期限行之。未久便经爽约。至十六年九月全厂停工,收入毫无,不惟债务本息分毫未付,全厂工人因而失业。直至十七年间,公司多数股东迭与债权人筹画复工办法,累日经旬,粗有头绪,忽有自称维持委员会者,自订投资条件,递呈省政府。省府议决办法数条,限令半月内办妥开工。而所谓维持委员会者,对于省府所示办法皆未办妥,而逾所限期日至三月之久。于是该公司二千六百余权之多数股东,以利害切身忍无可忍,遂议定与债权人另筹办法。经该公司董事长呈经省政府议决准其另筹办法。至是,所谓维持委员会始行取消,公司多数股东始得以自由意志与债权人协商复工办法。双方各垫洋卅万元,复工以后流动资本需银壹百伍拾万两,亦有债权人承借,利息祇作八厘。双方协商同意之后,当经该公司董事长呈明武汉特别市政府刘市长,奉批准予备案,克日复工。窃以此事迁延至久,波折至多,不特工人失业,痛苦万分,即债权方面、股东方面,亦均损失不赀。此次艰苦经营得有办法,所冀开工以后,无局外破坏之人,得各方维护之力,庶几徐图补救,渐获来苏。伏维钧部嘉画工商,枢机在握,民生国计均在提携保育之中,谨陈原委,并抄附武汉特别市政府核准批示,用备省览。并求俯予主持饬下武汉地方当局,随时予以保护,不胜感激屏营之至。谨呈

  工商部   具呈人浙江兴业银行

随呈文徐新六致穆藕初函,云:"藕初先生次长台鉴:昨奉惠复,敬承一一。所呈节

---

① 指一厂刘季五。——编著者

② 1929 年 5 月上旬,浙兴总经理徐新六致函时任工商部次长的穆藕初,向工商部提交有关与汉口第一纱厂债权纠纷事件的节略一份。5 月 11 日,穆藕初复函徐新六云:"惠示及节略均已诵悉,遵即转呈孔部长,奉嘱补具正式公文,即希照办,封发时并求示知,以便转知。"(上档 Q268-1-399)浙兴按照穆函以正式公文形式呈文工商部。同月 20 日,穆藕初又复函徐新六,云:"奉示及件均已拜悉。尊嘱遵即代递,请释廑系。所谓须保者,循例如是,所以昭慎重也。"(同上引档)——编著者

略,业荷转呈部长,至为感幸。承嘱补具正式公文,兹已缮具,径寄钧部,谨特奉闻。尚乞鼎力关拂,实为至祷。顺颂勋祺。"(副本,同上引档)

同日　蒋抑卮复先生与徐新六函,知徐不能来汉参加一厂股东会,告以一厂各方面现况。云:"振兄如能早来,早一日结算,则我行可早一日收回。马克皮气不好,益能亦言之,并且谓与马克办交涉,实在足以怄气者也。"又谈中央银行存放事,云:"顷接揆公及寄廎兄十日来函,均悉。王逸轩函已由史稻村面交。汉中央存放问题,并非托淼生兄由其直接电告,系请其于有机会时,如行务会议,如分行通信等,主张与上海办法相同可也。或者董监事会议,寄廎兄列席时提及存放问题,请秉公主张。弟于十一日晚,专请中央经副理及各主任,在行宴饮,亦所以示联络。于有机会时,弟亦当与之一言也。"关于一厂股东会,"只好请市长派员监视,如有反对合同者,当场禁止之。其理由为'停工已久,各方受损不少,现既开工,凡股东、债权、工人三方,均有利益。如合同有异议,则厂又须停工。况合同内容,债权、债务两方均顾到,已由官厅批准,尔等不负责任之股东,不得空发议论'云云。"(原件,《蒋札》)

5月15日　徐新六致蒋抑卮电,重申与先生所商意见,云:"抑公:揆电谅达。昨马克电所见正同,且反对流会。乞与接洽。致市长电字句请公自由改易。六。"又致马承康电,云:"转承康兄鉴:得马克电,慰悉遵办。弟事冗,不来汉,诸乞偏劳,并随时与敝行蒋君接洽。六。"(原件,上档 Q268-1-399)

同日　蒋抑卮复先生与徐新六函,接 14 日先生密电,允按总办方针办。云:"弟以为明日开工实行(已发开工参观请帖,亮无周折,且由卫戍司令部派兵保护),十九日股会承认复工合同。厂方如何捣乱,我可不问,惟急债及物料价,非振兄来不能结束。马承康实有为难。弟不懂英文,性子又急,亦不善与马克磋商者也。"又商朱益能等浙兴人员驻厂办事后薪水待遇问题。(原件,《蒋札》)

5月16日　蒋抑卮致先生电。云:"一厂已开工。"同日致先生与徐新六函,通报一厂开工事宜。又告解决朱益能等住宿,以及一厂出纳科长人选等事。又云:"花帮又搁浅一家,字号为永丰,关系亦在上海,汉口尚无多欠。其他杂皮行欠兴康(江西帮)亦搁浅,欠惠康八千两,恒通八千两,瑞隆六千两(老钱店),恒镒二千两。又倒闭山货行德兴振一家……汉口新钱庄原无若干资本,经此数家事故,恐亦有相率搁浅者也。"(原件。同上引书)

5月18日　朱益能自汉口致先生与徐新六函,报告一厂会计处筹备及一厂董事会内讧情形。云:"会计处尚在筹备,将来拟定记账科、出纳科,设在汉口事务所,另分一部分出纳科人驻厂,备发工资及庶务用款。尚有统计科亦设在厂内。因编造统计及成本,事事须与厂内各部接洽,拟请君涛主管,并可管理出纳人员。至记账科,拟请蒋士杰君主管,各种账簿均系中英文合璧,蒋君办事甚相宜也。厂内自开工以来已有三日,秩序尚好,惟董事一方纠纷太多:(一)彭少田拟推翻张械泉,自作副经理,并以厂长畀孙松年,故目下彭与张势不两立。(二)李鼎安、郑燮卿、万泽生等,拟推翻合同,拟以前维持会之人与债权人合作。此纠纷之两大原因。昨午五时张械泉渡江来汉,到怡和码头时,突然为工人三十余名围住殴打,幸伤尚轻。当时拘到两人,押送公安局,今已呈文卫戍司令部根究主使之人。张今日照常至厂矣。昨午开董事会,实为明日股东会之预备会。各董事以为复工合同系少数之人签定,事前未曾接洽,开股会时何以对股东,故全体辞职。除此之外,其他别无议案。明日股会社会局派科长张若柏列席,张处闻已有李鼎安运动,但张表示合同已签字,公事上无可帮忙云云。今晚彭少田请客,经副理、主任均有,马克及洋顾问亦[有],大约亦有作用。总须俟明日股会如何,方可告一段落也。"(原件。上档 Q268－1－395)

同日 蒋抑卮致先生与徐新六函,通报向中国银行领钞事。云:"探得汉口钱庄领用中行申钞,有周息一厘半好处。此项有利条件,订于沪中行发行公开之后,人人皆知。可见沪中行为推行钞票计,未尝不以实利与人。何以我行领券合同,订有期限在先,反欲取消二厘半之利息?二厘半与一厘半,固有一厘之相差,而我行领券合同系由财政部核准,堂堂正正,万不能与汉口各钱庄所订之不正常办法,相提并论者也。请寄顾兄力争之。"(原件,《蒋札》)

5月20日 蒋抑卮致先生与徐新六函,通报一厂发生各事。云:"张械泉①昨晚由厂归汉,行到怡和码头,忽为流氓动手相打。仓库主任徐文曜向前问讯缘由,亦吃耳光两个。此等举动,必有指使之人。当场由兵警捉到两人,送卫戍司令部严办。械泉虽吃耳光不少,尚未中要害,今日仍倔强过江,到厂办事,以示大无畏也。""昨夜董事会提议合同签字,各董事事前未接洽,对昨日一厂股东会复工合同,已追认通过。……昨日会场秩序尚好",但也有争论与动议,总算最后多数股东通过追认复工合同。"会场中散有攻击张械泉传单,新闻纸上亦有此类告白,均附上。此事全为彭振新指使。现由马承康与少田疏通。闻彭振新本为一厂职员,声名太劣,张械泉不肯用,故出此下策也。"(原件,《蒋札》)

5月21日 蒋抑卮致先生与徐新六函,通报公债行市及与时局变化关系。云:"昨晚得悉续卷行市为七十二元零,即发一电:'续卷狂跌,委员会橡股宜乘机调换。'亮已译悉。续卷既已发行,必不能全数收回,且讨冯事实亦经公布,军需浩繁,

---

① 张械泉,汉口第一纱厂副经理。——编著者

有此现成之续卷公债,正可变现备用。如进百万票面,不过七十二万元,橡股可收回三十万两,美金证券可收回五十万两,共有银八十万两,合洋一百十余万元。如均购续卷,可得票面一百五十万。如涨到九折,则橡股之亏耗可以收回。二公以为何如? 美金证券亏耗亦不小,如总行有力,不妨趁此落价之机会,再购正六、善后、续卷各五六十万(或各一百万元)。冯事结束,下半年必有一度飞涨,彼时陆续脱手,则今年结账必更生色。"(原件,同上引书)

5 月 23 日　签署浙兴与中国银行领用现金合同补充条款(粘附附件)。先生记云:"是时发行流通额,已出入于八九百万元之间,行屋尚未翻造,库房容积较小,准备库内现洋自地至顶,堆积如山,特制铁轱辘以便搬动,足征本行严格遵守发行规程之一斑矣。""本券之信用既增,领券之纠葛未已。其时中行为推广发行计,奖励各行庄纷纷领券,条件随时伸缩,趋之若鹜。而我行反因旧约争持,独抱向隅之叹。自念本券行将用罄,不得不尽以小事大之礼,由景葵出面转圜,两次增加附件①,盖于原约要点已摧毁无余。惟未领之一百三十五万元,将订续领之约。"是日续订各条款为:

一、中行应给兴行领券准备金五成之利息二厘半,自民国十八年四月十六日起停止给付。

二、自民国十八年六月一日起,兴行向中行开规元往存户,存息按周息三厘计算,兴行向中行开银元往存户五十万元,存息按周息二厘计算。此外原有之六万元,仍按周息二厘半计算。

三、自民国十八年六月一日起,兴行得向中行开往来透支户,规元廿七万两,银元廿五万圆,欠息按周息六厘计算,兴行以(一)双方商定之有价证券(按市价九折),(二)上海房地产道契(按工部局估价八五折)及(三)双方商定之国外汇兑进出口押汇期票三种,作为透支之担保品,但俟废两改元制度实行后,上项透支额度作银元六十五万元。

右附列三项,于民国十八年五月廿三日粘附。

中国银行常务董事兼总经理张嘉璈印

浙江兴业银行董事长叶景葵印

(《本行发行史(六)》,《兴业邮乘》,第 28 期)

同日　蒋抑卮致先生与徐新六函,通报与马克等商一厂支款、用人等事。云:"一厂物料现将点毕,厂方忽派人保管,谓紧急之款未还清以前,不能动用。……此

---

① 除本次外,1933 年 3 月 1 日第二次增加附件。详见本谱 1933 年 3 月 1 日条。——编著者

事于我行有关系,应请振兄与爱诺相商,将厂方紧急之款及少田自己之款,斟酌一相当办法,通知马克照办,以免纠纷。总而言之,马克外表口口声声曰合作,曰和衷,其对于应付之款,则佯佯不采,将来冲突难以幸免。现在我行物料押品既可点齐,其款早收回一日,早安心一日。一面由弟与马克接洽,一面仍请振兄函告马克,早日付我为要。"又详告与马克商谈变通零星付款办法及会计权限等事宜。(原件,《蒋札》)

5 月 24 日　蒋抑卮致先生与徐新六函,通报一厂董事会要求 30 万元借款展期事,已与马克商妥。又云:"前日马克与弟说好,预备由安利一厂户拨款二三万,以便事务所支付。今已两日,仍未实行。昨日宋立峰恳求益能暂垫三百元……今日又无钱可支。照此看来,难乎其为宋立峰矣! 总之,马克对于宋立峰,不认为一厂之经理,仍以安利洋行之买办看待也。""闻今夜厂方开董事会,要推倒彭少田。如果确实,或推何人为董事长,当用电报告。"(原件,同上引书)

5 月 25 日　赴银行俱乐部出席商务印书馆董事会会议,继续讨论工会、职工会要求增加花红一成事。张元济另就董事股票问题发言云:"查十六年五月十四日董事会议决,董事被选就任后,应照公司条例,将章程所定被选合格之股票数交监察人存执。本届各董事其联任者,即以前届所交存之股票为准,以省手续;其本届新被选者,请以股票十股交监察人存执。"(《商务印书馆董事会记录簿》)

同日　蒋抑卮致先生电。云:"彭已倒,另推万泽生。附件未签,有害否?"先生即复电云:"附件仍应有效。请联络马克,由委员会负责办理。万如刁难,可以急债事对付。"(原件,《蒋札》)

同日　蒋抑卮致先生与徐新六函,分析中行申钞领用争纷之后果。云:"申钞在汉交换,其余数付上海汇票,此项主张极为正当。惟此后中行申钞必受排挤,因中南订出领用合同,有三厘之息,钱庄乐为推销,中行如果不想他法,则申钞尽为中南吸收。惟中行申钞流通既少,钱庄手中无他行申钞,即不能向中南领用,其结果中南必另想他法,以推销其申钞,如用期票领用之类。彼时中行必迁就放盘,与各钱庄好处,以夺取中南之流通额,而中南亦必放盘以争之,彼此勾心斗角,必至信用膨胀,惹起恐慌。彼时中央政府取缔发行,振振有词矣。此弟深以为虑者也。"(原件,同上引书)

5 月末　赴莫干山。6 月 6 日蒋抑卮致先生与徐新六函云:"顷奉揆公莫干山所发一函……"(原件,同上引书)约 6 月初返沪。

6 月 6 日　赴中国垦业银行上海总行贺该行开幕。中外来宾来贺者约千余人。该行总理兼董事长秦润卿、经理王伯元等现场接待。(1929 年 6 月 7 日《申报》)

同日　蒋抑卮致先生与徐新六函,商讨彭少田被免职事致一厂董事会函措辞。

又告申钞运沪及市政府又摊派公债事,云:"顷接来电:'洋厘不符,领券只四万,未办。'已译悉。昨函所商,原为替代装运现洋之用。今日汉市洋厘稍平,中央申钞与上海现洋相较,每万不过多得五两。惟中央钞以后趋势可代现洋。尊处领用额内,可否先让五十万,归汉行代用? 仍照合同以六成现金、四成保证公债作抵……""此间市政府昨日邀集各界,派销市公债:银行公会四十万,汉商会廿五万,汉业主会廿五万,武昌业主与商会十万,汉阳业主与商会五万,汉口纱厂十五万,水电公司十五万,特业公会(即鸦片商)十五万。以上共一百五十万。前债未了,后债又来! 银行公会之意,最多认二十五万。惟前次借去之十五万须扣还,其余十万,中央银行、省银行须一同承销。我行决不能免也!"(原件,同上引书)

6月7日 蒋抑卮致先生与徐新六函,通报棉花行情。云:"湖北积存棉花,闻尚有百万担,均系次货。今岁棉商受美棉落价之影响,吃亏颇钜,沪上棉商受害尤烈。凡与棉商交易之钱庄,应请注意。"(同上引刊)

6月8日 赴银行俱乐部出席商务印书馆董事会会议。张元济报告公司当局花红分派数。(《商务印书馆董事会记录簿》)

6月10日 签署浙兴总行通函,任命项叔翔升任津行襄理,仍兼金币股主任。(副本,上档 Q268-1-61)

同日 蒋抑卮致先生与徐新六函,通报汉阳堆栈营业事。云:"汉阳堆栈营业不发达,半因建筑太旧,保险费太贵,重货物不能招徕;半因汉行同人以历年战事恐慌,凡可揽做押款之货,惮于进行。弟现在兜揽堆放茶箱及杂粮等。有此理想,不知事实如何。"(原件,《蒋札》)

6月13日 蒋抑卮致先生与徐新六函,报告棉花调查事。云:"棉花已着手调查,第一步为各地产额,第二步为打包厂,第三步为花号。调查多日,尚系零星碎片,拟将第一步资料编成报告书,约一星期可寄奉。"(原件,同上引书)

6月14日 蒋抑卮复先生与徐新六函,赞成"以上海当日规元之行市作为汇票价值"。云:"顷接揆公、振兄、寄兄十日来信各一,并经领悉。各行申钞已由上海银公会议决四项办法,甚善。虽改洋为银,于钞票本身之货币不相符合,而指定以上海当日规元之行市作为汇票价值,尚属公平。弟与同人详为讨论,此项办法实行以后,汉行自以惟行本行申钞为宜,中央领券拟暂作罢。惟本行申钞向以洋圆为本位,如改付规元汇票,则洋厘有大有小,即发生盈余账(弥补办法另详于后)。汉行之意,以为十足现金领用,此项盈亏请均归总库结算。"另就一厂买洋、装洋事建议云:"一厂买洋事,既与洋顾问说妥,归我行代办,不得不筹现洋之来源。今日电总行装洋三十万,即为此预备。上海银行每月装来现洋不少,其水脚、保险等不知有无特别便宜? 请总行详为打听:太古、怡和、日清、招商、宁绍(此二家战事停后亦可装运)

何家便宜? 每万须若干两? 统希示知。此后汉行所收他行申钞,即可直汇规元,为装购现洋之用矣。申钞虽可汇规元,而内地仍需现洋,故汉洋较申行必高。惟我行交往户头不多,申钞不能多行吸收耳! 此后上海银行可独霸矣!"(原件,同上引书)

6月15日 蒋抑卮致先生与徐新六函,通报运洋事。云:"顷奉总行复电,知已进洋卅万,装运来汉,甚慰! 此后汉行用洋,势非陆续装运不可。……此间现洋市面,内地需要固多,而军队所需尤为事急而数多(昨日河南装去四十万,上海银行一家卖出二十万),故市价不至过小。汉行以一厂关系……不得不先为准备。以后如有电托总行进洋,如市价可相符,务请当日代填装运来汉……此间接到装出回电,即可抛售……"另告武汉市政府公债摊认、汉口中央银行人事变动、一厂花红及职员薪金,以及盐税收款等事相关情况。(原件,同上引书)

6月17日 蒋抑卮致先生与徐新六函,通报汉地现洋情形。云:"昨今两日,装往河南之现洋,又有六七十万元,幸长沙节后现洋今日便到,否则洋厘更高矣!""美孚所有现洋,闻上海(银行)、大陆(银行)均代售,上海且有往来。顷由稻村去与买办接洽。该行沪上洋人(大班闻为英国人)振兄如相熟,请代汉行介绍,能得沪行洋人介绍凭函最好,否则请其函知汉口美孚亦可。"(原件,同上引书)

6月18日 蒋抑卮致先生与徐新六函,通报一厂支付急款发生纠葛事,马克表示要请示上海安利爱诺后再定。又云:"顷又接撝公十四日来函两封,均悉。如关税公债到七折时,以橡股之款调换,大为合算。且为弥补橡股之亏,正可多购一百万。杭行款多,无可生发,不如由外币公债委员会向其借入,认以八厘月息。诸公以为何如?"再告棉花调查事。云:"棉花调查报告已编就一部分,终嫌未能搜罗普遍,稻村为此颇费奔走。花号调查,大是难事,当徐徐为之。至于花号向打包厂打包细数,平和、隆茂已调查来(明后日可编奉),利华深闭固拒,无法进行。现在所知者,去打包之花号为某某家,其所打为若干包,则无由知悉。"(原件,同上引书)

6月20日 主持浙兴第224次行务会议。讨论事项有:①曹吉如报告总行放款事。内有金式如、蒋抑记、恒丰纺织公司新局、锦兴公司、中国运输公司、庆成绸庄、立扬绸缎局、阜丰面粉公司、瑞丰丝厂、厚生丝厂、模范丝厂、秀纶丝厂、新通贸易公司、华丰搪瓷公司等。又有先生押款一笔为:"叶撝初记乙户 五月十三日美记转入洋拾捌万五千五百十二元四角六分,亦月周息六厘。英册第九九二号道契地三亩七分六厘九毫连房屋、上海银公司股票六千股、崇新纱厂股票四千五百股、裕丰证金收条一纸洋四万元。"①②曹吉如报告房地产押款事(略)。③沈棉庭报告

---

① 先生该项押款用途不详,待考。——编著者

本年上届决算证券折扣及拟削各户呆账事（略）。（《行务会议记录》第 9 册，上档 Q268－1－171）

同日　浙兴驻汉口第一纱厂会计主任朱益能致徐新六与先生函，报告汉厂工潮、生产及销售等事。云：“近来厂内颇有工潮。闻从前工潮均起自布厂，因该处工人类多败劣份子，此次收用时又未加意选择，迨进厂之后，即提出要求三条：（一）不用新人或下江人；（二）礼拜停工亦发工资，如礼拜工作，要求双工；（三）不用布厂总领班张公威云云。日前厂务会议决定，以一星期内设法劝告，如仍无效，拟暂停布厂。一方拟与卫戍司令接洽，以防暴动。此次张棫泉向上海招徕正副领班，拟次第安插，不料为工人拒绝，已派之人竟被殴逐。总副领班无可如何。工人数目太多，工资浮报故不能免，庶务科尤为腐败，厂警及稽查之月饷一千二百五十元！仅厂一方栈司、仆役月八百余元！张棫泉明知此种情形，亦无可如何，不愿认真。且自身兼事太多，在厂每日不过三四小时，下午六时离厂之后，无人负责。长此以往，颇为危险。又用花多，出纱少，纱之色泽不佳，益以市面滞顿，极不易销。虽系花身低劣，然工务上实太不考究。此种情形安利知之颇深。闻马克有赴申与台端商决，并拟邀台端合来汉地之说。益意厂长非住厂不可，不能兼事，俾得专心也。”“花仍继续购进，现已进一万余担，计洋四十六万五千元，安利欠款已至八十七万七千两。”“纱销不振，自上次开出千五百包，尚有五百包未交割。各厂之纱均跌。本厂之纱现已减低，今日成交二千八百包，系十六蓝球，开价百六十两（前价百六十三两）；又绿球开价百六十二两（前价百六十七两）。照目下之价，如两厂开足，日出二百包，每包约摊开支三十五两，花价百十五两，共约成本百五十两，尚有八九两一包可赚。惜北厂因铜管缺少甚多，日班不能开全，夜班更无论矣！”（原件，上档 Q268－1－395）

6 月 23 日　蒋抑卮复先生与徐新六函，告以日前感冒发高热。云：“弟向无不眠之患，经此次发热后，连日不能酣睡，每夜不过睡三四时，昼间亦睡不安，甚以为苦！”“近日连接揆公十七、十八、十九三信，并悉。又售出七长电：‘七长出，六月拾七万五，均 7 293；七月百五十四万五，均 7 029。’亦译悉。”接着通报答复一厂董会函件、刘季五收买股票、一厂账式、花号打包数、申钞兑现、淮盐公所官司调停、汉市政府公债摊认等事相关情况。最后就七长公债事云：“弟之七长，既荷如数售出。如关税公债到七十一二元时，请补进七月期二百万。如时局无甚变化，请代酌。闻沪上交易所已开市，价为七十五元，交易不多。确否？弟如日内仍不能安睡，拟下月初四①共和船返沪。明日当由号信陈请也。”（原件，《蒋札》）

---

① 指六月初四日，公历 1929 年 7 月 10 日。——编著者

6月26日　为浙路股款清算事呈南京政府铁道部文。后先生记云:"迨北伐告成,南京政府成立,设铁道部综司路政,孙哲生(科)任部长,于十八年六月托徐新六呈一《节略》,备陈路债历史,即蒙批签,允在该路余利下筹还,当时颇为兴奋。"由先生署名呈铁道部《节略》云:

敬启者:浙江商办铁路公司,于民国三年四月十一日与旧交通部订立收归国有合约,订明所有股款分十二期归还,应于民国七年六月还清。乃结至现在为止,尚欠第十二期股款九十四万二千一百八十元零,又欠公司债票本息二十二万九千八百四十三元零,业经延期十一年之久。敝处受股东委托,叠向旧交通部请求偿付,以库帑支绌,迄未践约。国民政府成立,又向新交通部请求,亦未筹付。内则开支无着,外则责备纠来,实属异常为难。欣逢大部创设,总司路政,又当统一告成之际,闻部长整理各案,百废俱举。用敢据实呼吁,务恳垂念商股艰难,力保国家信用,迅速将上欠各款照约拨还,无任感祷待命之至。

此呈

铁道部部长孙

附表两件　　　　　浙路股款清算处主任叶景葵　　十八年六月二十六日

(《浙路股款清算始末》,《杂著》,第318—319页)

6月　李维格病逝于上海,享年63岁。(《李维格先生大事年表》,《李维格的理想与事业》,第26页)

7月2日　蒋抑卮复先生与徐新六函,通报汉行决算情形。云:"汉行上届决算,虽盈五千九百余元,实则尚亏一万四千元。惟已剔除了各钱庄旧欠九千余两,部分本届营业收入内付出。""附致总办事处密函一件,系请求加薪事。"(原件,《蒋札》)

7月中旬　蒋抑卮由汉口返沪调养身体。同年9月中旬又赴汉口。(参见1929年6月23日、9月19日蒋抑卮致先生与徐新六函,同上引书)

7月25日　主持浙兴第225次行务会议。讨论事项有:①曹吉如报告总行放款事。内有袁伯贞、袁叔通、纶祥丝厂、东方丝厂、锡山丝厂、严鸥客、秀纶丝厂等户。②曹吉如报告拨存汉行特别准备金事(略)。③沈棉庭报告津行放款事(略)。(《行务会议记录》第9册,上档Q268-1-171)

7月　再校钞本《刘宾客集》并撰校记。云:"葵按:此抄本'刑'不作'形','堕'朱校作'随','升'朱校作'叔',足为龚校出于莪翁之证。惟千百人未校正,或系龚氏漏校欤?己巳六月记。"(《书跋》,第121页)

7月　再撰冯简缘钞本《〈贾长江集〉跋》。云:"《抱经堂文集》卷十三《题贾长江诗集后》,长江诗虽不合雅奏,然尚有古意。读之可以矫熟媚绮靡之习。明海虞冯钝吟有评本，长洲何义门得之称善，其字句盖远出俗本之上。如云：'十年磨一剑，霜刃未曾试。今日把似君，谁为不平事。'今本作'谁有不平事'，钝吟云：'谁为不平，便须杀却，方见侠烈之概。若作谁有不平与人报仇，直卖身奴耳。'一字之异，高下悬殊，旧本之可贵，类如是。余得其本因临写之，令后生知读书之法，必如此研校，而后古人用意之精可得也。按钝吟为窦伯之叔，此本正作'谁为'。己巳夏日又记。"（同上引书）

8月2日　朱益能致先生函，报告聘请会计师及拟回津接家属事。云："顷由策安兄交下大示敬悉。会计师事，弟与策兄商量，拟先有策兄往访马克（马克今早到汉），看其如何情形。如渠意交委员会，即向徐文耀、张承谟、应文龙（马承康赴申由应代表）、杨贞生四人处接洽妥当，即下星期开委员会时即能得多数通过也。至弟个人拟不出面，因系在被查之列，不便有所主张。想我公亦以为然。前商调姚引之，务希俯允，庶无内顾之忧矣。再送接敝津寓来信，以开支比前为大，难万久持，嘱速设法或搬回杭州，或迁来汉，颇费踌躇。弟拟于一月后请假回津，以便商量解决之法，惟此间非有替人不可，用特奉恳转商总行派人为感。再旅费应在汉行开支，抑由总行发洽，亦求示知为幸。"先生接信后批注云："姚引之不能调，已详抑兄前函。""尊眷以赴汉为是。如往接眷，往返不过数日，无须派代。旅费不能在本行开支。"（原件，上档 Q268－1－399）

8月10日　国民政府铁道部孙科批复浙路股款清算处《节略》。云"原具节略人浙路股款清算处主任叶景葵：《节略》一件，呈请照约拨还短欠浙路股款及公司债票本息由。《节略》及附表均悉。所请拨还浙路股债各款，现在部帑支绌，无从筹措。该项短欠股债各款，应俟沪杭甬铁路将民国十年内国银行团垫付购车债款偿还清楚后，再尽先在该路余利项下陆续筹还。除令饬该路局遵照外，仰即知照。此批。"（《浙路股款清算始末》，《杂著》，第 319 页）

8月12日　赴爱而近路纱业公所参加商务印书馆民国十七年度股东常会。会议公推丁榕为主席。李拔可报告十七年份营业概况，监察人秦印绅报告结算账略。次议分派盈余，经议决通过。选举新一届董事夏鹏、鲍咸昌、高凤池、李拔可、吴麟书、王云五、高梦旦、张元济、叶景葵、盛同孙、杨端六、丁榕、俞寿臣等 13 人；监察人黄汉梁、秦印绅、陈少舟等 3 入。（《商务印书馆股东会记录簿》）

8月13日　主持浙兴第 226 次行务会议。讨论事项有：①曹吉如报告与本行押款人葛干订立草合同事（略）。②曹吉如报告各户押款事。内有三北轮埠公司、蒋郁文、华安合群保寿公司经营记、张笃生等户。（《行务会议记录》第 9 册，上档 Q268－1－171）

8月21日 华丰搪瓷厂①董事长李拔可、常务董事郑炎佐与李直士致浙江兴业银行函,申请抵押借款。以存货6万元、每万元抵借款5 000两,另透支30 000两。(原件,上档Q268-1-484)

8月 校读涂刻《盐铁论》并撰题跋。云:"己巳七月,借陈公孟兄涂刻原本校读一过。其异文皆注于眉端,有显然讹误者,翻刻本颇有改正。景葵记。"(《书跋》,第67页)

《盐铁论》十二卷,(汉)桓宽(次公)撰,(明)云间张之象(元超)注,明嘉靖三十三年张氏猗兰堂刊本,六册。(《叶目》)

9月2日 主持浙兴董事会会议,议决修正本行行员薪水规程若干条款。(1929年9月3日浙兴总行通函,上档Q269-1-61)

同日 再校吴兴姚氏邃雅堂旧藏《脉经》并撰校记。云:"己巳七月,借得袁表原刻本,即守山阁所据之本。知此本为沈际飞翻刻袁本,行款字句改动极少,因覆校一过。景葵记。七月廿九日。"(《书跋》,第114页)

9月3日 签署浙兴总行通函,修正行员薪水规程。云:"本行行员薪水规程第一条及第三条第二项,经十八年九月二日董事会议决修改。兹特照录修正条文通函知照,希台洽为荷。"第一条行员薪水最高额依下列修订②:

甲等职	乙等职	丙等职	丁等职
最高额800元	最高额140元	最高额120元	最高额60元

第三条第二项修正为:"每次加薪数除甲等职外,乙等每次至多四十元,丙等每次至多二十元,丁等每次至多十元。"(副本,上档Q268-1-61)

9月4日 签发浙江兴业银行呈国民政府财政部文,申报本行兼办储蓄规程。全文如下:

呈为遵批缮送修正兼办储蓄存款规程清本,敬祈鉴核备案事。窃奉钧部中华民国十八年八月二十日第八七二五号批本银行呈遵批缮送兼办储蓄存款规程祈鉴核备案由,奉批内开"呈件均悉,查核所拟"云云(抄至此批等因③)。兹遵缮具本行兼办储蓄规程清册一本,随文呈送,敬希鉴核备案,实为公便。谨呈国民政府财政部

计呈浙江兴业银行修正兼办储蓄规程一份(从略)

具呈人　浙江兴业银行　上海北京路七十八号

---

① 华丰搪瓷厂创办于1928年秋,1929年5月该厂租用中华码头公司上海浦东周家渡仓库,从此落户于此。工人600余人。1932年时,刘鸿生任董事长,李拔可改任监察人。常务董事兼经理李直士(李拔可弟)。——编著者

② 原表为直书中文数字,现改为横书阿拉伯数字。——编著者

③ 此为副本留底稿内文字,正式呈文似应有原批字句。——编著者

附送《浙江兴业银行董事、监察人姓名住址清折》：

    董事长　叶景葵　原籍浙江杭县，住上海斜桥路

    董　事　蒋鸿林　原籍浙江杭县，住上海徐家汇路范园

           沈铭清　原籍浙江平湖县，住上海青岛路勤勤里

           胡　焕　原籍浙江杭县，住上海爱文义路

           张　鉴　原籍浙江吴兴县，住上海白克路久兴里

           周庆云　原籍浙江吴兴县，住上海蔓盘路

           顾遹光　原籍浙江绍兴县，住上海棋盘街

    监察人　陈敬第　原籍浙江杭县，住上海马霍路德福里

           蒋汝荃　原籍浙江吴兴县，住上海英大马路

附送《浙江兴业银行最近股款实收数目清册》：

    本行开设时股本壹百万元，至民国九年五月二十三日及十年一月三十日两次股东临时会议决增加股本壹百伍拾万，合计股本总额式百伍拾万元。截止民国十年一月三十日为止，如数收足。此为最近股款实收数目。自是至今总额并无变动，应请免予造列细数。① （副本，上档 Q268 - 1 - 625）

    同日　签发浙兴呈国民政府工商部文。同上。（同上引档）

    同日　汉行经理刘策安致蒋抑卮函②，报告与马克会晤商谈一厂债务等事，并嘱转告先生。函云："物料之事，承示新六先生与爱诺接洽，根据已估之价，以八折先行付我，并嘱告安利即日照付，以免久延，发生枝节。一面婉商将估价标准三项取销，重行估计，再为补付。策与马克面商，据马克云，标准事小，付款手续事大，以手续而论，应得一厂董会同意方可照付，否则不愿负此责任。策即遵照尊函所示各点与之解说，彼意仍不为所动，祗允再将详细情形函沪安利，俟沪安利予以全权，明白答复，再行付款。至于三项标准取销重估，因无此种义务，认为无更改之必要。策谓，此事与从前受押之事实不符，现既将材料移转，由厂自由使用，无论有用与否，其价值仍在，如估价大小或竟不估，在一厂为无成本之物料，而于我行押款骤然短少，未免不情。总之此事但求安利无损，于我行不受亏，两为其平而已。如照现在所定估价标准，不独使我行独受其亏，且于有抵押者变为无抵押，岂不更属为难？务请谅解，重行估计。渠云，此事尚未与洋顾问葛立兴商量，不能当时发表意见，俟与葛立兴接洽后再作答复。听马克种种说话，成见甚深，不肯负责，对于沪安利来

---

① 此后有先生一行手迹："尚有本行章程等三件与送财政部者同。"——编著者

② 该函颇长，除报告一厂事以外，还涉及汉行其他业务，以及与他行往来、汉行翻建行屋等事，从略。——编著者

信,认为爱诺主见错误,结果此事恐须在沪解决也。""马克谈起合同内之附件,万泽生、吕超伯等大概可以在马克回国之前签好,并谓李鼎安现在抱怨万、吕卖友,见好于债权人云云。一厂董会内部又生龃龉,可笑之至!顷据承康电话中说起,万、吕对于债权方面甚为谅解,李鼎安因与万、吕意见不合,从中捣乱,所有一切事件,万、吕拟俟郑燮卿自牯岭返汉,即行办理云。至于万、吕要与我行交涉账目,至今亦未见前来,或有一种原因在也。兹由承康兄交下彭少田辩诉状一份,随函附奉,请阅转新六先生为祷。""一厂会计师事,前接撰公来示,鸥客先生以年查四次,而费用祇式千四百元,事实上决做不到,嘱策与益能兄商量,向各委员接洽如何见复。此事已由益能兄与宋立峰接洽商量,结果由经理出面,将费用一项改为洋例银式千四百两,仍须年查四次,再一通知书送各委员签注意见。七委员中只杨贞生主张下次委员会表决,余均签注可行。当由益兄函致新六先生,想我公与撰公均已接洽。鸥客先生对此未知能否屈就?倘视费用尚有问题,则委员会方面恐难再加也。请先转告撰公,容再专函奉复。"(原件,上档 Q268-1-395)

9月5日　主持浙兴第 227 次行务会议。讨论事项有:①曹吉如报告总行押款透支各户事。内有范超海、王允中、汪良杰、黄延芳、永纶丝厂、蒋百里、华丰搪瓷厂、远东公司煤务部、通商信托公司证券部、恒丰纺织公司新局、郑州豫丰纱厂、丰大花号、阜丰面粉公司等户。②汉行送合利银公司规约事(略)。③曹吉如报告北四川路地皮押款事(略)。④朱振之报告往来存款介绍制度事(略)。(《行务会议记录》第 9 册,上档 Q268-1-171)

9月10日　赴银行俱乐部出席商务印书馆董事会会议,讨论广州购地建筑分馆等事。(《商务印书馆董事会记录簿》)

同日　校读《笠泽丛书》并撰校记。云:"己巳长夏,借得许珊林先生手写精刻本,凡与此本字句异同之处,逐篇详校一过,始知许刻本为此书第一精善之本。但亦有讹字缺字,足见刻书之难。景葵记。""校许刻本用黄色笔,校刻弁言及据校各本,亦抄录十卷首。""家焕彬先生《郎园读书志》卷七,《笠泽丛书》各本题跋,考订版本最详,兹撮要纪于左方。己巳八月初八灯下,景葵节抄。"(校文从略)(《书跋》,第125 页)

9月19日　蒋抑卮自汉口致先生与徐新六函,通报一厂结算等事。云:"一厂结至八月底止,各项利息均结在内,止亏三万两。本月底结账可有盈余。厂内棉纱出数,已扎到每日二百包。照日下成本,每包可盈十余两至二十两。惟布厂方面,工作不良,销路又滞,每月须亏二万两。""一厂押款余欠,另贴利息一厘,俟九月底结账付我后,拟将此一厘之息收暂存账,以防日后纠纷。""湖北所派编遣公债二百万,已决定外县派销卅万;代征统税搭销二成,计四十万;业主会按半个月房租搭销三十万;武汉三镇职工薪水搭销一个月,计六十万。其余短三十五万,尚无办法。中央又令湖北财政特派员,派销编遣公债二百七十二万……""此间谣言日甚一日,或云某军联合,或云某军移动,人心颇有恐慌之象。"又告以湖北棉花收成情形。云:"今岁湖北棉花收成不好,细绒约六七成,粗绒不过五六成,统扯六成而已。惟因培种者多于去年,所出之数约可与去年相仿,大概三百万担至三百五十万担云。"(原件,《蒋札》)

9 月　细读明嘉靖刊本《吕氏家塾读书记》全书,并撰校语。云:"丙寅冬日,购得此本于上海中国书店,前有徐星伯先生手钞补陆序,楷法甚精。至己巳秋细读全书,始知第二十七卷亦缺两叶,为嘉靖后印本。即据《群书拾补》钞补完竣,并录校语于右。此书之价值,抱经先生钞本跋文论之颇详,因检《抱经堂文集》,照录全跋,附于校语之后。景葵记。"下录徐松识语(略)。(《书跋》,第 7 页)

《吕氏家塾读书记》三十二卷,(宋)金华吕祖谦(伯恭)撰,(明)嘉靖十年传应台南昌刊本,十册。(《叶目》)

10 月 2 日　赴银行俱乐部出席商务印书馆董事会临时会议,讨论工会与工友王昌源、虞金妹发生纠纷事。(《商务印书馆董事会记录簿》)

10 月 3 日　再次校读《笠泽丛书》并撰校记。云:"姚覆陆本有彦侍景钞印记,字句不知有校改否?'毁誉者浮华之□',许刻附考云,陆本字空而姚覆陆本作'辙'。是否陆本原缺,而姚氏补之,非得陆氏原刻对校,未敢臆断矣。己巳九月初一日,景葵。"(《书跋》,第 126 页)

10 月 12 日　蒋抑卮致先生与徐新六函,通报时局消息。云:"今日东文西文各报,均载中央对于西北已积极准备。闻动员令有二十师之多。此间钱庄新放河南帮款项约有二百万,车路一断,款项必阻滞,不能即收回。""昨日晚报大字登载'上海交行通电各分行,自即日起透支各户一律停止'。此电如确,不知何以泄露于外?""闻改组派对于中、交、中央均极注意。如彼派上台,三行对付恐不易也。"(原件,《蒋札》)

10 月 14 日　主持浙兴董事会会议。议决修改浙兴总规程条文,"又议决总行设立西区、虹口两分理处;津行设河北分理处。"(1929 年 10 月 15 日浙兴总行通函,上档 Q268-1-61)

同日　蒋抑卮复先生与徐新六函,通报一厂近况及公债事。云:"一厂董会要求暂停付息事,我行与安利均去信拒绝……现在该会重要人离汉,尚无表示。以弟料之,倒乱伎俩不过如此而已。十二(日)开委员会,马克亲自列席,大发教训,李贡庭辈亦无理可辩。""公债大落,关税库券尤甚(为六十四元四角)。如战争扩大,恐尚有一二度低落也。本月份中、交、中央三行售出票面,约五百数十万,我行亦有

二百万左右。多头均系散户,适值银根紧急,市价恐难转机。"(原件,《蒋札》)

10 月 16 日　蒋抑卮致先生与徐新六函,建议早日留意培植货栈管理者。云:"货栈计划,不难于相度地点,而难于用人。汉口如设货栈,主任者非于采办货客号家,熟悉联络不可,且码头小工,对付不易。我行对于此项人才。宜早留意培植之。"(原件,同上引书)

约 10 月中旬后期　赴天津。(1929 年 10 月 20 日《卞白眉日记》)

10 月 20 日　在天津招饮友人。是日卞白眉记云:"晚应叶揆公饮召。"(《卞白眉日记》卷二,第 81 页)

10 月 23 日　主持浙兴第 228 次行务会议。讨论事项有:①曹吉如报告总行押款事。内有刘少萍、朱益能、牛惠霖、锦云丝织厂、厚生丝厂、汪伯绳、财政部、朱谋先、有余公司、恒丰纺织公司新局、豫丰纱厂等户。②曹吉如报告接洽法租界地皮押款事(略)。③曹吉如报告总行透支放款事。内有泰康润金号、远东公司煤务部、王稻坪、夏地山等户。④沈棉庭报告京津两行放款事(略)。(《行务会议记录》第 9 册,上档 Q268 - 1 - 171)

10 月 26 日　蒋抑卮致先生与徐新六函,通报汉地各纱厂开户及交易、设立栈房等事。又对浙兴上海总行扩建事建议云:"总行间壁之地既已成交,应紫云必来抖揽打样生意。弟主张暂缓建筑。客利问题尚应从长讨论。间壁地价及总行地基房屋,约共值七十万两,将来改造,最少亦须七十万两(分块改造造价须多三五万两),共需一百四十(两)。如用客利基地,地价一百万,造价一百万,虽多六十万,而地点绝对不同。故弟前函商请稍缓改造一二年,但能于一二年内营业顺利,多费六十万两,以后所收之效果,或者足以弥补此项损失也。"(原件,《蒋札》)

10 月 28 日　蒋抑卮致先生函,谢代办公债交易。云:"仍请代进十二月份续二五式拾万元,以八折里外为限;关税库券十二月份三十万元,以六折里外为限。惟善后请进十一月份(因十二月份抽签)五十万元,以八折左右为限。诸维代劳,心感之至。"又告"一厂董会又来函,声明暂缓结息……以弟之见,此项无理取闹之信,可以不复。不知安利态度如何? 容探明后再告。"(原件,同上引书)

10 月 29 日　蒋抑卮致先生与徐新六函,通报金价风潮影响。云:"寄颀兄来信收悉。此次金价风潮,汉上亦有,传闻日本为金解禁事,朝野名流与金融界钜子,经长年之讨论,为逐步之宣传,无非使进出口商有所预备。而我国政府既无指导之方法,金融界又无详细之调查,宜乎投机失败者接踵也。"(原件,同上引书)

10 月 31 日　蒋抑卮致先生与徐新六函,述汉行"图存"方法。云:"永孚新栈屋押款,中央信托尚不肯放手,须从缓议。汉行近年以来渐落人后,如不急起直追,更难着手。弟屡与同人解说,一遇机会,即应乘隙而入,盖非此不足以图存也。"又告一厂发生经理被扣事。云："昨日宋立峰以编遣公债不肯痛快认销,财政厅竟至出拘票,用兵队四人押解! 立峰不肯前去,由邬钦毅代表到财政部特派员处,竟被拘禁! 谓非宋立峰到不可。立峰遂挺身前往。已在下午七时,该处科员均散,由策安约王逸轩出面找寻科长,说理至夜间十时始行释放。劝募公债用非法手段,至于此极,保障人权之谓何矣!""敝本家①昨日下午到汉,今早已赴郑州。"又告汉行人事,云："汉行人员以策安对待外界,稻村招揽生意,友生计较算盘,亦各得其长。明年如经理有人固善,否则有弟暂领,或棉庭兼代,轮流驻汉,对于营业方针为之作主,亦可苟安一二年也。"(原件,同上引书)

11 月 4 日 蒋抑卮复先生与徐新六函,通报安利方面意见。云："揆公一日所发航空快信并账单两纸,均悉。一厂董会暂缓结息之函,安利亦不主张再复。永孚栈押款事连日磋商,大约可望成功,草合同已在起稿,明日当可寄奉。"又告仁记堆栈驻栈员人选事。(原件,同上引书)

11 月 5 日 蒋抑卮复先生与徐新六函,通报一厂查账事。云："昨晚接揆公二日所发函,并附致鸥客兄函,均悉。""鸥客兄拟七日襄阳丸归沪。此次一厂查账,虽于账册记载有不满意之处,大致尚不错。惟押款余欠之息,根据合同为一分,而账上结一分一厘,虽有董事长彭来函声明,在会计师地位将来制造报告,不能不叙述。又虑董会倒乱,于我行有所为难,是以鸥客兄颇为踌躇。以弟之见,此事终有揭穿之日,不如痛痛快快发表于先。惟究应发表与否,仍请与鸥客兄详为讨论可也。"另告新董事长万泽生等拟辞职,"董事会能有刘季武(五)一手组织,比较的容易对付也。"(原件,同上引书)

11 月 6 日 蒋抑卮复先生与徐新六函,就总行设房地产部提出建议。云："昨晚接揆公四日所发航空快信,内附《房地产部规程》一份,均悉。……房地产部初次开办,事务单简。《规程》分七股办事,除打样、经租须有专员外,其余放款可经副理兼;存款可副会计兼;文书如事务多,设专员,否则可兼记账。照此开支,每月已须一千五百元。存款利率作为面洽,广告上暂勿宣布。……房地产部之营业发达与否,以存款之多寡而定。故对于存款非积极吸收不可。惟我国普通资本家,对于此种存款利益,明白者少,故宣传方法须多研究,入手之时,不得不注意于相识之资本家,当面送以印刷品,而措辞又须妥为斟酌者也。"(原件,同上引书)

11 月 18 日 主持浙兴董事会会议。议决"上海总行附设房地产信托部(简称兴业房地产信托部),通过该部规程一份","聘任贲延芳君为该部经理,总行副经理

---

① 敝本家,当指蒋介石。——编著者

孙人镜为该部副经理,仍以总行副经理兼管总行货栈事务。"(1929年11月19日浙兴总行通函,副本,上档Q268-1-61)

同日 主持制定《浙兴房地产信托部规程》于董事会通过。全文如下:

第一条 上海总行附设房地产信托部,隶属于总行。专营后以第五条各种业务与总行、他行业务完全划分。由总行提洋五拾万元拨作本部资本。

第二条 本部得直接对外,简称兴业房地产部。

第三条 本部得附设代理保险处,其详细章程另定之。

第四条 本部得收受存款,暂分左列二种,遇必要时得随时增删。详细章程另定之。 (一)定期存款;(二)分期存款。

第五条 本部营业范围如左。详细章程另定之。

(一)房地产押款;(二)存单押款;(三)房地产买卖及经营;(四)代客买卖房地产;(五)房地产经租及打样。

第六条 本部设经副理各一人,由总办事处聘任。其下分文书、会计、出纳、存款、放款、打样、经租七股,办理所有。职掌及待遇另定章程办理。

第七条 本部账目每月抄报总行,受总行会计部长之审核;每半年决算一次,除存款利息、资本利息及开支、削账、折旧外,如有盈余,分作十成,提一成半为公积,一成半为资本特别酬金,下余七成,以四成为红利,就资本数与存款数共同分摊之;三成为职员分红。

第八条 本规程经本行董事会议决施行。(副本,同上引档)

11月19日 蒋抑卮致先生函,通报汉行部分人员调整事,并言代售其公债。云:"时局将有变化,弟之公债无论续二五、善后、关税,均拟脱手,故今日电致寄兄,请如数售出。""老宋今日坐飞机来,闻即晚转赴河南。"(原件,《蒋札》)

11月20日 主持浙兴第229次行务会议。讨论事项有:①曹吉如报告总行放款事。内有慎余记、永纶丝厂、锦兴公司、诒记、知行学社、新昌银公司、恒康号、四达地产公司、庆成绸庄、源大洋行、永昌丝厂,永盛昌金号、恒丰纺织新局等户。②曹吉如报告华记公司商谈房地产押款事(略)。③曹吉如报告天章纸厂续商押款事(略)。④沈棉庭报告应催应结各户事(略)。⑤沈棉庭报告各分行放款事(略)。⑥徐新六报告房地产信托部拟购地产事。"现有坐落霞飞路亚尔培路转角地一方,计十二亩○三毫一,地价为元念八万两。先付一成,至十九年二月一号交地付款。查该地点现日臻旺盛,据该部经理所提预算计划,利益尚优。故拟照办,合报之。"议决通过。(《行务会议记录》第9册,上档Q268-1-171)

同日 蒋抑卮致先生函,通报数笔押款支放及保人情况。又再托售其公债。云:"弟之关税库券,已荷作主售出,正与鄙意相合,昨函亦正托代为售去也。尚有续二五三十万(照今日行市约赚八千余元)，善后扯价未知，大约可赚一元五角，亦请如数售去，暂资结束……今日谣言又起，颇有不尽实之处，总之，老西儿①玩把戏而已。"(原件，《蒋札》)

11 月 21 日 赴银行俱乐部出席商务印书馆董事会会议。讨论事项有：①鲍咸昌治丧及抚恤事宜。议决致送赙赠金 25 000 元，治丧费 5 000 元，送薪水到民国十九年底，23 日出殡，下半旗，建立纪念碑，董事会函鲍公世兄致唁。公司股票由吴麟书、张元济、高凤池、李拔可四人会同盖章。②报告第四印刷所失火损失情形及善后处理事宜。董事长张元济云："此次火灾适值停工，是以幸未伤人，倘是日照常开工，恐意外危险更不堪设想。现在拟设分厂，固是疏散办法，但对于此点必须预备通路，平时演习仍应请格外注意。"李拔可、夏鹏、郁厚培请求处分。张请众讨论。议决：李、夏、郁停支薪水一个月。至于凹版部之夜班部长及庶务，应由总务处与印刷所所长商酌处分，再报董事会。(《商务印书馆董事会记录簿》)

同日 蒋抑卮复先生函，寄呈沈新三挽联。云："新三兄故后，弟颇哀之。屡欲作挽对一付，以寄哀思，苦于不能达意。勉作一对，另纸奉呈，请即削正，并属文书处代为缮写送去。此托。"(原件，《蒋札》)

11 月 22 日 蒋抑卮复先生与徐新六函。云："昨晚接到揆公廿日航快信，并附来曙兄信，均悉。杭行属用规元十万两，已径复曙兄，按五个月期、周息八厘半代为销纳，准自本月三十日起期，至明年四月底为止。""以后托总行大数装洋(除例装五万外)，仍用新币，加水若干，请照市结算。此间核算成本时，当以加一厘为标准也。"又告汉口中交钞行市、棉花行市等。(原件，同上引书)

11 月 23 日 蒋抑卮复先生函，告以对津行副经理人选、总行房地产部经营、售公债等事之建议及时局消息。又云："弟之公债承公详为指示，甚感。如未售出，故俟之下月再定去留。惟收货时垫头不足，可在蒋广昌户支用洋六七万元，并即告以由弟支去。蒋广昌已接洽也。河南暂可结束，惟潼关以外，仍可凭险扼守，将来变化在斗之手段如何耳！"(原件，同上引书)

11 月 24 日 蒋抑卮致先生与徐新六函，通报汉行与仁记合同下午签字。又告浙兴董事会监察人胡经六在汉行查账时吐血病倒，拟返沪治疗。又告中原大战消息云："此间日本报纸宣传两广空气紧张，英文报纸且谓张发奎已到梧州。沪上消息如何？"(原件，同上引书)

11 月 26 日 蒋抑卮致先生与徐新六函，通报一厂贴现事罢议。又告沙市钱

---

① 老西儿，指冯玉祥。——编著者

业倒账风潮,云:"沙市倒账闻有二百万之钜,全市汇兑已经停止,不知如何解决。查沙市钱庄与外行,均可自由发行纸票,名曰市票。有外埠款汇入,行市做小;有款汇出外埠,行市做大。上半年洋例银一千两,合沙市银一千〇三四十两。……其原因,一为汇水渐大,外埠人心恐慌,未汇入者不敢汇入,已汇入者逐日汇出,筹码有出无入,不足周转……一为市票价落,乡下人土产(棉花为大宗,芝麻亦不少)或要求售现洋,或不愿集中沙市,另走他埠销售,故市票渐渐不能流通。此次倒账者,闻有数十家,以黄帮居多数。"(原件,同上引书)

11月28日 蒋抑卮致先生与徐新六函,通报花行调查事。云:"花客调查方法,弟已拟就,交由翁希古、陈夷清、刘质彬办理。查汉口花行共三十家,已与我行开户者有十五家。将来堆栈押款发达后,不难尽入吾彀。现在我行所得花行之利息,平均每月可有四百元,并无透支危险……如进一步花客亦能与我行开立户头(仍以止存不欠为原则),则账面收付更易集中。"又通报与上海商业储蓄银行合作商定棉花押款利率事。云:"棉花押款利息,向来各行自由竞争,往往为堆栈所煽惑,对甲行则说乙行之息小,对乙行则说甲行之息小,而甲乙两行,遂彼此放盘。现查全市堆栈,棉花可堆十九万五千包,上海(银)行所经管者占六万五千包,我行所经管者占六万七千包,已超过三分之二以上。故弟今日往晤周苍柏,说明现在两行地位,正可彼此合作,免为外人利用,以后棉花押款息率,每逢比期前数日,两家先行公议,以示一律。苍柏颇赞同,并云昨晚该行已定三十日比期息率,为一分一厘,现两家合作,可改为一分二厘。弟亦赞同。……介眉尚在沪,请新兄再与之一谈,尤易通融。"(原件,同上引书)

11月29日 蒋抑卮复先生与徐新六函,通报出售中钞进展。云:"总行寄存之汉中钞,昨日接到揆公廿六(日)航快信后,今日已售出两批。一批计汉钞二万八千元,售得申钞一万元;一批计汉钞三万〇五百八十元,计六折,售得现洋一万一千元。交割须在晚上,当无问题。惟查此种汉钞市价,与金融长期相差太远,弟始终疑系中行秘密收买,否则每日必无此大数之交易也。现在总行既主张于年内解决,弟亦赞同。究属中行收买与否,系弟一人理想,万一无此事实,市价必低。好在总行此项交易,如存货均照现在市价售出,已超过月息二分以上,利益亦厚,不能以弟一人对于中行有所不甘,致现成利益或有变动之虑也。"(原件,同上引书)

11月30日 蒋抑卮致先生与徐新六函,通报调查中钞事。云:"弟连日调查,上海确实有人来搜买……恐系中行秘密指使。此间经手者振记居多数(为宋仪章之子所开,与中行关系极密),故今日之价系弟扳起,明日或可再好一点,当脱手五万十万。并闻上海行市亦有三十六元五角……故弟不敢性急多数脱走。"又告因岳母逝世,近期当返沪奔丧。(原件,同上引书)

11 月　撰《〈复初斋文集〉跋》。云:"此为道光丙申刊本,今以光绪丁丑重校本对校一过,其雕版改字缘起,详于李以烜跋文,并录于后。己巳冬十月,景葵记。"(《书跋》,第 148 页)

《复初斋文集》三十五卷,(清)大兴翁方纲(覃溪)撰,(清)道光十六年刊本,八册,叶景葵录李在铣(芝陔)评点。(《叶目》)

12 月 1 日　蒋抑卮致先生与徐新六函,通报出售中钞事。云:"总行汉钞今日成交三批。一批为一万汉钞,明日交割,计收得现洋三千六百十元〇一角;一批为汉钞十万,初五交割,计售得三万六千百〇一元……一批亦为汉钞十万,初三交割,计售得现洋三万六千一百六十六元三角六分……连日前两次共售出汉钞二十七万三千八百八十元。此项大数汉钞,均系上海来托收买,其为中行秘密收买可知。"又告浙兴汉行几位行员调动及加薪等事。(原件,《蒋札》)

12 月 2 日　主持浙兴董事会,议决修改浙兴总规程第六条关于行员取保条文。(1929 年 12 月 3 日浙兴总行通函,上档 Q268-1-61)

同日　蒋抑卮致先生与徐新六函,通报一厂近况。云:"一厂贴现事,前函已详。弟意俟该厂新董会成立,可与合作之时,再行谈判。一厂现在销纱尚畅,一百五十万两仓库押款,勉强可以周转。惟营业未必长此顺利,如遇纱销滞顿之时,非将花纱重复做押,则购花之本无着,势必停工。此事安利亦必明白,惟现在一厂董事太不负责,无可与谈耳。"(原件,《蒋札》)

12 月 3 日　签署浙兴总行通函,通报朱益能调任总行副经理,仍兼任汉口第一纱厂会计部主任;津行副经理马久甫调任总行副经理。(副本,上档 Q268-1-61)

12 月 5 日　蒋抑卮复先生与徐新六函,通报中钞市价变动事。云:"昨晚接揆公三日航快信,均悉。中行汉钞今日市价已涨至每百三十七元。此间消息,尚盛传以四折收回。明华之事果确,则总行之货每百少赚五元,共约少赚一万六千八百元。中行如此差别待遇,宜乎人之不平则鸣矣!"又告汉行棉花押款情形。云:"汉行自堆栈计画成功后,棉花押款进步尚快。截至前月三十日止,星记新栈已做三十四万元,盛星栈做三十四万六千二百元,汉阳仁记栈做十七万七千三百元,汉口仁记栈做八万五千三百元,通孚栈做五万九千五百元,其余申帮棉花押透约十七万元,共计棉花项下,已做一百十七万八千余元……明年星记新栈完工,通孚栈合同定妥,当可加做一百五十万元。此外申帮如能竭力进行,或做押透,或做押汇,则堆栈陆续赎去之花款,即可由申帮顶做。如此连环做去,棉花一项销纳三百万元之款,可有八个足月,以月息九厘计,每年可收利息二十一万余元。""今日谣言忽盛,未知真相如何。公债又惨落两元。陇海、武长不稳,沪上或已有所闻。"(原件,

《蒋札》)

12月6日　蒋抑卮致先生与徐新六函,通报汉阳和丰堆栈押款事。云:"汉阳棉花堆栈,面积最大者三家,一为和丰,黄帮所组织,向无押款;一为鼎孚,为振记、金城等所揽做;一为源源,此栈可堆八千包,系铁筋洋灰建筑,保险费每千两约十二两零,管理严密,为阳汉两地各堆栈所不及。……弟已注意久之,现在磋商渐可接近,归我行一家承做,仍派会计员及管栈员,惟保人免除。该栈现做押款已有二十万,做足之时可有三十五万元云。""时局极紧张,此间银根已有变动。洋厘高涨一厘七毫半,各行之半官性存款闻已提取,恐沪上亦或牵动……"(原件,同上引书)

12月8日　又撰《〈复初斋文集〉跋》。云:"从徐曙岑兄假得光绪重校本,为北通州李芝陔(在铣)先生旧藏,有墨笔评点,因手录一过。先生为同光间北方赏鉴大家,收藏甚精。凡厂肆暨旧家所出金石碑版书画,一经先生品题,无不奉为圭臬。今读此书评点,具见老辈细心,读书处处留意,故能强识博闻,成一家之学,非偶然也。十一月初八灯下又记。"(《书跋》,第148页)

同日　蒋抑卮致先生与徐新六函,通报战事消息及汉口各银行对策。云:"汉中行今早接到总行急电,催袁遐初速归,并属其所有库存概行运沪。是该行已有坚壁清野之决心。有壬未必能来。将来无论何军到汉,第一事即为筹款。中行避往上海,交行亦必跟踵而去,其余商业银行库存本不充实,砻糠逼不出油,各总行又必拒绝不理。……百里①如来汉,请新兄将我行地址及一厂情形告之,弟亦与策安谈过,遇有紧急时可恳百里维护一切。"(原件,《蒋札》)

12月9日　再校吴兴姚氏邃雅堂旧藏《脉经》并撰校记。云:"顷见守山阁单刻本《内经灵枢素问》,附金山顾尚之(观光)《校勘记》二卷,锡之先生跋云:'顾君博极群书,兼通医理。其所更正,助我为多。'南汇张文虎撰《顾尚之别传》亦云'钱通判熙祚辑《守山阁丛书》及《指海》以属君,君以治病不能专力,举文虎自代,仍常佐校雠,多所审定'等语。据此知钱不知医,而顾知医,则钱校《脉经》为尚之先生手订无疑也。己巳十一月初九灯下又记。""《邵亭知见传本书目》列天启丙寅沈氏际□本,即此本也。但此本沈序无年月。己巳十一月十一日灯下。景葵识。"(《书跋》,第114页)

同日　蒋抑卮由汉口返沪。12日抵达。②(见1929年12月6日蒋抑卮致先生与徐新六函)

12月14日　与高凤池、张元济、高梦旦等28人联署刊登《鲍咸昌先生追悼会

① 百里,指蒋百里。——编著者
② 此次蒋抑卮留沪时间较长,直至1930年3月8日重赴汉口,继续主持浙兴汉行。——编著者

公启》。公启云："鲍咸昌先生于十八年十一月九日病殁。先生一生经营之事业，直接在于工商界，间接及于教育界，尤热心于社会公益慈善诸事。同人等追维劳勤，特定于十九年一月五日午后三时在上海西藏路宁波同乡会开追悼会，凡与先生有交谊者，均请惠临参加。如有铭诔文字，请交上海宝山路商务印书馆印刷所汇收，其他概不代领。谨此奉闻。"（同日《申报》）

12月20日　浙兴虹口分理处开业。地点上海百老汇路蓬路转角。1937年10月撤退。1946年5月1日复业。（浙兴机构成立记录卡，上档Q268-1-24）

12月23日　校汲古阁本《遗山诗集》并撰校记。云："此汲古阁元人十集本，虽系后印，且有补板，当属原刊，非施墨庄、拥万堂翻板也。己巳冬日，有故友以弘治本《遗山诗集》求售，为二十卷本，前有稷亭段成己《引》，每半页十行，行二十一字，遇'恩纶'等字，或抬头，或空格，当遵元刻款式。疑即邵亭所见之沁水李瀚汝州刊本，惜无重刻人序跋。吾友宗耿吾自虞山来函索购，志在必得，义不可攘。适杭州石渠阁以此书求售，急购之。对校一过，凡弘治本板烂处，汲古本每作墨□，知汲古实从弘治出，且段《引》内擅删二十一字，改为'遗稿若干'四字。子晋后跋，亦不言所据何本。毛氏刻书，每犯此病，不足异也。十一月二十三日灯下，景葵校毕记。"（《书跋》，第133—134页）

《遗山先生诗集》二十卷，（金）太原元好问（裕之）撰，（明）海虞毛氏汲古阁刊本（《元人十集》），十册。（《叶目》）

12月28日　主持浙兴第230次行务会议。讨论事项有：①曹吉如报告总行放款事。内有叶揆初、李拔可、聂璐生、天章纸厂、通商证券公司信托部等户。"叶揆初乙户：十二月十二日新放洋三十二万八千七百六十一元四角二分，六月，周息九厘。英册♯992道契地三亩七分六厘九毫连房屋，续发□□库券票面五十万元。"②曹吉如又报告三户拟放或加放或转期，公决如下：①振华纱厂拟放信用款五万至六万，三个月期。②恒丰纱厂拟于合同外加放九十万[①]。该户花纱押品照现在本有多余，利息及其他均如合同。（三）R. M. Joachh拟予转期元五十五万两，押款如旧。议决照办。（《行务会议记录》第9册，上档Q268-1-171）

12月30日　天章纸厂刘伯森致浙兴函，声明押透收条遗失事。云："彼公司前以东西两厂机器房屋，向贵行抵押透支元四万两。当时曾由贵行出有十八年东

[①] 湖南聂璐生的上海恒丰纱厂前身为1891年官督商办的华新纺织新局，后归聂缉椝所有，改名恒丰纱厂，是中国近代纺织工业最早创办的工厂之一。它也是浙兴重点放款户。这家在第一次世界大战期间颇为兴旺的大厂，大战之后，日趋困境，开始时向钱庄借款，钱庄无力承担；后又向沙逊洋行抵押借款，洋行见它毫无起色，便逼迫追收回借款。恒丰最后求助于浙兴，1929年浙兴对它放款达240万两，给它打了一针强心剂，1930年恒丰纱厂转亏为盈。（参见尚其亮《浙江兴业银行兴衰史》）——编著者

厂十四号、西厂十五号押品收条各一纸。现在该项押款业已理楚,应将收条检还注销,惟该两收条已经遗失,相应备函,证明作废,即希台洽是荷。"(原件,上档 Q268 - 1 - 474)

　　是年　商务印书馆重印《四部丛刊初编·小畜集》,张元济"广求善本",曾向先生借得汪鱼亭钞本,以及汪阆源、徐紫珊、瞿氏铁琴铜剑楼藏吕无党钞本等四种,与初印本经锄堂钞本"互相比对",撰成札记。(张元济《〈四部丛刊初编·小畜集〉札记》,《张元济全集》第 9 卷,第 34—35 页)

1930 年(民国十九年 庚午) 57 岁

1月 商务印书馆董事会聘请王云五为总经理。

5月 蒋、冯、阎中原大战全面爆发。

6月 上海市商会成立。

7月 美商友邦银行总行在上海开幕。

是年 中孚、中国实业二银行总行由天津迁至上海。

1月3日 与徐寄庼、徐新六合署浙兴总行通告:"本月五日午后十二时半全体同人在总行举行新年团拜。"(副本,上档 Q268－1－534)

1月4日 浙兴总行新组地产信托部开业。经理黄延芳①。地址上海四川路330号。(浙兴机构成立记录卡,上档 Q268－1－24)

浙兴房地产部"经营第一年即盈余百万余元。以后由于地价的不断上涨获利更厚"。"1929 年黄(延芳)应友人所邀,担任浙江兴业银行董事兼地产部经理。地产部系独立经营,自负盈亏。黄一面吸收储蓄存款,进行分红;一面做了几笔大的房地产生意,获得厚利。"(汪仁泽《徐新六》《黄延芳》,《民国人物传》第 6 卷,第 225页、第 208 页)

1月5日 下午赴西藏路宁波同乡会参加鲍咸昌追悼会。来宾到者一千余人:张元济等先后讲述鲍君生平事略。嗣由各代表读祭文,来宾致辞,家属答谢并摄影。(1930 年 1 月 6 日《申报》)

1月7日 校《周易本义辨证》,撰校记云:

> 惠松厓先生《周易本义辨证》稿本五卷,前年于书估手中无意得之。顷又见常熟蒋氏省吾堂刻本,与稿本对校,发现不同之点甚多,兹将已校出者录下:
>
> 凡例 稿本共十条,刻本八条,缺第九、第十。

---

① 黄延芳(1883—1957),浙江镇海人,穷苦店员出身。1902 年进上海德商亨宝轮船公司当职员。后被聘任为直隶井陉矿务局及北票煤矿驻沪经理、上海捷运公司总经理等职。1925、1927 年,先后创办信平保险公司与源大行等企业。任浙兴地产信托部经理后,还兼任上海房地产同业公会主任委员、市政府土地委员会主席、工部局房租公断委员等公职。新中国成立后,黄延芳任政协第一届委员、上海市交运局局长等职。——编著者

卷一　《坤·六五》"黄裳元吉"条，刻本以"荀慈明之说参之"至末七十字。稿本作"其说本之荀慈明"七字。

《蒙》"以亨行时中也"条，刻本云："说详《汉易考》稿本。""《汉易考》"三字朱笔改为"《易汉学》"。

《需·上六》"入于穴"条，刻本注云："与《月令》天气上升，地气下降之说相违。"稿本无。

又稿本注云："自复而临、而泰、而大壮、而尖，此乾自下升之证，谓乾元自下升上之义，殊不可解。"刻本无。

卷二　《泰》"'拔茅茹'句，郭璞《洞林》读至汇字绝句"条，稿本朱笔注云："朱子不读汉《易》，止据《洞林》。"刻本无。

《复·六四》"中行独复"条，稿本朱笔注云："愚近撰《易述》以中行属初，异于前说矣。"刻本无。

《无妄》"刚自外来而为主于内"条，稿本朱笔注云："《无妄》遯上之初，与《复》卦剥上之初同例。"刻本无。

刻本卷二首《谦》，稿本首《泰》。

卷三　《益·六四》"中行告公从"条，稿本朱笔注云："复初称中行以为乾元也。"刻本无。

卷四　《小过·六二》"过其祖遇其妣"条，稿本朱笔注云："爻辞为文王作，则顾氏亦未尽然，仍当以象为主。"刻本无。

凡稿本朱笔圈点，及校改增注，均系松崖先生手笔。大约蒋刻本出于及门传钞，而稿本则先生写定后随时修正。名家著述精益求精，得此原稿，洵足珍重。且据此可知先生所著《易汉学》，原名《汉易考》，《周易述》原名《易述》也。己巳腊八日，景葵识。（《书跋》，第1—2页）

《周易本义辨证》六卷，(清)东吴惠栋(定宇)撰，钞本，一册，惠栋手校。（《叶目》）

1月8日　浙兴汉行副经理刘策安致先生与蒋抑卮、徐新六函，报告汉口第一纱厂内部纠葛等事。云："昨日午后二时，立峰、承康约往文耀处，接洽今日谈话之预备。承康声称，申汉欠款先付利息一事，该项清单草底早已送交安利，日前万泽生曾面商匹可克，要求先付一部分息金，匹未应允。万云，该项附件签订后能否照付，匹云非俟全部签齐不能付款。万闻此说，认为帝国主义之经济压迫，毫无诚意合作，故即拂袖而去。此次董会函索，态度极为强硬，推测其所以如此之原因，不过认为浙江兴业之第二债权项下，根款余欠六十五万余两之利息，亦未根据签订附件，委员会即可先付，何以申汉欠款未签附件即不能通融先付？足见委员会偏袒一方。且董事会及万泽生屡次声称,复工合同条件太不公平,然为环境所迫,不得不委曲求全,暂时容忍,一俟有机可乘,定将复工合同根本推翻。上次孙松平在沪接董会万泽生一函,亦如此云云。嗣因孙松平未得副经理兼厂长位置,颇恨董会,开其玩笑,故将此函曾交立峰一阅。该会之居心捣乱更足以证明。至于签订附件与我,安利尚无多大关系。现在所争者,即兴业一部分类如停工期内欠款,兴行按一分计算并结复息,安利则按九厘,不计复息。两相比较,故该会认为不公平。万泽生、杨贞生原意极想调停,假使兴行能在各附件签齐后,牺牲多算之一厘及复息银壹万五千两,彼方面子总算十足,当不致再有争执云云。文耀意思对于我行根款余欠,未候签订附件先行支付利息,认为委员会稍有错误,以致授人口实。董会既有乘机推翻合同之居心,及杨、胡各委辞去委员之表示,明明是一种拆台主义,我等大家应格外注意,稳慎对付。"另告工会、安利马克等方面处置意见等情形。(原件,上档 Q268-1-401)

1 月 16 日　刘策安致先生等函,请示答复一厂董事会来函事。云:"(一厂)董会昨晚开会,杨贞生、杨显卿等亦均列席。说话最多者为万泽生、杨贞生、吕超伯等。贞生所说者,据立峰云尚称公平,故多数通过,由该会致函我行。照该函所列彭少田一函,在法院未判决确定之前,该项息金自不能收取。并另函知照委员会一节,文耀意思委员会可复董会一函,即为兴业利息系根据复工合同及该行前次来信所付者,至于彭函加结一厘之事,尊函所称已在法院起诉,在此项诉案未判决确定以前,不能支付。已函致兴业声明。如判决,该函无效。……又董会请致安利洋行垫银七万两,以偿急债一事,复工合同上并无此条,似可拒绝,但究事实上研究。祇要各附件签好,可由安利通融,否则必要牵涉赎物料之款。兹将委员会议案附奉请之阅。如何决议,容再奉陈。惟董会来函应如何措词回复,请我公商定详细示知,以便缮复。"(原件,同上引档)

1 月 17 日　国民政府铁道部长孙科批复先生呈文。云:"具呈人浙路股款清算处主任叶景葵:呈一件,请饬沪杭甬路局在余利项下拨还浙路商股公债由。呈悉。查沪杭甬路局积欠内国银团购车债款一案,现正筹议整理,尚未确定办法。所请饬令该路在余利项下陆续筹还浙路商股公债一节,仍仰查照前批,俟前项购车债款偿还清楚后,再行核办可也。此批。"先生云,其实"部批所允路局余利拨还办法,不啻镜花水月。至二十一年顾孟余任铁道部长,仍援前案,呈递节略"。(《浙路股款清算始末》,《杂著》,第 321 页)

1 月 18 日　刘策安致先生等电,报告一厂董事会等各方关于复工合同条款争议难决事。云:"第六条议案,委会无法决议,推杨、胡、徐、张四委向双方疏解谋应,号日急债,申汉款安利、文耀等不主张登报,签丁件,息可付。故未拟出董会函,盼拟复。余函详。"同日,刘又致先生等函。云:"十六日奉抑公及汉纺计二号公函,均经拜悉。承示各节,策自当秉此意旨应付。尊函所示申汉信用欠款之利息,为调解纠纷起见,另将此条放松。但申汉信用欠款系以四十五万为额,可照安利报告。万泽生曾谓,复工合同第十七条附件丁,可由信用欠款债权人推一代表签订,由董会负责。此外应由董会、委会在上海、汉口两处登报叙述合同第十六条□项与第十七条,声明以因各有争执,应开董事会接洽等语。俟登报若干日即可支付。惟总在旧历年前办就。此即我行与安利礼让他人处。安利今日亦有函致披可克君云云。昨日为开第十次委员会之期,有事与文耀接洽,顺将此层告知。文耀云过数日来,董会意见与感情均为接近,果要登报,则与董会面子上以难堪,各董事人格扫地,对方决不允照办。……披与马、郭讨论移时,金以文耀主张甚是,亦不赞成登报。……策看此情形,债权方面意思已不一致,实无法拟出,只好着委会如何决议。"(原件,上档 Q268-1-401)

1月19日 刘策安致先生等函,报告一厂二委员来行商谈还款付息条件。云:"昨晚徐文耀、张承谟二君来行,声称前日委会推我等四委向双方疏解,今日已与万泽生、吕超伯在事务所谈话。态度极为和缓,对于双方争执各点,逐条讨论。""兹将徐、张二君所告各条分列于左。""一、账目在十六年十月十七日以前,曾经有函核对承认无讹者,决不再行审查。以后仍须审查,由董会函致兴行声明此意,兴行须函复董会承认。倘有不符,仍当多退少补,在签附件时同时交换,可不在附件内另列专条声明。二、彭函加结一厘利息,委会仍照付。须由委会函致兴业声明,此一厘之息如法院判决无效,兴业应行退还。三、申汉信用欠款利息,董会允将各户户名及欠款之清单,交与第一债权人。但所抄数目尽量现祇有卅五六万,其不足之数,须保留以后随时抄送,但不得超过四十五万之规定。……四、物料估价须保留将来会同董会重估。五、附件第四条及第五条(甲)与第七条均须照修改者签订。六、附件第五条(乙)完全删去,因原文范围说得太广,董会不能承认,按照复工合同第七条已有声明,可以概括一切。"另就各条款传达委员会解释,"请我公酌夺示复,以便转告为盼。"(原件,同上引档)

1月21日 主持浙兴董事会会议,讨论发行准备调整比例事。"总司库就任后,发行部完全独立,严格遵守。第四版新券印刷精良,花纹工致,绝无伪券出现,市面信用日增。"是日董事会上先生报告"发行准备改照部章,现金部分改为六成"。"我行发行准备向为现金七成,证券三成。现在颁行之部章规定现金六成,证券四成,应即照办。"议决照办。(《本行发行史(六)》,《兴业邮乘》第28期)

是年,浙兴恢复发行钞票。徐寄庼云:浙江兴业银行"民国四年,与中国银行订立领券合同,并将其本行所发行之钞票,收回销毁。旋以领券,并未照约领足。至民国十年,业务扩充,不敷行施,又向财政部呈请继续发行。其发行制度完全独立,与营业极端划分。十九年始,将发行兑换券及储蓄部分别检查,按期登报公布。"
(《最近上海金融史》上册,第 81 页)

1月23日　赴银行俱乐部参加商务印书馆董事会议,讨论总经理人选。张元济报告自去岁鲍咸昌去世后与各董事会商结果,拟推王云五出任总经理职。"岫翁初坚不允,嗣经挽劝多次,鄙人与高梦翁亦迭经力劝,始有允意,惟因对于工厂事务不甚熟悉,拟先出洋考察,俾回国后得有方针……"经讨论后一致赞同,议决选任王云五君为总经理,并同意出洋考察。会议推举张元济与先生二人面致。(《商务印书馆董事会记录簿》)

1月24日　覆校《扬子法言》并撰校记。云:

沈宝砚临何义门本,顾涧薲临沈宝砚本,袁绶阶临顾涧薲本,绶阶又向黄荛圃借沈宝砚临本复勘并补校《音义》,即此本也。

嘉庆二十四年,顾涧薲代秦敦甫撰重刻治平监本《扬子法言》叙云:"《扬子法言》十三卷,自侯芭、宋衷之注既亡,而存者莫先于晋李轨、宏范注。宋景祐、嘉祐、治平,三降诏更监学馆阁两制校定板行,最为精详。有《音义》一卷,不题撰人名氏,其中多引天复本。天复者,唐昭宗纪元而王建在蜀称之,然则谓蜀本也。撰人当出五代宋初间矣。司马温公言宋库家所有,逮陈振孙《书录解题》所载,皆即其本,当时固盛行也。外此有唐柳宗元、宋宋咸吴秘注、建宁人李注,为四注本。《书录解题》云,与此不同。厥后书坊复有新纂门目五臣音注本,则又增入温公集注,而卷依宋咸为十,诸家元文,悉经删节,全失其旧。明之世德堂据以重刻,通行迄今,于是世人罕知诸家或十三卷或十卷各有单行之本,而李注乃若存若亡焉。戊寅首春,购得宋椠,稍有修板,终不失治平之真,适元和顾君行箧中有临何义门所校,出以对勘,大致符合,深以为善,劝予刊行。爰以明年影摹开雕,凡遇修板,仍而不改,并所讹误举摘如干条缀诸末,以俟论定者。"

按上文所谓顾君临何义门校本,即传录沈宝砚临何校本也。顾君自云"大致符合",必有不尽相符之处,今以此本与秦刻治平监本对校,录其异文如左。(从略)

以上皆两本异文,秦刻本出于顾君手定,而此本辗转传录,或不免有漏校及笔误之处,其显然为原椠之误者。如"癸记年人也""谈道""恶比"之类,秦刻本皆不误。但如"终后诞章"终不作然,"事辞称则经"不重"事"字,"不亦珍乎"珍不作宝,"谨其教化"谨不作议,"请问盖天"天字不误入注文。凡此皆秦氏所校治平监本之误,此本皆不误。又如"无止仲尼""无止颜渊"止不作心,则与天复本合，义门昆仲所见之宋椠，为绛云楼故物，或远胜于秦氏所校之本，未可知也！

　　　　　　　　己巳腊月廿五小祥日灯下，景葵校讫谨识。

　　　　　　　　　　　　　　　　　　　　（《书跋》，第68—78页）

《扬子法言》十卷，(汉)成都扬雄(子云)撰，(唐)姑臧李轨(处则)注，(宋)涑水司马光(君实)添注，(明)嘉靖吴郡顾春刊本(《世德堂六子》)，三册，(清)袁廷梼临顾广圻校，叶景葵覆校。（《叶目》）

1月25日　受商务董事会委托，张元济偕先生访王云五，面送总经理聘函。王允2月7日到公司就职。（《商务印书馆董事会记录簿》）

1月27日　蒋抑卮自杭州复先生函，就汉行米押款及财政部欠款提出处置办法。云："汉行米押款事，弟已电告汉行放盘揽做。正、二月究是闲月，利息虽稍小，尽以多做为是。""财部对于汉口丙种欠款，本已批准照办，现在又有要挟，正所谓打了一板有一板矣！如丙种欠款，以新借款交换，将来甲种、乙种两项旧债，正可援例要求，汉口银行界将何以对付？弟主张新借款未始不可商量，须甲、乙、丙三种一起了结。如财部为难，则银行尽可置之不理。因湖北金融公债一日不收回，则汉口关税所担保之息，不虑其不付。如财部能以关税公债将甲、乙、丙三种一起了结，则新借款数目虽稍巨(至多五六百万)，汉口银行界亦只可忍痛承认。还款办法照去年盐税办理，固然不错。而第二担保除关税公债外……应要求将湖北官钱局产业一部分，亦作为第二担保……"（原件，《蒋札》）

1月28日　主持浙兴第231次行务会议。讨论事项有：①曹吉如报告总行放款事。包括永纶丝厂、厚生丝厂、三北轮埠公司、时事新报馆、敦余庄、阜丰面粉公司、大有余、丰大号、恒丰纺织公司、黄延芳、财政部、中国运输公司、上海中学、夏地山、牛惠生、新月书店等户。②沈棉庭报告房地产信托部放款事项(略)。（《行务会议记录》第9册，上档Q268-1-171）

1月　主持制定《浙江兴业银行信托存款章程》。（印本，上档Q268-1-623）

1月　撰《两当轩全集·跋》。云：

　　吾家郎园先生搜罗《两当轩集》刻本甚备，以同治活字本为镇库。谓志述所编足本，当时未及刊行。同治癸酉集珍斋以活字印行，后来坊间一再翻雕，皆据同治本，盖未见此咸丰八年原刻本也。此本前有是年家塾校梓牌子，太仓季锡畴菘耘列名于校刊姓氏内，附录五后季菘耘跋，历述道光丁未岁与毛君叔美编纂《年谱》，刻于尚友斋，当时未得先生原稿，不无缺略讹舛。今岁戊午，仲孙(志述字)得先生手定藁，编纂付梓，序次暸然。因重加删订开雕等语。是郎园所谓当时未及刊行者误也。此本实为《两当轩全集》足本之第一刻矣。己巳

残冬，景葵识。（《书跋》，第 149 页）

《两当轩全集》二十卷《考异》二卷《附录》六卷，(清)武进黄景仁(仲则)撰，孙男志述辑，(清)咸丰八年家塾刊本，八册，民国程秉钊校。（《叶目》）

1 月　再撰《盐铁论》跋。云："弘治涂祯原本，每半叶九行，行十七字。此本九行十六字，似系嘉靖后翻刻涂本。弘治本都《序》，在十卷之末，题为《盐铁论后序》。又有涂祯《序》七行，此本失之。补录于后。前所校弘治涂祯本，顷查与张敦仁重刻本行款不合，疑非原刻。余友宗子戴谓系《两京遗编》本，容再考。己巳腊尽记。"（《书跋》，第 68 页）

1 月　撰明刊《冲虚至德真经》题跋。云：

> 黄荛翁旧藏《冲虚至德真经》影宋抄本，至乾隆末年，又遇书贾郑辅义购得北宋刊本。郑贾先携至袁绥阶处，绥阶以告顾抱冲，抱冲指名相索，卒为荛翁所得。荛翁乃属抱冲从弟涧苹代校是书，绥阶又以世德堂本属涧苹校之，时越八年，绥阶又借荛翁校本覆勘一过，即此本也。所谓荛翁校本者，未知为涧苹代校之本欤？抑荛翁自校之本欤？《士礼居藏书题跋记》载有荛翁校宋本跋，时在丙子五月，后于绥阶借校时又十二年。但北宋本跋云："取书阅之，急挑镫校一卷，觉世德堂本讹舛不少。"则甲子以前，或另有自校之本。荛翁得北宋本在乾隆末年乙卯季冬，作北宋本跋在嘉庆元年丙辰元旦，其属涧苹代校，当亦在丙辰。绥阶属涧苹校讫在丙辰十二月，是为同岁所校。顾、袁两跋俱简略，兹录《思适斋集》《士礼居题跋》各一则，以资佐证，足知顾校之可宝矣。己巳残腊雪后，叶景葵录。

（《书跋》，第 82—83 页）

《冲虚至德真经》八卷，(晋)平陵张湛(处度)撰，(明)嘉靖中吴郡顾春刊本(《世德堂六子》)，二册，(清)袁廷梼覆校。（《叶目》）

1 月　撰世德堂刻本《南华真经》校记[①]。云：

> 近世所传宋本《庄子》惟安仁赵谏议宅本，每行十五字，注三十字，与顾本同。每卷篇题次行曰"郭象注"，无陆德明音义等字，亦与顾本同。均与《续古逸丛书》所印第七卷后北宋本合。但赵本每半叶九行，据无锡孙氏《庄子札记》所引赵本与顾本对勘，异文甚多，最著者如《人间世》"瞻彼阒者"，抱冲校云"阒，宋本作阅，墨笔批云，当作阒。"赵本正作"阒"。《秋水》"安知鱼之乐"，赵本有注云"惠施不体物性，妄起质疑，庄子非鱼，焉知鱼乐"，顾本无此注。《山木》"子恶

---

① 《卷盦书跋》第 83 页收录时漏末段。——编著者

死乎,曰:然",赵本缺此六字。顾本不缺。《则阳》"犀首闻而耻之",赵本作"犀
首公孙衍闻而耻之",是顾本与赵本非出一源可断言矣。景葵,己巳腊月记。

(《历史文献》第7辑,第95页)

《南华真经》十卷,(晋)河南郭象(子玄)注,(唐)吴县陆德明音义,明嘉靖中吴
郡顾春刊本(《世德堂刻六子》),六册,(清)袁廷梼临顾之逯校。(《叶目》)

2月4日　再校冯简缘钞校本《贾长江集》并撰题记。云:

故友保山吴佩伯(慈培)以湖南省庵校赵玄度家藏宋本,校录于汲古阁本
之上,兹假得复校一过,上加宋本二字以别之。佩伯又得某君临何义门校本
(署名"三径杲"),覆校于汲古本,兹亦择要录出,加"何云"或"何本"二字以别
之。两次覆校后,益见冯校之善。凡前据明本校改之处,有未当者,已逐字纠
正。庚午立春,葵识。三径杲原跋,附抄于卷尾。(《书跋》,第124页)

此书先生前后校阅五六次,撰跋文或校记六篇。

2月8日　主持浙兴重员会议。出席者:蒋抑卮、徐寄庼、陈叔通、胡经六、徐
新六、曹吉如、朱振之、王稻坪、沈棉庭、陈元嵩、黄延芳、罗郁铭、萧钰麟、徐曙初、陈
聘丞、竹尧生等。讨论事项有:

一、各种存款利率案。议决:

总行　定存三个月者随时酌定;半年者公告随时酌定,极度六厘;一年者公告
七厘,极度七厘半。特定二年者公告七厘半,极度八厘。往存及特存公告三厘,极
度及有特殊情形,由经副理随时酌定。外币活期二厘至三厘,定期四厘至五厘,极
度均随时酌定。活期四厘。

杭行　定存半年者六厘,定存一年者公告七厘,极度七厘半。特定二年者公告
七厘半,极度八厘。往存及特往随时酌定。活期四厘。

汉行　定存三个月者公告五厘,极度六厘;半年者公告六厘,极度七厘;一年者
公告八厘,极度九厘。特定二年者公告九厘,极度一分。往存及特往公告四厘,极
度五厘,如有特殊情形,由经副埋随时酌定。活期五厘。

津行　定存三个月者随时酌定;半年者公告随时酌定,极度六厘;一年者公告
八厘,极度八厘半。特定二年者公告八厘半,极度九厘。往存及特往公告三厘,极
度随时酌定。活储五厘。外币活期二厘至六厘,定期四厘至五厘。

平行　定期三个月者随时酌定;半年者公告五厘,极度六厘;一年者公告七厘,
极度八厘。往存三厘。特往四厘。

二、押品种类及折扣案(略)。

三、总分行往来额度案(略)。

四、修改行员存款额度案。先生云:"查本行之员存款原以壹万为限,但事实

上不能不变通者。兹拟加放额度,以符实际。请讨论。"议决:"行员存款额定期以十万为限,随存仍以五千元为限,利率及其等级另以细则定之。各员各存所在行,利率亦各行另定。行员存放款须用行员个人名义,不得用某记、某堂字样。总行信托部行员存款,仍照该部规程办理,不适应本决议案之规定。"

五、储蓄存款运用案。议决:"本行储蓄存款尽量照章运用,至无从运用时,其余款得存本行各营业部或股,酌给利息。"(《浙兴重员会议记录簿》,上档Q268-1-61)

2月9日　主持浙江兴业银行第23次股东定期常会。先有主席报告民国十八年份上下两届营业情形及决算账目。次由监察人报告各账经审核无异。全场起立表决,一致通过。上年主要经济指标如下:

资本总额250万元,股份准备40万元,公积金1 761 254元,定期存款24 201 771元,往来存款15 498 518元,国外同业往来4 286 555元,转放款项1 805 295元,发行兑换券3 964 222元,领用兑换券355万元;定期放款1 385 275元,定期抵押放款21 215 275元,往来抵押透支10 362 036元,存放同业6 050 186元,有价证券7 756 763元,营业用房地产200万元,发行兑换券准备金3 964 222元,领用兑换券准备金355万元,现金2 371 791元;本届总纯益320 605元。(《兴业邮乘》,第20期)

先生继续报告云:"上年股东会议定关于盈余分配议案,因到会股东及股份未达特别定额(即由旧公司条例第一百九十九条),议定十八年份上下两届盈余分配,先照该议案办理,以俟第二次股东会承认。故十八年份上下两届盈余分配表,即照该议案办理。此次除将上年议案依法于一月前连同开会公告分寄各股东外,合再连同分配表次第报告。请股东按上年例以投票式表决,在议决事件栏内书'对成分配案'五字,在议决栏内书一'可'字或一'否'字,并请公推检票股东二人。"当场推定王允中、沈仲芳二位为检票人。"投票结果,一致可决上年股东会议定关于盈余分配案成立议决案;同时十八年上下两届盈余分配表确定。"会议选举新一届董事会董事:叶揆初、徐新六、徐寄庼、张笃生、沈棉庭、沈籁清、陈叔通、史晋生、张澹如、周湘舲、蒋抑卮等11人;监察人:严鸥客、胡经六、陈理卿等3人。会后董事会举行全体会议,选举叶揆初、蒋抑卮、徐寄庼、徐新六、陈叔通为办事董事,叶揆初当选董事会主席。(1930年2月10日浙兴总办通函,上档Q268-1-61)

2月17日　赴上海市银行参加该行开幕礼。各界来宾及银行公会职员千余人到场。徐寄庼代表来宾致颂词。(1930年2月18日《申报》)

2月18日　刘策安致先生等函。云:"顷由马承康兄交来一厂英文附件及译文、副约附件三份。其附件英文本业经斐赍律师修正,照译华文本。副约英文本并无修改,兹将英文附件、华文副约附件三份,寄请詧阅。有无不妥之处,盼由飞邮见示,以便与律师接洽后,即行签订。该件请于本星期寄还为盼。"(原件,上档 Q268-1-401)

2月19日 主持浙兴第 232 次行务会议。讨论事项有:①曹吉如报告本行兑换券在沪宁路一带设代兑处事。云:"前据刘鸿生君函介绍殷实商铺代兑本行钞票,在平时不生问题,如遇紧急时候运输不通,款项接济阻碍,代兑处无款应兑,于本行发行上反受不利之影响。故根本上该处应否设代兑处,须先解决。"先生与蒋抑卮均主张设立。最后"议决先函询刘君所称之殷实商号为何字号及其殷实情形,再行酌定。如设立代兑处,拨存之款以一万元为度。将来如在该路经过之重要地点,亦得设立代兑处,额度亦以一万元为限。"②曹吉如报告总行放款事(略)。(《行务会议记录》第 9 册,上档 Q268-1-171)

2月24日 赴民国路 189 号市银行南市分行,贺该行开幕。各界代表到者600 余人。"闻当日存款者,亦异常踊跃,约收足二百余万元。"(1930 年 2 月 25 日《申报》)

3月1日 赴银行俱乐部参加商务印书馆董事会议,张元济报告与先生访王云五送聘函情形。(《商务印书馆董事会记录簿》)

3月14日 蒋抑卮自汉口致先生与徐新六函,告以 8 日离沪,13 日抵汉。云:"船内水汀太热,左眼急起白翳,今日渐平,写字尚费力也。"又告汉阳本栈同人津贴及中交汉钞售价等事。(原件,《蒋札》)

3月15日 蒋抑卮致先生与徐新六函,通报一厂修订复工合同条款意见事。云:"昨寄一号函,亮到。弟眼肿较昨又稍平。勿念。今日约马克会谈,马克无暇,已约定星期一下午(十七日)往谈。一厂复工合同之副约,其英文原本、华文译本,均经该董会认为无异议,可以照签(其实仍由李鼎安一人播弄其间)。惟与我行有关联者二事,应先为商妥。一、停工以后账目,彼方仍须审查。彼方来函要求及我方复函承认,事前彼此先将草稿看过,认为措词适当,彼此正式换函为凭。一、彼方要求将前由毛树棠订立花行之仓库押款合同及物料透支契约,取销作废。弟意押款余欠,虽载在复工合同,而押款余欠之来历,由该董会来函声明,此项余欠系根据仓库押款合同,及物料透支契约之结数。现在此项结数已载入复工合同,从前所定仓库押款合同,及物料透支契约,应行取销云云。然后由我行复函承认照办,似乎较有依据,请新兄酌核后,即行示复为妥。此项办法系弟一人意见,并未与前途谈过,究属可行与否,或另有妥法,或拒绝取销,请详示。因前途一二日内要有回话也。"(原件,上档 Q268-1-399)

3月17日 蒋抑卮致先生与徐新六函,通报汉口福兴洗染公司押款、一厂仓库押款等事。又云："湖北本行钞票叠与友生商量，仍以照发为是。现在请总司库赶印五十万元。一元钞十万，计十万张；五元钞三十万，计六万张；十元钞十万，计一万张。请寄兄先事筹备为荷。号信即可呈请也。"（原件。《蒋札》）

3月18日　蒋抑卮致先生与徐新六函，通报汉行营业等事。云："汉行今年存款，截至本月十日止，约增五十万元。内定存、特存、特往增二十四五万元，往存银数虽减，而洋数大增。增减相抵，尚增二十五六万元。惟所增户头，机关为多，不能尽量运用耳。现在汉行多单，除总司库存储五十万元外，尚有八九十万元。长此浮搁，耗息不少。而此间春季，又系淡月，兼且外县土匪四起，存货不易运汉。是以生意绝少，银行、钱庄相率减轻利息，以事招徕，近有低至月息七厘半者。我行处此环境，更觉为难。昨与马克会谈后，一厂仓库临时押款，我行得分做一半，约计本月底为止，我行可分做二十五万两（约合洋三十五万元），年息一分，不无小补。所有手续有安利在我行立一安利一厂特户，已与益能接洽妥当矣。"又告茶叶、黄丝、皮油、小麦等，"酌量市况情形，抖揽押款"。又云："时局又有变故，此间人心颇露恐慌。如果襄樊吃紧，外县土匪又乘机四起，则武汉治安亦颇可虑。"（原件，同上引书）

3月19日　蒋抑卮致先生与徐新六函，通报湖北省当局借款事。云："湖北财政厅近又向银行界商借五十万元，以汉口征收局税款作担保。银行界以该征收局税收逐年减少，近因外县土匪四起，税收更短，认为不能作担保，要求以湖北省银行所存关税公债作第二担保。该行以此项公债为发行辅币券之准备金，不便交出，是以商无结果。财厅对此五十万元非借不可，银行界也不敢坚拒。不知将来如何应付也。"又告汉口典当商人来商金饰转押事，并拟具办法数条，请示总办同意①。（原件，同上引书）

3月20日　蒋抑卮致先生与徐新六函，通报一厂交涉及汉地金融行市等事。云："一厂昨开临时委员会，已决定推出徐文耀、杨贞生、杨显卿、胡瑞芝四人，与该董事范（万）泽生、吕超伯面商，约定明日下午去谈（即二十一日）。昨日该董会又有函致汉行，另纸抄奉，亦由文耀等四人一并与该董会交涉。弟意非俟副约签字，或签字时同时涂销不可。物料透支契约，已预备照相影出一分。""揆公十八日来函昨晚收到，曹思渊既不肯来，如余光莹愿意就汉，请催其早来。现在告假回里人员已有六人，而急待告假者，尚有陈道宏之婚假（去期四月三日）、王筱庭之省亲假（前日有电来），日内非起程不可。是以人手益感缺乏，良哉如已回南，亦请代为催促。""汉行多单除一厂仓库临时押款，已销纳二十万元，现有米及油两项大数押款，约有

_____

① 徐新六此处有批示云："六意可做。"——编著者

洋二十万元,正在放低利息抖揽,日内或可定局。大约月息八厘,惟货物请其堆在汉阳本栈,将栈租扯算在内,约可得月息一分也。(汉阳本栈较去年同时间,堆额可多一半,现在已有三万件以上矣。)""今年申钞行市大于现洋,平均约高二厘半至三厘。其原因固由外县多匪,客商不敢办货,现洋不为需要,而进口货多,汇出之款汇水即大(上下于九百八十一两之间),故多放价收买申钞,即以申钞汇往上海,抵付规元。故申钞行市高于现洋。中行及中南行亦因上海洋厘较汉为高,往往收买他行之申钞,直接搬运上海,而以自己行之申钞尽量售出,以便驱逐他行申钞之流通在汉市者。正是五花八门,各显神通。我行之湖北券系在汉兑现,其价适用于汉口之现洋,故能在汉流通,将来土货畅销,现洋仍必高于申钞也。京汉南段车价系有财部通令,表面上收中央钞,而沿路人民对于中央钞不甚信用,故流通之券仍以中、交两行申钞为多。惟人民以中、交申钞购买车票,各站非要贴水不可,小站地点甚有压至九折者,各该站即以中、交申钞运汉,照市价售与中央银行,而售得之二三厘高价,即为各该站好处。一方低价收进,一方高价售出,利益极大,而中、交两行申钞之向在沿路流通者,至此颇受影响矣。"(原件,上档 Q268-1-399)

3月21日 蒋抑卮复先生与徐新六函,通报本行钞票发行事。云:"本行湖北券弟所带来之廿万,已用去十万。照现在汉市情形,此项湖北地名券可以流通,前函请酌加印之五十万,务乞转知总司库,即日赶印,以便趁机使用也。"又云:"财政厅借款五十万,现在可以暂不举行。闻已向上海银行以税收抵借十五万元,今日交款外,尚拟发行金库券一百廿万元,年息七厘,其发行方法尚未公布,闻系于发还逆产时,按成硬派云。"(原件,《蒋札》)

3月22日 蒋抑卮致先生与徐新六函,通报一厂物料清点、赶印湖北券、汉行存款销纳等事。云:"查汉行负债实在科目约有七百万元,以通平八厘计算,须担负支付利息五十六万元。又开销八万元,每年须做到六十四万元之利息收入,方可不亏本。故对于放款生意,不得不尽量抖做也。"又告政府当局旧债清理事,云:"湖北旧债整理,乙、丙两项如于本年六月以前解决,尚有 部分利息可收。现在财部已派员来汉,逐项审查……闻须要酬劳云。乙项旧债各以三三折了结,我行须亏十万元;丙项旧债如按周息七厘付旧欠之息,可多得关税公债二万元。又湖北金融公债押款,如以关税公债廿五万元了结(原欠二十万元八折作押),可多得五万元。计共多得票面七万元,以之弥补十万元,尚不足三万元。然关税公债须照票面十足记账矣,只可俟下届盈余,再行折实。"(原件,同上引书)

3月24日 蒋抑卮致先生与徐新六函,通报湖北券行市。云:"湖北券截至昨日止,仅剩四万。今读券字号信,知总司库积存之湖北券,尚有五元票十五万元,十元票二十万元,请即派人专送为荷。(如一元券日内即可印齐,请一同运来。)查此间四库广告①,已有汉口地名券由本库兑现之声明。以后趋势,恐发行各行将陆续发行湖北券也。……此间中、交汉钞市价,大时到过六折零,今日暗盘仍为每现洋一元,购汉钞一元七角五分。统计今年两个多月,由沪帮来收买者,已有二百万票面光景。此必沪上屯户有可出卖六折以上之把握,故放以六折行市在汉收买。现在汉市所存之中、交汉钞,已不多见,故每日成交之数极微,不过数百元,有时亦有行市无交易。弟意中行对于外面流通之汉钞,必能洞悉其实在之数。如果均在大户手中,中行必迁就了结。汉钞结束后,中行又可在汉大发其湖北券矣。寄兄宅心忠厚,为中行当事人所蒙蔽,所谓及子可欺以其方也。"又告昨巡视各堆栈及一厂查估物料等事。(原件,同上引书)

3 月 25 日　先生为与四合公司商讨出售上海北京路地产事,离沪经青岛赴北平。离沪前致汉口蒋抑卮函。(同年 3 月 27 日、4 月 6 日蒋抑卮致先生与徐新六函)约 4 月上旬返沪。

3 月 26 日　蒋抑卮致先生与徐新六函,通报一厂还款情况。云:"关于我行之押款余欠,先后共还八万二千余两,申汉欠款先后共还七万两。是则复工合同所载明之总债额四百三十四万余两(连整理借款在内),不待盈余之结出,已提前还付十五万二千余两。此项债务即移转于安利仓库押款内……假如到第五年所结盈余数目适可如数还清,则第六年起应交厂方自行经理。"关于花红事,"弟与益能兄一再讨论后,弟主张今年六月底结盈时,假定为四十万两,先提花红十二万八千两,其净盈廿七万二千两,以十五万两……作为先行付还第二债权之一部分;以十二万二千两,再按结剩总债额四百十九万两平均分摊,未知可行否?请与鸥客兄商之。如果可行,再与安利爱诺接洽可也。"(原件,《蒋札》)

3 月 27 日　蒋抑卮致先生与徐新六函,通报一厂结算事。云:"一厂本月盈余约可有六万两。本月底该厂可收纱款期票约有五千余万两。我行附做仓库款,今日为止已有廿万两到月底即可收回矣。"又告"此间各银行因无生意可做,颇有向当商下手之势。……我行转做当商金饰押款,已谈有大纲,总处能否核准?请早示知为荷。""时局紧急,而公债仍有涨无已。或为补空,或为做多,亦请示知为荷。"(原件,同上引书)

3 月 30 日　蒋抑卮致先生与徐新六函,告以建立新栈房计划。云:"慎昌油坊坐落汉阳本栈东首,与本栈毗连,面临襄河,阔十丈,深二十三丈,共有基地二百卅八九方。内有房屋,均已破旧,略加修理,可堆洪油或秀油八千桶,产价连修理,须

---

① 指盐业、中南、金城、大陆四家银行汉口准备库广告。——编著者

用一万五千五百两。堆油八千桶,每月可收费二百四十两,以六个月计,可得一千四百四十两。其余六个月,招堆皮油或厂油等货,亦可收五六百两,共计每年可收堆费二千两。而本栈四、五两号栈房,本为堆油之所,如改堆杂粮,较堆油栈租可每月多收一百二十两。而油栈每年开支,因毗连本栈可以兼管,无容多费。而各油押款生意,每年可统扯做十五万元。将来时局平定,两栈合并,建一新式之大栈,更可多吸收客货。总处如以为然,请速示,以便进行。"(《蒋抑卮先生遗书》,《及之录》(七),《兴业邮乘》复第9号)

4月3日 在北平主持浙兴与四合公司签订北京路地产出让合同①。全文如下:

立合同:四合公司(下称公司)、浙江兴业银行(下称银行)今因公司承购银行所有英册一千四百七十二号,坐落上海县二十五保三图土名包家宅,现系江西路基地四亩式分六厘式毫,即前设客利饭店旧址上连房屋(以下统称房地产),业经双方合意,兹将订定信约条列如下:

一、是项房地产计原有地肆亩式分陆厘式毫,丈出地捌厘捌毫,共计肆亩叁分伍厘。工部局划去五分柒厘壹毫,计实有地叁亩柒分柒厘玖毫。

一、双方订定全部产价上海规元壹百式拾万两正,公司于本合同签订之日,先付银式拾万两于银行,由银行先出式拾万两收条一纸。下余产价壹百万两,俟交产时如数一次付清,届时另由银行出具产价全额之收条一纸,换回先出之式拾万两收条。

一、交产至迟以国历七月三十一日为限。地上房屋现有人租用,银行须先期退租,以空屋点交公司。

一、道契权柄单及工部局划用地皮五分柒厘壹毫之估价单,由银行与(于)交产同时检交与公司。道契权柄单过户费用,公司认付之。

一、本合同一式两份,公司与银行各执一份。

中华民国十九年四月三日签订 (抄件,上档Q268-1-71)

4月6日 蒋抑卮致先生函②,通报汉地银钱业间竞争事。云:"顷奉前月廿六青岛所寄手书,均悉。近日想已安抵北平。……此间金融机关,上海银行竞争固烈,而四明、盐业、省银行、浙江实业亦急起直追,减低利息(有至七厘者),以事招

---

① 抄件并无双方负责人签名盖章,关于此项出售也仅见这一份史料。四合公司原是以浙江兴业银行投资为主的一家公司,浙兴出售上海北京路房地产,其原委不详,是否正式签订,此后产权是否过户,均不甚明了,姑且收录于此备考。——编著者

② 此函为蒋抑卮在汉口任汉行代经理期间收于《蒋抑卮先生手札》最后一封信。此后不久,蒋即返沪。——编著者

徕。源裕钱庄凭藉四明资助之力,遇有申帮花客,揽做押款押汇……尤与我行冲突。平和之慎大、隆茂之存德,今年以来几与我行无所进出。弟屡思与之竞争,而汉行成本既重,款项又不充裕,未敢下手。顷接吉如兄函,总行银底极宽……拟调用沪款,以周息八厘计算,或可放出三五十万两也。"（原件,《蒋札》)

4月19日　赴银行俱乐部出席商务印书馆董事会会议,审核上年度恤酬金、同人疾病扶助金等账目。（《商务印书馆董事会记录簿》)

4月　购入汲古阁旧藏抄本《岁寒堂诗话》一卷。"此书系绍兴古越楼流出。庚午春日购得之。经吴方山、毛子晋、李柯溪收藏者。"（《卷盦藏书记·集部》,稿本)

约5月初　赴天津。（1930年5月4日《卞白眉日记》)

5月4日　在津访卞白眉等。卞记云:"叶揆公来晤谈。""在福德饭店约叶揆公小聚。"（《卞白眉日记》卷二,第104页)

5月5日　卞白眉来访。卞记云:"往裕中饭店,晤叶揆公略谈。"（同上引书)

5月14日　主持浙兴第233次行务会议。讨论事项有:①徐寄顾提议,"以后凡货物、公债、地产等押款,或透支在五万元以下向无特殊情形者,得不提于行务会议,其余照旧。"又提议,"开会规定一定期,拟以两星期开会一次,以每月第二星期、第四星期之星期六下午一时半为开会之期。"议决照办。②曹吉如报告总行放款事。内有寿祥记、庚记、程道明、蒋抑记、恒丰纺织新局、德威洋行、源大洋行、中国运输公司、天章纸厂、锦云丝织厂、穆藕初、大生纱厂、永昌丝厂、乐风丝厂、瑞丰丝厂、复旦绸厂、蒋广昌、陈镜记绸庄、光华火油公司等户。③沈棉庭报告各分行、地产部、分理处放款事。内有津行:永丰洋行、大纶、物华楼等户;汉行:新华堆栈、新大号、大连公司等户。④徐寄顾提议,对地产部应定一方针,以便当局者有所率行。议决"对于目前不生利之地产,除别具生利计划者外,如得价即售,以后进出准此。对于越界筑路之地产,酌量地点、价值均属相宜,可以酌购,但仍依前条议决之标准。"（《行务会议记录》第9册,上档Q268-1-171)

5月17日　赴银行俱乐部出席商务印书馆董事会会议。讨论事项:①民国十八年度股息分派案,每股分派股息九厘二毫,援股息公积办法,从积存公积内提四万元,补足一分。②股东童世亨等提议修改公司章程。讨论后议定:其中最关重要者在提股息常年八厘一条,此事关系公司前途至为重大,必须于股东、同人双方,并顾及于将来久远之利害,审慎研究。议定由张元济、高凤池等与原提议股东代表接洽后再议。（《商务印书馆董事会记录簿》)

5月25日　赴北河南路上海商人团体整理委员会出席商务印书馆民国十八年度股东年会。经理李拔可报告营业情形。会议选举高凤池、王云五、丁榕、李拔可、叶景葵、杨端六、高梦旦、张元济、吴麟书、夏鹏、刘湛恩、鲍庆林、盛同孙等 13 人为新一届董事;黄汉梁、徐寄庼、周辛伯等 3 人为监察人。(《商务印书馆股东会记录簿》)

5月31日 赴银行俱乐部出席商务务印书馆董事会会议。议定西门分店于本年秋季前开幕;又议定由高凤池、张元济、丁榕、王云五、盛同孙组成修改公司章程起草委员会。(《商务印书馆董事会记录簿》)

5月 主持制定《浙江兴业银行特种保管箱事例》。(印本,上档 Q268－1－623)

5月 主持制定《浙江兴业银行会计规程汇编》与《浙江兴业银行发行会计规程》。(印本,上档 Q268－1－32)

6月7日 主持浙兴第 234 次行务会议。讨论事项有:①变更会议日期事。"会议日期原定每月之第二、第四星期之星期六下午一时半,嗣变更为每月第一、第三星期之星期六下午二时。"②曹吉如报告总行放款事。内有新南记、张翰庭、寿祥号、陈永青、C. H. Jreonh、庆成绸庄、恒康号、恒丰纺织新局、中国运输公司等户。③沈棉庭报告汉行及房地产部放款事(略)。④沈棉庭报告本届决算中关于应催理各户办法事(略)。(《行务会议记录》第 10 册,上档 Q268－1－172)

6月 借钞上元宗氏咫园藏《吕氏春秋》,校自藏明万历重刊嘉靖许宗鲁本,并撰题跋两篇。

老友宗耿吾旧藏元至正嘉禾学宫本,卷首有牧翁藏印,并岳西道人题识。(缺字系后人避禁挖去。)原缺第十八卷之十九、二十两叶,系钞补。又续缺第三、第四、第五、第十九、第二十共五卷。庚午五月借瓻对一过,并影钞第七卷及第九卷之第十叶、第十卷之第四第十两叶、第十六卷之第四叶,以补此本之缺。景葵。

又 此与许宗鲁本同时收得,为吾乡吴印臣先生双照楼故物。《仪顾堂续跋》九《子汇》条下,引孙机皋《宗伯集》有《吏部侍郎谥文恪徽庵周公行状》:"公名子义字以方,徽庵其自号也。嘉靖乙丑进士,隆庆六年升国子司业,摄祭酒事。万历六年升北祭酒"云云。余顷见常熟宗氏藏元至正本有华岳西题识云:"万历甲戌仲秋望后徽庵周子义、岳西华复初同观南雍修补此书,曾借数本校之,莫善于此"等语。与此本卷首自徽庵识语,若合符节。然则自傲庵即周文恪已无疑义。甲戌为万历二年,正文恪摄行南雍祭酒时也。庚午五月之钞,叶景葵记。(《书跋》,第 85—86 页)

《吕氏春秋》二十六卷,(秦)濮阳吕不韦撰,(汉)涿郡高诱注,(明)万历七年维扬资政左室刊本,八册,(清)冯一梅校。(《叶目》)

7月5日　主持浙兴第 235 次行务会议。讨论事项有：①曹吉如报告总行放款事。内有盛邦彦、胡恒远、瑞云德记丝织厂、刘鸿生、财政部、恒康号、金式如、和兴煤号、恒丰纺织新局等户。曹就恒丰放款额说明云："适才报告中恒丰一户，数额已钜。自上月以来，未有出货交款。彼以我为后盾，是否能于彼有利，故双方利害均应权衡。应请讨论。又，该户现向日本三井缔约，购买棉纱、纺织机械及针布，价约英金壹万式千八百余镑，拟请我行作保。合并报告。"经讨论，"议决与该户当局商洽后再议。余均无异议。向三井保证一层，俟提交董会追认。①"②曹吉如报告行员以保险证押款事。议决"以后分行行员如须以保险证押款，应商经所在行经理允准，由所在行受押。以后总行行员如须以保险证押款，应商经总经理允准，放得受押。"③议发行库代兑户存折事。曹吉如报告云："自发行公开，所有以前营业部所交发行库领券行之三成公债，已经发还。其应由营业部缴还之三成现款，则由发行库嘱开准备金代兑户存折。顾名思义，则营业部对此款祇能代兑，不能营运。是否？请核示。"先生与徐寄顾均认为，"是项代兑户存款，不必存储现金，由营业部酌量如数营运。"④沈棉庭报告汉行及总行两分理处放款事（略）。（《行务会议记录》第 10 册，上档 Q268 - 1 - 172）

7月17日　下午五时赴市商会议事厅，参加上海各界筹备赈济灾民、慰劳前方将士筹备会发起人大会。会议通过筹备会简章、筹备会缘起。由发起人联名签署《上海各界赈济战地灾民、慰劳前方将士筹备会缘起》云：

> 敬启者，天灾流行，民生憔悴，哀我孑遗，惨罹浩劫。米珠薪桂，既水旱之频年；弹雨枪林，复疮痍之遍地。田庐荡析，啼饥号寒，家室流亡，生离死别。少壮散为盗匪，勿宁厥居；老弱填诸沟壑，更无人问。可怜黄土化作青燐，同是苍生，谁甘白刃？矧乃荷戈壮士、执殳健儿，暴骨沙场，委身锋镝，为民请命，视死如归，报国捐躯，当仁不让。洞胸断胆，触目惊心。同人等栖息沪滨，怆怀战地恫瘝在抱，痛痒相关，披郑侠流民之图，悲悯何已。读杜甫从军之什，寝馈弗遑。爰是发起赈济战地灾民、慰劳前方将士大会，冀宏胞与之量，共推饥溺之忱；思捍卫之勤，藉表犒劳之雅。所望各界宏达，一致参加，慨解仁囊，广输义粟。福田所植，善果斯培，嘉惠无穷，报施不爽。庶几天心悔祸，早致升平。劫运长销，共登康乐。人之欲善，谁不如我？世多长者，盍兴乎来？（名单略）

（1930 年 7 月 18 日《申报》）

8月17日　赴银行俱乐部出席商务印书馆董事会会议。讨论购买香港铜锣

---

① 至 1930 年 9 月止，恒丰厂向浙兴用厂基为抵押押款达 180 万两。——编著者

湾地产案;讨论印刷所工会要求加薪案,经仲裁委员会裁决普加二元五角,议决照办。(《商务印书馆董事会记录簿》)

9月12日 赴银行俱乐部出席商务印书馆董事会会议。张元济报告王云五出洋考察已于本月9日归国抵沪,请王将本公司改革计划大纲简略说明。王云五提出科学管理方法计划。经讨论,董事会决定予以接受,并请王拟具改良总务处组织草案。(《商务印书馆董事会记录簿》)

同日 应张元济之邀为江西庐山牯岭中华普仁医院筹建事捐款50元。(见1930年9月12日张元济致邓青山书,《张元济全集》第1卷,第293页)张元济1930年9月18日在邓青山来信上批注:"商务馆收据、叶葵初收据均于19/9/23用馆回单簿送。"(同上引书,第10卷,第384页)

9月20日 主持浙兴第237次行务会议。讨论事项有:①曹吉如报告总行放款事。内有恒丰纺织新局、同益公司、韩玉麟、恒康号、麦粉公会等户。②徐新六报告与恒丰新局商议放款限额事。经讨论,"议决先婉拒加放,至不得已时酌量通融。余照办。"(《行务会议记录》第10册,上档Q268-1-172)

9月27日 赴银行俱乐部出席商务印书馆董事会会议。讨论事项:①太原分馆购地产案。②王云五提出修订总务处试行章程案,逐条讨论通过。(《商务印书馆董事会记录簿》)

10月18日 主持浙兴第238次行务会议。讨论事项有:①曹吉如报告总行放款事。内有蒋根声、罗雁峰、庆成绸庄、敦余庄、恒丰纺织新局厂基押款户、华丰搪瓷公司、寿祥证券号、慎成祥纸号、中国科学公司等户。②曹吉如报告中国运输公司购车及国华银行保管事(略)。③曹吉如提议检查原存押户处所之押品事(略)。④沈棉庭报告各分行、各分理处放款事(略)。(《行务会议记录》第10册,上档Q268-1-172)

11月1日 主持浙兴第239次行务会议。讨论事项有:①曹吉如报告总行放款事。内有美商制粉实业会社、阜丰面粉公司、恒丰纺织新局等户。②张愚诚报告汉行白苎麻押款事(略)。(同上引档)

11月24日 主持浙兴董事会会议。议定"汉行现任副经理刘策安升任经理,现任襄理罗友生升任副经理","办事董事蒋抑卮君免予兼领汉行经理职务"。(1930年12月25日浙兴总行通函,上档Q268-1-61)

11月29日 就浙路未了债款事呈铁道部文,敦请迅饬沪杭甬路局尽先在余利项下拨还股债。文云:

　　谨略者。敝处于十八年六月二十六日呈请大部拨还浙路商股公债洋一百十七万二千元一案,奉一六三号批示,内开"该项短欠股债各款,应俟沪杭甬铁路将民国十年内国银行团垫付购车债款偿还清楚后,再尽先在该路余利项下陆续筹还。除令饬该路局遵照外,仰即知照"等因。现查内国银行团垫付购车债款,前经另订整理办法,沪杭甬局已无须照案拨付。所有敝处应领浙路商股公债一百十七万二千元,务请大部俯念商力艰难,迅饬沪杭甬路局遵照前批,尽先在余利项下拨还,无任衔感待命之至。此呈

铁道部部长孙

浙路股款清算处主任叶景葵　十九年十一月二十九日
（《浙路股款清算始末》,《杂著》,第320—321页）

12月6日　主持浙兴第240次行务会议。讨论事项有:①曹吉如报告总行放款事。内有美商制粉事业会社、阜丰面粉公司、恒丰纺织新局、寿祥号、财政部等户。②沈棉庭报告决算前厘定账面事。内有豫丰纱厂元40万两1930年9月1日到期,"穆藕初　元壹万两,十九年十一月一日到期,郑州豫丰纱厂存单式万两作押",议决"函催"。③沈棉庭报告各分支行押款事(略)。（《行务会议记录》第10册,上档Q268-1-172）

12月15日　浙江兴业银行上海霞飞路支行开业。地址上海霞飞路亚尔培路西首。1946年7月5日改林森中路支行,迁入林森中路1060号新屋。（浙兴机构成立记录卡,上档Q268-1-24）

12月20日　主持浙兴第241次行务会议。讨论事项有:①曹吉如报告总行放款事(略)。②徐新六报告恒丰放款事。云:"恒丰纺织新局户厂基押款壹百八拾万两,前经通过,已早订约实行。兹据商恳加押银七拾万两,息率及付息期限、担保品均各原约,声明在担保品上受同等权利。惟原约订期五年,加押款则订一年,又该户并另以英册三六三九及八二七八道契地连上盖房屋,又加湖南圩田,订作押款元十万两,期一年,均已允做。又为该户向美安洋行保证,自本年十二月至明年五月,计六个月,付银式万两,共计拾式万两。"经讨论,"均无异议"。③沈棉庭报告房地产部购入法租界霞飞路善钟路转角地产事(略)。（《行务会议记录》第10册,上档Q268-1-172）

12月24日　主持浙兴董事会会议,修正通过《行员俸给规程》20条。（副本,上档Q268-1-61）

12月27日　朱益能致先生函,商请任命一厂出纳人员。云:"一厂出纳一席,尊意拟就汉行行员中选派,与策安、友生两兄会商,均以汉人手不敷,难以调派。嗣蒙亮察改派汪偶唐君,事固甚好,但益稍有愚见条陈,以备采纳。兹查有统计科科员谢叔韬君,系总行文书部谢伯衡君乃弟,向在一厂总账房服务。一厂停工时,渠对于我行颇有帮忙之处。嗣于复工时,由汉行保荐至会计处办事。人极老成可

靠。上年屠兆莲兄回里时,由渠代理,颇称职守。其保人系宋经理熟人,并为渠所认可者。益意行中派人既有为难,可否即以谢君升任? 前宋经理亦有以科员中拔升,以示鼓励之意。此间出纳范围虽小,事甚复杂,且与营业科交接,尤多为对外关系,是以谢君为宜。未知尊意以为如何? 否则如对于谢君有不便之处,可否请在翁希古及孔宝康两君中指派一人? 另由总行派人至汉行替代,俾使汉行无为难之处。以上各情是否有当,仍乞卓裁。"先生在信上批复云:"谢叔韬君曩在毛树棠君处任事,对于一厂纷扰时兼顾债方颇多赞画。且从前代出纳,亦能尽职,以之升补兆莲遗缺,实属允当,希即照办。""代复。"(原件,上档 Q268-1-399)

是年冬 白辅唐自家乡来信,报告郑州大昌树艺公司近况,要求重返郑州。先生后记云:"至十九年冬,白君又来函报告云:'所留三佃死其一;破车尚在;牛为军队牵去;有一佃因欠草不交,为军队殴伤;有一佃因军队索车,连人带车,躲入地窖,卒未将车失去。'意欲入关赴郑,一加慰问;问余允否。余感白君之恋恋有情,无词以却之。三佃户死守此土,弃而不顾,似非人道。闻郑县兵匪之患,已稍减轻;白君又在家无事,姑且允之。"(《记郑州大昌树艺公司》,《杂著》,第 250 页)

是年 撰《哭金仍珠》七律二首。诗云:

平生益友惟君最,又到吞声死别时。

病里笑谈仍隔阂,梦中魂气忽迷离。

已无笔势铭贞曜,只有琴心殉子期。

一恸倪随冥契逝,神州残命况如丝。

卅年形影相追逐,君病而今四载强。

平旦东方神已散,浮云游子意何长。

焚琴燕寝花无主,侍婢阿翠他适。啜茗公园树久荒。余至京,每日在公园老树下茗话。

遗著未编遗嘱在,含悲郑重付诸郎。(同上引书,第 367 页)

是年 撰《挽程都督雪楼》联。

甚知丈人真,甚愧丈人厚;

公来雪山重,公去云山轻。(同上引书,第 406 页)

1931 年(民国二十年 辛未) 58 岁

3 月 国民政府颁布《银行法》。

5 月 宁粤分裂。广州成立国民政府。

8 月 长江下游发生特大水灾,灾民达一亿。国民政府颁布《银行兑换券发行税法》与《银行业收益税法》。

9 月 "九一八"事变发生。日本帝国主义侵占东三省。

10 月 蒋汪宁粤和谈在上海举行。

是年 新华商业、中国农工二银行总行由北平迁至上海。

1 月 7 日 签署浙兴总办通函,通告各分支行"总行调查委员会现改为调查处,设主任一人,派方培寿君充任"。(副本,上档 Q268-1-62)

1 月 12 日 浙兴公布发行准备金第七次检查报告。云:"浙江兴业银行发行,素与营业方面完全割分,准备十足。本月七日,经会计师严鸥客检查,计现金准备在六成以上,保证准备在四成以下。所有数目如次:本行发行数,共计三百八十三万九千零五十七元五角,准备金计现金二百四十七万九千五百五十七元五角,保证金一百三十五万九千五百元。同行领用数,共计三百四十六万元,准备金计现金二百零八万一千元,保证金一百三十七万二千元。"(《浙江兴业银行检查报告第七次》,1931 年 1 月 12 日《申报》)

1 月 17 日 主持浙兴第 242 次行务会议。讨论事项有:①曹吉如报告总行放款事。内有中兴煤矿公司、同益公司、厚生钱庄、穆藕初、恒源证券号、振华纱厂等户。②沈棉庭报告汉阳汉协盛户押款事。"议决先函汉行,须有我行派人管理该户所押财产,并代为管理其全部出入。该项办法由汉行现行拟具。"(《行务会议记录》第 10 册,上档 Q268-1-172)

1 月 26 日 主持浙兴董事会会议,修改《浙江兴业银行总规程》。通过增设第四十三条"调查部"一条:

调查部执掌如下,其办事细则另订之。

(一)金融贸易运输状况之调查。(二)工商各业状况之调查。(三)工商界信用之调查。(四)国内外经济大势之研究及商业之循环。(五)主要商品之研究。(六)上海地价之研究。(七)各项公债公司债之研究。(八)各公司负债表之分析。(九)国外汇兑趋势之研究。(十)工业发达趋势之研究(关税、劳工附)。(十一)本行业务发展方法之研究。(十二)本行宣传之方案与实施。

会议还讨论通过《行员俸给规程》《发行规程》等修改方案。(1931年1月27日浙兴总办通函,上档 Q268-1-62)

1月 主持编印《浙江兴业银行会计规程汇编》与《浙江兴业银行房地产信托部规程》。(印本,上档 Q268-1-32)

1月 为陈清华(澄中)撰《题荀斋校书图》七律①。诗云:

宋存恬裕俱亡箧,德化江安孰与齐。

突兀异军新崛起,百年风会到浯溪。

松陵文献厄难存,有用书斋祕册繁。

颔下骊珠随手得,何须百宋与千元。

(《杂著》,第369页)

2月14日 赴中国公学校董会。由教育部派接管委员顾树森等召集谈话会,报告接管经过,并与各校董商议善后问题。"旋由各董事正式开董事会。由董事长蔡元培主席。通过各案:(一)接受于右任校长辞职书;(二)选举邵力子为校长……并定最近期内开校董会,商议一切善后问题。"(1931年2月15日《申报》)

2月16日 庚午除夕。得独山莫氏铜井山房旧藏明翻宋本《新刊黄帝内经灵枢》二十四卷并题记云:"邵亭云,明有仿宋刻本,亦二十四卷。所见即此本也。去秋在沪见居敬堂本,以价昂未得。今得此本,可与顾刻《素问》并重。盖版式、字体大致相同也。"(《卷盦藏书记·子部》,稿本)

2月19日 下午,赴中国公学参加校董会。会议议定"于二十日下午由校长召集谈话会,决议二十二日正式接收,指定秘书长、教务长、训育主任及文、法、商三科长,组织学生登记委员会。定于二十三日开始登记,三月二日(星期一)正式开学。至教育部派接管委员办公处亦于二十二日办理移交。"(1931年2月20日、3月10日《申报》)

2月21日 主持浙兴董事会议,讨论翌日股东常会提案等事。关于增加股份议案,股东认股踊跃,"金以照此情形,原定十万元必不敷分配,而股东认股又未可拒绝,爰议决改定增股额为一百十万元,足成股本总额四百万元"。(浙兴第24次股东定期会议情形报告,抄件,上档 Q268-1-62)

---

① 原诗无日期。张元济有《题陈澄中荀斋图》诗,撰于1931年1月25日,据此推断先生此诗可能撰于同时。——编著者

2月22日　主持浙兴第 24 次股东常会,并向大会报告 1930 年度上下两届营业情形。主要经济指标如下:

资本总额 250 万元,股份准备 40 万元,公积金 1 904 028 元,定期存款 31 032 806 元,往来存款 22 038 337 元,国外同业往来 751 859 元,储蓄部往来 1 907 331 元,发行兑换券 7 299 057 元,领用兑换券 355 万元;定期放款 1 810 759 元,定期抵押放款 23 336 968 元,往来透支 218 489 元,往来抵押透支 3 796 058 元,存放同业 11 157 553 元,有价证券 13 330 916 元,房地产信托部房地产 3 061 930 元,营业用房地产 200 万元,发行兑换券准备金 7 299 057 元,领用兑换券准备金 355 万元,期票 1 749 066 元,现金 4 680 963 元;本届总纯益 356 696 元。(《兴业邮乘》,第 26 期)

全场股东一致起立表决通过"承认十九年份上下两届决算及各届分配表"。会议改选陈理卿、严鸥客、胡经六三人为新一届监察人。"主席报告:现在照议程第一、第二,已依本行章程第二十三条之法定股份数,分别议决通过或改选。兹请开始议程第三项讨论提案。照本行章程增加股份,须遵照公司条例第一百九十九条办理。该条规定到会股东及股份均有定额,本日到会股份虽已足该条规半数之额,而股东人数则不足,应请各股东按照该条第三项,就提案讨论议定草案,以待第二次股东会之承认。惟讨论之前有须声明者,即提案内增股数额,原定十万元,自提案分送各股东后,股东中已有来函预请认股者,其数已逾十万元。昨经董事会开会讨论,金以照此情形,原定十万元必不敷分配,而股东认股又未可拒绝,爰议决改定增股额为一百十万元,足成股本总额四百万元。请到场各股东就提案及改定增股额讨论。经股东讨论毕,关于股份准备改作正式股份,用起立法表决,凡赞成者起立,全场股东一致起立赞成。关于改定增股额为一百一十万元,用投票法表决。检票股东如前。计可决票六千八百十二权(书否字票一百六十七权)。经到场各股东议决权过半数以上,议定本行股份准备改为正式股份,另增一万一千股,每股一百元,计一百一十万元,足成股本总额四百万元。议毕。主席又报告股额议定,则行章第七条股本总额应即照改。"会议又决定 3 月 29 日召集第二次股东会。(《浙兴第 24 次股东定期会议情形报告》,抄件,上档 Q268-1-62)

2月23日　署名"本行小股东"者致先生函,对股东会通过改定增股额提出异议。云:"去岁本行董事会议议决,将准备股改作正式股及增加股份拾万元。此议小股东等极端赞成。顷闻昨日股东会议,董事会又将原议更改,拟增加一百万元。此议在扩充资本及大股东方面,当然赞成居多。惟本行公积已达二百万元之钜,在小股东方面对此不无怀疑,以为大股东及董事等居心不良,欲以大虫食小虫的手段用诸于此。但对于此论,我不敢信而有之。惟久居董长,务望对于增此巨额,股东未有讨论妥善时,幸勿草率从事,致招物议。再者,如股友确系踊跃认股,究竟认了

多少？或以一部分公积摊认，或不一定增加一百万元，以减小股东方面无力加股者之多话也。"（原件，上档 Q268-1-80）

2 月　"庚辛之交，蓼绥阁遗书散出"，先生购得若干种，并为其中《古文尚书》题识。云："此即《日本访书志》所载，上虞罗氏惜为人藏俱亡者，今得此覆写本，藉以见古文真面，不胜欣喜。辛未正月，景葵书。"（《书跋》，第 4 页）

《古文尚书》十三卷，（汉）孔安国传，清光绪中杨氏邻苏园据日本古钞本钞（卷三至卷六补钞），六册，民国杨守敬跋。（《叶目》）

3 月 1 日　主持浙兴重员会议。出席者有蒋抑卮、徐寄庼、陈叔通、严鸥客、胡经六、徐新六、曹吉如、沈棉庭、史稻村、萧玉麟、楼耿如、朱振之、陈元嵩、黄延芳、孙人镜、徐曙岑、刘策安、竹尧生、张扦民等。讨论事项有：①各种存款利率案（略）。②押品种类及折扣案（略）。③总分行往来额度案（略）。④房地产押款应否限制案。议决"除自用房地产及总行暨房地产部外，其余各行，如无关于商业往来、纯粹以房地产作押者，概不受押，但为整理旧债不在此限。总行得在公共租界及法租界内房地产，酌量受押；其在越界筑路部分，随时酌办"。⑤注意棉花产销区域积极进展花纱放款案（略）。⑥应如何节省手续便利顾客请各行意见案（略）。⑦应如何吸收活期存款以谋减轻成本请各行意见案（略）。⑧推广办理储蓄存款地点案（略）。⑨应如何联合办理经济调查与信用调查案。议决"关于经济调查，注意各行所在地之物产及商品上各种情形；信用调查，各行相互间设法密查，则注重商业主体人之品行、交往及营业种类，由调查处分别拟具表式，与各分行斟酌办理"。（《浙兴重员会议记录簿》，上档 Q268-1-62）

3 月 4 日　浙兴再次公布发行第 9 次准备检查报告。云："浙江兴业银行发行第九次检查报告云：浙江兴业银行发行，素与营业方面完全划分，准备十足。本月三日，经会计师严鸥客检查，计现金准备在六成以上，保证准备在四成以下。所有数额如此（略）。"（《浙江兴业银行检查报告第九次》，1931 年 3 月 4 日《申报》）

3 月 7 日　主持浙兴第 243 次行务会议。讨论事项有：①曹吉如报告总行拟放信用透支各户事。内有振华纱厂、大丰纱厂、永安纱厂、大有余油厂、大纶绸庄、老久和绸庄、涌记柴号等户。"众无异议"。②曹吉如报告总行及西区分理处押放各户事。包括胡恒远、朱田和、恒康证券号、阜丰面粉公司、广裕茶庄、正金银号、张澹如、大来丝茧号等户。"众无异议"。③沈棉庭报告汉行、津行往来透支各户事（略）。（《行务会议记录》第 10 册，上档 Q268-1-172）

3 月 29 日　主持浙兴为增股第二次股东常会。本日到会股份为 12 068 股。"董事长叶揆初君就席报告本日开第二次股东会。因本行行章关于增加股本，应遵照公司条例第一百九十九条办理。该条第二款规定股份数与人数均有定额。上次股东会到会股份虽已足额,而股东人数不足。故关于加股案,只能照该条第三项议定草案,以待第二次股东会决定。该项草案已于一月前分送各股东,想早察洽。至第二次股东会,则同项规定以到场股东之议决权过半数,决定草案之承认与否。兹请各股东就草案讨论。讨论结果决定,以投票法表决。公推股东蒋根声、金宗诚君为检票员。议决票内'议决事项'一栏载明:(一)股份准备四十万元改为正式股份;(二)另设一万一千股,计一百一十万元;(三)改办事董事为常务董事。'议决栏'内则由股东写可或否字样。"投票完毕,宣布检票结果,可字票7 143权,否字票无,通过上述提案。(《浙江兴业银行为增加股本第二次股东会会议概要》,抄件,上档Q268-1-62)

4月2日 签署浙兴总办通函,通报各分支行"兹聘请杨君石湖先生为本行特聘员,兼筹备南京分行事宜。杨君业于本日到行"。本年6月9日通函又正式任命杨石湖为浙兴宁行经理。(副本,同上引档)

4月3日 赴银行俱乐部出席商务印书馆董事会会议。张元济报告广州分馆房屋建筑案、华东机器制造厂收束情形、十九年份酬恤金及同人疾病扶助金支出账目。会议讨论修改公司章程起草委员会来函并修改公司章程草案。未完。(《商务印书馆董事会记录簿》)

4月20日 赴银行俱乐部出席商务印书馆董事会会议,续议修改公司章程草案。(同上引书)

4月 主持编印《浙江兴业银行行员试用员学生服务待遇各种规程汇纂》。内包括《行员服务规程》《行员俸给规程》《行员旅费规程》《行员存款规程》《行员保证规程》《试用员待遇规程》《学生服务待遇规程》等。(印件,上档Q268-1-32)

4月 中兴煤矿公司第20次股东会改选叶揆初、黎重光、庄仁松、罗义生、周星棠、张仲平、钱云、朱桂辛、张叔诚、周作民、张汉卿、苏汰余为董事;朱桂辛为会长;叶揆初、罗义生为常务董事;钱新之为总经理。(《中兴煤矿公司史钞》稿本)

5月16日 主持浙兴第244次行务会议。讨论事项有:①曹吉报告总行放款事。内有润昌裕、上海通一银行、张澹如、张芹伯、协安公记丝厂、天源电化工厂、阜丰面粉公司、复旦丝厂、金有成、华丰搪瓷公司、刘鸿生、中兴煤矿公司、裕丰铁号、裕泰烟店、信孚地产公司等户。"财政部:四月八日新放洋四十万元,三个月,月息一分二厘,关税库八十万元(押品)。""恒丰纱厂:透支户额元拾万两,(押品)♯8 814、8 514英册道契计二纸,计辽阳路地六亩六分七厘四毫,连同该地上房屋;湖南元江县民田,计溏田二万壹千零七十二亩六厘八分一毫六丝;湖南南县民田,计溏田壹万壹千四百二十四亩三分九厘一毫二丝。计民田照三十四纸,为附产名执照号田亩号数,清单二纸,作为本合同附件。""报告毕,众无异议。"②沈棉庭报

告各分行放款事(略)。(《行务会议记录》第 10 册,上档 Q268-1-172)

5 月 19 日　签署浙兴总办通函,通报总行设立北苏州路支行及分理处改称支行事。云:"总行于北苏州路新建货栈,不日落成。现议定附设北苏州路支行。设经理一人,会计主任一人。原设货栈主任、副主任缺,应即裁撤。原任货栈副主任兼会计员林曼卿君升任货栈经理,兼任北苏州路支行经理。又总行现设西区、虹口、霞飞路分理处,应即改为支行,原任分理处主任已分别改任为支行经理。上述各节,除函总行照办外,特此奉洽。"(副本,上档 Q268-1-62)

5 月 20 日　赴银行俱乐部出席商务印书馆董事会会议。审定民国十九年度结算,分派股息每股九厘一毫,提取公积 45 000 元,补足一分。(《商务印书馆董事会记录簿》)

5 月 24 日　赴上海市商会议事厅出席商务印书馆股东常会。高凤池为主席。董事会报告民国十九年度营业情况,监察人周辛伯报告核查账目情形。会议通过盈余利息分派案,并讨论修改公司章程草案,因事关重大,议定俟开临时股东会再议。会议选举新一届董事会董事夏鹏、高凤池、丁榕、鲍庆林、黄汉梁、李拔可、王云五、刘湛恩、郭秉文、叶景葵、张元济、高梦旦、鲍庆甲等 13 入;监察人周辛伯、金伯平、徐寄庼等 3 人。(1931 年 5 月 25 日《申报》;《商务印书馆股东会记录簿》)

5 月 27 日　赴银行俱乐部参加商务印书馆董事事会会议。众董事推举张元济为主席。会议讨论换填新股票案;修改公司章程草案第十七条条文等。(《商务印书馆董事会记录簿》)

6 月 13 日　赴银行俱乐部出席商务印书馆董事会会议。讨论事项:①拟领购上海市中心区基地案。议决由总务处酌办,以四亩为度。②分派当局花红案。张元济报告十九年度当局花红应得 14 343 元,与丁榕、高梦旦商酌后拟具分派数目,敬请公决。"众讨论通过。"(同上引书)

6 月 23 日　签署浙兴总办通函,通报行员认股书改填事宜。云:"本行此次增股,除以原存股份准备四十万元升作正式股份外,另设股额一百一十万元。五月底缴款期前已逾定额,而于五月以后陆续请求缴股者,复不一而足,以致溢出原额洋十数万元。股东、非股东缴股踊跃,势难坚拒。而增股定额系由股东会决议,又未便再增,只可就本行行员保险金项下认股总平均让出,以使请求缴股者无向隅之憾。兹重制行员保险金认股表一份送上,请察收。其与原发之表不同之点,即(一)按照表内合计数四分之一付现款;(二)下余四分之三满百元者填给股票,不满百元之尾数亦付现款,请台洽。该表既已重制,则行员原填之认股数,亦有异动。兹连同原认股书发奉(原编号数请勿改动),请嘱各员照表内应填股票数,分别改填认股数。其因此而股票张数、股数亦有异动者,亦请其酌量改填,仍汇齐缴下为荷。"(副

本，上档 Q268-1-62)

6月28日　参加商务印书馆股东临时会。前一日，修改公司章程起草委员会就修改公司章程草案中最关重要各条，函致各股东，说明修改理由。会上，"经各股东逐条讨论，分别表决，多数通过"。(童世亨《企业回忆录》，第 137 页)

6月30日　赴银行俱乐部出席商务印书馆董事会会议。王云五报告工会去年 11 月提出改良待遇条件，经与工会谈判 23 次，业已解决，达成协议，现提请董事会审察。(《商务印书馆董事会记录簿》)

7月3日　浙兴上海北苏州路支行开业。地点：北苏州路新垃圾桥东首。(浙兴机构成立记录卡，上档 Q268-1-24)

7月4日　主持浙兴第 245 次行务会议。曹吉如报告总行放款事。内有大中华火柴公司、源盛丝号、华茂绸厂、鼎丰丝号、天章丝织厂、大有恒烟叶号、文翔驼绒织造厂等户。"报告毕，众无异议。"(《行务会议记录》第 10 册，上档 Q268-1-172)

同日　主持浙兴董事会会议。"议决现任总行营业部副经理曹吉如君升任总行经理；原任会计部长沈棉庭君改任稽核兼业务部部长。所有原来稽核股事宜归稽核直辖。"会议又议决修改总行编制图如下：

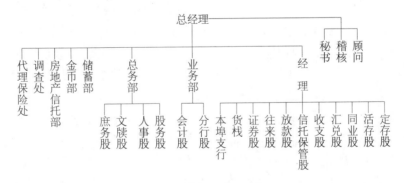

(1931 年 7 月 6 日浙兴总办通函，上档 Q268-1-62)

8月5日　浙兴公布第 14 次兑换准备金检查报告，现金准备仍在六成以上。(《浙江兴业银行检查报告第十四次》，同日《申报》)

8月16日　浙兴天津河坝分理处开业。地点：天津河坝英租界一号路二号路转角。(浙兴机构成立记录卡，上档 Q268-1-24)

8月20日　赴银行俱乐部出席商务印书馆董事会会议。议定领购市中心区三民路地基一田，每亩银币 2500 元。又讨论香港分厂承印钞票案，广市银一号票印制予以追认，以后总、分厂是否可以承印钞票，由总务处拟具办法再议。(《商务

印书馆董事会记录簿》）

同日 浙兴南京分行开业。地址在南京城内白下路升平桥。（浙兴机构成立记录卡,上档 Q268 - 1 - 24）

8月 主持修订《上海浙江兴业银行商业存款章程》。（印件,上档 Q268 - 1 - 623）

9月11日 上海市银行公会就国民政府颁布《银行兑换券发行税法》与《银行业收益税法》事呈财政部文,要求暂缓实行,以恤商艰。关于收益税法,银行公会的要求是:①洋商与华商银行应同时征税,而其税率华商须较洋商为轻;②中央及地方政府旧欠银行债务应同时加以整理;③应请援照营业税条例,以千分为单位;④银行总决算为一年一度,征税亦应改以年计;⑤纯收益额应以各该银行营业报告为准;⑥税法第7条漏税处罚一项,应明白规定,如银行决算时提存公积金减轻证券市价会审定时,是否亦认为违法而予以惩罚。关于银行兑换券发行税,银行公会的意见是:①发行亦银行业务之一,其利益包括于收益之内,既课收益税,复课发行税,实有复税之嫌,且与营业税法所载于正税之外不得有附加税似有抵触。②发行税有流动性,课税殊无标准,似应设有限制。例如,发行超过法律规定之某种限度时,就其超过之部分课税,或遇现金准备跌落至百分之四十以下时,就其不足之数课税。③保证准备大都以中央债券充之,一经征税,发行额势必低落,债券因之呆滞,影响颇巨。④洋商银行如不征税,外钞将重行充斥市面,侵损主权,动摇金融。⑤制造兑换券费用日巨,而现金准备常在六成以上,利息极薄,今复课以重税,各行势必提高放款利率,以图补救,设工商业不能得到低利资金,殊阻碍国家经济之发达。结论为:"对于收益税原则上尚有可勉力承认之处,惟条例方面应请转呈行政院俯赐修正。至发行税,实有复税之嫌,且恐因此减少社会资金供给,阻碍实业前途之发达,……窃为政府自北伐告成以来,数年间征讨频繁,各种商业,间接直接,莫不萧条万状。即银行亦何独不然!今幸政局渐定,郅治可期,是正与民以休养生息之计,培其元气,犹虞不及。若复在此青黄不接之际,遂课以重税,竭泽而渔,其何能堪!在国家计政上不过土壤细流之助,而银行业如蚊负山,将永无进展之望,而坐令洋商银行乘时而入,得遂其侵略之阴谋。为丛驱雀,言之痛心。总之,人民对政府有纳税之义务,银行亦属百业之一,自当与百业同其甘苦,否则如有畸重畸轻之处,固为银行业所不敢承度,亦非出于政府体恤商艰之本心。"[①]（副本,上档 S173 - 1 - 54）

[①] 由于"九一八"事变爆发与上海金融局势突变,南京政府对上海银行公会的申诉一直未作答复,两种新税也未正式课征。直到1932年8月才重提征收银行发行税。参见1932年8月17日条。——编著者

9月19日 主持浙兴第 246 次行务会议。讨论事项有:①曹吉如报告总行放款事。内有乐记、中南烟草公司、张仲恺、恒康号、陈公亮、瑞康银公司、同丰永金号、和兴煤号、时事新报馆、上海通一银行、协兴祥丝号、绪兴丝号、振丰丝厂、永昌丝厂、上海筹募江西急赈会、天章纸厂、江苏省财政建设厅、恒丰纺织新局等户。又有"财政部:八月五日新放洋四拾万元,盐税库券捌拾万元(抵押),六个月,月息一分。""报告毕,众无异议。"②沈棉庭报告分行放款事。内有津行河北分理处放款:成顺兴煤栈、德丰棉纱号、庆生洋布号、通顺兴记棉纱号等户。"众无异议。"(《行务会议记录》第 10 册,上档 Q268-1-172)

9月 购藏瑞安黄氏蓼绥阁藏书数种,并撰《瑞安黄氏蓼绥阁藏书目录》跋。云:"此瑞安黄漱兰先生及其喆嗣仲弢先后藏书。两公物故,逐渐星散。辛未秋以其残余数箱求售,余选购数种,以小圈为记。余所未选者流入书肆,目中所称宋刊如《陆士龙集》《白虎通》等,皆非上驷,其余未见者多,闻寄存杭州时,已为他人斥卖多种。景葵识。"(《书跋》,第 60 页)

《瑞安黄氏蓼绥阁藏书目录》一卷,《旧本书目》一卷,《补遗》一卷,(清)瑞安黄绍箕(仲弢)撰,钞本,一册。(《叶目》)

10月1日 上海市银行公会完成改组,正式成立上海市银行业同业公会。由 24 家会员行代表 64 人选出执行委员会,浙江兴业银行徐寄庼、徐新六入选。执委会委员 15 人,依得票多少分别为李馥荪(浙江实业银行)、贝淞荪(中国银行)、徐寄庼(浙江兴业银行)、杨敦甫(上海银行)、胡孟嘉(交通银行)、陈蔗青(盐业银行)、吴蕴斋(金城银行)、唐寿民(国华银行)、叶扶霄(大陆银行)、徐新六(浙江兴业银行)、王志莘(新华银行)、孙景西(中孚银行)、胡笔江(中南银行)、经润石(中国银行)、王心贯(中国通商银行);候补执行委员 7 人为:吴蔚如(东莱银行)、徐宝祺(永亨银行)、王伯元(中国垦业银行)、金侣琴(交通银行)、庄得之(上海商业储蓄银行)、秦润卿(中国垦业银行)。其中李馥荪、胡孟嘉、吴蕴斋、徐寄庼、贝淞荪 5 人为常务委员,李馥荪为常务委员会主席,另聘林康侯为秘书长。(上海市银行业同业公会登记表,上档 S173-1-64)

10月3日 赴银行俱乐部出席商务印书馆董事会会议,讨论装置防火设备案。(《商务印书馆董事会记录簿》)

10月12日 浙兴公布第 16 次兑换准备金检查报告,重申现金准备仍在六成以上。(《浙江兴业银行发布第十六次检查报告》,同日《申报》)

11月5日 主持浙兴第 247 次行务会议。讨论事项有:①曹吉如报告总行放款事。包括中和烟公司、吴润记、向侠民、陈叔通、孙瑞甫、徐寄记、蒋抑卮、鼎丰丝号、阜丰面粉公司等户。"报告毕,众无异议。"②沈棉庭报告津行请示盐票借款事及武昌一厂存(款)死事(略)。③沈棉庭报告豫丰纱厂押品事。"豫丰押品在以前应有以物品暂时抵用,但皆短时期,即掉(调)入花纱。现在则云未掉(调)入,虽节次函催,仍不照理。又该押款年内摊还之约能践行否?""议决再与穆藕初及慎昌公司分别商榷,并与商还款办法。"(《行务会议记录》第10册,上档Q268-1-172)

12月1日 浙兴杭行湖墅分理处开业。地点:杭州湖墅珠口潭。(浙兴机构成立记录卡,上档Q268-1-24)

12月10日 浙兴公布兑换准备金第18次检查报告,重申现金准备仍保持在六成以上。(《浙江兴业银行发布第十八次检查报告》,同日《申报》)

12月29日 赴银行俱乐部出席商务印书馆董事会会议,讨论公司存款较多,拟收押辣斐德路(今复兴中路)桃源坊房产及拟购莫干山房地产事。议决同意。(《商务印书馆董事会记录簿》)

同日 主持浙兴董事会会议。"议决西区支行向锡璜调充总行襄理兼北苏州路支行经理;霞飞路支行王稻坪调充西区支行经理,仍兼总行副经理。"又议决其他任免事项。(浙兴总办通函,上档Q268-1-62)

同日 主持浙兴第248次行务会议。讨论事项有:①曹吉如报告总行押款各账事。包括寿祥号、袁文记、华丰搪瓷厂、协兴祥丝号、恒康号、财政部①等户。"恒丰纺织新局:十一月九号转期额度元壹百万两,九月卅日起期棉花纱布(押款)六个月,月息壹分。""又十一月十三日转期元拾万两,辽阳路及华盛路地十亩零八分九厘一毫英册道契(押款),六个月,月息一分。""报告毕,众无异议。"②沈棉庭报告南京、杭州各分行放款账事。宁行有首都房产合作筹备处、汤佑庵、栖霞采油公司等户;杭行有沅和布庄等户。(《行务会议记录》第10册,上档Q268-1-172)

12月 校阅旧钞本《鲒埼亭集》并撰校记。云:"辛未冬,传书堂余籍散出,有龙尾山农抄本《鲒埼亭集》卅八卷,较史刻本增《李元仲别传》《题三山野录》二篇,以廉价得之。卷中本有校语,乃徐君行可恕以史刻本对读者,异同之处,皆以朱笔详记。"(《书跋》,第144页)

《鲒埼亭集》三十八卷,《外编》五十卷,《经史问答》十卷,附《年谱》一卷,(清)甬上全望祖(谢山)撰,附(清)鄞县董秉纯(小钝)撰,旧钞本,六册,(清)杨凤苞校,民

---

① 放款财政部,实际上应该就是当时国民政府向商业银行所发行之"金融短期公债押款",即政府内债。这种发行方法比较特殊,既不由政府直接发行,也不由银行承购转售,而是通常用发行债票甚至只是预约券形式,向上海的各家银行、钱庄订立借款合同而分摊。规定抵押条件,如押息八厘,押品按八折,期六个月等等。合同规定用作抵押的政府债票,通常按照票面价格五折至八折抵借现金。当政府无力收回押品时,银行或钱庄在获得财政部同意后,可将手中所持债券投入交易所拍卖,以拍卖所得与政府最终结算。参见吴景平主编《上海金融业与国民政府关系研究(1927—1937)》,第134页。——编著者

国章钰、邓邦述跋。(《叶目》)

12 月　校《后山诗注》并撰题记。云:"辛未仲冬,以此本校雍正云间赵氏刻本,诗四百六十五篇,遇此本讹字,及与赵本互异之字,亦分别注于书眉,以备参考。景葵记。"(《书跋》,第 127 页)

《后山先生集》二十四卷,(宋)彭城陈师道(履常)撰,(清)光绪十一年番禺陶福祥据雍正赵骏烈本重刊,六册,民国沈曾植校。(《叶目》)

12 月　林森出任国民政府主席,孙科任行政院长。随即任命上海和丰银行经理黄汉梁署理财政部长,上海银行公会秘书长林康侯为财政部常务次长。不久又任命上海银行公会执委会常务委员、浙江兴业银行常务董事徐寄顾为中央银行副总裁、代理总裁兼中央造币厂厂长。[1](《上海金融业与国民政府关系研究(1927—1937)》,第 117 页)

是年冬　白辅唐回郑州,整顿大昌树艺公司。先生"嘱其住商埠,隔数日至公司一查察"。(《记郑州大昌树艺公司》,《杂著》,第 250 页)

是年　浙江兴业银行资本总额与实收资本,由 250 万元均同时增至 400 万元。(《上海研究资料续集》,第 250 页)

是年　奉国民政府财政部实业部核准修订《浙江兴业银行章程》。(印本,上档Q268-1-623)

此时浙兴除上海总行以及杭州、汉口、天津、北平、南京几家分行外,还有津行管辖河北、河坝两处分理处;上海总行辖有房地产信托部、西区支行、霞飞路支行、北苏州路支行。国内代理处各埠均有。香港、伦敦、纽约、旧金山、巴黎、柏林、汉堡、瑞士瑞里、东京、横滨、大阪、神户设有国外代理处。(《浙江兴业银行章程》广告页,同上引档)

是年　拟为张元济代租莫干山小屋养病。某日致张元济函云:"顷闻长者稍有头痛,至以为念。丁斐翁谈拟为公租莫干山小梅之屋。记得小梅所得政府发还之公文,系张静江先生在任时所发。后政府谓其手续不完,未必能承认。故与其向小梅租用,不如直接向管理局租用。管理局长现为何人,不得而知。此事以速托周湘翁为要,因管理局诸人皆知周老太爷,周亦时与周旋也。""百双楼书单已来,并无罕见之书。"(抄件[2])

是年　浙江兴业银行创办《兴业行报》,由南京分行发行,至翌年"一·二八"国难期间,即告停刊,仅出六期。(《兴业邮乘发行之志趣》,《杂著》,第 244 页)

---

① 孙科于 1932 年 1 月即下台,徐寄顾似未曾出任此职。——编著者

② 原抄件仅署"二十六日"。——编著者

1932 年(民国二十一年　壬申)　59 岁

1 月　"一·二八"事变发生。十九路军奋起抗战。

2 月　蔡元培等大学校长联名致电国际联盟,要求制止日军破坏文化事业及人类进步之残暴行为。茅盾、鲁迅等 43 人发表《上海文化界告全世界书》。

3 月　伪满洲国在长春成立。国际联盟派遣李顿调查团抵沪,调查中日冲突。

10 月　"国联"发表李顿调查团报告书,袒护日本侵略。

12 月　宋庆龄、蔡元培等发起中国民权保障同盟。

1 月 12 日　晚,二五库券基金会主席李馥荪约集上海金融界人士,讨论当日传闻行政院长孙科挪用 1 400 万元内国公债基金作为军政费用一事。上年 12 月中旬,在广州召开的国民党四届一中全会上,又有某中央执行委员提出"展期拨付公债本息案",引起上海金融业与各地商团强烈反对。"以此事关系银钱业极巨,应由银钱业商定抵抗办法,则各界可一致主张。"(《上海银钱业联席会议记录》,上档 S173 - 1 - 68)

1 月 13 日　上海银钱业联席会议决议,联名致电北平、天津、汉口、杭州等地银钱业公会,吁请采取一致行动,反对政府停付公债本息。电云:"查兹事关系国计民生,既重且钜,苟一旦实行,势必使全国破产,不特强邻入境,已自陷于覆亡。千钧一发,何能缄默? 为特电请贵会,径电中央,一致主张,务使不致实现,是所至祷。"同时致电苏、浙、鲁、鄂、豫、赣、粤等省政府,请求予以同情,并以各省名义向中央转达反对停付公债本息之意见。(上档 S173 - 1 - 89)此后,在各方压力之下,孙科政府不得不取消停付公债库券本息提案。上海银钱业也承诺向政府垫借 800 万元,风潮得以平息。

1 月 28 日　晚,日本海军陆战队及武装侨民沿北四川路而进,在铁甲车引导下企图越过北河南路底华界处大门。驻闸北国民革命军第十九路军将士奋力抵抗,淞沪铁路及北车站均在我军手中。(《上海商务印书馆被毁记》,第 3 页)

1 月 29 日　清晨,日军飞机多架由黄浦江中航空母舰起飞,向闸北空际盘旋示威。七时许天大明,实施轰炸。十时许,日机接连向宝山路商务印书馆总馆投弹 6 枚。"第一弹中印刷部,第二弹中栈房,当即爆裂发火。救火车因在战区无法施救,只得任其延烧。火起后日机复继续掷弹,于是全厂皆火,浓烟弥漫天空。又因总厂纸类堆积甚多,延烧更易。厂中各种印刷机器全部烧毁,焚余纸灰飞达十数里外。""租界中人多登屋顶遥望本厂之烟山腾涌,几患人满。是日下午三时许全厂尽毁……"时大火冲过马路,东方图书馆及商务印书馆编译所亦遭殃及。1 月 28 日晚战事开端时,总厂中本留有 20 多位消防队员藉资防护。次日晨日机轰炸时,印刷所制墨部首先中弹着火,消防队员尚欲分头尽力扑救。无奈弹下如雨,全厂皆火,救无可救,只得于十时许退出总厂。(同上引书,第 6、17 页、附录第 3 页)

同日　上海市商会、银行公会、钱业公会、交易所联合会及航业公会五团体发布联合公告,云:"上海各业团体痛心国难,不忍使全国经济组织之中心轻于一掷,因于廿七日有忍辱负重之表示。不意日方于二十八日接受市政府要求条件之后,竟于当晚背信开衅。全市同胞认为生死不忘之耻辱! 各公团公同协议,决于二十九日起停市三天,以表哀痛。二月一日,一律开业。愿吾同胞,志此大哀,永永不忘!"(1932 年 1 月 30 日《新闻报》)

同日　上午,上海银行、钱业两公会于香港路 4 号举行联席会议,集合各会员行庄,决定响应市商会通告,"因日兵犯境,罢市御侮"。"议决:日军如此不顾信用,逞其暴行,凡属国民,莫不敌忾同仇,应即日停业,示哀志耻。"并要求"会员及非会员银行一律停业,以资表示"。(《上海银钱业联席会议记录》,上档 S173 - 1 - 68)

同日　下午上海银行公会又召集紧急会议,讨论罢市期间必须面对兑现与提款问题。决定将设法维持,以免发生金融恐慌。(1932 年 1 月 30 日《申报》)

同日　先生撰《邦畿水利集说》跋,怒斥日本军国主义炸焚东方图书馆罪行。云:

囊从湖南书估购得《邦畿水利集说》四卷,题仁和杭世骏辑,失去前序之半,附《九十九淀考》一卷,前有沈联芳序。著者熟悉北直水道利病,语语翔实,非身亲民事历有年所者不能道。殊不类董浦之生平,疑非董浦所为,苦无佐证。偶检《传书堂书目》,载有《邦畿水利集说》原稿二册,沈联芳撰,现归东方图书馆,因假得之。校读一过,乃知题董浦者,书估作伪以欺人也。今补抄沈钦裴《序》一篇,汪喜孙《跋》一则,又补完沈联芳《自叙》。原稿有龚定盦校语及圈点,以朱笔照录之。并将全书详加校勘,稽正讹夺,亦用朱笔,不复识别。

经营直隶水利,莫盛于康雍两朝,至乾隆御宇以后,虽迭有兴革,但河道变迁,隄埝塌废,官吏虚应故事,迄末年而大坏。沈君服官直隶十余年,目验口询,会合众说,所陈缓急方策,皆心得之谈,实为嘉庆之后,言直隶水利者第一深切著明之作。硕甫先生付刊未果,幸原稿尚存,弥足珍已。

校读未竟,适逢暴日启衅,以飞机轰炸闸北,商务印书馆工厂被焚,又有东

方图书馆已成灰烬之谣,为之掷笔三叹!辛未腊月廿二日,叶景葵识。(《书跋》,第36—37页)

《邦畿水利集说》四卷,附《九十九淀考》一卷,(清)沈联芳撰,旧钞本,五册。(《叶目》)

1月30日 午后赶赴胶州路高梦旦寓所,出席商务印书馆董事会紧急会议。总经理王云五报告日机轰炸情形,约定次日下午续议。(《商务印书馆董事会记录簿》)

同日 下午三时,上海工商、教育、新闻各界代表集会于银行公会,集议支援十九路军抗日,以及维持社会秩序等事宜。四时及晚九时复会于企业银行大楼,商议成立组织事宜,决定分设金融、外交、给养、救济四组。浙江兴业银行徐新六、徐寄顾参加会议。(《上海市民地方维持会报告书》)

1月31日 下午,上海市民地方维持会正式成立,推定会章起草员,起草会章;推举史量才为会长,王晓籁为副会长。徐新六被推为九位理事之一,徐寄顾为会员。会议决定设事务所于圣母院路(今瑞金一路)旧梵王宫。① (同上)

1月 由先生资助印行、章钰(式之)撰《胡刻通鉴正文校宋记》三十卷《附录》三卷长洲章氏四当斋刊本在北平出版,全书六册。(1932年4月2日章钰致先生函;《叶目》)

2月1日 日本浪人闯入东方图书馆纵火。"晨八时许,东方图书馆及编译所又复起火。顿时火势燎原,纸灰飞扬,烟火冲天,遥望可见。直至傍晚,此巍峨璀灿之五层大楼方焚毁一空。"(《上海商务印书馆被毁记》,第16页)

同日 下午,赴高梦旦寓所出席商务印书馆董事会紧急会议,续议公司及同人善后事,先生被推为处置善后事宜之特别委员会成员之一。会议讨论王云五1月31日向董事会提交的善后办法,最后议定:①上海总务处、编译所、印刷所、发行所、研究所、虹口西门两分店一律停业。②总经理及两经理辞职均照准。③由董事会组织特别委员会,办理善后事宜。推定丁榕、王云五、李拔可、高凤池、高梦旦、夏鹏、张元济、叶景葵、鲍庆林为委员;王云五、夏鹏、鲍庆林为常务委员;张元济为委员长;王云五为主任。④总馆各同人薪水除已支至本年1月底为止外,每人另发薪水半个月。⑤同人活期存款,其存数在50元以下者,得全数提取;51元以上者,除得提50元外,并得提取超过50元以上款数四分之一,其余四分之三及同人特别储蓄容另筹分期提取办法。⑥各分馆支馆分局暂时照常营业,但应极力紧缩。(《商

---

① 1932年3月1日起迁往巨籁达路(今巨鹿路)敦丰里隔壁。——编著者

务印书馆董事会记录簿》，王寿南编著《王云五先生年谱初编》第 1 册，第 270 页）

同日　再撰《邦畿水利集注》跋，控诉日本军国主义罪行。云："顷悉东方图书馆确于本日上午十一时为匪徒纵火全部焚毁，损失之大，殆甚于绛云一炬！此本原稿，因借校而幸存，即日郑重缴还，留作纪念。廿五日又记。"（《书跋》，第 37 页）

同日　上海银行公会召开会议，在决定继续停市同时，谋求维持兑现钞票及提取存款的具体办法。会议决定：由各发行银行联合致函烟兑业公会，托全市各烟兑店对各银行钞票十足收兑；停市期间，允许存户支取零数，以保证其生活上必须之费用；对于工厂工资则全数照发。次日起，包括浙江兴业银行在内上海各银行都通过后门进出，办理钞票兑现和各存户提取生活上必须费用。银行公会秘书长林康侯还对报界发表相应谈话，维护市场秩序，稳定人心。（1932 年 2 月 2 日《申报》）

2 月 5 日　商务印书馆董事会通告上海职工全体停职，发资遣散。惟职工方面，仍力谋恢复。同时呈国民政府文："呈为呈报被毁情形，请予迅向日本抗议，并保留赔偿要求，仰祈鉴核施行事。窃敝公司印刷制造总厂及编译所、东方图书馆、尚公小学等，向设上海宝山路。上月二十八夜日本军队侵犯闸北，二十九日上午用飞机连接抛掷炸弹，将敝公司印刷制造总厂及尚公小学全部炸毁。本月二日，编译所及东方图书馆又被纵火焚毁。敝公司三十五年苦心经营致力文化之基础，尽付一炬，损失之大，莫可言喻！东方图书馆所藏古籍善本，及本国各省府州县志，并各国学术图籍，皆积二三十年之精力，逐渐搜罗所得，尤非以金钱数目所能计其损失。敝公司董事会因总厂全部被毁，资产损失殆尽，财力已无从维持，职工亦无从工作，不得已议决上海总馆全部停业，职工全体停职，俟大局粗定，召集股东会决定方针，再定办法。"（《本国图书馆消息：商务印书馆暨东方图书馆被日人焚毁》，《浙江省立图书馆月刊》，第 1 卷第 1 期）

2 月 6 日　出席商务印书馆董事会会议。根据王云五提议，补充决议下列事项：①设立善后办事处，由特别委员会主持之。②酌留人员，办理善后。③留办善后人员月支津贴，照原有薪水折扣。50 元以下者七折，51 元至百元者六折，101 元至 300 元者五折，301 元以上者四折。④分支馆方面同人暂定 101 元以上者八折，100 元以下者九折，并酌量裁减人员。（王寿南编著《王云五先生年谱初编》第 1 册，第 272 页）

2 月 8 日　商务印书馆董事会特别委员会正式成立，并于四川路青年会设立善后办事处。董事会登报通告本公司股东以资接洽。善后办事处处理及清理事项有：①人事，②账款，③出纳，④存款，⑤存货，⑥进货，⑦分馆，⑧稿版，⑨契约，⑩文书，⑪股务，⑫保管，⑬保险，⑭印件，⑮总厂清理，⑯发行所清理，⑰图书馆清理，⑱宣传，⑲交际，⑳搬运，㉑结彩，㉒计划。（《上海商务印书馆被毁记》附录，第 2—

6 页)

2月9日　签署浙兴总办致各分行通函,通报"一·二八"后总行代理汇款收解退汇事项。云:"此间自开市以来,敝处对于各分支行委托收解款项事宜,在可能范围以内,自应勉为代理。惟查托解汇款各收款人,或在战事区域,如闸北、虹口等处;或在戒严区域,如苏州河以北毗连战区及南市等处,敝处收款还解固属非常危险,即发信通知嘱其自取,当此居民流离失所、迁徙无定之际,难免无冒领或误交情事,应付亦甚困难。该项无法投解之款,祇得退汇,由敝报单划奉,请洽记,并希据情婉告汇款人为荷。"(副本,上档 Q268-1-122)

2月10日　签署浙兴总办通函,通知今年重员会议因时局关系,改期举行。股东常会仍定于 2 月 21 日召开。(副本,上档 Q268-1-62)

2月15日　校《乐府雅词》钞本并撰校记,记录时局及其感受。云:

> 此顾氏抄藏本,讹脱颇多。壬申正初以秦刻《词学丛书》本对校改正。凡义可两存者,亦旁注之。卷上《九张机》"尘昏汗污无颜色",秦本作"尘世昏污"。又董颖《薄媚》第十"撷苎萝下钩钓深闺",秦本作"苎萝不钓钓深闺"。又赵德麟《鹧鸪天》题注前段后段,秦本作前改后改。类此者尚多,非所据本原误,即系刊校时臆改。不如此抄本尚存庐山真面也。时中日军在淞口交战,巨炮隆隆,闭门不出,以校书自遣。正月初十日校讫。景葵记。(《书跋》,第 183 页)

《乐府雅词》三卷,《拾遗》二卷,(宋)温陵曾慥(端伯)辑,旧钞本,二册。(《叶目》)

同日　由史量才领衔,王晓籁、杜月笙、张公权、穆藕初、胡笔江、徐新六、徐寄庼等联名发表《上海市民地方维持会募集救国捐启》。号召吾民众"闻风而起,各竭绵力",以现金、以物品捐助十九路军等在前线浴血杀敌之抗日将士。浙江兴业银行与上海、中国、交通、浙江实业、中央、中南等银行钱庄,均列名为收款处。(同日《申报》)

2月18日　又撰《乐府雅词》钞本题记,再记时局变迁。云:"又检涵芬楼印行鲍渌饮钞校本,对校一过。凡此本讹脱处,鲍校原本,十九相同,知其同出一源。孙氏(毓修)谓鲍本为石研之祖本,其实不然。秦刻与鲍本违异处甚多,并未悉遵鲍校也。和平谈判不成,炮声又作。十三日灯下记。"(《书跋》,第 183—184 页)

2月21日　主持浙江兴业银行第 25 次股东常会。"首由主席报告上年办理增股情形,及呈准财政部、实业部注册换给执照,并奉实业部批改章程各节。报告毕,继续报告二十年份上下两届账略及市面情形、营业状况。"主要经济指标如下:

资本总额 400 万元,公积金 2 129 820 元,往来存款 19 214 450 元,定期存款

35 791 937 元,国外同业往来 34 773 元,发行兑换券 7 331 703 元,领用兑换券 345 万元;现金 5 734 015 元,存放同业 11 196 012 元,有价证券 7 937 985 元,暂记欠款 2 679 605 元,往来透支 761 535 元,往来抵押透支 4 914 780 元,定期抵押放款 29 971 079 元,发行兑换券准备金 7 331 703 元,领用兑换券准备金 345 万元,房地产信托部房地产 6 310 010 元,营业用房地产 250 万元;本届总纯益 452 379 元。

"次由监察人报告上年依法调查增股事项及股款一次收足,均属核实。又继续报告二十年份上下两届决算,亦均审核无异。"会上当场表决通过决算及分配表。"股东濮卓云君临时提议:现在十九军奋勇抗日,全国托命,势须持久,非有充分后援不可。个人意见,拟将各股东应得之股息、红利总数中,以一部分捐助军需。经讨论结果,金以为濮股东所言,人同此心,可由各股东各就所得股息、红利内,量力输将,自由缴纳上海地方维持会之救国捐,由本行录案通告。"会议又改选陈理卿、严鸥客、胡经六为新一届监察人。(《浙兴第 25 年股东定期会概要》,抄件,上档 Q268 - 1 - 63;《兴业邮乘》,第 27 期)

2 月　先生向上海地方维持会捐献衣物若干。据该会收到衣物清单记载:"叶揆初旧衣四十三件,鞋、袜、帽二十八件。"(1932 年 2 月 12 日《申报》)

2 月　向张元济借明弘治本《丁卯集》,校己藏旧钞本。《卷盦藏书记·集部》记云:"壬申正月借张藏本正讹补脱。弘治本校勘不精,多讹字,应再觅善本补校。闻常熟瞿氏有元刊本,未列入藏目,近始发见。""菊生购时出价五十元,近宗耿吾亦得一本,则出价二百元。旧书日稀日昂,非提倡影印不可矣!"(稿本)撰《丁卯诗集》跋。云:"此影抄弘治本,购于来青阁,盖坊贾所为。因假张菊生丈旧藏初印本,校正讹字。弘治本校勘不精,本多讹字,当再觅善本校正。闻铁琴铜剑楼有元刻本,系最近整理后发见。景葵识。壬申正月。"(《书跋》,第 124 页)

《增广音注唐郓州刺史丁卯诗集》二卷,(唐)丹阳许浑(用晦)撰,清据明弘治刊本景钞,二册。(《叶目》)

3 月 2 日　签署浙兴总办通函,要求全行上下"力求撙节开支"。云:"现在时局艰难,我总分支各行祇有力求撙节开支,如有人手不敷,亦请于原有行员中酌派或兼充。非至万不得已,不另添人。"(副本,上档 Q268 - 1 - 62)

3 月 23 日　徐新六与张公权、李馥孙、陈光甫四人受上海市民维持会之托,是日上午至华懋饭店访国联李顿调查团。"李顿问中日仇视,其根苗何在? 张答曰:日本军阀对于中国有政治野心,此乃中日不能友好之原因也。""新六又将东三省情形及日人对于东三省之政策,表面上虽曰门户洞开,而实际上并不开放。""馥孙请代表团注意满洲内中国海关之税收,此款均抵还日外债。"陈则云"上海问题亟为重要,与东三省同一重要。"(《陈光甫日记》,第 157—159 页)

3月　得明万历刊《吕氏春秋》一本，与原藏同。由此考得原藏非明嘉靖七年关中许宗鲁本。记云："壬申二月又得一本，与此同。目录后有万历己卯梓于维扬资政左室木记并重刊姓名。知此非许宗鲁原刊，故古体字均已改正。此本目后缺半页，盖为书贾所撕去。"①（手稿，《卷盦藏书记》稿本）

3月　修订《卷盦藏书记·经部》"《说文系传考异》"条，纠正前考误者②。云：

《皕宋楼藏书志》卷十三载，《说文系传》旧抄稿本，后有朗斋致朱文游书。又有他人题记云："《浙江采集遗书总录》：《说文系传考异》四卷（振绮堂写本），国朝主事汪宪撰。丁氏小疋手跋曰，'初见此跋，心疑即朱君所撰书也。今询朱君，果如余所料，忭喜者累日。辇下诸公传抄者，并署朱君名，不得知有嫁名汪主政事，乃据吴氏副本耳。'"据此，则朗斋原著一并抄存振绮堂，汪主事献书时已易己名以进。其时朗斋正馆于汪氏也。前说非是。　壬申二月又记。

（《卷盦藏书记》稿本）

约3月　赴郑州考察。"因事赴郑③，顺便考察，知近来疮痍渐复，物产增加，归来议由总行组织支行，藉以发展营业。"经过半年筹备，浙江兴业银行郑州支行于同年10月17日开始营业。（《怀旧》，《杂著》，第246页）

是年春　开始根据《奔纳氏返老还童运动法》一书④，锻炼身体，从不间断，颇有效果。"两年余未曾伤风，向来夜间不能看铅印、石印书，现在灯下以朱笔校书，作蝇头小楷，亦不觉累，跑山十余里，不致腿酸腰痛。"（《寿诞答辞》，《杂著》，第259页）

4月2日　章钰致先生函，寄赠《胡刻通鉴正文校宋记》《读书敏求记校正》样书。函云："去秋承手答，惄感兼极。毒日南扰，幸远邵窝，目击流亡，情抱亦可想见。弟徇儿辈固请，移居旧都，巢燕相依，得过且过，无可为大雅陈也。涑鉴《校记》⑤赖执事钜金慨助，于去腊成书。以兵衅方亟，询诸旅行社，以量重车阻不便转运为词，今将两月矣！比值棣盦⑥旋，先以一部附其行箧。琐琐校录，毫无发明，尚望月眼鉴裁，不胜大幸。余俟风鹤少靖，即当寄呈。又，弟曾刻有《敏求记校证》一

---

① 参见1932年11月《〈吕氏春秋〉跋》条目。——编著者

② 参见本谱附录《卷盦藏书记·经部》。先生《卷盦藏书记》稿本今藏上海图书馆，未署写作年份。据其中数则署有"庚午""壬申""癸酉"字样推断，此稿约撰写于1930年代初，迄于"丙子"（1936年）。——编著者

③ 似为设立郑州支行事赴郑。——编著者

④ 《奔纳氏返老还童运动法》，美国奔那森福撰，雷通群译，民国二十一年上海商务印书馆排印本。《杭州叶氏卷盦藏书目录》有著录。——编著者.

⑤ 指章钰撰《胡刻通鉴正文校宋记》三十卷《附录》三卷。下文《鉴校》同。司马光系山西涑水人，故其著《资治通鉴》亦称"涑鉴"。胡刻，指元天台胡省三注并撰辨误。——编著者

⑥ 棣盦，夏地山。——编著者

种,比《鉴校》尤为可笑,顺便附去,并希赐纳。"(原件,《尺素选存》)

4 月 9 日 赴银行俱乐部出席商务印书馆董事会会议。①张元济报告善后办事处工作情况,以及总厂、总务处、编译所、东方图书馆、尚公小学被毁损失情况,并告已呈报官厅。②讨论预备秋季用教科书分交北平、香港两分厂排版印刷计划。③讨论整理分馆办法案。(《商务印书馆董事会记录簿》)

5 月 2 日 浙兴南京分行城北分理处开业。地点:南京城北唱经楼原址。1936 年 4 月 12 日迁中山路原中山路分理处旧址。1937 年 5 月 12 日撤销,归并南京分行。(浙兴机构成立记录卡,上档 Q268 - 1 - 24)

5 月 3 日 赴银行俱乐部出席商务印书馆董事会会议,讨论总馆全体职工解雇办法案。(《商务印书馆董事会记录簿》)

5 月 10 日 签署浙兴总办通函,向各分支行推荐新书。云:"上海银行周报社现出有《银行家及银行员之座右铭》一书,内容甚好,足资借镜。每册价银五角,多购可扣折。总处之意,拟令总分支行合购若干,分赠同人,每人一册。敝处拟即照办。尊处谅必赞同,故已代为购就。查我行全体同事共三百余人,照该书购例,一百部以上五百部以下者,七折计算,计每册实价三角五分。尊处同事 ① 人,应购
册,共计银 元 角 分。兹将该书 册另包奉上,到请查收分赠各同人,并将该书价照付尊册,另以报单填告。"先生另亲笔批条云:"此函庶务股径寄各行。"粘附于上。(副本,上档 Q268 - 1 - 122)

同日 上海银、钱两业代表十余人,在中国银行"开会讨论组织废止内战大同盟",浙兴徐新六、徐寄庼出席。会议讨论章程草案二小时。多数人对草案中"此事劝人为善","旨用天主教耶稣堂传教方法以求现实"的表述,表示赞成。但对章程第三条"不合作"一语,"讨论一番,似无结果而散"。(《陈光甫日记》)

6 月 7 日 致刘承幹函,赠书云:"章式之兄新著《通鉴正文校宋记》弟助资刊成,兹检红印本奉赠一部,乞鉴收。弟为明庶事拟与兄一谈,准明晚八钟鄙话一切。"(《求恕斋友朋手札》稿本)

6 月 8 日 为明庶农业公司清理事访刘承幹。(同上引书)

6 月 25 日 赴银行俱乐部出席商务印书馆董事会会议,讨论本届结算办法。(《商务印书馆董事会记录簿》)

同日 签署由蔡元培、史量才、沈钧儒、唐文治、马相伯、马寅初、黄炎培、穆藕初、舒新城、何德奎、杨杏佛、王晓籁、徐新六、孙科、黄郛等文教、工商及政界著名人

---

① 原件此处空白。下同。——编著者

士123人联名发起上海图书馆公启,以及《筹备上海图书馆旨趣书》。公启曰:"上海为东方一大市场,物质之奢靡,建筑之巍峨,交通之便利,学校之林立,商旅之辐辏,市场之繁荣,以观世界各大都市,其相去盖亦极近。独于文化则瞠乎人后,文盲载道,而关于文化之建设尤不为人所注意。举例而言,以如此繁盛,市民多至三百余万之通商大埠,竟无一大规模之图书馆,以供市民之阅览,而歌台舞榭,栉比林立,唯此深关民智之文化设备,则付阙如,此诚为上海市民之大耻,亦即我国家之大耻也。曩者商务印书馆于清末建立涵芬楼于闸北,蜕化而成东方图书馆。二十余年来苦心经营,藏书逾五十万册,其在上海,尤为硕果晨星,弥足珍贵。惜自'一·二八'祸变突发,此一大文化机关及江湾、吴淞一带公私立大学及私家所藏图籍,竟全部牺牲,其可悲可痛,诚无以言宣。同人等认恢复上海文化机关,实为目前急务,而创设一规模较大之图书馆,尤为首要。顾以力量绵薄,莫克促其实现,抑且兹事体大,非群策群力,决难望其成功。爰敢征求发起,尚恳社会各方共促其成。涓滴之水,可成江河,尘埃之粒,可成泰岳。果能共起进行,则他日黄浦江头,崇楼高耸,琅玕罗列,汗牛充栋,要自可期,是则不仅为上海市民之福利,实即我国家之荣光也。素仰台端热心文化事业,务恳加入发起,鼎力提倡,不胜盼祷之至。"(原件)

6月 撰《群经音辨·跋》。云:

此校本详纪宋本行款补版,及刻补名字,是亲见宋大字本者,与藏在东校本不同。在东系据影钞宋本也。

耐仲不知何人,俟考。书贾撤去周幔亭跋,冀伪充藏校,可恨!

宝康字孝劼,为盛祭酒之女夫。祭酒藏有宋汀州本《群经音辨》,孝劼似未得见,或者祭酒得书在戊戌之后。壬申仲夏,揆初识。(《书跋》,第19—20页)

《群经音辨》七卷,(宋)贾昌朝(子明)撰,(清)康熙中张氏泽存堂刊本(《泽存堂五种》),一册。(《叶目》)

6月 借宗舜年藏明刊校宋本《孟浩然集》,校己藏明刊本。《卷盦藏书记·集部》记云:"友人宗耿吾购得明刊校宋本,其底本与此同。前人假茗翁所藏宋本对校,无年月姓名,有'印印川'宋文方印。耿吾云印印川,宝山人,著有《鸥天阁杂著》。此本疑为印君手校,即与茗翁同时,故得借宋本对校也。予于壬申仲夏借校一过。"(稿本)

6月 曹吉如辞浙江兴业银行经理。(徐寄廎《最近上海金融史》上册,第81页)曹因在催收天章造纸厂放款问题上,与先生意见相左而辞职。先生遂聘中央银行业务局襄理竹森生继任。(李国胜《浙江兴业银行研究》,第30页)

6月 全国商会联合会、上海市商会、上海银行业同业公会、钱业同业公会集议组织废止内战同盟会。6月21日集议先设立筹备会,即日起开始办公。22日,召开第二次筹备会,到会者有林康侯、王晓籁、陈蔗青、刘湛恩、陈立廷、钱新之等。徐寄庼代表浙江兴业银行参加成立筹备事宜。会议通过筹备会成立公告。(《现代上海大事记》,第 518 页)

7 月 1 日　签署浙兴总办通函,聘请曹吉如为总行顾问。云:"总行经理曹吉如君函请辞职,情词纯挚,未便强留,业已照准,改聘为本处顾问,特此通告。"(副本,上档 Q268-1-62)

7 月 4 日　出席商务印书馆董事会会议,张元济因病未到,丁榕代表主持。(《商务印书馆董事会记录簿》)

7 月 7 日　财政部长宋子文在上海寓邸召集银业、钱业及商界人士座谈,会商废两改元问题。徐寄庼、李馥荪、林康侯、秦润卿、王晓籁等出席并发言。宋子文说明废两改元的三项原则:①实行废银两计算,完全采用银元制度,以统一币制;②完全采用银元制度时,旧铸银元仍照旧使用;③俟政府决定每元法价后,再行详细研究新币币值,宋子文称政府对于废两改元的实行日期尚未确定,但以三个月为准备期。因南京造币厂厂址已毁,杭州造币厂已停铸,宋子文提出由上海造币厂铸造新币。徐寄庼发言中谈到,废两易元,势在必行,对于实行原则及条例,早已拟定,一俟币制法规检验鉴定,即可实施。此事对于商业前途,确有莫大利益,惟实行期尚未规定,大概亦不远耳。(1932 年 7 月 9 日《申报》)

7 月 9 日　出席商务印书馆董事会会议,张元济因病未到,丁榕代为主持。会议核阅营业报告书、本馆被难及处理善后情形报告书,并提出《减少资本修改章程案》等股东会议案两件。(《商务印书馆董事会记录簿》)

7 月 10 日　赴上海市商会议事厅出席商务印书馆股东常会。董事会报告本馆被难及处理善后情况;报告 1931 年度营业状况。监察人周辛伯报告查核账目情形,讨论董事会所提《减少资本修改章程案》,股东童世亨以减资办法,尚觉未妥,提议请将此案暂行保留,俟各股东详细研究、提出修正办法后,再开股东临时会,讨论公决。各股东一致赞成。会议最后选举董事、监察人。夏鹏、高凤池、鲍庆林、张元济、王云五、李拔可、张蟾芬、丁榕、高梦旦、刘湛恩、叶景葵、郭秉文、黄汉梁等 13 人当选新一届董事;徐善祥、徐寄庼、周辛伯等 3 人为监察人。(1932 年 7 月 11 日《申报》)

7 月 12 日　赴银行俱乐部出席商务印书馆董事会会议。公推王云五为总经理,李拔可、夏鹏为经理。讨论高梦旦辞董事案,议决一致挽留,并推定由张元济和李拔可代表董事会面达。(《商务印书馆董事会记录簿》)

7 月 15 日　赴银行俱乐部出席商务印书馆董事会会议。讨论通过总管理处暂行章程。议总经理、经理薪水案,决定薪水连公费数目八折致送。(同上引书)

7月 校旧钞本《尚书古文疏证》,撰校记云:

此旧钞本,有胡朏明序,系百诗殁后其子咏属朏明校定之本。朏明序而还之。越四十年,咏之子学林始克刊于扬州,即眷西堂刻本也。兹以钞本与刻本对读,发见互异之处如左:

刻本无胡序,有黄梨洲序,梨洲作序时,仅见四卷以前之稿。疏证云:黄君太冲晚而序余书两卷,黄序云方成四卷,属余序之。朏明则于百诗身后代为写定,不知何以删去胡序。卷一第四十一叶 叶数以刻本为主,下同。"时日曷丧"二句至"享多仪"四句,钞本双行小字,刻本改为大字。

卷二第六叶,又按吴文正公《尚书叙录》一条,钞本在《史记汉书儒林传》条下,刻本不同。

卷四第六叶,"王肃之误因于"句下,刻本脱"孔丛子,孔丛子之误,因于王舜刘歆之本"计十六字,钞本有之。

又第十六叶,"仿经例而为之"句下,刻本脱"唐刘贶亦有是说"计七字,钞本有之,作双行小字。

又第十九叶,又按《楚辞》十七卷一条,钞本提行,刻本误。

又第二十叶,钞本"至宋人而亡,朱子尤其著者",刻本改为"至宋人而亡云"。

又卷四补遗第四叶,钞本"又按不特此也,即朱子亦有如《周官》篇"云云。刻本删去"不特此也即"计五字。

又卷四补遗,共十一则,钞本皆列入正文,并无佚漏。刻本则谓刻成后从征君手书他本中检出。

卷五下末叶,钞本有"又按郑康成年七十,尝疾笃,戒子以书"一条,计一百九十六字,刻本脱。

卷六目录,第九十六,言晋省縠城入河南一条,刻本改为第八十八,与钞本次序不同。

按学林付刊时,其父咏早已物故,似朏明校定之本,又经后人意为增损矣。

壬申仲夏,叶景葵识。 (《书跋》第4—6页)

《尚书古文疏证》八卷,(清)阎若璩(百诗)撰,清乾隆十年眷西堂刊,同治六年钱塘汪氏振绮堂补刊本,八册。(《叶目》)

7月 撰《孟浩然集》题识。云:"壬申仲夏,宗耿吾新得明刊校宋本,借临一过。宗本未题校者姓名,亦无年月,卷首钤白文方印一(紫芝阁),又朱文长方印一(漱六艺之芳润),又朱文方印一(印印川),又有'许印运昌'、'鲁庵别号崔俦'各印。耿吾云,印君川,宝山人,与菉翁同时,著有《鸥天阁杂著》。此本或为印君手校。景

葵识。"(手迹,原书,上海图书馆藏)

《孟浩然集》四卷,(唐)襄阳孟浩然撰,明嘉靖中刊本,四册。(《叶目》)

8月9日　签署浙兴总办通函,通报设立郑州支行。云:"现议定添设郑州支行,归总行直辖,派马菊年为经理。"(副本,上档 Q268-1-62)

8月17日　针对国民政府财政部重提征收银行发行税,上海各大发行银行即行联席会议,讨论应付立场。贝淞荪提出:①在此政令未能统一以前,如各省对于中央已经征税之钞票要求重征,方准流通,则各行将何以应付;②各领券银行以发行税而成本加重、利益日减,必至退领,将影响商业金融和减少政府债券之销纳;③因加以重税各行开支激增,结账为难,势至影响各银行对社会之印象;④洋商银行难保不利用机会,夺我发行地位,势至本国银行之发行大受影响;⑤发行税法根本有研究讨论之必要,应请政府复加考虑一年前银行公会呈文中的意见。[①] 会议通过发行行代表面呈财政部长文,要求政府"从缓施行"发行税。(发行银行议决案,上档 S173-1-68)经过多次交涉,财政部总算部分接受上海银行界的建议,把发行税税率从 2.5% 降低至 1.25%。1932年11月12日,行政院公布《修正兑换券发行税法》。其中第五条为:"兑换券发行税率,依实际保证准备数额,定位百分之一点二五。"(《中华民国金融法规档案资料选编》上册,第 375 页)

8月　撰《叶徵君文钞》跋。云:"昔游中国书店见此钞本,后有撰初评语,与余字同,因购归读之,其时未见《归盒文稿》刻本也。顷与刻本对读,知此本从原稿录出,为刻本所无者:《韦白二公祠记》《重建苏州府儒学碑记》《重修苏州府学后记》《重修太仓州学碑记》《九公祠碑记》《河南巡抚钱公五十寿序》《代属吏寿郭中丞文》《太仓州同知商公墓碑阴记》,共八篇;又《循政诗》一首,例不入文集。此八篇者,当为门人蒋铭勋刻稿时所删。如《韦白祠记》《苏州府学后记》《太仓州学碑记》《九公祠碑记》四篇,无甚精义;钱郭二中丞寿文,系酬应之作,删之是也。如《重建苏学碑记》《商公碑阴记》二篇,言之有物,文字亦茂美,岂以前者有伤时语,后者掊击乾隆州志之谬,故从割爱欤?兹定名此本为《归盒文钞》,与《文稿》刻本并存,以贻后学。阅平梁阚君跋语,知撰初为无锡钱君之字。壬午初秋,后学叶景葵读毕敬记。"(《书跋》,第 155—156 页)

《叶徵君文钞》一卷,(清)镇洋叶裕仁(复三)撰,钞本,一册。(《叶目》)

9月2日　赴银行俱乐部出席商务印书馆董事会会议。董事长张元济报告近

---

① 按照当局 2.5% 税率计算,当时国内纯益最大的两家银行应缴税款为:中国银行应缴纳兑换券发行税款 1 535 574 元,交通银行应缴 622 690 元。而两行 1931 年底的损益报告,中国银行纯收益为 1 837 400 余元,交通银行纯收益为 787 500 余元,纯益已几尽充缴税,其他银行更可概见。——编著者

日与股东联益社代表磋商经过。谓:"上次议案内报告总馆复业及用人情形,有'此次所定薪水或仍照原薪,或酌量增加以安办事人之生活'等语。前日阅联益社股东答复鄙人说明,内有'狂加薪水'一语,不免稍有误会。"王云五说明"一·二八"事变后同人收入实际上减少甚多。接着张继续发言,对议案再为说明。(《商务印书馆董事会记录簿》)

9月4日 赴上海市商会议事厅出席商务印书馆临时股东会。股东童世亨、秦慕瞻、王康生、许峻山、许新基、郁厚培、张叔良、张石麟、何柏丞、杨介仁联署提出《修正商务印书馆减少资本办法案》。其主要内容为"将资本减为三百万元,其亏耗余数十二万四千余元,二十一年度如有盈余,应尽先如数弥补"。并提出清理总厂废墟,收入归入甲种特别公积,一并为恢复股本之用。经表决通过。主席提议修改公司章程案,亦获多数通过。惟到会股户未能足额,议决各案除以股息公积弥补亏耗及宝山路总厂烬余货物将来修理后自用作价,或售去所得价值作为复股公积两案应即办理外,关于减少资本及修改公司章程之议决案,作为"假决议",再行定期召集第二次股东临时会决议之。(《商务印书馆股东会记录簿》;童世亨《企业回忆录》,第139页)

9月8日 签署浙兴总办复汉行函,答复汉栈行员待遇等询问。云:"汉阳堆栈行员自本年份起,与本行行员一律待遇;所有汉栈'筹费'应归公外,其他所入如'下脚'等等,亦应扫数归公。"(引自翁志云《邮乘产生后两年中本行行务纪要》,《兴业邮乘》,第25期)

同日 上海各界领袖史量才、王晓籁、杜月笙、王延松等发起东北难民救济会。是日发表该会缘起,强调"于慈善事业外,唤起民族意识"。并决定9月18日"九一八"周年纪念日时举行发起人大会。浙江兴业银行徐寄庼、徐新六、蒉延芳列名发起。(1932年9月8日《申报》)

9月9日 浙江兴业银行总行发行《兴业邮乘》(月刊)创刊[①],先生题写刊名,并发表《兴业邮乘发行之旨趣》。云:

> 上年创办《兴业行报》,由南京分行发行,至国难期间,即告停刊,仅出六期。取材分类,已具雏形。今更扩充内容,改名《兴业邮乘》,归总行发行,暂定一月一期,以本行成立纪念日开始。编辑各员,不待外求,即就同人中选充之。总分行同人,或将平日心得,著为文字;或于每日所读书报及本行所登他人著

---

① 先生对该刊自始至终关爱有加,不仅自己经常为其撰稿,而且也常请同人写作支持。在其卷盦藏书中收有全套《兴业邮乘》,即第1期至117期(1932年至1942年)、复刊第1期至第54期(1946年至1949年),共171期。(《杭州叶氏卷盦藏书目录》史部杂志之属)——编著者

作,有异同之意见,加以讨论或发明,均可随时寄至编辑委员会,选择登载。每至年终,由指导委员会评定,所有优良之意见及文字,由总行酌赠奖品,以鼓励同人兴趣。

凡百事业,既须各尽所能,尤须日知所无,而金融业之于中外智识需要,更为急切,此同人所知也。惟是专门之书,日益浩博,加以各国文字之不同,各家学说之歧异,每有穷年莫殚之苦。同人职务余暇,求书既难,读书亦不易。今以本刊为先导,凡增进同人智识所必须者,探其要旨,随时刊布。读本刊者,如人生之于饮食,虽不过一箪一瓢,而所需营养要素皆在其中,不可以浅近而忽之。

全行同人几达四百,除所司职务可以考核外,其平日之抱负,与随时之感想,不尽知也。非特他人不知,凡所抱负与感想者,为是欤? 为非欤? 同人亦不自知也。今以本刊为喉舌,则人人可以自见矣。凡物必有两端,学问之道亦然。有异同,必有是非,此之所非,即彼之所是。苟能平心讨论,必可折衷两端,以归于一是。然后择其是者以为鹄,而同人所志所行,皆指共同之鹄以赴之。久之成为兴业之行风,亦可称为兴业之学风,此赖同人之一致努力,而为鄙人所梦想者也。

凡纪载日常琐屑之事,初觉平平无奇,但积至数年,数十年,则竹头木屑,皆为他日建筑材料。阅《申报》一份,未必即觉其有若何大用,今积至六十余年,共二万余份,即成为至宝贵之史料。往年欲编兴业行史,搜罗各种材料,或本无纪载,或有而未全,难于衔接,是以搁笔。今以本刊为仓库,苟积至相当时期,同人编次兴业行史时,即可取诸宫中而用之矣。此虽事务之一端,亦不可忽也。

以上所书,皆老生常谈,但鄙人所以重视本刊者,亦正持之有故,故质直言之,为《兴业邮乘》预祝,并为全行同人预祝。二十一年九月

(《杂著》,第 244—245 页)

9 月 17 日　主持浙兴第 249 次行务会议[①]。讨论事项有:①副经理朱振之报告总行放款事。包括大中华火柴公司、中南烟公司、锦云丝织厂、丁民才、阜丰面粉厂、蒋抑卮、庆成绸厂、恒丰纺织新局、怡昌丝厂、中国兴业银行、礼和洋行、李拔可、恒记地产公司、和兴煤号、华丰搪瓷厂、大东影片公司、丰大布厂、宁绍商轮公司、正丰丝号、公兴丝号、华成烟公司、镇源沙船号、存德银号、振华纱厂、大丰纱厂、吴瑞

---

① 受时局影响,浙江兴业银行原定每月两次举行的行务会议,1932 年以来没有开过,此是第一次。——编著者

记(吴麟书之子吴瑞元)、中国火柴公司、中和烟公司、福和烟公司、恒大兴记纱厂、民生纱厂等户。"众无异议。"②朱振之又报告丝茧押款情形(略)。③沈棉庭报告各分支行放款事(略)。(《行务会议记录》第10册,上档Q268-1-172)

9月22日 浙兴总办核准总行房地产部在上海静安寺路大华饭店东首空地,建造市房及住房。①(引自翁志云《邮乘产生后两年中本行行务纪要》,《兴业邮乘》,第25期)

10月17日 浙兴郑州分理处开业。地点:河南郑州大同路路北。(浙兴机构成立记录卡,上档Q268-1-24)至此,浙江兴业银行共拥有上海总行,杭州、汉口、北平、天津、南京五家分行及郑州等支行。(徐寄庼《最近上海金融史》上册,第81页)

11月5日 赴银行俱乐部出席商务印书馆董事会会议。(《商务印书馆董事会记录簿》)

11月6日 赴上海市商会议事厅出席商务印书馆股东会第二次临时会。会议续议《修正商务印书馆减少资本办法案》及修改公司章程案。经投票表决,一致通过。(《商务印书馆股东会记录簿》)

11月9日 于《兴业邮乘》第3期发表《怀旧》一文,追忆浙兴郑州分理处主任洪成珑(雁膀)。文曰:

> 总行筹设郑州支行,于十月十七日开始营业。忆民十二年之冬,汉行设郑州分理处,以洪雁膀君为主任。洪君在汉行服务八年,才德兼备,擢升斯职,锐意进行;以脚踏实地,节省开销为宗旨,除会计外,凡收支、文牍、跑街等职务,几以一身兼之。其时豫省军阀恣肆,苛敛勒派,市面恐慌,交通梗阻,洪君昕夕焦劳,肆应曲当。体本孱弱,外感夏令暑热,触发肠胃病,时有寒热。同人劝其请假调理。洪君慨然曰:"郑行新创,值此满地荆棘,委而去之,是不忠也;吾母久病,吾以羸瘠之躯,归见吾母,将重其忧,是不孝也。"仍力作不辍,体渐不支。汉行经理闻之,叠电劝归,且派员暂代。洪君曰:"代者甫来,诸事生疏,如无人为之助理,必生困难。"于是身在寄宿舍,而心在行。每日必强起到行一次,与代者接洽各事,仍坚不肯归。病益加重,医药罔效,竟于民十三年九月五日,殁于郑行寄宿舍。临终犹絮语指点行务,绝不谈及家事。凶电传来,同人震悼。
>
> 余挽以联云:

---

① 受上年"九一八"事变影响,浙兴北平、天津两分行营业大幅度下降。又受年初上海"一·二八"淞沪战事影响,上海房地产价格急剧下跌,浙兴房地产业务陷入困境,只得在空地上继续投资建造房屋,收取荸息,静候时机好转。——编著者

同辈中朴诚勤勉,如吾子者有几人;图始未观成,为公悲岂谓私痛!

病革时反复丁宁,除行务外无他语;往过恃来续,愿后贤勿忘前师。

自洪君逝后,郑行环境益恶,乃决意收歇,距今已八年矣!今春,因事赴郑,顺便考察,知近来疮痍渐复,物产增加,归来决议由总行组织支行,藉以发展营业。昨日派员启行,意有所感,因检阅洪君旧牍,词翰并美,规划井然,凡所敷陈,皆可适用于今日。洪君虽已死,其创造之精神,忠诚之志气,永不磨灭!是在后贤继续而光大之耳。二十一年十一月

（原刊;《杂著》,第 246—247 页)

11 月 16 日　赴银行俱乐部出席商务印书馆董事会会议,讨论标卖宝山路旧厂废料开标案。(《商务印书馆董事会记录簿》)

11 月　撰《后梁春秋》跋。云:"《后梁春秋》,原刊本。此刊本流传甚少,八千卷楼旧藏影抄本,现存南京国学图书馆。壬申冬日借抄补完。景葵。"(手迹,原书,上海图书馆藏)

《后梁春秋》二卷,(明)海盐姚士粦(叔祥)撰,明万历三十五年宛陵濮阳春刊本,二册,叶景葵跋。(《叶目》)

11 月　撰《南疆逸史》跋。云:"此书从金陵故家散出,阙卷廿至廿五,又阙五十五、五十六两卷,壬申仲冬,向国学图书馆假所藏吾乡八千卷楼钞本,照钞补足。节子得此足本,见于《越缦堂日记》。在闽时所得异书,每与丁氏昆仲书札往还,互相通假。此本当与丁氏藏本同出一源也。景葵识。"(《书跋》,第 26 页)

《南疆逸史》五十六卷,(清)温睿临(令贻)撰,(清)大兴傅氏长恩阁钞本,十册。(《叶目》)

12 月 2 日　主持浙兴董事会会议,议决人事调动事数项:①津行经理张扞民调任总行稽核;②总行副经理朱振之升任津行经理;③汉行经理刘策安调任总行稽核;④总行副经理派充西区支行经理王稻坪君代理汉行经理;⑤汉行暂添设副经理一人,调总行稽核张愚诚君充任。会议又讨论《本行行员保证人规程》。(1932 年 12 月 3 日浙兴总办通函,上档 Q268-1-62)

12 月 8 日　致《兴业邮乘》杨石湖函[①],谈该刊征稿方针。函云:

奉函备悉,承示《邮乘》投稿日多,询以后详略取舍之方针,诚扼要之论。弟以为《邮乘》以切于实用为主。清儒李刚主有言:"勿作无用之文,勿求无用之学。"旨哉斯言!即如诗词一门,蔚为文艺大宗,在专家为之,毕生钻研不能

---

① 《兴业邮乘》第 5 期(1933 年 1 月 9 日)以《本刊征稿方针》作题。《叶景葵杂著》(第 247 页)收入此文时删去收信人名字与落款,并改题为《论兴业邮乘征稿方针》。——编著者

尽;而在我业视之,则近于无用。同人对于此道,遣兴则可,求工甚难。故稿件既多,尽可割爱。又《邮乘》宗旨,一在体察全行之所长,二在匡救全行之所短。自足下著《铁槛里面的冷气》一文,引起同人论著,美不胜收。然所注意者,皆"来上我门"之顾客也。弟以为更应注意者,为"我去登门"之顾客。其心理之复杂,习惯之牢固,供求之繁变,竞争之剧烈,非耐心考求,随时对付,不易与我行发生感情。以后当多发问题,引起同人研究。俾晓然于放款比存款难,营业比会计稽核难,战比守难,应变比处常难。至于各地各帮之风俗习惯,各种物产之衰旺与集散,尤有研究之价值。是皆李氏所谓有用之学也。望于此更注意焉。

二十一年十二月八日

(《兴业邮乘》,第 5 期)

12 月 9 日 复刘承幹函,询问刘返沪日期。云:"两奉手书,敬悉种切。日昨请笃生兄与尊处账友接洽,据云日前尚可无需,准俟台驾归后再商可也。旋沪之期已否定准? 容奉访謦谈。"(《求恕斋友朋手札》稿本)

12 月 15 日 致北京美国钞票公司吴乃琛函,商请用原版复制浙兴五元钞票 100 万张或 200 万张事,询问"需价若干? 需时若干?"(1932 年 12 月 19 日吴乃琛复先生函,原件,上档 Q268 - 1 - 608)

12 月 22 日 主持浙兴董事会会议,议决人事调动事数项:①总行萧玉麟襄理升任副经理,仍任金币部职务;②总行罗郁铭襄理升任副经理;③总行同业汇划股主任俞道就君升任西区支行经理。(1932 年 12 月 24 日浙兴总办通函,上档 Q268 - 1 - 62)

12 月 27 日 赴银行俱乐部出席商务印书馆董事会会议,通过复业纪念廉价提案,即翌年 1 月至 3 月,八折廉价销售三个月。(《商务印书馆董事会记录簿》)

12 月 31 日 吴乃琛致先生函,通报美国钞票公司电复印价事,每千张美金 20 元,印 200 万张,为每千张 19.50 元(运费在内),"至多四个月可到上海"。(原件,上档 Q268 - 1 - 608)

12 月 撰《罗昭谏江东集》跋。云:"此李云卿手校本,同时见其手抄,兴平县《马嵬志自跋》云:'随伯氏官浙中,与泉唐吴笏庵、海宁陈受笙时相过从,每向汪氏振绮堂借书录副。'后题嘉庆十一年。又钤一印曰'家在桂林古里',似为广西人张本。当即康熙张瓒本,吕本未详。壬申冬仲购于来青阁。景葵记。"(《书跋》,第 126 页)

《罗昭谏江东集》五卷,(唐)新城罗隐(昭谏)撰,明万历中屠中孚刊本,四册,(清)李元泉(云卿)校。(《叶目》)

12 月　再撰明万历重刊嘉靖许宗鲁本《吕氏春秋》跋。云："此万历重刊嘉靖许宗鲁本，阙卷十至卷十四，以弘治李瀚本补完。卷中墨笔校语，为先考受业师慈谿冯梦香太夫子—梅手笔，曾中光绪丙子科举人，与先考同榜，后任浙江官书局分校，遂终老焉。生平枕经葄史，著述无传。重其手泽，故购而藏之。壬申仲冬，景葵敬识。"（《书跋》，第 86—87 页）

12 月　购藏上元宗氏原藏沈校明鲁藩本《抱朴子》，并撰校记。云："桐乡沈晓沧先生以慎懋官卢舜治《道藏》各本校鲁藩本，旧藏郁泰峰家，友人宗耿吾得之，借校一过。""郁藏鲁藩本，旧有朱校，称志祖案，似为吾乡孙颐谷先生手笔。所引诸说，有汪云、黄云、梁玉绳云及继培案，系集各本校注而成。今以蓝笔别异之。壬申仲冬校毕记。景葵。"（同上引书，第 84 页）

《抱朴子内篇》二十卷，《别旨》一卷，《外篇》五十卷，（晋）丹阳葛洪（稚川）撰，（明）嘉靖四十四年鲁藩承训书院刊本，八册，（清）桐乡沈炳垣（鱼门）校。（《叶目》）

12 月　为《尔雅郭注义疏》题识。云："此本为未经王石渠删节以前之稿，已得上虞罗氏论定。第印本甚为罕见。此系初印。书根题字，为何道州手笔，可珍也。壬申仲冬，景葵记。"（《书跋》，第 13 页）

《尔雅郭注义疏》二十卷，（清）郝懿行撰，咸丰六年杨以增、胡珽刊本，五册，叶景葵题识。（《叶目》）

12 月　校明嘉靖刻本《曹子建集》，朱笔撰题记。云："壬申冬仲，以海虞瞿氏宋本对校一过。景葵。"（手迹，原书，上海图书馆藏）

《曹子建集》十卷，（魏）谯郡曹植（子建）撰，明嘉靖郭万程刊本，四册。（《叶目》）

约 12 月　接白辅唐报告，郑州大昌树艺公司当年"收支相抵，尚余三百五十元"。白重返郑州仅一年，有此成绩，先生深感欣慰。（《记郑州大昌树艺公司》，《杂著》，第 250 页）

是年　浙江兴业银行投资 100 万元，与美商斯达莱公司合营泰山保险公司，徐新六兼任该公司常务董事。（汪仁泽《徐新六》，《民国人物传》第 6 卷，第 225 页）

1933年(民国二十二年　癸酉)　60岁

3月　国民政府在上海施行"废两改元"金融改革。同年4月在全国推行。

4月　商务印书馆设立东方图书馆复兴委员会。

6月　中国民权保障同盟总干事杨杏佛在沪遇害身亡。

8月　教育部与商务印书馆合作筹印《四库全书》未刊珍本。

11月　福建事变发生。福建人民政府与中华苏维埃临时政府签订抗日停战协定。

是年　东莱银行总行由天津迁至上海。

1月1日　与徐寄顾、徐新六合署浙兴总行通告,取消新年团拜。通告云:"现在时事艰虞,正应减少仪文,祈求实践。新年同人团拜,拟不举行,个人间亦概不往来访谒。特此通告。"(副本,上档 Q268-1-534)

1月7日　浙兴总行充实调查处组织。"使调查处工作适应业务上实际应用,拟具调查处进行方针与办法。"(翁志云《〈邮乘〉产生后两年中本行行务纪要》,《兴业邮乘》,第25期)

1月10日　为浙路股款清偿事呈铁道部长顾孟余函。云:

敬略者:浙江商办铁路公司,于民国三年四月十一日与旧交通部订立收归国有合约,订明所有股款分十二期归还,应于七年六月还清。乃结至现在为止,尚欠第十二期股款九十四万二千一百八十元,又欠公司债票本息二十二万九千八百四十三元,两共一百十七万二千余元。散处受持券人诘责,叠向旧交通部请求偿付,以库帑支绌,迄未践约。国民政府成立以后,又向新交通部请求,亦未筹付。内则开支无着,外则责备纷来,实属异常艰困。幸逢大部创设,总司路政,又当统一告成之际,曾于十八年六月二十六日呈请前部长孙俯鉴下情,速清积欠,于同年八月十日奉到一六三号批示,内开"节略及附表均悉,所请拨还浙路股债各款,现在部帑支绌,无从筹措。该项短欠股债各款,应俟沪杭甬铁路将民国十年内国银行团垫付购车债款偿还清楚后,再尽先在该路余利项下陆续筹还。除令饬该路局遵照外,仰即知照"等因。具见大部体念商艰之至意,感佩莫名。现计奉批业已三年之久,前项股债欠款,迄未准沪杭甬路局拨还,持券人痛苦万分,不得不继续呼吁。侧闻贵部长整理积案,力顾国信,凡各路所欠旧债,均有陆续清还之望。伏祈俯念浙路为完全商办之模范,交出财产实值一千八百余万元,乃以合约应付之尾数,失信至十四年之久,致令持券人多方怨咨,国家之所损实大。伏恳贵部长查照成案,迅赐清还,无任翘企待命之至。此呈铁道部部长顾

浙路股款清算处主任叶景葵 二十二年一月十日

并附节略,仍主完成杭绍线发行债票,托唐有壬转达。《管见节略》云:

一、发行公债一千万元,完成杭绍段工程及一切设备。

二、此项债票年息八厘,九五实收,银行佣金一厘,自第九年起开始分期还本,至第十五年还清。

三、此项债票以沪杭甬全路财产(除中英银公司六十万镑本息第一债权外)为担保。

四、此项债票以每月全路净收除中英原借款应付本息外,尽先作为债票付息基金,按月拨交银行收存,另设基金委员会管理之。

五、银行承受债票后,即以实收之数(除佣金)转入沪杭甬局活期存款户,订定年息①厘,除每月拨付付息基金外,其余凭支票随时支用;如收入不足拨付基金,由铁道部于他路余利项下按月拨足之。

六、此项债票发行以后,应拨还浙路股款清算处第十二期股款及未付公司债共一百十七万二千馀元。

七、如照上项条件,应责成中英银公司承受债票五百万元,再由银行承受债票五百万元,第六条应拨还浙路之款应在银行承受项下,尽先扣还。

(《浙路股款清算始末》,《杂著》,第 321—323 页)

1月12日 为续印浙江兴业银行兑换券事呈国民政府财政部文。云:

为呈请事。窃敝行兑换券自民国十二年十月暨十五年七月间,先后奉准向美国钞票公司订印券面壹千七百万元,陆续发行。除破烂废券已付销毁外,库存之券均已印有地名,发行既久,大都陈旧,将近破烂,实属不敷周转,不得不添印新券,以资应用。拟即续向美国钞票公司仍用原版订印五元券壹百万张,计券额五百万元。理合遵照令发兑换券印制及运送规则第二条,陈明理由及条款,并附呈券样五元券一纸,请求大部核准,批示备案。并恳先行发给上海口进口护照。其护照期限,因须陆续分运,不能过促,拟请自发照之日起以

---

① 原文空缺。——编著者

六个月为限,以利通行。至箱数、船名,现尚未能指定,应俟该公司起运时再行呈请大部批准,合并附陈统祈鉴核照准,无任感祷。谨呈

财政部　　　　　　　　　　　　　　　　　浙江兴业银行董事长叶景葵

附呈五元券样本券一纸,领照用印花税票一元五角(底稿,上档 Q268 - 1 - 605)

1 月 18 日　复陈公洽函,答复行员保证事。云:"奉惠函。承示沈叔瑜兄拟邀章砚香君保证各节,已诵悉。查章君资格,与敝行保证规程相符,已嘱沈君转请章君添送保证书矣。"(信稿,上档 Q268 - 1 - 63)

1 月 19 日　致北平美国钞票公司吴乃琛电。云:"续印五元票一百万张,部已核准,请即电美定制,限四月底在沪全交。前商减尚未得复,拟先印后商,免误限制。盼复。葵。"(电稿,上档 Q268 - 1 - 608)

1 月 20 日　复吴乃琛函,云:"顷承赐示,已得公司复电,印五元钞一百万张,将原开价值减去二元,以每千张美金十八元计算。具徵吾兄竭力斡旋,敝行即遵照办理。昨发一电,请先电美定印,当荷洽办。除由敝行另函接洽外,特先奉复,并致谢意。"(信稿,同上引档)

1 月 22 日　主持浙兴第 250 次行务会议。讨论事项有:①朱振之报告总行放款事。包括怡昌丝厂、徐寄记、蒋抑记、袁行缜、厚康庄、锦云丝织厂、美东银公司、陈叔通、阜丰面粉公司、恒丰纱布一户二户、礼和洋行、民生纱厂、华丰烟叶公司、叶揆记(十二月廿六日计放洋叁万元,地产部存单五万两二个月,月息九厘半)、恒丰纺织新局、福新烟厂、大中华火柴厂、华丰搪瓷厂、李煜瀛、张人杰、通易信托公司、闸北水电公司、财政部、罗泰公司、潘序伦、中国联合工程师公司、公益野味公司、通明星记电气公司、明庶农业公司、中国公学大学部等各户。"众无异议。"②沈棉庭报告各分行放款事。包括杭行、杭行湖墅分理处、汉行、平行、宁行。"汉口一厂近年情形及以后应如何筹划之处,各有讨论。决定:该厂所设之委员会,我行原派委员刘策安君调沪后,应以襄理汪原润君继续派允。先函汉行,嘱其接洽提出。"③徐寄廎报告添印新兑换券事。徐云:"我行兑换券因旧券破烂不堪,已呈财部核准添印五元新券五百万元,正与美钞公司接洽定印。"(《行务会议记录》第 11 册,上档 Q268 - 1 - 173)

1 月 26 日　撰《经籍跋文》题识。云:"此册为简庄先生写定原稿,后有吴兔床跋语,前刊管芷湘编定目录,又附钱警石致蒋生沐札。蒋氏刊入《涉闻梓旧》,由钱氏介绍而成,可于札考见之。册中各件,皆吾乡先哲手书真迹,弥足珍重,亟宜宝存,毋使散佚。杭县后学叶景葵敬题。癸酉元旦日。"(手迹,《经籍跋文》原书,上海图书馆藏)

《经籍跋文》一卷,(清)海宁陈鳣(仲鱼)撰,手稿本,二册,附(清)钱泰吉手札。(《叶目》)

1 月 30 日　为印制兑换券补缴护照费事呈财政部文。云:

为呈送事。窃敝行前呈请拟向美国钞票公司订印五元券壹百万张,请予核准批示,并先发上海进口护照等由。奉大部批示"呈悉。据请向美钞公司订印五元券壹百万张,计券额五百万元。核与兑换券印制及运送规则尚无不合,应准如数印制,并填发吉字第式拾式号上海进口护照一张,随批颁发备用。应纳照费二元,仰即补缴,并附发护照一纸"等因。奉此。所有照费二元,遵即随呈补缴。请予核收。谨呈

财政部　　　　　　　　　　　　　　　浙江兴业银行董事长叶景葵

附缴护照费银式元　　　　　　　　　　(底稿,上档 Q268-1-605)

同日　汉行经理刘策安移交职务,赴调总行稽核。王稻坪接任汉行经理。刘于 1934 年 5 月离开浙兴。(翁志云《邮乘产生后两年中本行行务纪要》,《兴业邮乘》,第 25 期)

同日　郑振铎签署借据一纸,向先生借洋 2 000 元,以书籍为抵押品。借据全文云:

今借到叶葵初先生处洋式千元正。言明以另单各书为抵押,周息壹分,壹年为期。期内亦得陆续还款,息随本减。如欲抽回押品之一部分,须事前商得押主之同意。此据。

中华民国廿二年一月卅日　借款人郑振铎(原件照片)

1 月　章钰复先生函,告以筹印《谐声谱》计划。云:"《谐声谱》最低办法已邀采纳,即与森兄[①]详商。所有向协会续借及觅高等略通篆体写官两层,渠均允为料理,俟数日即行著手。弟旧学肤浅,亦愿借此得识古韵门径,治丝不棼,期于一年毕事。万一学识不够,或生障碍,则必从早述明,免成笑柄。至新本与稿本二种,期成一律,自当照行。一面请与森兄便通一书,切托尤妙。所有用费,似可函告贵京行发一支票,以一二百元为限,由弟填付,写人自行支取,较便核算。然亦是明年事矣!"(原件,《尺素选存》)

2 月 1 日　得美国钞票公司 1 月 25 日来函,告知兑换券各批起运时间。云:"接二十日由贵行北平分行转来贵董事长叶先生来电后,敝处当即致电敝公司纽

[①] 森兄,即徐森玉,时任职于北平文化协会。徐森玉《卷盦膡稿序》云:先生"尝得张惠言、成孙父子所撰《谐声谱》稿本,为研究文字音韵要著,亟谋刊传,倩人校录。余亦为之饷借传抄之本,以供参考。"(《杂著》,第432 页)——编著者

约大板华特好尔君(D. E. Woodhull),定购五元钞票一百万张,印一九二三年十月一号日期,价每千美金拾捌元,约定本年四月底以前在上海交货。二十一日敝公司纽约总行复电云:'定购货当立即赶办。'关于交货事,今晨得纽约来电如后:'浙江兴业银行钞票二十五万张,约四月十二日可起运。二十五万张约四月十九日可起运。五十万张约四月廿六日可起运。'照一九二三年十月十二日贵行与敝公司所订契约,定货时先交货价半数,余数则交货时付。此次定货似应照约办理。是否有当? 乞即示复。"(原件,上档 Q268 - 1 - 608)

2月2日　致严鸥客函,致送上年监察人公费。云:"承检查敝行发行库发行钞票及房地产部账目等,定公费洋八百元。廿一年份上半期洋四百元,业经致送。现致送上年下半期洋四百元,尚乞惠收,挚给收条为荷。"(信稿,上档 Q268 - 1 - 63)

2月11日　主持浙兴第 251 次行务会议。讨论事项有:①朱振之报告总行放款事。包括张笃生、恒康号、蒋抑记、寿祥号、成一地产公司、王锦华、叶揆初、培成公司、阜丰面粉公司、宝源祥丝栈、裕经丝厂、宝昌万记丝号、鸿丰丝号、源丰丝号、民生纱厂、振华纱厂、大丰纱厂、华成烟公司、福永烟公司、华胜印刷公司、天一印刷公司等各户。"众无异议。"②沈棉庭报告各分支行放款事(略)。(《行务会议记录》第 11 册,上档 Q268 - 1 - 173)

2月14日　撰《石林居士建康集》跋。云:

此本有鲍渌饮先生墨笔校语,得之十年,未曾覆勘。壬申残腊,吾友邓正闇群碧楼余籍散出,有谦牧堂旧藏潜采堂钞本《建康集》,为同乡王氏所得。吾友宗耿吾亦同时收得一钞本,有朱彝尊锡鬯父印,由慈谿李氏散出者。两本同时假得,参互细校,各有佳处。鲍抄本讹字,有渌饮未及校者,得以是正。其两本互异之字,亦分别著之。鲍抄本与群碧楼本,往往相合,而与耿吾得本违异处较多。乃知竹垞两钞本,非出一源,异本贵兼收,洵然!

同时又取郎园校刊本核对一过,郎园所据为楸花盦校刊本,除依缪校本补论七篇外,余与鲍抄本及群碧楼本卜九相符。惟刊刻时校雠疏略,颇多讹字,即就所见随笔校正。癸酉正月二十日,景葵识。(《书跋》,第 128—129 页)

《石林居士建康集》八卷,(宋)吴县叶梦得(石林)撰,钞本,二册,阙名校。(《叶目》)

2月15日　校明嘉靖刊本《齐民要术》,并撰校记。云:

癸酉岁首,收得嘉靖刊残本一至六卷,源出于宋,后四卷以《秘册汇函》本配补,因假邓正闇兄群碧楼所藏明钞本,细校一过。正讹补阙,愉快之至。涵芬楼影印群碧本,颇有描改失真处,细勘原本便知之,正闇手跋录左。景葵。

又以上虞罗氏影印日本高山寺藏北宋明道刊本残册卷五卷八,详校一过。

癸酉正月廿一日校讫,景葵记。(《书跋》,第96页)

《齐民要术》十卷,(后魏)贾思勰撰,明嘉靖刊本(卷七至十明《秘册汇函》本配),六册,叶景葵校。(《叶目》)

2月18日 主持浙兴重员会议。出席者有徐寄庼、陈叔通、徐新六、朱振之、沈棉庭、陈元嵩、马久甫、史稻村、萧钰麟、罗郁铭、黄延芳、向锡璜、徐奠成、俞道就、徐曙丞、竹尧生、罗友生、杨石湖与马菊年等。讨论事项有:①各种存款利率案(略)。②押品种类及折扣案。议定:"公债类 英金善后、比款美金、中法美金、国税库券、编遗库券、十九年善后库券、十九年关税库券、十九年及廿年卷烟库券、裁兵公债、统税库券、盐税库券,以上均照本价六折至八折。"③总分行往来额度案(略)。④房地产押款限制案。"议决以后不宜再加,地产部除外。"(浙兴重员会议记录簿,上档 Q268-1-62)

2月19日 主持浙江兴业银行第26次股东常会。报告1932年份上下两届营业情形。主要经济指标如下:

资本总额400万元,公积金2 305 877元,往来存款21 991 897元,定期存款37 016 160元,暂时存款5 442 715元,发行兑换券7 088 917元,领用他行兑换券345万元,储蓄部往来4 152 608元;现金5 394 236元,存放同业13 339 157元,有价证券9 433 001元,往来透支596 026元,往来抵押透支4 094 695元,定期抵押放款30 273 283元,暂记欠款1 043 999元,发行兑换券准备金7 088 917元,领用他行兑换券准备金345万元,房地产信托部房地产5 545 184元,营业用房地产250万元;本届总纯益302 777元。

"股东对主席报告均无讨论,旋以起立法付表决。全场股东一致起立,表决承认廿一年份上下两届决算及纯益分配表。"会议选举叶景葵、徐寄庼、徐新六、蒋抑卮、沈籁清(以上常务董事)、史致容、沈棉庭、周湘舲、胡经六、张澹如、陈永青为新一届董事,陈叔通、陈理卿、严鸥客为监察人。会后董事会举行会议,先生再次当选董事长。(《浙江兴业银行第二十六年股东定期会概略》,上档 Q268-1-162;《兴业邮乘》,第25、28期)

2月22日 唐有壬致徐新六函,转告铁道部长顾孟余请先生赴宁面商浙路股债事。函云:"前奉手示及葵老署名之节略附件等,此三事均经办达孟余部长。渠极思当面一谭。可否即请葵老即日(最好二十三日即星期四)夜车命驾来京,次日晚车即可同车返沪,如何之处,统恳代达,是为至祷。"先生认为,"此日颇难得",遂定于2月23日晚应约赴南京。(《浙路股款清算始末》,《杂著》,第323页)

2月23日 夜车赴南京。(同上引书)

2月24日 访铁道部长顾孟余。先生记云:"二十四日晨与顾面谈一小时,虚衷下问,毫无隔阂,采纳鄙意,允与中英银公司切商。嗣后传闻部司科中人颇有少数反对此议者,幸顾不为动。但因循一年,尚未解决,其延宕之大原因,仍在中英银公司也。"当晚返沪。(同上引书,第324页)

2月 校阅《姓氏辩误》并撰题识。全文如下:

> 介侯著《姓氏五书》三百余卷,道光庚戌先刊《寻源》《辩误》二种。兹检枣华书屋原刊本,与此稿核对,字句不同处颇多。此稿写定以后,又经随时修正耳。癸酉正月,景葵识。

> 所列各氏,有刻本有而此稿无者,疑黏附之纸,或多脱落。亦有此稿有而刻本无者,此为初稿无疑。(《书跋》,第119页)

《姓氏辩误》十卷,(清)武威张澍(介侯)撰,初稿本,四册。(《叶目》)

3月1日 与中国银行张公权签订浙兴领用中行兑换券第二次修正附件[①]。附件云:

> 兹因中行与兴行双方协商,将民国四年九月十四所订合同,及民国十八年五月二十三日所黏附之附件,再行修改如下:

> 一、兴行领用中行兑换券自民国二十二年三月十日起应备现金准备六成,中行不给利息。

> 二、兴行领用中行兑换券,自民国二十二年三月十日起,再备保证准备二成,此项保证准备兴行以中央政府各种公债或各种库券充之,但以市场有实际买卖之公债库券市价六折者为限,否则依照市价仍以债券补足六折。惟兴行对于此项保证准备之债券,得随时向中行自由调换之。

> 三、兴行领用中行兑换券,自民国二十二年三月十日起,除一二两项准备八成外,其余二成空额应由兴行自备保证金,并由中行向发行检查委员会声明之。

> 四、兴行领用中行兑换券,如遇破旧不能行使时,中行允予陆续调换新券,此项新券之印刷费,由兴行负担。

> 五、兴行除汉口领用五十万元,仍照民国十七年六月七日附约及本附件办理外,得续向中行领用兑换券一百三十五万元,以符合同五百万元之领用额,但此项一百三十五万元之领券,须双方另订新合同,其条件同时另订之。

> 右修订各点于民国廿二年三月一日再粘附。

> 　　　　　中国银行常务董事兼总经理张嘉璈印
> 　　　　　浙江兴业银行董事长叶景葵印

------

① 第一次修正见1929年5月23日条。——编著者

续领一百三十五万元兑换券合同

上海浙江兴业银行(以下简称兴行)向上海中国银行(以下简称中行)领用兑换券合同,所有条文开列如下:

一、兴行向中行领用上海地名五元兑换券,以领足一百三十五万元为度。

二、兴行领用兑换券,应备现金六成,交付中行为准备金,又各项公债票及各项库券或上海房产道契四成。公债票及库券按照市价八折核计,道契按估价五折核计,均须经中行认许方可交纳。遇有市价跌落时,应由兴行随时补缴足数,交付中行为保证准备金。其六成现金不计利息,兴行不得动用。所有缴作准备之现金及公债票库券或道契,由中行给予正式收据,载明种类。

三、领用之兑换券双方各加暗记,所有领用暗记券应需制造费,由兴行认付,每张洋八分。

四、中行收兑兴行领用之兑换券,可随时向兴行兑换现金。

五、兴行领用上海中行之兑换券,应由中行通饬他埠各分支行一律照兑。他埠各中行收兑上项兑换券,中行随时凭代兑行报单制成代兑领券保管证,按兑入原期向兴行兑取现金。所兑之券随时由中行设法运回,其代运费用归兴行负担。

六、中行兑换券设遇金融恐慌,兑现过涌,兴行应临时悬牌代兑。一面或续交现金四成,或以所存领用之兑换券冲充,或以代兑之券抵冲,取回公债票及库券或道契。但四成现金交足以后,兴行可不再兑现。倘遇上项风潮,兴行收兑领用券已满四成,亦得通知中行,不再收兑。惟须将兑入之四成领用券缴还中行,取回公债票库券或道契。缴还以后,兴行亦不再兑现,一俟市面平定,再行照约领用。

七、本合同有效期间定为五年,遇有特别事故得随时取销之。取销时兴行应缴还四成现金,或领用之兑换券换回公债票及库券或道契。如通知取销合同之次日尚未缴足,得将缴存公债票及库券或道契由中行自由处分,不足仍应由兴行补缴足数,有余找还。

八、本合同经双方同意得修改之。

九、本合同满期后,如经双方同意得继续办理。

十、本合同共缮一式两份,中行及兴行各执一份。

中华民国二十二年三月一日立合同

中国银行常务董事兼总经理张嘉璈印

浙江兴业银行董事长叶景葵印

(叶景葵、潘用和编《本行发行史(六)》,《兴业邮乘》,第 28 期)

3月8日　主持浙兴重员会议。会议议决设立债券投资委员会,指定叶揆初、徐寄顾、徐新六、沈棉庭、竹淼生五人为本委员会委员,徐新六为召集人。(1933 年 3 月 12 日浙兴总办通函,上档 Q268－1－62)

3月10日　校毕钞本《韵补》,朱笔题写校记二则。其一:

余前购常熟翁氏旧藏毛子会钞本《韵补》五卷,首尾皆毛氏手钞,其馀集众手而成,复经毛氏校正。顷书友李子东示余一明初刊本,经文村老民王氏手校者。刊本失去序跋,未详刊者姓名,但知非许宗鲁本耳。文村校语,至为精审,因取余藏钞本,详校一过。

文村所引各本,一为宋本,颇有讹脱,当即《瞿目》著录之本。文村馆于恬裕斋,固寝馈有年也。又引一钞本,其佳处与此本无不密合,当与毛氏传录之本同出一源,或即毛氏所见之本亦未可知。此本固出于庐山故家也。又引一本,当系刊本,未详时代。又引陆敕先校宋本,其底本为刊钞,不可知矣。

凡此本与宋本及各本异文皆详录之。

文村校定异文外,复编改所引原书,根究疑义,每于韵母多所订正。非深于小学、韵学者不能,亦详录之。

凡文村审为宋本之讹,而此本不讹者,概不省略。

明初本与此本异文,书曰:"明初本作某。"

明初本间有旧校,凡可与此本相印证者,皆录之。书曰:"明初本旧校作某。"其有文村校语者,更加"校云"二字以别之。

宋本有数处,是以订正此本,但此本讹字,以文村校语证之。宋本十九皆讹。其宋本讹而此本不讹者,尤属多数;明初本讹而此本不讹者,亦数十字。始知毛氏所据之本极有价值,复校勘工夫又异常细密,洵属善本。癸酉二月十一日起,每日灯下校一卷,五日而毕。十五日灯下,叶景葵识。

其二:

此卷有烂损字,癸酉仲春依明初刊本补写。景葵。(手迹,原书,上海图书馆藏)

《韵补》五卷,(宋)建安吴棫(才老)撰,(清)嘉定毛际盛(子会)手钞本,二册,叶景葵校。(《叶目》)

3月12日　签署浙兴总办通函:①通报设立债券投资委员会及其组成人员;②通报"本行公积金截止上半年底止,计银元二百六十二万余元。常年广告内应否登载,请酌量情形办理为荷"。(副本,上档 Q268－1－62)

3月14日　主持浙兴董事会,议定任命竹淼生为总行经理。(1933 年 3 月 14 日浙兴总办通函,副本,同上引档)

同日　校勘《花间集》钞本,并撰校记。云:"武林赵氏小山堂影钞宋淳熙十四年鄂州使库刊本《花间集》十卷,十行十七字,与陆元大所覆绍兴本不同。前无赵崇祚及欧阳炯衔名,后无晁跋。每卷前有子目,连正文同题,每首连接,无其二其三等标题。宋讳不阙笔,即海源阁著录之本也。癸酉正月购于杭州经训堂,兹与陆元大本对校一过,以陆本为主,而以淳熙本异文注于下(校文略)。""钞本固有讹字,亦有灼知,陆本之讹,而此本不讹。或义较陆本为胜者,以小圈为识。此本当与陆本并重。余别藏万历玄览斋本,远逊之。癸酉二月十八日校毕记。景葵。"(《书跋》,第178—183 页)

《花间集》十卷,(后蜀)赵崇祚(宏基)辑,清武林赵氏小山堂据宋鄂州使库本景钞,三册,叶景葵校。(《叶目》)

3 月 18 日　赴银行俱乐部出席商务印书馆董事会会议,核议公司营业报告、资产负债数及损失计算书各案。上年盈余共 87.18 万元,上届亏耗余数 12.4 万元已先行弥补,本届股息分派定每股 7.2 元。议决通过。(《商务印书馆董事会记录簿》)

3 月 26 日　赴上海市商会议事厅参加商务印书馆股东常会。总经理王云五报告本届营业、生产及清理旧厂情形。监察人周辛伯报告各项账册、报表审核经过。会议通过公积金及盈余利息分派议案。会议选举新一届董事会,王云五、李拔可、夏鹏、郭秉文、鲍庆林、张元济、高凤池、张蟾芬、丁榕、刘湛恩、高梦旦、周辛伯、徐寄顾等 13 人当选董事;徐善祥、黄汉梁、叶景葵等 3 人当选监察人。(1933 年 3 月 27 日《申报》)

4 月 2 日　浙兴郑州支行新浦办事处开幕。地点郑州新浦东大街恒真弄内。1934 年 8 月 5 日改称新浦分理处。(浙兴机构成立记录卡,上档 Q268 - 1 - 24)

4 月 5 日　赴银行俱乐部出席商务印书馆董事会会议,核议同人奖励金分配暂行章程及乙种特别公积支配案。议决以乙种特别公积三分之一(约 4.5 万元)为恢复东方图书馆用。张元济就本人为东方图书馆捐款事谓:"本人前捐扶助同人子女教育基金现尚存七千余元。拟再加捐贰仟余元,凑足一万元,移捐与东方图书馆为恢复之用。"张又就酬劳善后期内办事人员议案发言:"上年公司办理善后,为期六个月,办事人辛苦异常,津贴仅薪水六折至三折,炮声之中,炎暑之下,无一日休息。现在公司复业以后,成绩良好,善后之功,实不可没。公司对解雇同人已多补助,分馆同人上年亦得有贴息奖金。对于善后期内办事人似应有略为酬报之表示。故元济特临时提议,敬请公决。并以此事关涉王云五、李拔可、夏筱芳、鲍庆林四君,依照董事会章程,应请四位暂为退席回避。"经讨论后议决:由公司另拨三万元,以一万元酬劳善后办事处常务委员,王派得三千五百元,李、夏各派得二千五百元,鲍派得一千五百元。以二万元酬劳善后办事处同人,由张元济与王云五酌定。

(《商务印书馆董事会记录簿》)

4月中旬 为浙兴印制兑换券事赴北平。(1933年4月22日复徐新六函,原件,上档Q268-1-608)

△ 在平期间,先生携清人张惠言《谐声谱》稿本访章钰、徐森玉等,磋商整理办法。章记云:揆初得此书,"携入旧都,就商写定之法。适闻东方文化会又收一本,乞徐君森玉郑重告借。其书不如原稿精整,而增益不少,且载阮文达序谓,出彦惟手与否,无法断定。互勘之次,种种歧出,欲合三本成一本……"又请戴绥之校勘。于是一年后,"沉埋百数十年"之《谐声谱》稿本由先生出资影印出版。(章钰《〈谐声谱〉序》,原书)

4月20日 徐新六为三友实业社押款事致先生电。云:"北平转揆公:淼生来洽,三友社拟以杭厂押八十一万,原押上、中两行①货物一百廿万,到期亦归我做。监督会计似可做。尊意如何? 电复。新。"(电稿,上档Q268-1-450)

4月22日 自北平致徐寄顾函,告以美钞公司第一批钞票运华日期。云:"顷吴芰忱兄通知,第一批五元票二十五万张,计装五箱,已于昨日装胡佛总统号自美运华,请速填发护照。弟已嘱其径以英文电致总行,谅已接洽。该公司在沪系由美国运通银行代表,届时以提单交与我行,即可用护照提货。特再以航快函通知。"徐新六批注云:"可由罗副经理电话一询。新。"(原件,上档Q268-1-608)

4月23日 复徐新六电,同意三友社押款事。云:"电悉。弟意可做。葵。"(原电,上档Q268-1-450)

4月24日 签署浙江兴业银行呈财政部文②。云:"为呈报事,查敝行以原发兑换券大都破旧,于本年一月间,呈请向美国钞票公司添印原版五元券壹百万张,计券额五百万元,请求核准,并请随给进口护照。一月二十五日奉大部批示'呈悉。据请向美钞公司订印五元券壹百万张,计券额伍佰万元。核与兑换券印制及运送规则,尚无不合,应准如数印制,并填发吉字第二十二号上海进口护照一纸,随批颁给备用。惟新券运回时其装载船名及券额箱数,应先期呈报,以凭令饬江海关验放'等因,奉批在卷。现接美国钞票公司来电,所印兑换券分批装运,其第一批五元券二十五万张,计券额一百二十五万元,分装五箱,已于四月廿一日在美国交胡佛总统号(PRESIDFNT HOOVER)轮船运华,由上海进口。理合遵批报明船名及券额箱数,请求预饬江海关,届时照案验放。实为公便。"(底稿,上档Q268-1-605)

---

① 指上海商业储蓄银行与中国银行。——编著者
② 时先生似尚在北平,呈文底稿上有徐新六、蒋抑卮等签字,由此推测此文系浙兴总办以董事长名义起草并发出。——编著者

4月25日　浙江兴业银行与三友实业社签订押款草合同。全文如下：

立草合同

浙江兴业银行(下称甲方)

右代表人徐新六　甲方总经理

三友实业社股份有限公司(下称乙方)

右代表人岑子厚　乙方总经理

今因乙方愿以左列条件,向甲方借款,计借款总额暂以国币式百万元为额,乙方如需增借,须商由甲方通融,或以其他担保品抵借之。甲方业已允诺。兹将双方合意各条件,开列如左：

一、借款总额暂定国币式百万元正。内分厂基押款,计国币捌拾万元正;此项借款如需增减时,乙方得向甲方商允办理;货物质款,计国币一百二十万元正,均以二年为期。厂基押款利息,以月息玖厘计算,每三个月付清一次;货物质款利息,以月息捌厘半计算,每月月底付清一次。

二、乙方以杭州拱宸桥、上海引翔港二家厂基地亩,均连上盖厂屋及两厂一切机器生财,为厂基押款之担保品。杭厂厂基及引厂道契地亩,均有乙方出费,过入甲方户名。两处厂屋,并由乙方出费,用甲方户名保过火险。地亩凭证及保险单、保费收据,均交甲方存执,其两厂一切机器生财,则由乙方点交甲方占有。

三、乙方以所有材料花纱毛及一切成品,照市价七折,向甲方订用质款,以上开国币壹百念万元为额。乙方随时交入质物,甲方随时供给质款。

四、上条所载乙方所有材料花纱毛及一切成品,其已在他行作押并已到期者(如上海中国银行),即日移转于甲方;其未到期者(如杭州中国银行及上海商业储蓄银行),一俟到期,均即移转于甲方,统归甲方承做。其与原受押行所定契约上关系,乙方允负责向其解除。

五、抵借款项之货物堆栈(即堆存花纱毛及一切成品之货栈),以乙方营业便利为主;甲方自设之货栈,如乙方可以利用,则所用货栈照付栈租,一切按照普通租赁规则办理。

六、乙方所有银钱往来及一切押汇保险,均允归甲方一家承办。惟订本约前乙方与其他利害关系人订有契约者,从其契约俟期满后移转之。

七、甲方得派会计员一人,常驻乙方上海之营业所;并派稽核员一人随时稽核。该员有查核一切账簿之权。乙方之杭厂及栈房,并由甲方派驻管理员,占有管理其质物。乙方除借给稽核员、会计员、管理员等之食宿外(派驻杭厂者食宿自备),并允津贴甲方每月国币叁百元正。

八、乙方允于正式合同内约定乐振葆君为保证人。

九、本草合同签订后三日内,先由甲方划付乙方厂基借款六十万元,货物借款四十二万元,以资应用。并于一星期内双方订立正式合同。俟正式合同成立,本草合同即行废止。

十、本草合同经甲乙两方各代表人签订后,甲乙两方各执一份。

中华民国二十二年四月二十五日订 (副本,上档 Q268-1-450)

4月29日 签署浙兴呈财政部文,通报美钞公司第二批兑换券"二十五万张,计券额一百二十五万元,分装五箱,于四月二十八日在美国装包而克总统号(PRESIDFNT POLK)轮船运华,由上海进口","请求钧部再饬江海关届时照案验放"。(底稿,上档 Q268-1-605)

同日 赴银行俱乐部出席商务印书馆董事会会议,核议东方图书馆复兴委员会章程案。议定聘胡适、蔡元培等为图书馆复兴委员会委员,张元济任主席。(《商务印书馆董事会记录簿》)

4月 联名签署刊发《筹备梁燕孙先生纪念事物启》。启曰:"民国二十二年四月九日梁燕孙先生卒于沪。同人等追思先生服务于国家、社会凡数十年,平生抱负,蕴蓄甚宏。而事绩之表著于外者,亦复不可胜计,亟宜有所表彰记载,以资矜式而垂不朽。兹拟于上海设立先生纪念事物筹备会,至少先集款十万元,陆续举办下列各事:一、编辑全集及言行录;二、设置纪念学校及教育公益基金。"附《梁燕孙先生纪念事物筹备简章》。发起人有段祺瑞、唐绍仪、罗文干、施肇基、黄郛、顾维钧、许世英、王正廷、黄炎培、叶恭绰、张元济、史量才、徐新六等 122 人。(排印原件,《张元济年谱长编》下卷,第 920 页)

5月8日 签署浙兴呈财政部文,云"现又接美国钞票公司来电,其第三批即最后一批五元券五十万张,计券额二百五十万元,分装十箱,已于五月五日在美交威尔逊总统号(PRESIDENT WILSON)轮船运华,由上海进口","请求钧部令之江海关查照验放"。(底稿,上档 Q268-1-605)

5月20日 赴银行俱乐部出席商务印书馆董事会会议,审议香港分厂建筑房招标案。(《商务印书馆董事会记录簿》)

同日 浙兴宁行下关办事处开幕。地点南京下关大马路。1934 年 8 月 6 日迁至南京惠民桥商埠街,改称下关分理处。(浙兴机构成立记录卡,上档 Q268-1-24)

5月28日 校读明弘治本《梦溪笔谈》并题识。云:"癸酉端午,借得弘治乙卯华容官署徐宝刊本,校读一过。弘治本虽出于旧本,然讹字甚多。去年见宋刊本,即彭文勤故物。以价昂不能得,惜未克对校。弘治本亦有可订正毛本之处。但毛本校勘颇精,所据必系善本。揆初识。"(《书跋》,第 79 页)

5 月 29 日　主持浙兴第 252 次行务会议。讨论事项有:①朱振之报告总行放款事。包括财政部(二月十六日加押洋二十万元,原借款四十万元除已付廿万外,今续补廿万。抵押品除已收金短公债五十万外,今续收五十万。……五月廿二日计放洋式拾万元。二十年金融短期公债三十万,六个月,月息壹分)、同丰源、杨公赞、东昶、鼎丰钰、正记烟叶、礼和洋行、徐寄记、恒丰纺织新局、三友实业社、中华煤球公司、阜丰面粉公司、民生纱厂、宁绍商轮公司、杭州光华火柴公司、太乙味精厂、泰祥证券号、永兴盛柏油行、庸报馆等户。"众无异议。"②沈棉庭报告各分支行放款事(略)。(《行务会议记录》,第 11 册,上档 Q268-1-173)

同日　签署浙兴呈财政部文,缴还运送纸币进口专用护照。云:

> 为呈缴事,案查敝行前呈请向美国钞票公司订印原版五元券壹百万张,计券额五百万元,奉钧部批准照印,并发给吉字第二十二号上海进口护照。此项定制钞票分三批运华,经将每批张数、箱数、船名先后呈报钧部,令知江海关验放各在案。现在定制钞券业已如数次第运到,理合将奉发吉字第二十二号运送定制纸币进口专用护照一纸,备文缴回,即请詧收注销是荷。谨呈

财政部　　　　　　　　　　　　　　　浙江兴业银行董事长叶景葵

计附缴运送纸币进口专照一纸　　　　　　　　(底稿,上档 Q268-1-605)

5 月　接白辅唐函报告郑州大昌树艺公司近况:"今岁麦收甚佳,较去年增一倍。因雨水匀足,狂风不起,堪以庆幸。刻下花生、高粱、豆子各苗,亦极茂美。如无大雨,可望丰收。今春招佃二家,又修草房六间,备新佃居住;买牛二头,修大墙七十丈;修路一百五十丈。数月以来,地面平靖。恺居乡门日多,居城日少,每日督工,尚觉心逸,惟一到城中,见报载倭奴攻我华北,各地居民涂炭,不禁发指。回首家园,音信杳然,好歹莫知,心忧难量!"(引自《记郑州大昌树艺公司》,《杂著》,第 250—251 页)

6 月 1 日　浙兴湖州货栈开办。地点浙江湖州务前石坂上。(浙兴机构成立记录卡,上档 Q268-1-24)

6 月 4 日　撰《记郑州大昌树艺公司》。文章回顾宣统初年(1909 年)集股创设大昌公司,二十余年来,经历自然灾害、兵匪劫难等艰辛曲折;盛赞经理白辅唐不畏艰险,坚忍不拔,屡蹶屡起,终于创造成功之奇迹。最后总结云:

> 以后之成败不可知;今日公司之成绩,皆白君一人奋斗之所致也。即此一事而论,白君之优点,皆为余之弱点。余对于此事,不过逢场作戏;而白君行其所学,富有责任心。余不免侥幸图成;而白君脚踏实地。余欲白君弃公司而去,不免畏难思避,意志薄弱;而白君百折不挠,有定识,又有定力。壮哉白君,诚不愧为好经理。

由此可知,凡事只争最后一着。向使白君一去不再来,则今日之成绩无由见;而白君个人之优点,余虽深知之深信之,亦无由使社会共见之也。(刊于《兴业邮乘》,第 11 期,1933 年 7 月 9 日;《杂著》,第 251 页)

6 月 5 日 主持浙兴董事会,议决:①修改本行总规程第六章有关条款;②添设无锡支行,直辖总行。(翁志云《邮乘产生后两年中本行行务纪要》,《兴业邮乘》,第 25 期)

6 月 25 日 撰《一切经音义》跋。云:"此为李越缦传录臧拜经校本,后有跋语云:'此从东里卢抱经师所□①浙本细校,臧本实善于浙本,然臧本之误者,浙本往往不误,得据以正之。辛亥十一月(下阙)。'下钤'越缦堂主'一印,'慈铭私印'一印,书贾欲伪充越缦自校本,故剜去所下一字及跋后题名。殊不知越缦传录本故足珍贵也。《拜经堂文集》卷二,录《华严经音义序》云,此定当与《一切经音义》并传。惜此本出钞胥手,未及学士勘对,故脱误甚众,观此可知《一切经音义》卢学士必有勘对之本。辛亥为乾隆五十六年,正抱经主讲龙城书院,拜经亲炙问业之时,跋语称卢抱经师校语,或称卢绍弓学士,核其年代称谓均与《拜经文集》吻合。故越缦传录原本,为拜经校本无疑也。庄氏刻于乾隆五十一年,臧校系庄氏原刻本,故校语中有纠正庄刻数条。 癸酉正月得于杭州经训堂,闰五月初三日记。景葵。"(《书跋》,第 116 页)

《一切经音义》二十五卷,附《华严经音义》二卷,(唐)释玄应撰,附(唐)释慧苑撰,(清)武进庄炘(虚庵)、嘉定钱坫(献之)、阳湖孙星衍(渊如)校,清同治八年仁和曹氏重刊本,四册,(清)阙名录臧庸校。(《叶目》)

7 月 3 日 签署浙兴总办《收录试习生规程》,"先就总行试办"。(翁志云《邮乘产生后两年中本行行务纪要》,《兴业邮乘》,第 25 期)

7 月 9 日 《兴业邮乘》第 11 期刊登先生《记郑州大昌树艺公司》一文。(原刊)

7 月上旬 赴莫干山避暑。与丁文江、陈叔通等为邻,过从甚密。(《与丁文江论竹》,《杂著》,第 268—269 页)约 8 月中旬返沪。

7 月 10 日 总行副经理朱振之抵天津就任津行经理职。(翁志云《邮乘产生后两年中本行行务纪要》,《兴业邮乘》,第 25 期)

7 月 12 日 浙兴无锡支行开幕。地点江苏无锡北门外前竹场巷。(浙兴机构成立记录卡,上档 Q268-1-24)

7 月 13 日 致钱新之函,托代为继儿叶维报名入学。云:"山居已竣工,闻台

---

① 原文空缺。——编著者

驾十日方可来,极为企盼。小儿拟投考南洋模范中小学高小一预备班,恳兄为之先容。去夏舍侄投考时,仗大力得即录取。故拟其弟兄同校,便于招呼也。琐事渎神,不安之至。即颂暑安。""履历乙纸附上,并呈青览。"(手迹照片,孔夫子旧书网)

7 月 16 日 章钰致先生函,告以《谐声谱》校录进展。云:"前月由贵行交到手书并原封张稿及二百元存折后,弟正以小学书而中多篆体,此间仅普通写字人,即由弟指点,万不能合式而无深误。正在为难,适五十二年前同入学老友戴绥之姜福孝廉,现已无事,当再托森玉兄供文化协会藏本,约绥来寓详细互勘,允可任校录之役差。惟法本及借本约均七百叶上下,绥本贫士而又高介,润不能以字计,而以月计。请否月交百叶,致润四十元。渠办法以先看异同,动笔间有疑问,复附札记卷末,并写明'吴县戴某校录'。缘绥兄本小学韵学专门,一览即瞭然之,与弟之浅涉者不同也。自本闰初旬起,今日来视□写本无一字不考订,无一字不工整。苟能地面无事,渠无老病,大致旧历年内必可告竣差,足副传古盛心。"(原件,《尺素选存》)

7 月 27 日 浙兴郑行驻马店办事处开幕。地点河南驻马店车站福记煤油公司内。1934 年 8 月 6 日改称分理处。(浙兴机构成立记录卡,上档 Q268-1-24)

7 月 在莫干山,某日与丁文江论竹。先生记云:"廿二年夏,余避暑莫干山,老友丁在君(文江)亦上山养病,余留住山居,纵谈极乐。一夕在月下,余赞竹之佳处,在君则极口诋之。次日示余五律一首如下:'竹是伪君子,外坚中实空。成群能蔽日,独立不禁风。根细善钻穴,腰柔惯鞠躬。文人都爱此,臭味想相同。'适陈叔通见访,渠亦爱竹者,助余张目。在君曰:'公等皆所谓文人也。'相与一笑而罢。在君所以坚持己见,却非无因。当时资源委员会因我国木浆缺乏,而长江以南,遍地修竹,曾将竹材寄至各国化验。后称竹材不及木浆,以竹造浆,不易腐烂,耗时太久,用腐剂太多太费,纤维太短。故各国造纸家皆谓以竹造纸,最不经济,不合现代之需要。在君所以力持此论也。"丁文江正以此经济效益原因,不喜欢竹子。(《与丁文江论竹》,《杂著》,第 268—269 页)

8 月 1 日 浙兴郑行信阳办事处开幕。地点河南信阳旗杆胡同 3 号。1934 年 8 月 11 日改称信阳分理处。(浙兴机构成立记录卡,上档 Q268-1-24)

8 月 12 日 于莫干山撰《我与本行关系之发生》[①]。全文如下:

光绪三十一年,我正三十二岁,在奉天将军署内,任总文案,兼会办财政局事。适江浙士民,聚款集股,自筑苏浙铁路。我有同僚金仍珠君,接苏路总理张季直君函,请其在奉、吉、黑三省,招募苏路股款,并约我襄助,我想三省浙人

---

① 《叶景葵杂著》收入此文时改题为《我与浙江兴业银行关系之发生》。——编著者

甚多,何以浙路公司,竟无此举。但浙路总协理,以及董事,除老友樊时勋君外,我皆不识。因函致樊君,告以此意。即由樊君转达汤蛰仙君,乃得汤、刘(澄如)两君正式委任,嘱我招募浙路股款。金仍珠君虑两人同时招股,发生冲突。我乃与金君约,彼此合作。凡浙人愿入股者,分为苏浙各半,不愿者听便。金君对于苏人亦如之。结果,招得浙股十一万余元;苏股稍弱于浙股,因三省流寓各户,浙人多,而苏人少也。非苏浙人,亦颇有入股者。后来权势炙手之张作霖,当时仅为一营统领,带有五百人,曾认苏浙股各一百元,系我托同乡张金坡、朱子桥两君介绍之力。

三十二年,路股事将结束,又接汤刘两君公函,嘱我招募浙江兴业银行股份。记得招股公启,文辞甚美,惜我未保存,今已无从觅得。我在书报上看见银行之名,不知内容究系何物。彼时三省人士,谈及银行者,绝无其人。我想此股,决无从招募。但桑梓之事,不可不尽义务,乃自认股五千元,而将招股事据实辞谢,于是我在模糊影响中,腼然为本行股东矣。

三十三年,我因财政局事被参革职,回郑州省亲。奉两湖总督奏调赴湖北差遣。道经汉口,适逢江浙资本团,商议集股,收买汉冶萍公司。团员共四十人,以郑苏戡君为领袖。我因老友李一琴君、史晋生君之介绍,得识团员中之蒋抑卮、胡藻青、沈新三、蒋孟苹、周湘舲、郑岱生、张澹如、苏葆笙诸君。其时本行正开办汉口分行,任内经理者项兰生君,为我十余龄在外家附读时之同馆学生,更觉一见如故。是为本行中坚人物,与我订交之始。

三十三年冬,又奉四川总督奏调赴四川差遣,以道远辞不往,派为驻沪四川转运局总办。其时本行上海总理为樊时勋君,朝夕相见,因与诸君往来更密。行址在大马路,极逼仄。又向隔壁春申楼楼下,租得两间,辟为一室。总理办公在斯,会客在斯,董事会亦在斯。每饭后即群聚纵谈,久则行务不回避,甚至开董事会时,亦不回避。往往不拘形迹,无所不谈。或于开会时,我以局外人参加讨论。遂于极不规则中,与闻本行秘密。

三十四年,胡藻青君以杭行总理兼任汉行总理,苦于不能兼顾,屡向董事会请求另派。董事会嘱其自觅替人,胡君商之于我。我颇愿一试,但以川运局事不获辞,乃商得遥领办法,行事一委之项君,遇有要事,每年数次往返而已。于是我又于极不规则中,腼然为汉行总理,前后几及三年。

宣统二年冬,我奉度支部派充币制局提调,辞不就。三年春,奉旨署理造币厂监督,又辞,不准,赴天津就职。甫三月,又奉旨署理大清银行监督,赴北京就职。乃向本行辞汉口总理,举盛竹书君自代。就职两月,奉度支部令查办吉林管钱局火灾,兼考察东三省币制。甫由吉林行至奉天,忽闻武昌革命,星夜回京,京师震动,大清银行宣告停兑,维持无力,咎无可辞。其时本行亦因杭沪挤兑,濒于危险。迨我回沪时,已由诸君竭力支拄,得渡难关,我并无纤芥之劳参加此役。

民国元年,本行股东会选举我为董事。疮痍之后,一筹莫展。

民国四年。乃与蒋抑卮、沈新三、项兰生诸君,商改革之策。订定新章,以上海为总行,成立总办事处,选举我为董事长,三年一任,连举连任,以迄于今。

我自三十八岁以前,所办各事,为时甚暂,至短者三月,至长者三年。以素无经验之人,办天外飞来之事,其始也兴高采烈,自命不凡;其终也意懒心灰,毫无结果。虽说政界环境如此,但亦少年躁妄,有以致之。迨投身本行以后,年事渐长,意气渐平。深知自己德性之缺陷,而工商业之环境,究与政界不同,故任事以后,从未见异思迁,畏难思避。生平办事期限,以此为最长,是本行大有德于我也。清夜自思,我之贡献于本行者,至为微末。以本行二十六年之历史,倘另举有学识有经验之人主持领导,其成绩决不止此。乃令我尸位至今,是本行之乏才已无可讳言。我认定此点,故时时刻刻思求贤以自辅,举贤以自代。十余年来,不敢或懈。浮屠三宿,未免有情;树人百年,宁为早计,无非图报本行之德我而已。

二十二年八月十二日于莫干山九十六号(《杂著》,第 251—254 页)

8 月 23 日 签署浙兴总办通函,云:"现定于蚌埠添设办事处,归京行管辖。派敝处翁民牖君为办事专员。"(副本,上档 Q268-1-123)

8 月 31 日 赴银行俱乐部出席商务印书馆董事会会议。董事长张元济报告香港分厂建屋情况,又议东方图书馆组织及捐款、书籍保管原则。议决通过。(《商务印书馆董事会记录簿》)

9 月 7 日 主持浙兴总办议定添设青岛支行,直隶津行。津行襄理朱跃如筹备有关事宜。12 月 22 日正式成立青岛支行筹备处。(翁志云《邮乘产生后两年中本行行务纪要》,《兴业邮乘》,第 25 期)

同日 浙兴陕西陕州办事处开幕。地点陕州二马路惠泉永绸缎庄内。1934 年 8 月 8 日改称陕州分理处。(浙兴机构成立记录卡,上档 Q268-1-24)

9 月 9 日 《兴业邮乘》第 13 期刊登先生《我与本行关系之发生》一文。(原刊)

9 月 29 日 六十岁寿辰。浙兴同人 240 余人设宴为先生祝寿。先生致《寿诞答辞》。全文如下:

今天因为我六十岁,承诸君设此盛大欢宴。又蒙新六先生,代表诸君而致祝辞。我领此盛情,又感谢,又惭愧,又欣幸!

古人分上寿、中寿、下寿。第一说:八十岁为下寿,一百岁为中寿,一百廿岁为上寿。第二说：六十岁为下寿，八十岁为中寿，一百岁为上寿。仔细想来，以第一说为古。因古人秉赋深厚，又少斫丧，一百岁的人不算稀奇，故以八十岁为下；一百廿岁为上。后来寿元渐短，八十岁的人，已算稀奇了。大约世俗要抢先做生日，故附会"六十岁为下寿"之说。由此观之，六十岁不得称为寿。

我的死友李一琴君常说，凡人八岁入小学，廿几岁大学毕业，再至各专门机关实习，再入研究院，研究毕后，再到外国肄业。实习研究，总须到五十岁，知识方能完备，方能致用。五十一岁，可以问世了。天下事，无论大小新旧，总有困难，总有波折，不做不晓得，总须经过多少次困难波折，方能成功。无论甚么事，如果一手办理，一气办五十年，必有大效。故定五十一岁至一百岁，为办事时期。

如此，人生未免太劳碌了。应定一百零一岁起，为休养时期，至少休养五十年，以慰一生求学办事之劳苦，并为后人未雨绸缪，方为美满。到一百五十岁，寿终正寝。

如此说来，应改正古人之说：百岁为下寿，一百廿五岁为中寿，一百五十岁为上寿。

我以为在座诸君，都有此希望。惟我一人，不敢存此奢望。因我少年时，不懂卫生，自己贻误，生病的日子最多。朋友糟蹋我，说我是"五老七伤"。但亦因生病较多，对于养病的经验，亦晓得些。今天吃了许多好菜，无以为报，把我生平养病的经验，毫无欺饰的说给诸君听听，以博诸君一笑。

我幼时秉赋薄弱，中医说"先天不足"，凡小儿常有的病，如惊风，瘂儿，痢疾，我都生过。赖我的母亲，辛苦调护，幸未夭折。至九岁，忽患眼疾，黑睛生白点，白睛生白翳，眼眶红肿，白翳由白睛延至黑睛，又由右眼延至左眼。当时只有眼药，并无洗眼药水。我的父亲，请了世伯黄先生医治，说是"阴亏火旺"，所开方剂，是生地、元参、黄柏、知母之类。吃到十岁秋季，渐渐见愈。又因误服了一帖附子肉桂（是我祖母所吃的调理药），从新翻了。又吃原方，吃到十一岁冬季，方告全愈。但身体极弱，大家说我是"骨瘦如柴，面白如纸"。

我在十一岁时，父亲已给我定亲了。我的未婚妻早年丧母，有吐血症。母亲主张早娶过门，便于调护。故十七岁春季，我就成婚。结婚第三天，我妻便吐血。遵医生之嘱，虽在蜜月，亦异床而居。但不到两个月，我亦患咳嗽了。十八岁正月断弦，不免伤感，我又咳嗽，渐渐痰中带血，盗汗，遗精，怔忡。父亲不叫我在馆读书，在书馆之外，安一书房，叫我自由看书。我在父亲书架上随便翻翻，看见一本《大生要旨》。内中说"打坐调息，可以益寿延年"。我就依照所说，试做几次，觉得怔忡稍好。做了一个月，遗精盗汗亦止了。一直做到十九岁夏季,人已复元。是年冬,随宦至开封。至廿一岁,又至济南续弦。一直至廿四岁,但有小病,无大病。

廿五岁,即戊戌年,到北京会试,不第。其时康梁提倡新学,废八股,我亦受了激刺。下第之后,投通艺学堂,习英文、算学。其时寓在城外长元吴会馆,距酒馆茶寮甚近。凡苏浙两省下第留京之人,每日聚会。其初不过酒食征逐,渐渐叫局,摆酒,打茶围。去过几次,就有素不相识的人,前来拉请,不去又不好意思。人请我,我便须请人,我居然亦以大杯豁拳。酒醉之后,往往不自检束。时值夏令,暑湿熏蒸,夜深回寓,风露侵入;次早又须至学堂听讲,不免劳顿。一到秋令,种种“罪案”,一齐发作,生了一场极危险的秋温。那时没有量热度的寒暑表,我还记得,热甚时,谵语发狂,大约至少一百零四度了。在京请中医诊治,缠绵几个月,方能回河南。又“骨瘦如柴,面白如纸”了。病后,羸弱之极,见了人两腿发软,不能起立。我想,我的生命,已极端危险了。回忆到二十岁前所做打坐调息,从新温习。温习三个月,大有效验。又在庭院内种了菊花二十盆,凡分根、打头、摘蕊、浇水各事,皆亲手为之。早起一一移至有日光处,中午移至无日光处,将雨移至廊下,皆不假手于人。到秋季,菊花开后,又练习八段锦。居然到二十六岁夏季,完全复元。

三十岁,至山西就馆。三十一岁,调至长沙充抚署文案。早八时,即入署阅公牍,动笔起稿,拟批,手不停挥至午饭。饭后,又就坐动笔至晚饭。晚饭后,整理回家,一见睡榻,倒身而卧,次日复如之,因此发生胃病。三十二岁,调奉天,生活一如在长沙时;而事更繁,终日无散步之暇,因此胃病更剧。先停米饭肉食,吃面包。嗣后面包减至一片,须烘焦而后食。同事戏呼我为“叶面包”。

三十五岁,已卜居上海了。在我养胃病时代,渐渐与本行中坚人物,发生感情。各位皆道义之交,饮食应酬,皆有规则。我亦渐知卫生之要,节饮食,慎嗜欲,少思虑。胃病既愈,身躯亦健。我与本行关系,日深一日,我的身躯,亦日好一日。此亦我引为欣幸之一端。如此生活,经过了十余年,但有小病,无大病。中间发过头晕两次,稍严重,均经西医治愈。至四十八岁,请日本某医全体总检查,断为贫血。贫血原因,是运动太少。我问何种运动最良,日医云:“不论何种,皆有益,总以不间断为要。与其行较繁之运动,而或作或辍,不如择一较简之运动,日日行之,永不间断,效验甚大。”我然其说,次年游北平,友人授我米勒氏五分钟体操。我自四十八岁秋季,至五十七岁冬季,前后几十年,每晨练习,遵医生言,永无间断。惟被匪绑去之九日,势不能练习体操。在匪窟之第四五日,五中烦躁,睡眠不安,头痛身疼,便秘作呕。我想如果生病,无医无药,危险之至。乃挣扎起来,习打坐调息。匪徒疑我静听外间声息,强按使卧。我不得已,只好待其鸦片吃饱,鼾声如雷,起来打坐调息。果然头脑清醒,精神回复,至第六、第七、第八日,皆靠此维持。故回家以后,虽小病数日,极易复元,皆打坐调息之效。

当五十六七岁时,我以为米勒氏体操,过于单简,意欲再进一步。友人授我太极拳,我练习月余,不甚记得,不久便间断了。后因舍弟叔衡,购一英文书,名曰《懒人体操》。口授我数种,随意习之,似觉有益。后在商务印书馆,得一雷氏译本,名曰《奔纳氏返老还童运动法》。自五十八岁春天起,即照译本,每日轮流练习,将米勒氏体操中止,至今天尚未间断。

我的身体,自五十一岁起,一年好似一年。此九年半中,习米勒氏体操者七年,习奔纳氏体操者二年半。所得好处,究竟何种为多,尚待研究。惟习奔纳氏体操后,二年余未曾伤风,向来夜间不能看铅印石印书,现在灯下以朱笔校书,作蝇头小楷,亦不觉累,跑山十余里,不至腿酸腰痛。此皆奔纳氏体操之效。我是"五老七伤"之人,练习十年,尚且有效。在座诸君,皆血气充盈,身体组织健全,毫无斫丧之人。如果采用此法,其效益必增加千倍百倍。诸君何妨试试。每日清晨将醒未醒,将起未起,贪恋衾枕之二三十分钟,皆为终身受用不尽之机会。如果尚嫌费事,或者每晨提早起床二三十分钟,多走一两站,再上电车;或者步行回家;或者回家以后,洗脸吃饭诸小事,皆肯自己动手;或帮助太太,稍分一臂之劳,亦有益处。万不可"茶来伸手,饭来开口",一到家中,便上床看小说,一动也不动。

今天领此盛意,本应答席。照杭州乡风,至少请吃卤子面。但敝寓逼窄,容不下二百四十余个来宾;且同时责成厨子做二百四十余碗卤子面,一定不堪下箸。只好变通办理,节省面资,筹出三百元,以浙江兴业银行同人名义,捐助黄河水灾筹赈会,奉祝在座诸君,福寿绵长,人人在本行办事五十年。再回家休养五十年。并祝诸君荣誉,与浙江兴业银行之荣誉,共同不朽,各饮一杯。谢谢!

廿二年九月廿九日

(《寿诞答辞》,《杂著》。第255—260页)

10月2日　上海市兴业信托部成立。徐新六为董事会主席,徐梣为总经理。(1933年10月3日《申报》)

10月3日　主持浙兴第253次行务会议。讨论事项有:①经理竹淼生报告总行放款事。包括义合福、六河沟煤矿公司、财政部(新放洋二十五万元)、盛德心、叶永辉、民生纱厂、久大精盐公司、蒋抑卮、福利民公司、中和烟公司、和兴煤号、中南烟公司、恒业地产公司、刘鸿生、礼和洋行、恒丰纺织新局、袁履登、恒盛煤号、大华冰厂、上海达源银公司、平治明洋行、中央研究院等户。"众无异议。"②沈棉庭报告各分支行放款事。其中郑行："该支行本身放款除豫丰（纱厂）外，为数不多。豫丰现正停工，九日到期，未能催理。拟俟其开工与商归还办法。该支行营业重心在各办事专员处，新浦为最，所作他单押款及盐押汇，共计约七十余万元。陕州新设各办事专员中，以陕州情况不同，信用透支共订出二十余万，须加以适当指挥，已去函马经理，告以本行对陕州立旨在汇押生意，各行来户只能为招徕押汇之导线。请其予以注意。"（《行务会议记录》第 11 册，上档 Q268 - 1 - 173）

10 月 17 日 浙兴陕西灵宝分理处开幕。地址在灵宝西大街 83 号。（浙兴机构成立记录卡，上档 Q268 - 1 - 24）

10 月 16 日 《兴业邮乘》第 16 期刊出《董事室印象》摄影。说明云："图中坐者叶揆初先生，立者徐寄顾先生。"（原刊）

10 月 19 日 再校传为绍兴李慈铭（越缦）校本《一切经音义》，撰校记云："又复审印文字体，均非越缦真迹。盖书估伪刻印章补钤者。不知何人校本。俟考。九月初一日，又记。"（《书跋》，第 116 页）

10 月 30 日 主持浙兴董事会修改《行员定期存款规程》。（翁志云《邮乘产生后两年中本行行务纪要》，《兴业邮乘》，第 25 期）

11 月 1 日 浙兴蚌埠办事处开幕。地点安徽蚌埠经一路吉安里。1934 年 8 月 20 日改称蚌埠分理处。（浙兴机构成立记录卡，上档 Q268 - 1 - 24）

11 月 9 日 《兴业邮乘》第 15 期刊登先生《寿诞答辞》一文。（原刊）

11 月 20 日 赴银行俱乐部出席商务印书馆董事会会议。会议讨论：①修改总管理处章程第七条。②王云五报告影印《四库珍本》情形，谓已选定 232 种，于 11 月 17 日开摄，明年 1 月可发售预约。（《商务印书馆董事会记录簿》）

11 月 撰《古文尚书》跋。云："庚辛之际，蓼绥阁遗书散出，购得此书。去岁又在沪见黄氏集存时贤墨札，检得杨星吾氏致仲弢学士书，与抄此书有关，黏附卷首。又见张文襄公之洞与仲弢学士之尊人漱兰侍郎书一通，其略曰：'《方言》"蓼绥"两字甚佳，尊意何为病之？但两字连用，其义方显，似不必用别号，拟为公题一斋馆，名曰蓼绥阁，令世人以之对广雅堂，岂不极妙？并当为撰《蓼绥阁记》，兼书一扁（匾）呈教。公元有憨山别号，其超逸，大似唐宋高僧，何不仍用之乎？'录之以见蓼绥阁命名之缘起；亦藏书家一掌故也。 癸酉十月抄（钞）景葵记。"（《书跋》，第 4 页）

《古文尚书》十三卷，（汉）孔安国传，清光绪中杨氏邻苏园据日本古钞本钞（卷三至卷六补抄），六册，民国杨守敬跋。（《叶目》）

12 月 2 日 浙兴总行东首空地添建行屋，决定以泰记营造厂为中标人，订立

包工合同,于本月8日开始动工。(翁志云《邮乘产生后两年中本行行务纪要》,《兴业邮乘》,第25期)

12月6日 校《史通》,录(清)顾广圻等校,并撰校记。云:

此张鼎思刻本,为双照楼吴氏故物。兹假得老友邓正闇兄群碧楼旧藏名校本两种,一一过录。

一、陆俨山本,顾涧薲手校。初校于无为州寓庐,未记年月,用墨笔。重校于嘉庆甲子,用朱笔。今皆以朱笔过录之。

一、郭孔延本过录冯己苍评、何义门校,皆用朱笔。又有不知姓名者用黄笔复校。今皆以绿笔过录之。

过录既竣,始知黄笔系义门从侄何堂校本,经后人过录者。惜已匆匆还瓶,不及识别,容俟异日再借勘一过。癸酉十月十九日,景葵记。(《书跋》第64页)

《史通》,(唐)彭城刘知几(子玄)撰,明万历中张鼎思刊本,八册。(《叶目》)

12月7日 浙兴董事周湘舲病故。(翁志云《邮乘产生后两年中本行行务纪要》,《兴业邮乘》,第25期)

12月10日 再校《史通》并补校记。云:

孙潜夫手校张鼎思本后有顾跋云:"今年予携之行箧,寻览数过,每叹其佳。五砚主人见而爱之,因照临一通,而以其真归焉。时在秦淮寓中,嘉庆甲子八月三日"等语。按此跋所云照临一通,当即照临于陆俨山本,惟陆本之跋写于无为州寓中。孙校本之跋写于秦淮寓中,同是嘉庆甲子八月以前之事,容再考定。 廿三日又记。

葵按:群碧所藏两本各跋,详见《寒瘦山房目录》中,兹择要写其三跋,余不备录。群碧跋语中约有三误:一谓顾校始于乾隆辛丑。考是年涧薲方十六岁,由京回苏,顾校所题辛丑,乃过录孙潜夫识语。涧薲自识,仅言时寓无为州,未记年月。近人所辑《顾千里年谱》,亦不载侨寓无为事,应再考定。以字体测之,其时距嘉庆甲子似不甚远。一谓义门所称张氏即张鼎思,非也。义门所据,乃张之象本,张之象刻于万历五年,张鼎思刻于万历三十年,并非一本。一谓吴下所得冯评何校本每册有砚溪小印,审为惠氏传临,尤属附会。南京国学图书馆有吾乡丁氏旧藏卢抱经手校《史通训故补注》残本,曾以华亭朱氏影抄宋本及何义门校本复校后录两跋:一即义门己丑重阳跋,一为何堂(义门从侄)跋,照录于下:

曾从从叔小山,假得清华李氏所藏华亭朱氏影宋抄本,与此张氏刻(抱经注张之象三字)互勘,无大相乖舛,知序中所云"曾见梁溪秦氏家藏宋本"不虚也。视后来郭氏刻本,去之远矣!顾《曲笔篇》中一则,误入《鉴识篇》中,反得郭本正其违错何耶!癸亥秋日为果堂沈彤校勘一过,漫记册尾。何堂。

据此,知群碧所得本,乃前人过录义门校后,又过录何堂校(何堂系校张之象本,故定为后人过录),而失其两跋。何堂向小山假得华亭朱氏影抄宋本,与抱经所据同出一源,故十九与《群书拾补》相合,积疑顿释,为之一快。惜偶能宿草已深,不得起九原而告之耳! 癸酉十月,卷盦叶景葵识。(《书跋》,第65—66 页)

同日 撰《石林居士建康集》跋。云:"校毕还瓿,耿吾即假此本携之回苏,意欲详校一过。秋初忽感胃癌症,匆匆返虞山,未几,即捐馆舍,享年六十有九。病革时,谆谆嘱哲嗣检还此书。故物归来,执友沦没,为之泫然!癸酉十月廿三日记。"(《书跋》,第129 页)

12 月 20 日 主持浙兴第254 次行务会议。讨论事项:①竹淼生报告总行放款事。包括徐寄记、恒丰田产押款户、恒丰花纱加押款户、合兴公司、中和烟公司、锦云丝织厂、财政部(五十万元)、盛德心、华达慎记烟公司、源兴德、源大洋行、华丰铁皮押款户、华丰搪瓷厂公司、蒋世显、普益地产公司、闸北水电公司、三友实业社、合兴纱花号、亚东图书公司等户。"众无异议"。②沈棉庭报告各分支行放款事(略)。(《行务会议记录》第11 册,上档 Q268 - 1 - 173)

12 月 21 日 主持浙兴董事会会议。议决事项:①"廿三年二月廿五日召集第二十七届股东常会";②"总办事处添设秘书";③"总行保管股主任潘用和升任总行襄理兼保管股主任";④"郑州支行改升分行,原任郑州支行经理马菊年君升任郑州分行经理";⑤"郑州分行添设襄理,调新浦办事处专员翁希古升任"。(1933 年12 月22 日浙兴总办通函,副本,上档 Q268 - 1 - 62)

同日 始校龙尾山农钞本《鲒埼亭集》。1934 年3 月6 日校毕,撰校记十余则。录数则如下:

癸酉初冬,检《群碧楼书目》,知有杨秋室批校本,因向正闇主人乞假。正闇复书谓此书屡假屡赎,几至遗失,最近为宗耿吾假观,耿吾物化,始得还瓿。以为不祥之书,不愿再假于人。再三函商,幸邀慨诺。

秋室批校底本,亦一抄本,与龙尾山农本不同。龙尾本与史刻本较近,疑龙尾本为谢山遗命移交马巘谷,后归杭董浦之本。秋室本为董小钝据旧稿重抄之本,末卷《〈刘凝之墓记〉跋》,后有小钝校语一条,为龙尾本所无。

今以秋室批校,用蓝笔过录于龙尾本之上。

凡秋室底本,与龙尾本不同之处,皆以墨笔注于原文之左右方。左右无馀地,则详列于书眉。卷中夹签为劳平甫、沈子封、莫楚生、宗耿吾诸君假读时所记,今以墨笔一一过录于书眉,加"某云"以别之。

耿吾疑史刻本外,另有刊本,与龙尾山农跋语暗合。

癸酉十一月初五日开始,至甲戌正月廿一日校毕。景葵识。

癸酉十一月初五日始校首册,至十三日校讫。

十一月十五日续校,是月廿四日校完第二册。

续校第三册,天寒又以他事作辍,至腊月二十日始毕。

十二月二十一日续校第四页,竭五日之力校完第二十五卷,乃托友人亟以原书前四册缴还正闇,以释其念。(《书跋》,第 145—146 页)

12 月 22 日 浙兴青岛支行筹备处成立。地点青岛河南路 15 号。1934 年 4 月 20 日开始交易,9 月 15 日正式开幕。(浙兴机构成立记录卡,上档 Q268 - 1 - 24)

为设立青岛支行事,以浙兴董事长签署致国民政府财政部呈文[①]。云:"窃属公司奉有钧部填发银字第九十四号营业执照在案。兹于山东青岛地方设立支行,定名为青岛浙江兴业银行,按照定章,办理银行业务。谨依公司法试行法备文,呈明支行名称及所在地,连同经理人姓名、年龄、籍贯、住所清单,并照录本店营业执照,呈请鉴核,批准备案,实为公便。"(副本,上档 Q268 - 1 - 723—7)

又,为设立青岛支行事,签署呈青岛市政府社会局文。云:"窃查公司法施行法第廿八条,公司设立支店应向所在地主管官署声请登记。兹商公司在青岛地方设立支店,定名青岛浙江兴业银行,自应依法办理。兹将应行声叙及应缴各费开列于后,敬希鉴核,转呈实业部依法登记,并请填发执照,实为公便。"(同上引档)

12 月 23 日 赴银行俱乐部出席商务印书馆董事会会议。张元济报告香港分厂建筑及梧州分馆火灾损失等事。(《商务印书馆董事会记录簿》)

同日 浙兴总行总务部长陈元嵩调任总办事处秘书;京行经理杨荫溥调任总行总务部长。陈、杨二人于 1934 年 3 月分别交卸原职,到新任就职。(翁志云《邮乘产生后两年中本行行务纪要》,《兴业邮乘》,第 25 期)

12 月 26 日 郑振铎致先生函商请 1 月 30 日借款"再行转期壹年"。函云:

葵(揆)初先生:押款二千元,承允转期,至为感谢! 除到期时利息照付外,拟:

(一)再行转期壹年;

(二)利息照旧;

---

① 原呈文副本,未署日期,仅署"廿二年"。——编著者

(三)未满期时,得由某随时缴还押款全部或一部,利息照减。

想可同意。如同意,即请以此函作为转期的证明。敬候

公祺。

郑振铎启 廿二年十二月二十六日

先生在函首批注云:"二十三年一月卅日 以前利息二百元收讫。揆注。"(原件照片)

12 月 浙兴与中国、上海三家银行联署致上海银行公会函,"为郑州豫丰押品被提,请电恳国民政府转饬发还"。云:"郑州豫丰纱厂欠敝三行借款甚钜。其押品花纱向存豫丰仓库。该厂前因亏累停工,久未解决。兹据郑州敝行等电告,忽有工会协同调解委员会强提敝行等押品棉纱三百六十九件,拟变售发给工人维持费。敝行等债权失所保障,请为设法办理前来查。豫丰劳资纠纷自有解决途径,无论如何不能侵及银行之正当质权。该工会等强提银行押品,地方当局未予制止,不但该地银行以后无法营业,恐此例一开,全国银行以后对于实业亦不敢投资,于国计民生均有影响。为此,函请贵会即为电恳国民政府各主管机关及中央党部,转电河南省政府及省党部等,迅饬当地行政官署暨市党部严厉制止,将该工会等所提棉纱如数送还,不胜感佩。"(副本,上档 Q268-1-437)

是年 浙江兴业银行与蚌埠中国银行等行签订准盐押款办法十二条①。合同曰:

蚌埠中国、上海、交通、江苏、浙江兴业五行承做盐押款,依次轮值,订定办法十二条如左:

一、五行为便于办理盐押款事务起见,规定轮值,以中国、上海、交通、江苏、浙江兴业五行依次管理。

二、五行轮值任期自实行之日起,以四个月为一期。第一中国,第二上海,第三交通,第四江苏,第五浙江兴业。

三、轮值行设遇事务繁忙时,各行得酌派行员协同办理。

四、五行承做盐押款,经洽定成份如下:中国二成五,上海二成五,交通二成,浙江兴业银一成七五,江苏一成二五。

五、五行与运商或盐号订立押款契约,均用五行名义,由轮值行代表签订之。

六、凡盐押款及其赎取时,均由轮值行按照认定成份摊派,用通知书报告

---

① 此合同仅见底稿,无签署人,只有"民国二十二年",无月日。——编著者

五行分别收付,并将税照及栈单号数分别填报。

七、凡盐押款统由轮值行代表出面承押,各行不得巧立名目私行接受。

八、运商或盐号交来之税照及栈单,每日结逐后由轮值行妥为保管。

九、如盐押款发生事故,五行应共同按照成份负责。

十、各行所放预税,无论单独或共同承办,到蚌后一律按成份公押并共同负责。

十一、如遇轮制撤废,公做盐押未经赎清以前,第九条之规定仍继续有效。但在轮制撤废后,各行自做之盐不在此限。

十二、本条款如有未尽事宜,得随时修订之。

蚌埠中国银行、上海银行、交通银行、浙江兴业银行、江苏银行

中华民国二十二年　　月　　日　　（抄件,上档 Q268-1-470—3）

是年　温州黄群(溯初)书赠《叶揆初六十寿》七律,并赠书以为寿。诗云:

胶东倾盖慰他乡,回首沧桑廿载强。辛亥冬,余始识先生于青岛。

旋结寓邻来海上,曾闻奇德溯松阳。先生为松阳叶石林先生后裔。

百年池馆春方永,九府图经凤所详。

旧籍新镌符鹤算,为公持献侑眉觞。明初龙泉叶静斋先生著《草木子》四卷,同治甲戌重刻本,至今正届六十年;著者又与先生同郡,余藏有此书,因以为寿。(《黄群集》,第 232 页)

是年　浙兴上海总行编印《中国公债一览表》一册出版。(《叶目》)

1934 年(民国二十三年　甲戌)　61 岁

2 月　国民党开展"新生活运动"。

5 月　国民政府议决扩充中央银行资本至 1 亿元。

7 月　国民政府颁布《储蓄银行法》。

11 月　《申报》总经理史量才遇刺身亡。

是年　中国发生金融危机,大量白银外流,被称为"白银风潮"。

1 月 2 日　致张元济函,代邓邦述求购《四部丛刊续编》。云:"顷接邓孝先兄函,以书库贫乏,意愿以廉价购《四部丛刊续编》一部,以补未购预约之憾。未知尚可设法否? 特将原函奉呈,乞酌示。"张元济批转商务经理李拔可,云:"原信呈览。究不知邓君所欲得者是否为再版之《四部丛刊》,抑为今年出版之《续编》? 请并行查明,当覆。""最好乞覆弟数行,俾弟可持原信转送,省得另覆。"(抄件)

1 月 23 日　浙兴总行副经理马久甫调任南京分行经理,3 月 15 日到京就职。(翁志云《〈邮乘〉产生后两年中本行行务纪要》,《兴业邮乘》,第 25 期)

1 月 24 日　浙兴总办调任原总行调查处主任方培寿为总办秘书;调查处主任一职务,由总行总务部长杨荫溥兼任。(同上引刊)

1 月　于沪市见旧钞本《习学记言序目》五十卷,"审为清初钞本,持示黄君溯初群。"黄鉴定后认为,此本虽有错字,"而独是之处亦不少","可购也"。于是先生"趑溯初之言,以廉价得之"。(《习学记言序目》跋,《书跋》,第 80 页)

1 月　主持浙兴董事会议决兴建一批里弄房屋,盘活空置地产。"1932 年'一·二八'事变后,沪地受到战争影响,市面萧条,地产市场一蹶不振,价格一落千丈。1934 年初,浙江兴业银行账面上尚有价值八百七十余万元的房地产乏人问津。徐新六通过董事会作出决议:'与其产业荒置坐耗利息,不若赶快施工建筑,收取相当之孳息为得计。'于是破土造屋,先后在施高脱路(今山阴路)、霞飞路(今淮海中路)、狄思威路(今溧阳路)等处建造了'兴业坊'、'兴业里'、'浙兴里',以出租房屋收取房租,弥补投资收益。"(汪仁泽《徐新六》,《民国人物传》第 6 卷,第 225 页)

1 月　《图书季刊》第 4 期刊出"新书介绍",推荐由先生校印之《谐声谱》即将

出版。① 云：“《谐声谱》十五卷，武进张氏原稿，杭县叶景葵校印。”（原刊）

2月2日 针对美国在世界市场上大量购买白银而引发世界银价腾涨，上海银行公会致美国总统罗斯福电，力陈提高银价与中美双方利益均有损失。电文云：“本市银行业同人敬致意于贵大总统阁下：自贵总统施行复兴计划，使美元价格下跌，贵国物价果以上腾，失业日渐减少。但敝国物价将继续下跌，白银势将流出，为投机事业者造机会。况敝国数十年来天灾人祸，人民生活已陷于水深火热之中。贵国购银政策，若继续进行，敝国农民生活将益感困苦，国际汇兑亦将有非常之混乱，双方经济均蒙不利。敝国银行同业极盼望贵总统俯察敝国情形，将银价采取稳健之步骤，勿使突然高涨，造成汇兑上之困难。特此电达，敬祈察纳为祷。”②（《中国银行行史资料汇编》上编（一），第554页）

2月19日 浙兴总行北支行经理、总行襄理向锡璜，交卸北支行经理职务，专任总行襄理之职；北支行经理由总行货栈经理林曼卿兼任。（翁志云《〈邮乘〉产生后两年中本行行务纪要》，《兴业邮乘》，第25期）

2月24日 主持浙兴重员会议。讨论事项：①各种存款年期及利率案；②增添定期存折案；③押品种类及折扣案；④债券投资集中案；⑤各行金融调剂案；⑥总分行往来额度案。（浙兴重员会议记录簿，上档Q268-1-62）

2月25日 主持浙兴第27届股东定期会，并报告1933年度全国经济状况和本行上下两届营业及纯益分配。报告云：

（民国）二十二年份全国状况，从表面言之，仍不外内战未告终，政治未上轨道，社会不安定，农村崩溃，土产滞销，捐税繁苛，工厂经营困难，各处商业萧条。见于各种报告及报章杂志者，不一而足。想各位股东，已熟知而厌闻之矣。

惟就本行实际观察之下，不能不说从各种悲观论调中，已有一线之光明。

姑先就政治言之。自“一·二八”以后，政府颇有卧薪尝胆气象。内争虽然不能没有，但比较的总算能够互相让步，互相容忍。所以去年西南的争端，幸而未动干戈。……如果扩大，至少长江以南的秩序，就不能维持了。所以此次中央出兵，虽仍在内战范围以内，但是可以原谅的。而且了结得很快，各处未被波及；尤其是浙江，居然只有虚惊，未遭实祸。……

---

① 参见本年8月条。——编著者

② 1934年3月，上海华商公会和上海外商总会也共同致信罗斯福总统，表示支持中国银行同业的意见，认为除非伴随其他商品共同涨价，否则银价上涨对中国将产生极大之危害。然而，美国并未采纳上海银行业等这一请求。——编著者

　　至如建设方面，如用美麦款所筑的长江堤岸，去年夏天水泛告急的时候，已居然有防灾的效力。他如导淮的工程，堤防黄河的工程，实实在在，在那里计划进行。又如各省公路，最著名的如广西，如湖南，如浙江，均极有进步。此次福建之役，运输调拨上，得力于浙江公路者不少。又如杭江铁路，居然有中央政府浙江省政府，与浙江金融界合作，已经造到江西境内，正式通车。现在还想由玉山通至南昌；再由南昌通至萍乡：所谓玉萍铁路是也。此路如成，我们浙江的经济地位，就大有变更了。又如铁道部对于各铁路，实力整顿。向来最腐败的平汉、津浦，于运输上改良不少。东西干路之陇海，两头着着进行。今年有东通海州连云港之望；明年有西通西安之望。又如粤汉铁路，近已利用英国庚款，切实进行。此外还有一件交通上极重要的事，就是与七省公路，浙东西公路，沪杭甬铁路，杭江铁路极有联络关系之钱江大铁桥，亦已在计划进行。这是交通建设上的进步。

　　至说到捐税繁重的一层，因为国用不足，又因政治未统一，中央的力量不能到省政府；省政府省用又不足，往往自由行动：所以税则不能彻底澄清。但是近年来，进口税如米、纸、布、鱼类、水泥、人造丝、火柴及一切奢侈品，政府居然酌量的加税。对于各种出口大宗的货物，亦有一部分政府已酌量减税。这就是保护工商业的动机。又如改良蚕种，改良丝的质地，增加出产量，去年江浙两省政府，实实在在在那里努力工作。今年又有蚕丝改良委员会之组织。对于棉织业，政府亦知不能与日厂竞争。所以设棉业统制会，并不单挂一块招牌的。其余大宗生产，亦有设统制会的趋向。这都是近年政府的进步，我们不可一笔抹煞。古人云："饥者易为食，渴者易为饮。"政府有一二分的好处，我们就不能没有七八分之希望。

　　更就社会言之，"一·二八"以后，人人受了刺激，一时甚嚣尘上。自去年下半年起，大家都有舍却空言，注意实行的气象。如各种化学工业，以及基本工业必需之原料，近来旧有之厂家，拼命奋斗，新的亦有创设。如有硫酸铔制造厂，大有成立之望，本行亦为竭力帮忙的一份子。又如各处农田水利工程，如绥远萨托的民生渠，陕西渭南之泾惠渠之类，赖各处慈善团体及地方人士之助力，亦有数处成功。这真是救济农村之切实工作。至于以科学方法，从质的方面及量的方面，增进土产，各团体也不算不努力。就几宗大的说来，譬如丝，人人都说中国的蚕丝业将要灭绝。但从科学方面研究，知道茧的不好，由于蚕种之不良。近年以改良蚕种养出的蚕，缫成的茧，比土种确有把握。蚕病既少，茧质亦可改良。又以新设备的机器缫出的丝，其标准可以合于美国的销路。只愁货少，不患不销，价格亦比旧法缫出的丝好得多。所以江南各埠丝厂,一蹶不振,纷纷关闭之时,尚有二三处新式缫丝厂,可以营业。又如米,近来洋米进口,日多一日。人人都知道中国米不够吃。这句话究竟的确不的确呢?有人用科学方法计算,中国人口与产米比较,至多不过差十分之一。而内地转运不通,重重关卡阻滞,农人有米卖不出。如果以政府及社会的力量,通力合作,极力疏通,使内地之米到处流通,也许所少十分之一,结果因支配平均,可以不少。况江淮一带,以及各省废地极多。等到水利工程有了成效之后,每年增加十分之一的米,是极容易的。又如棉花,河南、陕西几年来试种美棉,成绩都好。去年陕西一带棉花收成尤佳,销路十分畅旺。所以近来美棉、印度棉进口较少。去年山东推广美棉成绩尤佳。所以将来沿陇海,沿平汉,沿胶济,沿平浦,以及淮河、黄河、运河、渭河各流域,都是中国出上等棉花的区域,极可乐观。以上所说,都是近来社会的进步。

本行处于此环境之下,这几年来,亦有新觉悟。银行负调剂金融的责任。要把囤积在通商口岸的资金,由银行手里引他到内地去,又要把囤积在内地的土产,由银行手里送他到通商口岸来。这几句话,说说容易,做做千难万难。既要深入内地,与农村发生密切关系,就要预备熟悉内地情形之专门人才,又要周知内地之风俗习惯,于对物信用外,尤须注重对人信用。本行抱此宗旨,所以去年在河南之陕州、信阳、驻马店,安徽之蚌埠,江苏海州之新浦,浙江之湖州,江苏之无锡,添设办事专员或支行。此外,已成立筹备处而尚未营业者,尚有山东的青岛。此种计划,无非为接近内地农民起见。至于把内地土产引到通商口岸,一部分是销外国,挽回漏卮,一部分是送到工厂,制成熟货。既可以养失业工人,又可以自给自足,少买外国货。这也是银行的责任。所以银行不能不注重工厂放款。但是工厂放款,极为难做。不但会计方面要切实的监督,连他的内部组织,对外营业,以及一切改良计划,都要时时研究。知无不言,言无不尽。等到他环境困难的时候,除掉几个不可救的,要用勇决手段割舍外,其可救的,要一方面保全银行血本,一方面尽量救济。这真是吃力不讨好,事倍功半。然则银行何以要舍易求难呢?因为农工是银行之母,由此入手,务使多数人有饭吃。多数人有饭吃,则真正生意,可以源源而来。所以宁可走迂曲的路,耐心细心,脚踏实地去做。本行觉得这条路是不错的。现在与本行发生关系的工厂,如新式缫丝,如棉纱棉布以及各种棉织品,如面粉,如火柴,如搪瓷,如纸,如盐,如各种化学工业,户头已不算少。本行就抱此宗旨,开诚布公,与关系各工厂合作。本年度比较成绩,譬如学生年终考试一样,不敢说件件有优美的成绩,但是平均总分数,总算及格。昨天本届重员会议,已嘱各行经理,放远眼光,照既定方针积极进行,以期不负股东的委托。

至本届表面上的进步,先说存款,总分支行,共计增加定期及活期存款四百十九万元。又总分支行定期放款、抵押放款,较廿一年度增加六百六十八万元。又总分支行往来透支及抵押透支,较廿一年度增加四百八十九万元。储蓄部增加存款,定期活期合计共三百三十一万元。又储蓄部抵押放款,较廿一年度减少五十八万元,余款均由总行代为营运。兑换券发行额,年终计八百十八万元,较廿一年度增加一百十万元。其余附设的仓库业、保险业,均较廿一年有切实的进步。

总行房屋建筑变更第一次计划,从节省简单方面着想,新旧统一,先造新的,再改旧的。新的投标廿万元,将来改旧工程,以及卫生设备、电气设备,一切添置,预算至多总不出十万元,合计三十万元。新的外面三层,实系四层。上两层还可出租,每年租金预算可收一万七八千至二万元。旧屋改良后,将房地产信托部移入,可以节省所出租金。明年股东常会,必可在新屋举行了。

（《兴业邮乘》,第 19 期）

1933 年浙兴主要经济指标如下:

资本总额 400 万元,公积金 2 376 042 元,往来存款 21 912 503 元,定期存款 41 289 329 元,暂时存款 3 998 875 元,发行兑换券 8 186 872 元,领用他行兑换券 365 万元,储蓄部往来 6 875 302 元;现金 5 108 151 元,期票 2 121 025 元,存放同业 7 772 443 元,有价证券 7 055 228 元,往来透支 1 255 224 元,往来抵押透支 8 325 913 元,定期抵押放款 36 259 551 元,定期放款 2 288 708 元,暂记欠款 1 445 761 元,发行兑换券准备金 8 186 872 元,领用他行兑换券准备金 365 万元,储蓄部资本 20 万元,房地产信托部房地产 6 953 428 元,营业用房地产 250 万元;本届总纯益 306 215 元。（同上引书）

“全场股东一致起立”,表决通过营业报告及纯益分配。会议补选董事一人,“董事周湘舲先生出缺,照章补选,陈叔通君得票多数当选”。又改选张笃生、陈理卿、严鸥客为新一届监察人。最后“讨论提案　董事会提案拟改本行章程第二节第八款为‘保管证券票据及贵重品兼营信托业务’。经股东用投票法表决,检票结果,一致可决。惟以修改章程应照公司法特别规定,本日到会股东之股份达股份总额半数以上,已合于公司法特别规定,而股东人数则未足额,只成立假决议如下:‘本行章程第二节第八款应改为“保管证券票据及贵重品兼营信托业务”。特此假决议’。同时由主席报告依法于本年三月廿五日召集第二次股东会。”（《浙江兴业银行第二十七届股东定期会概要》,上档 Q268‑1‑62）

2 月 28 日　赴银行俱乐部出现商务印书馆董事会会议。王云五报告上年结算:总馆盈余 96 万余元,各分馆共亏 59 万余元;股东分派股息八厘,另红利五厘。

张元济谓,公司财政如此艰难,提议将本届股息、红利停发,作为向股东商借。讨论良久,决定下次再议。(《商务印书馆董事会记录簿》)

3月8日 主持浙兴总办会议,议决本行组成债券投资委员会。(浙兴总办通函,上档 Q268-1-62)

3月12日 浙兴总办致各分支行通函,通报本行债券投资委员会成立以及广告中刊登公积金数字事。云:"(一)本月八日奉总处函,开'本年重员会议议决,总行设立债券投资委员会,兹指定叶揆初君、徐寄庼君、徐新六君、沈棉庭君、竹淼生君五人为本委员会委员,以徐新六君为召集人'等因。遵于本月十日将该委员会组织成立,除函报总处备案外,特以奉布,祈台洽。(二)本行公积金截止上年年底止,计银元二百六十二万余元。常年广告①内应否登载,请酌量情形办理为荷。"(副本,同上引档)

3月13日 签署浙兴总办致各分支行通函,规定证券投资具体操作办法。云:"查本年重员会议议决,总行设立债券投资委员会业已成立。此后各分支行认定投资额,请在总分行科目内另立专户,划交总行'收往来户付债券投资委员会户'。自调款到总行之日起息,由总行按实得日数认付。保息周年六厘,每届决算计算一次。盈利按期限长短及认额多寡,以差分法分配。亏则归总行负担。惟各分支行如得委员会之同意,随时加入或退出,均以一个月为最短期限。其退出时未届决算期限者,仅得保息,不分盈余。此外,如套利代客买卖及发行准备不在内,但均须委托总行办理,并在号信内说明,或在电文内另定符号。"(副本,同上引档)

同日 上海租界纳税华人会宣示选举人即被选举人姓名,先生被列其间。(1934年3月13日《申报》)

3月17日 浙兴郑行扩充泰山保险公司业务。(翁志云《〈邮乘〉产生后两年中本行行务纪要》,《兴业邮乘》,第25期)

3月中旬 作天台山之游,"宿陈君钟纬家"。(《春秋纬史集传》跋,《书跋》,第11页)后赴莫干山。

3月23日 为浙兴召开第二次股东会,是日由莫干山返沪。(《兴业邮乘》,第19期"同人消息")

3月24日 赴银行俱乐部出席商务印书馆董事会会议。①讨论3月10日董事长张元济致董事会函,东方图书馆存款自本年1月份起按周年七厘计息。议决

---

① 在上海市档案馆所藏浙兴老档案中,有一张叶景葵亲笔书写件:"公积金二十六万六千元　各告白均须照改。"(上档 Q268-1-632)。无年月日期。显然,先生某次发现浙兴广告中公积金数字被错登,少了一个0,随即写下此条,通知有关人员改正。——编著者

通过。②继续讨论上次会议所议股息分派案。徐寄顾主张"盈余业已结出,如不派恐有不妥",只可照章分派。众董事一致赞成。(《商务印书馆董事会记录簿》)

3 月 25 日 主持浙兴本年第二次股东会,继续讨论董事会关于修改本行章程提案并获通过。(《兴业邮乘》,第 19 期"同人消息")

3 月 30 日 夜车离沪赴北平,探视三弟景莘病况。(同上引刊)

4 月 1 日 商务印书馆于上海市商会召开股东常会。先生离沪未出席。总经理王云五报告上年营业情况,监察人徐善祥报告各项账目、报表审核无误。会议通过公积金及盈余利息分派议案,又通过在甲种特别公积项下,由清理旧厂变卖、修理作价等项拨入款 50 万元为恢复股份之用。王云五、李拔可、夏鹏、鲍庆林、张元济、高梦旦、丁榕、刘湛恩、徐寄顾、张桂华、周辛伯、高凤池、蔡元培等 13 人当选新一届董事;徐善祥、黄汉梁、叶景葵等 3 人当选新一届监察人。(1934 年 4 月 2 日《申报》;《商务印书馆董事会记录簿》)

4 月 7 日 浙兴创办《每周通讯》密字第 1 号出版①。总办致各分支行通函,云:"现为彼此易于明了各地情形起见,以举办《每周通讯》,以通声息。议定《每周通讯》简则一种,附第一次《通讯》寄发。"《举办〈每周通讯〉简则》云:

一、各分支行、分理处、办事处暨货栈,应随时调查:关于(一)本地金融商况;(二)本地同业情形;(三)本地各业消息;(四)本行经历事实及(五)其他一切直接或间接与金融商业,或我行有关之本地或外埠传闻,可供参考或研究者,编成《每周报告》。于每星期规定日期,用快函直寄总行总经理室。倘有特殊事故,各行处并应随时另发专函报告。

二、各行处每周发寄《每周报告》之日期规定如下:

甲、下列各行处应于每星期三发出:地产部及总行所属霞飞支行、西区支行、北支行、虹口支行、锡支行;杭行及湖墅分处、湖州货栈;京行及京北处、关处。

乙、下列各行处应于每星期二发出:蚌处。

丙、下列各行处应于每星期一发出:津行及青岛支行、河坝分处;平行;汉行及汉阳货栈;郑行及新处、驻马处、信处、陕处。

三、各行处倘遇该周并无消息报告,仍须按时发函,说明并无消息报告。

四、总行根据各行处《每周报告》之材料,并加入总行本身调查所得之材

---

① 《每周通讯》为浙兴总行 1934 年创刊的一份内部通讯期刊,每期冠以"密字"×号字样。钢板蜡纸刻写油印,装帧简易。每期数页至十几页不等。1934 年 4 月至 1937 年 7 月连续出版 166 号。抗战胜利后,于 1947 年 3 月复刊,至 1948 年 7 月共出版 72 号。——编著者

料,编成《每周通讯》,分寄各行处。于每星期六发出。

五、《每周通讯》系专供本行各行处传递消息之用。每行处只寄一份。由分行经副襄理、分处主任或专员亲拆。于拆阅后须妥为保存。无论何时,不得与行外人阅读。

六、《每周报告》所用笺纸及信封,另由总行规定格式,印好后分寄各行处。(副本,上档 Q268-1-62)

4月12日 国民政府铁道部长顾孟余致先生与徐新六函,介绍部员前来面商修筑钱塘江大桥事。云:"日前在沪奉候,适值大驾远行,未获承教,至以为怅。完成沪杭甬铁路与钱塘江筑桥问题,迭承贵行关注,至为欣佩。兹因本部有所奉商,特派徐巽言兄趋谒,俾得面陈一切,尚祈赐予接洽,至为感荷。"(原件,上档 Q268-1-363)

4月14日 于《每周通讯》密字第2号发表通讯稿《中兴煤矿浦口下关间运煤费极钜》。文云:"中兴公司在浦口、下关间上下运煤人口①脚力:计由津浦货车运入堆栈,由堆栈下拨船,又有驳船上京沪货车,廿二年份统计,约需洋三百万元。均由该公司下关办事处支付。——总处撰。"(原刊,上档 Q268-1-222)

同日 又于《每周通讯》密字第2号发表通讯稿《阜新面粉厂廿二年度报告一瞥》。文云:"在京浦单中,瞥间阜新面粉公司廿二年度报告。见负债类列有定期借入款三百万元零,活期借入款二百万元零,总计在五百二十万元左右、又见廿二年份阜新净利廿四万元,沪丰堆栈净利? 万元。——总处撰。"(同上引档)

4月21日 于《每周通讯》密字第3号发表通讯稿《王揖唐等企图恢复中华汇业银行》。文云"中日合办之中华汇业银行,于民国十七年十二月,因反日风潮骤起而停业,近颇有人企图恢复。一为王揖唐氏,纠合段系人物,南下营谋;一为黄膺白氏之心腹,亦有日人在内,与王氏并不相谋。说者谓,恐黄胜,王不能敌。又闻王揖唐氏南下,并有恢复裕元纱厂之企图。——总处撰。"(同上引档)

4月22日 自北平返沪。在北平"勾留二十余日"。翌日,到行视事。(《兴业邮乘》,第20期"同人消息")

4月28日 于《每周通讯》密字第4号发表通讯稿《津裕元纱厂作价不足抵押款》。文云:"天津裕元纱厂押款四百馀万元,计大仓及某银行各半。另由卢某经手,欠金城银行短期透支六十馀万元。据人密告,谓金城当局因裕元如作价抵欠,只值二百余万元,尚不足押款之数;信用欠款,毫无希望。因此曾请某律师研究,应

---

① 字迹不清。——编著者

如何设法可将短期透支,归纳在押款之内。但结果据某律师云,无妥善办法。——总处揆。"(原刊,上档 Q268-1-222)

同日　又于《每周通讯》密字第 4 号发表通讯稿《济增设纱厂两家成绩甚好》。文云:"据聂璐生君言,上年济南新增纱厂两家,一为成丰,计有纱锭一万枚;一为?,计纱锭三千枚。两厂均购用英国机器,并派子弟赴英实习后,再行派厂工作。开办以来,成绩均佳,在今纱销极滞之环境下,而两厂货并无存极。因其机器较新,技术亦进,成本低廉之故。——总处揆。"(同上引档)

4 月　撰《方舆考证》跋。云:"此稿本为外舅朱养田先生藏书,以五百金得于济宁孙莱山尚书家,珍为鸿宝。外舅逝世,潘君向其后人娄索而得之。叙文谓系萧氏之物,盖谰言也。萧与朱为亲家,或系讹传,亦未可知。潘能寿之梨枣,良足嘉许。惜校勘疏略,触目皆讹字耳。甲戌春日购于析津①。景葵记。"(《书跋》,第 48 页)

《方舆考证》一百卷,《首》一卷,(清)济宁许鸿磐(渐逵)撰,民国七年至二十一年济宁潘氏华鉴阁刊本,五十册。(《叶目》)

5 月 9 日　浙江省政府与浙江兴业银行、中国银行、交通银行、四明银行、浙江实业银行合组成银团,签订建造钱塘江大桥借款合同。徐新六代表浙兴在合同上签字。浙江兴业银行为建造钱塘江大桥银团代表行。(见 1936 年 6 月银团与浙江省政府合同,原件,上档 Q268-1-364)

5 月 11 日　晚赴北平,再次探望三弟景莘病况。同日徐新六致郑行马菊年函云:"揆公因叔衡兄病重,今晚北上……"(信稿,上档 Q268-1-575)约 6 月上旬返沪。

同日　浙兴总行修改《露封保管规则》,并议定《代客办理有价证券等事规则》与《原封保管规则》两种。(翁志云《〈邮乘〉产生后两年中本行行务纪要》,《兴业邮乘》,第 25 期)

5 月 19 日　于《每周通讯》密字第 7 号发表通讯稿《大中华火柴公司将续与北方丹华合并》。文云:"沪大中华火柴公司与杭光华合并问题,业已解决。闻现该公司将继续与北方之丹华公司,商量合并云。——总处揆。"(原刊,上档 Q268-1-222)

同日　又于《每周通讯》密字第 7 号发表通讯稿《开滦矿股权问题解决》。文云:"开滦煤矿双方股东权利平均问题,业已解决;滦矿所设收回开平矿筹备委员会,亦已撤销。闻照旧价格计算,滦股应涨价三分之一,方与开平平均。惟滦东区

---

① 析津,燕京别称,即今北京。——编著者

域自'九一八'后,发生种种困难问题,销数大减,故前途亦非可乐观云。——总处撰。"(同上引档)

5月23日 国民政府财政部部长孔祥熙、钱币司司长徐堪签署《银行营业执照》,重新核定浙江兴业银行商号、组织、资本和营业范围与董事、监察人姓名等。(原执照副本,上档 Q268-1-627)

5月31日 浙江省政府与浙江兴业银行、中国银行、交通银行、四明银行、浙江实业银行合组成银团,建造钱塘江大桥借款合同正式签字。拨交借款 200 万元。其中浙江兴业银行提供借款 100 万元。(见 1936 年 6 月银团与浙江省政府合同,原件,上档 Q268-1-364)

6月2日 于《每周通讯》密字第 9 号发表通讯稿《大通煤矿借款扩展记》。文云:"前闻交通银行愿投资大通煤矿一百二十万元,作为建筑由矿直达蚌埠之经轨铁道之用;顷悉此事尚未定议。闻大通现又与交通、国华、四明等银行接洽,要求借款二百万元。以一百六十万元筑经轨铁路,直达蚌埠,与津浦路衔接;其余四十万元,作为开新大井之用,惟馀件尚未商妥。据闻大通现在每日出煤六百吨,开新井后,预算可出二千吨云。——总处撰。"(原刊,上档 Q268-1-222)

6月14日 主持浙兴第 255 次行务会议①。讨论事项:

一、竹淼生报告总行放款事。包括天章木浆押款、天章纸厂房屋机器押款户、大有馀、中和烟公司、存德银号、福利民公司、恒丰花纱押款、恒丰花纱加押款、恒丰厂基押款、大中华火柴公司、牛惠生、财政部、渤海化学工业公司、合盛洋行、华丰搪瓷公司、中华煤球公司、振生纱厂、源兴德、中国国货洋行、叶葆青、叶松之、浙江省财政厅建设厅、蒋百里、瑞康银公司、梅林食品公司、叶振民、上海铜窗公司、三阳棉织厂、明星影片公司、商务印书馆等户。现录财政部与浙江省财建两厅借款如下:

财政部一月廿九日新放洋四十一万二千五百元,总借款额四千四百万元。分四期四个月平均支付。本行认借总额一百六十五万元,每期付四十一万二千五百元。支付款内抽出一成,仍存本行,作为备还借款利息之基金。存款给息周年八厘,一年一结,待欠款偿清时,本息一并还财政部。借款以意国退回庚子赔款为本金担保;以海关税款为息金担保。欠息按月八厘,每月一付;欠款本金,按月摊还。自民国二十三年年初起,至廿九年年底止,每月共还三十七万五千元。本行名下应得一四〇六二.五〇元(每月)。民国三十年份每月共还二十七万五千元,本行名下应得一〇三一二.五〇元。民国三十一年年初

---

① 浙兴标有序次的行务会议,此次为最后一次。——编著者

起至还清时止,每月共还二十五万元,本行名下每月应得九三七五元。如照上开办法按月照还不愆期,至民国三十四年一月可还清。

财政部二月一日加押洋四十一万二千五百元,意庚款借款第二期付款(提前一个月预支)。

财政部二月二日转期洋二十二万九千七百四十五元三角三分,统税五十万、赈灾十九万六千元①,三个月,月息一分(已转期)。

财政部二月二日转期洋二十八万五千二百八十八元七角六分,廿年金融公债五十八万八千元,六个月,月息一分(已清)。

财政部二月廿七日转期洋七十万〇二千二百三十七元三角,廿三年关税库券一百四十二万元,六个月,月息一分。

财政部三月一日加押洋四十一万二千五百元,意庚款借款第三次付款。

财政部四月二日加押洋四十一万二千五百元,意庚款借款第四次付款。

财政部四月廿三日转期洋念壹万九千式百八拾壹元八角七分,统税五十万、廿年赈灾公债十九万四千元,三个月,月息一分。

财政部四月廿七日新放洋六十万元,廿三年关税库券一百万元,六个月,月息八厘。

财政部五月四日转期洋四十七万八千九百元〇〇七角五分,廿三年关税库券一百万元,六个月,月息一分。

浙江省财政厅建设厅五月卅一日新放洋式万伍千元,浙江省政府建筑钱塘江大桥借款。中英庚款会、全国经济会及银团总借款额五百五十万元。本行、中国、交通、四明、浙江实业五行组织之银团,总借款额二百万元,本行总借款额一百万元,期限六年,利息周年一分。每六个月一付。原订付款办法,自今年六月底起,分五次,至廿五年六月底付清。兹提前兑付式万五千元。还本办法,自二十五年十二月底起分八次,至二十九年六月底还清。担保品(指全部借款五百五十万元项下):(一)本桥全部财产与收入;(二)浙江省清理旧欠公债一百三十二万元;(三)廿一年浙江省金库券五十六万元。以上(二)(三)两项担保品至廿五年六月底方能交到。

二、沈棉庭报告各分支行放款事。报告后沈云:"现值决算,各分行如有盈馀,应属其将旧账量予削减。"议决照办。又议决全行股息红利共为四厘五毫;地产部

---

① 指担保品。下同。——编著者

存单分红一厘五毫或一厘七毫五。

徐寄庼云："照分支行现在放款业务情形,再就其存款业务详加体察,各有人手过剩,似不妨量予调整,以均劳逸,至少不予添人。"议决详查办理。(《行务会议记录》第11册,上档Q268-1-173)

6月15日 于《每周通讯》密字第11号发表通讯稿《钱江铁桥部省合作问题结束圆满》。文云:"铁道部与浙江省政府为建筹钱塘江铁桥,商量合作办法,进行颇为圆满。现经双方商妥,准由部方担任建筑经费之半数,至工程计划,则由省方主持,积极进行仍由铁道部核定。——总处揆"(原刊,上档Q268-1-222)

同日 又于《每周通讯》密字第11号发表通讯稿《沪恒丰纱厂力求改进》。文云:"本行押款户恒丰纱厂,近于技术管理方面,精进不懈,出品成本已逐渐减轻。最近该厂又提出计划书,拟改良一部分纱机,更求省费而效宏,要求本行赞助,已允为考虑。——总处揆。"(同上引刊)

6月25日 主持浙兴董事会会议,修订《浙兴人事规程汇编》。该汇编包括《行员服务待遇规程》《员生俸给规程》《员生花红及特奖金规程》《员生年资加薪、退职金及酬恤金规程》《员生储金及存款规程》《员生团体保寿规程》《员生给假规程》《员生旅费规程》《员生保证规程》《员生录用规程》《试用员练习生及试习生服务待遇规程》等。(印件,上档Q268-1-62)

同日董事会又通过一系列人事调整:

①总行汇兑股主任项吉士调升杭行襄理。②杭行襄理周彭年调任总行襄理。③汉行副经理张愚诚调任总行稽核,所遗汉行副经理缺暂不派充。④兼青岛支行经理朱跃如专任津行襄理。⑤河坝分理处主任陈伯琴升任青岛支行经理,所遗河坝分理处主任,调津行储蓄股兼存款股主任王百生接任。⑥津行添设济南分理处。调津行收支主任尚启亮接任济南分理处主任。

(浙兴总办通函,同上引档)

6月26日 浙兴总行总务部长兼调查处主任杨荫溥,兼任人事股主任。(翁志云《〈邮乘〉产生后两年中本行行务纪要》,《兴业邮乘》,第25期)

6月 为浙路股款清算事上铁道部长顾孟余公函,对传闻铁道部拟将此案划出另办提出严重质询。云:

孟余部长台鉴:暌违光霁,瞬已数旬,缅想丰裁,我心如结。景葵受浙路股东委托,于今二十年,前因末期股款愆期未付,持券人多方怨咨,曾在旧交通部暨大部条陈完成杭绍干线,可由中外合作借款,藉以清还旧欠。幸蒙部长采纳刍荛,不耻下问,并有浙路旧欠必予清还之面谕。遂听玉音,凡属浙人,同声佩慰。嗣闻大部已与中英银公司接洽,并令交通银行领衔与该公司商量合作借款,后又由交通银行移转于新办之建设银公司。昨据建设银公司传言,谓最近商量条款时,我部长左右有献议应将浙路股款划出另办者,闻之极为骇异。查浙路股东与旧交通部订立合约时,交出财产实值一千八百余万元,而愆期未付之股款尚有一百十七万余元,延阁十余年之久。今即以股东血汗所积之财产,抵借现款,以大部分完成杭绍干线,以极小部分清还浙路股东之血本,实为了结此案之最好办法,岂可划出浙路股东,不令加入,而反令合作借款之中英银公司坐享特别之权利? 要知中英银公司名为承受一半债票,而收回之旧债在四百万元以上。浙路股东实在交出一千八百万元之财产,今又将其财产一再抵押,而合约订定不得蒂欠之股东血本,反靳而不还,天下事理之不平,孰有过于此者! 景葵以为部长有顾畏民磊之意,有千金一诺之诚,又有敬恭桑梓之愿,断不出此! 用敢冒昧直陈,伏乞明白示谕,以释浙人之疑,以减景葵之罪。曷胜皇悚待命之至。敬颂公安。　　二十三年六月　(《浙路股款清算始末》,《杂著》,第 324—325 页)

7 月 1 日　经过修订之《行员服务待遇规程》等规程开始施行。浙兴总办发布致各分支行通函,为人事规程汇编内无办事专员名称说明,"办事专员一律改为分理处主任;同时办事处亦一律改为分理处"。(翁志云《〈邮乘〉产生后两年中本行行务纪要》,《兴业邮乘》,第 25 期)

7 月 5 日　签署浙兴总经理室通告云:"派史丰毅为押款股助员,即赴郑州,管理豫丰纱厂押品。"(副本,上档 Q268-1-144)

同日　上海银行公会举行执行委员会会议,针对政府公布《储蓄银行法》,推举陈光甫、张公权、唐寿民、徐新六为代表赴南京财政部请愿,要求修正该法案。次日陈光甫一行抵达南京,当面向财政部长孔祥熙陈述上海银行界具体意见,并呈意见书一份,请予容纳修正。意见书主要内容为:①《储蓄银行法》规定储蓄银行得承做他银行存单或存折为质之放款,这点与上海目下习惯不符;②对储蓄银行运用资金范围的限制,在分行制度下难以适合;③董事监察人负双倍责任,亦与有限公司组织不合;④第 8 条对农村质押放款不得少于五分之一,亦有问题。(1934 年 7 月 6 日上海银行公会致陈光甫等五名代表函,上档 S173-1-80)孔祥熙表示可以把适合银行公会的意见书转呈行政院,但称财政部无权修正。陈光甫等另向钱币司司长徐堪陈明种种困难之点,徐堪允诺设法补救。① (1934 年 5 月 31 日上海银行公会呈财政部文,上档 S173-1-81)

---

① 财政部在上海银行公会及各界推动下,最终对《储蓄银行法》作了修改。——编著者

7月6日　顾孟余复先生函。云："奉示祗悉。此次借款完成杭绍段，原拟以一部份清理浙路旧债，但详细办法，尚在拟议。至来示所称将浙路股款划出另办一节，并无此议。知注，特复。"（《浙路股款清算始末》，《杂著》，第325页）

7月7日　复顾孟余公函，再促早日拟议"还款详细办法"。云：

> 孟余部长台鉴：顷奉复谕，承示此次借款完成杭绍段原以一部份清理浙路旧债，所称"划出另办一节，并无此议"等因。逖听之馀，仰见我部长洞烛民情，力顾国信，谨率持券人五万四千余人九顿以谢。至详细办法，极盼早日拟议，将来如有询及刍荛之处，定当知无不言，以答部长察迩用中之至意。敬颂公绥。　二十三年七月七日　（同上引书，第325—326页）

7月14日　于《每周通讯》密字第15号发表通讯稿《大中华与光华合并条件已妥》。文云："上海大中华火柴公司与杭州光华厂合并事件，已于十二日经双方将一切条件商妥，现大中华承认光华股份六十五万元，现款五十万元，合同定本星期日签字。——总处揆"（原刊，上档Q268-1-222）

7月18日　浙兴总处议定西安、渭南及潼关三处各设分理处一所，归郑行管辖。（翁志云《〈邮乘〉产生后两年中本行行务纪要》，《兴业邮乘》，第25期）

7月21日　于《每周通讯》密字第16号发表通讯稿《京大陆沿海将建新屋》。文云："南京大陆银行分行，将在新街口建筑新行屋。——总处揆。"（同上引档）

7月27日　为浙江兴业银行设立济南分理处事，分别呈济南市政府、山东省建设厅文。呈报分理处地址：济南经三路纬三路口，主任尚其亮。（副本，上档Q268-1-626）

7月28日　于《每周通讯》密字第17号发表通讯稿三篇：

一、《上海银行浙省营业计划》。云："顷悉上海银行正急图恢复杭州分行。原拟购商务基地，因价昂中止；现拟租用某绸缎局故址，已托周市长居间设法。闻该行每年由各埠汇杭之款，有五百万元，向托同业代解，恢复分行后，即可自理。该行对于浙省营业，并已定有整个计划。大概首重发展杭江路沿线营业，以被兼并之龙游地方银行为中心，而谋取得杭州、南昌、九江、芜湖间之联络。因芜乍铁路现已改变路线，将由芜湖经某某等地，直达江山；杭州形势已非昔比，故该行有急亟进行之必要。我行对于杭江路沿线营业，亦宜急起直追，未可因循坐误。据上行内部人言，该行对于杭徽及嘉湖二路，亦已定有系统之发展计划，惟着手进行尚在杭江路之次。而此二路之中，又以杭徽路为首，嘉湖路居次云。——总处揆。"

二、《光华与大中华合并经过》。文云："此次杭州光华火柴厂，所以决意与大中华合并，闻实因大中华成本账，较光华低廉约有十分之四五，故惧而降心相从。又据光华重要人谈：'两厂合并时，刘鸿生态度极豪爽，但不免粗枝大叶；其副经理徐致一与会计林某,则心细如发,知识极高。可见鸿生左右颇有人才,故其营业能年年迈进。'——总处揆。"

三、《荣宗敬失败原因一说》。文云:"传荣宗敬之两子,历年做花纱、面粉投机,亏蚀四百万元。闻此亦为荣氏事业失败原因之一。——总处揆。"

（原刊,上档 Q268-1-222）

7 月 28 日　核准浙兴总处于汉行属下在大冶石灰窑添设分理处（简称石处）,派汉行王锡麟任主任。（翁志云《〈邮乘〉产生后两年中本行行务纪要》,《兴业邮乘》,第 25 期）

8 月 10 日　核准浙兴总处于汉行属下添设灵宝分理处。（同上引档）

8 月 11 日　于《每周通讯》密字第 19 号发表通讯稿三篇:

一、《建设银公司与意庚款债票》。文云:"建设银公司,原拟以意庚款发行债票第一宗生意,沪杭甬路借款次之。嗣因贝淞荪谓,银行团本拟发行意庚款债票,因财部反对而止,今归建设银公司包揽,未免与银行团以难堪,故作罢。——总处揆。"

二、《徐青甫奉召赴赣》。文云:"徐青甫奉蒋电召赴赣。闻四省农民银行总经理郭外峰遗缺,有委徐接任说。——总处揆。"

三、《扬盐栈有废除趋势》。文云:"扬州稽核所总办调浙,遗缺仅派人代理。闻此因总所方面,久欲废除淮南盐栈,以期发展淮北盐政（此举实开国利民福）。但以十二圩食利者众,动生阻力,故迟回至今,未敢发难,成为盐务署历年讨论未决之问题云。——总处揆。"（同上引档）

8 月 16 日　核准总处于津行青岛支行属下添设货栈,兼办营业事务。（翁志云《〈邮乘〉产生后两年中本行行务纪要》,《兴业邮乘》,第 25 期）

8 月中旬　与蒋抑卮等赴莫干山避暑。蒋世承《我的父亲蒋抑卮》一文云,父亲"1930 年前后,在莫干山购置别墅一所,1932 年又在其附近新建现代化别墅一幢,由著名建筑师陈植设计,1934 年峻工,适逢海筹公九十寿辰,全家亲族毕集莫干山,五世同堂,达 76 人。此别墅,在抑卮公生前已作安排赠给'浙兴',作为同人疗养居息之所。解放后历经修葺,1960 年夏,毛泽东主席因开会曾居息于此,现改名皇后饭店。"（《浙江文史资料选辑》,第 46 辑）

8 月 19 日　撰《两周年〈邮乘〉总评论》。全文云:

《邮乘》发刊,转瞬两年,已满二十四期。山居无事,覆阅一过,精心结撰之作,十居七八。语其优点,大抵直摅心得,而毫无剿袭;畅说事理,而不尚虚浮。虽材料不及《中行生活》之丰富,思想不及《海光》之新颖;而以兴业之同人,说兴业之行话,朴实委婉,自有不可磨灭之真精神,固始愿所不及也。

先圣有言:"我欲托诸空言,不如见诸行事之深切著明。"又曰:"言顾行,行顾言。"若第以空言相尚,虽汗牛充栋,何益于本行? 而《邮乘》则异是。如朱益能君《行员简慢主顾之一问题》,寥寥数百字,皆其服务美国芝加哥大陆商业信托银行(Continental and Commercial Trust and Savings Bank)及英国伦敦米兰银行(Midland Bank Ltd.)时,细心体会之所得。所言职务之分配,人员之选择,人事部之重要,本行皆已切实进行。又如杨荫溥君《保险和储蓄》;徐奠成君《银行员的生活》,皆注意于行员养老,及预防不测之事。现在本行修改人事规程,已举办团体保寿,与奖励同人储蓄,异途并进。又如冯克昌君《我的银行生活观》,蔡受百君《如何度君之银行生活》,王叔奋君《从救济农村说到行员的生活和思想》,吴荫远君《一得之言》,皆注意于职业以外之修养与训练。现在总行整顿夜课,及计画公馀消遣,业已次第进行。又如"以顾客利益为前提",列为行训。王莘井、水启秀、程云桥、任铸东、徐寿民诸君之作,皆于顾客心理,阐发无遗。现在总分支行,已将服务效率,切实增进,务求顾客满意;而总行尤有显著之进步。又如王逢壬君《信用安全问题之商榷》,邓佑治君《银行业务与信用放款》,对于信用放款,注重调查;冯克昌君《中国金融业投资问题之检讨》,对于工业放款,注重技术合作,其持论皆确切精湛,与本行之政策,尤如桴鼓之相应。以上所言,未遑更仆;而《邮乘》之价值,已略可表见。全行同人,截止六月底止,共为四百八十七人(六月以后,增加三十馀人未计入),而投稿者仅五十二人(甲等职不计在内),不过全行百分之九强。希望以后充分发展,投稿同人,日见其多,则价值更足以增重。同人投稿人数之少,揣其心理,不外三端:一曰不屑;二曰不暇;三曰不敢。

不屑之心理,以为吾但尽吾职务而已,何必多此一举;又或以为《邮乘》所登,皆纸上空谈,无裨实用。殊不知吾人每日所做之事,虽极机械,必随时有心得。取各人心得,以为公共研究之资,实诸君应尽之责任。试观王逢壬君《本行同人录解剖》,是游戏之作;但取枯燥无味之册子,参伍错综,列为诸表,见全行同人之减,而知时局之不宁;见全行同人之增,而知营业之进步,此即所谓心得也。何况诸君日日接应之顾客,刻刻盘算之数字,有错综万变之妙。细心一想,必有无穷心得,可供同人研究者。试再举其例,如章启来君《两个不喜欢定期存单的顾客》,贺育申君《我拟了一个礼券计息表》,真所谓"俯拾即是",不可以为平凡琐碎,而有不屑之存见焉。

所谓不暇者,非真不暇也,悠忽过去之谓也,无预备之谓也。在行服务,固属繁劳;但总有休息日,有请假日,有回籍或旅行日。如程杏初君回龙游省亲,而有《金兰二日记》;陈伯琴君大病初愈,而有《十年前的回忆》,是真不肯悠忽过去者。虽然,有数种文字,仓猝为之,每思材料枯窘;最好天天写日记,事事有笔记,竹头木屑,皆有用之材。李子竞君《本行二十六年之回顾》,在"说老话"中,实为佳构。无非以议事录及号信为蓝本,记得清楚,叙得简洁。非在文牍埋头十余年,乌能得此? 繁赜之材料,"成如容易却艰辛",是可谓有预备者。

不敢之心理,最为普通。我逆料诸君必有属稿未竟,即弃而不用者。学子初以文字示人,必现羞涩之态,恐人笑其不佳也。要知文字不佳之人,未有不写家信者;写家信未有十分作难者。本行同人,如家人父子。诸君勿以为投稿,而以为写家信,何羞涩之有? 李卓吾云:"作文最难是第一句。"但能将第一句写定,第二句以下便源源而来。我盼望诸君,先写定第一句。诗云:"毋金玉尔音。"此之谓矣。是所望于全行同人,努力于第二十五期以后。

《邮乘》付印时,校对尚细,然仍有颠倒错误之字,应再详校一过,制一勘误表,附印于后,以免贻误读者。或虑一二人目力难周,亦可仿征文之法,集众人之目力以成之,是编辑委员之责也。

二十三年八月十九日写于莫干山

(《兴业邮乘》,第 25 期;《杂著》,第 260—263 页)

8 月 先生出资石印影刊清人张惠言(皋文)撰、张成孙(彦惟)编《谐声谱》五十卷,十二册。戴姜福(绥之)校录,章钰序。于内封题签云:"武进张氏稿本 谐声谱 武林后学叶景葵印行"。章序详述该书源流与稿本整理经过,盛赞先生藏书特色与学术志趣。序云:

有清以来,言韵学者为昆山顾先生,婺源江先生,休宁戴先生,曲阜孔先生,金坛段先生,歙县江先生,皆刊有成书,承学之士,得而读之。高邮王文简公与武进张皋文先生,亦均以韵学为同时诸贤推重。王氏韵学,仅"古音二十一部表",载入《经义述闻》。上虞罗氏近印高邮王氏遗书中,有《古韵谱》一种,审为初稿不全本,海宁王氏为补一卷,是完本佚矣! 皋文先生易学诸书全刻,《说文谐声谱》之名,仅见阮文达《仪礼图序》。长沙王氏《续皇清经解》,仅刻皋文子成孙名者九卷,系据临桂龙氏本,亦非完本也。张氏父子两代原稿,实藏阳湖赵氏天放楼,同年揆初叶君得之,且应君闳大令传播之约。是书皋文先生撰者,分二十卷,题为《说文谐声谱》;彦惟广之者,成五十卷,无"说文"二字。其大别为谱、表、韵、略四类。谱,著得声;表,明分部;韵,纪其源;略,提其要。冠以《论表》,殿以《序例》。书名与王文简同,而完备过之。揆初携入旧都,就商写定之法。适闻东方文化会又收一本,乞徐君森玉郑重告借。其书不如原稿精整,而增益不少,且载阮文达序,谓出彦惟手与否,无法断定。互勘之次,种种歧出,欲合三本成一本,决非钞胥所能。吴县戴君绥之,喜好六书音韵之学,慨然以写定自任。名皋文本曰初稿,彦惟本曰稿本,后得借本曰钞本。以稿本为主,取两本之异者加入之,凡凌乱歧出之处,悉附案语。一周寒暑,乃告竣事。盖其功较张力臣写亭林《道学五书》为钜,而详审精密则同之。揆初即以写本付印,俾免讹误。沉埋百数十年,卒得津逮后学,足为张氏父子幸也。二十卷稿,全出皋文先生手写,篆仿金刀,楷跻玉版。徒以行眉上,悉用黄笔,尚未得影照方法,则犹引以为憾也。钰廉知本末,为述其大概如此。当今藏书家,竞收宋元旧椠。揆初则重老辈稿本及未刊行者,所得以梁溪顾氏撰《读史方舆纪要》清本、归安严氏辑《全三代至先秦文》底本两种为钜。顾稿中附同时人签订及龙刻本所未删。严稿皆铁桥手录,校粤刻本,必有佳处。《谐声谱》乃其一也,特附记之,以见揆初胸有鉴裁,汲汲以延古人慧命为事。此其嚆矢也。

（原书）

《谐声谱》。(清)武林张惠言(皋文)撰,子成孙(彦惟)编,民国吴县戴姜福(绥之)校录,影印本,十二册。(《叶目》)

9月8日　浙兴济南分理处开办。地点济南经二路纬三路西。(浙兴机构成立记录卡,上档 Q268-1-24)

9月15日　浙兴湖北石灰窑分理处开办。地址在湖北石灰窑汉冶萍大冶厂矿运务厂内。(同上引档)

同日　浙兴青岛货栈开办。地址在青岛小港及车站之广州路 28 号。(同上引档)

9月25日　自莫干山返沪。26 日,"莅行视事"。《兴业邮乘》记者报道云:先生"经此番休养后,精神益佳。并闻在山时曾将本行总规程,加以一番整理云。"(《兴业邮乘》,第 26、28 期"同人消息")

9月　为浙兴添设湖北石灰窑分理处事,签署呈湖北大冶县政府文。(副本,上档 Q268-1-626)

9月　主持制定浙江兴业银行《代理保险章程》《房地产信托部章程》,改定《保管箱租用规则》等规章制度。(印本,上档 Q268-1-623)

10月初　铁道部长顾孟余来沪过访。"谓完成杭绍路借款与中英银公司略有成议,惟除扣还旧欠及工事费用之外,所馀无几,而中央又责成赶完苏嘉支线,款无所出,事关军用,不得不移缓就急,故苏浙路旧欠只能划出八十万元,作为一次清了,特来征求同意。当复以此事须与持券人商洽后再复。筹思数日,以政府罗掘俱穷,又须备战,拒之则并此区区之数亦付东流,不如允之,而要求即日垫款开付。商之苏路清算处,亦表赞成,即以公函成立协定。"(《浙路股款清算始末》,《杂著》,第 326 页)

10月4日　赴银行俱乐部出席商务印书馆董事会会议。讨论事项:①东方图书馆复兴委员会来函,拟将《四库珍本》赠英、美、德、法四国,以资纪念。议决通过。②王云五提议拟于总管理处下设立编审部,并修改相应总经理处章程。议决通过。(《商务印书馆董事会记录簿》)

10 月 6 日　于《每周通讯》密字第 27 号发表《节录商务印书馆董事会报告》。文云:"十月四日,商务印书馆董事会报告有可供参考者数端,节录于此:一、兰溪分馆因杭江路通后,营业情形变迁,移至金华,门市较前发达。二、结至九月底止,各银行透支,均以归清,仅欠高易公馆地产押款二十万元,惟年底恐仍须透支。三、九月底总结,营业总额共八百五十余万元,较上年九月底总结,增加百分之十五。四、进货较上年减省八十余万元,以纸张为最大。从前用纸三百余种,现只用八十种。从前进货,文具类共一百八十种,现只进五十种,而销数增加。五、《万有文库》预约五千部已销完,现拟再版。六、《四部丛刊续编》预约销一千四百部。七、《四库全书珍本》预约销一千一百部。八、《小学生文库》预约销一万一千部。九、各分馆不准存现款,积至一百元,即须划存银行。——总处揆。"(原刊,上档 Q268-1-222)

10 月 8 日　赴敏体尼荫路(今西藏南路)青年会出席德国学术互助会捐赠东方图书馆书籍赠受典礼。是日,东方图书馆复兴委员会成员、德国驻沪总领事克乃白(Kriebel)等中外宾客到场,先行参观德国捐赠书籍展览,后举行受赠典礼。张元济以东方图书馆复兴委员会主席身份主持仪式,并作讲话。东方图书馆复兴委员会常务委员、前东方图书馆馆长王云五报告工作。最后由先生代表商务印书馆董事会致谢辞,云:

> Kriebel 先生和诸位来宾:今天敝馆所设的东方图书馆复兴委员会,接受德国各学术团体的赠书,并蒙德国驻沪总领事 Kriebel 先生亲临举行赠受典礼,鄙人得以敝馆董事会代表的资格,参加盛会,深感荣幸。东方图书馆的创设、被毁和筹备复兴的经过,已经张菊生先生说过,鄙人不必再赘了。敝馆忝居出版家之一,向以提倡教育和促进文化为我们根本的信念,我们除在四十年来的出版事业上尽力贯彻这个信念以外,东方图书馆的创设和复兴亦就是同一信念的一种表现。诸位都知道东方图书馆经张菊生和王云五两位先生前后三十余年的苦心经营,才有"一·二八"以前的规模。我们要在短期中恢复起来,非求助于国内外的热心同志不可。现在德国的各著名学术团体竟首先捐赠这许多名贵的书籍,而承德国驻沪总领事 Kriebel 先生代表复行赠受典礼。德国民族气度的伟大和现代国际上提倡的知识的合作,都在此地充分表现出来。鄙人谨代表敝馆董事会表示诚恳的钦佩和感谢。(1934 年 10 月 9 日《申报》)

10 月 13 日　铁道部致浙路股款清算处公函财字第 2 241 号,通知勉筹国币 80万元,一次清还浙路苏路股债征询意见。函云:

案查前交通部自民国二三年间,先后与苏路、浙路公司议订合约,将各该路线收回国有后,曾分别换给股款有期证券,订有分期偿还本息办法,并已渐次履行。嗣以时局不靖,部帑竭蹶,所有苏路股款第十五期,及浙路股款第十二期,各期本息,迄未照拨。又以前发行之浙路公债,自民四以后,亦均按期拨付本息。迨民八以还,亦以部款支绌,未能照付。以上三项,计欠苏路本息洋四十一万四千二百五十二元六角二分,浙路本息洋九十四万二千一百八十元零三角一分,又浙路公债本息洋二十二万九千八百四十三元二角,三项共欠本息洋一百五十八万六千二百七十六元一角三分。朔自本部成立以来,水旱灾祲,层见迭出,内忧外患,相逼而来。部路财政,困难犹昔。贵处及苏路股款清算处为清算两路股款机关,虽曾迭次呼吁,为持券人请求发还前项本息,终以抯注无方,筹款乏术,此案遂致悬搁。兹幸大局敉平,国内金融亦稍稍转苏。本部为扩充建设计,爰有完成沪杭甬铁路之企图。惟念商办时代,虽以环境关系,未竟全功,顾经营草创,端赖商股维持。对于以前积欠本息,自应早日整理。惟本部经济竭蹶,全数清还,势所不许,兹拟勉于筹借完成沪杭甬借款内与银团商妥划出国币八十万元,作为本部一次完全清还前项本息之用。将前项证券公债,悉数收回,以资结束。庶双方兼顾,一举两得。此项办法,倘获持券人之同意,委托贵处及苏路股款清算处完全代表接受,函复本部,再订详细办法,以资解决。除分函苏路股款清算处征询意见外,相应专函奉达,即希查照见复为荷。此致
浙路股款清算处　　　　　　　　铁道部启　十月十三日

（《浙路股款清算始末》,《杂著》,第326—327页）

10月19日　代表浙路清算处复铁道部函,声明如由银团垫付当代表持券人接受。函云:

敬复者:顷奉财字二二四一号公函,承示大部欠苏浙路本息一百五十八万六千二百七十六元一角三分,拟于完成沪杭甬银团借款内划出国币八十万元,作为一次完全清还前项本息之用等因,敬已聆悉。浙路股款第十二期及浙路公债积欠本息两项,叠经敝处吁催拨款偿付,迄未履行,今蒙大部开诚布公,筹一清还办法,莫名感佩。在持券人言之,即使本息全数清还,其损失已不可胜计;在敝处责任言之,除照原约一一索还以外,绝无迁就通融之馀地。惟是民十一以后,部路财政困难日增,当敝处条陈完成杭绍干线之时,已逆知浙路未了之债,断非他路所可抯注。虽蒙历任部长采纳,但以环境之阻力,荏苒十年,仍赖贵部长之苦心毅力,使得实现。敝处又谂知完成沪杭甬银团借款于一千六百万元以外,不能再增,而此一千六百万元除各项预算外,只有八十万元可以划还旧债,今若拒而不纳,无异画饼充饥。此敝处鉴于财政之实况,不能不

熟思审虑者一也。今岁全浙旱灾异常凄惨,现在灾区之持券人函札纷驰,要求敝处积极索欠者,目不暇给,且有亲赴杭沪持券面催者。若仍迁延不决,则旷日持久,何以救燃眉之急? 此敝处怵于地方之灾象,不能不熟思审虑者又其一也。查完成沪杭甬银团借款内划出之八十万元,除苏路外,敝处应摊领五十九万一千零八十一元八角七分,兹特请求大部商明银团于债票未曾全数售出以前,由银团尽先垫付,令敝处于最短期间得以具领登报开付,俾持券人略济目前之急。如蒙允准,敝处自当勉为其难,负责代表持券人完全接受。即希查照见复,不胜企盼之至。此呈铁道部　　　　　　　廿三年十月十九日　(同上引书,第 328 页)

10 月 23 日　浙兴董事、前汉口分行经理史致容(晋生)因病去世。《兴业邮乘》于同年 11 月 9 日第 27 期刊登《悼史晋生先生》一文,以资纪念。(原刊)

10 月 24 日　铁道部长顾孟余复先生计字第 7 009 号公函,允于债票全数售出事,委托银团尽先垫付不误。云:"查本部前拟由完成沪杭甬银团借款案内,划出国币八十万元,清理苏浙路股款有期证券及浙路公债之本息,债券悉数收回结束一节,曾于财字第二二四一号分函贵处及苏路股款清算处征询债权人意见。兹准贵处十月十九日函复,允代表持券人完全接受;惟请本部由完成沪杭甬银团借款内划出之捌拾万元,将贵处应摊领之五十九万一千零八十一元八角七分,于债票未曾全数售出以前,由银团尽先垫付,贵处具领登报开付等由。查上项银团借款债票各方均已接洽,立法院一经通过,短期间内即可发售完竣。浙路证券公债之本息,应摊领全数伍拾馀万元,本部允于债票全数售出时,委托银团尽先垫付不误,准函前由,相应函复。即希察照同意见复为荷。"(《浙路股款清算始末》,《杂著》,第 329 页)然而,结果国民政府又未履约。(见 1935 年 12 月 24 日先生致张公权函)

10 月 25 日　浙兴渭南分理处开办。地址在陕西渭南西门外中山大桥西头。(浙兴机构成立记录卡,上档 Q268-1-24)

同日　浙兴潼关分理处开办。地点陕西潼关西关内纸坊巷松记转运公司内。该处职员由渭南分理处职员兼任。(同上引档)

10 月　浙江兴业银行认购江苏省水利建设公债 20 万元。1935 年 2 月,又续购 20 万元[①]。(江苏省财政厅致浙江兴业银行函,上档 Q268-1-351)

11 月 1 日　浙兴西安分理处开办。地址在陕西西安盐店街红万字会隔壁。(浙兴机构成立记录卡,上档 Q268-1-24)

---

① 当时此项水利建设公债共向上海各家银行募集 750 万元。——编著者

11月5日 为浙兴分设上海西区等四家支行呈财政部文。此四家支行为：①西区支行,经理俞道就;②虹口支行,经理徐奠成;③霞飞路支行,经理沈光衍;④北苏州路支行,经理林曼卿。(副本,上档 Q268-1-101)

11月8日 赴银行俱乐部出席商务印书馆董事会会议。议定自 1935 年起全体分馆一律改与总馆共计盈亏。(《商务印书馆董事会记录簿》)

11月 于《孟子赵氏注》封面朱笔题识。云:"甲戌孟冬过录周耕厓校本。原缺卷四下。景葵。"(原书,上海图书馆藏)

《孟子赵氏注》十四卷《音义》二卷,(汉)赵岐撰,(宋)孙奭撰音义,清乾隆四十六年安丘韩岱灵刊本,二册,叶景葵录、周广业校。(《叶目》)

12月1日 撰《鲒埼亭集》跋。云:

朱笔传录丁秉衡临严修能评点本,下称严本;墨笔传录吴兔床临杭董浦评点本,下称吴本。严本、吴本,均从长洲章式之钰传录本录出。据式之后跋云:"严本段诸常熟丁秉衡国钧,吴本段诸海丰吴仲怿重熹。"

吴本系抄本,兔床所录评点,仲怿但审为兔床亲笔,而不知系传录董浦评点。式之证以十八卷(史刻十九卷),"此事不实,予在局中,《两唐考异》出长洲沈归愚"一条,谓与兔床平生踪迹不合,定为董浦原评,似无疑义。葵谓卷中兔床按语,皆署己名,凡不署名者,如《湛园姜先生墓表》《桐城方公神道碑》诸篇,所书评点,以式之之见推之,皆可定为董浦手笔,其馀或不免有后人羼入之语,惜未能一一别白之也。仲怿亦间有按语,又有署名瑛者,不知何人? 式之流览所及,亦附以己见。严本有丁秉衡按语,又引戴子高望校勘数则,今皆一一录之。余过录杨秋室评内集本甫毕,又得传录此本,合而观之,足为谢山诤友矣。

式之谓缪小山荃孙别有蒋蓼崖校本,卷中只引用一条,惜非全豹! 甲戌十月廿五日,景葵识。(《书跋》,第 143—144 页)

《鲒埼亭集》三十八卷,《外编》五十卷,《经史问答》十卷,《附年谱》一卷,(清)甬上全祖望(谢山)撰,附(清)鄞县董秉纯(小钝)撰,清同治十一年姚江借树山房刊本,二十二册,叶景葵临(清)杭世骏、严元照校。(《叶目》)

12月10日 浙江兴业银行与上海生活书店订立《免费汇款购书办法》,并设计有《浙江兴业银行经汇上海生活书店通信购书汇款用纸》等统一格式。办法规定:"江浙两省每人每次汇款在一百元以内者,免收汇费。""除江浙两省外其他国内各地,每人每次汇款在十元以内者,免收汇费。"免收汇费之各地浙江兴业银行包括江苏省南京、下关、无锡、新浦;浙江省杭州、湖墅、湖州;安徽省蚌埠;湖北省汉口、石灰窑;河北省北平、天津;河南省郑州、信阳、驻马店、陕州、灵宝;山东省济南、青岛;陕西省西安、潼关、渭南。(原件,上档 Q268-1-349)

12 月 11 日　浙兴复生活书店函。云:"昨接大函,承附下代汇书款办法一份,又汇款用纸样张壹份,均以收洽。惟汇款用纸,敝行意见,只须请买主填写第一张,其馀两张如汇款回单及存根,敝行本有预备,贵店不必另印。兹将尊来样张略加修改,随函奉上,并希詧收。将来印就之后,请检赐三十页,以便转发敝分支行查洽,其馀由贵店径寄各地敝分支行收用可也。"(信稿,同上引档)

12 月 24 日　主持浙兴董事会会议,议定改订本行总规程。又议决:"一、杨石湖君为支行储蓄部经理;二、聘任金任君君为支行总务部总秘书。"(同日浙兴总办通函,副本,Q268-1-229)《浙江兴业银行章程》如下:

浙江兴业银行章程
中华民国二十年修正奉财政部实业部核准
中华民国二十三年修正奉财政部实业部核准

第一章　总纲

第一节　本银行遵照公司法组织股份有限公司。定名曰浙江兴业银行股份有限公司。

第二节　本银行营业范围如左:

一、各种存款;二、各种放款;三、各种汇兑;四、各种贴现;五、买卖有价证券及现金银;六、发行兑换券;七、代客收解款项及经理各种有价证券;八、保管证券、票据及贵重品,兼营信托业务。

第三节　除第二节规定外,本银行应禁止者如左:

一、无抵押品之个人放款及暂支;二、除营业所需不动产外收买及抵押;三、本银行股票收买及抵押;四、非本银行所在地之信用放款;五、以本银行名义作担保。

第四节　本银行设总行于上海。董事驻总行,设总办事处。其他应设分行或支行或附属各行之营业机关,由董事会议决之。

第五节　本银行公告法以分别指定总分支行所在地之新闻纸一份或两份为限,但得以通函代之。

第六节　本银行营业年限,遵照前清农工商部核准成案,以五十年为期,期满后续办与否,由股东会议决之。

第二章　股份

第七节　本银行股本定为四百万元。每股计银一百元,都为四万股。

第八节　本银行股份之增减及增减之数目,由股东会依法议决之;其收付股银细则,由董事会议决之。

第九节　本银行股票为记名式,照公司法第一百十五条办理。

第十节　本银行发给股票时,股东应交存印鉴,每年支取红利及股东与本银行有关系事件时,均以印鉴为凭。

第十一节　本银行设股东名簿,照公司法第一百二十六条办理。

第十二节　股东以堂记别号为股东姓名者,应将真实姓名住址开示,以备通函。

第十三节　本银行股东以本国籍者为限,其转让股份时,无论买卖或继承或赠与或抵押,应邀保填具转股证书或请求注册书,连同所有股票送交总办事处过户或注册。

第十四节　股票遗失,应邀保填具遗失证书,送经总办事处认许,并详登告白于本银行所定之新闻纸两份,各三日以上。经过三个月如无纠葛发生,始得补给。

第十五节　股票过户或注册或辅给或分开合并,每分酌收手续费。

第十六节　凡股东定期会或临时会,一个月前经本银行公告后,则暂停过户。

第三章　股东会

第十七节　本银行股东会分定期会、临时会两种。

第十八节　定期会于每年下届总结后,由董事会议决,先期一个月公告各股东。

第十九节　临时会由董事或监察人认为有重要事项,或由本银行股份总数二十分之一以上股东,将事由说明书送至总办事处,应照定期会办法迅行召集。但在定期会前后一个月内,则不举行。

第二十节　股东会议案,除董事于会期一个月前公告外,如股东有附议事项,应会同本银行股东在十人以上,于会期前七日将事由说明书,送至总办事处,以备印刷分布加入议案。

第二十一节　会期前三日,股东应将所有股票送交本银行,换取入会凭单,始得到会。其委托代理人者同代理人,以本银行股东为限,并以原股东委托书及印鉴为凭。但以法人为股东姓名者,其代理人不限于本银行股东。

第二十二节　股东会主席董事长任之;董事长有事故时,由董事公推一人代之。

第二十三节　股东会应有本银行股份总数十分之四以上到会,始得决议。

第二十四节　股东会议决权及选举权,每股一权,十一股以上每两股一权;有委托代理者同。

第二十五节　左列第一款无议决权,第二款无选举权及被选举权:一、所议事项涉及该股东；二、已宣告破产。

第二十六节　股东会以到会议决权过半数为决议；如可否同数，取决于主席。

第二十七节　关于更改定章、增减股份、停止公积及以公积附他公司股份，应遵照公司法第一百八十六条办理；解散及合并遵照同法同条第二项办理。

第二十八节　股东会议决事项应清缮于决议录，由主席与监察人签字为凭。

第四章　董事及监察人

第二十九节　本银行设董事十一人，监察人三人。董事由股东会于五十股以上股东，监察人由股东会于三十股以上股东，已在会期三个月前取得股份者，分次投票举之。

第三十节　董事任期三年，任满后投票选留旧董事三人，续被选者得连任。监察人任期一年，续被选者亦得连任。

第三十一节　董事就职后，应将被选合格之股票，交由监察人存入本银行保管库。

第三十二节　董事于十一人内选举常务董事五人，常驻总办事处，执行本银行各种事务；复于五人内选举一人为董事长。

第三十三节　本银行对外行为以董事长代表之。

第三十四节　董事所执行之事务及簿册函件与各种财产，由监察人常驻总办事处监察之。

第三十五节　董事得兼本银行职员，监察人不得兼本银行董事及职员。

第三十六节　总办事处及总分支行之组织，与职员之名称、额数，由董事会议决之。

第三十七节　董事会议每星期一次，会期前应由总办事处将会议事项，通告各董事及监察人。

第三十八节　遇有重要事项，得由总办事处临时召集董事会议。

第三十九节　会议时以董事长为主席，董事长有事故时，由董事公推一人代之。

第四十节　会议事项以董事过半数决之，如可否同数，取决于主席。

第四十一节　会议事项有涉及董事个人者，该董事应回避。

第四十二节　本银行各种事务，除日常例行者外，应经董事会议决，始得实行。

第四十三节　会议事项有违定章者,监察人应劝止之;如董事仍自由决议,监察人得召集股东临时会报告于各股东。

第四十四节　前节自由决议事项,非俟股东临时会后不得实行。

第四十五节　董事会议决事项,应清缮于决议录,由主席与监察人签字为凭。

第四十六节　常务董事对于日常例行各种事务,及董事会议决后交由常务董事执行之事务,负完全责任。

第四十七节　常务董事阙员时,得由他董事补充之;他董事及监察人或阙三员时,得开股东会临时会补举之。

第四十八节　董事、监察人公费由股东会议定之;常务董事及监察人薪水由董事会议定之;董事兼本银行职员者,不兼支薪水。

第五章　会计

第四十九节　本银行每年分上下两届总结各一次,总结后各由总办事处造具左列各项簿册,经监察人覆核,编印决算报告。其上届报告先行分寄于各股东,俟下届总结后开股东会时,连同下届报告一并提出于股东会。

一、财产目录;

二、贷借对照表;

三、营业报告书;

四、损益计算书;

五、公积金及股息红利分派之议案。

第五十节　总结所得利益,除各种开支及递减财产外,如有盈余,应先提出十分之一为公积金。

第五十一节　本银行纯利应俟每年下届总结,经股东会承认后一并发给。

第五十二节　本银行每届总结,经股东会承认后,应将财产目录、贷借对照表禀由地方官厅,详送财政部、实业部查核,并应将贷借对照表于总行所指定之新闻纸公告三日。

第六章　附则

第五十三节　以上各节,其中应有细则由总办事处分别订定之。

第五十四节　本章程于民国二十年二月二十二日、三月二十九日两次股东会议决修正,自呈准之日施行。　　　　　　　(印件,上档 Q268-1-30)

12月28日　签署浙兴总办致各分支行通函,通报生活书店代客购书免收汇费事。云:"敝处已与此间生活书店商定,免费径汇各地购书款项办法:凡江浙两省每人每次汇款在壹百元以内,及其他国内各地每次汇款在拾元以内者,一概免收汇费。所有汇款用纸,除已有该书店径行寄送外,奉样张壹纸,至希查照办理为荷。"
(副本,上档 Q268-1-124)

12 月 29 日　主持成立浙江兴业银行人事研究委员会,并制定《规程》如下:

第一条　依总规程第四章第二十五条设人事研究委员会。

第二条　人事研究委员会委员由董事长于行员内选任之。不定额,指定一人为主席①。

第三条　人事研究委员会研究事项如左:

(一)各行员生之应增应减;(二)无可造就之员生如何淘汰;(三)人地或事务不宜之员生应如何调拨;(四)效率低减之员生应如何鞭策;(五)其他认为应行研究之人事问题。

第四条　非经人事股甄选、训练而为本行急需之人才,应由委员会调查、考验,分别罗致。

第五条　委员会研究方案经决定后,送由总经理酌交总务处人事股执行。

第六条　委员会得向总行征取研究方案执行后所生效果之详细报告,核存备考或再付研究。

第七条　委员会得向总务处人事股及各行调取或征询所属员生之办事成绩及其平日品行。

第八条　各行每年年终举行考绩,除总规程第二十四条第三款规定外,得由委员会研究复核,贡献意见于总办事处,仍由总办事处核定施行之。

第九条　委员会应需办事人员,得向总行指调或兼任之。

主席　徐总经理②

委员　竹经理　沈稽核　金总秘书　杨荫溥先生

孙人镜先生　罗郁铭先生　项叔翔先生

(抄件,上档 Q268-1-176)

12 月 30 日　与徐新六、徐寄庼联名签署浙兴总经理室通告。云:"新年团拜,概不举行。个人间亦概不往来访谒。"(抄件,上档 Q268-1-144)

12 月　主持制定浙江兴业银行《代理发行公司股票章程》《代理买卖债券股票章程》《各种信托业务撮要》《信托部业务纲要》《信托部存款章程》等规章制度。(印

---

① 抄件眉端有添注:"第二条行员两字改为重员。二七。九。五。改正。"——编著者
② 抄件在主席与委员名下有添注。徐总经理下注:"廿七年八月出缺。廿七年九月三日董事长指定张笃生先生为主席委员。"竹经理下注:"业务部　卅二年辞退。"杨荫溥先生下注:"廿五年辞职。"后又添加三人:孙人镜先生(储蓄部　廿七年九月三日添任);罗郁铭先生(信托部　见上注);项叔翔先生(廿九年四月三日添任。)——编著者

本,上档 Q268-1-623)

是年 浙江兴业银行呈铁道部《建造钱塘江大桥筹备报告》。报告认为,钱塘江横亘浙中,地处冲要,近年来东南各地建设,铁路公路继续伸展,更显得贯通钱塘江的必要,倘能穿越跨渡,联贯通车,则不仅浙江本身的经济文化可以发展,就是对全国交通、国防也有巨大关系。报告又认为,建造钱塘江大桥能满足运输需要。浙江兴业银行调查,杭州钱江义渡,每日渡江人数最少为 11 000 余人次,最多至 17 000 余人次,至于渡江的各种货物,每年当在 40 万吨以上。建造钱塘江大桥,不仅能联络浙赣、沪杭甬等多条铁路,还能使浙东浙西各公路线连接贯通,使中国的交通网络更具活力。铁道部长顾孟余致函浙兴董事长叶揆初和总经理徐新六,赞成浙兴的创议,云:"……完成沪杭甬铁路与钱塘江筑桥问题,迭承贵行关注,至为钦佩……"只是函示财力不足,希望协助筹措。浙兴得知后,感到自己关心国家大事的建议既被采纳,即着手宣传自己的主张,联络中国、交通、四明、浙实四行组织银团,共同投资 200 万元。总行还多次电瞩杭州分行有关人员,密切注意中英公司动向,防止中英公司染指此事,捍卫本国的路权。(朱镇华《浙江兴业银行和钱塘江大桥》,《浙江金融》,1986 年第 1 期)

是年 山东峄县中兴煤矿公司董事会改选,推举先生继朱启钤(桂辛)为董事会长。中兴董事会组成如下:会长叶景葵,常务董事罗义生、张文孚、董事朱桂辛、张学良、周作民、叶琢堂、王孟群、苏汰余、周星棠、苏仁松、钱永铭、张仲平、陈景韩、黎绍基;监察人任凤苞、陈蔗青、徐节庚。(《山东峄县中兴煤矿概述》)

1935 年(民国二十四年　乙亥)　62 岁

2 月　南京国民政府与日本签订"何梅协定"。

3 月　张公权被调任中央银行副总裁,南京政府对中国银行第二次改组。

9 月　全国大水灾,灾民达数千万。

11 月　国民政府颁布紧急法令,实施新货币政策,推行法币,废除银本位,收回商业银行兑换券发行权。

12 月　"一二·九"运动爆发。

是年　上海通易银行、明华商业储蓄银行、美丰银行、世界银行、中法储蓄会等金融机构相继倒闭或停业,两年以来达十九家。"北四行"之一的盐业银行总行由北平迁至上海。

1 月 12 日　核准免除朱益能浙兴总行副经理职务。"朱益能副经理兼任汉口第一纱厂公司会计主任,现该公司由安利洋行接办,商挽朱君专任该公司会计主任。应免去总行副经理本职,但仍保留行员资格。"(同日浙兴总经理室通知,上档 Q268-1-145)

1 月 16 日　应张元济之邀为海盐旱灾救济会捐款 30 元。浙兴徐寄顾、徐新六同时各自捐款 10 元。(张元济致海盐县旱灾救济会周仰松书,《张元济全集》。第 3 卷,第 647 页)

1 月 19 日　章钰致先生函,询《谐声谱》发坊售否。云:"先后奉到续赐《声谱》并贵友携还《鲒集》,感荷至极。《集》中不留一字,不加一印,为贱校增重,殊歉然也。《声谱》已送胡绥之,属为道谢。此书发坊否? 文奎堂屡来问过矣。"(原件,《尺素选存》)

1 月 29 日　签署浙江兴业银行为郑州支行改升分行事呈财政部文。(副本,上档 Q268-1-626)

同日　签署浙兴为新设新浦等八处支店、分理处呈财政部文。此八处分支机构为:①江苏东海县新浦支店,主任王世钦;②河南信阳支店,经理陈铭勋;③河南南陕县分理处,经理陈铭勋;④河南确山县驻马店支店,经理侯晋三;⑤河南灵宝分理处,经理胡光华;⑥河南渭南分理处,经理宁儒辙;⑦陕西潼关分理处,经理宁儒

辙;⑧陕西西安分理处,经理康为霖。(同上引档)

1月 再撰《群经音辨》跋。云:"毛氏影宋本现已印行,如卷一八部个,误作个;牛部牢,约也,注误衍'削约'二字,毛抄与张刻皆然,非亲见大字宋刊本者不能校正其误。此本甚可珍贵。甲戌季冬,复阅记之。""周榘字子平,四川布政使。周瑛九世孙,父荣光,迁江宁。渠好学博览,有巧思,能以拳木造天地球,能以尺绢画山河万里,其婢仆家人亦能知华严字母,时以振奇人目之。所居清凉山,今犹有其读书处。著有《阙里小志》《幔亭诗钞》《清凉散》一卷(一名《清凉小志》)。右见国学图书馆第四年刊《江苏书征》初稿。"(《书跋》,第20页)

2月14日 主持浙兴董事会会议,在上年修订基础上,再次修订《浙兴人事规程汇编》。该汇编包括《行员服务待遇规程》《员生俸给规程》《员生花红及特奖金规程》《员生年资加薪、退职金及酬恤金规程》《员生储金及存款规程》《员生团体保寿规程》《员生给假规程》《员生旅费规程》《员生保证规程》《员生录用规程》《试用员练习生及试习生服务待遇规程》等。(印件,上档Q268-1-32)

同日 浙兴总经理室根据董事会提议发布通知,云:"津行营业股主任以津行副经理项叔翔君兼任。"(副本,上档Q268-1-145)

同日 上海银行公会、钱业公会、中华全国商会联合会、上海市商会联名致财政部函,针对政府限制白银出口政策之实施,相当程度上妨碍了白银的正常输入,从而不利于摆脱金融危机,建议采取鼓励白银进口的关税政策。函云:"大部明令征收白银出口平衡税后,输出渐见减少,人心于以稍定,国计民生交受其益,惟是金融之道首贵流通,平衡税之设,意固在乎限制白银之出口,但亦足以束缚外银之输入,盖国外现银,照目下市面情形,本有陆续运回之可能,惟因银税关系遂致观望。拟请钧长本维护工商、活动金融之意,明定奖励外银进口办法,令饬总税务司,以后凡由国外输入现银,得向海关登记,将来复出口时,准其免纳正附各税。""如此则国外现银,可期随时输入,以应国内之需要,且输入现银,本不在国内存银之内,于复出口时予以免税,揆之大部征税原旨,亦无抵触,为此还请鉴核批示遵行,不胜幸甚。"(副本,上档S173-1-92)

2月16日 主持浙兴重员会议。出席者有常务董事蒋抑卮、徐寄庼,总经理徐新六,经理竹淼生,总稽核沈棉庭,总秘书金任君,储蓄部经理杨荫溥,地产部经理黄延芳,副经理史稻村、罗郁铭、张愚诚、陈恭藩,无锡支行经理华如洁,霞飞支行经理沈先衍,虹口支行经理俞道就,西区支行经理王古尊,杭州分行经理徐曙岑,汉口分行经理王稻坪,北平分行副经理竹尧生,天津分行经理朱振之,青岛支行经理陈伯琴,南京分行经理马久甫,郑州分行经理马菊年等。讨论事项有:

一、议民国二十四年度本行营业方针。议决"凡各分支行有适合吸收存款之环境者,应尽量吸收,其资金集中总行负责消纳,以收分工合作之效。""应采稳妥方法,尽量进行,请总司库详为计划。"具体事项有:①存款注重吸收活期;②推广发行;③注意推广国内汇兑;④信用透支及存放钱庄银号,严格选择户头,须比往年紧缩;⑤押款以货物为主,公债及股票等次之,房地产及厂基不放;⑥投资有价证券并招徕代客买卖;⑦注意代客保险业务;⑧各行筹划信托业务。

二、议变更管辖及增减机关事(略)。

三、议紧缩开支事(略)。

四、议 1935 年度预算案(略)。

五、议人事集中管理事(略)。

六、议各行仓库集中管理事(略)。(浙兴重员会议议决录,上档 Q268-1-23)

同日 财政部于上海设立金融顾问委员会,会址附设于中央银行。主席孔祥熙,副主席张公权。分设四个组。①研究改进通货现状事项,委员唐寿民、徐堪、张公权、钱永铭、吴达铨,唐寿民任主任委员;②研究安定汇兑事项,委员为贝淞荪、席德懋、吴蕴斋、沈叔玉,贝淞荪任主任委员;③研究改善国际收付事项,委员为李馥荪、钱昌照、宋子良、徐新六、叶扶霄,李馥荪任主任委员;④研究调剂内地金融事项,委员为陈光甫、胡笔江、秦润卿、周作民、陈蔗青,陈光甫任主任委员。(《银行周报》,第 19 卷第 15 号)

2 月 17 日 主持浙兴第 28 届股东常会。报告 1934 年度营业情形及盈利分配。主要经济指标:资本总额 400 万元,公积金 2 449 238 元,往来存款 24 319 845 元,定期存款 44 221 931 元,暂时存款 3 273 239 元,发行兑换券 9 214 773 元,领用他行兑换券 385 万元,储蓄部往来 7 225 690 元;现金 7 077 331 元,期票 2 825 637 元,存放同业 8 986 318 元,有价证券 6 442 192 元,往来透支 1 753 544 元,往来抵押透支 11 765 720 元,定期放款 2 079 875 元,定期抵押放款 38 186 623 元,暂记欠款 2 164 767 元,发行兑换券准备金 9 214 773 元,领用他行兑换券准备金 385 万元,储蓄部资本 50 万元,房地产信托部房地产 6 299 356 元,营业用房地产 250 万元;本届全行总纯益 256 118 元。(《兴业邮乘》,第 31 期)

2 月 19 日 浙兴总经理室根据总办核准发布人事任命通知,"聘任黄延芳君为信托部地产顾问;聘任张笃生君为信托部经理;聘任孙人镜君为信托部副经理。"(副本,上档 Q268-1-145)

2 月 23 日 上海银行公会、钱业公会、上海市商会、上海市地方协会四团体召开联席会议,讨论如何应付市场恐慌。金融业代表出席者有陈光甫、贝淞荪、唐寿民、徐寄顾、徐新六、叶扶霄、秦润卿等人。会上金融界人士认为,银钱两业需团结一致,通力合作,"求人家无用,应自己有办法,大家联合来做"。(会议记录,上档 S173-1-92)

2月27日　赴银行俱乐部出席商务印书馆董事会会议。会议讨论：①议定旧厂烬余房屋修理后拟作价归入甲种特别公积；②王云五报告1934年度结算情况，全公司盈余133.48万元。（《商务印书馆董事会记录簿》）

3月1日　浙兴总经理室根据总办核准通告：委派信托部经理张笃生兼任信托部放款股主任；委派信托部副经理孙人镜兼任信托部地产股主任。（副本，Q268-1-145）

3月14日　上海银行公会举行第64次执行委员会会议，决议："目前市面之窘急，人所共知，银钱业因无力独负救济重任，但各业俱趋衰落，银行当然不能独存，必须同舟共济，庶可暂济眉急。……银行业应与政府、地方统力合作，促其实现。"①（会议记录，上档S173-1-70）

3月17日　约是日起，先生赴浙江天台山、雁荡山等处游览。前后计十二日。（1935年3月30日致徐寄顾函）

3月28日　由永康方岩返杭。同日赴莫干山休息。（同上）

3月30日　自莫干山致徐寄顾函②，叙天台、雁荡等地观光见闻及对中国银行"变局"③之看法。云："天台、雁荡、仙都、方岩共游十二日（沿途车路甚佳，惟乐清

---

①　1935年初，上海金融界筹组小额工商信贷，拟由上海金融业与政府各认250万元，救济市面。银行公会认定数为：中国银行100万元，交通银行40万元，上海、金城、大陆、盐业、中南、垦业、中孚、浙兴、中国实业等银行共60万元，钱业公会50万元。后因钱业不允，经多方协调磋商，各银行除中交两行外，其他银行增加至100万元。认定数为：浙兴、上海、中国实业三行各8万元；大陆、盐业、金城、中南四行各6万元；浙江实业、江苏、四明、通商、新华、垦业、农工、聚兴诚、国货九行各4万元；恒利、中孚、东莱、国华、绸业、中汇六行各2万元；中华、永亨、通和、江浙四行各1万元。同年7月，上海银行公会又提议设立票据承兑所，36家会员行分别认定担保基金。由于该项承兑汇票信誉卓著，在未到期之前均可向各银行申请贴现，各银行也可向中央、中国、交通三银行重贴现。以上措施对缓解金融恐慌，起到了一定作用。然而，白银风潮以来金融危机深重，各商业银行自顾不暇，所筹款项有限，不敷使用。直到1935年4月30日，国民政府财政部颁布关于上海工商救济十条原则，同年6月又拨发国库凭证2000万元，交付工商业贷款审查委员会，市面情形才逐渐好转。当局在白银风潮期间，有计划有步骤地增资改组了中国银行与交通银行，又先后控制了"小三行"，即中国实业、四明、中国通商银行，强令这三家银行也增资改组。上海其他商业银行处境相当危险。——编著者

②　原信仅署"卅日"，无年月。考该函提及中国银行张公权被调任事，当为1935年3月30日。——编著者

③　1935年初，南京政府面临财政危机。中国银行总经理张公权不愿再为政府无止境的内战耗费垫款。财政总长孔祥熙决定夺取中国银行。3月中，孔与宋子文往武汉与蒋介石密谋，决定以"救济公债"为名，发行一亿元金融公债，以其中二千万元增加中国银行官股（后改为一千五百万元，连原有官股共二千万元，与商股相等）；改中国银行总经理制为董事长制，派宋子文为董事长，宋汉章任总经理；调张公权任没有实权的中央银行副总裁。3月28日，财政部下达训令。张公权随即召开中国银行董事会愤然宣告辞职。30日，董事会被迫通过执行财政部训令。张公权不受中央银行副总裁职，要求出国考察，未能成行，并于年底俯首接任铁道部长。（参见江绍贞《张嘉璈》，《民国人物传》第3卷，第241—242页，中华书局1981年8月第1版）——编著者

至永嘉甚劣），前日返杭。惟永嘉车站至城须轮渡，一往返则耽阁一天，故未进城，深劳令弟等延候，未免歉歉！乞为竹报中致意。天台以伟大胜，雁山以奇崛胜，皆不可不游。若游第二次，弟可作向导，极内行矣！在外十二日，未阅报，到杭始知中行之变局，尚未悉底蕴，晤舍弟①方知其详。公权苦心经营，为群奸所构陷。弟向谓：'杀汝，璧其焉往？'不幸言中。其心绪可知。要知金融前途波澜正大。塞翁失马，焉知不为将来之福？趁此闲暇，努力读书，一意韬晦，最为正办，晤时乞为致意。此函付丙。弟前日至莫干山，约四月半后可归。"（手迹，王贵忱、王大文编《可居室藏清代民国名人信札》，第 328—329 页）

3 月 31 日　商务印书馆股东常会于上海市商会召开。先生未出席。总经理王云五报告营业情况；监察人徐善祥报告查核账务无误；继而讨论各项提议。会议照章选举夏鹏、鲍庆林、王云五、李拔可、高梦旦、高凤池、张元济、丁榕、蔡元培、张蟾芬、徐善祥、刘湛恩、徐寄庼等 13 人为新一届董事；叶景葵、陈光甫、周辛伯为监察人。（《商务印书馆股东会记录簿》）

3 月　主持制定《浙江兴业银行信托部代理股票登记章程》，主持修订《浙江兴业银行营业会计章程》。（印件，上档 Q268－1－623，Q268－1－32）

约 4 月中旬　由莫干山返沪。（1935 年 3 月 30 日致徐寄庼函）随即亲携《读史方舆纪要》部分稿本赴北平，请钱穆（宾四）鉴定。钱云："须照校一过，方便研究。"相约"南北分校，校后互易，以期迅速"。自平归沪后，先生即自校"北直"数卷。不久得钱穆来函，云："就已校出之优点，决为顾氏原稿。"（《读史方舆纪要》跋，《书跋》，第 41 页）

4 月 11 日　赴银行俱乐部出席商务印书馆董事会会议。会议审核上届同人福利事业用款账目；通过 1934 年度提存乙种特别公积支配案。议决自 4 月份起总经理、经理薪水改照国难前原定数目致送。（《商务印书馆董事会记录簿》）

4 月 20 日　交通银行召开股东总会，选举董监事。浙江兴业银行徐新六被指派为官股董事九人之一。（《银行周报》，第 19 卷第 15 号）

4 月 22 日　为浙兴设立苏州分理处事签署呈实业部、财政部文。苏州分理处主任为潘承聪。（副本，上档 Q268－1－626）

4 月 25 日　与张元济、徐梅轩、葛嗣澎、刘培余等乘火车离沪赴西安，开始西北之游。张元济之子树年记云："平湖徐眉轩与我岳丈②既为同乡，又有戚谊，所以过从很密。他知道父亲生活寂寞，便提议作西北之游，眉轩与当时陕西省主席邵力

---

① 指三弟叶景莘。——编著者

② 指葛嗣澎。——编著者

子有旧,由他从中联络,岳丈函约父亲。西安、咸阳古迹中外闻名,向往已久,父亲立即同意,乃约浙江兴业银行董事长叶景葵。叶与邵力子系同乡,由叶再约浙兴银行董事陈理卿。我的襟兄刘培余,一向爱好旅游和摄影,得知各位尊长有长安之行,请求陪往。"(张树年《我的父亲张元济》,第155页)

4月26日 抵达郑州。(同上引书,第156页)

4月27日 抵西安。邵力子与先生堂弟叶幼达陪同游览西安全城及附近各处。(同上引书,第156页)

4月29日 北平图书馆复先生函,谢赠《谐声谱》。云:"附惠赠张氏父子《谐声谱》一部,高情厚赐,感谢殊深。已郑重题识,编目庋藏,用供阅览矣。原书不拟发售,嘱为介绍寄赠,尤徵阐扬文化之盛意,拜服无既。兹有另单开列诸人,或系音韵教授,或系小学专家,各有所长,素相雅重,敬遵嘱介绍。可否请各予寄赠一部,俾得参证,而有以益重其所学,当亦台端之所乐许也。"附魏建功等六人地址。(原件,《尺素选存》)

5月2日 浙兴板浦寄庄开办。地址在板浦大街中央银行隔壁。(浙兴机构成立记录卡,上档Q268-1-24)

5月3日 先生等一行游咸阳古道。(《张元济年谱长编》下册,第983页)

5月6日 游陕西南五台山,并摄影。(与张元济等合影照片)

同日 浙兴苏州分理处开幕。地址在苏州观西北仓桥西首。1935年12月19日董事会议决改称支行。抗战中停业。1946年5月1日复业。(浙兴机构成立记录卡,上档Q268-1-24)

5月9日 先生等一行离西安抵华阴,"将登华岳,县长马君子翔迎于驿中"。(张元济《乙亥夏游华山诗》诗注,诗稿)

5月10、11日 游华山。寓北峰真武宫,遇无锡过霁云女士,遂同游东、西、南、中峰诸胜。游玉女峰,并摄影。(《张元济年谱长编》下册,第983—984页)

△ 撰七律《游华山登南峰经西而北至中峰小憩步过女士韵》。诗云:"山到中峰气势完,尊如汉殿觐呼韩。沉沉裂薜缘危磴,折折披麻露远峦。几个胡孙愁险阻,千秋毛女恋高寒。摩崖倘有长生篆,多恐行人不暇看。"(《杂著》[①],第367页)

5月12日 下山。(张元济《乙亥夏游华山诗》诗注,《张元济年谱长编》下册,第984页)

5月13日 离华阴,赴洛阳。次日游龙门石窟,当天抵郑州。过霁云设家宴

---

① 《杂著》中此诗署作"丙子",即1936年,误。——编著者

招待.当晚上车离郑赴徐州。（张树年《我的父亲张元济》,第 156 页）

此次游龙门石窟为先生最后一次,"亲至《三龛碑》下摩挲,则已迭被兵燹,剥泐几无完肤"。（《卷盦札记》,《杂著》,第 203 页）

5 月 17 日　由徐州转津浦路返沪。（张树年《我的父亲张元济》,第 156 页）

约 5 月　先生与宋澄之、庄仲咸、叶醴雯、徐绍桢、华实甫、夏敬观、李拔可、冒鹤亭、曾毓隽、费左荃、高望之、吴永生、朱漪斋、方燮尹、梁彦田等,假徐冠南家团拜,①"皆甲午同年"。（冒怀苏编著《冒鹤亭先生年谱》,第 376 页）

5 月 30 日　王祖彝致先生函,谢赠书。云:"顷由图书馆转奉到惠赠张氏《谐声谱》一书……乾嘉以来治《说文》学者众矣,独此书当日不获刊行于世。今先生发名山之藏,为之流布,供后之学者得窥其秘,是诚功德无量。彝幸得分藏一部,以与诸家之说比拟研讨,以启其愚,荣幸无既。所得当再请益也。附呈先君诗文集三册,先五叔父诗集、先严先慈行状各一册,拙著《疆域沿革录》一册,敬祈察纳。投桃报李,聊尽鄙忱耳。"（原件,《尺素选存》）

同日　张鹏一复先生函,谢赠书。云:"西安来游,快慰积私,小聚数日,款待未周,薄酒言欢。拙作道意,言笑大雅,聊伸鄙怀。昨奉华柬,并赠精刊《声韵谱》②一部,感谢莫名。此间于廿五六日连得好雨,麦秋转好,人心大慰。东路闻亦霑沃,想河南农事有转机也。华岳三峰,既造极巅,龙门胜境,亦睹精镌,西北历史地理,当益为证明矣。顷读《声韵谱》序文,言及尊处收得严铁桥所辑《全上古三代文至六朝周隋》稿本。此稿广雅书局曾为刊行,近年丧乱,未知板片仍存否? 然其书广采博收,实为自来总集之冠,得此一编,可包括史、子、集各书矣。惟刊行不易,而稿本与今刊行本有无异同,此不可不注意也。此间于六月初开今春宝鸡发掘古物展览会,而兄返沪,未得参观为怅然也。"先生旁注:"再邮寄景印宋石刻《唐官城坊市图》一份。此海内秘本,亦中国都城建设第一之著作。"（原件,同上引书）

6 月 2 日　罗常培致先生函,谢赠书。云:"承惠赠张氏《谐声谱》,心感靡已。弟曩读《经解》本,颇善张氏卓见,不同并时诸贤,惜未能窥见全豹耳! 今获读全帙,快慰奚如! 除向北平图书馆具领外,谨此专函申谢。"（原件,同上引书）

6 月 3 日　李俨复先生函,谢赠书。云:"台从西来,获亲雅教,快慰平生。归程惟起居迪吉是颂。敝路初次通车,设备简陋,款待不周之处,方深抱歉。乃蒙移书言谢,愧不敢当。蒙赠武进张氏父子《谐声谱》一部,深为感谢。草读一过,具见作者用力辛勤,而先生不辞劳瘁,校订传刻,嘉惠士林,独具卓见,尤深钦佩。"（原

---

① 原题是年"春夏间"。——编著者
② 即《谐声谱》。——编著者

件,同上引书)

6月4日 财政部长孔祥熙在沪召集金融界人士会商救济钱业,安定市面事宜。浙江兴业银行总经理徐新六应邀出席。会议议定,以 2 500 万元政府公债现金抵押分配办法①。"政府对银行钱庄决进行清理,在不出正轨或溢于涉险范围外,自予援手与救济。其有发现舞弊行为或越出轨行者,即予以取缔,并由财政部通知,在未清理前,每一银钱业之股东经理,应负无限责任。"(1935 年 6 月 5 日《申报》)

同日 于省吾致先生函,谢赠书。云:"久仰风徽,未亲雅教。顷由北平图书馆转到尊赠张氏《谐声谱》,拜领之余,无任感谢。张氏父子承段、王之绪,阐发古音,详密条理,有迈前哲,得大力刊布流传,使海宇承学之士有所资藉,固不独省吾一人之受惠已也。"(原件,同上引书)

6月5日 魏建功致先生函,谢赠书。云:"顷由国立北平图书馆转代惠赠张氏《谐声谱》一部,奉领之余,业经览读一过。向于《经解》本致疑之处,得见全豹之后,一旦涣解。微先生流通阐发,曷克臻此,钦感之忱,莫可言宣。谨具寸笺,聊表谢意。"(原件,《尺素选存》)

6月10日 复张元济函,回答询问王宗培、夏地山情况。云:"奉示敬悉。王君宗培曾著《中国三合会》一书,敝行因之延揽,现在调处任事。地山叔住愚园路联安坊。内只四家,一问便知。续还两书,奉缴理兄处,遵通知。前闻尊藏有孙颐谷侍卫手校之书,便中乞赐假一读为盼。"(抄件)

6月12日 致刘承幹函,赠新刊书。云:"久违,甚怀。想到苏后兴居佳胜。弟上月偕培余兄作关西之游,极为欢忭,惜吾兄未克偕行也。新刊张氏父子《谐声谱》由邮寄上一部,藉供参考,乞誉存为幸。"(《求恕斋友朋手札》稿本)

6月17日 燕京大学教授闻宥致先生函,索书。云:"向在报端见阳湖张氏《谐声谱》刊行消息。窃叹执事发潜阐幽,厥功至伟,而《续经解》中所刊龙氏节本,从此可废。乃求之厂肆,绝不可得,私心为之怅怅!昨晤友人罗常培、刘节诸先生,始悉尊处可以颁赐。用敢不揣冒昧,奉乞一帙。鄙人在此任音韵学讲席,频年编纂

---

① 财政部对钱业施行救济与清理并重。所谓 2 500 万元放款,并非政府拿出,归根到底仍由银钱业自筹。除钱业准备库任 300 万元外,其余均由上海各大银行组成的放款委员会担任。其中中南、金城、盐业、大陆、国货、上海、浙兴、浙实等行各 50 万元,余由中央、中国、交通三行分担。1935 年 6 月 11 日,上海银行公会召集紧急会议,因钱业退出汇划中心,以钱业准备库作为统一代表,由此引起银行业原有收解体制巨变。该会讨论并议定相应对付办法。推定中国、交通、浙兴、浙实、盐业、大陆、中南、金城、上海等九家银行,各推代表一人组成专门委员会,研究改善汇划银元治本办法。钱庄业从此由上海金融汇划体制中枢逐渐淡出。——编著者

讲义,每惧蒐集未广,果得尊刻,补某未备,则厚幸矣!"(原件,《尺素选存》)

6 月 19 日　刘承幹复先生函,谢赠书。云:"侍右吴门赁屋,久违光尘。比闻台从作关陇之游,恨未能执鞭以从,徒增歆羡。今奉手札,敬承兴居曼悦,式如臆颂。蒙贶张氏《谐声谱》,会通群籍,阐发详明,可谓集韵学之大成。而我公流布先儒遗著之功,尤可钦佩。感荷嘉惠,无任纫戢。"(原件,同上引书)

6 月 25 日　赴银行俱乐部出席商务印书馆董事会会议。讨论香港分厂建栈房等事。(《商务印书馆董事会记录簿》)

同日　赵荫堂致先生函,谢赠《谐声谱》。云:"先生保存国粹,传播文化,实令吾辈钦佩。拙著《中原音韵》一书,已交商务付印,迨出板时,亦即寄上求教也。"(原件,《尺素选存》)

6 月 26 日　闻宥复先生函,谢得赠《谐声谱》。云:"此书自南汇张啸山先生迻录二论于随笔,而后宇内学人知原稿未佚,渴望而未得见者已数十年。今一旦粲然毕陈,且使研治之者,得以家有一帙,此执事提倡之盛心,诚赖近所不多觏也。"(原件,同上引书)

6 月 30 日　顾廷龙致先生函[①],求得影印本《谐声谱》。云:"每从式之先生处备闻风谊,深为仰慕。比见景印《谐声谱》全稿,发潜阐幽,令人钦敬。是书为研究古声韵学必读之籍,自来学人咸苦学海堂所刻之不足,今乃以全璧行世,嘉惠士林岂浅鲜哉!龙欲得已久,遍访市肆,无一代售,用敢冒昧仰恳慨赐一部,倘蒙俯允,感激无既。附上拙编《吴愙斋先生年谱》一册,冀为引玉之资,敬请教正,顺颂箸祺。"(《顾廷龙文集》,第 736 页)

同日　吴廷锡复先生函,忆西安会面及谢赠《谐声谱》。云:"月前台施游秦,畅聆大教。廿年契阔,顿慰渴饥。樽酒倾谈,欢悰未畅,遽又东迈,怅惘何言!""我公此来览胜,华尖寻芳,渭溪极幽,人之盛事。得良友之同怀,他日发为咏歌,登诸纪载,譬之阮亭使蜀之记,宁人陟华之歌,定有洗涤尘襟加人一等者,窃不禁拭目俟之矣。承惠张氏《谐声谱》,探音韵之微,叶风骚之旨,功不在昆山、婺源下。我公为付剞劂,流播人寰,仪征、镇洋流风未替。江河日下,独凭大雅以扶轮。"(原件,《尺素选存》)

7 月 1 日　浙兴总经理室根据总办核准发布通知,"调信托部副经理孙人镜为业务处副经理"。(副本,上档 Q268-1-145)

---

① 顾廷龙(1904—1998),字起潜,江苏苏州人。1930 年代初上海持志大学毕业,获文学士学位。再入北平燕京大学研究院国文系,获文学硕士学位。1933 年任燕京大学图书馆中文采访主任。次年参加《禹贡》半月刊编辑工作。此为与叶景葵先生交往之始。——编著者

7月5日　钱玄同致先生函,谢赠《谐声谱》。云:"张氏父子承顾、江、段、孔诸儒之后,攻治古韵,益加邃密。此《谐声谱》一书,昔时未睹全本,常引为憾事。今得执事蒐集遗稿,写定椠行,嘉惠来学,厥功甚伟。前见《大公报》纪载,久已钦迟,今又承损惠,奚啻百朋之锡,专肃鸣谢。"(原件,《尺素选存》)

7月6日　为添设南京中山路分理处事签署浙兴呈财政部文。该分理处主任为朱展宜。(副本,上档 Q268-1-218)

7月上旬　偕蒋抑卮同赴莫干山休养。9月上旬返沪,"回行视事"。(《兴业邮乘》,第 36、38 期"同人消息")

7月10日　顾廷龙复先生函,谢赐寄《谐声谱》一部。云:"昨奉惠答并《谐声谱》一部,如拜百朋之赐,感幸无似。张氏父子一生心血赖先生而不没,后之学者研求古均,赖是书以识途,诚不朽盛业也。又读式丈叙语,敬悉高斋所藏先哲稿本甚多,闻之神往,它日南旋,不识能慨许一睹以广眼界否?沪濒溽暑,诸惟珍卫,惠肃祇谢。"(《顾廷龙文集》,第 736 页)

同日　马裕藻致先生函,谢赠书。云:"藻前在浩吾师座次,久耳鸿名,夙深钦仰。兹得清漪先生介绍,辱蒙以张氏《谐声谱》见赐。拜领佳椠,感荷莫名。清儒言古音学者,如顾、江、段、戴、孔、江诸君之著作,俱以次第刊行。张、王二家之书,仅有王益吾、罗叔蕴两先生刊布大略。张氏之书今得先生搜遗传播,嘉惠士林,厥功尤伟。至高邮王氏遗著关于古音部分,数年前由罗叔蕴先生售与北京大学①。该校屡拟整理付印,惟以时局不定,经济困难,延迟至今,殊属憾事。藻今复拟向该校当局力促其成,但不知环境能许否也。闻严氏《三代至隋全文》原稿②,亦为先生所得,若能详校印行,当胜今本万万(今本讹误实多)。藻当翘企俟之。"(原件,《尺素选存》)

7月22日　浙兴杭行吴兴分理处开办。地址在浙江吴兴城内北街 38 号。(浙兴机构成立记录卡,上档 Q268-1-24)

7月　主持制订《浙江兴业银行上海总行信托存款章程》与《浙江兴业银行物品编号目录》。(印件,上档 Q268-1-32)

7月　撰《颜氏家训》跋。云:"十年前在京师琉璃厂得乾隆乙酉初印残本六卷。嗣后所遇皆壬子重校本,无从补全。癸酉初夏,在沪肆得第七卷以下残本一册,亦壬子本也。尚缺叙目,因倩武君井樊(曾傅)补抄重装,俾成完帙。乙亥仲夏,曝书检点后记之。景葵。"(《书跋》,第 78 页)

---

① 先生旁注:"犹不甚全"。——编著者
② 指严可均辑编《全上古三代秦汉三国六朝文》稿本。——编著者

《颜氏家训》,(北齐)颜之推撰,清乾隆初印残本。(《叶目》)

8月　主持制订《浙江兴业银行上海总行储蓄存款章程》。(印本,上档 Q268-1-32)

约8月　在莫干山与蒋抑卮、王授珊论及藏书之归宿问题。后在蒋抑卮追悼会演辞中云:"忆民国二十四年夏,先生与王绥珊先生及景葵均避暑莫干山,论及藏书之归宿问题。景葵以为办法有二:一则捐赠浙江省立图书馆,该馆管理尚善,当可不负委托;或则合办私家图书馆,王先生所藏最多,可即以'授珊'名馆。抑卮先生谓,二法均可酌用,并提议图书馆应有相当基金,俾垂久远。"(《兴业邮乘》,第108期)

9月13日　致顾廷龙函,谢赠《禹贡》杂志。云:"奉示知《谐声谱》一部已登签室,并承寄赠《禹贡》一册,谢谢。以前尚有三册,能否为搜集一份,一并见惠,以后当由鄙人自己定购也。敝斋藏先哲稿本并非宏富,惟尚有几种可供研究。台驾如有南游机会,定当倒屣欢迎,专复。"(《叶景葵致顾廷龙论书尺牍》,以下简称《尺牍》,《历史文献》,第1辑)

9月16日　致顾廷龙函,讨论《读史方舆纪要》校勘事。云:

起潜先生鉴:奉示知前次足下南游曾经过访,失之交臂,恨歉奚如。敝藏《读史方舆纪要》稿本据卷首康熙时人手跋,系成书后第一清稿(并非顾氏手稿),为景范先生之孙世守者,似彭氏付刊时即用此本。惟全书内黏签甚多,对于原书多所纠正,未知有无顾氏亲笔,抑华商原诸人之所为,此蓄疑者一也。又原书有朱笔删改,对于地里(理)沿革自欺欺人,往往增删甚多,且文义亦有更改,此又何人之所为耶? 蓄疑者又一也。顾氏未成书时已将首数卷付刊(顾没后一年清稿始写讫,原稿则不可见),成书后抄本甚多,市中颇有流传,但讹夺甚伙,惟敝藏抄写精美,绝无讹字。康熙时人之跋似尚可信,惜蓄疑二端迄无人为之解释,是以藏庋多年,每一展卷,辄思就正有道,幸贵会同人对于古今舆地之学极有研究,弟愿将此书运至贵会考究一过,加以论定。秋末或有北行,当酌带重要者十余册先行面交,其余觅便寄平可也。商务影印之说毫无所闻,已函询云五先生矣。弟字迹庸俗,三十以后从未临池,今已垂垂六十二,荒落可知。命书条幅本不敢应命,惟弟今日正寄上《禹迹图》《华夷图》各一轴,托式之转恳足下题跋,为抛砖引玉计,自当勉遵来教。匆匆复颂著安。弟叶景葵顿首,廿四、九、十六。(《尺牍》,同上引书)

9月18日　访王云五。返即致北平顾廷龙函。云:"昨复一函,今日访王云五,知商务影印者系《天下郡国利病书》原稿,即士礼居旧藏者,非《方舆纪要》也,特以奉闻。(即《荛翁题跋》所云备录,与《肇域志》同时所写,内有亭林手笔。)"(《尺

牍》,同上引书)

9月21日　章钰复先生函,询问为《谐声谱》定一价。云:"钰近体一切如常,时亦出门,而不便登陟,往往终日不离几案,绝无统系可言,殊惭对执友也。三轴收到,随后交卷。来询《谐声谱》者甚多,私盼定一价值,以便读者。公意云何? 祈示之。戴绥兄目力如前两年,并闻。"(原件,《尺素选存》)

9月下旬　与蒋抑卮"又相偕作黄山之游"。(《兴业邮乘》,第38期"同人消息")

9月26日　周暹致先生函,谢赠《谐声谱》。函云:"自沪宁车中一别,于今已十余年。每从南方友朋中得闻消息为慰。顷蒙惠赐张氏《谐声谱》一帙拜领,谢谢! 此书旧曾翻□,今得睹原稿,曷胜庆幸。独恨暹十年以来,为俗累所困,从前所学尽忘,急读一过,不能有所发明,殊深惭恧。兹附上暹所印书数种,聊媵空函,非敢言报也。"(原件,《尺素选存》)

10月8日　赴银行俱乐部出席商务印书馆董事会会议。王云五报告"一·二八"后职工复业情况,提议在乙种公积下拨5万元为小贷款基金,扶助本馆失业职工。公决通过。并通过小贷款基金委员会章程。(《商务印书馆董事会记录簿》)

10月中旬　赴北平。访章钰,晤顾廷龙。顾回忆云:"秋天,叶揆初先生到北京,我和他在章式之家里初次见面,讨论版本目录之学,很投契。先生回沪后,就常常通信,都是讲些校本的各种问题。"(沈津编著《顾廷龙年谱》,第47页)在北平期间,又应顾廷龙之邀,参观燕京大学各部。顾颉刚作陪。(1935年10月25日致顾廷龙、顾颉刚函,《尺牍》)

10月23日　自北平返沪。(同上引书)

10月25日　致顾廷龙、顾颉刚函,并邮寄《方舆纪要川域形势说》钞本。云:"到京邂逅,渥承宠台,纵论古今,益我神智,并荷导观燕校各部,作竟日之欢,感篆曷极。别后已于廿三抵沪。《方舆纪要川域形势说》抄本五册,由邮寄上,即请台端与宾四先生审核,似与丙午本无出入,惟抄本缺序文及例言六则耳。《古文尚书撰异》原稿议价已谐否? 如百二不谐,酌加一二十元,均请斟酌。因庸堂、懋堂两公墨迹流博已罕,宜贾人之格外居奇也。"(《尺牍》)

10月　因传闻国民政府将实行币制改革,上海金融局势迅速恶化。标金飞涨,债市激烈波动。上海金融界人士普遍认为,实行法币政策前夕的上海标金市况,"陷于翻天覆地中,混乱之状态终难抑止,猛涨狂跌,惊人罕闻,历来风波未过于此"。(参见吴景平主编《上海金融界与国民政府关系研究(1927—1937)》,第317页)

10月　撰杨名时钞本《徐霞客游记》校记。云:

乙亥九月,游黄山归,检阅是书,游黄山前后记略,以意校改,讹字未尽。景葵。

此本出于杨冢宰抄本,乙亥初睹知不足斋钞本,首卷《游天台山日记》有鲍渌饮校笔,系依杨本对校者,照录一过,是正数字,并证明此本确依杨本传钞。惜鲍校并非全豹。鲍校又引丁本与杨本及知不足斋本异文颇多,盖知不足斋所据本,亦与杨本为近。余意以证明杨本为主,故不录丁本。知不足斋本,杨序后有康熙癸未奚又溥序,濄滨七十三老人史夏隆序。

知不足斋本为唐憔安故物,卷首有吴兔床手写目录,又经憔安订正者。另纸录附:鲍氏知不足斋钞本,《徐霞客游记》残本目录(与嘉庆十三年叶廷甲补辑本对校):

第一册:

《天台记》《后记》《雁荡记》《后记》《白岳》《黄山》《后记》《武夷》《庐山》《九鲤湖》《嵩山》《太华》《太和》《五台》《恒山》《闽》《后记》

刻本分为上下,游嵩以后为卷一下。

天台雁宕两《后记》,刻本在卷一末,接《闽后记》之后五卷,《恒山两记》刻本在卷末,《雁宕后记》之后,为卷二下册终。

第二册(刻分上下):

《西南游日记》一(刻本作《浙游日记》十月十五日五十余里至常洋桥,刻本分为《江右游日记》)。

《西南游日记》二(刻本作《楚游日记》全)。

第三册:《西南游日记》二(刻本作《粤西游日记》一二,亦分上下)。

第四册:《西南游日记》六、七、八(刻本作《粤西游日记》三四)。

第五册:《滇游日记》八、九。

佚粤西以下《黔游日记》一、二,又佚《滇游日记》一至七凡九卷。此后又佚《滇游日记》十、十一、十二、十三,四卷。(《书跋》,第 39—40 页)

《徐霞客游记》不分卷,(明)江阴徐宏祖(霞客)撰,清乾隆中钞本,十册。(《叶目》)

10 月　再校传为李慈铭(越缦)校本《一切经音义》,并撰校记。云:"甲戌又得一传校本,上所阙系'抄'字,末作'辛亥十一月初九日庸堂记'。甲戌得本为庄刻原本,传校甚精,但亦有遗漏,而此本未漏者,故两本应并存。乙亥九月复检之。"(《书跋》,第 117 页)

11 月 3 日　下午,国民政府财政部长孔祥熙在财政部驻沪办事处召集上海银行界人士会议。浙江兴业银行总经理徐新六应约出席。孔祥熙就政府推行法币政策问题解释有关规定,并对社会上的种种谣传予以澄清。当晚财政部发出如下布告:①自本年(1935 年)11 月 4 日起,以中央、中国、交通三银行所发行之钞票定为法币。所有完粮纳税及一切公私款项之收付,概以法币为限,不得行使现金,违者全数没收,以防白银之偷漏。如有故存隐匿、意图偷漏者,应准照危害民国紧急治罪法处治。②中央、中国、交通三银行以外,曾经财政部核准发行之银行钞票,现在流通者,准其照常行使;其发行数额,即以截至 11 月 3 日止流通之总额为限,不得增发;由财政部酌定限期,逐渐以中央钞票换回,并将流通总额之法定准备金,连同已印未发之新钞及已收回之旧钞,悉数交由发行准备委员会保管;其核准印制中之新钞,并俟印就时,一并照交保管。③法币准备金之保管及其发行收换事宜,设发行准备管理委员会办理,以昭确实,而固信用。其委员会章程另案公布。④凡银钱行号商店及其他公私机关或个人,持有银本位币或其他银币、生银等类者,应自 11 月 4 日起,交由发行准备管理委员会或其指定之银行,兑换法币。除银本位币按照面额兑换法币外,其余银类各依其实含纯银数量兑换。⑤旧有以银币单位订立之契约,应各照原定数额,于到期日概以法币结算收付之。⑥为使法币对外汇价按照目前价格稳定起见,应由中央、中国、交通三银行,无限制买卖外汇。

(《中华民国货币史资料》第 2 辑,第 181—182 页)

11 月 4 日　中国银行董事长宋子文对报界就币制改革发表长篇谈话,解释推行新币制、法币成为不兑现纸币等问题,并呼吁人们相信法币发行有充足之准备,币值必然坚挺。又云:"目前流通钞票之银准备,已在有效之集中管理之下,其价值以外汇计算,远过于钞票流通之总额……财政部维持币值之能力,更不应成为问题矣。"(同上引书)

同日　财政部上海设立发行准备管理委员会,由孔祥熙以中央银行总裁身份出任主席,指派上海金融界知名人士 20 人为委员,其中包括宋子文、宋汉章、张公权(中国银行),吴达铨(盐业银行),周作民(金城银行),胡笔江、唐寿民(交通银行),陈光甫(上海商业储蓄银行),徐新六(浙江兴业银行),钱永铭(原四行准备库),李馥荪(浙江实业银行),秦润卿(上海钱业公会)等。法币发行准备管理委员会除集中管理各有关银行的发行准备之外,还是负责收兑民间白银的最高机构。根据《发行准备管理委员会章程》,法币准备金由发行管理委员会指定中、中、交三行之库房为准备库。嗣后,由中、中、交三行会同发行准备管理委员会决定了接收其他九家发行银行准备金的办法,具体由中央银行接收中国农工、中南、农商三行,中国银行接收四明、中国农民、中国实业三行,交通银行接收中国垦业、中国通商、浙江兴业三行。当时准备金中的四成保证,主要是政府公债及其他担保确实之资产,分别移送至中、中、交三行保管,三行按月支付一定之利息。准备中之六成现金,因搬运笨重,且中、中、交三行法币需用量甚大,暂时封存于各该发行行之保管库,至于九家发行行之已印未发、已发收回之钞票,也由中、中、交三行负责接收。

中、中、交三行法币对被取消发行权各银行影响巨大①。"浙江兴业银行至 1935 年 11 月底被接收已印未发及已发收回之钞票共 9 581 295 元,券角 13 275 575 元,未发样本券 24 431 元;到当年 11 月 3 日止,浙兴发行额为 9 448 773 元,被接收现金准备 5 669 750 元,保证准备 3 779 023 元。但是,该行保证准备中,原以政府公债面额 3 328 510 元折充 2 258 637 元,其余则以 4 宗道契抵充 1 520 386 元。1936 年 7 月,经发行准备管理委员会核定的上海银行公会联合准备委员会评定价值,认为只能抵充 799 400 元,不敷 720 986 元。负责接收该行准备的中国银行数度催促补缴相应数额的保证准备,浙江兴业银行不予理睬。另外,根据有关规定,浙江兴业银行的上述 4 宗道契应付 1936 年度的地捐注册等费 5 196.03 元,浙兴亦延宕不付,交通银行只好先行垫付,然后迭向浙兴收取,浙兴不予理睬。交通银行无奈之下,除了继续催缴外,另将浙兴保证准备项下公债的中签票及到期息票共 109 312.03 元,予以扣留抵补,并向发行准备管理委员会备案。"(原载《交通银行史料》,第 1 卷下册,第 909—910 页,转引自吴景平主编《上海金融业与国民政府关系研究(1927—1937)》,第 325—328 页)

11 月 6 日　致顾廷龙函,请查核《玉台新咏考异》等书。云:"宾四兄来过,已接洽一切。东来阁送来河间纪容舒著《玉台新咏考异》、孙氏《唐韵考》二书,均著录于四库,未知有刊本否? 请为一查,示悉为感。"(《尺牍》)

同日　马叙伦致先生函,谢赠书。云:"傺从苕平,值伦病痔,未获往候,及能强步,知台斾已南,徒增怅惘而已。近审南中师友,陟峻探幽,吾兄亦无役不与,藉征康固,并慰远怀。昨日邮递,得承惠赐《说文谐声谱》,既窥张氏著作之全,复佩吾兄阐扬之雅。伦治许氏学,久以不得张氏原著为憾,今承此书,欢喜无量,草草布谢不一。"(原件,《尺素选存》)

11 月 7 日　致张元济函,送呈钞本《三国志》请鉴定。云:"明日回杭扫墓。陈澄中兄之抄本《三国志》,请鉴定后表示意见。送交中央银行稽核处,或交敝行竹淼兄转交亦可。大约十日后可以重新领教也。"(抄件)

11 月 8 日　回杭州扫墓。(1935 年 11 月 7 日致张元济函,同上)

11 月 10 日　财政部致中国通商银行、浙江兴业银行与中国垦业银行电,催索

---

① 参见 1936 年 2 月 9 日先生在浙江兴业银行股东常会上报告相关部分。——编著者

移交发行准备等事。电云："自法币施行以后,所有该行总分支行发行钞票之现金准备、保证准备及已印未发、已发收回新旧各钞券,均应移交发行准备管理委员会接收。兹由该会指定交通银行负责接受。合行电仰遵照,克日移交具报,是为至要。"(原电,上档 Q268-1-611)

11月15日 财政部公布兑换法币办法。(抄件,同上引档)

同日 致顾廷龙函,告以《方舆纪要》稿本紧急时转移问题。云："日前收到《华夷》《禹迹图》两幅,今日得诵赐书,均悉。尊书雅正,悬之座右,如晤良朋,敬谢敬谢。属件容努力为之。日来南北谣言均炽,未知校中均如常否?所存顾氏遗稿如紧急时,请觅相当之处保存。敝行在东交民巷亦有保藏所,可以暂时庋阁,特以奉托(兄有要件亦可保存,附上介绍书一件,乞酌行之)。"(《尺牍》)

11月16日 徐孝宽致先生函,谢赠书。云："所刻张氏《谐声谱》,前由徐老伯转惠一部,敬谢!宽向治音韵文字之学,惟张氏之书,仅于《古均通说》窥其梗概。今赖先生之力,得读张氏原书,深以为幸。"(原件,《尺素选存》)

11月22日 致顾廷龙函,论钱穆校勘《方舆纪要》事①。云:

起潜先生大鉴:今日接奉复示,欣悉一切。北事近稍宁静,但盼不再起波澜耳。宾四先生欲得《方舆纪要》全部一读再下谕断,弟亦赞同,俟稍缓再谋输运之策。刻已校出"北直"第八、第九两卷,计一册(用新化魏氏本,以其书颇较宽畅),邮呈共赏,请与宾四先生一阅。以弟所见,稿中朱笔增删及书眉墨笔加注皆极有价值,的系定稿后随时改良之工作。其时宛溪先生业已病废,是否其子士行及华商原诸人之所为,只能以情理揣测,若无诸人墨迹一为印证,亦憾事也。宾四先生意欲过录一部,的系正办。弟拟努力为之,如能南北分工,彼此交换,则奏功更易,公意如何?前次嘱书条幅,昨已写成,万分拙劣,不寄则嫌爽约,易纸更书则近于矫揉,只得冒昧寄上,已交文禄堂书友孔君带呈,以之覆酱瓿可也。《古文尚书撰异》价一百廿元,已交敝行汇上,请收到转付,原件留备尊处校录,不必急急寄来。弟购买是书,以臧、段两贤手迹稀如星凤,故郑重保存之,备他处印证也。馀不乙乙,敬颂著安。

弟景葵顿首。廿四年十一月廿二日(《尺牍》)

11月25日 访张元济,未遇。(1935年11月26日张元济致叶景葵书,《张元济全集》第1卷,第315页)

11月26日 张元济致先生函,托代售股票。云："弟病目弥月,昨往谒医,致

---

① 此函与11月27日、12月4日、12月11日各函,载《禹贡》第4卷第9期《讨论〈方舆纪要〉函札六通》。——编著者

枉临失迓,歉疚无似。《史通》二册,留置已久。因敝处书目经宋宾王校阅者均未注明为何书。弟因病目未能细检,致迟迟尚未报命,悚歉万分。然原书校勘甚慎,殊可取也。蒙代觅股票购主,极感,准照九折收价,乞饬发售。股凭证数分当盖章随股票呈上。尚拟续售,仍乞留意。"(同上引书,第 315 页)

11 月 27 日　复顾廷龙函,论《方舆纪要》校勘事。云:

> 起潜先生鉴:奉示敬悉。朱棠刊《方舆纪要》九卷本,弟昔年亦购得一部(测海楼吴氏故物)。每卷后有当涂彭万程刊戳记,不知是原刻,抑系覆刻。(第九卷)"汛扫缨燕"条下,有克长芦(又小注)逾直沽(又小注)一行(在下德州之后),近刻脱去。又"九边固原"后,有孙氏论曰十行,又王氏曰双行小注廿行,近刻概删去,而与敝藏原稿却合,可证朱氏系从定稿抄出付刊(敝藏原稿惟《州域形势说》各卷并无朱墨笔校改)。宾四先生谓为第二刻,洵不诬也。《古文尚书撰异》已以百十元购得,确系前贤手迹,虽缺卷无妨。此书即存尊案,俟校写毕再寄来可也。复颂著安。弟葵顿首。廿四、十一、廿七。

(《尺牍》)

12 月 1 日　顾廷龙复先生函,谈《方舆纪要》南北分校事。云:"揆初先生台右:叠奉手示并尊校《方舆纪要》,先后拜悉。《古文尚书撰异》款已照收付,余数已即返。是书承许留校,当珍护,盛情感荷无既。顾稿由南北分工校录,宾四兄亦赞同,留此十册,已属入手。龙在敝馆库中见一钞本《方舆纪要》,钞手纸墨似尚旧,系一满人故物。《州域形势》卷九各条同朱棠本,与今本异;又与尊校本校,有数处如刻本,有数处则如校本。《北直八》一卷另纸校录奉鉴,据此可以分出原稿几种改笔之先后,与燕本同者系何色校笔,便希示及。燕本初不详其佳处,今可据尊校约定其钞时,幸何如之。尊校各批能否以色笔别之,似尤醒目。朱棠刊本此间所得一部,吴兴之'兴'误刻作'典','当涂彭万程刊'一行只在卷八尾有之。而敝馆亦藏一部,与朱本刻全同,疑即一板,则'彭万程'一行每卷皆有,'兴'字亦不误,惟末无朱棠一文,而首有封面,题'嘉庆乙丑镌,友兰堂藏板',现由宾四兄取去校阅。顷读台示所述尊藏一本,窃疑尊藏为原刊,敝馆者原刻而失朱文,新得者乃据之翻刻或补版者也。宾四兄将撰朱本跋,来书已钞供其参考矣。彭刻、魏刻字有异处,不知与广雅本何如,惜不能得暇时并取一校耳。原稿校记俟将来录载《禹贡》时,龙当以燕本逐条校注,间亦有与稿中所改不同者,如有所见,尚希不吝教诲。叩祷叩祷。""大局变幻莫测,目下尚安,惟城内戒严,晚九时闭城,知念奉闻。"(《顾廷龙文集》,第736—737 页)

12 月 3 日　签署浙江兴业银行呈财政部文,答复移交银行钞票准备金事宜。云:

为遵令移交银行钞票准备金等件,开折具报请鉴核备案事。案奉钧部十一月咸日电令内开:"自施行法币以后,所有该行总分支行发行钞票之现金准备、保证准备及已印未发、已发收回新旧各钞券,均应移交发行准备管理委员会接收。兹由该会指定交通银行负责接受。合行电仰遵照,克日移交具报,是为至要"等因。复奉钧部转发发行准备管理委员会订行之接收中南等九银行发行钞票及准备金办法一份,各奉遵在案。查敝行自奉十一月四日钧部改定币制统一发行布告后,敝总行即分电各分支行,一律将三日止流通券额查明截数,并将法定之现金、保证两项准备金,连同库存未发各钞券,悉数封存,以备移交。一面经钧部派员会同发行准备管理委员会委员通知敝行,交由交通银行接收。复由敝总行分电各分支行,一律遵照就近移交各当地交通银行接收。自十一月九日起,所有敝总分支各行现金准备金、保证准备金暨三日止截数流通券,共计玖百四十四万八千七百七十三元,以外之已印未发、已发收回各钞券,先后移交当地各交通银行接收。计共交现金准备、现银元及厂条,共计伍百玖拾肆万玖千柒百伍拾元;保证准备金债券及地契充作银元,共计叁百肆拾玖万玖千零式拾叁元。两共合计玖百肆拾肆万捌千柒百柒拾叁元,核与法定准备现金在六成以上、保证在四成以下,并无短少。又交库存已印未发、已发收回各券,票面共计玖百伍拾玖万捌千壹百式拾玖元伍角,附交已销毁券截存券角及样本券等,现已一律移交竣事,取具交通银行第壹号收据存执。理合将移交现金、债券、地契、库存券等项,开具数目、品名及移交行名,列折呈报,谨祈督核备案,并赐批示,实为公便。谨呈

财政部

中华民国二十四年十一月　　日　　　　　　浙江兴业银行董事长○○○①

（文稿,上档 Q268-1-611）

12月4日　复顾廷龙函,再论《方舆纪要》校勘事。云:

起潜先生鉴:奉示及文殿阁收条已悉。承示燕校有旧抄本《方舆纪要》及第八卷尊校两纸,已与原稿核对,以朱笔注于原纸,仍寄上备核。燕校抄本与敝藏原稿底本相符,惟底本所加之朱笔校改、墨笔添注,则燕校本均无之。此种抄本,均自康熙年间传抄,顾书写定后,宛溪即作古人。一时杰作,必有人从原稿迻写一副本,又辗转传抄,弟所见不下三四本。敝斋亦有一本,系临清徐氏故物,察其纸墨时代,大约与燕校本不相上下。卷八内容亦同,惟抄而未校,

---

① 原文稿如此。——编著者

讹夺甚多耳。此书问题，在朱墨笔增删改定处，其因避忌而改者，入清朝后，既思传播，又畏禁网，故将夷虏等字涂改，不足异也。所异者，凡古今沿革变迁及山川考证，颇多校改，皆极有关系之处。所改又均胜于原文，此最宜研究者也。惟有将全书照原稿及改笔，写一校记，必于地里（理）学有所贡献。至区区一二字之异同，则其末节矣。敝藏朱棠本"兴"字不误，后有朱棠附论一卷，而失去封面，但纸色不似嘉庆时物，容再考定。即此一书，经三数人研求，已发明异闻如此，真有浩如烟海之叹。白头更短，不能不厚望于群公矣。复颂著安。弟景葵顿首。廿四、十二、四。闻北局可暂时敷衍下场，此心稍慰。奉还校记两纸。

（《尺牍》）

12月7日　顾廷龙致先生函，谈《方舆纪要》版本事。云："今午接奉快示，拜悉一一。日前游龙福寺，又见一《读史方舆纪要》十卷本，其九卷与朱棠、友兰两本全同，惟多卷十之各省序文一卷及长沙黄冕一跋，即将各本互校，似即一板，甚难判辨，疑经展转收藏，略有修补耳。'吴兴祚'朱本误'兴'为'典'，友兰本虽已改正而刊补之迹甚显，可知朱本在友兰本之前，或友兰本得朱板正误补缺，截去附论加镌引首，因所题刻时为'嘉庆乙丑'。黄本跋署'道光□□年'，则又得友兰板而补刻各叙为卷十。前函所推测之友兰堂为原刻，朱棠为覆本，则全然错误矣。惟尚有卷尾所刻之'当涂彭万程刊'一行各本不同，朱棠本仅八、九卷有之，友兰本则每卷均有，黄本则卷四、卷六、卷七无之，使即一板，何有此异？又尊藏一本'兴'字不误，前无引首而后有朱论，是为朱氏原刻抑系友兰本则不可解矣。即此一书已难考明其原委，甚矣！板本之学亦匪易谈。""宾四先生于此书先在考证，不日可成一文发表，渠有三事属以奉询者。一、广雅本卷十九《江南》首叶第一行有'宛溪顾氏原本'，第三行有'补注'二字，彭刻同。请检稿本有此数字否？他省中有此否？二、稿本直隶分省序有辛未□月，不知他省序亦有纪及年月者否？三、河南、山东、浙江三省叙，广雅本合订在前，余则分冠各省，不知稿本如何？便请赐覆为盼。""承示尊藏本，问题在朱墨笔增删改定处均胜原文，写一校记必于地理学有所贡献，甚是，甚是。《北直一》宾四先生亦已入手校录，一星期内当可毕事，俟与尊校《北直》八、九两卷衔接，即可分期在《禹贡》刊载，深望从各方面考究，或有经窜之迹可寻，倘更由推知原稿朱、墨笔之出于谁手乎？是稿归诸邺架，乃承不远数千里慨然示读，且首作校记，以供刊布，使宛溪之学将以大昌，可为稿本得所庆，而于先生校勘之精勤、通假之高厚尤为感佩！""前求墨宝已由文禄堂送来，展对法书，秀逸可爱，祗领谢谢。惟署款过谦，具见长者之虚怀若谷，尤为钦敬。闻沪上已入严寒，诸希珍卫。"（《顾廷龙文集》，第738页）

12月11日　复顾廷龙函，答复钱穆询问。云：

起潜先生鉴：奉七日手书，详示朱棠、友兰两本之同异，足广新知，甚感。至宾四先生属询三事，兹复于左。一、原稿首行题"读史方舆纪要"，不分卷第，后人黏附纸条，分列卷第，并双行注明"宛溪顾氏原本"六字（卷卷如此，但多日久脱去）。次行原空，后人亦以纸条加注"补注"两字于下方，未填人名（亦卷卷如此）。弟以为此即彭刻出于原稿之证。（广雅又出于彭刻，至三味书屋本，则改易行款矣。）又，原稿凡遇北直改直隶，南直改江南，及删去至南京若干里等字，皆用纸条黏附后再行改注，其字迹与书"宛溪顾氏原本"者，系出一手。又，房字、夷字、国初国朝字之改定，亦与前者如出一手，但迳改未加纸条，弟疑是付刊时所追改也。二、直隶分省序，在北直一，此册即在存平十册之内，请查有"辛未□月"四字否，记得无之。三、原稿河南、山东、浙江三省叙，均分冠于各省之首，广雅本当系后人误订一处。以上三事，乞转达宾四先生为祷。时局闻可苟安，引以为慰。承惠春觉斋遗著，谢谢，敬颂著安。弟景葵顿首，廿四、十二、十一。（《尺牍》）

12月19日　财政部发布钱字第21093号训令，命令浙江兴业银行查报历年兑换券发行数。云："查本部对于各发行银行历年兑换券印制数额及销毁数目，亟待查悉。兹派部员陈修、钱兆和会同发行准备管理委员会派员，即日前往上海各该发行银行，切实查明，将各该银行自发行时起所有历年印制及销毁券额，分别种类、张数、印销年月暨已否陈报有案，详细列表，陈部备核。除分行外，仰给遵照，毋稍隐饰。切切此令。"（原件，上档Q268-1-611）

12月20日　致刘承幹函，询刘拟出让《永乐大典》事。函云："前闻黄君公渚言，尊藏《永乐大典》四十二册有出让之意。弟以为此等国粹散出可惜，力劝北平图书馆收留，该馆询问尊旨至少受偿若干。尚祈酌示为感。"（《求恕斋友朋手札》稿本）

12月23日　撰《稷山段氏二妙合谱》题记。云："作者读海丰吴氏新刊《二妙集》，遂有此作。写定后，赠石莲主人，藏庋二十馀年。今冬流入厂肆，适闻益庵之讣，急收得之。前序二篇，系益庵手书。乙亥十二月冬至日，揆初记。"（《书跋》，第29页）

《稷山段氏二妙合谱》二卷，民国元和孙德谦（隘堪）撰，手稿本，一册。（《叶目》）

同日　章钰复先生函，言《宋史》校勘及旧稿整理事。云："校勘家从事韵学为少，得段注《集韵》为绵绝学，闻之欣羡。拙校两种《薛五代》，虽经罗、刘两家刻出，究竟与馆本各自为书，未经两造对案。私欲就前惠刘本，将校孔钞本分别签记。工作较烦，又以不宜久坐，真有有心无力之叹！辱鞠初同年鼎问及之，极所乐从。即当检出，希即函取。明初本《宋史》亦据校浙局本，中间以《田况传》四百字为抱经《拾补》所未及，最为可喜！商务馆既用旧本，似可不必与阁本琐琐矣。弟所校亦不致也。月来苦闷不可言，收召亡魂，将四五十年乱稿约略整理，大致可得十卷。卖文则概行剔出，拟写一净本，姑以此遣日而已。"（原件，《尺素选存》）

12月24日　浙兴总经理室根据总办议决，改组郑州分行。通知云："奉总处函开：'现议定将郑州分行改组为支行，隶属津行管辖。原经理马菊年调任总行稽核。郑支行经理以津行副经理项叔翔暂行兼领'等语。系除遵办外，特此通知。"（副本，上档 Q268-1-145）

同日　是年冬，张公权任铁道部长，先生为索还浙路股款再上铁道部公函，力陈延宕之不当，并请责成中英银公司请求银团先行垫款。函云：

敬启者：前奉财字二二四一号公函，承示大部欠苏浙路本息一百五十八万六千二百七十六元一角三分，拟于完成沪杭甬银团借款内划出国币捌拾万元，作为一次完全清还前项本息之用，当经敝处函复请求商明银团于债票未曾全数售出以前，由银团尽先垫付，敝处自当负责代表完全接受。嗣又奉计字七〇〇八号公函，承示该项银团借款债票各方均已接洽，立法院一经通过，短期间内即可发售完竣，本部当于债票全数售出时，委托银团将浙路证券及未付公司债应摊领之款伍拾玖万壹千零捌拾壹元捌角柒分尽先垫付，等因。仰见大部维持债信之至意。迄今年馀，该款尚未拨到。持券人百方催索，敝处窘于应付。追溯当年委屈迁就之意，原欲于最短期间了结悬案，今又延宕未拨，使持券人损上加损，莫怪苏浙群众愤愤不平。闻中英公司旧债券已经银团垫款赎回，何以苏浙股东辛辛苦苦之资，既议折半偿还，又复靳而不予，此不平者一。中英公司接收两路以后荏苒廿年，寸轨未曾增筑，今允其挪新偿旧，契约成立，瞬经年馀，又复藉口延宕，且有要求展期之风闻，坐令持券人奔走呼号，望梅止渴，此不平者二。应请大部严饬中英公司迅速照约履行，一面完成路工，一面清还股款。倘事实上急切不能全售，亦应责成中英公司请求银团先行垫款，以稍弭群众怨咨之口。敝处责任所在，不得不披沥吁陈，即乞大部立予施行，不胜迫切待命之至。此呈　铁道部　浙路股款清算处主任叶景葵

民国廿四年十二月廿四日

（《浙路股款清算始末》，《杂著》，第330—331页）

12月26日　签署浙兴总办调令："议决平行经理汪卜桑君迭函辞职，应予照准。议决原任平行副经理竹尧生君升任平行经理，不设副经理。"（副本，上档 Q268-1-145）

12月28日　校阅曹本《集韵》毕并撰跋。文云：

乙亥冬日购得曹本《集韵》，思传录一校本，以纠正其失。先借得王绶珊所藏李柯溪临段校本（因李目疾，请顾梅轩代录，亲自校对一过），但缺一二两卷，嗣又借得陈澄中新购周香严临段校本，较李临本为佳。因依照周临用朱墨笔分别照录一过。曹本有缺叶，以顾涧薲修补本补足之，段校之真面尽见。澄中得本，除周临段校外，又有郘亭父子传录各家校本，异常繁密，不克照录，跋而还之。兹将原跋另纸录附，以见彼本之佳。是岁仲冬十一日始校正，腊月初三竣功。景葵。

乙亥仲冬假得九峰旧庐王氏所藏李柯溪临段校本《集韵》，缺平声卷一、卷二。比晤余友陈君澄中，知新得周香严临段校本，许我借临，乃胜王氏藏本远甚。骤观之，朱墨杂沓，大有山阴道上之概。反复潜玩，并择要迻录一过，始有线索可寻，试约略言之。

周香严临段懋堂校本，先是段借周藏毛斧季影宋抄本，校曹本之上，越数年，周以影宋本归听雨楼查氏，遂借段校本临于顾修曹本之上，即此本也。凡段校均朱笔，其用墨笔者，乃段校采取严鸥盟、钮匪石诸家之说。何以知之？因九峰旧庐之李临本，凡周校作墨笔者，彼本均有之，往往与此本莫氏所录严、钮诸说重复，是其证也。惟入声十九铎，脯字太宇用《考工记·旂人》一条，李临本无之，当是漏写。莫子偲收得此本，复借得黄子寿临各家校本。黄本除临各家外，又以己意增校。黄氏所临各家：一、陈元禄藏袁绶阶校本；二、钮匪石校本、袁绶阶先临段校、钮借袁本临校，又以己意增校；三、旌德吕氏藏瓠息主人凌氏校本，凌本内有吕侍郎及其子昼堂孝廉（锦文）增校，又有夹签许印林校，子偲借得黄本，即临于此本之上，未尽一卷，命其子绳孙补录毕功。复借得晋江陈泰吉侍郎（庆镛）临各家校本，陈本除临各家外，又以己意增校。

陈氏所临各家：一、汪小米临严鸥盟校宋本，小米以己意增校，皆至卷五而止；二、吴崧甫少宗伯校本，亦从毛氏影宋本迻校，卷中有著仁寿者，是否崧甫之名？待考。

绳孙续录于此本之上，录毕，又以己意增校，卷中有引甘泉师者（疑是江郑堂，有称奂案者，当是陈硕甫，有署郑者，珍宇者，当是郑子尹）。有题马校、钱校者，未详。大抵皆从他家校本及著述内札录。绳孙又亲见影宋本，书中夹签亦绳孙所书。盖皆引而未定之说，其致力之勤，为后来所不及。自乾隆甲寅以迄咸丰庚申，绵历七十载，群儒精力萃于一编，莫氏签题诩为国内无二，良有以也。此本浮湛沪肆亦已有年，故友宗耿吾曾为余言，访而未得，澄中于风尘中物色得之，可称巨眼。殆懋堂所谓传之其人者，跋而还之。以志一瓻之雅。腊

月初三日,杭县叶景葵识。(《书跋》,第 17—19 页)

《集韵》十卷,(宋)祥符丁度(公雅)等撰,清康熙四十五年曹栋亭扬州刊本(《栋亭五种》),十二册。(《叶目》)

12 月 29 日 撰《匡谬正俗》题记。云:"萧山朱翼庵藏旧钞本《匡谬正俗》,'匡'作'刊','殷'字缺末笔,盖从宋本出。有何义门评点,系义门之侄何堂所临。邓孝先有义门校郭孔延本《史通》,与此如出一手。知彼本亦何堂传写矣。""卢本如卷五逡遁,钞本作遁巡。'便面'条,形不圜者,钞本作上表平而下圜者。'阡'字条,先令坟墓,钞本作令先人坟墓,皆钞胜于刻。其余亦多是正。""朱氏拟出让,索价过昂,因照录一过,一夕而毕。乙亥腊月初四日,揆初记。"(《书跋》,第 79 页)

是年 资助故友史念祖之孙史公博毕业于上海同济大学医科。"余助以经费,幸得成立。毕业时,余以遗命赠余之思古斋《石刻兰亭叙》、王圆照《画册》及云南刻本《俞俞斋文集》,郑重付之……"(《弢园随笔》跋,《书跋》,第 92 页)

1936年(民国二十五年 丙子) 63岁

1月 国民政府宣布中国农民银行钞票亦为法币。

5月 全国各界救国联合会在沪成立。

6月 通易信托公司停业。

11月 国民党当局逮捕救国会领导人。

12月 西安事变发生。

是年 "北四行"之一金城银行总行由天津迁沪。

1月9日 铁道部长张公权复浙路清算处财字第147号公函,称因发生金融恐慌,展期半年。云:"案准贵处廿四年十二月廿四日来函,以本部前拟由完成沪杭甬银团借款案内,划出国币八十万元,一次清还苏浙路股款有期证券及浙路公债之本息一节,迄未实行,致持券人愤愤不平,请严饬中英公司迅速照约履行,一面完成路工,一面清还股款。倘事实上急切不能全售,亦应责成中英公司请求银团先行垫款,以稍弭群众怨咨之口,等由。查苏浙路未清股款一事,本部极为关怀,故前与贵处及苏路股款清算处一再磋商,实愿早日了结债务,使政府与持券人两得其益。无如该银团因金融市场发生恐慌,迄未将完成沪杭甬借款之债票出售。上年十一月准该团来函,商请展期,经本部函允展绥半年。本部当催其如期发行,以清还贵处欠款也。相应函复,即请查照转知持券人为荷。"(《浙路股款清算始末》,《杂著》,第331页)

1月12日 章钰致先生函,言《松邻集》续印事。云:"从《禹贡》印品,知公比来校顾藁①工课猛进,无任佩叹!弟两月来,如住前贤所谓'活埋庵'中,意兴可想。仲恕亦不时晤,虽有打定计画,一时尚在观望中也。示以《松邻集》续印流播事,弟与文楷阔贾向不交接。就商伯絅,渠谓前次印刷后文楷以傅三②颇有后言相聒,该店决不敢承接此项生意。与傅彼此均是熟人,似可直接函商。彼或感动盛意,许以抽印。菊生同年与渠多交接,或更易为言实情。请宥鉴为幸。菊生函借'薛史',已

---

① 即顾祖禹《读史方舆纪要》稿本。——编著者

② 指傅增湘。——编著者

面交孙伯恒兄矣。"（原件，《尺素选存》）

1月19日　谢国桢致先生函，谢赠《谐声谱》。云："桢潜居旧京，佣书自给，顷草《丛书子目类编》一书，拟在开明书店出板，以俟成书，当请教正。时局蝌蟖，旧京尤甚。居于此间更觉百无聊赖。设有变动，即拟他徙。但时事纷攘，未知何处堪避秦耳！"（原件，同上引书）

1月27日　浙江兴业银行就结束兑换券发行事发布《启事》。云："敝行发行钞票历二十余年，重承社会信任，谨慎将事，幸免愧负。上年政府改革币制，集中发行，业经遵令将法定准备金及库存钞票，全数移交交通银行代发行准备管理委员会接收。敝行发行事务现已结束，以后关于敝行钞票一切发行收换事宜，应遵照财政部二十四年十一月三日布告，由发行准备管理委员会办理。此启。"（1936 年 1 月27 日《申报》，1 月 28 日《新闻报》）

1月　撰明刻本《孟浩然集》跋。云：

> 此乌程蒋氏传书堂故物，辛未冬，流转沪肆，与沈晓沧校鲁藩本《抱朴子》同为故友宗耿吾所得，余均借临一过。此无校人姓名，前有印印川图记。耿吾告余曰："校此书者印君，字印川，宝山人，与黄荛翁同时，著有《鸥天阁杂著》。"耿吾宿草已深，言犹在耳。今岁两书俱出，余得沈校《抱朴子》，而此书归陈君澄中。澄中谓卷中墨校笔迹甚旧，余已漫然忘之，乃承携示，与顾道洪本对读，始知墨笔系校元并录刘辰翁评语，与印川校宋足资互证，惜亦未著姓名，澄中精鉴，傥研求有得，幸以诏余。乙亥残腊，叶景葵识。（《历史文献》，第 8 辑，第13 页）

2月初　与张元济等拟作蜀中之游。张元济 2 月 7 日致傅增湘书云："今春台从何日南下？弟拟于旧历三月间（或闰月初）与叶揆初、高梦旦作蜀中之游。弟与揆初并思一登峨眉，或取道嘉陵江东下，必道出贵县。吾兄有一还故乡之意否？能为我作向道乎？"（《张元济全集》第 3 卷，第 407 页）张、高与李拔可三位于同年 5 月底赴蜀，先生未同行。

2月8日　主持浙兴重员会议。参加者有蒋抑卮、徐寄庼、徐新六、竹森生、沈棉庭、张笃生、罗郁铭、萧玉麟、张愚诚、陈恭藩、王莘耕、陆佑申（以上总行）、锡支行经理华汝洁、霞支行经理徐奠成、虹支行经理俞道就、西支行经理王古尊、杭行经理徐曙岑、汉行经理王稻坪、平行经理竹尧生、津行副经理兼郑支行经理项叔翔、京行经理马久甫。记录员李子竞。讨论事项：

一、廿五年度营业方针（总行提案）

1. 存款　存款利率政府已有限制之议，将来存款之增减，全赖手续敏捷、应付谦和为转移。近年来本行虽注意改良，然顾客之批评不满者仍有所闻。补救办法，惟有于对外手续力求改进,愈速愈妙。一面选择勤敏谦和之行员坐近柜台办理。如有开罪顾客之员生,责成主管科主任查明,属实报告经副襄理,严加议处。经副襄理常临柜上视察工作,遇有一部分空闲、一部分忙碌者,随时酌调,藉收通力合作之效。

今年存款须防减少,凡老存户提取款项时,应由主管科主任陈明经副襄理,自行接待,以便询明用途,代为办理。外币存款尤须注意吸收,似宜提高利息,以广招徕。如何运用,请详细讨论。

此后本行推广营业,当注重存款码头。凡有可以分设机关者,请各行分别调查,一面将放款机关裁减,以节开支。

2. 放款 自法币施行以来,营运之道日见狭隘。我行既系商业银行,惟有仍注重于商品。凡货物押款、押汇,必须积极经营;其产销两地之统计及市价,均宜多方调查,随时互相报告。其有押款关系之保险,亦宜设法揽归我行代保。至公债投资虽觉危险,惟利益较厚,亦不得不相机酌做,以资贴补。

3. 汇款 汇款生意大部分集中于邮局、汇业局及中交两行,以致本行日见其少。汇款利益虽微,然与其他业务有联带关系。以后对于汇款手续费酌量情形,可免则免,可减则减,不必计较,以广招徕。

4. 信托 去年重员会议本有杭、京、汉、津、平筹划信托业务之决定。现在成立者祇有津行一处,其余均未筹备,似落人后。拟于本年内一律进行。尤须注意信托存款。再本行代理保险仅水火兵盗,对于寿险及意外险均未承办,拟请各行推广招徕。

议决:第一项通过照办。其存款码头,如宁波、绍兴、常熟等,应即由总分行分别着手调查。第二项通过照办。惟各分支行公债投资须随时与总行接洽办理。第三项由各行酌量情形办理,并将一百元或五十元以下汇款,派栈司解交受款人,以期便利。第四项通过照办。

二、议二十五年开支预算及加薪案(总行提案)

本年开支预算较上年实支约减六万。惟各行之中尚有增加者。拟将增加数目中除去不得不付者外,其余一律削减。又查文具、广告、邮电、交际、捐款各项,颇有伸缩性,请各行严格裁减。本年度加薪问题,关系预算甚钜,如何限制,应一并讨论。

议决:开支预算中活支,如捐款、交际、书报、广告、水电杂费等等,由各行极力裁减,并逐月随时列表考查。加薪问题应先严格考绩,考绩结果,应加薪人员其加给数目,亦续酌量限制。

三、议各行提存盈馀案(总行提案)

每届决算,各行盈亏不一。盈者皆欲提存,少结盈馀,用意甚善。惟亏者无法弥补,事实上发生困难。兹拟商定划一办法,以资调剂。

议决:各行每届结盈馀时,应由总行总稽核与各行接洽,除削除呆账外,尽数交总行全盘支配,以便调剂。(浙兴重员会议记录簿,上档 Q268-1-23)

2月9日 主持浙江兴业银行第 29 届股东常会,并作 1935 年份本行营业报告。报告分析 1935 年国际国内局势,对席卷全世界之经济恐慌成因、状况及其影响作了详尽评判;对于国民政府施行新货币政策,结论为"难于乐观",希望"以后对于财政金融上之建设,以及各种整治措施,必须增加人民之信任心,减少人民之恐慌心"。全文如下:

廿四年之世界经济,一般言之,颇见好况。就重要各国国别言,除金集团诸国,如法国、荷兰等,尚在艰难困苦中奋斗外,其馀国家大都渐见转机。情况最好者,首推日本。其工业生产总指数,近年来本年有进展,而廿四年情形,又较廿三年增加;其对外贸易,亦有空前之进步,已将十余年来之继续入超,一变而为出超。国内金利仍低,失业人数减少,物价增高。次于日本者为英国,其各月份生产指数,以继续超过以前七个年份之最高平均指数。同时物价亦涨,失业人数减少,工资提高,财政已无赤字,贸易亦较前年略增。又次则为美国,廿四年十月以后,其生产指数,继续增加,虽尚未恢复恐慌前之盛况,然较前数年确已进步。同时,农产物价提高,失业人数减少,一般商业收入亦有进步;惟对外贸易,未见改善。此外,德国生产自三月份起,亦颇多进步,失业工人亦减,惟对外贸易继续恶化,输出入均较前二年萎缩,食粮缺乏,几与十年前之苏俄相仿。又意大利之生产指数,亦颇见发展;惜以对阿用兵,军费负担过重,财政不敷太钜;同时,其对外贸易之入超,亦较前为甚;又现金外流,金融恐慌,人民在抵抗经济制裁之环境下,生活异常困苦。其馀如苏俄之经济建设,仍继续迈进,其经济好况,又有进步。

综观世界经济情况,表面似颇有普遍好转之象;惟一考其内容,除苏俄外,大都基于人为之挽救运动,及军需之扩张。换言之,此种好况乃由于限制输入,统制价格,贬低币值及扩张军备等政策所造成,并非自然之经济回复。因此,在景气好转声中,同时发现极端之矛盾状态,举其显著之点有三:其一,生产指数虽增,而贸易数量及价格,并无同等程度之增高。其二,为军火贸易猛进。其三,经济好况并不平均发展,国际间苦乐悬殊,随处可见。如上举之日、英、美诸国,虽有表面上之景气好转,而其馀如法国、荷兰等金集团国,则仍继续在艰难困苦中奋斗。此外,德、美诸国对外贸易,亦仍未可乐观。凡此皆其例证。

世界景气之好况,既尚在不健全之状态下进展,则其所谓"好转",在势仍难持久。据一般人观察,今后世界政治经济之趋势,不出两途:(一)重新入于生产过剩之恐慌时代;(二)列强争夺殖民地以消纳其过剩生产,致引起国际战争。二者有一于此,皆非人类之福。

廿四年之国内经济,质言之,实为天灾人祸最严重之一年。所谓天灾,最重者为黄河。因山东南面郓城地方,堤工失修,以致溃决,河水灌入微山湖,侵入运河,又侵入沂河、泗河、沭阳河之下流,几恢复前明嘉靖年间之故道,危及苏北,又危及导淮工程。经中央及苏鲁两省之努力抢险,直至冬令,方算脱险,黄河居然未曾改道,但至今董庄决口地方尚未合龙。其次为长江水灾,因上流雨量过多,山洪暴发,汉江各水以及洞庭上游之资、沅、湘、澧各水,一齐暴注,几将全国经济委员会用二千余万元筑成之堤,全功尽弃。幸而抢险得力,得免于难。至于上季麦收时也有受旱灾的地方,秋季获稻时也有受虫灾的地方。据中央农业试验所调查,十三省农作物,因受水、旱、虫、雹、风等灾,仅粮食一项,损失价值达五万二千九百馀万元。幸而中国根柢深厚,除去受灾农田,本年所收粮食,以近三年比较,尚为丰收之年。不过农民元气受伤,仍不免借债还债,故农村凋敝情形依然如故。所谓人祸,东四省外难未解决,又延及哈尔滨,又延及内蒙全部,又延及冀东,又压迫平津。日人意中之"经济提携",无非欲将华北全部之重要工业资源,入其掌握。此实中华民国全部生死问题。此问题一日不解决,国民经济所蒙损失,不可以数计。

以言工业,小组织小资本的工厂虽然困难,获利的尚不少。惟大组织大资本的工厂,则一律困难。例如纱厂,廿四年六月底统计,全国华商纱厂九十二家中,完全停工者廿四家,减工者十四家,停工减工率几占全体百分之四十。如水泥业,因建筑减少,销路日仄。国货运至广东,即须重税;外货进口,反可以偷税,以致货多价疲,下期比上期价格跌去一元至二元以上。面粉厂上期受廿三年粮食歉收之惠,产销尚佳;下期则受外货倾销影响,又感原料缺乏,亦有停工减工者。火柴业努力于产销合作,政府又豁免出口税,尚称顺利;但漏税冒牌之外国私货源源而来,亦难获利。

以言商业,据中国征信所统计,廿四年上期半年之中,上海普通商号之倒闭者达二百二十余家,改组者达八百九十余家,而新创者仅三十余家。又据上海日日新闻社调查,自中秋节前后至十二月二十六日止,上海二三等商店正式委托律师或会计师代表,宣告清理及停业者,合计达一百六十六家。另据上海市商会调查,廿四年十二月一月中,全市商号倒闭者,计达四十三家,创设者仅五家。其余无可稽考者尚不在内。至其他各埠,凡本行分行所在地,虽衰退情形并不一律，但亦无佳状可以报告。

廿四年份可引为乐观者，惟出口之工业原料。一曰生丝。本年有五万担以上之出口，系改良茧种之成绩。据国际贸易协会报告，照江浙两省情形，在民国十八年以前，大致一担生丝需鲜茧二千斤。假定当时茧价每担为五十元，茧本一项即须一千元，再加缫工开支二三百元，每担生丝成本至少须一千三百元。自实行改良蚕种后，现在每担生丝平均只须鲜茧一千一百斤，缫工减至一百元。本年鲜茧假定每担二十元计算，再加缫工百元，以及茧行开支五十元，每担生丝成本不满三百七十元。如果全国产地尽能改良，则每年产量增加十万担亦不难。即江浙两省亦可增加五万担。以世界每年生丝消费量之巨，大约华丝年产十五万担，尚可与日本不生冲突。此实出口物品中最有希望之事。二曰桐油。美国需要大量桐油，本年出口激增，占出口货第一位。因美国试植桐树进步颇慢，自产桐油不足供需要十分之一，所以华货出口数量既增，价格亦涨。惟澳洲已试植桐树，日本亦开始试种，竞争日烈。我国各省现亦努力奖励，其中以广西省政府提倡最为积极，本年收入已达四百万元。浙江省政府亦注意产销合作。此为桐油事业之好消息。三曰猪鬃。此系我国特产，黑色者集中天津，白色者集中重庆，已居出口货第三位。四曰冰冻蛋及干湿蛋白蛋黄。前数年因蛋价低落，汇兑不利，故蛋业颇难立足，其实出口数量并未减少。现在政府减轻出口蛋税，汇市亦比较稳定，故蛋业颇有希望。美国征收冰冻蛋进口税，合值百征百以上；德法意征税百分之四五十及八九十不等；英国最轻，亦收百分之十。但在国际市场之蛋品销路，我国冰蛋尚占全欧销路百分之九十二，干湿蛋品占百分之五十；惟鲜蛋业已打倒，不过百分之二三。五曰棉花。本年我国棉花收成不足，但美棉、印棉进口已减，华棉出口转增，大都销至日本。日本注意华北棉产为经济提携之第一件事。如果日本将来以每年购买美棉印棉之资金，改购华棉，则我国之国际收支，必发生大变动。惟必需平等提携，我国方受其利，否则他日华北之棉花，即今日满洲之大豆，不可不惧。六曰杂粮。本年出口活动，以花生、芝麻为最。七曰矿产。本年下届起，炼焦炭之烟煤开始运销日本。余如江西广西之钨砂、湖南之锑砂，销售欧洲及日本者，数量、价格一齐增加。我国工业不振，全国资本消沉，一时殊难进步，能竭力发展出口工业原料，亦差强人意之事。

至于廿四年之金融状况，更为重要。本年承上年现银大量流出之后，银底枯竭，信用收缩，以是一年来所遭艰难，甚于往年。惟为力图自存，金融建设亦较往年为努力。故民国廿四年，实为我国金融史上最可纪念之一页。廿四年之金融动态，始终在慢性恐慌中演进。当新年之始，以各业结账期近，一致收缩,银根较松,拆息低下,但一月份票据收解总数,较上年同月减少达一万万元,实已显见金融萎缩之病态,种下全年金融恐慌之病根。迨春季大结束后,银钱业以资金冻结,一致收缩,结果工商业固陷于困境,金融亦益感困难。同时以地产交易呆滞,市面筹码短绌,信用停滞,金融业中一部分基础较差者,遂呈阢陧不安之状,危机潜伏。此为第一期慢性恐慌之酝酿。至四月以后,金融季节渐入旺期,同时以内感四底难关之压迫,外受银价续高之影响,银根紧急,上海金融首见捉襟见肘之象,因而提存挤兑之风潮,迭有所闻。此为第二期慢性恐慌之发作。自后为金融季节最旺时期,但以物价惨落,商市疲滞,金融市场极为沉闷,内在之恐慌有加无已。风潮愈演愈烈,一时人心惶惑,波及全国,宁波、汕头等埠钱庄,先后停业者甚多。通货紧缩之象,于斯为极。一时筹码问题及通货膨胀之谣,甚嚣尘上,渐致资本逃避,市况逐渐混乱。此为第三期金融恐慌之暴发。至十月中,恐慌已达极点,而转瞬十底大比期将届,通货问题之谣诼益甚,一时物价渐涨,标金旺腾,外汇猛缩,债市上升,银根尤紧,金融市场动摇。政府当局鉴于时机急切,乃断然处置。一方通令展缓十底比期,一方颁布紧急法令,于十一月四日起实行新货币政策,集中现银,统一外汇,抑低货币对外价值,改定以中、中、交三行纸币为法币。自是以后,物价渐涨,一般产业略有起色,市场筹码渐感松动,人心稍稍安定。

现在最紧要之问题,为新货币政策将来结果究竟如何?此为人人所欲知之事。我们为金融界一份子,尤应有充分之认识。十一月三日之紧急法令人人皆知,其同为重要者,有十一月三日财政部长之宣言。以法令与宣言合而观之,除统一发行、管理通货、稳定外汇三者之外,政府之急须继续施行者:(一)改组中央银行为中央准备银行,成为超然机关;(二)中央准备银行供给各银行以再贴现之便利;(三)中央准备银行二年后享发行专权,换言之,即收回中国、交通两行之发行权;(四)政府设法增加商业银行之活动能力;(五)政府专设机关办理地产抵押业务;(六)政府决意避免通货膨胀;(七)政府为整理财政,决定十八个月后国家预算,使之收支适合;(八)政府严厉取缔不正当之投机,及逾分之物价上涨。此八件事譬如八音,金、石、丝、竹、匏、土、革、木,缺一不可。我们现在假想,如果八件事完全做到,那时中央准备银行必定举一全国信任,学识经验可与世界各国中央银行总裁携手共同协商之人物充当总裁,必非财政部长兼任。那时的中国银行是完全的国际汇兑银行,现在无限制买卖外汇的责任,由中国银行一家担负。那时交通银行是全国的实业银行,专做各种振兴实业的放款。那时上海及各埠地产,有专门机关抵押流通,变成活动的筹码。那时商业银行各就其本身之能力,专做正当放款,并以各种票据赴中央银行再贴现,再贴现所得法币,又可流转于商业。据专家估计,我国民间储蓄现银约有二十万万元,以半数计,亦十万万元,皆由各种银行代中央银行以法币吸收,汇总交与发行准备管理委员会。那时各种银行之能力,又可以中央法币吸收内地之农产、矿产,运至各口岸,卖与外国,变成各国之货币。那时中央银行通货可以随金融季节,应市面之需要自由伸缩。那时物价亦可稳定,标金投机停止,证券市场、物品市场皆在轨道以内,投机的人逐渐减少,人民必以所余资金投入工商业,并且可以将现在逃避资本存在各国之货币,仍旧汇回本国,换成法币,作正当之投资。那时国际收支一定渐渐平衡,新货币政策当然稳固。以上所说,并非理想空谈,这是财政部长十一月三日宣言,同对于国民宣誓一样,我们不能说他一定做不到。但是新货币政策发表的前后,政府的环境实在不好。自金融恐慌逐渐深刻,人民逃避海外之资本,本年亦逐渐加多。在新政策发表之前一月,外汇继续高腾,标金尤狂涨,市面谣言甚多。我们不敢以小人度君子,但政府不能镇定人民之恐慌,又不能遏止市场之投机,致令内地资金又纷纷逃避海外,是无异加倍削减政府之实力,实为失策之尤。及新政策发表以后,民间固应有一度恐慌,而日本朝野尤其是军人,冷嘲热骂,认为排日之一大事件,而日鲜浪人私运现银者接踵而至。于是人民深恐现银为强邻全数攫去,又增加一度恐慌。及至美政府停止在伦敦购银,银价大跌,日鲜人之私运者,固可绝迹;但人民又恐美政府之购银政策溃决以后,中国通货政策因而失败。于是人民又增加一度恐慌。新政策施行以后,财政部忽令法币三行,维持公债。于是债市骤涨,三行收入公债,发出法币,人民收到法币,即不免有一部分逃避海外。最近又发行统一、复兴两公债。政府为救济财政起见,原有紧急处分之权力,但以后对于财政金融上之建设,以及各种整治措施,必须增加人民之信任心,减少人民之恐慌心,否则无异驱逐资本逃避。譬如,人既受内伤,又受外感,既患慢性症,又患急性症,虽铁汉亦难以支持。但是如此不良之环境,而新货币政策施行后已满三个月,中央银行英汇一先令二辨士半之价格并未变动。本年十二月份海关贸易统计,入超变为出超,美国商务报告赞为新通货政策成功之表见。有人说,此说不的确,因十二月份漏税的进口货,亦比以前增加。但据出口商人谈,十二月份出口业的确比以前活动。其所以活动之原因,外汇比较稳定,亦其一端。可知中国真是百足之虫,处处有自力更生之机会。试观法国、荷兰等金集团国家,何等艰难辛苦,内阁因而动摇者几次,但至今仍是积极奋斗,真可佩服。我们希望政府有同样之精神。至于新政策之得失,在经济学理方面辩论甚多。如虚金本位与银本位之争,放任政策与统制政策之争,关金标准与先令标准之争,甚至一先令二辨士与一先令二辨士半之争，我们以为无关宏旨。我们的结论，新货币政策根本是贤明的；如果政府当局能照十一月三日之宣言件件做到，管理通货的目的断无不能达到之理。如果不能件件做到，或做到几件，而又有几件恰恰与宣言相反，则新政策之前途，当然难于乐观。此为我们对于新货币政策最平情的评论，亦是本行最热烈的希望。

本行在金融恐慌期间应付环境，本年营业方针以收敛紧缩为主。津行所属之济南分理处，郑行所属之渭南、西安分理处，均经先后裁撤。本年总分行活期存款，增加二百十二万二千余元；总分行定期存款减少三百八十二万四千余元；增减相抵，较廿三年份减少一百七十万元。本年总分行定期放款总额，较廿三年份减少八十二万九千余元。抵押放款减少七百六十二万四千余元；抵押透支减少一百十九万二千余元。所以减少之故，因为厚集准备，应付非常，又须经营短期活期利益，以顾开支，殊觉事倍功半。储蓄部活期定期存款，比廿三年份增加一百十二万四千余元，放款成分按照部章办理。信托部于本年初成立，活期定期存款较廿三年份地产部存款总额减少一百九十二万余元。至本年信托部放款总额，亦比廿三年份地产部放款减少二百九十三万五千余元。

本行发行钞票，肇始于前清光绪三十三年，呈奉前清度支部核准行使，是为初次发行。其时市上习用硬币，所发不过一百余万元。迫民国初年，向中国银行订立领券合同，放弃发行权。其时并无中央银行，由中国银行代行国家银行职权。本行之尊重中国银行，与现在尊重中央银行无异。无如中国银行的性质，对政府是国家银行，对社会又是商业银行。合同订定以后，本行已将自发之券收回，而中国银行未能照约合作，异常纠葛，不得已复于民国十年呈请前币制局并财政部，核准筹备重发，是为二次发行。本行发行向以谨慎为主，不愿多发，然于相当过程中，颇蒙社会信任，流通额最多时逾一千万元。廿四年三月以后，退于八九百万元之间。本年十一月四日，财政部颁布改革币制、统一发行之政令，除中、中、交三行得发行法币外，凡商业银行核准发行有案者，照十一月三日截止之流通额为限，仍准行使，但不得增发，并逐渐换用中央银行法币。其馀库存之已印未发券及已发收回券，暨流通券之现金准备、保证准备，均须移交发行准备管理委员会接收。嗣奉财政部令及发行准备管理委员会函，本行发行事项交由交通银行接收，由发行库分知总分支行一律遵照办理。本行十一月三日截止之流通券额，为九百四十四万八千七百七十三元，故交出现金准备现银元及厂条合银元五百九十四万九千七百五十元，保证准备有价证券及地产道契，合作银元三百四十九万九千零二十三元。核计成数，现金准备在六成以上，保证准备在四成以下。又交出库存已印未发、已发收回各券，共票面九百五十九万八千一百二十九元五角；并交出销毁券截存券角及样本券等。于十一月底一律交清，此后即办理结束手续。于年终止，将总库及各分库一律裁撤。合并报告。（《兴业邮乘》，第 43 号）

会议选举新一届董事会成员为：董事叶景葵、徐新六、徐寄庼、张笃生、刘培余、陈聘丞、蒋抑卮、胡经六、朱博泉、黄延芳、陈永青等 11 人；监察人沈籁清、陈理卿、严鸥客等 3 人。（1936 年 2 月 10 日《申报》）

2 月 10 日　致顾廷龙函，代友人订《禹贡》月刊。云："起潜先生鉴：年头矻碌，久未上书，想著述宠富。兹有友人托定《禹贡》合订本，第一册起至廿四年底止，又预定廿五年全年一份，合计报费邮资共若干，乞示知照寄。另开地址一纸，请照所开迳寄可也。即颂日祉。弟景葵顿首，廿五、二、十。"（《尺牍》）

2 月 16 日　复顾廷龙函，答复《方舆纪要》校勘及《古文尚书》版本等事。云：

起潜先生鉴：奉廿三日手示敬悉，兹复如下：一、宾四兄已将《方舆纪要》校完十册，可敬可佩。弟因忙于各事，又移写段校《集韵》，故已作辍。俟十五册寄来，当将北直全分寄上，请宾四兄续校，假以时日，必可告成，谨以奉托。（商务颇有影印原稿之意，弟亦不吝，但总以校出一部为正办，因校改朱墨笔迹不易影印，恐失真相也。以后续有题识，可书于每册之首尾。）二、承影示景范先生书札墨迹，狂喜之至，如此则可决定总叙后所题一行是顾先生亲笔（所题为'两叙及总叙两篇俱要刻'云云）。卷中尚有添注者数十处（在云贵册中），愈后则几不成字，盖已病废矣。弟向以为卷中朱墨笔皆及门所书，但经顾先生病中鉴定，盖不谬也。近又考得助顾先生成此书者尚有马君涧，为世奇之孙，在丙午本凡例所书六人之外。三、臧批《古文尚书撰异》请留案头，俟校毕再还，勿急之。弟旧藏杨惺吾代蓼绥阁传抄日本古卷子唐写本《古文尚书》，即罗雪堂所惜为人书俱亡者（记得有九篇）。今日归家，当检出邮寄，以助吾兄勘校。四、近日所购各件以海丰吴氏所藏《钟鼎款识》拓本（即《攈古录》底本）廿二巨册为最佳，不知吾兄已见过否？五、弟助禹贡学会购书费乙百元，又蒋女士定报费，一并由敝行汇奉，乞收。即颂著安。弟景葵顿首。颉刚先生希致意道谢。廿五、二、十六。（《尺牍》）

2 月 23 日　顾廷龙致先生函，谈《方舆纪要》校勘事。云："日前奉手书，欣悉动定胜常为慰。属购《禹贡》已属会中迳寄蒋君处，发单遵呈台端，请詧入。颉刚近从张晓峰先生处借得景范先生手札照片，龙覆摄一分，敬赠赏鉴，俾可与稿本中朱、墨笔校认字迹也。留平十本，宾四业已过录毕事，本拟即日妥交便人带奉，因长者曾命阅后须加题识，宾四初未着墨，今遂倩其补记，自后当即奉赵。尊校已成若干，甚念。迩来高斋有何新得秘笈？前承惠假镛堂批本《古文尚书撰异》，过录仅三分之一，缘拙编《古匋文香录》急待写付石印，遂以阁置。大约尚须两星期方可续录，秘本稽留，心殊不安。龙又以写刊隶古定本《尚书》(从敦皇所出，卷子本照片抚写。《尚书》(已刻成二十馀篇)，将来拟作校勘记，于《撰异》颇多参考，臧批必多卓识可据，是以一再迁延，必欲校读一过为快，诸希亮宥，馀容续止。"(《顾廷龙文集》，第739页)

2月26日 赴银行俱乐部出席商务印书馆董事会会议。王云五报告1935年度公司决算，盈利104.6万元，较上届减少19%。又通过本届股息分派议案，计股息八厘，另红利三厘仍行保留。据此，本届即可恢复股本450万元。(《商务印书馆董事会记录簿》)

3月2日 签署浙兴呈财政部发行准备管理委员会文。云：

兹查本行截至民国二十四年十一月三日止，历年定制券、废券、流通券、样本券、销毁券、库存券总数如次(根据本行发行兑换券总账历次报部有案)：计开

兑换券总账 付项

(一) 定制券　　　　　　三八，五九九，九八五.〇〇元

(二) 废券(即伪券)　　　　三一，〇七九.五〇元

　　付项共计　　　　　三八，六三一，〇六四.五〇元

兑换券总账 收项

(一) 流通券　　　　　　九，四四八，七七三.〇〇元

(二) 样本券　　　　　　四七，八九三.〇〇元

(三) 销毁券　　　　　一九，五三六，二六九.〇〇元

(四) 库存券　　　　　　九，五九八，一二九.五〇元

　　收项共计　　　　　三八，六三一，〇六四.五〇元

上列各券数目均系根据事实，并无隐漏或溢报情事。将来流通券全部收回后如有溢额，或库存销毁各券如有短少、不实等情，均由本行担负完全责任。兹具切结如右。此呈

财政部　发行准备管理委员会

中华民国二十五年三月二日　浙江兴业银行董事长〇〇〇

(文稿，上档 Q268-1-611)

3月12日 致顾廷龙函，告又寄呈《方舆纪要》十册。谓："起潜先生鉴：示悉《方舆纪要》九册已收到，前日由邮寄去南直十册，到后乞转交宾四先生。所校《集韵》共二种，一为周香严临段校，一为李柯溪临段校，而周本尤胜，因段所据为毛斧季影宋抄本，即香严藏书也。周本现在祁阳陈氏。即颂日祉。弟景葵顿首。"

《尺牍》)

3 月 14 日 国民政府财政部批复浙兴呈文。云:"具呈人浙江兴业银行股份有限公司董事长叶景葵二十五年三月二日呈一件,呈送前报发行兑换券各数目切结祈鉴核由。呈暨切结均悉。查所报该行历年定制券、销毁券暨废券数目,核与部派员前往查复各情形,尚无不合。其流通、库存各券额,亦与发行准备管理委员会前送接收该行全体发行准备汇列清单,所载相符,应即准予备案。除由部函知发行准备管理委员会外,仰即知照,切结存。"(原件,上档 Q268-1-611)

3 月 19 日 致刘承幹函,商借《徽州府志》。云:"前奉复一函谅达。弘治《徽州府志》计缺第五、第六两卷,拟假尊藏影印(用照相法),乞便中检出惠假为荷。""弟日内赴杭,该书请寄张笃生兄转交。"(《求恕斋友朋手札》稿本)

3 月 29 日 商务印书馆股东常会。先生此一届起不再担任董事会董事。浙兴徐寄顾任商务董事会董事。(1936 年 3 月 30 日《申报》)

3 月下旬 赴杭州,并至莫干山休息,4 月 10 日返沪。(1936 年 4 月 11 日致刘承幹函)

3 月 校阅《岑嘉州诗集》并撰校记。云:

丙子春,以正德七卷本对校,并补写缺叶,录其异同于后:

五言古诗《陪群公龙冈寺泛舟》,正德本入五言长律。

又下列五古五首,《澧头送蒋侯》《送永寿王赞府迳归县》《宋东溪王屋怀李隐者》《闻崔十二侍御灌口夜宿报恩寺》《寻巩县南李处士别居》,正德本入五律。

七言古诗《题李氏曹厅》,正德本入五七言长短句。

五律,正德本有而此本无者六首,《送郑侍御谪闽中》《晚发五谿》《巴南舟中夜书事》《巴南舟中思陆浑别业》《杨固店》《初授官题高冠艸堂》。

五言长律《佐郡思旧游》,正德本入五古。

七律,正德本有而此本无者一首,《奉和春日幸望春宫应制》。

五绝《同群公题张处士菜园》,正德本无。

七绝《酒泉太守席上醉后作》,正德本为七言古诗。同题之首四句,此本误析为二。(《书跋》,第 119—120 页)

《岑嘉州集》八卷,(唐)南阳岑参撰,明嘉靖中刊本,四册。(《叶目》)

3 月 主持制定《浙江兴业银行信托存款章程》。(印本,上档 Q268-1-32)

4 月 11 日 致刘承幹函,谢借书。云:"昨自山中归来,奉到弘治本《徽州府志》五、六两卷,容即影印,印毕即行奉缴不误。"(《求恕斋友朋手札》稿本)

4 月 撰《养知书屋图》跋。云:

《养知书屋文集》分体不编年,叙次颇嫌凌乱,大约编次者以文章为重,凡重要章奏书牍不求详备,即如《自叙》一篇为综述生平之作,亦未编入。或因其触犯时忌,故概从删汰欤？去粤一段事实,惟卷十《致曾沅浦书》有云:"贤者优容,不肯诡随,非是则群以为怪愕,而天亦常假手不肖以倾去之,使不得发擿。"又云"鄙人之于粤,所谓莫之与而伤之者至也。"寥寥数语,可与此册互相印证。子靖先生注意乡邦文献,又服膺玉池翁之为人,搜罗图翰,付诸咏歌,足补文集之阙。翁尝言夷务之坏,原于朝士之无识。又以粤省为夷患发轫之地,自问于驭夷之道,研求有得。意欲批却导窾,为国家挽回劫运。一旦为妄者挤去,忠愤之极,发为牢骚,实与寻常恋栈不平者有别。嗣后海外归来,其抑郁心情,与此相似。迨至晚年,沉酣载籍,绝意仕进,当宁虽有起用之意,辄一再辞却。终和且平,固由学养进德之猛,亦有见于时势之不可为,甘作神州袖手人矣。展诵摩挲,为之三叹！民国二十五年岁次丙子闰三月,杭县叶景葵敬识。

(《书跋》,第 111 页)

4 月 读《落帆楼文集》并撰题识。云:"丙子仲春,读迄。《国史地理志》残稿,向藏海丰吴氏,近为燕京大学所得。原稿蝇头细书,极为工整,未知系先生手书,抑为张殷斋加注。去秋忽忽一观,未敢定也。景葵记。"(《书跋》,第 154 页)

《落帆楼文集》二十四卷,《补遗》一卷,(清)乌程沈垚(子敦)撰,民国七年吴兴刘氏嘉业堂刊本(吴兴丛书),八册。(《叶目》)

5 月 21 日 复铁道部公函,要求请按原案付款,并预示日期,以便登报开付。函云:

敬启者:前奉财字一四七号公函,允催银团如期发行完成沪杭甬借款债票,以清还苏浙路股款等因,莫名感佩。顷闻上项借款,改定发行英镑债票,已由中英银公司及建设银公司各半承受,在大部业已完全售出,自应将敝处应领末期股款及浙路公债欠款即日指令银团如数垫付,以符原约。查原约规定上项借款内划出八十万元,一次清还苏浙路股款有期证券及浙路公债之本息等语。计浙路方面应摊领五十九万一千零八十一元八角七分,余归苏路具领。惟浙路摊领之五十九万一千余元内,应划出一十一万四千九百二十一元六角,请大部令交杭州交通银行具领,并令与敝处同期登报开付浙路公债,以符原案。其余四十七万陆千一百六十元零二角七分悉由敝处具领,应恳大部函知银团即日垫付,并预示付款日期,以便筹备登报开付,不胜感盼待命之至。此上 铁道部 (《浙路股款清算始末》,《杂著》,第 332 页)

5 月 29 日 铁道部长张公权就建筑钱塘江大桥事致徐新六函。云:"关于建设钱塘江桥一案,经与浙江省政府重订协定,该桥建筑经费,改由本部负担七成,浙省府负担三成,并规定该桥所有权百分之三十及进款百分之三十,得由浙省府指为借款抵押。前次贵行等与浙省府所订建筑钱塘江桥借款合同,既有与该项协定条款不符之处,自应加以修改。除公函浙省府查照外,用特函复,请径与浙省府接洽为荷。"(原件,上档 Q268-1-364)

5 月 30 日　张公权签署铁道部复浙路股款清算处财字第 1439 号公函,称准俟公债全数出售商准银团拨款,随时通知办理。函云:

案准二十五年五月廿一日贵处来函,略以关于整理苏浙路股款公债,由完成沪杭甬借款内划拨法币八十万元,一次清偿一案,顷闻改订价款,发行英镑债票,已由中英银公司及中国建设银公司各半承受,在本部业已完全售出,应请转知银团如数垫款,以资清偿,照约浙路应摊领五十九万一千零八十一元八角七分,内应划出一十一万四千九百二十一元六角,应由部令交杭州交通银行,并饬与贵处同时登报开付浙路公债欠款,以符原约,恳即函知银团垫付,并预示付款日期,以便筹备登报开付等由,准此。查此案业于本年五月八日由部与银团改订借款合同,发行英镑债票,对于清还苏浙路股款及浙路公债余欠办法,并无变更,惟上项合同虽经签定,债票尚未发售,应按照二十三年十月二十四日本部计字第七〇〇九号公函及同月二十六日贵处复函同意所定办法,俟债票全数售出时,由部委托银团尽先核付,以符原案。所有贵处函开,浙路应于八十万元内摊领总数,核于前案相符。惟划付浙路公债馀欠数目,贵处系按五成折算,倘照本部拨偿总数平均支配,计浙路股款应摊四十七万五千一百六十五元九角八分,浙路公债应摊一十一万五千九百一十五元八角九分,方为平允。但如贵处以数目畸零,为便于付给,而公债持券人不致发生异议,即照贵处计算办法亦无不可,此节应请妥酌示知。至应付浙路公债款额将来交由杭州交通银行具领,并饬与贵处同时登报开付一节,自可照办。准函前由,除俟英镑公债全数出售商准银团拨款,随时通知办理外,相应函达,即希詧洽,见复为荷。此致　浙路股款清算处　　　　部长张嘉璈　二十五年五月三十日

(《浙路股款清算始末》,《杂著》,第 332—333 页)

5 月　主持制定《浙江兴业银行教育储蓄存款章程》。(印本,上档 Q268-1-623)

5 月　主持制定《浙江兴业银行汉口分行储蓄存款章程》。(印本,上档 Q268-1-32)

6 月 27 日　张公权签署铁道部致浙路股款清算处财字第 1619 号公函,指示开付股款应注意之点。函云:

案查清偿苏浙路股款证券末期本息,浙路公债馀欠本息办法,业经本部与

贵处及苏路股款清算处于二十三年十月间商定,由完成沪杭甬铁路借款内划拨八十万元作为了结,俟债票发售后照拨等语,在案。兹查完成沪杭甬铁路金镑债票,已由银团承受,并已交付如下:苏路证券应摊领二十万零八百十八元一角三分,浙路证券应摊领四十七万五千一百六十五元九角八分,浙路公债应摊领十一万五千九百十五元八角九分。除浙路公债摊领之款,应援案拨交杭州交通银行经付外,所有贵处应摊领之款,计国币四十七万五千一百六十五元九角八分,项已由部令饬沪杭甬路局提拨解部,日内即可拨交贵处核收。至关于开付证券及公债手续,应请循例登报广告,原稿送部备查。尚有应请注意之点如下:

(一)本部此次拨款八十万元,系为清结苏路证券第十五期本息,及浙路证券第十二期本息,暨浙路公债第三年至第五年各期本息之用。

(二)经付苏浙路证券及浙路公债机关,于收到部拨款项后,应即同时登报通知持券人。并定期同日开付,按成摊领,所有收回各该期证券即公债本息票,应于每六个月或一年,列册汇缴本部一次,于五年内完全结束,即自开付之日起满五年后,倘持券人不来领取,该项证券及公债应即作废。其未领馀款应即核计,退还本部。

(三)所有苏浙路证券及浙路公债,已往已付各期本息所收回之证券及公债息票,已经缴部若干,应即开列详细清册送备查核。其尚未经收回者,限自此次开付日起,三个月内领取,逾期作废。至已往各期未领馀款,则俟满三个月后,按当日实发成数,由经付机关核计,退归本部,以清手续。

以上各节除分函外,相应函请詧洽,迅予照办,业见复为荷。此致
浙路股款清算处

部长张嘉璈　二十五年六月二十七日
(《浙路股款清算始末》,《杂著》,第334—335页)

6月29日　代表浙路股款清算处复铁道部公函,催拨浙路应摊领之款,并声明按股东会决议,凡作废股款应移办本省公益事业。函云:

敬启者:顷奉财字一六一九号公函,敬悉。承示敝处应领之款国币四十七万五千一百六十五元九角八分,日内即可拨交等因。究竟何日拨交,何处拨交,尚祈电示,以便定期登报开付。至承示注意各点,均已读悉。查民国三年六月五日浙路股东末次大会通过《浙路股款清算处组织法》第十一条内开:各股东应领股款,如届期有不来领取者,每期应俟十二期满,顺延四个月为止(如第一期应领之款候至第十二期后四个月为止,第二期应领之款候至第十二期后八个月为止,余可类推),逾限作废;及第十二条内开:凡作废之股款,应将该

款移办本省公益事业,仍用本人名义捐充,刊名昭信;又第十三条内开:本处俟十二期股款发讫,即行撤销,如有不来领取之股款,由主任、监理择定殷实稳固之机关代为经理,其期限应照第十一条办理等语。景葵受股东委托,理应遵照股东大会通过之组织法办理,所有函示作废期限,及馀款退还各节,恕难遵办。至广告原稿送部备查一节,自应遵照。其历届收回已废股票及证券小票,在民国十三年以前,均由旧交通部就近饬沪杭甬路局派员验收后缴部注册,自十四年以后,屡次函请旧交通部派员验收,置之不复。今大部仍照原案办理,敝处极为欢迎也。此复

铁道部　　　　　　　　　浙路股款清算处主任叶景葵　廿五年六月廿九日

（同上引书,第335—336页）

7月2日　张公权签署铁道部致浙路股款清算处财字第1666号公函,同意未领馀款移办公益事业,并附支票一纸。函云:

案准二十五年六月二十九日贵处来函,以关于浙路股款证券逾期未领之款,根据股东大会通过之贵处组织法第十一、十二、十三各条规定,应将该项馀款,移办本省公益事业,并催拨浙路应摊领之款等由,准此。查关于未领馀款移办浙省公益事业一节,本部亦可同意。所有贵处应摊领四十七万五千一百六十五元九角八分,兹由部如数开具中国银行B字第七○一五五二号支票一纸,随函付送。希即向该行收取,并出具领据送部,以清手续。至登报广告底稿,仍请送部备查。统祈洽办见复为荷。此致

浙路股款清算处

附　支票一纸,计洋四十七万五千一百六十五元九角八分。

部长张嘉璈　二十五年七月二日

（同上引书,第336—337页）

7月3日　代表浙路股款清算处复铁道部函,出具领款收据及附送登报广告底稿。函云:

敬复者:顷奉财字一六六六号公函,内开关于未领余款移办浙省公益事业,已蒙大部同意;又随函附到中国银行B字第七○一五五二号支票一纸,计国币四十七万五千一百六十五元九角八分,业已照收。兹补具印收一纸,又登报公告底稿一纸,随函附奉,敬请查核备案,至纫公谊。此致

铁道部

浙路股款清算处主任叶景葵　　廿五年七月三日

附印收一纸,公告底稿一纸。

《浙路股款清算处公告》云:

浙路末期股款旧交通部积欠未付,敝处叠向国民政府铁道部请求履行原约,经数年之波折,甫于上年商准在完成沪杭甬借款内划出八十万元,作为一次完全清还苏浙路末期股款本息之用。又因金融变动,债票迄未发行,延至本年七月三日,始奉铁道部在完成沪杭甬借款内拨到浙路股款名下应得之数,计法币四十七万五千一百六十五元九角八分,每一百元股本证券末期本息应得四元五角,令即按股摊付,将原发证券连裁馀之末期小票收回缴废。敝处定于七月六日开付,理合公告,请持券人查照为荷。

浙路股款清算处启　　住址杭州严衙弄十八号

再如持券人愿在上海取款者,请将证券交北京路浙江兴业银行信托部,由银行先给收条,即将号码函达敝处,俟复函核准后,凭条付款。又启。(同上引书,第337—338)

7月7日　为撤销浙兴南京城北分理处事呈南京市社会局文。云:"案查商公司前在南京市城北地方设立支店,定名为浙江兴业银行股份有限公司南京城北分理处,于中华民国廿一年九月呈由钧局转请实业部登记,颁发股份有限公司支店设字第七一号执照在案,现体察该支店业务,在就近分行尚堪直接兼顾,已将该支店撤销。谨遵照公司法施行法第卅条具名呈报,并遵照公司登记规则第十九条,备具登记费五元,连同原执照一张,一并随文呈缴,请鉴核。为支店撤销之登记,实为公便。"(副本,上档Q268-1-626)

7月10日　为撤销浙兴济南、陕县、南京中山路三分理处事,签署呈财政部文。云:"呈为呈报支店事案。查属行前于济南、陕县及南京中山北路各地方设立分理处,办理银行业务。曾于廿三年八月、廿四年二月、七月先后呈奉钧部各该年钱字第二三五七号、第四四四九号、第六三三〇号批准备案各在案。现因体察各该地方业务在就近分行尚堪直接顾到,已先后将各该地方分理处分别撤销。谨此呈报,希鉴誉各案,实为公便。"(副本,上档Q268-1-626)

同日　为撤销陕州分理处签署浙兴呈河南省陕县政府文。(副本,同上引档)

同日　为添设常熟分理处事签署浙兴呈江苏省建设厅并转呈实业部文。云:"呈为添设支店呈请登记事。窃商公司集合资银四百万元,于江苏上海地方设立浙江兴业银行股份有限公司,曾经呈准登记在案。现于江苏常熟县县西街十号添设支店,兹依法呈请登记。遵照公司法施行法第廿八条规定,将声(申)请登记事项详晰载明于后,随缴执照费银十元、印花税银壹元,备文鉴核。"(同上引档)

7月13日　章钰致先生函,嘱购吴式芬金石遗稿。云:"海丰吴子苾先生遗著《分省碑目》附有待访目,经其子仲怿抚部在京付刊,中有改动而未印行。弟曾设法印得不全一千五六百叶。日前顾起潜属立本堂送阅两大夹板,审是苾老手稿,按年编次,与已刻之分省不同,板面刻精整篆书'待访碑目原藁'字。细勘内容,大致据郦《注》后宋之欧、赵、洪、郑,及各家所著录之碑目,一栔录出,下注各家递见之出处,与关涉本碑之说。间有'芬按'。上起省县,所列碑名较已刻之残本增出不少。计十四厚册,亲笔百分之九五。初价八百元,后减至四百元。燕京无钱收此,有某学会愿收,而付价无期。起潜闻阁下曾收芘遗拓本,属弟奉闻。此全藁仲恕适来亦极许可。弟觉金石书虽多,如此兜底柃查做一总账者,尚无其书。设将此底本将其中夹签及添注处排比清出,实一津逮后来不可磨灭著作。为此驰函奉闻,乞裁复为幸。如须亲阅,当属该铺做小箱付邮,但须允以不成付寄费耳。"(原件,《尺素选存》)

7 月 22 日 浙兴常熟分理处开办。主任薛佩苍。地点常熟县西街 10 号。1937 年 10 月 12 日行屋被日机炸毁。10 月 26 日改与兴义隆在南门外西庄街 43 号营业。(浙兴机构成立记录卡,上档 Q268-1-24)

7 月 28 日 签署浙兴总行人事任命,总行储蓄部副经理史稻村兼任业务处副经理。(副本,上档 Q268-1-146)

7 月 30 日 章钰复先生函,告以吴式芬书稿成交。云:"吴藁系再三说明,实付四百元。顷又得兴业汇票,已电招立本掌柜,令其货款两清,并令添作一冲楠匣,暂存弟处矣。秋凉台驾来北,能带新得吴氏金文拓本否?"(原件,《尺素选存》)

先生购入吴式芬(子苾)辑编金石稿本包括:《三代钟鼎款识》不分卷《附录》一卷,拓本九册;《分类彝器目》不分卷,手稿本,二册;《捃古录金文目录底稿》不分卷,光绪二十一年稿本,吴重憙、幽父子合校,三册。[①](《叶目》)

7 月 31 日 为撤销浙兴南京中山路分理处复南京市社会局文。云:"呈为遵批补缴撤销支店登记费及原领营业执照事案。奉中华民国廿五年七月廿九日钧局政字第四九四〇号批,商行为撤销城北分理处支店呈请解散支店登记。由批开呈。查仰遵照公司登记规则第十九条云云,至此批[②]等因奉此,查商行此项呈请撤销支店,系南京中山路分理处支店,非城北分理处支店。兹遵将原领中山路分理处股份有限公司支店设字第六一三号执照费及登记费五元,一并奉缴,请鉴核示遵,实为公便。"(副本,上档 Q268-1-626)

7 月 主持修订《浙兴上海总行各种存款章程》。(印件,上档 Q268-1-32)

7 月 撰《柳州遗藁》跋。云:"柳州先生与我六世登南公友好,卷中《登端州试院楼望七星岩》《端州试院烹茶》《送登南公赴阙补官》诸作,曩见丁氏刻《五布衣诗》本,已写入《先友诗翰》卷中。兹又得原刻本,颇为罕见。其板式与樊榭集相同,读

---

① 此三种册数与章钰 7 月 13 日函称"计十四厚册",恰相吻合。——编著者
② 原稿省略南京市社会局批文中文字。——编著者

之殊有前辈典型之慕。丙子夏日,景葵敬题。"(《书跋》,第 147 页)

《柳州遗藁》二卷,(清)钱塘魏之琇(玉桢)撰,清乾隆中刊本,一册。(《叶目》)

7月至8月 赴雁荡山休息。(1936 年 8 月 13 日致顾廷龙函,《尺牍》)

8月10日 为撤销浙兴济南分理处事呈山东省政府文。云:"呈为遵批补缴撤销支店登记费及原领营业执照事案。奉中华民国廿五年八月五日钧府建副商字第六一九号批,商行为撤销济南支店请鉴核,转咨备案,由批开'呈悉。查公司撤销支店,呈请登记,应将所领执照缴销'云云,至此批①等因。奉此。兹遵将原领济南分理处股份有限公司支店设字第四三九号执照一张,随文奉缴。登记费五元另行汇奉,到请签核示遵,实为公便。"(副本,上档 Q268-1-626)

8月13日 于雁荡山复顾廷龙函,论钱穆校书及《访古录》稿本事。云:"俗事碌碌,久未致书。月前来山中度暑,由沪转到手教,敬承种切。惠赐大著尚未奉到,或已在沪亦未可知。宾四先生校读顾书既精且勤,极为佩慰,俟回沪当再检山东山西两省由邮寄奉,以便续校。子苾先生待访碑目,蒙公与式丈介绍,已得购定。现原书存式老处,如公欲细观,可往取也。吴氏尚有《访古录》稿本六册,皆子苾先生手书,后有丁艮善跋,谓此二种稿本及金文拓本皆存许印林,乡间匪乱时已分散,经丁君各处访求,收回十分之九,亦一掌故也。此《访古录》本尚存吴氏,未经售去,秋后或须入故都一游。"(《尺牍》)

8月21日 于莫干山撰《三十年前之严师益友》。追忆汪康年、张莲芬、李维格等对自己之影响。文云:

> 本行之发轫,盖萌芽于丙午,成立于丁未。丙丁之际,予正供职奉天财政局,凡本行发起人,及重要各股东,除樊时勋、项兰生两先生外,皆无缘识面也。
>
> 至丁未夏初,予已交卸奉天财政局,颇厌倦政治,思投身于工商业。入关至北京,访父执汪穰卿先生(康年),先生时办《刍言报》,告以予之出处抱负,先生怫然不悦,曰:"汝之聪明才力,最宜办理财政。汝既厕身政界,应奋斗到底,不宜畏难思避,见异思迁。汝未游历外洋,究竟识见不广,最好趁此闲暇,游学东洋,取心研究财政经济,将来归国,可成有用之才。"因赠我《历国岁计政要》译本一巨册。次日,又反复言之。而同时接到李一琴先生(维格)来信,闻予入关。极为欢迎。信中力言政界之不可涴,督抚大吏之不足与有为。与其芸人,不如求己。又言方今养民之要,莫急于振兴工商业。又言钢铁业之足以富国强兵,武汉三镇之形势,为中原绾毂,未来之希望甚大,劝予投身工商界,且言

---

① 原告省略批文原文。——编著者

择地则以武汉为良，邀予出京即至彼处假馆焉。时方任汉阳铁厂总经理也。

予以送妇归宁，先绕道济南，得晤乡先辈张毓蕖先生（莲芬），时方任山东盐运使，并已创办中兴煤矿。一见颇承垂青，问余之志愿。余以愿就工商业告；并以汪、李两先生之言，请折衷焉。张先生乃诏予曰："政界也好，工商业也好；专营则精，兼骛则废。汝年富力强，前途正宜自决。若我则决计辞去山东盐运使，专心办我中兴煤矿，我还要开一大井，每日要出煤二千吨。地方痞棍某某以土窑破坏我矿区，我决计与之拼命。我的大井如不成功，我即葬于大井之下。"言时气咻咻然，须眉欲动，至今犹在心目间。临别又执予手曰："我的煤矿，经费不足，尚须招股。汝南归，见张、汤两先生，为我致意，请彼帮忙。"其时苏浙两商办路，集股一千馀万，为实业界所艳羡。其实予与季直先生戊戌年已得晤教；蛰仙先生，则闻名而未谋面也。

予由济南折至郑州省亲，遂由郑州南下至汉阳。一琴先生郊迎，邀予寓汉阳铁厂。盛暑烈日之下，导观新式炼钢炉，历言长江一带，某处有铁，某处有炼焦之煤。西南各省，某处有锰，某处有钨。全国铁路太少，粤汉宜速筑，川汉宜速测。语娓娓不倦。予假馆二十余日，先生每日必三四次访予，夜间尤喜深谈，谓予曰："汝生于中产之家，民间疾苦不尽知，凡寒士所尝之苦况，汝皆隔膜。以后宜习劳苦，宜留心下等社会之情状。汝体太弱，气色太不好，宜吃独睡丸。凡体弱之人，宜少服药；要知药未必治病，或反足致病。"一夕，又谆谆言曰："凡有志办大事之人，第一须不怕死。不怕死，先从不怕病做起，要知死与病是两件事，凡人不会轻易死的；就是死也是适然，不算一件稀奇事。就是我死，也是命定，不必回避的。不回避，要死；回避，也要死。"其言凛然，令予十分感动。

时本行重要发起人郑岱生、沈新三、蒋抑卮诸先生，正为调查汉冶厂矿，预备投资，至汉阳查账，予得一一识面。盘桓旬日，相约赴沪，予遂就居于马霍路德福里。时勋先生创办沪行，业已开幕。予每饭后乘包车至行聚谈，遂得尽识诸股东，渐渐为入幕之宾矣。

穰卿先生始终办报，终日驼背执笔，与各报挑战，议论正大，宗旨坦白。辛亥革命，都城骚动，乘京奉车避天津，在车中拥挤不支而死。毓蕖先生亦于辛亥革命时，支持矿务，奔走疲劳，到处乞怜，穷窘万状。记得极危急时，与北方某实业家协商，请其入股合办；某实业家所提条件，异常苛刻，先生气愤填膺而死。一琴先生亦于辛亥革命后，奔走复工，成立汉冶萍厂矿股份有限公司，一身任其全责。未及一年，为大股东及无股份之董事所龃龉，不得已而辞职。其时病体失眠，已甚不支，仍努力于钢铁事业，并到处留意后起之人才。家居数年，憔悴困顿而死。

穰卿先生之遗著，经其弟颂阁先生衰辑，业已印行，盖十中之一二耳。毓蕖先生死后，幸经欧战，煤矿乃得发达。民十六以后，几乎夭折，幸而复兴，皆食先生留贻之赐。盖民十七之亏损，几六百万元；向非先生培植根柢，努力折旧，多提公积，即经济一门亦有不堪设想者矣。一琴先生最为不幸，论其地质知识及管理能力，当然逊于后人；然以一书生创办钜大事业，几经艰危，毫无后盾，百折不回；最难堪者，改良钢炉，制成钢轨，品质与舶来品无异。但朝政不纲，有钢轨而不造路；彼时所造之路，皆有外资关系，但买外洋之轨，不买汉厂之轨，不死何待？

今三先生往矣，是非功罪，自有历史品评。而予所耿耿不忘者，三先生之居心立品，及其所施予予之训言，每一念及，真如谏果回甘，咀嚼不尽。

以上所记，皆丁未年之事，迄今已三十年，而本行成立，亦恰恰三十年。荫溥先生来书，为专号纪念征文，遂拉杂书之，以供同人一览。古语云"三十年为一世"，三十年以前之人，可云隔世。吾人欲闻隔世之格言，最不易得。人当少年，血气未定，知识未充，沈酣漏舟，徘徊歧路，倘无严师益友之箴规，往往迷误而不知返。所以隔世之格言，即是终身之圭臬。杜子美云："欲觉闻晨钟，令人发深省。"其斯之谓欤！

廿五年八月廿一日莫干山

（《兴业邮乘》，第 49 期；《杂著》，第 263—266 页）

8 月 27 日 与丁榕等 96 人联名发表《高梦旦先生追悼会启事》[①]："长乐高梦旦先生，抱经世之学，躬行实践，其生平心力尤尽瘁于教育文化事业。方清季丙申、丁酉间，海内名流与先生通声气者，争相引重，间亦发挥政见，不苟同，不立异，所有言论屡载于当日之《时务报》。嗣应浙江高等学堂总教习之聘，旋率浙江学生赴日本学习师范，即留为监督。中间尝因张南皮、张丰润、岑西林诸公之聘，或主报务，或任幕职，又充上海复旦大学监督，均未久即辞去。独于商务印书馆编译所长一

---

① 高梦旦，名凤谦，福建长乐人，商务印书馆编译所长、董事会董事。1936 年 7 月 23 日在沪病逝，享年 68 岁。96 位发起人为丁榕、王世杰、王造时、王康生、王云五、孔士谔、方叔远、史久芸、伍光建、任心白、江伯训、朱少屏、朱元善、朱经农、朱颂盘、宋以忠、李伯嘉、李直士、李宣龚、李登辉、李圣五、李择一、汪有龄、汪诒年、何炳松、吴东初、杜就田、沈叔玉、沈钧儒、沈颐敬、沈觐冕、林子有、林子忱、林洞省、林振彬、林语堂、林鼎鼐、周由廑、周辛伯、周越然、周颂久、周鲠生、韦悫、韦傅卿、郁厚培、徐新六、徐寄庼、徐善祥、唐钺、马寅初、黄仲明、黄炎培、黄秋岳、黄葆戊、高子镇、高凤池、夏鹏、夏敬观、陈介、陈光甫、陈采六、陈敬第、张元济、张世鎏、庄俞、郭桑、盛俊、陶孟和、梁和钧、梁鸿志、陆费逵、温宗尧、汤尔和、傅东华、傅运森、曾镕浦、叶景葵、杨端六、寿孝天、蔡元培、蔡公椿、蒋梦麟、蒋维乔、欧元怀、刘崇佑、刘湛恩、刘聪强、郑贞文、郑葆湜、郑礼明、潘光迥、钱智修、鲍庆林、颜任光、魏怀、罗家伦。——编著者

席,慨然乐就。至今教科书之风行,与出版物之从事编纂,潮起云涌,使全国青年学生获先河之导者,先生与有力焉。"并告追悼大会时间、地点等。（1936 年 8 月 27 日《申报》）

8 月　撰《游雁山经丽水赠陈雪白》七绝一首①。诗云："括苍山势渐嶙峋,雁宕灵湫更绝伦。不爱平凡爱奇崛,天教磨炼浙西人。"（《杂著》,第 368 页）

8 月　汉口第一纱厂谋复工,与浙兴商量"放弃厂权,并免付息金"。8 月 23 日《申报》刊登《棉产丰收中武汉纱厂力谋复工》报道云："武昌工业以纺纱为最。厂之大者有第一、裕华、振寰、民生四家,盛时容工人数万,关系市场经济荣枯与民工生计甚钜。讵因受世界不景气之影响,加以灾患频仍,棉产歉收,纱市日落,致华南华北各省棉纱市场遂被外商侵夺。各厂中除裕华外,余皆蒙受莫大损失。振寰纱厂于二十二年首告停歇,第一、民生两厂继于二十四年停工。其中第一纱厂规模最大,民十八年由外商安利英洋行与浙江兴业银行共同投资接办,六年之中营业尚称顺利。至二十四年,因受有亏累,兴业退股而停工。""最近,第一、振寰两厂已有复工准备。第一纱厂系有商界钜子黄文植、苏汰余、周星棠等筹足八十万元,商准第一债权人安利英洋行及第二债权人兴业银行,放弃厂权,并免付息金。复工后规定以红利百分之六十分配债权人与股东,百分之四十为继续办厂人之权益。刻正草拟合同,不日即可签订。"（原报）

9 月 2 日　张公权签署铁道部致浙路股款清算处财字第 2057 号公函,"追询酬金来源,以明真相"。云："案查本部清偿苏浙路末期股款办法,系经贵处及苏路股款清算处同意订定,公布施行。惟报载贵处公告内有浙路收归国有时,曾收到部拨酬金,现与末期股款同时发给等语。查浙路收归国有时,本部并无发给公司酬金情事。贵处公告一节,究系何所根据,应请详加解释,以明真相。相应函达,即希查照见复为荷。"（《浙路股款清算始末》,《杂著》,第 338 页）

9 月 8 日　先生代表浙路股款清算处复铁道部公函,附 1914 年《代表报告交涉始末情形》及《节录浙路股东临时会会场议事录》附件两份②,详述酬金来源及处分情形。函云:

> 敬复者:奉财字第二〇五七号公函,承询报载散处公告内有浙路收归国有时曾收到部拨酬金,现与末期股款同时发给等语,究系何所根据,请详加解释,以明真相等因。散处分配该款系根据民国三年浙路股东临时会之决议案,其案详载前公司移交之会场议事录。兹查议事录关于该款之文件有二:一为代

---

① 原诗未署年份。——编著者
② 附件甲、附件乙,从略,参见本谱 1914 年 6 月 5 日条。——编著者

表虞和德等之报告书(附件甲);二为股东决议案及附载股东王秋蔼等支配六十万两意见书(附件乙)。前公司遵照决议案将该款分为三部份移交敝处:一为提充清算处经费十万元;二为除十万元外该款二十分之十分作为员役酬金,敝处已遵照决议案于民国四年分配;三为该款二十分之十分作为股东酬金。敝处接受该款后遵照决议案,先以该款提前偿还十元以下零股,逐期收回,将历年存息并计,按股平均分配,于开付末期股款同日登报开付,此敝处分配该款之根据也。此复

铁道部

浙路股款清算处主任叶景葵　廿五年九月八日

(同上引书,第 339 页)

9 月 9 日　《兴业邮乘》第 49 期发表先生《三十年前之严师益友》一文。(原刊)

9 月 17 日　自雁荡山返沪。(1936 年 9 月 19 日致顾廷龙函,《尺牍》)

9 月 19 日　致顾廷龙函。云:"弟于前日返申,已收到尊著《古匋文䀻录》一部,感谢感谢,尚未暇开卷诵读也。弟约双十节后可以北行,容再访高斋聆教。"(《尺牍》)

9 月 26 日　主持浙兴董事会,议决委派监察人严鸥客为浙兴派驻苏嘉铁路借款银团稽核员。(严鸥客 1936 年 11 月 10 日致交通银行函,上档 Q55 - 2 - 481)

9 月 30 日　撰《墨子》跋。云:"此书有端楷临俞荫甫、王伯申两家校语,句读亦依俞本。疑系前人临俞校本。其王校则为俞本所采录,亦间有乙去俞校而以己意断之者,未详何人。《墨子》素称难读,因此本有句读可资参考,故购存之。丙子中秋,揆初记。"(《书跋》,第 85 页)

《墨子》十五卷,(周)宋人墨翟撰,清光绪二年浙江书局重印本,阙名临王引之、俞樾校,四册。(《叶目》)

10 月中下旬　离沪赴北平、汉口、南京等地,处理浙兴行务。11 月 7 日返沪。(见 1936 年 11 月 19 日致顾廷龙函,《尺牍》)

△ 在平期间,曾探望章钰。后回忆道:"丙子初春,入旧京访公于病榻中,出示手定文集,系倩戴绥之(姜福)䌷正者。葵谓曷照原稿付之影印,并表示愿出资协助之意。公谦逊不遑,谓此稿仅可存之家塾,岂堪问世。葵谓姑迟数年,俟续有选定,一并付刊尤佳。"(《四当斋集》跋,《书跋》,第 162 页)

△ 在平期间,于钱穆家见《方舆纪要州域形势说》刊本。(《方舆纪要州域形势说》跋,《书跋》,第 48 页)

△ 购《石川集》并撰题记。云:

北平图书馆藏《石川集》五卷,是嘉靖己酉南充王廷重辑本,前有王序,后

附录崔铣撰《墓志铭》，又徐冠、方豪、孟洋、刘坤、李暹、高贤、柴忠祭文。

卷一：五言古六十七首；卷二：七言古廿六首，五言律廿一首，五言排律一首；卷三：七言律五十四首，五言绝五首，六言绝一首，七言绝卅一首。卷四：序十三篇，跋二篇，记八篇；卷五：传三篇，杂著八篇，论一篇，赞二篇，铭八篇，祭文九篇。

王序云："殷诗向有《瀛洲》《芝田》二集，合称《石川稿》云云，即此本也。此宿迁王氏旧藏，丙子冬，购于北平。（《书跋》，第 138 页）

《石川集》三卷，（明）寿张殷云霄（近夫）撰，明嘉靖十年刊本，一册。（《叶目》）

10 月 18 日　北平图书馆致先生函，代索书。函云："上年蒙惠赠《谐声谱》一书，并由敝馆介绍分赠魏建功诸先生，高谊所被，同深感幸。兹复有沈羹梅、陆颖明、徐孟博、孙蜀丞四先生，精研小学、音韵，对于此书欲各收藏一编，以资研考。兹特奉函介绍，即希鉴照，惠予分赠为荷。"（原件，《尺素选存》）

11 月 10 日　浙兴派驻苏嘉铁路借款银团稽核员严鸥客致交通银行函。云："前于九月廿六日奉苏嘉铁路借款银团代表行浙江兴业银行函开，派鸥客为稽核员，遵即前往任事，将一切账目详细稽查。该局预算尚未决定，其现款收支自二十五年七月十五日起，至十月二十日为止，收入项下计营业进款肆万零肆百壹拾叁元捌角，铁道部拨款贰万元。支出项下计肆万贰千捌百零玖元陆角肆分。结存计壹万柒千陆百零肆元壹角陆分，已于十月二十二日在浙江兴业银行开立往来户，并于二十三日将该项结存余款交入，查核无误。谨此报告。"（打字件，上档 Q55－2－481）

11 月 14 日　撰《敬思堂文集》跋。云：

文定公与先六世祖登南公友善，诗集卷二《次建昌县赠叶六登南》二首，其时登南公以乾隆辛未庶常散馆，授建昌令，年正三十，足补《家谱》之缺略。又卷四《壬午三月卜居城南与叶古蒬庶常同集分韵》一首（古蒬，登南公别字），其时为乾隆二十七年，登南公已致仕家居矣。登南公遗诗，有在皖在粤之作，与文定公行踪相合。登南公居官甚暂，家况清贫，或文定公任学政时，登南公入其幕，任襄助校士之役，亦未可知，而《家谱》未载。遗稿已散佚不全，欲将登南公生平出处，作一简明《年谱》，以补《家谱》之不足。屡思属艸，未敢下笔也。丙子十月朔，景葵记。"（《书跋》，第 147—148 页）

《敬思堂文集》六卷，《奏御集》四卷，《诗集》六卷，（清）会稽梁国治（阶平）撰，清嘉庆中子承云等刊本，十二册。（《叶目》）

11 月 19 日　致顾廷龙函，告以离平返沪旅程。云："起潜先生足下：在平承枉顾并侑食，剧谈快慰。渴想归途。在汉宁稍有句留，于七日返家。今日又接到邮来

《西域遗闻》及池东王氏简目,谢谢。带归之《方舆纪要》南直十册十一卷并无短少,因九卷与十卷合钉一册而书套并非原物之故。便中乞去宾四先生。近来又睹未见书否。颉刚先生乞为致意道谢,恕不另启。即颂著安。弟葵顿首。廿五、十一、十九。"(《尺牍》)

11月　汉口第一纱厂自1935年停工以来,经浙兴在可能范围中想方设法复工,终于于本月与复兴公司商妥,"由复兴公司出资一百万元承办,订期六年,营业有盈余,则债权人得六成,复兴公司得四成;如属亏损,则悉由复兴公司担任。"(《民国二十五年本行营业报告书》,《兴业邮乘》,第57期)

12月1日　浙兴信阳寄庄恢复营业。地址在河南信阳南大街。1938年8月4日迁往汉口。(浙兴机构成立记录卡,上档Q268-1-24)

12月3日　顾廷龙复先生函,谈《集韵》等书校勘事。云:

前奉手谕,拜悉一一。旋又由邮递到《集均》首册大跋,敬读一过,并将尊校贸然传录,素蒙垂爱,谅不见责。所校各条无不佳胜。陈氏藏本校笔尤多,自益可贵,为之神驰。尊校本首册业已奉赵,其馀各册能否亦假一钞,俾窥全豹,至所祷盼。《集均》宋椠本国中早失其传,诸家所校,亦仅据影宋钞本。惟查日本宫内省图书寮尚藏有淳熙刊本,惜阙卷一,字大悦目,当称孤本。就书影校之,三十三狎,鮅字注:"鲫鲽鳞次,众多皃"。"鲽"顾本误为"鰈"。又三十四乏,瓢字注:昵法切。"昵"顾本误为"晻",姚本误为"睧",一页中之误已如此,倘得全部一校,正必不少。商务之《续古逸丛书》及《四部丛刊》搜传善本甚夥,独不及此,殊为憾事。先生如晤菊生先生,盍怂恿其访摄景本,刊入《续古逸丛书》,早日公之同好,不其盛欤!

近有书贾送阅钞本两种,皆滋疑窦。一为明人传记,未题书名,蓝格旧钞,共三十九卷,板心上刻《寓真日记》,下刻"叠翠山房",所记人物,首徐达,末徐祯卿,书衣有题字数行曰"《皇明故实》,袁褧著。"按每传后有"袁褧曰",《吴中人物志》。又曰"书中多所讳避","九十老人仲虎"。袁老先生大约是明时人,其博古通经,自有迥出时人者。此书系石莲阉旧藏,有式丈一跋,云:"袁永之事附见《明史·文征明传》。此书著录《明史·艺文志》计二十卷,与此书三十九卷不符,细加点对,知此书原装四册,目录四叶本分装册首,重装时乃并列首册,疑此为传录初稿,《明志》所收乃定本,故数目参差,理或然也。《四库全书》及《存目》均未列入,而《提要》项笃寿《今献备遗》下云:'本袁褧所著,而稍增损之',似非未见此书者疑莫能明也。从石莲盦借读,因记。长洲章钰。"不知此书是否其名,曾否刻过。索价八百元,亦谓奇昂。

一为《皇祐广乐记》八十一卷,旧钞五十一册。宋冯元、李照等奉敕撰,后以李律不合,废不用,遂有《新乐图记》出,《四库》收之,今已景印。《广乐记》虽曾刊行,至今非惟刊本、钞本不见,即书名亦不闻。初一瞥见,惊为孤本。后经一再览观,始察及其每卷书名俱出剜改,而藏印若陈仲鱼、何梦华、鲍以文、季沧苇、吾家秀埜公,均似伪作,惟章绶衔数印不伪耳。因知此书伪非新作,特不知由何书所改。又章氏亦以精鉴别称,谅有可取而收焉,不易考辨,索价一千五百元,更奇昂矣。先生于此两书知其原委否?

又有《王氏遗书》一种,万年王朝渠辑,亦吴氏石莲闇遗物。据书贾云"未曾刊行",其体例专在辑逸。其子目为:《周易遗篇》《周易遗文》《夏商二易遗文》《书遗句》《诗遗句》《石鼓释》《周礼遗官》《周礼遗文》《考工记遗职》《考工记遗文》《仪礼遗篇》《仪礼遗文》《礼记遗篇》《礼记遗文》《春秋经传遗文》(左氏、公羊氏、谷梁氏)、《论语遗篇、遗文》《孝经遗章、遗文》《孟子遗篇、遗文》《尔雅遗文》《乐遗篇》(六种),钞本甚工整。朝渠字揆方,号达佺,乾隆举人,著有《唐石经考正》《需次燕语》,均刊在《豫章丛书》中。又《艾学闲谭》则自刊单行,遗书尚未见印本,殆诚未刻者也。索价亦须贰百元左右,馆费绌,恐不能购,甚为可惜。承询所觏,拉杂奉告。长者如有新得,便希亦示一二,以广闻见,幸甚幸甚!(《顾廷龙文集》,第739页)

12月9日 复顾廷龙函,告以近得各善本书情形。云:"起潜先生鉴:奉书喜甚,缕缕见示,如面谭也。《集韵》首册收到,兹将后十一册分两包寄上。近来购书不多,仅得沈眉生(寿民)《姑山遗集》(清初刊)一部,徐伯鲁(师曾)《湖上集》(万历)一部,茅鹿门(坤)《耄年录》(万历)一部,未知均见过否?又顾华玉(璘)先生《息园存稿》文九卷、诗十四卷,《山中集》四卷,《凭几集》二卷(《千顷》作七卷,《振绮》作五卷,此二卷有续无正,未全,不知京师有可假抄否),《近言》一卷(各目均未著录),系(嘉靖)吴郡沈与文刊本,朱朗斋称其罕见,不知是君家一派否,谨以奉闻。《集韵》校毕,乞题记一段,以作记念,余再布。敬颂日祉。弟葵顿首,廿五年十二月九日。又得张异度《自广斋集》一部(崇祯刊),君见否否。博山兄已来过,承示王校《南北史》首册,极佳。"(《尺牍》)

12月10日 致顾廷龙函。云:"起潜先生鉴:顷寄《集韵》,附上一书,又检来函细读一过。袁永之遗著及《皇祐广乐记》,均不知原委,惟王氏遗书如百元稍出头,大可购得,请为留意代购。宿迁王氏书中有《秘阁元龟政要》十六巨册,未著撰人。弟近已查得系吴姓所著,颇有价值,惜所索过巨,万难问鼎,姑俟其浮沉肆中再说。再颂日佳。弟葵顿首。廿五、十二、十。"(同上引书)

12月16日 浙兴总办颁布几项人事调动:"原信托部经理张笃生君专任常务董事。调平行经理竹垚生为京行经理。北平分行改为支行,归津行管辖。"(副本,

上档 Q268-1-146)

12月21日 复顾廷龙函,答复有关询问。云:"示悉,钦佩。先生姓玉姓王问题容代细查。《集韵》两小包于十日寄出,已向邮局报查,不致遗失。""《息园存稿》卷十二《闲居对雨忆钦佩》:'山馆雨声鸣不休,空阶野泉交互流。已思吏散得高枕,无奈花发增烦忧,风波中座忽反覆,乡关在望空夷犹。安得王郎共促膝,一写幽抱登江楼。'据此则钦佩姓王无疑矣。"(《尺牍》)

12月25日 顾廷龙致先生函,告以钱穆校勘《方舆纪要》事。云:

> 承录示《息园诗》,于钦佩姓玉之疑可以释矣,感甚。《集均》两包至今未到,十日付邮,计已半月,与此间邮局人员研究亦莫测其因。按平时递寄,一星期可达。是书长者心力所萃,万一有失,心何能安。特不知尊处根查以后,如何说法,无时不在念也。龙近从各集检录关于《集均》之文,因于尊跋所言,略得头绪。《集均》之学,实由段氏首倡,其后成书者惟马远林《集均校勘记》、方雪斋《集均考正》两家。马著未毕而又不传,故此学尚未大盛也。尊跋云:"有引甘泉师者、钱校者,疑皆谓钱警石泰吉,《甘泉乡人稿》卷五有《校集均跋》二则,藉可知晋江陈氏校本之渊源。自段氏以迄孙籀膏,均未一见宋本,今知日本宫内省图书寮所藏有南宋本,亦可贵矣。他日如有印传者,裨益学术甚大,盖研究是书第一步必先校勘耳。(《顾廷龙文集》,第 741 页)

12月30日 与徐新六联名签署浙兴总经理室通告:"新年同人团拜拟不举行,个人间亦概不往来访谒。特此通告。"(副本,上档 Q268-1-146)

是年 曾赴杭州,在浙江省图书馆听张其昀讲演地理学。讲毕,由馆长陈训慈介绍与张见面,当即询问张所得顾祖禹尺牍的经过。(《读史方舆纪要·跋》,《书跋》,第 41 页)

是年 上海江西中路 406 号浙兴大楼建成,浙江兴业银行迁入办公。浙兴大楼由上海华盖建筑事务所赵深、陈植建筑师设计,上海申泰兴记营造厂承建。为五层钢筋混凝土结构(后又加建一层),占地面积 2 100 余平方米,建筑面积 1 万余平方米。落成后底层与二楼浙兴自用,以上各层出租给中国水泥公司、启新洋灰公司、立信会计事务所等作办公使用。(《老上海名人名事名物大观》,第 485 页)

1946 年 11 月先生撰《本行历史补遗》一文,就总行北京路原址变迁问题云:"总行基地分为东半区、西半区两部分。西半区原为英医住宅,占地二亩弱,宣统元年购进,建筑行屋。至民国三年由南京路乔迁。不及是年,已嫌逼窄。东半区二亩为英工部局所有,拟作电气样子间之用,屡向商让不允,乃另购江西路三马路地二亩,以备缓急(即现在聚兴诚行址)。至民国二十年以后,居然以钜价购得东半区,遂草拟全图,先在东半区建筑新屋(即现在营业部)。落成后,由西迁东。然后撤去西半区旧屋,彻底改造,并而为一(即现在信托部)。三十餘年之历史,即总行行屋一端,已煞费经营,且相当复杂,同人不可不知也。"(《兴业邮乘》,复第 4 期,上档 Q268 - 1 - 221)

约是年　撰《廿一史弹词注》跋①。云:

汉阳张氏稿本,残存《南北朝》一卷,《隋唐》一卷,《后五代》一卷。

此书为朱竹垞藏本,著于康熙中叶。

杨升庵《廿一史弹词》,汉阳张三异命其子仲璜作注,刊于康熙四十九年。仲璜《自序》谓"繙阅群书,根究事迹,历寒暑而注几成,嗣是归里暇日,犹数易稿"云云。此本当系未定之初稿,与刻本不同。刻本详注方舆新旧沿革,而此本无之。所采史传事迹,详略各殊。升庵原文,亦间有更改之处。(升庵原文,或系刻本更改,未见升庵原本,不敢臆定。)卷中旁注眉批,或系仲璜真迹,故虽残本,亦收存之。(《书跋》,第 67 页)

是年　浙江兴业银行成立中国投资公司,以美国商人为董事长,作为美国公司在美国注册,从事外币证券买卖业务。至抗战爆发,浙兴已拥有中国政府发行的外币公债数百万元。(参见陈正卿《叶景葵、徐新六与浙江兴业银行》,《近代中国工商人物志》,第 2 册,第 137 页)

---

① 原跋未署日期。查《卷盦藏书记》稿本"史部",有该书记载,且文字相同。《藏书记》考订约定稿于 1937 年 1 月,故此跋约撰于 1936 年。——编著者

1937年(民国二十六年　丁丑)　64岁

2月　中共中央致国民党电,提出停止一切内战,集中力量,一致对外。

6月　上海出现"纱交风潮"。

7月　卢沟桥事变爆发,全面抗战开始。

8月　日军进攻上海,淞沪抗战爆发。中国工农红军改编为国民革命军第八路军。

10月　26日,日军占领大场、庙行,切断沪宁铁路。

11月　上海沦陷,租界沦为"孤岛"。

12月　国民政府迁都重庆。南京陷落。日寇实行大屠杀,30万同胞罹难。

1月11日　浙兴驻马店寄庄开办,隶属汉口分行。1937年12月5日结束。(浙兴机构成立记录卡,上档Q168-1-24)

1月12日　浙兴派驻苏嘉铁路借款银团稽核员严鸥客致交通银行函。云:"查苏嘉铁路现款收支,截止廿五年十月廿一日止,计壹万柒千叁百零肆元壹角陆分,前经报告在案。兹查十月廿二日起至十二月卅一日止,共计现款收入叁万零柒百陆拾伍元捌角伍分。现款支出叁万玖千壹百伍拾肆元壹角捌分。计结存玖千贰百拾伍元捌角叁分。核与浙江兴业银行往来账,结存玖千贰百柒拾肆元贰角,相差伍拾捌元叁角柒分。查系十一月底止利息,路局尚未收入。查核无误,谨此报告。"(副本,上档Q55-2-481)

1月18日　致顾廷龙函,再商购宿迁王氏藏书等事。云:"起潜先生鉴:奉示知已遄返吴门,并邮包寄到。王氏遗书一部均已照收。王氏书谨严周至,为乾嘉学人特色。虽已付刊,然传本绝鲜,至今二百馀年未有表章之者,百元之价,实不为昂。前途坚持酌加,请兄作主,加以十元或五元均可,候示寄款可也。吾兄在苏约有几日勾留,惜弟近颇冗于俗事,不克至苏一晤。欣夫亦回苏,想已晤面。即颂日祉。弟景葵顿首,廿六、一、十八。"(《尺牍》)

1月下旬　顾廷龙回苏州奔叔父之丧,曾来沪访先生。(1937年2月5日先生致顾廷龙函,《尺牍》)

1月30日　撰《钓矶诗集》跋。云:

　　数年前于传书堂残馀群籍中，搜得吾乡罗镜泉以智辑校本《钓矶诗集》，知其未经刊布，而未敢决定是否手稿。丙子残冬，顾君起潜示余海粟楼王氏所藏文稿四册，未署姓名，版心有"恬养斋偶钞"五字，共文八十九篇，首经解，次考，次说，次论，次辩，次序，次寿序，次记，次跋，次书后，次书事，次题词，次赞，次铭，次传，而以《淡巴菰寓言》十九殿焉。王君欣夫跋其后云："恬养为罗镜泉斋名，读其中《赵清献公年谱自序》《跋大元海运记》，而益信为镜泉文稿。镜泉著述甚富，多未刊行，仅钱唐丁丙刊其《新门散记》，海昌羊复礼刊其《七十二候表》二种而已。以余所见者，有《文庙从祀贤儒表》二卷，《赵清献公年谱》一卷，《诗苑雅谈》五卷，《宋诗纪事补遗》一卷。知而未见，有《浙学宗传敬哀录》《述斋笔记》《恬养斋诗集》"等语。余展读一过，有《跋钓矶诗集》一篇，与余藏本一字无异，不禁狂喜。证明文稿的系镜泉手定，因行间校改名字，并有手抄数篇，与《钓矶诗集》书法如出一手，兼可证明此校辑本，系镜泉手抄，弥足珍重。年前杭州某坊书目有《恬养斋诗钞》，访之已归他人，闻起潜言，为欣夫所得，已移书乞借，倘能合诗文两稿为之刊行，亦同里后学应尽之责也。丙子腊八后十日，叶景葵记。"（《书跋》，第 132 页）

　　《钓矶诗集》四卷，（宋）同安丘葵（吉甫）撰，（清）钱塘罗以智（镜泉）辑，手稿本，一册。（《叶目》）

　　1 月　苏州江苏省立图书馆筹备吴中文献展览会，定 2 月 20 日起展览七天，聘请先生为展品审查委员之一。（1937 年 1 月 13 日《申报》）

　　1 月　撰《琴张子萤芝集》跋。云："作者反对科举甚力，读卷三《张罗篇》，卷五《文言》，可见一斑。诗文胎息六朝，不落明季纤佻窠臼，宜石斋翁许为庾、鲍之流也。景葵。丙子腊月。"（《书跋》，第 137 页）

　　《琴张子萤芝集》五卷，（明）金坛张明弼（公克）撰，明天启四年刊本，四册。（《叶目》）

　　1 月　写定《卷盦藏书记》①四卷四册，著录经部二十种、史部十九种、子部三十五种、集部五十五种，共计一百二十九种。内容包括书名、卷数、作者、版本、序跋、校记、藏印等，部分图籍附有考证或先生本人题跋等。（原书，上海图书馆藏）

　　2 月 3 日　致刘承幹函，商借《姑山遗集》。云："闻嘉业堂书库藏有《姑山遗

---

①　原稿本皆系先生手笔，无序跋，亦未标明写作年份。从同一篇前后字迹略异来看，似非同时所录，即时有补充或改写。先生这部未刊稿本，未署日期。内提到年份处很少。"集部"《丁卯集》条云："壬申正月（1932 年 2 月）借张藏本正讹……"说明 1932 年已在撰写中。"集部"《钓矶诗集》条云："丙子残冬顾子起潜示余海粟楼藏文稿四册——""丙子残冬"，即 1937 年 1 月。仅此而已，别无记载。故而将此书稿定稿暂系于此。全文较长，作为本谱附录刊出，以供研究者阅览。——编著者

集》(沈眉生著),请乞假一读(请函致南浔寄张笃生兄转交)。因弟购得一部,向葛荫梧兄借本补抄阙叶,不料所阙大致相同,故欲得尊藏一细校也。十号明庶开会,请世兄来沪列席为盼。"(《求恕斋友朋手札》稿本)

2月5日 致顾廷龙函。云:"起潜先生:奉示知已抵平,东来阁款已遵示迳汇。此次台从来沪,未克樽酒言欢,曷聆雅教,至以为歉。欣夫书来,已将《镜泉诗集》(非全稿)慨赠,俟文集得谐,当谋流布。即颂日祉。弟葵顿首。"(《尺牍》)

2月6日 签署浙兴总办通函,拟对本行《每周通讯》"略加改革,稍事扩充"。要求各分支行,"报告时期系自上星期四至本星期三,每星期四汇编寄来";"商品批发价格之报告,应选择当地之标准商品。一经选定以后即请勿再变更。如汉口桐油,以洪江为标准","地方证券请择当地有行市者报告"。(打字件,上档 Q268-1-128)

2月10日 主持明庶农业公司清理会。(见 1937 年 2 月 3 日致刘承幹函)

2月20日 上午,主持浙兴重员会议。出席者有常务董事蒋抑卮、徐寄庼、张笃生,总经理徐新六,经理竹淼生,总稽核沈棉庭,总秘书金任钧,经理孙人镜,信托部经理陈永青,副经理罗郁铭、陈恭蕃、张愚诚、史稻村,襄理王莘耕、向锡璜,无锡支行经理华如洁,西区支行经理王古尊,霞飞支行经理徐奠成,虹口支行经理俞道就,北区支行经理林曼卿,杭州分行经理马久甫,汉口分行经理王稻坪,天津支行经理朱振之,青岛支行经理陈伯琴,郑州支行经理翁希古,北平支行经理朱跃如,南京分行经理竹尧生。讨论事项有:

一、二十六年度营业方针案(总行提案)。

去年物产丰收,有欣欣向荣之势,本行似宜及时发展,以免落后。其应付注意研究各点约有下列五端:

甲、分设机关 本行分支行处,尚不算多。存款固有吸收之必要,放款亦须多辟途径。惟同业竞争日烈,凡中、交、农三行所在地,生意较为难做。其三行尚未分设机关之地,确有存款或放款可做者,本行似宜特别注意调查,相机分设,则事半功倍,可占优胜也。

乙、兼做钱庄业务 近年来钱庄纷纷倒闭,实力日衰,正商业银行勃兴机会,苟能取而代之,前途希望甚大。本行五六年来,对于信用放款力图收缩,实以市面不振,不得不然。现在市面既有起色,危险成分减少,似宜酌量选择商家户头,以抵押为主,以信用为辅,藉资推广。

丙、吸收法币行馀款 查法币施行后,本行发行权业经取销,而中、中、交、农头寸宽裕,消纳无方。本行似宜竭力联络,利用各该行领券或存款,设法营运,以补取销发行之损失。

丁、为顾客服务　查信托事业本为顾客服务,同业中在内地举办者,尚不多见。本分行所在地似宜积极进行,俾可联带发生存款、汇兑、放款等业务。

戊、股票买卖及受押　历年来国货工厂,以及矿产股票,因市面不景气,买卖甚稀,价格平疲。以后否极泰来,自在意中。欧美市场股票交易占据重要地位,本国尚在萌芽时代。我行似宜及早留意,或代客买卖,或受押,或投资,均应妥定范围,以立基础。

议决:甲项通过照办。津行前设济南分理处,时间虽暂,而当地感情颇好。该埠物产丰盛,出口极旺,利息亦高,应由津行计划规复。郑支行及所属划归总行管辖,以期陇海一路与上海充分联络。平湖钱庄向有多家,近来减少,该地存款颇多,似可添设分理处,应由总行调查进行。其他存放款码头,如广州、宁波、绍兴、南昌、长沙、重庆等埠,应即由总行及关系行分别调查后,由总行审核情形,择其可行者,次第增设,藉亦推广营业。至湖墅米市近有变迁,该分理处营业清淡,应否仍予保留,先由杭行将营业状况,列表送核后,再行酌量办理。乙项通过照办。钱庄之长处重在跑外,信息灵通,手续简易。我行应师其意,化板滞为灵活,总分行须积极训练跑外人才,调查各地各帮习惯、信用,充分进行,力占先著,使信用与抵押分途并进于规定手续之中,有神而明之之妙。丙项通过照办。应尽量吸收除中、中、交、农民外,邮政储金局及各地省银行,均须联络。丁项通过照办。各分支行未曾筹办信托业务者,应酌量情形,次第推行。戊项各种有价值之实业股票,应详细调查内容,分别受押;顾客委托买卖者,亦须将调查所得资料,充分贡献,以尽服务之责。即同业股票,如向有交情之顾客要求受押,亦可酌量承做,额度以极少为宜,过户手续须办妥;各种实业股票,如作为投资购进,或希望涨价再卖,却须极端慎重。

二、议紧缩开支案。

查廿五年份全体开支,为壹百拾万零捌千馀元。比较预算超出九千馀元。比较廿四年份实支节省六万馀元。廿六年份预算为壹百拾万零九千五百馀元。内薪水一项,计四十二万一千一百余元,占全数百分之三十八,可见节省之道,重在减少人手。欲求减少人手,须将每人所办事务排紧,勿使空闲;次须甄别员生,用其所长,务期人皆得力,薪不虚糜。拟请各行照此方针切实办理,既可紧缩开支,又增工作效率,实所深盼。

议决:照办。上年开支能减省六万元,可谓异常成绩,以后仍须本此方针办理。惟积极的应从改进业务、训练员生入手,使收入加多,效率增进,成本减轻,辅以消极的淘汰冗滥,节省用品,方为完善。本年各行加薪案,亦以注重成绩为要,择尤者

酌量加薪,于鼓励之中仍寓撙节之道。(《浙兴重员会议决议记录》①,上档 Q268 - 1 - 23)

2月21日　下午,主持浙兴第30届股东常会。主席报告:①财产目录及贷借对照表;②营业报告书;③损益计算书;④公积金及股息红利分派之议案。监察人陈理卿向股东会报告民国二十五年份总分支行及其所属分理处、仓库各项账目查核情况。主席云:"上年上下两届决算报告及纯益分配表,各股东已经详核,如有意见,请次第发表。"良久无讨论,遂通过。有股东问联合传闻问题。先生解释云:"报章所传本行将与浙江实业银行及上海银行联合之说,并非事实。此次如新货币政策施行后,社会认中、中、交行三政府行,其实中央总须统一发行。行中中国得专任国际汇兑,交通得专办实业放款,并非一联。金城、中南、大陆、盐业有四行储蓄会及四行准备库之联系,但内容如有专长,并非事事合作。至于四明、通商、中国实业因同时受市面之影响,同时由财政部扶助,同时加强官股,社会称为'小三行'。其实并非一联。本行与浙江实业银行历史相同,与上海银行性质相近,平时较为密切,故社会有此种推测。其实本行对于同业向来合作,视事实上之需要而实现。即如中兴煤矿公司之复兴,实为本行与交通、金城之合作所造成。其例不胜枚举。余上举各行外,如国华、国货、新华、聚兴诚等行,本行亦无不加以联络。固不独与浙实及上海二行密切也。"会议选举陈理卿、严鸥客、蒋彦武为新一届监察人。(浙兴股东会议记录。上档 Q268 - 1 - 23)

先生《民国二十五年份本行营业报告书》全文如下:

民国二十五年,即世界呼为"凶年"之一九三六年。此一年来之国际经济,承袭二十四年之趋势继续好转,颇有恢复繁荣之朕兆。据国际联盟会经济委员会于去年十月间发表之报告书,载有"原料堆栈中之存货,逐渐减少;国际贸易数量,逐渐增加;失业工人,较一年前已减少数百万,此皆为世界经济复兴之良好现象"。盖世界之一般生产指数,自去年一月以降,即在继续增加之中,据国际联盟会之调查,重要各国之生产指数,均有趋涨之倾向,大致俱较上年度增加百分之八至百分之十。批发物价指数,亦具有同样之趋势,所增虽不若生产指数之巨,惟其趋势稳健,则为确切不移之事实。同时重要各国之失业人数,均见减低。上述三大要素之改善,均足以证明国际经济,已显呈繁荣之端倪,而入于小康之状态。其他若各国之股票市场,亦均欣欣向荣,价格高涨,在重要各国中,以美国为最,较之一九三四年,殆涨至百分之三十至四十。而各

---

① 本记录末尾有先生毛笔签名。——编著者

国金利之减低,亦为普遍之事实。惟有法国因法郎贬值,日本因发行赤字公债,偶然发生不同之现象,则为例外。

此外,民国二十五年份之国际经济,值得大书特书者,厥为金集团之崩溃,及英法美三国货币协定之成立。按金集团之成立,系在世界经济会议决裂之后。维时法国主稳定币值,通货休战,而美国持反对之议,且贬低美元,以示决心,会议遂无结果。法国即于会后,拉拢意、比、瑞、荷等国,组织金集团。顾自兹以降,世界经济之萧条,日见尖锐,而国际货币战争之进展,亦愈见猛烈。法郎在镑、元重重压迫之下,屡濒于危,卒以法政府之努力奋斗,均能勉渡难关。然国际汇兑之狂涨暴落,已属司空见惯。金集团国家之经济情形,困难万分。比国复退出集团,宣告贬值。于是以法国为盟主之金集团,乃无日不在风雨飘摇中。而法郎之贬值,亦遂为不可避免之结果。五月初法国选举,社会党获胜利后,人心动摇,资金逃避,法兰西银行之黄金流出数,在五月之第一周中,达三十万万法郎之钜。法国为金本位国家,其黄金存额之丰啬,与法郎地位之安危,有极深之关系。黄金源源流出之结果,颇予法郎以威胁。其唯一防御之方法,厥惟提高法兰西银行之贴现率,然效果颇微。国家银行之存金,日见减低,形势日蹙,法财部遂不得不于九月二十五日公布关于法郎贬值之决议案。于是艰难维持之法国金本位,遂告崩溃,而金本位集团,亦即成为历史上之陈迹。同时法国与英美两大货币集团,缔结货币协定,准许三国间之黄金得自由运出,共同维持国际汇兑。故自法国贬低币值后,国际汇兑市场,未发生严重之紊乱,要不得不归功于货币协定。因此国际通货战争,暂时得以休息。

至于二十五年份之国内经济,较之二十四年份确见好转,尤以农业为最。全年气候适宜,风雨调顺,各地农产品,均告丰收。如湖北省连年灾患,农收极歉,惟本届米、麦、棉花,均收至九成,每亩耕地平均约有十元左右出产,除偿付田赋外,尚有三四元之余利,实为近数年罕有之现象。皖南皖北所产之菜籽、小麦及各种杂粮,均告丰收,其增加数量,比较上年平均约占百分之三十,收入约占百分之七十。陕省农产品,亦告丰收,长安等三十余县皮棉产量,较上年增加三十余万担;江浙春茧之成绩,亦极见优良,两省所产之改良茧总额,约达一百万担。大宗农产品之产量,均远胜往年。据中央农业实验所之估计,民国二十五年份夏季作物之增加,以棉花为最多,较去年计增加百分之四十七.四。其次为大豆,计增加百分之二十五.九。又次为花生,计增加百分之二十二.一。又次为芝麻,计增加百分之十七.三。又次为高粱,计增加百分之十.七。其他若籼米、糯米,亦均有增加。至冬季作物,据同处之估计,小麦计增三五五〇三千担,大麦增加四六七二千担。就上述之统计观之,农作物之大宗,若米、麦、杂粮、棉花等之产量,均告丰稔。按诸经济原则,价格不致高涨。然揆诸实际,米、麦、杂粮与棉花等之价格,自入秋以来,日见坚俏。棉花由于国外产量之歉收,杂粮则因有外商之吸收,以致发生畸形之发展。小麦则不敷国内厂家所需,仍须购用洋麦,以供制粉之用。向来采用洋米最多之广东,虽因政府及社会之提倡,励行推销湖南米,但米价反昂,仍须输入洋米,可见我国所产食粮之量质两方面,仍须大加改进。惟本年比较往年,其丰收程度确为近数年来所罕见,农村金融颇见昭苏;物价上涨,一反谷贱伤农之现象;农民之购买力,颇有增加,证诸各地必需品物价指数之上涨而益信。

以言一二年来之工业,则因农村经济之复苏,农民购买力之恢复,国内各种新兴工业,俱能转危为安,重趋光明,尤以纺织工业为最。犹忆在新货币政策施行以前,我国纺织工业之悲惨现象,为历年所仅见。自上年入秋以来,各地棉产丰收,农民对纺织品之需要,颇感迫切,棉货市价暴涨,各厂昼夜加工赶纺,犹虞不敷。纱厂之由闭歇而复业者,除华北有特殊情形之外,上海有恒丰、申新二五两厂、振华等数家;汉口有震寰、第一纱厂;其他各埠尚有准备复业者。已复工之工厂,共有纱锭三十一万九千余枚,且棉纱畅销。去年九月份客帮现纱之去路,竟达四万八千余包,为近年来之新纪录。而价格亦狂涨,以四十二支之三人钟牌而言,每包竟自二百余元涨至四百余元。其次为织布工业,其活跃情形亦不亚于纺织业。大小布厂均有盈余,疋头价因求过于供,激涨不已,至九、十月间而登峰造极。其次为火柴工业。我国之火柴工业,近数年来因外货倾销,同业轧铄,已陷于全部破产之状态。迨至去年上半期后,因一般经济之好转,销路渐畅,各厂亦得稍稍恢复。据去年五月份之调查,大中华之荧昌火柴厂,全月产量为二千四百余箱,而消费量亦达二千一百余箱。产销两方面之接近,亦即火柴业活跃之明证。其他若化学、造纸、制糖、树胶等工业,亦莫不渐次恢复原状。

至于民国二十五年之对外贸易,输出输入均有显著之变更。自前年十一月四日实行新货币政策后,二十四年之十二月,出超五百万元;二十五年之一月,继续出超九百万元,论者归功于新货币政策之成功。顾二月份起,即转为入超。就去年一月至十月间之对外贸易观之,如根据海关金单位计算,则二十五年份之出口总值,为二万五千一百四十四万海关金单位;进口总值,为三万四千零十二万海关金单位。计入超八千八百余万金单位,较上年之入超总额,约减少百分之五十三。○一,情形确见好转。惟就近两年来之进口数量观之,颇有值得注意者。即进口数量较二十四年份减少,计达一万万余金单位之巨,而出口则仅增加一千余万金单位。出口增加而入口减少,固为对外贸易之好现象。惟据各方面之统计,过去十个月中,走私货物至少亦有一万万金单位之多。是则对外贸易之好转,徒为书面上之虚数。至就去年之输出入商品而言,则输出以军需工业原料为最多,如皮革、油蜡、棉屑、溶铁煤、麻类、钨矿、桐油等。其他如大豆、豆糟、麦粉、小麦等,亦因美国之歉收及日本之收买,出口盛极一时。至输入商品,则亦有一大转变。如消费品、毛织品及糖类,均见减退,而交通用品如汽车、电料、轨道等,重工业品如钢铁及化学用品等之输入,均见增加。此种商品类别之改善,较诸空虚数字上之改善,实不可同日而语,而可引为乐观者也。

再论一年来之金融,则民国二十五年份之经过,至为平静。即当西安事变时,各地金融市场,亦未发生骚扰。拆息常盘旋于八九分之间。公债市场则因本年年初发行统一公债十四万六千万元,换偿以前发行之公债库券,及复兴公债三万四千万元后,市场债券名称归于统一。复经政府之统制调剂,公债市价颇见平稳,投机之风大减。标金市场原为投机之中心,自新货币政策实行以来,经严密管理,标金市价亦不再如昔日之兔起鹊落。金业交易所之营业,近来日见萧条,标金成交条数,以十一月份一月而言,仅达二万八千余条,以与二十三年十月份之四百余万条相较,直有霄壤之别。惟杂粮花纱市场,则以销路转畅及特种关系之故,在下半年中波动甚巨。

至对外汇兑,则过去一年中,因三行之无限制买卖外汇,尚见稳定。最初法币钉住英镑,以最近五年来之中英平均汇率为标准,对英为一先令二便士半,对美为二十九元七角半。其后美变更购银政策,伦敦银价急遽降低,至每盎斯仅值十九便士左右。当时我国如在伦敦市场抛售大量现银,则银价势必再降,而我国汇兑基金必更加软弱。财部乃于五月间派陈光甫先生赴美,与美财长磋商订立《中美白银协定》,由美国按每月之平均银价,向我国购银,而我国则仍维持白银之用途。故财部于五月十七日宣言中,曾谓法币现金准备,仍以金银及外汇充之,而白银准备至少应占发行总额百分之二十五。同时准备开铸一元及半元硬币,以增加白银之用途。惟至九月,法币之对外汇兑又发生技术上之变迁。因英美套汇发生变化,呈镑坚元疲之势,我国法币汇兑价势(必)非将美汇压低,英汇抬高不可。顾以格于《中美白银协定》,未便更动美汇,而对英则因一向钉住镑价之关系,亦未便更张。故对英对美之汇兑平价仍予维持,惟买卖限价加以扩大。英汇买价与卖价,向来相差四分之一,今改为相差二分之一。美汇买价与卖价向来相差半元,今改为相差一元。于是投机者无利可图,趋势逐渐稳定。自法郎贬值以后,英美法三国订立货币协定,英美汇兑毫无激烈之变动,而我国买卖限价遂无需变更,趋势更见稳定矣。

　　自去年新货币政策实行以后,法币之发行额逐渐增加。一月份为七八二三六六千元,至十二月十二日已递增为一一三八二九二千元,计百分中膨胀四十六分。惟此种尚为有限制之膨胀,对于国民经济无急遽之变动。去年十一月财政部宣言中所标定之政策,最要者为成立中央准备银行及财政部平衡预算务使收支相抵两项政策,至今尚未实行。中间经过华北之骚扰,绥省之战事,两广政治之纠纷,最后为西安事变,震惊全国。而对外汇兑始终保持平定,国内金融亦毫无变动,此固由于国富根基之雄厚,及近年来人民程度之增高,其中亦有天幸存焉。最近闻财政部对于中央准备银行计画,确已屡次讨论,起有草案,其中尚有细则数点未能议定,想不久即可解决。对于全国经济建设之方案,及维持财政收支平衡之政策,亦在精密研究中。吾人终盼其早日实现,则全国金融之走入坦途,可操左券。

　　至于本行一年来之进行方针,一本财政部规定之范围,专就商业银行本身应做之业务努力前进,一面整顿人事,增加效力,务使各部工作皆合理化。又视察各地金融之需要,前途发展之程度,将各属机关分别增设或裁并。本年度内新设者计常熟分理处一处,于七月间开幕;恢复营业者,计信阳及驻马店二寄庄;至西安、渭南、陕州,则均已先后裁撤,此次事变,幸无关系。又隶属南京分行之中山路分理处,因无事实上之需要,亦已于四月间并归城北分理处,以节开支。

　　再就一年来之业务而首,存款方面大致定存减少,活存增多。营业部之定存,较上年减二三三四五七四元,活存增一六一〇五五四元;储蓄部定存减一三八三四一元,活存增一七二六九四四元;信托部定存减九四六四二二元,活存增一〇三九二〇八元。增减相抵,全行共增存款九十五万元。

　　就一年来之放款业务而言,则各项科目较民国廿四年份互有增减。营业、储蓄、信托三部抵押放款总额,计增加三九八八七〇二元,押透增六一〇二〇六元,押汇减一八五七九三元,贴现增一〇六八二八元,往透增一一九一三九元,定放减四九一三一元。就大体而言,一年来本行之放款业务,显见扩展,而以定期抵押放款数额之增加为最钜。且所放各户,大都进出活动,到期履行契约,绝少不顾信用或发生纠纷之户。此亦市面各业活动之表征。

　　以前所放旧账,经竭力整理之结果,呆滞者渐渐活动,解决之举不少。最大者如上海恒丰纱厂与汉口第一纱厂之复工是。查本行自成立以来,颇愿振兴实业,故对于新兴工业酌量投资,恒丰与汉口第一两厂,同为本行押户,顾以国内经济情形之日趋恶化,农民购买力之每况愈下,出品销路日蹙,营业衰落,遂致在民国廿四年先后停工。惟自本年以来,各地农产丰收,全国经济情形略呈好转,而各方对纱布需要亦渐感迫切。本行鉴于停工之非计,故在可能范围之内,分别谋复工之方法。上海恒丰纱厂,经与中国棉业贸易公司商妥,全部厂屋机器均租与该公司营业,以三年为期,如有盈余,由本行与该公司各半分派,亏损则与本行无涉,已于九月间开工。汉口第一纱厂,自民国廿四年份停工以来未能复工,至本年十一月间,亦经本行与复兴公司商妥,由复兴公司出资一百万元承办,订期六年,营业有盈余,则债权人得六成,复兴公司得四成;如属亏损,则悉由复兴公司担任。故两厂均在无损于本行债权之原则下,恢复营业,而数千工人亦得以维持生活。此外,如本行独家往来之三友实业社及灵宝打包厂,本届营业均极佳,放款方面已渐渐消灭危险性质。其余如停闭以后无法恢复之天津宝成纱厂,与中国、上海两行合作,将抵押品售出,债权大部分收回。郑州豫丰纱厂之债权,亦由中国银行承认,商有解决办法。上海天章纸厂亦经董事会议决,限期催赎,不久亦可解决。此皆过去一年之成绩。

　　至本行开支素主搏节,决不浪费物力。上年因机关减少,物价低廉,全行总开支,较之民国廿四年份,计减少六万元左右。此皆总经理与总分支行各同事努力合作之效果。合并报告。　　　　　　　　(《兴业邮乘》,第 57 期)

2 月 24 日　与陈理卿同赴苏州,参观吴中文献展览会,并顺道至浙兴苏州分理处视察。当晚返沪。(同上引刊"同人消息")

　　在苏其间,敏斋①招宴。同座"并有陈叔通、王福厂,又邀孝先、子清作陪"。潘景郑亦在座。(潘景郑《盋山日记》,稿本)

　　2 月　钞补《姑山遗稿》缺叶并撰校记。云:"丁丑正月,借平湖葛氏藏本抄捕阙页(卷三第四页,徐《传》第六页)。葛本校定姓氏后,又有姓氏一页,板心著姓氏二字。有与校定姓名重出者,未知是助赀人否?"(校文略)同年 3 月,"又假嘉业堂藏本,补写目录第十六页"。(《书跋》,第 134—135 页)

　　《姑山遗稿》三十卷,(明)宣城沈寿民(眉山)撰,清康熙中门人梅枝凤有本堂刊本,十二册,叶景葵校补阙叶。(《叶目》)

　　2 月　阅《新书》,题观款。云:"丁丑正月,叶景葵观。"(《历史文献》,第 7 辑,第 52 页)

　　《新书》十卷,(汉)贾谊撰,清乾隆卢氏抱经堂刻本,张元济、傅增湘、赵万里、顾颉刚跋,叶恭绰、赵尊岳、吴湖帆、商承祚、容庚、徐中舒、叶景葵、张乃熊、陈清华、王是、徐乃昌、姚光、瞿熙邦观款。(上海图书馆藏)

――――――――――

① 敏斋,潘每斋,浙兴苏州分理处主任。――编著者

3月20日　浙兴总办核准南京分行添设建康路分理处,派京行营业股办事员余方耀为该办事处主任。(浙兴总经理室通告,上档 Q268-1-147)

3月　再撰曹本《集韵》跋。云:"王欣夫云:'仁寿姓唐,甘泉乡人弟子,与张文虎同校书于金陵局,与莫郘亭同时。吴崧甫名钟骏,马校是马钊所校。'丙子仲夏书。甘泉师即甘泉乡人,故又作钱校。丁丑春又记。"(《书跋》,第 19 页)

4月15日、16日　撰《铁琴铜剑楼藏书目录》跋。云:

乙亥季冬,见抄本《恬裕斋书目》,经劳季言校正,又有周星诒、傅节子评注,即以朱笔度劳校于此本之眉。周、傅所注,第言收藏版本,以忽忽不克过录。劳校则一字不遗,其最精要各条,皆管申季、王芾卿、叶缘督诸君所未曾见到者。丹铅主人读书之精到,非后来所及也。景葵记。

以抄本现归王君绶珊,丁丑暮春,又从王欣夫假得一本,系常熟丁秉衡国钧过录丁氏善本书室蓝格抄本,欣夫又从丁本传录者,与此本互有详略。今以墨笔录于书眉,下著"丁本"二字以别之。丁君有所见,亦缀于劳校之后,今亦录及,冠以"丁秉衡曰"四字,以防羼杂。丁君跋云:"劳氏手校本存江南图书馆阅览室,未经提入善本书中。"又云:"书眉校语极精要,审知季言先生手笔,因悉逐录之。惜瞿氏刻此目时,未见季言校语,不及改正耳。"又云:"季言卒于粤逆乱时(同治乙卯),其得抄本《瞿目》,大约在咸丰之初,今以照刊本,则字句皆同,误处仍误。"《瞿目》刊于光绪三年,曾延叶鞠裳诸君重加审订,然后付梓,乃竟未易一字,真不可解也。

葵按授珊所得抄本,与刻本不同处甚多,皆管、王、叶诸君所改正。今丁跋云"以照刊本字句皆同",似丁氏抄本,其内容与绶珊得本不同,故劳氏重收之。要之两本校语,互有详略,合之双美,不可偏废也。丁丑三月初五记,明日有故都之游。

周星诒本,季言纠正处,刻本半已改易。丁氏本据秉衡跋云"字句皆同,误处仍误",似丁氏本与刻本为近,是周本在前,丁本在后之证。

新辑《劳氏碎金》,搜罗甚博,但如《铁崖赋藁》则散藏一本,与所载不同,足以补遗自诩。乃未几,即有重蓄本发现。学问之道,正无穷尽,不得以咫尺之见闻,忘(妄)自尊大也。初六又记,已束装待发。(《书跋》,第 59—60 页)

《铁琴铜剑楼藏书目录》二十四卷,(清)瞿镛(子雍)撰,清光绪二十四年孙男启甲修补,刊本,十册,叶景葵临劳格、丁国钧校。(《叶目》)

4月16日　偕夫人朱昶离沪赴北平。(《四当斋集》跋,《书跋》,第 162 页)约 5月上旬返沪。

△　在平期间,曾多次走访病中之同年章钰。后回忆云:"丁丑春,又入京,则公

已病在床蓐。到门问疾不下七八次，仅得在床前絮语移时。再晤则已言语模糊，阅数日即骑鲸西逝。"（《四当斋集》跋，《书跋》，第 162—163 页）

4 月　至本月，先生拥有浙江兴业银行股票数 935 股，每股 100 元，计 93 500 元。户名"叶揆初""揆记""卷盦"。（《浙江兴业银行股东名册》，上档 Q268 - 1 - 627）

5 月 10 日　上海文献展览会发起人会议上，先生被推为理事之一。《叶誉虎等筹开沪文献展览会十日下午开筹委会》云："本市为东南重镇，畿辅屏藩，名贤大儒，自昔称盛。近由上海市博物馆董事长叶誉虎、馆长胡肇椿，联合地方耆宿、各地藏家，如钮惕生、王一亭、刘三、柳亚子、陈陶遗、黄任之、秦砚畦等数十人举办上海文献展览会，拟于本年七月初旬举行，出品分典籍、图像、金石、书画、史料及名人遗物六大类，每类再分子目若干，出品范围，以上海为中心，兼及毗连各县，如松江、青浦、宝山、南汇、川沙等地。已定本月十日下午四时，假座八仙桥青年会九楼召开首次筹备会，商议进行步骤，推定各项职员等，以便即日开始征集。"（1937 年 5 月 8 日《申报》）

《上海文献展览会昨召开发起人会议》云：

　　本市市博物馆、市通志馆联合地方各界收藏家，发起组织之上海文献展览会，于昨日下午四时，假座八仙桥青年会，召开发起人会议。到沈恩孚、黄任之、朱少屏、潘公展、周越然、柳亚子、张寿镛等五十馀人。由叶恭绰主席，报告开会宗旨后，经通过章程、推定职员，并订定征品办法、参观须知，定七月二日开幕。兹分志如次。

　　△　通过章程：上海文献展览会章程：第一章总则。第一条：本会定名为上海文献展览会。第二条：本会由上海市博物馆、上海市通志馆联合地方各界各地收藏家，共同发起组织。第三条：本会征集有关上海市县各地之文献物品，公开展览，以引起社会上对于上海文献之认识与研究为宗旨。第四条：本会为便利应征人接洽应征起见，在征集期内，得暂设办事处于各地。第二章征集。第五条：征集范围与应征手续，其办法另定之。第三章展览。第六条：展览地点在上海市博物馆。第七条：展览日期自二十六年七月二日起至同月十一日止，必要时得延长若干日。第四章经费。第八条：本会经费除酌收参观券资外，由上海市博物馆负担。第五章职员。第九条：本会设名誉会长一人，名誉副会长三人，会长一人，副会长三人，名誉理事若干人，理事若干人，常务理事若干人，均由筹备大会公推之。第十条：本会设干事若干人，由理事会延用之，分组担任各务。第六章会期。第十一条：理事会日期无定期，于必要时，由会长召集之；常务理事会每二周一次，由会长召集之，必要时得随时开会。第七

章附则。第十二条:本章程经筹备会会议通过后施行。

　　△ 推定职员:名誉会长俞鸿钧,名誉副会长钮惕生、潘公展、柳亚子,会长叶誉虎,副会长沈信卿、陈陶遗、秦砚畦;名誉理事马相(湘)伯、蔡孑民、杜月笙、王晓籁、王一亭、黄任之、张菊生、狄平子、张寿镛、董绶经、胡朴庵、刘季平、傅沅叔、陈忠恕、屈伯刚、李雁晴、马叔平、顾颉刚、沈兼士、孙孟晋、唐蔚芝、刘海粟、冯子颛、高欣木、余越园、顾鼎梅、袁思永、邹景叔、叶品三、吴开先、关炯之、竺藕舫、陈伯衡、陈万里、朱守梅、顾荫亭、狄君武、吴南轩、何世桢、何柏丞、李楚狂、孙淑仁、高吹万、袁同礼、滕若渠、商录永、柳诒征、何叙文、雷丞彦、沈思齐、王毓芳、钱选青、卫聚贤、商承祖;理事穆藕初、姚孟埙、李拔可、贾秀英、朱少屏、李佑之、周越然、张大千、徐积馀、毛子坚、王云五、王培荪、黄伯樵、沈怡、徐桴、李廷安、蔡劲军、徐佩璜、周雍能、赵厚生、丁辅之、简又文、舒新城、黄伯惠、李祖韩、吴修、杜刚、姚石子、严谔声、潘仰尧、徐邦达、庞莱臣、蒋谷孙、赵叔雍、秦伯未、吴眉孙、潘博山、江小鹣、闵瑞之、叶露、刘东海、姚兆里、姚际虞、徐晋贤、秦翰才、章天觉、瞿良士、叶揆初、徐寒梅、王鲲徙、孙陟甫、张伯岸、王绶珊、张善孖、王秋湄、程云岑、陆高谊、高君藩、金剑花、顾冰一、黄蕴深、于允鼎、张叔通、张继斋、郎静山、张尧伦、陈训慈、蒋镜寰、王佩诤、陈子清、陈子彝、董聿茂、张天方、张伯初、容希白、贾季英、沈阶升、朱恺俦、朱遁叟、王季铨;常务理事胡肇椿、吴湖帆、徐蔚南、陈瑞志、沈勤庐、李直夫、吴静山、陆丹林、胡怀琛。各地征集主任:上海市:市博物馆、市通志馆、职业教育社;上海县:刘东海、秦伯未;松江县:雷丞彦;青浦县:金剑花;金山县:姚石子;南汇县:顾冰一;川沙县:张伯初、沈湘之;宝山县:赵厚生、金匡山;奉贤、嘉定:由常务理事会另定;苏州:省立图书馆;南京:顾荫亭、滕固;杭州:陈训慈;北平:袁同礼、容庚。

(1937 年 5 月 11 日《申报》)

6月2日　复叶恭绰函,送呈上海文献展览会应征展品善本书四种清单。云:"玉甫老兄大鉴:奉示敬悉。上海文献展览会应征物品,已将拟陈列之书籍四种,开单送至筹备处审查。兹承垂询,特再开列,请求指教。候复,即日送奉可也。敬颂日祉。　弟景葵顿首。廿六年六月二日"(《历史文献》,第 5 辑,第 232 页)

6月25日　津行经理朱振之致先生与徐新六函,就恢复济南分理处事磋商办法。云:"此次在济复设,进行方针与前不同,除在就地推行业务而外,尤注意于铁路沿线产地之发展,使津浦、胶济互有联络。"建议"此次复设以支行名义较为相宜,较易发展。内部组织照现时初设,仍当严守紧缩主义,视营业之需要逐渐扩充……"(原件,上档 Q268－1－588)

6月29日　上海银行公会举行第 12 届会员常会。徐新六代表浙兴参加。会

议报告上届办理会务情形,通过正明、中和等三家银行加入本会。(1937 年 6 月 30
日《申报》)

6 月　朱夫人由北平返沪后得病。先生"于伴医值夜之馀暇,取望三益斋合刻
周、赵校本(《韩诗外集》)","详加对勘,藉消岑寂"。夫人之病,反复不已,"当转剧
时,屡屡阁笔,迨午夜呻吟稍辍,则又持笔点校。或作或止,经两月半有馀,至先室
易簧前,第七卷尚未终校。"(《韩诗外集》跋,《书跋》,第 8 页)

6 月　购得清丁晏稿本《诗集传》附《释》一卷,并于封面题识云:"诗集传附释
一卷　丁俭卿手稿　丁丑夏揆初收得。"(原书,上海图书馆藏)

6 月　购得清丁晏稿本《书蔡传》附《释》一卷,并于封面题识云:"书蔡传附释
丁俭卿手稿　丁丑夏日购于沪上。"(原书,同上)

6 月　撰《浙江图书馆善本书目甲编》题识。云:"丁丑五月陈叔谅寄赠,拟以
冯讷《诗纪》残本,及梅南书屋本《东垣十书》零种四种寄赠,俾得补其残缺,亦功德
事也。揆初记。""浙馆经费支绌,佳本无多,较之江南图书馆诚小巫矣。"(《书跋》,
第 58 页)

《浙江图书馆善本书目甲编》四卷,民国江山毛春翔(乘云)编,民国二十五年浙
江图书馆排印本,一册。(《叶目》)

7 月 8 日　主持浙兴董事会会议,关于人事调动决议如下:①南京分行经理竹
尧生调任总行稽核处;②调汉口分行副经理朱益能升任南京分行经理;③汉口分行
副经理朱益能现经升任南京分行经理,遗缺由原升副经理王原润调补,递遗副经理
缺调总行业务处襄理王莘耕升任。(1937 年 7 月 10 日浙兴总办通告,副本,上档
Q268 - 1 - 147)

7 月 10 日　浙兴总经理室通告:"(南)京行城北分理处自七月十二日起撤销,
归并京行。"(同上引档)

7 月 12 日　为撤销南京城北分理处、添设建康路分理处事签署浙兴呈南京市
社会局文。①(副本,上档 Q268 - 1 - 626)

7 月 13 日　浙兴总经理室通告:"总行业务处襄理兼储蓄部襄理王莘耕升任
汉行副经理,所遗兼任储蓄部襄理,派总行业务处襄理金伯铭兼任。"(同上引档)

7 月 15 日　国民政府财政部公布《修正妨害国币惩治暂行条例》,计八条。
(上档 Q268 - 1 - 128)

7 月 16 日　周暹致先生函,寄赠书,并托询涵芬楼书出让事。函云:"前奉手

---

① 1937 年 7 月 27 日,先生另有为撤销浙兴南京城北分理处、添设健康路分理处事呈财政部文,内容相
　同。——编著者

书,敬悉一切。家叔师古堂及舍弟志甫所刻书,已分别寄上,闻已收到矣。自事变以来,遁伏处津沽罕与世接,刻书之兴大减,亦因纸墨昂贵,力有不足耳。兹检上《十经斋遗集》《魏先生集》《泛凫亭印撷》及亡弟居贞草书《汉晋石影》并遗墨迹各一部,乞查收。当时或已寄呈也。一月以来,天气酷热,未知上海何如?近三四日得透雨,稍凉爽矣。菊生年丈曾编《涵芬楼善本书目》,闻未刊行,不知可传钞否?便中祈为一询。近日涵芬楼书有可零星出让之说,有人拟得其戏曲全部也。"(原件,《尺素选存》)

7月18日 夫人朱昶病逝,享年63岁。翌日,在中国殡仪馆成殓。浙江兴业银行董事会董事及本行同事、先生友好闻讯前往吊祭不绝。(《兴业邮乘》,第66期"同人消息")事后陈叔通应先生之约撰《叶夫人家传》,记其生平。文曰:

> 夫人朱氏,讳鸿年,改名昶,字铭延,浙江钱唐县人。三世官山东。父钟琪,由知县擢至奉天度支使,以能吏称。母袁,贤明,闻以内秩如也。夫人自幼习知内外事,天性肫笃,母疾,情急夺智,刲左股肉和药进,疾亦竟愈。年二十,归仁和叶景葵,字揆初,为继室。揆初先馆于朱。逾年随揆初侍宦河南。揆初两弟一妹,次第婚嫁,适严氏姑婺稚茕茕,同居河南任所,夫人以冢妇左右承欢,襄事维谨,门庭翕然。光绪癸卯,揆初通籍,归知府本班,分发湖北。时襄平赵公尔巽简湖南巡抚,调赴湖南,夫人与俱。后又两至奉天。民国建元徙上海家焉。其治家如宰剧县,事至而泛应曲当,能矣。事未至而推求以副其心之所安。大者如孝友以至睦姻任恤,揆初于役在外,未遑兼顾,一一起而代之。事愈纷而治事之精神亦愈振,于是人皆乐就而与谋焉。岂唯为之谋,或引为己事,丛集于一人之身,置劳怨于不顾,是不唯其能,非能而兼有其德者,未足语此。如夫人者,不啻众人之母矣。殁之日,吊者无老幼亲遽相向失声,所以感人者深也。平生不慕虚荣,揆初中年弃官而贾,夫人实助成之。尤饶胆略,一日盗挟揆初去,夫人诇知踪迹,夜分驰往营救,得脱。自奉俭约,菲食以为常,精者必俟揆初晡归始进御。无子,为置媵室,又无出,嗣揆初弟景莘子维,从弟景荀子絅为后。维毕业北京大学,絅方二岁,鞠诲至于成童,循饬具有法度。疾革,处分家事,倾所积,以资无力求学者,定名为奖学金。又以其馀分给亲故子女,神明湛然。殁于中华民国二十六年七月十八日,年六十有三。葬上海虹桥万国公墓。余妻为夫人再从姑,揆初与余为癸卯同年,又同客上海,两家往来频数,谂知夫人性行。揆初诿为传,以附家乘,因诠次以著于篇。

> (《杂著》,第424—425页)

7月21日 签发浙兴总办致各分支行密电,通知"止做"新放款。云:"径密启者,近来时局不靖,为慎重起见,各种新放款除有特□者外,均应暂行止做。请台洽

照办为荷。"(底稿,上档 Q268-1-589)

7月24日 浙兴派驻苏嘉铁路借款银团稽核员严鸥客致交通银行函。云:
"查苏嘉铁路现款收支,截止廿六年二月廿八日止,计结存壹万伍仟贰百玖拾玖元贰角贰分,前经报告在案。兹查廿六年三月一日起至六月三十日止,现款收入连部拨款柒万元,共计拾柒万零伍百伍拾伍元肆角贰分;现款支出共计拾柒万零贰百伍拾捌元柒角柒分。结存计壹万伍千伍百玖拾伍元捌角柒分。核与浙江兴业银行往来账结存贰万叁千壹百叁拾伍元肆角陆分。计相差柒千伍百叁拾玖元伍角玖分,查系未兑现支票柒千叁百零玖元伍角陆分,又五月底止利息贰百叁拾元零零叁分,路局系收入七月份账内。查核无误,谨此报告。"(副本,上档 Q55-2-481)

8月1日 顾廷龙致先生函,谈钱穆借阅《方舆纪要》事。云:

承借《读史方舆纪要》稿,宾四以教务之忙,迟至最近方过录毕事,属致歉忱。是稿两函现还龙处,日内当觅妥便带上,以下各函尚盼陆续见假,俾窥全豹。

龙半年之中以校印拙稿未遑兼及其他,故臧批《尚书撰异》及隶古定《尚书》俱不能从事校录,久假不归,虽海涵不以相责,而私衷抱疚,若芒刺背,开学前当速将臧批录出,先行奉赵。拙稿已由北平研究院出版,闻见固陋,疎缪无当,业属该院迳奉一册,不识已登签阁否? 尚祈不吝赐教为幸。

前见吴子苾先生《待访碑目》手稿,实前此未有之创制,飞凫人手之展转求售未有顾者。风雨飘摇,终虑东流,因倩式丈商请先生收之,则是稿庆得其所。顷接式丈来示,悉已为先生买妥,可喜可贺。他日如能为之刊传,则又盛举也。夏中须赴莫干山避暑否? 日来酷热,诸惟珍卫。(《顾廷龙文集》,第741页)

8月3日 签署浙兴总办致各分支行"通密元号"函,补充紧急处置办法。函云:

查去年十月间时局紧张,敝处曾有紧急处置办法通告在案,兹再略为补充,分述如下,至希查照办理为荷。

1. 放款止做,以时局为伸缩。

2. 库存钞票略为准备,以能勉强应急为度。多存亦有危险。

3. 紧急时如不能向中、中、交三行调款,则开上海汇票支付。

4. 财产押品账簿如何安置,以及同人临时避难处所,由各行预为计划,陈报通信地点。

5. 与就地上海银行密洽,随时互通消息,互相援助,并商量临时应变事宜。

6. 各行存款无论活期定期,先抄录额表寄总行,以后逐日逐笔登记于日记账,以防簿据毁灭。

7. 存栈货物为粮食、煤斤等等,遇有征发,应注意办理手续,须有正式印收为凭。 (函稿,上档 Q268-1-589)

8月9日 于《兴业邮乘》第 66 期刊登《叶景葵启事》:"内子逝死,承同人赙赠祭奠,心感之至! 恕未一一踵谢。叶景葵启。"(原刊)

8月11日 亲笔修改并签署浙兴总办致津行"津业密五号"函,告以存款准备不宜过多。云:"接稽密二号台函,得悉尊处同业公会已议有限制提存办法,金融当可渐趋稳定。查尊处定期存款八月份到期者,数额尚不甚钜,且未必尽提,现有准备,足资应付。除两电嘱解中国(银行)共四十万元,以代解讫外,以后实际上如不需用,请暂勿再调。万一中、交停汇,可以改开汇票,似不致有何问题。值此时局,敝处支配头寸,必须顾及全体,各行准备成份,以普遍适合为度。前方固不能有所偏重,后方尤须竭力巩固,且沪地较为安全,消息亦较灵通。华北战事未了,尊处如准备过多,亦存危险也。"(函稿,上档 Q268-1-588)

8月13日 "八一三"事变爆发。上午十时,上海银钱业奉国民政府财政部通令停业两天。(《现代上海大事记》,第 674 页)

同日 签署浙兴总办致各分支行庄紧急通电,规定提存及汇划限制。云:"同业议决:一、客户往透除同业外,停止加欠,新存照支。二、定存未到期不付,抵押以一千元为限,二千以内对折作押。三、活存及到期定存付汇划如取法币存数,不足壹千,□□□□①;一千至二千五百,按月取二成;二千五百至五千,按月取五分;五千以上,按月一成。新存照原数支。工厂工资另议。四、同业轧账,头寸照向章办。五、十三(日)以前本票付划,须支票付汇划。六、票据自十三(日)起加盖'批准同业汇划'六字。七、汇款以一千元为限。"(电稿,上档 Q268-1-589)

8月15日 财政部颁布《非常时期安定金融业办法》。规定自 16 日起支取活期存款每户每周提取法币以 150 元为限;定期存款未到期者,不得通融提取;同业或客户汇款一律以法币支付第七条。上海银钱业两公会紧急磋商制定《安定金融补充办法》四条,经呈准财政部同时实行。(《现代上海大事记》,第 676 页)

8月16日 主持浙兴总行紧急会议,根据财政部通令,"筹备布置一切。其大要:(一)遵照部令应付存户,凡存户有特别需要者,务于不抵触部令之范围内尽量援助。(二)竭力收回放款,而凡各往来户之进出活泼、交谊深厚者,仍酌量通融。(三)集中各分支行庄之准备,使各地有无相通,互相救济,以防汇兑之阻碍。(四)联络各同业,互相援助,以防战事之扩大与延长。(五)虹口、北苏州路两支行于八

---

① 因铅笔修改,字迹难辨。——编著者

月十七日移至总行办事。至八月廿七日，总行各处、部均迁亚尔培路六十九号成立临时办事处，至十一月十五日始迁回原址。"（叶景葵《在一九三八年浙江兴业银行股东大会中报告》，《兴业邮乘》，第 74 期）

8 月 17 日 国民政府财政部部令核准沪市金融同业紧急处置办法四条。（打字件，上档 Q268-1-128）

同日 主持浙兴业务会议，议决按照财政部当日部令拟定补充办法十条。全文如下：

一、账册进库 临时如遇紧急情形，应由各股主任负责账册赶紧进库。

二、活期存款 按照部令第一条，活期存款按百分之五付给法币，但为体念小数存户起见，凡存数在百元以下者，每星期付法币拾元，在拾元以下者一次照付。

三、特储 特别储蓄存单，付款一次，批注一次。

四、礼券 照数付法币。

五、特零 照定期存款到期办法办理。

六、循活 除遵部令活期存款付款办法办理外，将余款另笔登记。

七、支票 出票日期在八月十六日以前者，概付汇划；自十七日起按成支取法币者，应由发票人注明现法币字样。如本行认为票面字迹不符，并须经发票人签章证明。

八、八月十三日已付过法币之存户适用本办法，须过一个月后方可遵令提取。

九、自十七日起凡收付款项，应在单折及账册分别注明"法币""划头"或"汇划"字样。

十、总行各股收付法币，由收支股集中办理；虹、北两支行各自收付。（打字件，上档 Q268-1-128）

8 月 18 日 国民政府财政部公布非常时期安定金融办法七条。（打字件，同上引档）

8 月 20 日 浙兴总经理室发布暂时迁址通告。云："本行接近战区，为谋客户安全起见，定于本月廿一日起，暂迁法租界亚尔培路六十九号办公。所有员生除由各股主任指定轮值办公者外，其他未曾指定之员生，自同日起暂勿到行。一俟本行迁回原址，再行通知到行可也。"（副本，上档 Q268-1-147）

8 月 21 日 签发浙兴总办致汉行急电，云："部定限制提存办法，系全国一律。尊处有否实行？急电复。"（电稿，上档 Q268-1-589）

8 月 31 日 主持浙兴总办核准派遣总行经济研究室主任王兼士，暂代南京分行经理。（总经理室通告，上档 Q268-1-147）

9月2日　签署浙兴总办通函,附《本行对部令第二次补充办法》。云:

一、定存活存每一单折,不能分为数单折。

二、凡以汇划款项偿还定存押款者,可照收,但须在存单折上注明:"此单折前已押款,系以汇划偿还。在部令安定金融办法未取销时如再押款,祗能用汇划。"

三、特储及定活两便存单,每次付款批注之办法取销,先将本息数转入活存后,并于折内注明"特储定活转来",方可照部令办法第一条办理。自八月十七日起算。其已在存单批注者,利息算至批注前一日止,再照上项办法办理,并于折内注明"原额若干"。

四、定存到期之利息,按原存期限计算,每星期所得数目,未超过壹百五拾元,或超过数目各期合计未满叁百元者,均得一次支取全数。

五、活存每星期提取,系自八月十七日起,以七日为一期。前期未取,可在次期补支,但不能预支次期之款。其每期提取成分,均按第一期未付前之余额(即八月十六日止之余款)计算,俟付至叁百元后,即可一次支取。

六、八月十三日已付法币之存户,过一个月后再提之办法取销,改照本办法第五项办理。

七、储蓄、信托两部之定存活存,收付祗限法币,不能收付汇划。

八、本行各处部存款,均可互相抵付欠本行自身之款。

九、各种放款均以八月十六日之欠额为限,不得加欠,但以后交入之款,得按原币数支付。　　　　　　　　　　　　　　(函稿,上档 Q268-1-128)

9月3日　签署浙兴总办致苏州支行"苏稽密元号"函。云:"今接常处来电,以日机轰炸甚烈,各银行议决一致停业迁避。敝处已电告常处,将库存、簿据、人员,均退无锡。将来尊处不能营业,经就地同业一致决议迁避时,请仿照常处办法,退至锡行,一面电告敝处接洽为荷。"(副本,上档 Q268-1-588)

9月4日　修改并签署浙兴总办致各分支行庄"通密字二号"函。云:"现在邮电、交通因军事影响,渐形阻碍。对于内地大宗汇出款项,往往因头寸关系,颇感应付困难。嗣后关于洋商各烟草公司及煤油公司之大宗汇款,因到申即变外汇,望尊处以不接做为原则,即以上述理由应付之。并可告以交通部禁止各行发寄密□押脚电报。如至不得已必须通融接做时,亦只可在敝处前限每日壹千元之内,酌做小数票汇。务望相机审慎办理为要。"(函稿,上档 Q268-1-589)

同日　签署浙兴总办致南京分行"京稽密字元号"函。云:"战事延长,如飞机轰炸无法营业等情,难免蔓延各地。我行最后布置,似应未雨绸缪。日前曾与贵王代经理①面洽,尊处倘至十万危险,经就地同业一致议决停业迁避时,可将重要簿据、库存、人员等,暂行迁避芜湖。尚希相机办理,并预先通知蚌处接洽,必要时一致行动为要。"(函稿,上档 Q268-1-588)

9月上旬 主持制定浙江兴业银行《战区行处收付款项办法》②。全文如下:

(一)战区行处之账簿或余额表(表内所有挂失、止付、作押等项须注明)及印鉴,已经带至总分支行处办理收付者,按照下列各项办法办理:

甲、定期 到期之本息如系"国币",其本款未逾叁百元、利息未超过本行对部令二次补充办法,支付定存利息设例(二)之范围者,均照付法币。到期之本息如系"国币",其本款超过叁百元者,将全数利息超过上项范围者,将超过数转存活期存款,注明"国币"及"由某科目转来",或转存所在行处之活期存款,注明"国币"及"有某科目转来"。均自转存之日起,照转存数目按每星期百分之五、至多壹百五拾元支付法币。到期之本息如系"法币""划头""汇划",分别照付原币。已作押之定存,到期除归还押款本息外,余额照上列各项办理。未到期之国币定存,可按对折押款,至多以法币壹千元为度。

乙、活期 除休业前三日到期之票据作未收归外(如证明已经收归者可不除),其余额如系"国币"未逾叁百元者,或利息系属"国币""法币"者,均照付法币。余额如系"国币"超过叁百元者,照八月十六日之余额,自十七日起,按每星期百分之五、至多壹百五拾元支付法币。如因账簿未经带到,对于支票各户照休业前一日之余额,自休业之日起,按每星期百分之五、至多壹百五拾元支付法币。余额及利息如系"法币""划头""汇划",分别照付原币。

丙、加存 各种存款均可加存。

丁、挂失 单据、印鉴全无或缺一者,照挂失手续办理。在此非常时期,单据、印鉴遗失甚多,为保障存户利益起见,对于保人务须特别慎重办理。

戊、还欠 欠款随时可还,另出收据或在押品收条上批注。将来再凭以掉(调)换押品及借款证书。

(二)其他各行处遇有顾客要求,代收已经办理收付战区行处之存款本息者,照代收款项手续办理,不得先行代付。

(三)战区行处之账簿或余额表及印鉴,已迁至他处暂避者,俟可以办理收付时,再照上列各项办法办理。

(四)战区行处之账簿或余额表及印鉴未带出者,俟带出后再办。已灭失

---

① 指王兼士。——编著者
② 现存该办法底稿(包括上述浙兴总办密电、密函)有多处铅笔修改或增补文字,为先生笔迹。——编著者

者由总行提交沪银公会,汇呈财部核定一致办法处理。如有归还欠款者,可照上列戊项还欠手续办理。(底稿,上档 Q268-1-589)

9月13日 修改并签署浙兴总办致杭州分行"杭稽密二号"函。云:"接稽密四号,各函已悉。承示迁避种种困难,确系实情。惟时局变化莫测,不得不未雨绸缪。兹拟就办法两项如下:甲、各行一致停业时,所有行员避往花坞或南山一带暂住。库存及簿据仍藏本行地库,或移存较为坚固之蒋赓声处住宅地库。至本行与蒋宅地库及地库上房屋之建筑,究以何者为坚固,请贵项襄理至天竺,邀同缪凯伯工程司详商决定。乙、各行一致停业时,所有行员、库存、簿据,均迁避徽州,或严州,或衢州。究以何处为便,请尊处察看明白情形酌定。倘迁避徽州,须事前与赵龙山君商妥,预留车辆。至携带账簿只要每户抽出最后两三页,其余可留存地库。以上两项办法请择定一种见示。又墅处放款已大部收回,似可先行归并在尊处支付存款,并希酌定示复为盼。"(函稿,同上引档)

9月14日 浙兴南京分行代经理王兼士复总办函,报告迁移准备。云:"敝处业已在芜湖租觅中二街一八三号慎昌保险行李南榆公楼上馀屋(电话芜湖四七七),为必要时迁避之地。同时将来拟分两步办理。第一步,如锡行被逼停业,而敝处同业仍照旧营业时,拟将现有人员减缩至最少。先将缩馀之同事遣送赴汉,或暂听其回籍候命,并与南京上海银行接洽现金、账簿寄存该芜湖支行办法,同时将敝处准备情形通知蚌处。第二步,如同业议决一致停业时,敝处人员同现金、账册及重要单据等前往芜湖,暂观形势。不得已时退赴汉口,同时将敝处情形通知蚌处。"(原件,上档 Q268-1-588)

同日 浙兴汉行致总行函,商救国捐出账等问题。函云:"示复兴公司认缴救国捐五万元,将来可以掉换救国公债,安利方面谅不致坚持异议,嘱与宋立峰君商洽,不如现在即将该项捐款出账一节。查复兴认缴之救国捐五万元,系慰劳前方将士之捐款,并非认购救国公债,应如何出账,宋立峰君方在沪,请与就近商酌办理。至鄂省认购救国公债办法,业经劝募委员会规定,武汉各纱厂共认一百五拾万元,自九月十三日起,纱每包收十五元,布以纱为比例,收足定额为止,时期最多不能超过六个月。已定未交货者,由买主负担;以后出售者,由厂方负担。所有以房租募债办法,业已打消,移作武汉防空经费捐款之用。该项经费原定叁百万元之内,一百万元由武汉各业主负担,大约须捐房租一个月之谱。""前尊函以一厂寄存大孚银行钞票拾六万馀元未免耗息,嘱商请一厂转存我行往来一节。经与商洽,该厂恐转来再有限制提存办法发生,则应发工资及购煤等项将无法应付,故宁愿虚耗利息,不愿存入我行。闻该款确系备购棉花之用。新花行将上市,寄存大孚银行之款,当亦不久须提用。"(原件,上档 Q268-1-420)

9 月 17 日　浙兴灵宝分理处宣告停业，"仅留本行债权有关之中华机器打包厂，令分理处主任驻厂经理。"（叶景葵《在一九三八年浙江兴业银行股东大会中报告》,《兴业邮乘》,第 74 期）

9 月 21 日　致杭州分行函,嘱"停止代付总分支行本息集款"。（引自 1937 年 9 月 22 日杭行经理马久甫复总行沈棉庭函,原件,上档 Q268-1-589）

9 月 28 日　签署浙兴总办致杭州分行"杭稽密四号"函,布置战事撤离相关事项。云:

接稽密六号台函及贵经理廿二日来函均悉。兹分复如左。

（一）同人避难处所,因司马渡巷在市区之内,人烟稠密,空袭之危险较多,以里西湖为佳。

（二）蒋宅地库建筑虽较尊处坚固,但附近之青年会现为难民收容所。且该会屋顶前曾架有高射机枪。为妥慎计,尊处重要物品仍以全存本行地库为宜。

（三）呆页账簿携带不便,似可另抄余额表,请酌办。

（四）江桥押品可留存本行地库,不必带走。

（五）保管品及保管箱,按照原约我行本不负意外危险之责,均不必通函各户移取。

（六）同人眷属应归各人自行处理,不能随同迁避,免生窒碍。

（七）代付存单款项,因与存户约定在先,未便停止,但以不抵触部定办法为主;新嘱托者,可照移转存款手续办理,另由通函奉告。

（八）同人及熟人之外埠本行支票,或通融先付,或俟收到后支付,请随时斟酌情形办理。　　　　　　　　　　　　　　　　（函稿,同上引档）

10 月 8 日　主持浙兴董事会会议,议定全行紧缩开支办法。同日签发总办通字六号函,通告各分支行。函云:

本年十月八日董事会议,佥以国难时期营业停顿,开支不能减少,难以维持。为同人生计着想,所有减薪及取消年资薪水等政策,本行不拟仿行。惟有数事应行裁减,以节开支。爰议决如下,特以录奉台洽照办。

议决一　廿六年十一月一日起裁减开支如下:一、董事、监察人公费、食费、车费均停支;一、员生伙食津贴、住宿津贴停支。办事人员由行供给午膳;练习生住行者仍由行供给三餐一宿。一、行员车费及贴付汽油费暨人力车费一律停支。行用人坐汽车,总行裁两辆,留两辆。一供总经理之用,一公用。馀各分支行备有汽车者,一律裁撤。

议决二　廿六年十一月一日起,照议决一施行停止食宿费后,定临时津贴办法如下,亦自廿六年十一月一日起施行。一、薪水六十元以下者,月给临时津贴六元;一、薪水四十元以下者,月给临时津贴八元;一、薪水二十元以下者,月给临时津贴十元。

　　以上议决案请查照连同所属一体施行。至杂费、水电各费,并希竭力节减,仍将遵办情形报处查考。

（油印件,上档 Q268-1-63）

10月10日前后　先生因"八一三"事变后行务繁重,又因痛悼夫人逝世,身心疲惫,乘战事间隙,一人离沪赴莫干山,"入山休养"。（《韩诗外集》跋,《书跋》,第8页）

△ 在莫干山期间,撰《山居即事》七律一首。诗云:"萧然一我去来今,物观因之判浅深。稚鸟已怀求牡意,驯猫时抱惜书心。每抛早粥搜花蕊,预戒邻童践笋林。日暮料无谈友至,安排倚枕作孤吟。"（《杂著》,第368页）

△ 因战事变化,沪浙间交通中断,根据董事会决定,先生由莫干山径赴汉口,布置战时各分支行撤退事宜。约10月19日下山,辗转抵达杭州。（1937年10月20日王稻坪致浙兴总行电）

10月20日　在杭州致浙兴汉行电。同日,王稻坪致浙兴总行电,报告先生行踪。云:"揆公自杭来电,定明日启行赴芜。计不日就可到汉矣。"（原电,上档 Q268-1-589）

10月21日　由杭州出发,取道湖州、广德、宣城、芜湖乘船抵汉,（叶景葵《在一九三八年浙江兴业银行股东大会中报告》,《兴业邮乘》,第74期）

10月24日　安全抵达汉口[①]。"拟暂时驻汉,以便筹划在内地拓展业务事宜,并便各分支行就近接洽要公。"（《兴业邮乘》,第70期"同人消息"）

10月29日　张元济上下午均到兆丰别墅为先生整理藏书。（《张元济日记》第1211页）顾廷龙《张元济与合众图书馆》一文云:"抗日战争开始时,恰好他[②]为银行业务远赴武汉,而他的寓所在兆丰别墅,邻近战区,寓中存有他历年所收藏书,有被毁危险。张元济先生闻讯,每日到叶家代为收拾整理。"（《顾廷龙文集》,第556页）

10月　浙兴总办在先生离沪后,又作出一系列减缩开支及指导各分支行战时业务的指示。其中有《总行裁减开支补充办法》(1937年10月16日)、致汉行"汉稽纺十五号"函(同日)。致汉行函云:"查安利、沙逊及本行,对于一厂债权之本息,截

[①] 先生此次赴汉,前后三月有馀,直至1938年1月梢方得返沪。——编著者

[②] 指先生。——编著者

至去年九月底止,共计九百七十八万七千余元。内本行名下约计百分之四十七,安利及沙逊共占百分之五十三。将来分配盈余及承做厂机保险等,均应照此成份摊派。已由敝处于五月二十日函告沪安利,查照一厂保险十一月五日即将到期。上年泰山(保险公司)承保数额仅摊百分之四十三,系安利之约数。现在债权成份既已确定,续保时泰山成份应改为百分之四十七。请与汉安利洽办为荷。"(函稿,上档 Q268－1－420)

11 月 5 日　杭州抱经堂主人朱遂翔①来函。

11 月 6 日　浙兴总办任命津行襄理尚其亮为总行襄理。(总经理室通告,上档 Q268－1－147)先生知道后拟调尚赴重庆筹设渝支行。

11 月 10 日　由汉口赴南京,"探听前方消息"。"不料十二日甫抵南京,即闻前线动摇、苏锡吃紧之报,乃于十四日折回汉口。目睹政府各机关纷纷西迁,下游避难民众填街塞巷,而我京、锡、苏、常、郑、驻各分支行庄同事,亦先后跟跄而至。其时避难民众中,有总行及京、锡、苏、常各处存户,大都资斧不继,即由汉行及京、锡各行之原经手人员分头应付,务令于遵守部定办法范围内酌量通融,以解存户之紧急需要。而各存户中,又有迁往重庆、长沙等处者,均以本行分设支行为必要。总行本有调查川、湘发展营业之计划,乃乘此机会创设重庆支行、长沙支行。除总行原派调查人员外,其余即选京、锡各行撤回之人员,就近前往,积极布置,已于廿七年一月间先后开业。既有重庆,必需兼顾成都,已决定成立成都分理处,正在调查研究中。长沙物产丰富,南通两粤,地居西南要冲,决定分设常德寄庄,以顾湘西;分设衡阳寄庄,以顾湘南。"(叶景葵《在一九三八年浙江兴业银行股东大会中报告》,《兴业邮乘》,第 74 期)

先生抵达南京后,下榻浙兴京行三楼。"时适值日机袭击,在警报频仍、轰炸剧

───────────────

① 朱遂翔(1894—1967),字慎初,浙江绍兴人。民国时期杭州抱经堂书局老板。该书局创办于 1917 年 2 月,信誉卓著,又印行书目,实行函购,其首创古旧书籍明码标价之例,深得海内外读书人及图书馆人士赞誉。20、30 年代为抱经堂兴旺时期。抱经堂于 1937 年抗战爆发后被毁,朱遂翔避居上海,在三马路又设抱经堂书局分号。先生与朱交往约始于 20 年代,《抱经堂历年所藏名人信稿》收有先生致朱书信八封,均为购书之事,因无日期,综述于下,以存史实。如某年某月 22 日函云:"遂翔兄鉴:书目收到,兹选得数种,另单开上,请拣出首册,寄下一看为荷。"书目有《绍熙本公羊传注》、《孟子赵注》、《外科正宗》与《全上古三代文》等。又如某年 1 月 17 日函云:"复函敬悉。山西一册既无可补,鄙人亦只好忍受。兹如数寄上洋十七元八角,即乞查收。又,前寄来之折一件,亦祈检为荷。"某年某月 16 日函云:"前托理卿先生带来之《鹤林玉露》,仍须奉还。日内有便即带去。"另外几通信札中,先生向朱遂翔索取一些古旧书的首册,以便选购,有旧抄本《经锄堂杂志》、万历两京遗编本《盐铁论》、嘉靖刊本《嘉佑集》、《清献堂集》、抄本《素问玄珠密语》、抄本《难经集注》等等。抱经堂售书之多,经营之周到,由此可见一斑。(参见《杭州抱经堂上款书札选萃》,西泠印社拍卖有限公司 2014 年 12 月出版)——编著者

烈之际,公处之泰然。越三宿,始离京赴汉。"(朱益能《哭揆公》,《兴业邮乘》,复第54 期)

11 月 15 日 浙兴总办致先生电。云:"尚其亮一时难行重庆。务请嘱汉行先代觅,以备万一。"(电稿,上档 Q268-1-589)

同日 浙兴总办致杭州分行电。云:"请派员赴徽州觅屋,以备万一。觅妥电复,并告无锡行。(电稿,同上引档)是日,杭行接当地银行公会通知于次日停业。12 月 6 日,总行派员赴杭,经数度协商,复业不成,延至 1938 年 1 月 5 日对外通告由总行代行收付。杭行附属之湖墅分理处、吴兴分理处停业后,均沦入战区,与总行失去联系。(叶景葵《在一九三八年浙江兴业银行股东大会中报告》,《兴业邮乘》,第 74 期)

11 月 16 日 总办又致杭行急电。嘱急解中央银行 20 万元、中国银行 5 万元、英美 10 万元、交通银行 10 万元,共计 45 万元。(电稿,上档 Q268-1-589)

同日 浙兴青岛支行及仓库裁撤,酌留人员办理结束。11 月中旬,全部人员安全撤回。(叶景葵《在一九三八年浙江兴业银行股东大会中报告》,《兴业邮乘》,第 74 期)

11 月 20 日 浙兴总办就生活书店购书汇款事致各分支行通函。云:"本行免费经汇上海生活书店购书汇款办法,前经廿三年通字五十六号函奉告在案。兹据该店来函,略称'现在工作重心全部迁汉,以后关于各地读者委托经汇书款,请径交汇汉口交通路该店分店收受'等语。特此奉达。"(副本,上档 Q268-1-126)

11 月 24 日 在汉"面谕"原浙兴无锡支行经理华汝洁赴重庆筹备浙兴渝支行,华是日赴渝。(1937 年 11 月 27 日华汝洁致先生函)

同日 钱塘江大桥工程处就工程停止事致浙江兴业银行函。云:"因时局关系,已将未了工程停止进行,开始办理结束。并为办事便利起见,业将工程处迁至兰溪东南里城弄五号。""银团稽核员办事室亦已移至上述地点。"①(抄件,上档 Q268-1-164)

11 月 25 日 浙兴郑州支行、驻马店寄庄同时宣告停业,相继撤至汉口。(叶景葵《在一九三八年浙江兴业银行股东大会中报告》,《兴业邮乘》,第 74 期)

11 月 26 日 浙兴总办致先生电。云:"揆公:伯琴②已到沪。应否来汉? 电复。"(电稿,上档 Q268-1-589)

同日 浙兴南京分行奉最高当局允准,与各同业退出南京,先至汉口,1938 年

---

① 钱江大桥工程处于 1939 年 6 月底结束。——编著者

② 时浙兴青岛支行撤销,经理陈伯琴到沪候命。——编著者

1 月 24 日通告归总行"代理收付"。(叶景葵《在一九三八年浙江兴业银行股东大会中报告》,《兴业邮乘》,第 74 期)

11 月 27 日 复电总办。云:"伯琴由总另委任,可勿来。葵。"(原电,上档 Q268-1-589)

同日 浙兴渝行筹备处华汝洁致先生函,报告到渝后情形。云:"洁奉董事长面谕,来渝筹备。于廿四日在汉搭机到沙市,因飞机损坏,留宿,翌日续飞到渝。当发一电,谅荷译悉矣。渝地自时局陡变后,人口日增,所有住宅市房、旅舍均已告满,国府移渝,更无隙地。幸经川盐银行旧友设法,在该行一楼让出两间,以一间住宿,一间作为办公之用。房间颇能合用,租金尚未谈定,大约连水电等不出百元,饭食即包在该行。如是,食宿及办公处所均可解决矣! 如有函件,请寄川盐银行一楼,电报挂号为 7380(借用川盐银行挂号)。统祈察洽为荷。关于重庆金融情形,因受时局影响,运输停顿,货物不能流通,已入呆滞状态。中、中、农三行组设贴放委员会,每日限制贴放金额为十万元。闻已放出二千万元,货物均堆存渝地,正与国际贸易局设法疏通。当地货币除法币外,因通货缺乏,发出代现券六百馀万元(市值八八)。大陆、中南放与同业之款尚有三百万元,一时颇难收回。各商业银行存款逐减,放款停做,汇兑又不能畅通,故已无业可营。成都方面因陕西吃紧,居民纷纷迁移,其实离战区尚远,不免自扰耳。洁拟在渝着手调查,再定方针。一俟其亮兄到渝,即往成都一行。特先函陈。"(原件,上档 Q268-1-583)

11 月 浙兴总行所属无锡支行、苏州与常熟两分理处奉令撤退,集中汉口。1938 年 1 月间陆续对外通告,归总行"代理收付"。(叶景葵《在一九三八年浙江兴业银行股东大会中报告》,《兴业邮乘》,第 74 期)

11 月 浙省公益会成立。至 1940 年 8 月,浙路股款清算处向公益会移交财产。先生《浙路股款清算始末》记云:"二十五年七月六日开付末期股款,二十六年五月,凡逾期未领股款次第失效,因遵照股东会通过之《清算处组织法》第十一、第十二、第十六条,由主任以商办各期股款应得者之名义,拟具《浙路逾期股款移办本省公益事业捐助章程》十三条,陈请铁道部设立浙省公益会,于是年十一月奉批,对于失效股款移办本省公益及设立财团照准立案,惟饬浙省公益会另订组织章程,对于原拟捐助章程应予修正。嗣因交通阻隔,文书中断,而逾期股款已届消灭时效,未便久悬,因即以原呈章程为捐助暂行章程,另增补充办法十款。依此条款,将捐出财产法币一百三十万九千六百八十八元三角七分,于二十九年八月移交浙省公益会主持管理,由董事会长陈仲恕汉第出给收据,于是浙路股款清算处主任任务始告终了。自民国三年六月受任至此,共历二十七年之久,末期股款愆期十有八年,艰难曲折,所争得之沪杭甬续借款项,原定一百六十万元,因政治关系,仅得八十万元,又被苏路分去十分之三,于是末期股款及公司债均以折半了结,而逾期利息更无从追索,深以愧负股东为憾。"(《杂著》,第345—346页)

12月3日 自汉口致张元济函,感慨时局"各事均无组织"。谓:"昨由汉馆奉到赐示,敬悉敝藏书籍承公鉴别,刻已全部保存,将来事定后,拟选择可以保存之价值者,请公再为鉴定,编一清目,想亦大雅所乐闻也。汉市不免扰攘,因京都纷纷后撤,但行政无系统诸事,待最高首领解决,而首领刻正在艰危督战中,安得有此馀暇?所以对于敌人相形见绌之处,不仅在军器之窳、军士之杂,实各事均无组织之所致。刻下骑上虎背,欲罢不能,只有拼死奋斗而已。葵因汉行近为内地集中处所较繁,一时不拟返沪。"(原件)

12月4日 浙兴汉行致总行函,通报汉行迁移准备等事宜。云:"奉稽密八号惠书祗悉。承示时局变化莫测,敝处退步宜早日筹划,其地点似以重庆为妥,如需移动时应行携带之账册、证券、契据、押品等,均嘱预为整理,以免临时局促。尊处曾与上海东方汇理银行洽妥,如敝处有现款或要件存入该汉行时,请其竭力协助,已由该行电汉知照各节敬洽。查敝处移至重庆,因有种种困难,恐难成为事实,已由董事长另行函复。至以现款或要件存入汉口东方汇理银行,曾与该行大班接洽,据云此事确曾接有该沪行两次来电。惟因该行库房狭小,未能贮藏敝处要件。敝处曾要求存入该行国币拾馀万元,以资保管。该行认为,法租界是否为安全区域,以殊难必,兼以不能购买外汇,早已停止收受存款,未能负此责任,云云。现敝处在法租界吕钦使街二十五号B乙任家亨律师公馆内,租定楼下两大间,遇必要时即迁移该处,作为临时办公之用①。并由石处王主任向大冶厂矿,借妥大冶得道湾矿区内炸药库一所。该库深六丈,宽一丈,外有铁门弍道。拟于近三日内将敝处所有最近十年传票及最近五年来信暨印信等,连同各行运至敝处之传票、账册等件,运往该库贮藏。用特奉复。"(原件,上档Q268-1-589)

同日 华汝洁分别致先生及总行函,报送《重庆调查报告》。致总行函云:"兹附上重庆调查报告书一份,请詧核。叶董事长处另寄一份。关于进行办法之项,洁拟按照第一项办法进行。已函请董事长核示矣。"《重庆调查报告》云:

> 川省居长江之上游,地势雄阔,气候温和,物产丰饶,人口有七千万之众,素称天府之国。东连湘楚,南接滇黔,西通藏卫,北达陕甘,为我国西南之屏障。自中央权势到达以后,军事虽告统一,但于政治财政尚未臻完善。近年以来,生产渐增,交通建设亦略有端倪。重庆位于川东绾毂之地,为川滇黔工商

---

① 不久汉行在此设立临时金库,转入国币50万元。——编著者

荟集之区。近以国府移渝，更为政治之中心，前途向荣，未可限量也。谨将调查所得概述如下：

（一）四川财政

全省岁入实有六千馀万元，岁出有八千馀万元。收支不敷，近年均恃筹借周转。一面正筹开源之法，以期适合。省府发行公债三种：（一）善后公债总额七千万元，以盐税为基金，还本两次，计七百万元。（二）建设公债四千万元，现发三千万元。（三）赈灾公债一千五百万元，现发一千二百万元，均以田赋、营业税及盐税之一部分作为基金，仅付利息，尚未还本。

（二）交通

1. 航空　西通成都，南通贵阳—昆明，东通宜昌—汉口—上海。

2. 公路　西至成都—灌县，北至遂宁，南至贵阳—昆明。其他支路尚多，通省共有二万馀里。

3. 铁路　成渝铁路自成都至重庆，尚在筹备之中，因目下时局之转移暂行停止，改筑川滇铁路，自重庆至云南昆明。

4. 轮船　上游通叙府—嘉定，下游通宜昌—汉口—上海。嘉陵江可通至合川。

（三）金融

1. 货币　除法币外，前因渝市金融紧迫不敷周转，曾由川省各银行呈准行营发行代现券七百叁十万元，以电力厂、水泥厂、机器厂之机器，及银行收存之地产、烟土等为准备金，组设委员会处理之。该券系汇划性质，不能兑换法币。除收回六十万元外，流通数尚有六百七十万元。中、中、中农、聚兴诚及外省银行，均未加入，仍以法币收付之。

辅币　除中、中、中农发行辅币券外，四川省银行呈准发行一千万元，其馀尚有当二百文现铜元，每法币一元可换二十四千。

2. 银行　国家银行：中央、中国、中农。外省银行：金城、上海、江海。川省银行：聚兴诚，资本二百万元；川盐，资本二百万元；川康平民商业，资本号称五百万元；四川省银行，资本三百万元；建设，资本五拾万元；重庆，资本一百万元；四川美丰，资本号称三百万元。其馀尚有大陆银行驻渝，专放同业款项，最多时曾放二三百万元，并未正式悬牌。交通银行最近到渝，以四千万元购置四川商业银行旧址，大约短期内即将开业。

3. 四川建设银公司，尚在筹备之中。

4. 钱庄　十六家，资本大者十五万元，小者五六万元。

5. 利率　存款：活期扯周息五厘，定期一年扯周息一分。川省银行除聚兴诚外,尚有收存比期存款者(半月),利率随市升降。因此各银行对于活期存款大受影响。放款:最低月息九厘,大致月息一分四五厘,三个月长期约为一分二厘之谱。

6. 业务　除国家银行外,大都以存放汇兑为主要业务。重庆为工商区域,存款不多,全市约为五千万元,放款——信用、抵押均有。近年积极开发,资金需要益钜,汇兑因贸易繁盛,数量甚大,如押汇等为数亦多。

7. 市场　银行公会、钱业公会、交易所专拍省债。

(四)出产

土地肥沃,物产丰富。举其大者,如食盐年产五万万斤,行销本省者为计岸,居其半数,余销鄂湘滇黔,亦居其半。蔗糖约值二百万元,行销湘鄂赣数省。猪鬃约值一千万元,专销洋庄。药材约值一千万元,棉花五十万担,烟土约值五千万元,生丝因历年跌价,出量顿减。其余如五谷、水果、麝香、木、竹等,为数甚多也。

(五)实业

华西公司专办开发及建设事业;电力厂、兵工机器厂、自来水厂;水泥厂现已出货,每日五百桶。民生实业公司偏重航业,华通公司专营出口,现在仅办桐油一种。

(六)本行进行方针

1. 就此开行　本行为商业银行,有扶助工商业之责。川省地广物丰,商业繁盛,近年实业建设锐意猛进。为调剂金融、服务社会计,本应早设机关,国府迁渝又为首都之区,重庆握工商业之总枢;成都为省府之地,似宜在渝、成两处筹备设行。开业以后,对于存款,有则收之;对于放款,如押品、折扣、利率相当者,酌量经营。且江浙两省人民避居来渝者甚多,亦可藉此招徕。虽以时局关系,商业暂行停顿,目前可营之业较少。不妨节缩开支,调用原有行员。即使赔贴,不过房金、杂支,每年为数不大。乘此时机先立行基,一俟时局略转,金融活动营业前途,便利多矣!但既设行,营业考之往昔,政府抵押借款在所不免。近自中央政府移渝,对于财政当有统筹之方,以后或不致发生也。

2. 待机开幕　为免贴开支、避免政府借款起见,则暂行驻渝,对外并不悬牌,仿照大陆银行办法。酌调资金若干来渝,放与殷实同业,最低利息可得九厘,通扯可得一分二厘。既可保存资金,复能生息,一俟时局转移,商业复兴、金融流通之时,再行相机正式开业。

3. 暂时驻渝　如为暂避战事在渝寄寓之计,则留渝一二人。若战事蔓延,即将本行重要物件移存于此,遇重要行员来渝,亦可暂避,则无论何种营业

一概不做。　　　　　　　　　　　　　　　　（原件，上档 Q268-1-583）

12月5日　浙兴苏州分理处主任潘敏斋来访，报告逃离苏城沿途失散实况。遂后先生致函浙兴总行，通报相关情形。云："前苏处主任潘君初到时，见其神经似有错乱，故未详细诘问。今日来寓，面陈沿途失散实况，呈有手书一纸。据云，结馀账截至十一月十一日止，总行均有底可查，空白单据，渠已存入总行保管箱内，钥匙在其贴身袋内。渠个人图章未失。苏处存户渠有十分之九可以认识。现与同业公议，凡苏处存单，此处概不付本息，因簿据未全之故。以上各节，皆其实在口供。渠有老母，并妻及子女六人，皆不知现在何处。渠有一箱，内有世传金珠，皆与董、胡二人同时失散，连铺盖均失落，只有一棉袍在身。言时痛哭流涕，深恐行中因此次贻误公事而谴责停职。弟当时安慰之，谓仓卒之间，不能顾虑周到，尚有可原，现在我行以顾全存户信用为第一义，印鉴虽已失落，好在本人大半认识，不难逐户清理。日内拟选锡行、京行数人，与苏处二人同时遣回上海，听候总行安排。如苏锡路通，即须冒险进行，收拾馀烬，以备复兴等语。特将原件寄上，请阅存，酌办可也。""阅后送总处、总经理阅洽。"（原件，上档 Q268-1-588）

12月9日　华汝洁致先生函，报告已租得重庆下陕西街房屋事。云："七日曾寄航快，详陈商业场行屋，谅已核示在途矣。今日又由友人介绍在下陕西街省银行隔壁，有门面三间，三层楼房内另有小院一所，为两层楼门面，须加修理。小院正在建筑中，月底完工。要租金每年二千元，押租二千元，或可稍减。地点与商业场不相上下，但外表稍逊，尚觉合用，租金则便宜多矣！未知长者之意如何？敬祈迅予电示，以便取舍为叩。昨接潘敏斋来信，谓苏处库存、账册、人员尚未续到，照此情形恐凶多吉少。苏处账目总行尚有副底可查。侄意潘、陈两君留汉无益，可先令设法赴沪，俾可整理。常（州）处有消息否？至念！常处账册原存锡行，前已带汉，尚可稽查。"先生于原信批示复电云："7380 重庆，转华洁如：应租陕西街。葵。""此函转寄总行。"（原件，上档 Q268-1-583）

12月10日　浙兴杭州分行电嘱京行解国民政府资源委员会钱昌照（乙黎）三万元。汉行请示先生。先生对朱益能云："资源委员会与我行交往甚多，此项汇款是宜解决拨付。"（引自同日朱益能致徐新六函，上档 Q268-1-588）

12月11日　华汝洁致先生函，报告改租商业场行屋缘由。云："奉钧电并八日手谕均悉。下陕西街之屋经覆量后，营业室太浅，安置柜台后顾客与办事员已难回旋。且房屋陈旧，须大加修理。交通方面虽与商业场相仿，但大都系中下级之店铺。经与同业各友再三研究，咸以商业场为宜，虽房金较大，而马路整洁，门面大方，故于今日已将商业场之屋向聚兴诚租定。月租几经情商，改为四百元，按月支付，不出押。租期限三年，明年一月一日起租，十三日正式订约（容抄呈）。百货公司催月底以前出清,明日即招工,绘图设计。拟添造库房一所,修理费用力求节减。所有调用行员已蒙照准,甚感。薪水自一月份起统归渝行。倘能先来二三人,俾可积极筹备。前恳调派文牍一人,拟请早日派定。又拟在当地物色营业跑街员一人,月支薪五十元,亦祈核示为叩。倻意渝行开幕定于明年一月十日左右。中南、盐业、四行储蓄会、湖北省银行均有人来渝觅屋,筹备设行。百货公司其馀三间有租与湖北省银行之说。近日战局情形如何? 苏常两处有消息否? 均甚悬念。"先生对信中要求批注①云:"文牍无可派,故未派定,鄙意尚、张两主任及所调四人中,如有可胜任者,可暂时兼任。跑街员系不可少,须早物色。"(原件,上档 Q268-1-583)

12月13日 华汝洁致先生函,报告渝行租屋事。云:"奉十一日手示,欣悉张寿民等五人乘民俭轮西上,甚慰。展宜兄顷已到渝,同住川盐。带下重要行章五颗,已照收。俟启用时另行呈报总行备案。商业场租赁合同今日磋商就绪,明日签字。房价虽大,气势甚好,营业前途不谓无益。尚其亮、张寿民之薪金及练习生金长庚之津贴,原支若干,请查示。驻栈员毛志奇原月支生活费二十元,现拟改充助员,月支薪二十五元,请望核。朱铎民先生日前曾在银行公会主席康心如宅内同席,并承垂询长者起居及我行情形,甚为殷切。俔已一一详答。附下介绍函,容明日面交。"(原件,同上引档)

12月14日 致徐新六函,告以渝行筹备事。云:"顷接汝洁信,知行屋仍用商业场,已订定。特将原函寄上。祈詧阅。即颂振兄日祉。弟葵顿首。廿六、十二、十四。"(原件,同上引档)

同日 财政部为防止资金外流,特颁令饬各银行对汇往香港款项须经部核准,其他沿海各口岸规定商业及个人汇款以一千元为限,每日每行以承汇二千元为限,每月不得超过五万元。(《现代上海大事记》,第 695 页)

12月15日 复华汝洁函。云:"奉十三日函已悉。调渝各员之薪金,练习生之津贴,原支数目请函报总行查示。因弟处无底簿,而此事又须经人事股过手,方免错误。好在邮递往返虽迟,尽可先行暂支,随后再照复函补足。弟意各人均照原资原薪,以符本年概不加薪之本旨。至毛志奇改充助员支薪一节,亦请向总行函洽。原函已寄总行。即问近祉。"(原件,上档 Q268-1-583)

12月16日 华汝洁签署浙兴渝行致总行函,报告筹备事宜。云:"奉董事长手谕,内开代总行组织重庆支行(简称渝行),仍隶总行。调无锡支行经理华汝洁为重庆支行经理,调总行襄理尚其亮兼会计主任,调汉行驻庄办事员张寿民为收支主

---

① 应为1937年12月11日复函主要内容。——编著者

任,锡行助员王家瑛、驻栈员毛志奇、常处助员董炜华、京行练习生金长庚均调渝行等因。洁谨遵在渝着手筹备,已租定商业场三层楼三间房屋一所为行址,月租四百元,订期三年,呈准董事长签订合约。兹抄寄底稿一份,敬祈察核。调渝行员除尚其亮由港飞汉待轮外,馀均乘民俭轮西上,不日可以抵埠。所租行屋本月二十五日接收,略事整饬,并建简单库房一所,约一月二十日左右可以完成,定期正式开幕。关于修整房屋及其他一切开办费用,均以简省为原则,约需八千元之谱,合并陈明,请台核。"(原件,同上引档)

同日　浙兴长沙支行于长沙南正路开办,先行办理存款事宜。1938年1月4日正式营业。同年11月10日退衡阳,11月15日退桂林,12月31日退柳州。1939年1月28日退重庆开展营业。(浙兴机构成立记录卡,上档Q268-1-24)

12月18日　浙兴无锡支行行员华同一致总行函,报告遭劫情形。云:"无锡邮局十一月十六日起停止办公,故自是日起无从寄信。十一月廿六晚日军占领无锡县城,十二月十四日无锡地方自治会宣告成立。锡境曾有战事,兵燹之后疮痍满目。职于昨日入城,锡城市屋十毁其九,住房则被毁较少。敝处行屋已被毁于火。各丝茧堆栈沿工运桥一带者,苏农仓库幸获保全;瑞昶润半毁;协成、永润、源慎、交通仓库均全毁;南门外振艺仓库已毁,鼎昌无恙;西门外振裕亦安全。馀如鼎记栈及苏农钱桥仓库,未能探悉。粮食堆栈大率安全,惟极少数略受损毁。纱厂六家全毁,丝厂布厂存毁不一。永泰丝厂、丽新布厂厂屋均幸存。现在锡城秩序逐渐恢复,敝处放款项下抵押品,自当设法招觅,借款人进行清查。但交通困难,招人接洽颇非易易,爬疏殊需时日耳。兹因便船到沪,特此奉陈。"(原件,上档Q268-1-590)

12月19日　浙兴董事会会议[①]议决战时各分支行调整及人事安排等事项如下:

一、长沙支行、重庆支行以及筹备成都分理处应照准。其裁撤之青岛支行、郑州支行及灵宝分理处、驻马店寄庄,准予备案。

二、总行信托部经理陈永青君辞职,勉予照准,以业务处副经理罗郁铭君兼代信托部经理。

三、北平支行经理朱文龙君仍回津行副经理原任;升任沈范思君为北平支行经理,毋庸兼任津行襄理。

四、杭行现已停业,应移上海总行照常营业。俟杭州秩序安定再迁回,酌

---

① 先生时在汉口,此次董事会并未参加。——编著者

夺办理。原任杭行经理马久甫君、副经理罗瑞生君、襄理项吉士君均退职;主任以下人员以"(一)平日得力,(二)临难不逃"者,量予留用少数,其馀分别情节,予以解职处分或退职。

五、年终考绩照常办理,但不加薪。其考绩结果,成绩优良者仍应纪录,以为他日尽先加薪之标准。

六、为紧缩开支,史稻村君、汪任三君、萧钰麟君、王古尊君,均于本年年底退职。　　　　(1937年12月21日总经理室通告,上档Q268-1-147)

12月20日　致浙兴总行徐新六等电。云:"告安利,速请英领照会日司令部,声明一厂系英商产业,飞机轰炸时务必注意。今九江机场被炸,利中在邻近未受损,闻前由慎昌请美领照会,已发生效力。望速办。"(原电,上档Q268-1-420)

12月24日　先生自汉口致徐新六函,通报第一纱厂债务处置变化情形。云:

振飞吾兄鉴:一厂复工,由三方会订之合同,前经省政府咨实业部。部批竟谓,合同根本不能成立。省政府行市商会后,黄文植只能暗阁不提,毫无补救办法。此事关系债权,出入甚钜。闻吾兄有函致达诠,不知如何作答?弟到汉值周季梅亦来,乃与剀切说明缘由,恳其为力,即代市商会草一复呈呈实业部,加函寄长沙。嗣接寄梅复信,谓前呈系由主管司与参事厅会议后批示,现在反汗甚难(闻主持者为刘荫莆,亦湖北人),只能批作"转咨省政府按照现在实情酌量办理",嘱速与省政府接洽。如省政府批准备案,咨复实业部,部中允不再驳。弟以省政府现已改组,建设厅又为石蘅青,万一部咨到省,仍照原案一驳,则错上加错。乃函托季梅暂缓再批。如省政府可以疏通,再请批咨,否则将原呈暂阁不予批示,以免差错。前晚何主任①、石建厅在汉刘少岩宅内茶叙,忽有人提议武汉危险,所有工厂最好向洋商押款,以便挂旗保护。当时黄文植、贺衡夫均在侧,乘机将一厂原案,及实业部对于复工合同不肯备案种种苦情详说一番。何主任即云,可以补呈,由省政府核准。石蘅青亦大告奋勇。昨日弟已起草呈省政府。得黄、贺同意后,已缮正,交衡夫面递。一面弟已飞函季梅,即将呈部之件批行省政府酌办。据衡夫云,省政府必可核准。此事总算有一结束,特将详情奉闻。俟批示发出,再行续告。即问近祉。　　弟葵顿首。

此信请附入一厂卷内。　　　　廿六、十二、廿四。

厂中烟囱本已漆一英旗,并备大旗一面。今日又在厂屋顶上遍漆英旗。

---

① 指何应钦。——编著者

于是洋商牌子临风招展,风景全非矣! 可笑之至!　　　　　　(原件,同上引档)

同日　浙兴总办致渝行函,附去行章留底与"三码成语电本及汇兑挂号续编各一本"。(副本,上档 Q268-1-583)

12月26日　华汝洁复先生函。云:"奉廿一日钧谕,敬悉苏处账存损失库存约为一万八千元。不知重要图章及空白单据等有无遗失? 至以为念。新屋修整工程经数度研究,估价现已讲定,连柜台、银库、粉刷油漆等一切在内,共计三千五百元……兹附上图样三张,请誉阅后转寄总行为叩。又附上工作承揽单及价目单一份请存核。总行已另寄矣。工程今日开始。此间已着手办事,俟汉印之件到渝,即于一月四日起广告,暂借川盐先行营业,已商得川盐同意。请释念。近闻国策决定,战事仍将延长,川省军费及军队调遣上,中央与地方尚有隔阂之处,前途未许乐观。侄当随时注意也。"(原件,同上引档)

12月31日　徐新六复先生函。云:"奉十二月廿四日大示,敬悉一厂复工合同已得部省两方之谅解,可以备案,慰洽。此事于七月间曾函托达诠先生,迄未得复。原稿于七月底寄稻坪兄接洽,汉行有卷可查。此次部省批文如已收到,乞连同原呈交汉行抄下,以便归档。安利方面,日前已将安利债权数目及我行债权数目,分别函告英使馆,转向日军当局接洽。能否加意保护,尚未得复。曾与廿八日拍电奉告,谅荷详洽。现届年终结账之期,一厂盈馀约有三百余万,除已分过一百万外,下馀之数希望早日支配。除向沪安利接洽外,乞转告汉行与汉安利及复兴公司商洽为荷。"(函稿,上档 Q268-1-420)

12月　浙兴郑州分理处撤至汉口,负责人沈青然谒见先生,请示下一步工作。先生云:"在交通未恢复前,可暂从缓,一切仍在汉处理。"(引自 1938 年 1 月沈青然致沈棉庭、竹森生函,上档 Q268-1-590)

12月　在汉口,就汉口一厂"租厂合同"事亲拟致湖北省主席何健电稿。云:"武昌何主席勋鉴:前实业部据汉口市商会转接武昌第一纺织公司呈,称复兴实业公司租厂合同遵批后呈恳请备案,并分呈鄂省政商等情。查该商会规定,尚属可行。即请贵省政府查察现时情形,酌定办法。"(手迹,上档 Q268-1-419)

12月末　上棉公司商请恒丰纱厂债权人浙江兴业银行同意,停止租赁关系。(《现代上海大事记》,第 697 页)

是年冬　日军进占常熟等地,浙兴常熟分理处与总行消息隔绝近两月。先生在汉口"闻讯焦虑,迭电探问,至获(常处主任薛佩苍及同事们)平安为止"。(薛佩苍《敬悼揆公》,《兴业邮乘》,复第 54 期)

约是年　汉行副经理朱益能年初患胃溃疡症甚剧,先生后得讯后致函慰问,并借以钜款,嘱朱及时医治。(朱益能《哭揆公》,同上引刊)

1938 年(民国二十七年 戊寅) 65 岁

1 月　新四军军部成立,叶挺任军长。王克敏、汤尔和、董康落水任伪职。

3 月　南京伪维新政府成立。梁鸿志、温宗尧、陈群、陈锦涛等出任要职。

4 月　台儿庄战役大捷。沪江大学校长、商务印书馆董事刘湛恩被日伪特务暗杀。

6 月　国民政府在河南花园口决黄河堤以阻日军,结果造成 89 万民众淹死,1 200 余万人流离失所。

10 月　广州、武汉相继沦陷。

11 月　国民党政府实行"焦土抗战",焚毁长沙。

12 月　汪精卫等叛逃河内,公开投敌。

1 月 5 日　在汉口致总行总稽核沈棉庭函。云:"郑行灵(宝)处已裁,以后如有未了之事件及灵厂事件,须向原经手人询问或征求意见者,望与沈青然君接洽(现为汉行仓库主任)。"(原件,上档 Q268－1－590)

1 月 6 日　浙兴总经理室就新设常德、衡阳寄庄发布通告。云:"兹分设常德、衡阳两寄庄(简称常庄、衡庄)隶属汉行。派汉行襄理翁希古兼任衡庄办事员,调汉行仓库主任陈夷清为常庄办事员;派汉行乙等办事员季宁瞻、助员彭觉凡在衡庄办事。"(副本,上档 Q268－1－148)

1 月 13 日　浙兴总行致汉行沈青然函,询问原灵宝分理处事务。云:"查灵处上届决算账表迄未寄来。现在账簿存在何处? 请示知并速制寄决算表为盼。"(副本,上档 Q268－1－590)

同日　浙兴总行致无锡支行华同一、周锡昌函,查问损毁情形。云:"十一月十三日、十六日来书均已收悉。近来城乡交通已通行否? 我行押品堆栈及往来厂家有无毁损? 均希设法探查见示为盼。"(同上引档)

1 月 14 日　浙兴总行复渝行函,同意租定行屋及报来华经理等印鉴,嘱咐"三本年号信及款目号次,均应自第一号起重新起编"。(底稿,上档 Q268－1－583)

1 月 19 日　浙兴总行通告云:"京行经理朱益能暂行调充总行业务处副经理。"(副本,上档 Q268－1－148)

1月20日　浙兴重庆支行开幕。"贺客甚众,计军政商等各界领袖到者四百馀人","门前车水马龙,颇极一时之盛"。(引自同日华汝洁致总行函,上档 Q268－1－583)

1月22日　华同一复总行函,报告无锡支行毁损情形。云:"如米行一类,行内存货另行堆入栈房,即行屋已毁,其屋系租自房东,各行不过损失装修,生财为数无多","惟存栈茧子焚毁不少,即幸未焚去,各该栈亦多有驻军,未能入内探视。各米栈亦多为日军封存,所有货物不能照常流通。刻正有自治会折冲,期得发还货主,但刻下尚无眉目,良为遗憾。日后如何解决,容续陈。"附呈查得锡行押品及往来透支各户清单表。(原件,上档 Q268－1－590)

1月23日　先生离开汉口,"取道香港"①返沪。在汉曾遇空袭五次。"在汉时,已商定由汉行经理与各商业银行密切联络。大约各家宗旨及重要商业领袖之表示,皆以效死勿去为原则。至临时应付方法,已在法租界吕钦使街租有临时房屋,备于必要时迁至该处,成立临时办事处。至于重要契据、历年账册,及仓库内押款货物,均已存入安全地带。每日库存亦格外注意,务以减少危险为主。"(叶景葵《民国二十六年浙江兴业银行营业报告书》,《兴业邮乘》,第74期)

1月26日　浙兴重庆支行正式对外营业。地址在重庆新丰街商业场转角1号。同年8月20日遭日机轰炸,行屋全部焚毁,改设办事处于上南庄马路194号,对外营业在新街口川盐大楼内。1943年7月1日起升分行。(浙兴机构成立记录卡,上档 Q268－1－24)

1月底　先生自香港返抵上海。(见1939年2月13日致顾廷龙函,《尺牍》)

2月5日　浙兴常德寄庄开办。地址在湖南常德大河街157号德昌钱庄内。同年8月15日迁府坪街营业。(浙兴机构成立记录卡,上档 Q268－1－24)

2月6日　华同一致总行函,报告无锡近况。云:"昨此间自治会方面私人消息,拟请各银行将在锡地各仓库所存受抵押品,以友谊关系抄送自治会当局存查。按无锡自治会现任委员长杨翰西氏,即中实锡支行经理杨蔚章先生之尊人。蔚章为锡地银行经理中独留锡未行之一人,与职同避居西南乡之山村。日前曾搭汽车到沪,留数日,仍返锡。于商人存置仓库内之货物极为关心,力谋使其流通,徒以形格势禁急切,不易如愿。日来始渐露端倪,初见曙光。职访问属实,刻已照抄送去。惟查前承抄示押品清单,尚缺栈单号码及厂名。仍祈详示,并乞复写式份掷下,以便以一份送出,以一份留存备查为祷。"(原件,上档 Q268－1－590)

―――――――――――

① 原文未注明交通工具。根据当时情形,自武汉至香港只能坐飞机。又据先生1月底才回到上海,在港停留数日,可能搭乘轮船返沪。——编著者

2月13日 致顾廷龙函,告以返沪后情形,奉询友朋近况。云:

起潜先生左右:半载不通音问,闻燕京照旧开课,则尊居当亦如常,不得近耗,至以为念。博山昆仲亦不知近在何方,故无从探尊处消息也。弟自夏初出京到家,即苦内子患病,沉绵两月,竟至不起。弟因心绪恶劣,陡患失眠,乃至莫干山静养。迄战事起后不能下山,乃于十月间因料理行务至汉皋,一住三月,至一月杪始得返沪。兵燹之馀,意态萧索,重忆故人,作书奉讯。尚乞详示近状,茗理①遗物,归君料理,永存燕校,可称得所。课馀所校所著各书,必有增进。嘉业、传朴两堂藏书受劫,即近时勇于购置之九峰旧庐,闻亦多损失,子遗所存,更可宝贵矣。颉刚近在京否,念念。《禹贡》谅已停版。即颂俪祉。

弟景葵顿首,廿七年二月十三日。

宾四先生仍在京否,弟有《读史方舆纪要》山东八册,在其弟荡口寓所,已驰函问讯,未得复音。(《尺牍》)

2月19日 浙兴渝行函报重庆遭日机轰炸。云:"昨晨五时,有日机九架飞来,在离渝城五十里之广阳坝飞机场投弹十余枚。事后调查,我方仅震塌瓦屋三间,轻伤三人,传无损失。"(原件,上档 Q268-1-583)

2月22日 顾廷龙复先生函。云:

怀仰君子,何日不勤。忽奉损书,欣慰奚若。乃承垂念殷拳,尤可感篆。去年十月间始从彦威兄处藉悉长者鼓盆之戚,时值交通梗塞,又不详行止所在,驰唁末由。回忆夏初老伯母来游燕京,见其慈容和蔼,精神矍铄。孰意变化多端,不数月而人天永隔,殊为悃惜。惟望长者善自珍摄,付之达观为幸。

暑假中,龙以南旋不易,即困守于此。今幸学校无恙,照常开课,馆务亦依然进行。旧居因当时萑苻之惊,又为减薪节缩,移居蔚秀园中(与校西门相对),赁屋三椽,主仆五人,周旋其间,仅容一架一桌,聊陈书卷,简陋极矣。惟自十月以来,《集均》尊校与丁校(士涵)两本及《古文尚书撰异》臧、钱校语均已录毕,欲作跋文则卒卒未遑,迩来徐暇,以续刻《尚书》为主,不及他事,然仍恐此半年中不及竣工耳。承惠借之三书(《集均》《古文尚书撰异》、杨钞《尚书》),延阁过久,海涵不以为罪,而殊不能自安于心。寒舍无能什袭,不得已即送存贵行,交由钟君翔云手收,俟便奉赵也。

式丈遗书,彦威承慈命存敝校,极为相宜。龙幸与检理之役,全部三千馀种,四阅月得遍缮一过。惟以丈批校题记之本六百种,一生精力所粹,尤可敬

---

① 茗理,章钰别字。章于1937年5月6日在北平逝世。——编著者

佩。现在目录大体编就,已陆续付手民植字,下月底或可出版。目录分三卷:上卷均有丈手泽者,中卷为钞本、各家校本及较少见之精刊本,此两卷略仿书志之例,备录题跋,凡丈跋语所及友朋,并加按略历,以详渊源。下卷普通书则仅列一目而已。尚拟俟目成之后,将各校本依《通鉴校宋记》例悉为录出,汇刊一编,足与抱经《拾补》相抗衡,而丈劬学之苦心藉以表彰。此事进行幸有张孟劬先生在此,得其赞助,诸多顺利也。

闻嘉业、传朴之厄,为之叹息。攀古何如? 尚无确信,甚以为念。博山、景郑已四月未通一书,从沪上舍亲传来消息,知乡居尚安。刚侄远去皋兰,鱼雁甚稀,禹贡研究已告星散,宾四闻已入滇。乃弟在荡口甚安,顾稿当能无恙,不识已接复音否? 赐书写图书馆或蔚秀园均可递达。日来渐暖,略有春气矣。

(《顾廷龙文集》,第 742~743 页)

3月6日　主持浙兴第31届股东大会,并作报告。会议议决事项:①报告民国二十六年份上下两届决算及上届纯益分配,下届纯益转入公积金。通过。②分次改选监察人严鸥客、蒋振声、史稻村。(浙兴总办通报,上档 Q268-1-63)先生在《在一九三八年浙江兴业银行股东大会中报告》中,记述一年来"阳舒阴惨"之经历,对"八一三"后本行撤退及新设机构变化情形尤详。又强调"本行前途之发扬光大",希望在青年一代。全文如下:

自卢沟桥事变起,演变到"八一三"沪战爆发以后,我们现在集会之地点,变成恐怖世界。我全国为自卫、生存而战,经过三个月之支撑,三十万健儿之壮烈牺牲,不幸金山卫失守,全线动摇,真可谓"千金之隄,溃于一蚁"。现在战区愈演愈广,《左氏传》云:"疆场之事,一彼一此,何常之有?"故最后胜利,不能说十分有把握,亦不能说一定做不到,我们只有馨香祷祝。今日到会股东,均悉患难与共之人。尚有无数股东散在各处,其所受患难恐有甚于我们者。邮电与交通,到处阻碍,无从慰问,想到会诸君定有无穷感慨。

廿六年份上半届经济情形,承廿五年份下半届顺调好转之趋势,续有进展。新货币政策异常稳定,农产丰收,物价平定,海关输出输入均较上年同期激增,入超则见减少。金融业亦著著顺手。证以本行上半届之业务,存款增加甚速,放款门路甚多。存放两项,旧户活泼,新户涌至,处处有乐观气象。凡与本行债权有关之工厂,如武昌第一纺织公司,于廿五年十一月由复兴公司租赁开工,适值纱价步涨,大获赢利,在廿六年份全年获利二百三十余万元中,上半届占一百万元。上海杨树浦恒丰纱厂,于廿五年十月由中棉公司承租开工,至廿六年六月底止,获利一百二十万元。三友实业社、杭州棉织厂,廿六年上半届亦甚获利,合同展期,厂基押款减少。汉口五丰面粉厂、太平洋肥皂公司,上半届经营成绩亦甚满意,放款进出活泼。上海华丰搪瓷厂、灵宝机器打包厂,上半届均有赢余,透支押款数目减少。即在廿五年以前经营不利之工厂,如郑州豫丰纱厂、上海天章造纸厂之类,均积欠我行巨款,上半届均已将本息收回,合同结束。非市面蒸蒸日上,断难如此顺手。

自从卢沟桥一炮,顿然将全市乐观气氛取销,但外交和平之门未闭,政府虽有抗战之准备,并未重大决议。全市商人均趋向和平,尤其是金融业,认为揆情度理,两国为百年大计,应有和平方法,可以化险为夷。其时讹言繁兴,市面紧张,商界仍将信将疑。不料八月十三日上午十时,突奉财政部命令,银钱业休业两日。一方面得报前线业已开火,于是全市和平之民众,顿现恐慌紊乱之空气。十五日星期日,又奉财政部命令颁布《非常时期安定金融办法》,同业乃于十六日一律开市。总行于是紧急会议,筹备布置一切。其大要:(一)遵照部令应付存户,凡存户有特别需要者,务于不抵触部令之范围内尽量援助。(二)竭力收回放款,而凡各往来户之进出活泼、交谊深厚者,仍酌量通融。(三)集中各分支行庄之准备,使各地有无相通,互相救济,以防汇兑之阻碍。(四)联络各同业,互相援助,以防战事之扩大与延长。(五)虹口、北苏州路两支行于八月十七日移至总行办事。至八月廿七日,总行各处、部均迁亚尔培路六十九号成立临时办事处,至十一月十五日始迁回原址。

以上所述,不过寥寥百余字,但本行重员当此紧急关头,实已心力俱瘁。鄙人因悼亡,居山养疴,未能到沪患难相共,至今犹觉歉然。

当时社会情形,在猛烈飞机重炮之下,恐慌已达极点。有取出存款,存入保险箱者;到期之定期存款,多数转入活期;平常勤俭储蓄之人,往往支取多数法币,以备逃难之用。各同业之存款激减,已成普遍现象。兹将本行廿六年底各项存款结余额,与廿五年底比较如下:廿六年底各项存款结余额,计营业部定存较上年减二二九二七〇一元零,活存增一九三六三一〇元零;储蓄部定存增六二四五六三元零,活存减一四二四五五六元零;信托部定存减二七二七一元零,活存减二九一七六四元零。增减相抵,全行存款共减一六六五四二〇元零。再将放款比较如下:廿六年底全行营业、储蓄、信托三部放款结余总额与上年比较,计抵押放款减三一八四八四七元零,抵押透支减一二一三八四五元零,押汇减七五一四一一元零,贴现增三八八二二元零,往来透支增八四三七八二元零,定期放款减八二一一五元零。增减相抵,全行放款共减四三八四五五五元零。照上列数目字观察,存款减少一百六十六万元,放款减少四百三十八万元,足证本行厚集准备,应付非常,当时煞费心力。

本行分支行庄仓库散处各地,除平津两处相继沦陷,为政府势力所不及,当密令该分支行苦心应付，随时与总行密切联络外，先将青岛支行、仓库于十月十六日裁撤，酌留人员办理结束，公告存欠各户到行接洽，至十一月中旬办理完竣，得当地市政府之允许，安全撤回。又将灵宝分理处收束，于九月十七日宣告对外停止营业，仅留本行债权有关之中华机器打包厂，令分理处主任驻厂经理。又令杭州分行准备撤退，在徽州、严州、衢州三处择定地点，作为临时营业所。不料杭州全市恐慌过甚，于十一月十六日由银行公会议决，所有商业银行于次日停业。总行于十九日接到电报，不以为然，即与浙江实业银行会同电致杭行，令其复业。又于十二月六日，由总行特派妥员赴杭协助。经数度协商之下，本定十二月廿一日与浙江实业银行一同复业，暂由后门进出。不料是月十六日奉到黄主席密令，嘱令退出。不得已将重要各件运至总行，于廿七年一月五日对外通告由总行代理收付。杭行附属之湖墅分理处亦于十七日休业，惟湖墅仓库因出货关系，尚照旧办理。杭行附属之吴兴分理处于十一月十八日休业。此两处均已沦入战区，至今情形不明。南京分行由总行密令以汉口为退步，乃与各同业联络筹备，预雇外轮，为运送要件及行员之用。至十一月廿六日，奉到最高当局允准，始与各同业一齐退出，集中汉口，先在汉行办理收付，于廿七年一月间，将全部行员送回总行，于一月廿四日对外通告，由总行代理收付。总行附属之无锡支行及苏州分理处、常熟分理处，总行以京沪不通亦令集中汉口。锡行于十一月十三日与各同业一致退出。其时交通工具都作军用，勉强雇得一船，行员十人每人只携包裹一个，重要契据图章皆随身携带。预备船被征用，即上岸步行，行至镇江，搭坐轮船安全抵汉。先在汉行办理收付，随后与南京分行人员结伴同回总行。惟苏、常两分理处，本令撤至锡行一同迁汉，乃苏处行员与上海银行合坐一船，赶至无锡，而锡行已于先一日撤退。苏处主任与收支赶至镇江，不见锡行人员，只得搭轮赴汉。苏处会计及助员一人，在船保管行款及账册图章，行至吴兴夹浦镇遇盗搜劫，失去行款一万数千元，私人物件多数被劫，惟账册图章，由会计间关跋涉，辛苦保存，至今尚在安全地带。该会计及助员一人亦已回至总行。常熟主任及会计助员二人未离该地，所租行屋业已炸毁，该处库存早已并入锡行，每日传票亦逐日寄至锡行，重要图章由该主任等随身携带，伏处乡村，艰难困苦，始终保存，现已回至总行。所有无锡、苏州、常熟各行处，均于廿七年一月间陆续对外通告由总行代理收付。郑州支行及汉口附属之驻马店寄庄，总行先后令其收束。郑行于十一月廿五日对外通告停止营业，驻庄亦于同日撤回汉口。总行附属之新浦分理处，令其同蚌埠分理处约同进退，亦以汉口为终点。该处主任因营业关系，至今尚在坚守中。总行续令于不得已时赴乡间暂避，目下尚未沦入战地。但音信稀少,殊可悬念。昨夜始闻淮北运使尚未离所,该处公路已坏,已雇得小船预备紧急时与各银行职员一同退出,希望其安全脱险。南京分行附属之蚌埠分理处,本定十二月十六日休业,迁至河南省之固始。因处主任顾念仓库押款尚值十万元,不肯远离,乃与同事数人避至就近之阜阳县孙家埠暂居,预备炮火停时回去察视仓库。总行令其退至固始、潢川一带,与信阳寄庄联络,一同退至汉口。至今未知行抵何处,而蚌埠已入双方鏖战之范围。汉行附属之信阳寄庄,因有盐押款关系,再有一个月可望完全结束,该庄办事员尚在艰难奋斗中。汉行已令于必要时撤至汉口或信阳以西之地点。此本行对于浙、苏、皖、豫四省各分支行庄分期收束之大概情形也。

自大场失守以后,深知京沪、沪杭两线不易支持,万一上海沦陷,将于京汉隔成两撅。其时政府当局有令各同业将总行迁至南京之议。政府四行内定名义上迁南京,事实上迁汉口。商业银行虽不必定与政府四行一致,但恐届时限于功令,不能不未雨绸缪。经董事会议决,令鄙人先至汉口筹备。鄙人正居莫干山,遵于十月廿一日取道湖州、广德、宣城、芜湖乘船至汉。其时沪西正在鏖战,武汉平靖无事。鄙人乃于十一月十日前往南京,探听前方消息。不料十二日甫抵南京,即闻前线动摇、苏锡吃紧之报,乃于十四日折回汉口。目睹政府各机关纷纷西迁,下游避难民众填街塞巷,而我京、锡、苏、常、郑、驻各分支行庄同事,亦先后踉跄而至。其时避难民众中,有总行及京、锡、苏、常各处存户,大都资斧不继,即由汉行及京、锡各行之原经手人员分头应付,务令于遵守部定办法范围内酌量通融,以解存户之紧急需要。而各存户中,又有迁往重庆、长沙等处者,均以本行分设支行为必要。总行本有调查川、湘发展营业之计划,乃乘此时机,创设重庆支行、长沙支行。除总行原派调查人员外,其余即选京、锡各行撤回之人员,就近前往,积极布置,已于廿七年一月间先后开业。既有重庆,必需兼顾成都,已决定成立成都分理处,正在调查研究中。长沙物产丰富,南通两粤,地居西南要冲,决定分设常德寄庄,以顾湘西;分设衡阳寄庄,以顾湘南。亦选各行处撤回人员前往布置。组织求简单,以期节省费用,均于廿七年一月间先后开业。至各行处撤回汉口人员,除派往川湘及留汉行任用外,均经先后送回总行。鄙人亦于廿七年一月廿三日取道香港,回至总行。汉行地位重要,鄙人在彼曾遇空袭五次。汉行地址系在特区以外,万一战事波及,不能不先事隄防。鄙人在汉时,已商定由汉行经理与各商业银行密切联络。大约各家宗旨及重要商业领袖之表示,皆以效死勿去为原则。至临时应付方法,已在法租界吕钦使街租有临时房屋,备于必要时迁至该处,成立临时办事处。至于重要契据、历年账册,及仓库内押款货物,均已存入安全地带。

每日库存亦格外注意,务以减少危险为主。此本行对于汉口分行,以及川湘两省新设行庄筹划布置之大概情形也。

以上报告,前后分为两截,有阳舒阴惨之不同。上半届完全乐观,仿佛如春生夏长,蓬蓬勃勃。下半届顿然悲观,有秋冬肃杀气象。鄙人旅汉时,正值南京失守,后方震动。道路传闻对于军实之窳败,军纪之纷乱,官方之不饬,正论之不伸,未尝不十分悲观。但目睹各方面青年奋斗情形,则又有乐观之理由。上文所述三十万健儿同心效命,视死如归,固为青史上不可磨灭之光耀! 其他如各处铁路员工,尤其是粤汉、广九两路,在飞机轰炸下随毁随修,随修随运,几有鬼神不测之妙! 如各处邮政员工,在火线以内负责输送,艰难困苦,步伐整齐,其服务与军队无异! 如政府所属各工厂员工,由南京、杭州、孝义、南昌等处撤退经过汉口者,距现在所谓安全地带,相去远者数千里,近者亦一千里,一头破坏,一头建设,敏捷而有秩序,出于意料之外! 又如各校求学之中、大学生,有至重庆者,有至长沙者,有徒步至桂林及昆明者,有结伴至临汾或肤施①者,劝以东归,则掉头不顾。此等精神,深可敬佩! 请再证以本行之事实! 本行创办三十年,至少有二十年光阴在内战之中度日,现又演成国际战争。焚杀抢掠之惨最甚者,为江浙两省之心脏,皆本行多年托命之地,一旦彻底破坏,焉得不悲观? 但如上文所述,自战事起后,无论战区以内或战区以外,我全行大小员生,大都各尽其责,其最优秀者,卓然有临难不苟之气概! 个人之父母妻子可以不顾,而行务始终不懈;个人之生命财产可以牺牲,而行产则丝毫无损! "疾风知劲草,板荡识诚臣。"于兹益信! 现在可以断言:本行前途之发扬光大,其希望不在头童齿豁之董监事,而在此辈活泼勇敢、公尔忘私之青年! 鄙人所引为乐观者在此! 在座股东皆此辈青年之保姆,谅不河汉予言!

(《兴业邮乘》,第 74 期)

3月12日　国民政府财政部指定中央银行总行办理外汇计核事宜。规定:①外汇卖出自本年 3 月 14 日起由中央银行总行于政府所在地办理。②各银行因正当用途于收付相抵后,需用外汇应填具申请书送中央银行。③由中央银行核定后,按法定汇价售汇。从 14 日起沪外汇行市不稳,并出现外汇黑市,牵动金价涨跌。(《现代上海大事记》,第 707 页)

3月18日　姚光复先生函,谢赠书并回赠。函云:"久深企慕,迩者避难稽沪,一再得抱清辉,快慰平生。惟以意兴萧索,未遑畅承教益耳。近奉大札,并荷赐以

---

① 即延安。——编著者

佳籍三种。其《通鉴校记》，向有藏本，今在乡间，存亡未知，兹获初印，益觉珍视。至《谐声谱》《方镇表》，素闻其名，未曾寓目，一一拜登，欣幸曷极！往印敝郡明代两何君集，沪寓尚有存者，检呈一函，聊佐插架。附上楹联、屏条各一，敢求大笔，如蒙书以尊作尤幸。因守海曲，斗室寂寥，拟征集从游诸有道文字，俾时一展对，而资发皇也。"（原件，《尺素选存》）

3月21日 致邓邦述函(今佚)，贺邓七十寿辰。（见1938年5月5日邓邦述复先生函，《尺素选存》）

3月24日 公共租界纳税华人会改选，王晓籁为会长，浙兴经理徐寄庼为副会长。（《现代上海大事记》，第708页）

3月29日 浙兴总办核准派罗瑞生为总行专员。（同日总经理室通告，上档Q268-1-148）

3月 撰《独学庐初稿》跋。云："琢如刻集成，寄请王惕夫作序。惕夫于刻本，切直评点，不稍假借，跋而还之。今藏邓正闇处。惕夫自编未定稿，亦载此跋。琢如题其后，引为直谅之言。仍要求他日作序。此写本今归余斋，余六十初度，表叔马幼梅先生以此书为赠。俟乱定当借正闇藏本过录。戊寅春，景葵记，时六十五矣。"（《书跋》，第149页）

《独学庐初稿》八卷，《文》三卷，附《读左卮言》一卷，《汉书刊误》一卷，(清)东吴石蕴玉(琢堂)撰，清乾隆六十年长沙官舍刊本，八册，叶景葵临石蕴玉自评王芑孙评校。（《叶目》）

3月 撰《松皋文集》跋。云："记得某笔记云：'毛会侯《松皋诗》之上半册，原名《离珠集》，因禁抽毁。'书此以俟续访。戊寅春尽，揆初识。"（《书跋》，第142页）

《松皋文集》十四卷，(清)遂安毛际可(会侯)撰，清康熙十七年刊本，六册，民国邵瑞彭跋。（《叶目》）

4月24日 撰《苏学士文集》跋，记述此书劫后余生之来历。云：

旧得白华书屋本，有朱笔传录何校，颇有讹字。又有墨笔校语三条，未署名，非何校。戊寅春暮，假得老友潘季玃所藏黄荛夫传录顾千里临何校本，又以宋刊《丽泽集》校诗，因对校一过，概用蓝笔以别于旧有之朱墨笔。凡讹夺处，悉与改正。季玃之曾祖三松先生，与荛夫莫逆，朝夕过从，所藏黄校黄跋善本，不下百余种。百年以来，陆续散失，仅存此本。倭兵入苏州，季玃居室为炸弹所中，是书已沦入瓦砾灰烬之中。季玃避难来沪，凡先世遗留珍物，概未携出。炮火甫定，赖有健仆不避艰危，出入兵间，将烬余运出一箧，均已残破。惟是书首尾完好，俾余有展读之机会，不胜欣幸！三月廿四日，景葵记。

此本朱笔传录，与黄本同者，概不重写。黄本亦用白华书屋本，已有修板，

印在此本之后。 　　　　　　　　　　　　　(《书跋》,第 126—127 页)

《苏学士文集》十六卷,(宋)武功苏舜钦(子美)撰,清康熙三十八年震泽徐氏白华书屋刊本,四册,(清)阙名临何焯跋,叶景葵临黄丕烈录顾广圻校。(《叶目》)

4 月 30 日　签署浙兴总办致各分支行通函。通报吴兴分理处定于 5 月 2 日由总行代理收付款项事宜。(副本,上档 Q268-1-129)

4 月　撰《尔雅正义》跋。云:"此初印未修本,宿迁王氏故物。丙子冬购于故都。曾见翁苏斋评阅本云附刻《陆氏释文》,系依叶林宗抄本校刻。揆初记。戊寅春仲处孤岛中,以浏览遣闷。"(《书跋》,第 13 页)

《尔雅正义》二十卷,附《释文》三卷,(清)邵晋涵(二云)撰,清乾隆邵氏面水层轩刊本,五册。(《叶目》)

4 月　撰《涂子类藁》题识。云:"《涂子类藁》,明涂几著,残存五卷。宿迁王氏池东书库旧藏。惜阙卷六之卷十。北平图书馆有重刻《涂子类藁》十卷,系嘉靖十五年知宜黄县事。黄漳刻本跋言,先刻于闽,当即此本。"①(手迹,原书,上海图书馆藏)

《涂子类藁》十卷,阙卷六至十,(明)宜黄涂几(守约)撰,明正德中闽刊本,存一册。(《叶目》)

4 月　撰《节甫老人杂著》跋。云:"戊寅季春之杪,阅闵葆之所著《子屏年谱》,详读一过。《汉》《宋》两记,弱冠时朝夕繙阅,如逢故人。闵谱尚须补遗。此书亦宿迁王氏故物。揆初记。"(手迹,原书,上海图书馆藏)

《节甫老人杂著五种》,(清)甘泉江藩(子屏)撰,清道光九年江顺铭重修刊本,四册。(《叶目》)包括《周易述补》《国朝汉学师承记》八卷、《国朝经师经义目录》一卷、《国朝宋学渊源记》二卷、《隶经文》一卷、《续隶经文》一卷。(原书)

4 月　撰《四当斋集》跋与《章式之象赞》。云:

丙子初冬,入旧京访公于病榻中,出示手定文集,系倩戴绥之姜福缛正者。葵谓曷照原稿付之影印,并表示愿出资协助之意。公谦逊不遑,谓此稿仅可存之家塾,岂堪问世。葵谓姑迟数年,俟续有选定,一并付刊尤佳。丁丑春,又入京,则公已病在床蓐。到门问疾不下七八次,仅得在床前絮语移时。再晤则已言语模糊,阅数日即骑鲸西逝。公律己甚严,垂老绩学不倦,生平无一事有自满之语。故手定之稿,淘汰倍至,所存皆惬心贵当之作。年来屡承余论,获益良多。今其嗣子以原稿排印,见赠一部,盥诵数过,殊深平生风义之感! 戊寅

① 原题识未署日期。因此书为宿迁池东书库旧藏,可能先生与《尔雅正义》等同时购得,故考系于此。
　　——编著者

仲春,景葵记。

讹脱处以朱笔记之,尚须与原稿校读。初印二百部,业已分罄,已怂恿其嗣子元美重印,仍主以戴写本影印为佳。

顷闻公自写清稿甚工整,当向元美借校。

公遗书均送存燕京大学图书馆,董其事者为顾君起潜廷龙,已为写出《校勘记》数种。起潜来书,为造象之赞,属葵另撰,不宜以自记写入遗集之前。兹为拟赞如下:

近儒王忠懋云,学问之道,无往而不当用其忠实。惟公沉酎图史,数十年如一日。取径不同,归趋则一。矧其深嫉时风,力章潜德,服习《孝经》,砥砺臣节。不必效忠懋之湛渊而致命,遂志之怀,固并时无愧色。粹乎其容,允矣儒宗,宜为百世所矜式! 式之先生姻丈同年象赞。戊寅春日,叶景葵敬题。

(《书跋》,第 162—163 页)

《四当斋集》十四卷,民国长洲章钰(式之)撰,民国二十六年子元善等排印本,四册。(《叶目》)

5月1日 撰《金文通公集》跋。云:

文体卑靡,未脱时文窠臼。卷八《端敬皇后传》,可与《梅村清凉山赞佛诗》参看,向来流传之谰言,可以一扫。卷十《书浔南沈姓事》,惨绝,今日湖郡四围为异族所踞,读之倍增感慨! 卷十五,有阙叶,须补。

北平图书馆有顺治本《息斋集》(卷四附外集),康熙本《息斋集》(八卷已残),雍正本《金文通公集》(二十六卷附行状墓表),皆与此刻不同。俟乱定当设法假阅。戊寅四月初二日,阅毕记。

顺治初年,薙发之令尚宽,有“不愿者亦不必强”之谕。顺治初,北直、江南、江北提学官,系御史之外差。文通奏准得旨于翰林中选用,均见奏疏。

(《书跋》,第 140 页)

《金文通公集》二十卷,《外集》八卷,《诗集》六卷,《奏疏》六卷,(清)吴江金之俊(息斋)撰,清康熙二十五年怀天堂刊本,十四册。(《叶目》)

5月2日 浙兴汉行致总行函,报告汉口一厂临时股东会情况。云:“昨日一厂开临时股东会,到会股东约二百余人,公推吕超伯更为临时主席,报告开会宗旨。继由董事长周星棠报告上年营业,盈余分配得六成,计国币壹百卅四万壹千零六拾五元,已偿还债权人安利英债务,提交表决。众无异议,通过。继即宣读上次股东会决议案,亦无异议,一致通过。嗣由股东熊子民等临时动议,对股息发给二厘,应催速速发给。董事长周星棠答以一俟手续办妥,自可发付。继由主席报告董事、监察任期届满,照章改选。股东程子菊起立发言,以上次决议案因表决方法发生纠纷,此次筹款决议应以何方法表决? 由熊子民等股东起立答辩。双方言语激越不逊,顿失会议常态。程子菊等三十余人即宣告退席,相率出场,其他一部分股东以程等退席系自愿弃权,主张仍应继续会议并进行投票。全场股东均照投票。至检票员开匦检票之时,程子菊一派之股东有一部分再进会场,交付选举票九十四张。于是群起讨论筹款。后来交入之票是否合法,一部分股东请主席将此事提出表决。主席坚持不可。嗣由股东贺衡夫等提出折衷办法,先将原有选举票计算权数后,再将后来加入之玖十四张选举票计算权数,保留原案,详呈经济部解释后,当选董监方能成立。遂散会。"(原件。上档 Q268-1-419)

5 月 5 日　邓邦述复先生函,谢寿金并告近况。云:"前得潘敏斋兄函,即知公有兼金之馈。日昨海秋始归,赍到三月廿一日大函。始悉去夏兵戈将起,公有骑省之戚。世乱如此,死者得登九天,比之吾辈尚坠九渊,已为幸矣! 弟前函所恳,亦知不易做到,姑为不可之求,岂无他途可以谋食! 但宁为翳桑之饿,不愿分闵贡之肝,此夙志也,虽死不变。将来如何结局,听之于天而已。知公能谅我素怀,故幸陈之,非牢骚也。大儿顷已赴蜀,亦不知境遇若何。父子暌离,不能相顾,其苦更甚! 尤可恨者,小儿女尚累累待哺,教养皆虚。奈何! 公一时不离沪否?"(原件,《尺素选存》)

5 月 10 日　浙兴衡阳寄庄开业。地址在湖南衡阳铁炉门下河街 20 号。同年 12 月 12 日停业。17 日离衡阳赴桂林。31 日与长沙支店同时撤至柳州。1939 年 1 月 26 日退重庆。(浙兴机构成立记录卡,上档 Q268-1-24)

5 月 16 日　领衔签署浙兴设立长沙支店执照"领据"。云"兹领到湖南建设厅转发经济部颁商公司长沙支店执照一张,所领具实"。经湖南省建设厅董事长全衡 1938 年 5 月 13 日批复,核准于长沙南正路设立浙兴支店,经理王廉(兼士)。(函稿,上档 Q268-1-627)

5 月 19 日　核定浙兴《本行第三次补充安定金融办法》四条。文曰:

一、利息无论存款放款,分别法币与汇划两种计算,国币划头均作法币计息。

二、廿七年上届活期之存款放款,一户内夹有汇划收付者,照下列各项计息:

1. 先照账上余额计算净息,滚入账内。

2. 再将进出较少之一种,及其滚至上次结息日止之余额,用往来计息账单摘出,另行计算净息。

3. 以账簿内之净息,减去账单上之净息,即为进出较多一种之净息。如账簿内之净息与账单上之净息存欠互异时,彼此相加,即为进出较多一种之净息。

4. 上列 2、3 两种净息分别转账,注明法币或汇划。

5. 所得税按法币及汇划净息,分别计算扣除。

三、活期之存款放款,一户内夹有汇划收付者,将滚至五月底,余额内之划款不制传票转出,于账内摘要栏注明"转入汇划页",仍用原账号领页登记,于账头注明"汇划",摘要栏注明"由国币法币汇头页转来"。自六月一日起,不论新开或旧户,均将国币法币划头各款分别注明并记一页,汇划款另页登记,以后分页计息,对外单据均仍作为一户照旧办理。

四、国币定期存款之利息加入本款转期者,注明"由某科目转来,内利息若干"。如另交法币凑成整数者,并于其下加注"法币若干"。

(打印件。上档 Q268-1-129)

5月20日 撰《松邻遗集》跋,记述此书来历及传本去向。云:

印臣先生故后,友人章式之、傅沅叔、邵伯絅等搜集遗文,交式之担任编辑。辑成交琉璃厂文楷斋刊刻。文楷刻成,而刻资无人担任,阁置数年,文楷甚窘。壬癸间,葵入都,伯絅告葵曰:"文楷急于结账,只须付四百元,便可印刷数十部。"葵允出二百元,分得红印二十部。尔时沅叔正作峨眉之游,葵因未知伯絅未与接洽也。迨沅叔回京,甚怒文楷之专擅,不许再印。文楷乃以原板改作他用,葵携二十部出京,同好分索,让去十九部,只剩此一册矣。十九部中,有赠平湖葛氏一部,松江图书馆一部,此次倭患,不知已付劫灰否? 去年颇思将此册付之石印,倭事起,又不易实行。印臣一生坎坷,其遗著亦尚在显晦之间,可慨也! 戊寅四月廿一日记。

《校邦畿水利集说跋》,即陈硕甫所藏沈氏原稿,上次上海战事时,葵向东方图书馆借校未付劫灰者。印臣此跋,定稿而未写入原书。大约此书由印臣让归传书堂,再转入涵芬楼者。

印臣遗稿丛杂,诗词尤夥,多未成之作。此集颇为一时传诵,式之编次之审慎,实居其功,可谓不负死友矣。

此集并无序文,式之谦让未遑,闻沅叔颇思列入所刊《丛书》中,未经商允而即付印,所以逢彼之怒也。

(《书跋》,第 164 页)

《松邻遗集》十卷,民国仁和吴昌绶(印臣)撰,民国十八年朱印本,一册。(《叶目》)

5月31日 为领取法币准备金利息事复交通银行总管理处函。云:"接准廿七年五月廿五日大函,内开'查关于上海暨重庆银钱业公会(云云叙至[①])俾资互相

---

① 底稿未抄全来函引文。——编著者

遵守为荷'等由已悉。承示敝行向贵行所订领用法币壹百式拾万元合约,依照财政部核定办法,自期满之日起展期一年一节(在此期内所有保证准备金项下公债应得之利息,仍归敝行所有,但该项债票中签应领之款,由贵行领取,即由贵行就领得中签款全数,连同原有现金准备六成计算冲销)。敝行完全同意,特此函复,作为换文,俾资互相遵守。统希洽照。"(底稿,上档 Q268-1-611)

5 月　撰《农政全书》跋,感慨浩劫之中古书之命运。云:"平露堂原刻,印刷在后,已有阙板,以道光本补足之。张中丞所刻《水利全书》,访求未得。其《抚吴疏草》,前年曾见一部,为九峰旧庐主人所得,去年借读一过。此次杭城浩劫,不知尚存否,念念不置!戊寅夏初,景葵谨识。"(《书跋》,第 96 页)

《农政全书》六十卷,(明)上海徐光启(子克)纂,明崇祯十二年平露堂刊本,十册。(《叶目》)

6 月 6 日　核准成立浙兴香港分理处。总经理室通告云:"总办事处核准香港添设分理处,隶属总行。暂不营业,对外即称同业办事处。调长沙支行经理王兼士为总行专员,常驻香港办事。所遗长沙支行经理,调总行业务处副经理朱益能为汉行副经理兼任。"(副本,上档 Q268-1-148)

6 月 15 日　浙兴汉行吕钦使街分理处开办。地址在汉口法租界吕钦使街 25号 B。(浙兴机构成立记录卡,上档 Q268-1-24)

6 月　又读《落帆楼文集》并撰题识。云:"戊寅夏日,又读一过。史论二篇,及致各友书,痛切指陈京朝大官之顽钝贪庸。道光如此,宣统季亦何尝不如此!记得舟斋言先生楷法晋贤,而于偏旁点划,一遵古篆。所见残稿正符。是当与邓氏所藏杨秋室手批《鲒埼亭集》同一珍贵。"(《书跋》,第 154 页)

《落帆楼文集》二十四卷,《补遗》一卷,(清)乌程沈垚(子敦)撰,民国七年吴兴刘氏嘉业堂刊本(《吴兴丛书》),八册。(《叶目》)

7 月 14 日　浙兴香港分理处(对外称兴业办事处)开办。暂借九龙大浦道 23号楼下。同年 8 月 2 日起租定香港东亚银行楼上 308 号办公。12 月 31 日结束。1940 年 12 月 31 日重行开办,迁往香港德辅道 8 号香港银行大楼 506 号盐垦银行房内。(浙兴机构成立记录卡,上档 Q268-1-24)

8 月 1 日　核准调华汝洁回沪任职。总经理室通告云:"奉总办事处核准,调渝行经理华汝洁为总行专员。所遗渝支行经理派总行业务处襄理兼渝支行会计主任尚其亮升任,又调总行驻外办事员诸耕星为渝支行会计主任。"(副本,上档 Q268-1-148)

8 月 6 日、7 日　读毕旧钞本《古文尚书撰异》,题识云:

右海丰吴氏石莲翁所题,余初得此书,审定《甘誓》一至九页,《盘庚》上、中,及书中臧在东签注各条之十九为刘端临所书。继又审定《禹贡》廿五、廿六、廿七、廿八、廿九页,及《吕刑》十八末条后,朱笔加注,是懋堂先生所书。是此为《撰异》原稿之副本无疑。钱竹汀签注各条,未详何人所录。但与正文修改朱笔是一手所书。可证其由正本迻写者。

《拜经堂文集》刻《诗经小学序》云:"段君自金坛过常州,携《尚书撰异》来授之读,且属为校雠,则与鄙见有如重规而叠矩者,因为参补若干条。刘端临训导见之,谓段君曰,钱少詹签驳多非此书之旨,不若臧君笺记,持论正合"云云端临与此书之关系,可以此序文作一旁证。

原稿与刻本亦有不同处,惟"箘辂枯"条,引《夏书》曰:"惟箘辂枯,木名也。"刻本作"惟箘辂枯枯(此字今补)木名也"。是付刻时又经修改之证。戊寅七月十一日读毕记之。景葵。

此处隐约是《禹贡》副本四字,盖已失其正叶。言副则必有正本矣。葵又记。《多士》后朱书一行云:"《雒诰》《多士》二篇,辛亥四月客经训堂毕。"此系懋堂原题,从正本迻录者。大约《禹贡》篇最先成,《雒诰》《多士》最后脱稿。后序言重光大渊献皋月乃成,即辛亥五月也。次日再记。

(《书跋》,第6—7页)

《古文尚书撰异》不分卷,(清)段玉裁(懋堂)撰,原稿副本,存六册。(《叶目》)

8月8日　撰《齐民要术》跋,感谢张元济"去冬在炮火之下,为我整理时,已代更正"版刻鉴定之误。云:

丁丑春在故都,见一全本(前有嘉靖年序),乃恍然此前六卷,即嘉靖刻,非元刻。今夏检理书笥,知张菊生丈去冬在炮火之下,为我整理时,已代更正。精鉴可佩,整暇尤可佩也。兹将原条粘附册首,以作纪念。戊寅七月十三日,景葵记。

仓卒中未将序文录存,甚悔! 此本不常见也。　　　　(《书跋》,第96页)

《齐民要术》二卷,后魏·贾思勰撰,明嘉靖中刊本(卷七之十,明《秘册汇函》本配),六册,叶景葵校。(《叶目》)

8月24日　晨,中航公司飞机桂林号由港飞渝,途中遭日机追袭机毁,旅客14人罹难,内有浙江兴业银行总经理、工部局华董徐新六在内。英、美驻沪总领事就日检查员扣留桂林号被击电讯,向日方提出抗议,中航公司港渝线暂停。(《现代上海大事记》,第720页)

同日　午后一时半,浙兴总办突接香港办事处专员王兼士电报:"总经理今晨飞渝,半途被逼降落,安否? 余再探告。"同时徐寄顾接杜月笙由港来电谓:"本日中航机自港飞渝,在中山县境,忽遇敌机追击,致坠落水中。新六、笔江①二人同在该机。刻据吴主席电,机师已起岸,余尚待查。"浙兴同人闻讯,顿如晴天霹雳,莫不相顾失色。先生第一时间得此噩耗,强忍悲痛,坐镇浙兴总行董事长办公室,披阅电函,亲拟电稿,与各方紧急联络接洽。(原电原稿,上档 Q268-1-321)

8 月 25 日　上海各报均以大字号登载日机袭击中航客机消息,并称乘客十余人均已遇难,内有银行家徐新六、胡笔江云云。国民政府外交部发言人向中外记者说明桂林号遭日机袭击真相。同日,日军发言人称,"今后任何飞机如飞行中企图逃避,将被视为有敌对性质而受日机攻击"。(《现代上海大事记》,第720 页)

同日　浙兴总办致香港办事处电,嘱王兼士打听桂林号被击消息。旋得复电,报告王专员去过澳门,正赶赴中山。晚,接香港交通银行刘崇杰来电,云:"浙江兴业银行叶揆初兄:新六遗体尚难辨认。请□②其牙齿有无可资辨证? 急电。交行崇杰。"先生即复电云:"交通银行转刘子楷先生:新六右上排存一金牙。揆。"(原电电稿,上档 Q268-1-321)

8 月 26 日　本市各西报抨击日军暴行,工部局下半旗为徐新六致哀。美驻日大使奉令向日政府提出抗议。浙兴总行暨所属支行及仓库,乃一律下半旗致哀。同时发电各分支行通报总经理罹难消息。(《兴业邮乘》,第 80 期)

同日　香港中国银行董事长宋汉章等致先生与蒋抑卮、徐寄庼函,通报徐新六遗体搜寻事。云:"二十四日徐新六兄乘中航机由港飞渝,经中山县境惨遭狙击,竟致殒命。(宋)子文董事长派员三人,前往肇事地点收殓。新六兄遗体并施以化容及防腐等手术,俾垂永久。犹忆上星期六晚间,曾与新六兄作一度之茶叙,谈笑甚欢,恍在目前。不料别甫四日,永隔人天! 思之黯然神伤也。知注特以奉闻。"(原件,上档 Q268-1-321)

同日　钱新之自香港致先生与徐寄庼电。云:"转揆公、寄兄鉴:新六兄惨遭不幸,同人无不痛惜。现在寻觅遗体,并拟电请政府表扬,并乞代向遗族慰唁。铭。宥。"(原电,同上引档)

8 月 27 日　福建省政府主席陈仪致先生电。云:"叶揆初兄:闻新六遇难,不胜痛惜! 兹电唁其萱堂及夫人,乞转致。陈仪。感。"(原电,同上引档)

8 月 28 日　晨九时许,接浙兴港处王兼士自澳门来电,云:"总经理遗体已发现,极完好。"下午,徐寄庼又接杜月笙电,谓:"新六遗体已寻获,即在该处先行成

---

① 胡笔江(1881—1938),名筠,江苏丹阳人。时任筹边银行行长。——编著者
② 原注:"电本上系空白。"疑"问"字。此电注"八月廿五日下午八时收到。"——编著者

殓。"总办将此电讯转告徐夫人及其子女,并于当日发稿登载讣告,定 8 月 29 日在上海戈登路玉佛寺成服。同日,公共租界纳税华人会暨上海市第一特区联合会通告市民,均悬半旗为徐新六致哀。(《兴业邮乘》,第 80 期)

同日 复陈仪电,云:"陈公洽先生:奉电已转致。谨代感谢。葵。"又复钱新之电云:"香港。送钱新之兄:奉电,甚感尊意。已代唁新兄家属。葵、寄。"(电稿,上档 Q268 - 1 - 321)

8 月 29 日 赴玉佛寺吊唁徐新六遇难。本日浙兴同人前往吊唁者达 150 余人,中外各界吊唁者亦络绎不绝。先生致送挽联。联云:

> 百身如可赎,没世不能忘。叶景葵。 (《兴业邮乘》,第 80 期)

同日 得重庆翁文灏拍发电报,悼念徐新六。电云:"上海九江路中基会孙淇芬兄鉴:新六兄死难,及深痛悼。请代向徐夫人致以哀表,向叶揆初先生代达哀忱。"(抄件,上档 Q268 - 1 - 321)

8 月 30 日 浙兴总办接港处王兼士电,谓总经理灵柩已于是日八时抵港,暂厝东华岳庄。(原电,上档 Q268 - 1 - 321)"自报纸披露总经理遇难消息后,中外人士,识与不识,莫不表示深切之悼惜。各关系方面来电询问安全或致唁者,尤络绎不绝。政府当局如蒋委员长、孔院长等均来电致唁。国府并于九月二日明令褒扬,特给抚恤金一万元,并令由行政院转饬地方官署,于殉难处所建立碑石,以垂久远。"(《徐总经理不幸罹难》,《兴业邮乘》,第 80 期)

同日 与蒋抑卮、徐寄顽联名复宋汉章电。云:"奉惠函,备感。新六兄罹难诸承关注,益蒙子文先生派员往出事地点,照料一切,殁存均感,耑此陈谢。敬希荃察,并希代致谢意。是幸。"(电稿,上档 Q268 - 1 - 321)

同日 分别致香港中国银行宋汉章、交通银行唐寿民、中央银行席德懋电,谢来电悼念徐新六(大意同)。云:"新六后事,承公等照拂周至,感甚,谨谢。葵。"(电稿,同上引档)

同日 复宋子文电。云:"香港宋子文先生鉴:新六后事承公指示照拂,俾得俯身周妥,存殁均感,敬电谢悃。叶景葵叩。"(电稿,同上引档)

同日 复杜月笙电。云:"香港杜月笙先生鉴:新六后事蒙公格外照拂,存殁均感,专电谢悃。叶景葵。"(电稿,同上引档)

同日 复钱昌照①电。云:"香港转乙藜先生鉴:新六罹难,同声一恸。后事承照料周至,极感。徐夫人嘱代鸣谢。柩暂厝港最妥,其子俟迎柩再来。葵。"(电稿,

---

① 钱昌照(1899—1988),字乙藜,江苏常熟人。时任国民政府资源委员会主任。——编著者

同上引档)

同日 任鸿隽致先生电,痛悼徐新六。云:"新六先生遭难,不胜痛悼,特电奉唁。任鸿隽。"旋即复电云:"转任叔永先生鉴:痛失长城,承慰感谢。景葵。"又湘潭茅唐臣、朱启明,上海高凤池等来电来函吊唁徐新六,先生均一一回复答谢。(原电原稿,同上引档)

同日 虞洽卿、张元济、何德奎、李馥孙四人会衔在各报刊登《为徐新六先生募集纪念金启事》。文云:

> 徐新六先生服务社会二十余年,对于社会之贡献不胜枚举。此次不幸遇难,无论识与不识均同声哀悼。同人等忝列知交,兹特发起募集公益基金,为新六先生留一永远纪念。一俟募得成数,即当专组委员会,决定纪念方法。同时太古洋行总经理米恰尔君,亦已在西文报纸作同样发起,上海字林西报馆并自动代经收款项。足见先生之学问道德、事业功绩,中外同钦!友邦人士其热心如此,况在国人。捐款者请将款项径送上海江西路四〇六号浙江兴业银行,或上海外滩十七号字林西报馆。捐款人姓名及数额,当随时在上海中西报端披露。收款时期拟于本年十月底截止。凡属先生生前知好,当荷赞同。无论翘企、

> 虞和德 张元济 何德奎 李 铭同谨启 民国廿七年八月三十日

（排印件,上档 Q268-1-583）

8月 亲笔草拟《征集徐新六先生纪念金启事》。云:"敝行总经理徐新六先生罹难后,在沪中西友好发起征集纪念金,备充奖学及公益基金之用。俟募得成数即专组委员会,决定纪念方法,并委托敝总行收款。兹特登报通告。如平津两地友好有赞助此举者,请将款项送交平津敝分行,当给临时收据为凭,汇寄总行,此恳。浙江兴业银行谨启。"又注:"武汉长沙各地 汉口敝分行或长沙支行;成渝各地 重庆敝支行;港埠 敝行办事处。港、汉、渝照此稿改数字。登报费另账登记,可在收款内开支。"(手稿,同上引档)

8月 主持制定《浙江兴业银行上海总行信托部信托投资章程》。(印本,上档 Q268-1-623)

9月2日 主持浙兴董事会会议。议决:①"总经理徐新六先生出缺,经理职务请董事长暂代。"②"徐总经理新六因公赴渝,途中惨遭不测,为社会及我行不可弥补之损失。徐公在我行服务十八年,忠勤廉洁,身后萧条,本行董事会援照《人事规程》酬恤金第十四条'直接因公死于非命者,得给特别酬恤金'之规定,全体通过

赠予徐公家属十万元。"①又通过其他要案数件。(《民国二十七年本行营业报告书》,《兴业邮乘》,第 85 期)同日,总办通函致各分支行,通报由先生暂代总经理职务。(副本,上档 Q268－1－63)

同日 交通银行唐寿民致先生函。云:"新六为国牺牲,至堪痛悼。敝行常董会公议,致其家属国币五万,所有治丧费用并由行作正开支。"②先生即电复云:"香港转寿民先生鉴:电悉。贵行厚恤,谨代家属先伸谢悃。葵。"(原电电稿,上档 Q268－1－321)

9 月 3 日 应徐新六夫人委托,组成遗产管理委员会,先生被推为主席。(见 1938 年 9 月 7 日复宋子文电)

9 月 4 日 汉口商会与银行公会发起举行徐新六先生追悼会,各银行均下半旗致哀。(《徐总经理不幸罹难》,《兴业邮乘》,第 80 期)

9 月 5 日 致浙兴港处王兼士电。云:"新六灵柩决运沪安葬。家属不来港,即请兼士兄护送。船位请酌定。何日准行,先电告,并通知港友。葵。"(电稿,上档 Q268－1－321)

同日 与徐寄顾联名签署致浙兴人事研究委员会函,调整该会成员。云:"查本行人事研究委员会规程第二条,'行员'二字应改为'重员',已交总办事处备案。又查贵会委员徐新六先生出缺,选任常务董事张笃生先生为委员。原委员竹经理、沈总稽核、金总秘书均照旧,并添任兼代储蓄部经理孙经理、兼代信托部经理罗经理委委员。指定张委员笃生先生主席。"至此,浙兴人事研究委员会组成人员为:张笃生、项叔翔、竹淼生、沈棉庭、孙人镜、罗郁铭与金任钧。(副本,上档 Q268－1－176)

9 月 7 日 王兼士复先生电。云:"揆公:电悉。灵柩加木套。运沪日期再电告。又请电汇港纸式千元。廉。"先生批复云:"先由行汇去,后再结账。"(原电及批复,上档 Q268－1－321)

---

① 笔者看到有一份材料,说叶景葵如何重用竹淼生,不信任总经理徐新六,甚至称徐遇难后,叶景葵"对徐遗属一无抚恤"。此说毫无事实根据,且有恶意中伤之嫌,特此附注于此,请读者评判。此说即刊于《浙江文史资料选辑》第 46 期上孔绶蘅《回忆浙江实业银行与李馥荪及其他》一文。该文云:"'浙兴'的总经理当时是徐新六先生,他更无实权(因不得欢于叶)。徐经济境况不好,要向本行透支,一次徐开出支票 500 元,竹即予以退票。李馥荪对我说,竹太过分了。叶亦太薄情。叶为什么不满于徐呢?因徐当时已任公共租界华董,叶以为栽培徐成了名,徐却不因此为'浙兴'干些什么大事,而只搞自己的政治活动。及后来徐与胡笔江坐飞机遇难后,'浙兴'对徐遗属一无抚恤。由李馥荪等几个好友集些小小基金用以恤孤。我还代李办过此事的工作.故略知其事。"作者并非浙兴成员,而是浙江实业银行要员,又属道听途说,相隔数十年后的"回忆",与历史事实大相径庭,应予以彻底澄清。——编著者

② 徐新六当时兼任交通银行董事会董事。——编著者

同日　复宋子文电。云:"呈宋子文先生鉴:电敬悉,承命谨遵。此间奉徐夫人委托,已于三日组成遗产管理委员七人,葵被推主席。将来两会尽可合作。俟德懋兄来,面商请示。景葵。"(电稿,同上引档)

同日　上海公共租界工部局董事会开会,哀悼徐新六遇害。代理总董麦克诺顿谓:"……十年来合作之谊,对于徐君之人格深表敬意。当董事会开会时,徐君每有发言,必理真情至,深感人心。徐君之死,不仅董事会及上海社会之损失,亦朋友间个人之损失。"(《徐总经理不幸罹难》,《兴业邮乘》,第 80 期)

9 月 10 日　驻港金融界领袖宋子文、黄奕柱、叶琢堂、周作民、杜月笙、王晓籁、钱新之、唐寿民等,发起追悼徐新六、胡笔江大会在香港孔圣堂举行。到者千余人。宋子文及香港华商会代表李星衢等相继致祭。宋子文谓:"新六先生英国留学回来后,除本身职业外,对于一般社会事业,亦尽力参加扶持。而其蔼然可亲之风度,尤令人可敬。噩耗传至,各方无不表示哀悼。伦敦《泰晤士报》在报栏内称其为'伟大君子'(Great Gentleman),实为无上尊称。新六先生对于国家之贡献,益发现于国难之中。当去冬国军退出淞沪,金融界重要分子大部分迫于情势,不得不相率离沪。而新六先生独以外圆内方之性格,济以和蔼诚挚之态度,领导各银行应付最恶劣之环境。是以上海情势虽有变化,而各银行不致发生危险,社会得以差委安定者,皆新六先生之力也。"是日,上海市商会、银钱业两公会、纳税华人会及工部局,事前接宋子文等来电,全市各界均下半旗一天。(同上引刊)

9 月 11 日　浙兴港处致总办电,报告徐新六灵柩启运。云:"新公灵柩于十六日日本皇后号运沪。上海手续,闻万国殡仪馆可代办。请洽。"先生批复云:"通知杨语山诸君接洽。"此后曾有波折。港处王兼士又致电总办云:"急。灵柩九月十八日到,可否?电复。否则改期。"先生批复云:"急。香港。仍请十六行。"(原件,上档 Q268-1-321)

9 月 15 日　浙兴渝行致总办电,报告重庆当日举行徐新六先生追悼会,行政院长孔祥熙主祭。(原件,同上引档)

9 月 18 日　徐新六灵柩运抵沪。除徐氏家属外,先生与浙兴全体董事、监察人及重要职员均到公和祥码头迎灵。当日在胶州路万国殡仪馆设祭。"家属及来宾均依次行礼。"(《徐总经理不幸罹难》,《兴业邮乘》,第 80 期)

同日　致香港唐寿民电。云:"唐寿民先生并转宋、杜、王、叶、钱诸公鉴:新公灵柩今晨九点抵埠奉安,知注致闻并谢。景葵。"(上档 Q268-1-321)

9 月 20 日　顾廷龙致先生函,寄赠《四当斋书目》,并询收书事。云:"疏懒笺候,忽已半年,每从欣夫、景郑来书藉悉杖履康泰为慰。前承赐题复泉栏拓,勉勖备至,感荷弥极。式丈藏书目草草编就,忽忽已十阅月,分类著录不免舛误,惟于丈及其友人题识备录无遗,其量可与文集相拊。昨由敝馆代章氏昆仲寄陈一部,即希教正。《离骚经讲话》近由藻玉堂又送来馆,两年以来竟未获售。当时索价太昂,今改为八十元,虽已稍减,实东来初开之价也。敝馆同人颇有购留之意,将来又拟怂恿馆中付之手民,虽则不全,似为定稿也。欣夫曾来函述及长者近于收书意兴阑珊,扰攘中安得从容于书卷。此间书估欲寄书样奉览,属为介绍,均未敢应。闻各肆无处收货,偶有所得,均为习见之本,其窘可知,或不如上海之盛也。《读史方舆纪要》已否取回?甚以为念。龙还存贵行《集韵》《尚书》等三种,闻由元美兄带沪,不识已收到否?亦念。暇时希赐教言为幸。"(《顾廷龙文集》,第 743—744 页)

9 月 21 日　下午四时,上海市银行同业公会在八仙桥青年会举行胡、徐二公追悼会。银行界人士及各界领袖 500 余人出席。吴蕴斋报告二公生平,许秋骡、秦润卿、李权时等发言致辞。先生出席大会并作讲演。(《徐总经理不幸罹难》,《兴业邮乘》,第 80 期)

9 月 23 日　复宋子文电。云:"香港中国银行宋董事长钧鉴:马电敬悉。遵即转达。徐夫人赞成乙藜、懋德两兄参加遗产管理委员会,已另聘矣。景葵。"(电稿,上档 Q268-1-321)

9 月 24 日　在万国殡仪馆设祭开吊徐新六。上午十时,先生率浙江兴业银行全体董事、监察人及同人 80 余人公祭,并宣读《本行同人祭文》。全文如下:

> 中华民国二十有七年九月廿四日,浙江兴业银行董事、监察人暨总分支行全体同人,敬以清酌庶羞,致祭于故总经理徐新六先生之灵。惟公在行十有八年,胡一朝之蹉跌,遽委命于黄泉?群众啜泣,以思慕同志,号呼而问天谓:天道其有知兮,胡黄钟独毁而瓦釜依然?谓公论其无凭兮,胡知与不知,闻噩耗而滑焉。惟公之德,易直子谅;惟公之学,粹美闳深;惟公之才,卓越侪辈;惟公之绩,誉满重瀛。抱禹稷之饥溺,不怀私而自营。与人无忤兮与物无争,胡厥施未竟而大命俄顷?断我股肱,摧我肝脾。干部失其梁栋,青年丧其导师。呜呼哀已!公有恒言:民为国本,倘国魂之不振兮,民业昌而终陨。矧吾业之关系于社会,如一环之不可分。吾与吾友合作以并进,非舍己而芸人。有利于彼,即利于己;有损于国,即损于行。捐个人之逸乐,图众业之蕃昌;苟国基之克巩,虽九死其何伤?孔曰"成仁",孟曰"取义"。公之精神,庶几无愧!千载同悲,万人一泪。念后死之责之钜且艰兮,进热诚以共济,愿灵爽之式凭亘千秋兮,万岁尚飨。
>
> (《兴业邮乘》,第 80 期)

中午,上海银行同业公会公祭。下午,浙兴其他同人前往吊祭,"终日络绎不绝"。(《徐总经理不幸罹难》,同上引刊)

9 月 25 日　上午,赴虞洽卿路宁波同乡会出席徐新六先生追悼会。大会由公共租界纳税华人会、上海市商会、上海市地方协会、法租界纳税华人会、上海市第一特区市民联合会、第二特区市民联合会、全国新药业同业公会联合会、上海市钱业公会、船业公会、银行公会,中华职业教育社、上海中学、闸北水电公司等 45 个团体发起,一千余人参加。下午二时,举行出殡仪式,由胶州路万国殡仪馆出发,经爱文义路、极司非尔路、海格路、大西路、哥仑比亚路,而至虹桥公墓。包括浙兴全体董事、监察人及同人在内一千余人,参加徐新六灵柩下葬仪式。(同上引刊)

9 月 28 日　复顾廷龙函,告以近况及藏书整理事。云:

起潜吾兄鉴:久不通问,接到《四当斋书目》一部,体例极善,足以表章式老劬学之里面,吾兄可谓能不负所托矣。弟近状如昨。敝行总经理徐新六先生忽焉徂谢,顿失长城,弟不得不暂时兼理,俗尘较多,无暇理旧业矣。今年本不购书,有书估之旧相识者,约略应酬,择其价廉而物美者所费不过二百元,精品亦无多(多未刊之本)。一则时局扰攘,不能不撙节;二则旧存正在整理,写目不愿有丛杂之弊也。《离骚经讲话》,弟意似为刘继庄之作,方楘如无此识见,惜乎不全。退谷手书似的确,弟前还价七十元,如八十元亦愿得之。若贵馆已购,即作罢论可也。《读史方舆纪要》山东六册在宾四之弟起八处,渠居荡口,原书无恙。已嘱设法带沪。《集韵》等早已收到,勿念。即颂日祉。　弟景葵顿首,廿七年九月廿八日。(《尺牍》)

10 月 9 日　《兴业邮乘》第 80 期"纪念徐新六先生专号"出版。刊登报道《徐总经理不幸罹难》,以及先生《挽徐新六联》与《本行同人祭文》等文。(原刊)

10 月 13 日　为徐新六遗产事复香港贝淞生电。云:"转贝淞兄:函悉。遵办。惟所存美金因生息关系,拟换回法币,调沪分配。请转陈文公,如赞同,即费神代办。景葵。"(电稿,上档 Q268 - 1 - 321)

10 月　撰《北梦琐言》跋。云:"缪艺风三校本,根据商本、《广记》本、刘吴两钞本,前后二十余年,用力勤劬,校笔整饬。向藏亡友宗耿吾家,近忽流入沪肆,借来过录一通,殊愧原校之工细。戊寅秋末,景葵记。"(《书跋》,第 25—26 页)

11 月 4 日　张元济致先生函,谈极司非尔路 40 号张宅出售事。云:"昨奉电谕,史稻兄转达云云,谨悉。前日陶君第二次偕其眷属来寓复看,约一点余钟,甚为详尽,似甚属意。昨与儿辈商量,买卖之价全视双方需要情形而定,按照现在情势,鄙意拟索至十二万元,且必须付给现款,拟请史稻兄察看情形善为应付。琐事屡渎,且感且悚。"(《张元济全集》,第 1 卷,第 311—312 页)

11 月 8 日　张元济致先生函,再谈极司非尔路 40 号张宅出售事。云:"昨奉电示,谨悉。陈叔翁传达雅意,至深感荷。敝产拟减至十一万元,或竟减为十万五千

元,亦无不可。统祈吾兄与史稻兄代为酌定。费神感悚。"(同上引书,312 页)

11 月 9 日 为霞飞路沙发花园(今淮海中路 1285 弄上方花园)租赁事访张元济。(1938 年 11 月 10 日张元济致先生函,同上引书)

11 月 10 日 张元济致先生函。云:"昨荷枉临,备承爱注,不胜感荷。敝处房地得主陶氏只允出至十万法币现款,但定议时可以先付八、九成。弟不便再有计较,可即定局。至订定时应用何种手续,弟未熟谙,统祈转请史、顾二君代达,并示复。再昨面陈,此时只可宣布长期租赁,并乞代白下情为荷。琐渎感悚,即颂台安。"(《张元济全集》,第 1 卷,第 312 页)

11 月 21 日 邓邦述复先生函,借寄书籍。云:"奉示久未复,歉甚。《独学庐稿》四册,兹遵示交潘君辉山寄呈,即乞詧入。弟湿疮仍未愈,且又复发,故不能行走,手指亦淋漓支绌,不能作书也。苦闷已极!"(原件,《尺素选存》)

11 月 24 日 撰《南迁录》跋,怀念朱夫人。云:

　　《南迁录》八卷,当从《四库全书提要》作一卷。丙申孟冬,假昆明萧绍庭所得钞本,手录一过。绍庭得之任城,原册有茝谷小印,知为孔氏故物。第四卷缺三叶,八卷后亦未完,讹字错简,随手改正,不知盖阙,以俟他日校补。景葵识。

　　此余廿二岁在济南历城县甥馆中,借昆明萧绍庭丈应椿所藏抄本迻录,藉以练习楷法。抄毕手自衬纸,先室朱夫人为余装钉,当日闺房静好之乐,如在目前。置之书簏,于今四十有四年。线装依然未损,而先室已长眠地下。睹物思人,万端怅触!原本伪造,无裨史实。萧抄本妄分八卷,亦不足重。楷书稚劣可哂,诚以先室所装治之本,不忍捐弃。适见金耿庵手校清初抄本,补校一过,并抄补阙文,复置诸群书之列,以期保存勿失。每年检点一过,聊以慰余哀悼云尔!戊寅十月初三灯下揆初记。(《书跋》,第 25 页)

《南迁录》八卷,(金)张师颜撰,叶景葵手抄本并校,一册。(《叶目》)

11 月 25 日 撰《甘泉乡人稿》跋。云:"戊寅冬初,购得甘泉乡人手稿笔记一册,附《文稿校勘记》甚详。与此本对勘,均未修正,此为初印本无疑。暇当一一过录。记言乙卯四月修板,是刻成之次年。""十月初四日,灯下依笔记逐字校正。凡陈氏巳校出者,不复录。"(《书跋》,第 152 页)

《甘泉乡人稿》二十四卷,附《校书谱》一卷,(清)泰兴钱泰吉(警石)撰,清咸丰四年读旧书室刊本,五册,(清)陈其荣(桂疏)校,叶景葵校。(《叶目》)

11 月 27 日 顾廷龙致先生函,谈旧书搜购及刊印等事。云:"前奉手论,拜悉一一。《四当斋书目》承许能表彰式老勋学之里面,龙编纂时确曾刻意于是,惟目录体裁所限,无发挥之地。今邀洞鉴,快幸何如。此目编印匆遽,尚欠详核,必多讹误。记得式老尝为龙言,《通鉴校宋记》之刊行,曾承长者之助,目中按语曾加叙入,泊付印覆核,元美已南行,他无可询,恐有失实,因又改板删去。但龙素知长者有此义举。《松邻遗集》得有一二流传于今日,实为长者一人之力,故龙尚以所忆之不误,便希示及,为他日艺林增一掌故也。”“《离骚经讲录》已为敝馆所得,断非方楘如之笔墨,唐鹣安所题往往有误,不足为据,此惜残稿,然有机会终当谋以印行。前年长者在东来阁所购万年王朝渠《十三经拾遗》稿,今馆中得嘉庆间刊本一部,惟刊本不多见,尊藏恐未必为原稿,殆据刊本传录者乎? 龙感于购书以钞校稿本最难审定,而较刊本有深味。龙上星期日游厂见《双照丛残》一束,虽多芜杂不完,重其遗墨而收之,携归检理,得传钞之越缦《萝菴游赏小志》全一册,遍查坊肆及各图书馆目皆未有,殆未刊行者。细审此册格纸版心,有‘全国水利局’等字,疑当时为王书衡钞界双照刊行者。书衡服膺越缦,特不知何以未果入梓,长者当知原委,乞示一二。如确系未经刊行,拟奉赠邺架,冀得长者为谋流传(或交商务,或交欣夫),亦盛事也。今日得元美函,谓钞录式老读书札录,何书应钞,曾乞酌夺,不知有选定否? 此事由龙怂恿而成,开写以来计成五种,为《大金国志》《契丹国志》《南齐书》《语石》《魏书宗室传补注》(罗振玉撰)。鄙意拟将《宋史》接而写出,昔式老尝谓校书要从大部起(见双照诗),今钞札录似亦应从大部起。此史据校底本,式老以为元本,惟读张菊老百衲本跋文所考,此种板本尚系明本。然此本完整,既可补出《田况传》阙文,其他佳胜自多,极应录为校记,即菊老他日据百衲本亦校,两部底本实在不同(昔《北平图书馆月刊》中曾载元本校记,仅存数卷),正足两存以资参考,尊意以为何如? 所困难者,录校不易得其人。去年适龙友闲居北中,挽之从事,张孟劬先生尝称之,今年此君谋得教席,不能专任,此事进行遂迟。又招得敝校毕业生一人,每日只能写二小时。此种事非聚精会神为之,其效不宏,而非薄有根底之人不能相托。敝馆主者于此道夙未亲尝甘苦,遂必欲龙相助照料,龙亦自当尽心力而为之,乘今有此两君能将大部录成,明年设均他去,则另招较差之人,小种或易办矣。大部书尚有《三朝北盟会编》,校虽密,然光绪间四川刊本大都已刻出,故可缓为。《旧五代史》校邵底本实与嘉业堂所刊无甚异处,方开写即停,拟先将史部各本写毕,而子而集,倘能全部竣事,一旦刊行,可与《群书拾补》并行,而式老一生劬学斯可不朽矣。”“尊藏书籍目录之纂不识已成几部? 甚盼力事详尽。秘箧多钞校稿本,即不能刊行,可系此目而光显,诚足为后来文献之征。倘长者相助须人,景郑似可招之,渠尝寝馈流略,方感无书之苦,必能欣然应命也。”“从弟廷翔服务苏州上海银行十余年(由练习生升至出纳员),去秋因病未能随行移徙,遂赋闲居,家中须其照料,又不克远行,倘他日该行在吴有复业之举,拟仗鼎力一言使能蝉联。设贵苏行恢复,能隶骈羉尤所感幸。恃爱干渎,不自知其不情也。”“此间书贾自东来,在杭得抱经堂藏会通馆活字本《诸臣奏议》，鬻得三千金(归诵芬室董氏)，于是接踵南行，皆怀奢望而去，不知果能有所得否？ 得来主顾安在，亦在不可知之数也。比厂肆收得乐亭史梦兰藏书，皆通行本，惟旧钞《国榷》较善，惜缺首数卷。《四部丛刊》拟目原有此书，不知尚能印出否？ 倘必能印，则此本又不足为奇货矣。"(《顾廷龙文集》，第744—746 页)

11 月 28 日 主持浙兴董事会会议。"金以本年营业情形，预计下届决算结果未能结有红利。全行员工终年勤劳，又值生活费高涨，上年定案裁节食宿费，又未能遽以恢复，未免发生困难。爰决议在本年开支项下，拨给职员临时津贴，每人两个月薪水之数(包括原支薪津贴工资一切员生、栈司、警役)，以资补助，即于本年内支给之。"(1938 年 11 月 30 日浙兴总办通函，上档 Q269 - 1 - 129)会议又议决如下人事调动事项：香港办事处裁撤，原任专员王兼士(廉)调任总行副经理兼经济研究室主任；总行业务处襄理兼西区支行经理吴承禧因西支行事务增繁，毋庸兼任经济研究室主任；前香港办事处办事员周鼎三调任总行业务处办事员，暂留香港办理未了事务。(1938 年 12 月 1 日浙兴总办通函，同上引档)

11 月 撰《阙文》题识。云："戊寅初冬，依吴兔床校知不足斋本抄补缺文附后。景葵。"(手迹，原书，上海图书馆藏)

《阙文》二卷，(唐)高彦修撰，清初抄本二册，阙名校，叶景葵补校。(《叶目》)

12 月 3 日 张元济为先生所藏清人校本《夷白斋集》题跋。云："常熟铁琴铜剑楼瞿氏藏旧钞本为泰兴季氏旧物，黄荛圃刊《延令书目》称为元钞，余尝假为景印，列入《四部丛刊三编》。""是本旧为汲古阁毛氏所藏，转入于爱日精庐，见张氏藏书志，与季本对勘，编次悉合，而文字颇多歧异，其所从出必为一别本。……揆初吾兄近得之海虞旧家，出以相视，询余校笔是否出于月霄先生之手，余未能辨，不敢妄答，然精慎缜密，下笔不苟，必为名人之笔无疑。揆初其珍重藏之。"(《张元济古籍序跋汇编》，第 1132 页)

12 月 17 日 周季梅致先生函，商汉口第一纱厂债权事。云："在汉晤教，至为快慰。承嘱纺织公司一节，到长(沙)后，经与主管司及参事厅再四斟酌，稿经数易，现已决定将汉口市商会来呈，咨请鄂省政府查察现时情形，酌量办理。径行饬知，一面批示商会知照。缘备案一层，本系依据一九三七年所订之合同而来。该合同第三十三款载明，'本合同呈报湖北省政府及汉口市政府备案'等语。可否备案，在地方政府自有核定之权。本年六月间，鄂省政府以此案咨送到部，咨文中有'应否予以备案'之语，部中自不能不根据法令条约予以咨复。复文末段有'请由省府详查办理'之语。是以此次商会来呈所请备案一节，只得仍咨由鄂省府酌量办理。盖部中本以自由核定之权授于省府，省府如认为可行，部中决不予以掣肘。办理本案经过情形如此,尚希鉴原,并望预与省府方面接洽为要。"先生批注云:"此系第一次与周季梅商洽情形。因鄂方尚未说妥,嘱令候信再发,"（原件,上档 Q268－1－419)

12 月 29 日　致刘承幹函,谢赠书。云:"病中荷赐《睫巢集》,敬谢。近得手稿集外诗,故欲核对之耳。世兄册子勉强缴卷,乞转交。"（《求恕斋友朋手札》稿本）

是年　撰《瞿忠宣公集》题识。云:"《养一文集·抱经堂诗集跋》言:'兆洛以梓人自随,所刊之书,有《日知录》《绎志》《邹道乡集》《瞿忠宣集》。'是此书实申耆先生所刊;题名蒋、许,大约蒋助刊资,许则藏稿家也。戊寅,景葵记。"（《书跋》,第 139 页）

《瞿忠宣公集》十卷,(明)常熟瞿式耜(稼轩)撰,清道光十五年武进李兆洛刊本,八册。（《叶目》）

约是年　撰《春秋纬史集传》题识。云:"民国甲戌春,游天台,宿陈君钟纬家,出此书相赠。陈君克绳祖武,读史摘有长编,卓然有著述之志。乱后未通尺素,不知近况如何。揆初。"（《书跋》,第 11—12 页）

《春秋纬史集传》四十卷,(清)陈省钦(赓廷)撰,民国十三年孙男钟祺排印本,四册。（《叶目》）

约是年　经常阅看青年行员的文章,并与之交谈。史惠康《忆揆公》一文云:"我最初在经济研究室工作,我经常的写些有关经济方面的文字给他和总经理等看,他开始在文字上认识了我。他看了之后,有的加以按语,有的加以批评,有的把别字改正,正是老师看卷,鼓励了我写作的兴趣与勇气。太平洋事变之后,我调任到业务方面,主要的工作是对外,写文章的时间减少,但在空的时候,常到他的公馆去访他,他每次热心的提出当前的经济或政治上的问题和我谈。我受益不少。我终当他是老师看,他对我的印象似乎也不坏,所以也常常敢以自己的意见表示给他听。"（《兴业邮乘》,复第 54 期）

1939 年(民国二十八年　己卯)　66 岁

2 月　上海发生暗杀日伪人员案 18 起,死伤 30 余人。

7 月　新四军抗日义勇军夜袭虹桥机场,轰动上海。

8 月　汪精卫在上海召开伪国民党六大,旋成立伪中央党部。

9 月　德国法西斯入侵波兰。英法对德宣战,第二次世界大战爆发。新四军叶飞部进军上海近郊。

11 月　国民党五中六次全会在渝召开,重申坚持抗战建国基本国策,定 1940 年召开国民大会。

1 月 1 日　致顾廷龙函,告以旧书购藏等事,云:

起潜吾兄足下:奉十一月廿七手书,以卧病未克即答为歉。萝庵《游赏小志》承惠赐,当遵约交欣夫编入丛编。惟戊寅已付印,须迟至来年耳。近得先德所撰《春树闲钞》(出自上元宗氏),系曾孙达尊校录本,是否即丛编之底本,君家手泽当以奉赠,俟到行即邮寄。今年六七月间书价甚廉,颇收得罕见之本,近则客频来,货少而价昂矣。式老所校各书以《敏求记》《通鉴正文》《大金国志》三部为最,因取精用宏,为近百年所罕观也。二书均已刊行,惟《大金国志》未刊,已复彦威专意于是,惟渠近况亦不甚佳,当徐俟之耳。前购《十三经拾遗》稿,疑为王君自录清本,惜无确证(其工整非他人所为,字体亦合时代)。令弟事当与光甫言之,渠尚未返。松江韩氏膡余零种尚有六十余本,为文禄堂旧夥乔景熹(近开敬文阁)捆载而去,皆屡经选择之所余,无多文采,兄盍往观?(《尺牍》)

1 月 18 日　主持制定并颁发总经理室通告《业务处经副襄理职掌合作图》,规定个人分工如下①:

竹(淼生)经理:投资,调拨,人事。

孙(人镜)副经理:核定定期放款贴现往透押款押透等事,并签阅来往文件及其单据;兼办储蓄押款收付,并签阅来往文件及其单据。

---

① 原件为竖排表格式,现改为横排文字表述式。——编著者

罗(郁铭)副经理：签阅各部分英文来往文件；签阅"业外"字来往文件；办理进出口押汇，并签阅来往文件及其单据；买卖外币证券，并签阅来往文件及其单据。

陈(元嵩)副经理：签阅各部分英文来往文件；签阅"业外"字来往文件；买卖外汇，并签阅来往文件及其单据；买卖外币证券，并签阅来往文件及其单据；办理外汇存款收付，并签阅来往文件及其单据。

王(兼士)副经理：查看与放款有关之各工厂；办理进出口押汇，并签阅来往文件及其单据；买卖外汇，并签阅来往文件及其单据；办理外汇存款收付，并签阅来往文件及其单据；管理调查事宜，并签阅来往文件。

张(笃生)副经理：核定分支行处庄业务，并签阅来往文件；核定本埠支行仓库业务，并签阅来往文件；办理分支行处庄及外埠同业之往来及押汇收付，并签阅来往文件及其单据；编填及核对电报押码；代理本埠支行收付；兼办撤退分支行处收付，并签阅来往文件及其单据。

向(锡璜)襄理：核定本埠支行仓库业务，并签阅来往文件；办理定期放款贴现及押款收付，并签阅来往文件及其单据；编填及核对电报押码；代理本埠支行收付；兼办撤退分支行处收付，并签阅来往文件及其单据。

金(伯铭)襄理：办理本埠同业往来收付，并签阅来往文件及其单据；办理往存暂存收付，并签阅来往文件及其单据；兼办储蓄各种存款收付，并签阅来往文件及其单据；管理收支事务，并签阅来往文件。

陈襄理：办理往透押透收付，并签阅来往文件及其单据；办理定存特往收付，并签阅来往文件及其单据；办理往存暂存收付，并签阅来往文件及其单据；兼办储蓄各种存款收付，并签阅来往文件及其单据。（副本，上档 Q268－1－149)

1 月 21 日　顾廷龙复先生函,谈各家藏书散失事。云："日前奉手谕,拜悉一一,比想兴居迪吉,饮食胜常为颂。《春树闲钞》上元宗氏所藏,系先五世从祖荣绯公(讳达尊)手录之本,寒族中竟无别本。岁庚午承子戴丈见假,先君始手录一副。越年家子虬兄又从传录,乙亥始得列丛编印出,是实为先著仅存之祖本。今为长者所得而又承见赐,感幸何如! 尚祈赐题数语以志纪念,至为叩祷。""乔贾在沪收来书籍甚多,龙与此人不识,又懒进城,故未往一观。今悉其所办之货均已售罄,年内须再到沪收买。承示松江韩氏鬻余书,曾见沈大成校《礼部韵略》一种,由他贾送来,议价(索百番),四十元已谐后,因虫损,属稍修缀,彼坚不允,卒未成交,殊为可惜。幸所批各条龙已草草过录,可存大概矣。闻长者曾在乔处得戴东原稿本一册,不知何名,已有刻本否? 近隆福寺书估送来自南所收书,有翁文恭题识,据云翁氏书有二百余箱在接洽中,不知宋本《集韵》尚在否? 赵氏天放楼书亦有所见。又闻随盦、适园所藏亦皆有散售之说,不知确否?""舍弟事承许晤陈公为之说项,至感。如能先在总行中占片席以维生计,则尤盼幸。不情之请,尚乞亮詧。""式老校本以史部为多,校记已写成五种(均史部者),现正从事《宋史》。《宋史》毕,重要者已全,可暂结束,告一段落矣。彦威方与敝馆接洽下年修理装潢及写校记等计划,即拟以此复之,不知彦威之意何如。越缦《游赏小志》已寄出,当可先此递达也。"(《顾廷龙文集》,第 746 页)

同日 汪诒年为钞书事复先生函。云:"昨承交下格纸三百张、法币三十元,当即草复一笺,亮承詧阅。刻已将《振绮书目》交与族妹翼鸿缮写矣。笔资每千字三角,亦与订定。""再,历来写书通例,如写者自觉有误字,即以挖补或填粉为救正;校者发见有误字,即用朱笔改正于旁。诒意挖补或填粉,日久每易脱落,似觉不妥,自以用朱笔改正为宜。然原书亦有朱笔字,若此刻改正之字亦用朱笔,深恐先后混淆,难于分别。拟改为写一签条,写明某某页某某行某字应作某,或曰某字下脱某字,即贴于本行之上,觉较妥协。尊意想亦谓然。"(原件,《尺素选存》)

1 月 27 日 撰稿本《睫巢集》跋,记其源流、入藏经过与价值。云:

> 《睫巢集》刻于乾隆辛酉,后集刻于甲子。此稿起于壬戌夏,止于戊辰,故首册已选入后集,第二册则皆后集所未收。凡首册题上有朱圈者,皆后集所选刻,则此为眉山手稿无疑矣。

> 此书向藏松江韩氏,流落肆中,无人过问。景葵见眉山诸钤印,疑为原稿,议价购之。书贾告余此为嘉业堂所已刻,以价廉姑收之。归访翰怡,乞其新刻。翰怡以印本皆在南浔,沦没不知能否寄出为言。阅二十日,竟以印本见惠。详细对勘,知此稿之作,大半皆后集所未收。惜翰怡意兴阑珊,无复当日之豪举,不知何日何人始能付之梨枣,书此慨然! 戊寅腊八,叶景葵识。

(《书跋》,第 143 页)

《睫巢集》六卷《后集》一卷,(清)奉天李锴(铁君)撰,手稿本,二册,(清)韩应陛跋。(《叶目》)

1 月 30 日 致顾廷龙函,告以购书事,又询顾在燕京图书馆之情况。云:

> 起潜吾兄左右:奉一月廿一日手书,敬悉种切。《春树闲钞》一册前日已寄敝行沈君转交,当已收到。乔贾在苏所收各书以曹君直先生校本为最可贵,弟皆未见(由苏径寄示),惟曹校《三国志》一部(以单注本明抄本合校),价仅十六元,曾经弟手,以欣夫笃嗜,遂让归之。弟在乔手所购者有朱笺《水经注》残本,盖乾嘉间有拟撰《水经注治要》者,即以朱笺为底本,止存十七卷半,批注丛杂,破碎不堪,书估伪造戴震印章钤于卷首,其实不知名也。乔贾购去松江韩氏賸

余抄本六十余种，弟留四五种，有李锴《睫巢集》（刻本大半未收），王祖嫡之《王司业杂著》（万历河南人，未刊），王乃昭抄陆右丞《蹈海录》，古香楼抄嘉靖《桐乡县志》，明抄黄荛翁校《寓简》。其余如沈学子校《礼部韵略》，不甚精要，弟以已有桂未谷校宋本甚佳，故不留。其实乔之原本只廿四元，弟出价只卅二元，早知如此，当为兄留之也。乔又购宗氏书，有刻本附图《客座赘语》，弘治本《丁卯集》，嘉靖本顾氏《文房四十家唐宋小说》，皆弟出价而未谐者。乔以极廉价得之宗氏子，忽明忽昧，皆此类也。宗有全谢山重校本《水经》四十卷抄本两种，即七校之底本，弟已取得有六卷，系谢山手稿，合二书观之，王膇轩之七校本皆凑合谢山各校本，以意为之，非真面目，宜王氏合校不取之也。此书议价未成，大约可得。弟又在乔手购明抄李文察著《兴乐要论》《乐记补说》《律吕新书补注》《皇明青宫乐调》四种，尚系钱遵王故物，恐世间无刻本也。此外则无足观矣。京师岁寒，意兴如何？燕京图书馆经费尚充足否？吾兄在校是否兼教员，每年收入若何？有契约否？暇乞见示。随庵老病时，以卖书支持。适园在浔普通书均已戢售，披沙拣金，常有奇货，惜不得一一亲见也。令弟事容为相机进言。即颂著祺。弟景葵顿首，廿八年一月卅日。

前在燕馆所见之残本地志稿本，已可证明确为沈落飘手稿。（《尺牍》）

1月31日　签署浙兴总经理室通告。云："总行业务处副经理孙人镜毋庸兼任调查股主任，派业务处副经理王兼士兼任调查股主任。"（副本，上档 Q268-1-149）

　1月　撰《法象考》跋①。云："《法象考》二卷，乾隆时人，失名，稿本。序、凡例五则，卷一目次：七政恒星高下，极度，日月，日道，日躔赢缩，日出入永短，月道，月离迟疾，气朔闰，交食，晷景，五星，五星迟疾留逆，四余；卷二目次：经传列星，诸天恒星，南极隐界星，云汉，黄赤宿度黄赤宫界，中星，分野，诸异星，云气。所引诸书，以经史为正，《国语》《大戴记》附经后，宋中兴《天文志》《明史稿》附史后，经注史文及先儒之说，或有未惬，必为辨正，以案字别之。通体一手所书，又以朱笔校点，盖写定之稿，惜未署名。戊寅腊月读毕记。景葵。"（《书跋》，第101页）

　1月　张元济因经济逐渐拮据，原寓所沪西地段又为日伪势力控制，拟售去极司非尔路旧宅。经先生与浙江兴业银行介绍，租定正在建造之中霞飞路沙发花园（今淮海中路上方花园）24号。（张树年《我的父亲张元济》，第173页）

　2月1日　王大隆复先生函，赠《恬养斋诗集》。云："刊书费三百元及大教均收悉。国学会正式收据附上，祈察收为荷。罗镜泉文稿知转入邺架，此未刊秘籍极

---

① 《法象考》一书，《杭州叶氏卷盦藏书目录》不载，原因不详。——编著者

为珍重。承讯敝藏《诗集》,去年得于武林书肆,惜仅存五卷。罗为公之乡人,是书宜仍归公,谨以奉赠,俾为璧合,务希哂纳是幸。隆今年休假期内,拟作平津之游,于《松崖读书记》亦拟整理完成。《周礼注疏》约正月底可录毕。再欲告借《公谷注疏》一读。又陈君澄中处之《诗礼注疏》,渴思一读。公与陈君雅故,他日亦拟恳为借出,录一副本,不审许否?"(原件,《尺素选存》)

2月5日 撰《大明宝钞》题记。云:"《明史·食货志》洪武七年设宝钞提举司,八年诏中书省造大明宝钞。以桑穰为料,高一尺,广六寸,质青色,额题'大明通行宝钞',两旁篆文:'大明宝钞,天下通行'。其下云:'中书省奉准印大明宝钞,与铜钱通行使用,伪造者斩;告捕者赏银三十五两,仍给犯人财产。'今观此本,已改中书省为户部。史称洪武十三年废中书省,以造钞属户部,铸钱属工部。永乐即位,夏原吉请更钞板,篆文为永乐帝命,仍其旧。自后终明世皆用洪武年号,则此本刊板何代何年,未可臆定。文内告捕赏格已改二百五十两,约增七倍,足证伪造之多,故重赏以制止之。伯铭世兄经济专家,此为尊翁元达先生所赐,良以货币变迁为经济史之重要资料也。承以见示,辄书所见,俾作参考之助。立春节。"(《书跋》,第51页)

2月8日 顾廷龙致先生函,谈旧家藏书散逸及答复个人情况。云:"日前拜奉手谕,快如良觌。承示沪上书林珍闻,广益鄙陋,感幸何如。松江韩氏剩余书为乔贾购得,景郑亦曾见告,该贾与敝馆向无往来,故不送阅,既经长者略选一过,想其余亦无甚重要者矣。即如沈学子校《礼部韵略》,丹铅满幅,乃为引经异读分别标识以便省览,批校则廖廖,诚如长者所云不甚精要,龙亦以为如此,故卒至垂成交而又罢也。""宗氏咫园书为修文堂孙实君(新从修绠分出,此次与文殿阁合夥办货。)购得甚多,送来求售,以弘治本《春秋繁露》十七卷(二百四十元)、嘉靖本《正、续演繁露》(二百六十元)两书较罕觌,而馆费已竭,只可失之交臂,闻已为文奎堂二百四十元(两种)购去矣。《繁露》,《四部丛刊》辑印时仅得内聚珍本,匆匆不获一校,至为可惜。弘治本《丁卯集》亦修文(文殿、乔某三合夥)书,顷已送来,索值百六十元,并谓在沪时乔某曾得主给价百元未谐,今此间董氏及天津周氏亦均给价百元,必至百元以外方可脱手云。龙阅此刻与席刻次第多寡相同,误敚亦不少,惟此本不多见耳。《客座赘语》有宗湘文跋,图甚佳,索百廿元。两书馆中未必能留,如长者尚有意于此,请示一价,姑与一商。尚有万历何养纯刻《林和靖诗集》,楷体精工,丰华堂旧物,不知见及否?""适园浔藏已到津,闻有百余箧,钞本数种邮寄先到,送龙阅者亦甚平常,若郭琇《华野疏藁》(钞本甚多)、《安晚堂诗集》(宋郑清之撰,有李氏宜秋馆刊本)、《江月松风集》十二卷、续一卷(清钱惟善撰,小山堂抄本,顾湘舟先生旧藏,此有钱保塘刊《清风室丛书》本),明钞贾浪仙《长江集》,有沈子培跋,必皆一校乃可知其真有佳胜也。购书以钞校本为最有趣味,而亦以钞校本最难审别,馆中人无同此好者,故不能多搜也。""秘箧新得李文察所著四种,难得,可贺,惟按《四库存目》尚有两种,不知能踪迹否?敝馆新得钱竹汀《讲筵日记》手稿一册,未见刊印,可补其自订年谱。又方朔(小东)所辑《复初斋题跋》一册中,多嘉业堂所刻外集附载逸文篇目之文,此两书较为最善。其次若胡之骥《江文通集汇注》《陈白阳集》、黄训辑《皇明名臣经济文录》、陈全之《蓬窗日录》等,俟稍整理当再择善奉闻。去年所得者曾草草记述另邮呈海,阅后请转交景郑为荷(静安寺路润康村二〇二号)。""龙佣书燕馆,专任采访,因校例所限,不能兼任教课,既无聘书,亦无合同,月薪百廿五元,循资而上,暑后学校无恙,当可增加十五元,所幸此间生活程度较低(以房租而论,不过上海十之一耳),勉能维持。每届学期开始为两儿筹学费(一在高中一年,一在小学四年)则形拮据。在此仅以能不离书本,投吾所好,他无可恋。然一书购到,速送编目,不克细读,而俗务纷纭,不容其从容浏览,有如庖丁调味盛宴,为主人享客,安得染指其间?退值以后,昏灯一卷,日益无几,任意涉猎,不能专治一学,致年逾三十而修名不立,每自惭疚。去年以来,朋辈星散,依依送别,吾以一家四口欲归不易,顾今满目疮痍之日,人多流离颠沛,我尚草间偷活,已邀天幸,复有何求。惟诵宗子相之言曰:'人生有命,吾惟守分而已。'聊以解嘲。素蒙垂爱之深,举实奉告,不觉其颣缕也。""昨日内人晤宾四夫人,述及其荡口家中曾罹肰箧,一空如洗,不知《方舆纪要》数册已否归赵,殊以为念,便希示复为盼。承赐先世手泽,俾吾世守,戴德无既。题识尚蒙奖饰,弥增感愧。月前承元美兄昆仲见惠旧钞《乐圃余稿》(宋朱长文撰),吴兔床、唐鹩庵、吴仲饴递藏之本,有式老长跋,至可珍贵。一年之中频添两部善本,为寒斋增光,欢喜欲狂矣。书不尽言,草此奉复,祇请著安。""敝馆所藏《地理志》,承示确为沈子敦所作,不识有何新得之证,尚祈不吝教益为叩。又拜。"(《顾廷龙文集》。第 747—749 页)

同日 杭州翁隆盛茶庄借款银团第一次会议于上海南京钱庄举行。华汝洁代表浙江兴业银行出席。银团由浙兴、盐业银行及崇源、益源、泰生、储丰钱庄组成。计定期放款共 6 万元,其中浙兴 1 万元,盐业 5 000 元,崇源 25 000 元,益源 1 万元,泰生 5 000 元,储丰 5 000 元。会议规定透支款及利息、还款日期等事项。(记录稿,上档 Q268-1-366)

2 月 10 日 顾廷龙致先生函,告以《春秋繁露》版本事。云:"昨上一缄,计先达览。《春秋繁露》书贾以为弘治本,实则未有刊版年月,惟为黑口与《四部丛刊》本后来所补郁序一叶之本相同。据云此间商务有人称,即为当时总馆曾经登报征求者,龙已属文奎再行送来,略一检校即可得其大概。至商务曾否征求、何以征求不到,宗子岱先生亦在发起编印之列,岂有秘而不宣?又《丛刊》既得采补一序,岂有不见全书?既见全书而善,何不重印抽换?不知长者闻其原委否?乞示以资参考。

果善,当力劝馆中收之,诚恐力有不逮耳。但已转入文奎手中,又须多费数十元矣。"(《顾廷龙文集》,第 749 页)

2 月 13 日 复顾廷龙函,由宗舜年咫园藏书散出而考虑己藏"将来必为谋永久保存之法"。云:

起潜吾兄:今午得快讯,开诵欣喜,如与故人觌面晤言也。咫园精校本以散斋所得为多,其他则有应接不暇之势。弘治《丁卯集》尚可割爱,惟《客座赘语》既有图又有湘文丈题跋,请兄为我留之,其价则酌为代定(湘文父子补校之《读书敏求记》管芷湘校本亦归弟斋)。乔贾又来,谓《丁卯集》可以八十元相让,弟已却之,则《客座赘语》或可持至百元以内。其子售书初则昂价,迫告急则不暇精粗美恶,惟以得钱为目的,可怜可惜可痛也。耿吾怀抱未遂,弟所得之书,将来必为谋永久保存之法,或可以对故友于地下也。夏间读道光间文集,谓沈落飘书法专临晋帖,而点画则一遵郪书,正与馆藏残地志所校之笔意相符。今得书问我出处,则竟仓卒不知所对,大约是施北研杨秋室同时人所言(是否乌斋所言不甚详记),暇当检查之。令弟事已得复,允嘱人事股设法,不知有消息否?匆布,即颂著安。弟葵顿首。廿八年二月十三灯下。

《读史方舆纪要》山东六本沉沦荡口,虽有无恙之信,但日久终可虑,而急切又无取回之策,如何?(《尺牍》)

2 月 22 日 访张元济,谈《春秋繁露》版本及校勘事。(1939 年 2 月 23 日张元济致先生函)

2 月 23 日 主持浙兴董事会会议。议定本月 26 日下午召开股东定期会。①报告廿七年份上下两届营业情形,请求股东会承认两届决算;②改选董事和监察人。(《兴业邮乘》,第 85 期)

同日 张元济致先生函,告以《春秋繁露》校勘事。云:"昨谈弘治本《春秋繁露》,细思潘氏并无此书,乃系去年傅沅叔同年寄示。用弘治本校过之《两京遗编》本,弟复用本馆之抄本复校,弘治本优于《两京》本,馆藏抄本则又过之。当时曾有一长跋写入傅本,后并未留稿。原书早已寄还,否则可以一览便悉矣。馆藏抄本已托人取出,径行呈上。又前蒙假阅《吴窓斋年谱》尚未阅毕,因移居在即,谨先缴上,即乞察收,并谢。"(《张元济全集》第 1 卷,第 312 页)

同日 致顾廷龙函,嘱留《春秋繁露》。云:

起潜吾兄:令弟廷翔事,顷得上海银行复云,因停薪留职人数太多,不能偏于一人,至群众有后言,所以未必有效,特驰告。弘治本《繁露》请暂留,因涵芬楼有影抄本尚在弘治以前,已嘱取来,俟阅后当有所得,再行奉告。(请与《两京遗编》本一校,如有异同,即可留。据菊老云,影抄本更佳。如馆中无力,弟颇有意,但恐文奎堂居为奇货耳。)寄来新收书录已阅毕,昨已面交景郑矣,《客座赘语》须价若干? 侯示,敬颂日祉。弟葵顿首。廿八、二、廿三。　　(《尺牍》)

2 月 24 日　致顾廷龙函,再嘱留《春秋繁露》。云:

起潜兄鉴:昨发快信,顷得见涵芬楼所藏明影宋嘉定十七卷本《春秋繁露》,佳甚。文奎堂所称弘治本请与《两京遗编》本一对,如不同即可留下,如馆中无力,请为弟购之,候信即将款交京行奉上可也。《客座赘语》价已谐否? 即颂日祉。弟葵顿首,廿八年二月二十四日(《尺牍》)

2 月 25 日　致顾廷龙函,再告《春秋繁露》校勘事。云:

午间发一快信,顷细阅明抄宋本,知即《永乐大典》所据原本,聚珍本出于《大典》,故佳处与明抄本同。《四部丛刊》重印时所补序文,盖从明抄本出,与弘治本无涉。弘治本究如何,非亲见不能知。惟据傅沅叔言,知其胜于《两京遗编》本耳。如此则弘治本亦无可居奇,不妨从容审定之,能寄来一阅最好。(同上引书)

2 月 26 日　主持浙江兴业银行第 32 届股东定期大会,并作上年本行营业报告。会议改选新一届董事、监察人如下:董事叶景葵、蒋抑卮、徐寄庼、张笃生、朱博泉、胡经六、刘培余、黄延芳、陈聘丞、陈永青、蒋彦武;监察人陈理卿、严鸥客、史稻村。先生所作《民国二十七年本行营业报告书》全文如下:

去年一年,中国完全为抗日战争所笼罩,战争之区域由华北扩大之华中而华南。人力物力之消耗及破坏,不可数计,人民颠沛流离之苦,更非笔墨所能形容,诚为我中国数千年来之大劫!

自前年南京退出以后,中国军队严格整理,愈战愈勇,乃有台儿庄之胜利。但不久徐州沦陷,幸日军进攻以黄河之决口而被阻。嗣后当长江军事极紧之际,日军在大鹏湾登陆,不两旬,广州失陷,继之武汉亦告不守。虽粤汉南北段至今仍未打通,而战局形势业已剧变。最近汪精卫通电主张和平,全国一致反应,和平之空气终不敌抗战精神之浓厚。

当此时期,东亚时局如此急变,欧美列强在华之权益尽被摧残,但对华之援助几仅限于道义。最近英美借款成功,始略开积极援助之端。夫欧美之所以不能顾及东亚者,欧洲多事实为重要原因之一。查自德意日轴心成立以来,德乘并奥之余威,进而夺取苏台德区。欧洲局面至此乃剑拔弩张,有一触即发之势。幸经英相张伯伦几度之折冲,遂有慕业克①四强协定之成立,战事始得

---

① 今译慕尼黑。——编著者

避免。但世界各国竞争军备,旧案未决,新案又起,集团对立之形势已成,欧洲局面仍在动荡不定中。

在此情形之下,中国之工商实业无不直接受国内外军事政治变迁之支配,而以金融为尤甚。

查中国法币之外汇价格,自抗战以来始终稳定。不幸自三月间华北"联合准备银行"正式营业,发行钞票,限期收回法币,华北之金融乃大起骚动。自此沪津汇率上落极钜。财部为防止非法套取外汇起见,实行统制。凡欲照法定汇价一先令二便士半购买外汇者,须先呈请中央银行核准,方得照购。最初统制尚宽,侯后逐渐加严,核准申请之数目日益减少。法币之外汇价格,乃随供求之关系而上落,经数度之猛跌回涨,趋势方渐告稳定,徘徊于八九便士之间。

同时财政部为防止资金逃避计,对于国际贸易加以统制。出口大宗货物,有照官价结售外汇之规定;由内地向外汇款,亦严加限制;出口旅客携带法币,以二百元为最高额度,遂致内汇率亦时有上落。对于黄金亦颁布《银楼业收兑金类办法》,实行统制。

再上海自实行安定金融办法以来,汇划对法币之价格,逐渐贬落至每千元贴水七十元之钜。六月间乃由当局规定价格,归票据交易所无限制的贴卖,汇划之价值遂稍稳定。

回观一年来之金融,虽受战争影响时有波动,但大致尚称平稳。国家四行在各地组织贴放委员会,调剂市面,并添设分支行,以应战时之需要。法币发行之额增加虽巨,尚无急性膨胀之现象。关税虽大都被扣,其他大宗税源如盐税、统税等,亦无不激减。但国内外公债到期本息,除极少数略有变更外,均由政府按期垫付,国家信用卓然树立,而金融乃得赖以稳定焉。

至各地之一般经济情形,因受战争之影响不同而各异其趣。

向称中国经济枢纽之上海,虽自战争发生以来,受长江封锁及虹口不开放等之影响,贸易减缩,但租界区域以内反有畸形之繁荣。沦陷区域避难来沪者日众,消费随之增加,百业咸受其益,欣欣向荣。又以内地工厂多被破坏,或以政治关系不能开工,兼之物价飞涨,尤以国货产品,因抵制日货价格更涨。偏安于租界之工厂均盈利百倍。于是新建者乃风起云涌,盛极一时。侯后广州失陷,销路停滞,纱布等价格回跌,但仍属有利可图。久已沉寂之地产交易,现亦渐形活动,而沪西及小块地产需要尤殷。

至西南及西北各省,以政府之内迁,人民之移殖及工厂之迁设,日趋繁荣。而交通之推进,尤以新国际路线之建设,影响该区尤巨。如政府与人民能继续通力合作,将来发展之希望固甚大焉。

华北华中之沦陷区域,完全受日军之支配,复与游击区域犬牙相错,工商事业尚在停顿状态中,复兴尚有待于战事之结束也。

夫军事政治及经济之变迁如此之钜,而其来势之骤又如急流猛水,我行营业之困难,谅亦为诸公所洞鉴。兹将业务情形分别陈之。

关于放款,在沦陷区域之押品大都经设法运出,会同押主清理;不动产则极力设法保管,以免破坏。与我行有关之三友实业社存货被搬一空,已由日人开工出货。恒丰纱厂则一部厂房被毁,故两厂间接直接损失颇钜,但幸而厂房机器大致完整,一俟时局平静,复业尚易,较之其他沦陷区域之各工厂,尚胜一筹。惟汉口之第一纱厂,自一月至八月营业顺利,盈余至三百九十余万之钜。九月起停工,由英商安利洋行以债权人之资格派员管理,毫无毁坏。其他如太平洋肥皂及五丰面粉厂等,盈余均丰,欠款陆续清讫。一部分之工厂放款,从前视为略有呆性者,反因战争而活动,不可谓非大幸事也。

以上海地产之活动,从前地产押款稍有呆滞者,今则颇多赎清。本行自置地产,亦酌量情形分别出租或善价出售,尚称顺利。信托部之其他业务亦有进步。

对于新放款,我行仍酌量各地情形分别揽做。去年初上海各同业均收缩放款,利率步涨,总行乃乘此机会,在租界范围内揽做工厂货物押款,如花、纱、丝茧等类得占一先着,进行尚属顺利。各撤退行处庄等,除江浙两省区域外,尤能于期前将放款悉数收回,未蒙损失,亦堪为诸股东告慰者也。

关于存款,我行始终认定以顾客利益为前提。凡江浙各分支行处,均在总行照常收付,为同业倡。存款总额并不受时局之影响,仍激增不已,尤以上海及重庆两处增加尤速,创我行成立以来最高之记录。查前年存款总额为八千一百五十九万九千九百三十四元,去年上届为八千九百十七万九千八百五十四元,而下届竟增至一万零八百八十五万五千四百八十五元,较上年同期增二千七百二十五万五千五百五十一元。但存款性质趋势,以活期较定期为多。故本行准备比率,亦较从前为高。

至本行开支仍力求节省。去年全年为一百零七万一千二百七十三元,较前年减八万七千八百四十四元,但尚包括向来所无之两项特别开支在内,否则开支节省约达二十五万元。

第一项之特别开支,由于同事之食宿津贴以时值非常,盈余困难,未克提前恢复,而生活程度飞涨,去年又无红利可分,不得不酌量调剂。故董事会议决,年终多发薪水两月,总数将近七万元。

第二项之特别开支,为数更钜,亦为本行最不幸者,即徐总经理新六因公赴渝,途中惨遭不测,为社会及我行不可弥补之损失。徐公在我行服务十八年,忠勤廉洁,身后萧条,本行董事会援照《人事规程》酬恤金第十四条"直接因公死于非命者,得给特别酬恤金"之规定,全体通过赠予徐公家属十万元,并议决总经理职务,由董事长暂行兼代。

再分支行处以战事关系,略有增减迁并。汉行于战前在法租界租屋一所,以备必要之用,去年六月成立分理处,九月间即将汉行迁移该处,照常营业。石灰窑分理处及信阳寄庄,亦并入该处。长沙支行及衡阳寄庄,则于汉口陷落后,退桂林而重庆。常德寄庄暂退安乡,俟交通无阻,亦令并入重庆。又本行以在华南方面并无分支行处,战事发生后益感不便。故于七月间派员常驻香港,藉以联络迁港之各机关及鄂、湘、川等处之用。嗣以武汉、广州相继失守,已无需要,遂于年终撤销,以节开支。

在座诸公观于过去一年之报告,虽时局如斯,然本行业务仍日臻茂达。故以战事关系,损失难免,致未能分派红利,但去年业务情形已远胜前年下届。今年业务当秉本行向来之稳健政策,孜孜不息,以求发展。一俟时局平定,各撤退分支行处仍当分别酌量情形,陆续恢复,以酬诸公付托之盛意。

会后接着举行董事会会议,选举叶景葵、蒋抑卮、徐寄顾、张笃生、朱博泉为常务董事,并公推叶景葵为董事长。(《兴业邮乘》,第85期)

同日 张元济致先生函,再送《春秋繁露》另一校本。云:"前日肃上一函。并缴还《吴愙斋年谱》一册,又由商务印书馆送上抄本《春秋繁露》一部,计荷察入。昨又由馆员检得孔㧑谷校本一部,此用《大典》校《两京遗编》本,并备参阅。谨呈上,乞检收为幸。"(《张元济全集》,第1卷,第312页)

2月27日 签署浙兴总办致总行函。云:"本行廿七年份上下两届决算及纯益分配表,业经第三十二年股东定期会承认,已另函通告在案。查上届自一月至六月每股结股利叁元;下届自七月至十二月每股结股利贰元,均未结红利。全年合计每股结股利伍元,扣除所得税十分之五十,计贰角伍分,实计每股净得股利肆元柒角伍分。定于三月六日开始发给。附去股利单样张一纸,请察收备验。至廿七年份决算报告除上届业经寄发径寄各股东外,兹送上下届报告叁百本,请查收分送,并于各股东来取股利时,各分一本为荷。再昨日股东会情形报告业已付印,一俟印就,当另送上,请夹入分送股东之下届报告内分送各股东,不再另函接洽。"(副本,上档Q268-1-336)

2月 主持修正浙兴《驻外办事员办事规则》。全文如下:

一、凡本行与各公司订立借款合同、派出行员监督公司会计或管理货物者,均应遵照本规则办理。

二、驻外办事员每日应照公司规定时间办公,非公司例假不得擅离。如欲请假,须先得本行经理之核准。

三、驻外办事员除支领本行俸给外,非经本行之特许,不得受公司额外之酬报或借贷款项。

四、驻外办事员个人不得向驻在公司推荐人员,或介绍买卖原料出品。

五、驻外办事员对于公司业务应代守秘密,不得向外泄露。

六、驻外办事员对于公司营业及账目,应注意报告本行之事项如左:

甲、公司每日款项之进出情形;乙、公司账目之整洁及准确;丙、公司月报及决算表应抄报本行;丁、公司每月生产数、销售数及盈亏数抄报本行;戊、公司放账之多寡及安危;己、公司开支之节省或靡费;庚、公司违背或不履行借款条件;辛、公司内外各种消息。

七、驻外办事员对于公司原料出品应注意报告本行之事项如左:

甲、公司每日货物进出情形;乙、公司平日管理及工作之优劣;丙、公司出品成本之高低,市价之涨跌,抵押折扣之大小;丁、公司出品是否合于现在之销路及陈货之多寡;戊、公司出品及原料堆置方法是否整齐,保护方法是否周密;己、公司存货应抄报本行。

八、驻外办事员应常向本行主管人报告公司情形及接洽事务。对于公司之业务、账务应行改善之处,随时提出意见。(副本,同上引档)

2 月　撰《水云村氓稿残本》跋。云:"《振绮堂书目》钞本,元人集部,格有刘壎《水云村氓稿》二册,不分卷,即此本而逸其下册。书根所题下字,系后人妄加也。此本系亡友宗耿吾旧藏,余重乡先贤遗物,故购藏之,己卯正初记。"(《书跋》,第134 页)

3 月 2 日　顾廷龙复先生函,详谈《春秋繁露》版本事。云:"今日叠奉廿三、廿四日快谕,拜悉一一。文奎所称弘治本《春秋繁露》十七卷已将全书送来,首尾并无刊版年月,该肆因其黑口而以为弘治本,又因商务分店职员言弘治本为总馆登报征求未得之本,遂视为奇货,且谓有人劝其影印,仿《四部丛刊》本式样,必能致利。但龙出《四部丛刊》本逐字校勘,已毕十一卷,并无佳胜,与《四部丛刊》本所采补序文之本虽同为明黑口本,行款亦同,惟文奎本误字甚多,即以序文末句而言,《四部丛刊》本'大理评事四明楼郁书',此本'事'误作'寺'。兹将第一篇不同之处另纸录呈,希与影钞宋本一校其不同何如。《两京遗编》适为人借去,须数日后可还,不能即校。惟此为八卷本,当有不同。文奎本目录上有'朴学斋'、'叶树廉印'、'石君'三印,卷末有跋云:'世所刻者止八卷,此本多九卷,真善本,不易得也。长武。'两行,是明本中之别一本,不能获其源流,一俟全书校毕,当并摄取一景寄呈审定。是书文奎与《演繁露》共价二百四十元,得之修文,如长者有意购留,请酌加若干,约示一数,如馆中决不留,当为代定也。《客座赘语》《金陵丛刻》所据即同此本,亦有图。修文因遇新年尚未来过,俟议价后奉告。"《四部丛刊》所采序文之本其全书何在? 昔景郑曾借录孙氏小绿天所校明残本二卷,孙氏未注明何刻,窃疑《丛刊》所采序文之本或即孙氏据校之残本。明本中较善之本,一嘉靖沕阳周氏所刻,抱经已校过;一天水王道焜所刻,则孙星华亦已校过(见江西刻聚珍板书)。此又不知何刻矣。景宋钞本必胜诸刻,不知第五十五篇及五十六篇首三百九十六字、第七十五篇中一百八十字、第四十八篇中廿四字、又第三十五篇之缺误能否完正,甚念。"适园书已到,尚未往阅,俟有所见当续告。杨文莹藏书亦散,有二百种,归稽古,闻亦有精本云。又拜。乔估到沪似在接洽随庵所藏,又不知别有得否? 如有书林珍闻,尚希见示,则诸贾携书北来或不致为所炫惑耳。又拜。"(《顾廷龙文集》,第749—751页)附寄顾著《嘉靖本演繁露跋》一篇,原刊《燕大图书馆报》第130期。(《顾廷龙年谱》,第80页)

3月9日 致顾廷龙函,谈《春秋繁露》校勘事。云:

> 起潜吾兄鉴:奉二日函并校记一纸,知所传黑口本实为明初无价值之本,舍旃舍旃。明抄本楼郁序、楼郁题名在文前无结衔,第五十五篇及五十六篇首所阙,明抄正短二板,第七十五篇一百八十字不缺,第四十八篇板烂廿四字,第三十五篇无缺误。另一孔荭谷校《大典》本,其底本亦黑口九行,行十七字,却与京中所传本不同,不如聚珍本,而孔校则已据《大典》本完全改正,故涵芬二本并美,皆非他本可及也。《客座赘语》既无特异之点,亦姑舍旃。杨氏丰华堂之书早已售罄,近来京客南来,无甚大批新得,必造作谣言,谓有某家珍品收到,却将旧存不销之书趁机倾销,如上海拍卖场之所为正意中事。南中时有佳品出现,却无大批。我辈亦利其无大批,可以分段筹资,不至目不暇给,但亦往往有望洋兴叹之苦,盖积之多则零星亦成巨款也。钱氏所存《方舆纪要》山东八册已有信来,仍健在,不日可以设法寄沪,特以奉慰。　　　　　(《尺牍》)

同日 邓邦述复先生函,再谢寿金。云:"年前奉手示,猥以去岁贱辰,远蒙厚赐,感媿交集。弟一事无成,忽忽已度七十。残骸未毁,余照徒存。前年避兵乡间幸免,儿辈称觞。两年惊悸未定,何敢云寿。而知友发起补祝,实以馈贫。不图为公所闻,再惠兼金,真可谓却之不恭,受之有媿矣! 闻公有小恙,近已健康,稍慰鄙念。世事纷纭,东南之运恐转入西北,沪上市场何以支拄? 祈善自珍卫,勿过劳瘏为祷。""仲恕南归,并念,乞致拳拳。"(原件,《尺素选存》)

3月15日 致顾廷龙函,探询"图南"事。云:

> 起潜吾兄再鉴:昨在中国书店见严铁桥手写《说文翼》稿本下册(逸其上

册),精美可爱(精楷精篆),但已为通学斋以二十元廉价购去(中国书店不知是原稿),邮寄北京,求之不得。吾兄得信后,望至该店问有新到之书否,如见此书,务乞为弟留下。但通学斋孙君颇知书,恐其居奇耳。上海方面如有图书馆组织(私人事业,性质在公益方面),需要编纂校勘人才,吾兄愿意图南否? 每月须有若干金方可敷用? 移家需费用若干? 幸斟酌示我。

《鸟斋集》三《落颷楼文稿序》:"子惇作字,模范钟、王,而偏旁点画必蕲合于六书"云云。观此知馆中所收地理志残稿,其精楷皆沈氏所书。前承询及顷始检得之。(《尺牍》)

3月21日 顾廷龙复先生函,继续探讨《春秋繁露》版本事。云:"奉三月六日手谕,敬悉一一。《春秋繁露》得评示源流,为之豁然。文奎所收黑口本与《两京遗编》大致相同(亦有一二异字),而与涵芬藏孔荭谷校《大典》底本,虽黑口行款并同,而一正一误,相去甚远,文奎所收是一劣本无疑矣。傅沅老称孔本胜于《两京遗编》本,甚是,亦即胜于文奎本。《四部丛刊》本补序一叶即采自孔本者,据'大理评事''事'作'寺'一字,足证两本之霄壤矣。"《客座赘语》曾为议价,许其六十五元,已允,价尚公道。而其书为傅氏重刻后校,可缓图,如重其原刻及湘文先生手跋,欲备一格,亦无不可。(此书为修文堂与文殿阁合夥者,今修文主人孙实君又赴沪上收货矣。倘长者以为价不甚昂,尚有意于此,当令寄上,虽与议价,并未定夺,不欲留亦不妨也。)便希示及。《清实录》初未流通(闻只印三百部),近有厂肆可设法,价约千八百左右,平中公私所藏有五六部,敝馆在物色中。窃思沪上之习前朝旧闻者亦不乏人,不识能见此书否? 公私藏家有此者否? 如尚无所藏,似可设法合留一部以惠士林,长者其有意乎?""来薰所得书无特异者,惟有吾乡陈培之先生手批《广韵》甚佳,索价四十元,其他各种其价均昂,议价殊不易也。《方舆纪要》曾托宾四夫人函其夫弟速谋归赵,久未晤见,不知回信如何。今奉来示,得知安好,为之大慰。匆复,祗颂著安。"(《顾廷龙文集》,第751—752页)

3月27日 顾廷龙复先生函,告得《说文翼》稿本,并告南下准备。云:"日前奉十五日手示,拜悉一一。星期六下午无事,即入城往通学斋检阅近收各书,一无所得。旋见墙角有中国书店新到邮件四十余包,即属夥友拆枧,拆至第四包而《说文翼》果在其中,惟以耀卿尚无价目寄到,未曾索价,龙即欣然携归。此去不先不后,乃为访获,展转南北,终归高斋,是铁桥先生灵爽不昧,自投其久托之所,有奇缘也! 此稿篆楷精整,的是手稿。编纂体例实为窭斋之先河,为所拟撰长编之第七种(《答徐星伯书》所附著述目,此种未注已刻),逸去上册,殊为可惜。然据《清史列传》称其已佚,今得残帙则亦幸矣。俟价言妥,当即寄上不俟。""承询一节,编纂校勘之事乃龙夙好,此间所为虽近乎此,但杂务丛沓,不能专注,不能从容,故龙既服务图书馆，而又司采访之职，人佥以为可多读书，岂知不然。一书把手，序跋尚不及全阅，走马看花，虽多奚益，欲求横通而不能，终成吴谚"挨米囤饿煞"之诮。倘有稍可安心校读之机会，求之不得；且自亲朋星散，感切蓴鲈，言旋海上，既可时聆教益，而与至亲亦可相会矣。至月用一层，现在此间百廿余元，出入差抵。然日来物价腾贵，终虑不敷，暑后即增，恐仍拮据。南北日用，想必相仿，惟房租一项，高下甚大，若租四五间，恐即须五六十元(至少有四间，须得一间以安砚席，而残书亦有寄焉。)。他若小孩学费，似亦较昂，兹就目下所用益以房租，估价即须有二百余元方可敷用，非敢有过分之望。逐家须费约四百余元(四人川资及行李书籍运费。)。素蒙关垂，倾其腑肺，尚祈相机图之，无任感祷。""今日有书友送来两种，甚好，一为沈学子批《韩昌黎诗集》，工楷，似为手笔(亦通学)，自南得来，索价四十元；一为《四库表文注》，无撰人名氏，察其笔迹，乃李仲约手薁，迹其所自，知由李劲庵(仲约孙)押出，今已逾限矣。惟林朴山亦有《四库表文笺释》(嘉业堂刻)，且谓尝见李仲约注本，互参闻见，相较之下，尚有详略，索价二百元(振文斋旧为来薰阁夥)，馆中尚未定其去留耳。通学此次所收，多有汪云荪藏印，间有手批。汪氏里贯未详，长者知之否？虽多明本，皆普通之品，无可取也。修文、修绠、文殿、文奎、文禄竞趋沪上，尚不知有所得否？"(《顾廷龙文集》，第752—753页)

3月30日 复顾廷龙函，再提南来之请。云："奉廿一日手书敬悉。《客座赘语》已承议定六十五元，请嘱寄来，为保存湘文先生遗墨，决购之。以前尚有一函询兄，如沪上有类似燕大图书馆机会，兄能否屈就，所需报酬如何，希即示复。此为绝对有望之公共事业，与弟有深切之关系。故弟负有养贤之责任也。"(《尺牍》)

3月末 致顾廷龙函，告订购《清实录》事。云："前闻《清实录》只须缴费一千元即可颁给一部，所谓一千八百云云，必有过手人润利在内。鄙意三百部一时销完必不易，尽可从容设法(一千一部须三十万元)，望再调查。"(同上引书)

3月 撰《大元海运记》题记。云："此书旧藏上元宗氏，未题何家抄本，余审定为恬养斋罗氏钞。后跋内并有镜泉先生手校数字。余前得镜翁手钞《钓矶诗集》，及其自定《恬养斋文稿》，故比较而知之。己卯春二月记。"(《书跋》，第52页)

《大元海运记》二卷，(清)胡敬(书农)辑，(清)钱塘罗以智钞本，一册。(《叶目》)

3月 再撰《梦溪笔谈》跋。云："松江韩氏藏书，著名之元刻《梦溪笔谈》已归吾友陈君澄中，曾经披览。从前所见彭文勤故物，亦元刻也。己卯春又记。"(同上引书，第79页)

《梦溪笔谈》二十六卷，《补笔》一卷，《续笔》一卷，宋·钱塘沈括(存中)撰，清嘉庆十年海虞张氏照旷阁刊本，四册。(《叶目》)

4月3日　致顾廷龙函,详告创设合众图书馆计划。云:

起潜兄鉴:奉廿八日所发复示,欣悉一切。弟因鉴于古籍沦亡,国内公立图书馆基本薄弱,政潮暗淡,将来必致有图书而无馆,私人更无论矣。是以发愿建一合众图书馆,弟自捐财产十万(已足),加募十万(已足)。(此二十万为常年费,动息不动本。)又得租界中心地二亩,惟尚建筑基金,拟先租屋一所,作筹备处。弟之书籍即捐入馆中。蒋抑卮君书籍亦捐入之。发起人现只张菊生与弟二人,所以不多招徕,因恐名声太大,求事者纷纷,无以应之也。惟弟与菊生均垂暮之年,欲得一青年而有志节,对于此事有兴趣者,任以永久之责。故弟属意于兄,菊生亦极赞许。今得来示,有意南还,可谓天假之缘。所示待遇一节,克己之至,必可在此范围内定一标准。弟意尊眷现在南来,虽出五六十元亦无屋可住,弟所拟租之屋,可以作馆员寄宿及住眷之用。在新馆未成以前有屋可住,则除去租费,酌定月薪若干(大约为一百五六十元);新馆成则须自租屋住,届时再酌量加薪较为两便。至迁移费则可照尊示另送。现在所拟租之屋尚有纠葛,不能定准何日可以起租,一有起租把握,即行飞布,特以密闻,乞先秘之。《说文翼》务请代为留下。沈批《韩集》能否寄阅?《四库表文注》则馆中倩人一抄足矣(如馆中不欲,乞为代抄,费由弟寄上)。匆匆不尽。(《尺牍》)

4月10日　顾廷龙复先生函,告知南下大致日期。云:"叠奉三谕,拜悉种切。玄黄易位,典籍沦胥,有识之士,孰不慨叹,一旦承平,文献何征,及今罗搜于劫后,方得保存于将来。长者深谋远虑,创建伟业,风雨鸡鸣,钦佩奚似。龙自毕业之后,自顾空疏,力持孟子之戒,不为人好为之患,遂托迹佣书,浏览适性,劳形终日,浮沉六年。茫茫前程,生也有涯,心有所怀,无以自试。尝一助舍侄经营《禹贡》,方具规模,遭变而辍,殊深惋惜。窃谓人不能自有所表现,或能助成人之盛举,亦可不负其平生。兹蒙青垂,折简相招,穷寂之中得一知己,感何可言。菊老素所仰慕,曩在外叔祖王胜老斋次,曾瞻丰采,忽忽已十年矣。倘得托庇枌檬,时承两公之诲,幸何如之。柴愚之质,一无所长,惟以勤慎忠实,严自惕厉,生计可维,身心有寄,他日以馆为家,有所归宿矣。不识筹备已能就绪否?规模当由小入大,发起人外别有主任者否?他日趋前亦有名义否?甚念。龙在此间经手之事,须六月底可结束,儿辈读书亦其时期终,故南渡至早须七月中。尊处定夺后,拟早向馆中告辞,俾可聘人。虽学校视职员不重,而馆中主者与龙尚厚,不愿其骤不得替也。""《客座赘语》今日已属修文堂迳寄左右。前告《实录》之价(千二百廿册,式如古香斋本)系邃雅、来薰两肆所开,倘能多让一扣则尚不昂。缘闻此书由官费开印,及垂成而费告罄,乃由大老各报效千元,书成即蒙给一部。共印三百部,海东取其半(闻美国得赠二十部),

分发所余,存者无几,后遂归诸文化机关。因为非卖品,肆中尚未有过,旧家流出,现甚罕闻,但想邃雅、来薰必知有旧家之愿让者,故来探意,或谓是书成本须千三百元,加以运费种种则须千五百元,故鄙意二千能打八折,则甚公道矣。敝馆物色一部,尚未得到,三百年史料取之无尽也。修绠堂近自常熟坊间收得翁氏均斋所出书籍多种,有知圣道斋钞校本及松禅老人手批、手跋之本,惜索价奇昂而皆已刻过。又孝拱手校手钞《定盦文集》定本十四卷(首有蝯叟手跋),残存八卷,至为可惜。余者疑在风雨楼,盖风雨楼曾印补编一册,其文即为所阙耳(想早经分散),索价三百,馆中有意留之而议价尚未能谐。前见沈大成批《昌黎集》,谛视系出过录,非手笔也。若农《四库表文笺注》如能多留数日,必为传钞。孙耀卿尚未归,书价亦未寄到,据夥友推测,大约不久即可北返,故书单迟不开来,当由自带矣。"(《顾廷龙文集》,第754页)

4月12日　再撰《独学庐初稿》跋。云:"岁云秋矣,乱仍未定。承正闇以珍本见假,展读再四,爱不释手,乃依原本分别过录朱、绿二笔,惕甫分为次序,其卷中紫笔,盖琢如自加评点,皆惕甫不注意处,所谓得失寸心知也。余得惕甫手次未定稿残稿本,此序在焉。后有琢如题跋十数行,已刻入未定稿。其书眉尚有琢如书'请以此言为息壤'七字,则刻本所未载。盖惕甫许其别为一序,而终未践言也。余过录此本,以病作辍,以事作辍,至己卯春二月始克竣功。录毕书此,并抄四当老人题诗及正闇跋语于卷首。四当逝矣,正闇亦老病颓唐。樽酒论文,不知何日?是月二十三日,景葵漫记。"(《书跋》,第150页)

4月14日　国民政府财政部致上海市银行公会密电,要求对敌方蓄意破坏我金融之阴谋"严为防范"。电云:"顷据密报,敌方近极力注意调查沪各华商银行之资金等语。查敌人蓄意破坏我金融,迭经本部指示办法,密饬遵照在案。所报如果属实,或恐别有阴谋,亟应严为防范,合亟电仰该会密为转知各会员银行,务须遵照中央意旨,严守立场,不得迁就。仍将办理情形电复为要。"(《上海银行家书信集》,第191页)

4月17日　王晓籁、徐寄顾联任公共租界纳税华人会正副会长。(《现代上海大事记》,第740页)

4月18日　复顾廷龙函,告以图书馆组织计划。云:"奉示知于鄙人所拟图书馆事极荷嘉许,且许以他山之助,感如挟纩矣。鄙意组织逾简逾好,大约即以弟与菊老及陈陶遗(彼在江苏声望极隆)三人为发起人,即为委员。委员中或推菊老为主任,其下设总编纂一人,请吾兄作任之,不再设其他名义。总编纂下须用助手(总编纂或称总务),招学生为之。会计收支之类,委托敝行信托部为之,扫除一切向来习气,使基础得以巩固,则可久而又可大。大略如此,以后或有更改,亦不致过于歧异也。至何时可以设筹备处，则全视所欲租之屋何时可以起租。（有无其他变局，尚不可知，因上海租屋，难于尘天。）屋能租定，则可以电请吾兄南来，否则来无住处，亦无办事之处，徒唤奈何。故现在请兄秘密，俟租屋有成议，当即电闻，彼时再与校中说明，至何时可离校，则全视兄之便利而定。弟亦不能过拂人情也。（所谓拂人情者，指不顾校中有无替人而仓卒抢亲之谓也。）"（《尺牍》）

同日　抄录旧钞本《古文徵目次》并为之撰跋。《古文徵目次》：

《晋书·天文志·序》《地理志·总序》

《隋史·经籍志·周易、诗经、三礼、春秋、论语、孝经、小学、道经、佛经》

唐一行《两戒山河论》

唐韩愈《禘祫议》《答张童子序》

《唐书·儒学传》

后唐李琪《请免赋疏》

五代王朴《显德钦天历奏》

《唐书·兵志》《文艺传》序

《新唐书·啖助传》

《五代史·职方考·序》

宋苏轼《圜丘合祭六议劄子》《私议策问》《苏轼古文序》

朱熹《开阡陌辨》《四庙祧主议》《周易五赞》《六先生画象赞》

胡铨《论时政差役诸法状》

《宋史·兵志·序》

元马瑞临《春秋古经辨》、吴澄《无极而太极说》《东西周辨》

又题识云："此秀水盛柚堂先生选钞家塾课本，存唐五代宋元一册。除《隋史·经籍志·道经、佛经》、一行《两戒山河论》、朱子《周易五赞》《六先生画象赞》、吴草庐《无极太极说》等篇，系门弟子所抄外，余皆柚堂手抄。眉端校注，提要钩玄，所以示学子读书稽古之门径，不仅注意于文章之美。虽属寥寥残帙，与予昔年所收陈硕甫选抄《经史百家读本》，寔堪并重。为补写目次如右。卷中夹有山阴姜承列《分野辨》一篇，□绎柚堂跋语，似为未刊之稿，附订于后，以免遗失。己卯二月廿九日，叶景葵谨识。"（手迹）

《古文徵》，（清）盛百二辑，钞本，上海图书馆藏。（原书）

4 月中旬　撰《岱顶秦篆残刻题跋》跋。云："梁芷邻《岱顶秦篆诗》：'去疾斯'，误作'去疾思'，旁有校字及温碑翁跋密宓字旁评语，皆龚孝拱所书。因未题名，特著于此。同日得见积余所藏定盦父子批校段氏《说文注》，定盦读周三次，前后六年，批释极矜慎。孝拱自题'外曾曾小子'，其批驳之处，词气凌厉，不少假借，间有恭楷,大都信笔疾书,其行草极为恢奇,而有金石气。询道咸间一能手也。此册得于抱经堂,残破不堪,定价极廉。装成记之。己卯二月杪,叶景葵书。""顷得顾起潜自故都来书云:'厂估在常熟乡间收得孝拱编定手钞《定盒文稿》十四卷,残存八卷,颇多集外之文。'此亦异书,惜无缘一读,附记于此。同日又书。孝拱名橙,改名公襄,段注校本,自题外曾孙祢,又作祩。"(《书跋》,第 64 页)

《岱顶秦篆残刻题跋》一卷,《汉刘熊残碑并题跋》一卷,(清)汉阳刘志诜(东卿)辑,清道光十七年叶氏平安馆刊本,一册。(《叶目》)

4 月 20 日 为《养生类纂》封面朱笔题识。云:"原缺第十三至十五共三卷。己卯初春借上元宗氏藏本,烦夏玉如女士影抄补足。宗氏本印在后,板已漫漶,故影抄卷中仍有阙疑之字。三月初一装成。景葵。"(手迹,原本,上海图书馆藏)

《养生类纂》二十三卷,(宋)周守中(榕庵)纂集,明成化十年钱塘县知县谢颖刊本(卷十三至十五钞补),五册。(《叶目》)

4 月 22 日 撰《骈体文钞》跋,回忆朱启勋夫子往事及生平。云:"过录先师朱又笭先生启勋评点本,依原本:蓝笔临庄仲求评点,墨笔临谭复堂评点,朱笔先师自评点。""又笭先生,宜兴人,侨寓杭州,绩学工骈丽,能为徐、庾、任、沈之文。志行倜傥,与复堂相契。奖掖后进,循循善诱,葵十七岁即师事之。吾师示以读书门径,及文章流别,谓宜从先秦两汉入手。光绪壬辰春,余年十九,师以此本见示,命照录一部。自春徂夏,写录甫竣,秋初即与师别,由杭赴汴。甲午回杭乡试,师已入都。以后天各一方,无缘再谒。吾师落拓一官,未几即归道山,身后著述散佚,生平寝馈之书籍,问其后人,毫无存者。自问一知半解,全赖吾师诱启。垂老荒芜,了无成就,愧对师门,思之汗下!检箧得此,如温残梦。后半朱笔较少,恐当时匆匆料理北行,不无漏写之处。庄、谭评点,海内颇有传录,吾师写本已佚,仅此录存之吉光片羽,亟宜郑重保存。回忆四十八年前,补藤花馆中,师每于日将晡时,咿唔而来,科头而坐,以宜兴官话背诵任彦昇杰作,口讲指画,娓娓不倦,至今思之,如在日前。此乐胡可再得耶?己卯三月三日,弟子叶景葵敬识。""朱又笭先生名启勋,江苏宜兴人,光绪壬午科优贡,朝考一等,钦用知县。乙酉科举人,甲午恩科进士,改翰林院庶吉士,散馆一等,授职编修。充国史馆协修、纂修、总纂、提调,医学局提调,记名御史,京察一等。咸丰辛巳年生,殁于光绪二十八年。所著诗词骈文,经乱散佚。此询诸先师之侄琇甫太史宝莹,承其详示。辛巳当系丁巳之讹。"(《书跋》,第 176—177 页)

《骈体文钞》三十一卷,(清)武进李兆洛(申耆)撰,清光绪八年沪上重印本,八册,叶景葵临宜兴朱启勋(又笭)评点。(《叶目》)

4 月 27 日 签署浙兴总经理室通告。云"奉总办事处核准。昆明添设分理处,归总行管辖。派汉行襄理翁希古兼任该处主任,调长(沙)支行会计主任孔宝

康、办事员骆德身至昆明分理处办事。"(函稿,上档 Q268 - 1 - 149)

4月　撰《小谟觞馆诗集注》跋,忆第一次购书经历及同乡名贤往事。云:"光绪辛卯,余年十八,初应乡试。洳生先生长子毓盘字子庚亦来杭与试,因旅费不足,出是书招售,定价银饼十元。先堂叔浩吾公语余曰:'此书印本流传极少,且为洳生先生朱笔句读,殊便初学,汝盍留之?'时余得东城讲舍月课奖银七元,不足,向先母乞三元,遂得此书,是为余生平购书之第一次。嗣后南北阅市几四十年,仅见翻刻本一部,求如此初印精本,竟未再遇,始信先叔之言不虚也。是年回杭应试者,如钱念劬(学嘉,后改名恂)、汪颂虞(舜俞,后改名大钧)、刘襄孙(燕翼)、先姑丈严蓉孙(曾铨),与业已得乙榜而在杭之夏穗卿(曾佑)、汪伯唐(尧俞,后改名大燮),常聚谈于补藤花馆中。余以后进隅坐,得闻绪论,稍启读书门径,而以浩吾公及蓉孙丈朝夕牗启,尤为得益。饮水思源,九泉不作。披阅是书,顿触旧梦。子庚浮沈京曹,十年前尚得一见。洳生先生之秘笈,则已悉数星散矣! 己卯三月,景葵记。"(《书跋》,第 151 页)

《小谟觞馆诗集注》八卷、《续集注》二卷、《文集注》四卷、《续集注》二卷、《诗余附录》一卷,(清)钱塘孙元培(宾华)、侄长熙撰,清道光五年钱塘孙均刊本,四册。(《叶目》)

4月　撰《物类集说》题识。云:"此振绮堂故物,在林字厨第三格,抄本,子类。计三十四卷,二十册,兹仅存四册,计卷一、二、五、六、七、八,共六卷。己卯春得于上海。景葵。　解延年《物类集说》三十四卷,又《策学指归》□卷。字世化,山东栖霞人,正统己未进士,顺庆府知府。见《千顷堂书目》。按己未为壬戌之误。"(手迹,原书,上海图书馆藏)

《物类集说》残六卷,存卷一、卷二、卷五至卷八,(明)栖霞解延年撰,明钞本,存四册。(《叶目》)

5月1日　于《金荃集》(唐·温庭筠撰)末页一篇手稿旁题识云:"此纸系曹竣直先生手书,己卯三月十二日景葵记。"(手迹,原书,上海图书馆藏)

5月4日　租定上海辣斐德路(今复兴中路)614 号房屋为合众图书馆筹备处。即日致北平顾廷龙电报,告以"屋已租定"。(《合众图书馆小史》;1939 年 5 月 5 日致顾廷龙函,《尺牍》)

5月5日　致顾廷龙函,告以南来事项。云:"昨发一电云'屋已租定',谅已接洽。请兄即向当局声明觅替,并将何时可以来沪预先函示。此间对于兄之待遇已定如下:名义,总务(或组或系未定)、总务组(名义或主任或其他),其宗旨在委员之下设总务,而请兄为总务之首领,其余诸人先归总务统率,以期呼应灵通。薪水,每月一百六十元(房屋除外),自七月一日起支;如兄七月内尚不能来,即将此款为兄在沪开办购置必需品(此事托景郑最妥)。行资,送六百元(因联银跌价),先由敝行

划奉,即乞查收。余不多及,盼示复。"(同上引书)

5月16日 顾廷龙复先生函,再告南下计划。云:"奉电后已复一缄,计可先达。十三日由沈君转到手谕,拜悉一一。川资优厚,感何可言,现暂存贵支行,用时再领。龙已叠向馆中主者声请觅替,不意挽留甚切,伯乐一顾,声价遂倍。拟再婉辞,缘相处多年,不敢操急,致伤感情。在龙权衡两事,此间不过众人待我,而于长者有知己之感,没齿不忘。是以亟欲得如趋前之愿,便中乞赐一见召之函,言盼龙一放暑假即行之意,俾可持去再辞(因馆中坚属龙向长者函辞)。预计结束一切以至成行至少须在七月中,当以能早行为是。馆名已否定夺?如果纯收古籍,命名似可取一于此略有关切者。又将来馆中如名义不拟多设,则暂时可不分组系,即以总干事之类之名目统之,尤为简捷。管见无当,姑渎清听。新屋地点何在,便希示及。龙离沪忽将十年,路途恐皆不复认识矣。""闻修文,文殿在南浔得常熟赵氏天放楼藏书全部,未及北来,即在沪转售他估矣,不知有所见否?前赴沪办货诸贾,因汇水之大,利无可图,络绎言归,但异本一无所遇。孙耀卿大约不日即返,《说文翼》至今未定价格,其将居奇无疑矣。余容续上。"(《顾廷龙文集》,第755页)

5月23日 致顾廷龙函,告以合众租屋情形。云:"奉函敬悉,此间筹备处已租定辣斐德路六百十四号,馆名合众,因希望社会中坚'众擎易举'之意。惟一切事宜全仗执事到后布置,尚望迅速料理,务于暑假开始即行南下。盼切盼切。立盼立复。"(《尺牍》)

同日 张元济复先生函,谈合众创办之事。云:"昨奉手教,谨诵悉。合众图书馆缘起、简章及与法领事说帖均读过,甚妥。惟前此代译与伯希和信之张君现调往渝馆,在该处担任编审事宜,即日就道,不克代办。此外有无堪以胜任之人,现工潮尚未解决,一时无从探听,谨将各稿先行缴还,还祈另行觅人办理为幸。"(《张元济全集》,第1卷,第313页)

5月25日 致顾廷龙函,促顾早日南下。云:"前日奉复一笺,此间各事均已备妥,专候兄来,即可开始办事务。望暑假开始后即行南来。燕馆是已成之局,而敝处则百端草创,得人为难。将来文化合作彼此互助之处甚多,目前则恳求燕馆让贤,俾敝处得以成立,想为文化界所深许也。何日放行,尚祈迅赐电示,至盼至祷。《清实录》此间亦可设法觅取一部。《说文翼》望携之而来,上册在张芹伯家,延平剑合,非难事也。"(《尺牍》)

同日 张元济亦致顾廷龙书,告以与先生合创图书馆,请顾来沪主持。谓:"凤从博山昆仲饫闻行谊,久深企仰。先后获诵鸿麿《悫斋年谱》《章氏四当斋藏书目》,尤钦渊雅。近复承寄《燕京大学图书馆报》第一三〇期一册,大作嘉靖本《〈演繁露〉跋》,纠讹正谬,攻错攸资,且感且佩。敝友叶君揆初雅嗜藏书,堪称美富。以沪上迭遭兵燹，图书馆被毁者多，思补其乏，愿出所藏，供众观览，以弟略知一二，招令襄助。事正权舆，亟须得人而理。阁下在燕京研究有年，驾轻就熟，无与伦比。揆兄驰书奉约，亟盼惠临。闻燕馆挽留甚切，桑下三宿，阁下自难恝焉舍去。惟燕馆为已成之局，规随不难。此间开创伊始，倘乏导师，便难措手，务望婉商当局，速谋替人。一俟交代停妥，即请移驾南来，俾弟等得早聆教益。异日馆舍宏开，恣众浏览，受惠者正不知凡几也。"（《张元济全集》第 3 卷，第 37 页）

5 月 29 日　就酌加行员生活津贴事签署浙兴总办通函。云："现在中日战争未了，百物昂贵，本行各地员役生活不无困难。兹议定酌加，给予稍资救济，名为战时生活补助费，自本年七月份起实行，至中日战争终了时停止。其办法：行员薪水贰拾伍元至伍拾元者，每月支给拾元；伍拾壹元至壹百元者，支给捌元；贰百元以下者，支给柒元；叁百元以下者，陆元；肆百元以下者，伍元；练习生月给肆元，雇员照行员薪水等次支给。至各地栈司警役等，每人每月支给贰元。特以奉洽，希查照并转行所属一体遵照。"（副本，上档 Q268－1－336）

6 月 1 日　致顾廷龙函，问南来日期。云："连发两快函，想已接到，此间专待贲临办事，愈速愈妙。望将行期电示，薪水自六月份起，今日已收到一百六十元，代立顾潜记特别往来折一扣存弟手。尊寓应先备各物，最好开示一单，或托博山昆仲代办均可，用款即在折内支取。候示办理。"（《尺牍》）

6 月 7 日　复顾廷龙函，谈南来事宜。云："奉电及卅一函，欣快之至。轮舱难得，应预托人定好。敝平行亦可代托津行办理，请与沈范思兄接洽。此间租屋临街，极为宽敞，现在空无一人，空无一物。派朱君子毅（湖州人，习法律）看守，此人为弟司银钱多年，将来可充收支庶务之任（兼任可省开支）。其余均待兄到再行布置，俾有统系。（弟意兄之下考取学生写手若干人，即可指挥。）新屋租期两年。弟意只须置书架应用，将来材料可改作。至于永久计划，仍须从建筑新馆上着手。目前认为临时可也。""现在行李检查极难（青岛检查尤严），布置须觅有经验人预商之，书籍古物尤须留意（书籍以邮寄为妥）。"（《尺牍》）

6 月 9 日　致顾廷龙函，告以南来安排之事。云："前日复一函即得二日快函，欣悉。薪水于六月份起支，即以代沪寓布置各费已详前函。昨与博山昆仲商定，尊眷到后，暂在潘宅借宿，再从容布置，办法极妥。已嘱遂与兄函洽矣。（租屋甚宽，尊居不加限制，到后自定，至少三间可用。）校中所求之江兼课事，鄙意难以允从，因敝馆几乎是独脚戏，时间万难分割。天下事专则有成，分则两误，望吾兄婉却之。将来燕馆合作之事尽多，不患无联络之机会也。兄之书籍如先寄来，可径递辣斐德路六百十四号合众图书馆筹备处朱子毅先生收。馆中器具一切未办，均待兄到再定。建筑则更属后图矣。《金声玉振集》虽罕见，但内容无甚足重，且均删节本，目

前有数百元可以得极珍贵之前人著作数种矣。菊生近不购书,东方图书馆亦无形停顿。"(《尺牍》)

6月12日 浙兴汉行经理王稻坪致先生函,报告复兴公司不履行合同而引起各方纠葛等事。云:"据徐维荣先生相告,谓复兴公司副经理祝庸斋君来商,以接贺衡夫君来函谓安利仍将该公司所存麦加利英金存款扣留,要求徐君向安利说项,并谓贺君已面告我公,承允向安利调停等语。徐君告以渠前为双方调解,原以复兴将廿七年份应付租金早日付清及廿七年度总账早日结出为条件,今复兴均未诚实履行。对于应付租金,藉口延宕再三,催索方得付给若干,尚有七拾万元至今未付。不但债权人由渝调汉调沪,受汇水高涨损失,而调拨头寸,时机一失,亦受影响。虽不知兴业部分是否须换购外汇,在安利非换购外汇不可。因复兴迟迟不付,行市愈缩,近日外汇骤然变动,损失尤钜。损人不利己,无怪安利之愤恨。且渠屡次劝告复兴,款搁渝地,恐有各种风险,即为复兴计亦以早付卸责为是,而终置之不理。安利因复兴不顾信用,捎不交付,恐其移作别用,致有扣留之举,谓为咎由自取亦不为过。至于廿七年度总账,阅时已久,仍未结出,颇闻复兴将去冬售纱盈余不结在内,归入次年,并拟将本年渝汉两地开支等及其他损失归入于上年账内抵销。如此前后牵混不实,不尽按照合同会计年度一年一结大相违反,况合同规定债权人祇分盈余,不负担损失。万一本年账须结亏,而将本年损失并入上年账内,减少盈余,使债权人共同负担,恐债权人决难承认。徐君嘱祝君函告贺君,切实履行合同,诚意合作,勿用过分手段,英金问题自然解决,安利决不留难云云。查徐君所言各节,理由极为正当,特以奉告,请台洽。徐君定十八日启行赴申,当趋访台端,面谈种切也。"(原件,上档 Q268-1-420)

6月13日 签署浙兴总办通告。云:"暂调汉行副经理朱益能君为总行稽核处稽核。"(副本,上档 Q268-1-149)

同日 北平学者于海晏致先生函,赠书并索《谐声谱》。函云:"曩者从友人处获读尊刊张氏《谐声谱》,甚佩。网罗散佚,阐扬幽微,嘉惠士林者实钜。复由顾氏《禹贡》杂志具见宏奖学术,扶翼文化之至意。海晏于文字声韵之学亦尚致力,略有著述,久思奉寄就正,因循未果。事变以还,人士播迁,多失故所,欲通尺素,每怅无由。近有尊世晚江宁汪生从宴问字,得悉兴居清健,仍居春申,良用欣慰。兹从邮奉上拙著《汉魏六朝韵谱》并《画论丛刊》各一部,敬请教正。尊处《谐声谱》如有存者,惠赐一部,尤所感佩。万方多难,浩劫无已,惟祝道履绥和,领袖士林耳。"(原件,《尺素选存》)

6月16日 宋子文自香港致先生电。云:"译送兴业银行叶揆初先生鉴:查贵行有大宗现款存在外国银行,应请移存本国银行或联准会。查沪市现底渐枯,弟为维持法币及金融市面计,本月杪决将现款抽紧,深望我兄赞助,予以合作,并盼勿做外汇掉期,以防止外间投机。统希电复为荷。弟宋子文。谏。"(原电,上档 Q268-1-86—1)

跋云:

> 此吾友宗耿吾藏本,其子惟恭,字礼白,以宋本及淡生堂抄本校补。耿吾易簀时,遗命出售精本,办一藏书楼,将普通本储入,以为纪念。礼白颇知板本,且喜收金石书及古泉书,但亦有他好,不数年间,将精本悉数售去。所得之款,补葺罅漏,不暇仰遵遗命。顷遭寇乱,常熟故居被焚,存书亦悉付丙丁矣!耿吾之尊人湘文丈,素爱收书,余见宗氏书,凡有湘文丈题跋及耿吾手迹者,悉留之。此本既为呢园故物,又为礼白校补,亦收存之。子弟不喜书,易将藏书散失,乃有喜书之子弟,亦复不能保有,其亡也忽焉,于是叹私家藏守之不易,而协立公共图书馆之不可不努力也。已卯端节前一日,叶景葵识,时年六十有六。(《书跋》,第 87 页)

《愧郯录》十五卷,(宋)汤阴岳珂(倦翁)撰,明万历中刊本,二册,今人宗惟恭校。(《叶目》)

6 月 21 日　财政部颁布限制提存新办法七条,电令沪银钱业自 22 日起,所有支付存款,除发放工资者外,每周支取五百元者付法币,逾此限额者付汇划。22 日,本市银钱业据电令议决办法六项,公布实行。(《现代上海大事记》,第 747 页)

6 月 22 日、23 日　撰《谐声谱》跋,详述该书源流及稿本整理刊布过程。云:

> 此书校写刊行始末,已详霜根老人序言。余本以此事属霜根,霜根谦辞,以不学韵学为憾。乃荐戴绥之翁专任其事,嗣徐君森玉借得东方文化会另一写本,乃以三本并交绥翁。绥翁约定每月写费四十元,以十个月写毕为约。但事极烦难,绥翁写毕一册,缴与霜根,再取第二册。盛暑祁寒,未尝间断。至第十一个月尚未竣事,坚不肯收写费,谓原约以十个月,今迟误则某之咎,不可妄取。霜根于月朔送以写费,绥翁璧还之,谓第一月系初四日起,今未满一月,未便领受。其耿介而重然诺如此。余素未识绥翁,因此事得厕交游之列,深自欣幸。此书刊成,阅二年。绥翁贫甚,得一课徒,馆谷甚菲,主人复吝啬,而绥翁安之若素,课读甚勤,谓其徒聪慧可教也。余方欲以他事烦之,函询霜根,谓绥翁目力如何?霜根复以尚可钞书,但不久已以老病死矣。身后著述无存,此本是其精力所萃,堪与张氏父子原本同传永久矣!
>
> 东方文化会传抄之本,不知其来历。《续经解》所刊节本,出于粤东龙氏。龙氏刻本,余亦未见。恽子居作《序》见《大云山房稿》,其时恐尚未有付刊之意。因就原稿验之,盖草创而非定本也。余友王欣夫(大隆)告余谓,《国粹学报》载郑叔问《南献征遗》,附邓氏秋枚案语,谓光绪时广州有刊行足本,阳湖吴

氏翌寅曾与校勘，并于他处曾见刊者主名。又邓氏《国粹学报》后附《捐赠书目》，亦载此书等语。余闻而欣喜，加意访求，迄无知者，惟欣夫决非谰言，嗣抄得屠敬山君一序，知拟刻者为揭扬县知县庄君心嘉，为珍艺先生族孙，皋文弟翰凤先生之孙婿。家藏皋文手稿甚夥，余所得皋文手写本《虞氏易》两种，及《茗柯文》二编，与刘翰怡所得，均出自庄氏。此人似尚存，未闻有刻书之举。大约当时曾拟编刊，敬山序而未刻，犹之子居序而未刻也。惟原稿未经整理，不能付刊。郑叔问所列，邓秋枚所捐，是否庄氏就彦惟手稿传写修改以备付刊之本？东方文化会所藏是否即邓氏捐入国粹报馆之本？以理度之，庶几近是。但出自臆测，未敢遽以为定也。庄君或有晤询机会。欣夫近在咫尺，喜研国故，还当从容讨论之。敬山序附抄于后。己卯夏至。景葵漫记。

绥翁于涂改钩乙处，另附《勘误表》。恐黏贴有脱落，全书无一误字，异常矜慎。惟有重写之字二，本以涂去之，石印校样描润时，误将修去。故印本有重字二，此非绥翁之责，而余之责也。次日又记。

（《书跋》，第 15—17 页）

《谐声谱》五十卷，(清)张惠言(皋文)撰，子成孙(彦惟)编，手稿本，十二册。（《叶目》）

徐森玉回忆，景葵先生"时与密韵楼诸子相周旋，亦稍稍蓄书，尝得张惠言、成孙父子所撰《谐声谱》稿本，为研究文字音韵要著，亟谋刊传，倩人校录。余亦为之瓻借传钞之本，以供参考。百年深閟之作，遂得风行一时。音韵学家咸称其印行之功不置"。（《卷盦賸稿序一》，《杂著》，第 432 页）

6 月 22 日　宋子文、钱新之、叶琢堂就限制提存、统制外汇，致先生等上海各家银行、钱庄负责人电。云："顷接部电，关于本日公布规定限制沪各银行、钱庄支付存款办法，如根据原则尚有补充之处，嘱就近会商，径电尊处办理。兄等就沪市现状观察并参酌廿六年八月十五日安定金融办法，有无丯要之点须加补充改善者，请与有关各方接洽电示，以便参考。急盼电复。"（《上海银行家书信集》，第 194 页）

同日　国民政府财政部发布安定金融办法"马电"。先生当即通知浙兴各分支行经理："所有存欠各户，除系工厂有必要开支及工资可酌量通融外，其余均须以存抵欠。"（引自 1940 年 3 月《告美光染织厂欠款逾期诉状》，上档 Q268－1－427）

6 月 23 日　美光染织厂签出 75 000 元支票(即美光付德孚洋行支票)来浙兴总行兑取。银行"以财政部安定金融办法予以退票"。① 旋由美光厂法定代理人蒋

---

① 时美光染织厂在浙兴透支款 10 万元，合同 1939 年 12 月 31 日到期；另有存款 8 万元。按财政部"以存抵欠"原则，当属不能照支范围。——编著者

彦武(亦为浙兴董事)来行,向经理竹淼生请求通融。"经理即据情向董事长请示。经董事长告以以存抵付之办法业经规定,且为数过钜,未便通融。"蒋遂进董事室直接向先生请求。先生告知,"以存抵欠系对一般存户之规定办法,不独美光一厂为然,所谓通融不能照办。"张笃生、严鸥客时亦在座。(同上引档)

6 月 29 日 签署浙兴总办致总行函,人事任命事项如下:"尊处业务处襄理向锡璜君升任业务处副经理;专员华汝洁君调任业务处襄理;业务处往来股兼活存股主任沈叔瑜君升任业务处襄理,仍兼各本股主任;信托部地产股主任李英华君升任信托部襄理,仍兼本股主任;沈赤维君、金仰伸君均升业务处业务股副主任。希查照。"(副本,上档 Q268-1-336)

同日 美光染织厂因 6 月 23 日支票遭退,不惜以尝试手段又签出 70 000 元支票,由美光厂副经理汤彦修来行支取。营业员在忙乱中误付同数拨款单,付后及时发现,因属"以存抵欠",不能照支,故即通知银行业联合准备会止付。汤来行交涉无果而返。(引自 1940 年 3 月《告美光染织厂欠款逾期诉状》,上档 Q268-1-427)

6 月 撰《南村辍耕录》跋。云:"万历甲辰云间王圻重修本。附刻《秋江送别图》并赠诗及序,为原刻所无,颇罕见。因录存之。景葵记。己卯长夏。"(手迹,原书,上海图书馆藏)

《南村辍耕录》三十卷,(元)黄岩陶宗仪(九成)撰,明嘉靖中玉兰草堂刊本,十册。(《叶目》)

6 月 于《明朝宫诗》五卷(明·刘若愚撰)末页题识。云:"吕叙[1]系亡友宗耿吾手抄,此书亦系其所珍惜。景葵。"[2](手迹,原书,上海图书馆藏)

7 月 1 日 重庆国民政府财政部渝会字第 0428 号训令(部长孔祥熙署名),令浙江兴业银行"以后每个月呈报一次"损失情形。"以后各地方每遇敌军进攻,或遭敌机轰炸一次,即应将人口伤亡及财产直接损失查报一次。"[3](原件,上档 Q268-1-186)

7 月 4 日 本市银钱业为调剂同业资金,组织准备委员会,实行办理新汇划制度,汇划.总额暂定五千万元。(《现代上海大事记》,第 749 页)

7 月 6 日 撰《华阳国志》跋。云:

己卯仲夏,借邓正闇所藏顾涧薲校空居阁影宋本,与廖刻本对读。凡刻本

---

① 吕叙,指原书吕邲序文。——编著者
② 原题识未署日期。因此书为宗舜年旧藏,可能与《愧郯录》同时购入,故系于本月。——编著者
③ 同卷档案内类似"训令"保存有多份。——编著者

所无之校语,均详录之。昔人皆认顾校冯本为廖刻之祖本,吴佩伯颇以钞刻互有同异为疑。霜根章氏详玩廖序,谓廖刻以孙渊如藏季沧苇影宋抄为底本,洵属读书得间。冯本顾跋云"为孙观察校刊于江宁",盖谓代渊如校刊季氏影宋抄本也。廖氏系出赀人,洵藚系一手包办,明乎此,则顾跋与廖序,若符节之合矣。廖刻既以季抄为底本,故校语与顾校冯本互有异同详略,亦有校红样时加入之校语,不及一一过入冯本。(卷十下第四页前三行校云:汉有南郡太守为昆,癸酉十月得此条于校样时。刻本与校本同。但第二行校补阳南二字则未写入冯本,是其证。)迨甲戌春季以后,刻本既已印行,季抄亦物归原主,乃以陆续心得,详注于冯本,则皆刻本所无。惜季本不可得见,未知与廖刻及校定冯本异同详略如何耳。洵藚以季氏本与空居阁本,钱叔宝本同出一源,皆系影抄宋嘉泰刻本,其可依据,迥出俗本之上。故即以三抄本为主,而不注重于明代以来之刻本。(卷十末,《巴郡士女条》注云:"近人见旧本较张佳允以来所刻多第十三之上中两卷,谓为完善,其实不然。")诚以汉晋以前之古籍,传写寖讹,校刊者每以意改,不尽可凭。即季、冯、钱三抄本,虽出影写,亦多讹夺。洵藚校读此书之法,先于怀疑处,以小圈记之,再择三本之善而从之,其不合者再取《史记》以下各史,及《水经注》《广韵》《风俗通》《通鉴》《晋载记》诸书校正之。有误必思,昔以为是,今以为非者,必改。如先以李温为然,温既知李温与然温确是二人,皆为桂阳太守(卷一)。如释梓潼太守张演委城走巴西一节,证明《通鉴》之是,《载记》之非(卷八)。真可谓力果心精,弗得弗措,故必合校本与刻本并观之。而洵藚读书之精诣,始见至校本有而刻本无者,或为刻时遗漏,如卷十一王国中尉王国侍郎之类;或为洵藚阙疑,以防意改之失,如卷十一杜珍校改作畛,刻本仍作珍之类。其矜慎可师,其小疵亦可谅。季本久已亡佚,廖刻是其嫡嗣,实堪珍视。近江安傅氏跋明刘大昌刻本,以廖刻满纸讹夺为口实,并以洵藚未见嘉靖以前刻本为疑。余恐后人泥于傅氏之言,而轻视此佳刻本,故明辨之如右。端午后十五日。叶景葵敬识。(《书跋》,第33—34页)

《华阳国志》十二卷,《附录》一卷,(清)廖寅撰,清嘉庆十九年廖氏题襟馆刊本,四册。(《叶目》)

7月8日 邓孝先偕子来访,"畅话"。(《挽邓孝先》七律导语,《书跋》,第62页)

7月13日 顾廷龙应先生与张元济等邀请,携眷属离北平赴上海。由天津塘沽登盛京号轮,经威海、烟台,7月16日晚抵达上海吴淞口。(《顾廷龙年谱》,第87页)

7月17日 顾廷龙全家入住辣斐德路614号合众图书馆筹备处。楼下为办公处,楼上书库和顾家住宅。午前,顾访先生,"略谈创办之事"。午后,先生往访顾廷龙。(同上引书)

7月18日 致张元济函。云:"昨谈甚快。送上郑君①借据乙纸、凭信乙纸,乞即费神转向郑君商洽。至借书陈列事,在廿二年九月悉抵押期未满以前之通融办法,业已如数收回。葵当时似有一收条,不甚记忆。"(抄件)

同日 撰《何恭简公笔记》跋。云:

案何恭简公(孟春)《余冬序录》自《序》后,又记云:"此书春三十岁前已有作,始名《子元案垢》二帙凡十卷。中岁欲作《山天志》,取《易》所谓'多志前言往行'之义。无何病懒弗力而止。盖于畜德终不能无媿也。间因私见弄笔,月益增单牍片削,付《案垢》而成此。老年多病,自顾学无进益,每翻旧稿,心窃感之。令顽儿编付家塾,其间有春十六七时所论著者,并近日人间求请文字,间亦一二存焉。言本无序,因令稍为之序"等语。又《自序》有云:"乙酉冬间,稡有成帙,乃命儿子仲方取旧稿编辑,岁亦适戊子冬间"等语。详阅此钞本六册,既未分卷,又未分类,当作于《案垢》之后,《序录》之前。即所谓单牍片削,既不能名以《子元案垢》,又不能名以《余冬叙录》,因为定名曰《何恭简公笔记》。六册系三手合钞而成,如第一册自始至末为一类(第二、三册同),第四册第十叶后半至二十六叶前半为第二类,第五册首五叶,末十七叶为第三类(第六册亦有廿余叶)。以葵臆测,第三类系恭简手书,一则文义有删润,二则选存有标识,盖本系命钞胥或子弟缮录之本,因有删改之处,故手书补入。其前后皆有裁割黏补,痕迹显然。此说虽无佐证,要为当日誉清稿本。则香生之说不诬也。余有《余冬序录》万历复刊本六十五卷,当子细核对一过,确知此书已采入录者共计若干,有无可以证明余说之处,再行研究。己卯六月初二日灯下书,景葵。(《书跋》,第88页)

《何恭简公笔记》不分卷,(明)郴州何孟春(子元)撰,明钞本,附(清)姚椿手札,蒋凤藻题识。(《叶目》)

同日 顾廷龙草拟《创办合众图书馆意见书》②。全文如下:

抗战以来全国图书馆能照常进行者,仅燕京大学图书馆一处,其他或呈停顿,或已分散,或罹劫灰。私家藏书亦多流亡,而日、美等国乘其时会,力事搜罗,致数千年固有之文化,坐视其流散,岂不大可惜哉!本馆创办于此时,即应负起保存固有文化之责任。

为保存固有文化而办之图书馆,当以专门为范围,集中力量,成效易著。

---

① 郑君,疑指郑振铎。——编著者

② 《意见书》草拟始于是日。后经张元济批注,定稿于同年8月。今以沈津编著《顾廷龙年谱》著录本为正本。——编著者

且叶先生首捐之书及蒋先生拟捐之书，多属于人文科学，故可即从此基础，而建设一专门国粹之图书馆(宗旨：一专取国粹之书，二不办普通阅览。宗旨既定，一切办法便可依此决定。张①)，凡新出羽翼国粹之图书附属之(东西文之研究我国文化者，当与我国著述并重。叶)至近代科学书籍以及西文书籍则均别存，以清眉目。否则各种书籍兼收并蓄，成普通图书馆，卒至汗漫无归。观于目前国内情形，此种图书馆虽甚需要，但在上海区域之中，普通者有东方图书馆，专于近代史料者有鸿英图书馆，专于自然科学者有明复图书馆，专于经济问题者有海关图书馆，至于中学程度所需要参考者有市立图书馆。他地亦各有普通图书馆在焉，本馆自当别树一帜。

本馆从事专门事业之理想，书籍专收旧本，秘笈力谋流布(刊布之事，似可俟图书充足，经费宽裕之日，再为之。张)，当别设编纂处。即就叶先生藏书而论，名人未刻之稿当为刊传，批本、校本当为移录，汇而刊之。罕见之本当与通行本互校，别撰校记，以便学者。编纂目的，专为整理，不为新作，专为前贤行役，不为个人张本。图书馆之使命一为典藏，一为传布。秘籍展览仅限当地，一经印行，公之全球，功实同也。

经常费之支配约计

图书费　41.1/100

修理费　12/100

印刷费　16.7/100

薪水　　23/100

杂费　　2.5/100

临时费　4.1/100

各图书馆往往于图书费中有装钉费占其四分之一，以本馆情形言，装钉一项似可省去。

关于装钉一事，各图书馆为模仿西式，又便于与西书并列起见，北方及欧、美各馆均做布套。套式约三种：曰筒子套，曰三角套，曰折套。每个现价约四角至六角。南方各馆多改洋装。而洋装种类亦甚多：曰平装，曰硬装，又分皮脊布面，布脊纸面、全皮、全布、全纸等。每本六角至一、二元不等。本馆书籍应否做套或改洋装，须加斟酌(旧本不可改装，亦不必一一做套，卷帙多者做套则不易散失。当仿宿迁王氏之布套，不用黏糊，而用钮扣，俟物价稍平再做。

---

① 括号中批语署"叶""张"者，即叶景葵、张元济先生。——编著者

叶。再加一木板,板上钻眼,与布缝合,取携较便,亦不伤书,记得涵芬楼中有此款式。张)其利弊如下:做套虽可使书本不致散失,足御风尘,陈列插架,可卧可立,极为便利。惟折套即旧时通行式。立置架上,取放不慎,书根每易擦损;筒子、三角套,则套中偶失一册,匆匆不易察及。南方卑湿,浆易脱性,又易生蠹。而沪上既乏专工,勉强招来,值昂而工劣,甚不相宜也。改装则仅足与西书并列,他不见其善处,其弊则甚多:

一、中国书纸薄,加以硬面,常用则书脑易裂。

二、洋装书排列不紧密,则书面易成翘捩。

三、两本排列太紧,书面有薄胶,每易黏住。

四、年久天潮,易霉易裻。

五、取书时往往从书头一攀,遂致书头辄裂。

六、必须改变原装。

就管见所及,做套改装,其要点仅为适合西式之立置架上一事。鄙意本馆如确为专门国粹图书,则两种装钉,实皆无须。排列架上,不妨用旧式卧置之法(中国书宜平放,北平图书馆善本书亦平放。叶),有布套或夹板者仍之,每一种夹一书签,借时调取亦甚方便。书衣有破碎者,或换或加,脱线者重钉之,既可保存固有之式样,而架上可以多容书本,又省装钉之费。捐书藏家原有精美书箱,即可利用,不致废弃。至偶有新出平装、硬装之书,亦不妨令其卧置。或谓改装以后便于管理,提取又速,实则不装钉者既有书签,提取亦并不致于过慢。而取书还书并得检点册数,及有无损污之处,时经翻动,不易生蠹。倘本馆果属专门性质,则阅览人未必多,而同时借书者更不甚多。即以北平图书馆言之,每日阅览人数虽不少,究以阅报纸、杂志者为多,阅书者未必能满座。至若大学图书馆以教员学生借阅较为繁忙,但书库中有两人管理亦能应付,不至若理想之急促也(本馆以不办普通阅览为主要,因一切设备办普通阅览者,易致繁费,房屋尤甚。叶)。

关于编目,为图书馆基本重大之工作,而编目当以分类为前提。分类一事,问题最多。现在全国各图书馆分类之法各自为政,约分新旧两种:新法皆以美国杜威十大类加以增损;旧法即四库分类。两者各有优劣,前者削华人之足以纳西人之履,后者仅感类属之不敷,未尝无增减之余地。至疑似之处,旧法固有,新法亦何尝无之。四库分类曾经实验,有《四库总目》为其明证。新法半出各专家之理想,窒碍并不在旧法之下。至王云五之中外图书统一分类法,似便于小型普通图书馆,而专门图书馆未必适用。倘本馆以旧书为专门,则似以四库旧法为善(四库子部分目最欠妥贴,史部亦有可议之处,既以专收国粹书籍为限，则不妨悉仍旧贯，但遇有新出研究国粹之书加入时，稍费斟酌可耳。张）。四库之分，发源甚早，清代亦仅增损，吾人亦不妨稍加修订。若以为四库之法不善，则不妨用四库以前之法修改重订（鄙意宜仿四库分类而修正之，最近人文科学研究所分类颇佳。此事请与菊公讨论规定。叶），总以不失中国固有分类法为原则，亦所以谋保存中国旧时藏书之遗风。

目录之编纂拟分两种：一为卡片式，一为书本式。卡片式以馆中所有书一统编纂，暂分三种：一为书名片，一为著者片，一为分类片。三种卡片合置或分置，尚须斟酌。如合置，则须另做书架片。此外拟加著者地域片一种，可备参考地方文献之需。本目录拟以捐赠各家分别编纂，题曰合众图书馆某氏书目，其体例就各家藏书情形规定之。编纂方法拟一律首书名、卷数、著者、板本、册数、函数，与卡片式同。次附著者略历，又次本书内容之大略，可据序文中摘录之。又次镂板之原委，可从序跋中节出之。行款、刻工、各家题识、藏印均应详记。惟捐赠书籍不及若干数量以上者，不另编目，当于年报公布之（本馆宜于廿八年底编一本馆藏书草目，目内加一栏，即捐赠人之姓名，如此则捐赠一二种者，亦可列入，以后每年增修。以后凡捐赠人要求编专目，如章氏四当斋者，本馆别分之，而仍列入总目，阑内书明"详000专目"，以期衔接。叶）。

捐赠及自购书，当略加区别，约分甲乙两类：甲为善本，乙为通行本。惟善本名目甚泛，难得标准，兹拟订范围如下：

善本

（一）珍本　一、古本（明以前刻本），二、精刻本，三、流传不广之本。

（二）秘本　一批校本，二钞本。

（三）孤本　一稿本。

（善本之界限极难分别，人文研究所不分善本与普通本，鄙意初步宜仿行之，俟本馆造成书库，则凡不易得之本，皆入特别库。凡入特别库者，皆得谓之善本。北平图书馆所谓善本书目，亦指善本书库所存而言。此意当否，乞与菊公斟酌定之。叶。）

（既不办普通阅览，自无须分别善本、普通本，但最难得之本于未建书库之前，鄙见似亦应特别储存，否则介绍入览之人，辄有请求，殊难应付。张。）

阅览书籍，在筹备时期概不公开，凡经特别介绍而有保证者，约定时期在馆检阅，不得借出，即他日新屋落成，正式开幕后，如确为专门性质之图书馆，则亦当以不借出为原则。借阅人必经妥人介绍及保证，经本馆核准后始可阅览，并予以研究著作上之便利。

新馆屋宇之需要，倘为专门性质之图书馆，似可多设研究室，不必有普通阅览室,或只小型之普通阅览室可也。倘基地有余隙,并可建研究人宿舍及膳堂,俾中外人士远道来此者,可安心读书,酌收费用,可仿学校情形规定之。又须多置纪念室,或即以此为研究室,可以两用尤便。凡捐赠书籍在若干数量者,其善本一部分或全部分,别储纪念室中。纪念室愈多,愈足以表现合众之精神。

馆员暂设总干事一人,助理一人,庶务一人,书记一人,一切事务,秉承发起人意旨处理之。

办公时间:每日上午九时至十二时,下午二时至五时,星期日休息,每星期工作三十六小时。或每日上午八时至十二时,下午一时半至四时半,星期六下午及星期天休息,每星期工作三十九小时。其他例假,可仿其他机关团体酌定之。

年度终了时,编印年报一册,内容:(一)将一年中所收图书及零星捐到书籍不及编印书本目录者公布之。(二)凡一年中工作之概况。(三)馆员整理书籍倘有心得,附载于后,俾就有道而正之。

总之,鄙意本馆以保存古书为职志,并当保存其式样,一以旧时度藏为主旨,略采现代之方法,不求形似而取其实利。观于日本京都东方文化研究所所编《汉籍目录》一以四库为准,美国哈佛大学汉和图书馆对于汉籍以不改动旧样为原则,就此两处情形观之,本馆略守旧法,未为不宜,否则不将发礼失求野之叹欤! 普通书加写书根,一律宋体。卡片书写须毛笔楷书,不写简笔字(丛书及卷帙多者,先写书根。可以不写减笔字,书名、人名须与原书一律。叶)。

一九三九年八月(《顾廷龙文集》,第 604—609 页)

7 月 20 日 晚,招饮顾廷龙。座有王佩诤、王大隆、姚光、陈陶遗、陈汉第、陈叔通、潘博山与潘景郑。(《顾廷龙日记》[①])

7 月 21 日 致顾廷龙短笺,告知将于周日上午送书[②]。云:"送上书目四册,自

① 《顾廷龙日记》文字引自沈津编著《顾廷龙年谱》。下同。——编著者
② 据 1953 年上海合众图书馆排印本《杭州叶氏卷盦藏书目录》五卷著录,叶景葵旧藏共计 2878 部,31567 册。有人根据《卷盦捐书书目》底本统计,叶景葵先生 1939 年开始历年捐书共计 3344 种,34160 册。第一年:捐书 1822 种,19883 册,359 张,金石拓片 1 包,1 幅。第二年:捐精本、普通本书籍 945 种,11999 册;金石拓片 80 包。第三年:捐批校本和普通本 95 种,244 册;金石拓本 19 轴,捐叶浩吾旧藏书籍拓本共 53 包(数量不清)。第四年:捐书 35 种,229 册,2 张,1 卷。第五年:捐书 242 种,1339 册,7 张,金石拓片 6 种,9 张。第六年:捐书 112 种,197 册,2 张。第七年:捐书 18 种,19 册。第八年:捐书 32 种,63 册;金石拓片 1 种,2 张。第九年:捐书 53 种,93 册,1 张;金石拓片 1 种,1 包。第十年:捐书 61 种,84 册,2 张,4 卷,3 包。金石拓片 15 种,33 张。第十一年:捐书 3 种,7 册。第十三年:叶景葵逝世后,其家人继续捐书 21 种,3 册;金石拓片 6 种,7 张,1 册。(引自王红蕾《〈卷盦书目〉与叶景葵藏书思想》,《理论界》2009 年 11 月)今《卷盦捐书书目》一函十册,由北京韦力先生珍藏。——编著者

文字起,至白字止,共八十四箱,连书架廿八只,准星期日上午运至尊处,钥匙随箱同去。"(《尺牍》)

　　7月22日　送己藏书目四册及钥匙两匣至筹备处。(《顾廷龙日记》)

　　7月23日　饬浙江兴业银行送书84箱至合众筹备处。(同上引书)

　　7月24日　陈清华(澄中)自香港复先生函①,告以近况,并答复有关在港藏书之询。云:"前奉手翰,殊慰遐思,并以垂翅之余,备承关爱,勖以澹泊之词。清华不敏,敢不坦怀任运,勉副期许。卸事以来,极思赴沪,以慰老母倚闾之望,乃为谣诼所牵,只得暂作回旋,徐图归计。奉手之期,当不在远矣。琢老②体气渐臻康复,已为转达尊念,承嘱候谢。《周易》单疏确幸藏园见让。许氏诸书③惟《乐府群玉》及天一阁抄本为佳,余亦平平。书虽运港,而让价至今未谐。其人甚不易与也。尊函由叔明兄处转致,久之始达,是以作复稍迟,尚祈鉴宥,余容晤语。"(原件,《尺素选存》)

　　7月25日　致张元济函,云:"奉两示均敬悉。改定稿④已打好,兹奉上。并原稿乙纸,又第一稿正副两纸,均乞詧收。费神感谢。"(抄件)

　　7月26日　徐森玉自贵州安顺致先生函,告以七七事变以来转移古文物之艰辛历程。函云:"丧乱以来,转徙靡定,每瞻雅范,徒廑思存。昨得舍弟书,言晤先生时屡以下走踪迹见询。自顾庸虚,犹蒙注念,循环私臆,且感且愻。东西凉燠异致,敬维冲襟怡适,睿识澂明,为祝无量。宝⑤前岁七月,自旧京南下,溯江而上,僦居长沙四越月。得青岛友人电,居延汉简尚陷在北大研究所中。遂遵海潜回北平,设法将简二万余运出,送存香港(现在港影印,年底可竣)。去岁春,为鸠集故宫移出品物入蜀,夏入陕,秋入黔,冬入滇。行车不慎,竟至折股,在昆明医院疗治五越月,始能蹒跚拄杖而行。今岁季春来黔西安顺读书山小住(洪北江榜书匾额尚存)。苗寨獠川,环拱左右,芦笙铜鼓,渰集听闻。山鸟如啼,野花似血,揽兹风物,频动离索之感矣。宝前在西南各地奔走,均为仅存之文物谋置善地。交通阻滞,盗匪出没无常,将来为罪为功,不能自卜。惟北平图书馆存沪最精之本,芦沟变前悉数寄归平馆。内阁大库旧藏,明末清初地图,全部陷在南京!此则令人最痛心者也。先生淹贯群书,虑周藻密,保存前人著述,更不遗余力,素所钦服,因述鄙况,谨将与宝有关

---

① 原函未署年份。信中提到"《周易》单疏",与本年2月1日王大隆致先生函询陈清华几种《注疏》似有因果关系,故考定为是年。——编著者

② 琢老,似指叶琢如。——编著者

③ 许氏诸书,似指杭州人许厚基(博明)藏书,——编著者

④ 即顾廷龙草拟的《创办合众图书馆意见书》。——编著者

⑤ 徐名鸿宝,此为自称。下同。——编著者

文物消息牵连及之,想亦先生所乐闻也。"(原件,《尺素选存》)

7月28日 签署浙兴总办通函,再次提高行员生活津贴。云:"兹查近日物价飞涨,前项补助费尚虞不敷。为安定员役生活起见,特再于前项办法外,议定临时地方津贴办法。增加给予除天津、重庆、昆明情形特殊已另案办理外,上海、汉口、北平、杭州等处生活程度大略相同。所有尊处及汉行、平行、吴仓、墅仓并各地退沪行员及雇员,均自本年八月份起,每人每月支给地方临时津贴拾元。支半薪者减半支给。练习生月给肆元。栈司警役人等月给贰元。得随时察看情形停止支给。"(副本,上档 Q268-1-336)

7月30日 顾廷龙来访,交修改后之合众《意见书》。先生"允批注后送菊丈核定。"(《顾廷龙日记》)

同日 致张元济函。云:"起潜草一本馆意见书,葵已将鄙见僭书于上,请长者详细斟酌。其不当者教正之。或须与起潜面洽,可以电话召之。一切均仗卓裁定夺,敬上菊丈。"(原件)

7月 为《小学盦遗稿》封面题识云:"《书佩刀歌后》钤有丝窗印记者,是广伯先生手书。余友蒋抑卮藏《字鉴》一部,广伯手校,笔迹正与此同。己卯夏景葵记。"(手迹,原书,上海图书馆藏)

《小学盦遗稿》四卷,(清)海宁钱馥(广伯)撰,清道光二年重编定稿本,四册,(清)赵之谦题识。(《叶目》)

7月 读《观所尚斋文存》并于扉页撰题识。云:"气清而辞洁,不以矜才,使气而自然合度,知其学养深矣。己卯夏日读竟谨记。揆初。"(手迹,原书,上海图书馆藏)

《观所尚斋文存》七卷,《诗存》二卷,江阴夏孙桐(闰枝)撰,民国二十八年中华书局排印本,线装3册。(《叶目》)

7月 借群碧楼主人藏《韩诗外传》,过录龚橙校语并撰校记。云:"龚孝拱校通津本,最注意于引毛改韩之谬。其校例之善,详见原跋。己卯长夏承群碧主人惠假照临一通,野竹得通津原板校正再印。与通津异字,以墨笔注于下方,不与原校相溷。叶景葵记。"(《书跋》,第8页)

《诗外传》十卷,(汉)燕人韩婴撰,明嘉靖中通津草堂刊本,四册,(清)龚橙校,民国邓邦述跋。(《叶目》)

7月 撰《舌鉴辨正》跋,忆与陶保廉交往。云:"此书为秀水陶拙存先生(保廉)手录本,刊于兰州,时勤肃公正任陕甘总督也。卷中钩乙处,亦拙存亲笔。宣统元年,拙存闻余颇研究医书,以此书相赠,并云:'箧中只此一册,早拟重刊,因循末果。'今拙存已作古人,检书复阅,记此颠末。己卯六月,叶景葵记。""拙存云:'所存

均已分散,只余此本.'谓数十年经验,以舌审病,立竿见影,此为医家不可不读之书,故郑重见贻."(《书跋》,第115页)

《舌鉴辨正》二卷,(清)茂名梁玉瑜(特岩)撰,光绪二十三年秀水陶保廉兰州刊本,一册.(《叶目》)

7月 撰《铁桥漫稿》跋.云:"心矩斋重刻本改为八卷,因金石跋四卷,应别行;时文一卷,铁桥致徐星伯书有'不入录'之语,故蒋氏末付刊,并章福叙录亦删之.细玩叙文语气,乃铁桥自作.因昔年有'少作不足存,时文不入录'二语,故托言非其本意,为友人所选存也.叙文末一段,自道其诗文甘苦,谦中有傲;其所存时文,亦能镕经铸史,非寻常墨卷可比,故不忍弃之,刊附于类集之末.近来原刊已罕见,世人不见叙录,无从知其选刊颠末,特补录之.己卯夏六月,景葵识.""心矩斋重刻八卷本,依四录堂原刻补抄序目.外舅朱蜕翁遗书.己卯夏,景葵记."(《书跋》,第150—151页)

《铁桥漫稿》八卷,(清)乌程严可均撰,光绪十一年长洲蒋氏心矩斋重印本(《心矩斋丛书》),二册.(《叶目》)

7月 再撰《抱朴子》跋,由宗氏书散尽又论"发起私家图书馆之宏愿".云:"壬申至今不到七周,而宗氏之书尽散.沈校鲁藩本《抱朴子》已入余书库.自战事以后,公私书藏,流转散佚,惨不忍言.余于是有发起私家图书馆之宏愿,誓当为死友保存之.原书既得,此传录本不足重,惟朱蓝别异,颇醒眉目,亦不忍弃也.己卯夏日,撰初题.""旧校字迹,非颐谷老人书,须广搜昔贤书札,方能审定.己卯夏记."(《书跋》,第84页)

是年夏 周暹致先生书,告时下刻书之兴大减,又告即赠所刻《十经斋遗集》等书,并询可否传抄张元济《涵芬楼善本书目》.书云:"前奉手书,敬悉一切.家叔(指周学熙)师古堂及舍弟志甫所刻书,已分别寄上,闻已收到矣.自事变以来,暹伏处津沽,罕与世接,刻书之兴大减.亦因纸墨昂贵,力有不足耳.兹检上《十经斋遗集》、《魏先生集》、《汜凫亭印撷》及亡弟《居贞草堂汉晋石影》并遗墨迹各一部,乞查收……菊生年丈曾编《涵芬楼善本书目》,闻未刊行,不知可传抄否?便中祈为一询.近日涵芬楼书有可零星出让之说,有人拟得其戏曲全部也."(转引自李国庆著《弢翁藏书年谱》第125至126页)

8月1日 张元济复先生函,送还合众意见书.云:"前日奉手示,并顾君意见书均谨悉.意见书展诵数过,已就管见所及签出粘呈,敬祈核定.顾君曾晤数面,持论名通,为馆得人,前途可贺."(《张元济全集》,第1卷,第312页)

同日 持张元济批注赴合众筹备处,与顾廷龙商定,《意见书》大致照顾所拟办法.(《顾廷龙日记》)

8月2日　撰《挽邓孝先》七律一首。"己卯六月十七日，闻孝先逝世，以诗挽之：促膝谈心甫两旬（五月廿二日携第三子枉过畅话），如何一蹶已归真！丧余骨肉仍罹劫（长子死于蜀，家人讳不以闻），鬻后图书不疗贫。宁学翳桑成饿莩（'宁学翳桑之饿，不愿分赵盾之肝'，去夏来书中语），独留劲草慰先民。卅年风义如昆季，三复遗笺涕满巾。景葵。"（《书跋》，第 62 页）

8月4日　致顾廷龙短笺，交季锡畴所录王艮斋批校《水经注》，嘱顾录艮斋按语。（《顾廷龙日记》）

8月5日　是日起上海《新闻报》等报纸，连续刊登"胜记"[1]署名《质问上海浙江兴业银行》广告[2]。云："窃鄙人前于六月廿九日以贵行存户美光公司所出支票，计即期国币七万元正，向贵行取款，承付给同数即期贵行 JRS509981 号拨款单一纸，于同月卅日委托银行向银行业联合会准备会收账。讵因关照止付，被其退票。鄙人接悉之下，莫名疑骇。查拨款单为银行所出，信誉素著，流转市上，视同现款，自通用以来，未闻出票银行有擅自止付情事。迭经奉函贵行，并向总经理叶景葵君交涉，竟置不理。为特登报质问。请即明白答复。"（原剪报，上档 Q268-1-427）

8月16日　张元济致先生函，商合众图书馆编目事。云："前日顾起潜兄来寓，谈合众图书馆编目事，并携有各家书目，均采四库而略加变通者。其意以四库编次不无可议，拟就后出诸家择善而从。弟意本馆既以国粹为主，各家书目虽各有见地，而资格究在四库之下，且亦未必尽善。何去何从，颇难适当。不如悉从四库，较为持之有故，言之成理。惟起兄提出两条：（一）四库以丛书入杂家，现拟另编；（二）近人著哲学类可附入国粹者，应否增加哲学一门。鄙见丛书日新月盛，与四库成书时不同，自当变通。惟第二题殊难决定，或勉附杂家各门，似亦一道，谨请裁酌。"（《张元济全集》，第 1 卷，第 313 页）

8月17日　"胜记"又于《新闻报》刊登《质问上海浙江兴业银行总经理叶景葵经理竹森生》广告，把矛头直接指向个人。云："查贵行将出给鄙人国币七万元拨款单（JRS509981）擅自止付事，迭经登报质问，迄未宣布理由。执事身为贵行执行业务负责人员，经理何事？应请即将止付理由明白答复。"（原剪报，上档 Q268-1-427）

同日　致顾廷龙函，附去张元济 8 月 16 日信札，谈编目事。云："菊老来函奉阅，编目一遵四库定例，宗旨相同。惟中国文化日渐发展，新出之范围不仅哲学一

---

[1]　据美光厂经理蒋彦武之叔蒋俊吾、叔祖蒋抑卮证明，"胜记"即汤彦修。见 1940 年 3 月浙江兴业银行《告美光染织厂欠款逾期诉状》。——编著者
[2]　参见 1939 年 6 月 23 日条。——编著者

门难于归纳,譬如敝藏所有《殷墟书契》各编,既不能归入小学,又不能归入金石。又如《汉晋西陲木简》,非金石,又非雕刻。又如《安阳发掘报告》,及《城子崖》《貔子窝》诸书亦不能以地理古迹包括之。又如各种学报、各种季刊周刊之类,似非丛书。又如教育学、心理学、美术学之类,亦在国粹范围以内。中国地质、地文之类,非地理所能概括。细思问题甚多,望兄详细思之,就所得酌定一目,再与菊老讨论定局为盼。"(《尺牍》)

同日 再致顾廷龙笺。云:"顷已与抑卮先生言明,可以请兄帮忙理书(因其侄每星期不过一二日工作,所以迂缓)。弟约以每日下午可先至抑兄处接洽一次,再行定期。"又告营业执照事,云:"营业执照事如再来,请嘱子毅与信托部襄理李英年君接洽。法界并无定章,可由董事随时制定法律。因捐票漏写'筹备处'三字,须费一番唇舌,惟如登记亦不甚啰嗦,能不办尤妙。已嘱英年先生与下层人接洽矣。致陈信附上。"(同上引书)

8月18日 《新闻报》刊出《浙江兴业银行上海总行启事》,公开答复"胜记"广告。云:"连日报载胜记质问本行止付拨款单理由广告。查本行对于第五○九九号拨款单之止付,认为显系恶意取得票据,依法止付。早经本行公函答复胜记在案。乃复连日登报并问及个人,不知其用意何在? 此启。"(原剪报,上档 Q268-1-427)

8月19日 签署呈云南省财政厅《浙江兴业银行股份有限公司添设昆明分理处呈请核准注册书》。9月1日奉到经济部长翁文灏签署注册登记及云南省建设厅指令批准。分理处地址:昆明城外护国路 39—41 号。(副本,上档 Q268-1-627—144)

8月20日 浙兴又于《新闻报》刊出《启事》。云:"阅本月十九日《新闻报》,载胜记再质本行广告一则,对本行十八日答复拨款单止付理由有所辩论,并称应将事实明白宣布云云。本行认胜记恶意取得票据,自有确凿证据。辩论及陈述事实,提出证据,应有一定之法律程序。本行无对私人宣布之必要及义务。此启。"(原剪报,上档 Q268-1-427)

同日 致顾廷龙函,送书。云:"送上明抄本《隶释》、李南涧校《隶释》、桂未谷校《隶续》、董酝卿校《金石录》及《戏鸥居词话》一册,共五种,乞查收。影印《四库全书》,敝藏无之。书一包俟阅过缴上。"(《尺牍》)

8月23日 针对胜记8月22日广告,再次刊出《浙江兴业银行上海总行启事》。云:"本行认胜记恶意取得票据,证据具在。胜记如不自承为恶意,尽可依法起诉。拨款单票面刊明支票字样,发票人对恶意取得支票者,得撤销付款之委托。法有明文,本行依法止付,自有其法律上之根据。胜记不求直于法律,连日登报,又屡以信用为词,显然别有用心,本行只应听候法律解决。对于胜记以后任何广告,除涉及刑事者当依法告诉外,不再置答。此启。"(原剪报,上档 Q268‑1‑427)

8 月 24 日　致顾廷龙函,送书。云:"顷送上书箱十二只,架子四个,皮箱三只(无目无锁,皆普通书),又书五包(总理衙门档案三包,《晋书斠注》二包),乞查收。函内附书目十二纸(舒向金玉渊海卿云黼黻河汉),又钥匙十二个并收。"(《尺牍》)

8 月 24 日、29 日　《新闻报》又连续刊登《质问上海浙江兴业银行总经理叶景葵经理竹淼生》与《胜记为上海浙江兴业银行总经理叶景葵经理竹淼生主持拒付拨款单事启事》。(原剪报,上档 Q268‑1‑427)浙兴未予理睬。

8 月 31 日　致张元济函。云:"前日闻贵体小有不适,想已全愈。郑君处拟请长者再去一函,说明前日晤谈各节,已告。△△①意明照七月廿四所称各节办理,以九月底为限期,满期不克再候等语。无论有复无复,至十月初即将全部送交合众图书馆。尊意当以为然。原印底附奉,仍乞见还。"(抄件)

8 月　为旧钞本《唐先生遗稿》题识。云:"诗文皆谢刻所未载,盖晚年之作。己卯七月得于上海。揆初。"(手迹,原书,上海图书馆藏)

《唐先生遗稿》一卷,(明)嘉定唐时升(叔达)撰,旧钞本,一册。(《叶目》)

9 月 1 日　致顾廷龙函,送书。云:"送上郑君②单内之元写本《目连宝卷》一册,又原押据一纸,转期据一纸,请将全书照目检出,将来连书目及押据等一并照交,至收款办法及送书地点容再奉洽。"(《尺牍》)

9 月 2 日　致李拔可函,介绍顾廷龙往访。云:"合众图书馆需购贵馆书籍,恳照同业格外优待,能否赐以优待券? 特嘱顾起潜兄面商,乞照指拂。拔可老兄同年李先生。"(《尺牍》)

9 月 3 日　致顾廷龙函,送书。云:"奉还《泽雅堂文集》六册,诗集系两部,弟留一部,其一部六册奉还。又奉还《傅氏女科》,系九芝先生笺注原稿。又薛先生诗集抄本已校讫。又尊扇已写坏,不敢自揜其丑,仍奉上,否则顾画将埋没矣。"(同上引书)

9 月 7 日　致顾廷龙函,送书。云:"《歧韵备览》确系手稿,但其书内容已落伍,不足留存。敝藏之《历代帝王统系考》,亦枚庵手抄未刊稿,只品价三十二元(八十元,四折),文殿居为奇货(鄙意不过值六七十元),不知是辽东豕耳。起潜我兄。弟葵顿首,七日。"(同上引书)

9 月 8 日　致顾廷龙函,送书。云:"先叔浩吾公瀚劬学五十年,生平著述甚

---

① 原件如此。——编著者
② 指郑振铎。——编著者

富,大半未付刊行。弟竭数十夜之力,已大致整比就绪,均送入馆中珍藏,请兄暇时再为整理一过。如《墨辨斠注》《墨子诂义》《老子古谊、新谊》《灵素十二经脉考》之类,可列专著,其余各稿可编为《晚学庐丛稿》。其重出者可以删汰。散片应设法装钉,共三包,暇时乞写一目交下,以便通告其门弟子。盖及门均以刊行为嘱也。"(同上引书)

9月11日 致顾廷龙函,送书及印章。云:"送上牛角图书一个,已付以四十元,因角章亦由福厂预备也。此款便中支还弟处。又《说文通训定声》四本(系前箱遗漏者)。又书三箱,收到后原箱带回。"(同上引书)

9月17日 致顾廷龙函。云:"致叔谅函稿改正数字送还,乞交子毅。又馆中基地捐费须付一百九十三元四角,望在开办折内支取,送交敝信托部可也。单乙纸附上。""陈叔谅复信送上乞洽。罗镜泉《輶轩录》云新城人,但各著述皆云钱塘人,应再审定。《直介堂丛刻》可向抑之借阅。诗稿恐未刊过,杨氏之说无征。""乔贾又寄来《南朝会要》《敬亭年谱诗文稿》(自订年谱,玄孙宗约补,家刻。太仓沈起元。八卷、四卷,乾隆甲戌刊),请查有刻本否?"(同上引书)

9月22日 致顾廷龙二函,送书。云:"送上书两包(一《知希庵稿》,一《唐纪》等),又磁合印色两合,乞查收。又陈子彝《吴郡金石文字钞跋尾》一纸望订入原书首,以正唐跋之误。""恽衷白《知希庵稿》原本四册,新钞四册,乞复校。原本系王欣夫物,校后径还之,欣夫所题请兄写入卷首。"(同上引书)

9月26日 致顾廷龙函,送书。云:"欣夫送来《礼记注疏》姚春木校本半部八册,乞查收。丁秉衡钞校《靖康稗史》,欣夫欲借原本一对,望付之。又《千金方》半部十六册恐原箱遗漏,特送上,乞查明归入。""颉刚夫人已来过,此事已托敝平行代办。渠将赴滇,嘱将收条交兄,以后代取并闻。"(同上引书)

同日 顾廷龙长子诵诗因患伤寒转腹膜炎医治无效而亡。先生闻讯,即致函慰问。云:"起潜吾兄鉴:丧明之痛,诚哉难遣,尚祈勉副达观,并安慰尊夫人勿使以忧戚致疾,是所嘱。款壹千元交子毅奉上,即祈收用,余面罄。敬问起居。弟葵顿首。"(同上引书)

9月28日 签署浙兴总办通函,宣布恢复行员住宿津贴。云:"廿六年十月八日董事会,以国难严重、营业停顿,难以维持,议决将员生住宿津贴等费用,自是年十一月一日起停支,由敝通六号函通行总分支行一律遵照在案。现各地生活程度日高,除选经本处核准支给各员生战时生活费及临时地方津贴外,兹议定自本年十月份起,恢复各行行员住宿津贴。惟住行者不给。特此奉给。希查照并转行所属一体知照。"(副本,上档 Q268-1-129)

是年秋 周暹致先生书,谢赠《谐声谱》,并回赠自刊之书。函云:"自沪宁车中一别，于今已十余年。每从南方友朋中得闻消息为慰。顷蒙惠赐张氏《谐声谱》一帙，拜领谢谢！此书旧曾翻□，今得睹原稿，曷胜庆幸！独恨遄十年以来为俗类所困，从前所学尽忘，急读一过，不能有所发明，殊深惭恧。兹附上遄所印书数种，聊媵空函，非敢言报也。秋风渐厉，伏维珍摄千万不宣。"（**转引自李国庆著《弢翁藏书年谱》第 166 页**）

10 月 1 日　浙兴昆明分理处开办。地址在昆明护国路 39 号。1942 年 11 月 2 日迁昆明南屏街储汇大楼 306 号。（浙兴机构成立记录卡，上档 Q268-1-24）

10 月 3 日　上海《大晚报》刊登美光染织厂署名《浙江兴业银行董事会叶董事长大鉴》公开信，指责支票退票系"违约"行为。云："敝厂前以贵行违背契约，屡经交涉，未获要领。八月十二日接奉贵行兴字第二〇三九号致敝经理函内，有敝厂余欠尚钜，应早日扫数筹还等语。当由敝厂派员迓晤贵行经理竹淼生，面诘所称余欠究为若干？请连息结算，示以确数。讵贵竹经理于一再延宕之后，竟予拒绝。查贵行既经郑重其事，书面索还余欠，而贵竹经理忽又拒绝结算，不将余欠确数示知。事出蹊跷，曷胜疑骇。因于九月十八日函请贵会核复，迄今半月未承明教。窃念贵会乃贵行最高负责当局，贵董事长领袖贵会，为贵行之代表，亦社会所举胆，不应假作痴聋，自失体统。特此登报催告。祗候裁答。"（原剪报，上档 Q268-1-427）

10 月 5 日　浙兴刊出《浙江兴业银行覆美光染织厂》公开信①，严正声明支票退票理由。云："阅十月三日《大晚报》载贵厂致敝行董事长信，谓贵厂向敝行索取余欠结单未付云云。贵厂曾以前情函致敝行董事会，因其时正有人前来接洽，自不必更以文字致覆。兹承登报见询，奉复如下。查贵厂存欠账共有四户，截至八月底止计信用透支欠汇划五万零四百十三元三角三分，抵押透支欠汇划五万零四百十二元四角四分，活期存款存法币一万四千三百五十九元五角六分，又活期存款存汇划一百四十二元七角六分。以上四户七、八月份结单业经分别先后抄送，九月份结单尚在办理中，不日亦可送达。至贵厂六月廿九日支出汇划七万元付与所谓胜记，以致发生纠葛。在该项纠葛未解决以前，不能收回转账。合并声明。特此奉复。"（原剪报，同上引档）

同日　致顾廷龙函，送书。云："来书两包，又《说文翼》一包，原单三纸送上，乞查收。张校《文选》是佳书，惜不知所据何本，俟全书复勘后再商。"（《尺牍》）

10 月 6 日　美光厂刊登《浙江兴业银行董事会叶董事长再鉴》公开信。认为浙兴 10 月 5 日答复"与事实不符"。云："敝厂在六月廿九日以前活期存款户内存

---

① 原剪报未注明出处。——编著者

有法币八万余元,因解胜记之款,故遵照财部马电,在法币存款内开出汇划七万元支票一纸付与胜记。承贵行以拨款单照付。贵行谓在该项纠葛未解决前不能收回转账,不知贵行究认已否付出? 如未付出,何以敝厂存户仅有法币一万余元?"(原剪报,上档Q268-1-427)

10月7日 浙兴刊出《再覆美光染织厂》公开信。云:"查贵厂存欠账共有四户。七、八月份结单业经先后抄送,均详昨日报载。覆信中并声明贵厂六月廿九日支出汇划七万元,付与所谓胜记,以致发生纠葛。在该项纠葛未解决以前不能收回转账等语。兹承再询,查六月廿九日贵厂开出汇划七万元支票一纸,业经付出,请阅抄送之七、八两月结单,已属瞭然。至所谓胜记之纠葛,业经敝行请其依法解决。则在该项纠葛未解决以前,自不能收回转账。特再奉覆。"(原剪报,同上引档)

10月8日 美光厂刊登《三质浙江兴业银行董事会叶董事长》公开信。云:"按讨债必须结账,结账必须将结欠确数开出,乃属理所当然。贵行登报答复,仅将敝厂存欠各户数额分别抄录,而不肯将各户合并结算后之结数确实示之。贵行用意何在,实属莫测高深。特再登报奉质,务请即将所称敝厂余欠尚钜之'余欠',即敝厂应扫数归还贵行者,究为几万几千几百几十几元几角几分,切实答复,勿再蒙头露尾,答非所问。敝厂前在活期存款户内,开出六月廿九日期七万元支票一纸付与胜记,承以同数拨款单照付。承登报声称业经在敝厂存款户内付出。敝厂又根本未曾否认。贵行所称收回转账一语,不知何意? 应请明白解释。又贵行五日广告谓,敝厂有人前来接洽云云,经敝厂驳正后贵行已加默认,可见事出虚构,不成问题。合并声明。"(原剪报,同上引档)

10月9日 浙兴刊出《三覆美光染织厂》公开信。云:"贵厂余欠之数,请阅敝行抄送之各月结单,一核即明。如蒙将结单内欠款如数归还,则结单内之存款即可支取。至贵厂所开六月廿九日七万元之支票,敝行只知系贵厂来行换取同数拨款单。现既有所谓胜记发生纠葛,则该拨款单虽经敝行依法止付,在该项纠葛未解决前,自未能收回转账。已详前覆,不赘。至有人接洽一节,贵厂当自知之,不值争论。此覆。"(原剪报,同上引档)

同日 主持浙兴董事会会议。追认恢复行员宿费津贴,恢复董、监公费,自1939年股东会日起至明年股东会前一日止,"全年照案致送"。(浙兴总办通函,上档Q268-1-336)

10月11日 致顾廷龙函,商几种旧书书价。云:"前日来函及书一包收悉。《文选》虽未能确实提出证据,但为张敦仁对校考异之亲笔,有八九成可靠,百元不肯可照七折(加十二元),再多则不值(因原校未完了)。《昆山郡志》《铸学斋丛书》可留,价请酌定。《畏垒笔记》留下录副(字极少),余二种可割爱。《埤苍》辑本已抄

就,连原本并送上(原单并附)。"(《尺牍》)

10 月 14 日 美光厂刊登《四质浙江兴业银行董事会叶董事长》公开信。云:"查贵行函称敝厂余欠尚钜,应早日扫数筹还。既称余欠,又知尚钜,复曰扫数,足见贵行在来函之前,已将敝厂存欠各户合并结算。但合并结算后之余欠确数,虽经敝厂再三登报质问,而贵行始终咨不见示,反谓敝厂将各月清单一核即明。不知贵行究何所惧将贵行早经核明之余欠确数示知?贵行其有难言之隐乎?贵行依旧分户抄示清单,又与贵行来函所申述者不同。敝厂非但不能一核即明,根本莫名其妙。贵行将敝厂存欠各户合并结算,结果祇有'余欠',而无'余存'。现乃复谓敝厂如将结单欠款如数归还,则结单内之存款即可支取。贵行毋乃有出尔反尔之说。敝厂前出给胜记七万元支票,后由胜记自向贵行换领同数拨款单。事实俱在,贵行空谓祇知敝厂'来行换取'。诚如所谓'自当知之,不值争论',与有人接洽一节相同。贵董事长徒然自己骗自己而已。收回转账一点,是何意义?未蒙解答,并请示复为祷。"(原剪报,上档 Q268-1-427)

10 月 15 日 浙兴刊出《四覆美光染织厂》公开信。云:"贵厂屡以余欠额见询,此项余欠额自所谓胜记纠葛发生,敝行依法止付之款未能遽行收回转账,应照逐月抄送之结单计算。如荷见还,则利息及汇划行市,均可按还款之日核算,款归而贵厂所屡称四户并算之结单方可开奉。故敝前覆有'欠数照结单见还,则结单内存数即可照支'之语。前覆所谓接洽之人,对于贵厂合夥人或为姻长,或为父执,或为家长,此项事实贵厂谅未忘却。至贵厂六月廿九日所开汇划七万元之支票,敝行只知系贵厂来行换取同数拨款单,且始终只知为贵厂。现在所谓胜记之纠葛,早经敝行请其依法解决。俟该案解决,贵厂所持各节亦可不争。以后如仍荷见询,恕不答覆。此覆。"(原剪报,同上引档)

10 月 17 日 美光厂刊登《五质浙江兴业银行叶董事长》公开信。(原剪报,同上引档)浙兴未予理睬。至 12 月 30 日,美光厂借款合同到期,向上海第一特区地方法院提起公诉。

10 月 19 日 张元济复先生函,送呈《涵芬楼烬余书录》稿本。云:"昨奉还示,谨诵悉。涵芬楼余书未知吾兄拟抄何类?今属将所编书录呈阅。需用何种,均可代为借出。有《明文海》,外间传本甚少,亦系大部书。本数较多者,可分为数次。惟不欲人影写,恐时人不善为此,损及原书。再写官居处难免有危险之虞,最好在尊寓或图书馆中抄录,即托起潜兄校阅,保存尤便也。并乞裁酌。"(《张元济全集》,第 1 卷,第 313 页)

10 月 24 日 复张元济函。云:"两示均悉。承赐阅《涵芬楼烬余书录》,已交起潜郑重检择。将来借抄时均照定章办理。冯君①事,前闻颂丈②提及,此件目前转运为难,存储处所亦非新屋不能容纳,亦属起潜设法一访冯君。俟熟谂后再行交换意见。缮写生已用妥,通丈③旧人潘士霖,目前一夔已足,严君只可缓图。如楷法可用,将来有钞书机会,尚可代谋。乞转。”(原件)

10月25日 致顾廷龙函,送书。云:“欣夫送来《礼疏》校本十二册,兹奉上,乞查收。乔贾送来《常谈考误》(周梦晹著)、《筠斋漫录》(黄学海著),均万历本,请查各书有无著录,示知为幸。此致顾先生。叶揆初。外书一包送合众图书馆。”(《尺牍》)

10月30日 为缮写生潘士霖至合众办事致顾廷龙函。云:“潘士霖已与说妥,渠家住沪西,因晚间环境不良,故非回家不可,早八点到馆,晚六点散值,午饭自出外吃,有脚踏车,来往不致误公,月薪四十元,已与约定试办。明日赴法院辞职,如一号不能到馆,薪水可按日扣算。特与此函为凭。”(同上引书)

10月 撰《说文解字汇纂条例》跋。云:“仁和严曾铨字蓉孙,廪贡生。仁和孙礼煜字耀先,光绪丙子举人。同辑。此书系蓉孙姑丈任搜访及编辑,而耀先年丈总其成,即在孙宅办事,昕夕劳勚,卒以工本太钜,成书迟缓,鸿宝斋所储原稿,不知踪迹。孙氏后嗣颇疑近来所出《说文诂林》或系脱胎《汇纂》原稿,但未得佐证。故勤斋同年(智敏)有启事征求之举,其实丁氏亦富于收藏,且喜公开流布。如见原稿,决不致秘而不宣也。己卯九月。揆初记。”(《书跋》,第15页)

《说文解字汇纂条例》一卷,(清)严曾铨(蓉孙)、孙礼昱(耀先)撰,民国十七年排印本,一册。(《叶目》)

11月1日 致顾廷龙函。云:“缮写生潘士霖,顷遣其晋谒,请兄面加考询,并问其志愿,即行当面决定可也。”④(《尺牍》)

11月6日 主持浙兴董事会会议。议决人事调动事数项。“一、调津行副经理项叔翔君为总经理之秘书;一、总行储蓄部襄理陈伯琴君调升津行副经理,总行业务处襄理华汝洁君兼任总行储蓄部襄理。”(1939年11月7日浙兴总办通函,上档 Q268-1-63)

11月7日 致刘承幹函,商借《宣统政纪》。云:“闻尊藏有《大清实录》全部,其附印之《宣统政纪》弟拟借阅,乞示遵,当遣人领取也。”(《求恕斋友朋手札》稿本)

---

① 冯君,名不详。似为藏书人,有意向合众让书。——编著者
② 指汪诒年(颂阁)。——编著者
③ 指陈叔通。——编著者
④ 潘生不久即离去。——编著者

11 月 9 日　致顾廷龙二函,送书。云:"示悉。《香岩小乘》即照三十五元付给,不算价贵,究系康熙间物也。《郑堂读书记》,拟嘱其将全部寄来一阅再定。《石渠续编》《达叟文稿》留,余书乞交下。《说文群经正字》系邵君手批,敝藏有邵氏《说文引经偶笺》著述残本(忘其名),可以核对,如肯贬价,亦拟留之。昨晚以电话接洽不通,未知因雨损坏也。""送上书四包(又一包),乞收。《畏垒笔记》原本不记何处借来,似系中国书店。《量仓通法》(入龙箱),《曾南丰集》(入逸字箱)、《物类集说》已列前目之内,余皆新收。《宣统政纪》系向刘翰怡借来,阅毕可再借《光绪实录》。清末要政均在电奏内,燕京所收如有光绪末年及宣统朝者,洵可宝也。"(《尺牍》)

11 月 11 日　致顾廷龙函,送书。云:"送上《常谈考误》《筼斋漫录》,已购妥。又《江南图书馆善本目录》校本(校者赵氏,未知其人)四册,似系国学图书馆初次点收编目底稿,可留。当与乔贾议价(索廿八元)。又《来青阁新目》一册看有可选者否。"(同上引书)

11 月 14 日　致顾廷龙函,送书。云:"(黄纸《谐声谱》乞交去手带下一部)送上曹元杰先生致李拔翁原函一件,新闻纸《丛书集成》承李、曹两公格外通融,照售价减半,实付三百元,已嘱承情之至,可以遵办,望持原函送款取书,并道谢忱。至《(四部)丛刊三编》,存书不全,已承李拔翁函致分馆照配,仍须预定一部,亦照售价减半优待,尤为感激。请洽定为盼。"(同上引书)

11 月 19 日　致顾廷龙函。云:"修绠堂送来《适园丛书》一部,拟留。孔款由乔并算,不成问题矣。送上抑厄先生藏书简目十三册,望披阅,多数日不妨,能印出一分最便(渠目外之书尚不少)。""再文禄一单拟留《石渠续编》(至多可五十元)、《达叟文稿》《郑堂读书记》。此外有无可留,乞示。价须稍减,乞酌一数目示知。""又乔贾送来《冯太师集》(宜秋馆刻过)、《绍陶录》(十万卷楼刻过)、《林外野言》(又满廔刻过)、《南唐书》,均庄仲求校本,有无可取。《南唐书》(从箱)所据何本?《南诏野史》(杨升庵杂著刻过)。又汪文盛《后汉书》不全,系何义门校本,价只三十元左右。敝藏系后印本,衔名已挖过。一并送去一查。乔贾约五六日后行。"(同上引书)

11 月 23 日　再撰《谐声谱》跋。云:"顷知庄君心嘉已卒于民国廿一年,其家亦云有拟刊之书,迄未着手,不知何故。问以何书,则不能举其名矣。""近有绥翁门人曹君撰《绥翁行状》,颇翔实,已乞得另存。己卯小雪,又记。"(《书跋》,第 17 页)

同日　撰《安乐乡人诗》题识。云:"己卯修板重印,后附《诗续》《词续》。尚有丁丑秋日以后之作待续刊。承籛翁持赠此卷,因记。己卯小雪,楑初书。"(手迹,原书,上海图书馆藏)

《安乐乡人诗》四卷、《续》一卷,《药梦词》二卷、《续》一卷,民国嘉兴金兆蕃(籛

孙)撰,民国二十八年续刊印本,一册。(《叶目》)

11月24日 为《养生月览》刻本(宋·周守忠撰)封面题识云:"此成化覆刻本。前得《养生类纂》,与此版式一律,故收此本,俾成全璧。己卯小雪后。揆初。"(手迹,原书,上海图书馆藏)

11月25日 致顾廷龙函,谈购书事。云:"《天文主管释义》旧抄、《太乙统宗宝鉴》(此处记有刻本,但查不出)、《局法遁甲》(均明抄),三者皆有存留之价值。惟书既落伍,《天文主管释议》纸已渝敝,《宝鉴》又有传抄,如价廉则可备一格。鄙意估价每本十元,不知孙君意下如何,想非居奇之货也。《楚辞》现有成化本,此可不留,刻印亦不精。《抱经目》当选购。"(《尺牍》)

11月25日、26日 撰《习学记言序目》跋,赞此钞"佳胜"处。云:

癸酉残冬,于沪市见旧钞本《习学记言序目》五十卷,玄字尚未避讳,审为清初钞本,持视黄君溯初(群)。溯初新刻《敬乡楼丛书》,此书为第一辑第一种,曾合瑞安黄氏刊本、文澜阁《四库》本、绣谷亭残钞本、无名氏残钞本、萧山单氏藏黄梨洲残钞本,悉心校订。溯初告余曰:"此钞本错字固多,而独是之处亦不少,如第二叶十一行'山之为泉也',他本'泉'皆作'水',十三行'置磬立桓',他本'置'皆作'直',鄙见'泉'字'置'字皆胜于'水'字'直'字,可照校正。数叶之内,已有数处可取,足见此书大有长处,可购也。"余题溯初之言,以廉价得之,庋藏筐中已六年矣。今冬检理群籍,重行审定,如卷三"既济未济"条"此人欲也天地"六字,敬乡本校云"此处疑有误",此本作"此人也,非天也"。卷七"太宰以九赋敛财贿"条末句,敬乡本校云:"黄本、阁本、绣本均无'貉道之'三字,据学案补"。此本有"貉道之"三字,益信溯初之说不诬。又检敬乡本所引单本,与此本对勘,则处处符合。如卷五"泰誓牧誓武成"条,敬乡本校云:"九年以下十字,黄本、阁本脱,据单本补。"检阅此本,十字不脱。又同卷"洛诰多士无逸"条"多门禁之,多塗诱之"。敬乡本校云"单本作开之多门,禁之多塗",此本与单本同。其他不胜枚举。是此本与黄梨洲校本同出一源,信而有征,单氏所藏黄校钞本,残存八卷,此本五十卷,首尾完具,所惜者钞而未校,不免有讹字舛句、脱行错简,而如上文所举佳胜之处,则披沙拣金,往往得宝,余固匆匆繙阅,未曾逐条细勘也。前曾收得孙琴西先生校钞本,亦首尾完具,为瑞安黄氏本所从出,倘能再合各本详细订正,俾吾远祖水心公之卓识宏议,不致因传写讹夺而湮没弗彰,则此本则足重视矣。己卯十月十九日,叶景葵敬识。

卷二十五马援条"援传称遣梁松驿□□□代监军",敬乡本校云"驿"下"代"上,阁本、黄本皆缺三字,据《后汉书》校补"责问因"三字,此本作"援传称道(遣字之误)梁松乘驿责问援,因代监军"。

卷二十七"汉魏之际"条"夫虑（敬乡本校云：疑脱一字。）近远而事有是非"，此本作"夫虑无近远，而事有是非"。次日又校得两条，补记之。

（《书跋》，第80—81页）

《习学记言序目》五十卷，（宋）永嘉叶适（正则）撰，清钞本，六册，附民国黄群手札、叶景葵校。（《叶目》）

11月26日　致顾廷龙便笺，介绍朱祖谋之子访顾。云："兹介绍朱容孺兄诣馆与兄一谈。容兄系古微侍郎哲嗣，极愿在馆习练，待遇条件，弟再与兄面洽可也。"（《尺牍》）

11月27日　致顾廷龙短笺。"外书两包，又一册，送合众图书馆顾先生。"（同上引书）

同日　撰《吴伯宛先生遗墨》跋，记述与吴昌授交往及"搜罗善本之发轫"等往事。云："伯宛先生任陇海路局秘书时，屡于谦叙中接谈，而未得请益之机会。其时收入尚丰，因喜购故籍及金石精本，整理刊印，不惜重资。性又豪迈，用度仍苦不足。民国六七年间，将嫁女蕊圆，检出所藏明刊及旧抄善本四十种，定价京钞一千元出售，以充嫁资。余请张君庚楼为介，如值购之，是为余搜罗善本之发轫。其时京钞甫停兑，市价八折，实费现币八百元也。某年再入京，影刊《宋元词集》已告成，初印若干部，无资续印，余约友人集款三百元附印十部，余得二部。及先生捐馆舍，后再入京，则《松邻遗集》刊成，无人任剞劂之费，板存文楷斋，由邵伯絅同年发起，付文楷四百元，刷印五十部，余出二百元，得书二十部，余以前此京钞购书折价，正短二百，藉此以报先生也。此二十部携至上海，分赠同志，求者纷至，无以应之。寒斋仅存一部，今捐藏合众图书馆矣。《遗集》卷帙无多，因先生文稿，随手散佚，未曾汇写，故搜集至难。又编定者为章式之同年，以谨严为主，淘汰不少假借，式之亲为余言之。式之与先生以文章道义相砥砺，自任身后定文之责，以为非如是，不足以报死友也。先生博览多闻，襟怀旷朗，不愧绣谷家风。仅此区区表见之文字，不足以尽先生之长，乃并此数卷遗文，亦复流传未广，宁非后死者之责欤！起潜兄搜得零稿，补苴掇拾，用意甚勤。倘续有所获，编成补遗，并入原集，重为刊印，余虽老矣，尚愿力助其成也。己卯小雪后四日，叶景葵记。"（《书跋》，第165—166页）

《吴伯宛先生遗墨》，民国吴昌授（伯宛）撰，稿本，一册。（上海图书馆藏）

11月　为《水经注（重）校本》封面题识。云：

陈咏槁（劢）手札，说明全氏真七校本失于寇乱，及重校钞本非完书。

林晋霞（颐山）手札，说明全氏手稿前六卷，是重校以后、七校以前之本。

其余若干卷，亦重校以前之善本。又有若干卷系王氏凑合而成。

陈录题词原目　张石舟戴赵校案　附王跋二　七校本考略　七校本目次

考异

陈氏得今校水经跋　又附录各件　东慎甫　以下佚道光丙午①

(手迹,原书,上海图书馆藏)

《水经注重校本》四十卷,(汉)桑钦(君长)撰,(后魏)涿郡郦道元(善长)注,(清)鄞全祖望(谢山)校,手稿本(卷七至四十书友黄杏芬钞补),十册,(清)徐松、林颐山校,(清)王梓林、民国胡适跋,(《叶目》)

11月　撰《水经广注》跋。云:"此书韩绿卿初以为即王艮斋《水经广注》稿,后又更正。究不知作者名氏。观后跋所云,艮斋拟作《广注》未成等语,与艮斋临义门校本跋语符合,是必艮斋同时学者所为,其宗旨与艮斋相近也。己卯十月重装,景葵记。"(《书跋》,第36页)

《水经广注》四十卷,(汉)桑钦(君长)撰,(后魏)涿郡郦道元(善长)注,(清)阙名广注,稿本,四册。(《叶目》)

11月　撰《新化邹征君传》跋,回忆与邹代钧交往。云:"光绪癸卯,余至湖北,与公初识面,奉调至湖南,与公往来书札,商榷学务,指导极为勤恳,惜来札均已遗失。公入都后,仅得晤谈一次,以后即人天永隔矣! 公有二子:长安图字靖伯,今年亦病故;次安罗字郑叔,现在交通部任路局副局长。其遗著闻均散佚,不知其门下士尚有抄存者否? 己卯初冬,揆初记。"(《书跋》,第28页)

《新化邹征君(代钧)传》一卷,(清)邹永修(觉人)撰,民国八年子安图排印本,一册。(《叶目》)

11月　借钞《曹君直舍人残稿》一卷、《笺经室群书题跋》一卷,并撰跋。云:"曹舍人文集,已经王君欣夫编定。戊寅,苏州失陷,闻文稿亦散失,乃借欣夫所藏手稿残册录副。卷中自《谕南学诸生文》起,至《金作赎刑说》止,皆手稿也。自《宋本〈说苑〉跋》以下,乃自编《笺经室群书题跋》,本托高舍人欣木在中华书局印行,因乱未果。现向欣木假得,附录于后。录甫竟,闻全稿已经介弟叔彦觅得,欣夫鸠集同人,拟出资刊刻,纸墨价涨,集款未成,不知何时始能告成也。己卯十月,景葵记。"(《书跋》,第168页)《札记》云:"王欣夫(大隆)来商排印《曹君直遗集》事,知胡绥之文稿有部分已入其手。"(《杂著》,第185页)

《曹君直舍人残稿》一卷,民国吴县曹元忠(君直)撰,民国二十八年武林叶氏钞本,一册。(《叶目》)

11月　撰《韩诗外集》跋。云:"丁丑四月间,江都秦君更年以新影刊元刻《诗

---

① 原题识未署日期。因作者另有《〈水经广注〉跋》撰于己卯十月,为此将此题识也系于此。上述题识后尚有钢笔字两行,年久淡化,无法辨认。——编著者

外传》见赠，适先室朱夫人撄疾，于伴医值夜之余暇，取望三益斋合刻周、赵校本，详细对勘，藉消岑寂。并欲审定元刻之得失，因秦跋云有《校勘记》而未附刊，不知其已成否也。先室之病，反复纠缠，终致不起。当转剧时，屡屡阁笔，迨午夜呻吟稍辍，则又持笔点校。或作或止，经两月半有余，至先室易箦前，第七卷尚未终校。嗣后战事忽作，余亦入山休养，此书久置高阁。己卯冬初，检点书籍，乃将未终卷处，改用黑笔完成之。回忆前尘，怆然心痛！元刻讹夺颇多，而佳胜处亦不少，除秦跋所举外，记得初校时曾以别纸疏记元刻之佳处，今此纸业已遗失，续校时，未暇详审记录，殊觉可惜！后有读者，能自得之。己卯十月，卷盦老人漫记。"（《书跋》，第 8 页）

《韩诗外集》十卷，(汉)燕人韩婴撰，民国二十年江都秦更年据元刊本景印，二册。(《叶目》)

11 月　书赠高君藩①扇面。录四当老人(章钰)词。云：

修得咸宜观里身，自将风格写温存。瓣香认取秣陵春，秀箭好题杨妹子，愁根翻种柳夫人。为谁开片寄朝云，莲麝为心，蒦貂何物，还他本色。词人是满腔忠爱，志在灵均，多少云愁海思。曾不分奉倩伤神，翻赢得南唐两主，错拟前身郎君。定依帝所听奏乐，钧天应悔悲辛腾。苟香裴玉，桂苑留真。证取南中鸿雪贯，华阁曾寄琹尊颂。呵护章家坞里忍，草长生已仿碧筩，新样难畅觅天瓢，捧来生怕绿云碎，香醉笑三蕉。

己卯初冬录四当老人词

君藩世兄雅教　　　　　叶景葵(印)　　　　　　　（原件照片）

11 月　浙兴编印出版《道清铁路五厘公债》一册。包括"发行及整理经过"等。1905 年 7 月 2 日，清政府督办铁路大臣盛宣怀与英国福公司商订借款英金 70 万镑，以供延长及偿还该公司所筑河南道口至济化镇铁路价款之用。嗣后又以款项不敷应用，续借英金 10 万镑。该公司于 1914 年 1 月委托英国伦敦劳合银行发售"1905 年中国国家河南铁路五厘借款公债票"，简称"道清铁路五厘公债"。该路自接收以后，历年收入不旺，到期本息均由政府设法筹垫。1927 年 7 月后，本息均各衍还。1936 年 5 月，通过整理办法，恢复本息给付。"不意未及三年，复以'七七'卢变之爆发，该路线路全部沦陷，到期本息亦重告停付矣。"(原书)

12 月 1 日　致顾廷龙短笺，谈收书。云："菊老来函，附《宋史记凡例》，此系奇秘之书(不知另有传抄否，乞查)，不可错过，已嘱送样本来看。又直隶书局一单却无甚必要者，《范声山杂著》似少见，须要否，乞酌。此外有无可取可径函。"

---

① 高君藩，江苏金山人，南社诗人高燮(吹万)之子，2001 年诺贝尔物理学奖获得者高锟之叔父。——编著者

（《尺牍》）

12月2日　致顾廷龙短笺，送书。云："送上许校《隶辩》，抄本《习学记言》（有跋），《思复斋初集随笔》，《万历祺祥时宪书》，《养生月览》（应与《养生类纂》合并），《富山先生文稿》（原本还景郑，抄本须校对），又题跋二页归入《养知书屋文集》册首（记得此书已送馆），乞查收。"（同上引书）

12月24日　致顾廷龙函。云："此初稿①，请起潜兄核定，如有讹误，乞改正。"（同上引书）

同日　撰稿本《南朝会要》跋。云："此钱衍石先生《南朝会要》初稿四册，尚未分卷，且佚去《北朝会要》，但首尾完具。全书皆先生精楷手录，其非自录者，为其长子妇李介祉仲女，远苓侍人姚靓分钞，亦经先生校定。见《三国会要序例》。封面用故纸叶，背为先生所书大楷，遒丽自然，知其临池之功深矣。己卯冬日苏贾携来，云得自朱彊村家。冬至后一日，景葵记。"（《书跋》，第50页）

《南朝会要》不分卷，（清）钱仪吉（衍石）撰，手稿本，四册。（《叶目》）

12月26日、27日　撰《弢园随笔》跋，记述与史念祖（绳之）相识、相交，史氏经历、性格、家事，以及清末奉天种种轶闻。文曰：

　　余与绳公素昧平生。光绪甲辰冬，余随盛京将军赵次珊尚书出关，尚书陛辞时，面奏："史念祖久经战阵，废弃可惜，请朝廷弃瑕录用。"奉旨，赏给副都统衔，发往奉天交赵尔巽差遣委用。公为贵州布政使时，尚书方任石阡府；公器重之，保升贵阳府，旋擢皖臬。尚书于公有知己之感。乙巳春，公将到奉，尚书询余曰："绳帅将来，我拟以全省营务畀之。"时营务处督办为张金坡（锡銮），是关外宿将，资望甚深。奉省巡防营，兵匪糅杂，驾驭为难。余答尚书曰："张锡銮为各将所推崇，不宜轻调。"尚书曰："然则绳帅如何位置？"余曰："五部府尹既裁，五大处之俸饷处亦归并，宜合设财政总局，将全省财政荟萃整理。任一督办，以统率之，绳帅资格颇合。"尚书曰："汝能为之下乎？"余曰："能。"丁是任公为督办，余为会办。余以敬事尚书之礼事公，共事三年，水乳无间，公亦折节下交。及尚书调京，东海尚书继任，有龃龉前任之短者，酿成财政局参案，公名列第一，奉旨革职，永不叙用；余居第二，亦革职。

　　余赁宅与财政局极近，局在将军署东偏。每晨九时步行至局，拆阅到文；十时，公必到局，晤商公事，对坐约一时许；至十一时，余赴文案处办事；十二时回局，与公共案而食。每食，公必薄饮数杯，谈笑风生，备述生平艰危贫窘故

---

① 此初稿，极可能即《〈弢园随笔〉跋》。——编著者

事,及战阵经历,目炯炯有神。对于僚属,赏誉者极施礼貌,有不如意者则神态甚严肃。最鄙视左文襄,谓其妄自尊大,忌刻褊急。一生遭际,皆受文襄抑沮,以办俞、孔擅杀案为得罪之由。除《随笔》所载复禀外,面折廷争,不止一次。公尝语文襄曰:"中堂敭历中外,物无遁情,此案曲折,早已洞鉴。"文襄欣然曰:"此诸葛之所以为亮也。"公又力言俞、孔无死罪,院饬所指各节,断非情实,某任司法,不敢面从。文襄已不怿,公微哂曰:"此葛亮之所以为诸也。"文襄于是恨之刺骨。

公不自护其短。初调任直隶臬司,年甫二十一,某御史劾其目不识丁,奉旨开缺,交直隶总督随营差遣。时曾文正任直督,传见后,即复奏云:"史某系世家子弟,文理优长,久历戎行,其才可用。惟年少尚须历练,以监司大员,而与以随营差遣,于朝廷体制亦不相宜。拟请加恩赏给臬司原衔,交臣差委。"奉旨,允行。故公极感文正之栽植。自谓弱冠以前,日与士卒为伍,虽非目不识丁,但文理实在欠通,经此挫折,发愤读书,如某御史者,当引为生平知己。任广西巡抚时,为两广总督岑西林奏劾去职。公谓余在广西,沉溺鸦片,昼卧不起,入夜方见僚属,西林所参不虚。开缺旨下,即将鸦片摒绝,并未服戒烟药,终身不近烟榻。当初断鸦片时,妻妾环请,以瘾久忽断,于身体有亏,吁勿坚执。公峻拒之。尝谓世俗之不肯戒烟者,辄诿过于体弱多病,皆无决心无骨气者也。

尚书于公极敬礼,局与署有内门可通,公赴署谒尚书,不必经正门。尚书诚实简易,属吏往往欺以其方,尤于款项易为蒙混,公不少假借,见属吏时,意态岸异,谈锋尤健,有心口不相应者,指摘之,无虚发。属吏皆乐就尚书而畏惮公,积之既久,途有蜚语腾于京津之交。其时项城正受铁良之厄,交出二四两镇,直隶财政告匮,无术弥缝,思以陪都为尾闾;其长子克定又从而媒孽之,于是谤书盈箧。公尝谓"一生磨蝎坐宫,谤满天下",非虚也。

《弢园随笔》一卷,公自撰自书,秘不示人。告余此前半世实录,非死后不可付刊。所叙战绩,皆甘苦有得之言,从古未有披坚执锐之夫,能下笔万言,自写其疆场生涯者。倘非余亲见原稿,必疑为幕府捉刀,或后人铺张之作矣。

公性好胜,极诙谐,文思亦极敏锐。正月间,署外有以灯虎为市者,每携幕客同往,非将各题全数猜中不止。会大风极寒,未毕猜,即返寓。途遇友人,劝其少休,公奋然曰:"汝不劝则已,既劝我必再往。"又入场,全猜中乃返。局员如任振庭(毓麟)、潘履园(鸿宾)、陶在东(镛)、周养庵(肇祥)、陈莱卿(廷絜),皆年少露头角,公奖借之甚力。午饭时,每邀与共食剧谈,某日食顷,忽曰:"我得一谜。"出《西厢》一句"金莲蹴损牡丹芽",射今人名一。众猜皆不中,公曰:

"潘履园。"众大笑。其敏如此。

公不事生产，无积蓄。扬州有住宅一所，即弢园，罢官后所经营。宣统二年，余登其堂，留连两夕。庭中老树三四栋，清水一池，奇石数笏而已。去奉时，尚书赆以三万金，家居数年，费用垂尽。其公子皆以"济"字排行，余所见长者三人，皆纨绔习气，或童骏不学，幼子尚有襁褓者，公委心任之，家累奇重，不暇再谋教育矣。公殁未数年，住宅器物均斥卖殆尽。西湖坚瓠别墅之花梨木罘罳，即弢园故物也。其孙皆以"美"字排行，有名美后者，改名公博，毕业于上海同济大学医科，余助以经费，幸得成立。毕业时，余以遗命赠余之思古斋《石刻兰亭叙》、王圆照《画册》及云南刻本《俞俞斋文集》，郑重付之，今亦三年，不通音问矣。己卯十一月冬至后三日，景葵书。

公卒后，余挽以联云："陆离长铗付醇醪，可怜百战余生，块垒未消人已瘁；风浪同舟成坠梦，孤负一年后约，平山无恙我重来。"公家居无聊，溺于醇酒，余往访时，精神已颓，腹有积痞为患，仍幼年奔豚之旧症。原约次年春间重到草堂，而公已先逝也。

与绳公同时之张今颇将军，亦恢奇人也。在奉资望极老，增祺为盛京将军，今颇奉令收编张作霖匪队，故张即隶其麾下。时今颇已任巡防统领矣。赵尚书来，（委）以营务处督办。适某营统领出缺，例由督办呈请遴员补授，并面陈尚书云："张作霖名列第一，请遴补。"尚书颔而忘之，另在营官册中，遴出一人，填注发表后，今颇大愠，托病辞职。经余转圜，并婉陈于尚书，允再出统领缺，必以张作霖补授，始将辞呈撤回。终尚书之任，今颇自谓感恩而非知己也。辛亥共和诏下，尚书辞东三省总督，荐今颇自代，已得项城允许，忽为筹防会通电反对，盖张作霖唆使之。项城改派段芝贵。未几，又为张所逐。今颇入关后，虽任以直督，嗣又赋闲。性慷慨不事生产，贫困无聊，有子亦不肖。今颇有老妾，其子藉词累重，私遣去，今颇无如何也。郭松龄战败之年，今颇殁于析津，身后萧条，几无以殓。今颇亦能诗，喜饮啖，尤善骑，好蓄名马，绰号快马张。余挽以联云："忆当年突骑防秋，试骞大宛名驹，祇肯归降老充国；看今日积骸成莽，太息前朝玄菟，无人生殉故将军。"因忆绳公事，类记之。次日，揆初又书。

（《书跋》，第89—93页）

《弢园随笔》一卷，民国江都史念祖(绳之)撰，民国六年刊本，一册。（《叶目》）

12月27日 复顾廷龙函，嘱借书事，又送书。云："昨示悉，向涵芬借书单可由馆正式函借，托菊老转交。函中声明可陆续洽借，悉遵该楼定章。群碧三种本在沪，新购妥。余书尚未散出，然非售不可。李芍农书有无批校及稿本，望向燕大一

询。送上《中吴纪闻》《南朝会要》二种,请入藏。"(《尺牍》)

12 月 28 日　撰《恬养斋文钞》跋。云:"吴门王君佩诤(謇)收藏《恬养斋文钞》四册,不分卷,未署名。王君欣夫(大隆)谓恬养为罗镜泉先生斋名。读其中《赵清献公年谱序》《大元海运记跋》,益信为镜泉文稿。知景葵珍重乡贤著述,为之作缘,承其慨让。镜泉著述甚富,多未刊行。所见者,仅钱塘丁氏刊《新门散记》,海昌羊氏刊《七十二候表》,其余如《经史质疑字孪》《文庙从祀贤儒表》《浙学宗传》《台学源流录》《赵清献公年谱》《敬哀录》《金石所见录》《述斋笔记》《宋诗纪事补遗》《诗苑雅谈》《恬养斋诗集》等书,其名互见于《杭州府艺文志》及《两浙輶轩续录》,均未见刊本。惟《文钞》不著录于《艺文志》,羊氏刊《七十二候表跋》,已云存佚莫考。今为佩诤搜得,洵书林之盛事已!《文钞》共八十九篇:首经解、次考、次说、次论、次辩、次序、次寿序、次记、次跋、次书后、次书事、次题词、次赞、次铭、次传,皆经镜泉一手校正,是为定稿。今依原次分四卷,又尝先后访得集外文十五篇,辑为《补遗》一卷。《杭州府志》无镜泉传,《艺文志》《輶轩续录》云'新城人'。景葵收得镜泉辑校《钓矶诗集》手钞本,及《文钞》内《闇然室诗集序》,皆自署钱塘,今从之。景葵近与二三同志创办合众图书馆,搜残编于乱后,系遗献于垂亡,已将敝斋旧藏悉数捐赠,此书亦在其列。今由馆出资排印,为馆刊丛书之第一种,其余簏衍稿,本当竭棉力陆续刊行,以传布先哲精神于万一。欣夫又惠赠《恬养斋诗集》钞本五卷,似非全豹,俊搜访有得,再行付印。中华民国二十八年,岁次己卯冬至五日,杭县叶景葵。"(《书跋》,第 153—154 页)

《恬养斋文钞》四卷《补遗》一卷,(清)钱塘罗以智(镜泉)撰,《补遗》民国杭州叶景葵辑,稿本,五册,今人王謇跋。(《叶目》)

12 月 30 日　浙兴总行届以美光染织厂信用透支及信用押款合同已到期,又其支票止付事件广告论战数月,未曾解决,遂于是日向上海第一特区地方法院控告美光厂,请求法院判令被告清偿欠款 3 万余元,并返还 7 万元之拨款单。(1940 年 9 月 11 日《新闻报》剪报,上档 Q268 - 1 - 427)

12 月　撰《伤寒论文字考》题识。云:"此绍兴医家裘吉生藏书,正续皆有提要,是深于医学者。己卯冬流入沪肆,闻杭贾言,兵乱后为人窃售,盖有多种。揆初记。"(《书跋》,第 115 页)

《伤寒论文字考》二卷,日本伊藤馨(子德)撰,日本嘉永四年至六年刊本,四册。(《叶目》)

12 月　撰《中吴纪闻》题识。云:"朱笔钱叔宝校,墨笔其子功甫以菉竹堂抄本校。惟卷一第五页朱笔数字,系近人所加,封面四字,亦功甫书。己卯十一月得于上海。景葵。"(《书跋》,第 37 页)

《中吴纪闻》六卷,(宋)龚明之(希仲)撰,明正德九年古弘刊本,二册,(明)钱允淮父子合校。(《叶目》)

12月 撰《人境庐诗草》跋,回忆戊戌年在京初读黄遵宪诗作感受。云:

戊戌计偕北上,见沈乙盦先生手持纨扇,书黄先生酬曾重伯七律二首,爱之,讽咏不去口。后在《新民丛报》见所登《锡兰岛卧佛》及《莲桃杂供》诸作,始知先生五七言古诗尤为戛戛独造,前无古人,至今犹能背诵。顷得全集初刻本,如逢故人。先生固不愿以诗名,无如国步艰难,抱负不得发摅,仅存此六百余首,手自删定之诗,藉以传先生之精神,而其时又适当甲午以后,庚子以前,为有清一代内政外交最变化最紊乱之际。惟先生之诗才,足以达之。愿书万本,诵万遍,吾亦云云。己卯冬,揆初记。

郭松龄之役,余友林宗孟(长民)殉焉。余慕人境庐体作诗挽之,附记于此:

腕底能知羲献意,无端投笔去从军。生非燕颔飞何处?死与虫沙惨不分。太白东方仍晱晱,圣人刍狗各云云。文雄草檄君无负,松杏山河总负君。

(《书跋》,第160页)

《人境庐诗草》十一卷,(清)黄遵宪(公度)撰,清宣统三年排印本,四册。(《叶目》)

12月 撰《国朝杭郡诗续辑》题识。云:"先六世祖登南公选诗二首(卷九),原稿尚存;高祖焘莽公选诗二首(卷三十六);高叔祖攒夫公选诗二首(卷二十九)。小传有为家谱所遗者,已敬谨录入。"(手迹,原书,上海图书馆藏)

《国朝杭郡诗续辑》四十六卷,(清)钱塘吴振棫(毅父)辑,清道光中钱塘吴氏刊本,二十四册。(《叶目》)

12月 整理《赵尚书奏议》稿本,分别于数册封面题记云:"赵尚书盛京将军任内奏稿壹册。第四次辑。附御史折一件、山西护抚折一件。与前三辑有重出者,应重编。己卯十一月,景葵记。""赵尚书川督任内奏稿三十九册 附录一册(目录在三十九册之内不另计) 起光绪三十四年五月,迄宣统二年十二月。此系原稿,列入第五辑,应再重编。己卯十一月,景葵记。"(手迹,原书,上海图书馆藏)

12月 北平《燕京学报》第26期刊载《上海合众图书馆筹备近况》,第一次公开报道合众。文云:"江南藏书,古今称富。历兹浩劫,摧毁殆尽。沪滨一隅,仅保万一,可胜痛惜。张菊生(元济)、陈陶遗、叶揆初(景葵)三先生,有感于是,乃即在沪有图书馆之组织。搜子遗于乱离,征文献于来日,冀集众力,以成斯业,因命名曰'合众图书馆',亦众擎易举之意。叶先生首将藏书,悉数捐赠,其最精者为稿本,若顾祖禹之《读史方舆纪要》,张惠言、成孙父子之《谐声谱》,严可均之《全上古三代秦汉三国六朝文》,皆可订正通行之本(《谐声谱》叶先生已为印行),诚人间至宝也。又蒋抑卮先生(鸿林)亦愿尽出所藏,以示赞助,数量甚富,四部兼备。又多清代精椠,昔钱塘汪柳门先生(鸣銮)藏书大半归之,弥足珍异。现已设立筹备处,以利进行。拟一面编纂目录,分卡片、书本两种,以资在馆内外检阅之便;一面校印前贤未刊之稿,嘉惠后学,以广其传。所谓风雨如晦,鸡鸣不已也。"(引自《顾廷龙年谱》第95—96 页)

是年 借钞罕见古籍善本数种,入藏合众图书馆。计有:

《埤苍辑本》二卷《考异》一卷《附广仓》一卷,(清)陶方琦撰,民国二十八年武林叶氏据徐氏铸学斋钞本钞,一册。(《叶目》)

《老圃集》二卷,(宋)南昌法弇(驹父)撰,民国二十八年据艺海楼钞本钞。(同上引书)

《刘念台先生遗集》一卷,(明)山阴刘宗周(念台)撰,民国二十八年武林叶氏钞本,一册。(同上引书)

《振绮堂书录》不分卷,(清)仁和朱文藻(朗斋)撰,民国二十八年武林叶氏钞本,六册,民国汪诒年校。(同上引书)

《知希庵稿》不分卷,(清)阳湖恽厥初(衷白)撰,民国二十八年武林叶氏钞本,一册。(同上引书)

《不远堂文集》一卷,(清)阳湖恽日初(逊庵)撰,民国二十八年武林叶氏钞本,一册。(同上引书)

是年 张元济曾介绍潘氏宝礼堂藏书入藏合众图书馆,未果。先生《卷庵札记》云:"叔通云潘明训之子[①]由英归国,与菊生言,有将藏书归公众保存之意,菊生已为介绍,叔通尤具热心,但潘书价值太钜,未易罗致,须俟屋成,请其参观后自决,不可强求也。"(《杂著》第 212 页)

---

① 指潘世兹。——编著者

1940 年(民国二十九年　庚辰)　67 岁

1月　日军接收上海公共租界苏州河以北及沪西越界筑路地区警务。郑振铎与张元济、张寿镛、何炳松等组织文献保存同志会。

3月　汪伪国民政府在南京成立、

8月　国民政府财政部公布《非常时期管理银行暂行办法》。驻沪英军开始撤退。

12月　汪伪政府公布《整理货币暂行办法》,规定翌年1月成立中央储备银行,发行兑换券与法币等价流通。后禁止法币流通。

1月1日　夜,葛咏裳招饮,同席有夏剑丞、冒鹤亭、刘翰怡与潘景郑等,"席散已十点许矣"。(潘景郑《亖八日记》,稿本)

1月2日　至合众筹备处,送去《钟鼎款识》八册、罗纹纸《百衲本二十四史》中《汉书》等十四史。(《顾廷龙日记》)

1月5日　汉口周季梅复先生函。云:"两奉惠书①敬悉。属件批稿前因嘱缓发,业已带渝。现实业部已改组为经济部,前稿是否照发,无从知悉。新部长翁咏霓先生现时在汉,如能就近将案情形说明,部批或可照发也。"先生于信端批注云:"迨鄂方说妥,而实业部已归并,人悉均赴渝,周亦赴黔。"(原件,上档 Q268 - 1 - 419)

1月11日　致顾廷龙短笺,送书。云:"王宝之原稿送还(内八股二篇是他人作,尚有无关者可删去),附去《律音义》一册,跋与稿不同。邮局已托庶务处代查。外书一包,送合众图书馆顾先生。"(《尺牍》)

1月15日　送《不是集》钞本至顾廷龙。(《顾廷龙日记》)

1月17日　顾廷龙来访,"商估邓(邦述)书"。潘博山同座。(同上引书)

1月20日　复刘承幹函,赠合众图书馆新印书。云:"奉示敬悉。《新唐书纠谬》影印本兹嘱敝馆送上,乞转交君谋世兄。其余二种敝处无藏本,并乞转达。"(《求恕斋友朋手札》稿本)

---

① 先生去信今未见。——编著者

1 月 22 日　致顾廷龙短笺，送书。云："送上顾千里抄校《国语补音》，请与明本及微波榭本一对，是否影宋抄（顾校鄙见似靠得住，兄谓然否）？又杂抄一册，似失去首页，内中有无珍贵史料。此二书请查复后并原书交下。"（《尺牍》）

1 月 23 日　致顾廷龙短笺，送桑批《元诗选》等书四种。（同上引书）

1 月 25 日　顾廷龙、潘博山来，商邓邦述群碧楼书价。（《顾廷龙日记》）

1 月 27 日　致顾廷龙电话，"谓《词综》确为朱祖谋手笔，可留"。（同上引书）

1 月 28 日　为《攀古小庐杂著》封面题识云：

灯下读《韩诗外传校议》一卷毕，精思入微，迥非赵校所及。惜所校五六百条，仅删存三十余条。

所刻金文拓本，尚多空白，盖非完工之刻。印林摹写金文极精。予得《攗古录金文》原稿中，多印林摹本，可见一斑。

己卯腊月二十日记

次日，又于扉页题识云：

上元宗氏咫园遗书，己卯残腊购者除金石书外，寸楮无存矣。江宁邓氏寒瘦山房残余群籍，日内正由京、苏书估合夥议价，不久将捆载而来。多一次移转，即多一次损失。且大半流入他国，吾辈即有选购，正如鼹鼠饮河，不过满腹。文化之损失，不胜计哉！岁不尽九日，叶景葵识。

（手迹，原书，上海图书馆藏）

《攀古小庐杂著》十二卷，（清）日照许瀚（印林）撰，清同治中刊本，四册。（《叶目》）

2 月初　撰《历代官制考略》题识。云："《振绮堂书目》二，心字厨，《读史三略》二册，八卷，昆山叶沄（蕃久）撰。《郡国考略》三卷，《统系考略》三卷，《官制考略》二卷，此仅存《官制》二卷。《八千卷楼目》亦佚去《郡国统系》二种，俟访得补钞。己卯腊尽苏估携来。揆记。"（《书跋》，第 51 页）

《历代官制考略》二卷，（清）叶沄（藩九）撰，清乾隆中刊本，一册。（《叶目》）

2 月 2 日　致顾廷龙短笺，送《词综》十册及题跋一册。（《尺牍》）

2 月 3 日　再次校读杨名时钞本《徐霞客游记》，并撰校记，以事实证明杨钞"一经改削，全失真相"。云："《滇游日记》三月十九，'而独不得所谓古梅之石还寺'句下，杨本删去两行四十一字：'所定夫来索金加添，余不许，有寺内僧欲行，余索其定钱，仍揹不即还，令顾仆往追，抵暮返，曰彼已愿行矣。''二十晨起，候夫不至，余乃以重物寄觉宗，令顾仆与寺僧先行。'杨本改为'晨起觅寺僧为负，及饭，令顾仆同僧先行。'""又'二十日缀于箐底也'下，杨本删去五十九字：'是日喻道自漾濞下省赵州、大理、蒙化，诸迎者跋踬雨中，其地去四十里桥尚五里，计时才下午，恐桥边旅肆为诸迎者所踞,遂问舍而托焉,亦以避雨也。'改为'其地去四十里桥已近,以避雨遂问舍而托焉。'""以上两条,原稿序事曲折有致,一经改削,全失真相。余谓杨钞有删削痕者如此。廿六灯下书。"(《书跋》,第38页)

《徐霞客游记》二十卷,附《年谱》一卷,《图》一卷,(明)徐霞客撰,民国丁文江编并撰《年谱》,民国赵志新编,商务印书馆排印本,三册。(《叶目》)

2月5日 致顾廷龙短笺,送书。云:"史序《徐霞客游记》八册望与乾隆抄本及丁文江新印本一校,有无多出之篇?示复。《绘事微言》亦望一核有价值否?段《说文》系马征麟所批(怀宁人,同治间)。"(《尺牍》)

同日 撰《说文解字段注》跋。云:"批校本《段注说文》,佚去第十四篇一册,存十五册,未署名。抱经堂朱遂翔自杭州寄来,每册有皖江马氏素行居藏印。第一篇下'荤'篆校,有'麟按'云云;第四篇下《末部》校,有'征麟按'云云。定为怀宁马征麟读本。第十一篇上'汩'篆校,辩罗汭非湘阴之罗城,说见《历代地理沿革图说》云云。余案头适有同治十年金陵刊本马氏《订正历代地理沿革图》,取以核对,语语符合。前后校语约二百余条,除采取钱献之之说外,均自抒所得,精覈不苟。马氏著有《长江图》十二卷,与《地理沿革图》先后刊行,其他著述未见流传。在校语内发见所著有《七始元音正征篇》,有《学诗多识篇》,有《补啸字说》,有《佩韘解》,不知尚有传本否?又似曾游李申耆之门,为仙源书院山长,是同治间一朴学。其他履历著述须续访之。己卯除夕前二日灯下,叶景葵记。"(《书跋》,第14页)

《说文解字段注》十五卷,阙卷十四,(清)段玉裁(懋堂)撰,清刊本,存十五册,(清)马征麟校。(《叶目》)

2月7日 大除夕。顾廷龙来访,送还《徐霞客游记》。同日,致顾廷龙短笺,送书。云:"送上《三藏志略》二册,请查已否刊印?示复。"(《顾廷龙日记》,《尺牍》)

同日 撰《新纂杭州府志残稿》跋,记述陆懋勋书稿及其藏书散失情形。云:"陆懋勋字勉侪,仁和人,光绪己丑本省乡试举人,戊戌进士,授职编修,截取知府,分发江苏,署常州府知府,充牙厘局提调,捐升道员,入江苏巡抚程德全幕。民国后回浙江,入巡按使屈映光幕为秘书,旋聘修《杭州府志》。后任齐耀珊病其繁,改聘吾师吴子修先生庆坻,就陆氏之稿,芟薙之,始付印。陆氏原稿共三十三册,藏于家。勉侪没后,嗣子不知书,存书七十箱,每箱二元,售与抱经堂书肆。《府志稿》为杨氏丰华堂所收。杭州沦陷,杨氏书被窃,抱经堂主持《志稿》五册来,余急收之。一册为序例图说,惜有说无图,四册为《艺文志》。据云,其余尚零星见于杭市,惟首尾不联贯,因《艺文志》完全,故运赴沪市求售。不知尚可续得否?""光绪志《艺文》十卷,为子修先生所辑。宣统初刊于长沙。吴祁甫年丈承志又就刊本校增数百条,其书亦归敝斋。数年前得于抱经堂,取校陆本,知陆即以吴校为底本。是吴校本,亦自七十箱中散出者，后来印本不尽依吴校，大约即就陆本删汰而成，或子修先生未见吴校欤？勉侪有兄名佐勋字饮和，辛卯副榜。弟兄勤读，每月应各书院课艺，每列前茅，所得膏火以奉母，嘉奖以购书，积其余力，以黄楄木制书箱，每年不过添制一二只。寒士聚书如此艰难，身后悉为童骏所弃，致可伤也！己卯除夕，景葵记。"（《书跋》，第 48—49 页）

《新纂杭州府志残稿》残十一卷，存卷一、卷一〇八至一一七，民国陆懋勋辑，原稿本，存五册。（《叶目》）

同日　撰《群碧楼善本书目、寒瘦山房鬻存善本书目》跋，记述邓邦述（孝先）去世后家属鬻书经过。云：

> 孝先故后，其家议售书，以维生计。先托某君持朱印《寒瘦目》经孝先以所得价详记目内者，带至上海，属余估价，久而不至。余驰书往询，又另托某君持一草簿来，详细考校，知精本未列簿内者甚多，无凭估计。盖所托之某君，将簿内精本抽去两页，故不符也。时京、苏书估麇集，闻已有零本流入苏肆，余急驰书告其家曰："来目不足凭，兹就《寒瘦目》，除去王绶珊所购，约略估计尚值二万元，其余普通书，似亦可值一万元，倘购主允八折，即可脱手。"幸孝先如君因应得宜，竟实得三万二千元。购者苏州集宝斋、北京景文阁、东来阁、文殿阁诸家，其中费闻亦达七八千元。前所记某君某君，皆在分润之列。若辈出价既钜，则转售之价必越常轨，开《全唐诗》底本拟批价一万元以上，孝先九泉有知，必拈髭一笑，自诩鉴赏不虚也。所奇者，《寒瘦目》全部两批售出，皆以余为导引人，余所借校本《华阳国志》两部，龚校《韩诗外传》，及明抄《洪武圣政记》一册，共四种，幸未交还，决为保存于合众图书馆，将请孝先知己之知书价者二三人，公同估价，偿还其家，以了经手，亦不负死友之谊也。己卯除夕，揆初记。（某君所持之红印《寒瘦目》，索之不得，亦狠矣哉！）

> 闻不入《寒瘦目》之精本，有王雅宜手抄《陶集》，王西庄校《晋书》，吴云甫注《顾亭林诗集》，大约后来所得，不知尚有其他秘笈否？盖已一扫而空矣！

> 《群碧目》内之书，皆售于中央研究院，售价五万元，实得四万五千元，以五千为经手某君寿，盖非某君之力，则研究院断不购此古籍也。吾友丁在君（文江）曾任中央研究院干事，慨然谓余曰："研究院应兴之事甚多，应革之事亦甚多，即如邓孝先之书，研究院购之何用？乃费去五万元。若以此五万元，研究地质，岂非有益于国计民生？"余笑谓之曰："如君言，则琉璃厂肆皆闭门，从此无肯刻中国书者矣。"相与一笑而别。己卯除夕补记。（《书跋》，第 60—62 页）

《群碧楼善本书目》六卷，《寒瘦山房鬻存善本书目》七卷，民国邓邦述（孝先）撰，民国十九年江苏邓氏刊本，五册，叶景葵校。（《叶目》）

2月14日 顾廷龙来访。(《顾廷龙日记》)

2月15日 撰《半樱词》跋,记与作者林鹍翔(铁尊)交往及践约为之续印事。云:"半樱先生避难来沪,与余同衙而居。因肺疾延及心脏,于己卯腊八日逝世,从此不特少一词家,且失一坚贞淡定之君子矣。病前,余往访,索词刻正集,先生谓前刻已分散,重刻则须百余金,有志未逮。余颇拟为之重刻,而未宣诸口。今先生逝矣,将偿此愿,并向其家索剩稿,编《补遗》附刻焉。景葵记。""庚辰正月十八日,林世兄以此册见付,谓印本余存,已遭火焚,家中仅存此册。余允俟纸价稍平,必践续印之约,敬书之以为息壤。景葵记。"(《书跋》,第172页)

《半樱词》二卷,《续》二卷,《未刊词》一卷,民国归安林鹍翔(铁尊)撰,民国十六年排印,《续》二十七年排印,《未刊词》子侗手钞本,三册,夏敬观跋。(《叶目》)

同日 胡元倓①致先生函,告以明德学堂近况及介绍张子羽(张百熙之子)来访。函云:"入川两年,未通音问,大小儿彦尊时得闻公在沪起居安适,深引为慰。弟入川后,赴外县江津小住,适台儿庄大胜,遂回渝。赴汉口,得见蒋委员长报告明德于河西购有新地皮,陈步(布)雷因代陈请酌加常年经费。结果月增两千,不打折扣。从前年八月起,经济不感困难,是年冬在巴县乡中佃得楼房数间,可以安居静养。去岁五月大轰炸,托庇未波及,真幸事也!明德自弟来川后,即移至湘乡霞岭曾家祠堂,居万山之中,可自成风气。经理俞曾慎初励精图治,去春南昌沦陷,学生一人未请假。管理如法,远道闻之,令人心慰。我公关怀明德,无间初终,故敢缕陈颠末。明德创始,实赖赵次帅极力维持。是时张冶秋先生②为管学大臣,提倡实不遗力。然皆受顽固之嫉妒,次帅之入京,冶秋先生之转邮传部,皆受明德之影响。回思前事,犹在目前。冶秋先生世兄子羽亦在明德肄业,少年多病,未能负笈西洋,近十年来在军官学校工作,弟曾介绍于陈果夫,颇得蒋先生青睐。子羽志愿对于中国医药学欲为尽力,此乃宏愿,实行有待。兹因国事奔走来沪,凤仰我公,特为介绍,可以弱弟视之,藉呈相片一纸,乞哂存。"(原件,《亲友手札》)

2月17日 致顾廷龙短笺,送书。"《一行居集》校对时能将圈点及批词过入最好。"(《尺牍》)

同日 撰《檇李丛书》跋,记得书经过与战乱中书板安危。云:"庚辰正月,购得

---

① 胡元倓(1872—1940),字子靖,湖南湘潭人。教育家。清末被选派赴日本留学,回湘后于1903年创办长沙明德学堂。民国后曾在北京、汉口设明德大学,后停办,专事明德中学教学。明德学堂系清末长沙著名学堂,时赵尔巽任湖南巡抚。辛亥元勋黄兴为该校教员,并在明德学堂创立华兴会,宋教仁、陈天华等革命志士也都曾在此学习。1938年明德毁于长沙大火,后迁往四川。1940年11月,胡病逝于重庆。——编著者

② 即张百熙(1847—1907),湖南长沙人,清末曾任管学大臣。——编著者

《嘉禾征献录》原稿本,向王欣夫假得新刻本,大略校对,知新刻所据钞本,已经后人改窜。原稿五十二卷,外纪八卷;新刻八卷,外纪六卷。如金籛翁跋内所疑曹《传》臆加之九字,原稿无之。籛翁可谓卓识。其他如妄析文苑内数人,增一儒林,亦与原稿不合。各传妄为移易处颇多。适访籛翁,谈及此书,籛翁大为兴奋,意欲传校一部,并以《槜李丛书》一部见赠。此丛书集资刊行,颇费心力,初印无多,枣板已赠浙省图书馆。播迁时,决不能携之而去,不知沦陷中,尚能瓦全否?闻杭州得薪甚难,城内林木,及住宅地板,均为薪材。此书板环境甚危,虽新刻,亦极可珍重矣。正月初十日,景葵记。"(《书跋》,第 187 页)

《槜李丛书九种》,嘉兴金兆藩(籛孙)辑,民国二十至二十五年嘉兴金氏刊本,十六册。(《叶目》)

2 月 20 日　至合众筹备处,交书数种,偕顾廷龙"同赴孙伯渊家,观邓邦述群碧楼书,合选若干种,所见皆记于目"。(《顾廷龙日记》)

同日　致张元济函。云:"兹送上邓孝先兄遗书四种,共十三册,计顾校《华阳国志》四册、陆何校惠跋《华阳国志》四册、龚校《韩诗外传》四册、明钞本《洪武圣政记》(附三种)一册。请鉴定,估一公平价格,拟由合众图书馆缴价收藏。附孝先兄原函一件。"(抄件)

同日　上海第一特区地方法院开庭调查审理浙江兴业银行控告美光染织厂欠款案。"谕知改期在外和解。"(《告美光染织厂欠款逾期诉状》;《兴业银行与美光厂讼案开合议庭判决》,1940 年 9 月 11 日《新闻报》)

2 月 21 日　撰《齐民要术》题记。云:"前借群碧楼明钞本校嘉靖本,即用此本对读,发见描润时臆改之失,详细注于此本。又以残宋本校正一过。今群碧楼全书已为估客运之来沪,约明日往观,此原本当亦在内,闻索价奇昂,恐难偿扛鼎之愿。即此原本,经对校后,早知其可贵,故虽经印行,亦觉弃之可惜。他如顾校《史通》及临何校《史通》,亦经详细过录,深知其佳处。《丛刊》所附《校勘记》,系从吴佩伯临本迻录,未见原书,阅之殊有迷离之叹。假使孝先在时,情商让渡,必蒙首肯,而区区之愚,向不愿夺人所爱。又虑孝先之书已售出二次,所存精骑无多,倘一顾空群,则下驷决无人存问,故逡巡不敢前,悔何及矣!庚辰正月十四日灯下,景葵记。""此数十字若使估客见之,明日必宝山空返。"(《书跋》,第 95 页)

《齐民要术》十卷,(后魏)贾思勰撰,明嘉靖中刊本(卷七至十四明《秘册汇函》本配),六册,叶景葵校。(《叶目》)

同日　"往观"邓氏群碧楼出售书,先后选定《鲒埼亭集》《蒙古诸部述略》与《停云集》等。(《顾廷龙日记》)

2 月 23 日　送《四部丛刊》等若干种至合众筹备处。(同上引书)

2月25日　至合众筹备处,偕顾廷龙再赴孙伯渊家续选邓氏书若干种。(同上引书)

2月26日　撰《彭尺木文稿》跋,述合众此钞本来历。云:"己卯冬日,假涵芬楼所藏《彭尺木文稿》三册。第一二册系尺木手稿,除去二林居已刻者,及稿本不易别异者,与所作《四书文外》选抄十三篇,并依原样照录台山、大绅诸君评改,以见先哲直谅之谊。其第三册系《一行居集》残抄本,不知已否付刊? 倩写生照录。又借得潘景郑所藏无锡孙氏小绿天庵①手抄尺木未刻稿一册,大约即依涵芬楼原稿传录,亦倩写生照录,统名之曰《彭尺木文稿》。倩顾君起潜写一总目,冠于卷首,与《二林居集》合观之,尺木文字之演进,与思想之变迁,具于此矣。庚辰正月十九日灯下,撰初记。"(《书跋》,第146页)

《彭尺木文稿》,又名《彭尺木未刻稿》,(清)彭二林撰。彭,苏州人,"以禅学释儒理,别成学派,至今吾吴净土者,咸推先生为开山之祖焉。"此册收彭氏未刻稿五十一篇,原系梁溪孙毓修小绿天假原稿传录,书后有孙毓修夫人顾希昭校语。潘景郑1936年得于孙氏后人,归著砚楼珍藏。(潘景郑《著砚楼读书记》,第538页)

2月27日　致顾廷龙短笺,送书。云:"《尺木稿》抄完,请兄写一总目,凡二林居已刻者、孙毓修抄者、弟选抄者均作一记号(亦有已刻而重抄者,孙抄亦有之),此书抄费二十二元四角,应由馆支,便中还我可也。"(《尺牍》)

同日　撰《思益堂日札钞》跋,兼评沈曾桐(子封)。云:"此册去年得之京友,初见笔迹极相熟,但欲确定为谁何之手笔,则苦思不得。庚辰初正,选购群碧楼书,得杨秋室手校本《鲒埼亭集》,内有沈子封先生签校,乃恍然悟此册亦先生手抄。盖杨校本在六年前,余曾详细过录也。先生冲和笃实,博极群书,为光绪朝一朴学。生平不以著述标榜,其声闻亦为乃兄乙盦先生所掩。再阅数十年,恐无知之者矣。此从自庵原稿节抄,弥见前辈慎思明辨之精神,对之起敬!　正月二十日,后学叶景葵题。"(《书跋》,第82页)

《思益堂日札钞》一卷,(清)长洲周昌寿(荇农)撰,民国沈曾桐节钞本,一册。(《叶目》)

同日　再撰杨名时钞本《徐霞客游记》题记。云:"此本《滇游记》不分篇次,且注有第几册字样,为原稿初钞之真相。其余钞本皆出其后,前见知不足斋残钞本,目次相符,但《滇游记》分篇次,则亦在此本之后。""此本经前人细校,又加句读,殊便浏览。粗校数卷,杨名时本有删削痕迹,何以反诋史本? 不可解也。庚辰正月二

---

① 指孙毓修。——编著者

十日,景葵记。"(《书跋》,第 39 页)

2月29日　签署浙兴总经理室通告,核准津行副经理陈伯琴兼任营业主任。(副本,上档 Q268-1-150)

2月　撰《震川先生集》跋。云:"王宋贤先生元启评点,盛柚堂先生百二过录,又加评点,钱警石先生泰吉临盛本,又采入张鲈江先生(士元)暨方子春先生(坰)评点,警石之门人徐迈叔(鸿熙)临钱本(又字眉盦,又字啸秋)。卷中朱墨杂沓,王评加注王字,张评注张字,方评注方子春,钱评注甘泉先生,其未注者,不可辨识。又有署意庭者,不详何人。(柚堂评自题名。)祇平居士评本,最精。如《马政志》评语,剖析毫芒,可作归文注解,不仅注意于文法。同时收得张鲈江手钞节本,此本所采张评,均与之合,当即警石所见原本。卷首夹有警石手简二纸,知徐君为咸丰间禾中学者,为警石翁所奖誉。庚辰正月,景葵。"(《书跋》,第 138—139 页)

《震川先生集》三十卷,《别集》十卷,(明)昆山归有光(熙甫)撰,(清)乾隆中刊本,(清)徐鸿熙临各家校,附钱泰吉手札。(《叶目》)

2月　撰《归震川先生文钞》跋。云:"张鲈江先生手钞评点本,同时收得咸丰间禾中徐鸿熙临钱警石本,所采鲈江评语,均注'张云'二字,即此书朱笔。又采方子春评语,与此书黄笔数条相符。卷中有警石手笺云:'鲈江名士元,吴江人,著有《嘉树山房集》。'子春名坰,平湖举人,选钱唐教谕,未任卒。详《曝书杂记》。庚辰正月,得之嘉兴书估。揆初。"(《书跋》,第 139 页)

《归震川先生文钞》二卷,(明)昆山归有光(熙甫)撰,(清)乾隆张士元手钞本,(清)俞炳虎校。(《叶目》)

2月　再撰《华阳国志》跋。云:"正闇续见义门原本,知此本为及门传录,乃并惠校亦不敢定其真伪。余初见即以为何系传临,惠系真迹,故甚重此书。庚辰正月,收得松厓《左传补注》手稿,乃知此何校即惠氏所临,为之狂喜。两本今同一库,可以永远作证。松厓传临此书,未及详校,故校语极简,仅加一跋。否则可为千里先河矣。余友王君欣夫、潘君博山均早有惠临何校之说,两君曾在淑照堂丁氏遗书散出时,亲见《左传补注》稿本,故非余之创获也。"(《书跋》,第 35 页)

2月　撰《春秋左传杜注》题识。云"前得《仪礼正义》,亦有述礼堂藏印。此书分四色,前后评点,深得左氏行文之宗旨,当系胡氏群从所为,惜末署名。庚辰正月景葵"。(同上引书,第 11 页)

《春秋左传杜注》三十卷,(晋)杜陵杜预(元凯)注,(清)姚培谦增辑,清嘉庆元年金阊书业堂刊本,十二册。(《叶目》)

2月　二次校阅《周易本义辨证》,撰校记云:"庚辰正月,收得淑照堂丁氏旧藏《周易本义辨证》手稿,详细校对,知此本朱校的系松厓亲笔,从前审定不误。蒋刻底本传抄在先,此本次之,手稿又次之。《复·六四》中行独复条手稿作'愚案四得位应初独得所复[四非中]称中行者[以从道也其时中之谓欤]谓初也详见易汉学'。以此条三本互勘,即知曾递修改之次序矣。《无妄》刚自外来条,《益·六四》中行告公从条,《小过·六二》过其祖条,所加朱注,皆手稿所无。是阅此本时,随时笺释,未为定论,故不采入手稿,无足异也。景葵二次审定记。""手稿后有附录一《论河洛》,二《论先后天》,三《论两仪四象》,四《论重卦》,五《论卦变》,六《论太极》,后改入《易汉学》末卷。故凡例亦删去后二条,非见手稿,不知其详。""手稿所加签注,有为此本及刻本所无者,如卷一朱子用林栗说为然之类。是为两本传抄在前之确证。此书原名《旁通》,后改《辨证》。"(《书跋》,第 2—3 页)

《周易本义辨证》六卷,(清)东吴惠栋(定宇)撰,钞本,一册,惠栋手校,叶景葵跋。(《叶目》)

2 月 撰群碧楼邓氏旧藏本《鲒埼亭集》题跋,"如逢故人"。云:"庚辰正月,寒瘦山房遗书尽散,余以钜金留此集。秋室批校原本,重行检校,如逢故人。距前校时不过六年,灯下已不能作细字矣。""《新安志》,龙尾山在婺源东南。庚辰正月记。"(《书跋》,第 146 页)

《鲒埼亭集》三十八卷,《外编》五十卷,《经史问答》十卷,附《年谱》一卷,(清)甬上全祖望(谢山)撰,附(清)鄞董秉纯(小钝)撰,旧钞本,六册,(清)杨凤苞批校,民国章钰、邓邦述跋。(《叶目》)

2 月 于《朱子经说》稿本内页题识,并介绍编辑者生平。云:"《朱子经说》,嘉善陈几亭先生辑,崇祯庚辰寓刊底本,几亭先生手校并跋。越三百年庚辰正月后学叶景葵敬题。""陈龙正,字惕龙,嘉善人。游高龙攀门,授中书舍人。上《养和》《好生》二疏。又上言:'拯困苏残,以生财为本。'及《用人探本疏》,左迁国子监丞。甫抵家而京师陷,福王力用为祠祭员外郎,不就。南京不守,龙正已得疾,遂率门人私谥曰文洁。金玄,字伯玉,武进人,兵部主事。崇祯十七年,帝崩,投金山河死,谥忠节。刘理顺,字复礼,杞县人,右谕德城破,投缳死。赠詹事,谥文正。"(手迹,原书,上海图书馆藏)

《朱子经说》十四卷,(明)陈龙正(惕龙)辑,明崇祯十七年待刊写样本,五册。(《叶目》)

2 月 为《南田志稿》封面题识。云:"石经阁冯先生手稿 钱衎石①藏印 己卯残腊葛沪估从嘉善寄来。叶景葵识。""同时购得者有衎石手校钞本《监国日录纪

----

① 指清道光时嘉兴藏书家钱仪吉。——编著者

事略》及《盛氏嘉禾征献录》原稿五巨册。必有盗入钱氏之室矣。"（手迹，原书，上海图书馆藏）

《南田志稿》不分卷，(清)冯登府(柳东)撰，手稿本，一册。（《叶目》）

2 月　为《历测》封面题识。云："历测　旧抄残本　丙子向国学图书馆补抄完全。庚辰正月装成。"（手迹，原书，上海图书馆藏）

《历测》二卷，附《历无布算》一卷，(明)满城魏文魁(太一)撰，旧钞本，一册。（《叶目》）

3 月 5 日　送《弢园随笔》《徐霞客游记》与《陈稽亭集》至合众。顾廷龙记曰："《弢园随笔》有长跋，记当年与史念祖共事之谊及其遗闻，可以史料视之也。丈熟清季掌故，吾将劝其撰一笔记，以垂后世。"（《顾廷龙日记》）

3 月 12 日　致顾廷龙便笺，送书。云："送上书四包，内小包中有赵学南赠馆《顾千里年谱》一本，又借用《严九能尺牍》一本。又《靖康稗史》两册欣夫已交与弟，望登记，其余均入藏之书。"（《尺牍》）

3 月 14 日　致顾廷龙便笺，介绍修书人。云："修书人倪介眉与之说定，月薪十五元，供膳宿，先嘱谒见吾兄即可试用，如彼此不合式可以分手，由兄面定一试用期间可也。此致辣斐德路六百十四号合众图书馆顾起潜先生。"（同上引书）

3 月 15 日　致顾廷龙便笺，送书。云："《周易本义辨正》及《华阳国志》均加一跋送还。日记无精彩，其人是寻常官僚，似不足取。叶稿请束笙同年加跋极好。揆启。合众图书馆顾先生。外书一包。"（同上引书）

3 月 20 日　顾廷龙送来书八种，请审定。（《顾廷龙日记》）

3 月 25 日　顾廷龙来访，出示新得《海昌外志》(静得楼钞本)、惠定宇稿本两种(丁芝孙遗物)。（同上引书）

3 月　浙江兴业银行修正并呈上海第一特区地方法院《告美光染织厂欠款逾期诉状》[①]。先生以法定代理人身份列名。诉状详述上年 6 月接财政部"马电"后，美光厂违反"以存抵欠"原则、恶意支付等情形。诉状云：

原告浙江兴业银行　法定代理人叶景葵　　（在卷）

诉讼代理人徐士浩律师、左德焘律师、荣桢隆律师（江西路一八一号）

被告美光染织厂　法定代理人蒋彦武

汤彦修　　（在卷）　蒋彦武　　（在卷）

为声请调查证据事。窃原告与被告欠款涉讼一案，业奉钧院传案审理，并

———————————

① 原件仅标"民事诉状"，现题由编著者所加。——编著者

谕知改期在外和解。祇以被告别有用意，绝无悔心，观于改期以后，被告仍复连续登报，肆意宣传，可见和解之进行，在被告自始即属无意及此也。兹将本案经过事实及足征调查之证据，详为陈述如次：

按原告经营银行事业，信誉素著，为社会所习知。惟在去年六月廿二日财政部马电到达之时，市面金融顿形吃紧。原告在此种情形之下，比由董事长告知经理，所有存欠各户除系工厂有必要开支及工资，可酌量通融外，其余均须以存抵欠。有当时列席之沈棉庭可以证明。翌日，第一被告签出七万五千余元支票（即美光付德孚洋行支票），来行兑取。原告即根据财政部安全金融办法予以退票。旋由第一被告法定代理人蒋彦武来行，向经理请求通融。经理当即通知第一被告，依照约定所欠透支款项，须提前归还，以存抵欠（透支押据第一条及透支借据第三条）。蒋仍再三请求通融，经理即据情向董事长请示。经董事长告以以存抵欠之办法业经规定，且为数过钜，未便通融。蒋得经理转告，立即前往董事室，向董事长直接请求。复经董事长告知，以存抵欠系对一般存户之规定办法，不独美光一户为然，所请通融不能照办。此时有张笃生、严鸥客在座，应请传案作证。嗣后第一被告于同月廿四日、廿五日，先后支取五百元、一千元、一百元、三百七十五元，因系零星小数，故予通融照付，要与以存抵欠之规定办法不生影响。乃第一被告明知七万余元之存项已经扣抵欠款，竟不惜以尝试手段，又于同月廿九日签出七万元支票，来行支取。营业员在忙乱中误付同数之拨款单。付后自行检举。经理查得该款既以存抵欠，不能照支。故即通知银行业联合准备会止付。查上开支票系第二被告以美光副经理之资格，亲身来行支取。不惟有经手之职员章启东可以切实证明，即第一被告之叔蒋俊吾暨其叔祖蒋抑卮，亦均称"七万元支票汤彦修持至本行换取拨款单"。是持兑七万元之支票者，美光也；换取七万元之拨款单者，亦美光也。何以于止付拨款单之后，竟有所谓胜记者参杂其间？据胜记主张，原告与美光以存抵欠系另一问题，不能以此对抗胜记，一若胜记与第一被告绝不相涉也者。不知胜记与美光即第一被告为同一主体，在蒋抑卮、朱博泉、徐寄庼对于原告均有同样之说明，而在场之张笃生亦曾亲聆无疑。蒋、朱、徐、张均与被告或为亲戚，或有交谊，且在金融界具有相当声望，当可做公正之证明。况七万元拨款单止付之后，蒋抑卮、蒋俊吾均曾先后来行声称，此款系美光向浙江实业银行赎回德孚栈单之用。尤足证浙江实业银行之代收上开款项，即为第一被告经手支取无疑。关于此点，在浙江实业银行之存款印鉴及押款之经过、支款之用途，自有全部文卷足资参核。一经调案详察，即来根去脉，不难立见不宁。惟是此七万元之拨款单，系由美光之汤彦修来行支取，事证明确，不容掩饰。顾胜记廿八年七月十日来函谓："所谓存欠相抵，是贵行与美光之事，非鄙人之所知也。即使有之，何不于鄙人提示？美光支票向贵行支款之时，即行拒付。"可见支款之汤彦修即为胜记。提示支票支取之人已属毫无疑义。参以美光同年八月二十日来函谓："又曾开出同日期汇划国币七万元支票，亦曾照付。"更足证美光与胜记实为同一主体，尤极显明。

　　总之，第一被告之透支欠款，数达十万有余。原告根据以存抵欠之办法通知被告，并就其应支之七万元扣抵一部分之透支欠款，无论法理人情，不容空言抵赖。从而被告等对于其余欠款及七万元之拨款单，均应连带返还原告，尤属毫无可疑。讵知被告等存心叵测，始则化名胜记作无谓之纠缠，继则披露报章，为恶意之诽谤。祇以原告立场稳固，信誉卓越，虽经百计中伤，终于无损毫末。藉非然者，恐原告整个营业势当将受其相当之影响矣。为此具状声请钧院鉴核，迅赐调取浙江实业银行（行址福州路一二三号）关于美光染织厂及胜记托收款项之颜料押款全部文卷，并饬传沈棉庭、张笃生、严鸥客、章启东、蒋俊吾、蒋抑卮、朱博泉、徐寄庼各证人（地址从略）到庭应讯，以昭核实，而资信谳，实为公德两便。谨状。

上海第一特区第一法院公鉴

中华民国廿九年三月　　日
（副本，上档 Q268‐1‐427）

3月　撰《简松草堂文稿》跋。云："此吾乡张简松先生手书文稿，沈君误题《山舟文稿》。内有四篇，为文集所未收。《与马秋药论州县书》，颇有关系之文，亦未入集，何也？庚辰春暮，京估送来，告以非山舟书，遂含糊得之。景葵。"（《书跋》。第148—149 页）

《简松草堂文稿》一卷，（清）钱塘张云璈（仲雅）撰，手稿本，二册。（《叶目》）

3月　撰《三国志》题记。云："丙寅秋，见曹君直先生手校金陵局本《三国志》，定价十六元，闻吾友王欣夫欲得之，即以相让。庚辰春出旧藏此本，倩馆友迻录一部。君直原校系以明钞单注本及大字宋本两种互勘，极为精善。录竟，即藏之馆中，以垂永久。首二卷原有朱笔句读，系前人所加。此书为先君所购，在吾家至少已五十年矣。叶景葵敬记。"（《书跋》，第 22 页）

《三国志》六十五卷，（晋）陈寿撰，（刘宋）裴松之注，清同治九年金陵书局刊本，八册。（《叶目》）

3月　再撰《史通》题跋。云："此校本为何氏弟子所传临，且为义门所亲见。正闇、偶能先后考定，惜原本未署姓名。卷首有吴门蒋维钧家藏印，卷尾有'家在九峰三泖间'印，潘君博山疑为蒋子遵杲所临。但博山藏有子遵手校明初本《后山诗注》，字体较为古朴，与此不类。子遵之弟楝字子范，亦义门弟子，无从觅其遗翰，容再考求。研溪是否惠砚溪，亦未可定也。庚辰二月景葵书。"（《书跋》，第66页）

《史通》二十卷，(唐)彭城刘知几(子玄)撰，明嘉靖十四年陆深蜀中刊本，四册，清·顾广圻校，民国邓邦述跋。（《叶目》）

4月2日 致顾廷龙短笺，送书。云："文禄堂来书七包，望审查。"（《尺牍》）

4月3日 致顾廷龙短笺。云："文禄堂又来书四包，送请选择。《琴隐词》可留。"（同上引书）

4月5日 致顾廷龙短笺。云："送上格纸一包，《灵芬馆诗续集》（或《三集》）有严烺序，乞检来一阅。袁书尚无把握，前途甚刁。送合众图书馆顾先生。"（同上引书）

同日 撰《南池雅集图》跋，记叙此图收辑者严烺事迹。云："小农先生受宣宗特达之知，于道光元年，由河北道擢署河东河道总督；四年，高家堰溃决，调补江南河道总督；嗣为两江总督琦善所阸，六年降三品顶戴，调署河东；七年，复实授。观其《两河奏疏自序》，有'同官之意见未融，动多阁碍，亦有事关经费，未获施行'等语，诚慨乎其言之！此图作于道光八年，已在日中则昃，宠眷将衰之际。公暇清游，萧然意远。梁茞林《浪迹丛谈》云：'章钜官南河时，闻小农河帅，盛称金衔庄之美，谓我可保得三次安澜，定当乞身归去，营此菟裘。'盖先生于盛年得意时，早抱泉石烟露之想矣。两河物力丰厚，宾馆之盛，旧交云集，读先生所撰《灵芬馆诗续集序》，可见一斑。原图必有群贤题咏，惜已付阙如。此卷旧为章君佩乙所藏，余之表弟严鸥客，先生之玄孙也。循览再三，忾乎有栖栝之思。余为作缘，受而藏之，于今十余年，兵戈满地，幸无失坠。属为志其颠末，以贻后人，如与汪氏所藏《东轩吟社图》，并称世守之珍矣。庚辰清明同甲后学叶景葵。"（《书跋》，第110页）

《南池雅集图》，(清)仁和钱杜(叔美)绘，(清)仁和严烺(小农)辑，墨迹，一卷。（《叶目》）

同日 撰《蒙古诸部述略》题识。云："此邓群碧曾祖嶰筠制军所著，卷中校改皆群碧主人手笔，已随残籍庋置于书肆之隅，亟收归保存之。庚辰二月廿二日记。"（《书跋》，第38页）

《蒙古诸部述略》一卷，(清)邓廷桢撰，旧钞本，一册，民国邓邦述校。（《叶目》）

4月9日 致顾廷龙短笺。云："老友王晋卿奉访，乞招待。渠与兄见过二次，书友中之博闻者也。"（《尺牍》）王向顾索阅正德本《中吴纪闻》《华阳国志》等，顾"劝其一一记出"。（《顾廷龙日记》）

同日 上海第一特别法院民事庭开庭，审理浙兴控告美光染织厂七万元欠款一案。先生偕原告律师徐士浩等前往，美光厂仅由钱家龙律师出庭。"证人章启东供，在浙江兴业银行活期存款部为职员，去年六月二十九日，美光厂副经理汤彦修持该七万元支票前来取款。当时我因一时错误，故而照给同数拨款单　纸。未几，我忽忆及自财政部马电限制提存后，曾经经理处通知，对往来户同付欠者，应以存抵欠，始知误付。因与汤系旧同学，当赶至汤处，要求追还该拨款单。因汤坚持不允，我无法，遂向经理处报告，而由经理处函知票据交换所止付。"接着，蒋抑卮、严鸥客、张笃生、徐寄顾等出庭证明，"均谓该拨款单系美光厂自来领去，蒋亦亲自来行商量，要求通融等语"。"末讯董事长兼总经理叶景葵称，该拨款单实系职员于忙乱中误付，缘本行因接财政部马电之后，所有往来各户，均经规定以存抵欠。原告曾将规定办法知照被告，是被告明知存款已经抵欠，竟签出七万元支票，向银行支取。虽由行员误付，然此项存款既经押抵欠款，在银行当然止付。""被告代理钱律师，则以今日所到庭者均为董事及职员，不能认为证人，祇可谓当事人。以当事人而令其结，实无先例云云。庭谕：本案改期再讯。"(1940 年 4 月 10 日《申报》)

4 月 10 日　撰《南唐书笺注》跋。云："张菊生先生示我《涵芬楼烬余书录》底稿，《史部》载周雪客《南唐书笺注》十八卷，拜经楼抄本，朱耐园、吴兔床合校，周耕厓借阅，黏附校签数百条，征引繁富，剪裁精当。正思借钞，禾中书估寄来陈仲鱼钞校本三册，原四册，缺第二册，计缺第四至第八，凡五卷。乃借涵芬楼本抄补完全。仲鱼录耐园、兔床校用蓝笔，录耕厓校用朱笔，今概以墨笔补之。朱校注'朱'字，吴校注'吴'字，周校注'周'字。惟卷中亦夹有耕厓校签，有与涵芬楼本重复者，亦有不同者，间有涵芬所无者，似仲鱼录后，又经耕厓审定。今依原本一一整比补写完毕，惜嘉业堂草草刊行，未见此本也。庚辰三月三日写完，景葵记。"(《书跋》，第35—36 页)

《南唐书笺注》十八卷，(宋)陆游(放翁)撰，旧钞本，四册，(清)周广业、陈鳣校。(《叶目》)

4 月 11 日　致顾廷龙短笺。云："有旧书百余种，仅开来《大戴礼》及《夏小正》一单，已属聚集不易。兹有介绍信一封(来头系商务同人)，请兄往阅，须下午五点以后方在家。"(《尺牍》)

同日　又致顾廷龙短笺，送书单。云："丰华堂尚有残书十余箱，开来一单未全。弟本欲全开后再来看，但书存复旦，非星期不能往检，又不能久存，兹送去，乞于星期日到舍，偕杨世兄同往复旦检阅(渠尚住兆丰墅)。价由兄定(其意不昂)，无者尽留可也。"(同上引书)

4 月 13 日　致顾廷龙短笺。云："昨日所看书主又来一单，兹送上，望选购之。"(同上引书)

同日　晚，赴刘承幹寓所。刘招宴张元济、张树年父子，以及浙江兴业银行徐

寄顾、蒋抑卮、张笃生、朱博泉等。其弟刘培余作陪。（刘承幹《求恕斋日记》稿本）

4月14日　顾廷龙来访，"畅谈"。（《顾廷龙日记》）

4月17日　致顾廷龙短笺，送书。云："送去书两箱，内有《两河奏疏》《海塘成案》《续海塘新志》三部，系严鸥客先生捐赠，应写一谢信。又另单五纸，系拙友大兴黄松丞先生遗书，其子志勤、志劢奉其太夫人之命捐赠本馆者，亦写一谢信。余系《四部丛刊》《清儒学案》《绩溪胡氏学案》，望检阅。"（《尺牍》）

4月18日　致顾廷龙短笺。云："王晋卿来，送阅存货总账一册，嘱为选择。兹送上，望阅览有无可选之书。"（同上引书）

4月19日　顾廷龙来访，"畅谈"。（《顾廷龙日记》）

4月20日　复顾廷龙函。云："示悉。杨敬涵君请其相助半日，月薪定四十元，暂无名义，想可屈就。抄件奉还，故宫出版物即定。"（《尺牍》）

同日　撰《夏小正笺疏》钞本识语。云："光绪甲午季春，余在济南将南归应试，孙佩南先生(葆田)饯饮于泺源书院。晋之先生亦在座，以后未得再晤。此书仅耳其名，今竟邂逅遇之。四十年来硕儒沦谢，著述湮沈，深可恫也！卷中修改处，始终矜慎。初名《释义》，后改《笺疏》。借用归朴堂钞书纸，不知宋、徐如何关系？疑是士言先生丐其录副，藏之归朴。年来徐氏藏书，陆续散尽。此稿遂流转人间也。卷六末页士言补钞八字，注云：'纸已破损，补书于此。'倘系徐氏传录之本，即不应作此语，故审为先生手稿无疑。庚辰三月谷雨节，展读一过敬识。后学叶景葵。"（《书跋》，第9页）

4月28日　致顾廷龙短笺。云："敬乞面交为感，葵顿首。顷介绍杨世兄至馆奉访，乞接待，存书可商运至馆中再会同开箱细阅，较为从容。"（《尺牍》）

4月29日　又撰《夏小正笺疏》钞本识语。云："顷见传抄《释义》本，与此底本同。至卷中改削处，则此本所独，故此当为最后定本。是月廿二日又记。"（《书跋》，第10页）

4月30日　签署浙兴董事长令。"选任秘书项叔翔君为本行人事研究委员会委员。"（副本，上档Q268－1－176）

4月　撰《靖康稗史七种》跋。云："右为胡绥之先生跋。先生与浩吾先叔莫逆，现隐居光福，著述尚未付刊，闻未成之稿甚多，其已成书者亦未写定。八旬以外之人，倘不及时整理，有散失之忧。拟商请录一副本，存入馆中，不知能如愿否？庚辰三月，景葵敬识。"（《书跋》，第185页）

《靖康稗史七种》，(清)常熟丁国钧依八千卷楼藏本手钞，二册，民国丁国钧校注，胡玉缙(绥之)跋。（《叶目》）

4月　购得丰华堂旧藏《致曲术·致曲图解》，并于封面题识。云："《致曲术·

致曲图解》,杭州夏紫笙先生鸾翔稿本,庚辰三月后学叶景葵敬题。""夏氏算术遗稿四种,钱塘夏鸾翔紫笙:《少广廷凿》一卷,《洞方术图解》二卷,《致曲术》一卷,《致曲图解》一卷。《致曲术》:平圆、椭圆、抛物线、双曲线、罣线、对数曲线、螺线。此为紫笙先生手稿,得之□残尘蠹之中,至为欣忭,可与戴氏各算稿并传矣。景葵敬志。"(手迹,原书,上海图书馆藏)

　　《致曲术》一卷《致曲图解》一卷,(清)夏鸾翔(紫笙)撰,手稿本,四册。(《叶目》)

　　4 月　购得丰华堂旧藏《九章蠡测》,并于封面题识云:"《九章蠡测》,钱唐毛宗旦稿本,缺第二册'方田'、第四册'差分'、第五册'少广',存九册。庚辰三月得于丰华堂杨氏。叶景葵记。"(手迹,原书,上海图书馆藏)

　　《九章蠡测》十卷,《首》一卷,阙卷一、卷三、卷四,(清)钱塘毛宗旦(宸再)撰,稿本,存九册,今人杨复跋。(《叶目》)

　　4 月　为《缦雅堂诗钞》封面题识。云:"《缦雅堂诗钞》上册,丰华堂旧藏。附《秋舫笛语》,王眉叔手稿本,此为原稿之末册,故后附词集。估人挖去大题下之纪年,分作二册。庚辰三月景葵记。"(手迹,原书,上海图书馆藏)

　　《缦雅堂诗钞》三卷,附《秋舫笛语》一卷,(清)山阴王诒寿(眉叔)撰,手稿本,二册。(《叶目》)

　　5 月 1 日　致顾廷龙短笺。云:"《画征录》一册(馆购),《张仲雅文》两册,《东国通鉴》一册,曹君直校《三国志》一部(欣夫物),金陵局本《三国志》一部,望嘱杨君以两色笔迻录(明抄影宋单注本,大字宋体)。录毕即归馆中收藏。"(《尺牍》)

　　5 月 2 日　致顾廷龙短笺,送书两包(《鲒埼集》抄校本两部)。(同上引书)

　　5 月 3 日　为再发本行员生生活津贴事签署浙兴总行第 16 号通函。云:"近因物价继续增高,各员生原有薪津收入,维持生活颇感不敷。为安定员生生活起见,经陈准总办,自本年五月一日起将上海、汉口各行、处、仓行员及雇员,按照附表所列生活指标 160%栏列各数,分别支给临时生活津贴。天津、北平、昆明、重庆各行、处、仓行员及雇员临时生活津贴,按照表列生活指标 180%栏列各数分别支给(薪水不满五元作五元计。例如薪水五十一元,作五十五元计数,类推)。练习生一律改支津贴十六元,同时将原给临时地方津贴及战时生活补助费一律取销。"(副本,上档 Q268 - 1 - 130)

　　5 月 4 日　为增发行役生活津贴事签署浙兴总行第 17 号通函。云:"查员生临时生活津贴新办法,业由敝通十六号函知照在案。关于行役生活津贴,兹酌定每月十四元,自本年五月一日起支给。同时将前给临时生活补助费及临时地方津贴均一律取销。此次津贴付账办法,敝处以其四分之二仍付储送账,四分之一付米账,

四分之一付煤账。尚希合洽照办,以归一公事。"(函稿,同上引档)

同日 致顾廷龙短笺,送书两包。(《尺牍》)

同日 顾廷龙陪其堂弟顾廷翔来访。先生已保荐廷翔进通业公司。(《顾廷龙日记》)

5月5日 致刘承幹函,为合众图书馆索嘉业堂刻书。云:"乔迁尚未往贺为歉。尊斋所刊群籍,顷到馆检查,知未得者甚多。兹将已有者加一墨圈于印目之上,其未有各种,恳求各赐一部,以传流稽古发幽之盛意,吾兄当不斥其贪也。原目附上。"(《求恕斋友朋手札》稿本)

5月6日 撰《淮南释音》跋。云:"此稿自首叶至五十二叶,惜已佚失。著者名璟,未著姓,惟眉批及所加签校,系刘叔俛先生(恭冕)墨迹,则著者为同光间绩学士也。后附校语二叶,因《刘氏遗书》有《淮南子补校》,故署曰'附校'。其人盖服膺端临之学者。庚辰三月立夏日记。叶景葵读过。"(《书跋》,第87页)

《淮南释音》残一卷,(清)□璟撰,稿本,存一册,(清)刘恭冕校,叶景葵跋。(《叶目》)

5月7日 致顾廷龙短笺,送书一包。云:"抱经堂朱遂翔来书四种,望审查可留否。《西湖渔唱》似可留。"(《尺牍》)

同日 撰《停云集》跋。云:"桐城汪稼门制军选集僚友书札序言为《停云集》,江宁邓嶰筠制军题其端,曾孙孝先藏之群碧楼。庚辰正月散出,余收得之。前后似有佚失,以意分其次序,亦不尽合。如梁山舟、钱竹汀、姚姬传、秦小岘、孙渊如、姚石甫诸公之书札,均可补入文集。卷中校字,亦嶰筠制军笔也。后学叶景葵记。三月立夏后一日。"(《书跋》,第184页)

《停云集》不分卷,(清)桐城汪志伊(稼门)撰,稿本,八册,(清)邓廷桢校。(《叶目》)

同日 刘承幹复先生函,允赠嘉业堂刊印书。云:"前者培余舍弟言及尊需拙刊,因沪寓只存零种,不合图书馆之用。业已函致敝书楼陆续带寄。值道途间阻,不免濡滞,俟配齐后当即送呈贵馆,以备插架。拙刊藉贵馆留传,本素志也。"又相约十日晚在寓所设宴,"敬祈惠然枉存"。(原件,《尺素选存》)

5月9日 顾廷龙来访,商图书馆人事。顾拟添聘潘景郑进馆。(《顾廷龙日记》)

5月上旬 再为《史通》题跋。云:"冯评何校,均极细密,传临者又整理一过。合顾千里校本并观之,向来所蓄疑义,皆豁然矣。三月杪又记。"(《书跋》,第67页)

5月10日 致顾廷龙短笺。云:"前送去《庭闻录》,缺卷五、卷六,居然配齐!奇极!但索价二十元。"(《尺牍》)

5 月 18 日　送书四种给顾廷龙嘱查。内《穆天子传补注备考》无著者,贾者以为刘师培稿。顾细核之,例举四证认为必非刘稿。(《顾廷龙日记》)

5 月 22 日　复刘承幹函,谢赠书。云:"手示诵悉。承惠《南唐书补注》刻本,感谢。二世兄感冒请假已照办,刻下热已退否? 至以为念。"(《求恕斋友朋手札》稿本)

5 月 28 日　致顾廷龙短笺,送书。云:"宋本施注苏诗二十册送阅,阅后即还中国书店可也。(金武祥补校王辑《阳羡风土记》已刻过否? 乞查示。)外书二包送合众图书馆。"(《尺牍》)

5 月 30 日　撰《邮乘第一百号题辞》。文曰:

　　《邮乘》发行已满一百号。就著书体例言,一号即是一卷。私家著述一百卷,甚不容易。若谓汇集多人著作而成,应比诸总集,一百卷亦不为少。至近代定期刊物,能出一百期而无变动者,尤寥寥可数。故本刊虽为本行同人交换智识之工具,但在社会刊物中,本刊估价,已在中上之列,此固无庸谦让。

　　综观全体文字,说事理者多,空言较少;摅心得者多,剽袭者少;尤可喜者,大都和平商榷之作,绝无意气凌厉之文,此可征投稿同人于修养方面,均有工夫,是即我行全体同人风气纯良之表见。

　　凡人德慧术知,时时演变。投稿者复阅昔年作品,或视为陈腐之见,即可以新思想再发表论文;或以为平生怀抱,不可动摇,重理旧作,更可以坚一己之信念。倘无本刊,则过眼云烟,易归幻灭,故本刊之功效,利于一群,亦利于小己。

　　同人平日服务辛劳,至休息日即有家事、酬应及正常娱乐,纷至沓来,能在百忙中继续投稿,是其服务公益之诚心,极当钦佩。我想每号将付印时,编辑人或苦材料不足,分向同志请求佳文,倘应者寥寥,不免现艰窘之态,此固意中事。能自一号至一百号,均得丰富之材料,引人入胜,令览者无倦容;此固同人合作之力,而编辑人之毅力恒心,尤当致敬。

　　凡事贵步步改良,不可自满,不可自逸。杨石湖先生任编辑时,将世界外交军事大势,编成简短论文,附以地图,插入本刊,使同人增进世界常识,可谓法良意美。石湖出国,本刊即无此类作品。现在世界风云,惊天动地,在在与我国金融地位发生影响,是宜继续征求此类论文,载入本刊,以广知识。

　　圣贤格言,往往一二语可为终身药石。我国古书,于世界知识固然落后,但如修己之要,知人之术,以及仁民爱物之方,则如日月经天,江河行地,亘古不可磨灭。又如朋友一伦,善者可以为法,恶者可以为戒,史册中前例极多,宜特辟一栏,以简显浅之文,择尤登载,藉作同人座右铭。

我希望本刊满二百号时,世界之恶战已结束,中国之大局已澄清,我行之声誉有一日千里之势!

廿九年五月三十日

(《兴业邮乘》,第 100 期,1940 年 6 月 9 日)

5月 撰《骈体文林》题识。云:"宜兴朱又笏师启勋选辑。原书未成,仅存拟目。眉注为常州屠镜山先生(寄)手笔;传录者,杭州吴君锡侯(道晋)。兹从吴氏录本传抄。锡侯按语亦附录之。庚辰四月,景葵敬识。"(《书跋》,第 178 页)

《骈体文林》一卷,(清)宜兴朱启勋(又笏)辑,武林叶氏钞本,一册。(《叶目》)

5月 撰《东洲草堂诗钞》题识。云:"魏稼孙手钞何蝯叟诗,附加评语,皆商榷书法及有关辨论碑版摹印之作,稼孙固不甚佩服蝯叟论书者。庚辰初夏读。揆初记。"(手迹,原书,上海图书馆藏)

《东洲草堂诗钞》一卷,(清)道州何绍基(子贞)撰,(清)魏锡曾手钞本,一册。(《叶目》)

5月 为《木讷先生春秋经筌》题识云:"此楚生先生题签,知原藏已非全豹矣!庚辰初夏叶景葵记。"(手迹,原书,上海图书馆藏)

《木讷先生春秋经筌》十六卷,阙卷十至十六,(宋)绵阳赵鹏飞(启明)撰,明蓝格钞本,存七册,阙名题识。(《叶目》)

5月 《合众图书馆丛书》第一集第一种《恬养斋文钞》四卷、《补遗》一卷,排印出版,(清)罗以智撰。(《中国丛书综录(一)》,第 381 页)

6月1日 致顾廷龙短笺,送书。云:"送上书一包,除《花溪集》外,皆敝处捐赠之书。陈仲恕送兄莽陶拓乙纸,又金涂塔拓一纸(系赠弟者),存馆免遗失,可附人《浙江金石志》。扇面乙个,乞兄摹钟鼎或陶文一段。"(《尺牍》)

6月2日 顾廷龙来访,出示孙德谦稿。(《顾廷龙日记》)

6月4日 徐森玉在香港致先生函[①],告以在港处置居延汉简等事。云:"去冬奉手教,当裁末牍,略达鄙忱。昨舍弟来函云,尊处迄未收到,想付沉浮,愈增驰仰。迩维起居多祐为祝。宝因居延木简在港影印,倏逾两载,结束无期,不得已来此催促。兼旬策励,已全部照竣,校改排比,十月间可印成。现香港已非安全之地,拟将原简移至昆明,与中央研究院殷墟遗物同置一处。惟滇越路甚不易通行耳。前数日晤张菊翁,谈及先生藏书设馆庋藏,公之于世,嘉惠之麻将与名山比峻,较之赠与学校或图书馆者,尤为妥慎,钦佩无似!小儿椎鲁不足任使,乃蒙破格录用,似叩非

---

① 原函仅署"六月四日",无年份,因提及"前数日晤张菊翁"。考张元济 1940 年 5 月 18 日赴香港,6 月 1 日启程返沪。故考订于本年。——编著者

分。犹忆卅五年前,宝在晋校毕业,承招致赴辽,令试办学堂。今小儿复荷裁成,两世因缘,决非偶然。袭恩怀德,永热瓣香矣。"(原件,《尺素选存》)

6 月 7 日　签署浙兴总办通函。通告按照会计研究委员会规程第二条,选任沈棉庭、朱益能、张愚诚、向锡璜、华汝洁、吴承禧、金伯铭、韩志涛等为该委员会委员;沈棉庭为主席委员。(副本,上档 Q268-1-130)

同日　签署浙兴总经理室通告,规定本行例假为:6 月 10 日夏假,8 月 27 日孔子圣诞日,9 月 16 日秋假,10 月 10 日国庆,11 月 12 日总理诞辰纪念日,各放假一天。(副本。上档 Q268-1-150)

6 月 8 日　送合众图书馆书《桐乳斋诗集》等。(《顾廷龙日记》)

6 月 9 日　《兴业邮乘》第 100 期出版"百期回顾"专刊,发表先生《邮乘第一百号题辞》。(原刊)

6 月 11 日　马叙伦致先生函,商借书校核用。云:"弟已考定西林残稿,实系理董索书,而非前编刻。亟欲得龚孝拱稿一核跋文,即可脱稿。未审已为高假于欣木否?"(原件,《尺素选存》)

6 月 16 日　检宣统三年四、五月间任大清银行正监督期间赴东北与总行往来函电,装订成册,题名《罪言之一鳞——揆初自署》,并撰《题记》云:

宣统三年春,奉旨署理大清银行正监督。适赵尚书重督东陲,业已垂调,并派为东三省屯垦局总办,乃陈明度支部堂宪暂缓到监督任,先随节出关。度支部即委查东三省币制,并派至吉林密查官银号火灾案。此册为在奉天时关于大清银行来往电信之纪录。由今观之,俨同痴人说梦。惟生平公牍文字,概未私留稿件,此册尚存箧绿中,可作一刹那之纪念品。原禀一件,原劄一件附存。

庚辰重阳后六日揆初记
(《罪言之一鳞》稿本,上海图书馆藏)

6 月 26 日　顾廷龙来访,王大隆在座。(《顾廷龙日记》)

6 月　为《阳羡风土记补辑》题识。云:"赐稿与付刊后又加修正,故收之。庚辰五月景葵记。"(手迹,原书,上海图书馆藏)

《阳羡风土记补辑》不分卷,民国江阴金武祥(溎生)撰,稿本,一册。(《叶目》)

6 月　撰《光绪杭州府志稿》跋,强调从原稿及各校、修本"可以知历次修改之原委"。云:"光绪《杭州府志稿》存《艺文志》七册,前志原委一册,钱唐丁氏原本,黄岩王棻辑,仁和罗椠,钱唐张预、吴庆坻,先后校定本。""光绪季年以此底本校刊于长沙时,子修师尚任湖南学政,其子绚斋士鉴任校勘之役。入民国,陆勉侪懋勋纂修《府志》,又就底本增删,忝用吴祁甫年丈承志校本。子修师续任总纂,又据陆本审定付刊,即光绪《杭州府志》本也。吴校本、陆修本,先后收得。今又得此原本,可以知历次修改之原委。庚辰五月记。”“丁氏原修共一百十八册,今得八十至八十六共七册,又卷尾一册。”(《书跋》,第50页)

《光绪杭州府志稿》残八卷,存卷八十至八十六并卷尾,(清)丁丙修,(清)王棻(子庄)辑,稿本,存八册。(《叶目》)

6月 《图书季刊》新二卷第二期刊有《上海合众图书馆之创设》消息,云:“军兴以来,江南藏书,大遭浩劫。沪滨仅获保其万一,良可痛惜,张菊生先生等有感于斯,乃邀集士林同好,作合众图书馆之组织。征集文献,广收典籍,现已着手筹备,计划编藏,颇得各方之赞助,入藏中有清代名人秘稿甚多,如顾祖禹、张惠言、严可均等著述稿本,皆可订正通行本者。其他精椠之本,亦不少,嘉惠学者匪浅。该馆尚拟校刊前贤未刊之稿,以广流传。馆址在上海辣斐德路六百四十号云。”(转引自沈津编著《顾廷龙年谱》,第126页)

7月10日 致顾廷龙短笺。云:“孔繁义、孙耀卿送来书若干种,乞审查可留与否。示复。”(《尺牍》)

7月14日 上午,在先生寓所举行浙江公益会筹备会会议。到会者蒋抑卮、徐寄庼、胡藻青、汤拙存、刘承幹、陈汉第、张元济、张笃生、林行规、陈元和等11人。先生报告浙路清算处自甲寅(1914年)四、五月间成立以来,现期满撤销,改为浙江公益会,尽遵照铁道部批复。报告毕,推陈汉第为主席,决定以今日为浙省公益会筹备会,准备起草文牍。(刘承幹《求恕斋日记》稿本)

7月17日 交朱子毅便条送顾廷龙,为顾加薪。顾遂来访。(《顾廷龙日记》)

7月29日 送书至合众图书馆,内有孙德谦(隘庵)稿本数种。(同上引书)

7月30日 送《续古逸丛书》《四部丛刊》至合众。(同上引书)

7月 主持制定《浙江兴业银行代理买卖债券股票章程》。(印本,上档Q268-1-623)

7月 为章梫撰《明史义例汇编》题识。云:“此书孱入四益宦群稿中。前有王旭庄年丈仁东致一山札。似系章一山同年梫之著作。虽未成书,采辑甚富,治《明史》者不可不读。庚辰夏景葵志。”(手迹)

《明史义例汇编》七卷,《补遗》一卷,民国章梫撰,稿本,附王仁东致章梫函。(原书,上海图书馆藏)

7月 撰《八琼室文稿》题识,由陆氏手稿引出一节陆增祥与祖父交谊往事。云:“先大父与钱伊臣先生(溯耆)同研金石,约为兄弟。星农先生与钱至戚,时以新得拓本赠先大父,赏析同异,函札甚夥。此稿均系手书,似未刊行。庚辰夏,自扬州来,景葵记。”(《书跋》,第150页)

《八琼室文稿》不分卷,(清)太仓陆增祥(星农)撰,手稿本,四册。(《叶目》)

8月1日　潘景郑至合众图书馆工作。(《顾廷龙日记》)

8月3日　致顾廷龙便笺,送书。云:"中国书店送来南通钱氏所著《周史》及《续后汉书》稿本(稍有缺卷),却未刻过,但内容有价值否不可知。请兄与景郑兄审查一过有无留之价值。(索价五百元,请估一价。)该书系郭石奇购来,迟数日复之不妨。"(《尺牍》)

同日　张元济致先生函,商浙江公益会成立章程修改事。云:"盛暑惟起居安吉为颂。浙省公益会之组织由清理委员会主任及监察人依据股东会议决案而来,于法理上自甚顺适。惟从前曾有上铁道部一呈,兼接部批,若完全撤去,设异日部中万一检出原案,转出周折。现时拟具成立章程,可否插入数语,大意谓清理已届满期,前奉部批云云。因现在渝沪暌隔,先行依照股东会议决案,由清理委员会推举各该捐款人所属地方代表,先行成立本会接管等语,一面再由我兄根据原批以私情与部中接洽,说明缘由,请其承认,则一了百了,以后亦不致别有胶葛。未知卓见以为可行否? 便中乞与陈、林两公一商。管蠡所及,谨以上陈,伏候裁酌。"(《张元济全集》,第1卷,第315页)

8月初　为《汉书正讹》题写书名曰:"王惺斋《汉书正讹》。"又题识云:"此尚珏抄录,而惺斋先生又再三修正,要为精心结撰而成。父子字体相近,非细心读之,不易辨别。庚辰夏末朱贾自嘉兴贩来,谓出于衍石先生家,首尾完善,惟改正处多粘签,易脱落,尚须详细整理,俾无传讹。治《汉书》者,不能不读也。叶景葵敬识。"(手迹)

《汉书正讹》一卷,(清)王元启撰,稿本,一册。(原书,上海图书馆藏)

8月4日　顾廷龙来访,归还去年诵诗丧事时先生承惠之款。先生坚以相赠,顾不肯收,"惟感激受之耳"。(《顾廷龙日记》)

8月9日　致顾廷龙短笺。云:"《小学盦遗稿》二册望与敝藏本一校异同,径还中国书店。"(《尺牍》)

同日　顾廷龙受先生委托,致函在成都之顾颉刚,请其照料堂侄女叶纕。(《顾廷龙日记》)

8月17日　致顾廷龙短笺,送《吴氏一家言》原本及钞本,嘱顾校字。该书系吴庆坻辑,由先生从吴氏后人借得抄录。(《尺牍》)

8月18日　顾廷龙来访,携《说文声读考》等请先生审定。(《顾廷龙日记》)

8月26日　致顾廷龙短笺二通。一云:"叔通先生以其叔鄂士先生手校书三种赠与本馆,望作谢函。《抱朴子》,慎懋官本,以平津本校。《意林》,谭复堂依周勤圃本校,较刘氏刻本为完备。《世说新语》,鄂士先生校读本(鄂士先生补校)。"二云:"送上来书一包,附去《丰华堂书目》一册,内有《泽雅堂文集》《东城讲舍课艺》两种,乞检借一阅。吴善总不知其人,内有廖井研遗墨,可留也。敝处甚安谧,勿念。"(《尺牍》)

8月28日 致顾廷龙短笺,送书。云:"送上董会卿书两种,又《聚学轩丛书》一包,乞查收。《汉魏丛书》乞检交一阅。"(同上引书)

8月29日 致顾廷龙短笺,送书,云:"乔贾送来两书,乞鉴定有无价值,《羽琤逸事》似见过。示复。"(同上引书)

8月30日 电话通知顾廷龙,谓沈曾植藏书目录已见,钞校明本甚多,在邓氏群碧楼之上。顾"为之神往"。次日,顾来访,取沈氏《海日楼书目》,"携归传录"。(《顾廷龙日记》)

8月31日 至浙江兴业银行参加浙江公益会筹备会议。到者同7月14日第一次会议11人。陈仲恕为主席,讨论章程,公推叶景葵、徐寄顾为执行委员,张笃生为保管委员,余则为董事。(刘承幹《求恕斋日记》稿本)

9月初 撰《癸巳存稿遗篇》题识,为此书正名。云:"假潘博山所收群碧楼藏本钞录,此为石洲刻《存稿》时删去之篇。应从胡甘伯《题辞》,正其名曰《癸巳存稿遗篇》。原题《癸巳剩稿》误也。庚辰七月初,景葵记。"(《书跋》,第81页)

《癸巳存稿遗篇》一卷,(清)黟县俞正燮(理初)撰,民国二十九年武林叶氏据群碧楼藏张穆钞本钞,一册。(《叶目》)

9月3日 顾廷龙来访,还《海日楼书目》。午后,先生送祁宿藻行状、祁隽藻手稿卷、沈振麟绘《怀棣图》(祁隽藻像)一卷,又《梁燕孙年谱》二册。(《顾廷龙日记》,《尺牍》)

9月10日 送《毛诗通义》等至合众。(《顾廷龙日记》)

同日 下午,上海第一特区地方法院组织合议庭,判决浙江兴业银行状告美光染织厂欠款逾期一案,原告方部分胜诉。一、"被告等应连带清偿原告汇回国币三万〇七百四十八元二角四分,及自民国二十九年一月十九日起至执行终结日止按月八厘之利息。"二、"确认原告对于被告美光染织厂全部机器生财存货就上项欠款本息范围内有质权。"原告其余之诉驳回。(1940年9月11日《新闻报》)

9月14日 致顾廷龙短笺。云:"字一幅,请送姚石子先生。《蔡中郎文集举正》抄本一册(附原本,校后交还),《金石萃编补跋》抄本七册(附原本,校后交还)。"(《尺牍》)

9月17日 顾廷龙来访,商陈鳣批本《恒言录》书价。又商新馆图样。新馆图样为先生亲自所拟。(《顾廷龙日记》)

9月22日 朱忆劬赠以《朱子圣学考略》与《礼记训纂》家刊本。先生遂于《礼记训纂》题识云："忆劬既以《朱子圣学考略》见赠，余告以阅毕即送合众图书馆收藏，乃又检《礼记训纂》家刊本见赠。阅后跋，知系咸丰原版，至光绪又重修者。然坊间已不多觏。忆劬告余版存宝应，损否不可知。此重修本，在南京施工，梦华先生亲自校订，故讹字甚鲜。忆劬尊人曼伯中丞寿铺在世时，曾允检赠一部，未果。忆劬克成先志，可感也。庚辰中秋后七日，景葵记。"（《书跋》，第 9 页）

9 月　顾廷龙撰《卷盦藏书记略》，介绍先生藏书数种，有《演易》不分卷（清钱大昕撰，手稿本）、《论语孔注证伪》二卷（清丁晏撰，手稿本）、《尔雅汉学证义》二卷（清陶方琦撰，姚振宗写本，陶濬宣、孙同康签校）、《金石录》三十卷（宋赵明诚撰，顺治庚寅阳丘谢世箕刻本）、《慈云楼藏书志》不分卷（清李筠嘉辑，周中孚校稿本）、《家语》十卷（魏王肃注，明陆治手钞本）、《法书释辩》十二卷（清魏维新撰，手稿本）、《列子冲虚至德真经释文》二卷（唐殷敬顺撰，宋陈景元补遗，顾广圻校钞本）、《王黄州小畜集》三十卷（宋王禹偁撰，清乾隆庚辰赵熟典刻本）、《东城老父斗鸡忏传奇》二卷《注谱》一卷（清孔广林撰，手稿本）、《璇玑锦杂剧》一卷《注谱》一卷（清孔广林撰，手稿本）、《女专诸杂剧》一卷《注谱》一卷（清孔广林撰，手稿本）。（《图书季刊》新 2 卷第 3 期）

10 月 12 日　为叶瀚手稿《块余生自纪》装订成册并撰题识二则。封面题识云："《块余生自纪》二卷　先叔浩吾公手稿　侄景葵手装。"内页题识云："此稿前已检出，备交杂志社附印。沪西战时，葵赴汉皋，为女仆捡置篋中，归来遍索不得，甚为悼惜。今夕检理故纸，忽然见之，喜出望外，急为装订，以待流传，可以编入家谱也。侄景葵重读一遍敬记。"（手迹，原书，上海图书馆藏）

10 月 13 日　顾廷龙来访。先生告知蒋抑卮病重，"伤寒甚危"，交顾《块余生自纪》一册、章钰《谐声谱序》原稿。（《顾廷龙日记》）

10 月 17 日　致顾廷龙电话，告以乔景熹寄到明刻本《南野集》三十卷（欧阳德撰）。"此书各家书目未见，惟《四库存目》载之，其罕见可知。"[1]（同上引书）

10 月 28 日　致顾廷龙电话，告以李拔可将以书若干种见赠合众，嘱往面洽。次日，顾访李，许以明刻本数种相赠。"渠称东方图书馆主持者不能负责办事，故不愿相赠。是对本馆之望甚厚。"（同上引书）

10 月 30 日　偕杨复、严鸥客至合众筹备处。杨阅书竟日。（同上引书）

10 月 31 日　顾廷龙来访，告杨氏丰华堂藏书提出一百七十余种，多浙江集部。此外"则糟粕无用矣"。同日，又送书若干种至合众，内有沈文起批前后《汉

---

[1]　此集先生后以 640 元购入。——编著者

书》。（同上引书）

10月 撰《述汉冶萍产生之历史》题记，重提往事，怀念故友李维格，揭示当年与李同辞汉冶萍经理之内幕，亦为己文某些疏忽自责。云：

> 宣统元年①汉冶萍股东会举景葵与李维格并为经理，又举景葵与袁伯葵（思亮）、杨翼之（廷栋）并为代表，同到北京谒见项城，请借公款恢复停工之化铁炼钢炉。后借到元年八厘公债二百万元，向正金银行作押，才得开炉。此当时在京所印行也。庚辰九月记。

> 草此文时，盛杏翁游居日本，以文中推崇李氏太过，意不为然。次年回上海，乃与杨杏城、王子展、李伯行诸公筹画重整旗鼓。于三年春重开股东会，攻击李氏，余与李同时辞职，盛、王、李均入为董事。盛本大股东，其余股东方面奔走拉拢者陶兰泉。兰泉引为臂助者傅筱庵。傅与盛发生关系，始于此时。盛在宣统季年，其私产垫入汉冶萍者，不下四五百万两，余文中一字未及，不能辞疏忽之责也。庚辰九月自记。

> 元年之股东会以反对日债为号召，当选之董事长为赵竹君，赵亦不甚以李氏为然。李氏以矿石生铁销路只有日本，日本本购印度生铁，今我以大部分之生铁售与日本，得其资为炼钢之用，以后钢轨不必仰给于西洋，故以举日债为两利。王子展、李伯行与盛氏私交甚笃，谓汉厂断无利可获，盛氏以上等房地产押借款项，填汉冶萍无底之壑，老翁独不为子孙计乎？盛氏闻其言而颐之。余上书盛氏，谓宜以千秋事业为重，不但垫款不宜急抽，仍须积极进行，使公司周转灵活，未来之利胜于房产，其言如柄凿之不相入。三年之股东会，赵氏落选，所举皆盛氏之党。李氏辞职而为挂名之顾问，老病侵寻，赍志以殁，深可惜也！景葵又记。（《书跋》，第52—53页）

11月初 撰《愚斋存稿初刊》跋，记述与盛宣怀交往及此书来历。云："宣统之季，余在造币厂监督任内，公适筹画币制借款，召余商榷。函电属草，每于病榻亲自为之。精细为群僚之冠。革命事起，资政院纷纷弹劾，得罪而去。一生爱好，付诸东流，而国事亦不可为矣。此稿编存，皆吕幼舲先生所指授。电稿尤编次得法，惜函牍二稿，无力付刊。经此兵燹，不知有无阙失。此稿初印无几，向盛四公子乞一部，竟无以应，此系承办之家，私印六部之一，辗转以重价得之。披览时，辄以所忆附书于眉。陈仲恕丈（汉第）熟于清季掌故，假阅时亦属就所知笔之上方，藉资考覈。所言皆翔实不苟也。庚辰秋末，景葵志。"（同上引书，第161页）

———————————

① "宣统元年"，误。当为民国元年。——编著者

《盛尚书愚斋存稿初刊》一百卷,盛宣怀撰,民国排印本,五十二册。(《叶目》)

11月2日　王大隆来访,称胡玉缙书为董金榜购得,来青阁亦收得有其藏印之书。(《顾廷龙日记》)

11月4日　顾廷龙来访,告以北平章钰"霜根纪念室"被迫再迁陋屋消息。(同上引书)

11月8日　致顾廷龙函,谈购书。云:"《十二山人集》奉缴,不第详于安氏世系,且有关锡邑文献(志传墓表均佳),可以留购。杨寿祺近颇老辣,书价请景郑兄与之磋磨。此等书无标准价也(能八折便好)。送上罗纹《廿四史》预约券一纸,即留馆中,并请与商务定书柜一对,所收是否即符(只须查对未印者是否六种)。据拔可言,商务必践约印完,因所销止两部,其一部系商务送陈弢老,出钱者只鰯生一人而已。外书四包,预约券乙纸。"(《尺牍》)

同日　撰《秋螢吟馆诗钞》跋,记叙金仍珠生平、二人交往及友谊。云:

亚匏先生生二子,长名遗,字是珠;次名还,字仍珠。仍珠与余交最密。光绪乙酉科举人,入河东运使幕,由佐贰保升知县,分山西补用,委办归化城教案,为晋抚岑春煊所赏,调充抚院文案。光绪壬寅秋,赵尚书由山西布政使护理巡抚,余就其聘为内书记,始与仍珠朝夕相见。癸卯,尚书调任湘抚,余与仍珠同案奏调,同充抚院文案:余司财政、商矿、教育;仍珠司吏治、刑律、军务、交涉。旋出署澧州知州,政声卓然。未半年,调回文案。桂事起,湘边喫紧,仍珠筹画防剿事宜,因应悉当。力保黄忠浩熟娴韬略,可以专任,尚书深韪其言。尚书奉召入都陛见,陆元鼎继任,仍珠仍留文案。陆过武昌时,张之洞痛诋黄忠浩与革党通,不可再予兵权,意欲以张彪代之。陆与仍珠疏,初颇疑金、黄句结,后黄军所向有功,仍珠善于料事,又长辞令,陆大信任之。时尚书已拜盛京将军之命,奏调仍珠赴奉。余本以文案总办兼财政局会办,仍珠至,以文案总办让之,仍令余会办,又令仍珠会办财政局。未几,又令会办农工商局。终尚书之任,仍珠未离文案。尤长于交涉案件,日俄战后,收回各项已失主权,皆其裹替之力。嗣因营口开埠,章程草案与直督幕府刘燕翼龃龉,大为袁世凯所恶。尚书内调,徐世昌继任,竟以财政案与余同时革职。实则仍珠仅会衔而不问事,乃同被其谤,冤矣!余二人既同去官,同回上海闲居,旋为端方招入两江幕府,又为锡良调至奉天,委办锦瑷铁路交涉,锡又委以奉天官银号会办。尚书二次出关,仍珠仍任文案总办,兼东三省官银号总办。武昌事起,清室动摇,尚书委署奉天度支司,辞不就任;且侦知奉省有潜谋革命者,张作霖势力渐张,力劝尚书归隐,尚书犹豫,同官亦设计阻挠,延至共和诏下,方得去位。然以袁世凯之雄猜,尚书之忠厚,竟能绝交不恶,从容入关,皆仍珠擘画之功也。入民国后,在京蒙古王公,组织蒙古实业公司,公举仍珠为协理,移家北京,入进步党为基金监。梁任公为财政总长,同党公举仍珠为次长,欲藉其深沈谙练之力,为任公补偏救弊,任公甚信赖之。民国十一年,中国银行股东会举为总裁,张嘉璈副之,仍珠能尽张之长而匡其短,维持之功颇大。十四年,在总裁任以积劳得中风疾辞职。由是右偏不仁,神思颠倒,如狂癫之症,逾年忽然清醒,自言如梦初觉,但仍偏废在床。十八年,卒于家,年仅七十三。仍珠少受业于冯蒿庵,为律赋甚工,未留稿。入政界后,长于公牍、章奏,周密而有断制,能弭患于未形,又深悉社会情伪,善为人谋,有疑难事,咸就商取决焉。余生平受益极多,仍珠亦引余为益友也。弱冠孤贫,笔耕不给,饥驱谋食,事畜增繁,操守甚谨严。虽屡近膏腴而积赀有限;病中以遗嘱付托,不过数万金,身后分给二子及诸孙,陆续耗用,未及一年,已艰窘不能支柱。读亚匏先生之诗,其命宫殆世世磨蝎也欤!是珠尤不善治生,沈于痼习,家居营口,为商人司笔札,潦倒终身,时仗仍珠周济。遗嘱内有分给是珠二子之学费,顷闻读书颇有成,差足喜也。仍珠殁,余方在南,事后凭棺一恸,怆感万端,有挽诗云:"平生益友惟君最,又到吞声死别时。病里笑谈仍隔阂,梦中魂气忽迷离。已无笔势铭贞曜,祇有琴心殉子期。一恸傥随冥契逝,神州残命况如丝。""卅年形影相追逐,君病而今四载强。平旦东方神已敝,浮云游子意何长。焚琴燕寝花无主,侍婢阿琴他适。啜茗公园树久荒。余至京,每日在公园老树下茗话。遗著未编遗嘱在,含悲郑重付诸郎。"庚辰十月初九日追记。

此书初刻成,仍珠以最精印本见赠,展诵数过,藏庋有年。庚辰十月,检书作记,距仍珠之死,已一星终矣。仍珠遗稿,百无一存,读者见余所记,可略悉其生平,盖非一人之私言也。景葵。(《书跋》,第156—158页)

《秋蟪吟馆诗钞》七卷,(清)上元金和(亚匏)撰,民国四年子还刊本,五册。(《叶目》)

11月9日 致顾廷龙函,送书。云:"有人送来一书,甚奇,既非《图书集成》,又非《图书编》,板口无书名,亦无页数。(《全礼图》第一册有'图书编'三字。殿板开化纸。)《天文历算》廿二册,《堪舆》十二册,《全礼》二册,共三十六册。乞与景郑审查是何书(总在康雍以后)。又《周史》一包,昨日所漏,顷已全送去。起潜兄。弟葵顿首,九日。陈永青拟乞尊著《陶文》,不知尚有存否?"(《尺牍》)

11月11日 撰《甄屑录》跋,深情回忆青年时代几位老师教导读书作文等往事。云:

光绪癸巳应顺天试,报罢,回汴梁。严君谓场作太劣,以后窗课,请松江陆干甫先生廷桢改削。此四篇,即当时改本也。先生谦抑自下,奖誉不去口,余亦未以根柢学问相请益。甲午别后，未得再见。但闻先生一权剧邑，浮沉僚底，不甚得意而已。读《四当斋集》，载有先生墓志铭，始知霜根老人交谊，叙述先生志行卓然，政声颇著；且于学问具有根柢，不仅以时艺见长，深悔当年交臂之失也。

甲午至济南续娶，外舅朱蜕庐先生谓余曰："汝有志诗古文词，宜执赟于丰润赵菁衫先生国华。"先生须眉岸异，乐道人善。以《青草堂文集》赐余，余以陆先生改本呈正，先生批答有褒词。入夏南归应试，先生题诗纨扇赠行，诗云："建鼓中原大势来，云帆南向广陵开。旧时江上千头杵，傍舍钱生衹霸才。"此扇业已失去。庚辰十月理箧得四篇原改本，以陆、赵两先生墨迹，不忍覆瓿，记而存之。是月十二日，景葵记。

（《书跋》，第 168—169）

《甌屑录》二卷，民国杭州叶景葵（揆初）撰，稿本，二册。（《叶目》）

11 月 12 日　致顾廷龙电话，商丰华堂书价。即日谈妥。后以七百元成交。（《顾廷龙日记》）

11 月 14 日　是日上午，先生携书一包外出，在寓所附近①突遭数名匪徒绑架，幸即脱险。当日上海《大美晚报》刊登《浙兴业银行行长被绑脱险》新闻云："今晨九时左右，浙江兴业银行行长叶揆初在白利南路卅七号被数绑匪众架上八一九号汽车绑去。经白利南路凯旋路时，适值日军因该处于一小时前发生盗匪枪杀'市警'案，在该处转施行特别戒严，各绑匪惊慌，乃将肉票自车上推下后，驾该车逸去。叶乃安然脱险。"（原报）②

同日　晚，顾廷龙读《大美晚报》，见先生遭绑消息，"殊深系念"。（《顾廷龙日记》）

11 月 15 日　顾廷龙与严鸥客通电话，知先生安好，旋赴浙江兴业银行。严告以当时情形，先生亦至，"欢然把晤，亦述大略。惟置车中两书，一吴骞校《南部新书》、一丰华堂藏钞本浙人集，又先生手录《丰华堂鬻存书目》亦夹在其中，损失不大，万幸也"。（同上引书）

---

① 当时先生仍居住于沪西白利南路（今长宁路）兆丰别墅 51 号。——编著者
② 据《项兰生自订年谱》（三），记先生此番遭险，与《大美晚报》记述详略稍异，录此备考。项云"十一月十四日上午九时前，叶揆初在兆丰别墅门口被匪绑架，时同坐车内者为严鸥客，绑匪将其逐下，即驾车而去。在车中以黑镜加棉花置揆初眼上，不知如何忽令下车步行，有时且有人负之而行。到一草棚内，命之坐，且称为洋房。不久忽又令速走，但已无鞋，引导人亦邈不知所往。遂自将眼镜除去，向前行，遇一农民，借得套鞋一双，行不多时，即至兆丰公园。时白利南路适有盗案发生，日宪兵正在搜查，故能于半小时后中途遁回，亦云幸矣。"（《上海档案史料研究》第 11 辑，第 276 页）——编著者

11月18日 浙江兴业银行创办人之一、常务董事蒋抑卮病逝,享年66岁。遗命不发丧,不开吊。弥留之际,殷殷数嘱来探望的先生为其作家传。又遗命捐赠合众图书馆基金五万元,并捐资在家乡蒋家坳办小学一所、医院一所,为乡人谋福利。(叶景葵《在蒋抑卮先生追悼会上演辞》,《兴业邮乘》,第108期)

同日 暂时移居浙兴。顾廷龙来访,告选定《海日楼书目》内一百八十三种,请先生复核。先生告知蒋抑卮于当日晨七时病逝。(《顾廷龙日记》)

11月20日 浙兴设小型灵堂,吊唁蒋抑卮。先生撰《挽蒋抑卮鸿林》联:

以卓绝之识,兼博览之学,成亿中之才,并辔卅二年,同心若金,攻错若石;

养亲瘁其志,齐家劳其神,治生伤其脑,临床千百变,存兮憔悴,殁兮悲凉。

(《杂著》,第411页)

同日往吊者有陈汉第、陈叔通、李拔可及顾廷龙等。(《顾廷龙日记》)

11月21日 致顾廷龙短笺,送书。云:"送还《王荆公文集注》稿一册,乞转交。又章彦威信乙件,可由兄复一信,谓弟意极欢迎寄存,倘渠处决定,即将馆提前建造。中国书店郭石奇又来请求,弟已拒绝。沈书谅不能成,否则亦为他家分割耳。杨书款尚未付,此书拟归馆买,但馆中购书款现不知有余否?如合下月五百元凑足之,敷用否?乞示。"(《尺牍》)

11月22日 致顾廷龙便签,送《燃藜室记注》三十册等书。(同上引书)

11月25日 顾廷龙来访。先生告以合众馆舍图样已定,送工部局审核。(《顾廷龙日记》)

11月26日 陈清华自香港致先生函,慰问出险并述近况。云:"久疏音问,正切遐思。传闻出入之际,偶为人垂幸,能化险为夷,足征天相吉人下怀,窃所幸(欣)慰。前见报载商务馆广告,有景印《梅宛陵集》出版。此书清华藏有宋本,未知涵芬楼所印是否相同,或照相在敝藏以前,至今制版初就。如晤菊老,必得其详。倘蒙赐笺,幸一开示。清华蛰伏九龙,间无一事,既已摆落俗务,亦难重拾雅缘,亟思赴沪一行,藉亲謦欬。而以局势未宁,故一时行止尚难自决。临风怀想,不尽欲言。"(原件,《尺素选存》)

11月27日 致顾廷龙短笺,送书。云:"王惺斋《汉书正讹》一册,《通俗字语编音摘抄》一册,《经济特科同征录》一册,《甲午辛丑中俄交涉文电评注》九册,共一包。送合众图书馆顾先生收。"(《尺牍》)

11月29日 致顾廷龙短笺,送还冒广生借阅王校《淮南子》四册。(同上引书)

11月 增补《曾王父宣三公(叶庆暄)年谱》。原文稿为先生祖父叶尔安所撰未成之稿,先生据曾祖诗稿及叶氏家谱补录数则于书后。文云:

五十岁　己酉　七月二十四彝山书院监场。

五十一岁　庚戌　春分宛南。正月至桐柏。二月十四至卧龙岗。三月代权内乡。四月至邓州问案。六月代权□邱。

景葵按：诗稿作六月代权黄邱，未知是否兰邱？待考。又按，家谱载，曾署泌阳。应查泌阳县志之沿革名称再定。

五十二岁　辛亥　正月赴拓城任。

五十三岁　壬子　私约赴弋阳听差。七月代权光山。

五十四岁　癸丑　十月代权固始。

五十五岁　甲寅　五月赴遂平任。十月十八卸遂平事。十月赴鄢陵任。

景葵按：谱称补授鄢陵县知县，方升同知有部选用。

五十七岁　丙辰　报捐司马。

五十八岁　丁巳　五月调安徽颍州军营差委。闰五月二十四日酉时疾终。防次奉旨敕部议恤，追赠知府衔，赐祭葬银两。荫一子入监读书，期满以州判候铨。

景葵按：受荫者为叔祖讳尔宝，后亦病未出仕。

又于封面题识云：

曾王父宣三公年谱　曾孙景葵敬识

公讳庆暄，嘉庆庚申三月十一日申时生。著有《咏兰室文钞》一卷、《诗钞》一卷，未刊。此谱为先王父未成之稿，敬依诗稿、家谱，择其可考者补书于后。

民国庚辰十月　曾孙景葵敬题　（手迹，原书，上海图书馆藏）

《曾王父宣三公年谱》一卷，(清)仁和叶尔安(贞甫)撰，孙男景葵(揆初)补，手稿本，一册。(《叶目》)

11 月　整理祖父亲叶尔安遗稿。于《代言集》首册封面题识①。云："先王父贞甫公在河南抚幕中，代钱敏肃公所拟，应与奏案粘册一件、咨札稿二件。一并保存。孙景葵敬识。"(手迹，原书，上海图书馆藏)

《代言集》不分卷，奏稿代钱鼎铭，(清)叶尔安(贞甫)撰，手稿本，十五册。(《叶目》)

11 月　撰《藤香馆诗钞》跋。云："桑根山人于同治间为吾杭贤太守，与光绪间之林太守，后先辉映，均能扶掖后进，振兴文教。桑根辞官后，又来主崇文讲席，及门甚众。家刊五种，板毁印稀，求之不获。陈仲恕丈汉第检得旧藏，移赠合众图书

---

① 原题识未署日期，据此时先生为其先祖们整理遗稿推断。——编著者

馆,志在永久保存,其意可佩。仲恕尊人蓝洲先生为桑根翁门下士,师承有自,此亦楹书之一种也。庚辰十月,景葵记。"(《书跋》,第159页)

11月 撰《经济特科同征录》题记。云:"是年余入京殿试,寓叔岳夏厚庵先生敦复家。先生相待极厚,视同犹子,谆谆嘱付,谓特科非正途,万不可应试。余遵其教,故举而未试。先生之意,盖欲余木天翔步,不以请归本班为然。余以老亲在汴,官累甚重,急欲分任仔肩,万难再作清秘之梦,先生亦谅之。故余之不就特科试,即所以慰先生也。先生承荫分刑部主事,晋御史,生平以慈善为怀,办灾赈最出力,为吾杭老辈中之讲求志节者。家况清贫,处之怡然,喜读宋儒书,盖承家教也。庚辰十月,景葵记。"(同上引书,第30页)

11月 撰《傲徕山房所藏五朝墨迹》跋,记述赵小鲁师及其交往。云:"此册为意兴最佳时所影印,大半为其珍品。李北海《古诗卷》,则赵制军尔丰所藏;王文成《客座私祝》,则赵尚书尔巽原配李夫人奁中物也。胞兄弟共四人,长尔震,工部郎中;次尚书;次制军;傲徕山民最幼。景葵承山民奖掖备至,有知己之感,以师礼事之。此册为当时所惠赐,其家已无存者,底本亦纷纷易主矣! 庚辰十月,景葵记。"(《书跋》,第101页)

《傲徕山房所藏五朝墨迹》二十二种,民国铁岭赵尔萃(小鲁)辑,(清)宣统二年铁岭赵氏傲徕山房刊本,十四册。(《叶目》)

11月 重金购入稿本《恒言广证》,入藏合众图书馆。顾廷龙撰题跋,记其入藏经过以及此书版本价值。云:"平贾董金榜在杭金元达家收得《恒言录》陈仲鱼手校本求售。揆初丈斥重值购之,付馆珍藏。按各条皆有补证,楷书上于原本引书篇第及误讹之处,亦注改行间。卷末跋文一篇,则纸浸湿而敝,损蚀三之一。秉笔之意,从事之年,均不可详。因检羊复礼所刊《简庄钞续编》,有《恒言广证·叙》《校读》两文,构造虽异,大旨则同。是即《恒言广证》之原稿也。《叙》云疏记上下,积而成帙,盖剔有移录成书者,改定叙文,以冠诸首。迨光绪戊子羊刻文钞跋,有'《恒言广证》六卷,旧为吴氏竹初山房所藏,今亦存亡莫卜'之语。迄今又几更沧桑,益不可问矣! 展诵底本,书体清整,当非率意之稿。灵爽所寄,历劫不磨,亟重写正,以竣好事者为之刊传也。二十九年九月,顾廷龙记。"(手迹,原书,上海图书馆藏)

先生题跋云:"此书十五年前悬值二百元,欲以百二得之,不谐。曾见北平图书馆得一传录本,似未全录,疑即藏者所为。今董估以五百元出售,因其繁富切实,足与钱注并行,且为乡先哲未刊遗著,故不嫌其昂而收藏之,以公诸世间为快也。庚辰十月,景葵读。"(同上引书)

《恒言广证》四卷,(清)嘉定钱大昕纂,(清)海宁陈鳣广证,稿本,一册。(原书)

11 月　撰《赠项兰生》五律四首①，回顾与项兰生交往及项氏为人。云：

平生一知己，出处每相同。肝肺堪为友，须眉忽已翁。鹤年天不靳，龙性道多穷。况复经离乱，交期愈可风。

余任汉行经理，先生先为内司理。余任大清银行监督，聘先生为秘书长。余任汉冶萍公司经理，聘先生为会计所长。余当选本行董事长，聘先生为书记长。

义利犹泾渭，惟君志不纷。衡门清似水，黉舍从如云。治乱先几见，贤奸醉眼分。可怜雄杰意，骂坐几人闻。

先生任安定学堂监督十年。

一载长安市，清名动九流。未投祢衡刺，终御宴婴裘。余子腾如沸，斯人倦即休。门生走天下，不用亦奇谋。

民国二年，汤叡为中国银行总裁，先生为副总裁。时大总统袁世凯、内阁总理熊希龄，皆重先生清望，卒未往谒。

畴人衍绪长，祖武未颓唐。老骥能千里，家驹各一方。嗟余青鬓改，仗尔白眉良。颇幸余生在，从君话故乡。

先生为项梅侣先生裔孙。梅侣精算学。作诗时余方自匪窟逃归，故有余生幸在之感。

（《杂著》，第 377—378 页）

12 月 2 日　合众图书馆馆舍招建开标，今日签字。约翌年 6 月毕工，预计年底可以迁入。（《顾廷龙日记》）

12 月 3 日　致顾廷龙短笺，送书一包及馆舍新屋外图。（《尺牍》）顾随即将馆舍外图悬壁上。（《顾廷龙日记》）

12 月 4 日　顾廷龙来访，阅新馆舍详图。（同上引书）

12 月 6 日　致顾廷龙电话，告孔繁仪收得曹君直书，内有《增广钟鼎篆韵谱》抄本，许印林校；又《元秘史》，李文田批。（同上引书）

同日　致顾廷龙短笺，送书。云："送上书二种，乔景熹信一封。《诗故考异》有无刻本？乞查示。另潘书一种，望与景郑一阅，需收回否？"（《尺牍》）

12 月 14 日　致顾廷龙电话，告《白氏文集》（兰雪堂活字印本）、《渭南集》（弘治刻本）等，皆中国书店自沈曾植家取来。闻大宗为当地所扣，不能出境。（《顾廷龙日记》）

12 月 16 日　签署浙兴总经理室通告，任命项叔翔为浙江兴业银行总经理。云："奉总办事处函开：'一、董事长兼任总经理职，准于廿九年年底终止兼职；二、项

---

① 原诗发表于《兴业邮乘》复第 54 期，注云"辛巳"，似误。据第四首诗注"作诗时余方自匪窟逃归"，诗当撰于 1940 年 11 月。——编著者

叔翔君升任本行总经理。定卅年一月一日接任'等因。特此通告。"(副本,上档Q268-1-150)

同日 顾廷龙来访,阅看沈曾植海日楼藏书十数种。(《顾廷龙日记》)

12月17日 致顾廷龙电话,告知蒋抑卮藏书其后人商定重复者须留下,如送馆,作寄存。嘱开已送书目。顾"以蒋氏后人不知书,恐以书名相同即以为重复。即函撰丈,嘱与蒋氏言明,凡板本不同,或印工先后,纸张优劣,皆不能以为重本。并言愿往相助选理云。"(同上引书)

12月18日 致徐士浩律师函,致送律师费。云:"兹送上敝行诉追美光染织厂欠款及迫还拨款单一案,台端代理诉讼公费国币四千元正,谨希恳收。"(函稿,上档Q268-1-427)

12月19日 签署浙兴总办通函,再次修订增发本行员生临时生活津贴。云:"查现因物价继续高涨,原有生活津贴仍感不敷。为安定员生生活起见,业经人事研究会议决,并陈奉总办事处核准,将原有生活临时津贴数目表重新改订。所有沪、汉、津、平各行、处、仓暨墅仓员生临时生活津贴,改按新表内生活指标240%栏支给。渝、昆两行因地处战区,情形特殊,改按生活指标300%栏支给。练习生一律改给生活津贴三十元,行役工改给廿一元。均自三十年一月份起施行。①"(函稿,上档Q268-1-130)

12月中下旬 撰《蒋君抑卮家传》,记述蒋氏生平,参与创办浙江兴业银行与长期担任办事董事期间为本行、为社会所做出之杰出贡献。文曰:

> 君讳鸿林,谱名玉林,字一枝,又字抑卮。先世自诸暨分支迁蒋家坳;再分支迁赏坊。高祖殿选公迁杭州积善坊巷,设酒肆。曾祖瑞麟公,祖德山公,世其业。父海筹公,渡江避洪杨兵事,事定,襆被回杭,为缫丝业与织绸业作媒介,勤俭居积,遂设肆营业于积善坊巷,即世所称蒋广昌绸庄者也。配杨氏,生子锦洲;继配余氏,生君。海筹公夙兴夜寐,处理业务;锦洲副之,奔走于外埠,南达闽广,北及辽沈,信用蔚起,营业繁盛。锦洲无暇读书,乃令君出就名师习举子业。君以商籍应童子试,补钱塘县学生员;又以公报效赈捐,得奖分补郎中,签分民政部。君厌弃帖括,性又不喜为官,乃锐意学问,喜读深奥繁杂之古籍及清儒声音训诂书,从章君太炎,服膺所著书曰《文始》,于文字孳乳与后世音读之演变,能举其大凡。光绪甲辰、乙巳间,游学日本,交游寖广,遇资斧不

---

① 1941年4月,浙兴第8号通函又将津贴增加,240%栏调整至320%栏,300%调整至400%栏。1941年12月,浙兴总办通函再次将员生津贴增加,从400%栏调整至480%栏。可见当时社会物价之高涨程度。——编著者

继者,喜伙助之,尤与周君树人投契。惜因耳病未克竟学。愤国势之陵夷,研究彼国资本主义之所以勃发,知金融与实业关系至密。会江浙铁路拒款事起,即回国佐汤蛰仙先生创立浙江商办铁路公司,招股将近千万,以为非办理银行不足以资周转,乃与同里绅富创立浙江兴业银行,由铁路公司认资本之半为公股,余招商股。群情疑沮,君乃首创垫款之议,遂于光绪三十二年成立,设总行于杭州,次年设分行于上海、汉口,当选为董事。至宣统之季,杭沪铁路已通,用款日繁,银行又享有发行权。革命猝发,总分行支应存款与兑现,骤感竭蹶,几濒于危,赖君百方救援,出私财以济急,风潮始平。入民国后,君以为现行制度散漫无纪,谋革新之。其时正拟收回铁路公股,完全商办,乃草定章程,迁总行于上海,改为总办事处制,行之十余年,后虽逐渐蜕变,而大纲莫能越其范围。洪宪之役,政府限令中、交停兑,举国震骇,百业停滞,中国银行当局博征众议,君为代谋复兴之策,切中窍要。民国初,浙江地方实业银行官商股争议分析,君亦设计调停,识者称之。君之智略过人如此。君性孝友,海筹公居家约而治事严,君能计画裨益之,有不当老人之意者,必委曲将顺,无敢拂逆。父没,奉余太夫人就养,有所需,必敬诺无违命。锦洲早逝,君抚其子若孙,与己之所出,合塾以教,就傅时遣入各学校,并于家分别延师补课,不稍惜费。凡毕业者,择尤资遣游学,使各就专门深造。君善读书,亦喜聚书,所藏约五万册,遗命捐赠合众图书馆,并捐助基金五万元。海筹公本有在蒋家坳独办小学之意,君遗命遵行之;并命于赏祊办医院,除海筹公预定基金外,再捐助小学校基金五万元。君之克敦内行,而孜孜教育文化事业,至死不倦,为晚近所难能也。民国廿九年秋,忽染伤寒症甚危,治稍愈,又患肠穿症,成腹膜炎,施手术无效,延至十一月十八日,即庚辰年十月十九日逝世。君生于光绪元年五月十四日,享年六十六岁。元配孔氏,生子三:世俊、世逊、世适;女一:童祁。侧室潘氏无出。次华氏生子二:世显、世承;女五:思壹、思徽、思贞、思善、思安。次戴氏无出。孙男女共十九人。光绪三十三年,余与君相识于汉口,次年浙江兴业银行聘余为汉行经理,又一年当选为董事[①],由是一室共事,晨夕商榷者至今三十余年。先后开拓分支行,岁时巡察,往往舟车共载,遇有疑难之事,反复研求。君心思锐敏而又精于钩稽,颇能补余之短;即有异同争辩,彼此不敢苟阿,而其终必归于一是,互相推服。近年君多病,始患胃溃疡,后因蹉跌伤外髀骨,呻楚经年,神态消瘦;今春以后稍强健,不料竟以伤寒症辞世。临危前数日,执余手

---

① 此处年份有误。先生首任浙兴董事乃是民国元年(1912年)。1940年12月29日《在蒋抑卮先生追悼会上演辞》纠正之。——编著者

以家传相托,唯唯不敢辞。余虽不文,而知君之深固莫余若,谨次平日所见闻,以质实之言,贡诸当世,藉备史官之采择,所以报故人之托,自信无溢美之辞焉。

愚弟叶景葵顿首拜撰①

(《蒋君抑卮家传》;《杂著》,第 284—286 页)

《蒋君抑卮家传》当即由浙江兴业银行印成小册子。先生为卷首蒋抑卮像题辞:"蒋抑卮先生遗像　叶景葵敬题"。(原书)

12 月 23 日　顾廷龙来访,送到曹君直批校医书,请先生审定。(《顾廷龙日记》)

12 月 26 日　致顾廷龙便笺,送书。云:"《慈湖遗书》传书堂有一部,由弟经手,售与涵芬楼,已烧却。当时马一浮先生曾影抄一部,谓从未见过,其罕见可知。索价六百,能否打七折,拟还以四百元再慢慢磋磨。书价既贵,只好拣而又拣,买得少了。大观堂康熙刻本虽少见,但三百元实无法还价(百元或百廿元则可留),此种书或尚可遇之。除《慈湖》一册外,余均送还。演说稿极妥。刘刻《史》《汉》《三国》,弟均无之,抑卮记得有的,但多要一部亦不妨,可索取之。"(《尺牍》)

12 月 29 日　下午,浙兴同人二百余人举行蒋抑卮先生追悼会。先生与项叔翔、顾廷龙相继演辞,家属代表蒋俊吾致答辞。先生《在蒋抑卮先生追悼会上演辞》全文如下:

今日追悼本行创办人、历任常务董事蒋抑卮先生。因先生遗命不发赴,不开吊,故未敢通知各界,仅限于本行同人行简单之追悼仪式,而不期而会者已有来宾数人,此等同情心值得纪念。

抑卮先生之事迹,俱见景葵所作先生家传。景葵不文,原不克当作传之任,而先生弥留时殷殷敦嘱,复以景葵与先生交谊之深,相处之久,见闻较详,乃勉为之。惟以事起仓猝,未及查阅案卷,凭记忆为之,挂漏恐所不免。如该传第三页末:"光绪三十三年,余与君相识于汉口,次年,浙江兴业银行聘余为汉行总理,又一年,当选为董事"云云。兹查景葵之当选为本行董事,实非宣统元年,而为民国元年。诸如此类,统待改正,方可作为定本。

光绪三十三年,景葵识抑卮先生于汉口,时先生之伟大事业,已肇其端。其一,为光绪三十年成立之浙江商办铁路公司;其一,即光绪三十二年成立于杭州之浙江兴业银行。兹再就家传所不及,而荦荦著称者,略述于后。

---

① 《杂著》收录此文时,署名被删。——编著者

　　浙江商办铁路公司之发起建立,由于中英银公司之揽造沪杭甬铁路。是时江浙人士群起反对,浙人推汤蛰仙先生为首领,筹集股款,一呼而集者三百万元。即推汤先生为总理,又推素有信用之资本家刘澂如先生为协理,股本由三百万元增至五百万元。至光绪三十二年,复增至七百万元,均存放钱庄。初按拆息计算,后改二厘,钱庄以数额过钜,并二厘亦不胜负担,于是有不应计息之要求。游学日本之浙江人士,咸以为既有铁路,应有银行以便周转。景葵当时接阅留日学生之意见书,内即有蒋鸿林三字。银行既决筹设,经铁路董事会决议,其股本之半五十万元,由铁路公司认拨,其余半数招认商股,定是年重九日开幕。先于八月下旬再开铁路董事会议,内有某董事系钱业泰斗,提议所有商股五十万元应先行认足,方得拨款。一时群相惊愕,以为难决。而抑卮先生独以为,对外信用,关系至钜,遂发起联合资本家数人先行垫付,预缴四分之一,事乃得济。缘当时银行事业尚不为人知。设非先生创议垫款,各同志末由集腋,本行无以奠最初之基石也。

　　光绪三十二年总行成立于杭州,次年分设上海,又议设汉口分行。抑卮先生联合资本家亲赴汉口,除擘划汉口分行外,复拟收办汉阳铁厂(当时固尚未有汉冶萍三字)。时该厂非官非商,内容至为龌龊。抑卮先生一面审核该厂账目,一面与厂方磋商,虽终以条件不合而未实现,而先生之企业雄心于兹可见。

　　光绪三十三年,汉口分行开业。翌年,胡藻青先生推举景葵为汉行经理。景葵既与本行发生关系,乃得与抑卮先生交换知识,受益宏多。宣统三年春,景葵奉度支部令署理造币厂监督;是年夏,调任大清银行监督。以官商不克兼顾,乃辞汉行经理之职,总行改聘盛竹书先生继任。

　　是年秋武昌起义,本行受第一次之钜大打击,赖抑卮先生不避艰险,倾囊相济,始渡难关。其事迹详见第十三号《邮乘》所载抑卮先生之口述《辛亥革命本行应变之概略》。缘当时革命爆发,人心惶急,挤兑挤提,由汉而杭,由杭而沪,情势至为严重。九月初间某一日,早六钟,信成银行及某银行要求本行同时暂行休业,抑卮先生独以为不可。然是日库存仅三万余元,而前一日计兑出钞票八万余元,付出存款二万余元,预计继续维持,所短甚钜。即开董事会集议。或谓呼吁已穷,势难冒险,抑卮先生坚持万不可停。至九钟,捕房来询是否开业?如仍开业,捕房当派捕维持秩序,分批准许顾客入内,每批六人。抑卮先生毅然应可。是日提兑仅及二万余元。至下午又得接济。漫天风浪,最险之一日终得安度。苟非抑卮先生之毅力、热诚,则本行当无复有今日之盛况! 此可见先生责任心之一斑。而先生口述于《邮乘》者,固功不及己也。

　　民元之风潮,杭行因救济汉行而被波及,沪行因救济杭行而告竭蹶。虽赖各行同人融洽无间,而抑厄先生鉴于风潮之得以安息,纯赖人力之挽救,本行之组织制度究未完密,乃议迁总行于沪,改行总办事处制度。其章程由先生在韬光竟七日之功拟草就绪,故同人每戏称为"韬光宪法"。此项章程行之十余年后虽陆续修订,而大体迄本之为原则,且其他银行多有继起仿行者,足征抑厄先生之创造精神为不可及!

自总办事处成立,抑厄先生及景葵均当选为办事董事。先生精力甚佳,每日晨九时必至,饭后四时许始离行。平日虽不经握管治文,而于重要章程及合同、文件之校订,则一字不肯忽略。稽查账目,异常精覈,其不苟且之精神,实堪效法!兹再举一事例以为证。民国十六年,国民军北伐下武汉,颁现金集中令,商市震动。汉行经理史晋生先生辛苦支拄,体力不胜,乃萌辞意。总办事处遂推抑厄先生以办事董事兼理汉行。先生于十八年四月初赴汉视事。而于莅汉一百零六天内(四月十四起七月二日止),除每日公务号信之外,复亲笔致函景葵五十六通,详叙号信所不能包括之公务及进行业务之计画,或应守秘密之事件。七月初东返,九月初回汉,又于七十九日内(九月十九起十二月八日止)亲笔来函四十九通。十八年底东返请辞兼职,景葵以汉行事务尚待整顿,复请先生回汉。十九年三月初又到汉,于四十二天之中,又亲笔来函二十六通。统计在任一年,亲笔重要报告达一百三十一通之多!时总经理为徐君新六,先生亲笔致函数亦不少。处办事董事之地位,而恪守分行经理对于总行总经理之职责,其处事之缜密认真如此。

先生既辞汉行兼职,复返沪,以后即感多病,尤以眼病、肠胃病缠累不堪,以是不能镇日在行。而病愈必每晨到行,遇重要事件在家集会研究,孜孜不倦。

先生素喜读书。留日时既因病未竟所学,归而改致力于国学。其学自汉学入手,而精于小学。能读深奥古籍,人所茫然者,先生独能提要钩玄。某年注意桐城文派,其研究之法,先广收桐城派之专集,泛滥阅之,即能言其师承传授及派别门户之不同。其研究声音训诂及清代诸家经说,亦复如是。先生略通东文,不习西文,而于译本中之近代经济学说,无不周览,而能言其优劣异同。因先生之好读善读,故藏书甚富而有系统。忆民国二十四年夏,先生与王绥珊先生及景葵均避暑莫干山,论及藏书之归束问题。景葵以为办法有二:一则捐赠浙江省立图书馆,该馆管理尚善,当可不负委托;或则合办私家图书馆,王先生所藏最多,可即以"绥珊"名馆。抑厄先生谓,二法均可酌用,并提议图书馆应有相当基金,俾垂久远。抗战起后,王先生病殁,其后人旨趣不同,无从接洽,绥珊图书馆之议无形取消,而浙江省立图书馆亦已破坏。景葵有感于此,发愿创办合众图书馆。抑卮先生异常赞同,并整理所藏,以待捐赠。不幸今秋逝世,而遗命犹有捐助图书馆基金五万元之语。先生为人之恳挚为何如!先生遗命除捐资作图书馆基金外,并命在蒋家坳办一小学校,于赏衍建一医院。忆先生生前对乡间医院之主张,尝谓当不以房屋富丽、医士时髦为目的,略以巡回之办法,专治乡人最为普遍之病症。则育才既易,费用亦省,收效尤宏。先生计划之周详,识见之远大也可佩!

遗命办理小学等事宜,交由浙省公益会办理。浙省公益会者,其成立与经过,于抑卮先生亦有深切之关系。光绪三十年以后,浙江商办铁路公司初创,股份充足,人才蔚起,办事极有声誉。抑卮先生于第二届即当选为董事,洁己奉公,颇欲为实业树一模范。不料三十三年以后,股东意见发生罅隙,当时有大股东钳制小股东之浮言,于是提出以后股权不当以股数而当以人数为准之议,历次股东会喧争不已。宣统二年以后,各董事相继更易,股本因付息关系增至一千零五十六万余元。民国成立,政府拟收铁路为国有。各创办人及历任股东,咸主予以结束,奔走筹画最力者厥为抑卮先生,而反对国有者实繁有徒,苦心接洽,稍稍定议。民国三年六月四日晚,抑卮先生以奔走太劳,由人扶送来景葵寓处,议设浙路清算处事,并拟推景葵为清算处主任。景葵固辞,而先生坚嘱勉为担任,景葵不得已许之。次日开股东会,自晨十时至晚七时始告散会。抑卮先生报告时,以体力疲惫由侍者扶持出席。会中通过浙路与交通部所订之合约,并推定景葵为清算处主任。所有股款分十二期付清,其不来取者,自领到十二期后延期四年,再不来取,即拨充浙省公益基金。其议案系抑卮先生起草。自后一二三期付款,尚属顺利,四期以后,艰难停顿。至民国廿四年始领到第十二期。浙省公益会亦依原议,于末期付款延期四年后至去年七月六日成立。清算处移交公益会款,共一百三十九万余元。浙省公益会章程经前铁道部核准,景葵以清算处主任之资格而任当然董事。本行因经理基金关系,亦得推董事一人,即推抑卮先生任之。兹者遗命小学、医院各事,均交由浙省公益会办理。因此会与铁路及本行均有深切之关系,足见先生之企业精神始终一贯也。

先生今作古矣!此不仅为其家族之大不幸,抑亦本行及社会之大损失!今而后,吾人惟一继先生之遗志,努力于先生未竟之事业。尤盼本行同人,则效先生之治事治学精神,尽心行务;尤盼蒋氏子孙,恪遵遗命,为家族增光,为社会造福,则抑卮先生虽死而犹生也!　　(章树勋记录,《兴业邮乘》,第108 期)

顾廷龙应先生之约在会上演辞,回顾为蒋先生整理藏书之见闻,阐述蒋为文化与学术事业上所作出之贡献。云：

去年春天，叶揆初先生同几位朋友发起组织合众图书馆，蒋先生是赞助最出力的第一人。他很慷慨的约定将全部藏书捐到馆里，作一个坚实的基础。他的热心使我们值得佩服的。

廷龙曾帮过蒋先生整理藏书，有半个月的工夫，差不多天天见面。谈谈收书的宗旨，谈谈治学的途径，谈谈藏书的掌故，兴致很高。蒋先生对吾说："从前的风气，大家注重人文科学，所以家家要收藏些旧学书籍。今后的趋势，大家必然注重自然科学了，旧书应该归到图书馆，让社会上从事这种学问者利用。并且一人的收求是有限的，终是要靠着互相通假的，所以图书馆是藏书的归束。"这种见解，这种言论，多么远大，多么明通！

蒋先生的收书，一部分是得到苏州寓公汪柳门先生的旧藏，此外均随时随地积聚起来的。他的收书很有计划，既有了大宗书籍，四部图书应有尽有了，才把前人著述分作若干单位，从每个单位去收集补充。他说："吾曾想把前清康熙、乾隆两朝的词科诸人的著述，以及桐城文派的各家文集收罗完备，以此看他们为学的风气以及文章的演变。可惜这个工作尚未能完成。"这是有系统的读书人的藏书。

现在我们图书馆筹备了刚一年，正希望蒋先生帮着叶先生来促成这个文化事业，使得我们图书馆跟浙江兴业银行同样的一天一天发达起来。可是不幸得很，蒋先生忽然一病不起了，实为浙江兴业银行的损失，我们合众图书馆的损失，也是社会、国家的损失。我们悲悼之余，还希望诸位来宾和蒋氏家属与我们合作，尽力地去完成他一部分未竟之志，作为永久的纪念。（《兴业邮乘》，第108期）

蒋世承《我的父亲蒋抑卮》一文记述蒋氏藏书及其归宿，云："抑卮公同时又是个藏书家。他在上海范园宅后造了一幢藏书楼，取名凡将草堂(汉司马相如有《凡将篇》，为早期文字学著作，抑卮公爱攻小学，故名)，藏书15万卷以上，以购得苏州汪柳门万宜楼藏书为基础，陆续扩大经、史、子、集、丛书各部常见书，应有尽有。他曾经表示过收集这些书籍是为了研究前人'为学的风气以及文章的演变'。尤为难得的是他收藏了江南一些名门望族的族谱共526卷、451册，最早的有明成化和万历年间的抄本或刊本，弥足珍贵。抗日战争开始后，叶揆初、张元济、陈叔通共同发起组织合众图书馆，以防止各人手中的古籍流失于市，聘顾廷龙(后来曾任上海图书馆馆长之职)主持其事。抑卮公捐出明庶农业公司股票五万元作创办经费，并率先捐书97 593卷，计34 463册。叶揆初等均出藏书捐赠。对于赞助创办合众图书馆的宗旨，抑卮公曾对顾先生说过：'……旧书应该归到图书馆，让社会上从事这种学问者利用,一人的搜求是有限的,终是要靠着互相通假的。'1952 年 9 月,由诸子世俊、世逊、世适、世显、世承出面,又将自留的凡将草堂藏书 1 213 种,计 20 887 册,约 59 110 卷,全部捐赠给华东军政委员会文化部。至此,前后共捐古籍 15.67 万卷,计 5.5 万余册。这批图书后来全部并入上海图书馆。"(《浙江文史资料选辑》,第 46 辑)

12 月　整理并裱装《蒋抑卮先生手札》三大册。收录 1929 年 4 月至 1930 年 4 月期间,蒋为浙兴汉行公务致先生等公函 130 余通。①　先生于首册扉页题识云:"此为抑兄兼任汉口经理之专函,后阅一过,觉其心精力果,恪守行章,不可多得,今竟长逝,殊可痛悼。廿九年十二月,景葵识。"(手迹,原书,上海图书馆藏)

12 月　撰《赵君闳讣窆》题识。云:"赵惠甫先生之子君闳大令②,相识于端匋斋幕府中,晚年偏盲,群籍丧失。张氏父子《谐声谱》稿,承其让与,并订传布之约。幸不辱命,印行后,为音韵学专家所宝重。天放楼余籍,去年经京贾囊括而去。所存日记,亦已不全。颇拟传钞一副,不知能见允否也。庚辰十一月,景葵记。"(手迹,原书,上海图书馆藏)

《赵君闳讣窆》一卷,武进赵彦□撰,民国二十八年排印本,一册。(《叶目》)

12 月　得曹元忠(君直)笺经室原藏医书四种,撰《张仲景注解伤寒百证歌跋》。云:"庚辰仲冬,曹君直同年遗书散出,苏州存古斋送阅批校医书四种,一《铜人腧穴针灸图经》,一《易简方》,一《经效产宝》,一即此书。君直精于医理,校读甚精密。尤以《铜人图》及《伤寒百证歌》为枕中秘,舟车必携,盖于古人之言,三折肱矣。此真一生精神所寄,遂全购之。中医古籍因失传人,故无进步。惟唐宋以前医家名著,即在今日亦可悬之日月而不刊,惜知者鲜矣。君直医术已到深造地位,纯由读书得来,非涉猎粗浅者也。景葵读毕记。"(《书跋》,第 115—116 页)

《张仲景注解伤寒百证歌》五卷,(宋)真州许叔微(知可)撰,(清)咸丰二年藏修书屋刊本,一册,民国曹元忠校。(《叶目》)

12 月　撰《传经表补正》跋,追忆汪大燮兄弟等同乡学人。云:"此汪伯唐先生之胞弟,原名舜俞,字仲虞,后改今名。伯唐原名尧俞,后改大燮。仲虞游幕广州,每秋试乃回乡。此癸巳年同应顺天试时所赠。未几,即死于广州。其余所刻诸书,有汲古《六十家词》最为钜帙。仲虞健谈,记诵极博,与伯唐先生之沈默迥不同。兄

---

① 参见 1929、1930 年相关条目。——编著者
② 赵君闳,名宽,江苏武进人,侨居常熟,清代藏书家天放楼主人赵烈文(惠甫)之子。光绪壬寅经济特科中试。曾任浙江嵊县、富阳县知县。民国后任江苏通志局协纂。1939 年 5 月 14 日去世,享年 77 岁。其父《能静居日记》稿本后归陈群所得,现藏于台北。——编著者

弟友爱甚笃,喜论时事,每遇抗争,不相下。仲尤激昂慷慨,其时同游者夏穗卿、汪穰卿、钱念劬,均已宿草十余年,思之如在目前耳。庚辰冬初,检书记此。景葵。"(《书跋》,第20页)

《传经表补正》十三卷,附《经传建立博士表》一卷,(清)杭州汪大钧(仲虞)撰,清光绪十九年愈妄阙斋刊本,一册。(《叶目》)

12月 撰《雕菰集》题识。云:"《雕菰集》缺一至六,又十三、十四卷,共三册(存卷亦有缺页)。此寒家旧藏。严蓉孙姑丈(曾铨)与孙耀先年丈(礼煜)合辑《说文汇纂》时,用原书裁割粘缀,故缺数卷。时在光绪丁亥、戊子间。嗣后屡思补全,竟无残本遇见,惟有得暇备钞而已。庚辰冬,景葵记。"(手迹,原书,上海图书馆藏)

《雕菰集》二十四卷,缺卷一至六、卷十三、十四,(清)江都焦循(理堂)撰,清道光三年刊本,存七册。(《叶目》)

是年 撰《宰涟纪要》题识①。云:"此许珊林先生槤之曾孙,海昌望族也。父名滙祥,字子颂,曾辑《许学丛刻》,有诗稿,已刊。葵记。"(手迹)

《宰涟纪要》,民国海昌许昌诗撰,排印本,一册。(原书,上海图书馆藏)

是年 撰《赵尚书御史任内奏议》跋,记清季赵尔巽直言轶闻。云:"历年搜集赵尚书奏稿,均系幕府起草,此册从《皇清奏议》录出,均在御使任内之谏草。精心结撰,不假他人之手。尚书授贵阳遗缺知府,召见,奏称:'臣蒙恩外放,是否因性喜直言,烦黩圣听?'慈禧笑慰之曰:'汝历来忠直,所言皆当。汝未出京以前,许再专折言事两次。'故卷末二疏,尤为恳切。第二疏专陈边防,颇动上听。后来任新疆布政使,特简盛京将军,未始不因于此。庚辰,尚书继室杨夫人逝世,遗箧中获得此本,读毕敬记。叶景葵。"(《书跋》,第57—58页)

是年 撰《赠经六新居》五律二首。诗云:

避地兼忘世,当师卫子荆。安排旧栖桷,拂拭短灯檠。人物怀三益,乾坤换一枰。开轩南极目,乡思窈然生。

安定传家学,吾尤契白眉。菑畲勤有获,堂构敬无衰。兄长跻鲐背,声名惜豹皮。愿君滋九畹,努力爱佳时。(《杂著》,第369页)

是年 致顾廷龙短笺②。云:"中国书店送来王石臞父子校('引之曰'凡三见,似亦石臞写)本《荀子》,佳甚,惟残蚀殊甚,不知倪君能补缀否(仍须毛钉,须细皮纸补)。价未议妥,但决留。""《补松庐文抄》,校对后原稿交下。《农隐庐文抄》,入藏。《虹玉堂文抄》《藿田集》(馆中有否,乞查)。吴刻《韩非子》、阮刻《钟鼎款识》《续古

---

① 原题识无日期。因原书刊于"庚辰仲春",故系于本年。——编著者

② 原笺无日期。据中国书店送书事系于本年。——编著者

文苑》，此三书刻于何年？查示。""捆书包之短绳，望检不用者交去手携至家中，以便续捆。"（《尺牍》）

是年　继续借钞罕见古籍数种，入藏合众图书馆。计有：

《王国典礼》八卷，(明)开封朱勤美(伯荣)撰，民国二十九年武林叶氏钞本，四册。（《叶目》）

《金石萃编补跋》一百六十卷，(清)吴县王仁俊(扞郑)撰，民国二十九年武林叶氏钞本，七册。（同上引书）

《蔡中郎集举正》六卷，(清)钱塘罗以智(镜泉)撰，民国二十九年武林叶氏钞本，一册。（同上引书）

《皇明肃皇外纪》四十六卷，(明)□州范守己(介儒)撰，民国二十九年武林叶氏钞本，八册。（同上引书）

《灯味轩遗稿》九卷，(清)仁和车伯雅(子勋)撰，民国二十九年武林叶氏钞本，六册。（同上引书）

是年　浙江兴业银行编印出版《中国证券一览表》一册。（原书）

是年　先生曾投资之南洋明庶农业公司结束。该公司由于汤韦存 1926 年回国养病，以后数年中工作退化，经营不善，董事会不得不请汤韦存回园经理。两年后，汤又病倒，返国休养。股东发起出售产业的计划，董事会力主慎重。延搁至是年，由先生提议，请汤韦存之子汤彦颐赴园考察。彦颐冒险出海，赴柔佛实地调查，确实无法恢复。于是董事会议定让渡。汤彦颐又再赴新加坡办理结束手续。（《汤韦存之橡胶业》，《杂著》，第 272 页）

约是年　辑编《宣统辛亥奉天保安会事件》一卷[1]，并封面题签。该册收录辛亥九月二十三日至十月十八日(1911 年 11 月 13 日至 12 月 8 日)东三省总督赵尔巽组织保安会自任会长期间往来公函二十六件。内包括赵致孙宝琦函、赵复吉林巡抚陈昭常电报、陈昭常来电、辽阳保安分会致赵电、赵颁"招安"辽阳刘二堡"党匪"谕令，以及帮统徐珍呈赵禀文等文献，真实地记录了武昌起义后东三省各地响应起义，以及总督、巡抚等行动若干细节。（原书）

《宣统辛亥奉天保安会事件》一卷，民国杭州叶景葵辑，稿本，一册。（《叶目》）

约是年　撰《和答俞彦文》七律。诗云："肷箧探丸事可惊，数米量桂意难平。不耕而食宁非罪，蒙难无忧浪得名。今日愈思良吏治，此邦弥见旧民情。三高风节依然在，况复青蓝有定评。"（《杂著》，第 370 页）

---

[1]　原稿本未署日期。因此稿显然采录自赵尔巽奏议等史料，当为先生辑编《赵尔巽奏议目录》等赵氏文稿时的"副产品"。整理赵氏文稿系 1940 年前后之事，故考录于是年。——编著者

约是年　撰《和韵嘲叔通丈》古诗。诗云："生非我生死非死，尻轮神马寓庄子。适然而来适然往，号咷与笑毋乃似。乐生哀死人之常，迩来世情薄于纸。贺客群趋吊客稀，素车白马知谁氏。卓侯雅爱急就章，忽遇辰年呼起起。那知老髯寿骨坚，天与阳秋在皮里。一呪何殊献百壶，千年鹤寿不足傤。寄语清朝苏翰林，玉堂已远酆都迩。无常不约亦须到，阎罗健忘无此理。请将生死付浮云，祝宗之祈今日止。"（同上引书，第369页）

约是年　撰《题周氏孙印谱》七律。诗云："刀法纯由篆势来，周金尤近篆胚胎。若从祖武论师授，盂鼎摩挲日几回。耋年篆法能奇崛，病后髯翁启笑颜。持比吴兴传画蕴，赵家三马尚人间。"（同上引书）

约是年　某日，致徐寄庼函①，求访《中国交通史》。函云："王伯群任交通部长时曾编有交通史，百计搜罗，十得其九。得者皆随手抛去香港，所毁甚多，祇阙《路政史》一种。不识兄所识朋友中有藏此者否？请留之胸中，随时为我搜访一部。如得之，当请兄吃八宝糯米饭。"（《兴业邮乘》，复第54期）

---

① 原函刊出时无日期。——编著者

1941年(民国三十年　辛巳)　68岁

1月至3月　国民党"军统"与日伪特务在沪展开"银行血战",相互暗杀对方银行成员。3月22日,汪伪特工集体绑架中国银行职员一百七八十人。

4月　中央银行第四行在沪停业。

6月　苏德战争爆发。

7月　日人强占上海银行公会大厦内之公共租界纳税华人会会址。

12月　太平洋战争爆发。日军占领上海公共租界。

1月6日　致顾廷龙短笺,送书。云:"曹氏医书四种及《普济本事方正续》(极佳之书)价共二百十元,由弟自购奉上,支票乙纸乞转账(《慈湖遗书》可允以四百元)。此五书以时价论可谓便宜之极,但中医书已无人问津,故价不能高耳。《读说文札记》,是否翁广平不详。翁字记曾见过,不能记忆,亦不知是否别号。《紫珊石笺补正》可由馆自留,其债似以七八十元为公允。另奉上书五种,皆佳。"(《尺牍》)

1月7日　顾廷龙送到校本三种。(《顾廷龙日记》)

1月8日　午后到合众,与顾廷龙谈。(同上引书)又与潘景郑"久谈,暮返"。(潘景郑《盍广日记》,稿本)

1月9日　《兴业邮乘》第108期出版"追悼蒋抑卮先生特辑"。先生为蒋氏遗像题词:"蒋抑卮先生遗像　叶景葵敬题。"同期刊登先生《蒋抑卮君家传》与在蒋氏追悼会上演说辞。(原刊)

1月10日　合众图书馆馆舍照会已签出,即电告顾廷龙。(《顾廷龙日记》)

1月12日　致顾廷龙短笺,送书。云:"书一包奉还(原单附缴),价极廉,除《长历钩元》可不要外,余均佳。前单《师二宗斋读易》,查系关絅之之父关棠,号季华,在湖北游幕极有名。与陈蓝洲先生友善。抄者为谢凤孙(非亲笔,其女所书),其子在敝行。谢为乙盦先生西席,拟托陈、关、谢各题记,以增重之。"(《尺牍》)

1月13日　顾廷龙来访,述请建屋照会尚未发出,并告知"法领事嘱捕房今日往访陈埴[1],叩询详情,恐开赌窟。答以现有书五万册,尚有五万册未来。发起人

---

① 陈埴,浙江杭州人,建筑师,合众图书馆馆舍设计者。——编著者

叶、陈、张三人，捐书有蒋抑卮、李宣龚、张元济、叶景葵以及其他。并告以本馆为私家公共藏书之所，系专门国粹书籍，阅览人数有限，每日不过十人云，尚须来馆调查。此种事业在中国固属少见，岂法国亦未之见邪！"(《顾廷龙日记》)

1月14日 致顾廷龙短笺。云："送上书两包：(一)《求是堂诗集、文集》，(二)乔景熹书十种附原单，内有景郑书，欲收回否？馆中可留者何种？乞审查。漱六编恐未全。送合众图书馆。"(《尺牍》)

同日 晨，法国总巡捕房警务处政治部派探目高琪道至合众筹备处，向顾廷龙声明本部并未派人来馆抄查之事。询顾究有何人来查。顾答未有，恐出传误，本馆现正建筑打样，呈请发给照会，容有须调查之处，且本馆主持者为浙江兴业银行叶景葵，或有径去彼处之事。高云，部长马来得其友人电话，谓好好图书馆，何以有抄查之事，捕房实未有其事，因来一言，毋任冒充者来此。嘱以后如有人来，可电彼，遂去。顾记云："其实因日前法领事之猜疑，因托齐云青(法公董局华董、中国农工银行总经理)一言，免其误会耳。云青即与捕房各部询问，皆称不知。后知访陈埴者，领事馆人员耳。法租界事总周折，可气亦可笑也。"(《顾廷龙日记》)

同日 撰《慈湖遗书》跋。云："南浔《蒋氏传书堂书目》，有嘉靖刊《慈湖遗书》四册，余为介绍售与涵芬楼，为兵火所毁。当时马君一浮曾影抄一部，谓世尠传本。余匆匆繙阅，不记卷数，似已失去序跋。但字体碻为嘉靖刊，此本有序有跋，而字体系万历。细加考核，知前十二卷系万历时依嘉靖原本覆刊；后二卷为万历增补成本，有万历序跋，而为书估撤去。十八卷末，此本较目少一篇，而后面只留空白三行，知为所据原本之缺佚。又十八卷末有附录，而二十卷后又有附录，此皆为万历覆刊与增补两卷之碻证。清代尊尚程朱，一时学者不敢以陆王相抗衡。阳明事功较著，故遗书流传尚多。陆学则沈埋已久，覆刻无人。无怪此书之稀。已星凤矣。卷末题记，系明末人，壬午为崇祯十五年。庚辰腊月十七日，景葵识。"(《书跋》，第129—130页)

《慈湖先生遗书》二十卷，(宋)慈溪杨简(敬仲)撰，明万历中刊本，六册。(《叶目》)

1月18日 致顾廷龙短笺，送孙树礼稿本，并叙来历。云："余杭孙和叔先生(树礼)为吾杭耆宿(光绪十一年乙酉举人，丙子夏卒)，年九十始寿终。顷其家属以文集稿二册、诗集稿十五册，皆先生手书，介陈叔通丈送捐本馆。集稿于杭郡掌故颇有关系。先生生平行谊详见叔通所撰八十寿序，经先生手抄并有删正，亦附入文集之首，收到后请写一正式复信，托叔通转致其世兄，以答其捐赠之厚意。……孙世兄长号成伯，次号欣仲。"(《尺牍》)顾即作谢函，云："先哲精神，集于一库，文字丙舍，付托有所。它日者后生展诵，可增交山之仰；苗裔摩挲，用慰先泽之思。"(《顾廷

龙日记》）

1 月 20 日　签署浙江兴业银行总办致各分支行通函,公告停开本年股东常会及董事会议决议股利分配案。函云:根据经济部批准按照《非常时期营利法人维持现状暂行办法》,本年第 34 届股东定期会"延期办理";而民国廿九年度股利红利先予发给,"计全年每股股利红利共国币七元七角,定于本年一月廿四日开始发给"。（函稿,上档 Q268-1-63）

同日　顾廷龙来访,"畅谈"。（《顾廷龙日记》）

1 月 21 日　送书两箱至合众。（同上引书）

1 月 23 日　送书一批至合众,"皆沈氏物"。（同上引书）

1 月 29 日　顾廷龙、潘景郑来贺年。因外出贺年,未值。（同上引书）

1 月 31 日　致顾廷龙短笺,送书。云:"文禄寄来《守山阁丛书》十四包,送上。过录毕即送交富晋。"（《尺牍》）

同日　检示早年旧作《太康物产表》,重加装帧并撰跋,记叙青年时代受"物竞天择之理"影响,与诸弟等学习新学、调查社会之往事。跋云:

　　光绪戊戌,会试报罢,其时谈新政者蜂起,余受其陶镕,乃至通艺学堂报名入学,有志于求新。虽为时未久,因康梁之狱停闭,然在校时听严几道先生演讲,物竞天择之理,又读所著《天演论》,恍然有觉。思诸弟辈僻处河南,非导以新学不可,乃延北洋大学卒业生庄君敬于至开封,教授英文、算学。是年冬令,同车而行。又购新学诸书,及《新民丛报》等,载之而南。次年又得《农学报》及严译《原富》读之,实获我心。适先君檄赴陈州太康县任,庄师与诸弟偕行,馆课之暇,同至郊外漫游,与老农闲话,所得辑成《太康物产表》,谘访最力者,为余二弟仲裕景莱。其同受庄师之教者,尚有三弟叔衡景莘、姑表弟严鸥客（江）、严龙隐（泷）,皆于此表有助力。仲裕后入震旦学院,力创复旦公学,赍志早殁。叔衡、鸥客皆在英国伯明罕卒业。龙隐在北洋大学工科毕业,民国任司法部技正,志节甚坚,惜亦早逝。皆戊戌年以后庄师之教所造成也。余草序文时,已在庚子以后,所得皆《原富》之绪余而已。辛巳正初,检书箧得此稿,重加装订,不另钞录,以存当年其相。所用之纸及封面,皆当时河南省各县产物,以视今日重庆、贵阳来书所用之纸,脆薄无光彩者,已不胜今昔之感!即在民国以后,河南省各属土纸已稀,皆贪洋纸之廉,舍此就彼,持此一端而论,所谓地大物博者,不数十年可变为一无所有,可不惧哉!可不惧哉!辛巳正月初五日灯下,景葵识。

　　此表虽寥寥数页,然谘询不厌其烦,往往步行至农家,参伍考求,斟酌而定。渴则席地,以制钱购地上所种莴苣狂啖以解之。诸弟皆有朝气,余亦克尽

领袖之责。回首四十年前,此乐胡可再得耶!(《书跋》,第 99—100 页)

《太康物产表》一卷,叶景葵、叶景莱辑,手稿本,一册。(《叶目》)

1月下旬 "癸卯同年刘翰臣命其子来访,携示大德刊《说苑》残页,天圣明道本《文选》残页,元刊《通典》残页","刘氏食旧德廛藏书颇富,今已散佚。"又得浙江兴业银行同事刘延昱(耀庭)借阅其曾祖宝应刘楚桢所藏《楚桢尺牍》,以及叔俛先生所收《师友尺牍》等。抄录部分信函。(《卷盦札记》①,《杂著》,第 177—181 页)

1月 撰《渭南文集》跋。云:"《渭南集》五十二卷,每半页十行,行廿二字,与正德本同。惟诸劄子年月,皆在各卷题目下,与正德本不同。一至四十一卷文,第四十二卷《天彭牡丹谱》及《致语》,第四十三卷《古乐府》,第四十四至四十六卷五七古及长短句,第四十七卷五律,第四十八九卷七律,第五十卷五绝,第五十一卷七绝,第五十二卷词,与《适园志》所记正德本略有不同,不知适园误写欤?抑此本在正德以前欤?应借一本对勘方明。庚辰腊尽,景葵记。"(《书跋》,第 131 页)

《渭南文集》五十二卷,(宋)山阴陆游(放翁)撰,明正德中刊本,二十册,民国梁鼎芬题识。(《叶目》)

1月 撰《非儒非侠斋集》跋。云:"庚辰残腊,鼎梅惠赠。现方受中英庚款会之委托,编《中国金石史》,所藏碑版书籍均在杭州孤山散失。平生搜集墓志四千通。自汉至明经数十年苦功,一概抛弃,深叹补充之不易,尤以元明各种为难得也。揆初读竟记。"(《书跋》,第 166 页)

《非儒非侠斋集》四卷,《外集》一卷,《诗集》二卷,《联语》一卷,民国会稽顾燮光(鼎梅)撰,民国二十五年石印本,三册。(《叶目》)

1月 撰《求是堂诗集》跋。云:"墨庄之诗,才华丰赡,而外观无斧凿痕,却能字字坚稳,句句凝炼,其功候甚深矣。《文集·序立经堂诗钞》云:'玉镌总角,与予学为诗,予以知其难而玉镌易,言之学诗必如造七级浮屠,瓴甓砖石,皆以平地累起而后可。学问之道,知其难则易者将至。'诚自道甘苦之言。庚辰残剌,景葵识。"(手迹,原书,上海图书馆藏)

《求是堂诗集》二十二卷,(清)泾县胡承珙(墨庄)撰,清道光十三年刊本,六册。(《叶目》)

1月 于曹元忠旧藏《类证普济本事方》十卷、《续集》十卷(宋·许叔微撰)题

---

① 《卷盦札记》(以下简称《札记》),又名《卷盦賸稿》,叶景葵先生读书、藏书日记体笔记。此为《札记》第一、二则。全稿无日期。1950 年代由顾廷龙主持出版,后又收入《叶景葵杂著》。笔者根据《札记》涉及各书叶氏跋文及《顾廷龙日记》有关记载,考订此册始于 1941 年初,极可能启用自辛巳年新年(1941 年 1 月 27 日为正月初一日)。大部分均系 1941 年之笔记,后部分有 1942 年至 1946 年之内容。——编著者

识。书内第二叶原有毛笔题记一条云：“续十卷中国向未著录。俟考其细□保乙卯，雍正十年也。”先生在旁题识云：“右莫芝生题记。庚辰腊月得于苏州存古斋，云是曹君直同年旧藏。”（原书，上海图书馆藏）

1月　再撰《甄屑录》跋，继续追忆青少年时代读书经历，以及叶乔年、朱硕甫、赵小鲁等师往事。文云：

> 受业师自徐少梅先生以前，皆授读《四书》及《诗》《书》二经，至九岁则延叶乔年先生来馆，于授经外，兼习小题文。至十三岁，读完《易》《书》《诗》《三传》《礼记》《周礼》《尔雅》《孝经》，皆能成诵。十四岁读《仪礼》，则苦其繁难，旋读旋忘矣。幼时不喜《四书》文，下笔亦甚迟钝，初作尚清通，愈作愈晦涩。十六岁应童子试，县府均以经艺见取，所作《四书》文，殊不合格，盖乔师亦不甚以《四书》文见长也。余之受惠于乔师者，家中有阮刻《十三经》一部，因读经不通，喜繙阅之。又得《文选》一部，尤爱读之，甚至高声朗读，师不加禁之。入泮以后，不再作小题文，而馆中自余叔、余姑、余弟，以及附读者不下十余人，位置太窄，乃移至别室读书。于是虽从乔师在馆，已有名无实。余乃有机会浏览群书，顾家中书甚少，祇有《皇清经解》一部，为余枕中之秘。乔师寿至九十余岁，至宣统间始逝世。在馆时已六十外，性敦笃，终日危坐，住城隍山脚，距余家约十里，来往均步行。住在馆中，晚饭后必燃灯吸阿芙蓉两小口，前后十年，从未增加，因有疝气疾，非此不能脱然也。甲午年师已七十余，余回杭乡试，往谒，师正患温热病，瞠目不相识。师母亦七十许人，苦于药医无效。余见师壮热谵语，便秘舌刺黄黑，手足瘛瘲。投以大承气汤，次日即省人事。当时余方二十一岁，胆大气粗，敢于下药，亦甚冒险矣。至宣统元年，浙江选举议员，师已九十外，尚乘舆至仁和县大堂投余二弟景莱一票，令人起敬。师无子，师母相继病殁，以侄为嗣。
>
> 朱硕甫先生为余父丙子同年，最相契，往来甚密。师长于八股文，为余改小题文数篇，以程度相去太远，不甚得益。惟师道貌俨然，每相见，必勖以为人之要道，要信实忠厚和平正大，谆谆不已，如老妪然，至今如在心目。师原名煜，后改今名。
>
> 癸巳应顺天试，余叔岳夏厚庵先生介绍，请蒋稺鹤先生阅文，亦余父丙子同年。师最懒，全课作不下十余篇，未改一字；每见必在烟榻，奖借倍至。师为别下斋后人，博览群书，闻有著述，不轻示人。余亦未知请益，未免宝山空返。
>
> 甲午至济南就婚，余外舅朱养田先生介绍，请向笃先生阅文，所呈不过三四篇，亦未改一字，因为时甚暂也。笃师在山东不甚得意，未久即病殁。
>
> 同时以八股启余最热心者，为赵小鲁先生，故余亦以师礼事之。赵与石砥

斋先生及余外舅结为兄弟,以道义相切磋,有绰号三:赵曰"不怕穷",石曰"穷不怕",朱曰"怕不穷"。三人皆尚任侠,挥金恤贫,喜干预不平事,风义甚笃。石与余父同以大挑分河南。石初见余面曰:"余契弟朱某有女,孝而且贤,不可多得,吾为两家订婚。"余父从其言,即许诺。余外舅得信,以为石大哥所择之婿必佳,亦许诺。顾女宅无人送嫁,欲余往济南,余不肯作赘婿,石师又慨然曰:"余契弟赵七可代表为男宅主人。"于是余襆被至济南,赵师为设行馆,预备一切,经费不足,亦为垫付。成婚后,赵师即索阅窗课,谓汝喜学陈句山,未入格,不宜场屋,宜多读管韫山文,及北墨居数目。又谓汝之文气宜南闱,不宜北闱。是时外舅适调权兰山,距运河近,于是回杭应试之议始决。临行,师以诗句赠行,其一曰:"天地钟灵此最奇,如何弱冠已经师。论交敢许忘年友,但解逢人说项斯。"其二曰:"文阵纵横不计勋,雄才睥睨五千军。南朝宿将知多少,个个低头拜允文。"其三曰:"明珠宝玉此奇胎,怀韫千年始一开。莫使寻常露光气,山川犹待媚辉来。"是时余瘦削多病,而年少气锐,不免兀傲自喜,故末首有规戒之意。此皆生平得力所在,不仅文字缘而已。师居官有政声,好鉴藏书画,千家散尽,屡空晏如,豪迈好客,始终不倦。与赵尚书为同胞兄弟,行七,故时人以赵七称之。庚辰腊尽,随笔记之。景葵。

赵师精医术,以《灵素》仲景为宗,余略知医,亦受师之陶冶。

(《书跋》,第169—172页)

1月 针对发生震惊中外的"皖南事变",愤然撰七绝一首。云:

外侮依然阅兄弟,腐儒何敢议乾坤?

心兵百战嗟无补,齿录尘封久未翻。

(转引自陈正卿《叶景葵、徐新六与浙江兴业银行》,《近代中国工商人物志》,第2册,第138页)

约1月 撰七绝二首,"螾庐寄到未定稿三册①,展读漫题"。诗云:

狐史简亡遗直渺,号钟弦绝郑声盈。掩关读罢重搔首,如坐当年写礼顽。

寂寞子云谁后死,萧条宋玉不同时。何如早喝当头棒,免使纷纷忏悔迟。

(《杂著》,第374页)

2月4日 李拔可致先生函,商购诸贞壮藏书事。云:"日前奉电示敬悉。昨由诸世兄章世交来越缦堂写稿弍册(共为拾弍册),据云首册有代笔,余均亲钞;《拟山园选集》贰册(共为拾陆册完全);钱蒙叟批校《景德传灯录》弍册(共为叁拾册,惜

---

① 螾庐,即王季烈(君九),时为商务印书馆编校《孤本元明杂剧》。该书于1941年出版。——编著者

缺肆册),统行呈奉,祈为鉴阅。贞壮兄身后本极萧条,经弟力为张罗,勉度数年,近则山穷水尽,益难支持。文人多厄,为之恻然!能蒙我公酌给高价,俾救其困,则既获秘籍,又成美举,同纫感谊,更非语言所能形容也。"(原件,《尺素选存》)

同日 王季烈复先生函,告以自己病况。云:"菊翁高年,经此手术,平安获痊,且忻且羡。……贱恙仍常发。就摄护腺而言,比菊翁稍轻,不致小溲闭塞。特尿道曾因铜管通尿受伤,时时出血,据医云为后尿道膜样部,创口不易全愈,所幸膀胱、肾脏皆无病也。"(原件,《亲友手札》)

2月5日 送书至合众。(《顾廷龙日记》)

同日 李拔可复先生函,再商购入诸贞壮藏书事。云:"其世兄辈固不谙版本,惟以疗贫为亟。统祈推爱,祇候酌裁为荷。"(原件,《尺素选存》)

2月11日 顾廷龙送书来,请审定。(《顾廷龙日记》)

同日 电告顾"移居门牌",并称中国书店书皆极廉,盖其不知批校之人也。(同上引书)

2月12日 读《读易劄记》。《札记》云:"阅师二宗斋《读易劄记》。汉阳关季华棠著,未刊。因查师二宗缘起,叔通赠《汉阳关先生遗集》一册,并读之,文诗词均清迈拔俗。"(《杂著》,第182页)

2月14日 午后到合众筹备处,与潘景郑"闲谈而去"。(潘景郑《盋山日记》,稿本)

同日 致顾廷龙函。云:"送上《诗说解颐》一部,乞查价值如何(抱经堂)。又沈范思信乙封。"(《尺牍》)

同日 朱遂翔送书来。《札记》云:"抱经堂送阅绍兴季本《诗说解颐》,计《总论》二卷,《正释》三十卷,《字义》八卷,共四十卷。嘉靖胡宗宪刊本,白棉纸,首尾完善。""复阅《绩学堂诗文集》,以卷二《序类》七篇为最精,自道甘苦所得,无意为文,而波澜壮阔,声情朴茂,厕之清初诸大文家,亦颇难轩轾。诗简淡平易,所谓学人之诗,无诗人习气者。勿庵生前颇思刊刻所著,但所学至为繁赜,定稿颇难。虽经李安卿孝廉代刊数种,不尽如愿也。又与安卿书云:'藩台风雅好古,知八闽为文献之邦,欲多钞载籍,搜罗校正,谬以属某,尊笥奇书或令亲藏本,或原无刻本,与虽刻而板亡者,统望借钞。有某专司,决不至于污损。诚使古人奇书,得有副墨,以广流通,固吾党所乐为也'云云。此言诚搔著痒处。又《沈公厚传》云:'公厚名埏,耕岩徵君第五子。时愚山施侍读、晴岩吴处士,倡刻徵君《姑山集》,公湛与公厚后先任雠校。'一日梓人见公厚暑寝不解衣,惊问之,答曰:'吾先人集在此,吾敢露体偃息乎?'乙酉七月患肺疾,遂不起。永诀时,惟谆谆命其二子曰:'《姑山集》中,有某讹字,记改正之。'阮司空尔询哭以诗曰:'一息未尝忘死父,百年自署是遗民。'盖纪实

也。此段应记入《姑山遗集》之副页。"(《杂著》,第 183—184 页)

同日 读《陈后山集》。《札记》云:"阅乙盦校光绪覆赵本《陈后山集》,所引有明本,有何校、蒋校,惜未跋。乙盦自校《文集》及《谈丛》,均精细,《诗集》无校,当另有读本。"又读《叔俛师友尺牍》,手录杨守敬、朱衍绪书札三通。(同上引书,第 182 页)

同日 张元济出院返家休养,陆续撰《答谢亲友问病诗八首》,诗序云:"庚辰冬,余因患癃闭,入上海大华医院疗治,今渐就痊,还家休养。病中蒙亲朋殷勤存问,只因体力未复,尚未能趋前诣谢,至深惭歉,病榻无聊,率成俚句八首,谨先录呈,藉博一粲,"(《张元济全集》,第 4 卷,第 94 页)先生亦收到。

2 月 15 日 王大隆来访,"商排印曹君直遗集[①]事。知胡绥之文稿有一部分已入其手"。(《札记》,《杂著》,第 183 页)

2 月 16 日 撰《陈后山集》跋。云:"此书经乙盦先生详校,所据有明本,有何校,有蒋校,所惜者无跋文叙述来历。卷十六《光禄曾公神道碑》,蒋校补脱文两段:一,六百余字;一,一百二十九字;未曾详录。中间有乙盦校误甚多,盖曾细心绌绎,功候深矣。惟《诗集》无校,当另有读本。庚辰冬,乙盦遗书尽出,精本为中央图书馆搜尽,喜其得所。起潜搜遗得此本,详读一过,吾以为可珍,不在希觏本之下也。辛巳正月廿一日,揆初记。"(《书跋》,第 127—128 页)

《后山先生集》二十四卷,(宋)彭城陈师道(履常)撰,(清)光绪十一年番禺陶福祥据雍正赵骏烈本重刊,六册,民国沈曾植校。(《叶目》)

2 月 17 日 至合众筹备处,送书两包。(《顾廷龙日记》)

2 月 18 日 撰《禁烟私议》题记。云:"《禁烟私议》一卷,钞本。桐乡沈谷成先生善登著。先生藏书极富,拟刊行《豫恕堂禁书》,未成而殁。藏书在苏州星散。余有丛书拟目,钞稿中多秘册。先生为钟先生文烝弟子,著有《需时眇言》,已刊行,此议似亦在内。余前购一部,尚未检得,容再查对。余有初刻本凌晓楼《春秋繁露注》,系先生旧藏,有题记。辛巳正月廿三日记。葵。"(手迹,原书,上海图书馆藏)

《禁烟私议》一卷,(清)桐乡沈善登(谷成)撰,钞本,一册。(《叶目》)

2 月 19 日 致顾廷龙短笺,介绍友人来访。云:"兹有老友邓骏声先生,系群碧之堂弟,欲披阅先世手泽,特为介绍。乞将所藏供给阅览为荷。"(《尺牍》)

2 月 20 日 撰和张元济七律诗,诗注云:"张菊生丈患癃闭甚险,入医院施手术两次,霍然而愈,病起述怀,贻七绝六章[②],作诗答之。"诗云:"州都气化有专

---

① 即曹元忠《笺经室遗集》。1941 年王大隆学礼斋排印。由曹氏生前好友刘承幹、冒广生、吴庠、叶景葵、周学熙、周暹、李拔可、傅增湘等 21 人捐资刊行。——编著者

② 应为八章。——编著者

官,《内经》膀胱为州都之官,气化则能出。注药攻疗岂易殚。人与百虫争旦暮,天留一老试①艰难。河堙尧壤疏先凿,雨漏娲年补复完。不具婆心兼圣手,焉知松柏后凋寒。"(《杂著》,第 371 页)

2 月 21 日　晚,顾廷龙夫妇来访,交《明通鉴》传抄本,还《诗说解颐》。"畅谈。"(《顾廷龙日记》)当晚始,读《明通鉴》。《札记》云:

> 潘景郑藏《明通鉴》残抄本原第十五册至廿五册。十一册,自正统二年至天顺三年止。景郑与太炎均定为万季野著。借来披阅,系汪尧峰藏本,册面题字及朱校,尧峰所书,为清初抄本无疑。"臣曰"空格避讳,"虏""酋"等字不避。

> 阅《明通鉴》两册。以《实录》为本,采及稗史者,必详细说明原委,征引宏富,剪裁有法,良史也。如载正统二年张后御殿遣责王振事,即其例。又凡野史之谬误者,必辨正之。如论马愉、曹鼐正统五年入阁事,即其例。辟野史建文出亡诸谬论,尤为曲折详尽。

> 阅残《明通鉴》十一册毕。纪事以《实录》为本,遇《实录》之不可从者,辨正之。如载太监李永昌谏阻迁都,谓系成化初修史时,其嗣子泰预纂修,有溢美之词。又郭登守城出见英宗非事实,谓系史官粉饰之词,即其例。又《实录》之前后两歧者,修正之。如《景泰实录》不载卢忠告变事,采《天顺实录》及诸书订正之,即其例。其他论断,通达政体,烛见治乱之原,分晰君子小人消长之故。在有明之季,熟读《实录》,及一朝野史,能以公平严正之笔,表而出之者,舍季野莫属。太炎之说是也。

(《杂著》,第 184—185 页)

2 月 25 日　顾廷龙来访。先生交以《太康物产表》《进士题名碑拓》,入藏合众图书馆。(《顾廷龙日记》)

2 月 26 日　顾廷龙从中国书店购回汪继培手稿,送先生审定。(同上引书)先生《札记》云:"阅汪继培手稿《潜夫论笺》。密行细字,涂乙甚多。眉端有王晚闻父子按语,经汪校定,与刻本对读,或从或不从,笺中亦有刻与稿不同之处,盖初稿也。"(《杂著》,第 186 页)

2 月下旬　致陈汉第函,附呈《和答菊生丈病起》七律一首。函云:"索居以觌面不易为怅。奉示并《丁氏家谱》已交馆收。《郡斋读书志》早交起潜代觅售主矣。修老遗稿请告进思,丏其见假,传抄一部。如絅兄稿能来,亦欲一例理也。"(手迹影印件,《合众先贤墨迹选》,第 31 页)

---

① 据先生手迹,"试"字作"属"字。——编著者

2月末　读胡玉缙遗稿等数种。《札记》云："阅胡绥之玉缙《郑盫文稿》三册。精于四当，邃于笺经，博极群书，语有断制，非但以著述为长者。此老真不凡才也。尚有二册未订成，在欣夫手。《郑盫稿》中卓卓可传者，如《德宗升祔大礼议》及《说帖》《赵岐准从祀说帖》《刘因准从祀说帖》《魏源元史新编识语》《三国志集解序》，均能读破万卷，择精语详，近代无此作手。惜其专著如《说苑》《新序注》之类，尚未发见。《辨郑注明堂位天子谓周公之谬》一篇，作于礼学馆，计其时当为摄政王而发。丁未年所草苏杭甬铁路废约两折，不知为何人代作，其事之是非曲直当另议，而文笔雄健无伦，固是杰作。"（《杂著》，第186页）

2月　撰《刍牧要诀》跋。云："此册亦于光绪己亥、庚子间草《太康物产表》时，谘询老农所得，并非泛泛抄录者。其所言，皆父老口耳相传，或验或不验，必历试而后定，不可以其简略而忽之也。辛巳正月，景葵记。"（《书跋》，第97页）

《刍牧要诀》一卷，叶景葵辑，手稿本，一册。（《叶目》）

2月　撰《明唐荆川先生年谱》跋。云："此书托陈莱青兄向唐君企林（肯）乞得。采摭宏富。体裁详赡，为近来佳构。四方乞借之书，为生平未见未闻者极夥。足征人间秘籍，因各方私为己有而无端埋没者，岂可胜道！即如近购欧阳南野先生文集，亦为唐君所未见。唐君所见《文选》系节本，非全书也。明人集部未经发见者必多，将来当有补遗机会，为唐君勖之。辛巳正初。"（《书跋》，第29页）

《明唐荆川先生年谱》八卷，附《清大司马蓟门唐公年谱》一卷，今人武进唐鼎元（玉虬）辑，民国二十八年排印本，六册。（《叶目》）

2月　撰《文选》跋，追忆此书与自己五十年作伴之跋涉历程，云："至民国三十年二月，即辛巳岁正月初又迁至合众图书馆，为此书终身之结穴矣。"全文如下：

此书在余家至少七十年，上钤"补藤花馆"印，系王父斋名。六世祖卜居张卿子巷，有书斋名紫藤花馆，洪杨时全毁。王父奉母至河南辉县，依舅氏徐石樵先生以居。同治末将致仕，乃购得木场巷新屋，修葺后，以补藤榜其斋。所植花树六七株，皆仿老屋为之。家中尚存张卿子巷老契一纸，上有六世祖签押。此书为余十六岁以前所温习，余姑丈严蓉孙先生曾铨在书摊购得《文选集释》以赐，余颇欲摘要签记于书眉，《西京赋》未竟而即中辍。童时涂鸦之态，如在目前。十九岁后即挟以赴汴梁，随余书箧跋涉者十五年，在上海与群书杂厕亦三十五年矣！辛巳新正检书作记。

光绪壬辰，由杭州取道运河，至安徽之亳州上岸，以骡车至开封。癸巳由开封陆行至道口，乘船至天津，入京应试，入冬回开封。甲午正月至济南就姻，五月至沂州。又由沂州至台儿庄，取道运河，回杭应试。秋后又取道运河，回沂州。乙未由沂州陆行，取道曹、单至开封。又由开封赴洛阳，而至宜阳县。

丁酉又由宜阳取道洛、巩，至开封渡河，而至彰德。戊戌春又入京，冬回济南。己亥由济南回彰德，又由彰德赴陈州之太康。此书均随余行李以行。壬寅春由太康取道亳州，沿运河回杭州，此书高卧于太康县署之书斋。是年秋严君调任汝州直隶州，此书随任而至汝州。癸卯春余由山西调长沙，道经开封应会试，先至汝州省亲，又挟此书以行。三月秒至长沙，甲辰春又由长沙至北京。秋又由北京至济南，时严君在邓州任。冬又取道青岛而回杭州。乙巳春由杭州经上海赴武昌，又由武昌取道京汉而至北京。夏六月由北京至沈阳，丁未四月半余由京奉、京汉取道汉口，搭长江轮至上海。此书由南满取道大连，航海而南，与余合并。由马霍路德福里迁白克路永年里，又迁斜桥路四十五号，又迁白利南路兆丰别墅五十一号，至民国三十年二月即辛巳岁正月初又迁至合众图书馆，为此书终身之结穴矣。辛巳人日漫记。（《书跋》，第174—175页）

2月　借抄《西泠侨寄客遗诗》一卷并撰跋。跋语深情追忆甲午乡试房师薛应枢（裘铭）。云：

　　裘铭先生于甲午会试报罢后，即到吾杭需次。入秋派充同考官分第三房，景葵即于是年回杭应试，蒙先生拔擢，得中第二名，为第三房之首。榜发，至寓所谒见，谦光下逮，奖誉备至。谒后，即买棹北归。由鲁而豫，复渡辽东，未克再返故乡，一修进见之礼。中间复音问阔疏，回首师门，怃焉心疚。前年文孙佩苍出示诗稿，盥诵一过，略悉先生痌瘝民物之宗旨，一山、师郑两叙，言之详矣。先生不以诗自炫，而吐词和平，隶事工切，想见平生脚踏实地，不尚虚浮，读书如此，临民如此，作诗亦如此。此次乱后，故居颇有损失，而佩苍保存手泽，完好无恙。因再假读，并拟录副以藏，使人间得有第二本，为异日剞劂之预备云。时在民国三十年二月，岁次辛巳正月秒，门下士叶景葵敬识，距进谒师门，已四十有八年矣。（《书跋》，第160—161页）

《西泠侨寄客遗诗》一卷，（清）常熟薛应枢（裘铭）撰，民国三十年武林叶氏钞本，一册。（《叶目》）

2月　日伪"财政部"训令，令饬关于中央储备银行发行之新法币，应尽力推行。"如果漠视政令，为地方所愚，有拒绝收受或其他不利于新法币情事，一经查明属实以扰乱金融论罪，绝不宽贷处分。""部长"周佛海签署。（原件，上档Q268-1-186）

3月1日　下午，顾廷龙来。送到刚从中国书店所得《抚浙疏草》《抚浙檄草》《抚浙移牍》及《教经堂诗集》《桂花塔传奇》等书，请先生细审。（《顾廷龙日记》）先生记云："阅《教经堂诗集》十四卷，武进徐书受尚之著。与洪稚存、孙渊如、黄仲则齐名，为毗陵七子之一。又在河南作县令，与赵希璜渭川、王复秋塍齐名。诗格律工稳,毫无依傍,随园评其少弦外之音,泃然。""阅朱昌祚《抚浙疏草》五卷,《抚浙檄草》一卷,《抚浙移牍》一卷,康熙刊本。在顺治末年至康熙三年间抚辑灾黎,勤求民隐,可与李文襄《奏议》并称。自称七岁从龙,十年府署,盖自幼投军,编入旗籍者。"(《札记》,《杂著》,第186页)

3月初 读《露香书屋诗集》《吴诗集览》。《札记》云:"阅《露香书屋诗集》,张简松之父所作。均翰林应制体裁,品格不高,以其为乡人之诗,故留之。""阅《吴诗集览》。梅村诗除去应酬牵率之作,其余叙事读史诸篇,悲壮激越,开阖变化,允为清初第一家。余少时即右梅村而左渔洋,至今尚未能捐去成见。注内墨钉,当因避讳,未知初刻如何?譬若画人物,抉去眼球,毫无神气矣。"(《杂著》,第187页)

3月5日 晚,顾廷龙来,畅谈。顾带书四包回馆。(《顾廷龙日记》)

3月6日 开始审定丰华堂藏书。《札记》云:

起潜选购丰华堂余籍一批,有卢抱经校《傅子》,谭复堂校《词学丛书》本《词源》,塘栖劳氏校方凤《存雅堂遗稿》,并有浙江人诗集、文集六十余种,内有稿本、钞本、罕见本。百足之虫,屡经霸让,尚多零缣断壁,在今日已难得矣!

灯下再阅《存雅堂遗藁》,系《四库》改定之名。是为顺治甲午原刊十三卷本,名《方韶卿遗藁》。卷中除劳氏昆仲墨校外,又有鲍渌饮朱校,并有学林堂印,为高宰平先生旧藏,更当刮目相待。宰平先生为东城山长,余月课屡列前茅,所得膏奖,为生平购书之发轫,岂可忘之!即书一跋于卷首。卷首瘦居士朱文印,疑即渌饮别号,俟查。中缝题《方韶卿遗稿》,第一行题冯秋水先生评定《存雅堂遗稿》,然则《四库》仍原名,不过改为五卷耳。

新得《拟山园选集》,仅诗四十六卷,惜无文集。拟山诗,道源汉魏,力求新颖,有佳句,无佳篇,五律最多,有千篇一律之病,意境不足故也。

丰华书,有乾隆刻《国朝浙人诗存》十二卷,钱唐柴杰编注,专取五七律。七律诗有王稚登,注云:"字百谷,钱塘人,康熙癸丑进士。"奇极。张卿子遂辰诗亦列入,不知何据。(《杂著》,第188—189页)

3月8日 致函图书馆筹备处,送书十包。(《顾廷龙日记》)

同日 撰《遂初堂文集》跋。云:

辛巳二月,取初印本与重编本对读,知初印本确系稼堂手定,选择甚精。重编本所增,皆稼堂删去之作。试检数篇读之,即可知矣。稼堂并不佞佛,惟方外之友甚多。故书序志铭之关于释氏者,皆随类编次,不分儒释。重编者,一概列之别集,其见甚陋。与石濂两书,为重编者所芟汰,而致粤当事书,与药亭书,与为霖书,皆攻击石濂,词锋犀利,并列卷中。细加寻绎,知与石濂书牵涉清世祖之语甚多,编者惧罹法网,故湮灭之。寿序中删去宋既亭一篇,亦因内有东林、复社语之故,《璿玑玉衡赋》,题加"御试"二字,同为敬慎之意也。以此推之,则诗集中重编多于原本者,亦稼堂所删汰,惟《海岱游草》重编少收四十八篇,不知何故。适阙此卷,无从探索为憾耳!是月十一日,揆初书于赁庑。(《书跋》,第 142—143 页)

《遂初堂文集》十五卷,《诗集》十二卷,阙诗集卷六,(清)吴江潘耒(稼堂)辑,清康熙中原刊初印本,存七册,叶景葵校。(《叶目》)

3月11日　顾廷龙批注丰华堂书值,将书送先生阅览。(《顾廷龙日记》)

3月12日　致顾廷龙电话,约谈新馆书库电灯安置等事。(同上引书)

同日　编定《鸰痛记》。《札记》云:"检得宣统元年己酉六月初上父母禀三十五页,报告二弟病状死状,复阅一过,不觉惨然,手装成册,并加跋语,名曰《鸰痛记》。"(《杂著》,第 189 页)跋云:

> 光绪壬寅春,余奉母回杭。同行者胞妹景蓉,将遣嫁于杭州高氏。胞弟景莱仲裕、景莘叔衡,姑表弟严江鸥客、严泷龙隐,此四人者,于戊戌后在太康县署,请一西文算学教习。庚子义和团起义,教习惧祸回闽,无师可教,余虑其废学,拟同时遣至日本求学,预计四人学费,不过二千金左右。时家君在太康已二年余,景况稍裕,似学费尚可腾挪。余妇铭延,亦侍母同行,因嫁事非伊不克襄助也。于是一家买舟,自亳州沿运河南行,每夕停泊,则兄弟五人上岸小吃,或沽鱼肉,到船聚餐,其乐未央。约行二十余日,抵杭州,行李未定,即得电,知家君调升汝州直隶州知州,相顾失色。汝州乃著名瘠缺,积累之躯,稍得休息,又入陷阱。家君续来书言,此系受人暗算,明升暗降,大不得了,四人学费万难供给,命重行核议。兄弟会商,即令叔衡、龙隐赴日本,仲裕、鸥客从缓。余再三忖度,家中负累太重,时势变幻可虑,决计自身须早寻出路,以分家君之担负。适赵尚书升署晋抚,来电相召,慨然允之,于是有山西之行。而仲裕、鸥客留于杭州,鸥客又先回河南,仲裕乃孑然独居杭州矣。是年胞妹出嫁,新婿高采枞维麓即在浙闱中式举人,合家大欢,乃留余母度岁,于次年春挈新婚伉俪同至河南,应癸卯补行辛丑壬寅会试,仲裕乃侍母同行。余于癸卯会试后,又奉调湖南,其时叔衡、龙隐到日本后,因语书不习,与教授龃龉,愤而回国,改入北洋大学肄业。鸥客则闲居无事,余招至长沙,介绍一印刷小事。仲裕独留署中,侍亲读书。余又离湖南,随赵尚书赴京,鸥客亦入北洋大学肄业。荏苒年余,余由京至湖北,正到省谢张文襄,将派文案,而赵尚书渡辽之命下,余遂有关外之行。仲裕独居无聊,乃发愤襆被赴上海,入震旦学院肄业。未一年,即受学生风潮,与同志数人创设复旦学校于吴淞。又三年,与同志数人创办神州日报社,大抵皆复旦学生,主持最力者,于右任、汪漱尘,各任招股之事。仲裕

性敦笃,肯负责任,馆中事务,以一身揽之,早作夜思,不辞劳瘁。股分不足,于、汪虽有招徕,但到馆即罄,仲裕以一身独任其难,四出奔驰,艰窘万状。余在关外,虽尺素常通,但未能深悉其底蕴也。至光绪丁未,余自关外归,见余弟囚首垢面,几无寸晷之暇,详询颠末,始知报馆已如无底之坑,万难补漏。虽出己囊,略周其急,并派人驻馆,阅览流水,知余弟万不能维持到底,曾婉劝设法让渡于人。仲裕有难色,又因循数月,形势日发。忽与商务印书馆经理夏粹芳闲谈,渠有意当此难局,介绍与仲裕谈条件,彼此参差。经余竭力撮合,由粹芳出资承办。仲裕不愿去实际而仍拥虚名,决计退出。于是《神州》之厄以解,所苦者,仲裕无事可为,热诚坌涌,万难寂寞寡欢。适杭州安定学校缺人,聘仲裕为监督,于是仲裕回乡任事矣。其时诸乡老如陈丈蓝洲先生等礼贤如渴,见仲裕朴诚劳苦,实心任事,待以殊礼。同乡诸公,委以主持《全浙公报》,又令参与谘议局复选事宜。其时浙抚增子固,浙藩颜小夏,均器重之,又委以浚湖局之事,一时誉望兼隆。仲裕亦不辞劳苦,为故乡服务。不料安定学生屡有风潮,谘议局复选颇受刺激,《公报》之事亦不顺手,盘旋郁结,新旧交攻,而病作矣。病初起时,经湖州人朱毅臣诊治,即断为脑神经受病,无药可治,非卸事静养不可。乃与乡老熟商,交卸《全浙公报》事,安定仍留虚名,而另延一人暂代。谘议局初选议员未当选,复选则票数足额,当选为议员。浚湖局暂时不辞。又经毅臣百计调治,居然痊可,遂伴同回沪。此函则回沪以后之变局也。前后三十余纸,至今阅之,酸楚万状。余所悔者,当《神州》盘顶之后,叔衡在英留学,曾有函劝余资送仲裕出洋留学,变其环境。迨叔衡书到,已受安定之聘。余初未想到,后又因循,未采叔衡之议,以致铸此大错。凡余兄弟中以仲裕为敦厚,平时讷讷,而任事血诚,待人和蔼,起居饮食,坚苦节俭,而遇贫交后进,则挥斥施与,毫无吝色。惜乎生不逢时,环境逼迫,竟未能发挥光大,为家之光,徒令赍志殒身,与屈平为伍,是一家之不幸,而亦家督之罪也。　辛巳二月既望,揆初记。

又于书末题识云:"此宣统元年己酉六月家书,原未标明,今补注之。辛巳二月记。""申官名维,叔衡长子,出嗣仲裕之子。后办理总承时,又奉父母命嗣为余之长子,兼祧两房。辛巳二月十五日记。"(《鸧痛记》稿本,上海图书馆藏)

　　3月15日　至合众筹备处,送书数包。遇王重民。时王自美国返,道经上海,至合众访顾廷龙。谈英、法、美藏中国书籍情形。(《顾廷龙日记》)

　　3月17日　送碑帖七包至合众,内多宋元之刻。顾廷龙来访。(同上引书)

　　3月18日　携表弟严鸥客至合众。(同上引书)

　　3月19日　景文阁书铺乔景熹来访。"乔景熹来,见《两汉金石记》原刻本,龚孝拱校,均照原石本详对。虽批校不多,而极为精确。书法亦雅健无伦,佳书也。"
(《札记》,《杂著》,第 190 页)

　　同日　顾保璋来访。"顾保璋自莫干来,带来余补校刘泖生校本《南史》三册。此书在抑卮山居阁置四年,赖郑君性白之力,为余觅得,又仗保璋亲自送来,深为可感,即书一跋,送馆与全书欢聚。"(同上引书)

　　3 月 20 日　至合众送还存古斋样本。告诉顾廷龙,乔景熹携有龚孝拱校《两汉金石记》,皆据拓本细校,索二百元。又请人译出《东洋文库十五年史》中"组织"一章,送顾起草合众图书馆章程时参考。(《顾廷龙日记》)

　　3 月 21 日　阅《守山阁丛书》。《札记》云:"蓂友校语最多者《脉经》《能改斋漫录》《颖川语》《古今姓氏书辩证》。又《难经集注》,有韩君晓峰校语,精审不苟,此人必深于医学,惜未知其历史。蓂友阅此书时年已七十,尚无颓唐之笔,间摹钟鼎文,甚精妙。"(《杂著》,第 190 页)撰《守山阁丛书》跋。云:

　　　　此书为先外舅朱蜕庐先生旧藏。外舅没后,其家举所藏书以八千金售于文禄堂王晋卿,王以此书售于广东莫天一,得价一千元。今春莫氏书散出,此书又至北京;晋卿以余与岳家关系,力劝收回。此为兰笑楼之精骑,故不惜以重价得之。外舅藏书多精刻本,批校本及稿本甚少。尚有济宁许氏《方舆考证》原藁,则十年前已为潘氏豪夺矣!辛巳二月廿四日灯下,景葵记。

　　　　各书经贯山先生全部句读并校正者,计三十九种,如下:

　　　　《易说》《易图明辨》《周礼疑义举要》《仪礼释官》《仪礼释例》《河朔访古记》《大唐西域记》《职方外纪》《历代建元考》《太白阴经》《守城录》《练兵实纪》《脉经》《难经集注》《太清神鉴》《羯鼓录》《乐府杂录》《棋经》《鬻子》《尹文子》《慎子》《公孙龙子》《人物志》《近事会元》《靖康缃素杂记》《能改斋漫录》《纬略》《坦斋通编》《颖川语小》《爱日斋丛钞》《日损斋笔记》《樵香小记》《日闻录》《玉堂嘉话》《古今姓氏书辩证》《明皇杂录》《大唐传载》《贾氏谈录》《东斋纪事》

　　　　又一部分句读校正未竟读者,计七种,如下:

　　　　《禹贡说断》《三家诗拾遗》《礼记训义择言》《古微书》《天步真原》《数学续世说》

　　　　凡校正处,不但抉摘刻本之讹,并于说解之不合者,纠正之。以七十高年,读书精细如此,可谓不负此书矣。《难经集注》有韩君晓峰签校教条,极精。此人深于医学,惜未详其籍贯,当为贯山同时人也。

　　　　《能改斋漫录》第十卷,缺第一页,应抄补。(《书跋》,第 185—187)

《守山阁丛书》一百十种,(清)金山钱熙祚(锡之)辑,清道光二十四年金山钱氏据墨海金壶版重编增刊本,一百十五册。(《叶目》)

3月23日 与顾廷龙一起宴请袁同礼、徐森玉、王重民、刘重熙、浦江□等,潘博山、潘景郑作陪。(《顾廷龙日记》)"闻森玉言,苏州某估有赵文俶画《本草图》二千余页,均着色,尤物也。博山言,澄中所得许博明书,有天一阁影钞北宋本《隶释》,闻之神往。"(《札记》,《杂著》,第 191 页)

3月24日 整理父亲遗书,辑编《安阳叶公渠事实》一册。内收父亲叶济上河南抚、藩禀文原稿、《叶公渠碑记》等。(原书,上海图书馆藏)《札记》云:"检得《安阳县叶公渠碑记》,及先君禀报渠工原稿。此光绪廿二年事,先君正四十一岁,修挖青龙河,及大小青龙渠,捐廉施工,颂声蔚起,渠成,名曰叶公渠。当时竣工禀复起草时,余正侍坐,亲见踌躇满志之状,今已四十六年矣。昔时公牍稿,止存此件。因将《碑记》及后附《岁修章程》录出,拟装裱成册,以作纪念。"(《杂著》,第 191 页)

3月25日 至合众,请顾廷龙书写《安阳县叶公渠碑记》册页。(《顾廷龙日记》)同日顾撰《安阳县叶公渠事实》跋。全文如下:

揆初先生近理先泽,得尊甫初宰安阳时开挖新渠禀稿三纸,将以装治成册,并检出邑人所立《叶公渠碑记》拓本,命移录附后,以详始末。

谨按民国廿二年《续修安阳县志》,立《循政志》一门,其引云:"读《两汉循吏传》如文翁化蜀,宋均渡虎,生鱼悬庭,蝗不入境等事,求之晚近,戛戛难矣。然当叔季之世,有能慈祥恻恻,实心爱民,或摧奸御暴,明决如流者,亦可以循吏称矣。安阳近数十载,治讼如郑季雅,弭盗如叶作舟,皆卓卓在人耳目,其它有可节取者备载焉,作循政志。"

传曰:"叶济,字作舟,光绪二十一年如安阳事,清勤自持,禁奸宄有郑季雅风。疏渠道,俾上游广阔,下游免淹没之虞。崔家桥等数十村不病水患,济之力也。当时建有生祠,今巍存云。"

又《杂记门》云:"二十一年四月,漳水复决二分庄,老河断流。至七月水涨,大溜仍趋老河。知县叶济会同临漳知县周秉彝、内黄知县蒯钱督率邑绅修堵,被水村庄皆赈之。"

读此可知当时政绩卓荦,治水其一端耳。四十年后,是邑之人大书特书,称述不置者,其遗爱之人人也深矣。

一九四一年三月二十五日,顾廷龙谨录并识。

(《顾廷龙文集》,第 530 页)

同日 刘承幹复先生函,送呈《袁昶日记》钞本。云:"袁太常日记钞本,前为叶浦苏大令借去,拟录登《群雅杂志》。顷向渠先行取回,送上。此书殊有讹字,系钞

写者之误,数见不鲜。公浏览所及,祈为订正。刻闻此书《中国日报》已经登入,乃最近之事也。"(原件,《尺素选存》)

3月26日 顾廷龙来访,送还《安阳县叶公渠碑记》册页。"畅谈。"(《顾廷龙日记》)

3月28日 读《袁昶日记》传抄本。《札记》云:"阅袁爽秋先生日记,黄鲜盦旧藏,杨志林绍廉手录以赠翰怡,嘱刊入丛书者。庚子五月廿八起,六月廿二止。"(《杂著》,第192页)

3月29日 致顾廷龙函,嘱将袁昶《京秋日记》抄录一册,兼评王文韶、刘寿曾。云:

> 向翰怡借得《袁爽秋日记》一册,皆庚子就戮以前之实录,请阅后送还之。闻翰怡言《中国日报》新近登出,不知此报见过否?又闻叶浦苏拟付刊,亦不知叶为何人。

> 王文勤以黄老之术自全,在枢廷时暗中斡旋之功颇多,而委蛇逊顺、人云亦云之误事亦不少,生平不轻动笔(弟曾得见数次,从未见其笔迹),既无日记,亦无存稿,终日惟水烟袋作伴面已。故从未闻有藏文勤书札者,可决其无遗稿。外任之奏牍不知有存者否(湘抚有亦例行,枢廷大老可以不留只字),其子孙颇不能守成,恐亦丧失矣。袁日记朱校似系刘恭甫(寿曾)手笔(此人不甚高明,即裁割《宋会要》原稿之人)。杨抄误字并不多,惟草书不甚有根柢,往往以意为之。李稿廿一巨册如价能大减,馆中似可留,酌之。弟意至少总须六七十元。杨书尚有四种漏送奉上。(《尺牍》)

3月 撰《明通鉴》跋。云:"此书体例以《实录》为本,凡采及稗史者,必详说原委,如载正统二年张后御殿谴责王振事,是其例;凡野史之谬误必辨正之,如论马愉、曹鼐正统五年入阁及辟建文从亡诸谬说,是其例;凡《实录》之不可从者,亦辨正之,如载太监陈永昌谏阻迁都谓系成化初修史时,其嗣子泰预纂修,有溢美之词,又郭登守城出见英宗非事实,谓系史官粉饰之词,是其例;又《实录》之前后歧出者,修正之,如《景泰实录》不载卢忠告变事,采《天顺实录》及诸书补订,是其例。全书征引宏富,翦裁有法,其论断亦通达政体,烛见治乱之原,君子小人消长之故。在有明之季,熟读一代《实录》及各种野史,能以公平严正之笔,表而出之者,舍季野莫属。太炎之说是也。其价值自在《庄史残稿》之上,惜祇存十一册,亦人间瓌宝矣!辛巳二月读竟,叶景葵识。"(《书跋》,第24页)

3月 撰《吴江陆幹夫先生墓表》跋。云:"光绪癸巳,余应顺天试报罢归,严君命从陆幹甫先生受业,为时不过三月,改削制艺四篇,谒见两次。次年即赴济南,又应南闱。及回豫省,则均至外县随任,无缘再抠谒,仅闻先生亦得外任。及余服官,则音问更稀矣。前岁在旧都与章霜根纵谈及先生，余称为师，霜根甚奇之，乃以前事相告。霜根即检文稿中所存旧作《陆大令墓表》见示，谓'此固余数十年老友，实吾乡笃行君子也'。临别又以《墓表》石本见赠。谓余：'此文颇得意，君既有此一段因缘，自有珍藏价值。'霜根为此表时，距其去世不满一年。复读此文，知先生为根柢深醇之循吏，愧余浅尝，未免孤负。诗文集刻本亦未见，过当访求之.辛巳二月门人叶景葵敬识。"(同上引书，第27页)

3月　撰《两汉金石记》跋。云："此龚孝拱校本，凡总目加墨点者，均以原石拓本或名家钩刻本校读，精审之至。前见所校《刘熊碑》翁跋，诋诃不少假借。此书虽亦訾翁之不学，而于其论书之精语，则倾倒备至。孝拱善读书，盖非信口雌黄者。辛巳二月乔估自苏州寄来。揆初。"(《书跋》，第63页)

《两汉金石记》二十二卷，(清)大兴翁方纲(覃溪)撰，清乾隆五十四年北平翁氏刊本，六册，(清)龚橙校。(《叶目》)

3月　撰《存雅堂遗稿》跋。云"方韶卿《遗稿》十三卷，顺治甲午刊本，附雍正甲辰补刊一卷，《四库》著录，据鲍士恭家藏本，删去《物异考》《月泉吟社诗》，外篇诗文，改为五卷，名曰《存雅堂遗稿》。此系原本，缺第六至第十卷，即《物异考》与《月泉吟社诗》也。补刊内缺第二、三、四、五、六共五叶，即《野服考》，其余诗文无缺。朱笔审为鲍渌饮先生校，墨笔为塘栖劳氏昆仲校。卷端瘦居士朱文印，未详何人。又有学林堂印，乃吾乡高宰平先生学治藏书。先生耆年绩学，光绪时为东城讲舍山长。余弱冠前应经古月课，屡经拔厕前茅，月得膏奖，即至珠宝巷修本堂购书。生平蓄书自此始。饮水思源，尤应珍重。辛巳二月，景葵敬识。"(《书跋》，第133页)

3月　撰《晋文约钞》题识。云："此二十(岁)以前所抄。当时学骈文于朱又笒夫子，属于两晋文熟读，故有此选。揆初识。辛巳二月。"(手迹，原钞本，上海图书馆藏)

3月　得悉老友黄群藏书毁于日寇炮火，满怀悲愤记云："黄溯初搜集温州一郡乡贤著作，用力数十年，多人间未见之本。玉海孙氏、蓼绥黄氏所藏，亦为彼所吸收。前日闻友人言，向未散失，正拟函询，问之寄廎，知通易事急时，其弟移存天通庵左近。战事起后，该地已成灰烬，人间异籍，亦随之而去，惋叹累日。否则溯初夙以公诸社会为职志，必能与我合作也。"(《札记》，《杂著》，第189—190页)

3月　撰《师二宗斋读易劄记》跋。云："汉阳关棠慕郭林宗、阮嗣宗之为人，颜其居曰师二宗斋。中光绪乙酉举人，为罗田县教谕，刻厉于学，从游甚众。植品清峻，湘抚陈宝箴专折奏保，旨未回，即病殁。曾纂修《湖北通志》，编集《湖北文征》《湖北丛书》，著有《读易劄记》及诗文词若干卷。门人陈曾寿梓其诗文词，有《读易劄记序》一篇，此稿未刊，益从其门人谢凤孙钞本传录者。旧藏沈乙盫家，辛巳春购得后，又觅得遗集刻本，其子炯重印者。今亦稀见，并交合众图书馆庋藏之。景葵记。"（《书跋》，第 3 页）

《师二宗斋读易劄记》不分卷，（清）汉阳关棠（季华）撰，稿本，二册，（清）关棠手跋。（《叶目》）

3 月 撰《南史》跋，叙述校录及此书失而复得之曲折经历。云：

> 潘君博山收得王西庄校本《南北史》，极为精美。适故人宗耿吾旧藏刘泖生传录本散出，余即收之，有《南史》而无《北史》。借潘藏本对读，知第四十九卷以后校语未录，第五十二至六十卷，则校语圈点均未录。盖当时借书时间匆促，故付阙如也。丁丑之夏，先室逝世，入山养静，即携刘校本，又借潘藏末三册同行。到山后，经十日之力补录完竣。秋后下山，因蒋抑卮兄称赏此书，乃以余所补录之三册留供繙读，潘本则挟之赴汉。戊寅春回沪，则博山已由苏避沪，当面缴还，而抑卮匆匆离山，将余补录本留山，屡托友人往觅未得。至庚辰，荷郑性白亲至抑卮山居检查，始在书案抽屉内觅得。辛巳春，又荷顾牧师自山中珍重携回上海，始得与全书合并。良友之力，深可铭佩，而抑卮已作古人矣！卷四十五第十一页，抑卮有校语著于前眉，渠读书极细密，向少笔墨，此虽寥寥数字，亦可留作记念。泖生先生校书甚精，此系匆匆传录，恐他卷尚有遗落之处，应再借原本校读一过。卷六十四缺末两页，亦须补抄，并假《北史》过录一部，俾人间留一副本。以近日物价趋势而论，恐已无刊印之望矣！（手迹，原书，上海图书馆藏）

《南史》八十卷，（唐）相州李延寿（遐龄）撰，明汲古阁刊本，十二册，（清）刘履芬临王鸣盛校，民国李详题诗，叶景葵补临王鸣盛校。（《叶目》）

3 月 为朱遂翔（慎初）题《抱经堂藏书图》。提出"鬻书与藏书，皆有功于书者也"，"鬻之功，或高于藏"重要藏书理念。云：

> 余往来里门，于上下车站时，必至抱经堂，与慎初晤谈，示以未见书甚多。鼹鼠饮河，所收有限。慎初勤能和易，精力过人。售书者乐与之商，求书者亦踵相接。粤东莫氏收慎初邮寄之书，凡库中所无，概不拒绝。吾乡王氏，搜罗方志，名闻海宇，大半经慎初手，其为人信任如此。近来薄有蓄积，感斯业之不易竞争，其意似已鄙夷鬻书而倾向藏书，诚为空谷足音，闻之可喜。夫鬻书与藏书，皆有功于书者也。吾以为鬻之功，或高于藏，山岩坏壁之珍本，苟无人辗转贩卖，焉能为世人所共赏？故蠋叟箴慎初勿徇藏之虚名，而失鬻之实利。实利云者，自利而兼利人之谓也，余望慎初鬻与藏并进，待羽毛丰满，则为利人之藏书，勿为自利之藏书。古今藏书家，或供怡悦，或勤纂述，或贻孙子，终不免

有自利之见存。若为利人之藏书,则整理研究,传钞刊印,事事与自利相反,其功更溥,其传更久。此即先哲所云"独乐不如众乐",慎初其有意乎?(《札记》,《杂著》,第191页)

3月 撰《红楼真梦》题识。云:"著者侯官郭则沄(啸麓),光绪癸卯进士,授编修,出为温处道。入民国,于徐世昌任大总统时为秘书长。生平颇好诗词,所作亦清丽。故此书多倡和之篇,即其寄托处也。辛巳春。揆书。"(手迹)

《红楼真梦》六十四回,民国侯官郭啸麓撰。庚辰长夏夏栗苹校印。线装十六册,一函。(原书,上海图书馆藏)

3月 为《渐西村人日记》残本封面题识①。云:

《渐西村人日记》 第一册 残存五册

一、同治十一年壬申至十三年甲戌冬尽;

二、光绪庚辰仲冬至辛巳五月中旬;

三、辛巳五月下旬至十月上旬;

四、甲申春初至九月晦;

五、甲申十月朔至乙酉仲春。

第二册附手抄《佛远教经论疏节要补注》。 (手迹,原书,上海图书馆藏)

《渐西村人日记》残不分卷(附《志适斋随手记草》不分卷),存同治十一年至十三年、光绪六年十一月至七年十月、十年至十一年二月,(清)桐庐袁昶(爽秋)撰,手稿本,存六册。(《叶目》)

是年春 蒲石路(今长乐路)合众图书馆馆舍开工兴建。

4月2日 至合众筹备处,送书五包。告顾廷龙云,孙宝琦(慕韩)之弟宝瑄有《忘山庐日记》,今访得十二册,闻遗失约十八册。又言及蒋氏书已说妥,重复者及不重复而实用者须自留,以备后人习诵之用,嘱顾选定之。(《顾廷龙日记》)

同日 先生记《忘山庐日记》,云:"孙仲玙宝瑄勤学敦品,同时师友,多直谅之士。日记甚详,每年一册,本拟分类编作集,闻共有三十余册,在杭寓已散失,为人所得。仲恕百计寻觅,在其家觅得八册,计癸巳、甲午一册,名《梧竹山房日记》;戊戌、辛丑、壬寅、癸卯、丙午、丁未、戊申各一册,名《忘山庐日记》。拟公函颜骏人之夫人,提议归合众图书馆保存,因仲玙之子,颇不更事,颜夫人为仲玙胞妹,或有力量可以玉成此事。余到京应试时,与仲玙常往来。慕韩好应酬,支持门户,仲玙则折节读书,记诵渊博,深识古今学术源流。其日记纤悉必书,以毋自欺为旨,同时交

---

① 原题识无日期。《卷盦札记》有"闻袁爽秋先生日记"条,考为1941年3月28日之事。题识当为同时之作。——编著者

游,未有如之者也。""仲玙日记,蝇头细字,极废目力,仅阅癸巳、甲午一册,戊戌一册。博学慎思,持论平允,所作诗,雄浑苍劲,颇多得意之作。"(《札记》,《杂著》,第194 页)

同日 读《听钟山房集》《拜环堂奏疏》,抄录目录、歌诀等。(同上引书,第193—199 页)

4月7日 偕关志良至合众,访顾廷龙,未值。嘱明日往于晦若后人宅取书,为之整理。(《顾廷龙日记》)

4月9日 至合众筹备处,送书。晤王重民。王赠《敦煌残卷跋尾》第二集。(同上引书)先生记云:"王君重民贻所著《巴黎敦煌残卷叙录》第二辑,披阅一过。校勘之学,亦随世界文明交通而进步,断珠零璧,沦于西人之手,不过为博物院添一门目,一经我国人研究,遂与古籍发明如许关系,则开掘时随锄锸而烟飞灰灭者,又胡可胜道。闻王君言,巴黎人对于中国古籍终属隔膜,保存之法,亦甚可笑,何时可以复归我土,痴想而已。由此推之,日本学士大夫研究汉学之进步,深可惊叹矣。"(《札记》,《杂著》,第200 页)顾廷龙回忆:王重民自美国归,赠以《巴黎敦煌残卷叙录》,叶先生即于书衣记其赠年月"辛巳暮春"。(引自沈津编著《顾廷龙年谱》,第681 页)

4月9日 致张元济书,索傅增湘借去之书。函云:"多日未趋谒,天气甚寒,惟节卫适宜为颂。君九亦已出院,想已闻之。去年傅沅老借去《振绮堂书录》钞本,计已阅毕,可否便中函托寄还,或交敝京行代收亦可。因馆中有需查阅之件,而颂丈之原本不愿外借,未能借阅,故敢以琐事奉渎。敬颂 菊丈颐安。景葵顿首。卅、四、九。"

(手迹影印件,《合众先贤墨迹选》第38 页)

附:1941 年 4 月 10 日张元济复先生函。云:"昨奉手教,展诵谨悉。承注感感。振绮堂书录遵即函达傅沅翁索取,一俟寄到,即行送呈。贱体除步履未复元外,余无他病,敬祈释念。"(《张元济全集》,第 1 卷,第 314 页)

4月10日 张元济复先生函,告以振绮堂书录事。云:"昨奉手教,展诵谨悉。承注感感。振绮堂书录遵即函达傅沅翁索取。一信寄到即行送呈。贱体除步履未复元外,余无他病,敬祈释念。"(《张元济全集》,第 1 卷,第 314 页)

4月11日 刘承幹致先生函,附呈王季烈(君九)信札。云:"日前造谒,获领教言,深慰积渴。……顷得君九兄来书,附台端一缄,特谨送上。《容文恪家传》一篇月前寄来敝处,已录有副本,今将原稿随函附呈,公阅后即请于作复时径寄还君九兄为荷。"(原件,《尺素选存》)

4月15日 致顾廷龙短笺,送书。云:"乔估寄书一包,送请审查。《说文理董》,查国学图书馆本,是否止六卷,此本自七卷起,当是艺风抄本,已否刻过,有无流传?如系罕见,则可影抄一部。因三百元之价太昂,渠等载至北京,如售一百五十元便上算,决不肯过于贬价也。《蜜梅花馆文》有无刻本?余二种似已刻过。前致伯希和书有无底稿?请再依样作一说帖,致法领事,以备先托人译成法文。陈莱青所捐五万元,已交到,在中华民国乃罕见之事,复信稿底送上一阅,可存案。自行车如空,望再来搬书。""外书两包,内一包系敝藏送馆者。"(《尺牍》)

4月16日 至合众筹备处,送书。又嘱顾廷龙"商选蒋目",即整理蒋抑卮藏书复本。顾廷龙后在《私立合众图书馆藏书概况》中,叙述蒋氏藏书捐赠事,云:"叶揆初先生于一九三九年夏,有创办图书馆之意,首出自藏钞校稿本,其次蒋抑卮先生藏书数万册捐出。余到沪后,即言等藏书章盖好陆续送去,但目前尚无盖章之人。余即应日:盖章之事,吾能为之。抑卮设午宴于家,时家居海格路范园,座有叶、陈氏昆仲、高欣木、王福庵等。次日,我即前往,在书库中每册盖章,积一出租车,即携回'合众'。未几,抑卮忽以伤寒逝世。揆初则方自绑匪手中获归,为撰家传一篇。并曰:凡未经抑卮送馆者,均由蒋家自留。是批善本,约十余箱,交由蒋彦武保管。彦武为抑卮姪孙,浙江兴业银行董事。'文革'中,造反派闯入,监视至晚,腹饥,见此书若干箱,即损至废纸铺论斤售去,得钱各吃几碗馄饨,而书入废纸铺者,均送纸厂做回魂纸,无有幸存。抑卮之书,得之汪鸣銮家。汪书出,抑卮与蒋孟苹合购,善本归孟苹,普通本归抑卮。抑卮以一部分归'合众',尚留于家一部分。此部分解放后送华东文化部,华东拨交'合众'。抑卮生前捐'合众'者,'合众'编有书目,曰《蒋氏凡将草堂书目》,潘景郑编,洪驾时刻蜡纸,印数十部。"(顾廷龙笔记复印件,引自沈津编著《顾廷龙年谱》,第507页)

同日 张元济致先生函,商租屋修葺费事。函云:"前以敝寓租约届满,曾请转商房主,准与续订两年,知蒙婉达,昨日竹淼翁过访,出示张君叔诚复函,竟邀慨允。弟在此两年中,得稍稳一枝之栖,皆出吾兄之赐,感荷何极。至弟前请酌加租金,虽承叔翁厚意,未予接受,然以目下租市及币值核计,弟殊觉受惠过厚,于心实有未安,可否仍请代为核定,略助房屋修葺之费,藉表下忱。礼云:'君子不尽人之欢',想蒙鉴许。除复竹淼兄外。敬祈会商见示,无任祷荷。"(《张元济全集》,第1卷,第314页)

同日 表弟吴谏斋复先生函,告以愿将杭州吴氏老宅藏书捐赠合众图书馆。函云:"昨晤寄颿先生,并奉赐书。敬审起居安康,快慰奚如。吾哥建立图书馆,保存丛书,垂诸久远,弟万分赞佩。弟于五年前回里,环顾家中书楼,室被尘封,架为鼠噬,蠹鱼侵蚀,尤为可惜。深虑历代藏书将次毁灭,后人既无读书余暇,又乏整理之人,当时即欲提议将藏书捐之浙江图书馆。不料战事爆发,而此议作罢。更不料此项藏书居然幸存,则此时之重视尤应胜于往昔。故闻尊馆行将落成,乃有捐入尊馆之意。一以吾两家之交谊,当有捐赠之可能;一以尊馆地址较内地为安全;一以幽谷迁于乔木,且有专人整理。种种了便,益何乐不为? 进思①以御赐为问题,殊欠理由充分。要知絅兄②之书并非完全御赐。如以御赐而言,先曾祖云贵总督时代御赐者亦不少,况御赐之物尤应宝贵,不应置之高阁。至先君③朝夕翻阅书籍,在絅兄生前早经移入书楼,并为一起,并不在弟妇处,进思所言殊觉费解。絅兄《晋书斠注》稿,吾兄送还后存于周伯伊家中。渠为黄筱彤之戚,在商务书馆办事,住康脑脱路三星坊十六号(如已移居可请转询筱彤)。兹书一片请兄派人前取。最好由行中同事往领,因弟从前存时藤箱有数只,未知书箱外面有无标记,或须在周家打开一看。如茶房启箱恐不经意,书籍零散,或有遗失之虞。该书稿将入尊馆,亦该稿莫大之幸福也! 弟病后始于最近脱离医药,消费似较减,然生活指数日高,所入依然难以平准耳。"(原件,《亲友手札》)

4 月 17 日　顾廷龙来访,商蒋氏书目。(《顾廷龙日记》)

4 月 18 日　至合众筹备处,送书。(同上引书)

4 月 19 日　赴浙江兴业银行出席浙江公益会董事常会。到会者陈汉第、胡藻青、汤拙存、刘承幹、张笃生、林行规、陈元和、徐永祚与叶景葵,共 9 位。张元济因病请假,徐寄廎赴港,蒋抑卮去世。会议决定因蒋抑卮病逝,补以徐永祚(海宁长安镇人,会计师)为董事。散会后,刘承幹与先生"晤谈"。(刘承幹《求恕斋日记》稿本)

同日　徐森玉请先生与张元济二位为刘承幹嘉业堂部分藏书估价。时刘氏藏书有明本千数百种、钞本三十余种,以廿五万元售予中央图书馆,徐森玉负责鉴定。(《顾廷龙日记》)

4 月 22 日　至合众筹备处。与顾廷龙等"同谈大清银行事"。(同上引书)

4 月 24 日　顾廷龙来访。送合众《百衲本二十四史》第六期书一箱。(同上引书)

4 月 27 日　向合众借阅《方舆纪要·州域形势》抄本、刻本各一部。并告顾廷龙,《读史方舆纪要》稿本,确多顾祖禹手笔。(同上引书)《札记》云:"向馆调阅《读史方舆纪要》原稿本,缮阅《福建》四册、《江西》六册、《广东》六册、《广西》六册、《江西》六册、《湖广》八册。此稿写定后又经修改增注,外间传抄本,皆由底本出,刻本亦由抄本出,所有修改增注均无之,故此书为世间孤本。所有字迹,非出一手,研究颇难。余历年缮阅略有会心,未能表而出之。今拟将全书检查一过,将字体之最有

---

① 进思,姓名待考。——编著者

② 絅兄,指吴士鉴(絅斋)。——编著者

③ 先君,即吴庆坻。——编著者

关系者,分为四类:一曰虞永兴体;一曰欧阳率更体;一曰褚河南体;一曰蔡君谟体。余颇疑虞体为顾景范笔,俟阅竟方能作一有系统之研究。总之,此书的为原稿,可无疑义。"(《杂著》,第203—204页)

4月28日 王大隆来访。《札记》云:"王欣夫来言,曹君直遗书已排好四卷,袖出《辛巳丛编招股启》,并附招胡绥之《鄅顾遗书》股分。"(《杂著》,第202页)

4月30日 偕顾廷龙、潘景郑同往孙伯渊集宝斋选书数十种。(《顾廷龙日记》)先生记云:"萍乡文素松思简楼遗书,尽归集宝斋。与起潜、景郑同往,选取数十种。有《全上古三代文》抄本四册,见其凡例,与严稿不同,上有彭甘亭印,携归阅一过,知非严辑,不知何人著作,可异也。"(《札记》,《杂著》,第206页)

4月 撰《地学问答》跋,回忆孙江东其人其事。云:

> 此《杭州白话报》《地学问答》原本,景葵在汴省为期开通民智起见,曾经重行删改印行。此为当时草稿,存晦居士者,景葵自号也。原本题独头山人,姓孙,名江东,于光绪十五六年间在余家任西席,教授三弟叔衡专习举业。性甚顽旧。光绪十八年,余家赴汴,即分手。甲午以后,受时事之激刺,渐渐求新;至庚子后,乃赴日本求学,曾为《浙江潮》主笔,主张排满革命。回国后,为《杭州白话报》主笔,曾草《罪辫文》。与驻防旗人贵林冲突,为当局所注意,不能容身,又逃至日本。宣统时赴吉林,在民政厅服务,辛亥后始得回杭。余招至沪,任海州海丰面粉公司经理。之任办理数年,因与当地绅士因应为难,辞职闲居。素性耿介,办事尤认真,嫉恶最严,故落落寡合。家况极寒,处之泰然。忽患胆石重症,痛苦不堪,乃至红十字会医院请西医割治,七日后痛发,又患高热度,不支而死。自始病至临终,皆身亲其事,痛志士之不永年,经纪其丧,遗一妻一子一女,子旋夭折,女已适人,奉母以居,此民国七、八年间事也。江东死,余挽之以诗,极沈痛,兹录末二首:"病中千百语,语语抵黄金。神到弥留定,交随患难深。形骸欣解脱,骨肉费沈吟。此去依清净,临危爱梵音。""盖棺方论定,依旧是孤寒。命蹇文章贱,时危事业难。薙须仍老瘦,罪辫已丛残。纵忍须臾泪,为君摧肺肝。"辛巳仲春,揆初补录。

> 贵君文行循谨,第以年少气盛,又身系旗籍,断断口辨,与革新派始终柄凿。辛亥之变,竟遭残杀。当时一唱百和,营救无人。事后公论,多有痛惜之者,亦吾乡士大夫之慼德也。

> 光绪辛丑在开封,曾用《杭州白话报》所印《地学问答》重印数百本分送,以期开发民智,此为当时删改原本。辛巳春,葵记。(《书跋》,第117—118页)

《地学问答》一卷,杭州孙江东撰,清光绪二十七年杭州白话报排印本,一册,叶景葵校改。(《叶目》)

4 月 撰《杨稣甫先生手迹四种》跋。云："此和甫先生之子寿彤通所赠。余丁未来沪，即识寿彤，时为岑云阶制军掌书记，家居威海卫路，余居马霍路，相距极近，几无日不相见。家多书籍，时向借阅。寿彤博览多闻，词采斐然，作楷书尤秀丽。娶于张氏，为坚伯制军之妹壻，早赋悼亡，纳一妾，不甚理家事。又因闲居久，郁郁无所发摅，志节颇高抗，不肯苟同，竟中年夭折，其年未得五十也。死后家中落，遗书尽散，失一朝夕谈心之友。复检此册，为之怆然！辛巳三月，景葵记。"（《书跋》，第 112—113 页）

《杨稣甫先生手迹四种》，（清）黔南杨调元（和甫）书，民国元年景印本，一册。（《叶目》）

4 月 阅《旧唐书》《朱子集》《纪文达公遗集》等书。《札记》云：

前购惧盈斋本《旧唐书》，庋置箧中，顷检出，知为杜文澜校读本，颇精细。纪年为甲戌，当即我生之初也。

阅《朱子集》墓志、传状数卷，多可读之文。《王梅溪集序》云："梅溪之文，光明正大，疏畅洞达。"吾即以此八字评朱子之文，自谓确当。

阅《纪文达公遗集》。此系身后辑刻，故以不漏为宗旨，颇芜杂而不精。文达本不以文见长，生平之作，当以《恭进四库全书表文》《乌鲁木齐杂诗》为可传，其文蹊径平凡，无过人之处。

阅《籊石斋诗集》，由放翁入手，而上窥山谷，其至性刻挚处，颇兼后山之长，归田以后之作，则生硬而兼晦涩矣。摹写南中农事诸诗，极真切。题画诗太多，出色者少。其诗派在浙人中为特别。（《杂著》，第 200—201 页）

4 月 读《全唐诗抄》。《札记》又考"黄河""黄沙"等字版本问题。云：

阅《全唐诗抄》。元和吴成仪选，吴企晋之父，璜川书屋写刊本，于晦若旧藏，向所未闻。共八十卷，补遗十六卷。诗句有一字沿讹，为后人所忽略者，如王之涣《凉州词》"黄河远上白云间"，古今传诵之句也。前见北平图书馆所藏明铜活字本，"黄河"作"黄砂"，恍然有悟。盖本作"沙"，讹作"河"，草书形近之故。向诵此诗，即疑"黄河"两字，与下三句皆不贯串，此诗之佳处，不知何在。若作"沙"字，则第二句之"万仞山"，便有意义，而第三、四句字字皆有著落。第一、二句写出凉州荒寒萧索之象，便为第三句"怨"字著力，于是此诗全体灵活矣。以此推之，杜工部《游龙门奉先寺》诗"天阙象纬逼"，朱鹤龄注引或作"闑"，诸家皆不之审，以宋本作"阙"也。不知此诗系工部少作，体格全摹六朝，第二、三联均以上下句相对，三联第二字应用动词，则"逼"字方可解。以声调论，此字亦必用平，不应用仄；以诗意论。"闟"然后知其"逼"，"卧"然后知其"冷"，极易解释。若作"阙"字，以天阙与象纬两个名词直接，句法笨拙，不伦不类，全诗便无精采矣。吾以为"闟"与"阙"亦草书形近而讹也。或谓"黄河"七绝，前人引用颇多，并无作"黄沙"者，安知前人书非经后人妄改，不足以难吾说也。（同上引书，第201—202页）

4月 撰《刘瑞临先生文集》题识。云："此编所收文未刊入《临端遗书》者，计五篇：《敬节会例题词》《敕封安人刘府君继配钟安人附志》《代父靖江府君作先兄余斋行述》《代世父牧堂府君作祭稿代妹文》《代父靖江府君作祭六侄女文》。"（手迹，原书，上海图书馆藏）

4月 打听得孙宝瑄之子情况。《札记》云："闻孙仲玙之子亦在海关服务，颇欲一晤，详询日记踪迹。"（《杂著》，第203页）

4月 整理旧碑帖，送合众图书馆。《札记》云：

检碑拓，见旧藏存古阁本《伊阙三龛碑》。记得癸巳年带至京，吴絅斋表兄谓较近拓多数十字，可珍之至，乃付裱工。余少年时喜临摹，愧未能似。案头适庋胡绥之手稿，有《三龛碑跋》一通，所见系章硕卿旧藏明初本，祇上半截，历举较《萃编》增出之字，余本皆无之。盖存古阁所得，亦系乾嘉拓本，与兰泉所得同时也。惟胡氏所举"登十号而御六□"，"六"下细审似"文"字云云，证以此本，虽亦模胡，却非"文"字，非"天"即"大"，以"大"字为近。"其流□于百氏"，胡氏谓"流"下细审似"承"字，证以此本，似非"承"字。余末次游龙门在民国廿四年，亲至《三龛碑》下摹挲，则已迭被兵燹，剥泐几无完肤。如以余本比对近拓，恐较明初本比对乾嘉本，更有今昔不同之感矣。前年曾向顾鼎梅购一整张，不知与此本先后如何，俟检出再较。

起潜来，谓余送馆之金石旧拓本颇多，而造象一类尤为丰富，谈次颇有喜色。余祖喜研造象，尚有裱本四巨册，未曾检来。余叔浩吾公所收曾氏造象，尤为精博，尚在杭州旧居，倘能悉数运出，可成大观，整理之役，则非起潜莫属矣。余祖所收碑拓，以河南马氏存古阁旧藏为最多，皆乾嘉间拓本，在今日已可贵。

检旧碑，见金冬心藏印《魏始平公造象记》，"匪为"系作"匪乌"，《萃编》误。余祖有笔录，未检得。记得在巨册题跋内。（《杂著》，203—204页）

4月 撰《白田风雅》题识。云："辛巳三月朱忆劬兄（孙芬）惠赠。忆劬为武曹先生之元孙，克绍先绪，笃行直道，闻图书馆之创设，为余搜罗古籍，至诚不懈，深可

感佩。景葵。"(手迹,原书,上海图书馆藏)

《白田风雅》十四卷,(清)宝应朱彬(郁甫)撰,(清)光绪十二年金陵刊本,四册。
(《叶目》)

5月初 整理祖父遗稿。《札记》云:"检王父在豫抚幕代钱敏肃公所拟奏稿,旧存四册,又信稿八册,又有散片一包,粘成大册,分为奏稿一册,咨札稿二册。取刻本奏疏比对,知未刻之稿颇多,大册所粘均系剿捻奏案,并非例稿。当日伊臣先生昆仲辑刻时,何以遗漏,必系未曾留底。幸王父原稿完全,可与刻本联为一气,即当送馆保存,俾无失坠。"(《杂著》,第206—207页)

5月1日 向顾廷龙索阅严可均辑《全上古三代文稿》《续昭代名人尺牍》。(《顾廷龙日记》)又校新得书。《札记》云:"审定《全上古三代文》四册,后附《全秦文》一卷,系彭甘亭手稿,其名与严辑同,而内容不同,不及严辑之繁富。""疑此意本创于孙渊如,且有集合众手以成一书之意,如修《全唐文》然,故严、彭皆致力于此。嗣以合作为难,各行其是,故严辑凡例有不假众力之语,而传者因此议发起于孙,遂有严攘孙稿之谣。严书具在,所谓不假众力,并非虚言。今又有彭辑出现,更可为严辩诬矣。此意应查彭、孙关系再定。""阅彭集毕批,甘亭曾辑《南北朝文钞》。顾千里曾入全唐文馆。"(同上引书,第206、208页)

5月2日 晚,徐森玉招饮,座有潘博山、潘景郑、吴湖帆、王重民、郑振铎、张珩、李玄伯、蔡季襄与顾廷龙。蔡季襄携示长沙新出土古物数种。徐森玉谈近年北平又出有吴大澂(愙斋)手札,以及当年参加东陵盗掘后重葬见闻。(《顾廷龙日记》)是日先生记云:"有长沙人蔡君季襄携长沙发掘所得战国时楚币、楚权、楚节,及币模名印共赏。又有开运二年马希广佞佛铜牌,字作反文,颇可玩。此人盖骨董家也。"(《札记》,《杂著》,第206页)

5月3日 "连日研究顾稿,兹将所得,拟一跋语。"(同上引书)是日,《读史方舆纪要稿本》长跋定稿。跋云:

距今十六七年前,杭州抱经堂主人朱遂翔告余:"在绍兴收得《方舆纪要》稿本,因虫蛀不易收拾,愿以廉价出让。"余嘱取来,则故纸一巨包,业已碎烂,检出首册,见旧跋与陶心云年丈跋,均定为顾氏原稿,以七十二元得之。灯下排日整理,剔除蠹鱼蛀虫,不下数百,排列次序,残缺尚少,乃觅杭州修书人何长生细心修补,费时二年,费款二百元,于是完整如新矣。迭次繙读,并与刻本对校,知刻本与此底本,虽有字句不同,而大体无异。所不解者,全书签校删增,朱墨杂沓,非出一手,是否顾氏及门所为,有无顾氏亲笔,抑为乾嘉以后人所加? 无从臆断,就正好学之士,皆未能决。乙亥春至北京,亲携十余册,请钱宾四穆鉴定。钱云:"须照校一过,方易研究。"乃与约南北分校,校后互易,以期迅捷。归沪后即自校北直数卷,渴欲觅致顾氏墨迹,以便对证。忽得钱书云:"就已校出之优点看,决为顾氏原稿。"次年,蒙浙大教授张其昀以顾氏尺牍照片寄钱,钱以赠余,谓张君专研地理,服膺顾氏,生平搜采顾氏历史,最为热心。余适游浙江省立图书馆,闻张君演讲地理,亲往听之,讲毕,承馆长陈叔谅介绍相见,余叩以顾氏尺牍之来历,张云:"顾氏家于胶州黄隐士庭,余因访求顾氏遗事,亲至胶州,在黄家得杂书一束,内夹顾氏尺牍,其来历可信。"余即以张君之言为圭臬,归而细检全书,发见顾氏字迹与尺牍相似者,不下数百处。兹举最显明者以为例:

南直三　二上　今仍曰凤阳府。

北直二　四八下　渔阳废县移入此。

北直二　六三上　丰润移遵化后。

山东三　一下　元嘉三年移置兖州。

山东五　十下　元帝封梁敬王子顺为侯邑处也。

贵州二　十四下　万历三十九年置广顺州云云。

以上所列六条,最后者笔法模胡,似为顾氏老病中所点定也。

或曰:"张氏所得尺牍,署名曰禹,并未著姓,即得之黄氏,安知无同时同名之人与黄氏通笔札?照片字体大小,虽笔意相似,未可据为确证。"此言亦甚合理。兹请舍去尺牍之孤证,而就全书中所得各证论定之,其疑问有二:

第一问:全书之写定及重修,系若干人分任?兹举其字体之最易分辨者五人:

甲、褚书:临雁塔《圣教序》,笔致流丽。全书一百十余册中,独缮五十七册,总目亦一手编定,是为誊写底本之重要助手,眉注间或有之。

乙、蔡书:字不甚工,似临蔡端明帖者,姑以蔡书别之。全书计写四十余册,其重要亚于褚书,绝无眉注。

丙、欧书:字临欧阳率更,极精整。全书中写东山六、七两册,是为鉴定时代之重要资料。墨笔签校甚多,又以朱笔改正底本,专司考订郡邑建置沿革、水道源流,分合取材于各史《地理志》及《水经注》诸书,兹举其例如左:

川渎一六上《淮南子》曰:"弱水出穷石山"一条,六下孔安国曰:"黑水自北而南"一条,均墨笔加签。

南直三　四四　"临淮废县、徐城废县"小注,朱笔删改十余行。

山东五　十八上　"金为恩州治"云云,墨笔眉注。

丁、欧褚书:字体在欧褚之间,不如甲与丙之工。墨笔签校甚多,间亦改正底本,或经欧书重加修正,专司分地名及山川名之考订,取材于新旧方志及诸地理书。兹举其例如左：

北直六　廿一上　"时又于洺州置北中郎将"一条，墨笔删改。

南直七　廿七下　"按晋《志》郗鉴为徐、兖二州刺史"二条，墨笔添注。

河南一　三五上　"唐《志》贞观十一年穀水"一条，墨笔加签。

戊、赵书：字临赵吴兴，签注最繁。专司清初府、州、县建置之或仍或改，取材于新志，亦间有考订。兹举其例如左：

广西七　廿五上　"宋《志》为九德郡"各条，墨笔眉注。

广东二　卅七下　"增置开平县查河地析置"，墨笔加签。

福建一　廿三上　"其相近者曰金鳌峰"一条，墨笔删改。

第二问：以上五人是否与顾氏同时？甲、乙专司誊写底本，丙亦为誊写底本之一人，其同时可知。兹再将丙、丁、戊三人相互之关系及丙、丁、戊与顾氏之关系，历举各证，以明其为同时重修之人。其说如左：

广西六　廿下　"上林长官司"一条，欧书与赵书有同时商订语。

江西二　八上　"剑水汝水"各条，同上。

江西六　十六上　欧书"虔化旧城"一条，赵书照钞。

又　卅四下　欧书"豫章水"一条，同上。

南直一　十八上　欧褚书"靖江县"一条，欧书删改。此例甚多，仅举其一。

贵州二　"都匀府"赵书眉注，欧书删改。黎平府同。

右为丙、丁、戊相互之关系。

山东一　廿八下　欧书"盖博阳即博也"，顾氏改曰"盖博之阳也"。

山东六　欧书全册，顾氏眉注"县旧为南北土城，洪武四年修葺"一条。

山东六　十六下　欧褚书"汉《志》昌国有德会水"一段，顾氏校改朱墨笔二次。

山东八　五十下　"三万卫"条下，赵书加签云："今开原县"，顾氏注曰："今改置开原县，属奉天省。"

湖广八　十九下　顾氏注"今俱仍旧。"赵书改为"今仍置施州卫。"

右为丙、丁、戊与顾氏之关系。

或曰："子谓诸人与顾氏同时，似矣！但子所云顾氏书，倘非真顾氏书，则其说立破。"余应之曰："然！"请说明全书之体例，以证明其确为顾氏书：

顾氏写定底本，在康熙五年丙午以后，丙午所刊《历代州域形势》，其总名为《二十一史方舆纪要》，卷数为七十二，其集注多从近志，其分类为《两京纪要》《分省纪要》《九州郡邑合考》，所拟与后来底本不同。底本体例悉遵《明一统志》，以省府、州、县、卫、所为纲，而古迹、山川、沿革、险要均附于其下。其时三藩未定,政尚宽大,人有故君之思,奴、虏、夷、寇诸名词,触处皆是,毫无禁避。迨入一统志局以后,得见征集之各省新志,乃集众手重修之,一以今制为准,故南直、北直、藩封、卫、所以及禁避诸字样,顾氏随笔修改,其新见之材料,则增注于下,考据之疏误者修正之,文字之支蔓者蔚裁之,凡今代之建置附书之,每州每县后所记"今为某州某县,或今属某府",以及"或为砖城,或为土城,城周若干里,有若干门",均非检查新志不可。如广西一七页上赵书"泗城府、西隆州"各条,均注云"要查新志"。足证此人为检查新志之助手,非预修《一统志》之顾氏,乌能有此凭藉。山东七胶州下顾氏注曰:"今仍曰胶州。"又于"胶西废县今州治"下注曰:"门三,北面无门。"顾氏家住胶城,故言之较详,亦一佳证。

况此书体大思精,采撷宏富,重修之役,分任众手,能以一人鉴定之,而又纲举目张,秩然不紊,此可就全书一贯之精神而决其为生前手定者也。旧跋云"断手癸酉",而顾氏卒于前一年壬申①。北直一叶上方注有辛未六月四日字样,是为壬申前一年。故福建四册、广东六册、山西前三册,均无顾氏一字,旧跋之说可信。欧书责任最重,签注最繁,而陕西十四册,不过寥寥数字,及门修订之役,亦因山颓木坏,匆匆竟事,未可知也。各卷大题下间有黏签,上书"宛溪顾氏原本"及"补注"二字,此后人见原稿添注甚多,意欲辑为补注,因繁重而中辍,故但以底本付刊,而重修本则沈埋三百年,几饱蟫鱼之腹。余乃掇拾于朽蠹之中,何其幸欤! 乙亥春与钱君宾四别后,以全书远寄,恐有遗失,宾四校课又忙,商令其弟起八家于荡口故里者代为迻校,约定一省写毕,再换一省。丁丑沪战猝发,荡口亦有风鹤之惊,山东八册寄起八家,荏苒年余,赖良朋之力,始得归来。今春以全书捐赠合众图书馆,深念宾四远在西南,张君音书断绝,积年探讨,无从细论,乃发愤发箧重读。泛览既终,姑以个人绅绎之所得,笔于册首。以蠡测海,诚知无当,第自问皆从一字一句实地比较而得,其取证皆在本书,不敢穿凿附会。后之读者,续有发明,以匡余不及,是所殷盼也。辛巳四月初八日叶景葵记。

此书原缺浙江一一册,山东四一册,陶氏以旧抄本补配,浙江册首有李鹿

---

① 关于顾祖禹生卒年,近人记载多误。梁启超《中国近三百年学术史》载:"(祖禹)生明天启四年,卒清康熙十九年,年五十七。"萧一山《清代学者生卒及著述录》、梁廷灿《历代名人生卒表》并同。其误皆源于陆心源《疑年录》引文理解疏忽所致。对此问题,夏廷域在《读钱宾四先生〈康熙丙午本方舆纪要〉跋》(《禹贡半月刊》第4卷第9期),曾据华希闵所纂乾隆《无锡县志》〈顾祖禹传〉的记载,考定顾享年六十二岁,卒于康熙三十一年壬申(1692年),依次上推,则当生于明崇祯四年(1631年)。叶景葵先生提出顾祖禹卒于壬申之说,与夏氏考订相同,为长期流传史学界的错误成说正误纠谬,意义重大。顾祖禹卒年"壬申说",现已被学术界普遍认同。参见仓修良《顾祖禹生卒年辨证》,《历史研究》1978年第4期。——编著者

山藏印。山东六缺第五叶，陶氏补抄，版心皆作职思堂，系抄书时仿刊。

康熙丙午刊《州域形势说》，板心亦作职思堂，与底本同。钱君宾四收得一本。

丙午凡例云：助稽采者："李涤庵谭、赵月琴骏烈、邓丹丘大临、范鼎九贺、秦湘侯沅、华商原长发。"不知重修时有此六人相助否？自丙午至癸酉二十余年，及门必众，惜此本未有题名。《无锡金匮县志》卷二十一《儒林传》云："有马洞者，世奇从孙，从祖禹游，亦尝入志局。祖禹纂《方舆》书，洞与参考焉。"未知卷中有马君手笔否？

流传钞本甚多，皆从底本出。记得某书曾载：康熙初年，竟至无锡传钞，数金可得一部。大抵钞而未校，讹夺甚多。曾见孔氏岳雪楼旧藏钞本，颇精工，惜未收得。

卷中夹签，除参与重修诸君外，有同时人校订者，如浙江三四下"买臣妻自溺"一签，当为顾君净友。又有刊书时所加校签，系就各钞本比较异同者，则无关宏旨，读者宜细心别白之。以上就所忆拉杂记之，以供同志之参考。揆初。

（《书跋》，第 41—48 页）

顾廷龙后记述此书来历、学术价值，以及先生对于此书保护、整理与流布上的杰出贡献，云："明末清初有两大奇书，一为顾炎武之《天下郡国利病书》，一为顾祖禹（字景范，1631—1692）之《读史方舆纪要》，两书都是我国早期历史地理学的重要文献，为历来学者所推重。《天下郡国利病书》稿本已影印传世，而《读史方舆纪要》（以下简称《纪要》），原稿本之存亡，人尚莫知其究竟，辄引为憾事。今者《纪要》稿本即将影印出版，人们多年愿望得以实现，爰就所知记述其始末。""稿本收藏者原为杭州叶揆初（景葵）先生。先生喜藏书，每得异本，必手为整比，详加考订。二十年代初，他从杭州抱经堂购得此稿，丛残一束，经整治装修，历时两年，始成完书，展卷览观，多方考证，确认为顾景范《纪要》稿本。但他感到不可解的是，'全书签校删增，朱墨杂沓，非出一手，是否顾氏及门所为，有无顾氏亲笔，抑为乾嘉以后人所加？'未能决。一九三五至一九三六年间，他先后向当时在北平的钱穆教授和在杭州的张其昀教授请教。钱读稿本首几册后，审其为顾氏家传本，并允为通校一过。后以抗战爆发，交通阻隔，未能如愿。张则专研地理，搜采顾氏遗事甚勤，其所藏顾氏尺牍极有价值。先生正欲觅致顾氏墨迹，以便与稿本对证。获此尺牍照片后，即细检全书，发现稿本中字迹与尺牍相似者，不下数百处，进而考察稿本中其他字迹，按所书不同字体，其中最易区别的有五种，有褚书、蔡书、欧书、赵书，以及字体在欧、褚之间者。而所表达内容，多属彼此相互商订、删改、校改、加签、加注等用语。除了在字体上细心鉴别考订以外，他还从全书编撰体例加以分析，细察所拟底本体例前后不同处。在前，悉遵《明一统志》；其后，一以今制(清制)为准。从而断定'此书体大思精，采摭宏富，重修之役，分任众手，能以一人鉴定之，而又纲举目张，秩然不紊，此可就全书一贯之精神而决其为生前手定者也。'换言之，他根据对字体的鉴别和对体例的分析，确认此稿本乃集众人之手，由顾氏生前手定的重修本。并从稿本各卷大题下间有粘签，上书'宛谿顾氏原本'及'补注'字样，遂推测后人见原稿添注甚多，意欲辑为'补注'，但因繁重而中辍，于是重修本沉埋三百年，几饱蟬鱼之腹，对此他不禁发出慨叹。一九四一年四月，他撰《纪要》稿本跋，记述其考订经过甚详。""当年参加《纪要》稿本讨论诸子大多作古。钱穆教授于所著《八十忆双亲·师友杂记》中提及校读《纪要》稿本事，有云：'迄今将三十年，揆初与起潜亦不获其消息，《读史方舆纪要》之顾氏家传本，今不知究何在。苟使余不主先作校对，则此家传本早已行世。余对此事之愧悔，真不知何以自赎也。'盖自一九三九年八月，叶与张元济、陈陶遗诸先生共创上海合众图书馆，我受聘主持馆务。四一年春，叶先生复以《纪要》全书捐赠该馆。当时尚在抗战期中，翌年钱穆教授自成都来沪，顾我于合众筹备处，接谈及《纪要》稿本事，乃告以我愿尽力为此续校之业。其后尘事鞅掌，卒之未果，诚一遗憾也。"(顾廷龙《读史方舆纪要稿本序》，《顾廷龙文集》，第81—83页)

《读史方舆纪要》一百三十卷，(清)无锡顾祖禹(景范)撰，(清)宛溪顾氏家藏职思堂原稿本，一百二十四册，(清)陶浚宣题识。(《叶目》)

5月5日 至合众筹备处。送去田普实校《人物志》。(《顾廷龙日记》)

5月6日 送王念孙校《荀子》与顾廷龙。(同上引书)先生《札记》云："中国书店送阅王石臞校读谢刻《荀子》，以宋钱本、元本、世德堂本及《御览》《治要》《类聚》诸书校正，极为细密。内有'引之曰'三条，系父采子说，是难得之佳书。索价一千二百元，不似从前之易与矣。"(《杂著》，第207页)

5月9日 撰《全上古三代秦汉三国六朝文》跋。云：

思简楼文氏遗书，有独山莫氏旧藏钞本《全上古三代文》八卷，附《先秦文》一卷，封面有彭甘亭印，初以为传钞严本，阅其凡例，与严不同。携归细读，知非严辑。又检对甘亭字迹，知系彭氏手稿。目录凡例，与辑文之大部分，皆甘亭手书眉端，校注亦同。盖辑成后陆续增入者，校语引阮刻《钟鼎款识》，孙刻《续古文苑》，新刻《韩非子》等书。吴山尊本韩子刻于嘉庆廿三年。是此稿在仁宗末年，尚锲而不舍，至宣宗改元即逝世。甘亭曾辑《南北朝文钞》，吴江徐山民刻之。《先秦文》以后或尚有《汉晋文》之辑。其作始当在《全唐文》开馆之初，动机与严相同。惟严辑盛行于数十年之后，而彭辑湮没无闻。绎其凡例，取材亦主谨严，而与严稍有歧异。如严不采屈原，而彭以《楚辞》为王逸所集，与专家不同，故与宋玉并取之。其博稽群籍，订正异同，不如严之精密。一因考讹捃逸，严有专长；二因严之成书致力二十七年之久，而彭则未经写定，遽弃人间，诚有幸有不幸矣。辛巳四月十四日，叶景葵识。（《书跋》，第 175 页）

《全上古三代秦汉三国六朝文》八卷，附《全秦文》一卷，（清）镇洋彭兆荪（甘亭）辑，手稿本，四册，民国文素松跋。（《叶目》）

5 月上旬　阅《万首唐人绝句》。《札记》云："赵凡夫刻《万首唐人绝句》十六册，有寒山小宛堂牌子，起潜云较嘉靖本为佳。卷十二王之涣《凉州词》。'黄河'作'黄沙'，似系剜改，必以旧本为据。"（《杂著》，第 207 页）又撰跋谈古诗"一字沿讹"两例。云：

> 诗句有一字沿讹，为后人所忽略者。如王之涣《凉州词》"黄河远上白云间"，古今传诵之句也。前见北平图书馆新得明铜活字本，"黄河"作"黄砂"，恍然有悟。盖本作"沙"，讹作"河"，草书形近之故。今检此本亦作"沙"，所据必为善本。向诵此诗即疑"黄河"两字与下三句皆不贯串。此诗之佳处，不知何在？若作"黄沙"，则第二句"万仞山"便有意义，而第二联亦字字皆有著落。第一联写出凉州荒寒萧索之象，实为第三句"怨"字埋根，于是此诗全体灵活矣。以此推之，杜工部《游龙门奉先寺诗》"天阙象纬逼"，朱《笺》引蔡氏《正异》作"天阅"，杨用修主之。朱意"阙"指"龙门"，不主杨说。并以古体诗不必偶对，主《庚溪诗话》之说，而各家亦无采杨说者，皆泥于龙门本有双阙之名，且宋本作阙也。不知此诗系工部少作，体格全摹六朝，第二三联，均以上下句相对，第三联第二字应用动词，则"逼"字方有著落。以声调论，此字亦必用平，以诗意论，"阅"然后知其"逼"，"卧"然后知其"冷"，极易解释。若以天阙与象维两个名词相接，句法笨拙，不伦不类，全诗便无精彩矣。吾以为"阅"与"阙"，亦草书形近而讹也。附记于此，以质诗家。（《书跋》，第 173 页）

5 月上旬　致三弟叶景莘函，"劝其勿急勿过劳于著书"。（《札记》，《杂著》第 208 页）

5 月 10 日　介绍顾廷龙拜会袁帅南。阅袁氏藏书。（《顾廷龙日记》）

同日　晚，赴刘承幹寓所宴请。同座何炳松、徐森玉、郑振铎、瞿凤起、顾廷龙、张乃熊（伯芹）等。刘承幹记云："席间闻森玉、西谛二公所谈所见之书，渊博极矣。见闻多，记忆力强，真可佩也。芹伯对于佛经亦颇研究，专重法相宗，谓此乃玄奘法师之遗法，学佛者必须由此入手方为正宗。今之和尚全然不知，可见学佛之难。凤起年只三十四岁，对于版本目录之学，亦颇明白。真是后生可畏。"（《求恕斋日记》稿本）

5 月 11 日　选定文廷式藏书，请顾廷龙明日与孙伯渊议价。《札记》云：

　　　　阅文素松书:《研北易钞》十卷,黄昆圃著,《四库》底本。《历代统系》四卷,宗室文昭稿本,四卷。　《素问释义》,张宛邻,旧钞本。　《香字抄》,日本明治抄本。《静斋至正直记》四卷,旧抄本,王汝玉校。《苍霞草》,十二卷本。

　　　　文书选购十种:《历代统系》　彭辑《全上古三代文》　《十赉堂集》吴兴茅维,万历本。　《四书考典》方楘如,四十二卷。前得《论语考典》,非全书,旧抄本。《闻尘偶记》文廷式。　《陆射山诗余》周耕厓抄校本。　《副使祖遗稿》嘉靖时人,旧钞。　《陆琰卓诗稿附诗余》稿本。　《素问识》聿修堂本。　《脉学辑要》聿修堂本。　(同上引书,第208页)

同日　嘱顾廷龙访张珩,"因其前曾言有浙人集部稿见赠(合众),故先拜之。"(《顾廷龙日记》)张珩记云:是日"顾起潜……见访。"(《张葱玉日记·诗稿》第190页)

5月13日　撰《闻尘偶记》跋,记述与文廷式兄弟两代人交往,以及收集文氏遗著之艰难经历。云:

　　　　余弱冠前在杭,得见道希先生,见其躯干魁硕,以后未得再见。其胞弟法龢(名廷楷,行九)、硕甫(行八)、颂平(名廷直,行十),则相交素谂。颂平在奉天佐理财政局事,余甚倚任之。后入川省,不得已民国后闲居天津,以医自给,贫瘁而死。无以殓,余为经纪其丧。其子永闿,恂恂有文采,前在上海市政府为工程局秘书,今已转至西南服务。永闿曾言其父藏有道希笔记,余欲借阅,因战事而止,不知即此本否?

　　　　道希博闻强记,在光绪朝为新进之朝阳鸣凤,其文稿必多,今均散佚。记中云"有《枝语》,有《日记》",又见思简楼《拟刊秘本书目》,有道希所著《芳荪室谈录》七卷,《闻尘偶记后编》一卷,《续》二卷。此次均无所见,仅搜得此一册,既未列入《拟刊目》中,或已刊行,亦未可知。但为绝版之希见书矣!钞者颇多讹字,意改之,不能尽。辛巳四月十八日,景葵记。

　　　　卷内慈安被毒,有附注云"素松闻颂平叔祖述道希叔祖所言",故知为素松手钞。

　　　　道希博览,记性极佳。余幼时闻其能背诵《三通》,大约言之过甚。殿试时对策有"间间而"三字,误落"间"字,乃以"而"字改作"面"。已拟以前三名进呈,磨勘官以"间面"为疑,翁常熟曰:"'间面'甚典雅,而以对'檐牙'。"磨勘者语塞,乃以第二人及第,时人呼为"间面"榜眼。是时权贵颇以植党为事,争挟名士以自重,常熟尤为风气之先。此记述甲午以后之朝局,并未以举主之故,偏袒常熟,其斯为直谅多闻之君子欤!

　　　　道希之子公达,在申报馆操笔政多年,现已逝世。不知其后嗣如何?家中尚有遗著否?颂平与其侄不甚密切,余曾问之,不得要领而罢。是日灯下又

记。(《书跋》,第93—95页)

《闻尘偶记》一卷,(清)萍乡文廷式(道希)撰,民国萍乡文素松手抄本,一册。
(《叶目》)

5月16日　送合众《晋书斠注》稿本。晚,顾廷龙来访,送《说文理董》稿,并草
拟《合众图书馆缘起》《合众图书馆章程》。(《顾廷龙日记》)

5月19日　撰《说文解字理董》跋。云:

吴西林先生《说文理董前编》钞本十七卷,京估从扬州得来,谓其源出自缪
艺风家。后附《山右石刻丛编序》两页,系缪著,有缪校字。又《理董》前五页,
有朱文校字,亦艺风笔。则所云出自缪家可信也。《后编》石印本,柳序述《前
编》存亡及卷数作疑辞,知为罕见之本,因收得之,将请专家研究,俾与《后编》
并显于世。辛巳四月廿四日,揆初记。(《书跋》,第13页)

《说文解字理董》十五卷,阙卷一至六,(清)钱塘吴颖芳(西林)撰,江阴艺风堂
钞本,存三册,民国胡朴安、马叙伦跋。(《叶目》)

5月20日　马叙伦复先生函,谢借书。云:"教并书承,余容更改。即颂葵初
先生表兄时胜。"(原件,《尺素选存》)

5月21日　至合众筹备处,与顾廷龙商《合众图书馆缘起》修改事。又携示文
廷式致于晦若手札以及《冬暄遗文》。(《顾廷龙日记》)

同日　先生记于晦若书札等关系近代文献,"拟留之"。云:"检阅于晦若家所
藏友朋书札,得文道希信数十封,皆可观。日来于道希,可谓有缘矣。""检道希书札
毕,有诗五首,札数十封,皆完备,可抵二三卷文集。又得志伯愚昆仲、梁节庵丈札;
又得洪文卿使俄、德、奥、和与李文忠函报,前后皆可衔接,亦可宝。""洪文卿与李文
忠书札,自北洋奏保使才起,至到俄、德、奥、和公使任所,绵历至交替止,共四十余
号,皆于奏报及函总理衙门外,与合肥之机密情报。所译印之《中俄界图》,所著之
《元史译文证补》,无不详载,洵为珍贵之史料,拟留之。""又检得章太炎《上合肥
书》。在德占胶州以后,意主联日,请以威海卫饵之。文辞甚美,阙末页,亦拟留
之。"又记《冬暄遗文》云:"校《冬暄草堂遗文》一卷,原抄亦有讹字,不能尽以意改。
冬暄文如其人,患气弱,但朴至委婉,叙生死交情及庸德庸行,尤能出自肺腑,毫无
烟障。盖所存皆投赠或铭颂生平至交之作,自谓有不尽无不实,诚哉是言。所述皆
吾乡先辈轶闻,存文不多,自有流传价值,故抄而藏之。"(《札记》,《杂著》,第209—
210页)

5月22日　顾廷龙送到重拟《合众图书馆创办缘起》及《章程》、函稿,拟请张
元济着人译成法文。(《顾廷龙日记》)《合众图书馆创办缘起》云:

中国文化之渊邃,传数千年而探索无穷,东西学者近亦竞相研求,矧吾国

人，益当奋起，继承先民所遗之宏业。惟图录典籍实文化之源，兵燹以还，公私藏家摧毁甚烈，后之学者取资綦难，心窃忧之，爰邀同志，各出私人之藏，聚沙集腋，荟萃一所，名曰"合众图书馆"，取众擎易举之意焉。同人平素所嗜皆为旧学，故以国故为范围，俾志一而心专，庶免汗漫无归之苦，乃得分工合作之效。精钞、名校、旧椠、新刊，与夫金文、石墨皆在搜罗，而古今名贤之原稿尤所注重，专供研究高深国学者之参考。并拟仿晁、陈书志，欧、赵集录，撰列解题，以便寻览。风雨如晦，鸡鸣不已，不求近效，暗然日章，世有同情，惠而好我，斯厚幸已。张元济、叶景葵、陈陶遗同启。（顾廷龙《合众图书馆小史》）

同日 为向法租界当局申请图书馆开馆及免税等事宜，先生复张元济函。云："奉示敬悉，遵即转致叔诚兄矣。伯希和复函未到。应将预备前致法领事说帖及缘起与简章先行拟妥。兹嘱起潜起草，送请长者裁定后仍托前译法文之贵友，代为译成法文，俟伯希和函到，一并送去。将来说帖须请长者签名也。"（原件）

同日 北平文禄堂主人王文进（晋卿）来访，携书求售。三种稿本暂谐价不合，电告顾廷龙。（《顾廷龙日记》）先生《札记》云："王晋卿手购得《绿净山庄诗稿》十卷，嘉兴章云台溥稿本。又《一芝草堂诗稿》二册，余杭吴鹤舫懋祺稿本。《望云楼诗稿》一册，余杭褚湘筠女史成婉稿本。褚即吴妻也。此二稿似已刻过，因为吾乡人墨迹，故收藏之。""王晋卿携书三种，索价二千元，以款钜不能得。一张皋文评点《汉书》，丁柘唐加批。一王石臞批校《管子》，前有臧在东题记，又有孙渊如加批。一丁柘堂《春秋胡传申正》稿本。三书皆自江北来，均以款绌不能购留，甚为可惜。"（《杂著》，第210页）

同日 致吴谏斋信，"托向程叔度转商吕世兄借阅《愚斋函稿》《牍稿》二种[1]，拟抄一副本"。（《札记》，同上引书）

5月23日 再致吴谏斋函（今佚），询问盛宣怀身后函牍（即"盛档"）下落。（见1941年5月29日吴谏斋复先生函）

同日 王文进再来，云"求售三书可商"。先生即电告顾"或可谐"。（《顾廷龙日记》）

同日 阅《历代统系》。《札记》云："宗室文昭手稿，共五卷。三皇以前为卷首，伏羲至东汉末为卷上，三国至唐末五代为卷中，北朝、辽至明万历四十四年为卷下。因是年清太祖即位于辽东，明之正统已断也。又辑万历至明亡为卷末。前后有序二跋一，全书皆自钞自校，只五六页为写生代书。清宗室著书甚少，文昭尤为铮铮

---

① 即盛宣怀档案几种。后似未曾借得。——编著者

者,不易见之佳书也。"(《杂著》,第210—211页)

5月24日　读张皋文批点本《前汉书》等。《札记》云:

> 阅张皋文批点本《前汉书》,后有其子彦惟过录跋,而楷法则确为皋文,疑莫能明。丁柘唐加批极精当。大抵张多言班之短,而丁多言班之长,此书之价值得丁而增高。
>
> 又王校《管子》,有王文肃评点;石臞则系《读书杂志》底稿,但《杂志》未采者多。又引洪筠轩、孙渊如校语。筠轩之校《管子》,亦因王而发起。又引其子文简校语,亦有文简自书者。石臞与文简字迹极相似,不易分别,但有数条确为文简书,故此本有王氏三世墨迹,极可爱重。
>
> 又丁柘唐《春秋胡传申正》,写于坊刻本之上,拟分两卷,于《胡传》之隐滞者申之,秕缪者正之,故曰"申正",系未刊之稿。(同上引书,第211页)

5月25日　顾廷龙来访,阅王校《管子》等三书。(《顾廷龙日记》)《札记》云:"起潜来云,皋文批点系彦惟所过录。文简书确有与石臞不同处,皆由书法中辨别之。"(《杂著》,第211页)

5月26日　送合众筹备处徐坚《余冬琐录》一部。"论书画治印,即其年谱。"(《顾廷龙日记》)《札记》云:"阅《余冬琐录》二卷,清初吴郡徐坚字友竹稿本,经沈文起修正。友竹系印人,又工画,得张篁村之传,颇似麓台,此即晚年自著年谱。徐灵胎系其族兄。自述生平学画心得,盖天资与学力兼到者。同时师友,多知名之士,植品甚清峻,可传之书也。"(《杂著》,第211页)

5月27日　至合众筹备处,与顾廷龙商议蒋抑卮藏书整理事宜。(《顾廷龙日记》)

5月28日　送蒋抑卮藏书书目与顾廷龙。(同上引书)

5月29日　下午,顾廷龙来访,"畅谈"。晚留饭,座有关志良。是日凌晨,合众筹备处附近有巡捕被暗杀,劫去手枪。租界治安日趋恶化。(同上引书)

同日　再撰《全上古三代秦汉三国六朝文》跋。云:

> 顷阅袁太常《安般簃集·题江子屏小像诗》,自注云"曾宾谷开校刻全唐文馆,吴山尊荐江先生入馆书,谓无论郑堂经史之学,足备顾问,即下至吹竹弹棋,评骨董,品磁器,煎胡桃油,作鲜卑语,无不色色精妙,足以娱贵人之耳目。然南城卒不见收录。时严铁桥亦以不得入馆负气去,撰《全上古三代汉魏六朝文钞》,目录搜罗极富,欲以压倒唐文馆,其兀傲之气,不可及也"等语。证以严氏自《序》所云"越在草茅,无能为役"二语,其说可信。检《小谟觞馆集》,知甘亭与宾谷甚有交谊,不知曾入唐文馆否? 何以亦辑上古三代文耶? 端午前一日又记。(《书跋》,第176页)

又读袁昶诗并加评点。《札记》云："阅袁忠节诗，取材甚富，布局结体，似与苏、黄为近，惟好用僻典，不免有艰涩处。评者谓七律颇似惜抱，因检惜抱诗读之，并阅所选《今体诗钞》，纯主气势，得阳刚之美，故其诗亦规橅杜陵，五言长律更有神似处。"（《杂著》，第212页）

同日 吴谏斋复先生函，告以"盛档"情形。云："盛杏荪先生稿件，顷已询明吕孝翼兄（即幼舲先生之世兄，在叔度兄处办事），据言其尊翁去世后，所有各稿悉改存庞仲雅先生处，可就近询庞，便知其详。日前沈昆三兄来，曾以此事见询，当即系吾哥所托。渠已告昆三转达。顷又与尉忱兄谈，渠知庞随盛公甚久，如各稿均在渠处，决不致缺少。因渠数十年在沪，未曾移动。兄可先派人前往白克路广仁堂询庞，与之接洽为荷。"（原件，《亲友手札》）《札记》云："谏斋书云：盛补老函稿、牍稿，本在吕幼舲处，幼舲逝世，由其子孝翼移交庞仲雅处，请往白克路广仁堂庞寓接洽。惟庞系保管人，其主权理应在盛氏，而盛四等未有晤谈机会，进行仍有阻力，拟访杨祗安商之。"（《杂著》第213页）

5月30日 撰《副使祖诗藁》跋。云："此册系清初钞本，诗题有'嘉靖二十七年石梁口冲决'，又有'时浙东倭寇横发'云云，则著者为嘉靖时人，原籍为山东，服官省分为陕西。有弟名孟雄、孟禄，子名崇质，交游如张太微、沈廷玉、曹贞菴、何太华、刘西陂、谢少溪、詹燕峯（著有《振美堂稿》）、刘东陵、王友梅、左东津、王功久、赵水村、沈汶南、许池东、黄梅轩、顾西岩、吴在川、吴望湖、周受庵、沈惟健、王德辉、孙葛亭、孟敬之，皆当时僚友，及诗句唱和关系，书于此，以待稽考。辛巳端午日揆初记。"（《书跋》，第137页）

《副使祖诗藁》一卷，（明）阙名撰，清初七世孙囗欲立手抄本，一册。（《叶目》）

5月31日 王文进来访。《札记》云："晋卿购得许珊林家书一批，有珊林抄校姚、严同辑《说文解字考异》十五卷；闻原稿在中山大学。王菉友《说文系传校录》手稿三卷；王绍兰《说文段注订补》抄本。知不足斋抄。又惠定宇、王怀祖、何义门《校说文记》抄本。又许子颂《狷叟诗钞》稿本。内惟菉友稿较前得本增多不少，须校对一过。"（《杂著》，第211—212页）

同日 撰《狷叟诗录》跋。云：

狷叟为珊林先生哲嗣，承其家学，曾刊行《许学丛刻》。其诗稿已选刊，名《狷叟诗存》。此为底稿，修改涂乙，均狷叟亲笔。内如《感旧诗》中小注，叙述朱又笏师及严容孙姑丈学历，皆小子所未详者。一时交游，又皆童年负剑时所瞻仰。展诵一过，如闻辟耳之声已。

珊林先生遗书甚多，《说文》一门，尤多孤笈。孙耀先年丈与容孙姑丈，草辑《说文汇纂》，皆就许氏书库中取材。景葵曾与校字之役，故知其师承如此。

辛巳端阳后一日,后学叶景葵手装。(《书跋》,第 162 页)

《猏叟诗录》一卷,民国海宁许湉祥(子颂)撰,稿本,二册。(《叶目》)

5 月下旬 读《十赉堂集》等书。《札记》云:"阅《十赉堂集》,万历丙申刻本,吴兴茅维著,鹿门幼子。甲集诗五卷,文十二卷,乙集诗十七卷,词一卷,附《赘言》二卷。北平图书馆有丙集,而无甲乙集。此缺丙集,诗文均磐茂而丰缛,无明末饾饤之习。""闻伯夔遗书中,有张石洲、何子贞合校《读史方舆纪要》残本,尚存五十余卷,当借阅。此为不可不读之书。"(《杂著》,第 209 页)

5 月 撰《晋书斠注》题记。云:"第一次印本讹字最多,此第二次印本,业已校正刊改。应再与原稿校对一过,以成定本。原稿系剪裁黏贴,岁久有散乱之虞也。辛巳四月撰初记。"(《书跋》,第 23 页)

《晋书斠注》一百三十卷,民国钱塘吴士鉴(絅斋)、吴兴刘承幹(翰怡)撰,民国十七年吴兴刘氏嘉业堂刊本,六十册。(《叶目》)

5 月 撰《冬暄草堂遗文》跋,叙述作者行文特色。云:

> 陈蓝洲先生《冬暄草堂遗文》一卷,经马通伯、林琴南二先生审定本,辛巳春,向哲嗣仲恕丈借钞备藏,盖恐一时不克刊行也。先生不以文自矜,而卷中诸作,皆缠绵悱恻,发于至情,诵其言,如见其人。林序称陶《铭》陆《状》尤鸿丽;先生与二公之交极挚,而陶尤总角相契,以道义相切磨者,故胸有实蕴,而后发之于言,宏纤高下无不宜。其他诸作,皆称是。愿后之读此一卷者,勿以文人之文视之也。辛巳四月,叶景葵识。

> 原本尚有讹字,应再校。(《书跋》,第 159 页)

《冬暄草堂遗文》一卷,(清)仁和陈豪(蓝洲)撰,民国三十年武林叶氏据稿本钞,一册。(《叶目》)

5 月 撰《方舆纪要州域形势说》跋。云:"此从康熙丙午职思堂刊本抄出,省去熊、秦、吴三序及凡例,是时定名曰《二十一史方舆纪要总说》,祇五卷,至元而止。即甘泉乡人所见之本。锡山钱宾四穆购得刻本,丙子年在京曾见之。余寄是本至京,请宾四校对,复书言并无异同云。辛巳四月补记。景葵。"(《书跋》,第 48 页)

《方舆纪要州域形势说》五卷,(清)无锡顾祖禹(景范)、(清)锡山华长发(商原)撰,旧抄本,五册。(《叶目》)

6 月初 闻潘世兹从英国返沪,言其家藏书事。《札记》云:"叔通言潘明训之子由英归国,与菊生言,有将藏书归公众保存之意。菊生已为介绍,叔通尤具热心。但潘书价值太钜,未易罗致,须俟屋成,请其参观后自决,不可强求也。"(《杂著》,第 212—213 页)

6月10日　至合众筹备处,嘱顾廷龙访林子有。林有赠书。顾即往访,林以近人词集八十余种捐赠合众图书馆。(《顾廷龙日记》)

6月12日　致顾廷龙电话,取回《刘楚桢尺牍》一册,又询定制书架事。(同上引书)

6月18日　转王季烈(君九)函于顾廷龙,王函开书目询合众有无,如未备,可赠送。顾选《震泽别集》《天津文钞》《慎余录》《小谟觞觯馆拾遗》等。(同上引书)

6月中旬　读赵翼《瓯北诗钞》与《廿二史劄记》。《札记》云:"阅《瓯北诗钞》,知云崧先生为古渠公庚午同年,有七律二首。抄入《先友诗翰》卷中。""阅《瓯北集》,七古纵横恣肆,毫无俗骨,纯从史传得来。晚年诗因求工而反拙,不如中年,尤以边徼从军诗为最。"(《杂著》第214—215页)

6月22日　王季烈致先生函,赠书并转询张元济病况。云:"贵馆所未藏之书四种,遵即检出另封,挂号邮寄,乞詧收是叩。拙稿①虽曾付石印,而因率舒胸臆,既多触犯时忌之语,并有责备贤者之词,是以未敢赠人。兹承询及,不敢不以就正,惟请藏之于家,勿供众人之阅览为祷。万一河清,可俟凤愿能偿,抑或老死牖下,然后以印本布之于世,知我罪我,听之后人可矣! 辱在爱我,敢陈其愚。""菊生兄脚肿闻尚未愈,倘是心脏病却宜小心。弟未敢直通信问之,以增其忧虑。兄近在一处,能劝其从早根治为妙。"先生在"倘是心脏病"处作旁注,云:"罗叔蕴即是此病作古,仅一年有奇。"(原件,《亲友手札》)

6月25日　顾廷龙来访。出示王文进押款用宋元本五种,为建本《尚书》、绍兴刻本《后汉书》、元刻本《三国志》、建安刻本《大易萃言》与元刻明补本《金陀续编》。(《顾廷龙日记》)

6月27日　整理二弟景莱遗稿。《札记》云:"手装仲裕弟残稿作跋竟,始知今日辛巳六月初三。即其死忌,复阅凄绝。"(《杂著》,第215页)封面题签曰:"叶仲裕残稿　辛巳六月重装"。又题《叶仲裕残稿目》:

　杭州安定学堂规约
　复浙抚增辞浚湖局会办函
　　　附手钞浙抚颜疏浚西湖碑记
　与陈兰薰函
　与胡叔田函
　调查浙绅仕籍残片

---

① 篇名不详。——编著者

又题识云:"亡弟仲裕之天死情形,余别有《鸰痛记》详述之。生平无著作,即家信亦散佚,惜其文采不章。兹捡得光宣之交,在杭州安定学堂监督任内公私稿件一册,其治事之整严,律己之不苟,可见一斑。距其死日,不足一年。譬诸将尽之丝,未灰之炬,特为手装保存之。后之阅者,当悯其志节,而更惜其年之不永也。辛巳六月初三日兄景葵识。"(手迹,原本,上海图书馆藏)

6 月下旬 阅袁思亮遗书。《札记》云:

阅伯葵遗书,其最佳者:

《殷强斋先生文集》十卷昆山殷奎著,《四库》底本,洪武十五年刻。字体遒美,孤本罕见。

残旧抄《读史方舆纪要》何蝯叟以彭文勤校本复校,彭校原本为宋牧仲抄本,似即敷文阁本所自出。

《尔雅匡名》桐乡劳氏刊本,劳季言精校。

《笱河文集》朱锡庚抄校稿本,有廿四册,较敝藏及北平馆藏为完备。

此外尚有桂未谷、劳氏昆仲校《一切经音义》,□□校《集韵》,未曾检阅,约他日再访。覆庵有手写书目一册,以别集为最多,因渠专研古文辞也。覆庵之书,却非仅插架者,几于无书不读。书将出门,而为其犹子所留,亦一幸事。卧雪庐藏印书甚多。(《杂著》,第 215 页)

约 6 月下旬 孙宝瑄之子欲取回日记稿本。《札记》云:"仲玙之子坚欲取回《忘山庐日记》,谓将由己手编印,不假他力,因再向商借抄一副,如仍不允,祇好奉还。古来读书人心血所拘,覆瓿糊窗者何限,宁止一仲玙耶?"(同上引书)

6 月 撰《历代统系》跋。云:"《历代统系》五卷,紫幢道人著。首卷自盘古至无怀氏,卷上伏羲至后汉末,卷中三国、蜀汉至唐末,卷下北朝辽至明万历四十四年,因是年太祖建国于辽东改元天命,正统已归于大清也。末卷又辑录万历以后至明亡诸王为止,意取鉴戒。全书皆道人手稿,惟末册第一叶,及最后九叶,乃钞胥所录,经道人点定。《八旗文经·文昭传》未著录,序末所署听秋斋及印章,红树山房之名,亦为传所不载。原署麟趾,后改子晋,似麟趾为少年之别号,后废不用。诚罕见之秘笈矣。辛巳五月展读竟,叶景葵识。"(《书跋》,第 27 页)

《历代统系》五卷,(清)宗室文昭(麟趾)撰,稿本,六册。(《叶目》)

6 月 得赵撝云藏书一箱。《札记》云:"赵撝云藏书一箱,托估价。有王惕甫校徐焴本《文粹》,戈小莲父子校万历本《古文苑》,冰丝馆初印《还魂记》,成化本《此事难知》,万历本《松雪集》,抄本陈揆《琴川志注草》,余尚未阅。""阅赵书,有龚孝拱校平津本《说文》,戈小莲校汲古本《说文》。陈子准《琴川志注草》十卷,《琴川续志草》六卷,旧抄本,未刻过。吴江沈自南留侯《艺林汇考》,计《栋宇篇》十卷、《服饰篇》十卷、《食饮篇》六卷、《称号篇》十二卷、《植物篇》一卷,康熙刊本,前有牧斋叙。原书有二十四篇,所刻止此。所引必注原书,所采书皆取有辨证者,类书中之鸣凤也。《植物篇》所著仅琼花一门,已甚繁富,惜余均未刻。《钱牧斋尺牍》二卷,常熟顾氏精刻本。此外尚有小说数种,如《痴婆子》《浪史》《情种》之类。撷云拟斥去此一篇,为其予留学之资。但以鄙意观之,各种书无甚特别价值,所值不过二千金,难偿其愿。　又有赵次公传录濠叟批点浙本《淮南子》,无甚精义。拟借《琴川志注草》传抄一部,因此书祇见于《恬裕斋书目》,未付刊也。"(《杂著》,第213—214页)

7月4日　致顾廷龙电话,告以"齐青云言,赵志游已见高某①"。合众设馆事有进展。(《顾廷龙日记》)

7月9日　顾廷龙来访。送呈草拟《一年来之工作报告》,谈馆事甚详。先生以《说文理董》由马叙伦从徐森玉借得一残钞本粗校一过,有可补正,嘱顾重校。(同上引书)先生《札记》曾记云:"新得《说文理董前编》十七卷,缪艺风钞本。据石印本《后编》柳翼谋叙,知《前编》为未见之稿本,复堂祇见残本四卷,将交马夷初作跋。夷初专研《说文》,有著作。"(《杂著》,第209页)

7月上旬　赴蒲石路(今长乐路)巡视合众图书馆馆舍工地。《札记》云:"至新建图书馆与敝庐察看工程,外廓已成,正在赶修内部。住宅较旧居为小,但爽垲而通风,小院亦可得半,苟完苟美,于愿已足。馆屋光线甚佳,内局亦甚紧凑,再有两月,可以全竣。中间空地不多,且须预留扩充地位,不必栽大树,只须不生虫而夏日有浓阴之树五六株已足,余地可以杂莳花卉。"(同上引书,第214页)

7月上旬　读书,感慨宋、明亡国及清"屡思拘和"之弊。《札记》云:

云崧读史能见其大。推论宋代之所以亡,由于士大夫不明国势,徒事虚矫,以和议为卖国,酿成开禧之败;明之亡,亦由不审敌势。当时清朝屡思拘和,而庙堂无人应付,以致东支西吾,卒倾其祚,如出一辙,可谓名论。云崧读史能以比较法得其纲要,非持扯枝叶者所及。(《杂著》,第215—216页)

7月12日　杭州罗敬义寄来叶氏原藏碑帖三箱,入藏合众。(《顾廷龙日记》)先生《札记》云:"浩叔所藏碑揭全部寄到,送合众收藏,所余者仅普通书数篋而已。"(《杂著》,第216页)

7月17日　读《傅青主女科》与《定盦集》。《札记》云:"阅陆九芝先生手钞《傅青主女科》,文义有删改,并加眉注。九芝深于医学,皆经验所得。此书未入《世补斋医书》内。盖有志笺注而未成之作。""阅《定盦集》排印本,始知杏孙年丈欲辑年

---

① 高某,当时上海法工部局要员。经合众请求,工部局已核准合众设立并免除地捐、巡捕捐,嘱高某正式发函。——编者者

谱而未成,故印臣续成之。"(同上引书,第 216—217 页)

7 月 21 日　得王文进、乔景熹寄来书样。即送合众,嘱顾廷龙选定。《札记》云:"文禄寄来书二包,有明初本《圆庵集》,天台僧玄极所著,前有杨东里序,永乐刻本,刊刻甚精。""景文阁寄来《金文靖公集》,明金幼孜著。其板刊于明初,递补递修,此为清代印本,却少见。"(《顾廷龙日记》;《杂著》,第 217 页)

7 月 25 日　王文进来访。"赠陈伟堂官俊八言笺对。簠斋之父。"(《札记》,《杂著》,第 217 页)

7 月 26 日　张元济致先生函,送阅《笏庵诗稿》。谓:"多日未晤,伏想起居安善。图书馆免捐事已否核准? 甚念。前有友人以残本《笏庵诗稿》见贻,知为乡先辈著述,且系手稿。曾以示叔通,叔通认为吴氏清鹏所作。久拟呈阅,置诸箧中,忽忽数年,昨复检得,今呈上,乞核定为幸。鄂友张君乾若来沪与弟结邻,属致意。"(《张元济全集》,第 1 卷,第 314 页)

7 月 27 日　复张元济函。云:"昨承赐示《笏庵诗稿》残本,卷四《送孙又桥》诗有'上堂如有问,道鹏尚留寄'之句,则为吴清鹏无疑。检《两浙輶轩录》所载各诗,皆残稿所无。原稿二十卷,仅留二卷,意当时必有刻本,但各家均未见著录。清鹏为谷人先生次子,诗学甚深,杭州老辈中可与颉颃者甚罕。惜不得全集一读也。《輶轩录》载《送左文襄下第》诗,则咸丰初当尚存,上刻集约在咸丰时矣。乾若先生翩然戾止,是否卜居上海? 从此多一请益之友,无任懽迎,日内当往访。八月一日下午三钟,拟在辣斐德路馆内开一发起人会,届时当遣敝车奉迓。法领复信尚未来。"(原件)

7 月 29 日　向顾廷龙索阅康有为诗。晚,顾来访,谈馆事甚详。(《顾廷龙日记》)

7 月下旬　张元济除《笏庵诗稿》外,又捐赠合众《祗平居士集》书。(《札记》,《杂著》,第 217—218 页)

8 月 1 日　下午,赴合众图书馆筹备处参加发起人会议。张元济、陈陶遗等到会。顾廷龙任记录。先生报告筹备经过。由发起人张元济、叶景葵、陈陶遗签署会议纪要如下:

甲、财政概况

子、经费来源

一、捐款:叶景葵法币十五万元,指定作永久基金。陈莱青法币五万元,以一半作建筑费,一半作永久基金。蒋抑卮明庶农业公司股票,票面法币五万元,指定作购书基金。陈永青法币五千元,充建筑费。陈植法币四百五十元,充建筑费。刘柏森法币壹千元,充建筑费。

二、募集:叶景葵经募法币四十五万元。又法发英金善后公债,票面英金六千七百镑,成本作法币十万元。

丑、支出款项

一、购置基地:法币七万五千元。

二、建筑馆屋及附属设备:约法币十八万元。

附注:所有筹备处开办费及两年以来经常费约支出四万元,均在募集款项收入利息内动支,并未用本。以上系大概情形,俟细账结出再行详报。

乙、建筑情形

新屋约两星期中可以落成,业经法公董局编订门牌:蒲石路七百四十六号,并估定按月租价法币一千一百元零。

会议通过合众图书馆组织大纲草案。又议决聘请董事两人,公举李拔可先生、陈叔通先生。议决8月6日召集第一次董事会。

附《私立合众图书馆组织大纲草案》

第一条:本馆定名曰"私立合众图书馆"。

第二条:本馆目的:

一、征集私家藏书共同保存,以资发扬中国之文化。

二、蒐罗中国国学图书及有关系之外国文字图书。

三、专供研究高深中国国学者之参考。

四、刊布孤椠秘笈。

第三条:本馆地址座落上海法租界蒲石路七百四十六号。

第四条:本馆一切事宜设立董事会主持之。

第五条:本馆董事会之组织:

一、董事[会]设董事五人,以发起人为当然董事,余由发起人聘请之,其后每遇缺出本会选举补充之。

二、董事会之职权:子、审议进行方针。丑、审核预算决算。寅、保管馆产,卯、筹画经费。辰、审定馆章。巳、审核职员之任免。午、审核工作报告。

三、董事会设董事长一人,代表本会处理一切事务;常务董事一人,综理本馆一切事务。

四、董事会每年开常会一次,临时会无定期,由董事长召集之。

第六条:本馆职员设总干事一人,商承馆长执行一切事务;干事若干人,分司编目、典藏、阅览、庶务、会计事宜。

第七条:本组织大纲有未尽善处,得经董事会修改之。

第八条:本组织大纲经董事会通过后施行。

(《合众图书馆董事会议事录》,《历史文献》第7辑,第1—3页)

8月2日 为父亲稿本《安阳叶公渠事实》撰跋。云:

严君在豫三十六年,历宰剧邑,所至禁暴扶弱,轸恤农艰,而尤注意水旱之灾。旱则防蝻施赈,虔诚祈祷;水则识其被害最重者,相度蓄泄之故道,于水退后修濬之,不惜解囊提倡。如任祥符时,兴复贾鲁河支流各渠;任太康时,涡水上流泛滥,择沿河支渠之未经湮灭者,督三十余村于农隙修治之,皆选正绅督率,按段出夫,捐廉充赏,轻车简从,周流巡阅,不假胥役之手,凡章程禀报,亦亲自属草,顾皆散佚无存。此稿为光绪二十二年安阳县任内所草,景葵侍侧,亲见振笔疾书踌躇满志之状。稿成,顾而谕之曰:北方沙性剽疾,水道易淤,倘后之来者吝惜每年三十串之宦囊,则几次骤雨,前功尽弃;如永远遵守不辍,虽数百年如新开之河亦不足异。古今政治往往如此,不仅治水为然。景葵敬识之,即检藏此稿,又拓得碑记一通,至今已四十五年。顷检书箧,完整无恙,亟付装池,乞农山、鼎梅二先生题记。农山豫人也,鼎梅随宦,又旅食居豫亦久。题成,与原拓《叶公渠碑记》同送合众图书馆保存,因述当年庭闻附书于后,以备省览。新修《安阳志·金石门》未载此碑记,向来金石著录,于清代之作不甚注重,以后当无此失。频年兵事,陵谷易迁,不知此渠此碑尚有形迹留贻否?我国历代循吏之寔心寔政,因视官如传舍,而付之烟销云灭胡可胜道。西门、郑白诸贤幸留名氏,而当年规画井井,今已一字无存,后之治国闻者当于此等实事加之意矣。民国三十年岁次辛巳闰六月十日,景葵记。

"规画井井"四字删去,改为"工作制度及文书记载"九字。次日景葵又记。

(《历史文献》,第4辑,第49页)

8月6日 下午,赴合众图书馆筹备处参加合众第一次董事会会议。张元济、陈陶遗、李拔可、陈叔通等到会。张任临时主席。先生提议:"组织大纲应推起草委员加以修正,并拟订章程,再由下次董事会讨论。"议决:通过。先生又提议:"推陈董事叔通起草。"议决:通过。又提议:"本馆基金得聘请专家相助管理,由起草委员订入章程,并另定细则。"议决:通过。会议审查叶宅向本馆租地建屋合同。议决:通过。《叶宅向本馆租地建屋合同》云:

今因出租人愿将所有坐落上海法租界蒲石路道契(第四二○六号地册一○○○A号)内基地一方,计玖分五厘,租与承租人建造住宅,承租人亦愿意承租,兹经双方同意,订定租地合同。其条款开载如左:

一、租赁地之面积四址如附图(内红线部份计地玖分伍厘)。租期二十年,自民国三十年七月一日起至民国五十年六月三十日为止。期满后得续租五年,仍照本合同办理。

二、租赁地租金订明全年法币五百元正。自三十年七月一日起租,每年分两期,即七月及一月,承租人每期各支付全年租金额之半数,即法币贰百伍拾元。在租期及续租期内双方各不主张增减。

三、租赁地上应纳之地捐及地上其他一切税捐均归出租人负担,其关于双方公共使用如修路、修沟、管弄清洁等,所生之费用各自负担。

四、租期届满后(指续租五年届满言),承租人除返还租赁地及注销租地合同外,所有在租赁地上房屋及一切建筑物概归出租人所有。

五、租期届满前(指续租五年届满言),出租人对于出租地亩如因急迫需要有收回租赁地之必要时,如在本合同租赁关系存续达十五年以上时,承租人可允其收回,但应由出租人就下余租期连续租租期在内,贴与承租人每年四千元之贴费(有零月日时照每年四千元比例计算)。同时承租人应将所有在租赁地上之房屋及一切建筑物,仍照第四条之订定,概归出租人所有。

六、本合同连附地图一式两份,经双方核明,签订双方各执一份存照。

（《合众图书馆董事会议事录》,《历史文献》第7辑,第3—5页）

8月9日　至合众筹备处,签署租地建屋合约。顾廷龙建议补充一条:"承租人于承租期内,其住宅及一切建筑物,仍照第四条之订立,概归出租人所有。如租期已逾十五年者,则贴于出租人费用,即照第五条所定办法计算之。"先生云:"此点亦曾想到,将来决不致有转租之事。"告以顾,已在遗嘱中言之矣。同日,又电告顾廷龙,蒋(抑卮)氏书可送来,但须先订合同。谈及本馆组织法,谓:"章程中关系本馆兴亡者何条?"又曰:"在董事会之推选董事,董事渐更,恐有不拥护总干事,则败。"顾"唯唯。第思总干事之更迭,未必为一馆兴亡之所系。基金之充绌,实为兴亡之关键。本馆基金不能如物价之并涨,可虑也。"(《顾廷龙日记》)

8月上旬　陈汉第允赠合众《项城公牍》。《札记》云:"仲恕检得《项城公牍》手稿,为跋语万言,详述与项城离合之迹,及帝制自为之症结,翔实渊雅,极有助于史乘,已允送馆保存。"又致闵葆之书,谢闵氏"允将《炳烛杂著》寄阅,并告以新得石臞父子手校《荀子》,文肃、石臞父子三世批校《管子》,丁柘唐《春秋胡传申正》原稿"。(《杂著》,第218页)

8月13日　撰《〈笏庵诗稿〉跋》。云:"笏庵名清鹏,为吴穀人祭酒之次子,由编修官至顺天府丞,著《笏庵诗稿》二十卷。此残本三、四两卷,菊生先生以卷中未署名,数年前嘱为审定,因余游山未得见。今检出见示,卷四《送孙又桥诗》,有'上堂如有问,道鹏尚留寄'之句,则确凿无疑矣。复检《两浙輶轩录》所收各诗,皆不在此残本内,惟有一首字句不同,想当时必有刻本。《輶轩录》所收,有《送左生宗棠下第诗》,有《闻金陵寇警诗》,是笏庵必殁于咸丰,即有刻本,亦刻于粤乱前后,无怪罕觏矣!笏庵诗律工细,功候甚深。吾乡诗家,可与颉颃者甚少。其论诗,主自得,即意境独造，无勦袭雷同之谓。其功力实从学杜得来，七律意境章法尤深，于《读杜韬轩录诗话》以为学杨诚斋，未免皮相之论。惟笏庵亦不鄙夷杨、范耳。辛巳闰六月二十一日，仁和后学叶景葵读毕敬识。"（《书跋》，第 154—155 页）

8 月 14 日　草拟合众图书馆财政报告书。（《札记》，《杂著》，第 220 页）同日，电告顾廷龙通知 8 月 19 日召开第二次董事会会议。（《顾廷龙日记》）

8 月 19 日　下午，赴合众筹备处，参加第二次董事会。出席陈陶遗、李宣龚、陈叔通、张元济。张任临时主席。先生作财务报告。云："发起人会所报告财务大概应修正者三点：（一）蒋氏捐明庶股票五万元，复查抑卮先生遗嘱，规定所捐股票充合众图书馆经常费之基金，用息不用本。保管办法银行一人，蒋氏一人，合众图书馆一人。又蒋氏家族会议原案云：倘明庶改组，股票收归，则以所得之值另购其他产业（计值五万元），由三人商决改购。是此项基金本馆并无全权管理，应不列入本会基金之内，而将每年所收利息列入蒋氏捐款。（二）景葵经募之款尚漏开浙江兴业银行股票五万九百元，成本照票面计算，应补列。（三）前报开办以来共用经费约四万元，系属仓卒估计。兹查自二十八年开办起至本年八月底止，共支开办费五千元，特别追加费壹万三百六十元，经常费三万七千四百元，共五万二千七百六十元，应更正。兹将收付各款及应存之数详列于下。（略）"（《合众图书馆董事会议事录》，《历史文献》，第 7 辑，第 5—9 页）

同日　携宋刻本《庄子》出示张元济。张谓可与日本印旧写本一校。张有印本，允赠。（《顾廷龙日记》）

8 月中旬　阅《射山诗选》。《札记》云："阅《射山诗选》，海盐张氏刻本，海宁陆嘉淑冰修著。陆为初白之外舅，前得《射山诗余》，即冰修所著，同时倡和，皆清初诗家，与阮亭尤契合。诗多廓落语。"又，王文进来，"送书三种来：《思庵先生文粹》十一卷，明吴讷著。前有知常熟县杨子器序，有钱遵王印，士礼居印，蒋香生印，原为思庵之孙淳所编刻，杨子器重刻，正统以后。　《浮溪遗集》，宋汪藻著。绣谷亭抄本，从正德本出，十五卷，附录一卷。乌程蒋氏《茹古精舍藏印》。《适庐曾藏金石文字》三册，皆拓本，有题跋：'三十年来忽得忽失，似有数存。原器佳者十存一二而已，拓墨亦未全。仅此区区留纪念；其为友朋赠本，另粘他册，尚倍于此，然亦未甚广也。惟《殷周金文》及《秦汉金文》两辑，自谓稍富，广仓所印仅《周金》一部已十一册，然未备，补者过半。无力续印，以惠同好，是所憾也。丙子八月适庐老人自叙'"。（《杂著》，第219—220 页）

8 月 23 日　晚，顾廷龙来访。《札记》云："起潜来，告以图书馆前途之兴替，其枢纽在董事之得人及合作与否，故选举最为注重。现在五人，学问未必皆深，亦未必人人皆知图书馆之办法，但皆饱经忧患，有相当之修养，且皆无所为而为之。五人间相互有甚深之情感与直谅,故能知无不言,决无问题,但皆六七十之高年,可以同时老病,故对于递嬗之法,宜十分注意也。"①(同上引书,第219页)

8月24日 至合众筹备处,与顾廷龙商馆务、《顾廷龙日记》)

8月下旬 张珩(葱玉)出让张子虞稿本三十余册。《札记》云:"张葱玉于乙亥年以五百元收得吾乡张子虞先生诗文稿三十余册,愿以原价出让。详细检查,知为子虞尊人少南先生道未刊遗稿居多数,约举如下:《渔浦草堂文集》四卷 《鹤背生词稿》一卷 《定乡小识》《山水记》《石墨略》《古迹略》《堤圴记》《定乡续咏》。《梅花梦传奇》《张伯几诗》《旧唐书疑义》《旧唐书勘同》《唐浙中郡县长官考》《临安旬制记》《全浙诗话刊误》《苏亭诗话》《雪烦丛识》《雪烦庐纪异》《鸣巢闲笔》《沤巢诗话》《字典翼》《文集》《诗集》《旧唐书疑义》已刊。此外属于子虞者,为《崇兰堂诗文存》及《日记》《词稿》。少南先生殁于同治初元,子虞负书避难,辛苦保全,今得落于吾手,为乡贤留此手泽,可喜也。记得子虞先生曾绘《负书图》遍征题咏,应查。"(《杂著》,第220页)

8月下旬 丁济南来访。《札记》云:"乾若遣其弟子丁济南来,赠所著《汉石经考证》两种,及所刻《郿溪集》。丁为医家丁仲英之子,有兄济民,均研究中医,恂恂儒雅,要求开馆后阅书,允之。"(同上引书,第220页)

8月 撰《画竹斋评竹》跋,盛赞张元济收集乡先贤遗著,"又能出其私藏归诸公众",有功文献。跋云:"此册为蒋性甫侍御故物,以浙人著述,寄赠张菊生先生。菊翁既以嘉兴先哲著述,捐送合众图书馆,又以海盐一县及张氏先代刊传评校庋藏之书,寄存馆中,订定生前如本县及张氏宗祠无设馆藏书之举,即以全部赠馆。又以此册与吴笏庵先生清鹏诗稿残本,为杭人著述,属景葵鉴定后赠馆。笏庵诗审为手稿,惜仅存两卷,但皆《两浙輶轩录》未载之篇,不知咸丰朝有刻本否?此册为幼鲁先生手稿,且系写定之本。向来但知幼鲁能诗,不知其善画。寥寥四十则,想见高逸之致。樊榭、玉几墨迹易见,西林与幼鲁则流传颇罕,当以原稿影印,公之于世。海内藏书家,能各就乡先哲之遗著,加意收集,而又能出其私藏归诸公众,则事得统系,可以积小成大,化零为整,于全国文献,实有神补。愿后来者,皆以菊翁为师也。辛巳闰六月,叶景葵敬题。"(《书跋》,第100页)

《画竹斋评竹四十则》一卷,(清)嘉兴符曾(幼鲁)撰,手稿本,一册,(清)蒋式瑆、民国叶景葵手跋。(《张元济1941年捐赠合众图书馆书籍目录》,《张元济全集》,第10卷,第626页)

---

① 原记无日期。同日《顾廷龙日记》有晚访先生的记载,事关重要,故系于此。——编著者

8月　合众董事会成立后，董事李宣龚陆续将所有近时人的诗文集以及师友书札图卷送至合众图书馆。董事陈叔通也把家藏名人手札及所存的清末新学书刊送来。（顾廷龙《合众图书馆小史》）

约8月　撰《范石湖诗集》跋。云："辛巳夏，思简楼文氏素松遗书散出，有《石湖居士集》旧钞本三十四卷，告者谓系顾依园原本，取来对读，知即黄氏所据之本。刻本卷次既改，所空之字，半因避讳所阙。小注则原钞往往脱落，非黄氏之咎。益信顾氏所据原本之佳。附书于此。景葵。""钞本卷一，后有'婺江黄昌侨校字'一行，当即钞书人姓名。"（《书跋》，第131页）

9月2日　致香港朱启钤(桂莘)函，告以"合众"创办事宜，商议借钞朱氏收藏"河防各书及黔省先贤著作"，并寄赠《桂辛七十》贺诗七律四首。云：

> 桂辛先生台鉴：自别霁颜，流光如驶，沪上情状当在轸念中。蛰居无聊，又因避居局促，笔、床、茶、灶都无位置，以致笺候久疏，歉罪何似。今岁十月为先生七秩览揆之辰，既不能渡海奉觞，又不愿以世俗藻缋之词上渎清听。而三十年来相契之深与相关之切，区区私忱，有不容自已者。谨赋长句四章，聊志向往之谊，写呈冰鉴，知不以俚俗为嫌也。景葵历年搜集群书，颇多未刊之稿及不经见之刊本，四五年前颇有捐赠浙江省立图书馆之意，已有同志二三起而和之。战事骤起，浙馆迁徙，非复旧观。景葵年事渐增，所谓同志，亦嗟沦谢。乃于前岁另集同志数人，创办一馆，名曰"合众"，冀海内应和有人。筹备两年，今岁自建馆屋数楹，工取简朴，惟以避火避水为主。刻已落成，集有书十万册，碑拓四五千通。一篑之覆，深虞棉薄，仍望先进与后贤百方匡助。先生所收河防各书及黔省先贤著作，极为闳富，内有未刊之稿及不经见之孤刻，拟陆续借钞，俾有副墨，可资流布。尚乞赐示目录，以便选取，无任感幸之至。敬颂
> 颐安。
> 　　　　　　　辛巳七月十一日　弟叶景葵拜上

> 九门旷荡物皆春，行者无烦扇障尘。今日康衢都忘帝，当年筚路是何人？怨咨忽听歌谁嗣，劳作原非厉尔民。盥诵未休玄鬓改，萧然高卧一纶巾。

> 艰难回忆辛壬后，煦沫相逢百感深。北际轮舆多覆辙，中间笙磬几同音。亚欧通轨心犹昨，苏浙联镳利至今。最忆钱江潮上下，桥头郁勃作龙吟。

> 峄阳地宝比琳琅，共济由来仗老谋。赵璧既沦何日返，楚弓复得亦堪忧。昔贤尽瘁蚕三起，同种相煎貉一丘。伫望衮衣还信宿，无边桑土要绸缪。

> 《法式》刊讹仍李氏，燕居凭几学黄公。本无碌碌因人意，弥见孜孜格物工。补订黔书识苗裔，评量河论到光丰。藏山传世无穷业，尽在君家药笼中。

辛巳秋日叶景葵诗稿　　　　　　　　　　　　　（手迹照片①）

9月5日　合众图书馆开始迁移新屋。(《札记》,《杂著》,第220页)时上海蒲石路(今长乐路)、富民路口合众图书馆新馆竣工,计有三层十八间,书库七间,普通阅览室一间、阅报室一间、参考室一间、办公室一间、储藏室二间、厨房一间、宿舍四间。又阅览桌五只、坐椅八十只、卡片箱六十抽屉一只、三抽屉二只、报架二个、书架一百七十一只、书橱三十三只。二楼、三楼为书库。(顾廷龙)先生的办公室则在二楼。二楼的一边是阅览室,一边是书库入口的柜台。当时,为了不受敌伪的干扰,"合众"没有开过正门进去的。(顾诵芬《我与上海图书馆的情谊》)

9月11日　至合众筹备处,了解迁移情形。顾廷龙偶然谈及新屋造价甚昂,若在租屋开办时即兴建,则须费无几。先生云:汝在燕京,尚不能来,吾即不办,并非先有计划。顾为之感慨不已。(《顾廷龙日记》)

9月15日　顾廷龙来访,商新馆电话、铁门事。(同上引书)

同日　上海银行业联合准备委员会停止票据定时交换,改行票据常用交换。参照伦敦票据交换所常用交换法,以代收为清算统一票据交换制度。(《现代上海大事记》,第820页)

9月17日　偕友人至蒲石路(今长乐路)合众新馆舍以及自己新宅参观。(《顾廷龙日记》)《札记》云:"至新屋及图书馆察视,书籍已悉数移来。起潜兴会甚佳。空间耗废多,已占十分之七八,恐不能维持十年,乃知事实与理想,向不能密合也。"(《杂著》,第221页)

9月中旬　读《泽雅堂集》,赞其近体诗"不亚东坡与放翁"。《札记》云:

阅《泽雅堂集》。初集由汉魏入手,而浸淫于杜,气息深醇,绝无噍杀之音。二集自出塞以后,渐臻雄肆,边塞山川,助其诗才,故知诗境因地与时而生变化,非可强为也。

阅《泽雅》诗,以疏勒城所作为弓燥手柔之佳境。《述事篇呈许希庵》五言,格调苍凉,波澜壮阔,曲折奔赴,应弦中节,极似杜陵《北征》。其近体之佳者,不亚东坡与放翁。记得伯絅得三集,惜余未见。《漫兴三十首》七绝似苏;《送孙沄东归》七律似陆,皆得阳刚之美者。其他佳篇甚夥。阅至卷十一。

施均老诗自喀什噶尔出游,安抚布鲁特以后,神奇变化,语如铁铸,字无虚设,为全集中最上乘。《谒杜祠》诗,自方身世,今古同揆,诗亦神似,非可貌袭也。自《寄陈蓝翁》诗,摹山谷,以后七律,往往似之;其次亦极似放翁,皆与少

---

① 《杂著》所收此诗日期及署名被删。——编著者

陵一脉相承,故时露鳞爪,不可端倪。(同上引书,第 221 页)

9 月 24 日 先生住宅开始迁至蒲石路新屋(今长乐路 752 号)。(《顾廷龙日记》)

9 月 26 日 正式入住新屋。顾廷龙等来贺。先生记云:"新居在蒲石路七百五十二号。余捐入合众图书馆十五万元,以其半为馆置地二亩,今年建新馆已告成,余租得馆地九分,营一新宅,订期二十五年,期满以送馆。余与馆为比邻,可以朝夕往来,为计良得。昔日我为主,而书为客,今书为馆所有,地亦馆所有,我租馆地,而阅馆书,书为主,而我为客,无异寄生于书,故以后别号书寄生。"(《札记》,《杂著》,第 221 页)

10 月 5 日 吴廷燮致先生函①,拟即寄己著书稿。云:"《方舆纪要补编》由燕寄来,体例一切似不画一。先校下套,由夏、甘、青、新、康、藏至库、乌、科。上套皆在北,稍为缓之。顾氏原书,一县自为首尾,此当仿之。俟有眉目,即当奉上。天气渐寒,珍玉是祝。"(原件,《亲友手札》)

10 月 8 日 交顾廷龙入藏陈豪画《岁暮归书图》及朱启钤(桂辛)、邢冕之函。又嘱查《闵葆之诗集》。(《顾廷龙日记》)

10 月 11 日 陈豪画《岁暮归书图》裱就,先生取回加题。(同上引书)

同日 吴廷燮②复先生函,赠书稿并探询出让藏书事。云:"《方舆纪要补编》十二册早竣,现告北寓,令即寄来。近因筹项,各省通志多已让出,《谕折汇存》尚属完全,《京报》检查颇多残阙。惟有《明代通鉴长编》,今尚完好,计有九百四十余卷。环顾国中无第二部! 当日撰书,取《明实录》以之相校。《实录》所印颇有脱漏,此外征引皆所不见。不审我公有意购否? 刻下人工、纸价非常之贵,不能言印,或存此部,以待将来。《蒙古地记》亦无印本,如存尊馆,亦足珍重。旧典日亡,古书渐少。鄙见清代月折闻可交还,若能保存掌故渊海,舍此无属,仍当详访,庶得其真。"(原件,《亲友手札》)先生记云"吴向之同年著《明代通鉴长编》九百四十卷,以《明实录》为本,兼收明人著述文集等几及百种,写稿已定,诚巨制也。意欲易米,以联钞一万为鹄,苦力微不能举。"(《札记》,《杂著》,第 229 页)吴稿《明代通鉴长编》未购成。

10 月 13 日 电告顾廷龙,蒋抑卮藏书已理毕,送馆二百四十箱。(《顾廷龙日记》)

---

① 原函仅署"十五"。据考,系该年八月十五日,即公历 10 月 5 日。下数信接此函。——编著者

② 吴廷燮(1865—1947),号向之,晚号景牧,江苏江宁人。光绪二十年举人。历任山西通判、同知、知府,度支部参议等官职。民国后曾任总统府秘书等职。史表专家。著有《北宋经抚年表》《明春秋草》《万历百官表》《顺治要录》《康熙要录》《光绪建元以来都督年表》《蒙事辑要》等。——编著者

10月16日 顾廷龙来,出示北平文禄堂寄来书样多种。(同上引书)

10月17日 送造像至合众。陈仲恕、陈叔通、李拔可、汤定之、张乾若等到合众新馆和先生新居参观。先生茶点招待。顾廷龙相陪。(同上引书)

10月20日 王秉衡之子王叔儁来访。《札记》记云:"王叔儁来,询以雪澂先生遗稿,云有手定文稿八卷,又晚年读书随笔数卷,在张文襄幕代拟电稿,及生平服官公牍稿若干卷,拟求借抄副本,未见拒。"(《杂著》,第222页)同日,见告顾廷龙:"今日晤王雪澂子,号叔和,述悉其父有文稿、自订诗及代张文襄拟电稿,又经办公牍,又寓沪随笔等等,皆未刻。允见假传抄。"(《顾廷龙日记》)

10月21日 至图书馆,交顾廷龙《志盦遗稿》。夏地山跋称,诗集首四首,系夏穗卿之作,或书衡传诵钞存,后人误为渠作。(同上引书)

10月22日 送图书馆《水东集》《开封纪行稿》等书。(同上引书)

10月23日 送图书馆《中国通俗小说目录》。(同上引书)

10月26日 顾廷龙来访。先生出示《宋徽宗画荔》,"极精"。送图书馆书。(同上引书)

10月30日 偕顾廷龙访姚光,未晤。访潘季孺(睦先),长谈。(同上引书)

10月31日 陪张元济、伍光建至图书馆,与顾廷龙畅谈。(同上引书)

10月 陈叔通撰《赠卷盦同年并贺新居》七律一首。云:

少壮功名赴急弦,卅年市隐雪盈颠。平生有恋皆能舍,与世无争善自全。家事不令姬侍白,椠书已付众人传。苋裘三徙宁初愿,任运何曾百虑牵。

先生即撰《和叔通韵》七律一首,还赠陈叔通。诗云:

群龙势若箭离弦,枭獍宁能久放颠。一鹤引吭声在野,万牛回首目无全。诸生绵蕝毋相溷,百卷梅花孰与传。吾爱吾庐公所许,东门黄犬任人牵。

(《杂著》,第373页)

10月 撰《沇叔七十以诗笺征诗漫成一律》七律一首,赠傅增湘。诗云:

士林快睹《藏园记》,不数邻苏与艺风。清代校雠诚后劲,蜀人文赋况兼工。一瓻竟欲移河内,双鉴尤能表海东。保此岁寒松柏性,要知吾道未为穷。

(同上引书,第377页)

11月2日 偕陈瑶圃参观合众图书馆。(《顾廷龙日记》)

11月4日 偕严鸥客参观图书馆。同日,因劳累发高血压病。休息。(同上引书)

11月5日 顾廷龙来探病。(同上引书)

11月7日 原浙江兴业银行郑州分行留守人员刘汉瑛致总行函,报告郑州沦陷惨状。云:"十月四日郑州一度沦陷,烧杀惨重,仓库杂物抢劫已空。房屋本未波及,某军月底退出战事,现移东乡一带,市内秩序尚无恢复。邮局昨回,事变梗概,先行奉闻,嗣再另详。"(原件,上档 Q268-1-590)

11 月 13 日　朱启钤赠予先生《贵州文献目录》。(《顾廷龙日记》)

11 月 17 日　得闵葆之函,有诗集相赠。(同上引书)

11 月 19 日　病稍愈,撰《志盦诗稿》跋,记述夏曾佑当年意气风发的诗作,以及晚年潦倒的结局。跋云:

夏地山丈云:"此集卷首《甲午出都》五律四首,乃钱唐夏穗卿先生曾佑之诗,误入集中。"地山在家塾中熟诵之,盖志盦钞存故人之作,编者误入集。汉魏以后诗集,往往有此病,不足为异。此诗意境派别,与志盦全诗迥异,地山为穗卿族姪,又亲受业焉。所言极可信也。

穗卿不以诗名,而所作冲夷澹远,蹊径极高。余曾记其《光绪庚寅出都赠沪江陆校书》七绝八首,一时传诵,而今知者尠矣。兹录于后:

对酒当歌百感侵,独将往事几沈吟。琴湖一曲盈盈水,曾照生平十载心。
一自子荆伤永逝,无端王粲浩南征。笙歌犹是人间世,不到中年泪已倾。
息机曾许证盟鸥,雪满征衣尚倚楼。浊酒半醺投袂起,名姝骏马古今愁。
长眉自照惜倾城,犹有孤芳独抱情。我识士龙天下士,可怜入洛误生平。
毵毵垂柳擅丰姿,欲染征袍惜素丝。水浅蓬莱从载酒,繁花飞絮满高枝。
晓风残月极空濛,犹唱屯田旧曲工。终古栖鸦徒绕树,柔条无分系冥鸿。
本来杨柳无情树,人自攀条柳自新。坐对浓阴愁系马,白门残照最伤神。
银汉低垂阙月斜,罗帏启处即天涯。雕鞍欲上重回首,不见浮云见曙霞。

穗卿由庚寅会元得庶常,天下想望丰采,此诗正作于报捷出都之后。迨甲午以降,喜读章实斋、刘申受、魏默深、龚定菴之书,又与康南海、黄嘉应、谭浏阳、文萍乡诸君游,浸淫于西汉今文家言,究心微言大义,尝学为新派诗,记其一绝云:

六龙冉冉帝之旁,洪水茫茫下土方。板板上天有元子,亭亭我主号文王。

又一联:

帝杀黑龙才士隐,书蜚赤乌太平迟。

穗卿不多作,余所记忆亦仅此矣。

穗卿散馆改外,分发安徽,任祁门县数年,罢官归隐,贫况依然。又入教育部任北京图书馆长。束书不观,只字不写,盖已读遍群书,最后喜究内典,尝自谓无书可读,无事可谈,惟沈湎于酒,卒以酒死。一代才华,终归泯没,惜哉!辛巳十月朔,景葵记。(《书跋》,第166—168页)

《志盦诗稿》六卷《文稿》四卷,民国汾阳王式通(书衡)撰,民国二十七年子荫泰刊本,二册。(《叶目》)

11月20日　刘承幹来探病,"仆人挡驾"。(《求恕斋日记》稿本)

11月23日　王季烈寄到《孤本元明杂剧提要》。(《札记》,《杂著》,第222页)

11月25日　检交拓本六轴,送图书馆。(《顾廷龙日记》)

11月28日　顾廷龙来访。(同上引书)

11月29日　得王文进函。又送拓本《兰亭》等至图书馆。(同上引书)

11月30日　招顾廷龙来谈,嘱与王文进一核书账。并嘱向马叙伦索书。(同上引书)

11月下旬　读《新畺图志》《蒙兀儿史记》等书。《札记》云:"病后阅《新畺图志》,写跋于册首。""又阅《蒙兀儿史记》。初阅本纪,人名累赘为难,改阅列传。又阅《西北三藩传》,渐渐容易。""借得陆星农先生《八琼室金石补正》原稿,以备与刻本雠对。""桐庐袁忠节评点《复堂日记》初印六卷本,抉择精当,纠正处足征直谅。费十日之力,过录一通,今日始毕。每日不能多费目力,若在十年前,则两三日之事耳。""阅盛大士《蕴愫阁诗文集》。晚年之诗,清刚而近自然,文笔颇遒上,识解亦卓。《文集》尚缺首二卷。""姚虞琴有《吕晚村诗》旧钞本,阅一过。"始阅《蒙兀儿史记》。(《杂著》,第222页)

11月　于《墨兰谱》封面题识。原书已有一篇题识,云:"丁酉秋日得于都中。仲青记。此谱用笔超逸,颇得兰之性情,不独能肖形写韵已也。得诸名人题咏,可称三绝。夜窗尽事,细阅一通,爱不忍释,因记之。丁酉腊月,仲青。"先生于仲青题识后记云:"此嘉庆间苏州木刻画,神致如生,比为良工所致,可传也。辛巳十月病起题。揆初。"(手迹,原书,上海图书馆藏)

《墨兰谱》一卷,(清)清溪陈逵(东桥)绘,清嘉庆三年读画斋刊本,一册。(《叶目》)

11月　至本月,蒋抑卮凡将草堂捐赠合众图书馆之书籍整理完毕,共32 800余册。连同已有之书6万余册,合众藏书已接近十万。顾廷龙云:"全国图书馆满十万册者有几哉!"(《顾廷龙日记》)

12月1日　送石经拓本及《阙特勤碑》拓本等至图书馆。(同上引书)

12月2日　至图书馆,命顾廷龙代拟致函李叔明,索《图书集成》。(同上引书)

12 月 3 日　与顾廷龙谈。（同上引书）

12 月 4 日　嘱顾廷龙向马叙伦索回借去之书。（同上引书）

12 月 6 日　嘱顾廷龙致函徐瑞甫，索赠徐世昌（水竹村人）所著、所刻各书。（同上引书）

12 月 7 日　招顾廷龙谈，交收蒋俊吾等函，为蒋氏所捐基金事。（同上引书）

12 月 8 日　太平洋战争爆发，日军进占上海公共租界。各公私银行均停业。日军派员管理中国银行，驻军监督，停业清算。居民纷购干鲜鱼肉、蔬菜，南北腌货争购一空，糟坊酱园各货几无正价，顾客不以为贵，纷纷抢购。（《现代上海大事记》，第 827 页）

12 月 9 日　《兴业邮乘》出版第 118 期，遂"以环境困难暂行停刊"。1946 年 10 月 16 日复刊。（《邮乘题寿》，《兴业邮乘》，第 119 期）

12 月 10 日　下午至图书馆，潘季孺亦至，与顾廷龙等"相与纵谈"。（《顾廷龙日记》）

12 月 11 至 13 日　连续几日至图书馆，与顾廷龙商谈有关事宜。（同上引书）

12 月 14 日　晚招客宴请。座有陈陶遗、蔡文庆、钱景贤、顾廷龙等。（同上引书）

12 月 15 日　审阅浙江兴业银行总行草拟《本行补充营业暂行办法》，《办法》限制提取现金。其中主要一条云："十二月六日止各种活期存款提取法币者，自十二月八日起，照六日止余额每户每三天限伍佰元（即每月限伍仟元，不分大小月，均按每月八日计算）。已多支者俟扣足后再支，逾期未支者可补支。超过上项限额者均退，声明理由为'超过银钱业暂定提款限额'。如取划头，照数支付，不加限制，但须在本票或拨款单上加盖'此款能转账'戳记。"（油印件，上档 Q268‑1‑131）

同日　上海各华商银行、钱庄议决银钱营业办法，存户每三天得支 500 元。（《现代上海大事记》，第 829 页）

12 月 16 日　张元济至图书馆，顾廷龙陪张同访先生，"长谈"。（《顾廷龙日记》）

12 月 17 日　顾廷龙陪潘季孺来访，"长谈"。（同上引书）

12 月 18 日　阅王文进送来书样，一《珩石稿》，二《山阳诗征》，三《楚辞天问笺》，索二千元。先生拟留之。（同上引书）

12 月 20 日　与顾廷龙商议图书馆"办事细则"。（同上引书）

12 月 22 日　下午四时参加合众董事会第三次会议第一次常会。出席：张元济、陈陶遗、李宣龚、陈叔通。顾廷龙记录。先生作财务报告。云："当与董事长商定售去浙江兴业银行股票壹百股,计票面一万元,即于十一月十一日售出四二三一号江益公户五十股、四二五八号介记户五十股,合计得值二万七千元正。已将一万七千元收入透支户,一万元存乙种信托两年八厘(存单一六五五号,卅二年十一月十一日到期)。还去不敷垫款一万一千六百九十六元八角,计尚盈余五千三百三元贰角正。"先生又报告:"蒋抑卮先生所捐明庶农业公司股分本息九万一千二百元,又助币凭证三千四十元业已收到。"会议讨论先生提案:"拟从盈余之五千余元中提出三千元作备购米煤之用。"议决:通过。张元济提案:"近来百物腾贵,职员薪金应予酌加。"议决:"自卅一年一月起总干事加四十元,潘景郑君加三十元,朱子毅君加十元。先生又提议:"现在物价时涨,开支渐大,每月预算应予增加。"议决:"自卅一年一月至三月暂定每月经常费为二千四百元。"先生提议:"蒋抑卮先生所捐基金,按其遗嘱此项基金须由图书馆一人、浙江兴业银行一人、蒋氏一人共同保管,应请公推保管人选。"议决:"蒋氏捐款遵照捐助人指定列入基金,用息不用本。保管人选蒋氏一人请蒋俊吾先生担任,浙江兴业银行一人请竹淼生先生担任,本馆一人请叶董事担任,由会备函敦请。"(《合众图书馆董事会议事录》,《历史文献》,第7辑,第12—13页)

12月23日 与顾廷龙畅谈。(《顾廷龙日记》)

12月25日 至图书馆,送新刻"叶浩吾藏石印"朱文方印。又偕夏地山至图书馆。(同上引书)

12月27日 顾廷龙来访。(同上引书)

12月28日 至图书馆,交与顾廷龙图章四方,蒋俊吾交到函件及明庶公司收据,并嘱代存王大隆精印《笺经室集》二百部。(同上引书)

12月31日 至图书馆,送《藿四集》等书两种。(同上引书)

12月 汤彦颐于新加坡办理明庶农业公司清算事,汇回价值三分之二,分派至股东。汇款刚到,太平洋战争爆发,尚有三分之一款项被冻结于华侨银行,直至1946年冬,由汤彦颐赴新加坡取回余款。至此,全案了结,明庶公司三十五年历史结束。(《汤韦存之橡胶业》,《杂著》,第274页)

是年冬 请顾廷龙整理家藏祖父收辑金石拓片,编定《补藤花馆石墨目录》。顾云:"补藤先生笃嗜金石之学,服官汴梁,尝得马氏存古阁旧藏石墨数千通,益以朋好所饷,搜采所聚,蔚为大观。欲分门别类,装潢成册,手加题识,编为目录。先成造象四册,计七百七种,其中属龙门者居多,又十九为存古阁物。存古阁者,清道光癸卯之岁,介休马又海恕再令洛阳,访古山林,遍施毡蜡,间于荒塍�寺间,得梵僮墓碣寺石,遂建阁仞之,迄今百年矣。彼藏墨本,审有旧存,盖不仅自拓者也。沧桑屡更,辄惊罕觏。即以龙门而论,向所著录称富者,前则黄小松《小蓬莱阁目》,后则吴子苾《攟古录》，近则关百益《伊阙石刻著录表》。是虽不若诸家之备，要有出其外者亦不少，或昔所未见而后来尚存，或昔所习见而后来已佚，殊堪珍重。去冬，文孙揆初尊丈垂委校理，清缮一目，并丽各跋，窃据诸家之说，注其所在，未见著录者阙之，以资参考。先生与钱伊臣溯耆为文字交最密，并得与其舅氏陆星农增祥相往还，造诣益深，所撰跋文，考订史实，悬解别体，尤具卓识，足以补正青浦之编。惜英年殂谢，未竟厥功，虽宦绩已著，而学术未彰。此编出，俾后之补金澜之录者有所稽焉。"（顾廷龙《补藤花馆石墨目录跋》，《顾廷龙文集》，第 184 页）

是年末　吴廷燮致先生函[1]，再商出让藏书。云："接理哥[2]书，具念感情，百拜无倦。已函柳小鹤，将目录检出，请公派人謷点整理。自《明通鉴长编》《谕折汇存》外，余书稿、报章尚多，可取者均请我公交有装运之具者赴沪。《乾隆要录》九套（乾、嘉、道、咸等各二），纪清事颇多，有为《实录》不见者，如蒙择地庋存，尤为感也。"（原件，《亲友手札》）先生《札记》云："向之以所著《江苏备志》六十四卷见赠，酬以二千元。穷老弄笔，臣朔常饥，可叹也！"（《杂著》，第 230 页）

是年　撰《挽王胜之同愈[3]》联。云："清气得来难，下笔尤工新体势；高寒归去好，垂绅如见旧巢痕。"（《杂著》，第 408 页）

是年　撰《读张今颇将军遗诗》七律二首。诗云：

白山迤逦见旌旗，系颈降王事可师。定远已侯毛颖在，营平未老羽书驰。

爱姬都了明驼愿，衰鬓无惭快马姿。读罢残篇更凝望，前朝玄菟几人知。

忆昨度辽依破虏，尘劳冉冉入中年。伊人洄溯无崖岸，旧学商量有简篇。

翠釜素鳞成梦毂，宝刀骏马付哀弦。晚来亦厌偯偯舞，九十萧条卫武筵。

（同上引书，第 370 页）

是年　某日，致徐寄廎函，贺六十生日。云："兄之生年，大家都说是辛巳，而自己偏说是壬午。本应遵命至明年再祝，不过一到明年，兄必坚称六十一岁矣。家中无物可送，送上福橘寿糕，祝兄福而且寿，寿而又福而已。敬颂寄兄千秋，并祝合潭万福。"（《兴业邮乘》，复第 54 号）

是年　熊希龄遗稿经先生努力，入藏合众图书馆，顾廷龙云："一九四一年华北大水灾，叶先生念及熊秉三先生之遗稿，即请人至其津邸将遗稿托中兴轮船公司妥运来沪，以免损失。叶先生启箱楗之，皆重要史料也。因庋之书库最高爽处，不致

---

① 原函无日期。据再次要求出让藏书，似为同年 10 月之后。——编著者

② 可能指陈理卿。——编著者

③ 王胜之(1855—1941)，名同愈，字文若，别署栩缘，江苏苏州人。光绪进士，充国史馆纂修、文渊阁校理。民国后居上海，任职于苏浙路局清算处。喜书画、藏书。——编著者

受潮。明年彦文夫人自桂林返沪,叶先生陪至合众图书馆,介绍与龙相见。并告夫人曰全部遗稿已交廷龙妥善保管,异日将为熊先生遗稿陆续出版。不意曾无几时,物价腾贵,合众经费日益支绌。未几叶先生因病逝世,此事遂成虚愿。"①(《明志阁遗著序》,《顾廷龙文集》,第325页)

是年　借抄《宫詹公存稿》。

《宫詹公存稿》不分卷,(清)海昌查昇(声山)撰,民国三十年武林叶氏据姚景瀛藏钞本钞。(《叶目》)

是年　借抄《含嘉室文存》不分卷。

《含嘉室文存》不分卷,民国钱塘吴士鉴(絅斋)撰,民国三十年武林叶氏据稿本钞,二册。(同上引书)

是年　先生与刘承幹、周学熙、周暹、傅增湘及赵诒琛等捐资,助王大隆刊印曹元忠编《笺经室遗集》。(参见李国庆著《弢翁藏书年谱》第138页)

约是年　撰《述陶②自津来谈市况甚详并出生圹图属题漫成长句》七律。诗云:

　　少游我媿辽东豕,壮志君侔溟北鲲。生也有涯皆老大,古而无死亦烦冤。
　　鸟鸢蝼蚁何憎爱,泰岱鸿毛足讨论。倘得乘风归玉宇,一抔留余葬诗魂。

又撰《既为述陶题生圹图又以长句赠行》七律。诗云:

　　旧馆才名老析津,刘伶埋我意堪珍。庭闻《礼注》儿能读,家宝《郿原》器未湮。家藏郿原商钟。直北有民歌襦袴,图南为国益廑困。劝君强饮毋祈死,长作神州尽瘁人。(《杂著》,第376—377页)

约是年　撰五律,为"景郑嘱题《遗芳图》,其嗣祖祖桢所画兰石,十七岁病殁"。云:"国香今不竞,九畹一销沈。况有当门累,空怀入室心。梦征欣再续,思澧动孤吟。试采阶前洁,余馨永在襟。"(同上引书,第377页)

约是年　撰《忆丁丑山居悼陈仲勉》七律。诗云:"山灵腾笑野夫嘲,一芥如舟不满坳。黄鸟欲持荷作柱,青蝇翻以竹为巢。贾生年少曾无命,詹尹几先未见爻。瓦缶骚然钟韵绝,残书零墨慎毋抛。"(同上引书,第376页)

约是年　撰七绝四首,"林子有以七十初度诗见贻,题四绝句赠之"。诗云:

　　七十称稀古有之,今人容易白须眉。大家各展廿年寿,游武夷山喫荔支。
　　三迁仍得树扶疏,垂老荷衣是劫余。灾异重编臣向奏,幽忧细检父谈书。
　　偶然游戏亦神通,成败都归覆手中。满地江湖行不得,一时宗炳卧游同。

①《明志阁遗集》当时未能出版,后由于为刚整理,熊夫人毛彦文出资付印,1994年出版。——编著者
②述陶,不详。——编著者

万家争写诇庵词,又诵初筵抑戒诗。我与遗山同一慨,相从何止十年迟。

(同上引书,第 374—375 页)

约是年　撰《寄怀葆之兼简伏庐》七律二首。诗云:

双眸炯炯挟秋光,阅尽人间榖与臧。魑魅相干俱辟易,儿曹屡空亦轩昂。才如屈贾能忧国,谱到江焦最爱乡。为报河湟屯铁骑,明年许作放翁狂。

本初才调剧雄奇,盖世勋名黍一炊。文若但为存汉计,仲连岂有帝秦时。迷阳却曲嗟无补,《齐物》《逍遥》意可知。差喜陈髯同寂寞,怜君贫病两难支。

(同上引书,第 375 页)

约是年　撰七律《沈棉亭五十,妻久病而无姬侍,诗以调之》。云:"人间瘦沈此重来,仙骨曾闻鹤有胎。示俭能邀平仲敬,覃思群佩计然才。月圆花好常虚度,水毁金禳莫浪猜。五十头颅未为老,不逢鸠鸟即良媒。"(同上引书,第 374 页)

约是年　撰七律《赠陈永青》。云:"仲尼五十始学《易》,若论经商亦可宗。称物平施谦则吉,艰贞柔顺象非凶。小人有母萱生背,君子无争竹在胸。后此百年天地泰,庶几来复见潜龙。"(同上引书)

约是年　撰七言古诗《海棠》,赞扬此花"洁身独立殊可嘉"之性格。诗云:

西郊海棠颇稀见,今我鬻宅别此花。稚子哆口曰可惜,听我诏尔毋咨嗟。翳昔斜桥住最久,初种豫章缠两丫。培之沃之蹶然起,犹龙夭矫云盘拏。拂拭巨材荐新主,聊以海棠载后车。逾淮之橘天所忌,腰围瘦损面削瓜。七年疗养禁翦伐,土膏脉脉丰春芽。爱之加膝则岂敢,高明鬼瞰理不差。露刃叫突虎作伥,徒跣颠顿狗丧家。此花不肯受威惕,洁身独立殊可嘉。今春万蕊更奇丽,循墙赞叹惟陈爹。花欤人欤适相遇,谁是主人谁客耶?寸茎皆为地所宝,微躯幸在天之涯。明年作客来访花,居者勿迎亦勿遮。一诺便书卖宅券,钤以押印红如霞。(同上引书,第 372—373 页)

约是年　撰七律《守庸[1]以扇面属书赠以长句》。诗云:"乱离得友亦堪娱,翻虑时平各向隅。游戏每能觇品概,昂藏宁肯效侏儒。浮生万日何难了,吾道千秋不易孤。来岁龙湫归隐后,傥烦猿鹤一相呼。"(同上引书,第 373 页)

约是年　撰七律《傲仁[2]示咏泪诗和之,广其意》。诗云:"百年哀乐乘除里,双眼生来泪与俱。聊为素丝泣歧路,岂因浊酒哭穷途。穷时勒马鞭犹在,歧处亡羊笈并无。寄语阿蒙须刮目,仰看玉女正投壶。"(同上引书,第 372 页)

约是年　撰五言古诗《赠海昌朱肖琴》。诗注云:"肖琴经商,所入不丰,知足而

---

① 守庸,不详。——编著者
② 傲仁,即孙世伟。——编著者

止,粗足温饱。以长子家麟早夭,乃设家麟贷学金以济同邑之孤寒.战后移至沪上。今年正月,五十生日,有自述文,余敬其人,以诗赠之。"诗云:

> 儒家贵无我,佛亦无我相。劳劳物我间,触念易生妄。誉儿每有癖,临财未肯让。蜉蝣阅旦暮,傥得复傥丧。要知万物灵,后先相倚仗。求璞必良工,选材须哲匠。古人易子教,正虑恩情障。家塾与党庠,取舍各有当。朱公儒而佛,恺悌人所仰。岁入等锱铢,博施辄逾量。故乡多寒畯,耐寒志愈壮。润以肤寸云,挟如三军纩。我愿世间人,咸仿朱公样。弦歌偏海澨,人心知所向。黄巾不敢挠,力与阳九抗。我愿世间人,长拜朱公贶。盛年日正中,吾党神俱王。孤寒齐颡首,祝公永无恙。(同上引书,第 371 页)

约是年 撰《挽梁灏联》。联序云:"望江河伯梁丈灏作古,寿七十八岁。乙酉举人,庚寅进士,得庶吉士,散馆分户部主事,旅居扬州,移沪三年。以联挽之。"联云:

> 贞元朝士,存者若星晨,回思三策初成,曾见禁中杨柳色;
>
> 东阁宫梅,折来伤岁暮,况复十年以长,那堪江上鼓鼙声。

(《杂著》,第 413 页)

1942 年(民国三十一年　壬午)　69 岁

1 月　中、苏、美、英等 26 个参加对德意日轴心国作战国家,在华盛顿签署《联合国宪章》。是月,上海出现缺粮大恐慌。

3 月　上海时疫流行,死亡 8 000 余人,部分系饥饿而亡。

5 月　上海推行保甲制。汪伪禁止法币流通。

7 月　上海实行粮食配给制和灯火管制。次月进行防空演习。

12 月　日伪当局公布严惩"违禁"收音机条例等"法规"。

1 月 1 日　至合众图书馆,与张元济、顾廷龙谈。(《顾廷龙日记》)

1 月 2 日　至合众图书馆,与顾廷龙谈。(同上引书)

1 月 3 日　浙江兴业银行郑州支行留守人员刘汉瑛致总行函①,报告郑州战事及支行遭劫情况。云:"我行之物,原本洗劫已空,嗣有金城行会同军警贫民家中搜查失物,职亦同样办理,在附近邻居及福寿街一带按户寻找,结果搜回家具、保险柜、铁床等四拾余件,放置屋内保存。""仓库房屋完整,唯有两门被毁倒地,稍缓再修。以免零乱先住。被服厂迁往他县,当地官方又将房改为军用仓库。福寿街三顺永租房无恙。""员役薪工五月至八月份者,蒙庶务股函昆处,自中央行汇下。将要到时,忽告巨变。此地中央行迁洛,至今未回。无法领取,生活现状堪称困苦。友人赐借维持,俟薪来到再还。""自郑行结束后,职对于当地派摊各捐,尽力抵抗,一方托人婉言,全被幸免。兹本街更换新保长性近刁横,初次派我行捐款卅七元多,如若照交,次数相逼而来,款数无量。因抵抗几乎被其押追。当托内住军用仓库首脑出面维护,交涉结果,在其占期间免纳捐款,以后如该军迁出,唯恐所捐又来。"(原件,上档 Q268-1-590)

1 月 4 日至 9 日　每日至合众,与顾廷龙谈馆务,又论书画碑帖。(《顾廷龙日记》)

1 月 10 日　与顾廷龙谈,"谓彭凤高《词削》颇著心得,惜不全"。是日,陈聘丞来馆阅《太平御览》,其为正式来合众阅书第一人。(同上引书)

---

① 据原件签注,浙兴总行于 1942 年 1 月 22 日才收到。——编著者

1月11日 偕顾廷龙访张元济,送阅《聊斋白话韵文》。张适小睡,未值。(同上引书)

1月12日 姚光来访。陈叔通、李拔可、沈剑知来访。谈甚欢。"沈出示新从孙邦瑞处借得《王麓台山水册页》一本,八开,精绝,一万六千元所得。沈云,闻梁某言,焦山无画鼎,已毁于劫火。陈叔通云,毛公鼎现在叶恭绰妾处,定十万元求售。又传燕京大学图书馆尽遭籍没。"(同上引书)

同日 张元济致先生与顾廷龙函。谓:"昨承枉顾,适午后小睡,失迎,甚歉。留示《聊斋白话韵文》一册,此弟求之数年而不得者,忽焉睹之,忻喜无极,容读毕再奉缴。尚有三篇不知后来曾觅得续印否? 亦极欲快睹也。"(《张元济全集》,第3卷,第316页)

1月14日 命嗣子叶絅送《查耘耕诗集》至合众,交顾廷龙。(《顾廷龙日记》)

1月15日 送《补藤稿》至合众。(同上引书)

1月17日 与顾廷龙谈龙门情景。顾与潘景郑将致力于龙门造像汇编。(同上引书)

1月18日 与顾廷龙谈晚清掌故。(同上引书)

1月21日 与顾廷龙谈,拟致书沈范思,商存书板事,(同上引书)

1月24日 至合众图书馆,送《涧于集》及《虞恭公碑》《段志玄碑》等。(同上引书)

1月26日 签署浙江兴业银行总办通函,通告停开本年股东会及股利红利发放事。函云:"本行本年第三十五届股东定期会,因交通梗阻,召集不易,仍照上年办法,延期办理。所有三十年份股利红利,经董事会议先后议决,计上届自一月至六月,每股结股利三元;下届自七月至十二月,每股结股利三元、红利二元。除两届股利六元内扣所得税千分之五十、计三角外,净计全年每股股利红利,共计法币七元七角,并经议决上项股利红利先行发给,俟开股东会提请追认。兹定于本年二月九日在上海总行开始发给。"(副本,上档 Q268-1-63)

1月27日 至图书馆,与顾廷龙、陈聘丞同谈。夜,又至图书馆,告顾廷龙曰:陈陶遗交到筥记捐基金万元,嘱出收据。并告法公董局未能批准免税理由。(《顾廷龙日记》)

1月30日 至图书馆,探视顾廷龙之子顾诵芬病。(同上引书)

1月 为合众图书馆藏过录本孙宝瑄《忘山庐日记》①撰序。全文如下:

---

① 《忘山庐日记》,1983年4月由上海古籍出版社出版。——编著者

　　孙宝瑄,字仲玙,钱唐孙子授侍郎诒经之次子,慕韩总理宝琦之胞弟,李筱荃制军瀚章之女夫,以荫生得分部主事。生于同治甲戌,与余同岁。甲午平壤丧师,上书主和,谓晚明耻与本朝言和,以致亡国。为主战派所诃。奉母出都,寓沪八年,回都签分工部行走。长沙张文达公赏之,派编书局。文达长邮传,调充庶务司主稿。后与陈雨苍尚书不合,拂衣去。又入大理院,民国初,简宁波海关监督,殁于任,年四十有九。君幼而好学,敬兄,家事皆慕韩料理,多楹书,供其浏览。同时师友皆绩学劭闻之士,故所得宏富。癸巳以前,好读宋儒书,研义理之学。以后泛览史鉴,于历代兴亡得失,及典章制度之沿革迁变,究其大凡。又喜诵汉魏六朝之文赋。居沪后,获交章太炎、贵翰香、严几道、谭壮飞、梁任公、夏穗卿、蒋观云、汪穰卿、欧阳石芝、邵二我诸君,遍涉诸子百家,旁及释道家言。又习日文,凡新译东邦书,无不读,尤注重政治、哲学。于清代大儒,服膺梨洲与习斋,故留心时事,嫉朝政之不纲,主张民权,进为君主立宪。佩太炎之文学,而反对其逐满论,但未尝不主革命。尝读《明史》,谓"如王振、汪直、刘瑾、严嵩、魏忠贤之跋扈,当时拥强兵如孙承宗者,倘兴晋阳之甲入清君侧,即并闇君黜之,亦无愧于名教,病在胶执程朱之说,拘守名分太过"云云,可知其思想进步之一斑矣。君于癸巳年始为日记,每年一册,未曾间断。今仅存癸巳、甲午合一册,丁酉一册,戊戌一册,辛丑、壬寅、癸卯各一册,丙午、丁未、戊申各一册,共九册。计戊申以前尚缺六册,己酉以至殁世,当尚有十余册,均于杭州兵燹中失去。君极佩李文忠甲午之战主和,而反对与俄订密约。庚子以后,深知文忠之联俄,有救国之苦心。又佩项城之雄才,谓其赞助立宪,有功于国家。惟现存日记中断于项城罢斥之年,不知辛、壬以后其论如何。君之论学、论政、论人、论事,皆平心静气,不执成见,不尚空谈。如苏、浙各省拒款筑路一事,此倡彼和,狃于路亡国亡之说,君独引各国已事为鉴,谓借款筑路,并非失策,可谓朝阳鸣凤。日记中于友朋酬酢、家庭琐屑,以及诙谐狎邪诸事,无不据实直书,绝无隐饰,盖君固以"毋自欺"为宗旨者也。君之姊,为余叔岳夏厚庵先生敦复之继室,故余以姻叔称之。每入都,必往来谈宴,至为莫逆。辛亥以后,会面甚稀,今得于断缣零壁中温其绪论,斯诚光绪以来读书明理之君子矣。辛巳十一月尽,叶景葵识。　（《杂著》,第32—33页）

1月　撰《矿政杂钞》跋,称"其中资料,有今日无从觅致而尚有价值者"。跋云:

　　光绪庚子以后,钜额赔款支出,朝野皆以贫瘠为忧,一时提倡矿务,颇为风行;而外人之垂涎内地宝藏者,亦不遗余力。当时展阅报纸,及谈论所及,皆笔之于册;其他要政,亦分类作记。在今日已明日黄花,复加浏览,俨如春梦。但其中资料,有今日无从觅致而尚有价值者。弃之可惜,特存此矿政一门,以为纪念。悠悠四十年,所成就者几何! 当由政府与社会分尸其咎也。辛巳残腊,揆初记。(《书跋》,第118页)

《矿政杂钞》一卷,民国杭州叶景葵(揆初)辑,稿本,一册。(《叶目》)

1月 读《蒙兀儿史记》毕。《札记》云:"阅《蒙兀儿史记》。初阅于地名、人名颇有难读之叹,继阅《西域》诸传及《三藩地名通释》,再复读本纪及列传,便十得五六。此书出,《新元史》可废,虽未竟其志,已为不朽之作。孟心史《叙》尤可传。十一月中旬开始,历三个月始观大概,尚未能全读。"(《杂著》,第222页)

2月1日 约张音曼至图书馆,商对付日伪"检查"事。当晚,张来馆交顾廷龙"关领事一手札","备示来查者"。(《顾廷龙日记》)

2月2日 晨,顾廷龙来访,告以昨晚张音曼回复事。同日,至图书馆,交《补藤诗稿》十二纸,嘱顾廷龙"须付裱装"。(同上引书)

2月3日至6日 每日至图书馆,与顾廷龙等商造像目录印行等事。(同上引书)

2月6日 得浙兴民国三十年董事花红。(原收条,上档Q268-1-63)各董事所得花红如下[①]:

	扣所得税	实计所得
叶揆初	54.60元	881.98元
徐寄庼	111.60元	824.98元
张笃生	54.60元	881.98元
朱博全	54.60元	881.98元
胡经六	54.60元	861.45元 (下略)(同上引档)

2月7日 得悉上海鸿英图书馆、青年会图书馆与明复图书馆均遭日伪检查。(《顾廷龙日记》)

2月8日 至图书馆,与顾廷龙商谈。(同上引书)

2月10日 得悉商务印书馆所设东方图书馆亦遭日伪检查,即告知顾廷龙。(同上引书)

2月14日 除夕。顾廷龙来访,交浙江兴业银行账单。(同上引书)

2月17日 至合众图书馆,交《八琼室金石补正》底稿十册。(同上引书)

2月20日 至合众图书馆。郑振铎来参观。李拔可来,同谈。郑云,闻北平

---

① 原为中文数字,现为阅读方便,改为阿拉伯数字。——编著者

图书馆已改组,开馆有日矣。（同上引书）

2 月 23 日 至合众图书馆,交顾廷龙理董事会账目。"以后自八月十六日起,定为合众会计年度。本馆收支报告,一月起今年度。"（同上引书）

2 月 24 日 至合众图书馆,阅账目。（同上引书）

2 月 26 日 与严鸥客、朱旭初①先后至合众。"朱旭初为兰笑斋（楼）后人,愿以余书相赠。"（同上引书）

2 月 读《栩缘日记》稿本并撰题记。云:"此记虽系残帙,所足贵者,鉴别书画碑版精审无伦,固与吾家缘督先生如骖之靳,而于画学知行并进,为缘督所不及。余识先生已在苏路协理时,嗣后苏浙路同时收归国有,先生留任清算。而余亦被浙路股东举为清算处主任,所业既同,乃有商榷请益之机会。先生冲淡和平,论事极恕,诚大耄之征也。壬午正月读竟,叶景葵识。"（《书跋》,第 31 页）

3 月 3 日 至合众图书馆,借阅蒋氏原藏魏稼孙批校本《复初斋文集》、袁忠节校《复堂日记》二书。（《顾廷龙日记》）《札记》云:"阅魏稼孙评点《复初斋文集》,与周季贶往返商搉。即李以垣重修底本,旧为抑之藏书。"（《杂著》,第 223 页）

3 月 5 日 至合众图书馆,告顾廷龙:银行公会有警,不知何事。晚,顾来谈。（同上引书）

3 月 6 日 至合众图书馆,送还魏稼孙批校本《复初堂文集》等书。（同上引书）

3 月 7 日 姚虞琴、王褆来访,招顾廷龙介绍之。（同上引书）

3 月 9 日 日本正金银行挂牌规定日本军票对中储券兑换率为一比五。同时工部局通知界内各行庄对存户分别立户,当天以前之存款、欠款,概以"老法币"计算。是日市场波动极大,货价早晚不同,纱布、杂粮、日用品、证券市场的股票行情一起上涨。一根大条（十两黄金）值一万四千元左右,涨至一万七千元。10 日,涨至一万九千元,11 日,再涨至二万元,与战前每十两黄金值一千元比较,上涨二十倍。（《现代上海大事记》,第 839 页）

3 月 9 日至 11 日 与顾廷龙同阅王文进等送来书样。（同上引书）

3 月 13 日 与顾廷龙谈。（《顾廷龙日记》）

3 月 16 日 王文进又送书来。先生选定数种。（同上引书）

---

① 朱旭初（1880—1960）,名曜,一字熙令,兰笑楼主人朱钟琪长子,著名科学家朱传榘之父。1903 年东渡日本留学,先入成城学校（后改为振武学校）,后入法政大学,与汪精卫同学。1905 年加入同盟会。1907 年后,历任奉天将军府内文案、湖北督辕内文案、直隶自治局提调、津浦铁路驻济副提调、财政部金事、财政部公估局局长、直鲁豫京兆四省官硝厂厂长、盐务署总务处处长、盐务署参事、财政部总务厅厅长、陆军中将衔陆军少将、津浦铁路局局长等职。1942 年汪精卫强其出任伪职,坚辞不就。晚年撰有回忆录,惜未播行。（陈先行《兰笑楼与合众图书馆》）——编著者

3月18日　一自称法租界日本人会第八分会代表山本鹤模来图书馆,欲借用合众馆舍每月初八开会一小时。顾廷龙告以"本馆系私人所办之图书馆,尚未公开阅览,尚不能招待借作开会之所,实难应命"。"本馆有董事,容与商夺。"(同上引书)

3月19日　张元济来访,询问昨日日人来"借"馆舍开会之事。(同上引书)

3月20日　张音曼致顾廷龙电话,谓昨会诸日人,皆不知山本其人,有关领事者,允为电话通知其勿来借用。俟其来,即嘱其与关领事商洽可也。同日,陈陶遗闻讯来访,先生即招顾廷龙往商对付日人事。先生认为,招张音曼访山本婉却之。(同上引书)

3月22日　张音曼约山本来合众图书馆晤顾廷龙,谈困难,请其物色他处。见允。此事遂解决。(同上引书)

3月25日　下午四时合众董事会召开第一次临时会议。出席:李宣龚、陈陶遗、陈叔通、叶景葵。先生报告有关事项:"三十一年一月廿七日收到筠记先生捐助永久基金法币壹万元正。""拟定八月十六日至次年八月十五日为本会会计年度,并将制成之上年八月十六日至本年二月十五日半年度收支报告。"会议讨论先生提案:"本馆经常费预算上次会议暂定一月至三月每月二千四百元,近来物价飞涨,有所不敷,四月份起须予酌增。兹拟参照市情暂加三成即合七百二十元计,四月起经常费为三千一百二十元,馆员工役薪工一律加三成。前提特别费备购米煤,今油价甚昂,亦由此费开支。"议决:通过。(《合众图书馆董事会议事录》,《历史文献》第7辑,第13—14页)

3月30日　日前过录袁忠节批校清·谭献撰《复堂日记》并撰跋,是日至图书馆送还。(《顾廷龙日记》)《复堂日记》跋云:

> 故友蒋抑卮旧藏初印六卷本,桐庐袁忠节公评点。忠节与复堂深交,凡所揭橥者,撷其精要,无或遗漏;正其疵类,不稍假借,洵不媿直谅多闻之选。壬午仲春过录一通。此后印八卷本,亦抑卮故物,随大部分捐送合众图书馆者,其自行选留以贻子孙者,定名为凡将草堂藏书。易箦前尚未选竣,余本其意旨,继续成之。此忠节手迹,则抑卮生前自行选留者也。八卷本已有采用忠节评本改正处。后学叶景葵记。(《书跋》,第31页)

3月　读《五代史》《彊园词》等书。《札记》记云:

> 阅彭注《五代史》毕。刘金门之孙咸校本,后有咸跋,略谓"书七十四卷,十六卷为文勤病中仓卒所订,余五十八卷皆先宫保搜补荟萃,历二十余年,三易稿始成。道光壬辰,文勤嗣君一再索板去。嗣君旋没都中,市侩垂涎是版。泊同治九年,咸以重价赎归,属丁次郇、午峰两广文校对,置厨以藏之"云云。后

又有丁午峰跋云："是书系次邰三兄与午峰所考订，讹误太多；考订之后，惜受庭方伯并未全行更正。今底本幸存，亦足自快。光绪廿九年午峰识。"受庭，咸字也。此校本为淮安静思轩宋氏藏，倩起潜录一副。校勘之功甚细，有益于读此书者。五代群雄割据，前后五十余年，欧史如一笔书，脉络清晰，体例完善，可谓奇作。一人修史，除史迁而外，未有如之者也。徐无党注即全书凡例，疑欧公自为之，而托名无党。此说似有先我言之者。十国群雄，大半为河南籍，其故安在？

阅《弢园词》一卷，前署"江都史念祖作，汉军赵尔巽刻，番禺梁鼎芬署"，又题"乙巳六月二十四日《补厂丛书》之二"。查日记[①]，乙巳六月二十三，余随次帅抵沈阳，是时绳老居扬，节丈任武昌府，三人无缘合并。疑此为节盒代次帅刻丛书，向所未闻，不知第一种所刻何书？恐无人能言之者矣。板式似湖北刻，记此待考。

阅《河海昆仑录》。西域戍卒霍丘裴景福著。

阅《校礼堂集》。凌仲子以贾人子潜心读书，其天资之颖悟，非恒人所及。释《礼经》之例，考燕乐之原，辨性理、慎独、格物之真谛，皆戞戞独造，坚不可破。骈文尤瑰丽杰出，得力于六朝任、沈之文，骨干坚凝，曲折奔放，无不尽之意，无不达之辞。同时诸公，惟羿轩可与颉颃，余子皆瞠乎后矣。诗才与文相称，少作尤雄杰。入宁国以后，循循规矩，翻逊于前。读史亦有特识，盖天资高也。诗文取材最审慎，镕经铸史，无猥杂语，读之实获我心。《学古》诗云："文章无成法，达意即为善。"又云："吾心别有在，硁硁守经传。"又云："充学养以气，事半功乃倍。"可知其作诗之旨。

阅周保绪《介存斋诗》。自叙历道甘苦，诗境之变化，随年而进，其笔势如摩空健鹘，得于天者优也。卷二《新乐府》，叙述山东天理教攻陷曹、滑情事，可作诗史读。叙云："刘鬾子之后，其党名虎尾鞭，土人更为党曰义和拳以拒之；别有红瓤会、瓦刀社，而八卦教最大，蔓延直隶、河南凡数百里"云云。此即义和团之缘起。红瓤后又讹为红庄。

---

① 据此条，先生似乎有日记存世，1941年作《卷盒札记》时还翻阅过，然迄今未见。——编著者

　　阅《董方立遗书》及《栘华馆骈体文》。《水经图论》残藁，所刻有说无图，未免买椟还珠。

　　阅《晋略》。此为介存居士一生精力所聚，其全书之要删，在《甲子》《州郡》《割地》《执政》《方镇》五表，尤以《州郡表》之体例为最完善，执简驭繁，使两晋之形势得失，一目了然，是乙部中不刊之作。每卷首叙述，喜学蔚宗文体，是其一蔽。此等复杂之叙述，应以简练犀利之笔出之，方能曲折周到，若顾景范为之，便可观矣。

　　阅《靳文襄奏疏》。到任两个月，即将治河全局分为八疏，分别陈奏，自请限期三年，减估经费，定为二百五十一万两。其任事血诚，规画周到，有名臣气象。文亦朴挚委婉，而劲气直达，毫无修饰，读之使人兴奋，此真天地间至文也。《与崔某驳论》一疏及《荐陈潢疏》，尤有生气。康熙至今三百年，自河道北徙以后，似乎文襄治河之策，已成明日黄花。但今日河又南迁矣，兵革不休，音信隔绝，江南之民，尚醉生梦死，数年淤积之后，一遇淫潦，将来下河昏垫之患，必更甚于康熙。今日与康熙不同者，无运漕之阻碍而已。测量之术，工程之学，今亦胜于古，所难者公忠体国之文襄，实心佐治之义友陈潢。倘得斯人而畀以事权，河患何足惧哉！

　　阅《陔南池馆遗集》。上海乔重禧著，春晖堂本。　《磬锤峰诗引》：峰侧石幢一镌"屍涸帹②"四字。考"屍"，古"户"字，见《说文》。"②"为武曌所造"日"字，见《佩觿》。余无考。按峰在热河，此四字是否辽文，俟考。"涸"当是"渊"字。

　　阅汪衮甫《思玄堂诗》。学义山而无晦涩之病，入后多应酬之作。　又阅衮甫《法言义疏》，笃守师说，精能之至。胡绥老叙，尤属知言。

　　阅《陶勤肃奏稿》。陆刊未全，写一跋。　阅《河套图志》。故人张扶万鹏一著，写一跋。（《杂著》，第223—225页）

3月　撰《思玄堂诗》题识。云："学义山，去其晦涩堆垛之病，又能灏气流转，洵属隽才。入后应酬之作，嫌太多。壬午仲春读竟。景葵。"（手迹，原书，上海图书馆藏）

《思玄堂诗》，民国汪荣宝（衮父）撰，印本。（原书）

4 月 2 日　至合众图书馆，携去《补藤诗稿》。(《顾廷龙日记》)

4 月 9 日　偕陈永青、顾廷龙散步至竹淼生家小院，小坐。(同上引书)

4 月 10 日　与顾廷龙谈。(同上引书)

4 月 14 日　顾廷龙来。因"昨夜雨终宵，东窗多浸水"，乞先生邀浙江兴业银行工匠师傅修窗。(同上引书)

4 月 18 日　日伪军警持"上海市银钱业同业公会临时委员会函"，向浙兴强行领取蒋廷黻、顾维钧等个人存款，共计 4 954 余元。(见 1947 年 3 月 25 日浙兴"兴字四二二号"通函，上档 Q268－1－657)

4 月 19 日　与顾廷龙谈。(《顾廷龙日记》)

4 月 26 日　浙兴郑州支行留守人员刘汉瑛致总行函，报告近日艰难情形。云："郑地物价昂贵，员役生活困窘，三月间函请加给薪津一节，是否照准？祗候批示，以备领具。""本埠距战区卅余里，枪炮时闻，市衢及外围均筑防御工程，军队云集，秩序慌乱。各银行并工厂机器杂物与商民多数西迁陕省。""战事数载，内地各物来源缺乏，因之价额增高，尤以五金类奇缺，价亦奇昂，各工厂货栈、银行仓库等屋上冰铁板，多被军人强迫购用，每张给价柒元。惟我行完整独存，按近一二日价约值五万元左右。军人添做锅皂及碗具，物质缺乏，屡来仓库注视屋上铁板，且盛传所有五金不久国家统制唯恐实现，或军人迫购废少数之价，岂不我行蒙受重大损失？以上情节不得不呈报，即希酌夺。"又告昨夜盗贼盗取铁窗等物，以及保长派捐等事。[1]（原件，上档 Q268－1－590)

4 月 27 日　撰《项兰生七十寿联》：

遗民也有天长节;同日毋忘冒广生。

注云："敝同年冒君广生鹤亭亦于是日称庆，而我兰生先生高踏远引，避之若浼，因据事实制成联语，俾千秋万岁，长毋相忘云尔。壬午三月十五日叶景癸戏笔。"(引自《项兰生自订年谱》(三)，《上海档案史料研究》，第 11 辑，第 280 页)

《札记》云："壬午旧历三月十五日为项兰生兄七十生日。是日适为日本昭和天长节。同年冒鹤亭亦于是日七十，因撰一联赠兰生云：'遗民也有天长节，同日无忘冒广生。'叔通丈见之云：'童心韩亦同日七十，不如易冒广生为童大年。'余意卢绾与高祖同日生，用'同日'两字，而不点出'生'字，语意不完，因冒广生有一'生'字，可以借用，如改童大年，应作'竞走终输童大年'，因童降生之时辰先于项也。记之以发一噱。"(《杂著》，第 225—226 页)

---

[1] 刘汉瑛于 1943 年初在郑州贫病交加中去世。——编著者

4月29日 代表浙兴董事会致送项兰生七十寿辰礼金中储券一万元,并致函祝贺:

> 兰生先生惠鉴:夏历三月十五日,为先生七十诞辰,敝行同人金以先生为本行勋旧,匪止私人素仰,谊宜由行领导以寿先生,只以渊怀恬静,未敢轻事铺张,得醵饮以为欢,惧乖高致,爰献金以致敬,用祝稀年。景葵徇同人之请,谨代表本行奉致下开附件,尚祈鉴微忱,惠予晒纳,不胜公感,顺颂健康。

浙江兴业银行董事长叶景葵。

又浙兴董会另制寿辞,由陈叔通主稿,先生修正,其文曰:"浙江兴业银行董事会为项兰生先生七十寿纪念辞并序:——吾行创设于前清光绪卅二年,涮除庄号之故习,确立银行基础,为商业银行先导,则自先生辞中国银行副总裁归里后,受任吾行书记长创设总办事处始。先生初任安定学堂监督,成就甚众,附设银行选科,于光绪末,率高材生数人受任吾汉行内司理,为先生问世发轫,以后银行蔚起,借才尤多。生平严正不阿,耿介不苟,同人风纪纯良,皆先生所留贻也。壬午三月,为先生七十揽揆之辰,同人等回溯前勋,制辞记念,以式方来。"其辞曰:"岁在甲寅,辞荣受职,儒冠峨峨,居中介特,如将登坛,旌旗变色,旧习是除,新基是植,勤事而廉,有严有翼,风纪所范,始终整饬,天锡遐龄,绵延无极,勖我同人,师资在即。"(引自《项兰生自订年谱》(三),《上海档案史料研究》,第11辑,第281页)

同日 与顾廷龙商谈,"复查所选拟购各书"。近顾正奔走于上海各家旧书铺,除古籍以外特别注重收购各类财经年鉴及"近年官书"等文献史料。(《顾廷龙日记》)

5月1日 至合众图书馆。(《顾廷龙日记》)

同日 上海银行业联合准备会恢复定期票据交换制度。(《现代上海大事记》,第843页)

5月5日 为项兰生祝寿,招友小饮。同座有徐寄庼、顾廷龙等。(《顾廷龙日记》)

同日 叶澜复先生函,谢赠贺金,并托理财。云:"今日由平行转来手书并联币式百元,均已领悉。日月不居,七十之年倏焉已至,远蒙厚贶,益增感愧。回忆儿时竹马共戏于补藤花馆者,只剩二人(其时鸥客、叔衡尚小也),又及南北暌隔,不知何时会合,能不令人怃然?足下明岁亦届古稀,迭观来书,字迹秀润,无异曩时,信寿征也!仆老景日增,自身痛苦惟自知之。去冬患心脏衰弱症,曾一度脚肿,服药后虽已消去,而行步远不如前。欲在公园走一大圈已不可能。想解决之期,当亦不远实行。悬车之年理应休息,而苦不得休息。苟能长此休息,岂不甚佳!今更有一事奉恳者,仆前曾有法币五千元存在沪行,至今年六月七日满期。近因价落,损失已大,取出北汇,更无是理。此款本预备给予雄、丙二人作为遗念者,故亦不急于用,拟请足下为我筹划一下也。或仍续存不动,或另有他项办法,总希望不使过于损失为要也。仆于此道一窍不通,故不得不请教于足下耳。足下倘能俯允,即求代为保管处理之,则感甚幸甚! 并希示知为盼。闻幼达二子均可造之才,甚为欣慰,医院生意尚不差,亦属可喜。鸥客年事亦高,处此时局当然要受影响,晤时乞代致意。此地惟燃料稍廉,余物则逐步上涨,几与南方无异,不过较沪地略胜一筹耳。仆与礼婿每月所入约五百元,合力支持仍不敷,支出甚巨,奈何! 奈何!"(原件,《亲友手札》)

5 月 7 日　至合众图书馆,复审来青阁各书。(《顾廷龙日记》)

5 月 8 日　至合众图书馆,与顾廷龙谈涵芬楼事。闻东方图书馆要售书,顾感慨云:"东方图书馆之腐败,王云五固不能辞其咎,而张元济、李拔可亦皆不能因噎废食,将来复兴图书馆之需要正殷也。"(同上引书)

5 月 9 日　王謇(佩诤)遣女原达来访,送合众图书馆朱启钤赠书四种。(同上引书)

5 月 11 日　张元济来访,述及涵芬楼有吴廷华《礼记疑义》稿,系钞全,《仪礼疑义》有半部,《周礼疑义》则不得。稿本旧藏王培礼家,后不知流落何处。(同上引书)

5 月 12 日　与顾廷龙谈,言及叶昌炽《缘督庐日记》稿本,现藏王君九处,似可劝其归本馆保存。顾遂请先生致函王君九,"微探之"。(同上引书)

5 月 17 日　撰《赠邵伯絅七十生日》七律二首①。云:

枕上占二律赠伯絅因闻其征求图咏作七十生日

西园翰墨旧知津,民隐平反气若春。澹泊斋盐皆相度,回翔文史亦天真。

名山绍业宜称寿,秘室藏珍不患贫。四海共知公有庆,堪嗤寂寞草《玄》人。

逸兴遄飞即寿征,故交吉语似云蒸。烹葵采菽人同健,作画哦诗仆未能。

相肚撑船容几辈,佛头著粪是凡僧。惟公慧业今无两,昔有南梁且并称。

(《杂著》,第 372 页)

5 月 18 日　当地街坊组织招照相馆人来,为先生与顾廷龙两家摄"市民证"用照片。(《顾廷龙日记》)

5 月 19 日　至合众图书馆。陈永青来,与顾廷龙同谈。(同上引书)

5 月 20 日　至合众图书馆。单镇来。(同上引书)

---

① 原诗无日期。《顾廷龙日记》1942 年 5 月 18 日有"写邵章寿屏一条"记载,据此考之。——编著者

同日　刘承幹来合众参观,晤先生与顾廷龙。"继而张菊生来,同谈半时而出。"(刘承幹《求恕斋日记》稿本)

5 月 23 日　赠顾廷龙鲥鱼。(《顾廷龙日记》)

5 月 25 日　下午三时合众图书馆董事会召开第二次临时会议。出席:张元济、陈叔通、叶景葵、陈陶遗、李宣龚。主席陈陶遗。讨论事项有:先生提案"本馆经费来源应宽为筹备,已与董事长商定出售浙江兴业银行股票壹百股,计票面一万元,以资挹注。业于三十一年五月十六日售出",得法币 20 341.5 元,议决:通过。先生又提议:"前拨特别费业已用罄,现须再提特别费三千元备购米煤油等物。"议决:通过。先生再提议:"本馆藏书之整理粗有头绪,各类尚须补充,请从基金中拨出五万元作特别购书费。"议决:通过。(《合众图书馆董事会议事录》,《历史文献》第 7 集,第 14—15 页)

5 月 27 日　与顾廷龙谈。(《顾廷龙日记》)

5 月 29 日　至合众图书馆。(同上引书)

6 月 5 日　与顾廷龙谈。(同上引书)

6 月 6 日　至合众图书馆,与顾廷龙谈增补经常费事。(同上引书)

6 月 7 日　至合众图书馆,潘季孺来,与顾廷龙同长谈。(同上引书)

6 月 8 日　至合众图书馆。(同上引书)

6 月 14 日　陆以正来访,偕往图书馆参观。(同上引书)

6 月 16 日　陈叔通来合众图书馆,告顾廷龙,"近由日本某机关至法租界教育处,欲向四图书馆借书,一震旦,一明复,一鸿英,一合众。博爱理以三馆皆闭馆答之。越数日,又有往之,又却之。"日本占领当局已注意到合众图书馆。(同上引书)

6 月 18 日　阅《诗小序翼》并于封面撰题识。云:"观第十一卷末引谢枋得语夹签,知此为介侯先生手校定本,当系晚年之笔,不知身后已付刊否? 亦不知海内尚有副本否? 其底稿恐已流出海外矣! 壬午重阳景葵读。"(原书,上海图书馆藏)

《诗小序翼》二十七卷《首》一卷,(清)武威张澍(介侯)撰,手稿本,二十册,叶景葵跋。(《叶目》)

6 月 21 日　至合众图书馆,与陈陶遗、顾廷龙商近日地方联保处欲借馆屋作办公处事。晚,顾往访保长,告以"与约笔墨,吾可相助,房屋决不能借"。(《顾廷龙日记》)

6 月 23 日　顾廷龙来,谈保长今日又来纠缠借屋,称三保联合办事处确实人太杂,由吾一保借用如何? 顾"坚拒之"。(同上引书)

6 月 25 日　上午,顾拜访原法租界公董局华董魏荣廷,请其相助制止保长借屋事。当日,卢家湾捕房派西人一、译员一来馆调查。西捕称"此地保存古书,学者

研究之地,不能杂以他事,当为设法制止"。晚,保长来,交还户口表,"于房子一字不提矣"。(同上引书)

6 月 27 日 在寓所宴请魏荣廷、陆润之、陈陶遗、汤定之、竹淼生、罗郁铭、陈恭蕃、刘培余、汪原润,顾廷龙作陪。(同上引书)

6 月 28 日 整天在合众图书馆与顾廷龙谈馆务各事。(同上引书)

6 月 29 日 至合众图书馆。是日大雨竟日,古拔路(今富民路)发水成河。(同上引书)

6 月 主持浙江兴业银行总办制定增加员工薪金计划。"将总行及所属本埠支行、仓库暨驻仓员生原有生活津贴,重加调整。自本年七月一日起,分两期加给每人生活津贴壹百元。第一期,自七月一日起加给伍拾元,即改按原表生活指标680%栏,并另加十元支给之。第二期,自八月一日起,再加伍拾元,即改按生活指标 800%栏支给。练习生加给生活津贴五十元,行役加给三十五元,亦分七、八两月折半加给。"①(函稿,上档 Q268-1-131)

约 5 月至 6 月 阅《悔过斋集》《诂经精舍文集》等。《札记》云:"阅顾访溪《悔过斋集》。生平精力聚于《学诗求是录》三十四卷,后经重加订正,成《学诗详说》三十卷,别出其专论字句异同者为《正诂》五卷。""阅《诂经精舍文集》。孙渊如撰《诂经精舍题名碑记》,载荐举孝廉方正及古学识拔之士六十三名。高祖考焘莪公名列第二,尚用原名上之下纯,案系古学识拔之士。"(《杂著》,第 226 页)

7 月 5 日 与顾廷龙谈。(《顾廷龙日记》)

7 月 6 日 潘季孺来访,招顾廷龙同往谈。(同上引书)先生《札记》云:"季孺自订年谱,属题辞。"(《杂著》,第 227 页)

7 月 8 日 至合众图书馆。(《顾廷龙日记》)

7 月 14 日 送《兰笑楼书目》,嘱顾廷龙查选。(同上引书)

7 月 20 日 送合众图书馆刘晦之赠书《文庄奏疏》《静轩笔记》《直介亭丛刻》。(同上引书)

7 月中旬 得杭州汪小米残稿,录夏曾佑诗。《札记》云:

汪颂阁丈家藏小米先生残稿,一《经典释文补条例》,一《借闲随笔》,均考证经史之碎金,借来录副。抄竣,始知振绮堂已刻。

汪穰卿丈有友朋投赠诗翰册,内载夏穗卿丈七律六章,录下:

甲午九月送毅白南归 毅白,穰卿别号。

---

① 1942 年 12 月起,随着物价暴涨,浙兴总办又制定增加员工津贴,改为生活指标 1 120%支给。——编著者

燕市歌阑酒半醺，烽烟如此况离群。马头风雨连红树，篋里关山望白云。三叠悠扬《将进酒》，九州容易入斜曛。江湖断梗藩笼翼，一哭生平负《典坟》。

黄云白草酿秋情，万感茫茫对酒成。一自凭陵关白甲，骚然辛苦朔方兵。余皇失策无长鬣，右校求封有少卿。楼阁金银禽兽白，神山今日恨分明。　丰沛由来拱帝畿，接天云起应昌期。连鸡失计开新局，聚米无谋覆旧棋。白雁横空亡锁钥，黑龙何日镇支祈。凌烟将相今何在，万里秋风入鼓鼙。　长江直贯中原下，两岸青山挽不留。大泽几人书帛待，庸奴循例处堂游。金钱日见归鞮译，兵气宵来接斗牛。太息湘淮龙虎地，从来借箸贵先筹。乞食长安又一年，鹑衣狗马镇相怜。青山无地容沮溺，白发忧天托管弦。旧恨新愁燕市筑，白苹红蓼故乡船。江湖满地秋如海，此去归程好著鞭。　钧天帝醉谁从问，红烛光寒各自愁。缱绻骊歌凭夕照，沈吟龙战老扁舟。观河岁月归青史，吓鼠功名惜黑头。用舍皆穷惟我尔，片帆开已愧沙鸥。

又忆夏丈有和陈杏孙昌绅《登岱诗》，并记之：

扶舆旁薄五亿步，今古苍茫七十君。何日峰头共登眺，石床卧看出山云。

（《杂著》，第226—227页）

7月21日　得周叔弢赠书，送合众图书馆。（《顾廷龙日记》）

7月　刘吉生、叶起凤捐购书费二千元，兼祝先生七十寿。（《合众图书馆董事会议事录》）

8月4日　得朱启钤函，请传抄《训真书屋杂存》，愿为刊行。（《顾廷龙日记》）

8月5日　顾廷龙为先生嗣子叶絅临写《龙藏寺碑》，以资参考。（同上引书）

8月13日　合众图书馆收到朱旭初相赠第一批兰笑楼藏书。是日顾廷龙记云："天津浙江兴业银行朱振之寄到朱旭初（曜）昆仲所捐兰笑楼藏书。实由叶景葵赠旭初弟联币二千，始有此报也。"（同上引书）

同日　叶澜复先生函，告以"失业"经过及近况。云："前日得三日所发手书，欣悉一切。鄙事[1]种种劳神，且感且慰。如得雄、丙消息，尚祈即日示知也。至仆失业一层，因祝君到任，仆以地位关系与另一秘书约往，以观风色。不料第三日，彼乃自行报到，同时祝亦另派一人抵仆之缺，当然不能再去，落得洁身而退，好在礼婿一方，目前尚可自顾。仆则早料此事难免，亦略备有半年余粮，姑且吃完了再说，亦不必劳神朱桂老矣。故乡风景与诸君风采，时萦梦寐，不过体质、景况皆所不许，自知甚明，南归之说，亦姑且悬此一约而已。今年南中奇热，此间亦有所闻。北地

---

[1] 参见本年5月5日条。——编著者

则麦已无望,入夏后雨水较多,秋收当有可望。天心仁爱,或不至使人至于绝地乎!"(原件,《亲友手札》)

8月14日　顾廷龙编朱旭初昆仲书目。(《顾廷龙日记》)

8月15日　合众收到朱旭初昆仲第二批赠书。(同上引书)

8月18日　杨金华送《嘉业堂书目提要》。(同上引书)先生阅后记云:"阅董绶金所草《嘉业堂书目提要》稿本六巨册。明人集部,颇为宏富,闻已在港失去,可惜之至。《永乐大典》四十册细目,为六册之一,此物已归大连图书馆,空存一目而已。"(《札记》,《杂著》,第228页)

8月22日　归愚①致先生函,谢赠书。云:"久未谋面,至想。处此世界,如醉如梦,几不知年将七十矣! 赐书四种,敬谨拜领。古今变迁何限,惟高文典册,永永流传,盛意纫感。《补藤花馆石墨录》所藏者,皆与中州有关,虔心展阅,不禁神往。钦佩先德至无涯涘! 余容晤谢。"(原件,《亲友手札》)

8月23日　合众得朱旭初昆仲书九包。(《顾廷龙日记》)

8月29日　下午四时合众图书馆召开第二次董事会常会会议。出席:张元济、陈陶遗、李宣龚、陈叔通、叶景葵。主席陈陶遗。先生报告:"因金融变动须折合中储券,为适应开支需要,与董事长商定将所存浙江兴业银行股票四百九股悉数售出,计得价中储券十三万三千二百六十元二角五分整。并将卅年度下届财产目录及收支报告详细说明,众无异议。"会议讨论先生提案:"经常费原定每月三千一百二十元,现在物价上涨,应酌加。兹拟每月增加五百元,自九月分起膳食加一百五十元,总干事加津贴一百五十元,干事各加津贴一百元。"议决:通过。(《合众图书馆董事会议事录》,《历史文献》第7辑,第15—16页)

8月30日　合众"又得天津寄到兰笑楼书八包"。(《顾廷龙日记》)

8月31日　顾廷龙查选朱氏昆仲书目。(同上引书)

同日　先生签署浙兴总办通函,任命华如洁兼任总行北苏州路仓库主任;俞道就兼任北苏州路支行经理;姚孝曾为北苏州路仓库副主任。(副本,上档Q268-1-63)

8月　撰《叶徵君文钞》跋,阐述钞、刻二本之得失。云:"昔游中国书店见此钞本,后有撰初评语,与余字同,因购归读之,其时未见《归盦文稿》刻本也。顷与刻本对读,知此本从原稿录出,为刻本所无者:《韦白二公祠记》《重建苏州府儒学碑记》《重修苏州学后记》《重修太仓州学碑记》《九公祠碑记》《河南巡抚钱公五十寿序》《代属吏寿郭中丞文》《太仓州同知商公墓碑阴记》,共八篇;又《循政诗》一首,例不

---

① 归愚,名顾桂生,称先生"揆公贤表阮",当为先生表亲。1945年2月去世,先生有悼诗。——编著者

入文集。此八篇者,当为门人蒋铭勋刻稿时所删,如《韦白祠记》《苏州府学后记》《太仓州学碑记》《九公祠碑记》四篇,无甚精义;钱郭二中丞寿文系酬应之作,删之是也。如《重建苏学碑记》《商公碑阴记》二篇,言之有物,文字亦茂美,岂以前者有伤时语,后者掊击乾隆州志之谬,故从割爱欤? 兹定名此本为《归盦文钞》,与《文稿》刻本并存,以贻后学。阅平梁阚君跋语,知攲初为无锡钱君之字。壬午初秋,后学叶景葵读毕敬记。"(《书跋》,第155—156页)

9月1日 至合众图书馆,向顾廷龙出示李英华藏石溪画两幅。(《顾廷龙日记》)

9月2日 送合众图书馆丰华堂杨氏书,顾廷龙选定三四十种,值千元。欲还七折,后以八折结清。(同上引书)

9月3日 杨金华送谱牒书四百余册至合众,先支给一千元。余有六百本,约两日后再送。(同上引书)

9月9日 王季烈致先生函,问安并托代售浙兴股票。云:"前闻尊体以血压过高休养,是以未敢多渎,久疏笺候为罪。今日见沈范思兄,敬悉道体已恢复如常,每星期到行二三次,视事如恒,甚为欣慰。"遂托售浙兴股票四十股,直接归还债务之用。(原件,《亲友手札》)

9月11日 送翁友三藏书目,嘱顾廷龙查选。(《顾廷龙日记》)

9月14日 得吴廷燮函[①]。吴函询问拟出让书报事。云:《方舆纪要续编》早经脱稿,有誊真者居七八之一,余尚有草稿,大致可辨,容再整理,即可奉上。燮已近八,为日无多。《乾隆要录》之类,未刊尚多。迩岁以来,纸贵工贵,不能议梓,祗得听之。尊馆书稿蒐罗宏富。前数年来购置《缙绅》,颇不为少,去岁竟有欲购之人,自念难存,因而通易。未审《京报》《缙绅》等等尊馆多否?往绥老辑有书单,谓自《汉志》迄于钱、阮,无不亡者。公能集此,良可为贺。"(原件,《亲友手札》)

9月15日 郭石麒来。《札记》云:"久不购书。郭石麒来,持瞿刻《石田诗文钞》,索价六百元,系从同行贩来。石麒新丁母忧,甚贫,且原店已解散,所索为原价,不过赚六十元,即留之,以时价论,不为昂。昔年索四百元,未留也。"(《杂著》,第229页)

9月24日 检视兰笑楼余书,撰题记四种。

一、《蜕庐剩稿》封面题识。云:"仁和朱养田先生讳钟琪手稿 壬午中秋日子婿叶景葵敬题。"并于第四叶《与叶作舟书》下题注云:"此甲午春正,景葵在济南结婚后第一次与先严书。景葵注。"(手迹)

---

① 吴函无日期,信末先生有批注"卅一年九月十四日收到"。——编著者

《蜕庐剩稿》不分卷，（清）朱钟琪撰，稿本一册。目次如下：

1. 庞雨生《证治集解》序
2. 与叶作舟书
3. 与丁咸亭孝廉
4. 与王梦湘（名以慜，湖南武陵人）
5. 与张省钦
6. 与宝似兰星桥香士昆季
7. 寄某校书
8. 寄某校书
9. 与赵铁珊（名尔震，尔巽兄）
10. 云间农寄白华书
11. 匡生自题《萍踪偶聚图》序
12. 与项蔚如书（名文彦）
13. 谢赵小鲁贺四十生辰并赠牡丹启
14. 与萧应椿书
15. 谢徐次舟赠婢启（名赓陞）　　（原书，上海图书馆藏）

二、《蜕庐读书丛录九种》题跋云："右《蜕庐读书丛录》共九种，其第四种《南史节抄》已铅印行世，余就原稿排比完全，归合众图书馆保存。壬午中秋景葵记。"（手迹）

《蜕庐读书丛录九种》，朱钟琪辑，稿本，三十九册。为平时读书校勘整理抄录，目次：

1. 钦定七经纲领
2. 阮刻十三经注疏叙录、通志堂经典释文叙录
3. 日知录抄
4. 南史节抄
5. 困学纪闻抄
6. 朱子语类抄
7. 呻吟语抄
8. 读诗经传说汇纂钞
9. 明吴氏文章辨体目例、姚氏古文辞类纂序目、李氏天岳山馆文钞目例

（原书，上海图书馆藏）

三、《蜕庐钟韵》题跋云："光绪丁酉，先外舅朱蜕翁摄清平县事，余送妇归宁，适赵小鲁（尔萃）师任夏津县，境壤相接，时往来为诗钟之会，余亦与焉。次年，小鲁

师即选佳者付刊,名曰《蜕庐钟韵》。顷检兰笑楼残书,尚存此册,如拾坠欢。此中人现存者,祇友石(名吴鹗,元和人)、旭初(朱曜,养田长子)与余三人而已。又得小鲁师手抄本一册,系己亥年在泰安所作,未曾付刊,其时蜕翁署泰安县,小鲁师卜居徂徕山下,故续为此会,此中人现在惟余硕果仅存矣,因附于丁酉刻本之后。至王梦湘丈所刻昔曾见之,今已不传。赵菁衫先生常为冠军,惜无从购觅耳!壬午中秋节景葵敬记。"(《书跋》,第185页)

《蜕庐钟韵》,一册。前半部分为赵尔萃所刻,后半部分为赵尔萃所抄,由朱钟琪编辑。诗钟是一种文字游戏之作,类似做对联,但有一定规则,即取意义绝不相同的两个词,或分咏,或嵌字,要求凑合自然,对仗工整。(参见陈先行《兰笑楼与合众图书馆》)

四、《兰笑楼藏书目录》《重编总目》内有"附北京箱目"一册,题记云:"共六十箱,当系随带北京之书,易篑后检点抄目备查。内或有新购之书未抄入手抄书目内者,应再逐细核对。故此册应与抄目并存。壬午中秋,景葵记。"(手迹,原书,上海图书馆藏)

同日 读《扬子法言》并再撰题跋。云:"秦刻祖本后归海源阁,有顾涧苹跋语引卷十一'非夷尚容依隐玩世',校语谓与温公所见李本不同,断定绛云楼所藏亦为治平监板已修本。见《楹书隅录》卷三。""黄藏沈临何校本现在涵芬楼,缺前五卷,壬午中秋对读。绥阶临顾本用朱笔,借黄本复勘用墨笔。"(《书跋》,第78页)

《扬子法言》十卷,(汉)成都扬雄(子云)撰,(唐)姑藏李轨(处则)注,(宋)涑水司马光(君实)添注,明嘉靖中吴郡顾春刊本(世德堂六子),三册,清·袁廷梼临顾广圻校,叶景葵覆校。(《叶目》)

同日 再撰《说文解字理董》跋。云:"购得此书后,请马夷初先生审定,谓是《正编》,非《前编》。又假得郑西谛先生所收旧钞本,第七、第八、第十一、第十二四篇,经夷初详细校正,因目力不继,由顾起潜君续校,并补写缺篆缺叶,夷初作跋于后。当再请专家复审之。闻徐行可藏有原稿,未知系完帙否?书以讯之。壬午中秋又读一过。景葵。"(《书跋》,第14页)

9月 撰《滇缅界务新约诤议》题识。云:"甬上随槎客稿,此光绪丁酉、戊戌间茕存之稿,不知出于何处,亦无姓名可查。因其持论条鬯而深切事实,故存之。壬午秋,撰初记。"(同上引书,第58页)

《滇缅界务新约诤议》一卷,(清)甬上随槎客撰,阙名译,民国杭州叶景葵辑,清光绪中某期刊剪贴本,一册。(《叶目》)

约9月 在汪振声家征集得汪康年师友书札,计146袋,未清理者3包,入藏合众图书馆。顾廷龙记云:"一九四二年秋,合众图书馆与叶揆初先生先后移入新屋。揆老退居多暇，有时安步当车，访问附近亲友。一日至汪振声君家，见其检置资料一大堆，询其何为？则曰将以废纸弃去。盖深恐日本侵略军随时闯入搜查，如被发现，必致滋生祸端。揆老随手检视，则皆汪穰卿先生师友所贻手札，而经其弟颂谷先生手加整理者。揆老语之曰：此大宗书札，均为穰卿先生创办《时务报》以后在京沪办报时师友及读者之来信，为研究近代史极重要之资料，万不可毁弃。且曰我近与张菊生先生等创办一所合众图书馆，专为保存亲友家所藏之图书及文献资料，新建馆舍于蒲石路（后更名长乐路）七四六号，可送该馆保存，以垂永久，而供后人之阅览。汪振声君闻之，欣然举以相赠，遂使此宗手札有所归宿，真可谓得其所哉！"（《汪康年师友书札跋尾》，《顾廷龙文集》，第343页））[1]

约9月　读《青溪文集》等书。《札记》云：

夙疑《方舆纪要》一书未列入《禁毁书目》。顷阅程绵庄《青溪文集续编·纪方舆纪要始末》，于是恍然。此篇当抄入顾书册首，以增重要史料。

阅《陶楼存稿。印于《陶楼文钞》之前，不多见。

阅《敬孚类稿》。读书多而论事平，语语著实，无桐城派习气。

阅嘉定王元增辑刊《先泽残存正续编》。系王西庄来孙。此人民国初年在北京创办第一监狱，极有成绩，当时深佩其人，不知为西庄嫡嗣也。

程绵庄与方望溪书，力言新刊文集所附诸人评点之当删。《敬孚稿》言程鉴初刻本，后有评语，续印则删去，当是青溪反对之影响。

凡将草堂藏书之抄校本，尚有杜文澜本《词律》，经谭复堂、许榆园、沈蒙叔、张韵梅四人细校，榆园题识，志在刊刻，后竟未果。是为佳书，其外似无多精骑矣。

阅《紫竹山房诗集》。卷十一《为叶登南明府题同年赵学斋大鲸遗墨》："义门妙墨宗登善，绝世风流在及门。义门先生真行书甲于本朝，学斋其高弟。尺锦片云遗迹在，有人端拜与招魂。""平生此癖颇随肩，三尺埋文十七年。自谓过之

仍不及,频揩老眼涕潸然。"按原卷尚存,有数字小异,当抄入《先友诗翰》卷中。(《杂著》,第228—229页)

10月3日 先生在寓所召集浙江公益会董事常会。到会者张元济、陈仲恕、何德奎、胡藻青、徐寄庼、陈元松、张笃生、徐永祚、刘承幹。会议报告账略,又讨论董事四人两年期限已满,应否改选。"均谓不必改选,连任可也。""众赞成。"会后众人去合众参观。(刘承幹《求恕斋日记》稿本)

10月4日 顾燮光致先生函,告以将向合众图书馆赠书。云:"弟冒暑回杭,两月于兹。……敝寓薪木虽无伤,衣被杂物荡然! 惟书籍碑帖尚存普通者,刻正整理丛残,自设冷摊,为易米之计。惟自印之金石书及家集尚存不少,拟送存合众图书馆各种一部。杭州交至何处? 祈示知为感。又诗文各集亦不少,两本以上则出售,单本者亦拟送存合众图书馆也。又存有成都严氏精刻各书数种,此系寄售之品,却须收价,但可捌折,另开一单,祈督核为荷。至弟自存金石书约二三百种,明年拟编目,后年拟全数出让,以为济贫易米之计。如图书馆收存,不希望高价,但求得所也。姑妄言之,诸希台核是幸。"(原件,《亲友手札》)

10月10日 与堂弟叶景荀(幼达)至图书馆,与顾廷龙谈。(《顾廷龙日记》)

10月11日 与顾廷龙谈。(同上引书)

10月13日 偕顾廷龙访华绎之,看华商原墨迹。《读史方舆纪要》中夹签颇类其书。又观翁同龢《盟俄密稿》一卷。(同上引书)

10月17日 顾燮光复先生函,告以捐书事。云:"《颜氏家训》一部,计四本,今日端兄①来已面交,款六元四角已照收。敝处拟送合众馆之书,一星期内可以理出,当再交端兄处。兹开一单,祈先查核。诗文集亦有数十种,稍迟亦可理出,当作第三次交端兄也。金石书刻甫着手,草目一时未能就绪。日间为换米售书计,对付旧书坊颇费精力,一时未易就绪。普通碑拓亦多损失,下月方能着手也。十一月间须赴上海一行。杭州米每石在三百元外,售书购米未免近俗,不意垂暮之年,躬逢其盛耳!"(原件,《亲友手札》)

10月21日、22日 顾廷龙"检朱旭初赠书登录"。(《顾廷龙年谱》,第265页)

朱旭初向合众赠书共111种、1 758册。顾编有《兰笑楼剩书目》。题识云:"凡有红识者均已赠本馆。"所捐书中有兰笑楼主人所编《兰笑楼藏书目录》稿本三十九册,分《丛刻目》《分类目》《重编总目》三部分。《丛刻目》凡著录297种图书,分经部丛刻、史部丛刻、子部丛刻、集部丛刻及四部汇刻五类。《分类目》凡著录863种图

---

① 端兄,似指邢端。——编著者

书,按经、史、子、集、丛(书)五部分类,每部先列分类表。此目在子部中设"周秦诸子类",在"天文算法家"下设"中法之属""西法之属""兼用中西法之属"。分类根据所藏图书实际情况设立,而从目录学上说,颇具创意,如"周秦诸子类",后来顾廷龙先生主编《中国丛书综录》子目分类目录即有所仿效。《重编总目》所著录的书与前两部分大多重复,但也有个别新收之书。(陈先行《兰笑楼与合众图书馆》)

10 月 24 日 送黄石谷画册、宋徽宗扇面入藏合众。(《顾廷龙日记》)

10 月 28 日 张元济请先生为其珍藏海盐张氏《涉园图咏》题跋。(同日张元济致顾廷龙函,《张元济全集》,第 3 卷,第 42 页)

10 月 读《新旧唐书合钞》等书。《札记》云:

> 连日阅沈东甫《新旧唐书合钞》。看似容易,实精心结撰之佳书也。

> 馆中新钞《吹篪录》,余任校对,每日一两卷,略识乐律源流。数十年为门外汉,故两逢此书抄本,皆未留,以后当补过。

> 阅《辛壬春秋》。行唐、尚君著,极详实,而有弦外音,近代之良史,必可传。

> 甘月樵同年鹏云著有《崇雅堂丛书》《崇雅堂碑考》,坊间无之,致函冕之,托其请求赠一部,不知斯人尚健否,已八十一矣。

> 校《吹篪录》至廿二卷讫,尚有廿八卷未校。此书体大思精,极平极实,读之不厌。闻李玄伯有精钞本,程瑶田校二卷,余为朱朗斋校,欲售储券四千元,借而未允。(《杂著》,第 229 页)

约 10 月 李拔可赠先生七律诗《答揆初同年》。云:"贫病交期赖石林,能教持画换光阴。匹夫岂必真怀璧,长老无妨再布金。醋媪久封三尺喙,梦婆枉费一番心。欲知鬼祟归何处,鸡犬云中不可寻。"先生即撰《奉答墨巢》七律一首,回赠李拔可。诗云:"病里诗情了不殊,有诗焉用叹无襦。开缄顿使心潮上,琢句须防脑海枯。秋后蛤蜊休纵食,云中鸡犬倘来苏。微闻僧瞎藏君壁,呼出犹堪敌万夫。"又撰七绝二首"再戏墨巢在院治病,与菊生同病也"。诗云:

> 不辞首下与尻高,决去悬疣一举劳。兹术本由贤宰授,割鸡莞尔用牛刀。
> 平生误读《高僧传》,抛却髡残病即休。从此鬓丝禅榻里,家鸡家骛两无尤。(同上引书,第 380—382 页)

11 月 1 日 偕顾廷龙访李英华,看画,并还《祝枝山诗卷》《王雅宜草书卷》,以及翁同龢、张子青书画册。(《顾廷龙日记》)

11月2日　嘱顾廷龙取张卿子像及其文集,送张元济览观。同日,顾致朱旭初函,感谢赠书。(同上引书)

11月5日　为顾廷龙藏《秀野草堂第一图》题跋。(同上引书)跋云:

> 余读《海盐张氏涉园图咏》而跋其后,顾君起潜以先世侠君先生《秀野草堂第一图》见示,属为题记。起潜盖将踵海盐之美举以是图永庋合众图书馆者也。江浙两大藏书家之遗型,同时归吾馆镇库,曷胜忻幸。《涉园图咏》系出临摹,是图则为草堂落成时第一粉本,尤称难得,以后典守是图者,即一脉相承之俊彦,斯非艺林佳话欤!检阅《间丘年谱》,卜筑初成,年甫廿四,是岁即刻石湖诗,嗣复补注温诗,笺注韩诗,选定元诗,皆在此堂,而一生精力所萃,尤在元诗十集。盖先生以扬风扢雅、拾遗订坠为职志,自弱冠以迄易箦,始终不倦。合众图书馆之宗旨,亦主蒐罗放(散)佚,导扬隐滞,谋将未刊著述及罕见之本,次第流通,以饷后学。与先生处境虽异,而抱愿则同。惟先生生鼎盛之朝,得与开国遗献绩学方闻之士,朝夕编摩,又奉诏与修四朝诗,获窥中秘,故广搜博采,裒益滋多。今则相去三百余年,几经丧乱,文献无征,不免有事倍功半之叹,是先生为其易而今日为其难。先生襟怀澹泊,考功遗产仅田七百亩,性又好客,中年已形拮据,故元诗癸集无力付刊,拟编《唐诗述》《宋诗删》《金诗补》《今诗定》四种,亦有志未逮。今则合群力以成一馆,气求声应,来轸方遒,独为不成,可谋诸众腋,晷刻无暇,可遗诸后贤,是先生为其难而今日为其易。所期吾馆同人,暨后之来者,勿存欲速之见,勿起畏难之心,时时展览是图,由观感而生奋勉,使前哲穷年铅椠之精神永垂天壤,吾于起潜更有厚望焉。壬午九月后学叶景葵敬题。(《书跋》,第107—108页)

11月6日　从来薰阁得袁昶《渐西村人日记》等文稿十一册。(《顾廷龙日记》)先生《札记》云:"得袁忠节公日记及文稿共十一册。郭石麒来,闻桐庐故居已劫洗一空,流出所见者仅此。""渐西村人稿理竟,计得日记五册:一同治十一年至十三年;二光绪庚辰冬至辛巳五月;三辛巳五月至十月;四甲申春至九月;五甲申十月至乙酉二月。又《忘适斋视草》一册,作于癸未、甲申之际,可补入日记。又《袁氏续正论》二册,系同治壬申以前自定文稿。又《丁酉草》二册,《乙未草》一册,皆与友朋简牍,亦有诗文稿,可补日记。诗稿采入刻本者甚少,文稿则皆未刊。"(《杂著》,第230页)

11月8日　至图书馆,向顾廷龙出示《祝枝山写赤壁》《王觉斯诗卷》等。(《顾廷龙日记》)

同日　应张元济之邀,为《涉园图咏》题跋,盛赞海盐张氏家族藏书传统,"给谏之精神传之菊翁,菊翁之精神传之公众"。云:

余既与菊翁创办合众图书馆,菊翁即以生平所聚嘉兴一府文献捐赠于馆,又以海盐一县文献及先世著述刻本、稿本各种手泽寄存馆中,并与馆约:如菊翁生前亲见海盐成立图书馆,即收回寄存,否则永远捐赠,是图其一也。菊翁搜罗文献,黾勉四十余年,既为涵芬楼收藏全国图书,树立东方一馆之基础,不幸蹶于兵祸,而掇拾之烬余,尚足抗衡瞿、陆。又以其暇出节缩之所得,收藏禾郡及盐邑文献,凡张氏先世藏书,陆续收回,即是图亦中经介绍商榷多方,始克物归原主。展读龙山粉绘与吾家已畦老人后记,知螺浮给谏早建直声,急流归隐,部署泉石,管领烟霞,当时朋好之喁于琴书之陶写,洵所谓修于而家,型于而乡,堪为林下之模范。故其子若孙,谨守楷书,发扬世德,嗣后涉园藏书与小山、潜采相伯仲,递衍至于菊翁,于民劳板荡之余,整比丛残,蔚成大国。今更以一府一县一家之世宝公之于众,是给谏之精神传之菊翁,菊翁之精神传之公众,则虽谓合众图书馆之胚胎由给谏孕育而成,谁曰不宜?倘世之君子,人人效法菊翁之所为,联家而为乡,联乡而为县、为府、为省、为国,有三代小康之治,以迄古今中外政论家之所研求,由之则昌,背之则乱,岂仅图书一端而已哉!三复摩抄,为馆幸,兼为图幸,不禁有无涯之企望尔!壬午立冬叶景葵识。

(《书跋》,第106—107页)

《涉园图咏》手卷一卷,(清)海盐张柯(东谷)辑,民国海盐张元济(菊生)续辑,墨迹一卷。(《张元济1941年捐赠上海私立合众图书馆书籍目录》,《张元济全集》,第10卷,第691页)

11月10日 刘重熙邀观宋本若干,约张元济、潘景郑、顾廷龙同往。顾记云:盖嘉业堂物,实多明刻,买主金坛朱某,新以贸易致富者,"余等直告之,不知将因此而致不谐,则介绍人有损失矣。闻号称宋元本约二千余本,每本索价五百元,昂哉!奇哉!"(《顾廷龙日记》)

11月18日 撰陈汉第寿诗。(同上引书)《札记》云:"明岁正月,仲恕丈七十,预寿七律廿二韵祝之,颇肖其生平。"(《杂著》,第230页)诗云:

活人邹律暖,为客宴裘寒。屋小千秋大,巢危一老安。余晖依画几,往事梦征鞍。赠策神弥王,筹边洰已干。乍飞袁绍檄,仍著管宁冠。功狗遭稽绁,冥鸿渐羽翰。振柯松得势,抱节竹成竿。寂寞终投老,丹青遂改观。不嫌梁钵冷,微惜莽甸残。乾祐金漫镂,端平墨走丸。论交殊落落,举步亦姗姗。况有鸣枪警,因之乞米难。解袍温范叔,登席迂冯驩。缾罄罍非耻,田归璧尚完。荆钗联作绘,姜被慰加餐。谊在维桑敬,仁如彼苇敦。不材惭栩栎,其室迩芝兰。风劲鸠飞仄,河深鼹饮宽。仰瞻星示象,俯测海回澜。樊榭芦花白,严祠柿叶丹。倪随秋烂缦,同度岭巑岏。拄杖知余勇,相期访钓礴。(同上引书,第381页)

11 月 20 日　至合众图书馆，与单镇、潘季孺、陈永青、顾廷龙聚谈。单镇交还借书，陈永青见示明经厂本《易经》。（《顾廷龙日记》）

同日　顾燮光捐书。次日，由顾廷龙整理上架。（同上引书）

11 月 25 日　访叶恭绰。叶允赠所藏山志。先生以《张卿子像》《古渠先生图卷》送合众图书馆入藏。（同上引书）

11 月 27 日　访张元济，送呈《秀野草堂诗集》一册。（1942 年 11 月 28 日张元济致顾廷龙函，《张元济全集》，第 3 卷，第 43 页）

11 月 30 日　访夏地山。后潘景郑、顾廷龙亦至，同阅《顾氏图像长卷》。皆审唐宋诸题为明人摹本。（《顾廷龙日记》）

12 月 11 日　至图书馆，告顾廷龙曰，自本月起加伙食费一百八十元。（同上引书）

12 月 15 日　应李拔可邀招饮。座有刘垣、刘道铿、刘崇杰、夏敬观、陈汉第、沈昆三、梅兰芳、冯幼伟与顾廷龙等。顾记云："冯述何东爵士窘状，亦堪嗟叹。人之贫富无常，自有前定者。众人皆谈日常生活之俭约，谅不能无今昔之感。拔翁满室悬有法书名画，瞻览之余，似已置身承平之日矣。"（同上引书）

12 月 24 日　签署浙兴总办通函，尚其亮升任总行业务处副经理；缪金于升任总行北苏州路支行经理；潘用和升任总行信托部副经理；程德成升任天津分行襄理。（副本，上档 Q268 - 1 - 63）

12 月 26 日　吴廷燮致先生函，告以收到《江苏备志稿》书款以及增补事宜。[①]云："廿六上午，裕中银行吴先生安甫送来法币两千元，业经收讫。《江苏备志稿》知已寄到，高谊盛情，铭感无既。应补《武职》，旧有底本止于提镇、中枢以备览。咸丰以前一朝之中，不过数册，参、游、都、守，难于求备。今拟补者，亦拟止此。犹记当时原来抄者尚有副参，当别求之。严寒已届，诸惟珍玉。"（原件，《江苏备志稿》稿本内叶粘贴，上海图书馆藏）

《札记》云："向之以所著《江苏备志》六十四卷见赠，酬以二千元。穷老弄笔，臣朔常饥，可叹也。"（《杂著》，第 230 页）

12 月 28 日　张子舆（张百熙幼子）来访，托先生斡旋购刘承幹嘉业堂藏书。言："刘氏书原由渠与翰怡面订契约，承购全部书，计二百万。书在南浔，须自取，已付一百四十万，先领到书若干册，宋元本部分欲让之金坛朱某，由张海珊介绍，而张从中加八十万之巨。旋朱以版本不确罢购，然余仍欲得其全部。而翰怡忽悔约，将

---

① 此函末有先生批注:卅一年十二月廿八日到。——编著者

以二万余册售他人。渠与誉虎亲商，誉虎属倩揆丈往劝之。丈即托袁帅南出而幹旋，特不知有效否耳。闻刘氏管书人已得佣六万矣，据云须十万。此书籍之流转，正与奇货同视矣。"（《顾廷龙日记》）

12月29日 与顾廷龙言，"袁帅南复命，刘承幹解约之意颇坚，盖原居间人施维藩、郑振铎怂之甚力"。（同上引书）

12月31日 嘱顾廷龙代书挽陈星白联。（同上引书）

12月 为吴廷燮辑编《江苏备志稿》题识。云：

> 向之同年殚精乙部，亘五十年无倦容，以不善治生，自清季以后，无论当局为何如人，皆以一官浮沉，赖薪俸自给，有臣朝常饥之叹。距今四五年前，忽来沪见访，谓爱居阁主人掌南政府行政，拟聘修《江苏备志》。渠固乐于从事，因聘请名义，可无拘束，向居北地，不愿南居，且繙检书籍，以北京为便，俟稿成，当携之而来。此六十余巨册，盖皆在北草创之稿，故名曰《备志》。嗣爱居主人招之南来，谓非居南京则开支无名义。向之不得已允之，乃又以通志局长头衔加之。既入彀中，不得不随遇而安矣。今冬来函云，《江苏通志》早已写定，付刊无期，恐终付诸酱瓿。《备志》六十三卷，为《通志》雏形，颇盼识者为之保存，俾人间留一副墨。余乃赠以通用币贰千元，向之即亦此稿见赠。尚缺卷二十《武职表》、卷二十一《职官考》，允为补齐。今岁已七十八高龄，记忆稍差，目力腕力尚可总续。近年所著尚有《明代通鉴长编》九百四十卷，本受水竹村人之嘱，书成而水竹就荒，无人问鼎，其稿散居南北，殊可念也。 壬午仲冬景葵记。（手迹，原书，上海图书馆藏）

12月 读《说文解字补义》等书。《札记》云：

> 乔景熹携示《说文解字补义》残稿，第四、第十二卷不全，第五卷全，余皆阙。明包希鲁撰。乾嘉时人抄本，小篆甚精，楷书亦沈著，颇似孙渊如，惜无署名。铃印曰"招勇将军曾孙"，俟考。

> 由津寄到蜕翁遗物有《南田画册》十二帧，精微超淡，百读不厌。五十年前即见此册，忽然到眼，愉快之极。

> 读《青溪遗稿》，康熙两刻本：一其子刻，一其孙刻，皆廿八卷。除题画诗外，无甚关系之作。（《杂著》，第230页）

12月 《合众图书馆丛书》第一集第二种《吉云居书画录》出版。该书由（清）陈冀得撰，张元济跋，顾廷龙题签，李英年捐资印行。（原书）

  是年　辑集钤印《补藤书馆印存》一册。补藤书馆为杭州叶氏旧宅。《印存》钤印先生曾祖叶庆暄、祖父叶尔安等名章、闲印三十余方。无序跋或说明文字。（原书，上海图书馆藏）

  是年　借抄《西垣奏草》，入藏合众图书馆。

《西垣奏草》九卷，（明）昆山叶盛撰，民国三十一年武林叶氏钞本，一册。（《叶目》）

  是年　辑《兰笑楼藏书目录》三种：一、《丛刻书目》五卷；二、《分类书目》五卷；三、《重编总目》四卷，附《北京箱目》一卷。"是书细分为三种书目，再按经史子集四部分卷。""蓝格白口左右双边单鱼鳞。"稿本三十九册，一千三百三十六页。（原书，上海图书馆藏）

  是年　撰《题同治元年敕祭南岳碑何道州墨迹》七律。诗云："始建祺祥又改元，垂帘祖诫乍推翻。平吴已耗湘军力，易代难招岳降魂。辛苦遗民谈典册，凄凉旧史失衡门。题碑巨手今余几，述者毋忘屋漏痕。"（《杂著》，第378页）

  是年　撰五言古诗，"钱士青明年七十，实与余同庚，今年即布置征文。作诗一章贻之"。诗云："万方龙战日，三径鹤胎时。寿世书千卷，尊贤酒一卮。辞荣甘野服，举案念辋饥。《盐铁》无新论，簪缨有旧仪。金涂延世福，玉册蔚宗枝。凤舞湖山倦，鸿遵岁月驰。望衡凝道气，交吕识英姿。宅相千秋鉴，衢谣万口碑。思维南国化，珍重《北山移》。直谅非谀颂，将贻后代知。"（同上引书，第379页）

  是年　"王蟒庐①同年今年七十，以笺索诗"，撰七律二首相赠。诗云：

抠衣昔侍谈经席，把卷弥钦写礼顺。群彦嗣音知澹泊，长公委珮益坚贞。艰难国宝惊肤筐，憔悴臣心对短檠。苦忆承平郊祀曲，何年调律补元声。

《礼运》枢衡向大同，小儒蠡测论非公。顺康以上千秋鉴，种族之争一映空。衰白每思当宁盛，还丹况有洞垣功。遗山逝后传薪在，野史亭前祝岁丰。

（同上引书，第380页）

  是年　撰《雪》五律。诗云："雪自人心出，春从战骨回。积伤犹觉痛，骤喜更须哀。皓色能惊竹，寒声欲动梅。若无沟壑念，洗盏为君开。"又撰《墨巢雪后款客赋呈》五律，赠李拔可。诗云："天上珠玑尽，人间坎窞平。众生共饥渴，吾党识谦盈。主与梅同寿，诗因雪更清。子由方避席，饱食不须惊。"（同上引书。第382页）

  约是年　撰《挽汤拙存②孝佶》联。云：

有愤世之意，不形于色，有济众之愿，不居其名，韬晦一生，无惭明德后；

---

① 即王季烈（君九）。——编著者
② 汤拙存，浙江绍兴人，汤寿潜之子。留学日本。1909年投资创办杭州火柴厂。——编著者

以事实为重，而戒大言，以俭约为甘，而忘私利，卬须廿载，忍见棘人来。

（同上引书，第 412 页）

约是年　撰《吊陈伯琴》七律。诗云："仲氏桐棺尚水滨，如何伯也又埃尘。一庭双璧皆新鬼，百事千钧失替人。老父至今犹健饭，佳儿从此是劳薪。眼前赖有持家妇，善继奚烦诲尔谆。"（同上引书，第 382 页）

约是年　撰《和李拔可》七律二首，"蒋彬侯以甲午同年旧京摄影见贶，墨巢题七律一首，索和甚亟，勉步原韵，不堪为诗人作舆台也"。诗云：

入洛何曾误陆机，南飞三匝叹谁依。烹之瓠叶情堪共，踏遍槐花事已非。

女丑漫呈新色相，臣饥同减旧腰围。传书赖有贫交在，伯玉闲居使者稀。

"意有未尽再题一律。"云：

当年鼍愤龙愁地，横海将军早丧元。外侮依然阋兄弟，腐儒何敢议乾坤。

心兵白战嗟无补，齿录尘封久未翻。存者几人惊老瘦，相期南北共开樽。

（同上引书，第 379 页）

1943 年(民国三十二年 癸未) 70 岁

1 月 日伪签订《关于交还租界及撤废治外法权之协定》。

2 月 上海公共租界发放杂粮油糖购买证,实行配给供应。

3 月 汪伪政府实行《战时物资移动取缔暂行条例》,并组织"全国商业统制总会"。

7—8 月 汪伪政府接收上海法租界、公共租界。

9 月 意大利向盟军投降。

11 月 中、美、英三国政府签订《开罗宣言》,统一对日作战事宜。

1 月 1 日 顾廷龙送来为孙师百、孙师臣编《季木藏匋》序文,请先生指正。(《顾廷龙日记》)

1 月 3 日 李英华招饮,并出示石溪画五幅、王廉州一幅、石涛一幅、王麓台二幅、王烟客一幅。同座陈汉第、陈叔通、陈植生、王禔、孙廛才、高鱼占、金承钧、华绎之、张家骥、潘景郑与顾廷龙。(同上引书)

1 月 4 日 张海珊来合众,出示钞本数种。内有胡世奇《小尔雅义证》一种,曾经段玉裁校订,有手识。(同上引书)先生取阅后记云:"阅《小尔雅义证》。泾胡世琦稿本,未刊。经段茂堂校改。又有校签,未知何人,不知是否胡墨庄笔。"(《札记》,《杂著》,第 230 页)

1 月 23 日 叶尔恺去世。先生记云:"叔祖伯皋公于今晨壬午腊月十八仙逝,享寿七十九岁,是为余族中最尊者。在云南提学使任内,值革命,吞金遇救不殊,旅沪以卖字自给,究心宋儒书,兼及释典,有文稿写定待刊。作一挽联。身后萧条,两子皆在内地,仅得自活,颇费周章矣。"(同上引书)《挽叔祖柏皋先生尔恺》联云:

　　　乾坤正气世无俦,玉碎宁为,不藉余生耽逸乐;

　　　杭蜀两支公最长,山颓安仰,毋忘遗稿待流传。(同上引书,第 408 页)

1 月 25 日 下午,赴乐园殡仪馆吊叶尔恺之丧。参加吊唁者有张元济、高云麓、张忠孙、陈文奎、刘承幹等。(刘承幹《求恕斋日记》稿本)

叶尔恺去世后,其遗书后归合众图书馆收藏。(《顾廷龙日记》)

1 月 27 日 顾廷龙送来《袁忠节稿》(郭石麒送到求售),请审定。(同上引书)

先生《札记》云:"读袁忠节残存文稿,与前得日记可联贯。"(《杂著》,第 231 页)

1 月 30 日　交顾廷龙代查张元济所托夏震武、朱怀新、程颂万等人科分,注《清儒学案》人名页数。当日由顾送张宅。(《顾廷龙日记》)

1 月下旬　读叶昌炽《治廧室书目》。《札记》云:"阅叶鞠裳先生《治廧室书目》,载《伏羌县志》,乾隆三十五年修。叶芝与六世叔祖香祖公原名相同,香祖公以内阁中书充武英殿分校,国史馆、四库馆纂修,论其年代,正属相符,承修《伏羌志》亦合情理,惜别无佐证,当设法借原书查考之。"(《杂著》,第 231 页)

1 月　《合众图书馆丛书》第一集第三种《潘氏三松堂书画记》出版。由李英华捐资印行。(原书)

《明清藏书家尺牍》不分卷,民国吴县潘承厚(博山)辑,民国三十一年吴县潘氏景印本,四册。(《叶目》)

2 月 6 日　至图书馆,告顾廷龙再拨特别购书费五万元。(《顾廷龙日记》)

2 月 12 日　为陈汉第七十寿,茶点招待。同座陈叔通、徐森玉与顾廷龙等。(同上引书)

2 月中旬　购王渔山古画《松壑鸣泉图》。又与老友徐作梅商购其藏画。《札记》云:"穰梨馆旧藏墨井道人《松壑鸣泉》,仿山樵墨法山水一帧,适为余所见,以为价廉货真,以一万储币得之。未久,即有喧传其事者,不能终秘矣。老友徐作梅相识四十余年,不知其收藏佳画,前日谈及,知两罍轩古画为渠所得者一百余件,约期观览。此事相遇与否,不可捉摸,所谓其来也适然,其去也适然,谓为前定,则谁主之耶?"(《杂著》,第 231 页)

2 月 20 日　至合众图书馆,向顾廷龙出示《松壑鸣泉图》。(《顾廷龙日记》)

2 月 24 日　与顾廷龙商印书事。先生意印小种,取其成书稍多。即选定《寒松阁题跋》《王文村题跋》《李江州遗墨跋》《吉云居书画续录》等。(同上引书)

2 月　读《蟫庐日记》《伏羌县志》等书。《札记》云:

> 姚稷臣文倬有日记,在其孙孝曾手中。借得四册,皆云南学政任内事,名《蟫庐日记》。甲午、乙未、丙申皆在滇,末一册己亥,已调粤,任大学堂监督。记中所列皆故人,生存者甚少。

> 姚石子代向王培孙借到《伏羌县志》,纂修者乃庄浪叶芝,乾隆壬申举人,与香祖公同名,时代亦略同。

> 读王益吾先生《虚受堂集》。诗工力颇深,尤长琢句。书札二卷,与张小浦驳难贝纳赐案,如见光宣间湘绅新旧水火形势。要之葵园著作等身,学问赅

博,非叶焕彬、孔宪教所可比拟,不能韬晦养望,且喜干预省政,究未脱湘绅结习耳。

阅《小酉腴山房集》。沅陵吴大廷桐云著。受胡文忠荐,入李希庵戎幕;后为左文襄所知,调入浙,随入闽,任福盐道,调台湾道;又为沈文肃调入船政局,盖同光间干济才也。论事切实而知治道,诗亦遒劲。

(《杂著》,第231—232页)

2月 《申报》载:自沪上沦陷以来,金融业畸形发展,尤以最近一年为甚。游资充塞,生产停滞,一般拥资者或以资本直接从事囤积日用生活品,或间接经营抵押贷款。致百物狂涨,民生疾苦,至于极点。当局将规定银行钱庄提高利率,定期存款利率为五厘至十厘。物价指数从1942年10月的4 086.1累涨至本月的7 235.6。(《现代上海大事记》,第861页)

3月7日 至合众图书馆,与张元济、潘季孺、顾廷龙等"围坐,叙谈为快"。(《顾廷龙日记》)

3月8日 顾廷龙接北平书贾王文进信,"言平中书价,新由公会决议,照定价一律加倍出售。寄来六种,亦须涨价。"顾遂与先生商定,照其初开价。(同上引书)

3月21日 叶澜致先生函,托友人代送寿礼并述北平近况。云:"不通问者又半载矣!时从衡侄处询知起居胜常,至以为慰。又闻雄、丙等均已至桂林。不知其非磨生生活不至大困难否。均在念中。彼二人迄无只字寄来,若不知尚有一注念彼等之人,而此人则仍关心彼等之安全与否,时时不能去怀也!足下若有其通讯地址,尚祈便中示及为幸。足下今年七月古稀大庆,初意当可南来一游,藉图欢叙。今觉环境纠结未了,届时恐未必如愿。顷因旧同事杨警吾先生回南省亲之便,托带《唐人写经》一卷、《百蝶图》一卷,藉祝足下静修圆觉,祥征耄耋。戋戋之物,聊表微意而已。此间百物缺乏,生计日蹙,米面之价较沪地尤高。长此以往,不堪设想!仆本计忍苦一年,当可脱此困境,不料事与愿违,遥遥无期,恐终不能不出而讨饭!顾此地无饭可讨,惟有坐困!为难情形非笔墨所能尽。倘能晤及杨君,当可详告一切也。闻沪地商业仍极活动,惜仆为十足之门外汉,惟有望洋兴叹而已。鸥客、幼达谅均佳胜,乞代致意。"(原件,《亲友手札》)

3月22日 下午四时,合众图书馆召开董事会第三次临时会议。出席张元济、陈叔通、李宣龚、叶景葵、陈陶遗。主席:陈陶遗。先生报告:"收到李英年先生捐助出版费五千元正。"会议讨论事项有:

先生提案:"本馆各类书籍尚须补充,请拨第二次特别购书费五万元。又本馆须用手工纸甚繁,应稍存储,请拨购纸费壹万元。"议决:通过。

先生提案："本馆经常费原定三千六百二十元，自三十一年十二月份物价上涨，本席权加膳食壹百八十元，经常费改为三千八百元。三十二年一月、二月份同三月份物价续涨，再加二百元，经常费改为四千元，请予追认。又自四月份起拟加职员津贴：总干事壹百三十元，潘干事柒十元，朱干事因就兼职，上次议加津贴不受，兹将每月原支车费改为二十六元。"议决：通过。（《合众图书馆董事会议事录》，《历史文献》第 7 辑，第 16 页）

3 月　读《墨香阁文集》，抄录《种竹记》一篇。又读《王侍郎奏议》，称赞王茂荫为"中兴有数人物"之一。《札记》云：

> 阅茶陵彭石原维新，康熙丙戌进士。《墨香阁文集》，道光二年家刊本。　卷一《重刻华阳国志序》。蜀人李岷麓以旧版漫漶，觅得善本校勘讹阙，而重刻于金陵。按此刻本，未闻未见。
>
> 卷四《种竹记》：
>
> > 播《竹谱》诸书，有浅种、深种、密种、疏种之说，更以试之，而槁如故，疑书云诞也。江宁郑炳文为余种竹久不槁，竹萌竟出，余问其故，曰："仍是浅深疏密之说也。凡竹独者，气单弱不浃贯，必购丛居者，密种之谓也。竹根必受阳气而平行，深则根郁就腐，故地平发土。不得过四寸许，浅种之谓也。由是于地上壅以厚土，俾勿动摇，以固其基，此深种之谓也。虽然畏其偪也，每丛必视竹之多寡，为相离之差，毋致叶盗露而根争土，此则疏种之谓也。四者合，而后水土、时日、方位因之奏效；四者缺一，虽不槁亦必不茁。向者析而施之，槁也固宜，非书之不验也。"
> >
> > 按上说颇精，是深有体验者，故抄存之备用。

> 阅《王侍郎奏议》四卷，歙王茂荫著。侍郎由御史升擢，咸丰初得宠眷甚深，后以谏临幸御园一疏触帝怒，不久即请告。七八年间上章数十，其中策兵事，论圜法，荐人才，尤注意于牧令，侃直切挚，无影响之谈，无迂腐之论，是中兴有数人物，惜响用未专，不能与成功诸贤辅相提并论。虽同治初起用为御史，未久即世。所存奏稿，系生前自辑本。此固抑塞磊落之奇才，其价值不在曾、左下也。（《杂著》，第 233—234 页）

3 月　《合众图书馆丛书》第一集第四种《吉云居书画续集》（清·陈骧德撰）出版，礼髡龛主人①捐资印行。（原书）

---

① 疑即李英华。——编著者

3月 《合众图书馆丛书》第一集第五种《李江州遗墨题跋》(清·王乃昭辑)出版,礼髡龛主人捐资印行。(原书)

4月3日 送汪康年家赠残书入藏合众。(《顾廷龙日记》)

4月4日 送《汪穰卿师友尺牍》及残稿入藏合众。(同上引书)

4月11日 偕顾廷龙同至襄城①处,观陆存斋(湖州皕宋楼主人陆心源)所膳书画。(同上引书)

4月 读《明太祖御制文集》。《札记》云:"阅《明太祖御制文集》。其中亲自属稿者必不少,如《皇陵碑》《江流赋》,尤其著者。当时文学侍从之臣,与此半通之专制皇帝相处之难,可知。"(《杂著》,第234页)

4月 《合众图书馆丛书》第一集第六种《朱参军画象题词》一卷(清·叶昌炽辑)、第七种《余冬璅录》二卷(清·徐坚撰)出版,礼髡龛主人捐资印行。(原书)

5月1日 叶恭绰向合众图书馆捐赠山水、书院、庙宇等志书一批。(《合众图书馆董事会议事录》)

顾廷龙《番禺叶氏遐庵藏书目录序》记云:"本馆筹设于抗倭之际,旨在保存国粹,联合气谊相投之友,各出所藏,以期集腋。吾友叶君遐庵自港返沪,力予赞助。一九四三年五月即举所藏地理类书籍相赠,空谷足音,良可善慰。君宏才硕学,五膺阁席。凡交通、经济、文化、教育诸大业多所建树,即以藏书一端而言,系统分明,博搜精鉴,其尤为专嗜者盖有三类。当年掌领交通,周咨乡邑,整理古迹,瞻礼梵言,因收名山、胜迹、寺观、书院、乡镇之志,蔚成大观,是即捐赠本馆之一部份也。此外有清人词集类,为从事《清词钞》之选辑,备一代风俗之史,若别集、总集通行者咸列插架,并有罕见祕籍为海内所无。又有美术考古类,拟撰《识小录》,为经眼文物之考证。若国内外所著有关我国文物之图谱、照片,广事蒐罗,几无不备。"(《顾廷龙文集》,第139页)

5月6日 是日凌晨,潘承厚②去世。顾廷龙来相告,求删定已作挽联。先生遂亦撰《挽潘博山(承厚)联》以悼之。云:

> 冰雪聪明,雷霆精锐,此清才非浊世所能容,祇宜玉宇琼楼,长共飞仙适风月;
>
> 门有通德,家承赐书,幸群从与阿兄为同调,可卜牙签锦贉,不随急难付云烟。(《顾廷龙日记》;《杂著》,第410页)

---

① 襄城,姓名不详。——编著者

② 潘承厚(1903—1943),字温甫,号博山,江苏苏州人。经营酱园、苏州电气公司、田业银行等实业。藏书家,与其弟潘承弼(景郑)共有宝山楼藏书。——编著者

5月17日　撰七律一首赠邵章,注云:"伯絅以诗为寿,赋此答之。"诗云:

休论乡人与伯兄,抚余华发适然惊。有生难得侏儒饱,未死欣看丑虏平。赖此好辞消溽暑,恨无余梦续《春明》。明年傥约耆英会,宣武城南掉臂行。

(《杂著》,第383页)

5月21日　访叶恭绰,面谢捐赠合众图书馆山志类藏书。(《顾廷龙日记》)

5月24日　与顾廷龙谈近事,"为之快慰"。(同上引书)

5月26日　受某亲戚委托,送碑帖数十种至图书馆,请顾廷龙估价。(同上引书)

5月27日　合众图书馆董事会出具各董事签名致叶恭绰致谢信(顾廷龙起草)。叶恭绰有《书遐庵藏书目录后》,云:"余于一九四三年以所藏关于地理类图籍捐赠上海合众图书馆,凡九百六种、二千二百四十五册。盖其时余方为日寇俘囚,余誓不为之屈,设一旦被害,则所藏更不可问,因以金石古器物及书画暨薄产概分与家属;以图录及拓片存于洞庭西山禅院;其关于佛教之文物则捐之上海法宝馆;因编选清词,所收清人词凡三千余种,则赠与陆君微昭,继续其役。自余普通文物图籍,可散者则悉散之,而屡年所搜集之方志、山志、书院志、寺观志、古迹志及关于文献考古诸函札图,则悉以赠合众图书馆。"(《矩园余墨序跋》,第1辑,第87页,引自沈津《顾廷龙年谱》,第293页)

同日　晚,应李拔可之招,同席颜惠庆、冯耿光、吴震修、张元济、沈昆三、刘崇杰(子楷)、刘承幹等。(刘承幹《求恕斋日记》稿本)

5月　读《吴兴长桥沈氏家集》等书。《家集》记述沈家本家族与杭州俞氏、叶氏交往渊源。《札记》云:

沈子惇家本所刻书,一《吴兴长桥沈氏家集》,尚有印本,向其后人乞得一部。　一《寄簃先生遗书》,已有版无书,版存沈宅。一《枕碧楼丛书》,则已无版,或为董绶金所取,故市间尚有印本。

《吴兴沈氏家集》第二种《春星草堂文集》,为子惇先生之父菁士观察丙莹所著。菁士观察为吾杭俞云史先生焜之婿,云史先生为我高祖焘莽公之入室弟子。集中有《行略》一篇,于吾家颇有关系,节录入家谱。　读此篇,知我高祖文稿为云史先生所刻。我曾祖至彰德主昼锦书院,后以大挑知县至河南,皆因云史先生之嘘植,因之吾祖亦以河南为游宦之地,吾父又因之。不读此篇,竟不知其渊源有自也。　菁士先生《星匏馆随笔》,疏证俗语来历,博洽有识,可与《恒言录》并传。

阅《有不为斋集》,江宁端木埰子畴著。叙张文毅芾守徽宁事甚详,言文毅不但保徽,且有功于浙,后因浙绝其饷,遂束手无策。迨曾文正劾张,易以李次青,而徽遂不守。此事读官文书不能悉其实情也。(《杂著》,第234—235页)

5月 撰《吴县潘君博山传》。记述苏州潘氏家族文渊、传主一生实业成就与藏书贡献。《札记》云:"作《潘博山传》,起草成,颇肖其为人,结构亦逎紧。"(《杂著》,第235页)文云:

> 君讳承厚,字温甫,号博山,别号蘧盒。其先于清初自歙迁苏,乾隆时始以科第贵显。高祖世恩,由翰林院修撰仕至武英殿大学士,赐谥文恭,生子四:曾沂、曾莹、曾绥、曾玮。曾莹生子四,伯曰祖同。曾玮生子四,叔曰祖畴。祖同无子,立胞侄成谷为嗣。又知祖畴之次子亨谷贤而才,立为次子,即君之父也。成谷早卒,立从侄承典为嗣。祖同之配仲夫人曰:"亨谷多男,宜分后长房,以期蕃衍。"遂立君为成谷之次子。而亨谷又早卒,君甫十五龄,侍奉重闱,居丧尽礼如成人。先世本业鹾,设酱园于横塘,即远近驰名之潘万成,创业几二百年。中经折阅,祖同整理之,晚年以属亨谷,成绩益著。亨谷既逝,经丁丑之难,斯业骤衰,君悉心擘画,营业复振,由是宗族戚党誉为克宗之子。其才干为众所推重,先后在里组织电气公司,协理田业银行。戊寅避沪,创设通惠银号。智虑沈敏,洞悉时机,亿中之财,翕然无间。其家自高、曾以来,门户鼎盛,宗支既繁,仰给尤众。君以一身肩钜任,遇有缓急,罔不肆应。秉性公正,律己甚严,凡属孔怀,同仁均爱。遭逢离乱,里居受损,奔驰救护,不遑宁息。历世所藏,手泽口泽,与彝鼎、图籍、金石、书画之类,苦心保存,不遗余力。其宗旨为全族乐利,非以便一己之私,虽在艰危,未渝初志,心神况瘁,实基于此。又颖悟过人,博闻强记,酷嗜典籍,心知其意。少学诗词,兼长六法,未竟其业,而于古今艺术源流,及其真伪精粗之别,覃思眇虑,剖晰毫芒,为当代专家所倾服。喜搜集前贤尺牍,于晚明忠烈各家尤为珍重。戊寅前曾辑精本付印,因乱中辍。壬午秋辑《明清藏书家尺牍》,影印甫成,又辑《画苑尺牍》,校样未竟,而君病作,倚床料理,精审如常。君之生平,临事不苟,大率类此。生于光绪三十年甲辰十月十一日,幼弱多病,三十后渐强固。壬午除夕,偶咳微血,君略知医,不以介意。入春以后,体温增,脉象数,医者疑为贫血,或云病在心房,投药无效,热愈炽,脉愈促,竟至不起,殁于癸未四月初三日,即中华民国三十二年五月六日。病祇九旬,年仅四十。薄海知交,同声悼叹。推测病原,迄无定论。以理衡之,气质素羸,赖修养克治之力,已臻壮盛。天降丧乱,拂逆之境,与疑难之事,当之而不让。其智足以济变,其量可以容众。钩心镂肾,不敢告劳,诊厉乘之,伤具内藏,譬若豫章连理,已具干霄蔽日之姿,其本忽为虫啮,遂令栋梁之质,永閟重泉,岂仅艺苑之不幸也欤! 配丁氏,生子三:家嵘为承典嗣,家

多幼读，家骕殇；女二：家华、季淑。君好深湛之思，年壮未暇著述，辑有沈石田、文征仲、毛子晋年谱，《藐盦书画录》若干卷，均未写定。同怀昆弟五人，君居长，承弼亚之。平居督教诸弟各精一业，承弼专治国学，尤契洽，临终以未了事托之，命诸孤事之如父。承弼感君最深，诠次《行略》，其辞哀婉动人。以景葵有文字之交，属为作传。景葵不文，然颇识君之志行，因述梗概如右，盖无溢美焉。（《杂著》。第 286—288 页）

5 月　阅段氏《说文解字注》龚定盦父子批校本。《札记》云"目后定盦跋云：'自丙子冬十月起，辛巳春二月止。或加朱墨，或加朱，或加墨；或未加者，目治不手治也，皆有年月记之。共读三周毕，其误字则以紫笔镵之。'下有'自珍读过'朱文方印。第六篇上，定盦注云：'此篇系阮尚书先刻，故有读。'第十篇上，卷首题云：'王怀祖先生比之段先生邱壑少，勤勤恳恳之意亦少，不仅逊其大义而已。'卷尾又题云：'吾今而旳然知王怀祖之远不如段先生也。知之焯，信之真，远不如，远不如也。噫难言哉！癸未四月钞记。大抵王无段之汁浆。'卷末记云：'外孙龚自珍读三过，始于丙子，卒业于辛巳，凡六年，并记。'江沅后序又记云'假借之枢，又在声音，未有声不类而可假借者也。故王氏怀祖、伯申说经，皆以声说之，是也。伯申，自珍师也。'末句又以墨笔涂去，改如下：'自珍撰《段氏说文注发凡》一卷，凡十五则，拟附刻于此序后。'孝拱批注甚多，于五篇下，'贛'字校语后，题'外曾孙衿识'。楷书。余则——处极多，即定盦所评，亦有——者。于段氏合韵最不满，批云：'二字最蛮最黠，亦最拙，若见小子所述，当大快而毁此作也。'又屡云：'详予书中'。《六书音韵表》后题云：'以诗分圆若本类，此易易耳。所难者汉唐人读易俗字，类类不通。审音者，其必先审形乎？吾书虽写定，然尽著其不合于本类之音，庶几不欺后学，不自欺欤？读公许书注，及此书，今岁四十年已，实有大不歉于心者。人寿几何，知识无涯，前望后望，掷笔长叹。'又题副叶云：'此书附《说文注》行，而版比《说文注》阔。同装时《说文注》边纸不留余地，致此书线偪中心，阅之生闷。前书大人所屡阅动笔，此较役心手少，衿谨与戴氏点定本表同用，重装置之一处。此尊手泽，彼便阅也。道光二十有四年七月丁丑装成，手蹯，快志数字。'又题云：'咸丰三年十二月邻火，阙十二篇、十四篇两册。'下有'褿衣袓者'白文小方印，'孝拱之印朱文大方印'。此书徐积余藏。"（《杂著》，第 235—236 页）

是月　撰李拔可墨巢旧藏《闽中书画录》跋文，记其原稿源流。云：

武进费氏归牧庵旧藏海盐黄椒升先生遗书，钞本三种：一《闽中书画录》十六卷，二《闽杂记》二卷，三《闽中录异》二卷。板心有擘荔轩字样，盖著者清稿本也。书为闽县李君墨巢所得，墨巢以全部藏书捐赠合众图书馆，此本附焉。慈溪李君止溪笃好书画，尤愿表章先哲遗著，因选《闽中书画录》，捐资印行，列为馆辑丛书第十种。按《海盐志·文苑》载椒升著《金石考》及《海上竹枝词》，未及此三种，《志》又言椒升幼精鉴赏，饶于赀，广购金石文字，以致中落，以布政司都事需次闽垣，为上游器重，署上杭典史引疾归。从事丹铅，好古之士，咸就质，至九十一而终。今观《书画录》以吾杭李氏睸曾《八闽书画记》为蓝本，增辑凡五易，稿由二百余家增至八百余家，所采之书，多至三百二十余种，其致力可谓勤矣！惟原书至嘉庆初叶止，今又一百余年，墨巢拳拳乡邦文献，倘能征集闻见，续为补辑，俾八闽艺苑，后起得踵美前录，必更有如止溪之好事流传者，拭目俟之。癸未四月，叶景葵。（《书跋》，第29—30页）

5月 《合众图书馆丛书》第一集第八种《凫舟话栖》（清·许兆熊撰）、第九种《寒松阁题跋》（作者同上）出版，礼髦龛主人捐资印行。（原书）

6月14日 余梅荪致先生函，送石刻《十三经》。云："前蒙惠临，失迎为歉。昨奉琅章，敬悉一是。石刻《十三经》承藏收贵馆，欣幸奚如。综计为三百五十九扇，分十二包，兹嘱舍侄送上，请检收。蹉务书籍承假阅，至感！容趋府面求。"（原件，《亲友手札》）

6月22日 阅（清）焦循手稿《里堂家训》二卷，题观款云："癸未五月夏至日，叶景葵敬观。"（《历史文献》，第7辑，第56页）《札记》云："诸君仲芳藏《里堂家训》墨迹手卷，借读一过，盖焦里堂于四十五六岁时，书付其子琥者。卷中论生平为学为文心得，平和笃实，语语扼要，共计二十九则。据《扬州画舫录》载原有两卷，现知一为诸藏，一为高吹万所得。诸曾商高，愿合为一，高尚未允。光绪间吴丙湘刻入《传砚斋丛书》，系在皖省抄得，当时尚未分散也。此节应抄入《里堂年谱》校本。"（《杂著》，第235页）

6月 为沈信卿八秩大庆致送寿金100元。"筹委会启事云，同人以先生之志为志，请以寿仪移充鸿英图书馆经费。承各界宠赐隆仪，寿世寿人，嘉惠后举，特此鸣谢。"（1943年6月8日《申报》）

6月 《合众图书馆丛书》第一集第十种《闽中书画录》（清·黄锡蕃撰）出版，慈溪李氏拜石轩捐资印行。（原书）

7月中旬 汪伪政府决定改组在沪的中国通商银行、中国实业银行、中国国货银行和四明银行，改官商合办为纯粹商业银行。此四家银行中官股部分，全部由伪中央储蓄银行接收，并转让私人。汪伪政府财政部规定：在六个月内，各银行钱庄必须至少增资六百万元，普通商业银行兼营信托业务则至少增资达五百万元，违者将勒令合并或停业，（《现代上海大事记》，第868页）

7月25日 汪伯绳承捐合众图书馆基金中储券一万元，"借为先生古稀寿"。（《顾廷龙日记》）

7 月 26 日　潘景郑撰《寿叶景葵七十序》。（同上引书）

7 月 30 日　顾廷龙送来合众图书馆收支表。先生送蝼公①信及《南京政府公报》，入藏合众。（同上引书）

7 月 31 日　下午，合众图书馆董事会召开第四次临时会议。出席：陈叔通、李宣龚、张元济、陈陶遗、叶景葵。主席：陈陶遗。先生报告："兹因物价日涨，经常费应予调整，特开临时会议。本会收支计算书须俟八月中年度终了时核结，今先作简略报告。"先生又报告迩来各方赠书捐款清单。5 月 1 日，叶遐庵先生捐赠山水、书院、庙宇等志约 847 种，惟声明二事："（一）此书之全份经交与贵馆之后，请贵馆妥为保管，除遇天灾人事不可抗力者外，保不毁坏、散失，亦不以之转赠或售出。（二）贵馆应于两年之内将书之全部分编一提要。"5 月 15 日、7 月 9 日，李英华两次续捐出版费共中储券一万元。7 月 25 日，汪伯绳捐永久基金中储券一万元，借祝叶景葵七十寿。会议讨论先生提案："馆中米油两项原定另拨特别费开支，惟本年度尚未拨过，现在经常费积余项下支付计叁千三百叁十贰元五角正，应由会拨还之。"议决："米油仍须筹备，再由会款筹拨。"先生又提："关于经常费因物价日涨不已，每感不敷，三月份议定四千元，至四、五两月份酌加二百元，六、七两月份再加三百元，应请追认。八月份拟改定为六千元，即膳食加七百五十元，薪金加七百五十元，杂费不足时则可在积余项下支用。"议决：通过。先生又提："本馆职员薪金、津贴拟重规定。"议决：通过。先生再提："书籍尚须陆续补充，请拨第三次特别购书费五万元。"议决：通过。（《合众图书馆董事会议事录》，《历史文献》，第 7 辑，第 17—18 页）

7 月　于《赵尚书奏议》稿本"第四次辑录"本封面，再撰题识。云："第四辑各折片均已载于第一辑内。癸未六月复核记。景葵记。"（原书，上海图书馆藏）

7 月　《合众图书馆丛书》第一集第十一种《里堂家训》（清·焦循撰）出版，袁鹤松、潘炳臣、冷荣泉、杨华鹿等四先生捐资印行。（原书）

8 月 3 日　顾逸农等七人赠合众图书馆《玉虹楼帖》《宝贤堂帖》《渤海藏真》《澄鉴堂帖》等碑帖，借祝先生七十寿。（《顾廷龙日记》）

8 月 9 日　杭州王希曾致先生函，向合众图书馆捐书。云："闻公有合群（众）图书馆之设，缥湘藏弆，嘉惠来兹，至为钦佩！希曾旧镌各稿，检送全集，只堪覆瓿，敢冀鉴存，欲藉海内先知宿学，指我瑕疵，实为至幸。昔年曾侍□公觪獴，另呈祝嘏新诗，详述颠末。"（原件，《亲友手札》）

---

① 蝼公，姓名不详。——编著者

8月11日 撰《七月十一日暴风雨答顾君起潜潘君景郑》七律。诗云：

六龙吐雨百灵惊,飘怒风声挟水声。电母避威雷下蛰,江神失势海西倾。循墙保障书无毁,伏枕忧虞稻不成。蜗角未归王率土,何烦灾异奏承明。(《杂著》,第386页)

8月12日 张元济赠先生古诗《叶揆初七十生日》[①]。诗云：

人生一大梦,修短何足论。亦既涉斯世,自当寿其身。我国有史四千载,步步陈迹只相因。欧风美雨猛膨湃,东来豁出新乾坤。吾侪诞降适当此,莫叹生晚实逢辰。见皆所未见,闻亦所未闻。不幸乃大幸,真堪傲古人。君今七十古稀翁,惯看东海扬沙尘。更阅一二三十载,事难思议尤纷纷。天地为炉万物铜,朝夕煎炼何艰辛。愿君善葆千金躯,且避玉石昆冈焚。漫漫长夜梦正好,栩栩游戏及未晨。祝君期颐还自祝,同留此千百年,眼静观,造化小儿搬演日新又日新。(《张元济全集》,第4卷,第116页)

8月13日 致张元济函并和七律一首。函云："承赐瑶篇,所以勖勉之者甚至,敢不拜嘉,步公后尘,同尽匹夫之责?谨本斯旨和长句一首,乞斧正是幸。手复并谢。"诗云：

吾若无生何有患,有生即与保虫譬。佛耶自缚终成茧,孔墨同嗟不展筹。劫火灭完生更速,财源为疾用堪忧。且将一篑填河漏,莫邂时贤唤赘疣。[②](原件)

同日 徐森玉赠合众内阁大库宋元本散页,以贺先生七十寿。(《顾廷龙日记》)

8月14日 先生七十寿辰日。祝寿者来合众坐憩者,有顾逸农、刘崇杰、张元济、李拔可、袁帅南、金任钧、李英年、陆颂尧、许梦琴、戴楚材和顾廷龙等。顾廷龙偕全家往拜,赠《寿言》一册,潘景郑撰文,顾廷龙篆书。(同上引书)

8月16日 送王大隆赠抄本《授时历书》入藏图书馆。(同上引书)

8月18日 张元济诗赠七律,"揆初七十生日,余有寿诗,揆翁有和作,余复步原韵一首"。诗云：

总觉未能忘物我,故应多事判恩仇。有薪不尽争传火,无米还量惯唱筹。填海倘穷炎女力,崩天宁释杞人忧。只今一发中原望,任溃吾痈且抉疣。(《张元济全集》,第4卷,第116页)

---

① 原诗稿无日期。因叶8月13日有和诗,证明张元济此诗决非8月14日叶生日当天所书赠。——编著者

② 先生此诗后四句改为"两害相权常取重,五材并用更堪忧。频年袖手看邻斗,赢得人间唤赘疣。"题目《答张菊生丈》。(《杂著》,第385页)——编著者

8 月 19 日　撰七律和张元济,"菊生丈步韵见和,再依原韵答之"。诗云:

籧篨在位非民望,葹菉盈朝是国譬。几辈迎降牵肉袒,有时偷度学鸡筹。沛公长者终须谅,崔子犹吾更可忧。三宥未能平众喙,一挥何惜去悬疣。(《杂著》,第 387 页)

8 月中旬　伪中央储备银行检查金融事务处,奉令负责检查储蓄银行业务,并开始征收相当于储蓄存款总额四分之一的保证准备金。(《现代上海大事记》,第 871 页)

8 月 23 日　武奋赠《灯塔志》,为先生寿。(《顾廷龙日记》)

8 月　李拔可撰《赠揆初同年七十生日》七律。诗云:"《职官》共草元丰制,《平准》先成太史书。帝所动心天已醉,汉廷用少事非虚。收身老作藏山遯,缩手愁看竭泽储。四海待君苏涸辙,濠梁莫便说知鱼。"(《杂著》,第 384 页)

8 月　先生撰《墨巢赠诗走笔和之》七律,回赠李拔可。诗云:"抱薪救火汤扬沸,祇坐当年少读书。囊底万言都是罪,剑头一吷总成虚。屡经失得弓无恙,遍访巫医艾岂储。未信吠尧仍作犬,却忧微禹其为鱼。"又撰《续和》:"四海官邪无定轨,弥天商病有专书。偶思夜起翻为跕,莫肯深藏已若虚。聊比君平依卜肆,不随臣朔耗仓储。年衰渐觉柔能克,贻误方来是史鱼。"(《杂著》,第 383—384 页)

8 月　顾桂生(归愚)致先生函并赠林则徐联贺寿。函[1]云:"际兹取消租界名义,欣逢古稀揆辰,至足庆也。觅得林文忠所书对联,奉以为寿。敢乞莞存,幸幸!"(原件,《亲友手札》)

9 月 2 日　送书画十件至合众图书馆,招孙伯渊来观。(《顾廷龙日记》)

9 月 30 日　与顾廷龙谈:闻竹垞生谓,潘明训书已由中央图书馆收购,价五百万元。向金城银行借三百万,并由周作民出面转借二百万,主事者张咏霓。(同上引书)

9 月　撰《宝迂阁日记》跋[2],记叙父执陈少石简历及宝迂阁收藏。云:

少石方伯由光绪庚辰进士,成庶吉士。散馆后,改湖北谷城县知县。历任汉阳、蕲水等剧邑,升授荆宜施道,调补汉黄德道,擢江西臬司,转广东藩司。共和肇建,致仕而归,侨寓杭州。此日记廿一册,自光绪壬辰正月在汉阳县任内起,至宣统辛亥九月在广东藩司任内止,前后二十年,无一日之间断。为牧令时:听讼,捕盗,勘灾必书;为关道时:征榷,交涉必书;为臬司时:注重于提审

---

① 原函无日期。有先生批注云:"癸未七月。"即 1943 年 8 月。——编著者

② 此跋无日期,此书《叶目》亦无记载。根据顾廷龙撰于 1943 年 9 月 14 日《宝迂阁日记跋》云:"吾友陆君颂尧……"故系于此。——编著者

· 1103 ·

命盗案,遴员收词,拟批,课其优劣;为藩司时:每日接见僚属,每次牌示补署州县,皆为详录,而国家大兴革,亦附书焉。盖方伯起家牧令,以闾阎疾苦为怀,察吏安民,必详必慎,宜为张文襄所器重,三次特荐,有"为政廉平"之誉。官俸所余,喜聚法书名画,宝迁阁珍秘,今已散佚人间。日记中于收藏来历,评定价值,记之甚详,堪与书画录并重。所附诗稿,随笔抒写,清隽流转,自与樊山、实甫倡和往来,风格益遒,时有瑰丽乔皇钜制。所作诗钟,典雅工切,为同社所推重。方伯长先君一岁,皆由牧令擢升监司,服官皆三十余年,豫鄂邻省,闻声相思而已!方伯出山早于先君十年,还山亦早十年。民国壬戌,先君辞官归,筱石制军早居沪滨,方伯友于之爱,时往来杭沪之间。先君投分甚深,谈宴几无虚日。岁在戊辰,方伯以微疾捐馆,先君闻讣,怆然不乐,谓"少石先我而去,我将不久人世"。未及半年,遽尔弃养。苔岑之契,生死之交,非寻常契洽也!陆世兄颂尧好蓄先哲日记,以重价购得此书,假读一过,忻感交集。方伯嗣子皆能世其家声,保其先泽,所佚书画及日记巨册,系杭乱时为市侩所攫,非同易米。颂尧以后进宝爱名迹,当仁不让,志趣可嘉。倘能商诸陈氏,合力付印,传布人间,使后学多得观摩,而陈氏亦无手泽沦亡之憾,斯为两美。企予望之。

(《书跋》,第32—33页)

10月5日 晚,陈陶遗、陈叔通、刘垣、李拔可、潘季孺、沈昆三与顾廷龙来访,招待点心。(《顾廷龙日记》)

10月6日 为夏地山七十寿辰撰贺联。题《地山叔岳同庚以联祝之》,联云:"礼庭舞蹈重阳曙;甥馆涵濡甲子周。"注文云:"九月初六日生。余十岁订婚,与地山相见,正六十年。"(《杂著》,第416页)

10月9日 顾廷龙来访,告叶恭绰电告,宣古愚(哲)所遗金石书拟捐合众图书馆,惟须另辟室纪念,或分出半间在门上加以标识。商定俟书到,设法布置。(《顾廷龙日记》)

10月10日 向顾廷龙出示《秋夜草疏图卷》。顾记云:"此纪辛亥杨翼之在程雪楼幕中,与雷君奋为邀张季直同起疏稿,奏请改制,后与孙慕韩等联名电奏他督抚未与也。卷中附装张季直与程联名致函袁蔚廷,劝出主持大局,特嘱翼之赍函前往面陈,并嘱张仲老偕行。仲老病不能行,亦作一书交杨,而杨亦病,遂罢。此卷首疏稿,湖帆画图,杨自记两则。张、程函,张仲老函,啬庵题诗,雪楼题记,……足资掌故者也。"(同上引书)

10月12日 与顾廷龙谈。(同上引书)

10月18日 诸仲芳送到王烟客手札卷,请先生题跋。(同上引书)

10月24日 应诸仲芳之邀,撰《王烟客与王子彦尺牍》跋。云:

诸君仲芳得王烟客遗像并尺牍八通，上款皆署书翁，疑为寄与同里王子彦瑞国之札，而未得确证。检《太仓州志》，仅言瑞国字子彦，未详别号。嗣检《清晖赠言》载《瑞国赠石谷序》，下署书城太仓，此序即应烟客之命而作，与第一通所言若合符节，于是知书翁即子彦，信而有征。属为题跋，余因深佩仲芳之读书得闲也。各札皆未署年月。第三通述追逋之累，有"揆儿远出，独为料理，愁肠几碎"等语。王揆中，顺治十二年乙未科进士，烟客作《分田完赋志》，历叙赋敛加派之烦苛，累以贫增，后将益甚。令九子各受余田，收租供赋，留千二百亩自赡，无催科之扰。时在顺治十八年，年正七十。第五通言邸报内遣都统至江、浙、闽、广巡察海防，似因创见而生疑虑。检《浙江通志》，钦差巡阅海防，系康熙四年事。故各札年月，可定为顺治之末，康熙之初。其时石谷年甫三十余，得登农庆之堂，尽睹宋元名迹，指示宗派，引为忘年之交，倾心推服，逢人延誉，所谓其心好之，实能容之，前哲之雅量不可及也。子彦之子天植为吴梅村之婿，见靳价人引程迓亭说，子彦选授增城县令，顺治十四年到任，见《广东通志》。未几，去任，梅村有《王增城罢官哭子诗》，逝者当即天植，故梅村《遣闷诗》云："一女血泪啼阑干，舅姑岭表无书传。"又短歌云："爱子摧残付托空，万巷飘零复奚惜。"靳氏谓为子彦而作，其说正合。天植有子，梅村《送子彦南归诗》云："相携孙入抱，解唤阿翁来。"自注云："子彦近得孙，余之外孙也。"第一及第八通，殷殷以令孙为念，其诸即为梅村之外孙欤？第二通调停口舌，以乡曲至亲一语推之，所云"梅老"，当即梅村。短歌作于增城初罢时，其余各诗皆在其前。以后寂无投赠，或仍有芥蒂之嫌欤？子彦蕴藉好客，喜饮啖，烟客屡谢郇厨之惠，且以芳旨递进，丝竹迭奏为戒。梅村寿其五十诗"即看哺醊亦风流"，注云"善啖"，正堪印证。杂书所见，藉复仲芳，希有以教正之也。近人辑《烟客尺牍》二卷，此八通皆属遗珠，亟为补钞，兼以志谢。中华民国三十二年，岁次癸未九月霜降日，杭县叶景葵敬记。（《书跋》，第 140—142 页）

10 月 25 日 主持浙江兴业银行董事会会议，讨论南京伪政府限令增资事。"议决增加资本六百万元，以历年提存盈余下一次拨充。遵照民国十八年董事会决议，劳资各半定案，以三百万归股东配认，三百万归现任董、监及现任职员配认。统于卅三年一月一日起息。"议案拟提请股东临时会表决后执行。[①]（《本行办理卅三

---

① 南京伪政府限令各商业银行增加资本一事，引起金融界很大震动。浙兴为此陷入恐慌与动荡。增资风波也十分曲折，内部意见分歧，且有人故意干扰，前后历时整整两年，直至 1945 年 8 月 12 日浙兴第 38 届股东会，增资手续才告完成。参见本谱 1943 年 11 月 14 日、12 月 5 日、1944 年 12 月 18 日、1945 年 1 月 14 日、2 月 14 日、3 月 4 日及 8 月 12 日各条目。——编著者

年增资经过情形》,抄件,上档 Q92 - 1 - 450)

10 月 30 日 午后,在寓所主持浙江公益会董事会议。到会者张元济、胡藻青、陈仲恕、徐寄顾、张笃生、徐永祚、何德奎、陈元松、刘承幹与先生共十人,"照例三月一次,无事,故只开一次","人到齐后,作一会议之式。以有三人任期已满,总续连任而已。""听仲恕谈旧事良久。"(刘承幹《求恕斋日记》稿本)

11 月 13 日 顾廷龙来商印顾燮光摄影《河朔古迹图志》照片两册①。估价约 3 万元印 200 部。顾廷龙云:"际此物力维艰,而忽有此雅兴者,其理由:1. 念当年访照之不易,倘不及时景印,不知何时可以复有印行之望。2. 照片略有褪色,再逾若干时,恐难照印。3. 经此兵燹,不免有毁损之处。4. 利用工人空闲之时。"先生考虑后同意。(《顾廷龙日记》)

11 月 14 日 于北京路 230 号总行主持浙江兴业银行股东临时会议,讨论南京伪政府限令各银行增资事。到会股东 127 人,代表股份 27 258 股,计 15 815 权。先生报告"到会股数达总额半数以上,惟到会股东尚未超过半数,故按照公司法第一八六条第三项规定,如有决议应作为假决议"。随后宣读本年 10 月 25 日董事会增资提案(略)。该提案经讨论表决,以 14 458 权对 644 权作成假决议。增资假决议成立。随即讨论修改本行章程,将行章第二章第七一节"股本四百万元",改为一千万元;"四万股"改为"十万股",其他相关条文亦作适当删改。(《本行办理卅三年增资经过情形》,抄件,上档 Q92 - 1 - 450)会议追认民国廿八年(1939)至民国卅一年(1942)各届决算②,并改选董事、监察人。董事会于当日成立。董事长仍由叶景葵担任,常务董事徐寄顾、张笃生、朱博泉、胡经六。又决定第二次股东临时会定于 12 月 5 日招集。(浙兴总办通函,上档 Q268 - 1 - 63)

此番浙兴增资风波背景复杂,除日伪当局"限令"(实为盘剥)外因外,导火索乃是浙兴股东内部积聚多年的利害矛盾大爆发,经理竹淼生可谓"祸首"。"(1932年)竹淼生进浙兴后,一度取得叶揆初的绝对信任。因为蒋抑卮做公债投机,常常向行里做押款,叶就利用竹来牵制蒋抑卮。后来,竹利用职权,培植亲信,侵占行产,引起蒋家不满。竹的手法,一是利用手中掌握的中国投资公司,低价套购浙兴转移国外的外汇资金;二是在出售房地产中营私舞弊;三是套用行款。这三者使浙兴蒙受很大损失。1939 年 6 月,因美光染织厂的退票事件,蒋家与竹淼生的矛盾公开爆发。""竹感到必须掌握浙兴大量的股权,在董事会居于优势,才能把蒋家排挤出去。于是勾结大德成金号经理邵长春、庆丰纱厂资本家唐星海等人,大量收购

---

① 此书后由安定影印社印制出版,顾燮光撰跋。——编著者
② 因时局关系,浙兴自 1939 年至 1942 年均未开过股东大会。——编著者

浙兴的股票,1943 年竹淼生集团已掌握浙兴股票 13.17％,并继续在行内收购。这使浙兴的上层人物感到恐慌。"这次增资,竹淼生集团股权比重相对下降,当然引起竹等人的公开反对。(李国胜《浙江兴业银行研究》,第 30—31 页)

11 月 24 日　晚招饮。座有李英华、汪伯绳、顾廷龙等。(《顾廷龙日记》)

12 月 4 日　浙兴增资后,竹淼生集团股权比重相对下降,于是对增资坚决反对。先生对竹所依所为亦愈感不满。是日上午批竹谈话,婉言劝其辞职。竹不理,导致"叶、竹闹翻"。(《项兰生自订年谱》(三),《上海档案史料研究》,第 11 辑,第 285 页)先生限其当日中午 12 时以前提出辞职,竹仍不理。为此,先生决定只有通过董事会解除其职务。

12 月 5 日　主持浙江兴业银行第二次股东临时会议。到会股东 101 人,代表股份 26 667 股,计 15 501 权。就增资及修改行章假决议案讨论,投票表决,以14 275 权对 177 权可决通过。一部分反对决议案的股东,决定提起诉讼。(《本行办理卅三年增资经过情形》,抄件,上档 Q92 - 1 - 450)

12 月 7 日　主持浙兴董事会会议。议决如下事项:"一、总行业务处经理竹淼生君应即解除经理职务;二、总行业务处副经理罗郁铭君升任业务处经理,仍兼信托部经理。"(同日总经理室通告,上档 Q268 - 1 - 153)

同日　约项兰生同赴陈叔通寓所,通报竹淼生解职事。《项兰生自订年谱》(三)记云:"十二月四日叶、竹闹翻,七日正式发表淼生去职,(罗)郁铭接任。是日,揆初约吾在叔通家告经过。"(《上海档案史料研究》,第 11 辑,第 285 页)

12 月 21 日　签署浙兴总办通函,核准几项人事调动事项。函云:"孙人镜君销去代储蓄部经理字样,即以业务处副经理兼储蓄部经理;夏遂初君以业务处襄理兼信托部襄理,仍兼外汇股主任;韩君涛君升任信托部副经理兼储蓄部副经理。"(副本,上档 Q268 - 1 - 153)

12 月 23 日　主持浙兴乙种业务会议。(1943 年 12 月 31 日浙兴总办通函)

12 月 31 日　签署浙兴总办致各分支行通函,通报乙种业务会议决议及行务会议通过各案。函云:

(一) 放款分类之成分:

房地产　百分之二十;厂基机器　百分之二十;股票　百分之十五;货物及存单、公债并计　百分之三十五;信用　百分之十。

(二) 押品种类及折扣:

房地产　照专家估价至多二折半;

厂基机器　临时酌定;

股票　暂照审定收押股票名称表办理。加列美亚绸厂、达丰染织厂、五和织造厂、华丰搪瓷厂、世界书局、浙江兴业银行六种。所有收押股票折扣,均照市价缩小至二折半以内,其未经增资财产充实市价尚未大涨者,可放至三折。

货物　注重非统制品及已列入主要商品,仍可在三省两市内自由移动者,如丝绸、纸张、烟叶等项,尚有其他种类及收押折扣,俟下次开会再行详细讨论。

存单公债　照面值九折。

(三)处、部、支行放款之限度:

处、部、支行放款,除信用者先行商定外,押款每户未逾二十万并在行章范围内者,可径自决定。各支行放款照存款利息及开支成本,暂定总额如左:

西支行　三百二十万;

霞支行　三百二十万;

虹支行　三百万;

北支行　二百十万。

各支行每星期三、六造具准备表,送总行并计。

(四)证券投资之集中:

各处、部、本外埠分支行及顾客,买卖证券,或顾客信托本行投资者,均归信托部集中办理。旧有证券酌量相当数目,移转于信托部。

(五)业务处与信托、储蓄两部押款之分配:

房地产　俟信托部收押属于业务处者,到期酌定相当数目,移转于信托部。

存单公债　俟储蓄部收押原属于业务处者,到期酌定相当数目,移转于储蓄部。

(六)放款期限及利率:

各种放款期限至多三个月;利率除照市拆者外,其余酌加至照市拆九折。均每月一结。至转期多次不大活动者,酌量加息或催赎。

(七)业务纪要办法:

每日重要业务为便于接洽起见,订定纪要传观。办法如下:

一、每日营业完毕,由各股主任记录重要事项。例如存款每户五十万元以上之收付及何人介绍;放款每户超过二十万元之数目或押品种类;折扣不合规定之原委及何人接洽等项(本埠支行用电话通知内汇股代记)。每股记毕,随即送由经管之副理过目盖章。如认为尚有重要事项,再行加记、盖章。

二、副理盖章送经理、总经理过目盖章。如认为尚有重要事项,均再行加记、盖章。

三、上项手续完毕，再由总经理发交经理总稽核及指定之副理传观、盖章。

四、传观完毕送总经理保存。

以上各项均自卅三年一月五日起实行。特此通函奉告，统希查照为荷。

（副本，上档 Q268-1-126）

是年　撰《挽高望之同年煌》[①]联。云："独有千秋，杜门弦歌昌经训；又弱一个，食野笙簧念德音。"（《杂著》，第 409 页）

是年　撰《改杜俳体》七律。诗云："夏凉日日著春衣，每日街头信步归。饿殍寻常行处有，人生七十不曾稀。穿花丝袜深深见，点水胶轮款款飞。传语维希胖巡捕，暂时相赏莫相违。"（同上引书，第 384 页）

是年　撰《答三弟见怀之作》七律并复书三弟叶景莘云："弟欲为子由即料理南来，眉山昆仲晚年唱和均在江淮以南也。"诗云："夔鼎升香伤一足，鱼丽偏两失中权。梦魂云树三千里，涕泪江波四十年。病妇后先眠吉兆，衰翁抑戒费初筵。何时同拜横山墓，手抚松鳞各泫然。"（同上引书）

是年　撰五律二首，"范循甥四十，以二律赠之"。诗云：

逃世无闻易，谋生不惑难。吾家新宅相，尔祖旧儒冠。天道头头是，人情面面看。莫忧强未仕，无咎即心安。

犹忆呱呱日，吾方夜度辽。嗟今成瓠落，祝尔似松乔。龙德中天健，鲲程渤海遥。婿亲仍强饮，能抚稚孙娇。（同上引书，第 383 页）

是年　撰《答孙儆庐并呈王莲友丈》七律。诗云："梁园宾从吾三世，枚叔文章子九能。府主已欣鱼得水，先人尤叹吏行冰。弓旌风会殊今昔，河岳声华有废兴。傥为群羊求尔牧，勿抛蓑笠弃薪蒸。"（同上引书，第 385 页）

是年　撰《钱均父丈》七律。诗云："湘绮楼中长揖客，葵园庑下小门生。并时文藻堪模拟，两派薰莸且诟争。国论岂宜新旧祖，儒家未克躁矜平。老来马首应何向，欲上崆峒问广成。"（同上引书）

是年　撰《答孙鏖才同年》七律。诗云："清代抡才重翰林，无端辽豕误光阴。读书每欠中边彻，取友如求下上音。壮岁折腰多俗状，寒门强项有遗箴。知君老作雕虫悔，我亦惭为庄舄吟。"（同上引书，第 386 页）

是年　撰《再次墨巢诗韵答陈丈叔通同年》七律。诗云："关内秦坑初熄火，山东孔壁尚遗书。诵孙副墨时虽远，箕子明夷象不虚。万物俱为先圣役，百年宜代后

---

① 高煌（1868—1943），字望之，江苏金山张堰（今属上海市）人。光绪甲午举人。好桐城派古文，文才与其弟高燮（吹万）齐名。——编著者

王储。太平礼乐公毋让,岂谓如求木末鱼。"(同上引书)

是年 撰《答刘放园》七律。诗云:"一统毋忘讐九世,国威损自甲申年。五星终岁天心复,六月陈师众志坚。南出交州驰铁骑,东规澎岛下楼船。会招徐福童男女,共傲傲醉卫武筵。"(同上引书)

是年 撰《再次墨巢韵寄叔通二首》。诗云:

雖虞乃可谈王政,温饱方知读父书。遗子金篇诚不达,扪吾饭袋岂能虚。锦官有酒钱非乞,下漢无田米未储。羡煞俭庐潘老子,年年都庆众维鱼。

乐土适今王道荡,谁能尽信《武成》书。苗为鼠食行将逝,郊有麟游语不虚。靡室不劳三岁妇,中人咸罄十年储。试均里社仍无肉,纵入洿池那有鱼。

(同上引书,第 387 页)

是年 撰七律,"潘俭庐以前诗牵涉见和依韵答之"。诗云:"儿曹勿以儒为戏,老子宁惟俭可书。尺五修髯知揖让,一双慧眼识盈虚。拟占先甲尝新献,更唤园丁理旧储。候雁未南春尚早,莫将消息漏多鱼。"(同上引书)

是年 撰七律,"再次前韵题《硕果亭诗续》"。诗云:"头童面赤闭门居,厌读司空城旦书。有弟翕如和且乐,此才名下久无虚。不忘嘉树尊常满,爱写新诗墨早储。市道纷纷君莫诧,最难察见是渊鱼。"(同上引书,第 388 页)

是年 撰七律"墨巢有和再依韵答三首"。诗云:

侨也未尝知政本,治标犹解铸刑书。乱宜用重偏姑息,窃者封侯岂子虚。漫说民嚚通帝谓,就将公器作私储。登台珠玉何时烬,殃及池中痛此鱼。

玉台积翠化人居,凤翔鸾栖不绝书。但听吹竽礼南郭,未知按剑助朱虚。阳春妙伎缁衣好,海宇良庖夹袋储。问客何能何所欲,齐姜宋子鲤鲂鱼。

江都寂寞两平居,斗韵常通尺素书。何意养生稽叔夜,甘为赋海木玄虚。春华秋实由来判,马勃牛溲未要储。说到西归音正好,釜鬲休溉既烹鱼。

(同上引书)

是年 撰七律,"再次韵谢介弟直士招饮"。诗云:"壁间妙墨龙蛇动,坡老诗成喜自书。青胜愈知蓝不朽,祥多始觉白生虚。事觉陶冶谈何易,贡厥琅玕凤所储。四海百工皆仰食,岂惟式燕有嘉鱼。"(同上引书,第 388—389 页)

是年 撰七律,"次墨巢韵简沈昆山"。诗云:"婴城啮血安江表,夫婿堂堂有政书。陈善首为曾相重,尚功心比左侯虚。一传令子声兼美,再世童孙学素储。醴酒好贤知故事,未闻食客怨无鱼。"(同上引书,第 389 页)

是年 撰七律,"简陈仲恕父子用墨巢韵"。诗云:"笼竹四茎松一幄,远师鸟篆迄虫书。奋髯似欲张其怒,多节何难受以虚。梓俯最宜桥作仰,冰寒端赖水能储。过庭《诗》《礼》都成录,不待陈亢问伯鱼。"(同上引书)

是年 撰七律,"高存道绘赤松黄石并书小篆见贻,用墨巢韵赋谢"。诗云:"博浪一击如能中,后世应多未火书。可惜妇人兼女子,空谈旺相与孤虚。赤松怕说乔松寿,黄石愁无儋石储。稍喜晴窗舒铁腕,千钧掉尾似鲸鱼。"(同上引书)

是年 撰《挽盛筱珊①》联。云:

韦布之士,闾巷之业,竟能近悦远来,何羡乎盖禄万锺,景马千驷;

齐家有道,教子有方,难得弟恭兄友,足媲彼云间二陆,日下双荀。

(同上引书,第408—409页)

是年 撰《黄小松薛公祠图》跋。云:

此小松为覃溪所作薛公祠图也,载于《秋盒遗稿》题跋类,揭叔误题潭西精舍。精舍在历城西门外五龙潭之西,五龙潭在唐为翼国公故宅,元为龙祥观,自于钦《齐乘》误以五龙潭为《水经注》之净池,误以城内历水陂为古之大明湖,又误以《水经注》之池上亭为北渚亭,于是方舆混淆,迄无纠其谬者。桂未谷作《潭西精舍记》,引曾子固苏子由诗、晁无咎记为证,谓北渚亭在北城上,与五龙潭无涉,而于钦之误始明。覃溪取杜诗第二句铭砚,盖借成都之沧浪为济南之沧浪,小松误为济南亦有百花潭,未谷以子由《北渚亭诗》证之,知西湖之百花系百花洲,非百花潭,而小松之误始明。揭叔惑于《齐乘》之说,以百花潭与五龙潭相混,又见桂跋作于潭西精舍,遂以此图为潭西精舍图,欣木以覃溪《谒祠诗》证之,而揭叔之误始明。《谒祠》末联云:"小石帆图卷,同装更勿疑。"与小松所云联为一卷,若合符节。覃溪私淑渔洋,初至济南即以小石帆题其厅事之楣,既重葺池上舫斋,以小石帆亭名之,颜其诗曰《小石帆亭集》,复刊《小石帆亭著录》,其时小松在济宁,先于庚戌虎蹄时一见,旋于壬子春按试时再见,又于癸丑春三见,此图作于癸丑春前后,所作当不止一图,《四年三至诗》云:"春阴牵客醒,三度霡酒汁。渐来客渐满,钱吴茧袍袭。君并写为帧,我辈煦相溻。"又《题岱云会合图》云:"我有敬轩研,藻撷南丰馨。斐然秋庵子,为写湖渚渟。以兹墨缘合,写此负笈庭。"是其明证。颇疑覃溪欲倩小松将视学山东之游迹分绘为图,故《四年三至诗》有"以君秋影庵,该我《石帆集》"之句,因与薛文清相去四百年前后,督学奉为矩矱,适有浣花草堂砚为之媒介,特作薛公祠图,与《研铭》同装一卷,藉志嘉话。《留题使院诗》云:"墨缘祇有河津研,袖得蓬莱绿一泓。"其踌躇满志可知矣!然则薛公祠图系小石帆分图之一,故曰小石帆图卷,非两歧也。仲芳先生属为题记,敬抒管见,附庸欣木之后,求

---

① 盛筱珊(1874—约1943),浙江慈溪人。上海赓裕钱庄经理。曾任上海钱业同业公会副会长、上海总商会会董、中和银行董事等职。喜收藏。——编著者

教正焉。① (《书跋》,第 108—109 页)

是年 南京伪政府限令各商业银行于年底前增资。浙江兴业银行爰自 1944 年 1 月起另加资本伪中储币 600 万元。南京伪政府同时限定到其处"注册",并发下"注册"号数。但浙兴在先生主持之下,一直拖着不办,直至抗战胜利,"迄未向伪政府注册"。(抗战胜利后浙兴向国民政府报告,底稿,上档 Q268 - 1 - 186)

---

① 此跋无日期,根据原画亦为诸仲芳所藏,《顾廷龙日记》同年 9 月 23 日记有诸来馆送上古画数幅,故考订系于本年。——编著者

1944 年(民国三十三年　甲申)　71 岁

　　1 月　日伪当局征收"消费特税",并大幅提高营业税、奢侈品临时税、筵席税、娱乐税等征收率。

　　8 月　美国飞机连续空袭上海日军军事设施与黄浦江上日军舰。

　　11 月　汪精卫死于日本。美机继续轰炸上海,殃及市民,造成死伤数百人。

　　1 月 6 日　撰《癸未腊月小寒日赋呈寄顾我兄一粲》七绝三首。① 诗云:

　　　　平生梦绕九江船,浦溆萦回却且前。雨意未阑风力劲,篙工磬折舵工眠。

　　　　蒋侯埋骨沈郎休,盖世重瞳已白头。喜有输心城北美,未忘我室与绸缪。

　　　　鸟声出木仍依谷,骥力超尘不受覊。记取临歧珍重语,我宜弦佩子宜书。

　　　　　　　　　　　　　　　　　(《兴业邮乘》复第 54 期,《杂著》,第 390 页)

　　同日　钱钟书来合众图书馆阅书②。(《顾廷龙日记》)

　　1 月 19 日　由顾廷龙、潘景郑辑编、委托开明书店承印的《明代版本图录》出版。先生购两部赠送友人。顾廷龙记云:"实以助余附印之资耳。"(《顾廷龙日记》)

　　1 月中下旬　顾燮光辑编之《河朔古迹图志》影印本二册,由合众图书馆出资出

---

① 该组诗收入《叶景葵杂著》第 390 页时,诗题改成《赠徐寄顾小诗　腊月小寒节》,年份被删,且将三诗合并。现恢复原样。——编著者

② 钱钟书(1910—1998),江苏无锡人,著名小说家、文史研究家。著有《围城》《谈艺录》《管锥篇》等。当时住在上海蒲石路(今长乐路)蒲园,与合众相距不远,自 1944 年初始,经常来馆看书。据《顾廷龙年谱》记载,1943 年 2 月 19 日起两人开始交往。1944 年 1 月 6 日起,钱钟书来合众阅书,连续好几年。当年合众的馆员之一沈燮元先生《〈合众图书馆董事会会议事录〉跋》一文云:"钱钟书先生当时住在蒲石路的蒲园,和合众相距不远,因此常来看书。合众当时大门不开,由后门出入,装有门铃。门铃响了,每次开门不是保姆,便是顾老自己开。有一次,保姆和顾老都不在,铃响了,由我去开,一看是钟书先生……谈话中,得悉我是无锡国专毕业的,他听后特别兴奋(因为钟书先生的尊人子泉先生曾在国专教过书),又问我有哪些老师。我告诉他有朱东润先生,讲中国文学批评史,我说朱先生跟吴稚晖先生去过英国,曾在伦敦西南学院肄业,同又谈到了他的叔叔孙卿先生,谈话一下子从平淡无奇转入了热烈的高潮。他称我为'密斯脱沈',最后主动把他的地址给了我,嘱我有空可以去看他。但天下事不如人们所想象得那么圆满,蒲园我曾去过一次,但钱钟书、杨绛先生两位都不在家。……"(《藏书》第 4 期)——编著者

版。先生汇寄顾燮光稿费 50 万元。（见 1944 年 1 月 27 日顾燮光致先生函照片，孔夫子旧书网）

1 月 25 日　新年。顾廷龙等来贺年。（《顾廷龙日记》）

1 月 27 日　顾燮光致先生函，谢寄稿费，并谓再有书稿送沪。函云："去腊正处窘乡，蒙惠赐河朔金石文字新编①稿费伍拾万元②，雪中送炭，得以度过年关。阳春有脚，花朝后可以作画，又有收入矣。惜近日手冻指烂，不能握管，为怅怅也。关金大票发行，物价又受刺激，以后生计维持甚难矣！弟尚有《读金文书劄记》初稿数卷，约十余万言，刻已无精力杀青。如合众图书馆能修正出版，亦可奉让，并不希善价，使贱名不湮灭足矣！俟午节后来沪，将稿带呈也。专此鸣谢！"（原件照片，孔夫子旧书网）

2 月 24 日　竹淼生捐赠合众图书馆中储券 45 万元，"为其经营所得"。先生即通知顾廷龙。（《顾廷龙日记》）

3 月 3 日　伪中央储备银行检查金融事务处，对本市金融机关进行检查，并对十余家"违法"银行分别予以警告、罚款和停业整顿等处分。至 4 月 25 日止。（《现代上海大事记》，第 882 页）

3 月 8 日　下午四时，合众图书馆董事会第三次常会召开。出席：张元济、叶景葵、陈陶遗、陈叔通、李宣龚。主席：陈陶遗。先生报告：三十二年八月十六日至三十三年二月十五日止，为三十一年度上届财产目录及收支报告详细说明，"众无异议"。先生报告三十一年七月承刘吉生、叶起凤两先生捐购书费两千元正，藉祝景葵七十寿。（捐作图书馆经费）。会议讨论事项有：

先生提议："去冬物价上涨，自十二月份起经常费六千元酌加一千五百元，职员津贴顾总干事加三百元，潘干事加二百元，朱干事加一百元，膳食加六百元，杂费加三百元，请予追认。迩来物价续涨，自三月份起经常费再加一千五百元，共为九千元，津贴按前例照加，膳食加九百元，请公决。"决议：通过。

叶常务提：自去年八月以来陆续购置米煤及酌添用具等项，拨过特别费五万零四百元正，请追认。决议：通过。先生提议："据总干事呈请，馆中于三十一年五月

---

① 即《河朔古迹图志》，顾燮光辑集、摄影。1943 年 12 月由合众图书馆委托上海安定影印社影印出版。山阴范寿铭题封面，顾廷龙题写扉页。二册。——编著者

② 《顾廷龙日记》记有该书出版经过甚详。如 1943 年 10 月 27 日："顾燮光交《河朔古迹图志》稿本来。"10 月 27 日："访顾燮光，议《河朔古迹图志》价，言定万元，附赠所存拓片。"10 月 29 日："得顾燮光信，言《河朔古迹图志》连照片则以万元成交，拓片在外。"11 月 28 日："赴安定影印社督印《河朔古迹图志》。……得顾燮光信，示撰就之《河朔古迹图志》识语。"12 月 30 日："《河朔古迹图志》校样送出。"（转引自沈津编著《顾廷龙年谱》第 308、311、313 页）——编著者

购入《中华古今图书集成》中华书局缩印本，发现第四八四册剪贴错误，不足以资参考，拟乘市价方涨及时售去，改购图书集成局排印本，以备应用。又有《国民政府公报》四百七十五册，尚待随出随购，适承李太疏先生指捐一份，按期寄赠，拟将原购重本售去，所有书价及余款并可添补他书等情。业由景葵批准照办，请追认。"决议：通过。

先生再提议："本年尚须续置图书，拟拨第四次特别购书费五万元，分两期支领，请公决。"决议，通过。（《合众图书馆董事会议事录》，《历史文献》，第 7 辑，第 18—19 页）

3 月 12 日 撰联语两幅。一《集杜句赠顾起潜》，云："复见秀骨清，我生托子以为命；由来意气合，汝更少年能缀文。"二《集杜句赠起潜子诵芬》，云："树羽临九州，廉颇仍走敌；读书破万卷，王翰愿卜邻。"（《杂著》，第 416—417 页）

3 月 20 日 偕顾廷龙赴白宅阅书。（《顾廷龙日记》）

3 月 21 日 为顾廷龙所撰《王同愈行状》稍为润色。（同上引书）

约 1 至 3 月 读《唐诗鼓吹》等书。《札记》云：

阅《唐诗鼓吹》，康熙刊本十卷。陈少章临何义门批点，何又加批，陈又加笺释。前有顾千里题识。 只賸前六卷，后四卷以临本配。王欣夫所藏，云是丁芝孙故物。

阅《春秋繁露》十七卷，明抄影宋本。每半叶十行，行十八字，前有楼郁序，后有胡榘跋。卷十三阙一、二两页，卷十二首页阙廿四字。此系宋本原阙，明刊各本皆从此出，阙亦如之。涵芬楼藏。传书堂故物。胡宪仲印，庚戌进士印。又《两京遗编》本，每半页九行，行十七字，亦涵芬楼物，孔葓谷借钱献之校《永乐大典》本临校，又以活字本王道焜本参校。 书内有复校夹签，引原本、抄本、丛书本，系葓谷之子傅栻所书。原本当指《大典》本，抄本当指《聚珍》本，丛书本当指《汉魏》本。卷六《服制像》第十四，第一行"故其可失者"，"失"校改"食"。书眉上注云："明王道焜本作'故其可适者'，钱献之以《大典》本校之，云古文适作'𠤖'，恐改'食'非是。"据此知钱校原本为王道焜本。后跋云："乾隆三十八年癸巳十一月借钱献之校《永乐大典》本重校一过，凡四日讫。孔继涵记于京师贝荫胡同。" 与武英殿本略校，知《聚珍》本可贵。

阅《楚辞榷》，檇李陆时雍叙疏，明刊本，过录王文简公评点，有长跋，已录入《文简年谱》。《涵芬楼烬余书录》认为文简手迹，误。另有《杜诗会粹》《战国策》两种，亦列入文简评点本，更误。盖此二种评语陋劣，间有训诂，均违王氏家法,决非文简所为。因认《楚辞榷》为文简手迹,故误以为下二书亦文简评点也。跋语有阙文,固已可笑,况其所下阙一行。笔削下阙两字。徒能移易其篇次。

读抄本《万卷楼集》,顾栋高复初撰。说经皆为应制而作,论治河有卓见,惜抄多漏舛。景郑藏残稿二册,有复初自改之笔,知传抄本,非定稿也。(《杂著》,第 236—237 页)

3 月　撰《变法平议》跋。云"读《盐法》一条,似为张啬翁手笔,文亦甚似。所陈纲领,皆有心得。访之亲炙南通者,当可知吾言之当否。甲申二月撰初读过。"(《书跋》,第 52 页)

《变法平议》一卷,(清)阙名撰,清光绪间排印本,一册,叶景葵题识。(《叶目》)

4 月 12 日　招刘道铿、陈汉第、陈叔通、沈昆三、陈陶遗、李拔可、刘垣、顾廷龙等便饭。席间陈汉第等谈晚清轶事。(《顾廷龙日记》)

4 月 25 日　曹汝霖致先生函[①],介绍日人玉木来访。云:"友军军部嘱托玉木先生赴沪,为调查中兴煤矿公司情形,拟晋谒左右,属为介绍为幸。原谅为荷,延见幸甚。"(原件,《亲友手札》)先生接信后未予理睬,且设法对付。顾廷龙《叶公揆初行状》记云:"迫倭侵华北,占夺总矿,谋攫取法律地位,日本军部派员踵门请谒,公坚拒不纳,遂设总办事处于上海,免受胁迫,苦心维护,卒克保此六十年来所经营之实业。"(《杂著》,第 422 页)

4 月　撰《王俨斋明史稿真迹第十四册》题跋,肯定前人撰史"每事必查其所据","不采无据之词,不执已成之见"的好传统。云:

侯仁之结论云:"鸿绪不尽采万传,但残稿中必有本诸万稿者。"今观此卷,杨廷和、杨一清、徐阶三传,前列新稿,后列旧稿,而于《徐阶传》旧稿加注"此卷未妥,万季老亦云非定本,至其旧本则陶紫司所为,全然不同"等语,侯氏之说,允矣! 细绎改定各稿,每事必查其所据,大都以《实录》为宗,而亦有不轻信者。如《陆完传》之未与宁王反谋,以《弇州史料》为可信,是也。私家著述,如《纪事本末》《国榷》《泳化类编》《献征录》《列卿纪》无不甄采,而抉择甚严。如许宗鲁之《刘玑传》,谓其语多嗫嚅,黄珂之《杨廷和墓志》,谓有姻亲关系,是也。罗列事实,择善而从。如《杨廷和传》改本,述受遗诏,主濮议事,《杨一清传》改本,

---

① 原信无年份,仅署"四月三日"。据 1944 年 6 月 23 日先生致朱启钤函,云:"一月前有邻人,持润田介绍书……"曹函撰于此年无疑,日期似为农历四月三日。中兴煤矿公司七七事变之后就被日军占据,曹汝霖时任伪华北政府"顾问"。曹后来自称未为日本人做事,此信可以戳穿其谎言。——编著者

述修边墙，结张永事，论断极为公允。且后段全用旧稿，一经点窜，栩栩如生。不采无据之词，不执己成之见，匪特鉴定字迹，确为横云原本，且信此老实一代史才，不仅以润色文字见长如我夷初云云也。甲申三月，承松江图书馆以第十四册见示，敬书所见于后，兼以志谢。杭县叶景葵。（《书跋》，第 23 页）

4 月　再撰《愚斋存稿初刊》跋，记述辛亥年端方入川缘由新说。跋云：

　　卷中附书者：有陈叔通敬第、潘季孺睦先、诸仲芳华诸君。潘事涊阳甚久，是时已为次帅罗致入东三省总督署，曾力阻涊阳入川。涊阳颇信之，而牵率未能舍去，故及于难。甲申三月记。据季孺言："涊阳之决计入川，赞助着力者，为刘申叔，当时电稿，多出刘手。"（同上引书，第 161—162 页）

4 月　读《盛尚书愚斋存稿初刊》，并再撰题跋。云："与陈汉第、陈叔通昆仲研求清季史实，各自于该书眉端题写批注约共数十则。侧重于庚子、辛亥两年。"先生所撰批注如下：

1. 卷二十六　王夔帅来电（戊戌二月十五日）批注云：

　　赵次帅督两湖时尚欠文普通学堂、武普通学堂，实则中学堂也。而区别文武，此种学制，令人喷饭。

2. 卷三十三　寄香帅（戊戌八月初十日）批注云：

　　梁任公由日本（友人）密护赴津，乘船径赴日本。到日本后一日，伊藤博文招，出示李文忠信，请其转至任公，可乘此时习外国语言文字。可见文忠爱才之笃。此为任公所告。

3. 卷四十三　张香帅来电（庚子闰八月十四日）批注云：

　　咬文嚼字，徒延时日。

4. 卷四十三　刘岘帅来电（庚子闰八月十四日）批注云：

　　各督文电往复，又有南皮拘滞，故迁延甚久。倘早请惩办祸首，早阻幸陕，则德兵或可不至保定，俄兵之席卷吉、黑，亦可稍戢其凶焰也。

5. 卷四十三　寄侯马（庚子闰八月廿四日）批注云：

　　幸有杏公直接通电，故行在消息较灵。

6. 卷四十三　寄北京庆亲王、李中堂（庚子闰八月是七日）批注云：

　　此书语语至诚。当日中日交谊确甚密切。免中国之瓜分，即所以保全，日本所见甚远也。

7. 卷四十九　张香帅来电（庚子十一月二十一日）批注云：

　　南皮始终不主回銮，恐蹈徽钦覆辙。且奏请迁都襄阳，有旨询合肥之。覆奏云，不设张之洞久任兼圻，仍有书生之见。故此电云云。此电载《故宫文献丛编》。

8. 卷五十一　寄江鄂督帅、山东抚帅(光绪二十六年十二月二十四日)批注云：

赵舒翘以服膺程朱自命，极佩夏震武之为人，任刑部时有刚正之誉，任江苏巡抚亦知注意吏治，溺于狭义的尊主论。祗知有君，不知有国。卒乃依违腆□，不能自拔。其气体极强健，绝食不得死，以烧酒浸皮纸，□闭口鼻，始气绝。

9. 卷五十一　寄北京邸相并各省督抚将军(庚子十二月二十六日)批注云：

袁(世凯)、许(景澄)廷争时，朱彊村侍郎祖谋亦抗声直谏，以身体矮小，起立致词，为太后所恶。拿问袁、许时，厉声问，有一矮人，瞅我一眼，是何职名？仁和相国跪奏云，臣耳聋没有听见，幸而得免。此彊村自述。徐承煜逼死其父徐桐，意在求免。真狗彘不如！

10. 卷五十一　寄江鄂督帅、山东抚帅(辛丑正月初十日)批注云：

日本以切身利害关系，庚子一役曲尽调信之能事。小田切又长于肆应，得力不少。

11. 卷五十九　寄津袁宫保(十一月十七日)批注云：

项城上海一行，即将船、电两利攫去，独留汉厂，令其赔累，宜补老之着急也。

12. 卷六十三　寄天津袁宫保(三月十一日)批注云：

精琦条议今日视之，已成刍狗，在当日则闻所未闻。又因施肇基任舌人，中文不佳，又不知学理，故所言更无端绪，实虚此一日也。

13. 卷六十六　寄外务部(九月十四日)批注云：

湘之废约，实苏浙拒款传染病。至张文襄亦坚执废约而病亟矣！约既不能片面作废，不得已以款赎回。赎回而无款自办，乃变为四国借款。倘无四国借款即不至厉行国有政策，酿成亡国风潮。因果相生，思之泪下。

14. 卷七十五　寄武昌陈筱帅、杨皋台(九月二十一日)批注云：

补老对于放振(赈)，以精力果，知人善任，且调度有方，并时大老，无与伦比。

金仍珠系冯蒿庵高足弟子，故补老倚重之。此时入清帅幕，兼官银号会办，特派会同苏戡，密与美银公司代表商订锦瑷铁路草合同，与英保林公司商订包工合同，往来奉汉，极为得力。

仍珠常告余，苏戡大言无实，见洋人辄气馁，不敢争辩，且不能守秘密。草合同甫订，即为日俄所知，苏戡与有责焉。

周克昌系银号老手，敦笃而广洁，清帅最信之。

15. 卷八十　奉天赵次帅来电(辛亥七月初六日)陈汉第批注云：

此即午帅致赵次帅电中所谓不能守口如瓶。继而查办之命下,是又所谓请君入瓮也。初九致泽公电,有"派萃萃绝不畏难"语。意欲萃生而坐收署理两湖总督之利,不知萃为泽公姊婿,泽公尝右之。萃已密电泽公,不愿生而保午帅。午帅未之知也。故午帅一再呈请,另派与路事无关之大员,而卒不获邀准行,抵资州,赵尔丰派兵迎而戕之,非果死于乱民也。

先生批注云:

端为赵戕之说,出诸夏寿田之口,无实据,不足信。季帅非阴险之人也。惟赵部下如田正葵,顽悍而不知大体,难保不散播流言。又如周巡警之散播传单,尤足激为民怒。故祇能断为有间接关系,未便以此狱归之香帅。

诸仲芳之秉录颇翔实,惟谓邓曾因端曾杀革命党,有复仇之意,则未必然。端最肯保全革命党也。

16. 卷八十四　寄宜昌端大人(辛亥七月二十八日)批注云:

起用西林以会同赵督字样,本菲所愿,故拟一电文,一示三秉,即算缴卷,仍坚卧不起。中朝大老大惮西林者多,即补老亦未必敢与共事。故力促午帅入川,以为端得川督,较易共事,于是端之死期近矣! 当时论者多谓,西林喜唱高调,其实解决此事,确非如此不可,所费不过数千万,保全者大。

17. 卷八十五　武昌端制军来电(辛亥八月初九日)批注云:

观此电可知,端督亦深忌西林之起用。

18. 卷八十五　寄武昌岑宫保(辛亥八月初九日)批注云:

所谓以闭门羹饷之。(手迹,原书,上海图书馆藏)

4月　为《诸仲芳笔录端方之死》稿①题跋。诸仲芳应先生之请,回忆辛亥年之往事,撰稿云:

端湨阳之由鄂入蜀也,调湖北新兵曾广大一协而行。因前署鄂督时与曾有旧,欲有以借重之可当。是时也,新军皆富革命思想,曾部亦何能免? 而端署江督任内,搜杀党人甚厉,曾部下之亲族故旧,间有被戮者,暗中结怨已深。传闻有督队官邓某,其弟亦为端诛,衔恨切齿,久图伺隙报复。故沿途军纪甚坏,颇多骚扰,端知之而不敢问,曾更未能约束也。洎抵重庆,鄂垣已举义旗,情势大变。由渝至蓉,遵东大道而行,计一千另(零)八十里,其时省中路潮益甚,巷哭罢市,咸雇幼童,首顶先皇光绪牌位,沿路痛哭负郭,四乡同志军纷起,

① 诸仲芳原件无题,此题由编著者所加。原稿三纸,先生题跋撰于第三页后半。原件夹于《盛尚书愚斋存稿初刊》卷八十处,与上则观点一致。故上则批注虽则未署日期,据此推断都应撰于1944年4月或稍前。——编著者

怪状奇形,不一而足。识者已觇大乱将至矣！先是端于途中,劾署督赵尔丰办理不善,并严参署藩巡警道周某,以为川路风潮胥其酿成,应亟罢斥,以谢川民。周则具禀赵督,请宣示路潮内情;一面具禀端督,略为川路改归国有,本川民所乐从。因端与邮传部勾结,必欲估工给价,激起风潮。今因势若燎原,乃知民怒难犯,而巧于卸责,诿罪他人,以为一手可尽掩人耳目云云。文长数千言,诋端殊力,即以此禀稿,连同上赵督之禀及批示,印刷《辩冤书》,遣人沿东道各城镇,遍地抛洒。端见此事,又闻赵督有将俟其抵省即圈禁之说。故行至距省四百八十里之资州,逗留不进。而其部下见时机已至,但省中已派来炮兵团二百余人接护,乃克意连络一气,即于城中天上宫,邀集当地人民开会,并劫端临场旁听。当场演说,表暴端罪状,并询是否应杀？听众处此军威之下,皆拍掌赞成。当端之被迫而来也,与其第六弟偕步履蹒跚,两人扶掖而行。人言已先服毒,至是,其六弟泣求邓某,愿以身代。邓某瞋目答之曰:你也跑不脱！即牵端至殿外院中左偏,坐一板凳上,以指挥刀执行。刃十余下而颈不殊,死状甚惨。其六弟亦即被杀乃耳。演说声明于地方无干,翌日全师而退,不必惊慌。于是散会,囊端首归营。明晨拔队东下。当地人士以银十两,市桐棺两具,收埋两尸于东门之外,翌年由家属迁去。民国元年冬道经其地,仅见一土窟,旁有断碣,文曰"清钦差大臣四川总督端方之墓",犹卧衰草夕阳间也。

先生收到该文后,于文末撰跋云:

> 右吴县诸仲芳先生笔录。其时正办川东电报局,资州亦有分局,故见闻较详。因陈氏昆仲据夏午贻之说,谓浭阳为赵季帅所害。其说似是而非,嘱仲芳书此三纸,附入卷内,以明当时真相,后来编国史者或有取焉。

> 民国三十三年四月叶景葵记。(手迹)

5月 编定《赵尚书奏议目录》。《札记》云:"编《赵尚书奏议目录》竟,未分卷,附《赵大臣奏议目》一卷。自去秋至今始写成。""顷阅《纯常子枝语》卷三云:'道光朝俄罗斯进呈书籍,今存总理衙门者凡六百八十本。'光绪乙酉余为赵次山御史草奏请发出缮译,旋总署覆奏,以为旧书不如新书之详备,俄书立论又不如英德法三国,可不必译,事遂中止。据此知御史任内尚有漏落之奏稿。"(《杂著》,第238页)

《赵尚书奏议目录》一卷,附《赵大臣奏议目录》一卷,民国杭州叶景葵编,民国三十三年手稿本,一册。(《叶目》)

6月21日 招饮。座有李云清、程慕颐、沈国祚、郑大同、陈永青、孙人镜、沈棉庭、金伯铭、关志良及顾廷龙等。(《顾廷龙日记》)

6月23日 致朱启钤函,谢赠书,告以曹汝霖介绍日人来访事。云:"久未函候为歉！日前寄到《紫江朱氏家乘》一函,敬已拜读一过。体例完密,印刷尤为当今所难能，书库中得此佳本可以神王！序例重第一页，阙第二页，请为预备一单张（序例二），以便补入。近来纸价工价一日千里，海内殆无出版之书矣！一月前有一邻人，持润田介绍书欲谈中兴收回事，弟以病未见，遣人告以华北组织经过，已选王君为董事长，其人不得要领而去。不久王君又托徐君一达来谈，谓将于六月间开股东会，并陈述王君力争股东权利极为出力经过情形，弟唯唯而已。以后即无所闻，不知此风从何处发生也。顺笔奉闻，想已洞鉴一切。"（原件照片）

同日　汪伪中央储备银行发行兑换券，分一元、五元、十元、五十元、一百元、二百元、五百元七种。同日，发行赭色五百元券一种，今日起流通市面。（《现代上海大事记》，第 888 页）

7 月 10 日　朱启钤复先生函，补抄《紫江朱氏家乘》阙叶。云："月初奉到覆书，敬审起居迪吉，欣慰无既。弟入夏以来，气燥心烦，目病不已，执笔时少，百事俱废。拟辑《黔南碑传集》，积稿在案，昏聩亦无何成就耳。《家乘》早岁排印，散置未装。劫火频惊，惧不能守，遂促付订工，草草成卷。分寄南中，邮程又阻，聚置一隅，深恐不测。前以一部托之邮架，乃荷矜视，感怍交集。闻序例偶有脱简，疏忽为手民常态。兹检别本废叶一张，惟尺度微弱，先以补奉，俟得便另寄精装全函易置。如何？（尚拟装箱寄沪，恳分赠各大图书馆也。）危巢无可告语，沟壑菹俎苟免，抑后难过。"（原件照片，载《二十世纪北京大学著名学者手迹》）

7 月　得《浙江续通志稾》并撰题识[①]。一、封面："浙江续通志　民国十二年纂修　残存九百十八页。"二、《职官卷》首页："此卷记职官衔名。若官职沿革已载沿革门，此可省。"（手迹，原书，上海图书馆藏）

《浙江续通志稾》不分卷，民国嘉兴沈曾植（子培）等纂，稿本，存二十三册。（《叶目》）

9 月 12 日　致浙兴天津分行朱振之电报。云："起潜书箱两只，向元群取回暂存。"前一日，章钰之女章元美电话来告顾廷龙，当年顾南下时寄存于天津中国银行之书画，被日本军方强行拍卖，好不容易设法赎回，现由其弟章元群接洽寄存有困难，请先生设法运至浙兴天津分行保管。朱振之 9 月 16 日复电告知先生："奉尊电，敬悉。起潜兄书箱两只，已由元群交来收存行中。"（引自《顾廷龙日记》）

10 月 5 日　熊希龄夫人毛彦文来访。（《顾廷龙日记》）

---

① 原题识无日期。据《顾廷龙年谱》引《顾廷龙日记》1944 年 4 月 14 日："顾燮光来言，杭州汇古斋有《浙江金石志》《续通志》稿本"。同年 7 月 11 日又记："杭州寄书八包到。"疑即《浙江续通志稿》，已购得。1945年 12 月 31 日《顾廷龙日记》记："点《续浙江通志》卷页，以备浙江通志馆借阅。"证明此时该书已入藏合众图书馆。——编著者

10月7日 潘季孺来访,谈清季各督抚轶事。(同上引书)

10月14日 得沈范思信,言《临时政府公报》及《华北政务委员会公报》,共三百元,王孟群觅赠合众,现在彼处。(同上引书)

10月16日 毛彦文再次访合众图书馆。(同上引书)

10月17日 刘崇杰、李拔可来访,同至合众图书馆。(同上引书)

11月5日 与顾廷龙谈,出示陈叔通藏陈宪章、刘世儒《墨梅》两卷,拟以易煤,嘱顾设法。当日顾访叶恭绰,介绍索值三十万。(同上引书)

11月19日 与顾廷龙谈。(同上引书)

11月25日 浙江兴业银行增资事宜,因一部分股东反对股东会1943年12月5日通过之假决议而提起诉讼。是日最高法院判决,"上诉人不受其拘束;对于增股六百万元,有按会议日原有之旧股比例分配之权(即每一百股配认新股一股有半)。"从而"影响原决议"执行。为此,董事会决定再次修改增资议案。(《本行办理卅三年增资经过》,抄件,上档 Q92-1-450)

11月30日 张元济函请顾廷龙代向先生一询康有为乡举科分。函云:"昨辱枉顾,晤谈为快。景兄见赐润资,万不敢领。专函奉璧,敬祈转致,并望代陈,幸勿哂馈。长素甲榜系乙未会试,其乙榜似系癸巳,否则与揆翁同年,并祈就近代询,或揆翁能知之也。"(《张元济全集》,第3卷。第531页)

12月10日 下午二时合众图书馆董事会召开第四次常会会议。出席:张元济、陈叔通、李宣龚、叶景葵、陈陶遗。主席:陈陶遗。先生报告三十二年度下届财产目录及收支报告。会议选举事项有:举任满董事二人。结果:李宣龚、陈叔通当选连任。互选董事长及常务董事。结果:董事长陈陶遗、常务董事叶景葵当选连任。

会议讨论先生提议:"自六月份起因物价渐涨,膳费及职员津贴皆陆续增加,计改六、七月经常费为一万二千元,膳费加一千八百元,津贴加顾总干事六百元、潘干事四百元、朱干事二百元。八、九、十月经常费一万七千元,膳费加一千七百廿六元,津贴加顾总干事四百元、潘干事六百元、朱干事二百元。十一月、十二月经常费二万五千元,膳费加二千一百元,津贴加顾总干事八百元、潘干事八百元、朱干事二百陆拾。又米煤油特别费十五万五千一百零七元,地捐及里弄公共开支一万七千二百廿四元八角陆分,请追认案。"决议:通过。(《合众图书馆董事会议事录》,《历史文献》第7辑,第19—20页)

12月18日 主持浙江兴业银行董事会会议,续议增资事宜。通过增资修正案,决定再次提交股东大会表决。议案云:

本银行增资认股东之诉讼事件,现奉最高法院判决:三十二年十二月五日股东临时会关于增加股本六百万元,由股东与现任董监及现任职员各半配认之决议。上诉人不受其拘束;对于增股六百万元,有按会议日原有之旧股比例分配之权(即每一百股配认新股一股有半)。上开判决对于股东会决议案,既经认定为违背公司法第一百九十条之规定,而不能全体一律执行,自应报请股东会讨论修正。对于已起诉之股东与未起诉之股东,认股办法待遇两歧,深恐将来难于执行。为此,拟根据判决意旨,将上次股东会决议之配认增资股份,及分配历年积存盈余之办法,加以修正如左:

一、增加资本国币六百万元,计应添募新股六万股,每股壹百元,全数由旧股东按原有两股配认新股三股之比例,平均分认;其应缴之股款由认股人以现金一次缴纳之。

二、提出历年积存盈余国币六百万元,照历年分配盈余成案,以三百万元分配与各股东,以三百万元分配与现任董监及现任职员。

(《本行办理卅三年增资经过情形》,抄件,上档 Q92－1－450)

因增资方法等问题浙兴内部意见分歧,先生提出辞去董事长职务。(史惠康《忆揆公》,《兴业邮乘》,复第 54 期)[①]

12 月下旬　吴廷燮来访。《札记》云:"吴向之同年廷燮自南京来访,今年甲申十一月八十大庆,已较前龙钟,记忆力尚未失,娓娓话旧。四十一年老友,重得握手,亦难得之事。起潜觅得向之《自订年谱》写本,至五十六岁止,当促其自续成之,亦佳话也。许我见赠《方舆纪要续编》十六卷,云已脱手,却未带来。"(《杂著》,第238 页)

是年　撰《招墨巢小食》七律。诗云:"闻道兄良多弟弟,矧于故旧最醰醰。敝之肥马胸无憾,溺尽儒冠味亦甘。所识咸钦君子鲁,亡何聊学相公参。人生七十须梁肉,三咽谁云处士贪。"(《杂著》,第 390 页)李拔可撰《和揆初同年招饮之作》。云:"公孙老矣须重肉,缩手弥谙世味醰。罢饮西凉疏美酒,寄书南诏话余甘。宝山早判空身返,曹洞休从正位参。与俗酸咸殊所嗜,尚烦为我戒嗔贪。"(《李宣龚诗文集》,第 243 页)

是年　撰《赠剑丞》七律。诗云:"同是鸰原堕泪人,絮分萍合总前因。半年痴长千回见,廿载闲曹一字贫。荒岁画縑犹有价,南州词律竟无伦。愿君双眼常如月,不负江湖草木春。"(《杂著》,第 391 页)

是年　撰《题胡君文楷〈历代名媛文苑〉》七绝二首。诗云:"历代妇人无总集,

---

① 当时似未能辞去职务。——编著者

选楼而后此真诠。殷勤内助成鸿著,不让同宗郝照圆。""十载萤窗初写定,缥帷凄冷夜如何。椎轮积水无停息,千卷《英华》未足多。"(同上引书)

是年 撰《寿关承孙丈八十》七律二首。诗云:

突兀城隅四照堂,婵嫣令绪占湖乡。数传并有神明寿,独行长为志乘光。别子小宗眉最白,耆年大隐发仍黄。东流不尽西河水,喜见雏孙已雁行。

景皇初叶藤花馆,王考曾怜总角甥。两世应官荒故宅,并时诸父各佳城。柴扉忽报新题帖,坏壁犹思旧弃檠。两脚入门知不远,安排肥羜燕和平。

(同上引书)

是年 撰《赠熊叔厚遗墨》七绝二首。诗注云:"叔厚,光绪甲辰进士,以工楷法不得翰林为憾事,与霜根有同病。甲申。"诗云:

咫尺琼林未与偕,退毫成冢首长埋。儒生正有千秋事,前辈同情四当斋。

善书不学意能通,堪笑羲之媚俗工。独抱冬心自怡悦,未须垂老悔雕虫。

(同上引书,第390页)

1945 年(民国三十四年　乙酉)　72 岁

4 月　联合国成立,通过《联合国宪章》。

5 月　苏联红军攻克柏林。欧洲反法西斯战争结束。

8 月　日本无条件投降。国共两党开展重庆谈判。

9 月　国民党上海市政府成立。

10 月　国共两党签订《双十协定》。

12 月　中国民主促进会、中国民主建国会先后在沪、渝成立。

1 月 1 日　招饮吴廷燮,顾廷龙作陪。"吴年八十,自宁来,言及《江苏通志》旧稿,归梅思平取去,存内政部。"(《顾廷龙日记》)

1 月 2 日　郑振铎赠合众《明季史料丛书》。(同上引书)

1 月 5 日　顾廷龙在富晋书社购得《冀察统计》十二册,三千五百元;《墨池编》十二册,一千元;《尚书述》二册,二百五十元。在忠厚书庄购得《洛伊兰卷译证》,二百元;《述古丛钞》,八百元。(同上引书)

1 月 14 日　下午,在浙兴总行主持浙兴股东临时会议,再次讨论增资议案。到会股东 137 人,代表股份 30 634 股,计 17 426 权。先生宣读上年 12 月 18 日董事会一致通过之决议(略)。当经讨论,于董事所提议案两条外,增加一条为:"三、再就三十三年盈余中拨出国币六百万元,以三百万元分配与各股东,以三百万元分配与现任董监及现任职员。"上列三条经出席股东全体一致无异议通过,因人数未足定额,成立假决议,并依照公司法一八六条之规定,召开第二次股东临时会审定。(《本行办理卅三年增资经过情形》,抄件,上档 Q92-1-450)

1 月 17 日　签署浙兴总办致各分支行通函,通报 1 月 14 日股东会决议。函云:

本行卅二年十一月、十二月两次股东会议,议决增资六百万元。决议案因少数股东异议涉讼,于上年十一月奉最高法院判决,上诉人不受该决议案拘束,对于增股六百万元,有按会议日原有之旧股比例分配之权(即每一旧股配认新股一股有半)。是照判决案办理,对于起诉及未起诉之股东待遇两歧,颇多窒碍。爰于本月十四日,招集股东临时会重行讨论。是日议决事项如左:

一、重行讨论配认增资股份及分配盈余提议案。业由出席股东全场一致通过。惟因出席股东不足定额,成立假决议如左:

(一)增加资本国币陆百万元,计应添募新股陆万股,每股壹百元,全数由旧股东按原有二股配认新股三股之比例,平均分认;其应缴之股款由认股人以现金一次缴纳之。

(二)拨出历年积存盈余国币陆百万元,照历年分配盈余成案,以叁百万元分配与各股东,以叁百万元分配与现任董监及现任职员。

(三)再就三十三年盈余中拨出国币陆百万元,以叁百万元分配与各股东以叁百万元分配与现任董监及现任职员。

二、通过卅二年上下两届决算。

除第一项假决议案须招集第二次股东会讨论,现定于二月四日招集第二次股东临时会外,取其第二次决议案。卅二年份之决算既经成立,卅二年份之股利、红利即可分发。查是项股息红利,上届自卅二年一月至六月,每股结股利三厘;下届自七月至十二月,每股结股利三厘,红利四厘。除两届股利六元内,扣所得税千分之五十计三角外,净计全年每股股利、红利共计中储券九元七角。决定于本年一月廿二日开始发给。

（副本,上档 Q268-1-63）

1月24日 顾廷龙与先生言,"拟将家藏图书出售,是否可有馆中先购?"先生云:"尽可售与馆中,价亦不必客气。"顾选十四种,值三万元,拟后日为儿子顾诵芬交学费之用。(《顾廷龙日记》)

1月29日 顾廷龙自忠厚书庄选购得满洲调查报告多种,"仿佛方志也"。(同上引书)

1月 "草熊秉三家传毕。"(《札记》,《杂著》,第238页)《凤凰熊君秉三家传》全文如下:

君讳希龄,字秉三,行一,湖南凤凰直隶厅人。原籍江西南昌府丰城县。曾祖朝简,靖州直隶州训导。祖士贵,镇箪镇标左营把总。本生祖廷燮,历任沅州协千总,晃州汛守备。父兆祥,历任镇箪镇标中右前后营守备,调绥宁营守备,升衡州协副将,抚标新左营管带,澄湘水师营统带。自廷燮任沅州千总,寄居府城芷江县治宝山。朱其懿任沅州府知府,延名师课子弟,兆祥以同寅之谊得遣子附读,颖悟异常儿,为其懿所奖誉。年十四入学,入沅水校经堂肄业。主讲习者,善化沈克刚,黔阳黄忠浩,以兵事、历史、地理课诸生,君每列优等。又以师礼事其懿,旋补优廪生,湖南学政张亨嘉激赏之。光绪辛卯中式本省乡试举人,壬辰会试连捷,亨嘉批其卷尾云:"年甫及冠,拔起边陬,谈兵如何去非,说地如顾景范,他日当为有用之才,不仅以文学显也。"甲午补殿试,成庶吉士。先娶贵州镇远廖氏女,生女宝贞,殇。乙未廖氏卒,其懿以妹其慧妻之。兆祥时军醴陵,君奉母家居,贫甚。既为将门之子,外王父吴支文亦蓝翎守备,自幼习闻兵家言,膂力过人,慷慨有大志。忠浩奉湖北巡抚谭继洵之召,领武靖营,管湖广营务处,君往依焉,为湖北布政使陈宝箴所赏。宝箴升任湖南巡抚,遂回籍,与陈三立、黄遵宪、梁启超、谭嗣同等筹办南学会及时务学堂。戊戌,与江标同召入都,尚未启程,王先谦已密函京僚奏劾。八月奉上谕,候补四品京堂江标、庶吉士熊希龄护庇奸党,暗通消息,均著革职,永不叙用,并交地方官严加管束,乃蛰居沅州。庚子,唐才常革命事败,辰沅道疑君与谋,密捕之,赖其懿营救,得免。辛丑,丁父忧。壬寅,其懿任常德府知府,设西路师范讲习所,聘君主其事。癸卯,赵尔巽升任湖南巡抚,奏称熊希龄自获谴以后,闭门思过,德性与问学并进,废弃可惜,恳恩免予严加管束,拟令助理学务,以观后效。奉旨照准,委充西路师范学堂监督。又创办常德中学,捐沅州所居宅,设务实学堂。湘省官绅锐行新政,君多赞助,如废除书院制度,设立各级学堂;派遣学生赴日本,分习师范、陆军及各种工业;设立全省矿务总公司,官督绅办;裁撤绿营,举黄忠浩创练新军。尔巽遇事咨询,而旧党之失志者,遂以为集矢之的。甲辰,湘抚易人,新旧党争益力,君苦心调停,不为众谅。是时各省士大夫要求立宪,集会筹议,举国响风,以江苏张謇为之魁,君遥为声援,往来沪汉之交,时论愈器重之。东渡日本,考察教育与实业。乙巳,赵尔巽授盛京将军,奏称庶吉士熊希龄请加恩免其"永不叙用",发往奉天差遣委用。旋奉出使各国考察政治大臣载泽等奏调随员,派充二等参赞官。回国后,戴鸿慈、端方奏保以道员分省补用,遵调到奉,委充农工商局局长,设立农务试验场、商品陈列所、劝工场、高等实业学堂;又请开浚辽河,整理林政,著《满洲实业案》三卷。丁未,委赴日本调查浚河工程及商务。回国后,江苏巡抚陈启泰奏调,委充农工商局总办,兼苏属咨议局筹办处总办;两江总督端方亦委文案,兼宁属咨议局筹办处总办。是时湘省旧党势衰,新材辈出,前派学生,有习专门磁业者,遂于醴陵创设磁业学校,附设工场,出品优美。宣统元年己酉,度支部尚书载泽奏请赏给四品卿衔,派充东三省清理财政正监理官。二年庚戌,湖广总督瑞澂奏保简任湖北交涉使,未赴任。督办盐政大臣载泽奏请简授奉天盐运使,仍任正监理官。三年辛亥,东三省总督赵尔巽派充东三省屯垦总局会办,著《东三省移民开垦意见书》一卷。是年冬,乞假回里省亲,行经上海,遇故人黄兴、宋教仁等,商南北和议,多所斡旋。君主张中国必须统一,与程德全等组织统一党,被选为理事。民国元年,任吴淞中国公学校长。共和告成,唐绍仪组阁,任财政总长,与汤化龙等组织共和党,合并统一党。未几辞职,出任热河都统,著《热河改建行省议》一卷。二年,共和党改组为进步党,实行责任内阁制。九月,奉命组阁,任国务总理,自兼财政总长。三年,大总统袁世凯以各省都督巡按使联电请改总统制,命于国务会议时悉心研究。君呈复云:"希龄既承命实行责任内阁制,改制后,应请另选贤能,赞襄国务。"在任仅八阅月,议定大政方针,由司法总长梁启超起草呈府核定。正拟赴国会宣读,忽奉解散议会之令,交院副署,即先后辞财政总长、国务总理职务。旋特派督办全国煤油矿事宜,以筹画开采延长石油为入手,延美国技师探钻测量,以经费告匮,至四年秋结束。筹安会成立,乞假南归迎母,至天津暂憩。蔡锷起义,世凯忧悸发病死。京兆、直隶水灾甚重,特派督办水灾河工善后事宜。七年,水患平,乃呈请大总统徐世昌,清太保世续,开放京西香山静宜园,建立慈幼院,以收容水灾后无家可归之儿童。八年,在津丁母忧。九年,慈幼院校舍落成。十年,授课。十一年,中华教育改进社成立,推为董事长。十三年冬,任善后会议议员。十四年,特派永定河河工督办,著《京畿河工善后纪实》十六卷。十五年,国民军退南口,乃与赵尔巽、王士珍等组织京师治安维持会。十七年,奉军出关,与王士珍等仍以治安会名义维持地方秩序。十余年以来,天灾人祸,救死不暇,君先后创办湖南义赈会,临时妇孺救济会,与西人合办华洋义赈会。西伯利亚大饥,国际赈灾,赞助甚力,推为世界红卍字会中华总会会长。二十年秋,其慧卒于北京。其慧生子一:泉,女二:芷、鼎。泉幼得瘫痪症。二十一年,析产与子女,以自留一分,捐充熊朱义助儿童幸福社基金。是时日寇攻陷沈阳,侵及热河。二十二年春,亲率世界红卍字会救济队赴长城各口,救护伤兵;又赴南京参加国难会议,以宗旨不合,退席北旋,陡发肝疾,几濒于危。二十三年春,赴上海,出席中华慈幼协会全国领袖会议,旧恙复作,服中药而愈。深感身世飘零,有儿病废,长女远嫁,次女暌离,内顾无助,所办香山慈幼院事务丛杂,无人付托,乃于二十四年春娶浙江江山毛氏彦文为继室。二十六年春,偕彦文赴爪哇,出席国际联盟会召集之国际禁贩妇孺会议,著《香山慈幼院历史汇编》二十二篇。夏,偕赴青岛,主办青岛市与香山慈幼院合办之婴儿园;筹备甫竟,而卢沟桥之变起,匆匆返沪。战事陡作,亲率红卍字会实施救护,设伤兵医院四,施治六千余人;难民所八,收容二万余人;先后由战区救入安全地带之难民达二十余万人。三阅月间,疲劳沈痛,不幸京沪相继沦陷,长江道阻,乃挈眷航海绕道广州回湘。行抵香港,激刺过深,遽于是年十二月二十五日黎明,患脑溢血逝世,距生于同治庚午六月二十五日,享年六十有八。一生尽瘁国事,不沾沾于利禄。成庶吉士后,即以桑梓维新为务,故未与试。授职获谴后,努力湘西教育。开复后，值各省主张宪政，君与倡和，渐为朝野所敬仰。服官后忠于职务，尤注重预算决算，厘剔积弊，凡所施见，不同流俗。袁世凯以雄猜阴狠之才，综揽国柄，忌宋教仁而杀之，不能不罗致君，授以国务，冀取海内之望，然其心实深嫉之。任热河都统时，清理行宫古物。淮军宿将姜桂题，有功边事，拟呈请特给勋章，以旌其劳。桂题示意，欲得清帝纪念品，即检康熙、乾隆御笔联扇各一赠之，并报国务院转呈立案。卸国务总理后，某巡按密讦，谓有侵盗嫌疑，世凯欲穷究，迫得原呈，其事乃寝。响使君以大意出之，未始不可陷于罗织也。君天怀坦白，自奉俭约，驭下宽而律己严，尤于辞受取与之间，兢兢致慎。公私文牍，亲自属稿，分类归档，皆留副本。因南北倥扰，散失甚多，其仅存者，如蔡锷之举义旗；段祺瑞之讨复辟；直奉、直皖、江浙、湘鄂之内战呼吁和平；沈阳事变后御侮救亡诸计划，无不澈始澈终，洞中窾要。至今读之，爱国之热诚，跃然纸上。晚年痛社会之颓败，政治之阽危，欲以幼幼及幼之心，为国家栽培元气。不幸锋镝南指，仓皇播迁，茹痛既深，遽以剧病陨于旅次。平生似遇而实未遇，欲有为而终不可为，吁！可惜也！余之识君，其懿为之介，共事之日甚浅。君高掌远蹠，余则拘墟不化，性情取舍，颇不相同，而投契之深，则三十五年如一日。今承彦文之属，追述所见所闻，序次家传，并拟选君有用之文，编为遗集，以备后来学子有所宗尚，聊尽后死之责而已。中华民国三十四年一月[①]（《杂著》，第 274—279 页）

毛彦文《十年流水账》一文云："去冬经叔通先生提议，请叶揆初先生为君撰家传。叶氏为君三十多年之老友，深知君之身世及为人，传内所述，无一非实事，文亦斐然可观。内有二语云：'平生似遇而实未遇，欲有为而终不可为。'不愧为知己之言。叶君又着手为君选编文集，是则君对社会、国家之丰功伟绩，将赖此永垂后世于不朽。"（毛彦文《往事》，第 100 页）

顾廷龙《明志阁遗著序》云："叶先生因应彦文夫人之属，为秉三先生作家传，叶先生检阅全稿，复核往事，又屡访诸老友如潘季孺睦先、陈仲恕汉第诸先生，皆曾与熊先生共事者，以求信实。每有所得，即承相告。""熊先生遗稿，余曾略窥一二。所存稿件，都出亲自属草，以振兴实业为怀，精心擘划，爱国热情，溢于言表，良可钦佩！明志阁者为先生书斋之名，常见其书笺、文格均刻之，征见先生淡泊明志之意也。"（《顾廷龙文集》，第 325、326 页）

1 月　杭州朱晨赠《白沙子全集》一部，即移赠合众图书馆。撰题跋云："万历

---

① 该文最初发表于 1948 年 1 月 3 日天津《大公报》。刊出时署"中华民国三十四年一月"。《杂著》收录时未署日期。——编著者

刊《白沙子全集》。钱唐朱是(去非)遗书。去非卒于山东高等学堂。砥砺气节,工古文。与徐树铮最友善。以肺疾死,年仅四十余。遗书已散,其弟晨(夜存)保存此书,甲申残冬见赠,因移赠合众图书馆,为去非纪念。揆初记。"(手迹)

《白沙子全集》九卷,《附录》一卷,(明)陈献璋(章)撰,何上新万历四十年刊本,十册。(原书,上海图书馆藏)

2月4日 原定本日召开浙兴股东第二次临时大会,继续讨论配认增资股份等事宜,"临期由一部分股东控由,伪上海特别市经济局通知停止开会,遂改为谈话会。"(《本行办理卅三年增资经过情形》,抄件,上档 Q92-1-450)

2月13日 新年。顾廷龙全家来贺年。(《顾廷龙日记》)

2月14日 至合众图书馆。(同上引书)

2月28日 招饮,客竟日。(同上引书)

2月 撰七绝二首,"顾桂生丈(归愚)于新正十四日逝世,作挽诗以吊之"。诗云:

昏霾亦有曙光来,惜往仙山不肯回。廉吏虚名徒自累,佳儿重负剧堪哀。

蜀中魂去悲梯栈,洹上心知委草莱。苦忆繁台《先友记》,祇应泉路再追陪。

(《杂著》,第 394 页)

3月4日 在浙兴总行主持浙兴第二次股东临时会,继续讨论增资等问题。到会股东 128 人,代表股份 28 844 股,计 16 346 权。先生将 1 月 14 日股东会一致通过之假决议案再行表决。以 16 293 权对零可决通过,增资案遂成立。"股东即以分配所得之盈余六百万元一次缴足股款,因即照案办理增资手续。"(《本行办理卅三年增资经过情形》,抄件,上档 Q92-1-450)

4月 《合众图书馆丛书》第一集第十二种《论语孔注证伪》(清·王宴撰)、第十三种《东吴小稿》(清·王宸辑)出版,由陈文洪捐资印行。(原书)

5月 《合众图书馆丛书》第一集第十四种《归来草堂尺牍》(清·吴兆骞撰)出版,由陈文洪捐资印行。(原书)该丛书第一辑十四种出齐。

8月12日 主持浙兴第 38 届股东常会。到会股东 113 人,代表股份 75 257 股半,计 40 271 权。讨论事项如下:

(一)报告卅三年份决算(略)。

(二)依照公司法报告募集新股事项。先生报告增资办理情形大略,云:"本年三月四日股东会决议后,即照案寄发认股书及盈余认缴股款之收据。四月十六日因大多数股东已填寄认股书及盈余收据,认缴股本,仅少数尚未办理,曾通函催告。五月廿六日因已办理者已达十分之九以上,遂再通函请于六月卅日以前寄还认股书件,并声明如至六月卅日止尚未能接到,当按增资决议案主旨,以应得之盈余先行代为移缴所配认增资股份之股款。六月卅日止未办完手续者,共二百户,计四千五百四十五股。当经依照五月廿六日通函代为移缴足额。"监察人严鸥客依据公司法有关规定提出报告,略谓:一、所募新股已认足;二、各新股应缴之股款已缴足;三、并无以金钱意外之财产抵作股款者。最后,先生宣布:"增资手续业告完成。"

(三)按照改定行章增选董事。改选董事会常务董事为:徐寄顾、张笃生、朱博泉、胡经六、蒋彦武五人。

(四)改选监察人(略)。

(五)报告股东浩记等来函询问诉讼情形。

(浙兴总办通知,上档 Q92-1-450;《本行办理卅三年
增资经过情形》,抄件,同上引档)

会后董事会议决定,同意先生辞去董事长职务,选举徐寄顾①为浙江兴业银行董事长。②(1945 年 8 月 14 日浙兴总办通函)

8 月　撰《三十四年八月制联自寿》联。③云:"南无阿弥陀佛;粤若稽古帝尧。"(《兴业邮乘》,复第 2 号《及之录(一)》)

9 月 1 日　下午二时,合众图书馆召开董事会第五次常会会议。出席:张元济、陈叔通、李宣龚、叶景葵。董事长陈陶遗因病缺席,张元济代理。先生报告三十三年度上届财产目录及收支报告。云:"陈文洪君捐出版费储券五十万元,汪伯绳君捐购书费储券十万元,史稻邨君经募购书费储券六万元。"会议讨论事项有:

总干事顾廷龙拟呈图书馆办事规则及暂订阅览规则,请审议案。决议:修正通过。

先生提议:"本馆经常费因物价高涨,开支激增,自本年一月份起陆续调整。计一月份为中储券叁万元,二月份为中储券柒万捌仟捌百伍拾元五角肆分,三月份为

---

① 徐寄顾 1941 年去香港,曾到过重庆。太平洋事变后,徐与留港的几位银行家被日寇押送回沪。他坚不与日伪合作,暗中与重庆方面在沪人员接触。胜利后,徐奉命接收上海伪市商会与银行公会,担任苏浙皖处理敌产审议委员等职。——编著者

② 尚其亮《浙江兴业银行兴衰史》一文,提到叶景葵辞去董事长职务一事,说"1945 年抗战胜利后,国民党政府对浙兴除了经济上的压迫外,还在政治上找岔子,曾多次派人前往调查,企图达到某种目的。叶撰初为了避免麻烦,就辞去董事长职务,退居幕后,而由办事董事徐寄顾继任浙兴董事长。因徐寄顾这时正担任着苏浙皖处理敌伪产业审议委员会委员等职,由他出任董事长,可以应付国民党可能给予浙兴的威胁"。此说不确。叶景葵在抗战胜利前夕就已辞去董事长职务,仅担任董事。——编著者

③ 此联《杂著》第 416 页刊出题改为《乙酉八月制联自寿》。本谱日期按《邮乘》。——编著者

· 1131 ·

中储券拾万零壹百捌拾捌元,四月份为中储券拾万零壹千零贰拾元,五月份为中储券拾贰万元,六月份为中储券拾玖万伍千元,柒月份为中储券叁拾万元,八月份为中储券陆拾万元,九月份为中储券捌拾万元。所有职员薪津及膳费逐月均照增加数目比例支配。又先后拨付特别购书费中储券陆拾万元,米煤油等特别费中储券叁拾伍万贰仟捌百元,请追认案。"决议:追认通过。(《合众图书馆董事会议事录》,《历史文献》第 7 辑,第 20—21 页)

9 月 21 日 南京国民政府委托上海社会局重新核准浙江兴业银行各分支店营业执照如下:上海北苏州路支行,上海虹口支行,上海西区支行,上海霞飞路支行,汉口分行。(原执照,上档 Q92-1-450)

10 月 3 日 被推为浙兴清算处成员之一。由浙兴董事长徐寄庼签署致财政部驻京沪区财政金融特派员办公处公函云:"谨按本月一日钧处沪京金字第九号公告内开,'查收复区商业金融机关清理办法,业经财政部九月三十日公布在案,所有本区内商营金融机关,均应依照该办法第二条、第三条及第五条之规定,对于战时之债权债务,由各该金融机关清算人推定清算人代表一人,即日组织清理处开始清理,并开具清算人姓名及清算人代表姓名,具报备核为荷。此告'等因。商公司,遵即以公司全体董事为清算人,推举董事长徐寄庼为清算人代表,组织清理处,现已成立,开始清理。谨开具清算人姓名及清算人代表姓名,具报察核备案。"清算人名单①:徐寄庼、张笃生、朱博泉、胡经六、蒋彦武、叶揆初、黄延芳、陈聘丞、陈永青、项叔翔、竹淼生、罗郁铭、陈朵如、刘念仁、蒋俊吾。(副本,上档 Q268-1-29—111)

10 月 28 日 下午,先生在寓所召集浙江省公益会常会。到者陈仲恕、张笃生、何德奎、张元济、陈元崧、胡藻青、陈受昌、刘承幹。陈仲恕报告云,"本有四百余万之款,两次折算,现不过存万余元而已。"(刘承幹《求恕斋日记》稿本)

10 月 撰《和墨巢九日不出》七律。云:

> 谁谓重阳可豁蒙,重阴未变卦将穷。得时蝱贵无人买,待尽蚊饥到处翀。我避初寒先塞向,君悲同气独书空。乾坤消息何须问,郑不能昭宋已聋。(《杂著》,第 393 页)

11 月 5 日 至图书馆,与钱钟书、顾廷龙谈。(《顾廷龙日记》)

11 月 10 日 至图书馆,与潘季孺、沈赓民、顾廷龙谈。(同上引书)

11 月 19 日 送宋宝光画《春花》十二开入藏合众。(同上引书)

11 月 23 日 陈澄中(清华)来访,招顾廷龙介绍晤谈。(同上引书)

---

① 这份名单也是其时浙江兴业银行董事会成员名单。——编著者

11 月 24 日　浙兴致上海市银行公会整理委员会函,办理重新登记手续。函云:"兹遵照填登记表两份,另纸开具敝行在陷敌被迫改组时期之资本额、董事、监察人及重要职员名单二份,连同登记费国币式百元,一并送上,请誊核见复为荷。"附件云:

资本额　壹仟万元(原有资本额国币四百万元,卅三年一月起被迫强加伪中储券六百万元,共计如上额)。

董事　徐寄庼、张笃生、朱博泉、胡经六、蒋彦武、叶揆初、黄延芳、陈聘丞、陈永青、项叔翔、竹淼生、罗郁铭、陈朵如、刘念仁、蒋俊吾。

监察人　徐永祚、刘培余、史稻邨。

总经理　项叔翔。

业务处经理　罗郁铭;副经理　孙人镜。(下略)(副本,上档 Q268－1－651)

12 月 2 日　撰《答闵鬓》七绝①。诗云:

天生五材谁去兵,治之马上总无成。陈鬓待尔开雄辩,袛有梅花不作声。

葆之来诗云:"手挽天河洗甲兵,明年归计定能成。"叔通嘲其梦想,故以此寄之。(《杂著》,第 395 页)

12 月 6 日　顾廷龙来告,昨日市教育局来人调查合众图书馆,建议乘现教育局多熟人,不如及早立案之为便。先生极赞成。商定先访高君珊②一谈。(《顾廷龙日记》)

12 月 12 日　晚,招饮。座有杨荫溥、徐大椿、张千里、朱一能、蒋彦中、严鸥客与顾廷龙等。(同上引书)

12 月 22 日　撰《吴愙斋篆文论语真迹》跋,记述此件历尽沧桑、保存至今的曲折过程。云:

愙斋先生篆书《论语》二卷,上卷写于天津,约在光绪甲申、乙酉间,其时正奉查办朝鲜事宜之命,年已五十;下卷写而未竟,越二年又奉命出关筹画边防,在途次旅店,分日补写,并作后序,交同文书局石印行世。今亦稀见。其原本则于六十二岁中风后,检赠女夫潘君俭庐,庋藏四十年。至民国丁丑,日寇轰炸苏州,老屋受震而圮。二册陷瓦砾中,有忠仆护持,幸得无恙。同文印本,前有"揭橥"二大字,原本无之。俭庐于甲戌年请栩缘老人摹写署检,又倩邓正闇题后,久而未报,正闇物故,无可追寻。苏城书友于众[群]碧残籍中发见,慨然

---

① 原诗无日期。《顾廷龙日记》1945 年 12 月 2 日记:先生送"和闵葆之诗"。据此考定日期。——编著者
② 高君珊,高梦旦之女,时任上海市教育局某科科长。——编著者

赠之,于是延津复合。俭庐珍重携归,将与辛苦保存之先代图书并传孙子。愙斋精研上古文字,篆写《论语》,成于《说文古籀补》写定之后,字字确有依据,其价值历久不磨。栩缘评为天壤至宝,洵不诬也。后六十年乙酉冬至节,后学叶景葵盥读敬书。(《书跋》,第12页)

12月25日 撰《潘榕皋先生墨笔山水》题跋。记述潘氏三松堂文物散失及此件失而复得之故事。云:

榕皋先生四十后,以尘务纷扰,不复更写山水。其见于《三松堂书画记》者,凡三帧:一作于乾隆乙未;一作于丙申,即此帧也;一作于丁酉,题三十六岁作。考《年谱》"六"为"八"之误。丙申为前一年,正三十七岁。是年乞假回籍,游杭州,泛富春,沂新安江而上,登黄山麓,对雨点笔,少陵诗云"元气淋漓障犹湿",足以当之。先生画学导源一峰,丁酉帧仿大痴长卷之一角,此帧纵笔抒写,神与古会,昔贤谓王茂京见大痴《富春山图》而画益精进,先生亦然,故一展览而疑为麓台笔也。前岁先生之曾孙俭庐长兄告余曰:"日寇陷苏城,吾家文物损失至钜,三松公丙申山水帧,向藏先三兄叔重处,惜已化为乌有。今岁诸君仲芳出示此帧,告余曰:'乱后以廉值得之,闻俭庐将返里,余敬佩其人,愿以赠行。'俭庐感手泽之来归,而愧琼瑶之难报。"余谓兕觥归赵,约以玉杯为偿,且必待覃溪之文,瓯北诸子之诗而始首肯。若仲芳者,贤于颜衡斋万万。俭庐何可有世俗之见存,遂再拜而受之。余惭无翁、赵文采,而喜仲芳与俭庐之克敦古谊,为述其因缘而书之于幅,不免有附骥名彰之私念尔!中华民国三十四年十二月,岁次乙酉冬至后三日。

(同上引书,第104—105页)

12月27日 至合众图书馆,向顾廷龙出示三弟景莘(叔衡)《治乱道诠序目》。(《顾廷龙日记》)

是年 撰七绝,"校叔通诗稿竟,赠以一绝"。诗云:"不是诗人强说诗,未书万本反求疵。佩君斩佞诛谀论,故发狂言圣择之。叔通诗以五言古为最,说理言情均有独到。"(《杂著》,第394页)

是年 撰七言古诗,"单束笙同年(镇)丙子生,以七十自述诗四章见示,作此赠之"。诗云:

与君同榜成进士,保和殿中一领首。晚交齐年霜根翁,称道节母不去口。佩君长养本懿德,九载为郎贫有守。海内咸知范滂名,恨未升堂下拜母。景皇末叶国论歧,王纲式微将解纽。上林思征雄兔往,《平准》或拟牛马走。大官无事能画诺,君以廉谨相左右。书马与尾不失五,意所未常否否。老奸移柄御威斗,天子下殿居阳九。扶持孺亲出国门,黄巾遇之拜车后。上公考绩再举贤,彍骑求刍初履亩。畀以大邦筦征榷,民劳弗使星在罶。亡何又踏长安尘,计臣委吏皆僚友。邱园不闻贲束帛,泰山安得辞培塿。母曰归钦君曰唯,坐觉严霜侵户牖。麻农雪涕挟樏南,负土荐新不敢苟。时维海宇纷玄黄,若兽在罝鱼入笱。床头一壶那复办,墙角短檠尚可取。凿楹发箧招故吾,欲上宛委探二酉。过江名士知者罕,处之无誉亦无咎。偶然避地辍载笔,仍与弥天争覆瓿。东方太白鸡三号,周宣六月言获丑。旧庐所在近松楸,善性不移犹杞柳。人生七十未为老,要在老前立不朽。倦读方知母氏劬,母兮不辰书在手。保此堂北三绝韦,贤于墓前一卮酒。祭丰养薄伤哉贫,名山传人思已久。桂阴之子孙复孙,自今以往岁其有。

(《杂著》,第 392 页)

是年 撰七绝三首,"马木轩(寿华)临古十四家画竹册征题"。诗云:

石如篆法竹如籀,承旨当年赞仲姬。持与后贤谈祖述,我师郑重转多师。

笔势都由养气成,不根不笋意还生。千岩万壑寻常事,岂止萧萧十五茎。

平生友直是家规,两代交情老更知。剥啄频来君莫谢,沈吟《淇澳》切磋诗。木轩之翁任西华县,与先子为同寅。(同上引书,第 393 页)

是年 撰七律二首,"北京甲午同年宴集征诗,答彬侯兼寄坚白"。诗云:

甲申烽燧震南交,甲午尤惊鸟覆巢。先达蒙茸夸著籍,后生窈薂竞前茅。吹笙鼓瑟都如戏,篆刻雕虫各自抛。五十年余嗟老丑,那能投笔舞长旄。

尔功耆定在南州,吾党萧然一故侯。舌粲有花皆慧剑,躬耕得菜即菟裘。偶繙齿录闲呼侣,更斗心兵远送圞。为武止戈终呓语,挽强犹似昔时不?

(同上引书)

是年 撰七律,赠李拔可。"墨巢七十,以诗调之。"诗云:"廿六年前旧挽词,偶然回想解人颐。彭殇自古无常轨,歌哭于情不两歧。国势豆分犹可活,我生命在复奚疑。祝君丰下皤其腹,有肉如陵决取之。"(同上引书,第 394 页)

是年 撰《题阮汉三遗墨》七绝二首。诗云:"樗散谁亲老画师,中年播获有佳儿。劫灰未了家珍出,寂寞惟应后世知。""细字尤能卜大年,频罗未让复初先。此才不与稀龄会,世运屯艰岂偶然。"(同上引书,第 395 页)

是年 撰七律,赠李拔可。"俶人示以一律,依韵答之兼呈墨巢。"诗云:"休言正正与堂堂,歧路方求已逝羊。白战纷然犹有铁,黑甜如此恐无乡。雌风更逐雄风起,臣马焉知君马黄。隔岸纵观毋快意,我闻瘈狗尚能狂。"(同上引书。第 394 页)

是年 撰七言古诗《瞿季刚属题诗礼咏怀图》。诗云:

造象追思亡父母，飨堂石室制尚存。神功雕锼不易致，遂以丹墨摹精魂。瞿子恂恂足文采，学成已有泔鱼悔。爰师遗意作象传，诒之子孙亦无改。尤悲同气多宿草，跋波乘风叹不早。惨念三冬游子衣，沈吟廿载《泷冈表》。检点楹书嗟失群，赖有伯姊扬其芬。姊曰予弟慎行役，无以尘劳疏典坟。治生勿背《平准》义，散财乃为国之器。挟筴归来读父书，犹堪记取申申詈。

(同上引书，第395页)

是年 《合众图书馆丛书》第一集又石印出版三种：《论语孔注证伪》二卷，(清)丁晏撰；《东吴小稿》一卷，(元)王实撰；《归来草堂尺牍》一卷，(清)吴兆骞撰。(《中国丛书综录》[一]，第381页)

约是年 撰七律，"追忆星白长兄同年漫成长句"。诗云："蕊榜联名五十年，后生奚敢比随肩。风尘澒洞潜龙晦，柯叶萧森老鹤眠。一室晤言王逸少，千秋心正柳诚悬。海波四沸琴音杳，载展遗笺倍惘然。"(同上引书，第396页)

约是年 召杨荫杭[①]子女讲述其父为民除害之往事。杨绛记云：杨荫杭在浙江高等审判厅长任中，"为了判处一名杀人的恶霸死刑，坚持司法独立，和庇护杀人犯的省长(当时称巡按使，指屈映光)和督军(当时称将军，指朱瑞)顶牛，直到袁世凯把他调任"。他在京师高等检察厅长任中，"把一位贪污巨款的总长许世英拘捕扣押了一夜，不准保释，直到受'停职审查'的处分。"又回忆说："我父亲去世以后，浙江兴业银行行长[②]叶景揆(葵)先生在上海，郑重其事地召了父亲的子女讲这件恶霸判处死刑的事。大致和我二姑母讲的相同，不过他着重说，那凶犯向来鱼肉乡民，依仗官方的势力横行乡里；判处了死刑大快人心。他说：'你们老人家大概不和你们讲吧？我的同乡父老至今感戴他。你们老人家的为人，做儿女的应该知道。'"(《回忆两篇》，第2、第18页)

约1940年代前期 撰亲友部分挽联，年份难考，暂系于此：

△ 撰《挽徐新六母何太夫人联》。云："贤母有鹿皮拥坐之风徽，双隐忽离群，昔祝汉昌，今忧周陨；令嗣与马革裹尸同壮烈，九原长雪涕，虽无孝子，幸得慈孙。"(《杂著》。第410页)

△ 撰《挽孙宗诚联》。联序云："老友孙宗诚逝世以联挽之。宗诚上元人，光绪间在湘抚署缮折奏，曾与同事。后历署县缺，民国后在乡，曾司收厘事，避乱来沪。今年六十八岁，殁于沪寓。"联云："君无愧元瑜记室之才，亦曾小试牛刀，仿佛见武城遗迹；我方以公瑾同年为幸，不意亲闻鹤语，悲凉如钟阜秋声。"(同上引书)

---

① 杨荫杭去世于1945年3月27日。——编著者
② 应为董事长。——编著者

△ 撰《挽陈莱青联》。云："循誉在扶余肃顺之间,惊看破碎虫沙,更难忘三老攀舆,万商勒石;交情与徐稚陈蕃相若,忍对凄凉鸡酒,何况是茑萝无寄,兰蕙同焚。"（同上引书,第 411 页）

△ 撰《挽潘履园①联》。联云："度辽破虏,卅年旧梦已惺忪,而今白首同心,衹賸有残星几点;歗侣命俦,二月春花正明媚,太息青山埋骨,忍重听杜宇三更。"（同上引书,第 406—407 页）

△ 撰《挽如兄汪诵宜（赓銮）②联》。联云："能为《阳春白雪》,和者寡;时无王良伯乐,死即休。"（同上引书,第 407 页）

△ 撰《挽周竺君（孝怀弟）联》。联云："遗文应辑《栾城集》;廉行犹歌颍水清。"（同上引书,第 408 页）

---

① 潘履园,浙江绍兴人。浙江兴业银行 1915 年创设天津分行,潘任首任经理。潘还曾捐资重修绍兴文庙、添建绍兴县立图书馆和北京香山慈幼院等。——编著者
② 汪赓銮,字诵宜,浙江杭州人,工诗文、书法。——编著者

1946年(民国三十五年　丙戌)　73岁

1月　政治协商会议在重庆举行。

2月　重庆发生校场口事件，郭沫若、李公朴等被特务殴伤。

4月　国民政府公布《管理银行办法》，以取代《非常时期管理银行暂行办法》。

5月　上海人民团体联合会成立。

6月　全面内战爆发。

7月　李公朴、闻一多先后在昆明被特务暗杀。

9月　上海举行"美军退出中国周"示威活动。胡适任北京大学校长。

1月2日　送石造像一尊寄存合众图书馆。(《顾廷龙日记》)

1月5日　顾廷龙邀先生与魏建功、徐森玉、郑振铎、郭绍虞午餐。(同上引书)

1月9日　送《中国治乱通诠》稿嘱顾廷龙估价。(同上引书)

1月18日　撰《吴渔山兰竹》跋，阐述吴渔山画学之精义及此画收藏者潘俭庐失而复得的曲折故事。云：

> 　　渔山画宗元季，长于运笔，其题大痴《富春山卷》云："笔法游戏如草篆。"又题《陡壑密林图》云："画法如草篆奇籀。"自题画云："元人择幽僻地，构层楼为画所，朝起看云烟变幻，欣然作画，大都如草书法，惟写胸中逸趣耳。"读此可知渔山画学之精义。若夫人物楼台，雄深富丽之作，则于北宋一派亦所究心。如题北苑《龙宿郊民图》、巨然《赚兰亭图》藉见一斑。中年皈教后，所见西画既夥，遂于阴阳向背更有会心。如谓其舍旧谋新，尽弃所学而从之，似非碻论。观其评西画云："我之画不取形似，不落窠臼，谓之神逸。"彼全以阴阳向背形似窠臼上用工夫，即款识用笔亦不相同。又《与陆上游论画诗》云："谁言南宋前，未若元季后。淡淡荒荒间，绚烂前代手。……我初滥从事，败合常八九。晚年惟好道，阁笔真如帚。"则谓其后来画派全变宗风者更难征信。新会陈氏编次《年谱》，述及画用西法之说，颇致疑辞，盖其慎也。余见渔山真迹凡三：其一《凤阿山房图》为拟古之作；其二《松壑鸣泉》拟山樵笔法，皆穰梨馆物；其三即此卷，规仿元人，纯以笔胜。榕皋先生方诸篆籀，可谓一语破的。渔山画竹，载《墨井题跋》者五，画兰未见著录，故三松堂矜为鸿祕，传之曾孙俭庐，逢丁丑日

寇之难,为盗所取,而遗其椟。椟上有俭庐之父西圃先生题字,诚世守之珍也。此卷流转沪市,久无识者。余友仲芳长兄以风尘巨眼,廉价得之,列于甲库。同时又搜得榕皋先生丙申山水,既与俭庐侨寓谈心,订交莫逆,慨然持赠。余比诸郳觥归赵,曾著短引,书于画幅,谓仲芳贤于颜衡斋远矣。俭庐感手泽之来归,又以此卷几投劫火,幸得知音,遂以原椟赠之,俾司龟玉之守。他日仲芳载宝旋吴,与俭庐并几读画,涉及此卷,见鲰生之臆说连骈,其亦嗤为缪(谬)妄否耶? 乙酉除夕前三日。

(《书跋》,第 103—104 页)

1 月 23 日 顾廷龙草拟合众立案呈文,送先生及各董事审定。次日,送上海市教育局。全文如下:"窃(陶遗、景葵、元济)等当昔国军西移以后,每痛倭寇侵略之深,辄念典籍为文化所系,东南实荟萃之区,因谋国故之保存,用维民族之精神,爰于中华民国二十八年五月发起筹设合众图书馆于上海,拾遗补阙,为后来之征。命名合众者,取众擎易举之义,各出所藏为创。初设筹备处,赁屋辣斐德路六百十四号,从事布置。先后承蒋抑卮、叶恭绰、闽侯李氏、长乐高氏、杭州陈氏等加以赞助,捐书甚夥。至三十年春,筹款自建馆舍于长乐路七百四十六号,即于同年八月一日成立发起人会。遵照教育部图书馆规程第十一条规定,决议聘请李宣龚、陈叔通为董事,同年八月六日成立董事会。曾未几时,太平洋战争爆发,环境日恶,经费日绌,而敌伪注意亦綦严,勉力维持,罕事外接,始终未与敌伪合作。赖有清高绩学若秉志、章鸿钊、马叙伦、郑振铎、陈聘丞、徐调孚、江庸、钱钟书等数十人以及社会潜修之士同情匡助,现在积存藏书约十四万册,正事陆续整理,准备供众阅览。采四部分类法,以史部、集部为多。先儒手稿本、名家抄校本、宋元旧刻本、明清精刊本皆有所藏。其中嘉兴、海盐两邑著述及全国山水寺庙书院志录网罗甚广,皆成专门。他如清季维新之书、时人诗文之集,著名者都备。至近年学术机关所出者亦颇采购,尤注意于工具参考之作,用便考据。此外有清代乡、会试朱卷三千余本,陈蓝洲、汪穰卿两先生之师友手札约六百余家,皆为难得之品。金石拓片搜集约八千余种,汉唐碑拓一部分尚系马氏存古阁旧物,其他以造像为大宗。又河朔石刻为顾氏鼎梅访拓自藏之本,较为完备。间尝校印未刊之稿十又六种,以资流通。六年来经过大概如此。前以交通阻梗不克呈请立案,兹值抗战胜利,日月重光,应将董事会之成立及图书馆筹设一并呈请核明立案,相应检同附件开列应具各款,俯乞钧局鉴核准予立案,批示祗遵,实为德便。谨呈上海市教育局。"(《历史文献》,第 3 辑,第 18 页)

1 月 24 日 浙江兴业银行收到上海市银行业同业公会整理委员函,浙兴被强行摊派"冬令救济捐款"5 万元;并告各银钱业"捐款",皆由浙兴"代收","以便汇解至保卫团"云云。(原件,上档 Q268-1-651)

2月2日　年初一。顾廷龙全家来贺年。(《顾廷龙日记》)

2月13日　下午四时,蒋介石夫妇于台拉斯脱路主席公馆举行茶会,招待本市耆绅,先生应邀出席。到者还有颜惠庆、章士钊、陈霆锐、杜月笙、王晓籁、陈文渊、许炳堃、伍特公、胡朴安、黄式金、徐寄庼、颜福庆、劳念祖、马叙伦、陈夔龙、张元济、刘崇杰、刘垣、陈冷、李登辉、何炳松等。"蒋主席夫妇于四时廿分抵达,即由钱市长、吴主委等介绍,与到会者一一握手。蒋主席态度慈祥,热情毕露,向与会者恳切慰问,备极亲切。其中颇多与主席夫妇为素识者,蒋主席夫妇殷殷垂询八年来情形,与会者莫不深切感动,旋即就座,略进茶点后,主席起立致词,向上海耆绅及市民致恳切慰问之意。全场报以热烈掌声。次由颜惠庆氏代表耆绅答词,最后李登辉氏坚请蒋夫人致词,夫人以在场之美国教会人士甚多,乃以英语发言,词语虽简,而情意亲切,全体一再鼓掌答谢。至五时许茶会告毕,与会者复一一与蒋主席夫妇握手道中别。"(1946年2月14日《申报》)

2月24日　午,偕顾廷龙应朱义存之招,座有石邦藩(静安区区长)。(《顾廷龙日记》)

3月4日　上海市教育局批函到,准予合众立案。(同上引书)

3月11日　至合众图书馆,与顾廷龙商呈教育局文及核账事。顾应徐森玉之邀,任"清点战时文物损失委员会办事处"总干事。是日,顾向先生以协助徐森玉事告之,先生未发一言,"盖不以为然也"。(同上引书)

3月24日　得财政局浦拯东复信,告以合众房捐可免,须另具文。(同上引书)

3月　撰《陆廉夫先生编年画册》跋,推荐友人陆佑申印行名画化身千百之美谈。云:

> 余友陆子佑申老于商业,乐善不倦。最喜收罗书画名迹,于知命之岁,印行近贤杰作十八帧;又于周甲之岁,续印三十八帧。兵燹以后,感各方文物损失太钜,更锐意珍藏。不幸忽遭回禄,将历年所购图籍及书画之一部分,付诸灰烬。迨战事告终,君年已七十矣,赓续前志,取所藏陆廉夫先生各种画品,印行一册,以作纪念。丹青之寿,与金石不同,今以新法传之,俾得延长慧命,且使君家得意之作,散为千百化身。既供学子之临摹,又便藏家之什袭。寿人寿世,兼而有之。较之朋酒称觞,其襟怀奚啻霄壤。爰为揭橥其美,以质同好。海内贤达,庶几闻风兴起欤!丙戌二月。

(《书跋》,第105—106页)

4月11日　送金九如赠"绿头签"二枚、《贵州张三丰石拓像》入藏合众。(《顾廷龙日记》)

4月16日　浙兴收到上海市银行业同业公会代募光华大学复兴基金募款通

知，及"公债券"印刷费分摊金。（原件，上档 Q268－1－651）

4 月 20 日　送还图书馆《中国治乱通诠》稿前数册。（《顾廷龙日记》）

4 月 27 日　陈陶遗去世。先生得报，即至合众图书馆告知顾廷龙。（同上引书）

4 月 28 日　撰《挽陈陶遗》联。云：

竟槁项寂寞而终，是国家社会诸般之不幸；

以黔首饥溺为念，非《游侠》《隐逸》两传所能赅。

（《杂著》，第 412 页）

顾廷龙代合众图书馆书挽联。云："课余茶话悲陈迹；劫后藜光失道师。"（《顾廷龙日记》）

4 月 29 日　偕李英华、顾廷龙往吊陈陶遗。（同上引书）

4 月　撰《栩缘老人墨迹》跋，记述王同愈书法成就及与其交往轶事。云：

此卷为王公栩缘随意临池之作，时在宣统辛亥三月，江西提学使任内，以赠女夫顾君浩臣。共分五段：第一，录归玄恭《越游诗》九首，原题画竹卷，后为汉阳叶氏旧藏，盖读画时录存者。第二，临唐碑三种：一《王居士砖塔铭》，二《皇甫诞碑》，三《孔子庙堂碑》。公之书学，导源率更，上规永兴，以王孝宽兼欧、虞、褚三家之长，为唐志第一，习之颇久。曾得《砖塔铭》旧拓三种：一"灵芝制"，一白本；二"说罄"整本；三"说罄"残本，皆川沙沈氏祕笈。所谓取法乎上，故前后跋语郑重言之也。第三：释吴中方言，一释字娄，二释毻，三释挂，四释疮，以字书韵书参互钩稽，绝无穿凿，得其真谛，与栖霞郝氏《证俗文》殆相伯仲。第四：临唐碑三种，均未详。第五《题张茶农石公山画卷七绝六首之三》，当因纸幅已穷，故中辍也。公弱冠即擅书名，辛亥以前，随手散佚。鼎革后，卜隐槎南，屏绝外缘，不履城市。丁丑之难，百物荡然，故传世书画绝少。公任苏路协理时，余屡亲光霁。以后踪迹阔疏，丁丑相逢沪上，颇思求得书翰，公亦欲作以赠余，因循未果。岁月如流，人天永隔，不胜怆然！丙戌春，公外孙冀东示以此卷，文诗书三绝，萃于丈幅之中，想见其俯仰琴书，夷犹澹定。玄恭《吊戴山诗》"五朝大节都无憾，千载斯文信有归"，不啻为公咏焉。展诵再三，殊深高山景行之慕。后学叶景葵敬跋。

（《书跋》，第 111—112 页）

4 月　整理熊希龄遗著①。《札记》云："毛彦文送来秉三遗著一册，《顺直河道

---

① 《顾廷龙日记》1946 年 4 月有"理熊希龄书"数次记录，据此考订。——编著者

改善建议案》作于顺直水利委员会裁撤之际,井然有计画,佳书也。""拟辑秉三杂著,定名《明志阁遗著》,用丛书体编年,分为若干种。另辑《明志阁电稿》《文存》《诗存》《词存》四种,大略尽之矣。""秉三遗著中有锦瑷铁路关系文件,内有仍珠通信十通,难得之件也。"(《杂著》,第 238 页)

5月3日 上午十时合众图书馆董事会第五次临时会议。出席:张元济、叶景葵、李宣龚、陈叔通。临时主席:张元济。先生报告陈董事长陶遗逝世经过,咸表哀悼。又报告三十四年度上届财产目录及收支报告。云:"接受叶遐盦君捐基金中储券一千万元、竹福记①捐基金法币六十二万六千五百八十元三角四分,傅福田君购书费法币壹百贰十万元。"又报告呈请立案经过:"一月二十四日呈上海市教育局申请立案。三月二日奉批董事会准予立案,该馆准先开办。三月三十日教育局知照奉三月十九日部令,名称应于'私立'上冠'上海市'三字,董事会办事规程改'董事会办事规则'。"又报告请免房捐经过:"三月二十七日呈上海市财政局申请豁免房捐,四月六日奉批准以补助费名义免捐。"先生报告:"本馆与浙江兴业银行往来中储券抵押透支欠款及定期押款拾万元,因遵照财政部命令均已归还清讫。现另订抵押透支契约以法币壹百万元为度。"又提议:"本馆经常费自上年十月份起改为法币三万元,内膳费一万贰千元,各职员薪津一万三千五百元。"会议补选董事一人,徐鸿宝(森玉)当选。选举董事长,张元济当选。(《合众图书馆董事会议事录》,《历史文献》第 7 辑,第 23—24 页)

5月5日 联名签署浙江兴业银行股东会报告,报告附有会计师徐永祚《办理浙江兴业银行股份有限公司财产估价及调查资本证明书》,呈上海市社会局。《证明书》云:"依照收复区各种公司登记处理办法之规定,委托将公司所有民国三十五年四月三十日之财产中,属于增资后所购置或增置者,办理估计,并予调查资本账目,一并证明。业经本会计师办理完竣。除为细具增资后所购置之财产估价表揭载于后外,所有表列房地产投资及有价证券投资,共计伪币折成法币五万一千四百十六元五角六分,经估计为法币六百零五万一千四百十六元五角六分。两比计增值法币六百万元。就估计增值所得,按照新股股份六万股、旧股股份四万股之股数摊算,计分配与新股者共为法币三百六十万元,其余法币二百四十万元作为公积金。查上项财产之估价,远在时价之下,其估计增值金额,并未超过伪币资本原额,依法尚属相符。又查注册登记原案之资本总额,为实收法币四百万元,领有财政部二十三年五月二十三日银字第一八三号银行营业执照及前实业部二十三年六月二

---

① 似即竹森生。——编著者

十六日新字第二三二号公司登记执照。其于陷敌期间所增加之伪币资本六百万元,计分新股六万股,系由原股东按照原有股份比例分认,缴足股款,并未向伪政府续办注册登记,亦经调查,其有关增资之股东会决议录及认缴股款等之簿册文件,均属实在无讹,合为具书证明。"文件署名:浙江兴业银行有限公司原任董事叶揆初、徐寄庼、张笃生、胡经六、刘培余、黄延芳、陈聘丞、陈永青、蒋彦武,原任监察人陈理卿、严鸥客、史稻村。(副本,上档 Q92-1-450)

5 月 7 日　午,顾廷龙招饮,同座洪业、顾颉刚、郑振铎、张天泽、钱钟书、徐森玉、高君珊、雷洁琼。(《顾廷龙日记》)

5 月 8 日　请顾廷龙将己藏项子京、王石谷画检出,送吴湖帆鉴定。(同上引书)

5 月 12 日　先生与陈仲恕、陈叔通、李拔可设宴,预祝张元济八十寿辰。同座有张树年、孙逮方、汪彦儒、刘子楷、夏敬观与顾廷龙。(同上引书)

5 月 14 日　顾廷龙为托售先生藏画事,访李英华。(同上引书)

6 月 5 日　送《殷历谱》入藏合众图书馆。(同上引书)

6 月 9 日　出席浙江兴业银行第 39 届股东常会。到会股份 70 386.5 股,计38 822 权。常务董事徐寄庼任主席,社会局代表袁文彰监督。议决事项有:

一、"报告三十四年度营业及决算　本年决算上下两届,股本四百万元项下,结派股利六厘,红利一分四厘;暂收增资款六百万元项下,结派利息六厘,红利一分四厘。主席及史稻村报告毕,全场无异议。通过。"

二、"报告调整股本　本行股本原为旧股四万股,计法币四百万元,又增加资本新股六万股,计伪币六百万元。共十万股,股额一千万元。惟伪币按二百折一,仅值法币三万元,实缺少法币五百九十七万元,应行补足。爰即按照收复区各种公司登记处理办法,在增资后购置财产项下,经过法定手续,提出法币六百万元拨补。按股额十万股计,每股摊得法币六十元,旧股四万股摊得之二百四十万元。新股六万股摊得之三百六十万元,作为新股股款,但新股每股仍缺少法币三十九元五角,连匀拨于旧股者,并计共需再拨法币三百九十五万元。因拟再就本行民国三十五年四月三十日止备抵款项中(系属积存盈余性质),如数拨出新股摊得之二百三十七万元,全数补足新股。旧股摊得之一百五十八万元,按每股三十九元五角计算率,分派现款于持有旧股股票之各股东。主席及承办估计会计师徐永祚君报告毕,全场无异议。通过。"

三、重行检讨章程。徐寄庼逐条宣读修改后之公司章程。全场无异议,通过。

四、选举董事、监察人。当选董事为陈永青、钱新之、竹森生、项叔翔、罗郁铭、叶揆初、李馥孙、张笃生、胡经六、黄延芳、蒋彦武、徐寄庼、蒋俊吾、杨锡仁、刘念仁等十五人;监察人为徐永祚、刘培余、陈朵如等三人。

(1946年6月10日浙兴总办通函,上档Q268-1-63)

6月10日 下午三时,参加浙兴新董事会成立会。选举徐寄顾为董事长,张笃生、胡经六、蒋彦武、项叔翔当选常务董事。(同上引档)

6月16日 至合众图书馆。(《顾廷龙日记》)

6月19日 至合众图书馆。(同上引书)

7月8日 张元济来合众,与先生谈胡适校勘《水经注》事。次日,张致胡适书,谓:"大乱之后,乃获于海上与故人相见,欣幸何极。昨与徐大春兄通电话,知清恙已痊,又闻已可出门,甚喜,甚喜。台从在此未知有几日勾留,拟略□具,挽兄过寓小叙,乞核定何日见示,当再邀陪客,延企无似。昨闻叶揆初兄言,合众图书馆藏有旧抄本全谢山《水经注》校稿,亦尚有他本,有便可偕往一看,离敝居不远也。"(《张元济全集》第2卷,第554页)

7月12日 陈汉第复先生函,寄奉金仍珠轶事,供先生撰金传用。函云:"仍珠轶事,约略书数则,奉还。辽幕事为兄知也。"(原件,《伏庐手札》稿本)

7月16日 与徐寄顾等浙兴董事联名签署《浙江兴业银行股份有限公司财产估价证明书》。估价为法币605.14余万元,"就估计增值所得按照新股股份六万股、旧股股份四万股之股数摊算,计分配与新股者,共为法币三百六十万元,其余法币二百四十万元作为公积金。"(副本,上档Q92-1-450)

7月 联名浙兴董事会全体董事签署《补办变更登记呈请启》,呈报上海市社会局。(同上引档)

8月26日 为明庶公司清理事复刘承幹函。云:"示敬悉。明庶余额星埠存项事,正与彦颐世兄不断协商中。一、存单以彦颐名义存入该埠华侨银行保管箱,非彦颐不能取回。二、星埠汇兑每人每次以二十五元为限,巨额无从觅汇。三、星币祇能在英镑集团范围内自由通行,尚不能在范围以外自由。而购买货物亦害多利少,故问题尚不能于短期内迅速解决也。"(《求恕斋友朋手札》稿本)

9月15日 撰《邮乘题寿》[①],祝《兴业邮乘》复刊。强调"吐故纳新,生生不息",加强学习;又对抗战胜利后国际国内政治局势,阐述己见。文曰:

> 前清光绪三十三年九月初九日,本行成立总行于杭州。以后即以重阳节为开幕纪念日。民国四年,总行迁于上海。至民国二十一年,改定新历九月九日为纪念日,即于是日发行《兴业邮乘》,以志二十五周纪念。至民国三十年十

---

① 刊于1946年10月15日出版之《兴业邮乘》复第1号(总第119号)"四十周年复刊纪念号"。同期还有徐寄顾《为本行四十周年告全行同人书》、项叔翔《四十年来之回顾与前瞻》等文。——编著者

二月九日,已发行一一八期,以环境困难暂行停刊。本年为本行四十周纪念,而九月九日政府已定为胜利纪念日,乃推算丁未重阳,适逢新历十月十五日,遂改定每年十月十五日为本行纪念日,并于是日继续发行《兴业邮乘》第一百十九期,以志四十周纪念。"锲而不舍,金石可镂。"愿同人共勉焉!

古语云:"四十曰强而仕。"又云:"年四十而见恶焉,其终也已。"又云:"四十五而无闻焉,期亦不足畏也已。"盖自胜衣就傅以至负笈从师,经过小成时期,又经过大成时期,德行记于贤书,姓氏达于里选,三十而后,便应出而问世。若至四十而犹寂寂焉,是见恶于乡党也,是无闻于庠序也。是以君子耻之。譬之本行,宣三以前,始入幼稚园;民六以前,如肄小学;民十五以前,初毕中学;民廿一以后,毕大学而入研究院。甫行毕业礼,不幸邻居失火,殃及校舍,凡试验室之仪器,图书馆之文籍,寄宿舍之衣服杂件,或遭火焚,或为水渍,幸赖救火会之施救,以及师生之抢护,得保残余,毁□补葺,惊魂乍定,弦诵依然。同学少年,飞檐衢路,正拟出疆载贽,择木而栖,歧路彷徨,未知所届。在他人示之,以为体魄壮健,而则实后天失调;以为恒产素丰,而实则家道中落。以如此孱弱之身,处此艰辛之境,又适四十大庆之辰,不得不出而问世,诚可谓"一则以喜,一则以惧"。

孔子曰:"四十而不惑。"又云:"智者不惑。"不惑,不糊涂之谓;智者,有常识之谓。世间糊涂人,皆常识欠缺者也。年至四十,其学问修养,既达相当程度,遇有变化复杂之事态,必能平情处理,不致是非倒置,黑白混淆。个人如此,法人亦如此。然而,四十以前常识不足以应付四十以后之环境,必须吐故纳新,生生不息,以书籍杂志为宝库,以良师益友为南针,有同业交游,互相切磋,有来往顾客,随时咨询。尤要在全行同人,各就其性之所近,或职务所专,实地研求,虚衷采纳,以人之长,补我之短,以我所有,济彼之无,于是联数百人为一人,对内则笙磬同音,对外则桴鼓相应,方能立于竞存之世,发扬行誉,乘诸永久。预测一一九号以后之《兴业邮乘》,较之以前其重要性当增加不少,此亦自然之趋势也。

第一百号发行时,余题辞云:"希望满二百号时,世界之恶战已结束;中国之大局已澄清;我行之声誉,有一日千里之势。"停刊已过六年,不啻将骏马之前程削去一半,未免可惜。然暴日已投降矣!纳粹及法西斯之魔,已一蹶不振矣!虽尚有两强对立,和会纷争,但各国政治家,正在绞尽脑汁,求得国际合作,强权不能胜公理,安见三五年后,不终归于妥协?返观吾国,党见相持,干戈未息。其燃则豆泣,唇亡而齿寒。区区政策异同,未必无相反相成之希望。化阋墙为御侮,亦在意中。

本刊续至二百号,为时约须四年,举凡改良政治,整理财政,推广教育,振兴实业,"是不为也,非不能也"。努力为之,大局澄清固可计日而待。若夫本行之声誉,则在全行同人好自为之,"虽有智慧,不如乘势;虽有铁基,不如待时。"余虽老矣,尚思倾耳而听喜誉也。

卅五年九月十五日　(《兴业邮乘》复第1号,原刊)

9月16日　下午四时合众图书馆董事会举行第六次常会会议。出席:张元济、叶景葵、李宣龚、陈叔通、徐鸿宝。主席:张元济。先生报告三十四年度下届财产目录及收支报告。又报告:"承昆明商业银行上海分行及胡伯威先生以贱降各捐购书费法币叁拾万元为寿。""现在物价高涨,用款渐大,本馆与浙江兴业银行往来仍以原道契抵押,改订透支额为法币二百万元。"会议讨论先生提议:"本馆经济拮据、拟略事筹募案。"决议:由各董事相机筹募,通过。(《合众图书馆董事会议事录》,《历史文献》第7辑,第25页)

10月7日　陈汉第致先生函,再为先生撰写金仞珠家传提供轶事"二纸"。(原件,《伏庐手札》稿本)

10月22日　撰《海盐张氏涉园藏书目录》跋。云:

二十八年五月,张菊生先生与陈陶遗先生发起筹备私立合众图书馆于上海市,景葵亦附骥焉。三十年八月,开发起人会,选举董事,租屋旧法租界辣斐德路六百十四号,成立筹备处。菊生先生即以历年收藏旧嘉兴一府前哲遗著四百七十六部,一千八百二十二册,赠与本馆,并以海盐先哲遗征三百五十五部,一千一百十五册,又先世著述及刊印评校藏弆之书一百四部,八百五十六册,及石墨图卷各一事,先作寄存,冀日后宗祠书楼恢复或海盐有地方图书馆之设,领回移贮。既经倭乱,鉴于嗣屋半毁,修复无力,本地图书馆之建设更属无望,遂改为永远捐助本馆。即属潘君景郑,从事目录之编纂。三十年八月,自建馆屋落成,迁居后闭门整理,愧无进展。三十五年一月,始克在本市教育局立案,五月开第五次董事会临时会议,菊生先生当选董事长。迨书目告成,适逢先生八秩诞辰,爰集资以谋印行,为本馆刊行书目之嚆矢。本馆编印目录之计画:凡各家专藏,别编分目,复合馆中自购、受赠之目,爰为总目。先生所藏,以表章乡贤先世之精神,勤求博访,锲而不舍者数十载,始克臻此,其难能可贵为何如!是目也,可以嘉兴艺文志视之,藉为先生永久纪念,并祝先生眉寿康吉,长为本馆之导师,俾于国家社会文化前途,克尽相当之贡献,此不仅同人之私颂也。中华民国三十五年,岁次丙戌,农历九月二十八日,叶景葵敬记。

(《书跋》,第62—63页)

10月31日　于《兴业邮乘》复第2号辟《及之录》专栏,署名"存晦老人著"。此期为(一)，按语云："此录信笔抒写，不拘体裁，专供同人业余消遣，不敢列于著作之林。晋赵武子曰：'老将至而耄之矣。'故题曰《及之录》。"本期录《三十四年八月制联自寿》联语。（原刊）

10 月　合众图书馆同人发起醵金印行《海盐张氏涉园藏书目录》，以贺张元济先生八十寿辰。此为合众编印藏书目录第一种。潘景郑编，先生撰序。出资者为：商务印书馆、浙江兴业银行、王云五、王志莘、李宣龚、徐寄庼、徐森玉、陈叔通、冯耿光、叶景葵、刘培余、潘景郑、蒋复璁、郑振铎、顾廷龙。北平引得校印所代印。1947年 5 月正式出版。（原书）

10 月　浙江兴业银行印行《浙江兴业银行四十周年纪念册》。内容包括：徐寄庼撰《弁言》《浙江兴业银行总分支行一览表》、项叔翔撰《浙江兴业银行四十年来存放款之性质》及《浙江兴业银行历年存款及放款指数比较图》等。（原书）

约 10 月　阅《秋蟪吟馆诗钞》，"拟为仍珠草家传。查其生平，生于咸丰丁巳。"（《札记》，《杂著》，第 238 页）

11 月 5 日　浙兴香港分行复业。地址在香港皇后大道中 10 号。（浙兴机构成记录卡，上档 Q268－1－24）

11 月 15 日　于《兴业邮乘》复第 3 号发表《及之录(二)》：《死生交范张鸡黍杂剧》校勘记。元·费唐臣撰。按语云："此剧是后汉时故事。山阳范巨卿，汝阳张元伯，同堂读书，孝义不仕，结为生死之交。学成回里，元伯杀鸡炊黍，与巨卿作别。巨卿约定后二年今月今日，到汝阳庄上，拜望张母。不料元伯一病身亡，临终时，嘱付老母，多停几日，等巨卿来，主丧下葬。巨卿在家，梦见元伯来报因病而亡，等候渠主持丧葬。巨卿痛哭即行。友人劝之云：梦境无凭，不必着急。巨卿云：俺兄弟岂会失信，立刻持服长行。全剧悲壮苍凉，可以讽世。兹选第三折详加校正，录供同好。""此剧明刻错误甚多，现以黄荛圃藏元刻本细校，读者珍之。"（校文略）（原刊）

11 月 30 日　于《兴业邮乘》复第 4 号发表《本行历史补遗》，从本行最大股东与总行行屋变迁二事，纠正同人传闻。文曰：

本刊一二一号陆爱伯君所作《本行建设与改革历史》，有两点与事实稍有不符，特举所知，补充如下：[①]

（原文）我行在前清时原为浙路银行，以浙路股款为资本。鼎革后浙路清理，乃联合商股，以杭县蒋抑卮先生为大股东。

我行发起时，由全浙商办铁路公司认股五十万，另招个人股份五十万，合为一百万元。先收四分之一，设总行于杭州，次年增设沪、汉两分行，又收四分

---

① 关于北京路总行行址变迁一节，见本谱 1936 年"是年"条。——编著者

之一。至民国三年，浙路收归国有，公司所有本行股份，除先售出十万外，尚存四十万元，由公司董事会委托律师登报投标竞买，抑卮先生出价独高，全为所得，连旧认个人股份十万，共占本行股份二分之一，遂为最大多数之股东矣。（原刊）

又于同期《兴业邮乘》发表《及之录(三)》:《死生交杂剧校勘记》(续)与辛巳旧作《赠项兰生先生》。（同上引刊）

12 月 31 日 于《兴业邮乘》复第 6 号刊登《及之录(四)》:《蒋抑卮先生遗书》。按语云:"民国十八年，因武汉兵燹以后，金融枯竭，史经理晋生老病乞退，继任无人。董事会决议，请常务董事蒋抑卮先生兼任汉行经理。先生到任后，除每日号信外，遇有要事及调查计画各件，均亲笔作书，密寄董事长、总经理或常务董事，往返商榷，言无不尽。计自十八年四月起，至十九年四月止，共得一百三十余通，均由鄙人保存。自先生逝世以后，时时循诵，觉其心精力果，尽忠行事，堪为后来矜式。兹特照录数通，以供同人阅览，庶几往哲之精神，不致磨灭云。"收录 1929 年 4 月 14 日、4 月 16 日蒋致先生函两通。（原刊）

12 月 撰《金君仍珠家传》。文曰:

君江苏上元县人。父和，咸同间文学家，著有《秋蟪吟馆诗钞》，世所称亚匏先生也。侧室汪，生子，名曰遗，字曰是珠。适室张，生君，名曰还，字曰仍珠。君生于咸丰七年二月十六日，聪颖异常儿，甫十二岁，习为举业，执贽于金坛冯煦，授以词赋之学。弱冠入泮，授徒养家，藉月试书院膏火以补不足。光绪十一年乙酉，君中江南乡试举人。亚匏于是年冬病没，于是兄弟二人，均藉父执之介，襆被度辽。是珠就营口英领事署文案，君就东边道奭良司账。奭良调山西河东道，君随往管理盐务出纳。恩铭继任，留君自助。恩铭升山西按察使，君以会试挑取誉录，议叙知县，随至太原，巡抚胡聘之委充文案。继任者何枢、毓贤、岑春煊、赵尔巽均加委任，会署理夏县知县，委办归化关税务，保升知府。二十九年，赵尔巽擢湖南巡抚，奏调随行，委充文案，出署澧州直隶州知州，以治行卓著汇保，传旨嘉奖，调回文案，兼任铜元局总办。是时广西陆亚发攻陷南丹、土州、东兰、怀远，声势汹涌，靖州一带戒严，廷寄湘抚，切实防堵，君献议曰:"目前南路吃紧，必由黔桂边隘袭取湘西，以群山自敝;湘军窳朽，不宜任重，宜速练得力新军，以备未然。"乃奏派在籍道员黄忠浩募勇四旅，认真训练，防堵西南各隘。奉旨允行。陆果与官军营勇通，图扑桂林，湘西又戒严。尔巽奉召来京陛见，以陆元鼎署湖南巡抚，道经武昌，谒张之洞，商防剿方略。之洞言忠浩叵测，宜撤换，鄂省当出师会剿。其意盖欲起用张彪也。元鼎到任，檄委君留原差。乃进言曰:"湘军均有莫气，惟黄忠浩新军可以一战。西路之防,重于南路,以守为防,不如以剿为防,不特临阵不宜易将,且宜饬忠浩率兵出境,会同粤桂之师,直捣其巢。"元鼎从之,果奏奇捷。之洞侦知君阻其议,恚且恨,并与元鼎龃龉矣。三十一年,赵尔巽简盛京将军,奏调赴奉差遣,旋于秦晋赈捐案内奖升道员,委充文案总办,兼办内文案交涉机要,又兼任财政总局会办。日俄和约甫定,日军撤退,接收事件繁杂,南满路附属地各案,尤为棘手,君应付裕如。会有奉省开埠章程,由北洋大臣袁世凯主稿,函奉会奏。尔巽失其函,而以原稿交君审核,君未知为北洋之稿也,择其不合者,或删或改,尔巽命钞胥缮正寄津。世凯得复,初未校其同异,嗣为幕府所讦发,世凯盛怒,派员赴东查询何人主稿。君悚然曰:"东省交涉全恃直奉会商,咨行外部,与日使折冲,若有隔阂,必增荆棘。"力请开差南归,不许。三十三年,盛京将军裁缺,徐世昌授东三省总督,徇世凯意,君于财政局员参案内,牵连革职。三十四年,两江总督端方委办南洋印刷官厂,奏称有用之才,废弃可惜,保送引见。之洞欲尼之,而名已上闻,奉旨以知府用。宣统元年,锡良继任东三省总督,奏请开复原官原衔,调东委办奉天官银号,密令策画锦瑷铁路事宜。锦瑷铁路者,发起于美国银团代表司戴德,联合英商保龄公司,借款承修葫芦岛,经锦州、洮南、齐齐哈尔至瑷珲铁路。美任借款,英任包工,于是年八月订立草约,密折奏闻,交部议。度支部尚书载泽惑于左右之论,谓此路费钜利少,虑其亏耗,会同外务部、邮传部复奏议驳,锡良怒而请假。君与熊希龄、邓邦述奔走斡旋,再由锡良、程德全会奏,力陈东省危亡在即,非采均势主义不能挽救。摄政王甫有转圜之意,而事已泄于俄、日。俄使以穿越中东路为背约.乃改议先筑锦洮;日使又以并行南满路为背约,先后诘责,支吾逾年,而大势已变,正约迄未成立也。三年,赵尔巽调任东三省总督,委文案总办兼东三省官银号。武昌变起,金融动荡,调度得宜,关外安堵,奏署奉天度支使,未到任而共和诏下,尔巽乞休,君亦退隐。民国二年,汤化龙、梁启超组进步党,君加入焉,举为基金监。以内蒙部落涣散,游说各旗王公,在京组织蒙古实业公司,举科尔沁左翼后旗札萨克亲王阿穆尔灵圭为总理,君为协理,联络情感,拯济困乏,内蒙响化无异志。世凯于是知君之才,然未能用也。八年,梁启超为财政总长,以君为次长。启超遇有推举财政盐务专才者,辄予委派,更调频繁,每遭各省拒绝,君乃建议,嗣后任免宜先经会商,再提出阁议,启超诺之,乃疏通各省长官,令已经任命各员,仍赴新任,以保持中央威信。任事三月,力劝启超引退,在野主持清议,从此启超不复参加政局,益重君矣。十二年,中国银行股东会举君为总裁,张嘉璈为副总裁,撤换某省分行经理。督军电阻,保留原任经理。君电某督,谓"此次改派经理,因前任有应予撤职处分,事关全行风纪,未便姑容,兹徇尊意，拟暂准留职，三月后仍以现派之员接充，倘不蒙鉴谅，惟有命令分行停业，以期两全。特贵省为全国模范，银行被迫停业，似与全国景仰之令誉有关，应候明示。"某督复电如约。会有直奉之战，巡阅使吴佩孚召张嘉璈至四照堂议事，薄暮不得出。君入谒，问其故。佩孚谓本日军需急待支用四十万元，请副总裁提交，商妥后，即可回行。君云："库款动用丝毫，皆有定章，且有股东监督，非副总裁所能擅取；行中文件，每日皆须副总裁签发，未便久留。若巡阅使即须提款，则请派队开库径提，俾有交代；或知照财政部派员提供押品，与行签定契约，亦可立办。否则请扣留总裁，听候处分。"佩孚改容谢之，事乃解。其勇于负责，当机立断如此。十五年股东会，因辛劳过度，于办公室患脑溢血。急治得苏，而右半不仁，神思颠倒。逾年清醒如常，自言如沈睡初觉，瘫卧不起，转侧需人。至十九年夏，虚弱难支，溘然长逝，时在庚午六月十二日，享年七十四岁。君配束氏，先二年卒、妇翁为丹阳束允泰，与亚匏莫逆，即撰《金文学小传》者也。生子二：绶游学英国，习矿工；柱曾任北京财政部佥事。君倜傥权奇，饶有智略；持躬清正，处事和平；自幼食贫，甘为委吏；于世俗之变幻情伪，洞烛无遗；剖决疑难，亿无不中；历参戎幕，熟览朝章国故；奏咨批答，下笔如流。尝慨然曰："任大事者贵有君子之襟怀，而不可不知小人之心理。有小人之机智而不为小人，斯能了事矣？"又尝自谓"获上临民，独当一面，吾愧未能；若为入幕之宾，参与密勿，果能言听计从，虽未必致治，先求其不致乱，吾所优为"。呜呼！用君者能如骆、胡两文忠，其所成就，岂仅此而已哉！余少于君十七龄，自晋而湘而辽，同室办事，受其匡益。罢官后同寓沪滨，过从尤密。自君北徙，每年入都相访，必晤聚数十日。闻君病废，时往省问，病榻前絮语如家人，以身后事相付托，故知君之志行甚谂。傥及今而不为之传，恐后世遂无知君者矣。爰书其荦荦大者，以备蒐采，欲知鼎革前后之政治关系者，或有取焉。（《杂著》，第279—283页）

《札记》云："数月来草亡友金君仍珠家传，搜辑甚苦，以《秋螟吟馆诗钞》《端忠敏奏稿》《光绪实录》为根据。又乞仲恕丈指示，至十二月初始脱稿。稿存合众图书馆。所叙皆事实无虚构，惟开复革职案，据传闻，无书可证，尚须续访。"（同上引书，第238—239页）

12月 撰《赵尚书遗稿》稿本题跋。云："此赵竹君先生凤昌所辑赵尚书诗稿，并告余曰：已在遗产中提出白银式千两，作付刊之资，托余代办。余以尚可续有搜辑为词，收其稿而未领其款。未几，竹君物故，其子叔雍迄未将款送来，今已作阶上囚矣。竹君图报知己之愿，迄未能实现为慨也！丙戌十一月揆初记。"（手迹，原书，上海图书馆藏）

12 月　撰《杨味云同年八十》七律。云："锡山杨与武原张，同属先朝鹓鹭行。相戒《初筵》师卫武，不希晚遇见姬昌。清门高节如方驾，学府饥群要馈粮。南极星辰今会合，傥能扶杖到江乡。"（《杂著》，第 398 页）

是年　浙兴南京分行史惠康来访谈。史记云："三十五年春，我调任到京行，大约每隔一月回沪一次。每次来沪，终要去看看揆公。因为南京是当时政治的中心，我们的所见所闻，似与在沪者略有不同，因此揆公与我谈的中心问题，也是政治。他的确是个智力超人的人，要是他从政治上去发展，他的成就要更大，但在中国如此社会条件下，他却选择了我行为其终身事业，这正是他眼光远大，值得我们钦佩的地方。他近年以来，除了参策行务外，把他的兴趣集中在图书馆上。在他的左邻就是合众图书馆，里面收藏了不少古书，大部的成就都应归功于他。我们在南京，常常接到他的手条，都是为着收集书籍的事。他的晚年以此自娱，把功名权利置诸度外。这种君子之风，在现在社会，实不易多觏。"（《忆揆公》，《兴业邮乘》复第 54 期）

是年　撰《题西溪张我持适皋亭桃花图卷》七律三首，"为吴谏斋作"。诗云：

湘人谬誉何无忌，侍坐葵园介寿觥。翁已怀归收倦羽，子初入抱试啼声。百千万劫悲孤露，四十三年话老成。展卷忽生防墓感，横山不见涕纵横。

光绪癸卯冬，子修母舅自云南主试移督湘学，余已入湘抚幕，相见于长沙。谏斋表弟生于南昌，迎之来湘，才一龄又半。余先茔在皋亭之横山。

艺桃本是避秦方，桃利无多易以桑。今日皋亭山下路，桑阴鸡彘亦凄凉。人心畏乱思前物，病翮遄归榆检旧装。群盗寡妻何日了，五株如在浣花堂。

儒风竞说西溪好，不事王侯想见之。赐尔故乡高士笔，贤于冠礼祝儿辞。家珍尤重《吹齱录》，祕笈差同《蓬宅》诗。料简丛残吾老矣，楼头青眼更寻谁？

君家西林先生亦西溪高士，所著《吹齱录》，余最服膺，欲梓未果。《蓬宅》为张卿子四集之一，絅斋表兄校正，族人董卿刊行。（《杂著》，第 396—397 页）

是年　撰《和邵伯褧重游泮水诗》七绝二首，诗云：

六十年前老秀才，坐看淑问献囚来。丈夫安用毛锥子，宰相宁须有种哉。

文慎祠前草不髡，樵苏零乱石无言。白头弟子归来日，重著襕衫拜墓门。

（同上引书，第 396 页）

约是年　为朱屺瞻撰《题刘湄朱氏传家乐善图》七言古诗。诗云："伊古市情皆喻利，于今王道必观乡。论才最重乡之望，好义常为利所妨。蕞尔刘河诚下邑，岿然鲁国此灵光。桥端风雪师黄石，庑下春秋祖紫阳。三致千金舒可用，初成一篑勇难当。菁莪有璞书诸笈,蓬荜无衣馈以粮。人自孩提知孝弟,士先器识后文章。国殇树表咸趋拜,道殣逢嘘不复僵。冰至涉川怀郑惠,宵深恤纬警周亡。二三姻亚相邢许,八百孤寒与颉颃。回睇斯民才有孚,却忧长吏每如羊。入林畏见鸮争食,登垅羞为虎作伥。允矣媐修申蕙茝,偶然直干写筼筜。闻《诗》仲氏兼明《礼》,学画慈孙雅擅场。诒厥但滋兰九畹,汙邪不祝稻千仓。谈经深戒籯为祟,望气悬知彗作铓。聿自夷酉频距跃,无端江表忽苍黄。虎贲撤尽虞兮帐,马矢高逾赐也墙。从此弹丸纷鹬蚌,那能束帛救蜩螗。可怜仍世遗规坏,赖有传家綵笔良。万户口碑犹可诵,一门手泽镇难忘。由来义利旋消长,况复人天互主张。入夜珠渊绐象罔,弥天金穴化嬴匡。熠焉相率鱼游鼎,黜者还思燕处堂。我辈岂宜长俯仰,兹图无乃示周行。"(同上引书,第 397—398 页)

约是年 撰《题鱼占绘络园图》七律。诗云:"六律成声半辍悬,朱衣稚弟亦霜颠。吹埙喜与篪同韵,守器优能道共肩。一亩旧宫儒有堵,九年异地客无毡。好将笔底烟云气,补入《斯干》考室篇。"(同上引书,第 396 页)

约是年 撰《项女史蒲桃》七绝。诗云:"天马蒲梢去不回,何人更泛夜光杯。纡青拖紫无颜色,此是乘槎凿空来。"(同上引书,第 398 页)

约是年 撰《题陈病树之父铸盦同年甲午乡试朱卷》七律。诗云:"携将旧馆仙人笔,挟有江潭楚客芳。聊为风尘居乙第,卒持经术老名场。佳儿能继方姚业,遗教犹增里閈光。一卷依然存告朔,故山宰木已苍苍。"(同上引书,第 398 页)

1947 年(民国三十六年　丁亥)　74 岁

2 月　上海爆发"黄金风潮"。

3 月　马寅初发起成立沪市教育界人权保障会。

4 月　国民政府改组,王云五等以社会贤达身份任国府委员。

5 月　南京、天津学生举行"反内战、反饥饿、反迫害"示威游行,发生"五二〇"惨案。

6 月　当局于上海等地实行大逮捕。

7 月　当局相继查封《现代新闻》《文萃》《评论报周刊》《民主论坛周刊》等进步报刊。

9 月　南京政府公布新《银行法》。中央、中国、交通、农民等银行及其他金融机构职工,为抗议政府削减米贴,降低待遇,进行绝食斗争。上海各私营银钱业职工派代表慰问声援。

10 月　上海物价连日狂涨,市长吴国桢派遣经济警察遏制涨风,效果不佳。

11 月　南京政府实施《经济戡乱紧急措施》。在金融方面命令停止放款,检查行庄,不准透支和拦截汇款;在物资管制方面,搜查仓库,取缔囤积,垄断粮、布、油、盐、煤等。

1 月 10 日　南京国民政府经济部重行核定浙江兴业银行各分支行执照。为重庆支行、昆明分理处、天津分行、天津东马路分理处四处。(原执照,上档 Q268 - 1 - 450)

1 月 14 日　赠顾廷龙子诵芬学费预约金。(《顾廷龙日记》)

1 月 15 日　于《兴业邮乘》复第 7 号刊登《及之录(五)》:《蒋抑卮先生遗书(续)》。收录 1929 年 4 月 16 日、4 月 19 日、4 月 29 日、5 月 18 日蒋在汉口处理第一纱厂事务致先生函件五通。(原刊)

1 月 18 日　晚,顾廷龙邀宴。同座陈鸿舜、顾颉刚、杨家骆、曹鸣高、钱存训等。(《顾廷龙日记》)

1 月 22 日　新年初一。顾廷龙等来贺年。(同上引书)

1 月 27 日　与王晓籁等各界人士 83 人联名签署《和平运动发起宣言》,呼吁

"停止无意义的战争","恢复和平和秩序"。文云：

八年抗战胜利之后,我们本可和平统一,建设民主富强之国家。不幸国内兵祸继续延长而且扩大。举世共庆升平,而我国的战争状态还未停止。一个贫弱的国家,流血十年,并且还在流血。我们不亡于日本的侵略,却将亡于自己的内争。这是全国人民不胜痛心,也万难长久忍受的。

全国人民都快要活不下去了。国家的地位也一天比一天低落了。由于战争,成千成万的同胞继续转乎沟壑,散之四方。由于战争,交通阻隔,通货不断膨胀。于是农工失业,工商破产,其他各种职业者无不朝不保夕。于今社会解体,人心不安,不仅政治改革经济建设无从谈起,一切不正常不道德的事件势将日益蔓延。战争如不停止,同归于尽的惨祸就在眼前。如果我们再想到不久国际上就要讨论对日和约,那时候,曾经为和平而战的中国,竟不能自保国内的和平,不仅合理的要求有被人拒绝之可能,也许还会受到意外的挫折。那就连抗战的成果,国家的前程,也要断送干净。

全国人民都在饥饿线和死亡线上了。一切不幸的根源,都在战争。因此,我们不能不沉痛地发出良心的呼声:要求停止无意义的战争,要求恢复和平和秩序。然后才能以统一团结的力量,完成民主建国的大业。我们对任何政治派别,均无成见,我们只要求不以武力解决争执,而以谈判实现和平。

这种和平呼吁,过去不止一次。而都不免遭到各种困难。然而我们实在活不下去了,我们已顾不得许多了。我们不愿追溯既往,也希望大家不算旧账。谷以检讨别人者检讨自己,以宽恕自己者宽恕别人。我是只是垂涕而道,希望立刻化干戈为玉帛,立刻停止战争,立刻恢复和谈。我们都是有职业的人,决不愿卷入目前政治纠纷的漩涡;我们只蕲求天下太平,安居乐业。我们不能坐视工商百业民族命脉长此毁于内争,不得不起来向各方急切呼吁,还我和平;且将在此一呼吁发出之后,观各方对于和平的诚意,保留道义的批评之权。我们将不断的呼吁。一且和平实现,我们的这一运动即宣告终止。

不停战即是灭亡,唯和平才能建国。我们希望全国同胞,尤其是各职业界人士,一致起来,以全国舆论的力量,全民良心的感召以及大公无私的精神和态度,促成和平,统一,民主的实现。国家复兴,在此一举。民族前途,实利赖之。谨此宣言。

（1947年1月27日《申报》）

1月28日 整理完毕新编《浙路股款清算始末》,送稿本入藏合众。浙江铁路公司于民国三年收归国有,先生担任浙路清算处主任长达二十七年。此稿收录清算处与北京交通部、南京铁道部来往函电,以及历年交涉文档,较为详细、完整地保存了一份珍贵的近代中国铁路史料①。引言曰："苏浙两省商办铁路收归国有,发起于民国二年,其时交通次长为叶誉虎恭绰主持最力。是年六月,苏路之约先成,而浙路则因理事与股东有赞成、反对两派,争持不决。民国三年,朱桂辛启钤为交通总长,叶仍为次长,经朝野人士多方疏通,理事会始允派代表虞洽卿和德等入都,于四月十一日订定草约,于六月五日股东临时会议正式通过。"跋语云:

> 二十五年七月六日开付末期股款,二十六年五月,凡逾期未领股款次第失效,因遵照股东会通过之《消算处组织法》第十一、第十二、第十六条,由主任以商办各期股款应得者之名义,拟具《浙路逾期股款移办本省公益事业捐助章程》十三条,陈请铁道部设立浙省公益会,于是年十一月奉批,对于失效股款移办本省公益及设立财团照准立案,惟饬浙省公益会另订组织章程,对于原拟捐助章程应予修正。嗣因交通阻隔,文书中断,而逾期股款已届消灭时效,未便久悬,因即以原呈章程为捐助暂行章程,另增补充办法十款。依此条款,将捐出财产法币一百三十万九千六百八十八元三角七分,于二十九年八月移交浙省公益会主持管理,由董事会长陈仲恕汉第出给收据,于是浙路股款清算处主任任务始告终了。自民国三年六月受任至此,共历二十七年之久,末期股款愆期十有八年,艰难曲折,所争得之沪杭甬续借款项,原定一百六十万元,因政治关系,仅得八十万元,又被苏路分去十分之三,于是末期股款及公司债均以折半了结,而逾期利息更无从追索,深以愧负股东为憾。卅六年一月廿八日叶景葵记。
>
> 　　　　　　　　　　(《浙路股款清算始末》,《杂著》,第 291、345—346 页)

1 月 30 日　顾廷龙来商出洋事。先生未表反对,仅称"奈不能得替人耳"。(《顾廷龙日记》)

1 月 31 日　于《兴业邮乘》复第 8 号刊登《及之录(六)》:《蒋抑卮先生遗书(三续)》。收录 1929 年 6 月 7 日、6 月 10 日、6 月 13 日、9 月 19 日、10 月 16 日、10 月 29 日蒋致先生函六通。(原刊)

1 月下旬　复浙兴汉行经理徐维荣函,告以汉口第一纱厂人员来访情况,建议"我方只有抓住复工委员会紧紧不放",以求早日取回现款为上策。函云:"李、程来舍见访,弟未与之谈及一厂事,以后邀饭,亦辞而未赴。其与沙逊面谈情形,据叔翔转述,沃君措辞极有分寸,惟程子菊则借此夸耀,以见好于董会。现在沙逊有函电致兄与董事会,当可恍然矣! 沃君因急思了结,故内心不免有妥协之意。其实弟何

---

① 参见 1914 年以后有关各年份浙路清算处活动条目。——编著者

尝不然? 如果七十七万镑有支票送来,何尝不见钱眼开? 因为彼方决办不到,故以高唱入云为手段。据弟揣测,李与程均不愿复工委员会结束,趁此机会开股东会,董事到手依然可做委员长,可做总经理,宋立峰依然可做经理。所以股东会一过,彼方未必着急,依然是个拖局。然则我方只有抓住复工委员会紧紧不放,与之扭结到底,结果总是捞进。欲求迅速彻底解决,难乎其难! 兄谓如何? 李与程显然不和,我方以联李为要著。沙逊则时时与之接洽,贡献意见。沃君必不致单独武断,可请放心。"(抄件,上档 Q268-1-425)

2月1日 徐森玉来访,与顾廷龙共谈。(《顾廷龙日记》)

2月14日 与顾廷龙谈。(同上引书)

2月15日 于《兴业邮乘》复第9号刊登《及之录(七)》:《蒋抑卮先生遗书(四续)》。收录1929年11月28日、12月5日、12月6日、1930年1月4日、1月5日、3月30日蒋致先生函六通。(原刊)

2月17日 上海市银行同业公会致浙兴函,向浙兴摊派建筑南京"介寿堂"、庆贺蒋介石六十生日费用156.5万元。(原件,上档 Q268-1-651)

2月20日 浙兴总办复上海市银行公会函,回绝再次摊派。云:"该项捐款南京分行去年九月间,准南京市银行公会摊派贰佰拾肆叁仟元正,业于九月廿七日捐托。"(副本,同上引档)

同日 与顾廷龙谈。(《顾廷龙日记》)

2月21日 赴天津。是日卞白眉记云:"曾往访叶揆初、冯幼伟等,并拟由幼伟出名在其寓中聚谈,并约庸老参加。"(《卞白眉日记》卷三,第68页)

2月23日 晚,为朱振之返沪接风。顾廷龙相陪。(《顾廷龙日记》)

2月28日 于《兴业邮乘》复第10号刊登《及之录(七续)》:《蒋抑卮先生遗书(四续)》。收录蒋致先生函。(原刊)

3月1日 合众图书馆第一次挂馆牌。(《顾廷龙日记》)

3月2日 偕徐森玉、陈叔通与顾廷龙至徐鼎(作梅)家,鉴赏其藏书画。(同上引书)

3月15日 《兴业邮乘》复第11号开始连载先生《浙路股款清算始末》长文。(原刊)同期刊登《及之录(八)》:《汉口价领行基案》。记述浙兴汉行建行初与汉口官地局纠纷轶事。[1] (原刊)

3月31日 于《兴业邮乘》复第12号发表《及之录(九)》:《追思沈新三先生》。

---

[1] 参见本谱1908年10月有关各条。——编著者

文章表彰沈氏对浙兴的贡献,特别是"本行招牌,及兑换券之题字,皆其手笔",为浙江兴业银行行史重要一笔。全文云:

> 先生讳铭清,字新三,平湖人。幼随宦山西,丁忧后回里,闭户读书,不求闻达。浙路公司举为董事,又任本行发起人。宣统二年,聘为杭州总行经理,辛亥之变,保全行誉,支持危局,颇著辛劳。民国四年,举为办事董事,清介公正,视行事如己事,兼任杭州大有利电灯公司总经理,兴利除弊,任事一年,转亏为盈,洁身而去,不受酬报。嗣以贫病交作,调治无效,于民国十八年病殁。先生手不释卷,尤精书法,本行招牌,及兑换券之题字,皆其手笔,现在沿用之"浙江兴业银行"六字,即从兑换券钩摹而来,藉以纪念先生在行之功德。其字体名曰隶楷,出于二爨碑。何谓二爨? 一为《西晋爨宝子碑》,乾隆时出土,在云南南宁府;一为《刘宋爨龙颜碑》,道光时出土,在云南陆凉州。爨是蛮族大姓,有东爨,有西爨,现在之白黑保㑩,皆二爨之苗裔。二碑字体,在隶之后,楷之前,其用笔方劲而谐和,与北魏北齐之剑拔弩张者不同。因彼为北派,此为南派,犹之戏剧之北曲南曲,画派之北宗南宗,先生寝馈有年,深得神理,足以表示其用志不纷矣。　　　　　　　　　　　(原刊;《杂著》,第271页)

4月15日　刘道铿来合众,与先生及顾廷龙商抄《敬乡楼诗》。5月2日起,顾廷龙手书,5月27日止,送钱鹤龄摄影印刷。(《顾廷龙日记》)

4月27日　偕陈叔通、顾廷龙探视汤定之。(同上引书)

5月7日　下午四时合众图书馆董事会举行第六次临时会议。出席:张元济、陈叔通、李宣龚、叶景葵、徐鸿宝。主席:张元济。先生报告三十五年度上届财产目录及收支报告。又报告:"与浙江兴业银行往来改订透支额为壹千万元,以原道契为抵押。"顾廷龙报告:"去年十月庆祝张董事长八十寿辰,酿金印行《海盐张氏涉园藏书目》为本馆藏书分目之一,今已出版,并呈审阅。"会议选举任满董事二人。结果:李宣龚、陈叔通当选连任。互选任满常务董事一人。结果:叶景葵当选连任。讨论决议聘顾颉刚、钱钟书、潘景郑三先生为本馆顾问,由董事长函聘之,又嗣后关于本馆对外日常例行文件,得由总干事签署行之。(《合众图书馆董事会议事录》,《历史文献》第7辑,第25—26页)

5月25日　至图书馆。(《顾廷龙日记》)

5月　撰《管子校注》跋。云:"石臞乔梓字体,不易分别。兹逐条细读,凡加'谨案'或'引之案'者,皆文简所书。凡石臞采用其子之说,则加'引之曰',其余征引群书,校勘宋本各本,及采录孙、洪二家之说,皆石臞亲笔,或亦有文简代书及加校者,不敢臆定也。惟黏签字体不同,当系倩人从札记录出者。宋氏谓即择要商渊如之原本,《杂志》所溢,为后来所增,未知信否。黏签修改之处,则皆石臞笔也。前附臧氏一札,采入《杂志》者,二条。当时就正诸儒,不止孙、洪二氏,此本为石曜精力所萃,洵足重矣! 丁亥莫春,景葵重读一过。"(《书跋》,第85页)

《管子》二十四卷,(周)颍上管仲(夷吾)撰,(唐)临淄房玄龄注,明万历十年吴县赵用贤刊本,四册,(清)王念孙校,民国宋琨跋,叶景葵跋。(《叶目》)

5月 由先生题签、顾廷龙手书石印版《敬乡楼诗》出版。《敬乡楼诗》三卷,永嘉黄群(溯初)①撰,徐寄庼跋,永嘉郑楼黄氏印行,一册。(原书)

6月3日 陈叔通、张元济致先生等函,商请联名上书吴国桢,营救被捕学生。云:

> 敬启者,兹有事关大局,拟与当轴公信,两函由敬第具稿、元济缮正,谨呈台阅,极欲借重大名,倘蒙许可,即祈于第三叶签署盖章,交还来使,依次呈送。再昨已函商唐蔚芝兄,请其领衔,复信许可,并将信稿略加修正,属(嘱)勿登报,合并陈明。此上
>
> 胡藻青、张乾若、李拔可、陈仲恕、叶揆初、钱自严、项兰生诸先生同鉴
>
> 陈敬第、张元济谨启　　六月三日
> (《张元济全集》,第2卷,第571页)

同日 陈叔通来访,送与张元济等为营救被捕学生致市长、警备司令函。先生当即签名盖章。(《顾廷龙日记》)

6月4日 联名上书上海市长吴国桢、警备司令宣铁吾,要求释放被捕学生。时称"十老上书"。文云:

> 吴市长、宣司令同鉴:○○②等蛰居本市,不问外事。顾学潮汹涌,愈演愈惨,谁非父母,谁无子弟,心所不忍,实有不能已于言者。学潮有远因,有近因。远因至为复杂,姑置不论。近因则不过学校以内问题,亦有因生活高涨,痛至切肤而推源于内战。此要为尽人所同情。政府不知罪己而调兵派警,如临大敌,更有非兵非警参杂其间,忽而殴打,忽而逮捕;甚至有公开将逮捕学生送往中共占领地区之言。此诚为○○等所未解。学生亦人民也。人民犯罪,有法庭在。不出于此而于法外任意处置,是政府现已违法,何以临民? 况中共区域已入战争状态,不知派何人以何种交通工具送往? 外间纷纷传说,以前失踪之人,实已置之死地,送往中共区域之说,○○等未敢轻信,然离奇变幻,纲纪荡然,则众口同声,令人骇悸。伏望高瞻远瞩,临之以静,持之以正,先将被捕之学生速行释放,由学校自与开导。其呼吁有悖于理者,亦予虚衷采纳,则教育

---

① 黄群于1945年4月卒于重庆,享年62岁。——编著者

② 三处信稿上均系空白。应为领衔人唐文治名"文治"二字。——编著者

前途幸甚,地方幸甚。

中华民国三十六年六月二日①

(《张元济全集》,第2卷,第102页)

方行记云:"十位爱国老人要求释放被捕学生的消息在报上披露后,人民一致拥护,而吴、宣等人却惶恐不安。最近我听到当年在国民党上海市府从事隐秘工作的一位老同志讲,吴国桢看了此函后,勃然大怒,要把十位老人抓起来,但他的几位谋士告诉他,十位老人在社会上有很高的声望,万万抓不得。吴国桢听后,呆了一阵,说:既不能抓,那就派人把他们叫来。谋士们异口同声地说,如要他们来,唯有你出面邀请,否则他们决不会来。最后,吴国桢只得同意出面邀请,于是分头发出请柬。十位老人具名上书,目的是要吴国桢释放被捕学生,现在人没有释放,他们怎会应邀呢,结果谁也没有去,把吴国桢弄得一筹莫展,非常狼狈。"最后当局不得不释放全部被捕学生。(方行《十位爱国老人营救被捕学生》,《上海文史资料选辑》,第58辑,第64页)

8月23日　洪麟西来访。蒋复璁来访。(《顾廷龙日记》)

9月15日　《兴业邮乘》复第23号开始连载由先生与潘用和合署《本行发行史》长文。收录自清光绪三十三年四月廿八日起浙兴有关发行钞票(兑换券)之有关文献,并加以阐述。本期为(一)。引文云:"本行开办时除外国银行外,祇有中国通商银行发行钞票。其式样分银两、银元两种。其时大清户部银行尚未成立也。本行组织系商办浙江铁路公司发起,股本亦由公司任其半数,故公司总理汤蛰先先生(寿潜)于光绪三十三年春呈度支部、农工商部,请准发行纸币,经部复准照办。"(原刊)

9月24日　李英年来访,赠苏轼《前赤壁赋》。午后,先生偕李同至蒯慧士宅看字画。晚,先生留饭,陈永青、顾廷龙在座。(《顾廷龙日记》)

9月30日　《兴业邮乘》复第24号刊登《本行发行史(二)》。(原刊)

10月15日　《兴业邮乘》复第25号刊登《本行发行史(三)》。(原刊)

10月20日　顾廷龙来商,拟招人来馆裱装信札。先生同意。(《顾廷龙日记》)

10月31日　《兴业邮乘》复第26号刊登《本行发行史(四)》。(原刊)

10月　浙兴设计处图书股编印《浙江兴业银行图书目录》油印誊写本1册。包括:经济学类、经济史、金融市场、战时金融、中国货币问题、银行法规、国外汇兑、

---

① 原信稿无署名人。"十老"可参看同年6月3日陈叔通、张元济致胡藻青等七人信。他们是:唐文治(蔚芝)、张元济(菊生)、陈敬第(叔通)、李宣龚(拔可)、陈汉第(仲恕)、张元淦(乾若)、叶景葵(揆初)、钱崇威(自严)、项兰生、胡藻青。——编著者

财政、公债、国际债务、世界农业、劳动问题、工厂管理等 40 余类,约 1 400 余种中文、日文与英文图集、期刊。(原书)

11 月 12 日　下午,合众图书馆董事会在本馆举行第七次临时会议。张元济主持会议。出席者有叶景葵、陈叔通、李宣龚与徐森玉。书记顾廷龙。先生与顾廷龙分别报告财务及工作。讨论通过购置书架 44 只,实价 8 000 万元,该款系向浙江兴业银行增加透支额 1 亿元,并向浙江实业银行透支 5 000 万元。会议选举期满董事与常务董事,陈叔通、李宣龚与叶景葵分别连任。(《合众图书馆董事会议事录》,转引自沈津编著《顾廷龙年谱》,第 426—427 页)

11 月 15 日　《兴业邮乘》复第 27 号刊登《本行发行史(五)》。(原刊)

11 月 30 日　《兴业邮乘》复第 28 号刊登《本行发行史(六)》。全文完。(原刊)

12 月 1 日　张元济致先生函①,告以唐文治介绍合众购书。云:"久未晤谈,伏想起居安吉为颂。前日获晤唐君蔚芝,出示其师门王君(名祖畬,太仓人,癸未庶常)所藏钞校本明季王惟俭所撰《宋史记》,察系道咸间旧抄旧校。此书从未刊行,共八十册,完全无阙。据称其师王君早殁,仅存孀媳童孙,乱后家产荡然,无以为生,欲贷此书,以资度日,属弟代为觅售。索值千元,唐君代定八折,不知合众图书馆能否购藏? 今先将所刊序跋、凡例一册呈览。如有意,当再索呈样本。合用再与谐价,何如? 敬祈示复为幸。"(《张元济全集》,第 1 卷,第 315 页)

12 月 18 日　徐森玉来访,偕往玉佛寺。蒋复璁、徐森玉招待素斋,同座许潜夫、陈叔通、钱均夫、郑振铎、陈范成、顾廷龙等。(《顾廷龙日记》)

是年　借抄《仪惠堂宦游诗存》。

《仪惠堂宦游诗存》不分卷。民国昆陵姜麟书(伯亮)撰,民国三十六年武林叶氏据稿本钞,四册,附民国孟森撰传手稿。(《叶目》)

是年　撰《题王欣夫抱蜀庐校书图》七绝二首。诗云:

> 独抱遗经求大义,箴膏起废意如何。悬知独善须兼善,黉宇英髦济济多。

> 抱蜀不言天下治,夷吾逃死为苍生。劝君掷此毛锥子,化作人间金石声。

(《杂著》,第 400 页)

是年　撰《赋得五岳归来不看山五言八韵》古诗。云:"笠屐寻仙去,归来意转慵。万山知一概,五岳岂长逢。北戒兼南纪,秦关迄岱宗。劳劳川陆换,历历汉唐封。何处堪埋骨,兹游可拓胸。倦如飞罢乌,甘作蛰时龙。秃笔优能记,行粮懒再

---

① 原函未署年份。经考,1947 年前后唐文治与张元济同住上方花园里弄,二人交往较多。唐介绍合众图书馆购藏钞校本《宋史记》,极可能发生在这一时期。——编著者

春。不妨云海卧，面面看奇峰。"（同上引书，第 399 页）

是年 撰七律一首，为"王缉亭同年炎寿敬八秩重到泮宫征诗"。诗云："不因城阙薄青衿，廉吏儿孙共此心。马革成仁犹有祠，鸦音争食已无林。未妨苦菜称甘荠，稍喜同苔结异岑。销甲何年思撰杖，肩随应到五云深。缉亭为王壮愍有龄之孙。"（同上引书）

是年 撰《题翁文恭临颜书李玄碑》七绝二首。诗云：

　　沈酣小字《仙坛记》，笔底云雷气未消。乍试千钧回日手，欣然虎卧与龙跳。

　　三洞升元不可阶，郁冈片石藓长埋。非求词句求神髓，突遇前贤十驾斋。

（同上引书）

是年 吴廷燮去世，先生撰《挽吴向之同年廷燮仙游寿八十三葬于南京》联：

　　光宣以来，官制官规多出公手，岂仅北徼方闻，俯仰千秋无继者；
　　辙迹所至，于辽于晋深佩师资，今日丛编待梓，平生一诺敢忘诸！

（同上引书，第 413 页）

1948 年(民国三十七年 戊子) 75 岁

1 月　南京召开"行宪国大",蒋介石、李宗仁当选总统、副总统。

5 月　上海爆发反美扶日运动。

6 月　翁文灏任行政院长,王云五出任财政部长。

8 月　南京政府实行金圆券币制改革。

9 月　东北人民解放军发起辽沈战役。

11 月　华东、中原人民解放军发起淮海战役。

12 月　上海数万市民挤兑黄金,酿成惨剧。东北、华北人民解放军发起平津战役。

1 月 3 日　天津《大公报》刊登胡适题辞的《熊秉三先生逝世十周年纪念特刊》,发表先生《凤凰熊君秉三先生家传》(1945 年撰)与胡适《追念熊秉三先生》等文。①（原报）

1 月 15 日　于《兴业邮乘》复第 31 号发表《及之录(十)》:《德清蔡渭生先生像赞》。文云:

> 知君之贤,而不知推挽以尽其能。知君之困,而不知懊咻以慰其生。知君之羸且病,而又无回春之术以延其龄。呜呼,君曾助我,我岂知君。读此一卷之自述,始详悉其生平。斯人也,为独行之君子,亦尽职之公民。其心常贞,其神常惺,其志常凝。其言虽约,而语语至情,字字至诚。是能以理智克制情感者,岂惟垂训其后昆,洵足以示范于儒林。愚弟叶景葵敬题

> 君讳焕文,字渭生,德清县人,光绪癸卯浙江乡试中式举人。初随堂兄汇沧,至山东登莱青道署,襄办文案。宣统元年,当选浙江谘议局议员。三年,余任大清银行正监督,派为汉口分行核算主任。民国元年,任浙江都督府财政司清理科科长,继任浙江国税厅筹备处科长,保送免试县知事。国税厅裁撤,胡

---

① 据《熊希龄传》记载,1948 年 1 月 3 日为熊逝世十周年纪念日,毛彦文在北平石驸马大街 22 号熊宅举行纪念会。《华北日报》《世界日报》、天津《大公报》等报刊都开辟纪念特刊或专栏,胡适、林志钧、叶景葵、朱经农、成舍我、沈从文等人撰文纪念。——编著者

君黼、张咏霓先后任湖北财政厅,均委为总稽核。民国七年,本行聘为总办事处特聘员,以总办事处握行务中枢,非全部事实彻底了解,不足以资应付,遂将开行以来十三年之各种议录函件,及各行报告表册,尽心披览,不免用脑过度,陡发眩晕之症,医治无效,不得已,辞职回里。民国十一年,股东会举为监察人,因病根未去,只列席一次。张咏霓重任浙江财政厅,任为秘书,因病未能常川办公;咏霓待之甚厚,委办税捐以羁縻之。抗战军兴,德清沦陷,家宅被毁,率全家避难莫干山,又转徙至沪,其妻病死。君本羸弱,重以家国之变,忧能伤人,于三十六年十月,殁于沪寓。遗有自撰《年谱》一卷,将由至友许潜夫、邱溶清等印行。君持躬清正,任事笃实,条理精密,长于钩稽,而又通达事理,规画井然。使财政界有此数十人,可以箴膏肓而起废疾也。

(原刊:《杂著》,第 270—271 页)

1 月 26 日 撰《汤韦存之橡胶业》,记述南洋明庶农业公司创业经过,自己投资情况,以及汤韦存之高尚品格。文曰:

汤蛰先先生有二子:长曰孝佶,字拙存,创办闸口光华火柴厂,现归并于大中华火柴公司。次曰孝傅,字韦存,留学日本,专习农科,民国元年,毕业回国。蛰老正卸去浙江都督,为避嚣计,率韦存游历南洋。行至新加坡,发生经营橡树园之兴趣,遂在对岸柔佛地方,购买荒地二千余意格,留韦存专办其事,命名曰明庶农业公司(《淮南子》云"西南有明庶风",兼取"明于庶物"之义)。顾蛰老不名一钱,其资本议定归拙存及蒋抑卮、蒋孟苹三人均匀筹垫。韦存斩棘披榛,在内地募工头十余人,参用土著,不惮炎暑,躬亲劳役。向来植橡者均以黄梨(即波罗密)相间下种,至四年后,收割黄梨,取回一部份成本,再经四年,即可收割橡汁,熬胶出售。不料黄梨成熟之时,正遇第一次欧战,黄梨割下,缺少马口铁皮制罐,无法销售,只能将成熟之黄梨,改作肥料,由是成本陡增,每年须筹款接济。迨橡胶可割,又因金价太低,内地工头须付国币,增加负担。欧战停止,金价复涨,英荷政府始则限制胶价,继又限制产量。截至民国十三年,三人共垫规元四十万两,财力不继,添招新股,其旧者作为七十万两,另招三十万两以充实之,余受拙存、抑卮之怂恿,入股一万两,忝然为股东矣。次年组织董事会,举余为董事长,韦存以董事兼任经理。至十五年,韦存以感受炎邪,身体不支,请假回国,要求另派董事,前往经理,以均劳逸。董事会允其留沪休养,而难得瓜代之选,仍嘱遥领经理。荏苒数年,工作退化,蔓草滋生。向来柔佛地方,以明庶园为华侨最优秀之农艺,至是声誉减低,不得已,仍请韦存回园整理,未及两年,触发旧疾,状类偏中,又乞假返沪。于是股东发起出卖产业之计划,遍觅沪上经营橡皮股票之公司,与之商洽,其条件之苛,计算之精,令人气塞。韦存以十余年辛苦经营之事业,为犹太商剥削抑勒,心有不甘,病状加甚。董事会亦力主慎重。延至民国二十九年,海上风云更紧,余乃建议请韦存长公子彦颐,赴园考察。彦颐执交大、暨大教鞭,本无余暇,重以乃父之命,冒险前往,至则周谘博访,决定本园毫无进行希望,非出售不可,归来力劝韦存,幡然改计。适遇暨大学生周君,有意经营此业,即与定议让渡。彦颐又至新加坡,办理手续,汇回售价三分之二,分给股东,汇款甫到,突发太平洋战争,尚有售价三分之一,冻结于华侨银行。三十五年冬,彦颐亲赴新加坡,取回余款,于是全业始告结束。股东除成本外,尚分得相当利润。韦存自偏中后,僵卧床褥,言语不仁,晤面时每作痛哭状,余不欲增其感触,故不常往见。至三十六年春,闻彦颐报告余款取回,全案清了,颔首者再,不数日,又发旧疾,医治无效,溘然长逝。韦存体极壮硕,任经理时,每日须巡视全园,不畏毒蛇,不避烈日,其致病之由,实因服劳过久,感受热邪。症属有余,并非不足。又以经营不慎,无利可分,太负责,太爱好,郁而成病。未及全愈,又赴园两年,遂成不治之症。平心论之,明庶结局,实无负于股东,以盈利论,尚属优厚。且二十余年,内地工人,寄回家用,皆系侨汇,实有利于国家。韦存专习农学,毕身致力于本园,除明庶股分外,无一毫私蓄,心地光明,始终如一,固晚近可敬可佩之人才也。韦存尝告余,南洋橡园,受英荷政府宰割,无大希望,云南气候,最适宜于橡皮,如有资本家肯作十年计划,余愿效劳云云。言犹在耳,惜乎国人无注意此业者。年前晤植物学权威胡先骕博士告我,上年云南培植美种菸叶,收获之值达六百亿,本年拟大规模推广,由静生生物调查所任指导之责,以后云南菸叶定可蜚声于世界。足征滇省土脉之厚,以此例彼,韦存必不余欺也。

三十七年一月廿六日 (《杂著》,第 272—274 页)

1 月 31 日、2 月 15 日 于《兴业邮乘》复第 32、33 号发表《及之录(十一)》《及之录(十二)》:《与丁文江论竹》。回忆 1933 年夏在莫干山与丁文江关于竹子的争论[1],以及近来对竹浆胜于木浆的研究,阐述开发钱塘江流域之憧憬。云:

在君所以坚持己见,却非无因。当时资源委员会因我国木浆缺乏,而长江以南,遍地修竹,曾将竹材寄至各国化验。后称竹材不及木浆,以竹造浆,不易腐烂,耗时太久,用腐剂太多太费,纤维太短。故各国造纸家皆谓以竹造纸,最不经济,不合现代之需要。在君所以力持此论也。前日遇一化学家,新从美国归,谓近来研究竹浆,极有进步,竹浆胜于木浆,极易腐烂,用腐剂极省,纤维

---

① 参阅本谱 1933 年夏条目。——编著者

极长,所造纸极坚韧,且其法简单,祇须将竹节割去,便易腐烂。从前皆以竹节并入缸内,故耗时久而费用多。自四川至浙江,沿山沿江,竹之种类极夥,几乎到处皆有,以之为造纸原料,真吾国大富源也。因思学问研究,毫无止境,距在君之殁不过十余年,即竹浆一端,已完全变易原来之成见。使在君不死,其愉快何如! 凡人又乌可故步自封,不肯追求日新月异之事业耶? 胜利以来,吾浙整理钱塘江,颇著成绩,据两年之经验,知钱江必可通航,上游必可蓄水发电,以徽江口最合理想,可以发电八万启罗瓦特,苏浙皖赣之大部份,均可利用。现在新安江两岸,都是荒山,倘遍植竹林,培成造纸区域,歙宣名产,以新法扩大之,定可雄视东亚。今之持筹握算,日夜思保存财富者,其亦有此远见否耶?

（原刊;《杂著》,第 268—269 页）

2 月 28 日　于《兴业邮乘》复第 34 号发表《及之录(十三)》:《汤韦存之橡胶业》。(原刊)

2 月　为《陈陶遗先生遗墨》篆书题签①:陈陶遗先生遗墨　叶景葵敬署(下钤叶景葵印,手迹照片,《合众先贤墨迹选》,第 51 页)

2 月　《合众图书馆丛书》第二集第一种《炳烛斋杂录》(清·江藩撰)出版。顾廷龙撰跋。杨季鹿捐款印行。(原书)

4 月　合众图书馆依宗氏存版印行《咫园丛书五种》出版。计《金陵古金石考目》一卷(清·顾起元撰)、《刻碑姓名录》三卷(清·黄锡蕃撰)、《官阁消寒集》一卷(清·严长明撰)、《江淮旅稿》一卷(清·严长明撰)、《嘉荫簃集》二卷(清·刘喜海撰、民国陈乃乾辑、宗惟恭增)。上元宗舜年(子岱)辑,民国二十六年宗氏刊。四册。顾廷龙有跋云:"《咫园丛书》为上元宗子戴先生舜年编刊,以乡贤遗著为主,甫成三种,遽归道山。令子礼白惟恭,能踵遗志,续获海盐黄氏、东武刘氏两种,寿诸梨枣,遭逢国难,未遽付印。咫园藏弆,旋亦星散,礼白以物力艰难,检点存版,归诸叶丈揆初。丈固宗先生挚交,即以移赠本馆,冀获永久。曩昔,龙承妇兄潘君博山之介,获识先生于吴门,相与讨论金石版本,引为忘年之契。素慕咫园庋藏之富,未及请观,已化云烟,摩挲遗物,益增人琴之感。是辑顾、严二著,久播士林,惟原刻已如星凤,求者难得。黄录考碑工姓名,出自创例,尚未问世,所撰《闽中书画录》,已经本馆为之印行,得此若有奇缘。东武擅精金石,诗文久掩,即此鳞爪,虽非自定,

① 陈陶遗(1881—1946),上海金山人。1905 年参加同盟会,1907 年任同盟会江苏支部长。辛亥后先后出任南京临时参议院副议长、国民党江苏省支部长、江苏省省长等职。抗战后归隐淞滨。1939 年 4 月他与张元济、叶景葵共同发起创办合众图书馆,任首任董事长。1946 年 4 月因病逝世。1948 年 4 月,合众募访得陈氏墨迹十七帧,由叶景葵等捐款景印。张元济题像,顾廷龙撰跋。——编者

亦足慰后人之倾慕已。爰仍旧名,加题书衣,刷印若干部,先为流传,志其缘起,以告读者。"(原书)

先生得《咫园丛书五种》朱印本一部,赠予合众图书馆。(《叶目》)

6月30日 为上海市银行公会卅周年纪念,于《兴业邮乘》复第42号发表长篇论文《中国之银行管制》(1948年7月15日复第43号续完)。文章详细引述国民政府各个时期,特别是抗战以来有关银行管制方面的法令法规,"深有政出多端之感","供金融业之参考,及未来主持银行管制工作者得有所改进也"。全文如下:

本年十月为上海市银行公会成立卅周年,拟出版刊物以志纪念,承辱理事长李馥荪君向予征稿,深愧不文。近以方读金融法令消遣,爰将管制方面者析为《中国之银行管制》。《邮乘》编者一再索稿,用以先行刊登,冀得同仁之指正焉。

我国银行业创始于逊清末叶,并无管制可言。及国民政府奠都南京,民十八年一月十二日财政部公布《银行注册章程》后,对于银行之设立,始行干涉。民二十年三月三十日国府公布《银行法》,其中颇多管制性质条文,而迄未实施。民廿三年七月四日国府公布《储蓄银行法》,实为管制银行之先声。自中日战争后,政府为配合战时金融经济政策起见,遂对银行业务多方面加以管制,其最著者厥为二十九年八月七日财政部公布之《非常时期管理银行暂行办法》(以后简称《管理暂行办法》),迭经同年九月十八日、三十年十二月九日、三十二年一月七日诸次之修正。战后财政部于民卅五年四月十七日公布《管理银行办法》以代之。不旋踵间国府于民三十六年九月一日公布新《银行法》,《管理银行办法》亦告废止。此二十年间政府管制银行之主要法令虽尽如上述,而于管制银行机构业务营运之辅助规章,则甚纷繁,尤以抗战后期者为尤最。此种战时管制办法有引用于战后者,有自动失其意义者,有未经明令引用于战后者。余于批阅诸法规之余,深有政出多端之感,爰为析述,供金融业之参考,及未来主持银行管制工作者得有所改进也。

一、机构之管理

银行机构之设立,本规定向政府登记即可。及抗战发生,行庄之设立者甚多,于是政府先自设立登记着手,进一步遂对新设者加以限制。惟以战前对银行管制工作根本缺乏,禁令亦不能过严,爰有钱庄合并改组银行办法之补救。胜利以来,行庄虽未可新设立,但援引收复区商业银行复员办法开设亦不在少,于是无形中禁令效用已失。及《加强金融管制办法》施行,遂严禁新行庄之设立,即号称复业者,亦不得邀准。至于分支行处之设立及迁移,亦同样受有严格之限制。新《银行法》施行后,虽号称视各地区经济金融情形,限制某一地区增设行庄,惜仍未能充分发挥本法条文规定之精义,仍袭用过去规定焉。

设立之登记

民国十八年一月财政部颁行《银行注册章程》,规定银行应依法向财政部请准注册登记后,始得开始营业。事实上未经设立登记而营业者往往有之。及民二十九年八月七日《管理暂行办法》公布,及规定凡在该办法实施前已开业而尚未呈请注册之银行,应于该办法公布命令到达之日起一个月内,呈请财政部补行注册。为防止金融业阳奉阴违起见,卅一年五月该部通令复规定,凡未经注册之行庄,应不准加入当地银钱业同业公会。嗣为顾及事实,于同年八月该部拟定《各省市未经依法补请注册各行号钱庄变通处理办法》,规定在成都、万县、江津、内江、自贡、宜宾、泸县、西安、贵阳、兰州、衡阳、昆明、桂林、赣县、吉安、韶关等十六地,限于卅一年十月底以前呈请核办,其余全国各商业简单地方,限于卅一年底以前呈请核办,逾期则加以取缔。

设立之限制

旧《银行法》对银行本规定,非经财政部核准不得设立。抗战以后,各大都市新设行庄,多如雨后春笋。当局以此种现象有膨胀信用、助长物价之嫌,《管理暂行办法》乃规定:自该办法施行日起,除县银行及华侨资金内移外,一概不得请设新银行。为预防冒充华侨或假借侨资名义请设银行计,又订立《华侨资金内移请设银行审核标准》。规定:(一)华侨资金内移请设银行,以完全侨资为原则;但自愿与国内人士合资、共同经营银行业务者,其最低出资额须达资本总额百分之五十一以上,方准设立。(二)申请设立银行之华侨,应向侨务委员会取具身份证明书,证实其确为华侨,随申请设立银行注册文件一并呈送,以凭审核。嗣管理办法经过修正,则对银行之设立限制转严,规定除县银行外,新银行一概不得设立。

民卅四年九月二十八日,财政部公布《收复区商业银行复员办法》,规定凡经财政部核准注册之银行,因抗战发生停止营业或移撤后方者,得呈经财部核准,在原地方复业。民卅五年四月《管理银行办法》沿用《管理暂行办法》之旨,规定银行除在本办法公布前,已经财政部核准领有营业执照者外,一律不得设立,但县银行不在此限。此两办法虽对设立新银行仍未开放,然引用复员办法而复业者,或作变相之新设立者仍不在少。因之民卅六年二月十七日,国府公布《加强金融业务管制办法》,规定财政部应视银钱行庄分布情形,指定限制地区,停止商业行庄复业,新设银行钱庄仍一律不准。财部乃据而指定南京、上海、天津、北平、青岛、广州、重庆、济南、汉口、西安、成都、杭州、昆明、苏州、宁波、绍兴、永嘉、沈阳等十八地区。及新《银行法》公布,新银行之设立虽不绝对禁止,但由中央主管官署视国内各地区经济金融情形,于呈准行政院后,限制某一地区内,不得增设银行或某种银行。因之过去十八地区之禁止,仍行援用。

分支行处设立之限制

旧《银行法》规定,银行设立分支行及办事处或代理处,须得财政部之核准。《管理暂行办法》亦规定,银行设立分支行处应先呈请财政部核准。民卅一年五月财部规定,未经报准之分行行处,不准加入当地银钱同业公会,同时又公布《商业银行设立分支行处办法》,规定实收资本超过五十万元者,方得设立分支行处,每超过廿五万元,得增设一处。但经财部查核该地工商业及一般经济金融情形,认为无增设必要者,得不准设立。是年冬,财政部以重庆、成都、内江三地,行庄已多,对商业行庄在该地区请设分支行处,一律截止核准。卅二年四月廿六日限制地域扩展至西安、兰州、衡阳、昆明、桂林、曲江、宜宾、万县八地。同年七月十五日增列贵阳,十月十一日增列柳州,十二月增入江津、合川、南充、自贡、资中、遂宁、泸县、乐山、雅安、康定、达县、长沙、梧州、温州等地,连前共计廿七地区。

民卅四年九月《收复区商业银行复员办法》规定:凡经财政部核准注册之银行,呈准在收复区已设立之分支行处,因抗战发生停止营业或移设后方者,得呈经本部核准在原设地方复业。民卅五年《管理银行办法》根据战时事实,仍规定商业银行设立分支行处,应先呈请财政部核准,但限制增设分支行处地方,不得请求增设。至限制地点以外之分支行处,亦不得请求迁入限制地点营业。同年四月二十四日财部据此公布《商业银行设立分支行处及迁地营业办法》,规定:(一)凡商业银行须注册已满四年,实收资本在二千万元以上、业务正常者,方得设立分支行处;每超过五百万元得增设一处;至本办法公布前已呈核设立之分支行处,得不受上项规定之限制,但其所设分支行处已超过上项规定者,不得再行增设。(二)凡经济上无增设金融机构需要之地方,财政部得限制商业银行增设分支行处,其地方另以命令定之。及《加强金融业务管制办法》公布后,即制定南京、上海、天津、广州等十八地区停止增设分支机构。新《银行法》施行后,分支行设立不再有年限及资本额之限制,规定凡银行经核准营业登记后欲设立分行时,应开具营业种类及范围、营业计划及分行所在地,分别呈请营业登记,但亦由中央主管官署视国内各地区经济金融情形,于呈准行政院后限制某一地区内不得增设分支或某种银行之分行。事实上,现亦援用十八地区之禁令。

总行分支行处迁移之限制

民卅三年十月廿一日颁行《商业银行及其分支行处迁地营业办法》规定，不得迁入重庆、成都、内江、西安、兰州等廿七地区，亦不得互相迁移。如因战时撤退而欲迁移至上述廿七地区以外地点营业者，须于撤退后六个月内为之，并应先行报经财政部核准。他日恢复原地营业时，其迁地营业之行处，应即报请撤销。

民卅五年四月财部公布《商业银行设立分支行处及迁地营业办法》，规定：商业银行总行及其分支行处迁地营业，应先呈明理由，呈请财政部核准，方得迁移。但其迁移地方，须在原营业地方附近，而系适应经济上之需要为限。惟不得迁入限制地方。

银号钱庄改组银行之限制

财政部为严密管制行庄，使银行机构基础渐趋巩固，对于银号钱庄之增资改称银行，予以限制。卅二年三月，财政部以渝钱字第三七七八五号训令通令钱业公会，谓此后银号钱庄之欲增资改称银行，除合并三家以上银号钱庄，改组为银行得予核准外，概不得单独增资改称银行。嗣参酌各地金融情形，乃于卅三年一月增订银号钱庄改组为银行办法四项：(一)重庆、昆明二地，凡已注册之银号钱庄，增加资本改组为银行者，至少应实收资本一千万元；(二)成都、西安、桂林、贵阳、康定、曲江、兰州、内江、宜宾、万县、柳州、江津、合川、南充、自贡、资中、遂宁、泸县、乐山、雅安、达县、梧州、温州廿五处已注册银号钱庄，增加资本改组为银行者，至少应实收资本五百万元；(三)除以上二项所列地点以外，其余各地注册银号钱庄增资改组为银行者，应实收资本二百万元；(四)如遵照卅三年三月渝钱字第三七七八五号训令，合并已注册银号钱庄三家以上改组为银行者，得不受前三项地点、资本额之限制。惟自上项办法施行以来，往往有藉顶替牌号增资改组为银行者，与财部立法本意不符。为矫正流弊起见，乃于卅四年三月六日将上项办法取消，并规定已呈请增资或合并改组为银行、未经核发营业执照者，一律不得改用银行名称，以示严格限制增设商业银行之意。新《银行法》公布后，复加宽放，凡钱庄资本合于规定银行资本额者，得改称银行。

二、存款之管制

银行存款管制，始于《储蓄银行法》。如第九条规定，储蓄银行至少应有储蓄存款总额四分之一相当之政府公债、库券及其他担保确实之资产，交存中央银行特设之保管库，为偿还储蓄存款之担保。战时为控制信用起见，乃有存款准备金之缴存。惟政府对存款管制，固不仅在于控制信用为已足，因此管制方法亦有多端。

缴存保证准备金

保证准备金,初为存款准备金,《管理暂行办法》第三条即规定:银行经收存款除储蓄存款应照《储蓄银行法》办理外,其普通存款应以所收存款总额百分之二十为准备金,转存当地中、中、交、农四行任何一行。三十一年七月十六日渝钱稽字第三〇七四六号训令改由中央银行集中收存。在无中央银行地方,由该行委托中、交、农三行之一办理。《管理银行办法》公布后,规定银行经收普通存款,活期应按百分之十五至百分之二十,定期应按百分之七至百分之十五,以现款缴存准备金于中央银行或其指定代理银行。缴存率既有变更,事实上银行受惠仍少,因活期仍按百分之二十计算,定期虽改按百分之十五,但银行定期存款在存款中所占比重甚微。及新《银行[法]》施行,规定商业银行、储蓄银行、信托公司、钱庄,应按活期百分之十至十五,定期百分之五至十,实业银行应按活期百分之八至十二,定期百分之五至八,缴存保证准备金于中央主管官署所指定之银行。此项保证准备金得以公债、库券或国家银行认可之农工矿业或其他生产、公用、交通事业之股票或公司债抵充。惟今日财政部仍规定,活期按百分之十五,定期按百分之十,一律以现金缴存。

提存付现准备金

"付现准备金"事实等于库存。其名称始见之于新《银行法》。据规定各类银行最低之付现准备金比率为:商业银行、信托公司、钱庄均为活期存款百分之十五,定期存款百分之七;实业银行为百分之十二及百分之六;储蓄银行为百分之十及五。

禁收机关存款

初财部迭据报告,各机关间有将公款提存国库以外之其他银行者,嗣又据报各地银钱业特别提高存款利息,收受军政及国营事业各机关存款者,因于三十二年九月廿六日渝钱稽字第四三九六六号训令,通饬各地银钱业公会,转行各商业行庄,一律不得收受军政及国营事业机关存款。

存户限用本名

财部为监督银钱业,对于存款户名限用本名起见,特于民卅六年五月十二日公布《存款户限用本名推行办法》规定:(一)行庄应以书面通知以堂名、记号为户名之存款户,尅即依照姓名使用限制条例之规定,洽改本名;(二)行庄于存款户开户时,应嘱存户将其真实姓名、职业及详细地址,在开户申请书内详细填注,不得遗漏。如系商号存款,并应填明负责人姓名及地址。

三、放款之管制

放款管理,最初本限于对他银行之放款及本地银行股票之押款。如旧《银行法》第十一条规定："银行不得以本银行股票作借款之抵押品。"第十一条规定，银行放款收受他银行之股票为抵押品时，不得超过该银行股票总额百分之一。如对该银行另有放款，其所放款额，连同上项受押股票数额，合计不得超过本银行实收资本及公积金百分之十。及《储蓄银行法》施行，对放款正式加以限制。如（一）以同一公司发行有价证券为质之放款，不得超过该公司已缴资本及公积金总额十分之一；（二）以继续有确实收益之不动产为抵押之放款，不得超过其存款总额百分之一；（三）以他银行定期存单或存折为质之放款，不得超过其存款总额十五分之一；（四）购入他银行承兑之票据，不得超过其存款总额二十分之一；（五）以农产物为质之放款，与对于农村合作社之质押放款，其总额不得少于存款总额五分之一。惟此项规定亦过于苛细，无法认真做到。抗战期间对银行放款，虽不若过去之详定比额，但法令亦甚繁多。最著者为民卅一年五月二十一日财部公布之《管理银行抵押放款办法》及《管理银行信用放款办法》，兹依此分类，并参入其他法令，分析如后：

甲、抵押放款

一、放款对象　初财部于民二十九年三月二十六日渝钱银字一四四六号训令，规定各银钱行号对于货物押款，应注意请求押款人是否为该行业正当商人。如不能确定其为本业正当商人，应即予以拒绝。《管理暂行办法》规定：银行承做以货物为抵押之放款，应以经营本业之商人、并加入各该同业公会者为限。民卅五年《管理银行办法》除有同样规定外，并进一步规定：贷放应以农工矿生产事业、日用重要物品之运销事业（日用重要物品之范围由财政部商同经济部订定之）、对外贸易重要产品之运销事业为主要对象。

二、填报用途　《管理抵押放款办法》规定，银行应责令押款户填送《借款用途申明表》及《营业概况表》，以备抽查。个人抵押借款得免送《营业概况表》。三十六年二月《加强金融业务管制办法》规定，银行放款必须逐笔记载其用途，以备查核。

三、押品范围　押品范围之规定，始于《管理银行抵押放款办法》，可以抵押之证券、物品为：（一）有价证券；（二）银行定期存单；（三）栈单，提单、商品或原料。但另经主管机关定有管制办法者，应依照各该办法办理。

四、禁押物品　民二十九年三月训令规定，川、黔两省境内各银行钱庄，应即停做粮食押款，其已承做者并限令押款人取赎。《管理抵押放款办法》规定，不得以（一）本银行股票；（二）禁止进口物品；（三）违反禁令物品；（四）容易腐坏变质物品为押品。民卅二年十一月四日渝钱己字第四五二五七号训令，禁止行庄不得以美金公债及美金节约建国储蓄券为抵押品放款。民卅三年三月间,禁止行庄不得以金类为质押放款。同年十一月间,训令银钱公会转知各行庄,严禁以粮食为抵押之放款。民卅五年《管理银行办法》,禁止承受本银行股票为质押品。

五、放款数额 《管理暂行办法》规定,每户放款数额不得超过该行放款总额百分之五。但工矿业以原料为抵押,经主管机关证明,确系适应生产需要者,不受上项放款数额之限制。《管理抵押放款办法》根据此项意旨规定:银行承做抵押放款,如系承销国家专卖物品之商号,及受国防或经济主管机关委办事业,或增加日用必需品生产之厂商,经各该机关证明报由财政部特准者,不受放款数额之限制。又以附有担保单据之票据承兑及贴现方式之放款,得不受暂行办法百分之五之限制。民卅五年《管理银行办法》规定,银行对农工矿商之贷放,不得少于贷放总额百分之五十。又规定收受他银行股票之押款,连同对该银行另外放款,合计不得超过本银行实收资本及公积金百分之十。民卅六年四月十一日财部京钱庚三字第三一六六四号代电,重申商业银行对农工矿商之贷放,不得少于贷放总额百分之五十之标准,并注意借款客户所借数额是否与其业务相称。及新《银行法》公布,规定商业银行、钱庄以不动产为抵押之放款总额,不得超过存额总额百分之十五;实业银行、储蓄银行、信托公司不得超过百分之三十。

六、借款期限 《管理暂行办法》规定,放款期限最长不得超过三个月。已届期满请求展期者,应考查其货物性质。如系日用重要物品,应即限令押款人赎取,不得展期。其非日用重要物品押款之展期,以一次为限。但工矿业以原料为抵押,经主管机关证明确系适应生产需要者,得不受上述之限制。《管理抵押放款办法》根据此项意旨规定:银行承做抵押放款,如系承销国家专卖物品之商号,及受国防或经济机关委办事业,或增加日用必需品生产之厂商,经各该主管机关证明报由财政部特准者,得不受借款期限之限制。民卅五年《管理银行办法》规定:银行对于农工矿生产事业之放款期限,最长不得超过一年;其余放款期限,最长不得超过六个月,展期均以一次为限。民卅六年四月十一日财部代电,令行庄应注意借款客户之借款时期,是否与其业务相称。及新《银行法》公布,规定抵押或质之放款期限,商业银行与钱庄不得超过一年;储蓄银行不得超过二年;实业银行与信托公司则未加规定。

七、押品折扣 历来管制法令对抵押品之折扣,均无规定。及新《银行法》公布始规定:银行放款以不动产或动产为抵押或质者,每次放款之数,不得超过其抵押物或质物时价百分之七十。对于为抵押之不动产已设定其他债权者,应合并计算,仍不得超过其时价百分之七十。

　　乙、信用放款

　　一、信用对象　《管理信用放款办法》规定：(一)个人信用放款,除因生活必需、每户得贷予两千元外,其余一律停做。(二)工商各业信用放款数额在五千元以上者,应以经营本业之厂商,已加入各该同业公会、持有会员证,并取具两家以上曾在主管官署登记之殷实厂商联名保证其到期还款,并担保借款系用于增加生产或购运必需品销售者为限。新《银行法》规定：银行不得对本行负责人或职员为任何方式之信用放款。

　　二、填报用途　《管理信用放款办法》规定：银行应责令借款人于申请借贷时,除依照规定办法办理外,并应填具《借款用途申明书》及《营业概况表》。三十六年二月《加强金融业务办法》规定,银行放款必须逐笔记载其用途,以备查核。

　　三、放款期限　《管理信用放款办法》规定：最长不得超过三个月,已届期满请求展期者,得查明需要情形,以展期三个月为限。但如系承销国家专卖物品之商号,及受国防或经济主管机关委办事业,或增加日用必需品生产之厂商,经各该机关证明报由财政部特准者,得不受借款期限之限制。新《银行法》规定信用放款期限,商业银行、钱庄及储蓄银行,不得超过六个月。

　　四、放款数额　《管理信用放款办法》规定,银行承做工商各业信用放款,每户不得超过该行放款总额百分之五,各户总计不得超过百分之五十。新《银行法》规定各类银行信用放款,商业银行不得超过存款总额百分之二十五,储蓄银行百分之十,钱庄百分之五十。

四、其他之管制

　　政府管制银行之基本用意,除在配合战时金融政策外,对行庄之投机囤积,更多方面加以防止。仅在基本上对银行受信业务加以收缩。如交存存款保证准备金,及限制授信业务,使不致滥行贷放外,尤恐行庄高利吸收存款,高利贷放,或利用存款经营商业,或利用买汇为名而达放款之实。因此复对利率、汇兑、投资等加以管理。

　　管理存款放款利率

　　抗战以后,利率逐渐增高,因之民卅年底财部核定比期存放款管制办法,规定比期存款之利率,由当地银钱公会于每届比期前二日,报请当地中央银行核定之。比期之日拆按日计算,亦不得超过本比核定之利率,比期放款之利率不得超过当地该届比期存款利率二厘。民三十五年二月十六日,国府公布《银行存放款利率管理条例》,规定：(一)银行存款利率不得超过放款利率。放款之利率最高限度,由当地银钱业同业公会斟酌金融市场情形,逐日拟订同业日拆及放款日拆两种,报请当地中央银行核定,牌告施行。(二)未设中央银行地方之银行放款利率,以距离最近地方中央银行牌告为标准。(三)银行放款利率,超过当日中央银行牌告日拆限度者,债权人对于超过部分无请求权。新《银行法》中亦有同样规定。

规定经营汇兑办法

管理汇兑,始于《管理暂行办法》。当时规定银行承做汇往口岸国币汇款,以购买供应后方日用重要物品、抗战必需物品、生产建设事业所需之机器原料,及家属赡养费之款项为限。卅三年五月卅日财部以渝庚三字第五一六一九号训令,颁行《银行经营汇兑业务办法》六项。关于买入汇款,无论即期或定期,应以买入同业汇款为限,其买入普通工商业或农业汇款,以合于非常时期票据承兑贴现办法规定之承兑汇票为限。至汇出汇款业务,无论信汇、票汇或电汇,不得于汇款人未将汇款交到以前,先行汇解。如须为汇款人先行拨垫一部或全部款项时,应先将拨垫款项依照规定办理放款手续后,再行办理汇解手续。

禁止直接经营商业

旧《银行法》规定银行不得为商店或他银行、他公司之股东。抗战期间,银行颇有利用吸收之资金从事商业者。因之《管理暂行办法》乃明白规定:银行不得经营商业或囤积货物,并不得设置代理部、贸易部等机构,或以信托部名义另设其他商号,自行经营或代客买卖货物。三十五年四月公布《管理银行办法》,亦有同样规定。民卅六年二月《加强金融业务管制办法》,规定任何银钱行庄,非经政府委托,不得经营物品购销业务,违反者以囤积居奇论罪,并得吊销其营业执照。同年四月十一日,财部以京钱庚三字第二一六六六号代电,重申银行不得直接经营商业之禁令。新《银行法》规定,银行不得经营其所核准登记业务以外之业务。

督导投资生产事业

《管理暂行办法》第四条规定:银行运用资金,以投放于生产建设事业暨产销押汇、增加货物供应,及遵行政府战时金融政策为原则。但银行扶植生产建设事业时,如不用贷款方式通融资金,而直接投资为股东者,若不妥加限制,一旦遇有经济恐慌发生,必将动摇银行基础。财部乃与卅一年三月二十三日以渝钱行字第二七八五八号训令,规定银行投资生产事业公司入股办法:银行投资于各种生产建设事业,加入该事业之公司或厂号为股东时,除依照《公司法》第十一条限制,不得为无限责任股东,如为有限责任股东,其所有股份总额不得超过银行实收股本总额四分之一,并须先行呈经财政部核准后,方得入股,以资覈实。如在规定以前已有上项投资者,并应开具清单,胪列事实,补行呈准,以完手续。卅五年《管理银行办法》则规定:银行不得为商店或他银行、他公司之股东。但经财政部之核准,得投资于生产建设事业。新《银行法》中,则规定商业银行及钱庄购入生产公用或交通事业公司之有限责任股票,其股票购价,每一公司不得超过其存款总额百分之二,总额不得超过其存款总额百分之二十;实业银行购入农工矿业及其他生产公用或交通事业公司之有限责任股票,其股票购价,每一公司不得超过其存款总额百分之四,总额不得超过其存款总额百分之四十。但对于商业银行规定之比额,亦准用之。储蓄银行及信托公司之投资对象与实业银行同,但每一公司之比额为百分之二,总额为百分之二十五。

当日票据禁止抵用

当日票据禁止抵用,实始于民国卅六年。按是年财部七月十七日财钱庚二字第二九九八三号代电称:据查报各地行庄每有客户解入他行票据,于未兑收前即准抵现支用情事,非仅足以扩张信用,抑且足使行庄自身头寸匡计难周,弊端滋大,风险堪虑。故特分饬各地银钱业公会,转令行庄遵照纠正。嗣财部据而正式颁行办法,禁止票据当日抵用。银钱业、工商业因此事影响工商业资金之周转,一再颁请收回成命,未蒙允许。后金融业拟订在限额内,得随时抵用之《抵用透支契约办法》,但行庄亦得随时停止抵用。此点未邀许可。因于卅七年六月一日起规定,除银行本票、汇票、解条、保付支票外,一律不能抵用。不意禁止抵用之后,工商业纷纷使用本票,致行庄本票泛滥市场,当局深觉未妥,乃规定每日本票余额应提存中央银行或票据交换所,并规定采行抵用透支契约焉。

五、管制机构之演变

民国卅一年二月,财政部为实施银行检查,特于钱币司添设稽核室,专主其事。嗣为加强管制,于卅一年七月廿四日公布《财政部银行监理官办公处组织规程》《财政部银行监理官办公处办事细则》及《财政部派驻银行监理员规程》。决定先在成都、内江、万县、宜宾、桂林、昆明、贵阳、衡阳、曲江、西安、兰州、金华、屯溪、永安、吉安、洛阳等十六处设监理官;监理官所在地设监理官办公处。监理官之职掌为:(一)事前审核行庄放款业务,事后抽查放款用途;(二)审核行庄存款、汇兑等表;(三)督促行庄提缴普通存款准备金及储蓄存款保证准备金;(四)检查行庄账目,并会同主管官署检查向行庄借款厂商之账目;(五)报告行庄业务状况;(六)调查报告经济金融状况;(七)向部建议金融应行兴革事项;(八)其他部令饬办事项。惟监理官管辖区过于广阔,不易严密执行职务,故另于各省地方银行及重要商业银行,设置派驻银行监理员,常川驻行办公,以便随时监督驻在行之业务。

民卅三年十一月廿八日,国家总动员会议通过《加强银行管理办法》九条,将各区银行监理办公处,改为某某区银行检查处,负责检查各地中国、交通、农民三行,中信、邮汇二局,当地省银行及各商业银行之业务。各区银行检查处设处长一人,由财政部派充;副处长一人,由当地中央银行经理兼任;以下秘书、稽核、办事员等仍由财部派充。所有待遇比照银行人员办理。经费则由中央银行负担,作正式开支。卅四年四月行政院第六六八三号指令照准《财政部授权中央银行检查金融机构业务办法》十三条,于中央银行内增设金融机构业务检查处。该处遂于六月一日正式成立,各区银行检查处则于五月底一律撤销,同时过去颁行之监理章则,均告废止。

民卅五年,中央银行常务理事会决定,将金融机构业务检查处与稽核处合并为稽核处,所有财部授权办法检查全国金融机构业务,自十月一日起由稽核处继续办理。民卅六年十二月初,财部为防止各地金融机关之投机及非法活动,颁行《金融管理局组织规程》十四条。规定于上海、天津、广州、汉口四地设置金融管理局,其职掌为:(一)国家行、局、库暨其信托部或其他财政机构之放款、汇款、投资,及其他交易之审查及检举事项;(二)省市银行、中外商业银钱行庄、信托公司、保险公司、信用合作社及其附属机构,或其他经营金融业务之行号之放款、汇款、投资,及其他交易之审查及检举事项;(三)银钱业联合准备委员会及票据交换所之督导及检查事项;(四)政府机关及国营事业机关违背公款存汇办法之检查及取缔事项;(五)非法金融机构之检举及取缔事项;(六)黄金、外币、外汇非法买卖之检举及取缔事项;(七)金融市场动态之调查及报告事项;(八)其他财政部命令饬办及中央银行委办事项。

金融管理局之工作,其管制对象大为扩展。不但民营金融机关在其管理之列,即国家金融机关及事业机关亦与焉。惟范围过大,亦难作周密之管制,兼之地域亦限于四大都市,其余各地仍由中央银行分行检查课负责。未来演变,固难逆料也。(原刊)

6月 经张元济推荐并多次联系[①],是月定议由合众图书馆全数购入海盐朱氏

① 1948年3月10日,张元济致顾廷龙函,云:"前日承示敝同乡朱旭辰丈收藏各科乡会试朱卷甚富。昨已托金籛孙敝同年转询,如肯出让,请示一目,并开售价。籛兄与旭丈为儿女亲家,据云有明清之际所印者不少。此却甚难得也。"6月19日张又致顾廷龙函,云:"前属问敝同乡朱君旭人所藏历科朱卷可否出售,当托金籛孙同年转询。顷得朱君令弟复信,系复籛孙兄者,据称检查甚属费事,已抄成清册一本寄来。今送上,并附说帖一纸,祈核阅。朱君信又云,另有破碎及蛀损者尚未列入册内,此一千五百余本堆垛匪细,几高丈许,将来如何运寄,亦非易易。理合陈明,应如何答复之处,敬祈核示。"同年9月2日张再致函顾廷龙,谓朱氏"续又发见数百册,拟俟第一批了结后再开单寄阅……乞即转告撰兄速即去信……"(《张元济全集》,第3卷,第44页)——编著者

寿鑫斋藏清代历朝朱卷 2 000 余册(四十余年后,成为《清代朱卷集成》主要来源之一。《清代朱卷集成》,台北成文出版有限公司 1992 年版,共 420 册。收录清代自康熙至光绪历朝乡试、会试、五贡等朱卷 8 235 份)。顾廷龙云:“朱卷具有多方面的文献价值。其履历比官刻的登科录、乡试录、会试录以及同年齿录等所载详细,不啻一部家谱的缩影。而作为应考者的档案,其所反映的世系资料在一定程度上较之家谱更为真实确切。如今人们已认识到家谱是研究人口学、社会学、民俗学及宗族制度等方面不能或缺的文献,殊不知朱卷对这些研究具有与家谱同样不可忽视的作用。”“抗战初期,我国沿海各省相继沦陷,东南地区文物大量散亡,外国人乘机四处搜罗,舶载而去。时张元济、叶景葵等爱国人士为保存文化典籍在上海创办合众图书馆,先是以重价购得海盐朱氏寿鑫斋所藏朱卷二千余册,后由吴县潘氏著砚楼捐赠一千余种。五十年代‘合众’改为上海市历史文献图书馆,继与上海图书馆合并,前后数十年,依然蒐集不辍,致使蔚成八千余种之大观。”(顾廷龙《〈清代朱卷集成〉序》,《顾廷龙文集》,第 107—108 页)

8 月　校阅《后汉书疏证》刻本与原稿,并撰校记。云:“浙局刻本共分三十卷,与原稿核对,计缺而未刻者:《本纪》《列传》原卷五马廖以下三十七叶、《列传》原卷六郑兴以上十二叶,刻本卷六三十叶以后未完,计缺《张衡传》以前九叶半。原稿卷十卷十一全未刻。原卷十二《独行传》以前缺十四叶;末卷《西羌传》以下缺四十三叶。局刻分列传为十二卷,不依原目以意为之。《郡国志》分为十八卷,悉依原目。原稿初次编目,《郡国志》自卷十二起至卷三十止,共分十九卷。惟将十二、十三卷合为第十三卷,又收廿六、廿七卷合为第廿六卷。惟廿七卷所刻为《前汉艺文志》,甚不可解。细加紬绎,知系初校时以廿七卷《武威郡》篇叶太少,故并入廿六卷《金城郡》,合为廿六卷。如是则缺廿七卷,而前后卷均已排定付刊,乃羼入《艺文志》伪为廿七卷,以凑足三十卷之数,致成笑柄。盖是书刻于光绪廿六年,其时书局人员屡易,已无复初元矜慎之风矣。”“八卷止刻《郡国志》一种,计缺《律历》《礼仪》《祭祀》《天文》《五行》《百官》《舆服》。详读原稿,知《郡国志》最初属草迨全书告成,乃重定目次,故《郡国志》有初目,有重定之目,浙局所据乃其初稿,嘉业堂所藏则为定稿也。”“局刻校对讹误尚少,《第五伦传》缺‘犹解醒当以酒也’一条;《王龚传》缺‘蘧伯玉耻独为君子’一条;《蔡邕传》缺‘还守本邦’一条;《东夷传》缺‘马加牛加狗加’一条,似系校者所删。又刻本卷七‘縱特肩’下多‘胆完觝搞介鲜’一条,卷十二‘著独力之衣’下少‘溪蛮丛笑’四行,则系初稿与定稿之异同也。三十七年八月粗校一过,记其所见。”(《书跋》,第 21—22 页)

8 月　《番禺叶氏遐庵藏书目录》作为合众图书馆藏书分目之二出版。潘景郑、顾廷龙编,张元济撰序,叶恭绰撰后跋。（原书）

9月17日 撰振绮堂本《吹豳录》跋。云："民国初元，见湘友王佩初鬻书单，载《吹豳录》十册，未见原书。至廿九年合众图书馆草创，始假得中央图书馆藏传抄本，照录一部。再三紬绎，深佩西林老人于荒寒寂寞之乡，神与古会，其剖析六律渊源，及抨击历代谬说，最精要处，竟与陵次仲、陈兰甫诸儒不谋而合，叹为奇书。闻李玄伯先生藏有精抄十册，系朱朗斋手校，六、七两册则系程易畴改本。面乞假读，慨然允许。展卷大喜，即佩初故物也。先读程改两册，知西林行文易流冗蔓，又往往词不达意。易畴遂删润，胜于原本处甚多。且易畴改本悉照西林原意。虽钩乙杂沓，无损其真。若立说之缪(谬)者，眉书纠正之。如卷二十四辨鼓在钲长之中各条，卷二十六说鼓股十八分一条，可见大儒之矜慎矣。检国学图书馆藏目，有汪十村传抄本，所录朗斋后跋，文义删节，不易明了。乃乞柳馆长录示原跋全文，始知朗斋与西林同馆。汪氏是稿，曾录副本，藏于振绮堂。西林逝世，朗斋尽收遗稿。是书之稿，已缺三册，至乾隆丙午春，易畴见而善之，托朗斋传抄一副。因原稿有佚，乃借振绮藏本补足。并将振绮本原抄讹字悉为校正。于是年闰七夕竣工，附识卷末，仍归振绮堂。复查玄伯藏本，后题'文藻校于丙午长夏'，可证为振绮原藏无疑，不知何时佚去两册，后人取易畴改本补其缺，于是朗斋后跋所谓流传二本竟为延津之合。惜乎！易畴改本余两册外，不知尚在人间否耳！既属顾君起潜校读一过，敬书缘起以谢玄伯先生通假之惠。三十七年岁次戊子中秋日记。"（《书跋》，第10—11页）

10月10日 李拔可招饮。撰《和李拔可》七律三首。

一、"重阳前一日墨巢招饮，末示原章索和甚亟。"诗云："要斫婆娑未执柯，重阳却恨桂阴多。了无风雨看愁绝，尽有江山唤奈何。朝槿尚思遮白日，阿胶那得止黄河。吾侪醉饱终非计，从此苍颜不再酡。"

二、"前诗已呈，佳章忽赉，再和一首。"云："黄花虽老不为柯，重九词人瘦影多。但使饥寒非范叔，也将成败听萧何。有巢莫比兔营窟，无肉难偿蠡饮河。昨梦三周华不注，纵倾美酿岂能酡。"

三、"和墨巢重九未有菊。"云："恶说雕虫不壮夫，故将险语斗霜腴。横行已被先生馈，寿答何堪后至诛。缱绻素心千载有，摩挲旧物五铢无。明年此会争腰脚，长白山头试一壶。"（《杂著》，第402—403页）

10月11日 参加浙江兴业银行股东临时会。会议议决授权董事会按照金圆券法令调整本行资本。（见《浙江兴业银行股份有限公司调整资本计划书》，上档Q269-1-23）

10月15日 由浙兴董事陈永青陪同赴南京。在宁三四天期间，曾游中山陵、灵谷寺、玄武湖与莫愁湖等处。1949 年史惠康《忆揆公》一文记云:"去年九月①间,正是实行'金圆券'之后,他偕陈永青先生来京游玩。这时正是限价政策时代,市上东西难买到手,许多馆子店打起烊来。他下榻于颐和路招待所。我伴着他们到过中山陵、灵谷寺。他对于灵谷寺一带的优雅景色,最为欣赏。他说他能在这么幽静地方多活几年。我们也到过玄武湖,并在五洲公园内合摄一照。……我们又相偕到莫愁湖。他这次兴致特别好,在途中谈起秦淮河畔在前清时代的盛况,他说他已年老,是不中用了。但他的话都是年轻的,我们忘了他已是七十多岁的人了,所以也随便发言,尤其是陈永青先生,他的发言制造出许多笑声。揆公被笑带回到年轻时代的记忆去了。于是走了许多路,把疲劳消化在快乐的欢笑中。""揆公这次到南京,可以说是他一生中最后一次的旅行。他在南京住了三四天,除了请他在回教馆的马祥兴吃了一次饭外,都在行中便餐。马祥兴有只名菜'美人肝',他说这只菜应该你们年轻人吃,请陈永青先生代他多吃些。可是他对于这只名菜是吃了,他说滋味尚不差。第二天就决定回上海了。"(《兴业邮乘》,复第 54 号)

△ 在南京,撰《山志》七绝二首。诗云:

　　莫愁湖上泛春波,王气销沈六代多。抛却湖光入山去,愁心争奈莫愁何。

　　恭己无为《舜典》残,无名荡荡誉尧难。阆风仙仗朝群后,山志应题莫不干。

(《杂著》,第 401 页)

△ 在南京,访国学图书馆,阅《吹豳录》钞本,后补撰振绮堂本《吹豳录》跋一则。云:"嗣游南京,亲访国学图书馆,请观十村抄本,后有小跋,称系借原本影抄,每半页十二行,行廿五字,而此本系十行,行三字,则非振绮原本,当为朗斋自己抄藏之本。前跋非是,应更正。"(《书跋》,第 11 页)

10 月 18 日　晚,由南京乘"飞快车"返沪。9 时 50 分列车途径苏州站时,后三节列车出轨倾覆,有旅客受伤,火车遂滞留苏州。10 月 20 日《申报》报道云:"当列车驶经苏州站(飞快车苏州站不停靠)第三支道时,最后四〇四、四〇五、四〇八(瞭望车)三节之转向架同告脱轨,四〇四、四〇五两车连接处之老虎口,受撞击折裂,车身向南倾倒,四〇八倾倒较轻。钢轨完好,枕木一百六十根受损,四〇四号因倾倒时撞及停靠邻轨之八十四次机车,车窗玻璃十一被破碎,旅客三人被碎玻璃划伤手部面部,伤势尚轻,经包扎后与四〇四、四〇五车中其他旅客迁入前四节未脱轨之车中,仍行驶来沪,于昨晨一时抵达北站。"(原报)

----

① 指农历九月。——编著者

先生等经历惊险一幕,幸而未伤。遂下车出站,与陈永青偕至浙兴苏州支行,下榻于该行经理王叔畲寓所。王叔畲次年《追忆叶公揆初》一文记云:"卅七年余在苏行,冬某夕,公偕陈永青先生自京返沪,车至苏州,轨毁不能再进。公与陈先生即偕至苏行,下榻余寓。余遂侍丈履,欢然共道近况,笑谈之顷,惊骇尽失。翌晨,余以仓卒未能备膳,市饼饵十许以饷。公与永青先生尽啖之。高年康健,此寿者之相也。余述及初识公时情状,公微笑应答,一一均能忆及。且言民十四时齐鲁战起,君夫人出嫁,遭乱兵流弹伤足,距今二十余年,君今子女成行矣!公之记忆力,令人惊异。而其关注余事,不以原为一小行员而忽之,则尤可感也。晨餐毕,公至潘季孺先生处。潘老长公一岁,二公俱健谈,掀髯剧论,一时如李、郭之同舟也。"(《兴业邮乘》,复第54号)史惠康记云:"他(指先生——编著者)说由沪来京乘的是夜车,回去必须乘有冷气的'飞快车'。结果真的是坐了飞快车回去。可是第二天早上看报,就是这班飞快车在苏州附近出了轨,我们真是替他老先生担心,特别打个长途电话给苏支行去打听。据说揆公当晚就宿在苏行王经理处,除受虚惊外,尚无什么损失,我们才放心下来。一星期之后,我也回到上海,见了揆公的面,他就说:'火车出了轨,你们几乎要向我三鞠躬了。如果真的如此,是我命中注定。要坐这班飞快车是我自己定选的,与你们无涉。'他说了哈哈大笑。"(《忆揆公》,同上引刊)

10月24日 参加浙兴董事会会议。通过《致股东会调整资本计划书》。文云:

本银行实收资本总额原为法币一千万元,分为十万股,每股法币一百元。业已遵照金圆券发行办法,折合为金圆三元三角三分。兹经董事会议决,依照《商营银行调整资本办法》之规定,及本年十月十一日股东临时会决议案之授权,决定调整资本总额为实收金圆三百万元,分为十万股,每股金圆三十元,拟具调整资本计划如左:

一、本银行经营商业银行业务,并附设信托部及储蓄部,兼营信托储蓄业务。总行设于上海,在南京、无锡、苏州、杭州、北平、天津、汉口、重庆、昆明、南昌(尚在筹备中)及香港等地区,设立分支行共十一处。依照《商营银行调整资本办法》第三条商营银行实收资本最低额之规定,商业银行资本应为金圆五十万元;附设之信托及储蓄部资本依照上列标准资本额,每部增加二分之一计算,应为金圆五十万元;分支行资本每处增加十分之一,应为金圆五十五万元。总计资本最低额应为一百五十五万元。兹经董事会依据股东临时会议之授权,决定调整资本总额为实收金圆三百万元,分为十万股,每股金圆三十元,按原有法币股份加以核计,计每法币股份一股,应调整为金圆股一股。

二、本银行依照《商营银行调整资本办法》第六条第三款之规定,将总分支行自身所有之营业用房地产重行估价结果,计在营业用地产项下,可得重估增值金圆二百九十六万四千五百二十四元九角六分(附表一)①,在营业用房屋项下,可得重估增值金圆一百六十一万二千九百五十四元六角三分(附表二)。总计可得重估增值金圆四百五十七万七千四百七十九元五角八分。就重估增值数中拨出金圆一百四十九万九千九百九十六元六角七分,分配与原股东转作资本,其余金圆三百零七万七千四百八十二元九角一分转作公积金。连同原有法币资本已折合为金圆三元三角三分,合成应增资本总额百分之五十,计金圆一百五十万元。按原有法币股份数加以分配,计每法币股份一股,可派得金圆股款十五元。

三、本银行依照《商营银行调整资本办法》第五条规定,将原有法币资本已折合为金圆券,并将上述资产重估增值数额以之冲抵应增资本百分之五十,计金圆一百五十万元外,其余应增数百分之五十,计金圆一百五十万元,应由原股东比例增缴现金。计每法币股份一股,应增缴金圆股款十五元。兹拟由移存中央银行外汇资产项下兑得之金圆券拨缴,并定于本年十月二十五日起,至十一月四日止,办理认股缴款手续。

四、本银行资本,经依照上列各款妥为调整后,资本总额为实收金圆三百万元,分为十万股,每股一律金圆三十元。(副本,上档 Q268-1-23)

10 月　撰《游金陵归》七律。诗云:"霜风扫尽万虫沙,十二年前老物华。又结同心惟晓镜,最难驻影是飞车。江枫微赭山如醉,阳雁无声日又斜。不遇弥天李重九,谁知吾党有黄花。"(《杂著》,第 403 页)

11 月 5 日　参加浙兴第二次股东临时会,会议通过《致股东会调整资本计划书》及修改公司章程案。公司章程第六条修改为"本银行资本总额定为金圆叁百万元,分为拾万股,每股金圆叁拾元,一次收足"。会议又依法改选新一届董事会。竹淼生、刘念仁、钱新之、张笃生、胡经六、杨锡仁、叶揆初、罗郁铭、蒋彦武、项叔翔、尚其亮、徐寄顾、黄延芳、蒋俊吾、李馥孙等 15 人当选董事;徐永祚、陈朵如、刘培余等 3 人当选监察人。股东会后接着召开新一届董事会,选举徐寄顾为董事长,张笃生、胡经六、蒋彦武、项叔翔为常务董事。(1948 年 11 月 6 日浙兴总办通函,上档 Q268-1-63)

11 月 21 日　下午三时,合众图书馆召开董事会第八次常会会议。出席:李宣龚、陈叔通、叶景葵、徐鸿宝、张元济　主席:张元济。先生报告卅五年度下届及卅

---

① 附表略。下同。——编著者

六年度上届财政情形及收支概况。又报告:"近由陈氏捐赠陈仲勉先生遗产浙江兴业银行股票六十三股,以为纪念。"会议讨论先生提议:"币制改革后,经常费改为九月份金圆贰百元,十月份贰百五十元,十一月份金圆壹千元,请追认案。"决议:通过。(《合众图书馆董事会议事录》,《历史文献》,第7辑第26—27页)

是年　撰《和林子有》七律,"光绪己丑余与子有林君同入泮,林征诗敬和"。诗云:"浙闽联省榜同标,况有丰裁可久要。攻玉喜亲闻野鹤,献金怕遇集林鸦。衡文宿重儒非墨,审律方知曲誉尧。酒价十千希会面,人情半纸不曾销。"(《杂著》,第402页)

是年　撰七律,为"九如铸生同和冕之韵寿爽夫,用原韵却寄四首"。云:

作善多详论至公,肖然无恙阿家翁。五年以长随肩老,一得之愚袖手同。读律儿曹心似水,吹壎伯氏首如蓬。围城何地堪浮白,尽有离怀付去鸿。

子由忠爱类坡公,师事吾家六一翁。异代典型嗟不复,清门臭味本来同。蠹鱼有梦通仙籍,疲马无缘逐转蓬。珍重岁寒相尔汝,休教玄想奕秋鸿。

智愚颠倒听天公,黠者纤儿钝者翁。今日蘧庐风雨剧,当年甥馆笑言同。相将苦菜甘如荠,多谢群麻直比蓬。六十六年谈物换,不堪凭吊是哀鸿。

乌有先生亡是公.爱民未见蜀文翁。征歌不夜成长往,偃伯何年向大同。戴笠车前方瑟瑟,论文釜上亦蓬蓬。独谣演作《阳春》和,南北焉分雁与鸿。

（同上引书,第400—401页）

是年　撰七言古诗,"高吹万季子君宾索题《浙盐板晒图》"。诗云:

乘田委吏皆专门,巧习不可同日论。大官空谈喜麟楦,小官有舌徒自扪。未披此图声先吞,赤背老翁犊鼻褌。葵笋之味亦何有,但与海若争朝暾。千年生计付卤莽,穷黎曷敢申烦冤。乞归尚有桑下恋,保持父赐如玙璠。勖旃君宾毋自隘,天定之说终掀翻。傥以人力拯垂绝,端赖煮海升微温。故纸幸逃野火燔,所爱不啻饩羊存。苟有贤者必相识,慎勿鄙夷淳于髡。　（同上引书,第400页)

是年　胡朴安夫人朱昭女士将胡所藏经学、文字学、佛学等书及友朋书札悉数捐赠予合众图书馆。(顾廷龙《合众图书馆小史》)

约是年　撰《题李直士①》七律。诗云:"不负难兄久苦辛,墨巢群季最恂恂。劳人丛里千夫长,石火光中百炼身。非仗炉锤轻己力,岂为陶冶厉斯民。云雷恰遇艰屯象,祝尔神明万态新。"(《杂著》,第401页)

约是年　撰《题商藻亭同年寒灯听雨图,并寄云亭同年》七绝二首。诗云:

欲凭画境计归程,丧乱而还更忆兄。我有惠连归未得,披图如应洛钟鸣。

---

① 李直士,李拔可之弟。——编著者

昔梦今情荡似烟,枕中雅有补亡篇。八方风雨无聊甚,安得有云白日眠。

(同上引书,第 403 页)

约是年　撰《寄怀坚仲爽夫》七律。诗云:"六十六年老兄弟,何时白发雁行来。似闻面皱心犹壮,更喜情亲首重回。寒夜短檠聊与共,馋余肥牡永无猜。黄花亦解迎诸舅,不见车尘未肯开。"(同上引书)

约是年　撰七言古诗,"题王劭农侍御在癸卯春闱为荣华卿师所绘梅石"。诗云:

焚香点笔余兴来,不写桃李祇写梅。写梅妙得君子性,更使桃李无凡胎。画成持献春官长,劲骨寒香意孤往。辛苦调羹只手难,沈吟谏草中心养。我亦当年桃李侪,问字常作十日留。草堂人散墓梅寂,门外侯芭今白头。春去春来空断肠,牙签零乱出渔阳。横斜疏影留题处,犹带朝回袖底香。

(同上引书,第 404 页)

约 1940 年代后期　撰亲友挽联、贺联,部分年份难考,暂系于此。

△ 撰《挽赵介卿(世基)联》。云:"昔时豪气安在哉! 黄金易尽,红颜易老,白日易颓,祇賸有傲骨嶙峋,柔肠悱恻,送与药炉经卷,了此华年。海山兜率两苍茫,骏马名姝双寂寞;如我交期今已矣! 玄菟之云,洞庭之波,太行之雪,说甚么连床情绪,并彎襟怀,忽闻断雁寒笳,竟成永诀。挂剑不知营葬处,霑巾未到寝门前。"(《杂著》,第 407 页)

△ 撰《挽三弟妇联》。云:"多男不多寿,一病弥凶,怜伊辛苦颠连,无从求蓄三年艾;能俭又能勤,诸般未了,遗有艰难丛脞,困煞零丁百忍翁。"(同上引书,第 409 页)

△ 撰《挽徐守之联》、联云:"以颜李躬行实践为宗,试看不寐鳏鳏,即是圣门克己学;与仲叔悃款朴忠相处,惟有临终睊睊,传兹地域救人心。"(同上引书,第 412 页)

△ 撰《挽马隽卿联》。联注云:"士杰同年没于高邮,寿八十二。"联云:"柳丝无恙忆当年,自惭白社齐名,未堪方驾;草具终虚酬宿诺,惟卜黄垆痛饮,再诉离群。"(同上引书,第 413 页)

△ 撰《挽华实甫同年联》(除夕逝世)。联云:"鍼摩汤熨活人书,妙手春晖,非是小儒咕毕学;酒醴笙簧昭代梦,随肩老去,奈何先我著鞭归。"(同上引书,第 414 页)

△ 撰《挽沈叔邃联》。联注云:"仲弢弟,清明节逝世。"联云:"卅年如过隙,念绮才旧雨,中道兰摧,赖季方能笃宗支,一脉原泉仍泌沸;二月又招魂,正寒食轻烟,野坟花发,叹小陆亦辞尘堁,两头老屋总苍凉。"(同上引书,第 415 页)

△ 撰《樊时勋之曾孙完姻贺联》。云:"惟有道曾孙,克绳其武;得宜家淑女,俾炽而昌。"(同上引书)

1949 年(民国三十八年　己丑)　76 岁

1 月　北平和平解放。

4 月　国共和谈破裂。人民解放军发起渡江战役。南京解放。

5 月　上海解放。

1 月　陈叔通应中国共产党邀请赴解放区,共商国是。离沪前曾与先生促膝长谈。陈后来回忆云:"余解放前赴解放区,君(指叶景葵先生——编著者注)时至余家存问。余兄①之丧,又承襄助,感不去怀。"(陈叔通《卷盦腾稿序二》,《杂著》,第434 页)

1 月　撰《挽章一山②同门棁》联。云:

子云亭畔识侯芭,老健依然,余论尤饶丹穴智;

长史坐中传圣草,飞腾已矣,英光如建赤城标。　　　　(《杂著》,第 414 页)

1 月　撰《挽仲恕丈》联。云:

一匡管仲,受赐到于今,平生富贵浮云,不负宾师三顾重;

四海子由,销魂别而已,听得凄凉夜雨,须知家国两全难。③

又:

鲁仲连不帝秦,故能散屣青云,考终好德;

陈季方难为弟,料得孤舟白浪,噩梦惊心。④(同上引书)

2 月　浙兴苏行经理王叔畬到沪,向先生拜年。后记云:"余返沪至公处贺岁,公下楼款接,精神矍铄,不异往时。时战争迫徐蚌,或问公拟避地否。公笑谓,避地有二:一为今日所坐之屋,一乃万国公墓也。"(《追念叶公揆初》,《兴业邮乘》,复第54 号)

---

① 指陈汉第(仲恕)。——编著者

② 章一山(1861—1949),名梫,浙江镇海人。光绪二十九年(1903)进士,授翰林院编修。辛亥后,侨居沪上。——编著者

③ 《兴业邮乘》复第 54 号刊有此联,题为《挽陈伏庐先生》。——编著者

④ 原刊注:"此联系作于(民国)三十八年,时陈叔通先生方在北平,参与政治,故下联及之,亦先生最后笔墨。"——编著者

2 月　撰《严容孙传》手稿本题记。云：

　　此复堂先生所撰先姑丈容孙公小传手稿，由许猁叟丈检交景葵转贻鸥客表弟收藏，至今将三十年矣。先姑丈生于咸丰癸丑，殆于光绪辛卯，享年三十九岁，原稿殆有笔误。己丑春，叶景葵敬记。（《历史文献》，第 4 辑，第 26 页）

2、3 月间　浙兴宁行经理史惠康等来访，一起讨论到"在新政治局面下我行的存在与发展是否可能的问题"，先生的"结论是乐观的，是有前途的"。（史惠康《忆揆公》，《兴业邮乘》，复第 54 号）

3、4 月间　胡适在沪多次至合众图书馆读书。一次，张元济与先生均在场，胡力劝二老撰著年谱。张与先生皆含糊应之。顾廷龙自告奋勇，谓胡曰："我能成之。"（顾廷龙《张元济年谱·序》，原书第 18 页）顾廷龙《杭州叶公揆初行状》云："客有劝公自撰年谱者，谓数十年之经历，以忧患中得来，堪以昭示后生。公笑曰：事过境迁，已成陈迹。"（《兴业邮乘》，复第 54 号）

4 月 14 日　赴浙江兴业银行视事。归后致顾廷龙短笺，云："立法院书局信云，已径送来。又为尊处定米二石，送到收入。明日同济之约祇得谢绝。多走尚嘱。"①（《尺牍》）

4 月 15 日　赴浙兴总行经理室视事。与同事们"谈了许多关于时局的问题"。（史惠康《忆揆公》，《兴业邮乘》，复第 54 号）

4 月 17 日　参加浙兴股东会。董事长徐寄庼主持。"徐报告卅七年度营业及决算，请求承认，并请追认上下两届照案支发股利、红利等款，均经通过。本每年常会应经改选，监察人要求，因本届系上年十一月五日股东临时会改选，未达法定任期一年之半，毋须改选，应俟下次常会办理，以报股东会备案。"（1949 年 4 月 18 日浙兴总办通函，上档 Q268－1－63）

4 月 26 日　为合众经费事与顾廷龙商谈。先生说：所存无几，只有用完再说。（顾廷龙《张元济与合众图书馆》，《顾廷龙文集》，第 555 页）

4 月 28 日　先生因心脏病突发，于上午十时半在寓所去世，享年 76 岁。（同上引书）

　　午后，张元济与李拔可至合众图书馆，对顾廷龙说："一切事情由我们负责。请放心。"此后数日，由于张与李勇于承担，图书馆方得维持，但由于经费日益支绌，不得不向有关方面作将伯之呼，而求援之书，皆为张亲笔所写寄。（同上引书）

同日　张元济撰五律《挽叶揆初》。诗云：

---

① 顾注："此揆丈四月十四日自总行归所与之札，亦与龙书之末一通也。丈殁二日检记，不觉泫然。"——编著者

小别才三日,徘徊病榻前。方欣占勿药,昨日以电话询君病,君弟答以更见轻减。胡遽及重泉? 落落谁知我,梦梦欲问天。痛君行自念,多难更何言。

(《兴业邮乘》,复第54号)

4月29日 《申报》刊登《叶宅报丧》启示。文云:"叶揆初老先生痛于四月廿八日上午寿终沪寓正寝。兹择于廿九日下午四时在康定路(即康脑脱路)世界殡仪馆大殓。谨此报闻。叶敦怡堂谨启。"(原报)

同日 浙江兴业银行总行隆重设置灵堂,吊唁先生不幸逝世。此后至先生大殓,亲友等陆续送到祭文、挽联、挽诗无数,摘引部分如下:

浙江兴业银行祭文:中华民国三十八年四月二十九日,浙江兴业银行董事长徐寄庼偕同常务董事、全体董事、监察人,总行总经理、分支行经副襄理暨全体同仁,谨以香花清酌,致祭于故前董事长、原任董事叶公揆初先生之灵曰:于维我公,万夫之雄。早翔木天,绾国金融。在商言商,我行元戎。总挈行务,历卅春冬。谋猷远大,度量恢宏。泛应曲当,行业日隆。同业后进,罔不推崇。近老而传,林下从容。虽谢行务,众望颙颙。遇有疑难,辄为折衷。方期耄耋,长托骈蕃。胡天不吊,遽降鞠凶。山颓木坏,仰仿曷从。怅怅何之,众感金同。凭棺永诀,痛切五中。人天虽隔,僾忾可通。愿公灵爽,默相无穷。尚飨!

合众图书馆同人挽辞:藏室书仓遗规期勿失;泰山梁木后学更何承。

颜惠庆先生挽辞:道范常垂。

叶恭绰先生挽辞:水心经济,男兆运筹,应余边琐能详,干略显吾宗,岂第凤毛能继美;万卷石林,一堂菉竹,盼有长恩永守,典藏资众力,不随蝉蜕共销沈。

刘厚生先生挽辞:老寿亦何为,饱看生离与死别;朝露宁非福,任他沧海变桑田。

李拔可先生挽辞:管子天下才,袖手一匡真不遇;庄周养生主,置身万卷是知几。

顾廷龙先生挽辞:晚岁创书藏,经之营之,嘉惠士林功不朽;平生感知己,奖我掖我,缅怀风谊报无从。

徐寄庼先生挽辞:侍公四十年,相知甚深,愧我曹随留后死;别君仅三日,忧心如捣,又逢国难哭先生。

项叔翔先生挽辞:(一)风雨黯黄浦,凄凉哭老成。违时穷典籍,赉志念生平。文举圭璋达,鸱夷货殖名。古稀惊转烛,小病竟骑鲸。(二)杏苑独翩然,参军最少年。运筹思裕国,决策代安边。政绩留辽晋,才华骋楚燕。风云苍狗幻,无意问桑田。(三)春江可枕流,诗酒日优游。走笔龙蛇活,清谈林壑幽。提携将后进,擘划启宏猷。缧绁渐深寄,时时忆远谋。(四)有子隔重洋,音书断故乡。一杯嗟局促,四野叹仓皇。濡沫典型在，追随规范长。蒿歌连鼓角，和泪奠椒浆。

严鸥客先生挽辞：七十年形影相依，情逾手足；卅五日人天永诀，痛断肝肠。

叶景莘先生挽辞：（一）于古为稀，与春俱逝；生离南北，死别人天。（二）六十几年中，学业多蒙安排辅导而成，家事常赖扶助筹划而决，乃不能老来慰藉，欲如苏氏和诗末由；二千余里外，阿嫂殁于日寇犯平之时，长兄逝于内战及沪之日，均不克亲临诀别，实为江郎西赋所未尽。（《兴业邮乘》，复第54号）

5月7日　下午，张元济主持合众图书馆董事会第七次临时会议。出席董事仅李拔可、徐森玉。列席叶景荀。书记顾廷龙。张报告叶景葵逝世，同深哀悼。顾廷龙报告叶景葵创办本馆经过及财务收支详情，又报告瞿兑之捐赠先世手稿、函札、书画遗物，个人著述稿件，以及各种纪念品，统称为"长沙瞿氏文献"，现在陆续点收中。张元济提议叶常务董事出缺，陈董事未能出席①，拟先维持现状，暂缓选补案。决议通过。（《合众图书馆董事会议事录》，《历史文献》，第7辑，第26页）

同日　张元济续撰五律三首《挽叶揆初》。诗注云："闻赴后即作成一首，成殓之日送悬灵前，意有未尽，今又续成三首，亦聊掬哀情于万一耳。"诗云：

京洛论交始，今逾五十春。维新百日尽，通艺几人存？光绪丙申年余与夏地山、陈简始诸君在京师设通艺学堂，延师教英文、算术，君来共学。变易沧田异，过从沪渎频。鼎革后君与余同居海上，往还较密。新亭曾洒泪，情谊倍相亲。

故乡如此好，只手任撑扶。入市兴洪业，浙江兴业银行为君所创。趋朝索众逋。沪杭铁路政府收为国有，发给公债，后忽停止。君入都交涉，复允清偿，此案始结。山头劳覆篑，江上快驱车。钱塘桥工政府亦以无资中辍。君从旁赞助，为集巨款，始得观成。恭敬维桑梓，高风世或无。

万卷输将尽，豪情亦罕闻。君能城众志，天未丧斯文。君尽输所藏图籍，在上海创设私家图书馆，颜曰合众。募集巨资，买地建筑，落成有年矣。约余同为发起人，甚愧未能有所襄助也。差比曹仓富，还防秦火焚。敢忘后死责，努力共艰辛。

（诗稿）②

同日　浙兴杭州分行复总行函，答复关于设置叶揆初先生纪念堂事交涉情形。云："接奉总字四号台函，嘱向当局洽商收回敝处楠木厅，作为叶揆初先生纪念堂一节，谨洽。除已根据需用殷切情形，具函杭州市人民政府当局申请，将以前伪市政

---

① 时陈叔通已北上，进入解放区。——编著者
② 《兴业邮乘》复第54号第9页亦刊有这三首张元济挽诗，个别文字与注文稍异。——编著者

府财政局占用已久之敝处二楼各间并楠木厅一宅，一并饬迁让还以资应用外，并拟由敝吕经理亲向现任本市财政局局长宋德甫当面洽商。谨先奉复，一俟商有结果，即当专函陈报。"(原件，上档 Q268-1-593-50)

5月16日 徐寄顾主持浙兴董事会讨论纪念先生办法。"主席云：叶揆初先生竟一病不起，承属不幸之事。(中略)先生与本行之关系，则远在三十年前，即民国四年与蒋抑卮先生、项兰生先生三人改组本行，七月被选为董事长。后一直连选连任至三十四年八月止，始卸董事长之任，但仍被选为董事之一，至其身故日止。溯此三十年在董事长任内，延揽人才，领导同人，举凡本行一切规章，皆经其手定。故其在本行也，名为因，而实则无异于创。本行迄今有四十二年之历史，强半由于揆初先生一人之领导。而揆初先生存年七十有六，其努力于本行也已几及其有生之半。功在本行，实已为同人所公认。则纪念之事，又乌容以已！惟本行行章，关于职员之优恤规定较详，而对于最高机构之组织员，如董事、常务董事、董事长等，则视为当然之职责，绝无一字明文，此可见当时创制之公尔忘私。往者如蒋抑卮先生，如沈新三先生，饬终典礼除以文字表彰外，不及其他。故就故事言，就法律言，文字以外似毋庸他求。顾本人及各常董之意，以为本行对于揆初先生，揆诸情感及道义，又按诸悠长之历史，皆不容拘泥于已往之先例，一再与各常董商讨，皆认为有三事宜予酌办。因提出拟办三事，详加讨论，一再商酌，最后结果，决议四项：(一)放大叶揆初先生之遗容，悬挂总行会议室，就本行行刊《邮乘》发行揆初先生特刊一期。(二)其世兄叶緗君在欧芬实习期间，由本行供给费用，学成回国，由本行延用。(三)致送报酬金圆五亿元，径送揆初先生生前所创办之合众图书馆，作为本行纪念揆初先生之纪念金。(四)就杭行原有之楠木厅，作为纪念揆初先生之纪念堂，特制'景葵堂'之堂匾，于该厅收回整理完好后，定期举行悬匾典礼。其余在纪念堂所需有关纪念之一切文字书画各项布置，当由常务董事酌量办理。"(《浙兴董事会议事录》，转引自李子竞《揆公与本行关系始末纪略》，《兴业邮乘》，复第54号)

5月17日 上午，一支国民党军窜至合众图书馆，强令将楼顶腾空。徐寄顾、徐森玉赶到并托人与军事首脑商请勿用文化机关，但无效。张元济下午致顾廷龙书，谓："今日午前电示之事，有无挽救办法？揆兄寓如何？均甚悬念，乞示一二。"晚八时，又开来一分队士兵，将大门打开，顾廷龙等同事留馆通宵守护。(顾廷龙《张元济与合众图书馆》，《顾廷龙文集》，第555页；《张元济全集》第3卷，第44页)

5月18日 张元济获知国民党军队继续强占合众图书馆馆屋，特趋馆坐镇，并与其分队长谈话，嘱其妥慎照料。谈话后，先生对顾廷龙说："分队长神色仓皇，语无伦次，可能即去。"夜十一时，果然开拔而去。(顾廷龙《张元济与合众图书馆》，《顾廷龙文集》，第555页)

5 月 19 日　浙江兴业银行致送金圆券 5 亿元与合众图书馆，作为叶景葵先生纪念金。（见 1949 年 6 月 9 日合众董事会第 8 次临时会议记录，《合众图书馆董事会议事录》，《历史文献》，第 7 辑，第 27 页）

5 月 23 日　张元济应叶景苟之邀，题写先生位于上海万国公墓墓地之墓碑。（同日张元济致顾廷龙函，《张元济全集》，第 3 卷，第 45 页）

7 月 30 日　《兴业邮乘》复第 54 号叶景葵先生纪念特辑出版。首页刊登先生遗像。目录为：

杭州叶公揆初行状	顾廷龙
揆公与本行关系始末纪略	李子竞
哭揆公	朱益能
忆揆公	史惠康
敬悼揆公	薛佩苍
追念叶公揆初	王叔畲
浙江兴业银行祭文	
挽辞三十首	
揆公遗墨十一则	（原刊）

11 月 20 日　先生灵柩移葬上海虹桥公墓。《项兰生自定年谱》记云："叶自三月中旬，由感冒而肺炎肾炎，今竟未见解放盛况，溘然长逝。五月暂葬静安公墓，至十一月二十日移虹桥公墓合穴。"（《上海档案史料研究》第 12 辑，第 302 页）

附录

卷盦藏书记

叶景葵著　柳和城整理

经部

演易　钱竹汀手稿本

集经史中易筮五十余事,以《京氏易传》法演之,间有说解,首尾完具,末又附录八条,似为未成之书。曾请观堂先生审定,后有题记。全稿皆为钱氏手书,精整可爱,惟《演易》之名下署"芸花生",似为后人所题。

古文尚书九卷　杨惺吾覆写日本古钞本

卷首题记云:"此《古文尚书》古钞本,存第一、第二、第七、第八、第九、第十、第十一、第十二、第十三。末有天正第六六月吉秀园记。每半页九行,行二十字。以森立之《访古志》照之,此第七、第八、第十一、第十二、第十三二册,即容安书院所藏;其第一、第二、第九、第十二册,则守敬从日本市上得之。相其笔迹格式,的为一书,不知何时散落。其中古字与山井鼎《七经孟子考文》所载古本合。其第一卷序后,直接《古文尚书·帝尧第一》,不别题'尚书卷第一',盖合安国序。同卷与唐石经合。宋以下序后别题'尚书卷第一'五字,非也。仲弢学士见而爱之,嘱为覆写,以此未经卫包所改之书,当为至宝。余谓今人以《经典释文》纠山井鼎之书,往往不合,遂疑日本古钞为不足据。不知《释文》已经宋陈鄂改乱,非陆氏之旧。阮文达作《校勘记》亦未悟及。此是当与学士重商之。光绪癸卯二月,杨守敬记。"

"杨印守敬"白文方　　"邻苏园藏书印"朱文大方

敦煌唐写本《尚书·顾命》九行半,罗叔言影印后跋云"予得见天宝以前未改字《尚书》,盖自此九行有半始。厥后又得敦煌本《夏书》四篇、《商书》七篇影本。又得唐写本《周书·春誓》至《武成》五篇。又得《周书·洪范》以下五篇。复于亡友杨星吾舍人处,影写《商书·盘庚上》至《微子》九篇。既先后印行矣。而深以所见未逾半为恨。又阅杨舍人《日本访书志》,记所藏尚有古写本第一、二及第七至第十三,凡九卷。舍人在往昔未尝以告余。今舍人已亡,所藏不啻与之俱亡,尤为憾也"云云。此即叔言未见之本,虽系覆写,亦可珍已。

禹贡汇疏十二卷　吴兴茅瑞征著　崇祯壬申刊本

申绍芳序,《凡例》十二则,《考略》,《图经》上下,冀、兖、青、徐、扬、荆、豫、梁、雍各一卷,《导山》一卷,《导水》一卷,《九州攸同》至末一卷,《别录》一卷。

周礼疑义一卷仪礼疑义一卷　仁和吴廷华初稿残本

《周礼疑义序》，题雍正十一年。

《凡例》，统二《礼》而言。

陈孔时《周礼疑义跋》。陈为吴之甥，题雍正癸丑。

《仪礼疑义序》，题雍正十三年，前页残缺。

按此书向无刊本。张月霄从何梦华家录得副本，计《周礼疑义》四十四卷、《仪礼疑义》五十卷、《礼记疑义》七十二卷，编入《诒经堂续经解》。其写本为涵芬楼所得，辛未倭乱，付之一炬。惟《周礼疑义》因北平图书馆借抄得免于厄。《仪礼》《礼记》两《疑义》，则不知人间尚有抄本否。此本虽系丛残，然为吾乡先哲未刊之遗著，序文、凡例述著书宗旨甚详，未可轻弃也。

《爱日精庐藏书志》载二《礼》序文，与此稿字句不同。此稿《周礼疑义》作三十二卷，《仪礼疑义》作四十卷，其卷数少于张氏抄本，且序文字句有修改痕迹，可证此稿在前，张抄本在后。稿中改定字句，又可证誊清以后著者曾随时修正，陈孔时序又系另纸抄附。是此本为吴氏初稿无疑也。

《周礼疑义序》张《志》"仁和"误作"钱唐"。

"唐印天溥"白文方　　"臣模之印"白文方　　"梧生"朱文方

礼记正义七十卷　南海潘氏珂罗版影印北宋黄唐本

桐城光氏过录吴志忠临惠松崖校本，并惠半农、惠松崖、江艮庭、段懋堂、戴东原、臧庸堂诸家按语。余以潘刻蓝印本向文录(禄)堂易得之。

礼记集说十六卷　元陈澔撰　明正统十二年司礼监刊本

《邵目》称《五经四书集注》，以此刻本为最善。

毕刻四种　新安毕效钦刊

尔雅三卷　埤雅二十卷　尔雅翼三十二卷　广雅十卷

前有《刊二雅自叙》，作于嘉靖昭阳大渊献(嘉靖四十二年癸亥)。又《复刊二雅自叙》(末数行阙，无年月)。盖刊于奉新邑署。先刊《尔雅》及《埤雅》，继得《尔雅翼》，最后得《广雅》，故有"并获四雅，刻之斋中"云云。毕氏又刊《释名》，郎奎金合而刻之，改《释名》曰《逸雅》，于是有"五雅"之称。

"王嵩高印"　白文方　　"少林甫"白文方　　"癸未进士"　朱文方

"白田王氏珍藏"　白文方　　"宝德堂藏书"　朱文长方

《好古堂书目》(姚际恒)"尔雅类五雅"后，有《博古全雅》，内分《尔雅》《释名》《广雅》《尔雅翼》《埤雅》五种，未知是何人刻本。

释名八卷　明毕效钦刊本

八千卷楼藏胡文焕刊本，重论文斋以残宋本校改误字。如"天垣也"之"垣"，胡本误"坦"；"风跋口"之"跋"，误"譎"；"人所盛呴"之"呴"，误"砲"；"且而日光乍伸见也"之"伸"，误"似"；"疠疾气也"之"疠"，误"原"；"其体底下载万物也"之"万"，误"易"；"今兖州人谓泽日掌也"之"泽"，误"释"；"渚遮也"之"遮"，误"庶"。今校此本皆不误，与宋本同。

说文解字篆韵谱五卷　明巡抚李显刊本

前有徐铉序，后有《重刊篆韵序》，缺其后半，未知何人所作。

"启南"朱文方 "布衣之士"白文方 "山阴柯溪李氏图籍"白文方

"时进私印"白文方 "盈科"朱文方

李宏信题记云:"癸酉夏五得《说文篆韵谱》,质之鲍丈,渌饮云'余所见惟小山吴氏藏本,即此刻。'时鲍丈赏举人,在武林丹次赵呈丛书廿六集也。李调元《函海》本无后序,是以无从补正。字画纤漫,似从此本影钞付刊,未经名手缮写,校之此刻有天渊之分。书贾删年月、序人,赝充宋本。疑竹垞本后序亦删,须明人文集中求之。按癸酉为乾隆十八年。"

邵亭云,《函海》本行款与李本同。盖即出李本,与李本题记合。

说文解字徐氏系传四十卷 寿阳祁氏刊本

王箓友以朱竹君影宋抄本校。何蝯叟手录王校。张石洲旧藏。箓友前跋两则,历举顾千里校刻时私改之失。(当另抄附后)①

又有陈颂南题记一则:

蝯叟未署名,亦无印记。而石洲印记钤于字迹之上,则书者必与石洲同时。且楷法精善,篆文尤工。吾友谭大武泽闿藏蝯叟书最富,谓系早年在翰林馆时所书。当可信也。已经证明的系蝯叟书。

说文系传考异二十八卷附录二卷 朱朗斋文藻稿本

自跋云:"徐锴《系传》,流传盖鲜。吾杭郁陛宣藏抄本,昨谒朱丈文游,借得此书,归而录之。取郁本对勘,讹阙之处二本多同,其不同者十数而已。正讹补缺无可疑者,不复致说。其与今《说文》互异,及引用诸书与今本异者,并为录出,作《考异》二十八篇。又采诸书别为《附录》二篇。是书传写所本当出宋椠。书经周岁抄毕,藏之汪氏振绮堂。其《考异》《附录》等篇,更录一通,随原书归吴下。乾隆庚子小寒朱文藻识。"

叶面题识如下:"嘉定陈氏深柳居藏,嘉庆乙丑得于禾兴。此本向未付梓,近日杭州瞿颖山从嘉定瞿氏借钞,已付梓,尚未刊行。"

按瞿颖山世瑛于道光丁酉刊《说文系传考异》四卷,题汪宪撰,所谓清吟阁刊本也。朗斋未见宋刻本,所得郁氏、朱氏两本,皆依宋钞,故据钞本作《考异》。汪鱼亭又据新安汪氏刊本改正钞本之误,其所据钞本当即朗斋传录朱文游本意者(鱼亭据汪刊本作《考异》,系小绿天庵孙氏说)。朗斋未将《考异》与《附录》钞存振绮堂,故颖山又向瞿氏借钞欤?鱼亭据汪本校正,订为四卷,自较朗斋原稿精密,故颖山付刊但题鱼亭之名,不复题朗斋之名矣。来来祁氏校刻宋本,亦附《考异》,更较鱼亭为密。惟此为吾杭先哲写定之稿,其与《系传》校勘有筚路蓝缕之功,故购而藏之。

钞本中缝上方题"菜根轩杂录"五字。卷中朱墨校正,当是朗斋手笔。

《丽宋楼藏书志》卷十三载,《说文系传》旧抄稿本,后有朗斋致朱文游书。又有他人题记云:"浙江采集遗书总录,《说文系传考异》四卷(振绮唐写本),国朝主事汪宪撰。丁氏小疋手跋曰:'初见此跋,心疑即朱君所撰书也。今询朱君,果如余所料,忭喜者累日。辇下诸公传抄者,并署

---

① 先生书于此条上端书眉处,并未抄录。——整理者

朱君名,不得知有嫁名汪主政事,乃据吴门副本耳。'"据此,则朗斋原著一并抄存振绮堂,汪主事献书时已易己名以进。其时朗斋正馆于汪氏也。前说非是。　　壬申二月又记。

大广益会玉篇三十卷　明内府刊本

《大中祥符六年牒文》。《原序》。《进玉篇启》。《总目》。《玉篇广韵指南》。

"五峰朱氏收藏"朱文长方　　"江阴李氏珍藏"朱文方

又有靖江刘氏小万卷书楼、绿垫书屋诸藏印。

广韵五卷　明内府刊本

陈州司马孙愐《唐韵序》。

顾刊本出于此本。观堂先生谓,此本出于元圆沙书院本。

各藏印与《玉篇》同。"五峰朱氏收藏"印,重装时已钉入线内护叶里面。有康熙四十四年江阴县清赋推票收票,上盖江阴县印,必为重装时所加。五峰朱氏当为清初收藏家。

增修互注礼部韵略五卷

桂未谷传抄程鱼门宋本,又手校一过,系以跋语云:"曩在京师借钞程鱼门本后,见翁覃溪买得前明刻本,未及校理。此《韵》于群书多所考订,远胜今所行《礼部韵》。所引《说文》《广韵》《集韵》,间有不同,盖所据者善本也。今诸《韵》俱已开板,此犹阙如。安得好事者为之,永其传也。乾隆丙午冬桂馥书。"

封面题"《增韵》某声,借钞程鱼门所藏宋本。丙午十月未谷追记。"

书眉朱墨校语,皆未谷手书。

未谷未记宋本行款,惟每行各字蝉联而下,不空格,不分排,标题下父子并列两行,必系原式如此。抄本每半叶十行,每行小字二十八。但叙文第一叶系重抄,改为半叶十一行,而将第二叶首两行删去。疑宋本系半叶十一行,每行小字二十八,故重抄第一叶以表示宋本行款。果尔,则与丽宋楼著述之本无异,即藏园所谓实为元刊者矣。

惟十九"铎霸"字下注御名同音,与藏园所得嘉定刻本同。且庙讳御名字样均空一格,则实为宁宗时刊本,未知丽宋本与此同否。当觅借海虞瞿氏藏本一参证之。

各字注下凡今圈、今正、增入、重增、晃曰、居正曰诸字,皆作朱书。原本倘系黑地白文,则又为宋刻之证。当觅借北平图书馆所藏宋刊本一参证之。朱书或是未谷手迹。(全书内亦有未谷自抄者,如"入声韵目",绝似手书。去声缺韵目及一送前半,当设法补抄。)要之原本无论为宋为元,是本经未谷精校,是正颇多,又有校正《说文》数处,为此书增重价值不尠。

是书有崇禹於藏印。

韵补五卷　毛子会际盛钞校本

跋云:"余向藏吴才老宋椠《韵补》,为人窃去。今得钞本,如睹故人,借钞忽遽,误字颇多。手校一过,正其六七,尚有难通处,俟觅善本再校。乙巳九月毛子会校。"

"毛印际盛"白文　　"子会"朱文　　"藜校堂珍藏印"白文方

毛际盛,嘉定人,著有《说文解字述谊》一卷、《说文新附通谊》一卷、《开成石经考异》一卷、《山邨子文稿》四卷、《雪坪诗草》八卷。见黄漱兰《江南征书文牍》。

以王文村校宋本过录讫。癸酉春。

古今韵会举要三十卷　昭武黄公绍直翁编辑　昭武熊忠子中举要　嘉靖江西提学李愚谷刊本

前有崧少山人张鲲《序》，次庐陵刘辰翁《序》。附刘储秀《跋》。次《凡例》，次《礼部韵略七音三十六母通考》。

"绍廉经眼"白文方

《善本书室藏书志》所记有熊忠自序，又至顺二年文宗敕应奉翰林余谦校正，索求鲁序。此本均无之。

郑志三卷　武英殿聚珍板原本　吴槎客临卢抱经校本

详见《拜经楼题跋记》卷一。陈仲鱼复校，后有题记。

此书由唐鹡安转归吴石莲散出。封面、卷尾均有鹡安题字。

"精校善本得者珍之"朱文长方　"陈鳣"　白文方　"鱼仲"朱文方　"海丰吴重熹印"　白文方　"江山刘履芬观"　朱文长方

一切经音义二十五卷　浙局重刊庄氏本　附华严经音义二卷

前人过录臧拜经校，后有题记为书佶灭去，伪充李越缦传录本。余考拜经文集，定为臧录抱经校本。后又有得一传校本，为莫楚生旧藏，较此本为精，但亦有遗漏之校语而见于此本者（此本遗漏亦有），故并存之，俾得臧校真相。

一切经音义二十五卷　武进庄氏原刻本（重刊《道藏》本）

前人过录臧拜经校，前有题记云："此从东里卢抱经师所抄浙本，细校臧本。寔善于浙本，然臧本之误，浙本往往不误，得据以正之。辛亥十一月初九日庸堂记。"

独山莫氏旧藏。

读书随笔十二卷　婺源江慎修永稿本

卷一《易》《书》《诗》，卷二《春秋》，卷三《周礼·天官》，卷四、五《地官》，卷六《春官》，卷七《夏、秋官》，卷八、九《考工记》，卷十《仪礼》《礼记》，卷十一《学》《庸》《论》《孟》，卷十二杂说。

"小引"云："经义如海，操蠡以勺，衷所记录，得十二卷。以经为主，杂说附之。易学、礼学及步算、声音、舆地之学有专书者，详其本书；不尽采录经说、周礼独多者，乾隆辛酉随休宁程太史恂入都时，方开馆修三礼，望溪先生为总裁，吴太史绂及程太史佐之。方公虚怀下问，以《周礼》藁置永案头，命指摘，辞不敢，再三委之，乃随笔签出。吴、程二公复采择，而方公乃裁定焉。《考工》之名物，车制尤详者，后人解说多失其义故也。乾隆二十五年二月朔日，婺源江永。"

此本从原稿传抄，校勘极细密，有数卷以朱笔句读。

慎修先生生于康熙二十年辛酉，卒于乾隆二十七年壬午，年八十二。此书写定于乾隆二十五年，年已八十，为晚年论定之作。有刊本分为《周礼疑义举要》及○○○①二书。

---

① 原稿如此。——整理者

史部

史记正义一百三十卷　明嘉靖四年金台汪谅刊柯维熊校本

《索隐序》后绍兴三年石公宪题记三行,此本已缺。柯刻本无石公宪题记,系警石先生之误。

目录后有长方题字如左:

> 明嘉靖四年乙酉
>
> 金台汪谅氏刊行

每卷尾总计字数,此本无之。

原缺一册。卷六《秦始皇纪》、卷七《项羽纪》系抄补。

又《列传》二十三至二十七,上端烂缺,未补全。

此为瑞安黄氏遗书,缺卷是否黄氏手抄,俟考。

末有嘉靖六年莆田柯维熊跋。

三国志　魏志三十卷蜀志十五卷　吴志二十卷　每叶廿四行　行廿三字　明万历廿四年南雍祭酒冯梦桢刊本

冯《序》。黄汝良《序》。裴松之《上三国志注表》。

目录分上中下,后题"大明万历二十四年南京国子监镂板"。上卷校正衔名十六行,中卷校正衔名一行,下卷校正一行,监刻一行。裴注亦大字,低正文一格。

冯《序》云:"随行有宋本《魏志》,原缺《吴》《蜀》,乃参监本手自校雠,随付剞劂。"可知其行款一遵宋刻。小名在上,某书在中,大名在下。

"云萝书屋"朱文方

艺风记云,与单行宋本《吴志》行款一律。

国语二十一卷　附补音三卷　嘉靖五年陕西刊本

每半叶九行,行二十字。

韦昭《序》。

嘉靖《唐龙序》称"侍御史两山郭公观风于秦,推其绪,于是书布诸学官"。又赵伸《后序》称"郭公出善本,予遂请之提学唐公,于是檄华州吴学正嘉祥、韩城县魏教谕琦枕,于正学书院黜聪罩力,逾三月而始校成"。

《瞿目》列正德本,谓"明刻往往以补音散见各条之下。此本尚是宋刊旧式,所列鲁语补音误字,与此嘉靖五年本同"。疑《瞿目》即嘉靖本之失去前后序者,以其字体似正德,故列为正德本。抑此嘉靖本从正德本翻雕欤?

战国策十卷　缙云鲍彪校注　东阳吴师道重校　明初翻元至正本

首缺《牒文》。(《瞿目》云,卷首有《牒文》亦缺,《丁志》亦无《牒文》。)次刘向《序》。明徐渭抄补鸣野山房题记,云:"《战国策校注》十卷六册,元椠本。卷四后署'至正乙巳前蓝山书院山长刘镛重校勘'一行。(三、五、六卷后均有刘镛一行。)又十卷后署'平江路儒学徐照文校勘'一行。知徐本刊在至元前,而刘又重校勘者,首缺刘向序文,明徐渭手书补之。朱笔亦渭所点也。"

末卷缺一页未补(系耿延福序)。

其余均与江南图书馆至正本相合。惟改正之字,至正本作黑底白文,此本则外加墨框,且有重改正之处,故定为明初翻至正本。闻瞿氏亦有至正本,俟觅借校对。

国策十卷　鲍彪注　嘉靖龚雷刊本

卷尾篆文木记一行:"嘉靖戊子后学吴门龚雷校刊　'民威'"。

全书评点句读精审不苟,当是明代人手笔,至迟亦国初学者所为。

白棉纸精印,较前得郁华阁藏本为佳,前本已刊去木记。

宋季三朝政要六卷　旧钞本　以元本校过

汉阳叶润臣旧藏。内有据皇庆壬子本校改一条,未知是否出于叶氏。

"汉阳叶氏"白文方　"叶氏名沣""润臣"　均朱文方

"宝芸斋"白文方

帝王世纪八卷　武威张介侯澍编辑　原稿本

晋皇甫谧原著已佚,张君从各书辑录。凡断章残句见于他书所引,则哀而辑之,后注之,且必以士安以前所有之书注之。若年代地理,古书有不具者,不得已以后世书证之要,以合当日著述之意。详见《自序》。

此稿未知已付刊否①,俟考。《二酉堂丛书》无此种。宋翔凤亦有辑本,已刊入《浮溪精舍丛书》。

宋丞相李忠定公奏议六十九卷　附录九卷　明邵武县知县泰和萧泮刊本

《陈俊卿序》。《朱熹后序》。结衔题"后学同郡畏庵朱钦汇校"一行,"文林郎邵武县知县泰和萧泮镌梓"一行,"邵武县儒学署教谕事严陵洪萧校正"一行。

卷末题"邵武县县丞吴兴陆让同刊"一行,"乡耆李轩同校"一行。

刊校人无序跋,未详刊刻年月。板式字体似正德间,俟考。

水经注四十卷　康熙乙未歙县项氏群玉书堂本

前人朱笔临何义门批校。又以墨笔录朱王孙本异文,并朱笺之要者,因何校系朱本也。

卷一有"沈"字朱文方印。

艺风记《西城别墅诗》一卷,归吴县陆靖伯,有"沈"印朱文小印。未知即其人否。

水经注释四十卷　附录二卷　东潜赵氏原刊本

黄岩王子裳咏霓手校。先以殿本、大典本校,又以各史、各地志、各字书校正注文讹脱。始于同治二年三月,迄于戊辰闰四月,历五年之久,用力甚勤。卷一后有记云:"从钗洋李氏假得是书,不揣固陋,思为补缀。自辰至午,校第一卷竟。"大约初意拟为补释也。子裳著有《函雅堂集》四十卷,已刊行。

邦畿水利集说四卷　九十九淀考一卷　元和沈联芳蕺山编辑　传抄原稿本

昔年从湖南王佩初购得此书。首卷有序而阙其后半,题仁和杭世骏辑。《九十九淀考》则有沈联芳撰序,知为沈之著作,以为是两书合抄。惟细考《集说》内容,知著者熟于直隶全境大小河

---

① 此处书眉先生加注云:"未刊"。——整理者

川源流利病,以实地考察之所得笔之于书。语皆心得,非身为民牧有年所者,不能道其只字。董浦生平无此经历,决非董浦所著,但苦无旁证。嗣检《传书堂书目》,有此原稿,题沈联芳著,现归东方图书馆。乃向张菊生先生假得之。详细校读,始知两书皆沈著,题董浦者,书估作伪也。今补抄沈弟钦装《序》一篇,汪孟慈《跋》一则。又补录沈《序》后半。又有龚定庵圈点及校语,以朱笔照录。又将全书校对完善,正其讹字,补其阙文,愉快之至。原稿曾经陈硕甫收藏,拟付刊而未果。今得副本,当谋传之久远。校读甫竟,东方图书馆竟于日军开衅时,为匪徒纵火焚毁(时为辛未腊月廿五日上午十一时)。除宋元本、名抄名校已另存外,其余全部被焚劫! 数之大殆甚于绛云一炬! 惟此书因借校未还,得免于难。余得完善之副本,而原稿亦幸存,书此以作纪念。

龚氏合两书为一,题作五卷。实则两书非一时所著,《自序》甚明,应仍分为二。传书堂购之双照楼,《松邻集》中有《校勘叙》一篇。

游志续编 南村居士陶宗仪 迟云楼钞本 劳季言手校 旧出钱叔宝钞本

"木夫容馆"朱方印 "劳格""季言"两印

书口下有"迟云楼定本"五字。《适园藏书志》五《万卷堂艺文记》一卷旧抄本,书口有"迟云楼定本"五字。

徐霞客游记 乾隆以前精抄本 钱牧斋撰本传 附嘱仲昭刻游纪书

康熙己丑□①名时《序》。又庚寅《重录序》:"前抄出于宜兴史氏,字多讹误,又有删减,易置处亟为改正添入,重录一过。"

后跋云:"霞客徐君所著游记,卷帙甚烦,熟闻而未见。兹于乾隆癸卯岁三月廿有三日,偶向书贾问及,遂获此抄本,大惬素志。但思抄是编者煞费苦心,惨淡经营,非半载不能办,予则安享其成,所费又不多,岂不大幸! (下略)改亭□子记。"

板心有"蔬香亭清课"五字。

"曾在姚古香处" 朱文方 "□烟红雨山房姚氏藏" 朱文大方

通典二百卷 明刊本 每半叶十行,行廿三字

李翰《序》。《总目》一卷。

卷一次行题"唐京兆杜佑君卿"。

序言后接子目,子目后接正文。

"田制上""田制下"之下,无分行小注,与王德溢本异(即方献夫作序者)。

版心上方分门类中纪卷数,鱼尾下纪叶数,又纪字数,亦有无字数者。字数下纪刻工姓名,有计、六、隆、刘、正、赞、春、兵、山、文、吴福、五、奇、三、云、段蓁、易谏、刘琦、刘卞、刘元、刘镇、晏怡、计五、吴銮、吴诚、国二、张宗宝、和一、周六、胡文、吴山、禾二、刘木、彭隆、周能、贵春、刘丙、易赞、王恺、吴昇、吴昂、余甫、吴成、吴升、刘云、刘山、刘霞、刘朋、刘祥、刘他、刘顺、吴玠、刘拱、付权、黄先、坤三、文四、王兵、王禾、付元、吴宪等字样。

字体似嘉靖,行款甚旧,在方献夫本之上,惜末卷失去一叶,正文缺二行,不知有无后跋及刊

---

① 原稿空缺。当为杨名时。——整理者

刻人牌子。

邵亭云,明本有十行、行二十三字者,较李本少错字,即此本也。

郎园藏本亦十行行廿三字,当即此本。《志》中误以为方献夫本失去前序,大约未见方本耳。

五代会要三十卷　乾隆间吴敦复绣谷亭钞本(有乾隆丙戌吴城题记)

"吴城"　朱文方印　　"敦复"　白文长方印

陆刚甫《新刻〈五代会要〉跋》:"聚珍本《五代会要》,凡错简二皆连而为一。其一,第十六卷祠部门僧尼籍账内无名下,'今臣检点'至'年月日'同者四百余字,乃礼部门后唐天成三年和凝奏也。上接'未曾团奏',下接'否委无虚谬'句,'者'字则后人妄增也,旧抄本不误。卷二十一选事下周广顺三年'五月敕三选及未成功下,开宿引纳家状'至'三月十五日过官'五百余字,乃选服周显德五年吏部流内铨状,上接'内曹十月内',下接'毕三月三十日'云云。'功'字则后人所妄增也。抄本误同。惟《册府元龟》六百三十四引不误。苏局重刻《五代会要》,陈辰田明经从余借抄本校订卷十六之误,已据抄本改正。惟卷二十一之误,尚仍其旧,他日当遗书明经,改刻数页,俾成完璧。抄本卷首王溥结衔,卷末校勘官宋璋衔名,文宽夫、施元之两跋,皆聚珍本所无,今本刻附于后,善矣!惟王溥题名仍照聚珍本式,学者不得见宋本旧式,为可惜也。"

今按吴氏抄本一一与陆氏所言相符,知旧抄源于宋椠也。此本见于《艺风藏书记》,后归吴宛邻。

慈云楼藏书志　六十五册未分卷①　上海李筠嘉稿本　周中孚代撰

原稿经周氏手校。

顾千里题记云:"承示大著,铺陈排比,富哉言乎!真可谓藏书、读书两陈其善矣。走虽未窥全部,已不胜赞叹钦服。但悬计卷帙未免过于重大,岂独观成匪易,即将来之刊印,以及日后购藏流行等类,恐皆较难。莫如变而通之,改从易简,避去自来书目式样,用赵明诚《金石录》例,先将六千部之目,每部下只用细字注时代、撰人及何本一行,分若干卷,列于前;后将每书按语择其精华,做成跋体,不必部部有跋,亦不必跋跋自始至末,胪陈衍说,其无甚要紧及读者自知,则置而勿论,亦分若干卷,列于后。通为一书,约在百卷内,似于作者、观者两得其便,兼又可以径而寡失也。辱大雅不弃,加以下问,故敢瞀言,尚望高明裁而教之。乙酉仲春元和顾千里拜识。"

龚定庵《序》,嘉庆二十五年六月。

以此稿与《郑堂读书记》校:

《慈志》十三册	《尔雅》	《郑记》无
十四册	字书类	无
廿五册	地理类杂记	无
廿六册	地理类	无
廿七册	水利海防	无
廿八册	山志	无

---

① 先生旁注"已分卷而未编定"。似纠正前记。——整理者

廿九册、卅册	方志	无
卅一册	游记、外纪	无
六十五册	释家前半册	无

以上皆《慈》有《郑》无。至两本均有者亦有出入。往往一类中有数种,《慈》有《郑》无,或《郑》有《慈》无。又版本亦有不同者,未及细校。盖《郑记》是郑堂窗下所读书,而《慈目》则代居亭主人李筠香编次者也。

金石萃编补正二卷　方彦闻履籛著　原稿传抄本

"右碑文五十种,方彦闻先生所录。于中州为多,正《萃编》讹者若干,补其缺者若干。篇第未次序,盖未成之书。宝山毛休复丈钞其副,而属志述为校勘,并依时代编次之,补目于前,稍正其参错。道光十九年武进黄志述记于暨阳书院。"

"昔少汀、少詹言,宋以后碑好者颇少,惟引李南涧一人为同志。今读此二册,凡宋、金、元各碑,一一手释其文,纤悉无遗。彦闻先生可谓真知笃好矣。惜不起少詹见之。道光八年元和顾千里记。"

"舅氏彦闻先生《金石萃编补正》二卷,黄仲孙志述重编次。此盖从黄本重录者,用辨志书塾纸,则亦同肄业于李凤台之人。可知书额朱字或即李凤台书,光绪丙子假之仁和龚君宅耕校读,因记。阳湖赵烈文。"

"天放楼"　朱文大方　　"曾为徐紫珊所藏"朱文长

"阳湖赵烈文字惠父号能静侨于海虞筑天放楼收藏文翰之记"　朱文长

阅史郄视五卷　蠹吾李恕谷塨原稿传抄本

红格纸抄。板心下方有"北学所见录"五字。

德州孙勷《序》。

《自序》(康熙丁卯)。

甑山钱煌《跋》。

东乡乐沨《跋》。

石门吴涵《跋》。

自周至明撮举史事,加以论断,了然于历代兴衰治乱之原,而尤注意于兵事。其讲学宗旨,最恶无用之学、无用之文;处之以躬行实践为主,所谓仕与学合,文与武合,而此一斑,可窥全豹。宜前后序跋诸人,均推崇备至也。

此系未刊稿本[①]。旧为传书堂所藏。

"汉砖亭藏"　朱文方　　"咏藻楼书画之章"　朱文长方

廿一史弹词注三卷　汉阳张氏稿本　残存南北朝一卷隋唐一卷后五代一卷

此书为朱竹垞藏本,著于康熙中叶。

杨升庵《廿一史弹词》,汉阳张三异命其子仲璜作注,刊于康熙四十九年。仲璜《自序》谓,

---

① 书稿此处眉端有先生眉批:"已刊"。——整理者

"繙阅群书,根究事迹,历寒暑而注几成,嗣是归里,暇日犹数易稿"云云。此本当系未定之初稿,与刻本不同。刻本详注方舆新旧沿革,而此本无之。所采史传事迹,详略各殊。升庵原文亦间有更改之处①。卷中旁注眉批或系仲璜真迹,故虽残本,亦收存之。

"小长芦" 朱文长印

子部

孔子家语十卷　王肃注　明陆包山手写稿本　惠定宇评点　王西庄跋

《汉本家语序》。包山证明四十四篇为孔壁之旧。

《孔安国传略》。包山云:"衍疏所称,戴圣取神《礼经》者,凡百有九条;刘向取为《说苑》《新序》者,凡百有二十三条。肃因猛而得此编之功,于是为大。"

王肃《序》。

王鏊《题辞》。

《刻家语题辞》:"陆治曰:予观王文恪公震泽长语,乃知近代所行之《孔子家语》,未为完书,而以魏王肃所注本,为得其传。文恪幸见肃本,亲为校雠,将刻而未及。其仲子延素复将刻之,俾予考证而又未及,此编留予山中。然字多古文,而肃注综博简严,传写又多讹谬,未易通解。予恐其传之幸存而复失,鲁鱼之仍袭而益多也,乃校而梓焉。"(下略)

《考证凡例》十三条。

每篇古文辩义总目。

《家语》目录。

第十卷后附录《孔子世家》《孔子纪年》:"庙宇祠祭,正南面赐田,蠲税役;袭封世宦。曲阜给洒扫,禁植采、拜谒,献官法服,祭器赐乐,颁乐章,设拜祝,文甚详备。"

跋云:"余之知学也,晚而得此编,又晚考定甫成,而年已七十矣。而复难于亲书。又一年而后书成。余岂老而忘倦,愚而好自用哉!念圣典之幸存者,重望述作于将来者深也。故并为一帙,以备遗忘致慎焉。尔后之得斯编者其慎保之。嘉靖甲子季冬,后学陆治识。"

又跋云:"余初考定王注,惟正其传写之讹谬,其文虽有繁而不要者,皆仍其旧。及登梓之时,重加考订,间有不合经传,而义不相蒙之辞之繁衍者,据而易之,则此本之所未备也。观者又当以刻本为正后。丙寅九月,陆治重题。"

王跋云:"此陆包山先生(名治,字叔平)所手录也。录成于前明嘉靖甲子,及今乾隆壬辰凡二百有九年,予始得而重加装褙完好。披读之下,知为王肃注足本,未经删削者。包山以七十之年,犹手自蝇头细书,先哲之好学如此。其中批评圈点,皆亡友惠松崖笔,尤堪玩味。予子孙其永永宝之毋失。西庄王鸣盛识于金闾桐泾家塾,时中元日。"

又跋云:"读后跋,则包山曾有刻本,予未之见。癸巳五月廿六日又识。"

"春艸闲房" 白文方　　"春艸闲房手定" 朱文方

---

① 先生眉端注云:"升庵原文或系刻本。更改未见升庵原本,不敢臆定。"——整理者

"惠印周惕"白文方　　"元龙"　朱文方　　"红豆邨庄"　朱文大方　　"惠栋之印"白文方　　"定宇"　朱文方

"王鸣盛印""西庄居士"　皆白文方　　"小房李山"　朱文方印

"子孙永保"　白文方印

按,春艸闲房为金孝章书斋名,见《苏州府志》,在卧龙街西双林巷。平津馆记写本《琴史》,有"春艸闲房手定"印。

孔子家语十卷　王肃注　日本太宰纯增注　宽保二年江都书肆嵩山房刊本

以王肃注为主,凡所增注皆加"增"字以别之,外加墨圈。宽保二年当乾隆七年。

"绍廉经眼"　白文方

孔丛子三卷　鬼谷子一卷　万历四五年大梁李濂汇刊本

《孔丛子》题"儒家三",《鬼谷子》题"纵横家一",所刊必不止一种。《孔丛子》前有大梁李濂识语,题"丁丑夏日",为万历五年。《缘督庐日记》购《孔丛子》一册,首有大梁李濂氏序,不审何时刊本。

前人以抄本校,并有批,所据《孔丛子》抄本为七卷本,《鬼谷子》为三卷本,皆善本也。

板心下方刊工姓名并记字数(上方题万历四五年刊)。

"查莹图书"　白文方　　"种芝山人"　白文方

"竹南藏书"　朱文方　　"听雨楼查氏有圻珍赏图书"　白文方

五臣音注扬子法言十卷　明世德堂本　袁授阶临顾涧蘋校宋本

顾临沈宝砚本,沈临何义门本,何据宋椠李轨注本校。即秦刻所据治平监本也。何所据为绛云楼故物,顾涧蘋审为亦治平监已修本。顾代秦撰序谓,以箧中何义门校本对勘,即传录沈宝砚临何校本也。余以秦刻与此校对勘,有不符之处数十条,已另纸记之。

宋咸《序》后《进法言表》、温公《序》及篇目张衡《浑天仪》、苏项《进仪象状》各一则,皆授阶手抄补。

授阶临顾校讫,又借沈宝砚本复校。沈本藏于黄荛翁家。

后录顾跋,又从沈本录何跋之半。余从《爱日精庐志》以另纸补录于末。

"爱青山堂藏"　朱文方

列子释文二卷

顾涧苹从袁氏贞节居《道藏》本抄出,以赠戈小莲。后有戈跋。卷中有戈校。

"袁卧雪庵印"　白文方　　"戈襄私印"　白文方　　"小莲"　朱文方

"戈载印"　半朱半白文方　　"顺卿"　朱文方

"半树斋戈氏藏书之印"　朱文方

列子释文考异　任大椿撰

顾涧苹传抄本,以赠戈小莲。有顾跋并戈校。

戈小莲藏印。戈顺卿藏印。

冲虚至德真经八卷　明世德堂本

顾涧蘋以北宋本校袁授阶(本),又以荛翁校本复勘一过。目录及"臣向上表",均授阶手抄。

顾跋云:"张湛注《列子》,北宋椠本,不附《释文》,本在陈景元前也。荛翁以重价购之吴兴。贾人抱经学士拾补中,所区别间有未当者,得此正之。又宋椠本有旧音,亦前所未闻也。授阶袁君以此本命校一过,而藏于三砚斋。嘉庆丙辰十二月顾广圻记。"①

袁跋云:"甲子二月又借荛圃校本复勘一过。五砚主人记。"

余检《思适斋集》及《士礼居题跋记》,证明黄、顾、袁互相借校之始末,皆在嘉庆元年一岁之内,已另纸抄附。

"爱青山堂藏" 朱文方

南华真经十卷　明世德堂本

袁绥阶临顾抱冲校宋本。顾藏宋本曾经明初人校读,抱冲过录于世德堂本。授阶借临之,并抄补篇目。明人原校分三十三篇,为二百五十五章,悉依陈碧虚章句音义。所引诸家异文,如张本、文本、成本、李本、江南本、刘本,皆碧虚所已详。惟又引元嘉本,别本又有标一作者本或作者,皆碧虚所未见(抉择谨严,句读精审,极可宝重)。

卷首抱冲题云:"宋本每行十五字,注三十字,未言每叶几行,或为每叶十六行,与世德堂本一式欤。"

近世所传宋本,有《续古逸丛书》所印南北宋合璧本。闻又有安仁赵谏议宅本,为陕西于氏所得。无锡孙氏作札记,曾引赵本。系每叶十八行,且与顾藏宋本多异文,则非一本可知。

"得此书费辛苦后之人其鉴我" 白文长方　　"仲鱼图象印" 朱文长方

"爱青山堂藏" 朱文长方　　"海宁陈氏向山阁图书" 朱文长方

"鳝读"白文长方

袁跋云:"顾二抱冲家藏宋刻《庄子》十卷,曾经勘阅。是明初人手笔,惜不署名氏。抱冲欲广其传,校于世德堂刊本。予向借临,日校一卷,旬日而卒业。乾隆乙卯四月十日吴郡袁廷梼识。"

亢仓子九篇　金城黄谏刊本

大黑口,十八行,行二十字。何粲注。黄谏音释。末卷题"新刊亢仓子洞灵真经"。

谏题后云:"南京国子监祭酒吴先生以此本寄余,且属镂板,遂加音释,重录寿诸梓。兰皲道人金城黄谏书。"

墨子十五卷　明武林郎氏堂策槛刊本

凡例言,得江右芝城铜活字本重校刊。毕氏所见明刊本即此。

大略与《墨子间诂》对校,颇与吴钞本相合,须细校方知。

韬略世法　存三卷　崇祯刊本

首卷题:"新编戚总兵家藏营阵图说韬略世法卷之上,南兵科荆可栋汇图,都御史张继孟辑说"。

第二卷题:"新编大明一统地利险要韬略世法上卷,古闽武状元陈廷对纂辑,豫章武解元吴

---

① 先生批注云:"'三'当为'五'之误。钱竹汀《五砚楼记》云:'袁又凯读书之室,曰三研斋,皆其先世所贻,后得清容居士研及谷虚先生广石研,因筑楼名五砚。'"——整理者

起夔笺注"。

第三卷题："新编大明一统九边险要韬略世法下卷,练军少詹徐光启汇选,行边经略王在晋评释"。

第二卷之前,又有《地利海防边图夷考》,"小引"后题"行边经略王在晋识"。盖第二卷为"地利海防",第三卷为"边图夷考"也。

《营阵图说》题上卷,必尚有下卷,已阙。北大图书馆有《韬钤(略)世法》残本七卷,亦崇祯刊,不知与此本异同如何。

《夷考·女真下》述奴儿哈赤叛寇之事甚详,而未列入禁书之内。盖坊贾汇刊之书,未为清廷所注意也。

致富奇书二卷　明刊本

不著撰人。前有文台李相序(缺前叶)。卷前有图十。下卷"九月占"后残阙。曩见坊刻本无图。此书所言皆故老相传农家要诀,颇切于实用。

《传是楼书目》《致富奇书》一册,(记)明陈继儒(撰)。

吕氏春秋二十六卷　明嘉靖七年关中许宗鲁本

前列许《自序》;次《高诱序》。目录后有"镜湖遗老记"。此即毕氏所据之第三本。每半叶十行,行十八字。板心下方刻工姓名与字数相联,谅必根据旧本。毕氏谓,其从宋贺铸旧校本出,字多古体,系因目后有"镜湖遗老记"一段,谓镜湖即鉴湖也。但李瀚本即有此记,故许本究根据何本,尚难论定。壬申二月又得一本,与此同。目录后有"万历己卯梓于维扬资政左室"木记并重刊姓名,知此非许宗鲁原刊,故古体字均已改正。此本目后缺半页,盖为书贾所撕去。①

卷首有"宗室盛昱收藏图书印",白文方印,盖郁华阁旧物。又有"蕴斋"朱文长圆印,未知何人。每册首叶均有"张贞之印",朱文大方。按,张贞字杞园,安丘人,博雅好古。见《居易录》卷十九第四叶。

学林十卷　宋王观国撰　绣谷亭吴氏抄本

曾经《四库》校正。上钤"翰林院印"。又"绣谷亭续藏书"白文长方印。又"卷流传勿损污"朱文长印。"吴城"朱文印。"敦复"白文印。"古潭州袁卧雪庐考藏"白文印。

西溪丛语二卷　嘉靖戊申□鸣馆刊本

绍兴昭阳作噩姚宽《自叙》。

嘉靖戊申《俞宪叙》云:"依马西玄抄本刻于武昌。"

二老堂杂志五卷　附近体乐府一卷　旧钞本　戈小莲校

此为钞本《周益文忠公全集》之残本。故小题下有"周益文忠公集□□□②"字样,卷数为书估挖去。

卷末有题字一行:"丙戌中秋前二日戈庄续古庐中阅竟。"卷中朱校亦戈小莲手笔。此为袁漱六故物,卷端有藏印。

---

① "壬申二月"以下一段,先生补撰于书眉,系后增补,似为纠正原定"许宗鲁本"之误。——整理者

② 原稿如此。——整理者

南村辍耕录三十卷　玉兰草堂刊本

至正丙午江阴孙作大雅《序》。卷末有《青溪野史邵亨贞疏》，即募刊启，是从元刊本出，故抬头空白处颇多。板心下有"玉兰艸堂"字样，未知明代何年所刊。刊工姓名有杨子厚、杨淳、子文、甫、子承、光、陈、光甫、刘、良、朱、沈、子明、子宜、子、亘、冯、文、威、金、周等字。

内阙叶：总目第八、第九、第十(旧抄补)；卷六第十三、第十四后半(未抄补)；卷八第十四后半(未抄补)；卷九第四前半(未抄补)，又第十四后半、第十六后半(未抄补)；卷十六第十八(旧钞补)。

"绣江"　朱文方　　"潜川洪轼澂藏书"　朱文长方

辛未冬，又收得一本为沈乙盦先生旧藏，无缺叶，拟将旧收者售去。

"象贤林氏家藏"　白文长方　　"禾兴沈曾植乙盦氏平生真赏印"朱文大方　　"守平居士"　"秀州沈氏"　均朱文印

丹铅总录二十七卷　嘉靖甲寅福建按察司佥事滇南梁佐刊本

蓝印棉纸。卷八末叶补钞。

"查子伊藏书记"　朱文长方印

洛阳缙绅旧闻记五卷　大兴朱氏钞本

卷首题字云："洛阳缙绅旧闻记，宋张齐贤撰"。皆述梁唐以来洛中旧事。共五卷，凡二十一篇，多据传闻之词，约载事实，以明劝戒。自称凡与正史差异者，竝录而存之，亦别传外传之比云。《简明目录》入子部小说家。

"少河"　朱文方印

古今逸史四十二种　明吴琯刊本

逸志

　　合志：《方言》《释名》《白虎通》《风俗通》《小尔雅》《独断》《古今注》《博物志》《续博物志》

　　分志：《山海经》《吴地记》《岳阳风土记》《桂海虞衡志》《洛阳名园记》《十洲记》《北边备对》
　　　　　《真腊风土记》《王辅黄图》《洛阳伽蓝记》《乐府杂录》《教坊记》《九经补韵》

逸记

　　纪：《三坟》《穆天子传》《竹书纪年》《西京杂记》《别国洞冥》《六朝事迹》

　　世家：《晋史乘》《楚史梼杌》《吴越春秋》《越绝》《华阳国志》

　　列传：《高士传》《列仙传》《剑侠传》《辽志》《金志》《松漠纪闻》《续齐谐记》《博异记》《集异记》

首《古今逸史自叙》，次行题"新安吴琯撰"。下钤"吴琯"朱文圆印一，"孟白"白文方印一，系初印本也。

选择历书　明嘉靖元年重刊洪武本

钦天监洪武九年二月初九日准礼部关该东板房，"钦奉圣旨：'钦天监节次选拣出征营造等项，日时多不的确。问来却是旧日术数之徒，各□①已见杜撰，得文书多了，以此无一定之□□人

---

① 原文如此，下同。——整理者

难以选择,恁省台家说与钦天监□□,每有议见的。诸家阴阳文书仔细□□□要归一,刊板印造,颁行天下。遵守□□□□诸色之家旧日差谷,选拣诸般杂书,许令送赴所在官司烧毁。敢有藏匿不首及私下用使者,并行处斩。钦此。'除钦遵外,当将诸家阴阳文书考究明白,本监撰定《选择历书》一部,刊板印造,颁行永为遵守。"

目录似未全。除卷一外,卷二、三、四、五第一二行,均有裁补痕迹,恐有缺卷。末叶有"大明嘉靖元年岁次壬午四月吉日重刊"一行。

"绍廉经眼"　白文方

国学图书馆有抄本《选择历书》五卷,不著撰人,无序跋,似即此本。

新刊黄帝内经灵枢二十四卷　明翻宋本

每卷后附音释。廿行,行廿字。赵府居敬堂本二十四卷,邵亭云,明有仿宋刻本,亦二十四卷。所见即此本也。去秋在沪市见居敬堂本,以价昂未得。今得此本,可与顾刻《素问》并重。盖版式、字体大致相同也。庚午除夕记。

"独山莫祥芝善徵甫读过"　朱文长方　　"莫天麟印"　白文方

"独山莫氏铜井山房藏书印"　朱文长方　"独山莫祥芝图书记"朱文方

另签题识云:"《四库》著录明熊宗立本十二卷。其实熊本盖从元刊出,虽注明合并,而二十四卷本藏书家罕称之。此本前人以为宋刊,审其纸墨不甚似,故题为明人仿刻。闻明周曰校刊本亦二十四卷,予虽未见,然有其所刊《素问》,决非此也。"此签是否莫氏所题,俟考。[①]

脉经十卷　万历三年袁表刊本

后有一行"福建布政司督粮道刊行",沈氏翻本无之。

前列《宋校定〈脉经〉进呈剳子》,熙宁元年进呈,衔名;次绍圣三年《牒文》,衔名;广西漕司重刻陈孔硕序;次元刻《脉经移文》、元刻《脉经序》二首;末列福建参政徐付《校脉经手札》。盖袁刻从元嘉定江西本出,江西本出于宋广西漕司陈孔硕本,陈本出于宋绍圣小字建本。刊刻源流历历可考。守山阁本无此详备也。卷首有文蔚堂印。

此本前已向友人借校沈际飞本,阅一年又购得之。刊印精雅,为明刻医书之佳者。

脉经十卷　天启沈际飞重刻万历袁表本

行款字句改动极少。吴兴姚氏邃雅堂藏书。姚圣常以元本校过。余取影印建安广勤堂本覆校,又以守山阁本覆校并录钱跋,以资考证。

嗣见守山阁单刻本《内经》《灵枢》《素问》顾尚之校本,钱锡之跋云"顾君博极群书,兼通医理,其所更正,助我为多。张文虎撰《顾尚之别传》亦云,钱辑《守山阁丛书》及《指海》,常以属君,君以治病不能专力,举文虎自代,仍常佐校雠,多所商定"等语。以彼证此,疑钱校《脉经》为尚之先生所手定,故跋文引证各条至为精当也。

"吴兴姚氏邃雅堂鉴藏书画图籍之印"　朱文方印

"姚宴之印"白文方印　　"师衡沈氏"白文方印

---

① 此处书眉有先生批注云:"审是莫楚生棠手迹。"——整理者

"可均私印"朱文方印

姚字圣常,号婴斋,为文僖公之孙,彦侍方伯世父。

经史秘汇　吴枚庵昱凤钞本

《法古宜今》一卷,即各种秘方。吴趋沈锦桐谱琴纂辑。

《景岳十机摘要》一卷,同上。

《毓麟策》一卷,同上。

《温疟论》一卷,南园薛生白著。

《湿热条辩》一卷,同上。

《受正玄机神光经》一卷。无名氏《序》。唐僧一行《进神光经表》《神光经识》(后题永乐庚子八十二翁殷勋识)。《神光经后跋》(后题嘉靖乙卯锡山三渠党绪)。《神光经后语》(后题嘉靖乙卯祥符大河子李应魁)。

右六种惟《神光经》系旧抄,有古雷楼印记,余皆枚庵倩抄胥传录,未加校正,故多讹字。合订二册,书根题"经史秘汇"四字。

"吴昱凤枚庵氏珍藏"　白文方　　　"爱读奇书手自钞"　白文方

"枚庵"　白文方　　　"枚庵浏览所及"　白文方

经史证类大观本草三十一卷　本草衍义二十卷　元大德宗文书院刊本(即明南监板)

原缺卷八、卷九、卷十、卷十一、卷十二、卷十四共六卷,以柯氏覆刻本配补。"大观"亦作"大全",间有作备急者。曾至铁琴铜剑楼观金贞祐本,字体纸墨与此相仿。惟此本无贞祐牌记,故定为大德壬寅宗文书院本。

《艾晟序》及二十二卷末,题"经史证类备急本艸";第三十卷末题"重广补注图经神农本艸",均与森立之《访古志》合,确为大德壬寅宗文书院本。《艾晟序》后牌子业已失去。

重刊巢氏诸病源候总论五十卷　隋太医博士巢元方撰　明新安汪济川方鑛校

宋绶《序》。目录后有篆文方木记云"歙方东云处敬校刻于聚奎堂"十二字。无年号,字体似嘉靖。《邵目》《邵亭目》均以为汪济川刊,殆未见此墨记耳。

卷九《时气病诸候论》书眉上墨笔记云:"徐应速曰:巢氏《病源候论》所叙伤寒,不过采集仲景《经论》中语而已。至于伤寒之外,编辑温、热、时气、疫疠四项,则为诸书之所未备。而四者之疫,却为江浙远近之所常有。亟录一帙,以贻后人,俾百世而下,知元方在隋代犹于温、热、时气、疫疠四项反复言之。奈何后世医士反不列此,而概以伤寒,麻黄、桂枝为治也。巢氏有论无方,容于暇日酌补。时乾隆丙□□①三月朔后也。"

末卷后又跋云:"乾隆元年乡试赴浙省,有顾姓者携古书百余种,其所有医书多予所未见者,倾囊得银八钱而购此书。窃闻医之有论,自巢氏始。今观其论,悉准脏腑经络,切当不烦,间有重复偏主,乃其小疵。其书重刊于明初。因靖难兵起而板失,至今少传之,深可惜。予得是书亦一生之幸会尔。"与前节系一手所书。

---

① 此处书眉先生批注云:"当为'辰春'二字。已损。"——整理者

卷端有钤印二,一为朱文"应速"二字,一为白文"徐印鲁复"①四字。据前跋知为雍乾间吾浙医家也。

难经本义上下卷　明繙元本　元许昌滑寿著　四明吕复校正

潝喜斋藏有元刻残本上卷,所叙与此本均合,故定为明繙元本。但此本亦无《危素序》,不知绛云楼本与此本同否耳。

新编西方子明堂灸经八卷　明平阳府刊本

次行题"山西平阳府重刊"。丁氏《善本书室志》有《西方子明堂针灸经》,亦题"山西平阳府重刊",而书名稍有歧异,未知是一书否。

《瞿目》有《新编西方子明堂灸经》八卷元刊本,所列卷次均与此同,惟卷七《侧人头颈图》,此本改"侧"为"正",尚有挖补痕迹,当系明人重翻元本。

外台秘要方四十卷　日本延享丁卯山协尚德覆刻明程敬通本　平安养寿院藏板

山协覆刻程本,又得秘府宋本对校,多所订正。

序后《凡例》十三条。此刻直翻程本,不妄改,有可疑者揭之于上。引用各书各以本书对之,文异意殊者具举之;文异而意不相戾者舍之。宋本有可疑者,而无本书可考,则录之程本。与本书同,而宋本独异者舍之。文中似有脱误,而无本书可考,偶有他书足证者录之。方本出于仲景者,虽引他书,必据仲景之书以辨异同。程不知宋本有注解而私为按者,皆削之,直揭宋本。

《邵目》列程敬通重刊宋本,又列经余居刊本(《邵亭》同)。据此护页有"歙西槐塘经余居藏板"字样,又有"新安程敬通订梓"字样,知程敬通本即经余居本,非二刊也。

摄生众妙方十一卷急救良方二卷　万历庚戌两淮鹾司重刊衡府本　四明芝园主人集　夏邑嵩螺山人校

巡按直隶监察御史夏邑彭端吾《序》(万历庚戌)。后有嘉靖二十九年四明芝园主人张时彻《急救良方序》。两书皆时彻所辑。彭端吾得青州衡府刊本,命鹾司张一栋重刊之。嵩螺山人即彭之别号。《众妙方》似应有时彻序,此本失之。

卫生宝鉴二十四卷补遗一卷　日本影钞弘治七年刘廷瓒本　又以古钞本详校并补阙叶

永乐十五年胡广《序》(古钞本在启后)。

至元辛巳砚坚《序》。又癸未王恽《序》。《上东垣先生启》。

永乐十五年韩夷《跋》。弘治七年刘廷瓒《跋》(古钞本在卷首)。

"冈氏弄藏"　朱文方　　"清川氏图书记"　朱文长方

东垣十书　缺格致余论一卷　嘉靖八年辽藩刊本

第一《脉诀》,第二《汤液本草》,第三《脾胃论》,第四《内外伤辩惑论》,第五《兰室秘藏》,第六《递洄论》,第七《格致余论》,第八《局方发挥》,第九《此事难知》,第十《外科精义》。《序》曰:"辽始祖简王迁国于荆,灼见《十书》于生人大命有补,于仁民之道乃梓行于时。东垣李先生偏起金元之际,著《脾胃论》,著《内外伤辩惑论》,著《兰室秘藏》,而崔紫虚之《脉诀》、王好古之《汤液本

---

① 此处书眉先生批注云:"'鲁复'二字略有模糊,不知有误否。"——整理者

艸》、王履之《递洄集》、朱彦修之《格致余论》《局方发挥》、王好古之《此事难知》、齐德之之《外科精义》，咸后先继述，凡为书十种。以其皆出于东垣也，通谓之《东垣十书》。至祖靖王之世，行之既久，板本漫缺。初《内外伤辩惑论》一书偶刻两本，后职医者非良工，见他书间有称东垣撰《内外伤辩》及《辩惑论》者，遂以《内外伤辩》名一书，复以《辩惑论》名余板之本。由是一书标两名，乃漫以九书分十书，却指数内《此事难知》一书为十书外集致误。我先考惠王复为之别序以传。盖未察俗医之谬误也。予间考阅，知其误分妄析，既毁《辩惑论》之重本，后还《此事难知》本以归十书之旧。尝博访是书，天下惟我辽藩板行中外。顾原板漫漶，不成完本。予既为校正，归全爰重稍朗书刻梨行之。嘉靖八年己丑孟夏朔旦光泽王书于敕赐博文堂。"此序在卷首。第九《此事难知》前又有序曰："东垣先生医书一帙，予府已锓梓传于世。今又得一书，亦东垣治疾之法，名曰《此事难知》，予用寿行，而与四方之士共焉。成化甲辰荆南一人书于宝训堂拙庵。"

按，荆南一人当为辽惠王之别号，即前序所谓"误为别序以传"者也。

板心下方有"梅南书屋"四字。

《邵亭》所载《东垣十书》，有《医垒元戎》《金匮钩玄》二种。邵氏标注云："《东垣十书》实十二种，除著录外又《癍论萃英》一卷、《崔真人脉诀》一卷。无《金匮钩玄》。"又引《医藏》目云："古本《东垣十书》：《活法机要》一卷、《医学发明》一卷、《脾胃论》三卷、《海藏》《癍论萃英》一卷、《兰室秘藏》二卷，又《云岐子》《保命集》《保婴集》《洁古家珍》《此事难知》，共十一种。"又云："吴勉学校刊《东垣十书》本，合二十卷，另《崔真人脉诀》一卷入存目。"据此知《东垣十书》刊本往往为坊估任意增加种类不一。此本光泽王序云"惟我辽藩板行中外"，似为最初之本。特未知《医藏》所引古本刊于何时耳。

卷端"陆治之印"系伪作。

缪氏《藏书记》《昭明太子集》辽国宝训堂刊本，无年号。据此知为成化时刊也。

新安徐春甫《古今医统大全》作于嘉靖时，所引《东垣十书》与此合，惟《内外伤辩惑论》作《内外伤辩》。

事类赋三十卷　明翻宋绍兴浙东刊本（或从元刊出）

前有绍兴丙寅边惇德《序》，后有《进注事类赋状》，板心上方有"宁寿堂"三字。三吴徐守铭警卿校梓，长洲杜大中子庸同校。

"桐华书屋"　白文长方

邵氏标注云"元刊每页廿四行，行二十字"，此本行数字数同。邵氏又云，嘉靖本有"吴淑"衔名，此本无之，字体亦似嘉靖。邵亭所见亦非此本。《书林清话》五："徐守铭宁寿堂万历丁亥刻《初学记》三十卷，见孙记森志刻《吴淑事类赋》三十卷。见《天禄琳琅》九。"是此为万历刊本。

集部

陶渊明文集十卷　嘉庆十二年丹徒鲁氏重刻毛氏影宋本

毛氏宸于崇祯七年得宋刊苏文忠书《陶集》，倩钱君梅仙影摹付刊。嘉庆丁卯鲁氏铨以原本重刊于鸠兹。卷末有《鲁序》，当是王梦楼所书。十卷后有"江右方又新又可同刻字"长方木记。

"丹徒鲁庆恩"白文大方印　　"字小兰一字晓澜号筱阑"　朱文大方印

陆士龙集四卷　万历静红斋刊本

每半叶十行，行十八字。"《陆士龙集》四卷，乃明万历静红斋校本。笔力端方，刀法遒劲，胜今坊校者多矣。兼所采择精详，真有以少为贵者。康熙戊子同陈胸度太史游金陵书肆，因购藏之。枥园老人识。"下有印章白文云："一生勤苦书千卷，万事消磨酒十分"。

陆元大本《晋二俊集》题曰《陆士龙文集》。此则专刻诗赋，故改题《陆士龙集》，并将卷一《逸民箴》删去。行款与陆本同，似以陆(本)为底本。

与陆本前四卷详校一过。卷一《喜霁赋》"瞻日月而增忧"，此本"瞻"作"擔"。又《南征赋》"地灵凤挺"，此本"凤"作"风"。又卷二《太尉王公祖饯诗》"阐縱绝期"，此本"縱"作"縱"。又《赠顾骠骑诗》其二"万民来服"，此本"民"作"物"。又卷三《赠郑曼季诗》其四"鯑佛有思"，"佛"作"彿"。又《赠顾彦先诗》"光莹之伟隋下同珍"，此本"光莹"作"先茔"，又阙"之伟隋下"四字。又《答顾处微诗》其五"匪唯形交"，此本"交"作"文"。又《孙显世赠诗》其十"□□重门"，此本阙字作"寂寂"。又《失题诗》"嗟痛薄祜"，此本"祜"作"枯"。又卷四《答张士然诗》"通渡激江渚"，此本"渡"作"波"。① 除以上所举，余皆与陆本符合。

卷中有与汪士贤本对校墨笔校语，未署姓名。

"福州冠悔堂杨氏图书"　大朱文方印　"黄氏余圃藏书"　朱文长方

"黄任之印"　白文方　　余不悉记。

谢灵运诗集二卷　明黄省曾编刊本

前有《黄序》。除昭明所集外，又增入旧写本十三首，按《乐府》录入者十六首，共六十九首，刻之斋中。结衔题"吴郡黄省曾编集"。每叶廿四行，行廿字。

《焦澹园集》廿二题《谢康乐集》。

"《谢康乐集》世久不传。其见《文选》者，诗四十首止耳。李献吉增《乐府》若干首，黄勉之增若干首，吾师沈道初先生冥搜博访，复得赋若干首，诗若干首，杂文若干首，辑成合刻之，而以校事委余。"据此知黄省曾本系二谢合刊。

陈伯玉文集十卷附录一卷　汉东华崇重刻弘治四年杨氏本

一至五为前集，有黄门侍郎卢藏用《序》。《序》后列前五卷总目。六至十为后集。六卷前有弘治四年山西巡抚杨澄《序》。《序》后列后五卷总目。末有《附录》一卷。

衔名五行："新都杨春编　射洪杨澄校"(以上为弘治本旧题)，"广济舒其志重编　汉东华崇重校刻　邑后学谢中试参订"(以上为万历重刻时衔名)。

《平津馆鉴藏记·补遗》："《陈伯玉文集》十卷《附录》一卷，题'新都杨春编　射洪杨澄校'，后只三行。前有《陈伯玉文集序》，末叶年月姓名已缺。目录亦分前后集。《感遇诗》卅八首，每首俱有注，每叶十八行，行十八字。按，平津馆本似即此本，惟'舒其志'衔名三行未刻，或系初印行之本。此本十八行，行十九字，平津记作十八字，或传写之讹欤！此本《感遇诗》亦有注。

《邵亭书目》载弘治四年新都杨春重编本，万历中射洪杨澄重刻校。按此本有弘治四年《杨

① 此处书眉有先生批注云："'渡'字似误，其他皆以陆本为长。"——整理者

澄序》。则万历非杨澄刻。殆邵亭所见之本,亦缺衔名三行欤!

　　"三山陈氏居敬堂图书"　朱文长方印

　　卷首有荆州田氏各印,已为他印所灭没,不可辨矣。

　　有"宋荆州田氏七万五千卷堂"朱文方印。此印为伪成亲王印所盖。惟第七卷尚可认。

　　"玉牒崇恩与龄氏平生鉴藏图书之印"　白文方

　　"铭心绝品神物护持禹畇真赏得者宝之"　朱文方　　　"敬翁"　朱文葫芦

分类补注李太白集二十五卷　正德庚辰安正书院刊本

　　每半叶十一行,行大小均廿三字。黑口双边。板心题"李太白诗几卷"。

　　舂陵杨齐贤子见集注,章贡萧士赟粹可补注。末卷后木牌子:"庚辰岁孟冬月安正书堂新刊"。

　　此为建阳刘氏刊本,各家未著录,惟《郘园志》有之。以别见安正书堂正德时所刊《杜集》,与此本相距一年,故定为正德庚辰刊本。

　　首卷缺《序传》及目录之半,须假元刊本补抄。因许自昌本注多删节也。

集千家注杜工部诗集二十卷文集二卷　万历许自昌校刊本

　　前人以朱笔过录评点,又以蓝笔圈点、墨笔评点,并补录史事。似乾嘉以前人手迹。

　　护叶有题记云:"予览敬恕堂家藏朱批《杜集》,不觉感慨交并。念及先祖管卿公手披《全唐》一百叁十本,一生精血学问,悉著毫端,惟恨家业萧条,未能述志刻传。将来若得吹嘘,亦可为后世较正也。后学晚生昆山徐森敬白。"

　　"歙州闵氏墨慰堂藏书记"　朱文长方　　　"闵印麟嗣"　白文方

　　"蒋斌"　白文方　　　"良佐号敬亭"　朱文方

　　"蒋良佐书画印"　朱文长方

增广注释音辩唐柳先生集四十三卷别集一卷外集一卷附录一卷　明初覆元刊本

　　每叶廿六行,行大小廿三字,惟目录、卷一、卷二、别集、外集、附录均廿六行,行廿六字,疑系别本配补。配补各卷似正德本,凡行廿三字,各卷似尚在正德之前。

　　陆子渊《序》、刘禹锡《序》及诸贤姓名一叶,与正统善敬堂本同。每卷第二行后无童、张、潘题名,与元刻异。

　　"霁山"　朱文方　　　"求是室藏本"　朱文方

笠泽丛书四卷补遗一卷　归安姚氏大叠山房翻雕碧云草堂本

　　李越缦手校至乙卷中辍。予以黄荛圃校明抄本《甫里集》、徐熥本《文粹》、隆庆本《文苑英华》,逐篇补校。又以许珊林手写精刻本复校。又以顾楗覆至元本对校一过。

元氏长庆集六十卷补遗六卷白氏长庆集七十一卷　万历松江马氏宝俭堂刊本

　　《元集》前有宣和甲辰刘麟《序》,后有乾道戊子洪适《序》。又有重刊《凡例》九则。内引董氏所翻钞本,似未见宋刊原本。《凡例》后有"鱼乐轩藏板"五字。《补遗》六卷皆宋本所无。

　　《白集》悉依旧本,惟卷次分合未知与钱应龙本同否。

　　嘉靖壬子东吴董氏翻雕宋本,于其空缺字样,妄以己意填补。无锡华氏有活字板,董氏因之沿误。见《瞿目》《元集》校宋本蒙叟跋。

　　"聿修堂藏书印"　朱文大方

刘宾客集三十卷　外集十卷　味书室钞本

长洲龚氏群玉山房传录黄荛圃校宋本,余又以董氏影印崇兰馆宋本详校一过。又检嘉靖徐刻《文粹》及许榆园本覆校异同,证明钞本之佳处,有胜于宋本者甚多。

"龚氏文照"　白文方　　　"群玉山房藏书记"　朱文长方

"相城九霞野逸龚文照紫筠堂藏书"　白文长方　　　"野夫所藏"朱文方

"群玉清秘"　朱文椭圆

丽宋楼藏述古堂影宋钞本,半叶十行,行二十字。结一庐旧藏明蓝格钞本,亦十行,行二十字。《适园藏书志》谓其源出宋本。此本行数、字数均与二本同,非寻常钞本也。

岑嘉州集八卷　明刊本

十行十八字,与明刊四卷本《孟浩然集》板式字体相同。前有杜确《序》。

邵亭云"许自昌合刊岑、孟二集",但此本字体似在许自昌以前,未知何时所刻,俟续考。

《孟集》已得印氏校本对校一过。此集当求善本校之。

韦苏州集十卷　拾遗一卷　明繙元本

每半叶十行,行十八字。"桓""構"缺末笔。与明刊《韦江州集》对校,知《江州集》有臆改之字。卷首有"果亲王府图书记"朱文长方印。缺序、目。卷九、卷十、《拾遗》系抄补,卷四抄补两叶(卷四第十三叶误订在三叶之前,应更正)。《宋元旧本书经眼录》列明翻宋本十卷,叙次与此本悉合,无《拾遗》。

顷在中国书店见一本与此同,前有《序》,补录于左:

　韦苏州集序

　韦苏州,《唐史》不载其行事。林宝《姓纂》云:"周逍遥公敻之后。左仆射扶阳公待价,生司门郎中令仪;令仪生銮;銮生应物;应物生监察御史河东节度掌书记庆复。"李肇《国史补》云:"为性高洁,鲜食寡欲,所居焚香扫地而坐,其为诗驰骤。建安已还,各得风韵,详其集中诗。天宝时扈从游幸,疑为三卫。永泰中任洛阳丞、京兆府功曹。大历十四年,自鄠县令制除栎阳令,以疾辞归善福精舍。建中二年,由前资除比部员外郎出为滁州刺史,改刺江州。追赴阙,改左司郎中。贞元初又历苏州。罢守寓居永定精舍。其后事迹,究寻无所见。"肇又云:"开元以后,位卑而著名者,李北海、王江宁、李馆陶、郑广文、元鲁山、萧功曹、张长史、独孤常州、崔比部、梁补阙、韦苏州,以集中事及时人所称。考其仕宦本末,得非遂止于苏邪案。"白居易《苏州答刘禹锡诗》云"敢有文章替左司"。左司盖谓应物也。官称亦止此。有集十卷而缀,叙猥并非旧次矣。令取诸本校定,仍所部居,去其杂厕,分十五总类,合五百七十一篇,题曰《韦苏州集》(旧或云《古风集》,别号澧上西斋吟稾者又数卷)。可以缮写。嘉佑元年十二月二十二日,太原王钦臣记。

《序》后《目录》一卷。《目录》后有《传》一篇。补录于左:

　韦刺史传　宋沈明远作喆　补撰

　韦应物,京兆长安县人也。其家世自宇文周时,孝宽以功名为将相,而其兄敻高尚不仕,号为逍遥公。敻之孙待价仕隋,为左仆射,封扶阳公。待价生令仪,为唐司门郎中。令仪生銮,銮生应物。少游太学。当开元、天宝间,宿卫伏内,亲近帷幄。行幸毕从,颇任侠负气。泊渔阳兵乱后，流落失职，乃更折节读书，屏居武功之上方。复返灃上，园庐芜没，贫无以自业，客游江淮间。所与交结皆一时名士。因从事河阳去为京兆功曹，摄高陵令，永泰中迁洛阳丞。两军骑士倚中贵人，势骄横，为民害，应物疾之，痛绳以法，被讼弗为屈，弃官养疾。同德精舍起为鄠令。大历四年除栎阳令，复以疾谢去。归寓西郊，择胜隐于善福祠，从诸生，学问澹如也。建中二年，拜尚书比部员外郎。明年出为滁州刺史。滁山川清远，山中多隐君子，应物风流岂弟，与其人览观赋诗。郡以无事，人安乐之。四年十月，德宗幸奉天，应物自郡遣使间道，奔问行在所。明年兴元甲子使还，诏嘉其忠，终更贫不能归，留居郡之南嵒。俄擢江州刺史。居二岁，召至京师。贞元二年，由左司郎中补外得苏州刺史。在郡延礼其秀民，抚其孕嫠，甚恩久之。白居易自中书舍人出守吴门，应物罢郡，寓于郡之永定佛寺。大和中，以太仆少卿兼御史中丞，为诸道盐铁转运江淮留后，年九十余矣。不知其所终，有子曰庆复，为监察御史、河东节度掌书记。应物性高洁，善为诗，气质闲妙，浑然天成。初若不用功，而近世诗人莫及也。白居易尝语元稹曰："韦苏州歌行才丽之外，深得讽谏之意，而五言尤为高远雅淡，自成一家。"其为时人推重如此。浮屠皎然者，颇工近体诗，尝拟应物体格，得数解为贽，应物弗善也。明日录旧，贽以见始被领略曰，人各有能有不能。盖自天分学力有限，子而不为我，且失其故步矣。但以所诣目名可也。皎然心服焉。应物鲜食寡欲，所居焚香扫地而坐，为吴门时年已老矣！而诗益造微，世亦莫能知之也。子沈子曰："予读韦苏州诗，超然简远，有正始之风。所谓朱丝疏弦，一唱三叹。"昔应物当开元、天宝宿卫仗内为郎，刺史于建中，以迄贞元。而文宗太和中刘禹锡乃以故官举之，计其年九十余，而犹领转轮剧职。应物何寿而康也。然自吴郡以后，不复有诗文见于录者。岂亡之邪？使应物而无死，其所为不当止此。以应物为终于吴郡之后，则禹锡之所举，老犹无恙也。盖不可得而考也。《新唐书·文艺传》称，"应物有文在人间，史逸其传，故不录。"予既爱其诗，因考次其平生行义、官伐，皆有凭藉始终，可概见如此。恨史官编摩疏漏耳。嗟夫！应物崎岖身，阅盛衰之变，晚折节学问，今其诗往往及治道而造理精深。士固有悔而能复、厄而后奇者如应物，而以目表见于后世，岂偶然哉！

辛未十月记。[①]

按《天禄后目》列元本。邵亭谓，当是王钦臣所订，沈明远重刻于元初。据此则《拾遗》为沈所辑。此本当定为明繙元刻。

孟浩然集四卷　明刊本

每叶二十行，行十八字。宜城王士源《序》（天宝四载）。天宝九载韦滔《序》。

凡诗二百一十八首。

友人宗耿吾购得明刊校宋本，其底本与此同。前人假莪翁所藏宋本对校，无年月姓名。有"印印川"朱文方印。耿吾云："印印川，宝山人，著有《鸥天阁杂著》。"此本疑为印君手校，即与莪翁同时，故得借宋本对校也。予于壬申仲夏借校一过。

---

① 此条似为先生抄录上述《序》《传》之日期，并非《传》末纪年。"辛未十月"，即 1931 年 11 月。——整理者

樊川文集二十卷别集一卷外集一卷　明翻宋本

每叶二十行,行十八字。首列裴延翰《序》。《别集》有熙宁六年田概《序》。

贾长江集十卷　虞山冯简缘校宋钞本　秀野草堂顾氏旧藏

翁覃溪以明本校过(朱笔过)。余以明繙宋本覆校。又以《文苑英华》《全唐诗》各校一次(蓝笔)。后又见保山吴佩伯过录湖南省庵校宋本,复校一次(绿笔)。佩伯又以何义门校本并校,余亦复校一次(亦绿笔)。

原钞出于宋。冯校亦依据宋本,其精审处迥异明刻,洵善本也。

孟东野诗集十卷　弘治己未商州刊本

提学杨逯庵以抄本属商州同知于睿梓行。前有汝南强晟《序》。盖所据为常山宋敏求编次本。后有宋氏题识。结衔称"山南西道节度参谋试大理评事平昌孟郊",与嘉靖秦禾本题"武康"者不同。故友保山吴佩伯跋语谓,其自棚本出也。

"晋安徐兴公家藏书"　朱文长方印　　"徐煻真赏"　朱文方印

"徐惟起印"　白文方印　　"闽戴成芬芷农图籍"　朱文长方印

"绿玉山房"　朱文方印

增广音注唐郢州刺史丁卯诗集二卷　影钞弘治七年本　以弘治本校

是本源出于元。结衔题"刺史许浑字用晦撰,信安后学祝德子订正"。前有大德丁未王瑭《序》。《序》后有放翁七绝一首。后有弘治七年洪洞郑杰《序》。盖刊于镇江府。

前年见张菊生丈购得一本,暇当借校。

壬申正月借张藏本正讹补脱。弘治本校勘不精,多讹字,应再觅善本补校。闻常熟瞿氏有元刊本,未列入藏目,近始发见。

菊生购时出价五十元,近宗耿吾亦得一本,则出价二百元。旧书日稀日昂,非提倡影印不可矣!

李义山文集十卷　花溪草堂原刊　昆山徐氏笺注本

李义山诗集十六卷　松桂读书堂原刊　华亭姚氏笺注本

《文集》为海昌许醇夫点校,《诗集》为同邑管芷湘批校,并录竹垞评语。有"管庭芬芷湘""许焞醇夫"藏印。又有别下斋及蒋生沐藏印。

王黄州小畜集三十卷　汪鱼亭钞藏本

此本前有《自叙》,后有谢肇淛《跋》。"留"字作"留(缺末笔)"。系从吾研斋补钞宋本传录。

"汪鱼亭藏阅书"　朱文方印

吾研斋原本藏罟里瞿氏。"学"字不作"學(缺末笔)","公"字作"公(缺末笔)",与吕氏他种抄本不同,俟考。吕抄本卷一四叶前十行,鱼号下脱"曾何足道"四字,此钞不阙。卷五前三行,吕抄本"寺下"脱名字,此钞不阙;九行"情磬",此钞作"清磬"。略校数页,知此抄非传录吾研斋本,或已有人精校,而汪鱼亭传录之也。

重校宋王黄州小畜集三十卷　古吴朱锡嘉以影宋抄本校　乾隆二十二年太平赵熟典爱日堂刊本

得宋椠钞本,细加雠校,三载刊成,有庚辰《自叙》(乾隆二十五年)。无黄州《自叙》,以沈虞卿《叙》居首,次列《宋史》本传。

每半叶十一行,行廿二字,与吾研斋残宋本合。知原钞确系影宋,但刻本于抬头空格已改。后有墨笔识语云:"王元之《小畜集》,余求之有日矣。今年于京师坊间购得抄本一帙,系从绍兴年间历阳沈虞卿刊本影写,阙文讹字,一望茫然。方欲贻书余友陈贞白,属其访寄善本,更加勘对。越数日又获此本,亦据沈本重刊者,喜极欲狂。晴窗间适歙邑方柳因、湛匡叔侄助余校雠,阅五日而毕。其间彼是此非,显然可辨者,书某作某。彼此互异而义可两存者,书某亦作某。彼此互异而尚待参定者,书某一作某。若彼此或同或异而并有疑义者,则粘签以俟考订云。又按《郡斋读书志》称'集自有序'。又《浙江遗书总录》亦云'咸平三年自序其命名之意'。今两本俱无《自序》,岂历阳开版时独遗之耶?当续求补之。乾隆五十五年古吴朱锡嘉志于京师旅寓。"

朱氏得此本时,在赵氏刻成三十年之内,故印本极佳。近涵芬楼重印《四部丛刊》,抽去经钮堂抄本《小畜集》,而代以吾研斋补抄宋本,后附《札记》,不言采自何本。细加比对,知采自赵刻者甚多。因知赵刻虽经精校,但亦何必讳言之耶?

河南穆公集三卷附遗事　钱氏述古堂钞本

卷末有"钱遵王家藏照宋抄本"一行。《苏才翁子美悲二子联句》"斯民乃贪"下缺。后有淳熙刘清之题,"我朝"字空格。

"平阳汪氏藏书印"　朱文长方　　"萝摩亭长"　半白半朱文方印

"隺侪"　朱文方　　"乔印松年"　白文方

"郁华阁藏书记"　白文方　　"享之千金"　朱文方

河南集三卷附遗事　汪鱼亭旧藏语儿吕氏抄本

卷末"斯民乃贪"下,比钱氏述古堂本多六十八字。"留"字作"□","学"字作"□"。

"汪鱼亭藏阅书"　朱文方印

河南先生文集二十七卷附录一卷　祁氏淡生堂钞校本　阙一至七卷

后有题识云:"此《河南集》廿七卷,乃越中祁氏淡生堂抄本。乾隆壬寅孟夏月河莫氏得织里书佑,敬藏之渔学庭中。前明故物也。旷翁有铭存焉。"

"澹生堂经籍印"　朱文长方　　"旷翁手识"　白文方

"子孙世珍"　朱文圆　　"山阴祁氏藏书之章"　白文大方

"莫印尔昌"　白文方　　"理斋"　朱文方

欧阳文忠公全集一百五十八卷　天顺六年庐陵郡守程宗刊本

《居士集》五十卷,《外集》二十五卷,《易童子问》三卷,《外制集》三卷,《内制集》八卷,《表奏书启四六集》七卷,《奏议》十八卷,《杂著》十九卷,《集古录·跋尾》十卷,《书简》十卷,《附录》五卷。

云间钱溥《序》。《年谱》。每卷后有"熙宁七年秋七月男发等编定,绍熙二年三月郡人孙谦益校正"两行。后附《校勘记》。

此为鄂省徐行可君旧藏。印本首尾一律,在今日已为难得。

南丰先生元丰类稿五十一卷　嘉靖甲辰仁和陈克昌修补成化本

元丰八年三槐王震《序》。

大德甲辰丁思敬《后序》。

嘉靖甲辰陈克昌《后序》："先生之集刻自元大德甲辰,此为《元丰类稿》。宜兴有刻为乐郡邹君旦,丰学重刻为南郡杨君参。历岁滋远,板刻多磨。虽尝正于谢簿普,再补于莫君骏,顾旋就湮至不可读。取是集雠校焉,易其敝朽,剔其污漫,更新且半,越三月始就绪。"

据此知为第三次修补成化六年杨参刊本。莫楚生棠题签云："丁亥桐城萧敬孚贻予。此书阙数卷,乙未于苏州复得残本,合而成完。予又得明王抒刊本,亦不全,手抄补之,赠敬孚矣。"

"柳蓉春经眼印"　白文方　　"博文斋收藏善本书籍"　朱文方①

"韶州府印"　　"独山莫氏铜井文房藏书印"　朱文长方

"莫棠字楚生印"　朱文长方

豫章黄先生文集九十七卷　又称山谷全书　嘉靖丁亥宁守乔迁补刊叶天爵本

《内集》三十卷,《外集》十四卷,《别集》二十卷,《词》一卷,《简尺》二卷,《年谱》三十卷,附《伐檀集》二卷。徐岱《序》。周季凤《序》。《年谱》后附周季凤著《山谷黄先生别传》。又周季凤重刊《涪翁文集跋》。又查仲道《后序》。除周《序》、查《后序》,均称《山谷全书》。

"许焞收藏"　白文方印"天然图画楼收藏典籍记"　朱文隶书长方印②

"一两六钱"　朱文每字外有圆圈　　"□是醇夫手种田"　朱文椭圆③

许焞一字慕迁,海宁人,雍正癸卯进士,官翰林院编修。

东莱先生诗集二十卷　南昌彭氏知圣道斋抄本

卷首录《四库提要》,系文勤所书。后有乾道二年赣川曾几《题跋》。卷中朱笔精校并题后云："咸丰辛酉嘉平手校一过,恨无佳本互勘。时年七十有五,养园。"

"南昌彭氏"　朱文方　　"知圣道斋藏书"　朱文长方

"遇读者善"　白文方　　"滇翁"　朱文长方　"臣许乃普"　白文方

养园疑系滇翁别号,俟考。

谢幼槃文集十卷　平江陈氏西畇草堂抄本

绍兴壬申苗昌言题。又题名五行:"淳熙二年汤夏赵烨重修"。绍兴三年吕本中题:"此本源出于绍兴合刻《谢溪堂幼槃合集》三十卷本。"万历己酉谢肇淛题:"幼槃诗文不传于世,此本从内府借出,自为钞写,清霜呵冻,十指如槌,几二十日始克竣帙。"

谢杲题(肇淛之子)。东山后学黄晋良题。林佶题。黄、林皆题于谢氏抄本之后。

朱彝尊题:"是集流传甚罕,谢布政在杭抄之内府,在杭收藏宋人集颇富,近多散失。惟此系其手书,子孙装界成册。平湖陆编修次友典福建庚午乡试,抄得之。予令楷书生丞录其副。"陈氏盖从竹垞抄藏本录出。

"西畇艸堂"　朱文大方　　"陈墫印"　朱文方　　"复初氏"　朱文方

"仲遵"　朱文长方　　"颠翁"　朱文方　　"平江陈氏"　朱文方

---

① 此二印书眉处有先生批注云:"此近人之印"。——整理者
② 此印书眉处先生注云:"明嘉靖进士潘允端,字仲履,上海人,有'天然图画楼收藏典籍记'印。章见《天禄琳琅续编》元祐本《史记》条下。"——整理者
③ 此印书眉处先生注云:"《善本书室志》作'个是醇夫手种田'。"——整理者

"西畇藏书" 朱文方　　"陈氏西畇艸堂藏书印" 白文长方

"墫印" 朱文圆　　"西畇耕者" 白文方　　"秘本" 朱文方

《瞿目》有之云:"系谢在杭抄本。未知果系原抄否。"

张文潜文集十三卷

此即《瞿目》所谓明胡应麟《笔丛》所载之本。缺马鲋《序》一篇。旧为钱叔宝藏书。卷末题云:"己未十月楚太傅婺野唐公钺惠",下钤"钱谷"(朱文)、"钱氏叔宝"(白文)印。书签题"张文潜先生集上、下"。下钤"俊明""孝章"(朱文)两印。其余各家藏印甚多,类记如下:

"钱乘减斋收藏" 朱文方印　　"中吴钱氏收藏印" 朱文长方

"邵弥私印" 白文方　　"碧芸馆印" 白文方　　"陈元璞" 白文方

"吾师老庄" 白文方　　"陈氏珍本" 朱文方　　"华里布衣"白文方

"陈琦家藏" 朱文方　　"陈琦" 白文方　　"润父" 朱白文方

"燕巢" 白文方　　"陈琦印" 白文方　　"陈元璞" 白文方

"元璞陈琦"白文方 "马永麟图书记" 朱文方"雅游轩" 朱文椭圆"永麟之印" 朱文方

"子孙保之" 朱文葫芦

"德星常拱之家" 朱文长方圆角

钓矶诗集四卷　道光庚戌钱唐罗镜泉以智增辑钞校本

是集为宋末邱葵著。诸家罕著录。顾选元诗,钱补元《艺文志》,均未之及。罗君得旧钞本,又见裔孙邱珽康熙年刊本(名《独乐轩诗集》),互相校补,并校正刊本之误。计以钞本补刊本者,共增诗八十首;以刊本补钞本者,共增诗四十四首。通计原本及补钞共二百七十四首,仍分四卷,详见跋文及总目。

此钞本校勘极细密,为传书堂旧藏。

数年前于传书堂残余书籍中,搜得吾乡罗镜泉以智辑校《钓矶诗集》。知其未经刊布,而未敢决定是否手稿。丙子残冬,顾子起潜示余海粟楼王氏藏文稿四册,未署姓名,版心有"恬养斋偶钞"五字,共八十九篇。首载经解,次考,次说,次论,次辩,次序,次寿序,次记,次跋,次书后,次书事,次题词,次赞,次铭,次传,而以《淡巴菰寓言》十九殿焉。王子欣夫跋其后云:"恬养为罗镜泉斋名,读其中《赵清献公年谱自序》《跋大元海运记》,益信为镜泉文稿。镜泉著述甚富,多未刊行,仅钱塘丁丙刊其《新门散记》、海昌羊复礼刊其《七十二候表》二种而已。以余所见者,有《文庙从祀贤儒表》二卷、《赵清献公年谱》一卷、《诗苑雅谈》五卷、《宋诗纪事补遗》□十卷。知而未见者,有《浙学宗传敬表录》《述斋笔记》《恬养斋诗集》"等语。余展读一过,有《跋钓矶诗集》一篇,与藏本一字无异,不禁狂喜!证明文稿的系镜泉遗著,且系手定。因行间校改各字,并有手钞数篇,与《钓矶诗集》字迹如出一手,兼可证明此辑校本系镜泉手抄,弥足珍重。年前杭州某坊书目有《恬养斋诗集》,购之,已归他人。顷询起潜,知亦为欣夫所得。顷已移书之假。他日倘能合诗文两集为之刊行,亦后学应尽之责也。[1]

---

[1] 此处书眉先生批注云:"欣夫已以《诗集》见惠。"此节文字先生后改写为《钓矶诗集·跋》,字句略有改动。——整理者

遗山先生诗集二十卷　汲古阁元人十集本

假得宗耿吾兄弘治沁水李瀚本，己巳冬日手校一过。

弘治本半叶十行，行廿一字。系从元本出。首有段成已《引》，谓"即其家得，所有律诗凡千二百八十首，又续采所遗落八十二首"。汲古阁亦刊段《引》，乃擅改其文为"即其家得遗稿若干"。弘治本烂板，汲古本皆作墨□。知汲古实从弘治本出，而子晋《后跋》并未言所据何本。殊可异（疑）也。

"长洲潘钟瑞麐生所藏"　朱文方　　"曾藏漱霞仙馆"　白文方

潘为咸丰时人，著有《百不如人斋诗稿》。

通艺录　嘉庆八年自刊本

《自叙》。

目：论学小记　论学外篇　宗法小记　仪礼丧服文足征记　释宫小记　考工创物小记　磬折古义　沟洫疆理小记　禹贡三江考　水地小记　解字小记　声律小记　九谷考　释草小记　读书求解　数度小记　九势碎事　释虫小记　修辞余钞　［附录］让堂亦改录　乐器三事能言　琴音记原本　濠上吟　莲饮集　藤笈编　非能编　［未成书］仪礼经注疑直　说文解字会极　古今体诗

卷末夏氏《跋》云："易畴先生《通艺录》，名物训诂，考据渊博，余心仪之，而未睹其书。近购得之，阅卷中尚有阙叶，因假王露坡本校补三叶，余付阙如。《丧服文足征记》有述兑编目，计二叶。《九势碎事》有题兰亭诸跋，计十二篇。此本俱缺，王本亦缺。又总目有《读书求解》，目录卷中亦有其目，而无其书。录有《琴音记原本》《濠上吟》《莲饮集》《藤笈编》《非能编》五种目录，今亦无其书。岂与卷中《果蠃转语》同例，俱为未锲之书耶？抑已付手民或为先生所摘出耶？不然，何以王本所列总目无《琴音记》以下五种并无《读书求解》之目也！又按《乐器三事能言》卷中《钟磬各图说》《考工》《创物小记》中已备，似亦近重出耳。丙辰九月九日访雪识于卷末。"

"夏子猷印"　白文方　　"访雪之书"　朱文方

蜕庵诗集四卷　长塘鲍氏抄校本

以文手抄释蒲庵来复《序》一篇、苏平仲《序》一篇、释宗泐《跋》一篇。又补录刘岳申《张仲举集序》一篇。后题云："嘉庆壬申九月十八日，介老人从《中斋集》录补。时年八十又五。"

卷中又以朱笔校正原钞。有第五卷，以文去之。于第四卷《雷火焚故宫白塔》七律后题云："按元本七言律诗止于此，下接七言绝句二十八首，无五卷也。此本绝句后七律七首，盖从别本增入，当标补遗名目，不必重抄七绝作第五卷也。"

"按《邵亭目》云：'张金吾有《蜕庵诗》五卷。旧抄云分卷次序与洪武刊本异，多有洪武本缺载之篇。'"

据此知原抄与邵亭所云张金吾本合。以文盖依洪武本校正。国学图书馆藏一鲍氏校抄本，后题"通介叟"，不知与此本有异同否。

副叶题"蜕庵诗集"四字八分书，当是以文手迹。副叶之阴木刻"赵松雪藏"，书法亦八分书，如出一手。

"纸窗竹屋灯火青荧昔于此间得少佳趣"　朱文大方

"歙西长塘鲍氏知不足斋藏书印" 朱文大方

"老屋三间赐书万卷" 朱文大方 "世守陈编之家" 朱文椭圆

"长塘图" 朱文 "榴皮卫" 朱文方 "万卷书藏一老身" 白文方

"香圃所藏" 白文方 （此印当是香圃钤）

菉竹堂稿八卷　嘉靖八年荫孙叶梦淇刊于衡州

首叶有叶恭焕题记,云:"此上红点者,乃俞仲蔚所选,将欲付梓一部。括苍山人恭焕记。"又有古愚题记云:"菉竹堂稿本,先君之所藏而分授大兄者,被其后人借去十余年矣。屡索不还,仅偿《水东日记》一部,大兄恒不能忘情焉。今渠后人亡未一载,此书已流落书肆矣。余今得之,不啻赵璧之完归。大兄归,当以告之,喜可知也! 时丁丑仲夏。古愚识。"

"古愚"白文方

按王佩初氏题记释为叶古愚,似未确。

"叶恭焕印" 白文方 "据梧生" 白文方

文庄公《自序》。天顺己卯书于西广之冰玉堂。

荫孙叶梦淇《刻〈菉竹堂稿〉引》。嘉靖八年季冬。

每卷第二行题"皇明名臣正议大夫资治尹吏部左侍郎谥文庄昆山叶公存稿"。次行低八格题"奉议大夫同知衡州府事隆孙叶梦淇刊行"。第三行又低五格题"乡进士衡阳门生朱希贤校正"。文、诗各四卷,皆官岭北及抚广时所作。《目录》缺第四、第五、第六、第二十五、第二十六、第二十七、第二十九、第三十各叶,已抄补。又卷二缺第三十一、第三十二叶,已抄补。又卷四缺第五叶,又卷六缺第二十一叶,又卷七缺第十二、第十三、第十六、第十七叶,又卷八缺第三十二、第三十三、第三十四叶,均已抄补。右抄补笔意与古愚题记系出一手,似为明代人所书。又有近人据乾隆本校正各签,散附卷内,俟觅得乾隆本再行整理。卷中俞仲蔚朱点,间有校正处。

此书各家未见著录,民国十二年购自湘乡王氏,谓系袁漱六故物。

吕泾野先生文集卅八卷　旧抄本

万历壬辰庚戌北地李桢《序》[①]。结衔题"后学北地李桢编校"。胡笃《跋》。《跋》中称"大中丞李公取《仲木集》删订之"。笃自称"属下吏湖广汉阳府知府"。此书盖由李桢任楚抚时,就《泾野文集》刊本重选刊行者。

"吴瑛之印" 白文方

顷见嘉靖乙卯直隶真定府知府于德昌刊本卅六卷,系依西安府旧刻,又依《府志》重加雠校。刊行者以《目录》与此本对校,知李桢系选刊,非足本。辛未腊月记。

前有李舜臣《序》,称"诸弟子录其文成集,仲子昀、长孙师皋藏之家,西安高陵尝梓之。是西安本外,又有高陵刊本"。

洹词十二卷　明赵府味经堂刊本

板心作复线匡三。上匡刊"赵府味经"五字,中匡纪《洹词》卷几,下匡纪页数。分元、亨、

---

① 此处书眉有先生批注云:"既曰壬辰,又作庚戌,原文如此。俟考。"——整理者

利、贞四册。余廿六岁时购于彰德府考棚。

天目先生集二十一卷　附录郭迭卿江藩哀录·答大司马张公书　万历刊本

有丹棱黎芳《后序》,云"岁壬午西蜀张公以少司马督抚东南,芳其属椽,因缘得事公于钱塘之莫府,而以先生遗稿属焉。明年秋公在蓟州,复以先生《集序》来与王公故所撰者,并立于前,而以碑铭、传记、哀辞、悼章附列于其后"等语。今此本无张、王两《序》,应补抄。

耄年录九卷　茅坤著　万历刊本(自序作于乙未)

壬辰以后,年垂八十。凡墓铭、序记、诗文、书札等,随手日录而贮之,亦随手而梓之,无复如故时类次。卷七为《自述》,即撰《年谱》作于戊戌,其时已八十七岁。

《千顷堂书目》:茅坤《白华楼藏稿》十一卷,又《续稿》十五卷,又《吟稿》十卷,又《玉芝山房稿》二十二卷,又《耄年录》八卷,孙元仪辑。此书共九卷,其八卷者,重刻本也。北平图书馆《茅鹿门集》三十六卷之目,大略检查并无《自述》,余文有无,未及细检。

炳烛斋集不分卷　海虞顾大韶撰　康熙十年刻本

前有钱陆灿《序》。顾为陆灿师。此书入《禁书全毁目》。大韶之兄大章死于珰祸,与杨、左、魏、周、袁同被难。

琴张子萤芝集五卷　金坛张明弼著　天启甲子刊本

黄道周《序》。陈盟《序》。朱之俊《序》。王铎《序》。

卷一、二赋,卷三杂文,卷四、五诗。作者反对科举文字之弊,卷三《张罗篇》、卷五《文言》,痛切言之。诗文胎息六朝,不落纤佻窝臼,石斋许为庾、鲍之流。是明季文派之佳者。

六家文选六十卷　明嘉靖吴郡袁氏嘉趣堂本

袁氏前后题字俱全。道光庚子铣岭杨需题跋,有收藏各印。余得之瑞安黄氏。

文选六十卷　明初朝鲜铜活字本

五臣注在前,李善注在后。

昭明太子《序》。

国子监准敕就三馆雕造《李善〈文选〉文》《李善上〈文选〉注表》。

李延祚《进集注〈文选〉表》。

高力士《宣口敕》。《目录》。

每半叶十行,每行十七字。小字双行。末卷附五臣本《后序》,题"天圣四年九月前进士沈严序"。序后题记如下(序为平昌孟氏小字本作):

李善本　天圣三年五月校勘了毕

校勘官将仕郎守许州司法参军国学说书臣公孙觉
校勘官将仕郎守常州晋陵县主簿国学说书臣贾昌朝
校勘官文林郎守宣州宁国县主簿国学说书臣张逵
校勘官承务郎守彭州录事参军国学说书臣王式
校勘官文林郎守泗州录事参军国学说书臣王植
校勘官将仕郎守信州贵溪县令国学说书臣王畋
校勘官宣德郎守饶州军事判官国学说书臣黄鉴

天圣七年十一月雕造了毕

校勘印板承奉郎守大理寺丞充国子监直讲兼北宅故河州观察院教授公孙觉

校勘印板朝奉郎守秘书丞骑都尉臣黄鉴

天圣九年　月　日进呈(衔略)

蓝元用　皇甫继明　王曙　薛奎　陈尧佐　吕夷简

秀州州学今将监本《文选》逐段诠次,编入李善并五臣注。其引用经史及五家之书,并捡元本出处对勘写入。凡改正舛错、脱剩约二万余处。二家注无详略文意稍不同者,皆备录无遗。其间文意重叠相同者,辄省去。留一家总计六十卷。元祐九年二月　日。

按《六臣〈文选〉》五臣注在前,李注在后者,今世所见惟明嘉靖袁褧本。袁褧之祖本为崇宁五年镂板,政和元年毕工,即竹垞所见之王氏赐书堂本也。此本所祖为元祐九年秀州州学本。秀州本乃据天圣七年监本李善注、天圣四年平昌孟氏小字本五臣注合校而成,并改正二万余处。其祖本在崇宁本之前,是今世所传五臣注在前之《六臣〈文选〉》,无古于此本者矣。

又卷尾有跋云:"铸字之设,可印辞书,以传永世,诚为无穷之利矣。然其始铸字样有未尽善者,印书者病其功不易就。永乐庚子冬十有一月,我殿下发于宸衷,命工曹参判臣李蕆新铸字样,极为精致。命知申事臣金益精左、代言臣郑招等监掌其事。七阅月而功讫,印者便之,而一日所印多至二十余纸矣。恭惟我恭定大王作之于前,今我主上殿下述之于后,而条理之密又有加焉。(中略)实我朝鲜万世无疆之福也。宣德三年闰四月　日,崇政大夫、判右军都总制府事、集贤殿大提学、知经筵春秋馆事兼成均大司成、世子贰师臣卞季良拜手稽首敬跋。"

按《书林清话》卷八述日本朝鲜活字版,云:"大抵朝鲜活字本,始行于明初。余藏《国语韦昭注》,为铜活字大字本。有跋云'我东活字印书之法,始自太宗朝,癸未以经筵古注《诗》《书》《左传》为本,命判司平府事李稷等铸十万字,是为癸未字。世宗朝庚子,命工曹参判李蕆等改铸,是为庚子字'"等语。此跋所称太宗,即卞跋之恭定大王;所称世宗,即卞跋之主上殿下。是此本为庚子字所印,时在明初。

原缺卷四十,倩武井樊君影抄袁褧本补之。

"宣赐之记"　朱篆文大印　　"摄州天满""松云峰寒山寺"　朱文楷书大长方

文粹一百卷　杭州榆园许氏校刊初印本　蔡公重鼎昌批校

许氏《缀言》称,"校勘是集,始于光绪戊子,约谭君仲修献锐意缉治。后得蔡君公重鼎昌、张君小云大昌磋磨之助。若《古诗》九卷皆仲修、公重主之"等语。此本为蔡君就初印本手批,并校正讹字。闻此书为浙江书局代刻,许益斋君迈孙亦校勘样本后仍多讹字,甚怒剞劂之疏忽,甫印数本,即令停刷,俟修补后再印行。蔡君系原校者,又于初印本重加订正,且全部批点,甚为精审,足为此书增重。

蔡君又以另纸录王铁夫苣孙及王槐跋语两则。兹录于左:

此绍兴九年临安府重刊本。后有知军府张澄等十一人结衔,吾同年友莬翁所藏。余读是书三十年,苦其讹脱,于世所行嘉靖刻三本遍求得之。徐熥本较善,然终不慊屡欲借校于莬翁。以莬翁例不借书,未敢骤请。姑以恳求之,莬翁慨然借我,损其匣而不之惜也。宋本讹脱故亦不少,然自有迥胜今本者。如李华《含元殿赋寺人大伯》,出《左传》,今本误改为"老伯"。宋之问《秋莲赋》"舟青翰",误"舟"为"丹"。张说《开元乐章》"震震",今本误为"蒸蒸"。是不知"震"有平音而易之也。韩愈《元和圣德诗》"烜威赫德",今本讹"怛威赧德"。孟郊《古意》"愿分精与粗",今本误改"麤与精"以协韵,不知"精"字复韵,"麤"乃转韵,而与上"烟"字叶也。张九龄《龙池颂序》"大盗狃于得志",今本误"盗"为"道"。皇甫湜《元魏正闰论》"幽王之灭戏",今本误改"厉王之居彘上"。以"圯耿比辞胡",此当从灭。若曰"居彘",则失之矣。凡此非见旧本,虽有好学深思,末由意揣而得。莪翁以不肯借书见訾同好。然余无一瓻之送,枉蒙破例,有足感焉。题其后而归之。铁夫。

余年二十余,思读《唐文粹》。会有客携此书至,遂买之。开卷漫漶,其中鱼鲁不止十一。余寡交游,无从得善本。去年归钱塘,过友人钱唯传孝廉师曾斋,见是书丹黄烂然,有"太鸿"小印,知为厉先生校本。今年春,余自娄东来,钱君招余,馆我于江月松风草堂。校勘之余,不废诗酒,十四日而卒业。嘉庆十七年壬申天中节后一日王槐跋。

惕甫所校正各误,今斠刻本,均已改正。其跋可毋须过录。惟合观后一跋,足见古人求善本之不易,因录别纸存之。

以上皆蔡君所录。盖从王君槐过录厉樊榭校本录出,厉以莪翁宋本校正,故附录王惕甫跋语。谭复堂序此书,谓"旧有惕甫校本,亡于汀州寇乱。今蔡君得见,过录莪翁原本,谓惕甫所校各误,斠刻本已均改正。足见许刻遍校各本,极为精博也。"

松陵集十卷　弘治壬戌吴江令刘济民刊本

后有都穆《记》,前有皮日休《序》。刊印甚精,惟卷二末两页以翻刻本配。

"宛平王氏家藏"　白文方印　　　"慕斋鉴定"　朱文图印

"曾在王鹿鸣处"　朱文长方印

"金坛王□①两宴鹿鸣藏书记"　朱文长方印

"燕越胡茨邨氏藏书印"　白文大方印

"宗室文悫公家世藏"　朱文方印

"圣清宗室盛昱伯羲印"　朱文方印

古乐府十卷　旧钞本

前有至正丙戌克明自序,后有正德四年知扶风县事代郡孙玺跋语,云:"正德戊辰拜扶风尹,谒康太史德涵,谓予左氏《古乐府》旧本残缺,既为订正,惜无梓之者。予归乃属扶风学生杨斌书以梓之。自冬徂春,八十一日而书成。此本盖从正德本传钞。《焦仲卿诗》'守节情不移'句下,未增'贱妾守空房'二句;'新妇初来时'句下,未增'小姑始扶床'二句;'寡妇赴彷徨','赴'未改'起'。尚是元刻之旧,与俗本迥异。"

卷首有"朱氏续京藏"印,并"经双照楼吴氏收藏"。

---

① 原稿如此。——整理者

六朝声偶集七卷　明抄本

蓝格棉纸。每半叶九行,行二十字。每卷有子目。每卷前题"吴人徐献忠选"。卷末题"长水书院刻"。七卷后有"补遗"二首。

"古潭州袁卧雪庐收藏"　白文大方印

此书未见各家著录。《松江韩氏藏书目录》有"《六朝声偶集》七卷,长水书院刻本,黄荛夫校"。又一部系旧抄本。松江韩氏抄刻两本,已于癸酉冬日见于沪肆,为识者购去。

唐僧弘秀集不分卷　旧抄本　不分卷

菏泽李龚《序》。"弘"字未阙末笔。

此书宋刊本闻亦不分卷,为吾友许君耆世藏。去岁闻已流入文友堂书肆矣。丙子。

西湖游咏一卷　嘉靖戊戌刊本

钱塘田叔禾汝成、吴郡黄勉之省曾,于嘉靖丁酉同游西湖,互相投赠之作。共诗三十六首。有勉之《序》,叔禾《后序》。有关吾乡故事,故购而藏之。

叔禾著有《西湖游览志》及《志余》。

花间集十二卷补二卷

唐欧阳炯《序》。序后一行"万历壬寅孟夏玄览斋重梓"。唐卫尉少卿赵崇祚集,《集补》题"西吴温博编次"。

此为吴伯宛双照楼故物,《四部丛刊》曾借印。

乐府雅词二卷拾遗二卷　东吴顾氏钞藏本

"养拙斋"　朱文长方印　　　"顾肇声读书记"　朱文长方印

"随庵"　白文方印

此抄本未经复校,讹脱颇多。壬申正初以秦刻《词学丛书》本对校一过,正讹补脱。又义可两存者,均旁注之。惟卷上九张机"尘昏汗汙无颜色",秦本作"尘世昏汙"。又董颖《薄媚》第十摘"苧萝下鈎钓深闺",秦本作"苧萝不鈎钓深闺"。又赵德麟《鹧鸪天》题注"前段后段",秦本作"前改后改"。又张子野《天仙子》"落絮倦飞还恋樹",秦本"絮"作"叶"。欧阳永叔《浪淘沙》"垂杨紫陌洛城东",秦本"洛"作"路";"只有红尘无驿使",秦本"无"作"迷"。叶少蕴《念奴娇》"故人渐近",秦本"近"作"远"。均不知此本之尚存庐山真面。恐秦氏付刻时不免有臆改之失,或所据原本亦有舛误也。

又以《四部丛刊》本鲍渌饮抄校《乐府雅词》对校一过,知此本与鲍校原本同出一源,而秦刻本与鲍校颇多违异。《丛刊书录》谓"鲍校为石研祖本",非确论也。

肇声名楗,雍正时人,即刊碧筠草堂本《笠翁丛书》之中吴顾楗。养拙亦顾氏斋名。知此为国初抄本。

晚香室词选八卷　无题名印记　稿本

始李白,终张埜。共选一千二百〇九首。间有注释,是深于词律者。字体甚旧,必在嘉道以前。

此本得于常熟翁氏。

叶先生诗话三卷　影抄元刊本　吴门叶调笙廷琯手校

每卷大题后:"石林叶梦得少蕴述谷迁陈仁子同俌校正"。末卷后有"茶陵州儒学学正于瑞孙点看,别无漏一行"。"咸丰乙卯腊月吴门叶廷琯依甲辰家刻本校于上下书眉。腊月八日校毕记。"

"三琴趣斋"　朱文方　　"调生手斠"　朱文方

又有袁寒云收藏各印。

剡溪诗话一卷　嘉靖丁丑俞子容紫芝堂手抄　汲古阁毛子晋藏本

此书见于《铁琴铜剑楼藏书目》,今睹原抄,知瞿藏系传录本。

俞子容后识云:"《剡溪诗话》一卷,从柳大中处假归,余遂手录。然意此书非似孙所著。观其笔力,与纬略不同,姑书此,以俟博洽者辩之。丁丑六月十七日,后学俞弁子容甫书于紫芝堂中。"

"姑苏吴岫家藏"　朱文方印　　"毛晋私印""汲古主人"　朱文方印

"东吴毛氏图书""子晋书印"　朱文方印　　"小李山房"　朱文大方

叶面隶书题:"剡溪诗话　弍编　汲古阁毛子晋藏本",似李氏所题。与《寒岁堂诗话》合订一册。

岁寒堂诗话一卷　俞子容手抄本

"汲古阁""毛氏子晋"　朱文方印　　"子晋"　朱文连珠方印

"姑苏吴岫家藏"　朱文方印

"子孙永保"　白文大方印　　此系小李山房印记。

此书系绍兴古越楼流出,庚午春日购得之。经吴方山、毛子晋、李柯溪收藏者。书根题"剡溪诗话　岁寒堂诗话",尚系子容手笔。确是原装,未经改动。

苍崖先生金石例十卷　精钞本　影元刊

至正五年杨本《序》。至正乙酉傅贵全《序》。汤植翁《序》。戊子王思明《序》。

鄱阳杨本编缉校正。庐陵王思明重校正。

"季沧苇藏书印"　朱文长方　　"西河"　朱文椭圆

"毛扆之印"　白文方　　"书林日扫桐华"　朱文长方

"汝南叔氏"　朱白文合璧方　　"冕卿"　白文方

"吾生珍秘之印"　朱文横方　　"俞氏雅玩"　朱文方

"吾生"　朱文方　　"俞梧生最嗜物"　朱文长方

（原稿本,上海图书馆藏）

引用书目

一、谱主著述、辑编、抄校

曾王父宣三公(叶庆暄)年谱　叶景葵增补　稿本　上海图书馆藏

安阳县叶公渠事实　叶景葵辑　稿钞本　同上

补藤花馆印存　叶景葵编　钤印本　同上

甄屑录二卷　叶景葵撰　稿本　同上

矿政杂钞不分卷　叶景葵辑　稿本　同上

卷盦政典类钞不分卷　叶景葵辑　稿本　同上

鸰痛记　叶景葵撰　稿本　同上

汉行信稿一卷　叶景葵撰　稿本　同上

罪言之一鳞　叶景葵撰　稿本　同上

馈贫粮一卷　叶景葵辑　稿本　同上

宣统辛亥奉天保安事件不分卷　叶景葵辑　稿本　同上

南史八十卷　唐·李延寿撰　明汲古阁刊本　清·刘履芬题诗、王鸣盛校　叶景葵补临王鸣盛校　题诗

晋文约钞　叶景葵钞本　同上

阙文二卷　唐·高彦修撰　清初抄本　阙名校　叶景葵补校　同上

兰笑楼藏书目录　叶景葵辑　稿本　同上

赵尚书奏议目录　叶景葵辑　稿本　同上

叶揆初伉俪亲友手札(简称《亲友手札》)　原件　同上

蒋抑卮先生手札(第1—3册)(简称《蒋札》)　原件　同上

尺素选存　原件　同上

谐声谱　清·张惠言手稿　1934年8月武林叶氏景印本

卷盦藏书记　叶景葵撰　稿本　上海图书馆藏

外债问题　叶景葵撰　《东方杂志》第8卷第12号

叶揆初复孙仲英请股东会查账书　1912年2月25日天津《大公报》

汉冶萍国有策　叶景葵撰　1912年3月8日上海《民立报》

述汉冶萍产生之历史　叶景葵撰　《东方杂志》第9卷第3号

本行发行史　叶景葵、潘永和编　《兴业邮乘》复23—28期(1947年9—11月)

蒋君抑卮家传　叶景葵撰　1940年排印本

卷盦札记(简称《札记》)　叶景葵撰　影印本

卷盦书跋(简称《书跋》)　叶景葵撰　上海古籍出版社2006年7月第1版

叶景葵杂著(简称《杂著》)　叶景葵撰　上海古籍出版社1986年1月第1版

叶景葵致顾廷龙论书尺牍(简称《尺牍》)　王世伟、许全胜整理　《历史文献》第 1 辑　上海科学技术文献出版社 1999 年 4 月第 1 版

二、未刊档案文献

赵尚书奏议　钞本　上海图书馆藏

盛宣怀档案(简称"盛档")　原件　同上

浙江兴业银行档案　上海市档案馆藏　原件(上档 Q)

上海银行公会档案　上海市档案馆藏　原件(上档 S)

交通银行档案　上海市档案馆藏　原件(上档 Q55)

商务印书馆古东会记录簿　原件　北京商务印书馆资料室藏

商务印书馆董事会记录簿　原件　同上

中兴煤矿公司史钞　稿本　上海图书馆藏

三、史料专集、汇编

清代朱卷集成(第 267 册)　顾廷龙主编　台湾成文出版有钱公司 1991 年影印本

清代职官年表　钱实甫辑　中华书局 2003 年第 1 版

清人室名别称字号索引(增订本)　杨廷福等编　上海古籍出版社 2001 年 12 月第 1 版

清代档案史料丛编(第 8 辑)　中国第一历史档案馆编　中华书局 1982 年 4 月第 1 版

道清铁路五厘公债　浙江兴业银行编印　1939 年 11 月排印本

汉冶萍公司档案史料选编(上册)(简称《汉档》)　湖北省档案馆编　中国社会科学出版社 1992 年第 1 版

汉冶萍公司(三)　陈旭麓、顾廷龙、汪熙主编　上海人民出版社 2004 年第 1 版

旧中国汉冶萍公司与日本关系史料选辑　武汉大学经济学系编　上海人民出版社 1985 年 7 月第 1 版

拯中原于涂炭　登亿兆于康庄——李维格的理想与事业　王同起、瞿免良编　中国档案出版社 2000 年第 1 版

中国近代工业史料(第 3 辑)　陈真编　三联书店 1961 年 10 月第 1 版

现代中国实业志　杨大全主编　商务印书馆 1940 年版

辛亥革命浙江史料选辑　浙江省辛亥革命史研究会、浙江省图书馆编　浙江人民出版社 1981 年 8 月第 1 版

中华民国史档案资料汇编(第 3 辑)金融(一)(二)　凤凰出版社 1991 年 6 月第 1 版

中华民国货币史资料(第 2 辑)　中国人民银行总行参事室编　上海人民出版社 1991 年第 1 版

中国银行行史资料汇编(上册)　中国银行总行、中国第二历史档案馆编　档案出版社 1991 年 12 月第 1 版

中华民国金融法规档案资料选编(上册)　中国人民银行总行参事室、中国第二历史档案

馆、江苏省金融志编委会编　档案出版社1990年第1版

　　银行年鉴(1921—1922)　银行周报社1922年发行

　　中兴煤矿公司之呼吁声　1928年排印本

　　山东峄县中兴煤矿概述　1936年9月排印本

　　松坡图书馆十二年份报告　1924年4月刊本

　　一九二七年的上海商业联合会　上海市档案馆编　上海人民出版社1983年第1版

　　上海商务印书馆被毁记　1932年排印本

　　浙江文史资料选辑(第46辑)——浙江近代金融业与金融家　浙江人民出版社1992年第1版

　　旧上海的金融界　上海文史资料选辑(第60辑)　上海人民出版社1988年第1版

　　求恕斋友朋手札　原件　上海图书馆藏

　　近代名人手札真迹——盛宣怀珍藏书牍初编　王尔敏、陈善伟编　香港中文大学出版社1988年版

　　近代名人信札精选　王尔敏、陈善伟编　香港中文大学出版社1992年版

　　民国名人手迹　上海市档案馆编　上海书画出版社1996年12月第1版

　　赵凤昌藏札　国家图书馆出版社2009年9月第1版

　　汪康年师友书札　上海古籍出版社1986—1989年第1版

　　二十世纪北京大学著名学者手迹　北京图书馆出版社2003年5月第1版

　　盛宣怀档案名人手札选　上海图书馆历史文献研究所编　复旦大学出版社1991年9月第1版

　　湖南省图书馆藏近现代名人手札　湖南省图书馆编　岳麓书社2010年12月第1版

　　浙江省图书馆藏名人手札选　浙江省图书馆编　浙江人民出版社2000年10月第1版

　　可居室藏清代民国名人信札　王贵忱、王大文编　国家图书馆出版社2012年3月第1版

　　上海银行家书信集　上海市档案馆编　上海辞书出版社2009年2月第1版

　　顾廷龙致叶景葵论书尺牍(简称《尺牍》)　王世伟、许全胜整理　《历史文献》(第2辑)　上海科学技术文献出版社1999年11月第1版

　　合众图书馆董事会议事录　顾廷龙笔录、顾燕整理　《历史文献》(第7辑)　上海古籍出版社2004年7月第1版

　　上海研究资料续集　上海通社编　上海书店1984年影印本

　　近代上海大事记　汤志钧主编　上海辞书出版社1989年5月第1版

　　当代上海大事记　任建树主编　上海辞书出版社1996年5月第1版

　　中国近现代人物名号大辞典　陈玉堂编　浙江古籍出版社1993年8月第1版

　　老上海名人名事名物大观　熊月之主编　上海人民出版社1997年12月第1版

　　历史文献(第3辑)　上海图书馆历史文献研究所编　上海科学技术文献出版社2000年4月第1版

　　历史文献(第4辑)　同上　2001年1月第1版

历史文献(第 5 辑)　同上　2001 年 8 月第 1 版
历史文献(第 8 辑)　同上　上海古籍出版社 2004 年 12 月第 1 版

四、日记、年谱、传记

日程(叶景莘日记)　稿本　上海图书馆藏
郑孝胥日记　中国历史博物馆编　劳祖德整理　中华书局 1993 年 10 月第 1 版
忘山庐日记　孙宝瑄撰　上海古籍出版社 1983 年 4 月第 1 版
湘绮楼日记　王闿运撰　岳麓书社 1997 年 7 月版
卞白眉日记　天津古籍出版社 2008 年 9 月版
求恕斋日记　刘承幹撰　稿本　上海图书馆藏
许宝蘅日记　许恪儒整理　中华书局 2010 年 1 月第 1 版
张元济日记　张人凤整理　辽宁教育出版社 2001 年 1 月第 1 版
陈光甫日记　上海书店出版社 2002 年 11 月第 1 版
顾廷龙日记　引自沈津编著《顾廷龙年谱》
盎盦日记　潘景郑撰　稿本　潘家都藏
张葱玉日记・诗稿　张珩著　上海书画出版社 2011 年 7 月版
项兰生自订年谱　《上海档案史料研究》第 9、10、11、12 辑　上海三联书店 2010 年 11 月、
2011 年 6 月、2011 年 12 月、2012 年 6 月第 1 版
盛宣怀年谱长编　夏东元编著　上海交通大学出版社 2004 年 4 月第 1 版
梁启超年谱长编　丁文江、赵丰田编著　上海人民出版社 1983 年 8 月第 1 版
冒鹤亭先生年谱　冒怀苏编著　学林出版社 1998 年 5 月第 1 版
张公权先生年谱初编　姚崧龄编著　台湾传记文学社出版社 1982 年版
张元济年谱长编　张人凤、柳和城编著　上海交通大学出版社 2011 年 1 月第 1 版
王云五先生年谱初编　王寿南编著　台湾商务印书馆 1987 年 6 月初版
䎱翁藏书年谱　李国庆著　黄山书社 2000 年 9 月第 1 版
顾廷龙年谱　沈津编著　上海古籍出版社 2004 年 10 月第 1 版
现代名人小传　沃丘仲子撰　中国书店 1988 年 8 月影印本
熊秉三先生遗像遗墨事略　1938 年排印本
赵君闿讣窆　1940 年排印本
中国十银行家　徐茅等主编　上海人民出版社 1997 年 12 月第 1 版
文献家通考(清—现代)　郑伟章编著　中华书局 1999 年 6 月第 1 版
我的父亲张元济　张树年撰　东方出版中心 1997 年 4 月第 1 版
张嘉璈　汪绍桢撰　《民国人物传》第 3 卷　中华书局 1981 年 8 月第 1 版
黄延方　汪仁泽撰　《民国人物传》第 6 卷　中华书局 1987 年 1 月第 1 版

五、文集、专著

白田风雅十四卷　清・朱格撰　光绪十二年金陵刊本四册　上海图书馆藏

缦雅堂诗钞三卷附秋舫笛语一卷　清·王怡寿撰　手稿本　二册　同上

木讷先生春秋经笺十六卷(阙卷十至十六)　宋·赵鹏飞撰　明蓝格钞本　存七册　同上

忠雅堂诗集二十七卷补遗二卷铜弦词二卷　清·蒋士铨撰　嘉庆三年扬州重刊本　六册　同上

代言集　叶尔安撰　稿本　同上

墨兰谱一卷　清·陈逵撰　嘉庆三年读画斋刊本　一册　同上

禁烟私议一卷　清·沈善登撰　钞本　一册　同上

类证普济本事方十卷续集十卷　宋·许叔微撰　同上

求是堂诗集二十二卷　清·胡承珙撰　清道光十三年刊本　六册　同上

致曲术一卷致曲图解一卷　清·夏鸾翔撰　手稿本　四册　同上

九章蠡测十卷首一卷(阙卷一、卷三)　清·毛宗旦撰　稿本　同上

东洲草堂诗钞一卷　清·何绍基撰　清·魏锡曾手抄本　一册　同上

汉书正讹一卷　清·王元启撰　稿本　一册　同上

明史义例汇编七卷补遗一卷　民国章梫撰　稿本　同上

宰涟纪要　民国许昌诗撰　排印本　一册　同上

雕菰集二十四卷(阙卷一至六、卷十三、十四)　清·焦循撰　清道光三年刊本　存七册　同上

恒言广记四卷　清·钱大昕纂　陈鳣广记　稿本　一册　同上

诗小序翼二十七卷首一卷　清·张澍撰　手稿本　二十册　同上

江苏备志稿六十四卷　民国吴廷燮撰　稿本　同上

思玄堂诗　民国汪荣宝撰　印本一册　同上

攀古小庐杂著十二卷　清·许瀚撰　同治刊本　四册　同上

历测二卷附历无布算一卷　明·魏文魁撰　旧钞本　一册　同上

孟子赵氏注十四卷音义二卷　汉·赵歧撰　宋·孙奭撰音义　清乾隆刊本　二册　同上

朱子经说十四卷　明·陈龙正撰　明崇祯刊本　五册　同上

南田志稿不分卷　清·冯登府撰　手稿本　一册　同上

国朝杭郡诗续辑四十六卷　清·钱塘吴振械辑　清道光钱塘吴氏刊本　同上

节甫老人杂著　清·江藩撰　清刊本　同上

涂子类稾　明·涂几撰　明刊本　同上

罗以智古文　清·罗以智撰　稿本　同上

诗集传　清·丁晏撰　稿本　同上

书蔡传　清·丁晏撰　稿本　同上

五代会要三十卷　宋·王溥撰　清乾隆中绣谷亭钞本　同上

韵补五卷　宋·吴棫撰　清·毛际盛手稿本　二册　同上

曹子建集十卷　魏·曹植撰　明嘉靖刊本　四册　同上

国语补音三卷　宋·宋庠撰　清·顾广圻手抄本　同上

盛尚书愚斋存稿初刊　民国刊本　同上

日本警察新法　（日）小幡俨太郎纂译　日本善邻译书馆明治三十二年十二月(1900年1月)排印本

中华银行史　周葆銮著　商务印书馆1923年版

上海银行公会事业史　徐沧水编　银行周报社1925年版

最近上海金融史　徐寄廎著　1932年12月增减第3版

现代中国实业志　杨大全编　商务印书馆1938年3月版

中华民国史　第2编第1卷　李新、李宗一主编　中华书局1987年9月第1版

辛亥革命史稿　第3卷　金冲及、胡绳武著　上海人民出版社1991年9月第1版

剑桥中华民国史　费正清主编　章建刚等译　上海人民出版社1991年11月第1版

二十世纪初中国政治改革风潮——清末立宪运动史　侯宜杰著　人民出版社1993年4月第1版

上海金融界与国民政府关系研究(1927—1937)　吴景平主编　上海财经大学出版社2002年3月第1版

纸币图说　上海纸币旬报1926年编印

银行老照片　孙持平主编　上海古籍出版社2008年11月第1版

对联话　吴恭亨编著　岳麓书社1984年3月第1版

上海金融志　上海金融志编纂委员会编　上海社会科学出版社2003年7月第1版

汪穰卿笔记　汪康年著　中华书局2007年4月第1版

杭州叶氏卷盦藏书目录　合众图书馆编　1953年4月印行

中国丛书综录(一)　上海图书馆编　中华书局1959年12月第1版

四部丛刊初编续编三编总目　上海书店重印本

李宣龚诗文集　李宣龚著　华东师范大学出版社2009年10月第1版

百梅书屋诗存　陈叔通著　中华书局1986年1月第1版

黄群集　卢礼阳辑　上海社会科学出版社2003年10月第1版

顾廷龙文集　上海科学技术出版社2002年7月第1版

蔡元培全集(第16卷)　浙江教育出版社1998年第1版

张元济全集(第1卷)　商务印书馆2007年9月第1版

张元济古籍序跋汇编　张人凤编　商务印书馆2003年9月第1版

往事　毛彦文著　百花文艺出版社2007年第1版

回忆两篇　杨绛著　湖南人民出版社1986年第1版

六、论文、专篇

癸卯科殿试题名录　1903年7月3日《申报》

汤寿潜与清末预备立宪　邵勇撰　《浙江辛亥革命史研究集萃》　浙江古籍出版社2011年10月第1版

百年汉冶萍公司研究述评　李江撰　《中国社会经济史研究》2007 年第 4 期

关于叶景葵及其《述汉冶萍产生之历史》的考证　张实撰　《黄石理工大学学报》第 25 卷第 2 期,2008 年 4 月

浙江兴业银行兴衰史　尚其亮提供,朱良儒、王遂今整理　《浙江文史资料选辑》(第 46 辑) 浙江人民出版社 1992 年第 1 版

我的父亲蒋抑卮　蒋世承撰　同上

浙江兴业银行纸币　褚纳新撰　《收藏》2007 年第 2 期

浙江兴业银行与钱塘江大桥　朱镇华撰　《浙江金融》1986 年第 1 期

揆公与本行关系始末纪略　李子竟撰　《兴业邮乘》复第 54 期

哭揆公　朱益能撰　同上

忆揆公　史惠康撰　同上

敬悼揆公　薛佩沧撰　同上

追念叶公揆初　王叔奮撰　同上

叶景葵、徐新六与浙江兴业银行　陈正卿撰　寿充一等编《中国近代工商人物志》(第 2 册) 中国文史出版社 1996 年 2 月第 1 版

叶揆初的联语　薛佩沧撰　《新民晚报·夜光杯》1986 年 7 月 26 日

十位爱国老人营救被捕学生　方行撰　《上海文史资料选辑》(第 58 辑)　上海人民出版社 1988 年 1 月第 1 版

顾祖禹生卒年辨正　仓修良撰　《历史研究》1978 年第 4 期

合众图书馆董事会议事录·跋　沈燮元撰　江苏收藏家协会主办《藏书》第 4 期,2007 年 12 月

兰笑楼与合众图书馆　陈先行撰　《藏书家》(第 15 辑)　齐鲁书社 2009 年 1 月第 1 版

钱钟书与合众图书馆　钱之俊撰　《文汇读书周报》2009 年 9 月 18 日

《卷盦书目》与叶景葵藏书思想　王红蕾撰　《理论界》2009 年第 11 期

七、报纸、期刊

申报　　时报　　天津大公报　　民立报　　中外日报

时事新报　　神州日报　　大美晚报　　商务报

东方杂志　第 8 卷第 12 号(1912 年 6 月 1 日)

东方杂志　第 9 卷第 3 号(1912 年 9 月 1 日)

民权素　第 1—5、13 集(1914 年 4 月至 1915 年 12 月)

浙江省立图书馆月刊　第 1 卷(1932 年)

上海银行公会年报(1921 年)

兴业邮乘　第 1 期至第 117 期(1932 年至 1942 年),复第 1 期至第 54 期(1946—1949)　浙江兴业银行编印　上海市档案馆藏

人名索引

A

A

阿穆尔灵圭 1946/12 月

阿王 1912/1/21

Ai

爱 诺 1928/10/15, 1929/5/14, 1929/6/18, 1929/9/4,1930/3/26

Ao

奥斯梅那 1919/10/15

B

Bai

白宝山 1916/1/4

白崇禧 1927/3/8

白辅唐(元恺) 1916/是年,1921/是年,1922/是年,1927/是年,1928/是年,1929/3/12,1930/是年冬,1931/是年冬,1932/约 12 月,1933/5月,1933/6/4

白抟九 1928/11/17

Bao

鲍葆琳 1907/9/17

鲍庆甲 1931/5/24

鲍庆林 1928/2/7,1930/5/25,1931/5/24,1932/2/1,1932/7/10,1933/3/26,1933/4/5,1934/4/1,1935/3/31

鲍咸昌 1913/4/19, 1914/1/13, 1914/5/11, 1915/5/29、1915/11/19,1916/5/6,1917/5/19, 1918/4/13, 1919/4/26, 1919/11/18, 1919/12/

26,1920/3/26, 1920/4/10, 1920/5/8, 1920/7/20,1921/9/2,1921/9/7,1921/9/14,1922/2/1,1922/4/5, 1922/4/6, 1922/4/30, 1922/7/8,1922/7/10, 1922/9/13, 1923/1/16, 1923/5/6,1924/4/13,1925/4/19,1925/8/28,1926/4/25,1926/5/13, 1926/7/12, 1927/1/15, 1927/2/19,1927/5/1, 1927/6/13, 1928/5/13, 1928/5/18,1929/5/12, 1929/8/12, 1929/12/14, 1930/91/5,1930/1/23

Bei

贝祖诒(淞荪,淞生) 1928/11/17,1931/10/1,1935/2/16,1935/2/23,1938/10/813

Bian

卞白眉 1914/4/3,1914/10 月中旬,1916/6/15,1916/6/22, 1916/11/12, 1920/7/2, 1920/10/12,1921/10/7,1922/4/1,1922/4/2,1922/4/3,1928/4 月下旬, 1928/4/25, 1929/1/9, 1929/10/20,1930/5/4,1930/5/5,1947/2/21

卞寿孙 1928/11/7

Bing

秉 志 1946/1/23

Bo

伯希和 1941/4/15,1941/5/22

博爱理 1942/6/16

C

Cai

蔡 锷 1918/11/7,1945/1 月

蔡辅卿 1928/8/13, 1928/8/16, 1928/8/25,

12 月,1941/1/13,1941/5/3,1941/5/22,1941/
8/1,1941/8/6,1941/8/19,1941/12/14,1941/
12/22, 1942/1/27, 1942/3/20, 1942/3/25,
1942/5/25,1942/6/21,1942/6/27,1942/8/29,
1943/3/22, 1943/7/26, 1943/10/5, 1944/3/8,
1944/4/12,1944/12/10,1945/9/1,1946/1/23,
1946/4/27, 1946/4/28, 1946/4/29, 1946/5/3,
1946/10/22

陈廷纪　1924/5/31

陈廷絜　1908/3/23

陈庭镜　1946/2/13

陈霆锐　1928/8/28

陈万里　1937/5/10

陈文洪　1945/4 月,1945/5 月,1945/9/1

陈文奎　1943/1/25

陈文泉　1911/8 月上旬

陈文渊　1946/2/13

陈宪章　1944/11/5

陈星白　1942/12/31

陈星帆　1928/11/20,1929/3/21

陈　修　1935/12/19

陈训慈　1936/是年,1937/5/10,1937/6 月

陈瑶圃　1942/11/2

陈夷清　1929/11/28,1938/1/6

陈亦侯　1923/1/1,1923/1/14

陈永青　1930/6/7,1933/2/19,1936/2/9,1937/
2/20, 1937/12/19, 1939/2/26, 1940/11/9,
1941/8/1,1941/约是年,1942/4/9,1942/5/19,
1942/11/20, 1944/6/21, 1947/9/24, 1948/10/
15,1948/10/18

陈毓棻　1921/1/15

陈禹臣　1926/9 月初,1926/9/7

陈玉亭　1920/9/21

陈玉麟　1911/6/29

陈岳军　1918/7/1

陈元和　1940/7/14,1941/4/19

陈元嵩(元松)　1921/2/10,1921/2/20,1923/1/
1, 1924/7/26, 1925/2/8, 1926/2/20, 1927/2/
12, 1928/1/29, 1930/2/8, 1931/3/1, 1933/2/
18, 1933/12/23, 1939/1/18, 1942/10/3, 1943/
10/30,1945/10/28

陈茨青　1928/8/13

陈子清　1937/5/10

陈子彝　1937/5/10

陈昭常(简始)　1898/是年春,1911/5/28,1911/
6/29,1940/约是年,1949/5/7

陈蔗青　1931/10/1,1932/6 月,1934/4 月,1935/
2/16

陈　植(植生)　1941/1/13,1942/1/14,1941/8/
1,1943/1/3

陈忠恕　1937/5/10

陈钟纬　1934/3 月中旬,1938/约是年

陈仲芸　1915/11/13,1915/11/19

陈仲勉　1941/约是年,1948/11/21

陈铸盦　1946/12 月

陈宗妫　1911/9/11

Cheng

程德成　1942/12/24

程德全(雪楼)　1910/2/5,1911/11/29,1912/1/
3, 1912/3/2, 1930/是 年, 1940/2/7, 1943/10/
10,1945/1 月,1946/12 月

程继高　1923/10/31, 1923/11/16, 1923/11/23,
1923/11/26

程金岑　1928/4/17

程良楷　1918/5/28,1918/12/21,1918/12/25

程慕颐　1944/6/21

程叔度　1941/5/22,1941/5/29

程杏初　1934/8/19

程云岑　1937/5/10

程云桥　1934/8/9

程子菊　1938/5/2,1947/1 月下旬

程子簏　1924/12/21

Gong

龚心湛(仙洲)　1925/约10月下旬,1926/1/31,
　1926/2/9,1926/2/18

Gu

古　柏　1916/5/13

谷如镰　1906/9/28

顾保璋　1941/3/19

顾冰一　1937/5/10

顾鼎员　1928/11/17

顾桂生(归愚)　1942/8/22,1943/8 月,1945/2
月

顾颉刚　1935/10 月中旬,1935/10/25,1936/2/
　23,1936/11/19,1937/2 月,1937/5/10,1938/
　2/22,1940/8/9,1946/5/7,1947/1/18,1947/5/7

顾孟余　1930/1/17,1933/1/10,1933/2/22,
　1933/2/24,1934/4/12,1934/6 月,1934/7/6,
　1934/7/7,1934/10 月初,1934/10/24,1934/是
　年

顾晴川　1913/3/15

顾树森　1931/2/14

顾诵芬　1942/1/30,1947/1/14

顾诵诗　1939/9/26,1940/8/4

顾廷龙(起潜)　1904/11/10,1926/是年,1935/
　6/30,1935/7/10,1935/9/13,1935/9/16,1935/
　9/18,1935/10 月中旬,1935/10/25,1935/11/
　6,1935/11/15,1935/11/22,1935/11/27,1935/
　12/1，1935/12/4，1935/12/7，1935/12/11,
　1936/2/10,1936/2/16,1936/2/23,1936/3/12,
　1936/7/13, 1936/8/13, 1936/9/19, 1936/11/
　19,1936/12/3,1936/12/9,1936/12/10,1936/
　12/21,1936/12/25,1937/1/18,1937/1 月下
　旬,1937/1/30,1937/2/5,1937/8/1,1937/10/
　29,1938/2/13,1938/2/22,1938/4 月,1938/9/
　20,1938/9/28,1938/11/10,1938/11/27,1939/
　1/1,1939/1/21,1939/1/30,1939/2/8,1939/2/
　10,1939/2/13,1939/2/23,1939/2/24,1939/2/

25, 1939/3/2, 1939/3/9, 1939/3/15, 1939/3/
21,1939/3/27,1939/3/30,1939/3 月末,1939/
4/1, 1939/4/10, 1939/4/18, 1939/4 月中旬,
1939/5/2, 1939/5/5, 1939/5/16, 1939/5/23,
1939/5/25, 1939/6/1, 1939/6/7, 1939/6/9,
1939/7/13,1939/7/17,1939/7/18,1939/7/20,
1939/7/21, 1939/7/30, 1939/8/1, 1939/8/4,
1939/8/16,1939/8/17,1939/8/20,1939/8/24,
1939/9/1, 1939/9/2, 1939/9/3, 1939/9/7,
1939/9/8, 1939/9/11, 1939/9/17, 1939/9/22,
1939/9/26, 1939/10/5, 1939/10/11, 1939/10/
24,1939/10/25,1939/10/30,1939/11/1,1939/
11/9, 1939/11/11, 1939/11/19, 1939/11/25,
1939/11/26,1939/11/27,1939/12/1,1939/12/
24, 1939/12/27, 1940/1/11, 1940/1/15, 1940/
1/17,1940/1/22,1940/1/23,1940/1/25,1940/
1/27, 1940/2/2, 1940/2/5, 1940/2/7, 1940/2/
10,1940/2/17, 1940/2/20, 1940/2/25, 1940/2/
26, 1940/2/27, 1940/3/5, 1940/3/12, 1940/3/
14,1940/3/15,1940/3/20,1940/3/25,1940/4/
2, 1940/4/3, 1940/4/5, 1940/4/9, 1940/4/11,
1940/4/13,1940/4/14,1940/4/17,1940/4/18,
1940/4/20, 1940/4/28, 1940/5/1, 1940/5/2,
1940/5/4, 1940/5/7, 1940/5/9, 1940/5/10,
1940/5/18, 1940/5/28, 1940/6/1, 1940/6/2,
1940/6/26, 1940/7/10, 1940/7/17, 1940/8/3,
1940/8/4, 1940/8/9, 1940/8/17, 1940/8/18,
1940/8/26,1940/8/28,1940/8/29,1940/8/30,
1940/9/3, 1940/9/14, 1940/9/17, 1940/9/22,
1940/10/13, 1940/10/17, 1940/10/28, 1940/
10/31, 1940/11/4, 1940/11/8, 1940/11/9,
1940/11/12, 1940/11/14, 1940/11/15, 1940/
11/18, 1940/11/20, 1940/11/21, 194/11/22,
1940/11/25, 1940/11/29, 1940/11 月, 1940/
12/3, 1940/12/4, 1940/12/6, 1940/12/14,
1940/12/16, 1940/12/17, 1940/12/23, 1940/

12/29,1940/12 月,1941/1/6,1941/1/7,1941/1/8,1941/1/10,1941/1/12,1941/1/13,1941/1/14,1941/1/18,1941/1/21,1941/1/29,1941/1/31,1941/2/11,1941/2/14,1941/2/16,1941/2/19,1941/2/21,1941/2/25,1941/2/26,1941/3/1,1941/3/5,1941/3/6,1941/3/11,1941/3/12,1941/3/15,1941/3/17,1941/3/20,1941/3/23,1941/3/25,1941/3/26,1941/4/2,1941/4/7,1941/4/9,1941/4/15,1941/4/16,1941/4/17,1941/4/22,1941/4/27,1941/4/30,1941/4 月,1941/5/1,1941/5/2,1941/5/3,1941/5/6,1941/5/10,1941/5/11,1941/5/16,1941/5/21,1941/5/22,1941/5/25,1941/5/27,1941/5/28,1941/5/29,1941/6/10,1941/6/12,1941/6/18,1941/6/25,1941/7/4,1941/7/21,1941/7/29,1941/8/1,1941/8/9,1941/8/14,1941/8/22,1941/8/24,1941/9/11,1941/9/15,1941/9/17,1941/9/26,1941/10/8,1941/10/13,1941/10/16, 1941/10/17, 1941/10/20, 1941/10/21,1941/10/26, 1941/10/30, 1941/10/31, 1941/11/5, 1941/11/25, 1941/11/30, 1941/12/2,1941/12/3,1941/12/4,1941/12/6,1941/12/7,1941/12/10, 1941/12/11, 1941/12/12, 1941/12/13, 1941/12/14, 1941/12/16, 1941/12/17,1941/12/20, 1941/12/22, 1941/12/23, 1941/12/27,1941/12/28,1941/是年冬,1941/是年,1942/1/1, 1942/1/2, 1941/1/4, 1942/1/10,1942/1/11,1942/1/12,1942/1/14,1942/1/17,1942/1/21, 1942/1/27, 1942/1/30, 1942/2/1,1942/2/2, 1942/2/3, 1942/2/8/, 1942/2/10,1942/2/14, 1942/2/23, 1942/3/5, 1942/3/7,1942/3/9, 1942/3/13, 1942/3/18, 1942/3/20,1942/3/22, 1942/4/9, 1942/4/10, 1942/4/14,1942/4/19, 1942/4/27, 1942/5/58, 1942/5/8,1942/5/12,1942/5/18,1942/5/19,1942/5/20,1942/5/23, 1942/5/27, 1942/6/5, 1942/6/6,

1942/6/7, 1942/6/16, 1942/6/21, 1942/6/23,1942/6/25, 1942/6/27, 1942/6/28, 1942/7/5,1942/7/6, 1942/7/14, 1942/8/5, 1942/8/13,1942/8/14, 1942/8/31, 1942/9/1, 1942/9/2,1942/9/11, 1942/9/24, 1942/10/11, 1942/10/13, 1942/10/21, 1942/11/1, 1942/11/2, 1942/11/5, 1942/11/8, 1942/11/10, 1942/11/20,1942/11/30, 1942/11/11, 1942/12/15, 1942/12/29, 1942/12/31, 1942/12 月, 1943/1/1,1942/12/15,1942/12/29,1942/12/31,1942/12 月, 1943/1/1, 1943/1/3, 1943/1/27, 1943/1/30, 1943/2/1, 1943/2/6, 1943/2/12, 1943/2/20, 1943/2/24, 1943/3/7, 1943/3/8, 1943/3/22, 1943/4/11, 1943/5/1, 1943/5/6, 1943/5/24,1943/5/26,1943/5/27,1943/7/30,1943/8/11, 1943/8/14, 1943/9/30, 1943/10/5, 1943/10/9, 1943/10/10, 1943/10/13, 1943/11/13,1943/11/24, 1944/1/19, 1944/1/25, 1944/2/24,1944/3/8, 1944/3/12, 1944/3/20, 1944/3/21,1944/4/12,1944/4/25,1944/6/21,1944/9/12,1944/11/5,1944/11/15,1944/11/30,1944/12/10,1945/1/1, 1945/1/5, 1945/1/24, 1945/1/29,1945/1 月, 1945/2/13, 1945/9/1, 1945/11/5, 1945/11/10, 1945/11/23, 1945/12/6,1945/12/12,1945/12/27,1946/1/5,1946/1/9,1946/1/23, 1946/2/2, 1946/2/24, 1946/3/11,1946/4/27, 1946/4/29, 1946/5/7, 1946/5/8,1946/5/12, 1946/5/14, 1946/10 月, 1947/1/14,1947/1/18,1947/1/22,1947/1/30,1947/2/14, 1947/2/20, 1947/2/23, 1947/3/2, 1947/4/15, 1947/4/27, 1947/5/17, 1947/5 月, 1947/9/24, 1947/10/20, 1947/11/12, 1947/12/18,1948/2 月,1948/4 月,1948/6 月,1948/8 月,1948/9/17,1949/3、4 月间,1949/4/14,1949/4/26,1949/4/28,1949/4/29,1949/5/7,1949/5/17,1949/5/18,1949/7/30

顾廷翔　1938/11/27,1940/5/4

顾维钧　1926/5/6,1933/4 月,1942/4/18

顾希昭　1940/2/26

顾燮光（鼎梅）　1937/5/10,1941/1 月,1942/4
　月,1941/8/2,1942/10/4,1942/10/17,1942/
　11/20,1943/11/13,1944/1 月中旬,1944/1/27

顾逸农　1918/4/7,1921/3/1,1921/3/28,1921/
　9/14,1921/9/15,1922/1/15,1923/1/14,1943/
　8/3,1943/8/14

顾荫亭　1937/5/10

顾咏铨　1913/3/30

顾遹光　1929/9/4

Guan

关炯之　1937/5/10,1941/1/12

关　棠　1941/1/12,1941/3 月

关维震（来卿）　1909/6/8,1909/7/20

关志良　1941/4/7,1941/5/29,1944/6/21

管原通敬　1918/7 月

Guang

光　绪　1898/9/21,1904/8/31

Gui

贵林　1941/4 月

Guo

郭秉文（洪生,鸿生）　1918/4/13,1919/4/26,
　1919/10/15,1920/3/26,1920/5/8,1922/4/30,
　1923/5/6,1924/4/13,1925/4/19,1926/4/25,
　1928/5/13,1931/5/24,1932/7/10,1933/3/26

郭绍虞　1946/1/5

郭石奇（石麒）　1940/8/3,1940/11/21,1942/9/
　15,1942/11/6,1943/1/27

郭松龄　1922/12 月

郭外峰　1934/8/11

郭则污（啸麓）　1941/3/月

郭曾炘　1903/2 月中旬

过霁云　1935/5/10

H

Ha

哈华托　1912/7/27

Han

韩国钧（紫石）　1906/9/28,1911/5/24,1922/4/
　17

韩君涛　1943/12/21

韩希济　1919/12/26

韩玉麟　1930/9/20

韩志涛　1940/6/7

韩子梅　1916/11/16

Hao

郝荣选　1896/是年

He

何炳松（柏丞）　1932/9/4,1937/5/10,1941/5/
　10,1946/2/13

何长生　1925/约是年

何德奎　1932/6/25,1938/8/30,1942/10/3,1943/
　10/30,1945/10/28

何　东　1942/12/15

何范之　1912/2/2

何　鲁　1927/6/24

何声灏　1912/4/13,1912/4/16,1912/4/27

何世桢　1937/5/10

何　枢　1946/12 月

何叙文　1937/5/10

何应钦　1927/3/8,1937/12/24,1937/12 月

何藻翔　1898/是年春

贺衡夫　1937/12/24,1938/5/2,1939/6/12

贺宪年　1921/1/15

贺育申　1934/8/19

Hong

洪成珑（雁膀）　1923/是年冬,1924/1/2,1924/
　2/11,1924/3/1,1924/3 月某日,1924/9/5,
　1932/11/9

Huang

黄伯惠　1937/5/10

黄伯樵　1937/5/10

黄鼎臣　1924/3/1

黄恩绪　1914/2 月初,1914/4/11,1914/4/13,
1914/6/5

黄阁臣　1918/7 月

黄公渚　1935/12/20

黄汉梁　1928/5/13,1929/5/12,1929/8/12,1930/
5/25, 1931/5/24, 1931/10 月, 1932/7/10,
1933/3/26,1934/4/1

黄焕南　1919/12/26

黄理中　1912/1/3

黄庆澜　1916/8/11

黄　群(溯初)　1912/1 月,1912/5/9,1917/12/
18,1920/3/7,1921/1/29,1923/7/6,1925/9/
19,1927/7/6,1933/是年,1934/1 月,1939/11/
25,1941/3 月,1947/5 月

黄　郛(膺白)　1932/6/25,1933/4 月,1934/4/
21

黄式金　1946/2/13

黄首民　1919/12/26

黄松丞　1913/2/15,1940/4/7

黄文钦　1924/3/1

黄文植　1936/8 月,1937/12/24

黄筱彤　1912/4/19,1915/9/30,1941/4/16

黄　兴　1912/9/3,1913/7/25,1945/1 月

黄旭初　1917/4/13

黄炎培(任之)　1919/10/15,1919/12/26,1922/
4/17,1922/4/30,1923/5/6,1924/4/13,1925/
4/19,1926/5/13,1926/9/18,1932/6/25,1933/
4 月,1937/5/10

黄奕柱　1938/9/10

黄远庸　1915/5/29,1915/11/19

黄云鹏　1912/1/3,1912/3/22

黄蕴策　1937/5/10

黄志勤　1940/4/17

黄志劭　1940/4/17

黄忠浩　1907/约 5 月,1940/11/8,1945/1 月,
1946/12 月

黄遵宪　1945/1 月

J

Ji

吉　陞　1905/8/9

季宁瞻　1938/1/6

籍忠寅　1912/5/9

Jia

贾季英　1919/12/26,1937/5/10

贾秀英　1937/5/10

Jian

简又文　1937/5/10

简玉阶　1919/10/15

简照南　1919/10/15

蹇念益　1912/5/9

Jiang

江　标　1944/4 月,1945/1 月

江　谦　1912/1/3

江少峰　1922/4/15

江小鹣　1937/5/10

江　庸　1946/1/23

江知源　1914/4/12,1914/4/26

姜春邨　1924/2/27

姜桂题　1912/1/21

蒋百里　1925/9/5,1929/12/8,1934/6/14

蒋彬侯　1942/约是年

蒋　黻　1906/9/28

蒋复聪　1946/10 月,1947/12/18

蒋赋孙(赋苏)　1916/4/24,1917/3/22,1918/4/
7, 1919/4/6, 1920/4/18, 1921/3/27, 1922/1/
15,1922/2/19,1923/12/17

蒋赓声　1908/5/20,1937/9/13

蒋谷青　1937/5/10

蒋观云　1942/1 月

蒋海筹　1875/6/7,1907/10/13,1908/4/7,1908/
6/14,1909/7/14,1934/8 月中旬,1940/12 月中
旬

蒋介石(中正)　1926/9/16,1927/3/20,1927/5/
23,1927/7 月中旬,1927/7/27,1928/3 月末,
1928/6/29, 1928/7/5, 1928/7/22, 1928/8/30,
1929/4/10, 1929/4/19, 1929/4/27, 1929/5/2,
1934/8/11,1938/8/30,1940/2/15,1946/2/13,
1947/2/17

蒋镜寰　1937/5/10

蒋俊君　1940/3 月,1941/12/7,1941/12/22,1941/
12/28, 1945/10/3, 1945/11/24, 1946/6/9,
1948/11/5

蒋隆埏(水生)　1926/10/16,1926/11/2

蒋梦麟　1919/10/15,1919/12/26,1926/5/6

蒋汝荃　1929/9/4

蒋汝藻(孟苹)　1907/10/13,1907/10 月,1908/
6/14,1909/9/28,1909/10/12,1910/9/4,1911/
4/9, 1912/8/26, 1913/4/3, 1913/7/18, 1914/2
月初,1914/4/11, 1914/4/13, 1914/6/5, 1914/
6/16,1914/12/6,1915/3/3,1915/3/4,1915/3/
12,1915/8/22,1915/10/11, 1915/10/13, 1915/
11/29,1915/12/4,1916/2 月上旬,1916/4/25,
1917/1/8,1917/3/24, 1917/5/14, 1919/12 月,
1920/10/10, 1920/10/13, 1920/10/14, 1920/
10/16, 1924/4/12, 1922/4/17, 1924/是 年,
1925/4/14,1926/1/13,1926/2/11,1933/8/12,
1941/4/15,1948/1/26

蒋思徽　1940/12 月中下旬

蒋思贞　1940/12 月中下旬

蒋思善　1940/12 月中下旬

蒋思安　1940/12 月中下旬

蒋士杰　1929/4/29,1929/5/18

蒋世承　1934/8 月中旬,1940/12 月中下旬,

1940/12/29

蒋世俊　1940/12 月中下旬,1940/12/29

蒋世迪　1940/12 月中下旬,1940/12/29

蒋世适　1940/12 月中下旬,1940/12/29

蒋世显　1933/12/20,1940/12 月中下旬,1940/
12/29

蒋叔南　1917/12/18

蒋廷黻　1942/4/18

蒋童祁　1940/12 月中下旬

蒋彦武　1939/2/26,1939/6/23,1940/3 月,1941/
4/15,1943/12/7,1945/8/12,1945/10/3,1945/
11/24,1946/5/5,1946/6/9,1946/6/10,1948/
11/21

蒋彦中　1945/12/12

蒋根声　1930/10/18,1931/3/29,1938/3/6

蒋抑卮(鸿林)　1875/6/7,1907/5 月,1907/10
月,1907/11/10,1907/11/11,1908/5/20,1908/
6/14,1909/7/14,1909/9/28,1909/10/6,1909/
10/12, 1909/11/21, 1910/1/15, 1910/9/4,
1911/4/9,1912/8/26,1912/约是年秋冬,1913/
4/3, 1913/7/18, 1914/4/12, 1914/4/15, 1914/
5/28,1914/6/4,1914/6/5,1914/是年冬,1915/
1 月,1915/3/22,1915/6/3,1915/8/23,1915/8
月, 1915/约 8 月末, 1915/9/7, 1915/9/10,
1915/9/22, 1915/10/11, 1915/10/15, 1915/是
年,1916/1/29,1916/4/25,1916/5/11,1917/2/
24,1917/3/22,1917/7/31,1917/8/4,1917/11/
14, 1917/11/19, 1918/2/15, 1918/3 月中旬,
1918/3/21,1918/约 3 月末,1918/4/7,1918/4
月下 旬, 1918/4/24, 1918/7/30, 1918/9/18,
1918/10 月某日,1918/12/3,1918/12/3,1918/
12/21,, 1918/12/26, 1919/4/6, 1919/5/18,
1920/1/29,1920/2/29,1920/4/18,1920/5/23,
1920/7/3, 1920/7/9, 1920/8/2, 1920/8/6,
1920/9/16, 1920/10/5, 1920/10/10, 1920/10/
11,1920/10/16,1920/10/18,1921/1/29,1921/

14,1904/12 月,1905/是年,1906/7 月,1907/约 5 月, 1907/9/12, 1907/11/11, 1908/2/21, 1908/3/23,1908/11/2,1909/4 月,1909/5 月, 1909/7/15,1909/7/20,1910/1/28,1910/6/19, 1910/6/22, 1911/4/25, 1911/5/29, 1911/6/8, 1911/10/22, 1912/1/21, 1913/2/21, 1915/5/ 18,1915/5/19,1916/4/25,1917/3/5,1918/11/ 11,1919/4/28,1919/5/18,1920/2/23,1921/4/ 18,1921/7/11,1922/2/19,1923/7/2,1923/10/ 29,1923/12/11, 1924/9/18, 1930/是年, 1933/ 8/12,1940/11/8,1944/4 月,1946/7/12,1946/ 10/7,1946/约 10 月,1946/12 月

金任君(任钧) 1934/12/24,1937/2/20,1938/9/ 4,1943/8/14

金润泉 1915/11/22, 1915/11/23, 1915/12/4, 1918/10 月某日,1924/10/1

金少梅 1915/6/4

金式如 1929/6/20,1930/7/5

金 绥 1946/12 月

金锡侯 1927/9/2

金雪塍 1907/9/17

金仰伸 1939/6/29

金遗(是珠) 1940/11/8,1946/12 月

金远达 1940/11 月

金兆藩(篯孙) 1939/11/23,1940/2/17

金 柱 1946/12 月

金宗诚 1931/3/29

锦 芝 1905/9/5

Jing

经润石 1931/10/1

精 琦 1944/4 月

井山准之助 1912/9 月初,1913/12/2

井上馨 1913/11 月上旬

景 厚 1905/8/15

景耀月 1912/1/3

K

Ka

喀斯那 1911/11 月初

Kang

康儒生 1915/11/19

康为霖 1935/1/29

康心如 1937/12/13

康有为(南海) 1898/9/21,1933/9/29,1941/1/ 31,1941/7/29,1941/11/29,1944/11/30

Ke

柯贞贤 1908/2/21,1910/8/1,1912/2/25,1914/ 12/6

克乃白 1934/10/8

克银汉 1919/12/26

Kong

孔宝康 1930/12/27,1939/4/27

孔繁义(繁仪) 1940/7/10,1940/12/6

孔金声 1915/6/1

孔希白 1919/4/28

孔宪教 1943/2 月

孔祥熙(庸之) 1919/12/26,1928/11/17,1934/ 5/23, 1934/7/5, 1935/2/16, 1935/6/4, 1935/ 11/3,1935/11/4,1938/8/30,1939/7/1

Kuai

蒯慧士 1947/9/24

蒯 钱 1941/3/25

蒯若木 1918/11/14

Kuang

邝冠庭 1916/12/28

Kui

奎 濂 1911/10/15

蒉廷芳 1929/9/5,1929/11/18,1930/1/4,1930/ 2/8, 1931/3/1, 1932/9/8, 1933/2/18, 1935/2/ 19,1936/2/9,1939/2/26,1945/10/3,1945/11/ 24,1946/5/5,1946/6/9,1948/11/5

L

Lang

郎静山　1937/5/10

Lao

劳敬修　1919/7/12, 1919/7/13, 1919/7/19, 1919/
　10/15, 1919/12/26, 1921/7 月, 1923/6/25,
　1924/12/17, 1926/3/3

劳念祖　1946/2/13

劳用宏　1923/6/26

劳之常（逊五）　1922/7 月下旬, 1922/7/24,
　1923/5/26

雷　奋　1943/10/10

雷丞彦　1937/5/10

雷继兴　1911/5/10

雷洁琼　1946/5/7

Leng

冷荣泉　1943/7 月

Li

李　哀（叔同）　1907/4 月

李宣龚（拔可）　1876/是年, 1914/1/27, 1916/5/
　6, 1917/2/3, 1917/7/20, 1917/12/21, 1918/11/
　7, 1919/4/26, 1919/6/7, 1919/6/11, 1920/2/
　23, 1920/3/7, 1920/3/26, 1920/4/10, 1920/5/
　8, 1921/5/14, 1922/4/30, 1922/8 月初, 1923/
　5/6, 1924/4/13, 1925/4/19, 1926/4/23, 1926/
　7/21, 1927/5/1, 1927/5/14, 1928/5/13, 1928/
　5/18, 1929/5/12, 1929/8/12, 1929/8/21, 1929/
　12/28, 1930/5/25, 1931/5/24, 1932/2/1, 1932/
　7/10, 1932/7/12, 1932/9/17, 1933/3/26, 1933/
　4/6, 1934/1/2, 1934/4/1, 1935/3/31, 1935/约
　5 月, 1937/5/10, 1939/9/2, 1939/11/11, 1940/
　10/28, 1940/11/20, 1941/1/13, 1941/2/4,
　1941/2/5, 1941/8/1, 1941/8/6, 1941/8/19,
　1941/8 月, 1941/10/17, 1941/12/22, 1942/1/
　12, 1942/2/20, 1942/3/25, 1942/5/8, 1942/5/
　25, 1942/8/29, 1942/约 10 月, 1942/12/15,
　1942/是年, 1942/约是年, 1943/3/22, 1943/5
　月, 1943/5/27, 1943/7/31, 1943/8/14, 1943/8
　月, 1943/10/5, 1943/是年, 1944/3/8, 1944/4/
　12, 1944/10/17, 1944/12/10, 1944/是年, 1945/
　9/1, 1945/10 月, 1945/是年, 1946/1/23, 1946/
　5/3, 1946/5/12, 1946/9/16, 1946/10 月, 1947/
　5/7, 1947/11/12, 1948/10/10, 1948/11/21,
　1949/3 月, 1949/4/28, 1949/4/29, 1949/5/7

李壁臣　1919/6/30

李秉衡　1905/9/5

李伯行　1940/10 月

李楚狂　1937/5/10

李　纯　1913/7/15

李　大（熙）　1917 约是年

李登辉　1919/10/15, 1946/2/13

李鼎安　1928/8/25, 1929/3/9, 1929/3/12, 1929/
　3/21, 1929/3/29, 1929/5/18, 1929/9/4, 1930/
　3/15

李端棻　1911/4/25

李　顿　1932/3/23

李贡廷　1929/3/9

李翰章　1912/9/11

李恒春　1924/4/13, /925/4/19

李鸿章　1897/约夏秋, 1941/5/21, 1942/1 月,
　1944/4 月,

李鹄成　1928/11/19

李济川　1920/11/15

李荐廷　1929/3/9

李锦章　1928/8/25

李经槎　1924/12/17

李劲庵　1939/3/27

李烈钧　1912/4/24, 1912/4/27, 1912/7/6, 1912/
　7/11, 1912/9/21, 1913/7/15, 1914/1/10

李　铭（馥孙）　1915/1 月, 1915/5/16, 1915/7/
　21, 1915/8/16, 1915/11/23, 1915/是年, 1916/

5/11,1916/5/12,1916/6/15,1918/7/23,1918/
7 月,1920/12/5,1921/1/12,1921/1/15,1921/
4/23, 1923/4/15, 1923/11 月, 1924/2/27,
1924/4/15,1924/9/18,1926/12/26,1927/3/8,
1927/5/1,1928/11/17,1931/10/1,1932/1/12,
1932/3/23, 1932/7/7, 1935/2/16, 1935/11/4,
1938/8/30,1946/6/9,1948/11/5

李善察　1912/9/18

李绍先　1929/3/9

李士伟(伯芝)　1915/8/8,1915/9/14,1916/6/15

李书城　1929/4/10

李叔云　1913/9/8

李提摩太　1914/6/22

李铁珊　1911/5/27

李廷安　1937/5/10

李维格(一琴、峄琴)　1874/8/29,1907/5 月,
1907/夏初, 1907/11/11, 1908/2/21, 1909/5/
16,1911/2 月,1911/3/4,1911/4/17,1911/5/
10,1911/9/24,1912/2/2,1912/2 月初,1912/
3/8, 1912/3/16, 1912/3/24, 1912/4/1, 1912/4
月上旬, 1912/4/16, 1912/4/19, 1912/4/21,
1912/4/24,1912/4/30,1912/5/16,1912/5/18,
1912/5/29,1912/5/31,1912/6/15,1912/6/19,
1912/6/26, 1912/6/30, 1912/7/3, 1912/7/6,
1912/7/28,1912/7/29,1912/7 月末,1912/8/
3,1912/9/1,1912/9/3,1912/9/11,1912/9/14,
1912/9/17, 1912/9/20, 1912/9/21, 1912/10/
20,1912/11/29,1912/12/4,1912/12/7,1912/
12/25,1913/2/7,1913/2/17,1913/2 月中旬,
1913/2/21, 1913/2/25, 1913/3/8, 1913/3/20,
1913/3/22, 1913/3/30, 1913/4/2, 1913/4/3,
1913/4/4,1913/4/14,1913/4 月中旬,1913/9/
8,1913/10/12, 1913/11 月上旬, 1913/12 月,
1914/1/10,1914/1/12,1914/1/19,1914/1/24,
1914/1/31,1914/6/27,1915/5/19,1918/7 月,
1918/10 月某日,1919/5/18,1919/9/23,1920/

2/23,1933/8/12,1933/9/29,1936/8/21,1940/
10 月

李星衢　1938/9/10

李玄伯　1941/5/2,1942/10 月,1948/9/17

李 俨　1935/6/3

李雁晴　1937/5/10

李耀邦　1919/12/26

李益恭　1908/10/20

李英华　1939/6/29,1939/8/17,1942/9/1,1942/
11/1,1942/12 月,1943/1/3,1943/7/31,1943/
8/14, 1943/11/24, 1946/4/29, 1946/5/14,
1947/9/24

李佑丞　1918/10 月某日

李佑之　1937/5/10

李玉洁　1896/是年

李玉山　1928/11/15,1929/3/21

李煜堂　1918/4/13

李煜瀛(石曾)　1910/是年,1911/1 月某日,
1933/1/22

李云清　1944/6/21

李云书　1907/9/17

李 政　1911/6/6

李直士　1918/7/25,1929/8/21,1948/约是年

李直夫　1937/5/10

李止溪　1943/5 月,1943/6 月

李仲端　1909/7/20

李仲芳　1918/10/21

李仲约　1939/3/27

李子竞　1926/12/28,1934/8/19,1936/2/8,1949/
7/30

李子卫　1918/10 月某日

李宗仁(德邻)　1928/8/13,1928/8 月中旬,
1928/8 月下旬,1928/10/9,1928/10/16,1928/
10/18, 1928/11/15, 1928/11/17, 1929/2 月下
旬,1929/3/6

李祖恩　1911/6/6

刘承幹(翰怡) 1911/4/9,1911/8/6,1914/6/5,
1915/10/13,1919/12 月,1923/5/16,1925/4/
14,1925/9/19,1926/7/9,1932/6/7,1932/6/8,
1932/12/9, 1935/6/12, 1935/6/19, 1935/12/
20,1936/3/19,1936/4/11,1937/2/3,1938/12/
29, 1939/1/27, 1939/6/22, 1939/11/7, 1939/
11/9, 1940/1/1, 1940/1/20, 1940/4/13, 1940/
5/5,1940/5/7,1940/5/22,1940/7/14,1941/3/
25,1941/3/28,1941/4/11,1941/4/19,1941/5/
10, 1941/5 月, 1941/11/20, 1942/5/20, 1942/
10/3, 1942/12/28, 1943/1/25, 1943/5/27,
1943/10/30,1945/10/28,1946/8/28

刘重熙 1942/11/10

刘崇杰(子楷) 1938/8/25,1942/12/15,1943/5
月,1943/8/14,1944/10/17,1946/2/13 1946/
5/12

刘道铿 1942/12/15,1944/4/2,1947/4/15

刘棣蔚(保如) 1911/5/24,1911/6/20,1911/6/
22,1911/6/24

刘东海 1937/5/10

刘放园 1943/是年

刘冠南 1916/12/28

刘翰臣 1941/1 月下旬

刘汉瑛 1941/11/7,1942/1/3,1942/4/26

刘海粟 1937/5/10

刘鸿生 1930/7/5,1931/5/16,1934/7/28

刘厚生(垣) 1907/11/11,1914/1/29,1914/4/
12, 1914/4/15, 1916/5/11, 1916/6/15, 1919/
10/15, 1942/12/15, 1943/10/5, 1944/4/12,
1946/2/13,1949/4/29

刘鹄臣 1928/8/13, 1928/8/16, 1928/11/15,
1946/2/13

刘华智 1911/8 月上旬,

刘晦之 1942/7/20

刘季五 1928/8/25,1928/9/10,1929/3/9,1929/
3/12,1929/3/21,1929/3/29,1929/4/10,1929/

5/4,1929/5/14,1929/6/23,1929/11/5

刘吉生 1942/7 月,1944/3/8

刘 节 1935/6/17

刘锦藻(澄如、澂如)1905/是年, 1907/9/17,
1919/8/8, 1921/3/27, 1924/2/17, 1925/1/30,
1927/2/13,1933/8/12,1940/12/29

刘开甫 1923/5/1

刘揆一 1912/8/3

刘念仁 1945/10/3,1945/11/24,1946/6/9,1948/
11/5

刘培余 1935/4/25,1935/6/12,1936/2/9,1939/
2/26, 1940/4/13, 1940/5/7, 1942/6/27, 1945/
11/24,1946/5/5,1946/6/9,1946/10 月,1948/
11/5

刘瑞芬 1912/9/1

刘若曾 1906/9/28

刘 三(季平) 1937/5/10

刘少萍 1929/10/23

刘师培(申叔) 1940/5/18,1944/4 月

刘世儒 1944/11/5

刘世珩(聚卿) 1914/4/26,1926/是年

刘寿曾(恭甫) 1941/3/28

刘树森 1919/10/15

刘体智 1911/8 月上旬

刘文岛 1929/4/10

刘襄孙(燕翼) 1891/是年秋,1907/约 5 月,
1920/5/23,1925/1/30,1939/4 月,1940/11/8

刘延昆(耀庭) 1941/1 月下旬

刘永亨 1903/,9/19

刘湛恩 1930/5/25,1931/5/24,1932/6 月,1932/
7/10,1933/3/26,1934/4/1,1935/3/31

刘质彬 1929/11/28

刘仲鲁 1911/9/30

刘竹君 1926/1/31,1926/2/9

刘子山 1923/7/17

柳士宏 1915/11/19

柳亚子　1937/5/10

柳诒徵(翼谋)　1937/5/10,1941/7/4　1937 年正文作"柳诣征"

Long

龙毅夫　1922/7/24

Lou

娄俪笙　1921/1/26,1921/2/20

楼耿光　1931/3/1

楼映斋　1915/5/16

Lu

卢鸿苍(洪昶)　1907/9/17,1908/10 月,1909/9/18,1909/10/8,1912/4/16

卢永祥　1918/8/17,1922/9/21,1925/1/30

卢学溥(鉴泉)　1925/7 月上旬,1925/7/20,1925/7/28,1925/8/17,1925/8/20,1925/9/11,1925/9/12,1927/5/1,1928/11/17

卢志学　1913/3/22,1913/4/2

鲁昌寿　1917/2/12,1917/2/18

鲁涤平　1929/4/8,1929/4/19

鲁雏生　1914/6－7 月

陆爱伯　1946/11/30

陆伯鸿　1919/6/23

陆丹林　1937/5/10

陆德泽　1929/3/29,1929/4/10

陆费逵　1915/6/4,1917/1/13,1917/5/14,1917/7/12

陆幹甫(廷桢)　1893/是 年秋,1940/11/11,1941/3 月

陆高谊　1937/5/10

陆懋勋(冕侪,勉侪)　1916/12/21,1940/2/7,1940/6 月

陆蓬仙　1918/5 月

陆润之　1942/6/27

陆颂尧　1943/8/14,1943/9 月

陆微昭　1943/5/27

陆心源(存斋)　1943/4/11

陆以正　1942/6/14

陆颖明　1936/10/18

陆元鼎　1940/11/8,1946/12 月

陆佑申　1936/2/8,1946/3 月

陆增祥(星农)　1940/7 月

陆征祥(子兴)　1912/8/3,1912/9/6

鹿钟麟　1926/4/12

吕超伯　1928/8/25,1929/3/21,1929/3/29,1929/4/23,1929/9/4,1930/1/18,1930/1/19,1930/3/20,1938/5/2

吕景瑞　1913/3/8

吕孝翼　1941/5/22,1941/5/29

吕岳泉　1921/7 月

吕幼舲　1940/11 月初,1941/5/22,1941/5/29

吕志琴　1921/1/15

Luo

罗常培　1935/6/2,1935/6/17

罗敬宜(敬义)　1927/5/16,1941/7/12

罗瑞生　1926/2/20,1927/5/31,1937/12/19,1938/3/29

罗斯福　1934/2/2

罗文干　1933/4 月

罗雁峰　1930/10/18

罗义生　1928/11/18,1931/4 月,1934/是年

罗　饴　1911/7/15,1911/7 月下旬

罗友生　1929/4/24,1929/5/4,1930/3/17,1930/11/24,1930/12/27,1933/2/18

罗郁铭　1927/1/1,1927/2/12,1928/1/29,1928/2/8,1930/2/8,1932/12/12,1933/2/18,1935/2/16,1936/2/8,1937/2/20,1937/12/19,1938/9/4,1939/1/18,1942/6/27,1943/12/7,1945/10/3,1945/11/24,1946/6/9,1948/11/5

罗振玉(上虞罗氏、叔蕴)　1906/9/28,1919/4/28,1919/12 月,1931/2 月,1933/2/15,1935/7/10,1941/6/22

罗正钧　1906/9/28,1906/某月初八日

钱均父　1943/是年,1947/12/18

钱俊骙　1924/4/15

钱立夬　1916/5/11

钱琳叔　1916/5/10

钱　穆(宾四)　1935/约 4 月初,1935/11/6,
1935/11/22,1935/11/27,1935/12/1,1935/12/
7,1935/12/11,1936/2/16,1936/8/13,1936/10
月中下旬,1936/12/25,1938/2/13,1941/5/3,
1941/5 月

钱起八　1941/5/3

钱琴西　1911/5/29,1920/4/3

钱绍桢(铭伯)　1913/9/8,1925/1/30

钱士青　1942/是年

钱新三　1918/11/7

钱玄同　1935/7/5

钱选青　1937/5/10

钱　恂(念劬)　1891/是年秋,1906/9/28,1914/
6/5,1939/4 月,1940/12 月

钱尹臣(溯耆)　1940/7 月

钱永铭(新之)　1915/是年,1916/5/11,1916/6/
15,1918/2/21,1918/10 月下旬,1920/12/5,
1920/12/18, 1921/1/12, 1921/3/21, 1927/3/
20,1928/5/25,1928/11/18,1932/6 月,1933/
7/13,1934/是年,1935/2/16,1935/11/4,1938/
8/26,1938/9/10,1939/6/22,1946/6/9,1948/
11/5

钱毓桢(荫歧)　1919/3/12

钱　云　1931/4 月

钱兆和　1935/12/19

钱钟书　1945/11/5,1946/1/23,1946/5/7,1947/
5/7

Qiao

乔景熹　1939/1/30,1939/2/8,1939/2/13,1939/
3/2,1939/9/17,1939/10/25,1940/8/28,1940/
8/29, 1940/10/17, 1940/12/6, 1941/1/14,
1941/3/19,1941/3/20,1941/3 月,1941/4/15,

1941/7/21,1942/12 月

Qin

钦钰如　1912/9/11,1912/9/17

秦伯未　1937/5/10

秦更年　1939/11 月

秦翰才　1937/5/10

秦夔扬　1894/7/14

秦慕瞻　1932/9/4

秦润卿　1924/3/19,1927/3/20,1927/5/7,1928/
10/1,1928/10/6,1928/10/11,1929/6/6,1931/
10/1,1932/7/7,1935/2/16,1935/2/23,1935/
11/4,1938/9/21

秦砚畦　1937/5/10

秦印绅　1927/5/1,1927/6/18,1928/5/13,1929/
5/12,1929/8/12

Qiu

邱溶清　1948/1/15

裘吉生　1939/12 月

Qu

屈伯刚　1937/5/10

屈映光　1940/2/7,1945/约是年

瞿邦熙(凤起)　1937/2 月,1941/5/10

瞿兑之　1949/5/7

瞿季刚　1945/是年

瞿启甲(良士)　1919/12 月,1937/3 月,1937/5/
10

瞿世玖　1908/10/20

Quan

全　禄　1908/3/23,1909/4 月

R

Rao

饶昌龄　1911/6/29

Ren

任凤苞　1917/8/17,1921/1/15,1934/是年

任鸿隽(永叔)　1938/8/30

沈籁清　1923/2/25,1923/12/25,1924/2/17,1925/
2/15,1926/2/21,1927/2/13,1930/2/9,1933/
2/19,1936/2/9

沈棉庭　1912/4/19,1922/10/6,1923/1/14,1923/
1/17,1923/1/20,1923/5/1,1923/6/25,1923/
7/12,1923/7/17,1923/8/4,1923/11/8,1923/
12/12, 1923/12/24, 1924/2/14, 1924/2/17,
1924/2/18,1924/2/27,1924/3/19,1924/4/8,
1924/4/12,1924/7/8,1924/7/11,1924/7/16,
1924/7/26,1924/7/31,1924/8/4,1924/8/25,
1924/12/4,1925/1/22,1925/1/31,1925/2/11,
1925/5/9,1925/6/12,1925/6/18,1925/8/22,
1925/10/28,1925/12/10,1925/12/20,1926/1/
13,1926/1/30,1926/2/3,1926/2/11,1926/2/
20,1926/2/27,1926/3/17,1926/4/15,1926/4/
21,1926/5/5,1926/5/12,1926/5/19,1926/5/
26,1926/7/13,1926/8/16,1926/9/8,1926/10/
6,1926/11/16,1926/11/24,1926/12/8,1926/
12/15,1927/1/15,1927/1/22,1927/2/9,1927/
2/12,1927/2/13,1927/2/26,1927/3/5,1927/
3/18,1927/4/13,1927/4/20,1927/5/11,1927/
5/16,1927/5/28,1927/6/28,1927/7/12,1927/
9/28, 1927/11/8, 1927/12/3, 1927/12/29,
1928/1/29, 1928/2/2, 1928/2/8, 1928/2/16,
1928/5/2,1928/5/25,1928/9/19,1929/10/25,
1928/11/26, 1929/4/10, 1929/6/20, 1929/7/
25, 1929/10/23, 1929/10/31, 1929/11/20,
1930/2/8, 1930/2/9, 1930/5/14, 1930/6/7,
1930/7/5, 1930/10/18, 1930/12/6, 1930/12/
20, 1931/1/17, 1931/3/1, 1931/3/7, 1931/5/
16,1931/7/4,1931/9/19,1931/11/5,1931/12/
29,1932/9/17,1933/1/22,1933/2/11,1933/2/
18,1933/2/19,1933/3/8,1933/5/29,1933/10/
3, 1933/12/20, 1934/3/12, 1934/6/14, 1934/
12/29,1936/2/8,1937/2/20,1938/1/5,1938/
9/4,1940/3 月,1940/6/7,1940/7/14,1941/约

是年,1944/6/21

沈联芳　1916/12/26,1919/10/15

沈彭年　1912/5/9

沈琴谱　1894/7/14

沈勤庐　1937/5/10

沈青然　1937/12 月,1938/1/5,1938/1/13

沈叔邃　1948/约 1940 年代后期

沈叔瑜(叔玉)　1933/1/18,1935/2/16,1939/6/
29

沈思齐　1937/5/10

沈涛园　1917/7/20

沈偕升　1937/5/10

沈新三(铭清)　1907/5 月,1907/10/13,1907/10
月,1908/4/7,1908/6/14,1909/7/14,1910/9/4,
1911/4/9, 1911/8/6, 1913/4/3, 1914/7 月,
1915/8/23, 1915/11/22, 1915/12/4, 1916/4/
17,1917/3/22,1918/2/15,1918/3/21,1918/4/
7,1919/4/6,1920/2/29,1920/4/18,1920/8/6,
1920/10/7, 1920/10/12, 1920/10/16, 1920/10/
23, 1920/10/25, 1921/3/27, 1921/3/28, 1921/
9/14, 1921/10/29, 1922/1/15, 1923/1/14,
1924/2/17, 1926/2/20, 1927/2/13, 1929/9/4,
1929/11/20, 1933/8/12, 1936/8/21, 1947/3/
31,1949/5/16

沈　怡　1937/5/10

沈　镛　1925/1/30

沈元鼎　1927/7/27

沈蕴石　1916/8/11,1916/12/21

沈曾桐(子封)　1940/2/27

沈曾植(乙盦)　1898/是年春,1919/12 月,1931/
12 月,1939/2/8,1939/12 月,1940/2/27,1940/
8/30, 1940/12/14, 1940/12/16, 1941/1/12,
1941/2/14,1941/2/16,1941/3 月,1944/7 月

沈稚沂　1921/1/29

Sheng

盛邦彦　1930/7/5

施维蕃 1942/12/29

施肇基 1933/4 月,1944/4 月

师凤昇(凤升) 1921/9/14,1921/9/15,1924/2/
18,1925/2/8,1926/2/20,1926/5/19

石邦藩 1946/2/24

石蘅青(石厅长) 1929/3/6,1929/3/9,1929/3/
29,1929/4/10,1937/12/30

石积夫 1907/9/17

石砺斋 1941/1 月

石吴鹗 1942/9/24

石 瑛 1928/8/13

史稻村 1929/2/21,1929/3/29,1929/4/10,1929/
4/24,1929/5/4,1929/5/14,1929/6/17,1931/
3/1,1933/2/18,1935/2/16,1936/7/28,1937/
2/20,1937/12/19,1938/3/6,1938/11/4,1938/
11/8,1938/11/10,1939/2/26,1945/9/1,1945/
11/24,1946/5/5

史丰毅 1934/7/5

史庚身 1907/9/17

史公博 1935/是年

史海峰 1924/9/18

史惠康 1938/约是年,1946/是年,1948/10/15,
1948/10/18,1949/2、3 月间,1949/7/30

史量才(家修) 1919/10/15,1919/12/26,1932/
1/31,1932/2/15,1932/6/25,1932/9/8,1933/4
月

史念祖(绳之、绳帅) 1904/是年,1905/约 8 月,
1906/2 月,1906/7 月,1907/约 5 月,1907/6/
11,1907/6/22,1910/是年,1922/是年,1935/是
年,1939/12/26,1940/3/5,1942/3/30

史致容(晋生) 1908/10 月,1909/10/8,1916/4/
17,1919/6/7,1920/7/9,1920/8/12,1920/9/
14,1920/10/2,1920/10/3,1920/10/5,1920/
10/6,1920/10/7,1920/10/8,1920/10/10,
1920/10/11,1920/10/12,1920/10/18,1920/
10/24,1924/2/27,1924/12/13,1924/12/17,

1925/2/14,1925/2/27,1925/2/28,1925/3/1,
1925/3/2,1925/3/3,1925/3/5,1925/3/6,
1925/3/7,1925/3/9,1925/3/10,1925/3/12,
1925/3/13,1925/3/14,1925/3/17,1925/5/6,
1925/12/1,1926/8/5,1926/9/7,1926/9/12,
1926/10/6,1926/10/7,1927/5/11,1927/8/6,
1927/9/21,1928/1/29,1928/9/10,1928/9/15,
1928/9/21,1928/9/25,1928/9/26,1928/10/1,
1928/10/2,1928/10/5,1928/10/6,1928/10/
11,1928/10/15,1928/10/16,1928/10/18,
1928/10/20,1928/10/25,1928/11/3,1928/11/
6,1928/11/15,1928/11/17,1928/11/19,1928/
11/20,1929/2/21,1929/3/12,1929/3/29,
1929/4/14,1929/4/17,1929/4/24,1930/2/9,
1933/2/19,1933/8/12,1934/10/23,1940/12/
29,1946/12/31

世 续 1945/1 月

奭 良 1946/12 月

Shu

舒爱周 1907/10/13

舒新城 1932/6/25,1937/5/10

束允泰 1946/12 月

Shui

水津弥吉 1913/12/2

水启秀 1934/8/19

Si

司泅戴德 1910/1/28

Song

宋伯寅 1907/9/17

宋澄之 1935/约 5 月

宋德甫 1949/5/7

宋汉章 1911/5/29,1912/2/25,1915/6/3,1915/
10/16,1915/11/15,1915/11/18,1915/12/20,
1915/12/24,1915/是 年,1916/5/11,1916/5/
13,1918/7/8,1918/9/2,1918/10/7,1918/10/
19,1918/10/23,1918/10 月下旬,1918/11/7,

X

Xi

Xia

Xiang

1912/4/19,1912/5/31,1912/6/15,1912/6/26, 1912/6/30, 1912/7/3, 1912/7/6, 1912/7/28, 1912/7/29,1912/7 月, 1912/9/11, 1913/4/1, 1913/4/3, 1914/8 月, 1915/8/23, 1915/8/26, 1915/9/10,1915/9/22,1915/9/27,1915/9 月, 1916/2 月上旬,1916/5/11,1916/12/21,1917/ 7/31,1917/8 月上旬,1917/9/10,1917/11/19, 1918/3/21, 1918/4/24, 1918/11/7, 1918/11/ 30,1918/12/3,1919/1/29,1919/4/29,1919/9/ 1,1920/8/6,1920/10/7,1920/10/11,1920/10/ 12, 1921/2/10, 1921/3/27, 1921/3/28, 1921/ 10/29,1922/1/15,1923/5/1,1924/1/17,1927/ 2/13, 1927/3/5, 1929/4/29, 1933/8/12, 1936/ 8/21,1940/11 月,1942/4/27,1942/5/5,1949/ 5/16

项叔翔 1915/9 月,1926/7/16,1929/6/10,1935/ 2/16, 1935/12/24, 1936/2/8,1938/9/4, 1939/ 11/6, 1940/4/30, 1940/12/16, 1945/10/3, 1945/11/24, 1946/6/9, 1946/6/10, 1947/1 月 下旬,1948/11/5,1949/4/29

项 骧 1912/5/9

项仲雍 1915/9 月

Xiao

萧应椿(绍庭) 1896/约 11 月,1938/11/24

萧玉麟(钰麟) 1927/1/1,1927/2/12,1928/1/29, 1928/2/8, 1930/2/8, 1931/3/1, 1932/12/22, 1933/2/18,1936/2/8,1937/12/19

小幡严太郎(乐山) 1901/是年

小崎 1909/7/2,1909/7/5,1909/7/7,1909/7/20

小田切万寿之助 1912/3/8,1912/9 月初,1912/ 9/14,1912/9/17,1913/11/30,1914/1-2 月间

Xie

谢德辉 1908/6/14

谢凤孙 1941/1/12

谢国祯 1936/1/19

谢衡聪 1926/3/3

谢敬师(谢敬老) 1928/8 月中旬,1928/10/18, 1928/11/15

谢 霖(霖甫) 1916/6/22,1917/11/12,1917/ 11/14, 1917/11/19, 1917/11/23, 1917/12/6, 1918/9/10

谢绳祖 1919/12/26

谢叔韬 1930/12/27

谢伯衡 1930/12/27

谢颐堂 1916/5/10,1916/10/29

Xing

邢 端 1942/10/17

邢冕之 1941/10/8,1948/是年

Xiong

熊克武 1927/6/24

熊叔厚 1944/是年

熊希龄(秉三) 1906/9/28,1908/6/4,1908/6/ 29, 1910/1/28, 1910/3 月下旬, 1910/4/13, 1911/5/29, 1911/11/29, 1912/1/2, 1912/3/2, 1912/3/22,1912/4/16,1912/5 月, 1912/9/14, 1912/9/18, 1913/10/31, 1913/11/1, 1913/11/ 6,1913/11/7,1913/11 月上旬,1913/12 月初, 1913/12/15, 1913/12/27, 1914/1/29, 1914/6/ 5, 1915/3/8, 1917/2/24, 1918/11/11, 1940/11 月,1941/是年,1944/10/5,1945/1 月, 1946/4 月,1946/12 月,1948/1/3

熊子民 1938/5/2

Xu

徐班侯 1917/6 月上旬

徐邦达 1937/5/10

徐宝祺 1931/10/1

徐宝山 1913/5 月

徐沧水 1922/6 月,1925/12 月

徐大椿(大春) 1945/12/12,1946/7/8

徐调孚 1946/1/23

徐奠成 1933/2/18,1934/8/19,1934/11/5,1936/ 2/8,1937/2/20

10/29, 1929/10/31, 1929/11/4, 129/11/5, 1929/11/6,1929/11/20,1929/11/22,1929/11/26, 1929/11/28, 1929/11/29, 1929/11/30, 1929/12/1,1929/12/2,1929/12/5,1929/12/6, 1929/12/8, 1930/1/1, 1930/1/8, 1930/2/8, 1930/2/9, 1930/3/14, 1930/3/15, 1930/3/17, 1930/3/18,1930/3/19,1930/3/20,1930/3/21, 1930/3/22,1930/3/24,1930/3/26,1930/3/27, 1930/3/30,1930/4/6,1930/9/20,1930/12/20, 1931/3/1, 1931/10/1, 1932/1/30, 1932/1/31, 1932/2/15,1932/3/23,1932/5/10,1932/6/25, 1932/9/8,1932/约 12 月, 1933/1/1, 1933/2/18,1933/2/19, 1933/2/22, 1933/3/8, 1933/4/20, 1933/4/22, 1933/4/23, 1933/4/25, 1933/4 月,1933/10/2,1934/1 月,1934/3/12,1934/4/12, 1934/5/9, 1934/5/11, 1934/7/5, 1934/12/29,1934/12/30,1934/是 年, 1935/1/16, 1935/2/6, 1935/2/23, 1935/4/20, 1935/6/4, 1935/11/3,1935/11/4,1935/是 年, 1936/2/8, 1936/2/9,1936/5/29,1936/12/30,1937/2/20,1937/6/25, 1937/6/29, 1937/12/14, 1937/12/20, 1937/12/21, 1937/12/31, 1938/8/24, 1938/8/25,1938/8/26,1938/8/27,1938/8/28,1938/8/29, 1938/8/30, 1938/8 月, 1938/9/2, 1938/9/4, 1938/9/7, 1938/9/10, 1938/9/11, 1938/9/15, 1938/9/21, 1938/9/24, 1938/9/25, 1938/10/9, 1938/10/13, 1939/2/26, 1940/12/29, 1943/12/7

徐新六夫人 1938/9/3

徐新六母何太夫人 1945/约 1940 年代前期

徐一达 1944/6/23

徐逸民 1927/3/10

徐永祚 1941/4/19,1942/10/3,1943/10/30,1945/11/24,1946/6/9,1948/11/5

徐 珍 1940/约是年

徐致一 1934/7/28

徐中舒 1937/2 月

徐子龚 1918/8/16,1918/8/17

徐椎鲁 1940/6/4

徐宗溥 1925/1/30

许宝衡 1903/7/3,1903/7/4,1903/7/15,1903/7/20,1907/7－8 月, 1911/4/22, 1911/5/12, 1911/7/13,1921/5/22,1921/6/2,1927/9/2

许炳堃 1946/2/13

许伯衡 1926/12/26

许博明 1941/3/23

许鼎霖(久香) 1907/6/22,1907/9/12,1911/4/25,1911/5/10,1915/11/19,1916/1/4

许福昞(书卿) 1918/6/10, 1918/6/12, 1918/6/20,1918/6/22,1918/6/24,1918/7/11,1918/7/22,1918/7/23, 1918/7/26, 1918/7/27, 1918/8/2,1918/8/23, 1918/8/26, 1918/10/7, 1918/10/14, 1918/10/24, 1919/9/4, 1924/12/21, 1926/10/13

许湔祥(子颂) 1941/5/31

许景澄 1944/4 月

许狷叟 1949/2 月

许峻山 1932/9/4

许梦琴 1943/8/14

许璞斋 1915/11/19

许潜夫 1947/12/18,1948/1/15

许秋帆(秋飖) 1923/7/6,1938/9/21

许世英 1933/4 月,1945/约是年

许体萃(仲衡) 1918/6/10, 1918/6/12, 1918/6/22,1918/7/23,1918/7/27,1918/8/2,1918/10/7,1918/10/14,1918/10/22

许文溏 1925/1/30

许午楼 1915/6/20

许新基 1932/9/4

许印若 1929/5/10

Xuan

宣古愚(哲) 1943/10/9

29,1922/7/2,1922/7/3,1922/9/2

杨谱笙　1907/9/17

杨　铨　1927/6/24

杨石湖　1931/4/3,1932/12/8,1934/12/24,1940/
5/30

杨士琦　1912/4/27,1914/9/2

杨善钦　1924/8/28

杨树棠　1916/12/21

杨守仁(笃生)　1907/4/2

杨寿淇　1940/11/8

杨寿彤(龢甫)　1907/5/26,1910/6/2,1910/6/
22,1941/4 月

杨泰颐　1925/1/30

杨廷栋(翼之)　1911/6/6,1911/10/2,1911/10
月初,1912/4/13,1912/8/12,1912/8/17,1912/
8/21,1913/3/15,1913/11 月上旬,1913/11/
30,1913/12 月初,1913/12/15,1914/1/10,
1914/1/21,1914/1/24,1914/1/29,1914/1/31,
1914/1－2 月间,1914/2/2,1940/10 月,1943/
10/10

杨味云　1946/12 月

杨蔚章　1938/2/6

杨文濂　1911/5/24

杨锡仁　1946/6/9,1948/11/5

杨显卿　1930/1/18,1930/3/20

杨孝慈　1926/6/21

杨杏佛　1932/6/25

杨信之　1908/6/14

杨学沂(杏城)　1912/3/24,1912/4/13,1914/8/
17,1940/10 月

杨荫杭　1945/约是年

杨荫溥　1933/12/23, 1934/1/24, 1934/6/26,
1934/8/19,1934/12/29,1945/12/12

杨语山　1938/9/11

杨韵秋　1915/6/3

杨贞生　1929/8/2,1930/1/8,1930/1/18,1930/

3/20

杨振骧　1907/9/17,1908/6/14

杨祇安　1941/5/22

Yao

姚保廉　1937/5/10

姚伯怀　1907/9/17

姚福同　1925/1/30

姚　光(石子)　1937/5/10,1939/7/20,1941/10/
30,1942/1/12,1943/2 月

姚　克　1923/8/10,1937/2 月,1938/3/16

姚孟埙　1937/5/10

姚慕莲　1908/6/14

姚文枏　1916/8/11

姚孝曾　1942/8/31,1943/2 月

姚引之　1929/8/2

姚虞琴　1941/11/30,1942/3/7

姚兆里　1937/5/10

姚仲拔　1922/6 月

姚子让　1919/12/26

Ye

叶葆青　1934/6/14

叶柏皋　1921/2/7

叶昌炽(缘督、鞠裳)　1942/2 月,1942/5/12,
1943/1 月下旬

叶德辉(焕彬)　1930/1 月,1933/2/14,1943/2
月

叶尔安(贞甫)　1874/8/29,1926/7/9,1940/11
月,1941/2 月,1941/4 月,1941/5 月初,1941/
是年冬,1942/是年

叶尔宝　1940/11 月

叶尔恺　1874/8/29,1925/1/30,1943/1/23,1943/
1/25

叶凤起　1942/7 月,1944/3/8

叶扶霄　1922/4/15,1927/5/1,1931/10/1,1935/
2/16,1935/2/23,1900/12/14,1901/3/20,1901/
3/2,1935/7/10,1939/4 月,1939/9/8,1940/4

月,1940/10/12,1940/4 月,1941/7/12,1941/12/25

叶恭绰(誉虎、玉虎、遐盦)　1913/7/15,1914/4/11,1914/8 月下旬,1914/9/2,1917/12/15,1917/12/28,1920/7 月中下旬,1921/1/15,1921/约 5 月下旬,1922/7/24,1925/3 月末,1926/1/31,1933/4 月,1936/9/28,1936/11/10,1937/2 月,1937/5/10,1937/6/2,1942/1/12,1942/11/25,1942/12/28,1943/5/1,1943/5/21,1943/5/27,1943/7/31,1943/10/9,1944/11/5,1946/1/23,1946/5/3,1947/1/28,1948/8 月,1949/4/29

叶　瀚(浩吾)　1874/8/29,1891/是年秋,1900/12/14,1901/3/20,1901/3/25,1935/7/10,1939/4 月,1939/9/5,1940/4 月,1940/10/12,1941/4 月,1941/7/12,1941/12/25

叶　济(作舟)　1874/8/29,1876/是年,1892/是年秋,1893/是年秋,1895/是年,1896/4 月下旬,1896/是年,1899/是年春,1902/是年春,1902/是年秋,1903/是年春,1909/7/17,1909/7/20,1911/1 月某日,1912/1/2,1912/1/21,1916/6 月,1920/是年,1922/是年夏,1923/1 月,1929/1 月,1933/9/29,1940/3 月,1940/11/11,1941/1/31,1941/3/12,1941/3/24,1941/3/25,1941/8/2,1942/9/24

叶景槐　1877/约是年

叶景莱(仲裕)　1879/是年,1899/是年春,1902/是年春,1903/是年春,1903/是年,1904/是年,1905/是年春,1907/4/2,1907/9/17,1907/是年秋冬,1908/7/28,1909/5/29,1909/6/2,1909/6/8,1909/6/11,1909/6/21,1909/6/23,1909/7/5,1909/7/7,1909/7/8,1909/7/10,1909/7/11,1909/7/13,1909/7/14,1909/7/15,1909/7/16,1909/7/17,1909/7/19,1909/7/20,1909/7/21,1921/3 月,1941/1 月,1941/3/12,1941/6/27

叶景蓉　1885/约是年,1902/是年春,1903/是年春,1941/3/12

叶景莘(叔衡)　1880/是年,1889/是年,1899/是年春,1900/2/8,1900/2/20,1900/2/28,1900/3/2,1900/4/2,1900/9/29,1900/10/3,1900/10/8,1900/10/22,1900/10/30,1900/12/14,1901/3/20,1901/3/25,1901/4/8,1901/4/16,1901/4/28,1901/4/29,1901/5/1,1901/5/5,1901/5/6,1901/5/11,1901/5/19,01901/5/28,1903/是年,1905/是年春,1909/7/19,1917/3/19,1917/12/21,1920/3/23,1921/是年,1922/12 月,1922/是年,1934/3/20,1934/5/11,1935/3/30,1937/7/18,1941/1/31,1941/3/12,1941/4 月,1941/5 月上旬,1942/5/5,1943/3/21,1943/是年,1945/12/27,1949/4/29

叶景荀(幼达)　1935/4/27,1937/7/18,1942/5/5,1942/10/10,1943/3/21,1949/5/7,1949/5/23

叶　絅　1937/7/18,1942/1/14,1942/8/5,1949/5/16

叶　澜(清伊、清漪)　1874/8/29,1942/5/5,1942/8/13,1943/3/21

叶　露　1937/5/10

叶松之　1934/6/14

叶品三　1937/5/10

叶蒲孙　1941/3/28

叶乔年(曾寿)　1882/是年,1889/是年,1894/是年夏,1941/1 月

叶庆暄　1940/11 月,1942/是年

叶小松　1915/3/8

叶　维(申官)　1909/7/20,1933/7/13,1937/7/18,1941/3/12

叶新甫　1919/4/28

叶醴泉　1935/约 5 月

叶养吾　1911/6/6

叶又新　1908/6/14

张承桢　1929/8/2

张炽章　1923/4/19

张大千　1937/5/10

张澹如(鉴)　1909/7/14,1909/9/28,1910/9/4,
　1911/4/9, 1911/8/6, 1913/7/18, 1915/8/22,
　1917/7/31, 1917/8/4, 1918/2/15, 1918/4/7,
　1921/3/27, 1924/2/17, 1927/2/13, 1929/9/4,
　1930/2/9, 1931/3/7, 1931/5/16, 1933/2/19,
　1933/8/12

张笃生　1917/8/17,1920/2/29,1921/2/20,1922/
　1/15,1923/1/14,1926/2/20,1929/2/12,1928/
　1/29,1929/4/29,1930/2/9,1932/12/9,1933/
　2/11,1934/2/25,1935/2/19,1935/3/1,1936/
　2/8,1936/2/9,1936/3/19,1937/2/3,1937/2/
　20,1938/9/4,1939/1/18,1939/2/26,1939/6/
　23,1940/3 月,1940/4/9,1940/4/13,1940/7/
　14,1940/8/31,1941/4/19,1942/2/6,1942/10/
　3,1943/10/30,1943/11/14,1945/8/12,1945/
　10/3, 1945/10/28, 1945/11/24, 1946/5/5,
　1946/6/9,1946/6/10,1948/11/5

张恩甫　1913/8/8

张公权(嘉璈)　1915/1 月,1915/6/3,1915/9/
　30, 1915/10/16, 1915/11/15, 1915/11/18,
　1915/是年,1916/5/11,1916/5/12,1916/5/13,
　1916/5/14,1918/3/21,1918/6/21,1918/6 月
　下旬,1918/7/11,1918/7/22,1918/7/23,1918/
　7/25,1918/7/30,1918/8/6,1918/8/19,1918/
　10 月下旬, 1918/10 月某日, 1918/11/14,
　1919/1/6, 1919/1/7, 1919/1/8, 1919/1/23,
　1919/1/29, 1919/2/8, 1919/9/20, 1920/1/29,
　1920/1/31, 1920/7 月中下旬, 1920/9/16,
　1920/12/18,1920/12/25,1920/12/31,1921/1/
　2,1921/1/3,1921/1/4,1921/1/7,1921/1/10,
　1921/1/12, 1921/4/23, 1921/12/10, 1921/12/
　15,1922/2/18,1924/9/18,1924/12/21,1926/
　2/6,1926/12/26,1927/5/1,1928/11/17,1929/

4/14,1929/5/23,1932/2/15,1932/3/23,1933/
　3/1, 1934/7/5, 1935/2/16, 1935/3/30, 1935/
　11/4,1935/12/24,1936/1/9,1936/5/29,1936/
　5/30, 1936/6/27, 1936/7/2, 1936/9/2, 1940/
　11/8,1946/12 月

张国淦(乾若)　1941/7/26,1941/7/27,1941/8
　月下旬,1941/10/17

张桂华(蟾芬)　1915/5/29,1915/11/19,1916/5/
　6, 1919/4/16, 1923/5/6, 1924/4/13, 1925/4/
　19,1925/8/28,1926/4/25,1932/7/10,1933/3/
　26,1934/4/1,1935/3/31

张翰庭　1930/6/7

张海山　1926/11/15

张海珊　1942/12/28

张鹤龄(鹤林,小圃,小甫)　1904/3/25,1906/6
　月

张　珩(葱玉)　1941/5/2,1941/5/11,1941/8 月
　下旬

张亨嘉　1945/1 月

张　弧　1921/1/6

张怀芝　1912/1/21

张汇甄　1912/4/16

张继斋　1937/5/10

张家骥　1943/1/3

张　謇(季老)　1874/8/29,1905/是年,1906/9/
　28, 1907/5 月, 1907/6/22, 1908/6/29, 1911/
　11/29, 1912/1/3, 1912/3/2, 1912/4/16, 1912/
　4/19, 1912/4/24, 1912/4/27, 1912/5/9, 1912/
　5/31, 1912/9/18, 1912/10/24, 1912/11/29,
　1912/12/4, 1913/4/4, 1913/4/14, 1913/5 月,
　1913/10/31, 1913/11/1, 1913/11 月上旬,
　1913/11/30,1913/12 月初,1913/12/15,1913/
　12/27, 1914/1/29, 1914/3/26, 1914/4/12,
　1914/4/23, 1914/6/5, 1914/8/13, 1914/8/17,
　1915/5/29,1915/11/19,1916/5/6,1916/5/11,
　1916/6/15,1916/6/17,1916/6/19,1917/5/19,

2/16,1936/2/8,1937/2/20,1940/6/7

张械泉 1929/5/18,1929/5/20

张之洞(香帅) 1898/是年春,1903/约7、8月间,1905/9/2,1907/约5月,1909/10/6,1909/10/8,1912/3/8,1912/6/30,1912/9/1,1914/1/10,1940/11/8,1944/4月1946/12月

张忠孙 1943/1/25

张仲恺 1931/9/19

张仲平 1928/11/18,1931/4月,1934/是年

张子羽 1940/2/15

张子舆 1942/12/28

张宗昌 1926/5/18

张作霖 1905/是年,1912/1/21,1912/2/15,1922/是年,1927/5/1,1933/8/12,1940/11/8

章炳麟(太炎) 1911/11/29,1911/12月中下旬,1912/1/3,1912/3/2,1912/5/9,1940/12月中下旬,1941/2/21,1941/3月,1941/5/21,1942/1月

章鸿钊 1946/1/23

章启东 1940/3月,1940/4/9

章启来 1934/8/19

章 梫(一山) 1894/7/14,1914/4/15,1940/7月,1949/1月

章士钊(行严) 1917/5/19,1917/10/2,1918/4/13,1946/2/13

章天觉 1937/5/10

章彦威 1938/2/22,1939/1/1,1940/11/21

章砚香 1933/1/18

章 钰(式之) 1922/是年,1931/12月,1932/1月,1932/4/2,1932/6/7,1933/1月,1933/4月中旬,1933/7/16,1934/8月,1934/12/2,1935/1/19,1935/6/30,1935/9/16,1935/9/21,1935/10月中旬,1935/12/23,1936/1/12,1936/7/13,1936/7/30,1936/8/13,1936/10月中下旬,1937/4/16,1938/2/13,1938/4月,1938/5/20,1938/11/27,1939/1/1,1939/6/22,1939/7/6,

1939/11月,1940/10/13,1940/11/4,1940/11/11,1941/3月,1944/9/12,1944/是年

章韵香(桂臣) 1879/约是年

章元美 1939/2/8,1944/9/12

章元群 1944/9/12

章元善 1938/4月

章振之 1913/7/18,1915/8/22

Zhao

赵凤昌(竹君) 1907/11/11,1908/2/21,1910/1/29,1911/11/29,1912/1/3,1912/3/5,1912/3/13,1912/3/24,1912/4/13,1912/4/16,1912/4/19,1912/4/24,1912/4/27,1912/8/17,1912/9/21,1912/9/26,1912/11/17,1912/12/4,1913/2/17,1913/2/18,1913/2/21,1913/3月中旬,1913/4/3,1913/11/22,1914/4/11,1914/12/6,1915/3/3,1915/3/4,1915/3/12,1915/10/11,1916/6月,1916/8/1,1917/2/24,1917/3/24,1940/10月,1946/12月

赵厚生 1937/5/10

赵 宽(君闳) 1940/12月

赵尔萃(小鲁、国华) 1894/2月,1894/6月,1894/是年,1896/是年,1897/1/24,1897/春,1897/11/24,1911/4/25,1940/11/11,1940/11月,1941/1月,1942/9/24

赵尔丰 1944/4月

赵尔巽(次珊、次帅) 1874/8/29,1896/是年,1902/是年秋,1902/约12月,1903/是年春,1903/7月中旬,1903/约7月,1903/是年,1904/4月,1904/12月,1905/7/25,1905/7月,1905/8/9,1905/8/15,1905/约8月,1905/9/2,1905/9/5,1905/10/18,1905/10/31,1905/12/1,1905/是年,1906/1/13,1906/1/16,1906/1/20,1906/2/24,1906/3月,1906/4月,1906/约4月,1906/5月,1906/6月,1906/8/19,1906/9月中旬,1906/10/18,1906/11月,1907/2/4,1907/2/18,1907/约5月,1907/10月,1907/

12/28,1908/1月,1908/3/23,1908/是年某日,
1909/4月,1909/6/11,1909/7/20,1910/6/19,
1910/8/1,1911/2月,1911/3/4,1911/3/19,
1911/3/20,1911/4/25,1911/5/7,1911/5/21,
1911/6月中旬,1911/6/20,1911/6/21,1911/
10月初,1911/10/25,1911/11/5,1912/1/2,
1912/1/21,1912/2/15,1913/11月上旬,1914/
4/11,1914/9/21,1922/是年,1927/9/3,1937/
7/18,1939/12/26,1939/12月,1940/2/15,
1940/6/16,1940/11/8,1940/11月,1940/12
月,1940/约是年,1941/3/12,1942/3/30,1944/
4月,1944/5月,1945/1月,1946/12月

赵尔震　1940/11月,1942/9/24

赵龙山　1937/9/13

赵启霖　1906/9/28

赵世基(介卿)　1948/约1940年代后期

赵叔雍　1937/5/10,1946/12月

赵舒翘　1944/4月

赵　偁(周人)　1920/是年

赵万里　1937/2月

赵撷云　1941/6月

赵学南　1940/3/12

赵　修　1915/1/26

赵荫棠　1935/6/25

赵志庵　1907/3/11

赵竹茱(光甫)　1879/约是年

赵尊岳　1937/2月

Zheng

郑大同　1944/6/21

郑岱生　1907/5月,1907/10月,1908/4/7,1909/
7/14,1910/9/4,1911/4/9,1912/8/26,1913/7/
18,1914/6/5,1915/8/22,1916/4/24,1933/8/
12,1936/8/21

郑洪年　1925/3月末,1926/1/31

郑　晋　1909/7/17,1909/7/19,1909/7/20

郑孝胥(苏戡、苏盦)　1898/9/18,1906/9/28,

1907/6/11,1907/6/18,1907/6/22,1907/9/12,
1907/11/11,1908/2/21,1908/2/22,1908/6/4,
1908/6/29,1910/1/28,1910/1/29,1910/2/5,
1910/6/2,1910/6/7,1910/6/19,1910/6/22,
1910/8/1,1911/4/17,1911/4/25,1911/5/7,
1911/5/10,1911/6/8,1911/9/24,1911/9/30,
1911/10/2,1911/10/12,1912/12/4,1913/4/
19,1913/5/26,1913/9/8,1913/10/12,1913/
11/22,1914/1/10,1914/1/12,1914/1/13,
1914/1/18,1914/1/19,1914/1/27,1914/1/30,
1914/1/31,1914/3/3,1914/4/12,1914/4/15,
1914/4/18,1914/4/22,1914/4/26,1914/5/8,
1914/5/11,1914/5/15,1914/5/18,1914/6/27,
1914/12/6,1915/2/21,1915/3/3,1915/3/4,
1915/3/8,1915/3/12,1915/5/18,1915/5/19,
1915/5/29,1915/10/11,1915/10/12,1915/11/
19,1915/11/29,1916/4/25,1916/5/6,1916/6
月,1917/2/24,1917/3/24,1917/5/19,1917/9/
8,1917/10/2,1918/4/13,1918/4/16,1919/4/
26,1919/5/6,1919/5/9,1919/5/18,1919/12
月,1920/2/23,1920/3/26,1920/4/2,1920/4/
10,1920/5/8,1920/7/20,1921/4/18,1922/4/
30,1923/5/6,1925/4/19,1925/4/28,1925/12/
8,1927/约10月中旬,1933/8/12,1944/4月

郑燮卿　1928/8/25,1929/5/18,1929/9/4

郑性白　1941/3/19,1941/3月

郑炎佐　1929/8/21

郑振铎(西谛)　1933/1/30,1933/12/26,1939/7/
18,1939/9/1,1941/5/2,1941/5/10,1942/2/
20,1942/9/24,1942/12/29,1945/1/2,1946/1/
5,1946/1/23,1946/5/7,1946/10月,1947/12/
18

Zhi

志伯虞　1911/4/25

志　钧　1921/6/2

志　锐　1911/3/19

16

后　记

2009 年 11 月,与张人凤兄合作编著的《张元济年谱长编》尚在修订增补之中,接上海交通大学出版社任雅君老师电话,问我能不能继续编著叶景葵先生的年谱。我想了一想,欣然从命。说来很巧,我在 20 多年前已"认识"了这位银行家兼藏书家,并留下过深刻印象。我案头小书架上就插有一本标注"叶景葵研究"的硬面抄,那是当年参加张树年先生主编《张元济年谱》编著工作时的"副产品"。

硬面抄第一部分即《叶景葵先生年表》。一年一页,大都摘引自《叶景葵杂著》《汉冶萍公司》二书,也有采录自张元济史料的。后来陆续从《顾廷龙年谱》《上海银行家书信集》等书,又辑录得若干条目作为补充。诸如:

1898 年　△春,入京春闱,援例报捐内阁中书。入通艺学堂,习英文、算学,听严复讲《天演论》。

1901 年　△2 月 4 日撰《太康物产表·跋》。△本年　作报纸摘录,成《矿政杂钞》等。

1903 年　△叶去湘受委为学务处提调兼矿务局提调,"奉职勿懈"。△赵尔巽任盛京将军,叶随行,任奉天财政总局会办,"剔除积弊,未及两年,所入骤增。"

1907 年　△本年　汉阳铁厂总经理李维格(一琴)见叶有志实业,以钢铁业有裨富强,邀往汉阳考察。

……

可惜很简单,有的年份尚付阙如。涉及银行的史料更少,除了几个浙江兴业银行职务头衔外,几乎没有实质性的内容。这份《年表》虽简,后来却派到了用场。我撰写《从书生到实业家——李维格其人其事》一文,就从中很快查到叶、李二人在汉冶萍任经理的时间坐标及其史料。硬面抄随后抄录按分类排列的几件史料,尽管并不完整,倒也脉络清晰。这也可谓我与这位银行家兼藏书家的一段渊源吧。因为有了这本硬面抄,我才敢接受此项编著任务。

按照年谱长编体例的要求,这份《年表》及摘录的内容,是远远不够的。于是,我开始"寻宝"之历程。第一个目标是上海市档案馆。友人相告,上档拥有丰富的老银行档案,并均扫描成电子文本,随时可以在电脑上查阅。不查不知道,一查吓一跳,光浙江兴业银行的档案就达一千余卷之多!每卷少则几页,多则数百页。我对金融史本来就不熟悉,面对如此浩瀚、天书般的旧档案,不知从何着手才好。只能老老实实一卷一卷阅读,来不得半点"走捷径"。我决定先从标有叶景葵或叶揆初字样的卷宗开始。

读了几卷,兴味盎然,彷佛进入了一个新天地,尽管对此还很陌生。我的夫人刘承陪我一起查阅。我们有分工,也有合作。她分得的那部分卷宗,边阅边记下编号、内容,凡提及叶氏名字或事情的地方注明页码,随后由我复看,决定取舍。浙兴档案里关涉叶景葵先生直接、间接的史料,比比皆是。翻读之余,如同亲聆謦欬,这位老银行家的身影越来越清晰可见,令人肃然起敬!简单的我们当即抄录,制成卡片;内容重要或篇幅较长者则记下页码,积累到一定程度打印出来,回家整理。寒来暑往,如此这般,自2010年春开始,我们俩在外滩上海市档案馆阅览厅的电脑桌前忙碌了整整一年多,将浙兴全部档案浏览一遍。当年上海银行公会的卷宗也读了一部分,大有收获。

叶景葵与浙兴的渊源,始于清末。1908年后他曾一度"遥领"浙兴汉口分行总理之职。1915年开始担任董事长长达三十年。他任董事长后第一个重大举措,就是将浙兴总行由杭州迁至上海。这一顺应时代潮流的历史性决策,改变了浙兴的命运,也造就了叶景葵近代新式银行家的地位。档案显示当年浙江兴业银行对中国民族工商业的扶植历程,既艰辛曲折,又相当生动。上海恒丰纺织公司、枣庄中兴煤矿、汉口第一纱厂与郑州豫丰纱厂等当时国内重要实业,浙江兴业银行都予以大量放款,支持其生产经营。当这些企业先后出现危机,或发生纠葛问题,叶景葵常常参与筹议,甚至亲自出马赶赴第一线进行谈判交涉。新老军阀,此去彼来,向民营银行敲诈勒索。许多金融界人士不得不投身政治漩涡。而叶景葵与浙江兴业银行始终与政治保持一定距离,即使遭到蒋介石骂娘也不为所动。因政府更迭,外患内忧,1914年浙江铁路公司收归国有之后应退还股东的末期股款,竟延宕达二十余年之久。叶景葵担任浙路清算处主任一职,随之也达将近三十年。通过他坚持不懈的努力,终于解决了问题,股东们以八折之价收回应退末期股款。其中艰辛曲折,令人感慨不已!从一个侧面反映出叶景葵先生作为现代企业家具有对公众的诚信意识及果敢执着的办事风格。

《兴业邮乘》是浙兴内部发行的一种期刊。该刊由叶景葵倡议发行并题写刊名,内刊有叶先生许多诗文。《叶景葵杂著》收录了一部分,但也有不少失收之作。如抗战时期他多次在浙兴股东大会上的营业报告,以及《本行发行史》等重要史料,关涉浙兴行史,也真实地记录了时代风云,反映出谱主广博的视野与深邃的思想。

这些未曾发掘过的材料,拙编尽量予以采录。每届股东会后公布的营业报表,真实地记录了浙江兴业银行的发展历程。凭着我三十余年会计职业掌握的知识,总算能够读懂这一串串长长的贷方与借方数字,弃之可惜,予以摘录编入年谱,以存史实。

《民权素》为民国初年上海的一份著名文艺期刊,由《民权报》停刊后创办。《民权报》则是当年反映资产阶级革命党激进派观点的重要报纸,以反袁坚决、言论激烈而闻名于世。《民权素》虽属于文艺杂志性质,又多为文言,但其反专制、争民权的政治主张十分鲜明。叶景葵先生从该刊创刊起,就以"卷盦"署名连续发表作品数篇。有为友人著作所撰序文,有读书笔记,有诗作等。或抨击专制暴政,或解读唐诗宋文,或探讨方言习俗,或比较古今度量衡及币制,等等,纵横捭阖,以古喻今,极富有时代特征。由此也可见谱主读书之广博,写作之勤勉及与文化界之联系。这批诗文的发掘和利用,将有助于我们对谱主民初政治、教育思想及其主张的深入研究。除一二篇篇幅较长的采用摘录形式外,其他全文引录,各文均略加评点,以示提要。

叶景葵先生作为近代著名藏书家和图书馆事业的促进者,历来受到藏书文化研究者的关注,本人也是从此处"认识"叶先生的。上海图书馆继承合众图书馆的事业,收藏有叶氏生前捐赠的全部藏书。其中叶先生撰写在书上的题跋、校勘文字,早年已有顾廷龙先生主持整理出版,收于《卷盦书跋》和《叶景葵杂著》等书之中。不知什么原因,尚有不少遗漏。这次笔者根据原书电子文本又抄出若干篇,一一补入本谱。

叶景葵先生原藏文献类作品,以前知之甚少,现利用上图整理成果,从电脑库里查得一批有用的史料,编入本谱,填补了先生生平的不少空白。如叶先生早年著述《地学问答》,笔记《矿政杂钞钞》《卷盦政类钞》《甄屑录》等,反映了作者青年时代读书求知生活众多侧面;《汉行信稿》,为先生1909—1910年期间任浙江兴业银行汉行总理期间通信的底稿,弥足珍贵(上档浙兴老档案里没有);《罪言之一鳞》,乃是叶景葵先生1911年任大清银行正监督的几个月中与各方通信存稿,显示了辛亥革命前夕中国金融业的一鳞半爪。另外,谱主精心保存的友朋书札《尺素选存》《叶揆初伉俪亲友手札》与《蒋抑卮先生手札》等,本谱均加以详尽著录,使得这批第一手史料重见天日,大大丰富了叶景葵先生思想与社会交往的研究领域,为同时代文化、实业相关历史人物的研究,提供有价值的史料。至于先生未刊书稿《卷盦藏书记》,不宜分割,于是决定作为本谱"附录"全文收录,以供藏书研究者参考。

编著年谱,重在史料。关于史料发掘、收辑的方法,我以为不能固步自封,而应与时俱进,充分利用新技术、新成果。《申报》数据库就是近年开发出的电子新产品,便于分类检索与稽考。我知道有这新鲜玩意儿比较晚,本谱初稿已经完成。我四处打听,方才知道数据库的大概。最后终于在友人丁小明先生大力帮助下,从这里检索到一百多条叶景葵相关史料。涉及谱主早年求学、科举、仕途等事迹,均可补充初稿之阙漏。即便民国后原先资料较多,现在发现的有关银行、浙路、反对内战、教育投资、捐款助赈,以及友朋交往等各种社会活动重要史料,又进一步丰富了谱主的人生,有助于对其思想及生平的全方位深入研究。一个活生生的、大写的人,透过这些史实凸显在我们面前。

有人认为,编著年谱应"述而不作"。在某种意义上说,此话不错。但笔者以为,年谱与其他学术专著一样,应当"述而有作"。史料的选择上就深深打上编著者的思想烙印。笔者在编著过程中,还有意将一些人物、事件背景材料作为注释形式,系于条目之下。值得一提,对少量回忆录失实问题,笔者则多花了许多笔墨,加以考订与辩驳。如1938年徐新六遇害后浙兴是否未给予抚恤,叶任董事长三十年,是否"全权独揽","与蒋抑卮也因故而生矛盾"等等关键性问题,笔者没有回避,均根据可靠史料予以澄清事实。不为尊者讳,但也不许他人在尊者脸上抹黑!

某些回忆录的失实,与长期以来历史研究中受"左"的思潮影响有关。近现代实业家研究,过去很长一段时间内,成为人们不敢涉足的"雷区"。这一现象直至上世纪八十年代方才有所改变。本人似乎经历了这一转变过程。从张元济、穆藕初到叶景葵,笔者近二十年历史研究及其写作,阴错阳差,几乎都在为"资本家阶级""树碑立传"啊。通过实践,我产生一个信念——这些人物以前研究太少了,亟待加强,我能为此"大厦"添砖加瓦,盛感幸运万分。这些同为民族脊梁的人物,过去受到极不公正的待遇,他们闪光的思想与事迹应当得到进一步发扬光大。今天我们新时期从事经济建设,需要不断总结历史经验,需要有模范榜样,张元济、穆藕初、叶景葵他们正是我们应该崇敬的先贤哲人,当代企业家们从他们身上可以学到无数闪光的东西。读者以为然否?

笔者按照年谱长编的体例,每个条目均标有出处,以备同好参考。

自接受编著叶先生年谱任务以来,笔者一直试图通过各种渠道寻找到叶先生的后人,以便获取更多信息,将书稿编得更为扎实些。无奈迄今为止,未能如愿以偿,深感遗憾。

年谱编著过程中曾得到上海图书馆黄显功、陈先行、梁颖,上海市档案馆邢建榕、何品、石磊,上海博物馆柳向春,银行博物馆徐宝明等先生的热情指导与大力帮助;我友张人凤、沈津、丁小明、王中秀、宋路霞、王震、沈迦、陈正卿、傅国涌、叶国新、朱国良、张天民等先生女士,或慷慨地提供珍贵史料、图录、照片,或提供相关线索,或抄录、校正文字错讹;熊月之、邢建榕、张人凤三位先生先后应邀为拙编撰序,并予以热情鼓励和推荐,在此向各位表示衷心的感谢!

夫人刘承女士自始至终全力支持我的研究与写作,并陪同我无数次地去上图、上档查阅、抄录和复制各种史料,大大加快了我的工作进程。我的女儿柳启铮在繁忙的大学学业之余,指导我的电脑操作,代为复制与传送电子版史料,打印文稿,乃至本谱"人名索引"的上机打字等,都付出过辛劳。说这部书稿是我们全家人共同的劳动结晶,也许并不为过。

上海交通大学出版社任雅君、冯勤两位编辑始终关心本谱的编著工作,并予以指导帮助,特此表示衷心的感谢。

柳和城

2012 年 4 月于上海浦东明丰花园寓所

2013 年 2 月第二次修改